CB141606

INSTITUIÇÕES DE DIREITO PROCESSUAL CIVIL

Volume VI

Procedimentos especiais

abdr
Respeite o direito autoral

Coordenadores

Cândido Rangel Dinamarco
Pedro da Silva Dinamarco
Bruno Vasconcelos Carrilho Lopes

INSTITUIÇÕES DE DIREITO PROCESSUAL CIVIL

Volume VI

Procedimentos especiais

Colaboradores

André de Albuquerque Cavalcanti Abbud
Antonio Carlos Marcato
Bruno Vasconcelos Carrilho Lopes
Cândido Rangel Dinamarco
Carlos Alberto Carmona
Carlos Alberto de Salles
Caroline Dal Poz Ezequiel
Clarisse Frechiani Lara Leite
Daniel Menegassi Zotareli
Daniel Raichelis Degenszajn
Eduardo Talamini
Fabio Guidi Tabosa Pessoa
Fernando Fontoura da Silva Cais
Fernão Borba Franco
Flávio Luiz Yarshell
Francisco Ettore Giannico Neto
Francisco José Cahali
Heitor Vitor Mendonça Sica
Helena Mechlin Wajsfeld Cicaroni
Helena Najjar Abdo
João Cánovas Bottazzo Ganacin
João Francisco Naves da Fonseca
José Carlos Baptista Puoli
José Roberto dos Santos Bedaque
José Rogério Cruz e Tucci
Julia Prado Mascarenhas
Júlio César Fernandes
Luis Guilherme Aidar Bondioli
Luiza Gonzaga Drumond Cenachi
Marcelo José Magalhães Bonizzi
Marcelo Pacheco Machado
Márcia Conceição Alves Dinamarco
Marina Pacheco Cardoso Dinamarco
Maurício Giannico
Melina Martins Merlo Fernandes
Oswaldo Daguano Júnior
Paulo Cezar Pinheiro Carneiro
Pedro da Silva Dinamarco
Ricardo de Barros Leonel
Ricardo de Carvalho Aprigliano
Susana Henriques da Costa

2ª edição
Revista e atualizada

2026

EDITORA *Jus*PODIVM | MALHEIROS EDITORES
www.editorajuspodivm.com.br

1ª ed., 2023; 2ª ed., 2026.

EDITORA *Jus*PODIVM | MALHEIROS EDITORES
www.editorajuspodivm.com.br

Rua Canuto Saraiva, 131 – Mooca – CEP: 03113-010 – São Paulo – São Paulo
Tel: (11) 3582.5757

Contatos: https://www.editorajuspodivm.com.br/central-de-relacionamento
malheiroseditores@terra.com.br

Diagramação: PC Editorial *(pceditorial@gmail.com)*

Capa: Ana Caquetti

D583i Dinamarco, Cândido Rangel
Instituições de Direito Processual Civil v.VI - Procedimentos Especiais / coordenado por Cândido Rangel Dinamarco, Pedro da Silva Dinamarco e Bruno Vasconcelos Carrilho Lopes – 2.ed., rev. e atual. – São Paulo: Editora JusPodivm, 2026.
976 p. (Coleção Coedição Malheiros)

Vários autores
ISBN: 978-85-442-6336-5

1. Direito Processual Civil. 2. Procedimentos Especiais. I. Dinamarco, Cândido Rangel. II. Dinamarco, Pedro da Silva. III. Carrilho, Bruno Vasconcelos Lopes. IV. Título.

CDD 341.46

Bibliotecária responsável

Ana Carolina Ribeiro Mois – CRB7 – RJ 007348/0

COLABORADORES

André de Albuquerque Cavalcanti Abbud

- Doutor e Mestre em Direito pela USP – LL.M. pela *Harvard Law School* – Professor da Escola de Direito da FGV Direito SP – Presidente do Comitê Brasileiro de Arbitragem – Diretor do Comitê de Arbitragem da *International Bar Association* (IBA) – Sócio de BMA Advogados.

Antonio Carlos Marcato

- Mestre, Doutor e Livre-Docente pela Faculdade de Direito da USP – Professor Associado ao Departamento de Direito Processual da mesma Faculdade – Desembargador aposentado do TJSP. Advogado.

Bruno Vasconcelos Carrilho Lopes

- Mestre e Doutor pela Faculdade de Direito da USP – Advogado.

Cândido Rangel Dinamarco

- Professor aposentado de Direito Processual da Faculdade de Direito da USP – Advogado em São Paulo – Desembargador aposentado do TJSP – Foi Procurador de Justiça do Estado.

Carlos Alberto Carmona

- Professor Doutor do Departamento de Direito Processual da Faculdade de Direito da USP.

Carlos Alberto de Salles

- Professor Associado em Processo Civil da Faculdade de Direito da USP – Desembargador do TJSP, pelo quinto constitucional do Ministério Público, atuando na 3ª Câmara de Direito Privado – Foi *Visiting Scholar* na *University of Wisconsin/Madison*, no ano letivo de 1996/1997 e nos meses de janeiro e fevereiro/2008 – Foi Promotor e Procurador de Justiça do Ministério Público do Estado de São Paulo.

Caroline Dal Poz Ezequiel

- Formada e Mestre em Direito Processual Civil pela Faculdade de Direito da USP – Doutoranda em Direito Processual Civil pela mesma Faculdade – Advogada.

Clarisse Frechiani Lara Leite

- Professora Livre-Docente, Doutora e Mestre em Direito Processual Civil pela USP – Advogada.

Daniel Menegassi Zotareli

- Advogado com Graduação e Mestrado junto à Faculdade de Direito da USP – Autor e colaborador de diferentes obras jurídicas.

Daniel Raichelis Degenszajn

- Advogado – Bacharel em Direito pela USP –Mestre e Doutor em Direito Processual Civil pela USP – Autor de artigos em revistas e livros sobre temas de Direito Processual Civil.

Eduardo Talamini

- Livre-docente, Doutor e Mestre pela USP – Professor Associado da Universidade Federal do Paraná – Advogado.

Fabio Guidi Tabosa Pessoa

- Doutor em Processo Civil pela Faculdade de Direito da USP – Desembargador do TJSP e Professor.

Fernando Fontoura da Silva Cais

- Advogado, Mestre e Doutor em Direito Processual pela USP.

Fernão Borba Franco

- Graduação, Mestrado e Doutorado em Direito Processual pela Faculdade de Direito da USP –Juiz de Direito em São Paulo desde 1990, em exercício na 7ª Câmara de Direito Público do TJSP – Coordenador dos cursos de Direito Público da EPM-SP.

Flávio Luiz Yarshell

- Professor Titular do Departamento de Direito Processual da Faculdade de Direito da USP – Advogado e Árbitro.

Francisco Ettore Giannico Neto

- Advogado – Sócio do escritório Dinamarco, Rossi, Beraldo & Bedaque Advocacia – Doutorando em Direito Processual Civil pela USP – Mestre em Direito Constitucional e Processual Tributário pela PUC/SP – Pós-graduado em Direito Tributário pela FGV – Graduado na Faculdade de Direito da Universidade Presbiteriana Mackenzie.

Francisco José Cahali

- Mestre e Doutor em Direito Civil pela PUC/SP, onde é Coordenador do Núcleo de Direito Civil do Programa de Pós-Graduação em Direito – Professor, Advogado, Parecerista e Consultor Jurídico especialmente em questões envolvendo Direito Civil em geral, Arbitragem, Direito de Família e Sucessões e para solução ou gestão estratégica de disputas – Integrante de lista de árbitros em diversas instituições de arbitragem – Autor de vários artigos e livros jurídicos.

Heitor Vitor Mendonça Sica

- Professor Titular de Direito Processual Civil da Faculdade de Direito da USP – Advogado e Árbitro.

Helena Mechlin Wajsfeld Cicaroni

- Graduada em Direito pela USP – Mestranda em Direito Processual Civil pela USP, sob orientação do Prof. Cândido Rangel Dinamarco – Conselheira substituta no Conselho Diretor da AASP – Advogada no escritório Dinamarco, Rossi, Beraldo & Bedaque Advocacia, com atuação na área de Contencioso Cível.

Helena Najjar Abdo

- Doutora e Mestre em Direito Processual pela USP, Especialista em Direito Processual Italiano pela *Università degli Studi di Firenze* (Itália) – Advogada, Árbitra, Professora universitária e autora dos livros *O abuso do processo* (Ed. RT, 2007) e *Mídia e processo* (Saraiva, 2011), além de artigos jurídicos e capítulos de livros – Membro da liderança de Resolução de Disputas do *Infrawomen* Brasil, do Instituto Brasileiro de Direito Processual (IBDP), do Conselho Diretor da AASP e do Centro Avançado de Estudos de Direito Processual (CEAPRO) – *Communications Officer* do Comitê de Desenvolvimento Acadêmico e Profissional da *International Bar Association* (IBA).

João Cánovas Bottazzo Ganacin

– Graduado, Mestre e Doutor pela Faculdade de Direito da USP – Advogado.

João Francisco Naves da Fonseca

– Advogado. Doutor e Mestre em Direito Processual pela Faculdade de Direito da USP, Largo de S. Francisco – Membro do Comitê Brasileiro de Arbitragem (CBAr) e do Instituto Brasileiro de Direito Processual (IBDP).

José Carlos Baptista Puoli

– Professor Doutor de Direito Processual Civil da Faculdade de Direito do Largo de S. Francisco, USP – Mestre e Doutor em Direito Processual Civil pela USP – Advogado – Sócio do escritório Duarte Garcia, Serra Netto e Terra – Membro do Instituto dos Advogados de São Paulo (IASP), do Instituto Brasileiro de Direito Processual (IBDP), da Comissão de Contencioso do Instituto Brasileiro de Direito Imobiliário (IBRADIM) e do Conselho Jurídico do Sinduscon-SP.

José Roberto dos Santos Bedaque

– Professor Titular de Direito Processual Civil da Faculdade de Direito da USP – Ex-Procurador de Justiça do Ministério Público do Estado de São Paulo – Desembargador aposentado do TJSP – Advogado.

José Rogério Cruz e Tucci

– Professor Titular Sênior e ex-Diretor da Faculdade de Direito da USP – Ex-Presidente da AASP – Membro da Academia Brasileira de Letras Jurídicas – Advogado.

Julia Prado Mascarenhas

– Formada pela Faculdade de Direito da USP em 2012 – Mestre em Direito Processual Civil pela Faculdade de Direito da USP em 2018.

Júlio César Fernandes

– Doutor em Direito Processual Civil pela USP – Mestre em Contencioso, Arbitragem e MARC pela *Universidade Panthéon-Assas*/Paris II (Paris-França) – Sócio de Dinamarco, Rossi, Beraldo & Bedaque Advocacia.

Luis Guilherme Aidar Bondioli

– Doutor e Mestre em Direito Processual pela Faculdade de Direito da USP – Advogado.

Luiza Gonzaga Drumond Cenachi

- Advogada – Graduada pela Faculdade de Direito da Universidade Federal de Minas Gerais (UFMG) em 2014 – Mestra em Direito Processual Civil pela Faculdade de Direito da USP em 2021.

Marcelo José Magalhães Bonizzi

- Professor Doutor da USP – Procurador-Geral da USP.

Marcelo Pacheco Machado

- Advogado – Doutor e Mestre em Direito Processual pela USP – Professor nos cursos de especialização da USP em Ribeirão Preto, da PUC/RS e da Escola Superior da Advocacia da OAB/MG – Membro do Instituto Brasileiro de Direito Processual (IBDP) – Conselheiro do Centro de Estudos Avançados de Processo (CEAPRO) – Autor de diversos livros e artigos em processo civil.

Márcia Conceição Alves Dinamarco

- Advogada, é Doutora em grade interdisciplinar (Direito Econômico e Processo Civil) e Mestre em Processo Civil, ambos os títulos pela PUC/SP – Graduada pela Faculdade de Direito da PUC/SP – Professora de Direito Processual Civil na PUC/SP desde 1992, tendo lecionado na Graduação e Pós-Graduação em inúmeras outras universidades e faculdades – Autora de livros e artigos jurídicos e palestrante em cursos e congressos – Diretora Institucional do IASP.

Marina Pacheco Cardoso Dinamarco

- Advogada, pós-graduada em Direito de Família e Sucessões pela PUC/RS, Mestre em Direito Civil pela PUC/SP e sócia-fundadora da *Asociación Internacional de Juristas de Derecho de Familia* (AIJUDEFA).

Maurício Giannico

- Advogado – Sócio do escritório Dinamarco, Rossi, Beraldo & Bedaque Advocacia – Mestre e Doutor em Direito Processual Civil pela PUC/SP – Autor dos livros *A preclusão no direito processual civil brasileiro* (2005, 2007), *Expropriação executiva* (2012) e *Comentários ao Código de Processo Civil – Arts. 876 a 925* (2018) – Coautor dos livros *A evolução do processo civil brasileiro*, vols. I e II (2012,) e *As novas reformas do CPC e de outras normas processuais* (2008) – Professor universitário – Membro do Instituto Brasileiro de Direito Processual (IBDP).

Melina Martins Merlo Fernandes

- Mestre em Direito Comercial pela PUC/SP – Especialista em Direito Processual Civil pela PUC/SP (COGEAE) – Graduada em Direito pela Universidade Presbiteriana Mackenzie – Advogada em Dinamarco, Rossi, Beraldo e Bedaque Advocacia.

Oswaldo Daguano Júnior

- Advogado – Graduado pela Faculdade de Direito da USP, Largo de S. Francisco – Mestre em Direito Processual pela mesma Instituição.

Paulo Cezar Pinheiro Carneiro

- Professor Titular de Teoria Geral do Processo na Faculdade de Direito da UERJ – Doutor e Livre-docente pela mesma Academia – Procurador de Justiça (aposentado) do Ministério Público do Estado do Rio de Janeiro – Membro das comissões de juristas do Senado Federal e da Câmara dos Deputados que elaboraram o novo Código de Processo Civil, do Instituto Ibero-Americano de Direito Processual e da Academia Brasileira de Letras Jurídicas – Advogado.

Pedro da Silva Dinamarco

- Doutor e Mestre em Direito Processual pela Faculdade de Direito da USP – Advogado.

Ricardo de Barros Leonel

- Mestre, Doutor e Livre-docente pela Faculdade de Direito da USP – Professor Associado junto ao Departamento de Direito Processual da Faculdade de Direito da USP – Promotor de Justiça em São Paulo/SP.

Ricardo de Carvalho Aprigliano

- Livre-docente, Doutor e Mestre pela Faculdade de Direito da USP.

Susana Henriques da Costa

- Professora Doutora em Processo Civil da Faculdade de Direito da USP – Doutora e Mestre em Direito pela USP – Pesquisadora visitante no *Global Legal Studies Center* da *University of Wisconsin/Madison Law School* e pesquisadora visitante na *Università degli Studi di Firenze* – Atualmente é Promotora de Justiça e Secretária Especial Cível e de Tutela Coletiva do Ministério Público do Estado de São Paulo – É membro do Centro Brasileiro de Estudos e Pesquisas Judiciais, do Instituto Brasileiro de Direito Processual, da Rede de Pesquisa Justiça Civil e Processo Contemporâneo (PROCNET) e da *Law and Society Association.*

APRESENTAÇÃO

Quando no distante ano de 2001 apresentei pela primeira vez ao público o vol. I destas *Instituições de direito processual civil,* em prefácio eu disse: "este é o livro de minha vida". Disse assim, pensando na importância que tinha para mim o começo de uma obra geral sobre o direito processual civil destinada a ser o coroamento de uma vida profissional e de uma carreira de professor e escritor especializado nessa matéria, interessado em apresentar ao público um espelho completo das lições que há décadas vinha ministrando em minha Faculdade do Largo de São Francisco. Vieram depois os volumes II, III, IV e V, mas ainda faltava a disposição para compor um volume sobre os procedimentos especiais, que fazem parte do programa de direito processual em toda Faculdade de Direito e por isso não devem estar ausentes de uma obra que pretenda ser completa e exauriente de toda essa matéria.

Foi então que no ano de 2022 me veio a ideia de convidar colegas altamente qualificados como professores, mestres, doutores e doutorandos em direito processual civil, a compor comigo uma obra coletiva sobre os procedimentos especiais no processo civil brasileiro, cada um discorrendo sobre um desses procedimentos. Para a coordenação desse volume contei com a participação de meu filho Pedro da Silva Dinamarco e do colega Bruno Vasconcelos Carrilho Lopes, ambos integrantes de meu Escritório de Advocacia e ambos doutores em direito processual civil pela Academia do Largo de São Francisco. Juntos elaboramos uma lista dos procedimentos especiais existentes no direito processual civil brasileiro, iniciando por aqueles regidos pelo Código de Processo Civil e prosseguindo com os que constam de leis extravagantes a este. Convidamos então aqueles colegas, procurando, na medida do possível, atribuir a cada um destes um tema de sua especialidade sobre o qual já haja escrito em livros, artigos, teses ou dissertações acadêmicas. Nossa iniciativa veio a contar com a adesão maciça desses colegas e o resultado foi esse que aqui se vê, vindo às nossas mãos todos os capítulos solicitados.

Como se vê, com essa iniciativa consegui chegar ao fim de minha sonhada obra geral, agora cobrindo toda a matéria contida no direito processual civil brasileiro. Agradeço ao Pedro e ao Bruno pelo trabalho intenso que desenvolveram para a organização desta obra, participando comigo da seleção e organização dos temas a serem desenvolvidos, mantendo contato com os autores convidados, organizando os ensaios recebidos dos colegas convidados, mantendo contatos com a Editora etc. Agradeço de coração também a todos e cada um daqueles colegas que aportaram sua cooperação, sem a qual eu não seria capaz de completar minhas *Instituições*. Sou também muito agradecido à sra. Regina Moldero Scaf, eficientíssima e aplicada revisora da Malheiros Editores. Consigno ainda meu reconhecimento ao estimado dr. Álvaro Malheiros, editor de livros meus há quase cinquenta anos e que deixou na memória de todos nós, escritores de obras jurídicas, a imagem de um editor competente e leal e, particularmente em relação a mim, de um amigo que deixou muitas saudades.

E agradeço sobretudo a Deus, que tornou possível a realização de toda esta obra e a consecução desse meu objetivo e desse meu sonho.

Cândido Rangel Dinamarco

SUMÁRIO

Título XXXVII – A Teoria Geral dos Procedimentos Especiais

Título XXXVIII – Os procedimentos especiais regidos pelo Código de Processo Civil

TÍTULO XXXVII – ***A TEORIA GERAL DOS PROCEDIMENTOS ESPECIAIS***

CAPÍTULO CLXX – ***A TEORIA GERAL DOS PROCEDIMENTOS ESPECIAIS***

Cândido Rangel Dinamarco

2.551. o estado da doutrina acerca dos procedimentos especiais – 2.552. o valor sistemático do procedimento e das normas procedimentais – 2.553. o quadro geral dos procedimentos especiais no processo civil brasileiro – 2.554. só no processo de conhecimento – 2.555. sobre os pressupostos de admissibilidade do julgamento do mérito – 2.556. os elementos estruturais básicos – 2.557. as garantias constitucionais do processo – 2.558. os procedimentos especiais adequados segundo a relação de direito material em questão – 2.559. as especificidades dos procedimentos especiais e a aplicação das normas gerais – 2.560. os negócios jurídicos processuais – 2.561. entre os procedimentos especiais e o comum – a indisponibilidade do procedimento – 2.562. a conversão de alguns procedimentos especiais ao comum – 2.563. visão panorâmica dos procedimentos especiais no direito processual civil brasileiro – 2.564. procedimentos especiais e processos especiais – dois conceitos que não se confundem.

2.551. o estado da doutrina acerca dos procedimentos especiais

Lá pelos anos *noventa*, quando comecei a traçar as linhas de uma *teoria geral dos procedimentos especiais* em aulas no curso de pós-graduação e mesmo no de graduação de minha Faculdade, não tinha conhecimento de qualquer escrito doutrinário onde esse tema fosse tratado. Os compêndios em geral silenciavam por completo a esse respeito e assim também as monografias sobre os procedimentos especiais. Assim era no direito brasileiro, onde em suas edições mais antigas a qualificada monografia *Procedimentos especiais* de Antonio Carlos Marcato, como então era de costume, seguia a linha do Código de Processo Civil, principiando diretamente pelo trato de cada um dos procedimentos especiais ali disciplinados, sem a preocupação por construir uma teoria geral. E assim era e continua sendo também a postura de todos prestigiosos cursos, manuais ou instituições de direito processual, como foram as *Instituições de direito processual civil* de José Frederico Marques, as *Primeiras linhas de direito processual civil* de Moacyr Amaral Santos e são os *Cursos* de Leonardo Greco, de Humberto Theodoro Júnior e de outros mais recentes.

Também na Itália é assim, como se vê na obra coletiva *I processi speciali*, que é uma coletânea de estudos oferecida ao prof. Virgilio Andrioli por seus alunos, a qual não inclui estudo algum de caráter amplo e genérico mas somente ensaios monográficos sobre cada um dos diversos procedimentos especiais.

O primeiro trato monográfico desse tema, de que tenho conhecimento, é o livro *Por uma teoria dos procedimentos especiais*, da autoria de Freddie Didier Júnior, Antonio do Passo Cabral e Leonardo Carneiro da Cunha, editado pela primeira vez no ano de 2018. Na obra coletiva conduzida por Fernando da Fonseca Gajardoni e Mário Henrique Mendes da Silva (*Manual dos procedimentos especiais cíveis de legislação extravagante*) vê-se também a proposta de um enquadramento desses procedimentos em um sistema, lançada pelo primeiro desses organizadores em seu ensaio introdutório “Breve introdução aos procedimentos especiais de jurisdição contenciosa”. Nas edições mais recentes de sua obra Antonio Carlos Marcato desenvolve liminarmente alguns conceitos fundamentais e a proposta de uma construção sistemática, antes de principiar o estudo de cada um dos procedimentos especiais regidos pelo Código de Processo Civil.

2.552. o valor sistemático do procedimento e das normas procedimentais

O grande valor do procedimento e das normas procedimentais no sistema do direito processual consiste em sua destinação a servir como fator de efetividade dos princípios e garantias constitucionais do processo, na medida em que o próprio procedimento seja estruturado na lei e na prática com a observância desses ditames superiores (*supra*, n. 121). Um procedimento regido por normas fiéis a tais princípios e garantias é o responsável direto por essa observância e pela segurança das partes no processo, valendo pois como um poderoso fator da realização de processos aderentes ao postulado político-constitucional do *devido processo legal*, que é o centro de convergência de todos os demais princípios (*supra*, n. 132). É o que se dá com o Código de Processo Civil brasileiro de 2015, obcecadamente empenhado em construir um sistema de extrema fidelidade à Constituição Federal e particularmente explícito quanto à imposição dos princípios do contraditório, da inafastabilidade do controle jurisdicional, da igualdade, da publicidade *etc.* Nesse sistema, como em toda ordem processual bem constituída, as partes dispõem de faculdades e poderes e o juiz, dos poderes necessários para o exercício da jurisdição, sendo todos esses poderes e faculdades limitados como manda o superior ditame do devido processo legal.

Como venho eu próprio dizendo em sede doutrinária, a garantia do *due process* é em si mesma um sistema de limitações ao exercício do poder, especialmente pelos órgãos estatais. Esse pensamento vem da doutrina norte-americana, onde se diz que *due process of law* é "a concept in U.S. and English jurisprudence that establishes *limits to the powers of government*, specifically against the *arbitrary deprivation of life, liberty, or property*".[1] Em direito processual esses limites são estabelecidos pelas leis do processo, especialmente o Código de Processo Civil, o qual constitui, por esse aspecto, um sistema de limitações ao exercício do poder pelo juiz. O juiz comanda o processo e decide sobre os litígios dos jurisdicionados, mas é obrigado a fazê-lo segundo esses limites, com observância das faculdades e oportunidades asseguradas às partes (*supra*, vol. I, n. 132 – vol. III, n. 1.166).

As normas legais sobre o procedimento em direito processual dividem-se em três grupos distintos embora intimamente correlatos, que são (a) as normas determinadoras dos atos a serem praticados em cada procedimento, (b) as que estabelecem a ordem sequencial em que esses atos devem ser realizados e (c) as que formulam as exigências quanto à forma da qual cada um deles deve revestir-se (*supra*, vol. III, n. 1.170). Acima de todas elas pairam as normas que distribuem as causas entre os diversos procedimentos existentes no sistema, estabelecendo as que se processam segundo a ordem de algum procedimento específico, ou *especial*, e reservando as demais para um procedimento ordinário, ou *comum*.

Para bem cumprir essa missão, um bom procedimento deve ser adequado às características das variadas crises jurídicas postas em juízo em busca de solução. Para a solução de algumas dessas crises é necessário um procedimento dotado de uma estrutura especial e composto de atos capazes de absorver as características daquelas, com vista à produção dos resultados desejados. Assim são os *procedimentos especiais*, adequados a essa necessidade e colocados pela lei processual ao lado do *procedimento comum*, que deve prevalecer em casos ordinários. Ou seja, o procedimento comum só será adequado aos casos e espécies de crises jurídicas não submetidos pela lei ao processamento mediante qualquer daquelas vias específicas, que são os procedimentos especiais. Embora abranja a grande maioria dos casos postos em juízo, esse procedimento é regido por uma admissibilidade *residual*.

São basicamente dois os critérios comumente utilizados pelo legislador para a imposição de um procedimento especial: a) o das especificidades de certos confli-

1. *Cfr. Grollier enciclopedia*, Grolier Electronic Publishing, Inc., verbete *due process*.

tos que requerem um tratamento particular, como é o caso da ação de consignação em pagamento, da ação de exigir contas, da ação divisória e da demarcatória *etc.*; b) o da *celeridade* maior no trato de algumas situações, o que se dá com o procedimento do mandado de segurança, da ação de alimentos *etc.* Voltado à oferta de resultados em um tempo menor era também o *procedimento sumário* regido pelo Código de Processo Civil de 1973 mas desprezado no atual dada sua inaptidão a cumprir o desiderato de produzir na prática a oferta de soluções mais rápidas.

2.553. o quadro geral dos procedimentos especiais no processo civil brasileiro

No sistema processual civil brasileiro existem procedimentos especiais instituídos no Código de Processo Civil e outros, em leis extravagantes (como o do mandado de segurança, o da ação de busca-e-apreensão de bens alienados fiduciariamente, o das ações de despejo *etc.*).

O Código de Processo Civil brasileiro enuncia e tipifica uma série grande de procedimentos especiais, repartindo-os em duas categorias: (a) a dos procedimentos especiais de *jurisdição contenciosa* (arts. 539 ss.), entre os quais se situam o da ação de consignação em pagamento, o da ação de exigir contas, o das ações de família *etc.*, e (b) o dos procedimentos especiais de *jurisdição voluntária* (arts. 719 ss.), que são o da interdição, o da ação de divórcio consensual *etc.*

No Código de Processo Civil brasileiro as normas instituidoras dos procedimentos especiais também traçam a disciplina de certos requisitos para a admissibilidade de cada um deles, especialmente a adequação à espécie da relação jurídico-material controvertida.

É missão da teoria geral dos procedimentos especiais a busca dos elementos comuns entre todos esses procedimentos, dos elementos divergentes, dos modos como cada um deles é regido por essas normas específicas e da medida em que a todos se impõem as normas gerais sobre o procedimento, contidas no Código de Processo Civil e oriundas da Constituição Federal.

Seguindo o mau exemplo dos estatutos anteriores o Código de Processo Civil de 2015 designa os procedimentos especiais como *ações*, falando, p.ex., em *ação* de consignação em pagamento, em *ações* possessórias, em *ação* de dissolução parcial de sociedade *etc.* – linguagem essa que remonta aos tempos em que a ação era vista como o próprio direito subjetivo material posto em crise. Essa era a postura de clássica monografia do século XIX, o *Tratado das ações*, de Bernardo Teixeira de Moraes Leite Velho, que não se compatibiliza com o moderno processo civil. Melhor seria fazer como o *codice* italiano, que fala simplesmente em *procedimenti speciali* e os associa ao direito material pertinente, sem usar o vocábulo *azione*.

2.554. só no processo de conhecimento

Os procedimentos especiais de que tratamos são aqueles a serem observados somente nos processos ou fases *de conhecimento*. Não há espaço para a distinção entre procedimento comum e procedimentos especiais no processo ou fase *de execução*, simplesmente porque nesse processo ou fase inexiste um procedimento capaz de abranger variadas espécies executivas. A execução por quantia certa tem seu procedimento próprio, a execução para entrega de coisa também tem o seu e assim também a execução por obrigação de fazer ou de não fazer. Ali não existe um procedimento *comum*.

2.555. sobre os pressupostos de admissibilidade do julgamento do mérito

Existem casos em que a opção do legislador por um procedimento especial influi na definição de certos pressupostos colocados pela lei como requisitos para que o *meritum causæ* possa ser julgado, especialmente o da *competência*, o do *interesse processual*, o da legitimidade *ad causam*, o dos requisitos da *petição inicial*, o dos atos que devem ser realizados ao longo do procedimento, o da forma de cada um desses atos *etc.* Um procedimento extremamente rebelde a essa normatização geral é o do *mandado de segurança*, de que já se cuidou acima (vol. V) e em relação ao qual a lei estabelece certas normas bastante específicas no tocante à competência, à legitimidade *passiva*, à estrutura procedimental *etc.* (*supra*, n. 2.493). Outra hipótese é a do procedimento no *processo arbitral*, em relação ao qual a lei renuncia a traçar suas próprias normas, realizando-se ele segundo o que resultar da vontade das partes ou de determinação imposta pelos árbitros em casos concretos.[2] Na maioria dos casos prevalecem as regras gerais ditadas pelo Código de Processo Civil, as quais se impõem aos procedimentos especiais tanto quanto ao comum.

2.556. os elementos estruturais básicos

Tanto quanto o comum, todos os procedimentos especiais devem incluir, e realmente incluem, alguns atos essenciais impostos por exigência dos princípios constitucionais, especialmente o do contraditório e o do devido processo legal. Esses indispensáveis atos estruturais são, conforme foi exposto acima (vol. III, n. 1.168):

a) uma provocação inicial, que é a *demanda* do autor que se dirige ao órgão exercente da jurisdição (juízes ou árbitros) com o pedido de uma tu-

---

2. *Cfr.* Cândido Rangel Dinamarco, *O processo arbitral*, 2ª ed., São Paulo, Editora Direito Contemporâneo, 2022.

tela jurisdicional. Seja no procedimento comum, seja em qualquer dos especiais, esse ato é essencial para a instauração do processo, dado o princípio da *inércia*, que proíbe todos os juízes de atuar por iniciativa própria, ou *ex officio*;

b) um ato de integração do demandado à relação processual, consistente na *citação*, portadora do conhecimento da íntegra da demanda inicial. No procedimento do mandado de segurança esse ato leva o nome de *notificação*;

c) uma oportunidade para o demandado oferecer sua *resposta*, qualificada no sistema como *contestação* e também indispensável em face da garantia constitucional do contraditório. No procedimento do mandado de segurança esse ato chama-se *informações*;

d) uma fase destinada à *produção de provas*, a que chamamos fase instrutória e contém oportunidades para a realização de eventual perícia, prova oral *etc.* Todos procedimentos, inclusive os especiais, devem conter essa fase e ela só não existe no procedimento do mandado de segurança, por razões especialíssimas;

e) uma *decisão de mérito*, concessiva ou denegatória da tutela jurisdicional demandada pelo autor, a qual se configurará como *sentença* quando proferida ao fim do processo (CPC, art. 203, § 1º) ou como uma *decisão interlocutória* quando contiver somente o julgamento parcial do mérito (art. 203, § 2º, c/c art. 356). Mas uma decisão de mérito não será proferida quando faltar algum dos requisitos de sua admissibilidade, sendo o processo extinto sem essa decisão (legitimidade *ad causam*, pressupostos processuais em geral *etc.*).

2.557. as garantias constitucionais do processo

Como é para lá de óbvio e intuitivo, todos os procedimentos, quer o comum ou os especiais, devem obediência aos grandes princípios e garantias constitucionais do processo, como o do contraditório, o da inafastabilidade do controle jurisdicional, o da igualdade, o da publicidade, o do juiz natural, todos eles englobados na garantia do devido processo legal (*supra*, vol. I, n. 132). O Código de Processo Civil de 2015 não só reafirma a imposição dessas garantias de modo muito explícito (arts. 3º, 9º, 10º, 11º *etc.*), como ainda os observa ele próprio na disciplina de muitos institutos (igualdade de prazos para ambas as partes, vista à parte contrária para dizer sobre documento trazido pela outra *etc.*). E não há na Constituição ou na lei, nem poderia haver, qualquer ressalva ou restrição à imposição desses princípios e garantias em relação a qualquer procedimento especial.

2.558. os procedimentos especiais adequados segundo a relação de direito material em questão

No sistema do Código de Processo Civil e nas leis infraconstitucionais extravagantes, cada procedimento especial será adequado e admissível segundo a pretensão do autor e a relação de direito material posta em litígio. Cada uma das inúmeras crises jurídicas suscetíveis de serem trazidas a juízo na demanda inicial tem apoio em uma relação de direito material e correlativamente cada uma delas visa à obtenção de uma situação de direito material diferente daquela existente no momento de vir a juízo. Assim, p.ex., o procedimento especial da denominada *ação de consignação em pagamento* é adequado para os casos em que o devedor, pretendendo exonerar-se da obrigação, busca obter uma decisão capaz de vencer a resistência do credor que se recusa a receber (*mora creditoris*); quem deseja uma *prestação de contas* daquele que administra seus bens, negócios ou interesses (relação jurídico-material de administração) dispõe da *ação de exigir contas* como meio de obter essa prestação ou a autorização para prestar ele próprio as suas; àquele que se diz titular do direito de posse sobre determinado bem e ter sido lesado por um esbulho ou turbação a essa posse a lei oferece as *ações possessórias* como caminho para remover a *moléstia possessória* causada pela outra parte e com isso restabelecer sua posse *etc.* É sempre a natureza jurídico-material da pretensão trazida pelo autor o apoio sistemático da admissibilidade de cada procedimento especial.

Não é assim no processo do *mandado de segurança*, que a Constituição Federal e a lei oferecem como remédio contra lesões ou ameaças de qualquer natureza perpetradas pelo agente do Poder Público contra direitos líquidos-e-certos de toda ordem. O procedimento simplificado e angustioso ali disciplinado constitui um contrapeso à autoexecutividade dos atos estatais, destinado a oferecer aos cidadãos ou entidades atingidos uma tutela rápida e eficaz contra todos ou qualquer um desses atos abusivos.

2.559. as especificidades dos procedimentos especiais e a aplicação das normas gerais

Entre as três espécies de normas processuais (normas sobre a estrutura do procedimento, normas sobre a ordem sequencial dos atos a realizar e normas sobre a forma e o conteúdo de cada um desses atos) as que sofrem impacto mais direto na disciplina dos procedimentos especiais são as primeiras delas, ou seja, aquelas que estabelecem os atos a serem praticados em cada procedimento. Assim, p.ex., no procedimento do *mandado de segurança* não há uma fase instrutória, destinada à produção de provas, tendo o demandante (impetrante) o ônus de trazer com sua demanda toda a prova documental (pré-constituída) dos fatos relevantes para a desejada concessão do *writ*, não dispondo de outra oportunidade para fazê-lo. Nas *ações possessórias*, quando for o caso, o juiz concederá *inaudita altera parte* uma medida provisória em favor do autor e, para concedê-la, poderá realizar uma *justificação prévia*; e depois, com ou sem essa justificação conforme o caso e concedida ou negada essa medida, o autor promoverá em cinco dias a citação do réu com o prazo de quinze dias para contestar, *etc.* Cada procedimento especial apresenta suas especificidades, que variam de procedimento a procedimento – e é por isso que eles são chamados de *especiais*.

A *disciplina de cada ato a ser realizado* é a que menor impacto recebe nos procedimentos especiais, aplicando-se a cada um deles, além dos requisitos específicos inerentes a cada um, o que é disposto quanto ao procedimento comum. A petição inicial deve conter todos os elementos exigidos pelo art. 319 do Código de Processo Civil, a citação será feita pelos modos indicados nos arts. 239 ss., a prova será requerida e realizada também pelos modos dispostos para o procedimento comum *etc.* Mas existem alguns atos que no procedimento especial devem ter conteúdo diferente daquele estabelecido para o comum. É o caso da *citação* em ações possessórias, a respeito da qual dispõe o art. 554, § 1º, do Código de Processo Civil, que "no caso de ação possessória em que figure no polo passivo grande número de pessoas, serão feitas a citação pessoal dos ocupantes que forem encontrados no local e a citação por edital dos demais determinando-se, ainda, a intimação do Ministério Público e, se envolver pessoas em situação de hipossuficiência econômica, da Defensoria Pública".

2.560. os negócios jurídicos processuais

Entre as disposições gerais que se aplicam aos procedimentos especiais estão aquelas contidas nos arts. 190 e 191 do Código de Processo Civil sobre os *negócios jurídicos processuais*, que são normas gerais de processo e não preceitos de eficácia confinada ao procedimento comum. Todos os negócios permitidos para esse procedimento são permitidos também em relação aos especiais, com a mesma amplitude e mesmas ressalvas que naqueles dispositivos se contêm. Nos procedimentos especiais os negócios processuais podem alterar as normas sobre o procedimento ou sobre a relação processual, como no procedimento comum, e até mesmo chegar ao ponto de uma consensual opção por este.

2.561. entre os procedimentos especiais e o comum – a indisponibilidade do procedimento

Vige em direito processual a regra da *indisponibilidade do procedimento*, segundo a qual o procedimento adequado à causa será aquele emergente da lei, em princípio sem a possibilidade de uma escolha diferente a critério do autor. Feita uma escolha equivocada será dever do juiz chamar o autor a retificar sua petição inicial e, em caso de insistência ou omissão deste, fazer ele próprio essa retificação – só chegando ao ponto de indeferir esta quando não contiver os elementos necessários para o processamento da causa pelo rito adequado e o autor não atender a essa determinação (CPC, art. 331). Indeferida a inicial o processo se extingue sem julgamento do mérito, estando o autor livre para repropor sua demanda pela via processual adequada.

Mas o próprio Código se encarrega de abrir uma exceção a essa regra, o que faz ao mandar que, em caso de *cumulação de pedidos* suscetíveis de procedimentos diferentes, o autor opte pelo *procedimento comum* (art. 327, § 2º) – e essa opção não será prejudicial a qualquer das partes porque o procedimento comum contém abertura total para o conhecimento da causa em todos seus elementos relevantes e para o pleno exercício do contraditório, especialmente com a possibilidade de produzir todas as provas admissíveis. Tal opção, porém, não será admissível quando um dos pedidos cumulados for pela lei associado a um procedimento especial dotado de fases e peculiaridades incompatíveis com o comum (ação de exigir contas, ação demarcatória ou divisória *etc.* – *supra*, vol. III, n. 1.174).

Além disso, se a inicial não for indeferida e o processo chegar a ser julgado pelo mérito, essa decisão só comportará anulação quando da má escolha do procedimento houver resultado prejuízo a uma das partes, especialmente ao réu. Essa é uma imposição da norma de *superdireito* e da *instrumentalidade das formas*, consistente no confinamento das nulidades do ato processual aos casos em que houver prejuízo, ou em que o ato ou o procedimento não haja produzido o resultado ao qual é destinado (CPC, art. 277 – *supra*, vol. II, nn. 843 e 847-849). Assim, p.ex., se o autor houver optado pelo procedimento comum em vez do especial adequado, dificilmente poderá ser pronunciada a nulidade da decisão *de meritis*, porque esse procedimento oferece a ambas as partes a possibilidade da mais plena discussão da causa em contraditório.

Se o mandado de segurança houver sido impetrado sem a demonstração liminar da existência de um direito líquido-e-certo mas no decorrer do processo essa certeza vier a ser demonstrada (p.ex., pelas informações da autoridade coatora), a decisão de mérito que ali venha a ser proferida não será inválida e portanto não deverá ser anulada pelo tribunal em razão do equívoco na escolha do processo e procedimento inadequados.

2.562. a conversão de alguns procedimentos especiais ao comum

Há no Código de Processo Civil diversos casos em que o procedimento especial se converte ao comum logo após a realização de algum ato inicial ou da providência que constitui sua especificidade. É o caso da ação de consignação em pagamento, cuja especialidade consiste somente no incidente inicial da oferta do bem ou dinheiro que o autor considera devido (CPC, art. 532). "Havendo contestação", dispõe o art. 603, § 2º, do Código de Processo Civil, "*observar-se-á o procedimento comum*". Também é assim, p.ex., nas ações de reintegração ou manutenção da posse, as quais seguirão o rito comum depois de superado o incidente inicial consistente em uma justificação prévia, com a concessão ou negação de uma medida provisória. Em casos como esses a especialidade do procedimento reduz-se a muito pouco e as normas sobre o procedimento comum abrangem a maior parte do procedimento.

2.563. visão panorâmica dos procedimentos especiais no direito processual civil brasileiro

Esses são os elementos de uma *teoria geral dos procedimentos especiais*, a qual, como toda teoria geral, constitui uma condensação metodológica das regras, princípios e garantias vigentes em relação a toda a matéria e integrantes de uma especial categoria jurídica, que são os procedimentos especiais. A plena consciência desses princípios e garantias de aplicação geral, bem como dos pontos comuns e pontos divergentes nos diversos procedimentos especiais, há de ser um suporte e um pano-de-fundo para o correto entendimento de cada um deles, ou um sistema de parâmetros e premissas legitimadores de uma correta interpretação das disposições legais referentes a estes. Essa é a missão de toda *teoria geral*, como a teoria geral da prova, a teoria geral dos recursos, a teoria geral da execução, a própria teoria geral do processo e, como não poderia deixar de ser, a teoria geral dos procedimentos especiais.

A teoria geral dos procedimentos especiais põe em evidência, p.ex., a necessidade de uma provocação da parte para sua instauração, como no procedimento comum (princípio da inércia, ou da demanda); a imposição dos princípios e garantias constitucionais tanto quanto se dá em relação a este; a indisponibilidade do procedimento, o qual, salvo algumas exceções ou mitigações, deverá em cada caso ser aquele que resulta da lei e não da vontade das partes; a regência dos atos processuais em geral segundo as formas estabelecidas para o procedimento comum, salvo quando de modo expresso a lei dispõe de modo diferente, *etc.* Esses e outros elementos deverão estar presentes no estudo específico de cada um dos procedimentos especiais vigentes no processo civil brasileiro.

Diante disso, todo estudo sobre algum procedimento especial deverá indicar em que consistem as especificidades deste, seja no tocante à *estrutura* do procedimento em análise, seja do modo de realização de seus atos. Deverá discorrer sobre a natureza da relação jurídico-material existente entre as partes e sobre a situação jurídico-material a ser removida pela tutela jurisdicional postulada; e deverá também especificar o resultado suscetível de ser obtido por essa tutela. Deverá também examinar o destino do processo em caso de uma equivocada escolha do procedimento especial em exame. O exame desses e outros pontos relevantes constitui o ponto de apoio do exame de cada um dos procedimentos no plano metodológico da teoria geral dos procedimentos especiais e fator de segurança das assertivas e conclusões a serem propostas pelos estudiosos.

2.564. procedimentos especiais e processos especiais – dois conceitos que não se confundem

Existem na ordem processual certos processos profundamente diferenciados em razão das especificidades de algumas relações jurídicas ou dos valores mais elevados a que mediante eles se procura dar efetividade. Não são diferentes dos demais somente pelo aspecto formal do procedimento mas também, e acima de tudo, pela facilitação dessa efetivação e abertura de caminhos para a defesa dos direitos dessa ordem postos como fundamento da pretensão do demandante. Na voz autorizada de Kazuo Watanabe esses processos são concebidos pelo legislador e operacionalizados pelos juízes, com uma filosofia especial, diferente dos demais.[3]

Tais são, em uma enumeração que não pretende ser exaustiva, o processo do mandado de segurança, do *habeas corpus*, dos juizados especiais, o processo monitório, o arbitral *etc.*

3. *Cfr.* Kazuo Watanabe, "Filosofia e características básicas do juizado especial de pequenas causas", *in Juizados especiais de pequenas causas*, S.Paulo, Ed. RT, 1984.

CAPÍTULO CLXXI – ***PROCESSO, PROCEDIMENTOS ESPECIAIS E TUTELA DIFERENCIADA***

LUIZA GONZAGA DRUMOND CENACHI

2.565. processo e procedimento – conceitos – 2.566. procedimento comum, tutela jurisdicional diferenciada e a razão de ser dos procedimentos especiais – 2.567. processos ou procedimentos especiais? – 2.568. considerações finais e um convite à reflexão: estamos caminhando para o fim da tipificação dos procedimentos especiais? – Referências Bibliográficas.

2.565. processo e procedimento – conceitos

Processo e procedimento são conceitos que não se confundem e que são diferenciados com clareza pela doutrina, embora na prática sua aplicação gere algumas dúvidas e divergências.

Segundo a doutrina contemporânea,[1] *processo* é método de resolução de conflitos em que se pede a prestação de uma tutela jurisdicional.[2] É "o ins-

1. A definição de *processo* passou por inúmeras construções e correntes ao longo da história e pode ser encarada sob diversos prismas: processo como fenômeno cultural, como instrumento, como relação jurídica de direito público, como situação jurídica, como instituição *etc.* (Galeno Lacerda, *Teoria geral do processo*, Rio de Janeiro, Forense, 2008). Aqui, adotou-se o conceito que nos parece refletir a posição prevalecente na doutrina contemporânea, representada pelos autores referenciados ao longo deste trabalho, em especial Cândido Rangel Dinamarco (*supra*, n. 2 – vol. I, nn. 449-450 – vol. II).
2. Já dizia José Frederico Marques na década de 70: "o processo é um meio de composição de litígios, ou conjunto de atos destinados à aplicação do direito objetivo a uma *situação contenciosa*" (José Frederico Marques, *Instituições de direito processual civil*, 4ª ed., vol. 1, Rio de Janeiro, Forense, 1971, p. 29).

trumento através do qual a jurisdição opera",[3] por meio de uma relação jurídica de direito público,[4] instaurada mediante o exercício do direito de ação e fundada nas garantias constitucionais da inafastabilidade da jurisdição e do contraditório (Const., art. 5º, incs. XXXV e LV).

Esse método compreende uma sequência de atos coordenados, que analisados em conjunto formam o *procedimento*.[5] O procedimento é, assim, a *forma* de exteriorização do processo em movimento.[6]

Onde há processo há, portanto, procedimento.[7] Mas a recíproca nem sempre verdadeira, na medida em que há procedimentos que não são considerados processos, por neles inexistir uma atividade jurisdicional.[8]

O processo como *método* serve sempre de instrumento à tutela de um direito material. É por meio do processo que se formula uma pretensão, que nada mais é que um pedido de *tutela jurisdicional* para solucionar uma crise de um direito.[9]

---

3. Ada Pellegrini Grinover, Antônio Carlos de Araújo Cintra e Cândido Rangel Dinamarco, *Teoria geral do processo*, 28ª ed., São Paulo, Malheiros Editores, 2012, p. 309.
4. "A partir dos estudos dos grandes processualistas alemães do século XIX, passamos a definir o processo como uma relação jurídica de direito público" (Galeno Lacerda, ob. cit., p. 22).
5. Humberto Theodoro Júnior, *Curso de direito processual civil. Teoria geral do direito processual civil, processo de conhecimento, procedimento comum*, 62ª ed., vol. 1, Rio de Janeiro, Forense, 2021, p. 117.
6. José Frederico Marques, ob. cit., p. 33.
7. "Sabido que o processo se compõe de uma relação entre pessoas e uma relação entre atos (Liebman – *supra*, nn. 450 ss.), o procedimento é um dos fatores que o integram, dando expressão sistemática a seus atos" (*supra*, n. 732 – vol. II).
8. Parte da doutrina afirma, por exemplo, que os procedimentos de jurisdição voluntária não seriam *processo*, por entender que neles não existiria uma atividade jurisdicional, nem uma contenda: "Como já alertado, na visão da doutrina tradicional a jurisdição voluntária não é, propriamente, atividade jurisdicional estatal, mas *atividade administrativa* exercida por juízes em situações relacionadas a negócio ou ato jurídico, dando origem a *procedimento* (e não a processo) que se desenvolve entre os *interessados* (e não entre partes), gerando *ato judicial final* (homologação, aprovação, autorização) não coberto pela coisa julgada material. Inexiste processo, pois a administração judicial se perfaz por meio de simples procedimento" (Antonio Carlos Marcato, *Procedimentos especiais*, 18ª ed., São Paulo, Atlas, 2021, *e-book*, p. 254, disponível em:*https://integrada.minhabiblioteca.com.br/#/books/9788597026221/*, acesso em 2.4.2023). A essa posição se contrapõe Cândido Rangel Dinamarco, que vê na jurisdição voluntária "atividade jurisdicional e não administrativa" (*supra*, n. 161 – vol. I).
9. Nas palavras de José Frederico Marques: "Há, assim, no *processo*, uma pretensão, que qualifica o conflito de interesses, como pressuposto dos atos que nele devem ser praticados, e a aplicação da vontade concreta da lei, como fim imediato, para a composição da lide" (José Frederico Marques, ob. cit., p. 30).

Os direitos passíveis de tutela jurisdicional são múltiplos e cada qual pode apresentar uma particularidade própria, capaz de reclamar uma tutela jurisdicional distinta. Por exemplo, por meio de um processo, a parte pode pedir uma tutela *cognitiva*, uma tutela *executiva* ou mesmo uma tutela *provisória*. Os direitos a serem tutelados podem ser individuais ou coletivos/difusos.

À teoria geral do processo cabe a árdua tarefa de examinar as categorias jurídicas de tutelas jurisdicionais e direitos a fim de possibilitar a compreensão e um estudo sistemático daquilo que há de comum no exercício da atividade jurisdicional em cada situação.

Nesse contexto, diante das várias espécies de tutelas e direitos que podem ser objeto de um processo, não raro a doutrina classifica tipos ou espécies de processo segundo a natureza da tutela/provimento buscado (ou seja, segundo a *finalidade/resultado* do processo) e do direito que está em questão (ou seja, segundo o *objeto*[10] do processo).

A classificação mais comum[11] divide o processo em três categorias:[12] (i) processo de conhecimento – que seria aquele no qual a tutela jurisdicional depende de uma atividade de cognição acerca de um direito (provimento declaratório, inibitório ou condenatório); (ii) processo de execução – no bojo do qual a atividade jurisdicional seria executiva (provimento satisfativo);[13] (iii) processo preparatório ou antecedente[14] – que seria aquele vocacionado à tutela de um direito que será objeto de uma pretensão futura (provimento provisório).

Há, ainda, a classificação dos tipos de processo segundo a natureza do *direito*, em: (i) processos individuais; (ii) processos coletivos; e também aquela que leva em conta o ramo da ciência do direito (processo civil, processo penal *etc.*), dentre outras.

---

10. "(...) o objeto típico do processo e da tutela jurisdicional não é um fato ou um ato, mas um *direito* (ou uma situação jurídica); e de que esse *direito* para ser atuado em juízo deve ser identificado, pela parte interessada, por meio da alegação de seus fatos constitutivos, dos quais haverá de ser produzida a *competente* prova nos autos" (Humberto Theodoro Júnior, ob. cit., p. 118).

11. Cassio Scarpinella Bueno, *Manual de direito processual civil*, 8ª ed., São Paulo, SaraivaJur, 2022, p. 92.

12. Cândido Rangel Dinamarco vê também no processo monitório uma categoria autônoma, considerando que nele "se cria o título executivo e se executa o direito, sem julgamento de mérito (e por isso é que ele não se enquadra na categoria dos processos de conhecimento)" (*supra*, n. 77 – vol. I).

13. Vale lembrar que tais tutelas não são prestadas necessariamente em processos autônomos e podem compor um único processo sincrético dividido em fases (de conhecimento e execução de título judicial – cumprimento de sentença).

14. Na vigência do Código de Processo Civil de 1973 falava-se em *processo cautelar*, que era dotado de certa autonomia, não mais existente na lei vigente.

Não obstante a valia de tais classificações para a teoria geral do processo, entendemos que *processo*, em seu conceito puro (método de impulsionamento da atividade jurisdicional), é apenas *um*, na linha das ponderações feitas por José Frederico Marques[15] e, mais recentemente, por Cassio Scarpinella Bueno[16] e Heitor Vitor Mendonça Sica.[17] O que varia é natureza do direito ou da tutela reclamada, ou que pode gerar diferenças sobre o *procedimento* a ser aplicado e/ou sobre a natureza do provimento jurisdicional a ser dado.[18]

Assim, a nosso ver, o que comumente se denomina "tipos" ou "espécies" de processo na verdade são classificações do processo segundo elementos diversos – provimento/tutela (de conhecimento, de execução, provisória), direito (individual, coletivo) *etc.* Não se trata, portanto, rigorosamente de métodos de resolução de conflitos distintos, mas de conformações diferentes do *conteúdo* do processo. E essas diferentes conformações podem ou não resultar em diferentes *procedimentos*.

2.566. procedimento comum, tutela jurisdicional diferenciada e a razão de ser dos procedimentos especiais

Dispõe o art. 318 do Código de Processo Civil que "aplica-se a todas as causas o procedimento comum, salvo disposição em contrário deste Código ou de lei". O *processo*, portanto, segue em regra um procedimento-padrão

---

15. "O processo como instrumento compositivo de litígios é um só, quer quando tenha por pressuposto uma lide penal, quer quando focalize uma lide não penal. Instrumento da atividade jurisdicional do Estado, o processo não sofre mutações substanciais quando passa do campo da justiça civil para aquele da justiça penal (...). E isto porque o *processo*, em sua essência, é um só, tanto na jurisdição civil como na jurisdição penal" (José Frederico Marques, ob. cit., p. 46).

16. "Processo, compreendido como método de atuação do Estado Constitucional, para exercer, como aqui interessa, a função jurisdicional, não aceita quaisquer classificações. Ele, a despeito do que veicula ao Estado-juiz, continua sendo só o meio pelo qual a comunicação institucional entre as partes e eventuais interessados e o magistrado se dá" (Cassio Scarpinella Bueno, ob. cit., p. 92).

17. Heitor Vitor Mendonça Sica, "Reflexões em torno da teoria geral dos procedimentos especiais", *Revista de Processo* 208/61-89, junho/2012.

18. "Daí falar-se que a tipicidade não é da ação, mas da tutela pleiteada. Existe um nexo entre o direito de agir em juízo e a tutela a um direito substancial, o que não significa, todavia, sejam a ação, a demanda e a defesa passíveis de classificações e distinções de conteúdo, relacionadas, na verdade, ao tipo de provimento e de tutela. O elemento variável da demanda é exatamente o tipo de tutela, que leva em conta o resultado do processo e que pode ser objeto de classificação" (José Roberto dos Santos Bedaque, *Direito e processo. Influência do direito material sobre o processo*, 6ª ed., São Paulo, Malheiros Editores, 2011, p. 40).

traçado pelo legislador para servir à tutela jurisdicional de uma multiplicidade de direitos, denominado *procedimento comum*.[19]

Historicamente, o procedimento comum tinha como traços característicos a rigidez e a inflexibilidade, o que significa que não se autorizavam desvios do padrão idealizado pelo legislador.[20]

Dada a impossibilidade de se contemplar um único procedimento capaz de promover adequadamente a tutela de todos os direitos, percebeu-se, então, a necessidade de serem reguladas situações especiais que exigem tratamento diverso, a partir da noção de *tutela jurisdicional diferenciada*.[21]

Embora não haja um conceito universalmente adotado,[22] a doutrina parece convergir em definir a *tutela jurisdicional diferenciada* como uma forma de adaptação procedimental tendo em vista particularidades do direito material.[23] Decorreria, nesse sentido, de um "reconhecimento de um direito ao procedimento adequado".[24]

Cândido Rangel Dinamarco adverte que a locução "tutela jurisdicional diferenciada" é equívoca, pois leva à falsa impressão de que a tutela jurisdicional prestada nesses casos seria diferente, quando na realidade a *forma* pela qual a ela se chega é que seria distinta. Isto é: o ato ou conjunto de atos pro-

19. Fredie Didier Júnior, Antonio do Passo Cabral e Leonardo Carneiro da Cunha, *Por uma nova teoria dos procedimentos especiais*, Salvador, Juspodivm, 2018, p. 18.

20. Fredie Didier Júnior, Antonio do Passo Cabral e Leonardo Carneiro da Cunha, ob. cit., p. 28.

21. "A partir do final da década de 1970, sobretudo pelos estudos de Andrea Proto Pisani, os procedimentos especiais passaram a ser justificados na ideia de tutela jurisdicional diferenciada. Foi um movimento de permitir maior adaptação das formas de tutela para ramos do direito em que as especificidades do direito material não coubessem nas estruturas do procedimento ordinário" (Fredie Didier Júnior, Antonio do Passo Cabral e Leonardo Carneiro da Cunha, ob. cit., p. 27).

22. Alguns autores identificam a limitação da cognição da tutela (seja no plano horizontal ou no vertical) como um elemento essencial dessa figura jurídica. Nesse sentido: Ricardo de Barros Leonel, *Tutela jurisdicional diferenciada*, São Paulo, Ed. RT, 2010, p. 25. Cândido Rangel Dinamarco ainda pontua que a *celeridade* dos meios processuais empregados seria uma das características das tutelas diferenciadas (*supra*, n. 1.464 – vol. III).

23. Fredie Didier Júnior, Antonio do Passo Cabral e Leonardo Carneiro da Cunha, ob. cit., p. 27; José Roberto dos Santos Bedaque, ob. cit., p. 76; Donaldo Armelin, "Tutela jurisdicional diferenciada", *Revista de Processo* 65/45-55, ano 1992, janeiro-março/1992; Carlos Alberto Garbi, "Tutela jurisdicional diferenciada e efetividade do processo", *RT* 782/48-67, ano 2000, dezembro/2000.

24. Fredie Didier Júnior, Antonio do Passo Cabral e Leonardo Carneiro da Cunha, ob. cit., p. 27.

cessuais que sofrem modificações à vista da particularidade do direito material, não o provimento jurisdicional em si.[25]

A tutela jurisdicional diferenciada pode resultar em um *procedimento especial* para determinada situação jurídica ou mesmo em *técnicas especiais* aplicadas dentro do procedimento comum.

Exemplos de *técnicas especiais* de tutela jurisdicional diferenciada aplicada no âmbito do procedimento comum são as tutelas de urgência que autorizam a antecipação ou conservação de um direito antes de percorrido o *iter* delineado no rito processual comum para se alcançar o provimento de mérito. A tutela da evidência e o julgamento antecipado também são técnicas de abreviamento do *iter* procedimental padrão previstas pelo legislador à vista de especificidades constatadas no processo.

Por outro lado, vários são os exemplos de *procedimentos especiais* delineados pelo Código de Processo Civil no Título III da Parte Especial e por leis extravagantes à vista das particularidades do direito material objeto do processo e que serão individualmente tratados nos capítulos desta obra coletiva. Apesar de a razão de ser dos procedimentos especiais ser a necessidade de adequação do procedimento comum às especificidades do direito material em questão, é pertinente a crítica feita por Fredie Didier Júnior, Antonio do Passo Cabral e Leonardo Carneiro da Cunha no sentido de não serem claras as razões pelas quais determinadas situações jurídicas conduzirem à especialização do procedimento e outras não, citando, entre as possibilidades, razões de origem política, de conveniência ou mesmo de tradição como fatores para a escolha legislativa.[26]

2.567. processos ou procedimentos especiais?

Especial é um conceito relacional,[27] ou seja, que só faz sentido se colocado em oposição a algo *comum* ou *ordinário*. Assim, dizer que existem *procedimentos* ou *processos* especiais somente se justifica a nosso ver se também existirem um procedimento e/ou um processo "padrão" dos quais aqueles se desviem.

25. "(...) a locução *tutela diferenciada* traz em si uma impropriedade e não corresponde a tais realidades. A tutela oferecida por esses meios não difere das que se concedem pelos meios ordinários, ou seja, os resultados substanciais obtidos em nada diferem dos que se obteriam por esses meios. O que há de *diferenciado* são somente os meios processuais mais ágeis para a busca desses resultados" (*supra*, n. 75 – vol. I).

26. Fredie Didier Júnior, Antonio do Passo Cabral e Leonardo Carneiro da Cunha, ob. cit., pp. 29-30.

27. Fredie Didier Júnior, Antonio do Passo Cabral e Leonardo Carneiro da Cunha, ob. cit., p. 22.

Assentada essa premissa, entendemos não ser adequado falar em *processos especiais*, na medida em que entendemos que processo, em sua essência, é um método único. Não há, a nosso ver, um processo padrão ao qual se poderiam opor processos especiais, pelo simples fato de o *processo* ser apenas o veículo formal por meio do qual se deduz uma pretensão a uma tutela jurisdicional – esta sim que pode ter variadas formas e conteúdo, que impactam o *procedimento* aplicável.

Assim, quando comumente se fala em "processo coletivo", "processo de conhecimento", "processo de execução", não se está, em nosso entender, designando *tipos* de processo, entre os quais um poderia ser considerado padrão e outro especial. Está se caracterizando o processo (método) à vista de uma particularidade do direito (processo individual *vs.* processo coletivo) ou da tutela (processo de conhecimento *vs.* processo de execução) aos quais tal processo serve de instrumento, e que pode conduzir à adoção de um *procedimento* – este sim comum ou especial.

Por essas razões, apesar de comumente a doutrina se referir ao *processo coletivo* como um *processo especial*, entendemos se tratar de um processo cuja especificidade do direito atrai a aplicação de *procedimentos especiais* e produz resultados distintos sujeitos a pressupostos e condições da ação igualmente distintos. São as circunstâncias especiais da *relação material* ou do *procedimento* que determinam essas diferenças, não uma suposta especialidade *do processo*.

Pelos mesmos motivos, não consideramos o processo que tramita perante os juizados especiais uma forma especial *de processo*, mas um processo regido por um procedimento especial[28] idealizado para uma prestação de tutela jurisdicional simplificada, o que reflete em técnicas procedimentais também mais simplificadas.[29]

---

28. Em sentido contrário: Kazuo Watanabe, *Acesso à ordem jurídica justa: conceito atualizado de acesso à Justiça, processos coletivos e outros estudos*, Belo Horizonte, Del Rey, 2019, pp. 11-35.

29. Nesse sentido, aderimos à posição de Heitor Vitor Mendonça Sica: "Muitos autores defenderam que havia sido criado um novo *processo especial* (e não um mero *procedimento especial*), sob o fundamento principal de que a Lei 9.099/1995 criou uma estrutura judiciária própria e instituiu princípios gerais (art. 2º) diversos daqueles que inspiram o Código de Processo Civil. Ousamos discordar dessa ideia. A fixação de regras de competência diversas das previstas no Código de Processo Civil não basta para afirmar a existência de um diferente tipo de *processo*. De outro lado, essa competência diferenciada dos juizados especiais cíveis define-se pelo tipo de litígio ('causas cíveis de menor complexidade', conforme enuncia o art. 3º da Lei 9.099/1995), tendo por premissa básica a ideia de que o procedimento comum (previsto no Código de Processo Civil) é desnecessariamente complexo para resolvê-las. Em atenção a uma característica do direito material deduzido (baixa complexidade), o legislador criou um procedimento especial, mais simples e oral,

2.568. considerações finais e um convite à reflexão: estamos caminhando para o fim da tipificação dos procedimentos especiais?

Em suma, *processo* é o instrumento por meio do qual se forma uma relação jurídica em que se pede o exercício da atividade jurisdicional. Esse instrumento opera por meio de uma sucessão de atos concatenados em contraditório que, examinados em conjunto, formam o *procedimento*.

O legislador previu um procedimento-padrão – denominado comum – para que o processo se desenvolva até atingir a sua finalidade (provimento jurisdicional). Não obstante, dada a multiplicidade de direitos e a especificidade de determinadas situações jurídicas que exigem um tratamento diferenciado para que a tutela ao final prestada seja útil e eficaz, percebeu-se a insuficiência do procedimento comum que, em razão da sua rigidez e inflexibilidade, não era permeável a essas particularidades.

Surgem, então, os *procedimentos especiais* como uma das formas de se promover a *tutela jurisdicional diferenciada*, por meio da adequação do procedimento às particularidades do direito material em dada situação jurídica, com vistas a uma tutela mais útil e efetiva.

Em um contexto de rigidez do procedimento comum traçado pelo legislador, avolumaram-se os procedimentos especiais previstos em leis extravagantes e no Código de Processo Civil – alguns, aliás, que com o tempo caíram em desuso ou se mostraram desnecessários e foram suprimidos da edição de 2015 (como, por exemplo, as ações de depósito, de nunciação de obra nova *etc.*).

Não obstante, com as mudanças trazidas pelo Código de Processo Civil de 2015, vale refletir se ainda subsistiriam razões para regulação específica de procedimentos especiais, ou se os anseios da tutela jurisdicional diferenciada acabarão sendo atendidos pela aplicação de técnicas especiais atípicas no âmbito do procedimento comum.

---

em certa medida ampliando características já presentes no próprio procedimento *comum* sumário (não por acaso, costuma-se chamar de *sumaríssimo* o procedimento do juizado especial cível). O fenômeno é exatamente o mesmo que origina a criação dos demais procedimentos especiais, de modo que não há, enfim, como reconhecer um processo dos juizados especiais. Há, sim, um *procedimento especial* inserido no contexto de um *microssistema* regido por princípios próprios. Aplica-se o mesmo raciocínio aos juizados especiais federais e da Fazenda Pública (Leis 10.259/2001 e 12.153/2009).

"Podemos fazer a mesma afirmação quanto aos meios de tutela de interesses transindividuais. Seguindo-se as premissas até aqui afirmadas, a expressão *processo coletivo* seria imprópria, pois em realidade denominaria o rol de *procedimentos especiais* previstos em legislação extravagante e conotados por regras específicas, principalmente quanto à *legitimação ativa* e quanto à *coisa julgada* diversas daquelas previstas no Código de Processo Civil (arts. 6º e 472)" (Heitor Vitor Mendonça, ob. cit.).

O procedimento comum, diferentemente do que se dava em sua origem, não é mais um procedimento inflexível e insuscetível a adaptações.[30] O Código de Processo Civil de 2015 dá abertura ao menos em três oportunidades para adaptações procedimentais atípicas no âmbito do procedimento comum: (i) quando admite a cumulação de pedidos sujeitos a procedimentos distintos mediante o emprego do procedimento comum com "técnicas processuais diferenciadas previstas nos procedimentos especiais" (CPC, art. 327, § 2º), sem especificar quais são; (ii) quando confere ao magistrado um poder de adaptação do procedimento às necessidades do direito material (CPC, art. 139, incs. IV e VI); e (iii) quando permite às partes transigirem sobre "mudanças no procedimento para ajustá-lo às especificidades da causa" por meio de negócios jurídicos processuais (CPC, art. 190).[31]

Diante dessa mudança de paradigma, começa a ecoar na doutrina a ponderação de que "talvez a melhor alternativa não seja a proliferação de incontáveis procedimentos especiais, mas a inserção de possibilidades de flexibilização e adaptação em um procedimento comum que sirva como modelo procedimental".[32]

A proposta nos parece interessante e reflete a adequada superação do dogma da completude do ordenamento jurídico e do totalitarismo normativo, diante da compreensão de que o legislador é incapaz de regular de antemão todas as situações jurídicas que poderiam ensejar um trato diferenciado em razão de alguma particularidade do direito material.

Por outro lado, na prática, abandonar a tipificação de cada procedimento especial ou reduzir expressivamente o número de procedimentos especiais previstos em lei poderia trazer perdas em termos de segurança jurídica, tratamento isonômico e celeridade dos procedimentos, sobretudo considerando o cenário peculiar brasileiro de litigiosidade massificada e repetitiva que im-

---

30. É uma decorrência da aplicação do que a doutrina denomina "princípio da adaptabilidade do procedimento às necessidades da causa" (José Roberto dos Santos Bedaque, ob. cit., pp. 74-75). Também a esse respeito: Fernando da Fonseca Gajardoni e Camilo Zufelato, "Flexibilização e combinação de procedimentos no sistema processual civil brasileiro", *Revista Eletrônica de Direito Processual/REDP* 21/135-163, ano 14, n. 3, setembro-dezembro/2020, disponível em *https://www.e-publicacoes.uerj.br/index.php/redp/article/viewFile/54201/34875*, acesso em 27.3.2023.

31. A propósito, Antonio Carlos Marcato cita as duas últimas hipóteses como formas previstas no Código de Processo Civil de 2015 de aplicação do "princípio da adaptabilidade do procedimento" (Antonio Carlos Marcato, ob. cit., p. 58).

32. Fredie Didier Júnior, Antonio do Passo Cabral e Leonardo Carneiro da Cunha, ob. cit., pp. 86-87.

pacta a qualidade das decisões e impede um exame artesanal das especificidades de cada caso.

Seja como for, parece-nos lícito concluir que a realidade atual aponta, ao menos, para o fim da *taxatividade* dos procedimentos especiais.[33] Afinal, a aplicação de técnicas especiais no âmbito do procedimento comum (já autorizada por lei) nada mais faz do que transformá-lo em um procedimento especial para aquele caso concreto, ou seja, em um procedimento especial não tipificado, ainda quando preservadas etapas do rito comum.[34]

Nesse contexto, talvez não estejamos caminhando (ainda) para o fim da tipificação dos procedimentos especiais, mas para a adequada percepção externada por Luiz Rodrigues Wambier e Eduardo Talamini, de que "a tipicidade procedimental deve ser compreendida como *facilitação* para o jurisdicionado – e não como um fator de restrição, de dificultação, de sua tutela".[35]

Nessa linha, entendemos que a tipificação de procedimentos especiais, embora útil para fins de segurança jurídica, tratamento igualitário e celeridade procedimental, não pode mais ser encarada como um pressuposto indispensável para a concessão de uma tutela jurisdicional diferenciada, pois isso significaria sobrepor exigências formais às necessidades do direito material – visão há muito já superada.[36]

---

33. Essa era uma característica listada de forma reiterada pela doutrina na vigência do Código de Processo Civil de 1973: "(...) o procedimento especial constitui uma exceção à regra geral, que é a do procedimento ordinário. Ora, é regra fundamental de hermenêutica que toda norma de exceção deve ser expressa. Não se admitem normas excepcionais implícitas. Por este motivo todos os processos especiais estão expressa e taxativamente indicados no Código" (Galeno Lacerda, ob. cit., p. 37). Hoje ainda se afirma que "se o ordinário é a vala comum onde deságuam todos os pedidos para os quais a lei não tenha cogitado rito especial, o certo é que os procedimentos especiais somente podem ser utilizados nas hipóteses especificamente delimitadas pela lei" (Humberto Theodoro Júnior, *Curso de direito processual civil. Procedimentos especiais*, 53ª ed., vol. 2, Rio de Janeiro, Forense, 2019, pp. 11-12).

34. "A rigor, não se tem, na hipótese em que é aplicada a parte final do art. 327, § 2º, do CPC/2015, o emprego do procedimento comum. O simples fato de se admitir que o juiz insira etapas procedimentais e técnicas diferenciadas dos procedimentos especiais no procedimento comum já o desnatura, tornando o procedimento empregado nos casos de cumulação de pedidos, que tenham ritos distintos, especial" (Fernando da Fonseca Gajardoni e Camilo Zufelato, ob. cit., p. 153).

35. Luiz Rodrigues Wambier e Eduardo Talamini, *Curso avançado de processo civil: procedimentos especiais e juizados especiais*, 16ª ed., reformada e ampliada de acordo com o novo CPC, vol. 4, São Paulo, Thomson Reuters Brasil, 2018, p. 36.

36. José Roberto dos Santos Bedaque, *Efetividade do processo e técnica processual*, São Paulo, Malheiros Editores, 2006.

Referências Bibliográficas

ARMELIN, Donaldo. "Tutela jurisdicional diferenciada". *Revista de Processo* 65/45-55. Ano 1992. Janeiro-março/1992.

BEDAQUE, José Roberto dos Santos. *Direito e processo. Influência do direito material sobre o processo.* 6ª ed. São Paulo, Malheiros Editores, 2011.

———. *Efetividade do processo e técnica processual.* São Paulo: Malheiros, 2006.

BUENO, Cassio Scarpinella. *Manual de direito processual civil.* 8ª ed. São Paulo, SaraivaJur, 2022.

DIDIER JÚNIOR, Fredie, CABRAL, Antonio do Passo, e CUNHA, Leonardo Carneiro da. *Por uma nova teoria dos procedimentos especiais.* Salvador, Juspodivm, 2018.

DINAMARCO, Cândido Rangel. *Instituições de direito processual civil.* 10ª ed., revista e atualizada segundo o Código de Processo Civil e de acordo com a Lei n. 13.256, de 4.2.2016, vol. 1. São Paulo, Malheiros Editores, 2020; 8ª ed., vol. 2. São Paulo, Malheiros Editores, 2019; 7ª ed., vol. 3. São Paulo, Malheiros Editores, 2017.

GAJARDONI, Fernando da Fonseca, e ZUFELATO, Camilo. "Flexibilização e combinação de procedimentos no sistema processual civil brasileiro". *Revista Eletrônica de Direito Processual/REDP* 21/135-163. Ano 14, n. 3, setembro-dezembro/2020. Disponível em *https://www.e-publicacoes.uerj.br/index.php/redp/article/viewFile/54201/34875.* Acesso em 27.3.2023.

GARBI, Carlos Alberto. "Tutela jurisdicional diferenciada e efetividade do processo". *RT* 782/48-67. Ano 2000. Dezembro/2000.

GRINOVER, Ada Pellegrini, CINTRA, Antônio Carlos de Araújo, e DINAMARCO, Cândido Rangel. *Teoria geral do processo.* 28ª ed. São Paulo, Malheiros Editores, 2012.

LACERDA, Galeno. *Teoria geral do processo.* Rio de Janeiro, Forense, 2008.

LEONEL, Ricardo de Barros. *Tutela jurisdicional diferenciada.* São Paulo, Ed. RT, 2010.

MARCATO, Antonio Carlos. *Procedimentos especiais.* 18ª ed. São Paulo, Atlas, 2021, *e-book.* Disponível em *https://integrada.minhabiblioteca.com.br/#/books/9788597026221/.* Acesso em 2.4.2023.

MARQUES, José Frederico. *Instituições de direito processual civil.* 4ª ed., vol. 1. Rio de Janeiro, Forense, 1971.

SICA, Heitor Vitor Mendonça. "Reflexões em torno da teoria geral dos procedimentos especiais". *Revista de Processo* 208/61-89. Junho/2012.

THEODORO JÚNIOR, Humberto. *Curso de direito processual civil. Teoria geral do direito processual civil, processo de conhecimento, procedimento comum.* 62ª ed., vol. 1. Rio de Janeiro, Forense, 2021.

————. *Curso de direito processual civil. Procedimentos especiais*. 53ª ed., vol. 2. Rio de Janeiro, Forense, 2019.

WAMBIER, Luiz Rodrigues, e TALAMINI, Eduardo. *Curso avançado de processo civil: procedimentos especiais e juizados especiais*. 16ª ed., reformada e ampliada de acordo com o novo CPC, vol. 4. São Paulo, Thomson Reuters Brasil, 2018.

WATANABE, Kazuo. *Acesso à ordem jurídica justa: conceito atualizado de acesso à Justiça, processos coletivos e outros estudos*. Belo Horizonte, Del Rey, 2019.

TÍTULO XXXVIII – ***OS PROCEDIMENTOS ESPECIAIS REGIDOS PELO CÓDIGO DE PROCESSO CIVIL***

Capítulo CLXXII – Ação de Consignação em Pagamento

Capítulo CLXXIII – Ação de Exigir Contas

Capítulo CLXXIV – Ações Possessórias

Capítulo CLXXV – Ações de Divisão e de Demarcação de Terras Particulares

Capítulo CLXXVI – Ações de Apuração de Haveres e de Dissolução Parcial de Sociedade

Capítulo CLXXVII – Inventário, Partilha e Arrolamento

Capítulo CLXXVIII – Oposição

Capítulo CLXXIX – Habilitação

Capítulo CLXXX – Ações de Família

Capítulo CLXXXI – Ação Monitória

Capítulo CLXXXII – Homologação do Penhor Legal

Capítulo CLXXXIII – Regulação de Avaria Grossa

Capítulo CLXXXIV – Restauração de Autos

Capítulo CLXXXV– Notificação, Interpelação e Protesto

Capítulo CLXXXVI – Alienação Judicial

Capítulo CLXXXVII – Divórcio e Separação Consensuais, Extinção Consensual de União Estável e Alteração do Regime de Bens do Matrimônio

Capítulo CLXXXVIII – Registro de Testamento e de Codicilo

Capítulo CLXXXIX – Herança Jacente, Bens de Ausentes e Coisas Vagas

Capítulo CXC – Interdição, Curatela e Tutela

CAPÍTULO CLXXII – *AÇÃO DE CONSIGNAÇÃO EM PAGAMENTO*

ANTONIO CARLOS MARCATO

I – Introdução

2.569. o pagamento por consignação como modo anormal de extinção da obrigação

Na dicção do art. 304 do Código Civil, "qualquer interessado na extinção da dívida pode pagá-la, usando, se o credor se opuser, dos meios conducentes à exoneração do devedor".

Dessa previsão legal extrai-se, primeiro, que o pagamento representa o modo normal de extinção da obrigação, mediante o cumprimento espontâneo da prestação devida. Extrai-se, mais, que, não sendo a obrigação espontaneamente desfeita dessa forma – seja porque o credor se recusou injustificadamente a receber o pagamento ou a dar regular quitação, seja porque o devedor ficou impedido, por motivos alheios à sua vontade, de realizar o pagamento (*v.* CC, art. 335), seja, ainda, pela impossibilidade de realização do depósito extrajudicial da importância devida, ou da recusa, pelo credor, do depósito realizado pelo devedor –, resta a este último, ou a qualquer outro interessado na extinção da obrigação, a via anormal do pagamento por consignação (CC, arts. 334 e 345).

Então, se no caso concreto não é admissível o depósito extrajudicial da prestação (v., *infra*, n. 2.571.2) ou, sendo, dele não quiser utilizar-se o devedor (pois facultativa essa modalidade de depósito), deverá valer-se da via judicial para se liberar da dívida e dos respectivos encargos. Em outras palavras, essa modalidade de pagamento assume, nessa hipótese, a forma judicializada de desfazimento do vínculo obrigacional, daí o devedor, ou o terceiro interessado no pagamento, depender da realização do depósito judicial para a liberação da dívida, promovendo a ação de consignação em pagamento.

2.570. situações autorizadoras do pagamento por consignação

O art. 335 do Código Civil enuncia as hipóteses de cabimento do pagamento por consignação, todas elas atinentes ao mérito da ação consignatória, quando proposta pelo devedor ou interessado que não quis ou não pôde valer-se do depósito extrajudicial. Deduzida qualquer dessas situações como causa de pedir fática, sua não comprovação pelo autor-consignante, quando lhe couber o ônus probatório, implicará a rejeição do pedido pelo juiz (CPC, arts. 373, inc. I, e 487, inc. I).

2.570.1 recusa do credor

Tratando-se de dívida portável (*portable* – CC, art. 327, *caput*, 2ª parte), caberá o pagamento por consignação se o credor recusar injustificadamente a oferta de pagamento feita pelo devedor ou se negar a dar-lhe a correspondente quitação (v. art. 320). Isto porque, diante dessa recusa em receber a coisa ou quantia ofertada, a inércia do devedor acarretará a sua mora; por outro lado, aceitando o credor a oferta de pagamento, sem, contudo, dar a correspondente quitação, o devedor também deverá proceder ao depósito, judicial ou extrajudicial (quando cabível), do bem objeto da prestação: afinal, não podendo comprovar a quitação da dívida, "pagou mal" e poderá ser compelido, no futuro, "a pagar duas vezes" (v. CC, arts. 308, 310 e 312).

2.570.2 inércia do credor

Sendo a dívida quesível (*quérable* – CC, arts. 327, 1ª parte, e 337), compete ao credor buscar o pagamento no domicílio do devedor (CC, art. 327, *caput*, 1ª parte). Não o fazendo no tempo ou no local estabelecidos, nem mandando procurador em seu lugar, igualmente poderá o devedor valer-se do pagamento por consignação para liberar-se da obrigação e de suas consequências (CC, arts. 337 e 400, 1ª parte). O mesmo ocorrerá se a obrigação tiver por objeto a entrega de coisa consistente em corpo certo, a ser entregue no mesmo local onde se encontra (*v.g.*, coisa imóvel – arts. 328 e 341): se o credor não for, nem mandar procurador para recebê-la, o devedor efetuará o pagamento por consignação, neste caso devendo necessariamente promover a ação consignatória, pois inadmissível, por evidente, o depósito bancário de coisa diversa de dinheiro.

2.570.3 credor incapaz, desconhecido, ausente ou em local desconhecido ou inacessível

Também é autorizada essa modalidade de pagamento quando o credor for incapaz de receber, não seja conhecido pelo devedor, houver sido declarado ausente ou residir em lugar incerto ou de acesso perigoso ou difícil:

a) *credor incapaz* – o pagamento deverá ser feito na pessoa de seu representante legal (no caso de incapacidade absoluta) ou diretamente a ele, mas assistido por seu representante legal (se a incapacidade for relativa). Ignorando o devedor quem seja o representante legal, ou se este se recusar a receber ou a dar quitação em nome do credor absolutamente incapaz, ou, no caso de incapacidade relativa, a conceder a indispensável assistência, restará ao primeiro valer-se da via consignatória. No entanto, é inadmissível o depósito extrajudicial da quantia devida, pois essa modalidade de extinção da obrigação pressupõe a capacidade civil do credor;

b) *credor desconhecido* – o credor original faleceu e o devedor, por ignorar quem seja seu herdeiro, desconhece a quem pagar. Como o único modo de liberar-se da obrigação é o pagamento, deverá promover ação de consignação em pagamento, pois também inviável, neste caso, o depósito extrajudicial, adiante examinado;

c) *credor declarado ausente* (CPC, arts. 744 e ss.) – ao seu curador caberá receber e dar quitação. No entanto, se o devedor desconhece quem seja o curador ou, mesmo o conhecendo, se ignorar se ele tem poderes para receber e dar quitação, poderá valer-se da ação de consignação em pagamento para liberar-se da obrigação, igualmente não sendo possível, neste caso, lançar mão do depósito extrajudicial, pelas razões adiante expostas;

d) *credor residente em local incerto ou de acesso difícil ou perigoso* – como nesses casos é impossível ao devedor efetuar o pagamento, a ação consignatória representará a via adequada para a liberação da obrigação, inviabilizado o depósito extrajudicial a que alude o § 1º do art. 539 do CPC. Observe-se que a presente hipótese se refere somente à dívida portável; sendo ela quesível, a inércia do credor caracteriza a hipótese já examinada (*supra*, n. 2.570.2).

2.570.4 dúvida quanto à titularidade do crédito

Ignorando o devedor a quem deva validamente efetuar o pagamento entre os pretendentes credores, poderá fazer uso do pagamento por consignação, promovendo a ação correspondente, também inviabilizado, neste caso, por evidente, o depósito extrajudicial.

Assim, havendo disputa judicial entre terceiros a respeito de determinado crédito – e tornando-se exigível a prestação no curso do processo, sem que o devedor tenha certeza a quem deva satisfazê-la –, ou ele assumirá o risco do pagamento, pagando a qualquer dos contendores (CC, art. 344), ou procederá à consignação judicial da prestação, isentando-se das consequências da mora (arts. 394, 395 e 399).

2.570.5 litígio sobre o objeto do pagamento

Mesmo sendo conhecido o credor, poderá haver litígio acerca do objeto do pagamento.

Explicitando: o credor é certo, mas entre ele e terceiro trava-se disputa judicial tendo por objeto a quantia ou a coisa devida; consequentemente, não pode o devedor simplesmente efetuar o pagamento ao credor, pois, se o fizer, assume o risco de pagar mal. Terá, portanto, como única forma de livrar-se da obrigação, o pagamento por consignação, com a propositura da correspondente ação judicial, também sendo inviável, nessa hipótese, o depósito extrajudicial.

Tome-se, como exemplo, a situação em que o locador figura como réu em ação de reintegração de posse de imóvel locado e o inquilino é formalmente cientificado da existência do litígio. Ele não poderá simplesmente deixar de efetuar o pagamento dos alugueres ao réu, contratualmente seu credor, sob pena de despejo, nem é aconselhável que o pague, pois corre o risco de estar pagando mal, caso vitorioso o autor da ação possessória – que, nessa hipótese, terá direito aos frutos do bem, quais sejam, os alugueres. Mas também não pode realizar o pagamento diretamente ao autor, assumindo o risco do pagamento, pois ainda inexiste decisão judicial sobre o pedido possessório (CC, art. 344). Resta-lhe, portanto, nesse caso, proceder ao depósito dos alugueres no próprio processo em curso, sem necessidade de ajuizar a ação de consignação em pagamento.

2.570.6 outras hipóteses de pagamento por consignação

Além daquelas até aqui examinadas, há outras hipóteses ensejadoras de pagamento por consignação, como na desapropriação (Decreto-lei 3.365/1941, arts. 33 e 34, parágrafo único) e na liberação de débito fiscal (CTN, arts. 156, VIII, e 164).

2.571. depósito extrajudicial e hipóteses de cabimento

Com as exceções adiante apontadas, o art. 539 do CPC faculta ao devedor valer-se do depósito extrajudicial (ou bancário[1]) de qualquer prestação pecuniária, inclusive aquelas relativas a aluguel e encargos da locação (v., *infra*, n. 2.571.3). E, apesar de previsto em norma processual, esse depósito é instrumento de direito material, modo alternativo, à jurisdição estatal, de resolução de conflitos, apto à extinção de obrigações de natureza pecuniária.

2.571.1 requisitos do depósito extrajudicial

A possibilidade de realização dessa modalidade de depósito e a sua eficácia liberatória dependem do atendimento dos requisitos a seguir examinados.

2.571.1.1 *objeto do depósito* – Seja pela clara dicção da lei, seja pela natureza da atividade do estabelecimento depositário (agência bancária), fica excluída a possibilidade de o depósito extrajudicial ter por objeto a *coisa* devida, prestando-se, exclusivamente, às prestações pecuniárias (art. 539, § 1º).

2.571.1.2 *lugar do depósito* – O interessado na liberação da dívida deverá efetuar o depósito extrajudicial em agência de banco oficial existente no lugar do pagamento; não havendo, contará com a colaboração de estabelecimento da rede privada. Observe-se, primeiro, que a locução "lugar do pagamento" deve ser compreendida no sentido amplo de *foro do local do pagamento*, pois inexistindo agência bancária no local a ele destinado (*v.g.*, no Município onde o pagamento deva ser realizado), certamente haverá na sede da comarca a que pertença; observe-se, mais, que

---

1. O depósito extrajudicial é regulamentado pela Resolução 2.814, de 24.1.2011, do Banco Central.

o lugar do pagamento será definido com base na natureza da dívida: sendo ela quesível, o lugar do pagamento é, em princípio, o domicílio do devedor; se portável, o do credor.

2.571.1.3 *beneficiário do depósito* – Deverá ser credor conhecido, certo, capaz, solvente, inequivocamente titular do crédito e com domicílio conhecido pelo depositante. Se o interessado na extinção da dívida desconhece quem seja o credor (dúvida quanto à identidade física), ou havendo dúvida quanto a quem seja o titular do crédito (quando duas ou mais pessoas se intitulam credoras – dúvida quanto à qualificação jurídica), descaberá o depósito extrajudicial: no primeiro caso, pela óbvia impossibilidade de realização do depósito em favor de pessoa desconhecida; no segundo, porque o depósito não pode ser condicional, devendo referir-se a credor certo.

Já o credor incapaz não poderá validamente receber ou dar quitação (CC, art. 310 c/c art. 166, inc. I), nem terá valor legal a eventual recusa que venha a manifestar em relação ao depósito efetuado em seu favor, ficando inviabilizado, no que a ele concerne, o depósito previsto no art. 539 do diploma processual civil. O mesmo se diga em relação ao credor falido, que perde o direito de administrar os seus bens, pois o crédito deverá figurar na respectiva massa (arts. 77, 81 e 103 da LRE).

De outra parte, a existência de litígio envolvendo a prestação devida igualmente representa óbice ao depósito extrajudicial, pois. estando em curso processo no qual o credor figure como parte – e versando a pretensão deduzida em juízo sobre o direito material do qual a prestação devida é oriunda –, com a citação válida do réu opera-se a litigiosidade da coisa (CPC, art. 240), restando assim ao devedor, ciente da existência do litígio e da ocorrência daquele fenômeno processual, apenas o depósito judicial para se liberar da dívida, sob pena de, pagando diretamente a qualquer dos litigantes, correr o risco de pagar mal e ter, no futuro, de repetir o pagamento ao legítimo credor.

2.571.1.4 *a ciência, pelo devedor, do local do domicílio do credor* – É evidente a necessidade de o depositante conhecer o local do domicílio do credor, pois este deverá ser cientificado, por carta com aviso de recepção enviada pelo banco, do depósito efetuado em seu favor, para levantá-lo ou, sendo o caso, manifestar formalmente a sua recusa (CPC, art. 539, §§ 1º e 3º).

2.571.2 a realização do depósito extrajudicial

Presente qualquer das situações autorizadoras do pagamento por consignação – e sendo de natureza pecuniária a prestação devida –, o devedor (ou o terceiro interessado no pagamento) poderá valer-se, a seu exclusivo critério, do depósito extrajudicial junto a estabelecimento bancário, efetuando-o em conta com correção monetária, em nome e em favor do credor.

Realizado o depósito e cientificado o credor por via postal, este poderá adotar uma, entre as seguintes condutas: a) comparece na agência bancária e levanta o depósito, assim manifestando sua expressa aceitação ao pagamento, com a consequente liberação do devedor, mesmo que o depositante seja terceiro; b) não recusa formalmente o depósito no decêndio previsto em lei e, diante dessa aceitação tácita do depósito, opera-se o pagamento por consignação previsto em lei, com a liberação do devedor da obrigação, permanecendo a quantia depositada na agência bancária, à disposição dele, credor; c) manifesta por escrito, junto ao banco depositário, a sua recusa à recepção da quantia depositada; frustrada a tentativa de liberação da dívida pela via extrajudicial, poderá o depositante valer-se da judicial, promovendo a ação consignatória no prazo de 30 dias, a contar da ciência da recusa, instruindo a petição inicial com a prova do depósito e da recusa; decorrido o prazo sem o ajuizamento da ação, ficará sem efeito o depósito bancário, facultado o seu levantamento pelo depositante.

É evidente que a não propositura da ação no prazo legal não obsta, ao interessado, o seu ajuizamento posterior, desde que, agora, o valor consignando esteja devidamente atualizado.

Explicitando: o inútil escoamento do prazo a que alude o § 3º do art. 539 do CPC não tem o condão de extinguir o direito (material) à consignação, nem representa óbice ao exercício do direito de ação, constitucionalmente assegurado. Ao facultar o depósito extrajudicial, a lei confere ao interessado no pagamento via diversa do acesso à jurisdição estatal, sem, contudo, retirar-lhe esse direito de acesso. Sucede, apenas, que a não propositura da ação no trintídio legal acarreta o restabelecimento do estado anterior à efetivação do depósito extrajudicial, ou seja, a dívida remanesce em aberto e o credor continua insatisfeito, desta feita por inércia imputável ao devedor. Implementado o 30º dia a contar da ciência, pelo depositante, da recusa do credor à recepção do depósito extrajudicial, a não propositura da ação consignatória caracterizará o estado de mora do devedor, devendo a prestação, a partir daí, ser acrescida de juros moratórios, multa (quando houver previsão a respeito) e corrigida monetariamente (caso o devedor depositante tenha levantado o depósito) até que, em futuro processo consignatório, seja efetuado o depósito a que alude o inc. I do art. 542 do CPC.

Sintetizando: a inércia do credor caracteriza a aceitação do depósito; a do devedor, não promovendo a ação no prazo legal, a sua mora.

Derradeira observação: o prazo previsto no § 3º do art. 539 do CPC não tem natureza processual, devendo ser computado nos termos da lei civil (art. 132), inaplicável, portanto, o disposto em seu art. 212.

2.571.3 o depósito extrajudicial de aluguel e encargos da locação

O Projeto do CPC aprovado pela Câmara dos Deputados previa, no § 5º de seu art. 553, a consignação extrajudicial de aluguéis e encargos da locação. Esse parágrafo não foi incluído no art. 539 do Código em vigor, mas essa ausência não impede, a nosso sentir, que verbas locatícias possam ser objeto de depósito extrajudicial.

Afinal, elas estão incluídas na fórmula geral de "obrigação em dinheiro" a que alude o art. 539 em seu primeiro parágrafo e, apesar de o depósito extrajudicial vir previsto em norma de natureza processual, é *instrumento de direito material*, apto à extinção de obrigações pecuniárias. É certo que em seu art. 67 a *Lei de Locação Predial Urbana* (Lei 8.245/1991) contempla procedimento específico para a consignação de aluguéis e encargos, diverso daquele estabelecido pelo CPC para o processamento das demais consignatórias; mas a adoção de um ou outro desses procedimentos pressupõe, à evidência, que o depósito pretendido pelo interessado seja o judicial, pois o extrajudicial independe, como deflui de sua própria denominação, de qualquer atividade do interessado perante o Judiciário.

Em suma, nada impede o depósito extrajudicial de aluguéis e encargos da locação; recusado que seja o depósito pelo credor, daí sim – e só então – deverá o depositante valer-se da via jurisdicional, adotado, de acordo com a origem do crédito, o procedimento judicial específico. Além disso, a posição contrária à ora externada representaria clara negação aos escopos almejados pela lei, pois os conflitos envolvendo inquilino e locador são, notoriamente, de grande ocorrência no dia a dia, nada mais justificando continuem os primeiros a valer-se necessariamente da jurisdição estatal.

II – A ação de consignação em pagamento

2.572. extinção da obrigação pela via judicial

Nascida a obrigação, será ela normalmente desfeita, como já salientado, por meio do pagamento, que se opera no momento em que o devedor espontaneamente satisfaça o credor, cumprindo a prestação devida e extinguindo-se, então, o vínculo obrigacional e os encargos e ônus dele eventualmente resultantes (CC, arts. 304 a 333). Mas nem sempre a obrigação é desfeita dessa forma, seja porque o devedor se tornou inadimplente, não ofertando a prestação no tempo, lugar ou modo estabelecidos pela lei ou pelo contrato (mora do devedor ou *mora solvendi* – CC, arts. 394 ss.), seja porque o próprio credor se recusa injustificadamente a receber o pagamento ou a dar quitação (mora do credor ou *mora accipiendi*), seja, finalmente, porque o devedor ficou impedido, por motivos alheios à sua vontade, de realizar o pagamento.

Nos dois últimos casos (*mora accipiendi* e impossibilidade de pagamento por motivo alheio à vontade do devedor) poderá a obrigação ser extinta por meio do pagamento por consignação (CC, arts. 334 e 345), que se perfaz com o depósito da quantia ou coisa devida, o qual, sendo aceito pelo credor ou vindo a ser declarado válido e suficiente por sentença judicial, tem o condão de extinguir a obrigação, liberando o devedor.

2.573. a ação de consignação em pagamento

Sendo inadmissível o depósito bancário ou dele não querendo valer-se o devedor, restar-lhe-á apenas a via judicial, com a promoção da ação de consignação em pagamento, também designada como ação consignatória.

2.573.1 legitimidade ativa

Estão ativamente legitimados a promover a ação consignatória o devedor e o terceiro juridicamente interessado no pagamento da dívida, como o fiador, o sócio *etc.* (v. CC, art. 304).

2.573.2 legitimidade passiva

É conferida ao credor conhecido, àquele que alegue tal condição junto ao devedor ou, ainda, sendo desconhecido, ao credor incerto, a ser citado por edital, em seu favor intervindo, se for o caso, o defensor público ou aquele nomeado pelo juiz (curador especial – CPC, art. 72, inc. II e parágrafo único). O credor incapaz também figurará como réu, mas representado ou assistido por seu representante legal, também intervindo obrigatoriamente no processo, nesse caso, o órgão do Ministério Público, na qualidade de fiscal da ordem jurídica (CPC, art. 178, inc. II).

Havendo dúvida quanto à titularidade do crédito, figurarão como litisconsortes passivos aqueles que se intitulam credores (os pretendentes ou sedizentes credores – *infra*, n. 2.582).

2.574. foro e juízo competentes

O art. 540 do CPC estabelece regra de competência de foro, ou territorial, valendo como critério determinativo o lugar do pagamento da quantia ou coisa devida. Juízo competente, por sua vez, será o estadual, federal ou trabalhista, dependendo da qualidade da parte ou da natureza da prestação (*v.g.*, consignatória de tributo ou de verba trabalhista).

2.574.1 critérios determinativos da competência de foro

Sendo a dívida *quesível*, o foro competente é o do domicílio do autor (devedor); sendo *portável*, aquele onde se situa o domicílio do credor (réu), ou o contratualmente eleito (foro de eleição: CPC, art. 63). Apesar de o CPC não haver explicitamente recepcionado o critério estabelecido no parágrafo único do art. 891 do CPC/1973, também atua como critério determinativo de competência a natureza do bem objeto da prestação, ante o que dispõe o Código Civil em seu art. 341; consequentemente, tendo por objeto bem imóvel ou corpo certo (*v.g.*, cabeças de gado em pastagem), a ação consignatória poderá ser proposta no local onde se encontra o bem (ou bens) consignando.

Derradeira observação: entendemos que a existência de cláusula prevendo foro de eleição não afasta, por si só, a prevalência do *forum solutionis* contemplado no art. 540 do CPC, dada a especialidade deste último sobre aquele. Em outras palavras, concorrendo no caso concreto o foro de eleição e o do local do cumprimento da obrigação, este deverá prevalecer; todavia, como se trata de competência relativa, esta será prorrogada se, proposta a ação no foro eleito, o réu não suscitar essa defesa na contestação (CPC, arts. 65 e 337, inc. II e § 5º).

2.574.2 a relatividade da competência para a ação consignatória

A competência territorial ou de foro é relativa, por definição. Logo, se a ação consignatória for ajuizada no foro incompetente, caberá ao réu alegar a incompetência relativa, como questão preliminar da contestação (CPC, art. 64), sob pena de operar-se a prorrogação da competência (art. 65). O mesmo não se aplica, porém, à competência de juízo, absoluta e improrrogável.

Exemplificando: o juízo (*rectius*: Justiça) estadual será absolutamente incompetente para o processamento de ação consignatória tendo por objeto tributo federal, pois à Justiça Federal competem o processamento e julgamento das causas em que a União, entidade autárquica ou empresa pública federal intervenham na condição de autoras, rés, assistentes ou oponentes, exceto as de falência, as de acidentes de trabalho e as sujeitas à Justiça Eleitoral e à Justiça do Trabalho (CF, art. 109, inc. I).

2.574.3 a existência de litisconsórcio passivo

Poderão figurar como réus duas ou mais pessoas – como na hipótese prevista no art. 547 do CPC; tendo domicílios diferentes, prevalecerá a regra de competência territorial estampada no § 4º do art. 46 do mesmo Código, podendo a ação consignatória ser proposta no foro de qualquer delas, à escolha do autor. Contudo, se a prestação consignanda for quesível, ou houver previsão de foro de eleição, a competência será, respectivamente, do foro do domicílio do autor-devedor consignante ou do foro contratualmente eleito pelas partes.

2.575. ação de consignação em pagamento e prestações sucessivas

Afastando-se da nomenclatura adotada pelo Código Civil – e que foi recepcionada pelo CPC/1973 –, em seu art. 541 o CPC refere-se às prestações *sucessivas* (ao invés de *periódicas*), assim entendidas as oriundas de contratos de trato sucessivo, cujo cumprimento perdura no tempo e compreende prestações também deferidas no tempo, repetindo-se em intervalos, regulares ou não (*v.g.*, alugueres, prestações alimentares, mensalidades escolares etc.).

2.575.1 pedido implícito de prestações sucessivas

Ao promover a ação de consignação em pagamento, o autor deverá indicar na petição inicial, explicitamente, a prestação (ou prestações) *vencida*, objeto do pedido; neste também se incluem as prestações *vincendas*, à medida que se tornarem exigíveis e desde que tempestivamente depositadas no curso do processo.

2.575.2 consignação de prestações sucessivas

Duas hipóteses devem ser consideradas, levando-se em conta a existência, ou não, de depósito extrajudicial antecedente à propositura da ação consignatória.

Realizado o depósito extrajudicial da prestação pecuniária, nada obsta, em caso de recusa do credor, a que o devedor utilize a mesma conta bancária para a efetivação do depósito da prestação vencida imediatamente em seguida, se e quando, no momento de seu vencimento, ainda não estiver instaurado o processo consignatório. Se entre a recusa do credor e o ajuizamento da ação consignatória (a ocorrer, no máximo, até 30 dias após aquela) vier a vencer nova prestação (*v.g.*, prestação semanal, quinzenal), poderá o depositante depositá-la na mesma conta bancária, novamente cientificando o credor do depósito. E, tão logo ingresse em juízo com a ação consignatória, deverá instruir a petição inicial também com os documentos comprobatórios desse segundo depósito e da respectiva cientificação do credor. A solução ora preconizada atende perfeitamente ao espírito da lei e possibilita aos interessados, sendo aceitos os depósitos, a imediata satisfação de seus interesses.

Efetivado o depósito judicial, as prestações vincendas deverão ser depositadas, à medida que vençam, no processo a essa altura já instaurado, até cinco dias a contar da data do respectivo vencimento.

É evidente a desnecessidade de citação do réu a cada novo depósito, bem como a impossibilidade de reabrir-se prazo para contestação, porque não há nova demanda a ensejar defesa; nada obsta, porém, a que o réu impugne qualquer dos depósitos, decidindo o juiz a respeito. A possibilidade de utilização do mesmo processo para a continuidade dos depósitos encontra sua razão de ser na natureza implícita do pedido consignatório (CPC, arts. 323 e 541), assim tornando desnecessária a propositura de nova ação a cada vencimento de nova prestação.

Não sendo depositada qualquer das prestações vencidas no quinquídio legal, com o consequente rompimento da cadeia de depósitos, essa prestação inadimplida ainda poderá ser depositada, antes do vencimento da próxima, com os acréscimos legais e/ou contratuais, medida que melhor atende aos interesses das partes e aos escopos do processo; emendada a mora, restabelece-se a ordem de depósitos das prestações vincendas, até que sobrevenha a decisão judicial definitiva. Ao contrário, permanecendo a situação de inadimplência, o juiz deverá proceder ao julgamento do pedido consignatório, acolhendo-o em parte, se e quando reconhecer que as prestações tempestivamente depositadas ensejaram o adimplemento parcial da obrigação, com a observância, então, do disposto no art. 86 e seu parágrafo do CPC.

Finalmente, apesar de o CPC omitir-se (como já se omitira o anterior) quanto ao momento em que o processo não mais se prestará ao depósito das prestações vincendas, seria razoável sustentar, por aplicação analógica de disposição expressa da LLPU (art. 67, inc. III), que ele coincidiria com a prolação da sentença; e, mesmo havendo apelação pendente de julgamento, deveria o devedor ajuizar nova ação, se e quando persistisse o estado de coisas determinante da propositura da anterior. Não é esse, no entanto, o entendimento predominante no Superior Tribunal de Justiça, ao decidir que os depósitos dessas prestações possam ser efetuados até o trânsito em julgado, evitando-se a multiplicação de demandas.

2.576. valor da causa

Como a lei exige a atribuição de valor certo à causa, correspondente à sua expressão econômica (CPC, art. 291), à ação consignatória tendo por objeto coisa será atribuído o seu valor de mercado ou, se for o caso, aquele indicado em contrato; à consignatória tendo por objeto prestação pecuniária única o valor deverá ser correspondente ao dessa prestação; havendo prestações vincendas, o valor da causa corresponderá à soma delas, quando a obrigação for por tempo inferior a um ano, ou, finalmente, a uma prestação anual, se por tempo indeterminado ou superior a um ano (art. 292, § 2º).

2.577. depósito judicial

Ressalvada a existência de depósito extrajudicial antecedente à propositura da ação consignatória (e desde que ele esteja comprovado, com a respectiva recusa do credor, por documentos que instruirão a petição inicial), caberá ao autor promover o depósito da coisa ou da prestação pecuniária (em relação a esta, nos casos em que não se valeu do depósito extrajudicial ou deixou escoar inutilmente o prazo estabelecido pelo art. 539, §§ 3º e 4º, do CPC) no prazo preclusivo de cinco dias, a contar do deferimento da petição inicial (art. 542, inc. I).

O depósito de quantia certa será realizado em conta judicial, à disposição do juízo, com a incidência de juros legais e correção monetária.

Não realizado o depósito no prazo legal, o juiz decretará a extinção do processo, sem resolução do mérito, porque, na ausência daquele, ficam inviabilizadas quer a oferta de defesa pelo credor-réu (ou a aceitação, por ele, da quantia ou coisa devida), quer a faculdade de eventual complementação pelo autor (CPC, art. 545). Além disso – e principalmente –, a ausência do depósito contraria a própria razão de ser da ação consignatória, pois é ele o elemento liberatório dos riscos da dívida e instrumento de extinção da obrigação. Afinal, declarada por sentença a sua idoneidade (integralidade e pertinência da quantia ou da coisa depositada), o depósito faz cessar os juros e os riscos da dívida (CC, arts. 400 e 337) e libera o autor consignante do vínculo obrigacional (CC, art. 334).

2.577.1 efeitos do depósito judicial

Assim que efetivado, o depósito produzirá os seguintes efeitos materiais:

a) *a liberação do devedor do vínculo obrigacional* – satisfeita a prestação devida, dá-se a extinção da obrigação (CC, art. 334, e CPC, arts. 539, § 2º e 546, conjugados);

b) *a cessação dos juros* – feito o depósito da quantia devida e acolhido, ao final, o pedido consignatório, estará o devedor desobrigado dos juros (CC, art. 337 – v. CPC, art. 540). Há, contudo, divergência sobre se os juros que deixarão de incidir são apenas os convencionais (juros da dívida) ou também os moratórios. Inexiste dúvida, no entanto, de que serão devidos os juros anteriores à satisfação da prestação, daí a necessidade de sua inclusão no depósito; já os juros moratórios não fluem se estiver caracterizada a mora *accipiendi* (CC, art. 396);

c) *a transferência dos riscos da dívida para o credor* – com o depósito transferem-se os riscos da dívida ao credor-réu, invertendo-se a regra *res perit debitoris* para *res perit creditoris*; por outras palavras, efetuado o depósito (e desde que ele seja aceito pelo credor ou judicialmente declarado idôneo), os eventuais riscos derivados da obrigação transferem-se ao credor, que os suportará (CC, art. 337 – v. CPC, art. 540); se a coisa depositada vier a depreciar-se ou deteriorar-se *antes* do provimento judicial favorável ao autor consignante, ainda assim o credor-réu suportará os prejuízos daí advindos, pois o efeito declaratório da sentença opera-se *ex tunc*.

O banco junto ao qual foi realizado o depósito judicial responderá pela correção monetária do respectivo valor.[2]

2.578. citação do réu

Efetivado o depósito, daí – e só então – será ordenada a citação do réu, para que oferte resposta no prazo de 15 dias úteis. Antes de ordenar a citação, deverá o juiz aguardar a realização do depósito, pois a concretização daquele ato processual depende da litispendência do processo e esta, por sua vez, da realização tempestiva do depósito, haja vista a previsão de extinção anormal contida no parágrafo único do art. 542 do CPC.

Concretizada a citação, em qualquer das modalidades previstas em lei, no prazo legal o réu:

a) *não oferta resposta tempestiva e, decretada sua revelia por ausência de contestação oportuna, uma das seguintes hipóteses irá concretizar-se*: (i) sendo o revel capaz e tendo sido citado pessoalmente, o juiz acolherá de plano o pedido formulado pelo autor e declarará extinta a obrigação, condenando o primeiro a pagar as custas e os honorários advocatícios (CPC, art. 355, inc. II), salvo se ocorrente qualquer das hipóteses enunciadas no art. 345 do mesmo diploma legal; (ii) sendo incapaz, o representante do Ministério Público intervirá no processo, sem prejuízo da representação legal do réu assistido (CPC, art. 178, inc. II, c/c art. 279); (iii) se o réu não estiver sujeito ao efeito da revelia (v. art. 345) e descouber, ainda, o julgamento antecipado do pedido previsto no inc. I do art. 355 do CPC, o juiz procederá nos termos do art. 357, 2ª parte, do mesmo diploma legal; (iv) estando o réu preso, ou tendo sido citado fictamente (com hora certa ou por edital), o juiz designar-lhe-á defensor público, que deverá ofertar contestação (CPC, art. 72, inc. II e parágrafo único);

b) *comparece em juízo, por si ou procurador e aceita, sem ressalvas, a quantia ou a coisa depositada, dando a devida quitação* – caracterizado, então, o reconhecimento da procedência do pedido, o juiz o homologará por sentença, com a consequente extinção do processo, com resolução de mérito, respondendo o réu pelo pagamento das custas e honorários advocatícios (CPC, arts. 487, inc. III, *a*);

c) *oferta contestação* (v., *infra*, n. 2.580).

---

2. Súmula 179 do STJ: "O estabelecimento de crédito que recebe dinheiro, em depósito judicial, responde pelo pagamento da correção monetária relativa aos valores recolhidos."

2.579. direito de escolha da coisa devida

Tanto nas obrigações de dar coisa incerta (CC, arts. 243 a 246), quanto nas obrigações alternativas (arts. 252 a 256) é direito do devedor a escolha da coisa a ser entregue ao credor, salvo se estipulado de forma diversa. Daí as previsões do art. 543 do CPC a respeito da escolha e depósito da coisa, a saber: tendo o credor-réu o direito de escolher a coisa devida, será citado para (a) exercê-lo no prazo de cinco dias, se outro não constar da lei ou contrato, ou (b) para aceitar que o devedor o faça, fixando o juiz, ao despachar a petição inicial, o lugar, dia e hora em que se dará a entrega da coisa, sob pena de depósito.

Comparecendo o credor-réu (ou terceiro, em seu nome), ao escolher e receber a coisa objeto da prestação devida dará quitação ao devedor, competindo ao juiz proceder, neste caso, de acordo com os termos do parágrafo único do art. 546 do diploma processual; não comparecendo, caberá ao autor a escolha, com a observância do disposto na última parte do art. 244 do Código Civil, efetivando-se então o depósito. Observe-se que o não comparecimento do réu para a escolha da coisa não o impedirá de ofertar resposta oportuna.

2.580. defesas do réu

Efetivado o depósito e citado o réu (ou apenas citado, no caso de o depósito já haver sido realizado extrajudicialmente), ele poderá (a) aceitá-lo e levantá-lo, (b) permanecer omisso ou (c) ofertar resposta, consistente em contestação e/ou reconvenção (v. CPC, art. 343). Contestando, poderá deduzir não apenas as defesas de mérito enunciadas nos incisos do art. 544 do CPC: também lhe é facultado arguir, em sede preliminar, qualquer das defesas de natureza técnica indicadas no art. 337 e, ainda, outras tantas no que tange ao mérito da causa, como a falsidade da afirmação do autor no sentido de que estava em local incerto ou inacessível ou, ainda, que fosse ignorado por ele o verdadeiro titular do crédito objeto do depósito. Em suma, o art. 544 não esgota o rol das matérias de defesa, embora sejam objeto de exame, nesta oportunidade, apenas aquelas contidas em seus incisos.

2.580.1 a defesa indicada no inc. I

Se o réu contestante sustentar a inocorrência de recusa ou de mora no recebimento da quantia ou da coisa devida (e sendo a dívida de natureza portável), é do autor o ônus da prova do fato constitutivo de seu direito (CPC, art. 373, inc. I), cabendo-lhe demonstrar haver diligenciado, sem sucesso, o pagamento junto ao credor; tratando-se de dívida quesível, bastará ao autor afirmar que o réu não foi, nem mandou buscar a prestação devida, no tempo, lugar e modo convencionados, competindo ao segundo, neste caso, o ônus de provar que diligenciou o recebimento.

2.580.2 a defesa indicada no inc. II

O réu poderá reconhecer a recusa afirmada na petição inicial, mas fundar sua defesa na justeza de seu comportamento, alegando, por exemplo, a ausência de qualquer dos requisitos do pagamento, à época da oferta da prestação pelo devedor,[3] circunstância que invalidaria aquele ato extintivo da obrigação; apresentada essa sua linha de defesa, será dele o ônus da prova (CPC, art. 373, inc. I).

2.580.3 a defesa indicada no inc. III

É lícito ao réu sustentar, em sua contestação, que o depósito de prestação portável não foi realizado pelo autor no prazo ou no lugar do pagamento (CC, arts. 327 a 333 e 394), hipótese que enseja uma série de considerações:

a) ao referir-se à inadequação do lugar do depósito e à intempestividade de sua ocorrência, o Código autoriza a apresentação de defesa fundada na imprestabilidade da prestação quando esta tenha por objeto uma *coisa*, não uma determinada *quantia em dinheiro*, pois as prestações de natureza pecuniária jamais se tornam inúteis; aliás, ainda que o devedor de prestação pecuniária já esteja em mora, mas queira furtar-se aos seus efeitos, poderá pleitear o depósito, com o acréscimo das importâncias devidas a título de ressarcimento pelos prejuízos impostos ao credor até a data de sua efetivação (CC, art. 401, inc. I). No entanto, se o autor-consignante for devedor de prestação de dar ou de restituir coisa e já se encontrar em mora por ocasião do depósito (sendo inútil, a essa altura, a prestação dele objeto – CC, art. 395, parágrafo único), deverá o credor-réu fundar sua defesa nessa inutilidade da prestação, decorrente da intempestividade do depósito e da inadequação do local onde foi realizado;

b) sendo a dívida portável, o local do pagamento é o do domicílio do credor, ou outro lugar por ele designado contratualmente; tendo natureza quesível, o local do pagamento coincidirá com o do domicílio do devedor, ali devendo o credor buscar o pagamento; se o devedor ofertou a prestação portável em local diverso do estabelecido, estará, só por isso, em mora (CC, art. 394), sendo justa, portanto, a recusa do credor em recebê-la. E, efetivado o depósito pelo primeiro, a defesa do segundo também poderá vir fundada no inciso sob exame;

3. Por exemplo, a incapacidade do devedor ou do credor, o não cumprimento integral da obrigação, o não vencimento da dívida, a sua iliquidez *etc.* (CC, arts. 304 a 312).

c) a circunstância de ter sido o depósito realizado em local diverso daquele do pagamento poderá ensejar ao réu a arguição de uma defesa processual indireta e outra de mérito, isto é, poderá tanto arguir a incompetência de foro (CPC, arts. 64 e 337, inc. II) quanto apresentar contestação fundada na inadequação do depósito, pois inconfundíveis as defesas relacionadas ao processo, à ação ou ao *meritum causae*. Ao sustentar que o depósito não foi efetivado no lugar do pagamento (CPC, art. 544, inc. III), o réu estará deduzindo defesa de mérito, negando o fundamento do pedido deduzido pelo autor; atacando a validade do processo, via arguição da incompetência territorial, ele visa, simplesmente, a dilatar a relação processual no tempo, retardando o pronunciamento jurisdicional sobre o mérito.

Acolhida a primeira defesa, impõe-se o decreto de rejeição do pedido consignatório; acolhida a segunda, o processo será encaminhado ao órgão territorialmente competente para processar e julgar a ação – circunstâncias indicativas de que as *regras processuais pertinentes à fixação da competência territorial* não se confundem com aquelas de *direito material atinentes ao lugar de pagamento*. Então, mesmo vindo a ser repelida a arguição de incompetência de foro, ou ocorrendo a prorrogação convencional tácita da competência, nem por isso deverá o juiz reconhecer, ao pronunciar-se sobre o mérito, que o depósito foi adequadamente efetuado no local do pagamento.

2.580.4 a defesa indicada no inc. IV

Finalmente, o réu poderá alegar a não integralidade do depósito, sob o argumento de que a quantia ou a quantidade de coisas depositadas não corresponde à totalidade da dívida. Adotando essa linha de defesa, compete-lhe indicar o montante que repute devido, sob pena de ser desconsiderada a sua alegação (CPC, art. 544, parágrafo único), até porque, vindo a ser rejeitado o pedido consignatório, o juiz condenará o autor-consignante ao pagamento da diferença reclamada pelo credor-réu, mercê da *natureza dúplice*, nesta hipótese, da ação consignatória. Por outras palavras, sendo a contestação fundada na insuficiência do depósito, a ação de consignação em pagamento assume natureza dúplice e, rejeitado o pedido formulado pelo autor, o juiz o condenará, independentemente da oferta de reconvenção pelo réu, a satisfazer o montante devido (a diferença apontada na contestação – art. 544, parágrafo único); e, como a sentença conterá carga condenatória, valerá como título executivo judicial (art. 515, inc. I), incidindo, então, o disposto nos arts. 520 e ss. do CPC.

Já a ação consignatória regida pela LLPU não tem natureza dúplice, ao credor-réu restando, caso pretenda o despejo ou a condenação do devedor-consignante ao pagamento de alugueres, valer-se da via reconvencional (art. 67, VI).

Observe-se, de outra parte, que se a quantia (ou a coisa) depositada for inferior (ou diversa, em qualidade ou quantidade) àquela efetivamente devida, o réu irá defender-se com a alegação de que o depósito não atende à plenitude de seu crédito. Reconhecendo o autor a pertinência dessa impugnação, poderá complementar o depósito, no prazo estabelecido pelo art. 545, salvo se a prestação já houver se tornado inútil ou impossível, a impor a rescisão do contrato.

2.581. complementação do depósito

Alegando o réu a insuficiência do depósito realizado pelo autor, seja ele o extrajudicial (v. CPC, art. 539, § 3º) ou o judicial (art. 542, inc. I), cumpre-lhe indicar o exato montante que entenda devido, discriminando as verbas (ou os bens) que o integram, pois a não indicação acarretará a pura e simples desconsideração dessa defesa (art. 544, parágrafo único), caso em que estará, tecnicamente, na mesma situação do réu revel, sofrendo as consequências que daí advêm. Além disso, a não discriminação dos elementos integrantes da prestação que o réu considera devida poderá gerar dúvidas que inviabilizem o exercício, pelo autor, da faculdade legalmente assegurada de complementar o depósito já realizado. Finalmente, apenas quando se tratar de prestação líquida (liquidez que diz respeito, neste caso, à diferença existente entre a quantia ou quantidade de coisas já depositada pelo autor e aquela reputada devida pelo réu) é que existirá o título executivo judicial a que alude o art. 545 em seu § 2º, bastando, quando for o caso, proceder à prévia liquidação.

Reconhecendo o autor a pertinência da defesa calcada na insuficiência do depósito, poderá complementá-lo em 10 dias, a contar da data em que for cientificado do teor da contestação. É evidente que nem sempre será possível a complementação, como deflui da ressalva contida no art. 545: se a prestação devida já se tornou imprestável ao réu, não aproveitará ao autor o exercício da faculdade conferida por lei, respondendo ele, isto sim, pelas perdas e danos decorrentes de sua mora (CC, art. 395, parágrafo único). Evidente, ainda, que a prestação só será eventualmente imprestável quando tenha por objeto a entrega ou restituição de coisa (CC, arts. 395 e 399); sendo prestação pecuniária (obrigação de dar dinheiro), ela sempre será útil ao credor.

Convém atentar para duas consequências decorrentes da complementação: a) se a *única* alegação do réu foi a insuficiência do depósito, a sua complementação pelo autor implicará a prolação de sentença de mérito, pois o motivo da recusa deixou de existir (CPC, art. 487, inc. III, *a*); b) tendo o réu deduzido outras defesas, a complementação terá apenas o condão de reduzir os limites da controvérsia, mas não o de eliminá-la, devendo o processo prosseguir até a decisão final que solucione as questões remanescentes.

> Nesse caso, a complementação do depósito pelo autor-consignante equivale ao *reconhecimento, por ele, da procedência da defesa do réu*, hipótese não encartada no rol das decisões de mérito (CPC, art. 487).

Mesmo que o autor não complemente o depósito, ainda assim poderá o credor-réu levantar a quantia ou coisa depositada, pois a controvérsia estará limitada exclusivamente à diferença por ele reclamada, hipótese em que se justifica o julgamento antecipado parcial do mérito (CPC, art. 356, inc. I). Essa antecipação permite ao credor-réu, sem prejuízo da contestação ofertada, o levantamento da quantia ou da coisa depositada, com a consequente liberação parcial do autor, prosseguindo o processo quanto à parcela controvertida. Trata-se, pois, de providência extremamente benéfica, quer por ensejar ao autor a sua desoneração dessas prestações, livrando-se, no que a elas respeita, dos riscos e ônus da mora, quer por permitir ao réu a pronta satisfação desses créditos.

Importante salientar, na sequência, que o levantamento do depósito cabe também na situação do inc. I do art. 544 e não, exclusivamente, tratando-se de contestação fundada na insuficiência do depósito.

2.581.1 a não complementação do depósito e suas consequências

Examinemos algumas situações relacionadas à não complementação do depósito:

a) o autor não complementa o depósito, mas o juiz se convence, ao final, da correção e adequação daquele originalmente realizado – deverá acolher o pedido consignatório e declarar extinta a obrigação, arcando o réu com o ônus da sucumbência, pois se revelou injustificada a sua resistência;

b) reconhecida a insuficiência do depósito, o juiz adotará uma, entre as seguintes providências: (i) se o réu não efetuou o levantamento do depósito, facultado (mas não imposto!) pelo § 1º do art. 545, será rejeitado o pedido consignatório,[4] arcando o autor, com exclusividade, com as consequên-

---

4. "Recurso repetitivo – Tema 967/STJ – Civil e processual – Recurso especial – Ação de consignação em pagamento – Contrato bancário – Improcedência – Finalidade de extinção da obrigação – Necessidade de depósito integral da dívida e encargos respectivos – Mora ou recusa injustificada do credor – Demonstração – Obrigatoriedade – Efeito liberatório parcial – Não cabimento – código civil, arts. 334 a 339 – CPC de 1973, arts. 890 a 893, 896, 897 e 899 – Recurso representativo de controvérsia – CPC de 2015.

"1. 'A consignação em pagamento visa exonerar o devedor de sua obrigação, mediante o depósito da quantia ou da coisa devida, e só poderá ter força de pagamento se concorrerem 'em relação às pessoas, ao objeto, modo e tempo, todos os requisitos sem os quais não é válido o pagamento' (art. 336 do NCC)' (4ª Turma, REsp1.194.264-PR, rel. Min. Luís Felipe Salomão, v.u., *DJe* 4.3.2011).

cias decorrentes da sucumbência; e, independentemente de dedução de pedido reconvencional pelo réu (mercê da natureza dúplice, neste caso, da ação consignatória), o autor consignante será ainda condenado ao pagamento (ou à entrega) da diferença da quantia (ou da coisa) devida, valendo a sentença como título executivo judicial, a permitir ao credor-réu a sua execução. Apelação que vier a ser interposta à sentença terá o denominado efeito suspensivo (CPC, art. 1.012), razão pela qual eventual execução provisória poderá ocorrer somente após o julgamento do apelo, se e quando do respectivo acórdão for interposto recurso especial e/ou extraordinário; (ii) se o réu levantou o depósito, as consequências serão idênticas às enunciadas no item anterior, seja porque o levantamento atinge apenas as parcelas incontroversas, não autorizando a conclusão de que, ao levantá-las, ele tenha reconhecido a pertinência e a suficiência do depósito, seja porque, caso reconhecida judicialmente, ao final, a não integralidade do depósito, estará demonstrada a correção da conduta do réu ao recusá-lo nos moldes em que foi efetivado pelo autor, circunstância suficiente, por si só, a ensejar a rejeição do pedido consignatório.

2.582. ação de consignação em pagamento fundada na dúvida quanto à titularidade do crédito

Ignorando o devedor quem seja o credor ou, ainda, caso duas ou mais pessoas compareçam perante ele intitulando-se titulares do mesmo crédito, torna-se impossível, ou potencialmente perigoso, o cumprimento da obrigação, seja por desconhecer a quem efetuar o pagamento (na primeira hipótese), seja por não poder efetuá-lo a qualquer dos pretendentes credores (na segunda), sob pena de pagar mal e sofrer as consequências que daí advirão.[5] Consequentemente, o devedor deverá promover a ação consignatória, competindo ao juiz decidir, ao final, quem é o legítimo credor (CPC, arts. 547 e 548).

Interpretação apressada do artigo sob exame poderia levar à errônea conclusão de que ele se refira exclusivamente à hipótese do inc. IV do art. 335

"2. O depósito de quantia insuficiente para a liquidação integral da dívida não conduz à liberação do devedor, que permanece em mora, ensejando a improcedência da consignatória.

"3. Tese para os efeitos dos arts. 927 e 1.036 a 1.041 do CPC: 'Em ação consignatória, a insuficiência do depósito realizado pelo devedor conduz ao julgamento de improcedência do pedido, pois o pagamento parcial da dívida não extingue o vínculo obrigacional'.

"4. Recurso especial a que se nega provimento, no caso concreto" (2ª Seção, REsp 1.108.058-DF, rel. Min. Lázaro Guimarães (Desembargador convocado do TRF-5ª Região), rel. para o acórdão Min. Maria Isabel Gallotti, j. 10.10.2018, *DJe* 23.10.2018, *RSTJ* 252/580).

5. Ou seja, "quem paga mal, paga duas vezes" (v. CC, arts. 308, 310 e 312).

do Código Civil. Assim não é, porém, pois ele também terá incidência no caso de a dúvida resultar do absoluto desconhecimento de quem possua a qualidade de credor.

Conhecendo o autor os pretendentes credores, estes serão pessoalmente citados; não os conhecendo, ou estando em local inacessível, ignorado ou incerto, a citação será realizada por edital, devendo intervir no processo o defensor público, caso ocorra a revelia de qualquer deles (CPC, art. 72, inc. II).

2.582.1 posturas dos réus

Proposta a ação consignatória, efetivado o depósito e citados os réus em litisconsórcio necessário – mas não unitário –, uma, entre três hipóteses, poderá ocorrer: a) nenhum deles comparece no processo; b) comparece apenas um; e c) comparecem dois ou mais (art. 548):

a) *revelia* – não comparecendo ao processo qualquer dos réus, o juiz decretará a revelia de todos e proferirá sentença de procedência, declarando a correção e a integralidade do depósito realizado pelo autor, procedendo-se, em seguida, à conversão do depósito em arrecadação de coisas vagas (CPC, art. 744);

b) *comparecimento de um litisconsorte passivo* – ofertando contestação, o processo terá trâmite regular, até o advento da sentença; se a defesa consistir exclusivamente na insuficiência do depósito, poderá o autor complementá-lo, com as consequências daí advindas. Demonstrando o réu comparecente, com prova documental idônea, o seu legítimo direito à quantia ou à coisa depositada, o juiz proferirá sentença de procedência, declarando efetuado o depósito, liberando o autor-devedor da obrigação e deferindo o levantamento do depósito em favor do réu-credor. Cumpre alertar, porém, que, apesar de o art. 548, inc. II, prever o julgamento de plano, eventualmente será necessária a instrução probatória, possibilitando ao réu comparecente a comprovação de seu direito por prova diversa da documental; se este não comprovar o seu direito sobre a coisa ou a quantia depositada, declarar-se-á, por sentença, efetuado o depósito e liberado o autor-devedor da obrigação, procedendo-se à conversão do depósito em arrecadação de coisas vagas. Sendo ofertada contestação;

c) *comparecimento de dois ou mais litisconsortes passivos* – há as seguintes hipóteses a considerar:

(1ª) o depósito é impugnado, sob o argumento de não ser integral – sendo possível a complementação pelo autor, após a sua realização o juiz procederá nos moldes do art. 545 do CPC, declarando, ainda, qual dos réus comparecentes é o legítimo credor; ou, então, determinando a arrecadação da coisa ou da quantia depositada, se nenhum dos réus demonstrar tal qualidade;

(2ª) há impugnação ao depósito, ao argumento de inexistência de dúvida acerca da titularidade do crédito ou de ocorrência de qualquer das circunstâncias apontadas no inc. III do art. 544 – o processo prosseguirá, com a observância do procedimento comum (art. 318), mantidas as mesmas partes. O mesmo sucederá se, impugnado o depósito por não ser ele integral, for impossível – ou não requerida – a sua complementação pelo autor (CPC, arts. 544, inc. IV, e 545);

(3ª) o depósito não é impugnado por qualquer dos réus – o juiz o declarará efetuado e o autor-consignante liberado da obrigação, com sua consequente exclusão do processo; este então prosseguirá unicamente entre os réus, que a partir daí assumirão a dupla condição de sujeitos ativos e passivos da relação jurídica processual, adotado o procedimento comum. Por outras palavras, com a exclusão do autor original operam-se a *movimentação* e a *acomodação* das partes remanescentes na relação jurídica processual já instaurada e, no mesmo processo, caberá ao juiz decidir a questão pertinente à titularidade do crédito. No regime do CPC esse ato liberatório do autor original tem natureza de decisão interlocutória de mérito e, apesar da singularidade da situação, pode ser encartado na hipótese prevista no inc. I do art. 356, comportando impugnação, se for o caso, por agravo de instrumento (§ 5º).

2.583. natureza da sentença

A ação consignatória tem escopo declaratório, pois o autor pretende obter provimento jurisdicional declaratório da idoneidade e suficiência do depósito, ou seja, busca liberar-se da obrigação por meio do depósito da coisa ou da quantia devida, depósito que tem, ele sim, eficácia desconstitutiva do vínculo obrigacional (CPC, art. 546).

Depositada a coisa ou a quantia devida, cessam imediatamente os riscos e a responsabilidade derivados da obrigação, sempre que a sentença ao final proferida contenha a declaração positiva da correção e da suficiência do depósito. Rejeitado o pedido consignatório (em razão do reconhecimento, p.ex., da inidoneidade ou da insuficiência do depósito), permanecerá íntegro o vínculo obrigacional, arcando o devedor com todas as consequências legais e contratuais derivadas da mora ou de eventual inadimplemento absoluto. Não se perca de vista, porém, a situação prevista no último parágrafo do art. 545 do CPC (condenação do autor ao pagamento da diferença do depósito), quando, então, a sentença também terá carga condenatória e valerá como título executivo judicial (CPC, art. 515, inc. I).

2.584. enfiteuse civil e enfiteuse administrativa: resgate do aforamento

Essa modalidade de enfiteuse, constituída sobre bem particular ou bem público (aquele de domínio de Município), não apenas deixou de ser recepcionada pelo Código Civil em vigor, como é expressamente proibida pelo seu art. 2.038, *caput*, que, não obstante, por também ser regra de direito intertemporal, subordina as enfiteuses já existentes, até sua extinção, às disposições dos aludidos arts. 678 a 694 do CC/1916 (v., ainda, CF, art. 49, §§ 1º e 2º).

Ficam mantidas as enfiteuses administrativas, constituídas sobre bens públicos dominiais (geralmente, terrenos de marinha e acrescidos) e regidas por legislação própria (v. art. 103, inc. III, do Decreto-lei 9.760/1946 e Lei 9.636/1998).

Como previsto no art. 693 do CC/1916 (com a redação dada pela Lei 5.827/1972), após 10 anos de constituição do aforamento era assegurado ao enfiteuta (ou foreiro) o direito de resgatá-lo, pagando ao senhorio direto o *laudêmio*, equivalente a 2,5% (dois e meio por cento) do valor atual da propriedade, mais 10 prestações anuais (*foros*), ficando assim consolidada a sua propriedade plena sobre o imóvel. Recusado o resgate pelo senhorio direto, o foreiro poderia promover ação consignatória, depositando as quantias correspondentes ao laudêmio e foros.

Tendo em vista o que dispõem o diploma civil e o art. 549 do CPC, dois alertas são necessários: (i) relativamente às enfiteuses civis ainda existentes, é proibida a cobrança de laudêmio ou prestação análoga na transmissão de bem aforado (CC, art. 2.038, § 1º, inc. I); (ii) a remissão de enfiteuse administrativa, nas restritas hipóteses em que admitida, fica subordinada, primeiro, a expressa autorização administrativa, motivada pela superveniente insubsistência dos motivos que determinaram a aplicação do regime enfitêutico (Decreto-lei 9.760/1946, art. 103, inc. III, incluído pela Lei 11.481/2007) – ou seja, o foreiro não tem direito à remissão –, e, segundo, ao pagamento de importância correspondente a 17% (dezessete por cento) do valor do domínio pleno do terreno (idem, arts. 122 e 123, este com a redação dada pela Lei 9.636/1998, posteriormente modificada pelo art. 25 da Lei 13.240/2015).

Dessas previsões legais é lícito extrair-se a conclusão de que o art. 549 do CPC (simples repetição, em última análise, do art. 900 do CPC/1973) não terá aplicação prática.

CAPÍTULO CLXXIII – **AÇÃO DE EXIGIR CONTAS**

BRUNO VASCONCELOS CARRILHO LOPES

2.585. especialidade do procedimento

A ação de exigir contas é o procedimento especial cabível para postular o reconhecimento do direito à prestação de contas, impor sua prestação e resolver definitivamente o conflito posto em discussão, mediante a condenação do devedor no saldo apurado ou a declaração de que nada é devido.

Para a prestação de tutela jurisdicional com toda essa abrangência, esse procedimento especial guarda relevantes peculiaridades quando comparado com o procedimento comum. Afora regras de menor relevância estrutural, que serão abortadas nos próximos itens, as principais peculiaridades são: a divisão do procedimento em duas fases e a natureza dúplice da demanda.

Divisão do procedimento em duas fases. O procedimento da ação de exigir contas é dividido em duas fases. A primeira tem início com a propositura da demanda e se encerra com a decisão que aprecia o pedido de condenação do réu a prestar as contas. Julgado o pedido procedente, inicia-se a segunda fase, em que são prestadas as contas e é apurado eventual saldo devido.

Haverá uma única fase se a demanda for julgada improcedente ou na hipótese de o réu não contestar o dever de prestar contas, prestando-as desde logo. Nesta hipótese, o procedimento seguirá em fase única, com a prática dos atos pertinentes à segunda fase (*infra*, n. 2.591).

É possível que o procedimento comum se divida em fases semelhantes a essas da ação de exigir contas, quando houver julgamento antecipado parcial de mérito (CPC, art. 356 – *supra*, vol. III, nn. 1.341-1.343) ou sempre que imposta condenação ilíquida (CPC, art. 509 – *supra*, vol. III, n. 925).

Natureza dúplice da demanda. A segunda fase se encerra com sentença que declara prestadas as contas e apura eventual saldo devido. Se não houver saldo, declara-se que nada é devido. Se houver saldo em favor do autor, o réu é condenado. Se houver saldo em favor do réu, o autor é condenado. Como o autor pode vir a ser condenado independentemente de pedido do réu – uma exceção à regra dos arts. 141 e 492 do Código de Processo Civil –, trata-se de demanda de natureza dúplice (*supra*, vol. III, n. 1.297).

2.586. direito de exigir contas e dever de prestá-las

O procedimento da ação de exigir contas foi concebido para a tutela do direito de exigir contas. Para ser cabível, é necessário que estejam em discussão esse direito e o respectivo dever do réu de prestar contas. É inadmissível utilizar o procedimento para a tutela de outros direitos que envolvam o acertamento de débitos e créditos entre autor e réu. Essa vedação decorre de disposição expressa de lei (CPC, art. 550, *caput*) e tem por principal razão de ser a forma como o procedimento é estruturado. Se a condenação do réu não estiver amparada no reconhecimento de um dever de prestar contas, dela decorrerá inadmissível inversão do ônus da prova – contrariamente ao disposto no art. 951 do Código de Processo Civil (*supra*, vol. III, n. 951) e sem o amparo de uma obrigação decorrente do direito material, será imposto ao réu o ônus de produzir prova dos fatos alegados pelo autor (*infra*, n. 2.592).

Inexistente o dever de prestar contas, o direito que decorra do acertamento de débitos e créditos entre duas pessoas poderá ser tutelado em processo que tramite pelo procedimento comum. É ainda possível a prévia propositura de demanda de produção antecipada de provas (*supra*, vol. III, nn. 975 ss.).

Ao contrário do que ocorria no regime do Código de Processo Civil de 1973, não há no direito vigente um procedimento especial para a demanda em que se *oferece a prestação de contas*. Aplica-se portanto o procedimento comum à demanda daquele que tem o dever de prestar contas e pretenda fazê-lo em juízo. Aplicado o procedimento comum, a demanda não terá natureza dúplice e, portanto, para que haja a condenação do autor a pagar o réu é necessário que este apresente reconvenção.

Em regra, há o direito de exigir contas e o respectivo dever de prestá-las em situações de direito material que envolvem a administração de bens ou interesses alheios. É o caso do contrato de mandato (CC, art. 668), da gestão de negócios (CC, art. 869) *etc.*

Caso o dever de prestar contas decorra de administração vinculada a processo judicial, tal como ocorre com o inventariante, o tutor, o curador e o depositário, a ação de prestação de contas deverá ser distribuída por prevenção ao mesmo juízo do processo em que o administrador foi nomeado (CPC, art. 553, *caput*). Se algum desses administradores "for condenado a pagar o saldo e não o fizer no prazo legal, o juiz poderá destituí-lo, sequestrar os bens sob sua guarda, glosar o prêmio ou a gratificação a que teria direito e determinar as medidas executivas necessárias à recomposição do prejuízo" (CPC, art. 553, par.).

2.587. legitimidade **ad causam** *e interesse de agir*

Tem legitimidade ativa *ad causam* para a propositura da ação de exigir contas quem proponha a demanda sustentando ser titular do direito de exigi-las (CPC, art. 550, *caput*). A legitimidade passiva cabe a quem, de acordo com as alegações do autor, teria o dever de prestá-las (*supra*, vol. II, nn. 633 ss.).

Sob a perspectiva do *interesse-necessidade* (*supra*, vol. II, n. 632), tem interesse de agir aquele que necessite da tutela jurisdicional para obter a prestação das contas. Se o réu jamais se recusou a prestar contas ou se as contas já foram prestadas extrajudicialmente, carece o autor de interesse em propor ação de exigir contas. Caso haja discordância quanto a contas já prestadas, o caminho para manifestá-la será a propositura de demanda pelo procedimento comum. Não parece fazer sentido permitir que se acione o Poder Judiciário para obrigar o réu a prestar novamente as mesmas contas anteriormente prestadas e somente então o autor passe a manifestar a discordância que poderia apresentar desde logo em demanda que a tenha por objeto.

Quanto ao *interesse-adequação* (*supra*, vol. II, n. 632), tem interesse quem pretenda obter o reconhecimento do direito à prestação de contas, com a ulterior prestação das contas pelo réu e a apuração do saldo devido. O procedimento especial é incabível para a prestação de outros tipos de tutela jurisdicional.

A prestação das contas envolve fundamentalmente um levantamento de créditos e débitos e o que se afere na ação de exigir contas é a correção dos números apresentados. Em princípio, não se discute a correção de decisões de administração que geraram esses créditos e débitos, a validade ou revisão de cláusulas contratuais *etc.* No entanto, não há óbice à cumulação da demanda de exigir contas com outras que digam respeito a essas questões. O § 2º do art. 327 do Código de Processo Civil indica que, em uma cumulação como essa, deveria ser aplicado o procedimento comum. No entanto, parece possível nessa hipótese específica aplicar o procedimento da ação de exigir contas, com a apreciação dessas outras questões em sua primeira fase, pois é resguardado contraditório idêntico ao do procedimento comum. Superada a primeira fase, a segunda prosseguirá com a prestação das contas e o reconhecimento de eventual saldo, já considerando o decidido a respeito de todos os pedidos cumulados.

Ao julgar o REsp repetitivo 1.497.831, o Superior Tribunal de Justiça entendeu inadmissível essa cumulação de pedidos, pois a primeira fase da ação de exigir contas não resguardaria adequadamente o contraditório e a ampla defesa quanto a outras pretensões. Estava-se a tratar, no entanto, do procedimento previsto no Código de Processo Civil de 1973, que trazia prazos de defesa mais curtos quando comparados com o procedimento comum. Isso não ocorre na disciplina do Código vigente, e, portanto, não parece haver motivo para que se vede a cumulação.

2.588. petição inicial

Aplicam-se à petição inicial da ação de exigir contas os requisitos previstos no art. 319 do Código de Processo Civil (*supra*, vol. III, nn. 1.185 ss.). Adicionalmente, o § 1º do art. 550 exige que o autor especifique "detalhadamente, as razões pelas quais exige as contas" e instrua a petição inicial "com documentos comprobatórios dessa necessidade, se existirem". Há, portanto, a exigência de um maior detalhamento dos fatos que compõem a causa de pedir, com o claro objetivo de evitar pedidos genéricos e de grande amplitude, expondo o réu, sem maiores justificativas, a uma custosa e trabalhosa prestação de contas. Exige-se também que o autor apresente desde logo os documentos de que dispõe para comprovar a necessidade da prestação das contas, em exceção à regra de que a prova dos fatos alegados não precisa ser desde logo apresentada com a petição inicial (*supra*, vol. III, n. 1.202). Por se tratar de exceção à regra, a norma do § 1º do art. 550 aplica-se exclusivamente à prova da necessidade das contas, não dos demais fatos relevantes ao julgamento de procedência.

Além da exposição dos fatos que delineiam a causa de pedir, deverá constar da inicial o pedido de condenação do réu a prestar contas. O pedido será apreciado na primeira fase e, independentemente de pedido expresso, o procedimento prosseguirá em uma segunda fase, para que sejam prestadas as contas e declarado qual é o resultado, condenando-se o autor ou o réu no eventual saldo devido (*supra*, n. 2.585).

2.589. resposta do réu

É concedido ao réu prazo de 15 dias para responder à demanda do autor (CPC, art. 550, *caput*).

Em resposta, o réu pode reconhecer o dever de prestar contas e desde logo prestá-las. Neste caso, não haverá decisão sobre a existência ou não do dever do réu de prestar contas e o procedimento seguirá em uma fase única, correspondente à segunda fase da ação de exigir contas.

O réu também pode apresentar contestação questionando o dever de prestar contas. Será então necessário instruir o processo e decidir se há ou não esse dever. Na hipótese de a demanda ser julgada procedente, o procedimento prosseguirá em sua segunda fase para que as contas sejam prestadas.

Adicionalmente, o réu pode apresentar reconvenção. Dada a natureza dúplice da demanda de exigir contas, que permite a condenação do autor no saldo que venha a ser apurado na prestação de contas, não faz sentido reconvir para apresentar pedido com esse objetivo. Mas pode ser apresentada reconvenção para que o autor também seja condenado a prestar contas, para ser declarada a nulidade de cláusula contratual que imponha a prestação das contas, entre outras demandas possíveis que guardem compatibilidade com o procedimento da ação de exigir contas (*supra*, n. 2.587) e respeitem a exigência de conexão com a demanda do autor (CPC, art. 343 – *supra*, vol. III, n. 1.294).

Se o réu ficar revel, aplicam-se os efeitos da revelia e haverá o julgamento antecipado da primeira fase da ação de exigir contas (CPC, art. 550, § 4º – *supra*, vol. III, nn. 1.307-1.310). Caso haja a condenação a prestar contas, a revelia não trará qualquer repercussão no julgamento da segunda fase, se o réu vier a prestá-las no prazo (*infra*, n. 2.593).

2.590. julgamento da primeira fase

Salvo a hipótese em que o réu não contesta o dever de prestar contas e as apresenta desde logo (*supra*, n. 2.589), o procedimento da ação de exigir contas terá início com uma primeira fase que tem por objeto decidir sobre a existência do dever de prestar contas.

Não há qualquer peculiaridade procedimental na instrução da causa para o julgamento dessa primeira fase. O contraditório é amplo, a cognição é exauriente, e para a prova de suas alegações as partes podem empregar todas as provas admissíveis no procedimento comum.

Se a demanda for julgada improcedente ou no caso de extinção sem o julgamento do mérito, o processo se encerra por sentença (CPC, art. 203, § 1º – *supra*, vol. II, n. 764) e não terá curso a segunda fase do procedimento. Como se está diante de uma sentença, o recurso cabível é a apelação (CPC, art. 1.009 – *supra*, vol. V, n. 2.287).

Em caso de procedência da demanda, o réu será condenado a prestar contas e o procedimento terá continuidade com o início de sua segunda fase. A decisão de procedência é, portanto, uma decisão interlocutória de mérito, contra a qual o recurso cabível é o agravo de instrumento (CPC, art. 1.015 – em sentido contrário: *supra*, vol. V, n. 2.289).

Deve ser imposta condenação no custo do processo, inclusive em honorários, no julgamento da primeira fase, mesmo em caso de julgamento de procedência, que não põe fim ao processo. Neste caso, devem ser impostas condenações em honorários nas decisões da primeira e da segunda fase, cada uma delas destinada a remunerar o trabalho realizado na fase a que se refere. No entanto, na soma total das verbas arbitradas nas duas fases e nos recursos que vierem a ser interpostos o valor dos honorários não poderá ultrapassar os limites máximos previstos nos §§ 2º e 3º do art. 85 do Código de Processo Civil.

Tanto em caso de procedência como de improcedência, a decisão sobre a existência do dever de prestar contas é uma decisão de mérito, que aprecia a demanda do autor a respeito dessa questão. Há portanto a formação da coisa julgada material, sendo irrelevante o fato de a decisão de procedência se qualificar como interlocutória (CPC, art. 503 – *supra*, vol. III, n. 1.145).

Como não há restrições probatórias ou limitações à cognição no procedimento da ação de exigir contas, é ainda possível que a coisa julgada se estenda a questões prejudiciais apreciadas na motivação da sentença, sempre que presentes os requisitos previstos no § 1º do art. 503 do Código de Processo Civil.

2.591. início da segunda fase

Como visto no item anterior, há uma segunda fase no procedimento da ação de exigir contas sempre que na primeira for proferida decisão de procedência, com a condenação do réu a prestar contas.

Intimadas as partes a respeito da decisão condenatória, tem início desde logo a segunda fase da ação de exigir contas. O recurso cabível contra a decisão condenatória é o agravo de instrumento (*supra*, n. 2.590), que não tem efeito suspensivo *ope legis* (CPC, art. 995 – *supra*, vol. V, n. 2.331). Não há portanto como sustentar que se deve aguardar o julgamento do recurso, ou mesmo o trânsito em julgado, para que se inicie a segunda fase do procedimento. Somente na hipótese de ser concedido efeito suspensivo ao recurso (CPC, art. 1.019, inc. I – *supra*, vol. V, n. 2.332) é que o prosseguimento da segunda fase ficará obstado.

2.592. as contas, sua impugnação e a prova pericial

Condenado a prestar contas, o réu deverá prestá-las no prazo de 15 dias, "sob pena de não lhe ser lícito impugnar as que o autor apresentar" (CPC, art. 550, § 5º). Trata-se de consequência grave e que deve ser interpretada à luz do disposto no § 6º do art. 500, ao prever que, prestadas as contas pelo autor após a inércia do réu, o juiz poderá "determinar a realização de exame pericial, se necessário". Ou seja, cabe ao juiz avaliar as contas apresentadas pelo autor – inclusive à luz de eventuais subsídios que lhe sejam apresentados pelo réu – e, se houver dúvida a respeito da correção das contas, deve ser determinada a realização de prova pericial.

Ao atender ao prazo de 15 dias, o réu deverá prestar as contas "na forma adequada, especificando-se as receitas, a aplicação das despesas e os investimentos, se houver". O réu precisa apenas apresentar as contas, sendo desnecessário que venham desde logo acompanhadas dos documentos comprobatórios de cada lançamento (CPC, art. 551, § 1º).

Nas contas apresentadas pelo autor, em caso de inércia do réu, a disciplina legal é distinta. Dada a gravidade da consequência prevista no § 5º do art. 550 do Código de Processo Civil – ainda que temperada pelo disposto no § 6º –, cabe ao autor apresentar os documentos comprobatórios de todos os lançamentos que ampararem as suas contas. Se o autor não dispuser da documentação necessária para prestar as contas, será necessário lançar mão de medidas coercitivas, para obter os documentos que estiverem em poder do réu ou de terceiros (CPC, arts. 396-404 – *supra*, vol. III, nn. 1.362-1.364). No limite, se, por culpa do réu, não for possível obter os documentos, deverá ser realizada perícia para que se arbitre eventual valor devido.

Apresentadas as contas pelo réu, o autor terá 15 dias para se manifestar a respeito, prosseguindo o processo mediante a aplicação das regras do procedimento comum (CPC, art. 550, § 2º). É inadmissível que o autor questione as contas de forma genérica. Ele deverá apresentar impugnação "fundamentada e específica, com referência expressa ao lançamento questionado" (CPC, art. 550, § 3º). Impugnadas as contas pelo autor, "o juiz estabelecerá prazo razoável para que o réu apresente os documentos justificativos dos lançamentos impugnados" (CPC, art. 551, § 1º).

Apresentados os documentos pelo réu, se persistir controvérsia que demande conhecimento técnico econômico-contábil para ser dirimida, deve ser determinada a produção de prova pericial para se aferir a correção das contas prestadas e do eventual saldo devido (CPC, art. 464 ss. – *supra*, vol. III, nn. 1.377 ss.). Se houver controvérsia a respeito dos lançamentos, é ainda possível a produção de outras provas, como a testemunhal (CPC, arts. 442 ss. – *supra*, vol. III, nn. 1.392 ss.).

2.593. julgamento da segunda fase

Prestadas as contas, efetivado o contraditório e produzidas as provas pertinentes, deve ser proferida sentença que declara prestadas as contas, com a apuração de eventual saldo devido. Pode ser apurado saldo em favor do autor ou do réu, pois a ação de exigir contas tem natureza dúplice (*supra*, n. 2.585 – CPC, art. 552). Aquele vier a ser identificado como devedor será condenado no valor apurado como devido. Se não for apurado saldo devedor, a sentença não imporá condenação e se limitará a declarar que nada é devido.

Como já referido, deve ser imposta nova condenação em honorários na sentença que julga a segunda fase do procedimento (*supra*, n. 2.590).

A decisão que julga a segunda fase do procedimento da ação de exigir contas é uma autêntica sentença, pois "põe fim à fase cognitiva do procedimento" (CPC, art. 203, § 1º). O recurso cabível é portanto a apelação (CPC, art. 1.009 – *supra*, vol. V, n. 2.287).

Tal como ocorre com a decisão de procedência proferida na primeira fase da ação de exigir contas, a sentença proferida na segunda fase é uma decisão de mérito, que fica sujeita à coisa julgada material (CPC, art. 503 – *supra*, vol. III, n. 1.145). É também possível que a coisa julgada se estenda a questões prejudiciais apreciadas na motivação da sentença – sempre que presentes os requisitos previstos no § 1º do art. 503 do Código de Processo Civil –, pois não há restrições probatórias ou limitações à cognição na segunda fase do procedimento da ação de exigir contas (CPC, art. 550, § 2º).

CAPÍTULO CLXXIV – *AÇÕES POSSESSÓRIAS*

HEITOR VITOR MENDONÇA SICA[1]

2.594. esclarecimentos iniciais

Sob a denominação "Ações Possessórias", o Capítulo III do Título III do Livro I da Parte Especial do CPC (arts. 554 a 568) trata da ação de reintegração de posse (voltada a atacar o esbulho possessório), da ação de manutenção de posse (que combate a turbação) e do interdito proibitório (que imuniza a ameaça de esbulho ou turbação). O esbulho caracteriza-se pela usurpação da posse de forma violenta, clandestina e/ou precária (art. 1200 do CC), o que pode até mesmo caracterizar crime (art. 161, II, do CP). Por turbação entende-se uma agressão parcial que não usurpa a posse, mas emperra ou prejudica o seu exercício (como, p.ex., ocupar a entrada de um imóvel).

Não se pode dizer que há três procedimentos especiais, pois (a) os três remédios se sujeitam às disposições constantes da Seção I (arts. 554 a 559); (b) as ações de reintegração e manutenção de posse estão pautadas nas mes-

1. Agradeço ao colega Bruno Almeida Ruggiero pela inestimável ajuda na pesquisa para a elaboração do presente capítulo.

mas disposições, contidas na Seção II (arts. 560 a 566); (c) ao interdito proibitório aplicam-se todas as disposições da Seção II, com o acréscimo constante do art. 567; e, principalmente, (d) há fungibilidade entre os três remédios processuais, de modo que, se a parte manejar um, isso não impedirá que o juiz outorgue a proteção que seria cabível de acordo com outro (conforme examinado no item 2.601, *infra*).

Se o esbulho, a turbação ou ameaça provêm de ato praticado em processo judicial do qual o possuidor esbulhado, turbado ou ameaçado não é parte, não são cabíveis as ações possessórias, mas sim os embargos de terceiro (arts. 674 a 681 do CPC).

De outra parte, são comumente referidas como ações possessórias em sentido lato,[2] embora sujeitas ao procedimento comum, a "ação de imissão de posse" e a "ação de nunciação de obra nova". Contudo, a primeira é, para a maioria da doutrina,[3] fundada no direito de propriedade, pois dela se vale o proprietário que jamais exerceu a posse para obtê-la. Já a segunda não protege necessariamente a posse contra turbações ou esbulhos (consumados ou ameaçados), mas sim contra o uso nocivo e irregular de imóveis.[4]

Aliás, as ações fundadas em direito de propriedade – rotuladas genericamente e em homenagem a tradições históricas de "reivindicatórias", "petitórias" ou "reipersecutórias" – também não são reguladas pelos arts. 554 a 568, mas, sim, se sujeitam ao procedimento comum.

Por fim, não se confunde com as ações possessórias a "ação de despejo", regulada pela Lei 8.245/1991, embora seja remédio conferido ao locador (que não necessariamente é o proprietário) para reaver a posse do bem locado, qualquer que seja o fundamento da extinção do contrato de locação, nos termos do art. 5º do referido diploma legal.

2.595. estrutura do capítulo

Considerando-se que os procedimentos especiais são criados para atender a peculiaridades e vicissitudes do direito material que não seriam adequadamente tuteladas pelo *standard* de prestação de tutela jurisdicional (*rectius*, o procedimento comum), é evidente que o exame de sua disciplina na legisla-

---

2. Orlando Gomes, *direitos Reais*, 19ª ed., atualizada por Luiz Edson Fachin, Rio de Janeiro, Forense, 2007, p. 98; e Carlos Alberto Bittar, *Direitos reais*, Rio de Janeiro, Forense Universitária, 1991, pp. 49-50.
3. Antonio Carlos Marcato (coord.), *Código de Processo Civil interpretado*, São Paulo, Atlas, 2022, pp. 1.120-1.121.
4. Adroaldo Furtado Fabrício, *Comentários ao Código de Processo Civil*, 8ª ed., vol. 8, t. 3, Rio de Janeiro, Forense, 2001, p. 389.

ção processual seja precedido de uma incursão, ainda que sucinta, sobre os conceitos e institutos no plano do direito material.

Assim, o presente capítulo cuidará, em primeiro lugar, de alguns aspectos fundamentais de direito material relativos à posse e sua proteção, apenas na medida do necessário à compreensão do tema sob a perspectiva processual. Em seguida será analisada a disciplina legal dos institutos no CPC atualmente vigente.

2.596. conceito de posse

O instituto da posse integra o denominado "direito das coisas", subárea do direito civil que "regula o poder dos homens sobre os bens e os modos de sua utilização econômica"[5] e que ocupa o Livro III da Parte Especial do Código Civil (arts. 1.196 a 1.510).

A posse vem definida no art. 1.196 do CC, segundo o qual "considera-se possuidor todo aquele que tem de fato o exercício, pleno ou não, de algum dos poderes inerentes à propriedade".

Dois elementos importantes são extraídos dessa definição: a) a posse se traduz em um *poder de fato* de um sujeito sobre uma coisa; e b) a posse compreende o exercício de *alguns* dos poderes inerentes à propriedade.

A doutrina majoritária[6] reconhece que esse dispositivo legal revela que a legislação brasileira acolheu a chamada "teoria objetiva da posse", desenvolvida por Rudolf von Ihering,[7] segundo a qual a posse é a "visibilidade do domínio"[8] ou um "estado de aparência juridicamente relevante",[9] levando-se em consideração a "utilização econômica" da coisa e a "exteriorização da conduta de quem procede como normalmente age o dono".[10]

---

5. Orlando Gomes, ob. cit., p. 10.
6. Carlos Roberto Gonçalves, *Direito civil brasileiro*, 15ª ed., vol. 5, São Paulo, Saraiva, 2020, p. 55; e Humberto Theodoro Júnior, *Curso de direito processual civil*, 52ª ed., vol. 2, Rio de Janeiro, Forense, 2018, p. 101. Contra (entendendo que o sistema brasileiro adotou uma teoria "eclética", que mescla elementos das vertentes subjetiva e objetiva): Pontes de Miranda, *Tratado de direito privado*, atualizado por Luiz Edson Fachin, t. 10, São Paulo, Ed. RT, 2012, pp. 104-105; e Luciano de Camargo Penteado, *Direito das coisas*, 3ª ed., São Paulo, Ed. RT, 2014, pp. 592-595.
7. Rudolph von Ihering, *Teoria simplificada da posse*, trad. de Pinto de Aguiar, Salvador, Aguiar & Souza/Livraria Progresso Editora, 1957.
8. Caio Mário da Silva Pereira, *Instituições de direito civil*, 27ª ed., atualizada por Carlos Edison do Rêgo Monteiro Filho, vol. 4, Rio de Janeiro, Forense, 2019, p. 15.
9. Silvio de Salvo Venosa, *Direito civil*, 20ª ed., vol. 4, São Paulo, Atlas, 2020, p. 26.
10. Caio Mário da Silva Pereira, ob. cit., p. 15.

Essa teoria se contrapõe à denominada "teoria subjetiva da posse", que havia sido anteriormente concebida por Friedrich Karl Von Savigny,[11] segundo a qual a posse se desdobraria em dois elementos, isto é, o *corpus* (poder físico da pessoa sobre a coisa) e o *animus* (a intenção de ter a coisa como sua).

As vantagens da primeira teoria sobre a segunda são de variadas ordens, em especial: a) a dificuldade de comprovação do estado psíquico do sujeito em relação à coisa, o qual é inerente à teoria subjetiva; b) pela teoria objetiva permite-se caracterizar como relação possessória o estado de fato decorrente da locação, do comodato, do depósito etc., de modo a permitir ao locatário, comodatário, depositário etc. valer-se dos instrumentos de proteção possessória; e c) dá-se maior relevância ao aspecto social e econômico do fenômeno, em detrimento do aspecto pessoal e subjetivo.

A posse, embora estado de fato, é juridicamente protegida, de modo que daí decorre o seu reconhecimento como um direito.[12]

Contudo, ainda há discussão na doutrina se se trataria de um direito real ou não.[13] Por um lado, o art. 1.225 do CC não lista a posse dentre os direitos reais (os quais são considerados direitos típicos e taxativamente previstos em lei[14]), ao passo que os arts. 47, § 2º, e 73, § 2º, do CPC parecem diferenciar as ações fundadas em direito real das ações possessórias (o primeiro dispositivo as equipara no tocante à competência quando tiverem por objeto bens imóveis; o segundo dispositivo as diferencia sob o prisma da necessidade de autorização do cônjuge, exigível para a proposição da ação fundada em direito real e dispensável na ação possessória). Por outro lado, impõe-se reconhecer que a posse é passível de proteção *erga omnes* e tem aderência ao bem (direito de sequela), duas das características típicas dos direitos reais.[15] Sob o ponto de vista processual, a distinção atualmente tem relevância reduzida, já que as principais questões dela decorrentes (competência e litisconsórcio ativo necessário entre cônjuges) se acham expressamente resolvidas pelos dispositivos do CPC acima aludidos.

---

11. Savigny, *Traité de la possession en droit romain*, 4ª ed., trad. de Henri Staedtler, Paris, A. Durand et Pedone Lauriel, 1893.
12. Antônio Menezes Cordeiro, *Tratado de direito civil*, vol. 13, Coimbra, Almedina, 2022, p. 519. Contra, reputando se tratar exclusivamente de fato jurídico (ou, na pior das hipóteses, ato-fato): Pontes de Miranda, ob. cit., p. 64.
13. Entendendo ser a posse direito real, Orlando Gomes, ob. cit., p. 10. Negando essa natureza: Darcy Bessone, *Direitos reais*, 2ª ed., São Paulo, Saraiva, 1996; e Cristiano Chaves de Farias e Nelson Rosenwald, *Direitos reais*, 6ª ed., 3ª tir., Rio de Janeiro, Lumen Iuris, 2010, pp. 32-33.
14. Luciano de Camargo Penteado, ob. cit., pp. 111-115.
15. Carlos Alberto Bittar, ob. cit., p. 17.

O art. 1.196 do CC contribui para a imprescindível distinção entre propriedade e posse. Em regra, o proprietário é possuidor, até mesmo porque a posse é necessária para exercício dos poderes que lhe são atribuídos pelo art. 1.228 do CC (especialmente os de usar e gozar da coisa). Contudo, a posse pode ser exercida por sujeito distinto do proprietário e, aliás, ser tutelada contra investidas deste último.

Nesse ponto reside o fundamento da chamada "vedação da exceção de domínio", constante no art. 1.210, § 2º, do CC e no art. 557 do CPC, sobre a qual adiante se falará (item 2.610, *infra*). Da mesma forma, essa distinção é relevante para divisar as ações possessórias das ações petitórias (nestas incluída a ação de imissão de posse), sendo essas últimas sujeitas ao procedimento comum (item 2.594, *supra*).

Para melhor compreensão, mostra-se relevante a diferenciação entre *ius possessionis* (direito de posse) e *ius possidendi* (direito de possuir). O primeiro se tutela pela ação possessória (no caso de a posse efetivamente exercida ter sido esbulhada, turbada ou ameaçada), ao passo que o segundo pela ação petitória (para a proteção da posse que eventualmente nunca foi exercida). Disso decorre que o proprietário pode sair vencido de uma ação possessória, ainda que em uma ação petitória pudesse sair vencedor.[16]

O exercício da posse engloba *alguns* dos poderes inerentes à propriedade, isto é, "usar" "(*ius utendi*, isto é, "colocar a coisa a serviço do seu titular"[17]) e "gozar" (*ius fruendi*, isto é, percepção de frutos naturais e civis[18]). Contudo, embora a posse em si possa ser transmitida, o mero possuidor não pode dispor da coisa (*ius abutendi*, isto é, poderes geradores, extintivos ou modificativos do domínio[19]), como poderia o proprietário. De outro lado, tanto a propriedade (art. 1.228, *in fine*, do CC), quanto a posse (art. 1.210 do CC) são passíveis de tutela jurisdicional: a primeira abre ensejo ao chamado *juízo petitório* e a segunda ao *juízo possessório*, os quais não se confundem.

A posse não se confunde com a *detenção*, a qual, à luz do art. 1.198 do CC, é exercida por aquele que, "achando-se em relação de dependência para com outro, conserva a posse em nome deste e em cumprimento de ordens ou instruções suas". O detentor (também denominado fâmulo ou servidor da posse) não usufrui economicamente da coisa. Nessa situação encontram-se, por exemplo, o caseiro de um sítio ou o funcionário de uma empresa no uso de veículos ou ferramentas a ela pertencentes, para exercício de sua ativida-

16. Rodrigo Barioni, *Comentários ao Código de Processo Civil*, vol. 11, São Paulo, Saraiva, 2020, pp. 149-150.
17. Caio Mário da Silva Pereira, ob. cit., p. 76.
18. Caio Mário da Silva Pereira, ob. cit., p. 77.
19. Luciano de Camargo Penteado, ob. cit., p. 181.

de laborativa. O preposto, na condição de mero detentor, não goza de proteção em face do preponente (esse, sim, verdadeiro possuidor), sendo-lhe ressalvado o direito de indenização por benfeitorias, embora sem poder invocar o direito de retenção.[20]

Igualmente, não se confunde a posse com meros atos de permissão ou tolerância (art. 1.208 do CC), como, por exemplo, a autorização para que um sujeito faça uma passagem episódica por imóvel alheio.

2.597. objeto da posse

Em princípio, o objeto da posse são os bens corpóreos,[21] isto é, aqueles com "existência concreta, perceptível pelos sentidos".[22]

É majoritário o entendimento de que são insuscetíveis de posse os bens incorpóreos, isto é, aqueles "que têm existência abstrata, intelectual, como os direitos, as obras do espírito, os valores como a honra, a liberdade, o nome",[23] muito embora "os direitos pessoais de caráter patrimonial e respectivas ações" sejam tratados como bens móveis para efeitos legais (art. 83, III, do CC). Nesse sentido, o STJ pacificou o entendimento de que o direito autoral é insuscetível de proteção por interditos possessórios (Súmula 228).

Em sentido contrário, destaca-se aqui a prestigiosa posição de Ruy Barbosa, que em conhecida obra defendeu o conceito de "posse de direitos pessoais",[24] a qual granjeou adeptos.[25] Conforme já se reconheceu,[26] a engenhosa construção de Ruy Barbosa pretendia atender a uma necessidade prática de sua combativa atividade advocatícia nos primórdios da República Velha, isto é, permitir a invocação da tutela imediata conferida pela ação possessória de "força nova" (isto é, intentada contra o esbulho ou turbação cometidos há menos de ano e dia – v. item 2.606, *infra*) contra violações de direitos pessoais, em cujo socorro não havia, à época, previsão de mandado de segurança, poder-geral de cautela ou de antecipação de tutela, ou mesmo uma previsão típica de tutela provisória. À luz do ordenamento atual, que contempla um amplo

---

20. Conforme entendimento do STJ: 3ª Turma, REsp 1.628.385-ES, rel. Min. Ricardo Villas Bôas Cueva, j. 22.8.2017, *DJe* 29.8.2017.
21. Antônio Menezes Cordeiro, *Tratado de direito civil*, vol. 13, Coimbra, Almedina, 2022, p. 519.
22. Francisco Amaral, *Direito civil*, 8ª ed., Rio de Janeiro, Renovar, 2014, p. 374.
23. Francisco Amaral, ob. cit., p. 374.
24. Ruy Barbosa, *Posse de direitos pessoais*, ed. cuidada por Alcides Tomasetti Júnior, São Paulo, Saraiva, 1986.
25. Orlando Gomes, ob. cit., pp. 45-48.
26. Caio Mário da Silva Pereira, ob. cit., p. 18.

poder do juiz para concessão de tutelas provisórias, inclusive contra o Poder Público, a discussão perdeu sua utilidade prática, remanescendo apenas sua importância teórica e histórica.

Importa, ainda, registrar que a posse pode recair sobre servidões (desde que aparentes), pois tal direito real sobre coisa alheia outorga ao prédio dominante um direito de uso (art. 1.213 do CC).

Por fim, convém destacar que a posse do bem imóvel enseja a presunção relativa de que estejam nela englobados os bens móveis que lá estiverem (art. 1.209 do CC).

2.598. classificações da posse

Segundo advertência sempre oportuna de José Carlos Barbosa Moreira,[27] não há classificações certas ou erradas, mas, sim, classificações úteis ou inúteis. Serão úteis aquelas que permitem compreender mais adequada e analiticamente os fenômenos. Assim, apresentam-se úteis para os fins do presente estudo as classificações adiante expostas.

Primeiramente, à luz do art. 1.197 do CC, diferencia-se a posse *direta* da *indireta*. Tal desdobramento representa construção útil para retratar, por exemplo, a posição do locador, comodante e depositante em relação ao locatário, comodatário e depositário, respectivamente. Os primeiros transferem aos segundos (por força do respectivo contrato celebrado) a posse direta e conservam a indireta. Ambos (possuidores indiretos e diretos) podem defender a posse perante terceiros, e os segundos (diretos) podem defender a posse contra agressões perpetradas pelos primeiros (indiretos). Tem-se, aqui, disposição com relevantes repercussões para o direito processual, sob o prisma da legitimidade ativa para as ações possessórias.

> A Lei de Locação de Imóveis Urbanos (Lei 8.245/1991) traz relevantes disposições acerca da proteção possessória do bem locado. Por um lado, impõe-se ao locador a obrigação de "garantir, durante o tempo da locação, o uso pacífico do imóvel locado" (art. 22, II). Por outro, impõe-se ao locatário a obrigação de "levar imediatamente ao conhecimento do locador o surgimento de (...) eventuais turbações de terceiros" (art. 23, IV). Essa última disposição não exclui a legitimidade ativa do locatário em manejar a ação possessória contra terceiros. De outro lado, embora o locatário possa defender a posse do bem locado em face do locador por meio das ações possessórias, o locador somente pode reaver a posse do bem locado, "seja qual for o fundamento do término da locação", por meio da ação de despejo (art. 5º da Lei 8.245/1991).

---

27. José Carlos Barbosa Moreira, "Questões velhas e novas em matéria de classificação de sentenças", in *Temas de direito processual – Oitava série*, São Paulo, Saraiva, 2004, pp. 141-142.

Pode-se, ainda, divisar a *posse exclusiva* (exercida por um único sujeito) da *composse* (exercida por mais de um sujeito) sobre coisa indivisa (art. 1.199 do CC). Os compossuidores podem exercer os atos possessórios sem exclusão dos demais. Em decorrência dessa regra, um compossuidor pode manejar ação possessória contra outro que se assenhorou com exclusividade da coisa.[28] Da mesma forma, cada compossuidor pode requerer tutela jurisdicional por meio de ações possessórias em face de terceiros. Em tal caso, os compossuidores formariam um litisconsórcio facultativo, embora unitário, para ajuizar ação possessória, consubstanciando demanda conjunta (não havendo, no caso em apreço, conflito de interesses entre os compossuidores[29]).

Importa, ainda, diferenciar (sob o prisma objetivo) a posse *justa* da *injusta*. Os conceitos se definem por exclusão a partir da segunda modalidade, à luz do art. 1.200 do CC: posse injusta é aquela *violenta* (adquirida pelo uso da força, física ou moral), *clandestina* (que se faz de forma oculta, não necessariamente apenas aos olhos do espoliado[30]) ou *precária* (aquela exercida com "abuso de confiança",[31] como, por exemplo, pelo detentor após ser admoestado pelo possuidor a restituir a coisa e não o fazer, ou o comodatário que, findo o contrato, não restitui a coisa).

> Tanto é assim que, caso o comodatário, uma vez notificado a restituir a coisa, não o faça, passa, a partir de então, a cometer esbulho, sujeitando-se à proposição de ação de reintegração de posse pelo comodante.

Enquanto se desenvolvem os atos de força ou enquanto persiste a clandestinidade ainda não há propriamente posse, a qual é adquirida depois que cessar tal estado de violência ou ocultação (art. 1.208, *in fine*, do CC). De outro lado, o caráter injusto da posse não se altera pela vontade do possuidor ou pelo decurso do tempo, e conserva sua característica como tal (art. 1.203 do CC), salvo se uma causa diversa sobrevier (como, p.ex., se o esbulhador adquirir o bem do esbulhado,[32] o que se denomina *interversão bilateral*[33]).

---

28. Fábio Ulhoa Coelho, *Direito civil*, 8ª ed., São Paulo, Ed. RT, 2020, p. 42.
29. Cândido Rangel Dinamarco, *Litisconsórcio*, 8ª ed., São Paulo, Malheiros Editores, p. 226.
30. Tito Fulgêncio, *Da posse e das ações possessórias*, 9ª ed., atualizada por José de Aguiar Dias, vol. 1, Rio de Janeiro, Forense, 1995, p. 38.
31. Tito Fulgêncio, ob. cit., p. 39.
32. Exemplo dado por Caio Mário da Silva Pereira, ob. cit., p. 23.
33. Marco Aurélio Bezerra de Melo e José Roberto Mello Porto, *Posse e usucapião*, 2ª ed., Salvador, Juspodivm, 2021, pp. 60-61.

Cogita-se, em sede doutrinária,[34] que a precariedade poderia se perder com o decurso do tempo, de modo a que a posse passaria a ser justa, desde que houvesse prolongada omissão do sujeito esbulhado, por força do princípio da boa-fé objetiva, em especial pelo corolário da *supressio*. Falar-se-ia aqui de *interversão unilateral*, ou *inversão*.

Note-se que a injustiça da posse é um conceito relativo, aplicável ao possuidor anterior, de quem o bem foi esbulhado, mas não a terceiros. Ou seja, se um determinado sujeito se apossa de um bem de forma violenta, clandestina ou precária e outro indivíduo, ainda que usando dos mesmos métodos, esbulha essa posse, o primeiro poderá intentar ação possessória contra o segundo. Como adiante se verá, a paz social exige que se confira proteção à posse anterior e à melhor posse,[35] a despeito de seus vícios genéticos, como forma de evitar desmedidas e ilegais manifestações de autotutela.[36]

Outra dicotomia plasmada na legislação, sob o prisma subjetivo, é aquela entre posse de *boa-fé* e de *má-fé*. Na primeira, o possuidor "ignora o vício, ou obstáculo que impede a aquisição da coisa" (art. 1.201 do CC). A segunda, por sua vez, se define por exclusão.

Cabe ao possuidor provar que adquiriu a posse de boa-fé, admitindo-se, nesse momento, qualquer meio que demonstre esse estado "ético e psicológico".[37] Contudo, nos termos da primeira parte do parágrafo único do art. 1.201, presume-se de boa-fé o possuidor que ostente "justo título", assim entendido como uma "causa de aquisição do direito"[38] a qual "seria hábil, em tese, para transferir a propriedade".[39] Se, por um lado, o caráter injusto da posse não se altera (art. 1.203 do CC), por outro, a posse pode perder seu caráter de boa-fé se sobrevier conhecimento acerca do vício ou obstáculo (art. 1.202 do CC).

Posse injusta e posse de má-fé não são conceitos coincidentes: o sujeito pode tomar à força a posse da coisa acreditando ser sua (posse injusta de boa-fé), bem como pode se apossar dela sem violência, clandestinidade ou pre-

---

34. Marco Aurélio Bezerra de Melo e José Roberto Mello Porto, ob. cit., pp. 61-63.
35. Sobre a associação entre a melhor posse e a posse mais nova, historicamente perpetuada, v.: Tito Lívio Pontes, *Da posse no direito civil brasileiro*, São Paulo, Juriscredi, s/d, pp. 148-149.
36. Sílvio Rodrigues, *Direito civil: direito das coisas*, 28ª ed., vol. 5, São Paulo, Saraiva, 2003, pp. 29-31. Associando a convalidação à coibição da justiça privada: Marco Aurélio Bezerra de Melo, "Livro III: 'Do Direito das Coisas'", in Anderson Shreiber *et al.*, *Código Civil comentado: doutrina e jurisprudência*, 2ª ed., Rio de Janeiro, Forense, 2020, p. 876.
37. Pontes de Miranda, ob. cit., p. 200.
38. Tito Lívio Pontes, ob. cit., p. 48.
39. Caio Mário da Silva Pereira, ob. cit., p. 25.

cariedade, mas sabendo que existe obstáculo para sua aquisição (posse justa e de má-fé[40]).

Por fim, diferencia-se, sob a perspectiva temporal, a posse de *força nova* da posse de *força velha*, isto é, aquela exercida há menos de ano e dia e aquela exercida a mais de ano e dia. Tal distinção se encontrava nos arts. 507 e 508 do CC de 1916, e com base nela se constituía relevante regramento no plano do direito processual: a posse de força nova era exigível mediante tutela provisória, liminarmente ou após justificação, em verdadeira hipótese do que veio a ser chamado pelo art. 311 do CPC de 2015 de tutela de evidência.[41] Essa distinção não figura no CC de 2002, levando alguns autores a cogitar de seu desaparecimento.[42] Contudo, prevalece a opinião[43] de que a distinção se manteve mesmo após o advento do CC de 2002, pois era prevista no art. 924 do CPC de 1973 e continua a sê-lo no art. 558 do CPC de 2015.

O termo inicial do prazo é o dia seguinte ao do esbulho ou turbação (art. 132 do CC) e, tratando-se de prazo contado em ano (embora com o acréscimo do dia), o termo final será no dia seguinte ao "dia de igual número do de início, ou no imediato, se faltar exata correspondência" (art. 132, § 3º, do CC). Há profundo dissenso sobre o fato de o prazo de "ano e dia" ser computado a partir do esbulho ou turbação ou do *conhecimento* do esbulho ou turbação (isto é, se seria aplicada a "teoria da *actio nata*"[44]). A preservação da paz social, que subjaz a qualquer prazo para exercício de posições jurídicas ativas[45] e é mais intensa e evidente na proteção possessória em geral, recomenda que se descarte, nesse terreno, a "teoria da *actio nata*".

---

40. Tito Fulgêncio, ob. cit., p. 41.

41. José Roberto dos Santos Bedaque, *Tutela cautelar e tutela antecipada: tutelas sumárias e de urgência (tentativa de sistematização)*, 4ª ed., São Paulo, Malheiros Editores, 2006, pp. 338-339; e Alexandre Freitas Câmara, *Manual de direito processual civil*, São Paulo, Atlas, 2022, p. 532.

42. Rodrigo Barioni, ob. cit., pp. 190-192.

43. Carlos Roberto Gonçalves, ob. cit., pp. 61-63; e Marco Aurélio Bezerra de Melo e José Roberto Mello Porto, ob. cit., pp. 55-56.

44. Adroaldo Furtado Fabrício (ob. cit., pp. 167-168) considera que, tratando-se de esbulho violento, somente se inicia a contagem do prazo quando cessar a violência e se consumar a perda da posse pelo espoliado. Já no esbulho clandestino o prazo de ano e dia somente se contaria a partir do momento em que comprovadamente chegou o fato ao conhecimento do possuidor. Já Vicente Greco Filho (*Direito processual civil brasileiro*, 22ª ed., vol. 3, São Paulo, Saraiva, 2013, p. 273) parece levar em consideração a data da efetiva agressão, independentemente do conhecimento.

45. Conforme reconhecido no clássico texto de Agnelo Amorim Filho, "Critério científico para distinguir a prescrição da decadência e para identificar as ações imprescritíveis", *RT* 744/737, Ano 86, outubro/1997.

2.599. efeitos da posse

Dentre os efeitos da posse, o que interessa mais diretamente ao presente estudo concerne ao direito de ser mantido ou reintegrado na posse em caso de turbação ou esbulho, bem como de afastar eventuais ameaças a ela (art. 1.210 do CC). Por sua importância, ao tema será reservado o próximo item.

De resto, os efeitos da posse variam substancialmente tratando-se de posse de boa-fé ou de má-fé.

A posse de boa-fé atribui ao seu titular o direito de: a) perceber os frutos (art. 1.214 do CC); b) não ser responsabilizado pela perda ou deterioração da coisa à qual não deu causa (art. 1.215 do CC); c) ser indenizado pelas benfeitorias necessárias e úteis e levantar as voluptuárias que o possam ser sem deterioração da coisa (art. 1.219, parágrafo único, 1ª parte, do CC), considerando-se o seu valor atual (art. 1.222, *in fine*, do CC); d) retenção, enquanto não indenizado pelas benfeitorias (art. 1.219, parágrafo único, 2ª parte, do CC); e e) usucapir o bem em prazo mais exíguo (art. 1.242 do CC).

De outra parte, a posse de má-fé atribui ao seu titular o direito de: a) ser ressarcido apenas das despesas de produção e custeio incorridas para percepção dos frutos (art. 1.216, *in fine*, do CPC); b) não ser responsabilizado pela perda ou deterioração da coisa à qual não deu causa, apenas quando provar que a perda ou deterioração da coisa ocorreriam inexoravelmente mesmo que estivesse na posse do reivindicante (art. 1.218 do CC; c) ser ressarcido pelas benfeitorias necessárias (art. 1.220 do CC), pelo valor do custo de sua implantação ou pelo valor atual, à escolha do reivindicante (art. 1.222 do CC); e d) usucapir o bem em prazo mais longo (art. 1.238 do CC).

2.600. proteção da posse

A proteção da posse pode se dar por meio *autotutelar* ou por meio *heterocompositivo*.

No primeiro caso fala-se em *desforço* ou *legítima defesa* (art. 1.210, § 2º, do CC), por meio do qual o próprio possuidor, quando turbado ou esbulhado, pode se valer de sua *força física*, desde que respeite três requisitos:[46] a) *ilicitude da agressão* (posse esbulhada ou turbada mediante ato violento); b) *imediatidade da reação do possuidor* (ou seja, deve ela se dar sem demora, antes que cessem os atos violentos por parte do esbulhador[47]); e c) *proporcionalidade dessa reação* (isto é, valendo-se moderadamente dos meios ade-

46. Marcelo Benacchio, in Giovanni Ettore Nanni (coord.), *Comentários ao Código Civil*, São Paulo, Saraiva, 2019, p. 1.589.

47. Marco Aurélio Bezerra de Melo e José Roberto Mello Porto, ob. cit., ob. cit., p. 81.

quados, disponíveis e suficientes para repelir a agressão, nos termos do 188, parágrafo único, do CC). Tem-se, aqui, uma conhecida exceção ao primado do monopólio do uso da força pelo Estado, com evidente paralelo com a figura da legítima defesa no plano do direito penal (art. 25 do CP). O desforço pode ser feito pelo próprio possuidor, por meio de funcionários ou prepostos (que passariam a figurar como detentores), ou mesmo mediante acionamento do aparato policial (que não pode mais agir se cessaram os atos de violência perpetrados contra quem o acionou). Fora de tais situações as medidas extrajudiciais destinadas a afastar o esbulho ou turbação poderão ser caracterizadas como exercício arbitrário das próprias razões, catalogado como crime contra a administração da Justiça (art. 345 do CP).

No segundo caso a proteção da posse tem de ser requerida ao Estado-juiz por meio, justamente, das ações de manutenção e reintegração de posse, que passam a ser tratadas a partir do próximo item.

2.601. fungibilidade das ações possessórias

De início, deve-se pôr em relevo que o art. 554 do CPC trata da fungibilidade entre as três modalidades de ações possessórias: reintegração de posse, manutenção de posse e interdito proibitório – os quais atacam, respectivamente, o esbulho, a turbação e a ameaça à posse.

Isso significa que, se a parte propôs a demanda descrevendo uma das formas de agressão à sua posse mas a prova revelar que, em realidade, ocorreu outra modalidade de agressão, o juiz concederá, no momento de prolação da decisão, a proteção cabível à situação retratada pela instrução.

Esse quadro pode ocorrer porque:[48] a) não é possível discernir o esbulho da turbação e a turbação da ameaça; b) o demandante descreveu de forma equivocada a efetiva agressão sofrida (p.ex.: se tratava de turbação, mas descreveu erroneamente se tratar de esbulho); ou porque c) a agressão se alterou no decorrer do processo (a simples ameaça no início do processo evoluiu para esbulho ou turbação).

Sobretudo nesse último caso o dispositivo representa uma exceção ao princípio da correlação entre demanda e decisão (arts. 141 e 492 do CPC), autorizando o juiz a proferir uma sentença que não guarda perfeita coincidência com a causa de pedir deduzida, por fatos supervenientes à propositura da demanda (o que se poderia extrair do art. 493 do CPC), ou mesmo sem alteração do quadro fático existente ao tempo em que ajuizada a demanda. O juiz

48. Fernando Jacob Neto, *Tutela processual da posse*, dissertação (Mestrado), Faculdade de Direito da USP, 2013, p. 146.

pode, assim, proceder *ex officio* ou mediante provocação; em ambos os casos, o prévio contraditório é indispensável (art. 10 do CPC).

O dispositivo pode se aplicar à tutela provisória, às decisões parciais de mérito, à sentença, às decisões unipessoais provisórias ou definitivas e aos acórdãos provisórios ou definitivos. O que importa é que o provimento jurisdicional espelhe com fidelidade o quadro fático existente à época de sua prolação, mesmo que em sede recursal.[49] A intercambialidade pode se dar até mesmo quando do efetivo cumprimento da decisão judicial, atendendo-se, assim, à circunstância de que a situação fática relativa à proteção possessória é facilmente mutável.[50]

Tem-se, aqui, expressão autêntica de fungibilidade, isto é, o juiz tomará um dos remédios por outro, dispensando-se a exortação ao demandante a fazer qualquer ajuste ou emenda no ato postulatório. Não se confunde, pois, com a hipótese de conversão do ato postulatório acometido por inadequação entre a situação retratada e a providência jurisdicional pedida (como no caso do art. 305, parágrafo único, do CPC[51]).

O dispositivo não tem qualquer utilidade na hipótese em que o demandante descreve adequadamente o estado de fato contra o qual se volta a demanda proposta mas rotula a petição inicial de forma equivocada (como, p.ex., na hipótese de descrever claramente turbação mas atribuir à petição inicial o *nomen iuris* de ação de reintegração de posse). Constitui lição milenar a irrelevância do rótulo atribuído à demanda, cuja natureza é determinada apenas pelo seu conteúdo.[52]

2.602. legitimidade ativa

Como sói ocorrer, a situação legitimante (tanto ativa quanto passiva) que autoriza o manejo da ação possessória deve ser obtida à luz do direito material.[53]

Têm legitimidade ativa para a ação possessória: a) todo sujeito que adquiriu a posse (ou seja, passou a exercê-la de fato, em nome próprio, na forma de qualquer dos poderes inerentes à propriedade, conforme prescreve o

---

49. Rodrigo Barioni, ob. cit., pp. 171-172.

50. Rodrigo Barioni, ob. cit., pp. 172-173.

51. Sobre a existência de diferença entre *fungibilidade* e *conversão*: Heitor Vitor Mendonça Sica, *Comentários ao Código de Processo Civil*, vol. 5, São Paulo, Saraiva, 2019, pp. 295-296.

52. José Rogério Cruz e Tucci, *A* causa petendi *no processo civil*, 3ª ed., São Paulo, Ed. RT, 2009, pp. 166-167.

53. José Roberto dos Santos Bedaque, *Direito e processo*: *influência do direito material sobre o processo*, 6ª ed., São Paulo, Malheiros Editores, 2011, pp. 116-117.

art. 1.204 do CC) e que tenha sido vítima de esbulho, turbação ou ameaça à posse; b) havendo composse de coisa indivisa, cada compossuidor individualmente, por haver legitimidade concorrente; se porventura os compossuidores formarem um litisconsórcio ativo, será facultativo, embora unitário; c) tanto o possuidor direto quanto o indireto[54] (ainda que estejam eles referidos exclusivamente pelo art. 567, que trata do interdito proibitório); d) o sucessor do sujeito que detinha a posse (arts. 1.206 e 1.207 do CC); e) tanto o titular de posse justa quanto da injusta, já que, cessadas a violência e a clandestinidade eventualmente empregadas pelo atual possuidor, a posse se consolida e o ordenamento a protege contra agressões perpetradas por terceiros.[55]

Situação peculiar está retratada na tradição ficta, figura originada pelos intérpretes do direito romano que compreende hipóteses de aquisição da posse por meio da entrega de bem a simbolizar aquele cuja posse foi adquirida (*traditio symbolica*, *v.g.*, a entrega das chaves do bem imóvel a ser possuído, ou de documentos comprobatórios da transferência de sua propriedade), ou mediante simples acordo de vontades (como é o caso da *traditio brevi manu*, em que se opera a conversão da detenção em posse por simples vontade do alienante).[56] Em tais casos não se pode olvidar das diretivas gerais que regem a legitimidade ativa nas ações possessórias, as quais pressupõem o exercício concreto de algum dos poderes de proprietário, em clara alusão ao art. 1.196 do CC. As únicas ressalvas cabíveis, havendo acordo de vontades (plasmado no chamado *constituto possessorio*), seriam aquelas convenções de natureza contratual, aptas a cindir a posse em direta e indireta e, assim, a atrair a regra do art. 567 do CPC em favor do possuidor indireto, bem como convenções convertendo a mera detenção em posse enquanto a primeira estiver em vigor. De resto, não se vislumbra como devida a proteção possessória à luz de mera entrega simbólica de chaves ou documentos, que antes servem de meios probatórios instrutores de ação petitória que demonstrativos de um estado de fato caracterizável como posse.

Não ostentam legitimidade ativa para a ação possessória: a) o detentor,[57] competindo-lhe trazer o esbulho, a turbação ou ameaça à posse ao conhecimento do verdadeiro possuidor, seu preponente, para que este ajuíze ação possessória; e b) o particular que ocupa bem público, para ajuizar ação de manutenção de posse ou interdito proibitório contra o Estado (embora seja possí-

54. Assim como o possuidor direto contra o indireto, conforme Adroaldo Furtado Fabrício, ob. cit., p. 389.

55. Contra, afirmando que "somente a posse justa desfruta da proteção das ações possessórias": Humberto Theodoro Júnior, ob. cit., p. 111.

56. José Carlos Moreira Alves, *Direito romano*, 18ª ed., Rio de Janeiro, Forense, 2018, pp. 320-321.

57. Humberto Theodoro Júnior, ob. cit., p. 121.

vel que o particular, na condição de possuidor direto de bem público, sendo o Estado o possuidor indireto, tutele sua posse em face de terceiros[58]).

Para justificar a insuscetibilidade de proteção possessória do particular em relação ao Estado, quanto a bem público, o STJ consagrou o entendimento de que a ocupação de bem público não seria posse, mas apenas detenção,[59] o que, a rigor, não encontra amparo no art. 1.198 do CC, pois não há relação de dependência ou exercício de atos possessórios em nome e no cumprimento de ordens de quem quer que seja. Seria mais correto falar em posse não passível de proteção pelos interditos possessórios em face do Estado. Mais recentemente, a Corte, embora ainda apegada à (equivocada) ideia de detenção, entendeu que esse estado de fato, embora insuscetível de proteção em face do próprio Estado, é suficiente para justificar o amparo jurídico possessório incidindo sobre bem público dominical abandonado ou desafetado, em claro prestígio à função social da propriedade.[60]

2.603. legitimidade passiva

Será legitimado passivo para a ação possessória: a) aquele que perpetrou o esbulho, a turbação ou ameaça à posse; b) havendo mais de um sujeito responsável por alguma das condutas acima arroladas e sendo a coisa indivisa, entre eles forma-se um litisconsórcio passivo necessário e unitário; c) o sucessor do sujeito que esbulhou ou turbou a posse (arts. 1.206 e 1.207 do CC); e d) o proprietário não possuidor do bem, caso esbulhe ou turbe a posse de quem, embora não seja titular do domínio, tenha poder de fato sobre a coisa e a utilize economicamente.

Justamente por isso é que o réu da ação possessória não pode invocar a "exceção de domínio" (art. 1.210, § 2º, do CC e art. 557 do CPC), conforme será examinado adiante (item 2.610, *infra*). Isso se explica em razão da necessidade de manutenção da paz social:[61] se o proprietário pudesse esbulhar ou turbar a posse alheia e se defender alegando o domínio, isso incentivaria a adoção de medidas violentas ou clandestinas, em clara violação ao interesse público e ao monopólio do uso da força pelo Estado e, no limite, a caracterização do crime de exercício arbitrário das próprias razões (art. 345 do CP).

---

58. Rodrigo Barioni, ob. cit., p. 154.

59. A tese acha-se consagrada há tempos (STJ, 2ª Turma, REsp 863.939-RJ, rel. Min. Eliana Calmon, j. 4.11.2008, *DJe* 24.11.2008) e continua a ser prestigiada em tempos recentes (1ª Turma, AgInt no REsp 1.652.869-DF, rel. Min. Gurgel de Faria, j. 19.9.2022, *DJe* 3.10.2022).

60. STJ, 3ª Turma, REsp 1.484.304-DF, rel. Min. Moura Ribeiro, j. 10.3.2016, *DJe* 15.3.2016; e STJ, 4ª Turma, AgInt no REsp 1.324.548-DF, rel. Min. Raul Araújo, j. 8.8.2017, *DJe* 18.8.2017.

61. Humberto Theodoro Júnior, ob. cit., p. 103.

Situação peculiar concerne à legitimidade passiva do Poder Público. Quando um ente da Administração Pública esbulhar ou turbar a posse do particular pode, sim, se sujeitar à ação possessória, apenas observando-se o art. 562, parágrafo único, do CPC, o qual proíbe o deferimento da reintegração ou da manutenção de posse em caráter liminar *inaudita altera parte*, obrigando-se a prévia oitiva do órgão de representação judicial do ente público, mesmo que o esbulho ou turbação estejam suficientemente demonstrados. Ademais, se após o esbulho perpetrado pelo Poder Público o bem for afetado para uso da coletividade, atendendo a um interesse público, já não será mais possível ao particular reaver a posse do bem (o qual passaria a ser tratado como se público fosse), restando-lhe ser indenizado pela perda da propriedade do bem (essa é a primeira e principal hipótese do que se convencionou chamar de *desapropriação indireta*[62]).

É comum que o possuidor esbulhado, turbado ou cuja posse foi ameaçada não tenha informações sobre a identidade das pessoas que perpetraram tal agressão. São os chamados réus desconhecidos (mas identificáveis), que não se confundem com os réus incertos (não identificáveis[63]). Em tais casos é permitido ao autor deixar de identificar dados dos sujeitos na petição inicial (art. 319, II, do CPC), desde que demonstre justo motivo para tanto. Ainda assim, deverá o juiz determinar que se realize a citação pessoal, incumbindo o oficial de justiça de identificar os sujeitos contra os quais o autor pede tutela jurisdicional. Tratando-se de uma "grande quantidade de pessoas", haverá cuidados adicionais a tomar, nos termos do art. 554, § 1º, do CPC, adiante examinado (item 2.611, *infra*).

O detentor jamais terá legitimidade passiva para a ação possessória, mesmo que tenha perpetrado esbulho, turbação ou ameaça à posse alheia em nome e por ordem de seu empregador ou preponente, este, sim, o legitimado para figurar no polo passivo.[64] No CPC de 1973 o detentor que figurasse no polo passivo de ação possessória deveria promover a nomeação à autoria do verdadeiro possuidor (art. 62). O instituto já não mais subsiste dessa forma no CPC de 2015, tendo sido absorvido pelo seu art. 338, o qual impõe a qualquer réu, em qualquer demanda, o ônus de, ao alegar sua ilegitimidade passiva, indicar quem seria o legitimado.

62. Sustentando a possibilidade de conversão da ação possessória em ação de desapropriação indireta, cf.: Fernando da Fonseca Gajardoni, *Comentários ao Código de Processo Civil*, 4ª ed., Rio de Janeiro, Forense, 2021, p. 873.

63. Sobre a diferença entre réus incertos e réus desconhecidos: Heitor Vitor Mendonça Sica, ob. cit., pp. 172-174.

64. Humberto Theodoro Júnior, ob. cit., p. 122.

Adiante se examinará a situação da ação possessória movida contra um "grande número de pessoas", que conta com regime jurídico próprio, nos arts. 554, §§ 1º a 3º, e 565 (item 2.611, *infra*).

2.604. petição inicial

A petição inicial das ações possessórias seguirá os ditames dos arts. 319 e ss. do CPC, mas deverá preencher outros requisitos.

No tocante à causa de pedir, nos termos do art. 561 do CPC, a petição inicial da ação de reintegração ou manutenção de posse deverá: a) descrever e provar a posse exercida pelo autor; b) demonstrar e provar o esbulho ou turbação cometida pelo réu; e c) indicar com a precisão possível a data aproximada em que ocorreu a violação à posse (o que se justifica para se identificar se a posse a ser protegida é de força nova ou velha, de modo a caber, ou não, tutela provisória).

Tratando-se de interdito proibitório, exige-se, igualmente, que o autor, à guisa de causa de pedir: a) descreva e prove a sua posse; e b) descreva e demonstre a ameaça de turbação ou esbulho, a qual deve ser *concreta* e *atual*. Conjuga-se, dessa forma, a necessária demonstração de iminência de violação à posse (esbulho ou turbação) com fundado receio em sua concretização, não bastando estado emocional aflitivo por parte do possuidor, por mais verossímil que seja, se não for embasado em dados objetivos e em juízo positivo de probabilidade quanto à concretização da suposta ameaça.[65]

Quanto aos pedidos, a ação de reintegração de posse, de manutenção de posse ou o interdito proibitório poderão, nos termos art. 555, I, II, e parágrafo único, I, do CPC, cumular os seguintes: a) condenação em perdas e danos; b) indenização pelos frutos; e c) ordem de abstenção para nova turbação ou esbulho (em autêntico interdito proibitório, por prevenir futuras ameaças à posse).

> O inciso II do parágrafo único do art. 555 do CPC prevê que o autor "pode" requerer "medida necessária e adequada para (...) cumprir-se a tutela provisória ou final". Trata-se de dispositivo inteiramente inútil. Se o autor propôs ação possessória, é evidente que a decisão provisória ou definitiva que vier a lhe ser concedida deverá ser cumprida, valendo-se o Poder Judiciário dos meios coercitivos e sub-rogatórios cabíveis, independentemente de pedido expresso do autor nesse sentido.[66]

---

65. Adroaldo Furtado Fabrício, in Teresa Arruda Alvim Wambier *et al.* (coords.), *Breves comentários ao novo Código de Processo Civil*, São Paulo, Ed. RT, 2015, pp. 1.461-1.462.

66. Rodrigo Barioni, ob. cit., p. 183.

Convém perquirir se seria exemplificativo ou taxativo o rol constante do art. 555 do CPC quanto aos pedidos passíveis de serem cumulados ao pedido principal de reintegração ou manutenção da posse. À luz do art. 327, § 1º, I e II, do CPC, deve-se reconhecer ser possível cumular ao pedido de proteção da posse quaisquer outros com ele compatíveis e para os quais o juízo seja competente[67] (como, p.ex., o de desfazimento de construções ou plantações, que continha previsão expressa em dispositivo equivalente previsto no art. 921, III, do CPC de 1973).

O § 2º do art. 327 do CPC autoriza a cumulação de pedidos, observando-se o procedimento comum "sem prejuízo do emprego das técnicas processuais diferenciadas previstas nos procedimentos especiais a que se sujeitam um ou mais pedidos cumulados, que não forem incompatíveis com as disposições sobre o procedimento comum". Contudo, esse dispositivo somente se aplica se os pedidos forem compatíveis entre si (art. 327, § 1º, I), e os pedidos possessório e reivindicatório não o são, à luz do art. 1.210, § 2º, do CC e do art. 557 do CPC, conforme adiante examinado (item 2.610, *infra*).

No interdito proibitório o pedido será a imposição de uma ordem de não fazer ao réu, por meio de um "mandado proibitório, em que se comine ao réu determinada pena pecuniária caso transgrida o preceito". O dispositivo diz bem menos do que deveria, por duas razões principais: a) o mandado pode, desde logo, advertir o réu de que, havendo eventual evolução da ameaça para turbação ou esbulho, o juiz poderá determinar a reintegração ou manutenção da posse, respectivamente (até mesmo por força do já referido art. 554); e b) as cominações passíveis de serem impostas pelo juiz não se limitam àquelas de natureza pecuniária, *ex vi* do art. 139, IV, (que atribui ao juiz o poder de "determinar todas as medidas indutivas, coercitivas, mandamentais ou sub-rogatórias necessárias para assegurar o cumprimento de ordem judicial") e do art. 538, § 3º, c/c art. 536, § 1º (que preveem a atipicidade dos meios executivos para a entrega de coisa[68]).

2.605. procedimento

A estrutura do procedimento da ação de reintegração ou manutenção de posse dependerá, fundamentalmente, do cabimento, ou não, de tutela provisória liminar para a proteção da posse de força nova (tema a ser examinado no item 2.606, *infra*).

---

67. Zulmar Duarte, *Comentários ao Código de Processo Civil*, 4ª ed., Rio de Janeiro, Forense, 2021, p. 867.

68. Zulmar Duarte, ob. cit., p. 868.

Se o autor alega que sua posse foi esbulhada ou turbada há menos de ano e dia, duas alternativas se põem: a) se suficiente a prova documental/documentada juntada à petição inicial, o juiz a defere liminarmente, expede mandado para reintegração ou manutenção (art. 563) e, simultaneamente, para citação do réu para contestação em 15 dias (art. 564); ou b) se não suficiente a prova apresentada pelo autor, será designada audiência de justificação prévia, hipótese em que o réu será citado para a ela comparecer e o prazo para contestação (igualmente de 15 dias) fluirá apenas após a intimação da decisão que conceder ou não a liminar (art. 564, parágrafo único).

Se não cabível a tutela provisória liminar de força nova, o réu será citado para contestar em 15 dias, não se cogitando de aplicação do art. 334, c/c o art. 335, I, ambos do CPC, na medida em que não haveria momento idôneo à instauração de audiência autocompositiva no procedimento especial voltado à tutela possessória.[69] Essa é uma das (várias) notas que distinguem as ações possessórias do procedimento comum.

Tratando-se de interdito proibitório, concedida ou não a tutela provisória em caráter liminar, o réu será citado para contestar em 15 dias. Igualmente, não se cogita da aplicação do art. 334 do CPC, em face da especialidade do procedimento.[70]

De resto, ressalvadas as disposições que trazem técnicas diferenciadas para as ações possessórias, seguem elas o procedimento comum (art. 566).

2.606. tutela provisória para reintegração ou manutenção de posse de força nova

Os arts. 558 e 562 do CPC preveem que, caso o autor da ação possessória provar – por elementos documentais ou documentados constantes da petição inicial ou após a designação de audiência de justificação – que o esbulho ou turbação ocorreu há menos de ano e dia, o juiz determinará de imediato a reintegração ou manutenção da posse. Fala-se, nesse ponto, de ação possessória de força nova.

A prova do esbulho ou turbação pode ser documental (fotos, vídeos etc.) ou por atas notariais. A prova da anterior posse, esbulhada ou turbada, também pode ser demonstrada por meio documental (como comprovantes de pagamento de tributos e despesas sobre o bem, prova de exercício das faculdades de uso e gozo).

---

69. Ricardo Alexandre da Silva, *Comentários ao Código de Processo Civil*, 3ª ed., vol. 9, São Paulo, Ed. RT, 2021, pp. 295-296.

70. Fernando da Fonseca Gajardoni, ob. cit., p. 871.

Da mesma forma, essas provas podem ser documentadas, isto é, terem sido originalmente colhidas em outro processo, de forma distinta da documental (depoimento testemunhal ou pessoal, laudo pericial etc.), e reduzidas a escrito para ulterior empréstimo (art. 372 do CPC). Nessa mesma linha, admite-se que a prova que instrui a ação possessória possa ser produzida antecipadamente (arts. 381 a 383 do CPC).

O juiz não pode indeferir a providência em caráter liminar *inaudita altera parte* e deixar de designar audiência de justificação.[71] As ações de reintegração e manutenção de posse outorgam ao autor o direito de *exigir* a produção da prova oral em sede de justificação prévia para apreciação do pedido de tutela provisória, sendo majoritário o afastamento de similar direito à prova em favor do réu, que deverá contentar-se com o comparecimento na audiência e com a formulação de reperguntas às testemunhas arroladas pelo autor. Resulta, daí, certa qualidade unilateral da audiência de justificação, insuscetível de antecipar um contraditório a ser, ainda, instaurado entre os polos processuais.[72] Em consequência, excetua-se, de certo modo, o art. 238 do CPC, afinal a relação jurídica processual é instaurada e, no entanto, o contraditório é exercido em sua plenitude apenas após a conclusão da audiência.[73]

A audiência de justificação deve ser realizada em contraditório, com presença do réu e seu advogado, e nela poderão ser tomados depoimentos pessoais (se pedidos por uma parte em relação à outra ou determinados de ofício) e testemunhais (tanto as testemunhas arroladas pelo autor quanto – admite parcela minoritária da doutrina – pelo réu[74]).

Tem-se, aqui, uma hipótese de tutela provisória, a qual, contudo, é regulada por normas próprias. Deve-se destacar, em especial, que o autor não precisa demonstrar que há risco de dano ou risco ao resultado útil do processo; basta demonstrar que houve o esbulho ou turbação há menos de ano e dia. Desse modo, não se trata de uma tutela provisória de urgência, aproximan-

---

71. Fernando da Fonseca Gajardoni, ob. cit., p. 875.

72. Adroaldo Furtado Fabrício, in Teresa Arruda Alvim Wambier *et al.* (coords.), *Breves comentários ao novo Código de Processo Civil*, cit., p. 1.455.

73. Para uma exposição dessa diretiva geral: Heitor Vitor Mendonça Sica, ob. cit., pp. 92-93.

74. Fernando da Fonseca Gajardoni, ob. cit., p. 875. Contra esse entendimento, afirmando que o réu não poderia requerer a produção de prova oral, mas apenas comparecer à audiência e formular reperguntas às testemunhas arroladas pelo autor: Arlete Inês Aurelli, in Cassio Scarpinella Bueno (coord.), *Comentários ao Código de Processo Civil*, vol. 3, São Paulo, Saraiva, 2017, p. 55; e Adroaldo Furtado Fabrício, in Teresa Arruda Alvim Wambier *et al.* (coords.), *Breves Comentários ao novo Código de Processo Civil*, cit., p. 1.457.

do-se da tutela provisória de evidência (art. 311 do CPC[75]), embora tenha natureza antecipatória (e não acautelatória[76]).

Não há uma presunção de risco de demora.[77] Se presunção houvesse, e fosse relativa (*iuris tantum*), admitiria prova em contrário, o que não encontra qualquer base legal, já que a exigência da paz social requer a imediata reintegração ou manutenção de posse de força nova. E a presunção absoluta (*iuris et de iure*) em realidade nada tem de efetiva presunção: é uma regra de direito[78] que torna desnecessário (para não se dizer vedado) que se ponha o julgador a perquirir sobre o elemento dito presumido.

Por se tratar de espécie do gênero tutela provisória, a ela se aplicam, no que couber, o regime jurídico dos arts. 294 e ss. bem como as regras atinentes ao regime recursal, como o cabimento de agravo de instrumento (art. 1.015, I) e a inexistência de efeito suspensivo automático à apelação que tenha confirmado, concedido ou revogado a liminar (art. 1.012, § 1º, V).

O objetivo dessa técnica de tutela jurisdicional diferenciada[79] – que remonta à Idade Média[80] – é resguardar a paz social e proteger o principal meio de produção em sociedades rurais (isto é, a terra). Assim, a proteção da posse é conferida a quem demonstrar que a exercia anteriormente. Se não houvesse essa proteção imediata haveria um incentivo para que a posse de imóveis fosse esbulhada, com aumento da violência e seu consequente efeito social desagregador. Afinal, mesmo cientes de futura derrota no julgamento definitivo de ações possessórias, sujeitos perpetrariam esbulhos apenas para fruir economicamente de bens durante o tempo orgânico de desenvolvimento do processo.

Em uma primeira vista pode parecer contraditório que a ação reivindicatória – fundada no domínio – não esteja dotada dessa mesma técnica de tutela diferenciada. No juízo petitório a preocupação da ordem jurídica com a prática de atos violentos não se apresenta, pois a propriedade em si (diferentemente da posse) não é passível de usurpação violenta.

---

75. Antonio Carlos Marcato, ob. cit., pp. 1.128-1.134.
76. Fernando Jacob Neto, ob. cit., p. 163.
77. Nesse sentido: José Roberto dos Santos Bedaque, *Tutela provisória analisada à luz das garantias constitucionais da ação e do processo*, 6ª ed., São Paulo, Malheiros Editores, 2021, pp. 465-466. Em defesa da existência de presunção de risco ou de demora: Rodrigo Barioni, ob. cit., p. 200; e Luiz Guilherme Marinoni, Sérgio Cruz Arenhart e Daniel Mitidiero, *Novo curso de processo civil*, vol. 3, São Paulo, Ed. RT, 2015, p. 159.
78. Na linha do que propõe José Carlos Barbosa Moreira, "As presunções e a prova", in *Temas de direito processual*, São Paulo, Saraiva, 1977, pp. 62-64.
79. José Roberto dos Santos Bedaque, *Direito e Processo: influência do direito material sobre o processo*, cit., pp. 76-78; e Carlos Alberto Alvaro de Oliveira, *Teoria e prática da tutela jurisdicional*, Rio de Janeiro, Forense, 2008, pp. 99-100.
80. Rodrigo Barioni, ob. cit., p. 190.

Da mesma forma, ultrapassado o prazo de ano e dia, consolida-se a situação de fato resultante do esbulho ou turbação, de modo a não ser mais cabível a proteção possessória imediata, e a ação possessória seguirá o procedimento comum, à exceção das disposições especiais das quais adiante se tratará.

Tanto a proteção imediata da posse de força nova (mediante ordem liminar de reintegração ou manutenção) quanto a ausência de proteção imediata da posse de força velha (que, em princípio, somente se dará quando do julgamento do mérito da ação possessória) se governam pelo "princípio do *status quo*" ou "princípio da conservação do fático",[81] sempre em homenagem à paz social.

Uma vez proferida decisão concedendo ou negando a tutela provisória da posse de força nova, e tendo ela restado irrecorrida, opera-se a preclusão, de modo que o juiz não poderá rever ulteriormente o acerto da decisão que reconheceu provado ou não o esbulho há menos de ano e dia.[82] Apenas ao ensejo da decisão final poderá o juiz revogar a tutela provisória concedida (se entender que o esbulho não ocorreu ou que o réu tinha melhor posse) ou conceder a ordem de reintegração ou manutenção antes negada (embora não mais será uma tutela provisória).

Se conjugada a regra da fungibilidade (art. 554) com a disposição que autoriza tutela provisória contra esbulho ou turbação ocorridos há menos de ano e dia, conclui-se pela necessidade de permitir que a reintegração ou a manutenção de posse de força nova possam ser decretadas no curso de um interdito proibitório em que a ameaça tenha escaldado para esbulho ou turbação.

O art. 559 do CPC prevê que o réu pode, a qualquer tempo, pedir ao juiz que exija uma contracautela – caução real ou fidejussória – do autor que foi provisoriamente mantido ou reintegrado na posse quando "carece de idoneidade financeira para, no caso de sucumbência, responder por perdas e danos". O dispositivo tem parentesco com o art. 300, § 1º, do CPC, relativo à tutela de urgência, no qual, igualmente, o juiz poderá exigir contracautela por parte do beneficiário do deferimento da tutela provisória pelos mesmos meios (caução real ou fidejussória), fazendo-se igual ressalva em face de eventual hipossuficiência desse beneficiário.

2.607. tutela provisória para reintegração ou manutenção de posse de força velha em razão de urgência ou evidência

Não se pode descartar que a ação possessória, embora de força velha, contemple um pedido de tutela provisória fundado nos arts. 294 e ss. do CPC, es-

---

81. Pontes de Miranda, *Comentários ao Código de Processo Civil*, 2ª ed., t. 10, Rio de Janeiro, Forense, 1977, p. 281.

82. Ricardo Alexandre da Silva, ob. cit., p. 301.

pecialmente se presente a urgência. Imagine-se a situação de um imóvel rural esbulhado cujas matas nativas objeto de reserva legal passem a ser suprimidas pelo esbulhador, ou a hipótese em que o prédio urbano esteja sob risco de ruína. Em tais situações a possibilidade de reintegração liminar na posse funda-se nos arts. 300 e ss. do CPC e não se dá pela necessidade de imediata preservação da paz social, mas sim em razão da necessidade de imunizar ou reduzir o risco de dano. De certa forma, o art. 565 reforça o entendimento de que, a despeito de ser de força velha, a posse pode ser objeto de proteção em caráter provisório.

Entende-se incompatível com as ações de reintegração ou manutenção de posse o pedido de tutela provisória em caráter antecedente, já que não se trata de tutela de urgência. Por essa razão, não se cogita de estabilização, fenômeno típico da tutela antecedente (arts. 303 e 304).

2.608. tutela provisória liminar no interdito proibitório

O interdito proibitório comporta tutela provisória de caráter liminar para prevenir esbulho ou turbação iminente, com nítidas feições de tutela provisória de urgência (arts. 300 e ss. do CPC). A providência urgente há de ser indeferida se a ameaça deixou de ser atual, por ter sido perpetrada no passado, sendo irrelevante, para fins de proposição do interdito proibitório, a distinção entre posse de força nova ou velha.

Considerando-se que a tutela provisória no interdito proibitório se sujeita ao regime da tutela provisória de urgência cautelar, pode-se cogitar, igualmente, de manejo do interdito proibitório na forma dos arts. 305 e 310 do CPC, isto é, primeiro para pedir apenas a providência de natureza urgente e, depois, para pedir a tutela final, de mérito.

2.609. defesas do réu (duplicidade da ação e "contestação com conteúdo reconvencional")

O art. 556 do CPC trata dos "pedidos" que o réu pode formular "na contestação", isto é, "alegando que foi o ofendido em sua posse, demandar a proteção possessória e a indenização pelos prejuízos resultantes da turbação ou do esbulho cometido pelo autor".

Para muitos autores[83] esse dispositivo atribuiria à ação possessória caráter *dúplice*, ao permitir que o réu, por simples contestação, obtenha tutela jurisdicional.

83. Arlete Inês Aurelli, in ob. cit., p. 48; e Rodrigo Xavier Leonardo, *Código de Processo Civil anotado*, 3ª ed., Rio de Janeiro, GZ, 2018, p. 849.

Em sentido mais estrito, há "duplicidade da ação" quando, em razão da natureza da relação de direito material, a tutela outorgada ao autor pela procedência de sua demanda é idêntica àquela outorgada ao réu no caso de sua improcedência, *mesmo que o réu nada peça a seu favor*. Um bom exemplo se tem na ação declaratória de existência de relação jurídica: a improcedência equivale integralmente à procedência de uma ação declaratória de inexistência da mesma relação jurídica, mesmo que o réu não tenha pedido expressamente a declaração de inexistência.[84]

A ação possessória é dúplice no tocante à proteção da posse[85] relativamente à própria coisa indicada pelo autor na petição inicial, porque apta a tutelar a posse do réu sobre o bem objeto do litígio, da mesma forma que pode proteger a posse do autor. A demanda inicial será julgada ou a favor do autor, ou a favor do réu, concedendo-se a mesma proteção possessória à parte que for declarada vencedora, por ter a "melhor posse". Do contrário criar-se-ia situação absurda, em que "o juiz, no caso de a prova favorecer o réu, apenas o absolveria, mas não lhe reconheceria a posse, bem como condenaria o autor, o que daria lugar à constituição das violências entre os litigantes".[86] A ação possessória julgada procedente atribuirá a posse ao autor, e se improcedente a reconhecerá em favor do réu; não há uma terceira solução. Tal desfecho, favorável ao réu, independe de pedido de proteção à sua posse relativa à mesma coisa, sendo inerente à configuração do conflito. Há aqui autêntica situação de duplicidade.[87]

Em sentido mais amplo, entende-se haver duplicidade quando o réu pode receber tutela jurisdicional independentemente de reconvenção. Pode-se exemplificar com a ação consignatória, contra a qual o réu pode alegar em sua contestação insuficiência do depósito (art. 544, IV) e o juiz pode condenar o autor a lhe pagar a diferença (art. 545, § 2º). Situação similar se encontra na ação possessória, na qual o réu pode incluir em sua contestação pedido de "indenização pelos prejuízos resultantes da turbação ou do esbulho cometido pelo autor".

Contudo, em tais casos há fenômeno muito mais próximo ao da reconvenção do que propriamente da ação dúplice, pois a possibilidade de outorgar

---

84. Heitor Vitor Mendonça Sica, *O direito de defesa no processo civil brasileiro: um estudo sobre a posição do réu*, São Paulo, Atlas, 2011, pp. 175-182.

85. Heitor Vitor Mendonça Sica, *O direito de defesa no processo civil brasileiro: um estudo sobre a posição do réu*, cit., pp. 175-182.

86. Arruda Alvim, "Defesa da posse e ações possessórias", in Fredie Didier Júnior e Rodrigo Mazzei (coords.), *Reflexos do Código Civil no direito processual*, Salvador, Juspodivm, 2006, p. 333.

87. Heitor Vitor Mendonça Sica, *O direito de defesa no processo civil brasileiro: um estudo sobre a posição do réu*, cit., pp. 177-178. Contra: Rodrigo Barioni, ob. cit., p. 186.

tutela jurisdicional ao réu representa algo qualitativamente distinto da simples improcedência da demanda e depende de pedido expresso do réu, duas notas características da reconvenção. Assim, melhor falar em "contestação com conteúdo reconvencional", na linha de prestigiosa doutrina,[88] ou, então, tomar de empréstimo a figura do "pedido contraposto", atualmente previsto apenas no âmbito dos juizados especiais cíveis (art. 31 da Lei 9.099/1995[89]). Assim, o art. 556 retrata dois fenômenos: o da ação dúplice em sentido próprio (primeira parte) e o de efetivo contra-ataque do réu em face do autor (segunda parte[90]), embora feito de maneira mais simples do ponto de vista formal que a própria reconvenção, a qual, embora seja também deduzida no bojo da contestação, enseja a fixação de valor da causa e, no mais das vezes, recolhimento de taxa judiciária. Se a parte final do dispositivo não for interpretada no sentido de que seria uma simplificação da forma de contra-ataque do réu contra o autor o dispositivo se revelaria quase que inteiramente inútil, por apenas exemplificar pedidos passíveis de dedução por via reconvencional típica, que estariam perfeitamente abrangidos na fórmula geral do art. 343.

2.610. proibição da "exceção de domínio"

A necessidade de manutenção da paz social exige que o proprietário que foi esbulhado ou turbado se socorra da via jurisdicional[91] (salvo a excepcional possibilidade de desforço – item 2.600, *supra*). Por conseguinte, o proprietário não pode se reintegrar ou se manter à força na posse do bem cujo esbulho ou turbação já se consumou (porquanto cessada a violência). Se o fizer, além de se sujeitar a eventual ação penal por exercício arbitrário das próprias razões (art. 345 do CP), o proprietário pode se sujeitar à ação de reintegração ou manutenção de posse movida pelo esbulhador ou turbador original. Ao se defender da ação possessória o proprietário não poderá invocar o domínio ou outro direito real sobre a coisa, nos termos do art. 1.210, § 1º, do CC e do art. 557, parágrafo único, do CPC. É nesse sentido que deve ser compreendida a "proibição da exceção de domínio".

A proibição de que a tutela possessória seja obstada pela arguição do direito de propriedade ou de outro direito real sobre a coisa não se limita à defesa na ação possessória, mas igualmente à propositura de ação própria para esse mesmo fim, isto é, impedir a reintegração ou manutenção de posse. Essa

88. Luís Guilherme Aidar Bondioli, *Reconvenção no processo civil*, São Paulo, Saraiva, 2009, pp. 44-47.

89. Zulmar Duarte, ob. cit., p. 868.

90. Zulmar Duarte, ob. cit., p. 868.

91. Rodrigo Barioni, ob. cit., p. 148.

diretriz já poderia ser extraída do art. 1.210, § 1º, do CC e do art. 557, parágrafo único, do CPC, que não se referem exclusivamente ao exercício do direito de defesa por parte do sedizente proprietário ou titular de outro direito real. Contudo, o *caput* do art. 557 do CPC foi além e proibiu não apenas o réu, mas também o autor, de ajuizar ação petitória na pendência de ação possessória, salvo contra terceiro.

Entende-se que o dispositivo não obsta à propositura da ação petitória em si,[92] mas sim que ela cause qualquer embaraço à ação possessória anteriormente pendente, o que compreende a concessão de tutela provisória relativa a qualquer dos efeitos da posse em favor do autor, ou mesmo a reunião dos processos para julgamento conjunto (o que poderia fazer com que a tutela possessória fosse obscurecida pela tutela petitória).

Mesmo que a ação petitória houver sido proposta anteriormente à ação possessória não se admitirá a reunião entre elas, e nem mesmo a suspensão da segunda em relação à primeira, por não se vislumbrar prejudicialidade externa (a proteção possessória independe do reconhecimento do domínio).

Deve-se examinar se ainda é compatível com o ordenamento vigente a Súmula 487 do STF, segundo a qual "será deferida a posse a quem, evidentemente, tiver o domínio, se com base neste for ela disputada". O verbete foi aprovado em 3.12.1969, ainda ao tempo de vigência do art. 505 do CC de 1916, cuja primeira parte era idêntica ao art. 1.210, § 2º, do CC de 2002 mas vinha acrescida de outro período não mais presente na legislação atualmente em vigor: "não se deve, entretanto, julgar a posse em favor daquele a quem evidentemente não pertencer o domínio". Ou seja, o enunciado se baseava em legislação não mais vigente, e, portanto, se poderia cogitar de seu cancelamento. Contudo, é possível salvar o verbete sumular reconhecendo a possibilidade de o juiz julgar a ação possessória a favor do proprietário quando nem ele nem o seu adversário provarem a posse. Essa proposição encontra apoio na doutrina[93] e em um dos três precedentes referidos pelo STF como base para a súmula.[94]

O art. 1.210, § 2º, do CC e o art. 557 do CPC não vedam que o réu alegue em sua contestação que exerce sobre o bem em disputa posse *ad usucapionem*, isto é, portadora das qualidades para que se reconheça em seu favor a usucapião, ordinária ou extraordinária (conforme consagrado na Súmula 237

---

92. Adroaldo Furtado Fabrício, *Comentários ao Código de Processo Civil*, cit., p. 455. Contrariamente, entendendo que a demanda petitória deve ser extinta sem resolução de mérito, Fernando Jacob Neto, ob. cit., p. 146.

93. Luciano de Camargo Penteado, ob. cit., p. 629.

94. STF, 2ª Turma, RE 63.080, rel. Min. Aliomar Baleeiro, j. 21.11.1967.

do STF[95]). Em tal situação, o réu sustenta melhor posse em relação ao autor (aliás, tão melhor que é apta a permitir a aquisição da propriedade). O reconhecimento da posse *ad usucapionem* exercida pelo réu se prestará apenas como fundamento da improcedência da ação possessória movida pelo autor, não se sujeitando à coisa julgada (art. 503, § 1º, do CPC), pois na ação possessória somente se discute a posse, e, portanto, há limitações à cognição judicial (art. 503, § 2º, do CPC[96]). Do mesmo modo, essa sentença de improcedência da ação possessória por tal fundamento não é apta ao registro do domínio em favor do réu.[97] Contudo, se o réu arguir em sede de defesa a caracterização da usucapião especial rural (art. 7º da Lei 6.969/1981) e urbana (art. 13 da Lei 10.257/2001), a sentença que julgar improcedente a ação possessória será apta a reconhecer, *principaliter*, com força de coisa julgada, o domínio.

O STJ consagrou, no Enunciado 637 de sua Súmula, outra exceção à possibilidade de discussão de domínio em sede de ação possessória, ao patentear o seguinte: "O ente público detém legitimidade e interesse para intervir, incidentalmente, na ação possessória entre particulares, podendo deduzir qualquer matéria defensiva, inclusive, se for o caso, o domínio".

2.611. ações possessórias contra coletividades

Situação peculiar está na hipótese em que a agressão à posse seja perpetrada por um "grande número de pessoas". Ante a vagueza da expressão, deve-se identificar, a partir dela, as ocupações (urbanas ou rurais) multifamiliares, em regra organizadas por movimentos sociais de defesa de trabalhadores sem terra ou sem teto. Em tais casos, a petição inicial não mencionará os réus, e nem mesmo ulteriormente deverão ser eles todos identificados e citados pessoalmente.

Trata-se de verdadeira hipótese de *ação coletiva passiva*,[98] para a qual deverá o juiz, a fim de garantir efetivo contraditório e ampla defesa à pluralidade de sujeitos contra a qual se dirige a demanda, adotar as seguintes providências, previstas nos §§ 1º e 3º do art. 554 do CPC: a) citação pessoal dos ocupantes que forem encontrados no local (normalmente se faz na pessoa dos líderes de ocupações organizadas); b) citação por edital dos demais

95. Nesse sentido: Benedito Silvério Ribeiro, *Tratado de usucapião*, 4ª ed., vol. 2, São Paulo, Saraiva, 2006, p. 1.490.

96. Luiz Rodrigues Wambier e Eduardo Talamini, *Curso avançado de processo civil*, 16ª ed., São Paulo, Ed. RT, 2018, pp. 76-77.

97. José Carlos de Moraes Salles, *Usucapião de bens móveis e imóveis*, 7ª ed., São Paulo, Ed. RT, 2010, pp. 168-169.

98. Erik Navarro Wolkart, in Antonio do Passo Cabral e Ronaldo Cramer (coords.), *Comentários ao novo Código de Processo Civil*, 2ª ed., Rio de Janeiro, Forense, 2016, p. 902.

(que serão réus incertos, na linha do que dispõe o art. 256, I, do CPC[99]); c) divulgação ampla quanto à propositura da ação possessória, mediante jornais, rádios, cartazes e outros meios (como "carros de som", redes sociais, panfletos etc.); d) intimação obrigatória do Ministério Público para manifestação; e e) intimação da Defensoria Pública quando a pluralidade de sujeitos for hipossuficiente economicamente (o que ocorre em quase todos, senão todos, os casos).

A despeito desses cuidados exigidos pelo art. 554, o sistema não proíbe que seja concedida medida liminar para a proteção da posse de força nova. Se suficientemente provado o esbulho ou a turbação há menos de ano e dia pelos documentos apresentados pela petição inicial ou após justificação, o juiz deverá deferir a reintegração ou manutenção da posse de forma liminar, não havendo qualquer obstáculo para tanto, seja nos §§ 1º a 3º do art. 554, seja no próprio art. 565.[100]

A questão gerou aceso debate durante a tramitação do projeto de lei que veio a se converter no CPC atualmente vigente. Tentou-se, em um primeiro momento, tornar obrigatória a audiência de mediação inicial em todos os casos (ação possessória de força nova ou velha), reconhecendo-se que a autocomposição seria um método mais adequado de solução a conflitos desse jaez, que envolvem o drama social de grupos extremamente vulneráveis, com significativas dificuldades de cumprimento de ordens judiciais de reintegração de posse (em maior grau) e de manutenção de posse (em menor grau[101]). Mesmo que se possa obter o apoio policial necessário (o que nem sempre é factível, sobretudo em prazo breve), ele não bastará. Quanto maior e mais consolidada for a ocupação, mais difícil revertê-la. Em tais casos há a necessidade de envolvimento de assistentes sociais e outros representantes do Estado aptos a dar assistência aos ocupantes do imóvel objeto da ação, sob pena de o cumprimento da ordem judicial degenerar-se em batalhas violentas, violação a direitos humanos e agravamento de problemas sociais.

Contudo, essa proposição restou vencida, sob o entendimento de que a obrigatoriedade de realização de audiência de mediação atrasaria a apreciação do pedido de tutela provisória da posse de força nova. Isso representaria, em alguma medida, incentivo para esbulhos ou turbações promovidos por grupos, sabedores que ao menos alguns meses (ou até alguns anos) poderiam se passar até que, infrutífera a autocomposição, a ordem de reintegração ou manutenção da posse fosse cumprida.

---

99. Vide nota 63.

100. Rodrigo Barioni, ob. cit., pp. 191-192.

101. Fernando da Fonseca Gajardoni, ob. cit., p. 878.

De todo modo, não se pode ignorar que o sistema processual civil brasileiro tem se aproximado de um sistema multiportas,[102] atribuindo ao juiz o poder de promover, sempre que possível, a solução consensual de controvérsias (art. 3º, § 3º), podendo designar audiência para esse fim a qualquer tempo (art. 139, V). Logo, é perfeitamente possível que o juiz, cioso da necessidade de eleger o método mais adequado para a resolução de conflitos, designe audiência de mediação mesmo antes de determinar liminarmente a proteção da posse de força nova, especialmente quando se anteveem dificuldades significativas no cumprimento da medida. A adoção de tal providência não é obrigatória e dependerá de decisão judicial devidamente fundamentada.

De todo modo, o art. 565, *caput*, impõe a designação de audiência de mediação "antes de apreciar o pedido de concessão da medida liminar" apenas "quando o esbulho ou a turbação afirmado na petição inicial houver ocorrido há mais de ano e dia". Ou seja: o dispositivo aplica-se quando, a despeito de a posse ser de força velha, houver o pedido de tutela provisória fundado nos arts. 294 e ss. A audiência de mediação é também obrigatória se a tutela provisória, uma vez concedida, não for cumprida após o prazo de um ano (art. 565, § 1º).

A audiência de mediação – seja obrigatória (art. 565, *caput* e § 1º), seja facultativa (arts. 3º, § 3º, e 139, V) – deverá ser realizada em até 30 dias da sua designação (art. 565, *caput*) e *deverá* contar com a presença do Ministério Público e da Defensoria Pública, havendo hipossuficientes (art. 565, § 2º). Além disso, a audiência *poderá* contar com participação de representantes de "órgãos responsáveis pela política agrária e pela política urbana da União, de Estado ou do Distrito Federal e de Município onde se situe a área objeto do litígio" (art. 565, § 3º). A pluralidade de participantes poderá propiciar diversas soluções alternativas à desocupação (como, p.ex., a desapropriação do imóvel) ou a criação de condições adequadas para cumprimento da medida.

Resta destacar que o art. 565, § 3º, permite ao juiz acompanhar *in loco* o cumprimento de suas ordens de reintegração e manutenção de posse. Esse poder, que não lhe foi conferido de forma expressa pelo art. 139 para a generalidade dos casos, representa excepcional situação de contato direto do juiz com as partes (e com potenciais fontes de prova) fora do fórum, o que somente encontra paralelo na inspeção judicial (arts. 481 a 484).

---

102. Marco Antônio Garcia Lopes Lorencini, "'Sistema multiportas': opções para tratamento de conflitos de forma adequada", in Carlos Alberto de Salles *et al.* (coords.), *Negociação, mediação, conciliação e arbitragem: curso de métodos adequados de solução de controvérsias*, 3ª ed., Rio de Janeiro, Forense, 2019, pp. 41-68.

2.612. função social da posse como requisito para a tutela possessória?

Questão de fundamental importância quanto à proteção da posse reside em saber se ela está condicionada, ou não, ao seu exercício ser alinhado à função social da propriedade.

A função social da propriedade tem matriz constitucional (arts. 5º, XXIII, 170, III, e 182, § 2º, da CF) e infraconstitucional (art. 1.228 do CC), dela decorrendo diversos institutos, dentre os quais o parcelamento ou a edificação compulsórios, o aumento progressivo de impostos e a desapropriação com pagamento em títulos (arts. 5º a 8º da Lei 10.257/2001), bem como instituição de reserva legal (art. 18 da Lei 12.651/2012 – Código Florestal).

Restaria saber: a invocação da tutela possessória dependeria, ou não, da demonstração de que a posse esbulhada, turbada ou ameaçada atende à sua função social? Imagine-se, por exemplo, que determinado imóvel se ache ocioso por longo período e sua posse seja esbulhada por famílias de trabalhadores sem teto. Há divergência doutrinária[103] e jurisprudencial a respeito,[104] embora existam argumentos mais sólidos para que se responda negativamente à indagação aqui enunciada.

---

103. Respondendo afirmativamente à indagação: Fredie Didier Júnior, "A função social da propriedade e a tutela processual da posse", in Rodrigo Barioni e Fabiano Carvalho (coords.), *Processo imobiliário*, Rio de Janeiro, Forense, 2011, p. 161. Em sentido contrário: Rodrigo Barioni, ob. cit., pp. 165-168.

104. Por outro lado, em diferente julgado obtemperou-se essa interpretação, ao reconhecer que: "A função social da posse deve complementar o exame da 'melhor posse' para fins de utilização dos interditos possessórios. Quer dizer, alia-se a outros elementos, tais como a antiguidade e a qualidade do título, não podendo ser analisada dissociada de tais critérios, estabelecidos pelo legislador de 2002, a teor do art. 1.201, parágrafo único, do Código Civil, conferindo-se, inclusive, ao portador do justo título a presunção de boa-fé. É importante deixar assente que a própria função social da posse, como valor e critério jurídico-normativo, não tem caráter absoluto, sob pena de este Tribunal, caso coteje de modo preponderante apenas um dos fatores ou requisitos integrados no instituto jurídico, gerar insegurança jurídica no trato de tema por demais relevante, em que o legislador ordinário e o próprio constituinte não pretenderam regrar com cláusulas amplamente abertas. (...). É preciso considerar o critério da função social da posse, complementado a outros parâmetros, como a antiguidade e a qualidade do título, a existência real da relação material com a coisa, sua intensidade, tendo como norte hermenêutico a definição do art. 1.201, parágrafo único, do Código Civil. 5. No caso em foco, o exame do vetor alusivo à função social da posse, como critério jurídico-normativo único, não teria isoladamente influência suficiente para alterar o resultado do processo, a ponto de beneficiar qualquer litigante, porquanto os elementos existentes e, sobretudo, a equivalência de forças dos documentos apresentados tornam dispensáveis considerações segmentadas, não conjunturais, em relação àquele elemento" (STJ, 4ª Turma, REsp 1.148.631-DF, rel. Min. Luís Felipe Salomão, rel. para o acórdão Min. Marco Buzzi, j. 15.8.2013, *DJe* 4.4.2014).

De início, embora a posse encerre exercício de direitos inerentes à propriedade (art. 1.196 do CC), sua tutela se dá independentemente da tutela da posse. Os planos não se confundem.

Ademais, a posse é estado de fato juridicamente protegido. Se o proprietário não vinha usando a coisa de acordo com sua função social e, uma vez esbulhado, não obtiver proteção possessória, o Estado apenas protegeria um estado de fato por parte do esbulhador, sem lhe garantir efetivo direito sobre a coisa (não, ao menos, até que se preencham os requisitos da prescrição aquisitiva). No caso de turbação o cenário se mostra ainda mais indesejável: o proprietário conserva uma possa embaraçada e emperrada, o que lhe dificultaria ainda mais dar à coisa uma destinação condizente com a função social, que, por outro lado, não seria igualmente atendida pela turbação.

Por fim, e principalmente, a proteção da posse atende eminentemente à preservação da paz social. A negativa da proteção possessória em razão do descumprimento da função social incentivará esbulhos, aumentando o número de conflitos e praticamente esvaziando a utilidade de todos os demais instrumentos constitucional e legalmente dispostos para atender à função social da propriedade.

CAPÍTULO CLXXV – ***AÇÕES DE DIVISÃO E DE DEMARCAÇÃO DE TERRAS PARTICULARES***

João Cánovas Bottazzo Ganacin

2.613. considerações introdutórias

O trâmite das ações[1] de divisão e demarcação de terras particulares está disciplinado no Capítulo IV do Título III do Código de Processo Civil. Em ambos os casos a lei impõe a adoção de um rito especial: o da demanda demarcatória é ditado pelos arts. 574 a 587 (Seção II); o da ação divisória, pelos arts. 588 a 966 (Seção III).

A locução "terras particulares" não deve pôr o leitor em falsa pista. Ao estabelecer procedimentos especiais para a divisão e demarcação desses bens,

1. Como aponta Dinamarco com referência à doutrina italiana, não se confundem os conceitos de ação e demanda: "a primeira é o poder, ou direito de provocar o provimento jurisdicional; a segunda, o ato através do qual o provimento é postulado. Fala-se portanto em propositura da *domanda*, não da *azione*; em *principio della domanda* (iniciativa de parte), não da *azione*; em cúmulo de *domande*, não de *azioni*" (*Vocabulário do processo civil*, São Paulo, Malheiros Editores, 2014, n. 53, p. 115). Contudo, por conveniência de redação, os vocábulos serão aqui empregados como sinônimos, sempre no sentido de "ato de vir ao juiz pedindo tutela jurisdicional" (Dinamarco, *Instituições de direito processual civil*, vol. II, São Paulo, Malheiros Editores, 2019, n. 508, p. 126).

a lei não se reporta apenas a imóveis pertencentes a entes privados; refere-se também aos que tenham passado ao patrimônio de pessoas jurídicas de direito público mediante aquisição (*inter vivos*) ou incorporação (*mortis causa*).[2] Estão excluídas desses ritos as terras devolutas, sujeitas ao procedimento discriminatório da Lei 6.383/1976.[3] Também os terrenos de marinha e as áreas tradicionalmente ocupadas por povos indígenas se submetem a disciplinas peculiares.[4]

O termo "terras" tampouco deve induzir o leitor em erro. Embora o vocábulo seja vulgarmente utilizado em referência a áreas rurais, a demarcação e a divisão de imóveis urbanos são de igual forma regidas pelos procedimentos especiais em questão.[5]

O estabelecimento de ritos especiais para o processamento dessas demandas não foi novidade instituída pelo Código de Processo Civil de 2015. Os Códigos de 1939 (arts. 415 e ss.) e 1973 (arts. 946 e ss.) já traziam procedimentos específicos para o trâmite das ações de divisão e demarcação de terras particulares. Trata-se de regramento tradicional do processo civil brasileiro.

Assim como seus antecessores, o Código de Processo Civil vigente principia por estabelecer *disposições gerais* pertinentes tanto à ação de divisão quanto à demarcatória (arts. 569 a 573) para em seguida tratar de forma específica do procedimento a se adotar para cada uma dessas demandas.

2.614. traços comuns das ações demarcatória e divisória

Tanto a ação divisória quanto a demarcatória são demandas voltadas ao melhor aproveitamento do direito de propriedade imobiliária. Na primeira pretende-se a *cisão* de imóvel havido em condomínio, com a formação de dois ou mais quinhões que sejam objeto de propriedade não compartilhada (CPC, art. 569, inc. II). Na segunda busca-se afastar dúvida sobre os limites de terras contíguas, a fim de que os proprietários possam fazer uso de seus imóveis na exata medida de seus domínios (CPC, art. 569, inc. I). Ambas versam, portanto, sobre *direito real imobiliário*, o que as sujeita às regras pertinentes a essa classe de demandas.

---

2. *Cfr.*: Theodoro Júnior, *Terras particulares*, São Paulo, Saraiva, 2018, n. 116, p. 245; Ernane Fidélis dos Santos, *Manual de direito processual civil*, vol. III, São Paulo, Saraiva, 2012, nn. 106 e 125, pp. 153 e 162-163.
3. Sobre as peculiaridades da ação discriminatória, cf. Armelin, "Aspectos processuais da ação discriminatória", *Revista de Processo* 70, 1993.
4. Decreto 1.775/1996 e Decreto-lei 9.760/1946, respectivamente.
5. *Cfr.* Marcato, *Procedimentos especiais*, São Paulo, Atlas, 2016, n. 96.1, p. 137.

Nos dois casos a competência para julgamento será do juízo do "foro de situação da coisa" (CPC, art. 47, *caput*). A ação divisória deverá ser proposta onde se encontrar o imóvel condominial que se deseja cindir. A demarcatória será ajuizada no foro em que estiverem situados os imóveis cujos limites têm de ser precisados. Se a área do imóvel dividendo ou das áreas confrontantes se estender pelas circunscrições de mais de um foro, a demanda poderá ser proposta em qualquer deles, observando-se o art. 60 do Código de Processo Civil.

Também por versarem sobre direito real imobiliário, as ações demarcatórias ou divisórias devem ser propostas mediante anuência do cônjuge (outorga uxória ou marital) quando ajuizadas por pessoa casada. Inversamente, caso proposta a demanda em face de pessoa casada, será indispensável a citação do cônjuge (CC, art. 1.647, inc. II). A participação do consorte apenas será prescindível quando o matrimônio for regido por separação de bens.

Característica marcante dessas demandas é seu caráter dúplice. O julgamento da demarcatória, independentemente do confinante que a propuser, poderá resultar no traçado proposto pelo autor ou naquele defendido pelo réu. Da mesma forma, a cisão resultante da ação divisória poderá seguir as condições sustentadas pelo demandante ou pelo demandado, sendo indiferente qual condômino ocupe a posição de autor ou réu. Em nenhum dos casos será necessário o ajuizamento de reconvenção para que o réu obtenha demarcação ou divisão em termos distintos daqueles pretendidos pelo autor.[6]

Outro traço comum dessas demandas é a imprescindibilidade de elementos técnicos para julgá-las. Ao juiz não será viável decidir a ação demarcatória ou divisória sem contar com dados que lhe permitam precisar os lindes dos imóveis confrontantes ou definir a forma de divisão da terra particular. Ordinariamente a instrução do julgador sobre esses temas se dará por meio de *prova pericial*, cuja produção *deverá* ser dispensada sempre que as questões postas no processo puderem ser satisfatoriamente dirimidas por georreferenciamento averbado na matrícula do imóvel.

O Código de Processo Civil dispõe que juiz *poderá* dispensar a realização da perícia quando a demanda versar sobre imóvel georreferenciado com averbação no registro de imóveis (art. 573), mas isso não significa que nessas hipóteses a produção probatória ficará sujeita a deliberação discricionária do juiz. Em tais casos a realização da perícia só deverá ocorrer quando o julgador motivadamente apontar que o georreferenciamento não propicia a solução das questões

6. *Cfr.*: Bondioli, *Reconvenção no processo civil*, São Paulo, Saraiva, 2009, n. 7.6, p. 65; Carneiro, *Comentários ao Código de Processo Civil*, vol. XI, t. I, Rio de Janeiro, Forense, 2005, n. 1, pp. 3-4; Couto e Silva, *Comentários ao Código de Processo Civil*, vol. XI, t. I, São Paulo, Ed. RT, 1977, n. 182, p. 190.

formadas no processo – o que pode suceder, *v.g.*, quando uma parte contesta a própria correção de suas coordenadas.[7] Nesses procedimentos especiais, como em qualquer feito, não deve o juiz promover diligências inúteis (CPC, art. 370, par.), em prestígio à razoável duração do processo (Const., art. 5º, inc. LXXVIII).

Não se faz imprescindível, por outro lado, a via jurisdicional para a demarcação ou divisão de terras particulares. Nas duas hipóteses o Código de Processo Civil permite que confrontantes ou condôminos componham seus interesses e estabeleçam a demarcação ou divisão por meio de escritura pública, contanto que sejam maiores e capazes os envolvidos na operação (art. 571). Assim foi consagrada no texto legal possibilidade que já era sustentada por autorizada doutrina na vigência do Código de 1973, no qual não havia semelhante disposição,[8] seguindo-se louvável movimento de *desjudicialização* de atos que prescindam da intercessão do Poder Judiciário.

2.615. forma de citação e prazo para defesa

A citação nas ações demarcatória e divisória é disciplinada pelo art. 576 do Código Processo Civil, no qual se dispõe que o ato será feito por "meio eletrônico ou pelo correio". A comunicação por oficial de justiça limita-se aos casos em que o citando for incapaz, pessoa de direito público ou residir em local não atendido pelo correio, ou ainda às hipóteses em que o autor justificar necessidade ou conveniência no caso concreto. Adicionalmente, o juiz deverá ordenar a publicação de edital dando ciência da existência da demanda a eventuais interessados em intervir no processo (CPC, art. 576, par.).

Nesse ponto o Código de Processo Civil abandonou criticável disposição da lei processual de 1973, na qual se determinava que apenas os réus residentes na comarca seriam citados pessoalmente, promovendo-se a (pseudo)ciência dos demais por edital (art. 953). Essa era uma regra de constitucionalidade duvidosa,[9] por representar grave restrição ao exercício do contraditório por aqueles que não residissem na sede do juízo. A citação por edital é sabi-

---

7. *Cfr.* Neves, *Código de Processo Civil comentado*, Salvador, Juspodivm, 2020, nota sobre o art. 573, p. 1.081.

8. "A partir de dispositivos do Código Civil, tanto de 1916 (art. 1.773 c/c art. 641) como de 2002 (art. 2.015 c/c art. 1.321), já se chegava à conclusão de que, 'se todas as partes interessadas estão de acordo, a demarcação ou a divisão pode-se realizar *amigavelmente*, isto é, extrajudicialmente, e a convenção que então se celebrar tem força contratual'" (Theodoro Júnior, ob. cit., n. 31, p. 76). No mesmo sentido, cf. Carneiro, ob. cit., n. 8, pp. 30-34.

9. Ao menos a partir da Constituição de 1988, em que o contraditório se tornou garantia expressamente assegurada em processo judicial ou administrativo, e não apenas em instrução criminal.

damente precária: não proporciona segurança quanto à consecução do objetivo do ato citatório – dar ao réu ciência da existência da demanda – e deve ser reservada às excepcionais situações em que o citando não seja identificável ou cujo paradeiro seja desconhecido ou inacessível.[10] Não havia justificativa para que não se procedesse à expedição de carta precatória para citação dos demandados que não residissem na comarca,[11] e o Código de Processo Civil de 2015 fez bem em abandonar essa incompreensível disposição legal.

Realizada a citação dos réus, o prazo para apresentação de defesa nas ações demarcatória e divisória será *comum*, segundo dispõem os arts. 577 e 589. Diante disso, parcela da doutrina conclui não ser aplicável o art. 229 (hipóteses de contagem do prazo em dobro).[12] No entanto, ao empregar o adjetivo "comum", a lei processual estabelece apenas que o início da fluência dos prazos dar-se-á de forma simultânea para todos os demandados – e não individualmente, como sucede, p.ex., no prazo para embargos à execução.[13] Portanto, preenchidas as condições do art. 229 do Código de Processo Civil, deverá ser contado em dobro o prazo para defesa.[14]

2.616. procedimentos bifásicos

Os procedimentos das ações demarcatória e divisória são ambos bifásicos, embora não sejam similarmente divididas as etapas num e noutro caso. Na primeira fase será apreciada a existência do direito à demarcação ou divisão. Em caso de procedência do pedido, o juiz definirá o traçado da linha demarcanda – o que ocorrerá já na sentença da primeira fase da ação demarcatória – ou estabelecerá o modo de divisão do imóvel – decisão relegada à segunda etapa da ação divisória. Na segunda fase de ambas as demandas serão prati-

---

10. *Cfr.* Dinamarco, *Instituições de direito processual civil*, vol. III, São Paulo, Malheiros Editores, 2019, n. 1.242, pp. 512-513.

11. Segundo Welder Queiroz dos Santos, "na vigência do CPC de 1973, diversas decisões judiciais afastavam a aplicação literal do art. 953 e determinavam a citação por edital nas ações demarcatórias e divisórias somente quando ignorado, incerto ou inacessível o lugar onde se encontra o réu (art. 231, II, CPC de 1973; art. 256, II). Algumas justificavam o afastamento da literalidade da norma e determinavam a citação por carta precatória invocando o fato de a citação por edital ser mais dispendiosa que por carta precatória" (*Comentários ao Código de Processo Civil* (em coop.), vol. IV, São Paulo, Saraiva, 2017, nota 1 sobre o art. 576, p. 90).

12. *Cfr.* Carneiro, *Comentários ao Código de Processo Civil*, vol. XI, t. I, Rio de Janeiro, Forense, 2005, n. 24, p. 64.

13. *Cfr.* Dinamarco, *Instituições de direito processual civil*, vol. II, cit., n. 820, p. 667.

14. *Cfr.*: Medina, *Novo Código de Processo Civil comentado*, São Paulo, Ed. RT, 2017, nota sobre o art. 577, pp. 957-958; Grechi (em coop.), *Comentários ao novo Código de Processo Civil*, Rio de Janeiro, Forense, 2015, nota sobre o art. 577, p. 913.

cados os atos de concretização do quanto houver sido previamente estabelecido. Tem-se nesse último estágio uma execução *lato sensu*,[15] na qual serão materializados os traçados definidos pelo juiz, com a colocação de marcos, ou promovidos os atos necessários à partição do imóvel.

Em nenhum dos casos será possível avançar à segunda fase sem que tenha havido o definitivo encerramento da primeira – vale dizer, sem o *trânsito em julgado* da decisão que dispuser sobre a demarcação ou a divisão. Não há como cogitar de algo análogo a uma *execução provisória* nos procedimentos das ações demarcatória ou divisória. Nem sequer faria sentido promover a materialização de demarcações ou divisões passíveis de reversão. Em relação a toda e qualquer decisão não definitiva, independentemente de sua natureza, existe uma legítima preocupação da ordem processual em evitar a consumação de situações novas de reversão inviável, difícil ou excessivamente custosa.[16] No âmbito das ações demarcatória e divisória não é diferente.

2.617. custo do processo nas ações demarcatória e divisória

Nos procedimentos das ações demarcatória e divisória a distribuição do custo do processo encontra-se disciplinada no art. 89 do Código de Processo Civil. O dispositivo estabelece que, "nos juízos divisórios, não havendo litígio, os interessados pagarão as despesas proporcionalmente aos seus quinhões".

Por vezes usada apenas em referência à ação de divisão,[17] a expressão "juízo divisório" remete nesse artigo tanto à divisão quanto à demarcação de terras particulares.[18] Trata-se de regra aplicável aos procedimentos de ambas as ações aqui analisadas, nas quais é perfeitamente possível que as partes não instaurem disputa em torno da demarcação ou divisão. Pode ser que concordem quanto à necessidade da medida e não divirjam sequer sobre os termos da divisão ou demarcação. Essas são hipóteses nas quais não haverá litígio,

---

15. Segundo Marcato, haverá na segunda fase a "execução material" da demarcação ou da divisão estabelecida pelo juiz (ob. cit., nn. 87 e 99, pp. 149 e 154). Na mesma linha, Hely Lopes Meirelles aponta que se promoverão na segunda fase "os atos concretos de demarcação ou de divisão" ("Ações de vizinhança", *Revista de Direito Imobiliário* 2, 1978, n. 9).

16. Nesse sentido, cf., *v.g.*, CPC, art. 300, § 3º; art. 520, inc. IV; art. 521, par.

17. *Cfr.*, *v.g.*, Dinamarco, "Eficácia e autoridade da sentença no juízo demarcatório-divisório", in *Fundamentos do processo civil moderno*, t. II, São Paulo, Malheiros Editores, 2010, n. 890, p. 1.566.

18. "Existem quatro espécies de ação que podem ser compreendidas na expressão 'juízo divisório' utilizada pelo art. 25 do CPC/1973 e mantida pelo artigo ora comentado: ação divisória; ação demarcatória; ação de partilha; ação discriminatória" (Neves, ob. cit., nota sobre o art. 89, p. 173).

de modo que não fará sentido falar em sucumbência ou no arbitramento de honorários em prol do advogado de qualquer das partes.[19]

Quanto às despesas processuais, embora o art. 89 disponha sobre ambas as ações que "os interessados pagarão as despesas proporcionalmente aos seus quinhões", varia a solução segundo se trate de demarcação ou de divisão. No primeiro caso os dispêndios serão igualmente divididos entre os lados confrontantes. Se de algum lado da linha divisória houver mais de um proprietário, promover-se-á rateio proporcional à testada de cada um.[20] Tratando-se de divisão, os custos serão rateados entre os condôminos proporcionalmente *ao valor do quinhão* recebido por cada parte.[21]

Já na hipótese de haver litígio entre as partes da ação demarcatória ou divisória aplicam-se as regras ordinárias de distribuição do custo do processo – honorários advocatícios sucumbenciais e despesas processuais.

2.618. cabimento da ação demarcatória

Será cabível a ação demarcatória sempre que houver *incerteza* quanto aos limites de terras que se tocam. Trata-se de situações nas quais não há concreta e precisa identificação dos lindes de imóveis contíguos. É o que ocorre, *v.g.*, quando inexistem marcos delimitando as propriedades; quando os marcos tenham de qualquer modo desparecido (apagamento, destruição *etc.*); ou ainda quando os marcos existentes determinem de forma impreci-

---

19. *Cfr.* Lopes, *Comentários ao Código de Processo Civil*, vol. II, São Paulo, Saraiva, 2018, n. 147, p. 213.

20. *Cfr.* Theodoro Júnior, ob. cit., n. 105, p. 218. Na doutrina se registra, ademais, a possibilidade de flexibilização do rateio das despesas segundo as peculiaridades do caso: "a repartição dos casos seguirá os costumes da localidade. Isto é, se um dos vizinhos pretende edificar tapagem suntuosa em local de residência de comunidade de parcos recursos econômicos, deverá arcar com os custos que excederem o tapume usualmente adotado pelos moradores da região. Na falta de acordo para a colocação do tapume ordinário, obtém-se judicialmente o reconhecimento da obrigação pecuniária para a construção e mantença da divisória. Excepcionalmente, as despesas com construção ficarão a cargo de uma das partes quando necessários tapumes especiais em razão da presença de animais de pequeno porte (aves, cães, gatos). Os gastos serão custeados por quem possuir o especial interesse e necessidade de possuir os referidos animais. Ou seja: se apenas um dos vizinhos cria animais de pequeno porte, deverá isoladamente subsidiar a construção do tapume" (Rosenvald (em coop.), *Código Civil comentado*, Salvador, Juspodivm, 2020, nota sobre o art. 1.297, p. 1.337).

21. "Assim, se um condômino recebeu uma área menor, mas com valiosas edificações e, portanto, quinhão mais valioso do que o outro condômino, que recebeu terreno maior, porém sem edificação, deverá arcar com parte maior nas despesas" (Carneiro, ob. cit., n. 18, p. 51).

sa os lindes de propriedades contíguas. A demarcatória também terá lugar em cenários nos quais, muito embora existentes limites entre imóveis, ao menos um dos proprietários manifeste fundada dúvida quanto à correção dos marcos estabelecidos.[22] Cumprirá ao autor da demanda, em todo caso, descrever na petição inicial as circunstâncias que geram indefinição dos limites entre os dois prédios.

A contiguidade dos imóveis é pressuposto da existência do interesse em demarcar os lindes dos imóveis. Inexiste sentido em precisar limites entre prédios que estejam entrepostos por vias públicas, rios ou qualquer tipo de acidente geográfico. Não sendo lindeiros os terrenos, estará descartada a admissibilidade da demanda demarcatória.[23]

O propósito da demarcatória não deve ser confundido com o das demandas de cunho reivindicatório ou possessório. A ação não terá por *objeto* a declaração do próprio domínio ou tão somente a pretensão de afastar posse injustamente exercida. Questões de natureza dominial ou possessória naturalmente poderão ser discutidas no âmbito da ação, mas sempre com o propósito de se decidir em caráter principal a pretensão demarcatória. Quando a decisão buscada pelo autor da demanda for pronunciamento que disponha *principaliter* sobre a propriedade em si ou apenas acerca da posse exercida sobre o imóvel, ele carecerá de interesse processual, por falta de adequação, se optar pela via demarcatória. [24]

2.619. legitimidade para a ação demarcatória

Na vigência do Código de Processo Civil de 1973 havia divergência doutrinária e jurisprudencial sobre os sujeitos que poderiam se valer da demarcatória. Alguns propunham uma leitura rígida do art. 946, segundo o qual a ação de demarcação cabe "ao proprietário".[25] Outros defendiam interpretação mais flexível da redação legal,[26] considerando legítimo o ajuizamento da demanda não apenas por donos como também por outros titulares de direito real sobre a terra – usufrutuário, por exemplo.[27]

---

22. *Cfr.* Carneiro, ob. cit., n. 5, p. 13.
23. Ricardo Alexandre da Silva (em coop.), *Comentários ao Código de Processo Civil*, vol. IX, São Paulo, Ed. RT, 2018, nota 1 sobre o art. 569, p. 305.
24. *Cfr.* Dinamarco, "Eficácia e autoridade da sentença no juízo demarcatório-divisório", cit., n. 887, p. 1.562; Couto e Silva, ob. cit., n. 186, p. 193.
25. *V.g.*: Couto e Silva, ob. cit., n. 185, p. 193.
26. *V.g.*: Pontes de Miranda, *Comentários ao Código de Processo Civil*, t. XIII, Rio de Janeiro, Forense, 1977, nota 1 sobre o art. 946, p. 406.
27. Sobre o dissenso, cf.: Ricardo Alexandre da Silva (em coop.), ob. cit., nota 1 sobre o art. 569, p. 308, n.r. 15; Carneiro, ob. cit., n. 5, pp. 14-18.

Paulo Cezar Pinheiro Carneiro classificava a questão como *tormentosa* e criticava a posição daqueles que, sem maiores considerações, alargavam a legitimidade para a propositura da ação demarcatória. Com razão o processualista observava que não se podia ignorar que o julgamento da demanda proposta por *non domino* inevitavelmente acabaria por interferir na esfera jurídica do proprietário.

> "Não basta apresentar a solução de que os efeitos da coisa julgada não alcançariam o proprietário, pois, do ponto de vista prático, os atos materiais que decorrem da sentença proferida na demarcatória, tais como marcos cravados, retificações levadas a registro, eventual perda de parte da posse, certamente produziriam efeitos relativamente ao proprietário ausente do processo".[28]

No atual Código de Processo Civil, em que não houve alteração no dispositivo que trata da legitimidade para a demarcatória (CPC-1973, art. 946, inc. I; CPC-2015, art. 569, inc. I), permanece o dissenso. O legislador, porém, fez opção muito clara ao dispor, mesmo diante das divergências havidas sob a vigência do estatuto de 1973, que a pretensão demarcatória cabe apenas ao proprietário (art. 569) e ainda exigir expressamente que a petição inicial venha instruída com os *títulos de domínio* (CPC, art. 574). Desta forma, não deve haver dúvida de que somente o proprietário tem legitimidade para a propositura da demanda.[29] Havendo condomínio, cada coproprietário terá legitimidade para ajuizar a ação, sem prejuízo da necessidade de citação dos demais condôminos (CPC, art. 575).

A legitimidade passiva, por sua vez, é do proprietário do imóvel que confrontar com a terra do autor no lado em que se fizer necessária a demarcação. Portanto, não devem figurar no processo todos os confinantes, invariavelmente. Havendo confusão de limites entre o imóvel do autor e um vizinho ao sul, por exemplo, será ociosa a participação de confrontante situado ao norte.

2.620. as duas fases da ação demarcatória

A primeira fase do procedimento volta-se à apuração do próprio direito à demarcação e à determinação do traçado da linha demarcanda. Obviamente não se passará ao segundo plano se o julgador reputar ausentes os pressupostos para o julgamento do mérito ou se concluir pela improcedência do pedido demarcatório.

---

28. Carneiro, ob. cit., n. 5, pp. 14-18. Segundo o processualista, a se admitir a legitimidade do não proprietário deve-se ao menos exigir a citação do dono no processo.

29. *Cfr.*: Marcato, ob. cit., n. 71, p. 139; Ricardo Alexandre da Silva (em coop), ob. cit., nota 1 sobre o art. 569, p. 310.

Na petição inicial o autor deverá, além de comprovar a propriedade do imóvel, identificar o confrontante em relação ao qual pretende a demarcação, apresentando as razões pelas quais paira incerteza sobre a linha divisória. O demandante poderá desde logo apontar o traçado que considerar correto, porém não terá o ônus de fazê-lo de forma minuciosa, inclusive porque nem sempre lhe estarão à mão os dados para fazer uma descrição detalhada da linha. Em todo caso, "deverá ao menos descrever, sempre que possível, os limites – os extremos que constituem o seu terreno, os quais, em regra, estarão descritos nos respectivos títulos de propriedade".[30] Não dispondo sequer desses dados, o autor deverá indicar a impossibilidade de apresentá-los (*v.g.*, quando se tratar de registros imobiliários muito antigos, que não apresentam descrição precisa de limites), de modo a não ter prejudicado seu acesso à Justiça e obter a necessária demarcação.

Em resposta ao pleito demarcatório, pode o réu lançar mão de todos os argumentos de que dispuser para evitar o acolhimento do pedido – quer pela extinção sem julgamento do mérito, quer pela rejeição da demanda – ou para questionar o traçado eventualmente proposto pelo autor. A falta de contestação não produz aqui as triviais consequências da revelia. Caso reconhecido pelo juiz o direito à demarcação, será imprescindível produzir prova pericial para que se determine a linha demarcanda. A perícia judicial só será dispensada na hipótese de haver georreferenciamento averbado nas matrículas dos imóveis, e desde que os dados constantes do documento sejam aptos a propiciar a demarcação no caso concreto. A perícia também será desnecessária quando o conjunto de provas pré-constituídas conduzir ao não acolhimento da pretensão demarcatória – extinção sem julgamento do mérito ou improcedência. Portanto deve ser analisada *cum grano salis* a disposição do art. 579 do Código de Processo Civil, pois nem sempre o julgador nomeará peritos para levantar o traçado da linha demarcanda.

Ao longo da perícia, além de observadas as regras procedimentais peculiares ao trabalho técnico desenvolvido na demarcação, devem ser respeitadas as normas gerais sobre a produção da prova pericial. Por força do contraditório, as partes devem ter oportunidade de indicar assistentes técnicos e apresentar quesitos (CPC, art. 465), ser intimadas sobre a realização das diligências periciais para que as possam acompanhar (CPC, art. 474) *etc.*

Para a realização da perícia, o Código de Processo Civil impunha a nomeação de "dois arbitradores e um agrimensor" (art. 956), o que era objeto de crítica por parte da doutrina, pois muitas vezes seria ociosa a participação de arbitradores.[31] O Código vigente não mais se refere a um trio de

---

30. Carneiro, ob. cit., n. 16, p. 47.

31. *Cfr.* Carvalho, "Demarcação, matrícula e planta", *RT* 665, 1991, n. 1.

especialistas, dispondo apenas que, para levantar o traçado da linha demarcanda, "o juiz nomeará um ou mais peritos" (art. 579). Em qualquer caso o julgador deverá contar com profissional capaz de realizar o levantamento geodésico, de modo que será imprescindível a atuação de um agrimensor. Já a participação do arbitrador, cujo mister é colher "todos os elementos que possam contribuir para o traçado da linha demarcanda, tais como os títulos, marcos, rumos, a fama da vizinhança",[32] dependerá das necessidades do caso concreto.

Realizada a perícia e ouvidas as partes a seu respeito, o juiz proferirá *sentença* que encerrará a primeira fase do procedimento demarcatório (CPC, art. 580). Quando procedente a demanda, o julgador definirá a linha de confrontação dos imóveis. Trata-se de decisão com teor declaratório, uma vez que tão somente encerra *incerteza*[33] sobre os limites de propriedades que já existiam, sem criar situação jurídica nova. Excepcionalmente a sentença terá caráter constitutivo e poderá conter um capítulo condenatório, o que ocorrerá quando verificada a hipótese do art. 1.298, *fine*, do Código Civil: "sendo confusos, os limites, em falta de outro meio, se determinarão de conformidade com a posse justa; e, não se achando ela provada, o terreno contestado se dividirá por partes iguais entre os prédios, ou, não sendo possível a divisão cômoda, se adjudicará a um deles, mediante indenização ao outro".[34] Em tais casos, havendo cisão ou adjudicação de terreno disputado, há inequívoca modificação de situação jurídica. Também na hipótese do art. 581, par., do Código de Processo Civil a decisão conterá capítulo condenatório (mandamental),[35] pois, sendo constatado que um dos confrontantes estava a invadir área do outro, o juiz ordenará na sentença a restituição da porção de terra irregularmente ocupada ao legítimo proprietário.

Após o trânsito em julgado da sentença que encerrar a primeira fase da demarcação terá início o segundo estágio do processo. Então será promovida a materialização do traçado definido pelo juiz mediante inserção dos marcos delimitadores das propriedades, atividade a ser ordinariamente realizada pelos mesmos auxiliares da Justiça que tiverem participado da primeira fase.

---

32. *Cfr.* Theodoro Júnior, ob. cit., n. 105, pp. 357-358.

33. *Cfr.* Dinamarco, "Eficácia e autoridade da sentença no juízo demarcatório-divisório", cit., n. 889, p. 1.565. Segundo o processualista, "a ação demarcatória constitui uma das raras exceções à regra de que a ação meramente declaratória não visa ao acercamento de fatos, mas de direitos, obrigações e relações jurídicas em geral: seu resultado é a certeza quanto ao *fato* representado pelas linhas divisórias que antes se haviam tornado incertas".

34. *Cfr.*: Theodoro Júnior, ob. cit., n. 187, p. 368; Ricardo Alexandre da Silva (em coop.), ob. cit., nota 2 sobre o art. 581, p. 374.

35. A propósito, *cfr.* Dinamarco, *Instituições de direito processual civil*, vol. III, cit., n. 1.106.

Todas as tarefas realizadas pelo perito nesse trabalho de campo deverão ser consignadas em plantas, acompanhadas de cadernetas de operações, e em memorial descritivo que deverá conter os dados indicados no art. 583 do Código de Processo Civil: "I – o ponto de partida, os rumos seguidos e a aviventação dos antigos com os respectivos cálculos; II – os acidentes encontrados, as cercas, os valos, os marcos antigos, os córregos, os rios, as lagoas e outros; III – a indicação minuciosa dos novos marcos cravados, dos antigos aproveitados, das culturas existentes e da sua produção anual; IV – a composição geológica dos terrenos, bem como a qualidade e a extensão dos campos, das matas e das capoeiras; V – as vias de comunicação; VI – as distâncias a pontos de referência, tais como rodovias federais e estaduais, ferrovias, portos, aglomerações urbanas e polos comerciais; VII – a indicação de tudo o mais que for útil para o levantamento da linha ou para a identificação da linha já levantada". Esse conteúdo, no entanto, não deverá ser observado com excessivo rigor. Com razão, a doutrina critica o nível de exigência contido no dispositivo, pois nem sempre serão pertinentes a apuração e o registro nele referidos. Em determinada demarcação de terras poderá ser de todo irrelevante, p.ex., perquirir a "composição geológica dos terrenos". Logo, o não cumprimento de algum desses requisitos não necessariamente implicará nulidade. Se o ato tiver atingido o seu propósito, propiciando a demarcação sem nenhum prejuízo às partes, não haverá por que repeti-lo tão somente para o cumprimento de formalidade legal.[36]

Com a inserção dos marcos passa-se à fase final do trabalho pericial. O *expert* deverá percorrê-los, relatando por escrito se há correspondência com os dados constantes do memorial e da planta elaborados e consignando eventuais divergências (CPC, art. 585). O juiz então abrirá vista às partes para que em 15 dias se pronunciem sobre o material, ocasião em que naturalmente não se poderão rediscutir questões resolvidas na primeira fase do procedimento. Nessa oportunidade as partes deverão voltar suas atenções a verificar eventuais desvios em relação ao traçado definido na primeira sentença, a fim de que as necessárias correções possam ser determinadas pelo julgador após consulta ao perito.[37]

---

36. *Cfr.*: Carneiro, ob. cit., n. 34, p. 87; Ricardo Alexandre da Silva (em coop.), ob. cit., nota 2 sobre o art. 583, p. 385.

37. "As alegações não podem, é lógico, reabrir discussão em torno de matéria relacionada com a posse ou domínio das partes, pois tudo isso já se acha resolvido ou precluso em face da sentença que encerrou a primeira fase do procedimento demarcatório. Afirma o art. 965 do CPC/1973 (art. 586 do CPC/2015) que as alegações serão sobre o relatório, o que não impede que, impugnando o relatório, se chegue a criticar também a planta ou o memorial do agrimensor. Isto porque a função do relatório é justamente atestar a exatidão das peças do agrimensor. Se o perito (agrimensor), portanto, se desviou da

Encerradas as diligências e resolvidas eventuais reclamações deduzidas pelas partes, será lavrado o auto de demarcação. No documento, que deverá ser assinado pelo juiz e pelo perito, serão minuciosamente descritos os limites de acordo com o memorial e a planta. O julgador, então, porá fim à segunda fase e ao procedimento demarcatório como um todo mediante prolação de sentença homologatória. Essa decisão produzirá efeito imediatamente após a sua publicação, pois eventual apelação contra ela interposta não será dotada de efeito suspensivo *ope legis* (CPC, art. 1.012, § 1º, inc. I).

2.621. cabimento da ação divisória

A ação divisória será admissível quando se pretender a extinção do condomínio imobiliário, para formação de quinhões individualmente atribuíveis a cada um dos condôminos. Trata-se, portanto, de demanda a ser proposta quando se visa a pôr fim a um condomínio *pro indiviso*, no qual cabe a cada coproprietário não uma área materialmente delimitada, senão parte ideal de um todo.

A viabilidade da demanda depende, naturalmente, da divisibilidade do bem – requisito a ser preenchido tanto do ponto de vista prático quanto pelo aspecto legal.

Do ponto de vista prático, será divisível o imóvel quando possível a sua *divisão cômoda*. Trata-se dos bens "que se podem fracionar sem alteração na sua substância, diminuição considerável de valor, ou prejuízo do uso a que se destinam" (CC, art. 87). Carvalho Santos, por exemplo, menciona a hipótese de uma fazenda de criação de gado com uma só aguada, afirmando que nesse caso "a divisão é possível, mas, como a aguada não pode servir a todos os quinhões, claro está que se torna a fazenda, pela divisão, imprópria ao seu destino".[38]

Pode haver casos em que a divisão é possível e cômoda, porém juridicamente inviável por força de limitações administrativas. Restrição conhecida é a atinente ao *módulo rural*, pelo qual se determina a fração mínima em que pode ser desmembrada a terra, de modo a evitar a formação de proprie-

---

sentença e elaborou planta e memorial que não correspondem ao julgado que determinou a linha demarcanda, não poderiam os demais técnicos manifestar-se de acordo com tais documentos. A parte, então, ao falar sobre o relatório dos peritos poderá apontar o erro ou falha do agrimensor eventualmente encampado pelos arbitradores, quando tais peritos tiverem sido nomeados pelo juiz" (Theodoro Júnior (em coop.), *Breves comentários ao novo Código de Processo Civil*, São Paulo, Ed. RT, 2016, nota sobre o art. 586, pp. 1.650-1.651).

38. Carvalho Santos, *Código Civil brasileiro interpretado*, vol. VIII, Rio de Janeiro, Freitas Bastos, 1940, p. 333.

dades rurais economicamente inviáveis como resultado de fragmentação excessiva da terra.[39]

A impossibilidade de divisão por motivos jurídicos não se dá apenas por força de restrições dessa ordem. É possível estabelecer-se, entre os condôminos, pacto no sentido de se preservar o estado de indivisão de imóvel que seria ordinariamente divisível por prazo determinado, o qual não pode superar cinco anos porém é suscetível de renovação (CC, art. 1.321, § 1º). Semelhante restrição pode decorrer de declaração de vontade do doador ou testador, por no máximo um quinquênio – nesse caso sem possibilidade de prorrogação (§ 2º), a não ser por convenção depois firmada entre donatários ou legatários. Enquanto pendentes essas restrições, a divisão só poderá ser admitida em situações excepcionais, "se graves razões aconselharem" o juiz de que se deve proceder imediatamente à divisão (§ 3º). O Código Civil não dá pista de quais seriam essas "graves razões", deixando ao critério do juiz avaliar, à luz desse conceito jurídico indeterminado, se as circunstâncias do caso tornam deveras insuportável a manutenção do condomínio.

Em todas essas hipóteses em que a divisão é prática ou juridicamente impossível a demanda não será inadmitida e sim rejeitada. Haverá apreciação do mérito da ação de divisão, que será julgada improcedente. O juiz, vale notar, não deixará de examinar o pedido; ele apreciará o pleito de divisão e concluirá pela inexistência de fundamentos suficientes para o seu acolhimento. Em tais casos "o juiz afirma não possuir o autor o direito afirmado" e "põe termo à crise de direito material".[40] Logo, não se deve cogitar de extinção do processo sem julgamento do mérito nessas hipóteses.

A coisa julgada material formada sobre a decisão de improcedência só impedirá a propositura de novas demandas divisórias enquanto persistirem as circunstâncias à luz das quais tenha sido rejeitado o pedido. Tratando-se o condomínio de relação jurídica de trato continuado, modificações no estado de fato ou de direito abrirão portas para a propositura de nova demanda[41] voltada à sua

---

39. *Cfr.*: Diniz de Souza, "Direito agrário hereditário", *Revista de Direito Privado* 5, 2001, n. 6; Rosenvald (em coop.), ob. cit., nota sobre o art. 1.320, p. 1.360.

40. Bedaque, *Efetividade do processo e técnica processual*, São Paulo, Malheiros Editores, 2006, pp. 277-278.

41. "A parte poderá pleitear nova sentença precisamente porque a alteração de fato ou de direito vem a estabelecer uma nova causa de pedir, diversa daquela em relação à qual operou a coisa julgada. Vale dizer, o fenômeno que se apresenta nessa hipótese não é essencialmente diverso daquele que se põe em qualquer outra situação em que, pela evolução dos fatos, surja uma nova causa de pedir, que estará, portanto, fora dos limites objetivos da coisa julgada anterior (p.ex., a ação de declaração de inexistência de débito fundada em pagamento ocorrido depois do trânsito em julgado da sentença condenatória do mesmo crédito). Não se pedirá para rever a coisa julgada anterior: formular-se-á

extinção (CPC, art. 505, inc. I). Se tenho meu pedido divisório julgado improcedente porque naquele momento vigia convenção que impunha um estado de indivisão por certo período, posso deduzir nova pretensão jurisdicional depois de vencido o prazo. Da mesma forma, se modificado o módulo rural de modo a reduzir-se a área mínima admitida para uma gleba, não estarei impedido de deduzir pedido de divisão antes rejeitado por não atendimento ao requisito da fração mínima dos quinhões.

Mesmo nos casos em que incabível a divisão por motivos perenes não restarão os consortes confinados num perpétuo condomínio. Como aponta a doutrina, o condomínio é "fonte das mais acirradas desavenças e dos mais intrincados conflitos – *condominium est mater discordiarum*".[42] Por isso, o ordenamento jurídico oferece distintas portas de saída dessa situação – a divisão é apenas uma delas. Ainda quando não houver consenso entre todos os condôminos sobre a adjudicação do bem condominial a algum deles ou a sua transmissão a terceiro, a lei assegura que a vontade de um único coproprietário seja suficiente para que se proceda à alienação judicial do bem e partilha do valor apurado (CC, art. 1.322; CPC, art. 730). Nessas hipóteses, entretanto, o processo não tramitará pelo procedimento da ação divisória, que não deverá ter o mérito examinado por inadequação da via eleita (ausência de interesse processual) caso adotado para a dedução dessas distintas pretensões.

2.622. legitimidade para a ação divisória

Qualquer dos coproprietários é legitimado a postular a divisão do imóvel havido em condomínio (CPC, art. 569, inc. II). Independentemente do número de condôminos e da parcela ideal que lhes caiba na propriedade, cada um deles poderá, sem anuência ou aprovação dos demais, postular a divisão do bem. Essa é uma expressão do adágio *incommuione, vel societate, nemo compellitur invitus detineri*, segundo o qual ninguém pode ser constrangido a viver em comunhão.[43]

No polo passivo deverão constar todos os condôminos que não tiverem integrado o polo ativo, em litisconsórcio necessário. É inviável proceder-se à divisão do imóvel sem a participação de todos aqueles a quem cabe alguma parte ideal do bem. Será nula eventual divisão promovida sem integração de todos os condôminos ao processo.

---

uma nova pretensão, inconfundível com aquela que ficou acobertada pela *res iudicata*" (Talamini, *Coisa julgada e sua revisão*, São Paulo, Ed. RT, 2005, p. 90).

42. Bezerra de Melo (em coop.), *Código Civil comentado*, Rio de Janeiro, Forense, 2022, nota sobre o art. 1.320, p. 936.

43. Pontes de Miranda, ob. cit., nota 2 sobre o art. 946, p. 412.

Paulo Cezar Pinheiro Carneiro aponta que o litisconsórcio, além de necessário, é unitário, "pois a decisão deverá ser uniforme para todos os réus, ou seja, a divisão ocorrerá para todos ou não existirá para nenhum".[44] A assertiva é correta, porém deve-se observar que o regime de unitariedade impõe-se somente em relação ao pedido divisório em si, a ser apreciado na sentença da primeira fase. Já no que diz respeito à atribuição de quinhões o litisconsórcio revela-se comum, considerada "a possibilidade de tratamentos diferenciados aos litisconsortes", a depender "do direito que cada um tenha".[45]

2.623. as duas fases da ação divisória

A disciplina legal do procedimento especial da ação divisória é obscura e confusa. Os dispositivos legais não permitem visualizar com clareza a sequência dos atos procedimentais ou a linha que delimita as duas fases da ação divisória. Trata-se de falha do Código de Processo Civil de 1973[46] que poderia ter sido corrigida na lei processual de 2015. Entretanto, conforme aponta a doutrina, "ainda causa assombro a má distribuição de vários dispositivos, a confundir o intérprete sobre o *iter procedimental*".[47] O legislador passou ao largo das cautelas preceituadas no art. 11 da Lei Complementar 95/1998, onde se lê que "as disposições normativas serão redigidas com clareza, precisão e ordem lógica".

Não se atentou minimamente para a sequência em que são realizados os atos processuais. Uma amostra da desordem normativa: o art. 589 do Código de Processo Civil dispõe sobre a citação dos condôminos demandados, e logo em seguida o art. 590 trata de atividades periciais que somente serão realizadas na segunda fase e apenas em caso de procedência do pedido divisório. Diante de disposições tão confusas, segue viva e pertinente a crítica feita por Paulo Cezar Pinheiro Carneiro ao Código de Processo Civil de 1973: "não há como seguir os artigos do Código que tratam de tal procedimento, por absoluta incompatibilidade prática e lógica".[48]

Afastada a cortina de fumaça mediante sistemática interpretação dos dispositivos legais, percebe-se que a primeira fase da ação divisória é menos abrangente – do ponto de vista decisório – do que a etapa inicial da ação demarcatória. Nesta, como já dito, a primeira fase é encerrada não somente com uma definição sobre o direito à demarcação, senão também com a pró-

---

44. Paulo Cezar Pinheiro Carneiro, ob. cit., n. 40, p. 97.
45. Dinamarco, *Litisconsórcio*, São Paulo, Malheiros Editores, 2021, n. 92, p. 135.
46. Paulo Cezar Pinheiro Carneiro, ob. cit., n. 40, p. 97.
47. Ricardo Alexandre da Silva, ob. cit. (em coop), nota 4 sobre o art. 589, p. 405.
48. Paulo Cezar Pinheiro Carneiro, ob. cit., n. 43, p. 101.

pria definição das linhas de demarcação, o que pressupõe a realização de atividades técnicas de agrimensura já na primeira etapa. Já na ação divisória a primeira fase visa apenas à declaração do direito ou não à divisão do imóvel havido em condomínio.[49] Os termos em que se dará a divisão definir-se-ão somente na segunda fase, mesma etapa em que a cisão será materializada (execução *lato sensu*).

O art. 588 do Código de Processo Civil dispõe sobre a petição inicial da ação divisória. Nela o autor deverá descrever precisamente o imóvel havido em copropriedade, bem como as benfeitorias comuns que nele tenham sido realizadas; indicar a origem do condomínio (alienação *inter vivos*, transmissão *causa mortis* etc.); e apresentar relação de todos os condôminos, com suas respectivas qualificações, e das benfeitorias e culturas de cada coproprietário. O pedido deverá necessariamente ter como objeto a divisão do imóvel. É conveniente, mas não necessário, que o autor desde logo aponte o quinhão que pretenda ver atribuído para si. Além disso, é imprescindível que o autor anexe à petição inicial o seu título de propriedade, pelo qual se comprovarão a existência do condomínio e a participação do demandante na propriedade. Trata-se de documento indispensável à propositura da demanda (CPC, art. 320). Caso o autor não apresente por ocasião do aforamento, deverá ser intimado pelo juiz a fazê-lo, sob pena de extinção do processo sem julgamento do mérito (CPC, art. 321).

Citados, os réus deverão responder à demanda, impugnando ou não a pretensão divisória do condômino. A defesa é ampla, comportando toda e qualquer alegação apta a impedir o julgamento do mérito ou a conduzir à improcedência do pedido divisório (inclusive usucapião), bem como as demais impugnações cabíveis em contestação (impugnação do valor da causa, exceção de suspeição *etc.*). Nessa fase é igualmente conveniente, mas prescindível, que os condôminos demandados adiantem o quinhão desejado.

Após a defesa, observar-se-á o procedimento comum até a prolação da sentença da primeira fase (CPC, art. 589). A dilação probatória dependerá das questões concretamente formadas no processo, que deverão girar em torno da possibilidade ou não de acolhimento do pedido divisório – será esse, afinal, o objeto da sentença proferida ao fim da primeira fase. Nos casos de extinção do processo sem julgamento do mérito ou de improcedência do pedido, o processo será encerrado sem abertura da segunda fase, que só terá lugar em caso de procedência do pedido divisório. Nesta última hipótese, vale observar, a decisão não institui ainda a divisão do bem; o juiz apenas declara

49. *Cfr.*: Theodoro Júnior, *Terras particulares*, cit., n. 245, p. 482; Welder Queiroz dos Santos (em coop.), ob. cit., nota 1 sobre o art. 588, p. 118; Ernane Fidélis dos Santos, ob. cit., n. 122, p. 161.

o direito à divisão. Logo, não se trata de decisão de natureza constitutiva, e sim declaratória.[50] A divisão propriamente dita só ocorrerá na segunda fase, com a atribuição de quinhões a cada um dos condôminos.

Parcela da doutrina sustenta que a decisão tem natureza constitutiva, pois resultaria na extinção do condomínio.[51] O raciocínio não parece correto. Enquanto não individualizados os quinhões por decisão judicial, a ser proferida na segunda fase do procedimento, subsiste o condomínio e persistem todos os efeitos jurídicos de sua existência, ainda que já tenha sido declarado o direito à divisão.

Com o trânsito em julgado da sentença de procedência da pretensão divisória inaugura-se a segunda fase do procedimento especial. O juiz, então, nomeará os peritos que terão a tarefa de promover a medição do imóvel e as operações de divisão (CPC, art. 590). Na mesma decisão as partes serão intimadas a apresentar seus títulos e formular os pedidos sobre a constituição dos quinhões (CPC, art. 591). Os títulos a que se referem esse dispositivo não são aqueles pertinentes ao domínio imobiliário (que já terão sido apresentados e apreciados na primeira fase do procedimento), senão outros que sejam relevantes para a determinação dos quinhões – benfeitorias, por exemplo.

Feitos os pedidos de constituição dos quinhões, o juiz ouvirá as partes no prazo de 15 dias. Nessa etapa poderá haver divergência entre as partes, seja mediante impugnação dos argumentos com os quais se postula a constituição do quinhão em certos termos, seja mediante formulação de pedido que seja incompatível com o de outro condômino. O juiz, diante disso, deverá dirimir as divergências, proferindo decisão "sobre os pedidos e os títulos que devam ser atendidos na formação dos quinhões" (CPC, art. 592, § 2º).

É importante esclarecer que o juiz não precisará nesse momento os quinhões, até porque nem estará em condições de fazê-lo. O julgador apenas resolverá as questões cuja solução seja imprescindível para que o perito proponha uma forma de cisão do bem. Aqui serão estabelecidas, *grosso modo*, as premissas a partir das quais o *expert* deverá formular o plano de divisão. Nessa etapa o juiz deverá decidir, p.ex., se determinada benfeitoria é comum ou particular; se um condômino exerce a posse de uma parcela específica da terra *etc*. Tudo dependerá dos contornos da controvérsia que se estabelecer e de como elas poderão influenciar no modo de divisão do imóvel.

Após essa decisão, os autos serão encaminhados ao perito para que proponha, "em laudo fundamentado, a forma da divisão, devendo consultar, quanto possível, a comodidade das partes, respeitar, para adjudicação a cada condô-

---

50. *Cfr.* Ernane Fidélis dos Santos, ob. cit., n. 130, p. 165.

51. *Cfr.* Ricardo Alexandre da Silva (em coop.), ob. cit., nota 6 sobre o art. 590, p. 409.

mino, a preferência dos terrenos contíguos às suas residências e benfeitorias e evitar o retalhamento dos quinhões em glebas separadas" (CPC, art. 595). Como se vê, trata-se de trabalho pericial de excepcional relevância, uma vez que o *expert* não se limita a aclarar questões de cunho técnico ou científico, atuando como verdadeiro proponente da divisão que por fim será definida pelo juiz – a quem cabe, evidentemente, a palavra final.

Ao propor o plano de divisão, além de atender aos critérios do art. 595 e atentar para regras do art. 596, par., do Código de Processo Civil, o perito observará que a cisão não deve ser puramente geométrica, impondo-se proporcionalidade econômica nos quinhões atribuídos a cada condômino. Ao se promover a divisão de uma fazenda de 100.000ha entre dois condôminos que tenham 50% da propriedade imobiliária cada um, não necessariamente a divisão resultará em dois quinhões de 50.000ha. Determinada fração da área rural poderá ter valor de mercado muito superior a outra de igual dimensão, e não somente em razão de benfeitorias, mas também por vários outros fatores – proximidade à zona urbana, existência de ligações viárias para escoamento de produção *etc.*

A composição de tantos fatores nem sempre será perfeitamente viável. Justamente por isso, o Código de Processo dispõe a possibilidade de haver reposição de benfeitorias e compensação de dinheiro entre os condôminos, devendo todos esses pontos ser objeto do laudo com proposta de divisão.

> "Quando formular o laudo com a proposta de divisão, o perito já terá realizado os trabalhos de campo e, portanto, verificado a existência de benfeitorias comuns insuscetíveis de divisão cômoda, a necessidade de instituição de servidões, os excessos decorrentes de benfeitorias particulares e o valor das eventuais compensações. O laudo que apresenta ao juízo deve ser completo e se pronunciar sobre todas as questões relacionadas à constituição dos quinhões, a fim de que, ouvidas as partes, possa ocorrer a deliberação sobre a partilha".[52]

Sobre o laudo deverão as partes manifestar-se no prazo de 15 dias, e qualquer aspecto da divisão proposta pelo *expert* poderá ser impugnado. Havendo divergências, o juiz ouvirá o perito e por fim acolherá ou não as impugnações, determinando, se for o caso, ajustes no plano de divisão. Em seguida será proferida a decisão de partilha, na qual o julgador fixará os quinhões de cada condômino, determinando a demarcação das áreas, e apontará eventuais compensações financeiras ou restituições que devam ser feitas por um condômino a outro.

Após a decisão de partilha, o perito procederá à demarcação dos quinhões, quando deverá observar as regras pertinentes ao procedimento de demarca-

---

52. *Cfr.* Ricardo Alexandre da Silva (em coop.), ob. cit., nota 2 sobre o art. 595, p. 423.

ção (CPC, art. 596). Depois, preparará a planta, na qual devem estar consignadas os quinhões e as servidões aparentes, e por fim organizará o memorial descritivo (CPC, art. 597). Baseado nessa documentação, o escrivão lavará o auto de divisão e uma folha de pagamento para cada condômino. O conteúdo desses documentos é descrito nos §§ 3º e 4º do art. 597, respectivamente.

O auto de divisão permitirá o registro dos quinhões no cartório imobiliário competente e deverá ser assinado pelo perito e pelo juiz, que por fim proferirá a sentença de homologação da divisão. Essa, sim, será uma decisão de natureza constitutiva, pela qual se extinguirá a comunhão e se criará situação jurídica nova, passando a existir áreas titularizadas de forma individual por cada um dos condôminos.[53]

2.624. indenização por usurpação de terreno

O Código de Processo Civil considera a possibilidade de a divisão do imóvel implicar a usurpação de terreno vizinho. A hipótese é disciplinada no art. 594, no qual se dispõe que "os confinantes do imóvel dividendo podem demandar a restituição dos terrenos que lhes tenham sido usurpados". Alternativamente, poderá o confiante pedir indenização pelo equivalente monetário da área usurpada.[54]

A lei processual versa sobre a propositura dessa demanda em dois momentos (§ 1º). Caso ajuizada antes de concluída a divisão (isto é, antes do trânsito em julgado da sentença que encerra a segunda fase), deverão ser citados todos os condôminos. Então, deverá ser decidido se o vizinho do imóvel dividendo tem ou não razão em sua reclamação. Se proposta após aperfeiçoada a divisão a demanda deverá ser dirigida apenas contra aquele a quem foi atribuído o quinhão em que verificada a usurpação. Para essa última hipótese o Código dispõe que a procedência da demanda proposta pelo confinante garantirá aos vencidos "o direito, pela mesma sentença que os obrigar à restituição, a haver dos outros condôminos do processo divisório ou de seus sucessores a título universal a composição pecuniária proporcional ao desfalque sofrido" (§ 2º).

A disposição do § 2º visa a preservar a proporcionalidade econômica na formação dos quinhões. Se no processo de divisão houve usurpação de terreno vizinho, por isso deverão responder proporcionalmente todos os antigos condôminos, não apenas aquele a quem tenha sido atribuído o quinhão no qual se avançou sobre imóvel confrontante. Quanto a isso não pode haver dúvida. Contudo, para que os outros condôminos fiquem vinculados à sucumbência

---

53. *Cfr.*: Theodoro Júnior, *Terras particulares*, cit., n. 292, p. 559; Carneiro, ob. cit., n. 57, p. 129; Pontes de Miranda, ob. cit., nota 3 sobre o art. 980, p. 506.

54. *Cfr.* Grechi (em coop.), ob. cit., nota sobre o art. 594, p. 926.

experimentada pelo quinhoeiro demandado este deverá denunciar a lide aos demais sujeitos que integravam o extinto condomínio, sob pena de não haver vinculação destes ao resultado do processo.[55]

Esse é um aspecto em que o legislador de 2015 poderia ter aperfeiçoado o procedimento da ação de divisão, tornando necessária a citação dos confinantes. Com a participação destes decerto seriam evitadas inúmeras situações (ou alegações) de usurpação de terrenos vizinhos, impedindo-se a proliferação de discussões judiciais decorrentes da atribuição de quinhões.

2.625. cumulação de ação demarcatória com ação divisória

O art. 570 do Código de Processo dispõe sobre a possiblidade de cumulação das ações demarcatória e divisória. Trata-se de hipóteses em que o imóvel a ser dividido necessita ser previamente objeto de demarcação. Portanto, as demandas cumuladas hão de versar sobre a mesma área.

Nesses casos, ao contrário do que ordinariamente sucede com demandas cumuladas, as ações não serão julgadas simultaneamente, senão em sucessivas etapas.[56] Primeiro promove-se a demarcação, e só depois de delimitado o imóvel procede-se à divisão. Segue-se uma sequência lógica, pois não seria racional dividir uma área sobre cujos lindes pairasse indefinição. Em tais hipóteses deverão ser citados tanto os confinantes do imóvel quanto os condôminos do bem.

Referências Bibliográficas

ARMELIN, Donaldo. "Aspectos processuais da ação discriminatória". *Revista de Processo* 70.1993.

BEDAQUE, José Roberto dos Santos. *Efetividade do processo e técnica processual*. São Paulo, Malheiros Editores, 2006.

BEZERRA DE MELO, Marco Aurélio. *Código Civil comentado* (em coop.). Rio de Janeiro, Forense, 2022.

BONDIOLI, Luis Guilherme Aidar. *Reconvenção no processo civil*. São Paulo, Saraiva, 2009.

---

55. *Cfr.* Ricardo Alexandre da Silva (em coop.), ob. cit., nota 5 sobre o art. 594, p. 421.

56. "Na verdade, não há uma perfeita cumulação de ações, no sentido tradicional, mas uma sucessão de ações, dentro de um só processo, já que primeiro se procede à demarcação com os confinantes, e, uma vez completada esta, passa-se à divisão da área demarcada entre os comunheiros. Não há identidade de objeto, nem de partes, mas duas ações sucessivas" (Theodoro Júnior, *Curso de direito processual civil*, vol. II, São Paulo, Saraiva, 2016, n. 99, p. 157).

BRAGA NETTO, Felipe. *Código Civil comentado* (em coop.). Salvador, Juspodivm, 2020.

CARNEIRO, Paulo Cezar Pinheiro. *Comentários ao Código de Processo Civil*. vol. XI, t. I. Rio de Janeiro, Forense, 2005.

CARVALHO, Afrânio de. "Demarcação, matrícula e planta". *RT* 665. 1991.

CARVALHO SANTOS, João Manuel. *Código Civil brasileiro interpretado*. vol. VIII. Rio de Janeiro, Freitas Bastos, 1940.

COUTO E SILVA, Clóvis do. *Comentários ao Código de Processo Civil*. vol. XI, t. I. São Paulo, Ed. RT, 1977.

DINAMARCO, Cândido Rangel. "Eficácia e autoridade da sentença no juízo demarcatório-divisório". In: *Fundamentos do processo civil moderno*. t. II. São Paulo, Malheiros Editores, 2010.

————. *Instituições de direito processual civil*. vol. II. São Paulo, Malheiros Editores, 2019; vol. III. São Paulo, Malheiros Editores, 2019.

————. *Litisconsórcio*. São Paulo, Malheiros Editores, 2021.

————. *Vocabulário do processo civil*. São Paulo, Malheiros Editores, 2014.

DINIZ DE SOUZA, Adalberto Pimentel. "Direito agrário hereditário". *Revista de Direito Privado* 5. 2001.

GRECHI, Frederico Price. *Comentários ao Código de Processo Civil* (em coop.). Rio de Janeiro, Forense, 2015.

LAMY, Eduardo. *Comentários ao Código de Processo Civil* (em coop.). vol. IX. São Paulo, Ed. RT, 2018.

LOPES, Bruno Vasconcelos Carrilho. *Comentários ao Código de Processo Civil*. vol. II. São Paulo, Saraiva, 2018.

MARCATO, Antonio Carlos. *Procedimentos especiais*. São Paulo, Atlas, 2016.

MEDINA, José Miguel Garcia. *Novo Código de Processo Civil comentado*. São Paulo, Ed. RT, 2017.

MEIRELLES, Hely Lopes. "Ações de vizinhança". *Revista de Direito Imobiliário* 2. 1978.

NEVES, Daniel Amorim Assumpção. *Código de Processo Civil comentado*. Salvador, Juspodivm, 2020.

PONTES DE MIRANDA, Francisco Cavalcanti. *Comentários ao Código de Processo Civil*. t. XIII. Rio de Janeiro, Forense, 1977.

ROSENVALD, Nelson. *Código Civil comentado* (em coop.). Salvador, Juspodivm, 2020.

SANTOS, Ernane Fidelis dos. *Manual de direito processual civil*. vol. III. São Paulo, Saraiva, 2012.

SANTOS, Welder Queiroz dos. *Comentários ao Código de Processo Civil* (em coop.). vol. IV. São Paulo, Saraiva, 2017.

SILVA, Ricardo Alexandre da. *Comentários ao Código de Processo Civil* (em coop.). vol. IX. São Paulo, Ed. RT, 2018.

TALAMINI, Eduardo. *Coisa julgada e sua revisão*. São Paulo, Ed. RT, 2005.

THEODORO JÚNIOR, Humberto. *Breves comentários ao novo Código de Processo Civil* (em coop.). São Paulo, Ed. RT, 2016.

————. *Curso de direito processual civil*. vol. II. São Paulo, Saraiva, 2016.

————. *Terras particulares*. São Paulo, Saraiva, 2018.

CAPÍTULO CLXXVI – *AÇÕES DE APURAÇÃO DE HAVERES E DE DISSOLUÇÃO PARCIAL DE SOCIEDADE*

MAURÍCIO GIANNICO
FRANCISCO ETTORE GIANNICO NETO

2.626. dissolução parcial da sociedade no ordenamento jurídico brasileiro: breve digressão histórica

O Código de Processo Civil criou um novo *procedimento especial* de jurisdição contenciosa, denominado "Da Ação de Dissolução Parcial de Sociedade", destinado a regular, sob uma mesma disciplina e a um só tempo, a forma como serão realizadas a resolução parcial de uma sociedade e a apuração dos haveres do sócio retirante, excluído ou falecido (CPC-2015, arts. 599 a 609).[1]

Por meio da dissolução parcial da sociedade rompem-se as relações jurídicas entre a sociedade e os sócios que, por qualquer razão, dela se retiram,

1. *Cfr.* Capítulo V do Título II do Livro I da Parte Especial do Código de Processo Civil de 2015.

permitindo-se, porém, a continuidade das atividades empresariais e dos negócios.[2] Tal disciplina não recebeu qualquer normatização específica nos Códigos de Processo Civil de 1939 e de 1973.

A ausência de tratamento legislativo processual da dissolução parcial da sociedade pode ser justificada pelo subdesenvolvimento do direito material à época, sabendo-se que o Código Comercial de 1850 (arts. 335 a 343) e o Código Civil de 1916 (arts. 1.399 a 1.409) regulavam apenas a hipótese de dissolução total da sociedade.[3]

Prevalecia, naquele momento histórico, uma concepção notoriamente *individualista* das sociedades, com destaque quase que exclusivo para os interesses privados de seus sócios, vigorando a premissa de que eventuais turbulências societárias, desentendimentos entre seus sócios ou eventos como a morte teriam como consequência a extinção da sociedade como um todo.

Apenas a partir dos anos 1960 é que surgem no Brasil as primeiras preocupações sociais com a continuidade do desenvolvimento da atividade econômica da empresa sem prejudicar pessoas, funcionários ou o próprio mercado de consumo ou de serviços, surgindo a partir daí a "teoria da preservação da empresa" e o embrião da dissolução parcial da sociedade.[4]

Durante todo esse período de lacuna legislativa de direito material e processual foi graças à evolução doutrinária[5] e jurisprudencial[6] que se abriu o caminho para a dissolução *parcial* das sociedades, observando-se o procedimento de dissolução total anteriormente regulado pelo Código de Processo de 1939 – por óbvio, com as necessárias adaptações.

---

2. Por sua vez, a dissolução total da sociedade, isto é, a resolução da sociedade em relação a todos os seus sócios, com a consequente extinção da própria sociedade, recebeu tratamento legislativo expresso nos arts. 655 a 674 do Código de Processo Civil de 1939.
3. Cassio Scarpinella Bueno, "Ação de dissolução parcial de sociedades", in Fábio Ulhoa Coelho (org.), *Tratado de direito comercial*, vol. 8, São Paulo, Saraiva, 2015, p. 392.
4. Fábio Ulhoa Coelho, *Curso de direito comercial*, 20ª ed., vol. 2, São Paulo, Ed. RT, 2016, p. 445.
5. Por todos, v. Hernani Estrella, *Apuração dos haveres de sócio*, 3ª ed., atualizada por Roberto Papini, Rio de Janeiro, Forense, 2001.
6. "Comercial – Dissolução de sociedade. Tratando-se de dissolução parcial de sociedade por quotas, não se aplica o critério estabelecido no § 1º do art. 45 da Lei 6.404, de 1976, que é para a determinação do valor de reembolso das ações ao acionista dissidente. Impõe-se, em tal hipótese, determinar o valor real das ações de sociedade anônima que integram o patrimônio da sociedade por quotas parcialmente dissolvida, na medida em que a apuração de haveres deve ser procedida como se de dissolução total se tratasse – Recurso não conhecido" (STJ, 3ª Turma, REsp 60.513-SP, rel. Min. Costa Leite, j. 6.6.1995, v.u., *DJU* 4.9.1995).

Inúmeras vozes doutrinárias corretamente passaram então a identificar uma autêntica *função social das empresas*. Abandonando-se a perspectiva individualista, percebeu-se enfim que as sociedades empresariais eram a grande mola propulsora da economia, geradoras de riqueza e, como tal, sua sobrevivência era uma questão que transcendia em muito os interesses meramente pessoais de seus sócios.[7]

A partir da constatação de que as sociedades são entes geradores de empregos diretos e indiretos, que fomentam a economia, recolhem tributos e geram os mais variados benefícios à coletividade, houve então uma releitura dessa premissa acima citada de que as intempéries, a discórdia entre seus sócios ou os demais eventos da vida devessem necessariamente conduzir à sua dissolução total. Passou-se então, gradativamente, a defender que esses desentendimentos não mais *ferissem de morte* as empresas, surgindo, a partir daí, a noção, hoje já bastante difundida, da dissolução meramente *parcial* das sociedades.[8]

O Código de Processo Civil de 1973, conforme constou expressamente da Exposição de Motivos elaborada pelo então Ministro da Justiça, Alfredo Buzaid, optou por não tratar do procedimento especial da dissolução e liquidação de sociedades, sob o fundamento de que esse e outros procedimentos especiais "têm regulamentação paralela" no Código Civil e em algumas leis extravagantes de direito material, parecendo-lhe "mais lógico incluir os procedimentos desses institutos em suas respectivas leis especiais, onde serão exauridos completa e satisfatoriamente".[9] Daí ter-se estabelecido ali que continuariam "em vigor até serem incorporados nas leis especiais" diversos procedimentos do Código de Processo Civil de 1939, em especial o da "dissolução e liquidação das sociedades (arts. 655 a 674)" (CPC-1973, art. 1.218, inc. VII).

Em relação ao direito material, a "teoria da preservação da empresa" atualmente pode ser identificada a partir das normas societárias que preveem

7. Rodrigo Otávio Barioni, *Comentários ao Código de Processo Civil – Artigos 539 a 609*, São Paulo, Saraiva, 2020, p. 280.

8. Nas palavras de Rodrigo Otávio Barioni, a preservação da empresa "apresenta caráter essencial no desenvolvimento econômico da comunidade na qual está inserida. As causas que geram a impossibilidade de um sócio permanecer na empresa não devem conduzir ao término das atividades empresariais. A solução mais adequada seria desfazer o vínculo societário em relação ao sócio que não pode ou não deseja permanecer na sociedade, efetuando o pagamento do valor correspondente à sua participação. Encerra-se, portanto, a relação contratual apenas em relação ao sócio que se retira da sociedade, sem que, para isso, seja necessário extingui-la. Em outras palavras, é preferível manter a sociedade sem um dos sócios a ser decretada sua extinção" (ob. cit., p. 282).

9. Disponível em <*http://www2.senado.leg.br/bdsf/bitstream/handle/id/177828/CodProcCivil%201974.pdf* –>, acesso em 21.5.2021.

as restrições do direito de recesso do sócio (LSA, arts. 137 e ss.) e como um princípio implícito do art. 170 da Constituição Federal, que regula a ordem econômica.[10]

No entanto, foi apenas com a entrada em vigor do Código Civil de 2002 que a dissolução parcial da sociedade finalmente recebeu uma positivação material expressa, sob o título "Da Resolução da Sociedade em Relação a um Sócio" (CC-2002, arts. 1.028 a 1.032).

Em relação ao direito processual, Rodrigo Mazzei e Tiago Figueiredo Gonçalves relembram que o procedimento de dissolução parcial da sociedade não estava previsto no Anteprojeto do novo Código de Processo Civil elaborado pela Comissão de Juristas nomeada pela Presidência do Senado Federal. Sua inserção se deu durante o processo legislativo a partir de sugestão de Fábio Ulhoa Coelho e Marcelo Guedes Nunes.[11]

Segundo os autores da proposta, ela "buscou regular o processo de conflito empresarial mais frequente e economicamente relevante do Poder Judiciário e colmatar uma lacuna que remonta ao Código de Processo Civil de 1939 (anterior ao atualmente em vigor), que ainda permanece vigente na parte em que trata da ação de dissolução de sociedade".[12]

Referida proposta foi aprovada, positivando-se, assim, os ditames dos arts. 599 a 609 do Código de Processo Civil, os quais regulam não apenas a ação de dissolução parcial de sociedade como também a ação de apuração de haveres.

2.627. dissolução parcial da sociedade x apuração de haveres: pretensões distintas e por vezes autônomas

O art. 599 do Código de Processo Civil inaugura o procedimento especial da ação de dissolução parcial de sociedade apontando sua aplicação em três hipóteses distintas. São elas: a) "a resolução da sociedade empresária contratual ou simples em relação ao sócio falecido, excluído ou que exerceu o direito de retirada ou recesso" (inc. I); b) "a apuração dos haveres do sócio fa-

---

10. Fabio Caldas de Araújo, "Ação de dissolução parcial de sociedade no novo CPC", *Revista de Direito Recuperacional e Empresa* 5/3-4, São Paulo, julho-setembro/2017 (artigo eletrônico).

11. Rodrigo Mazzei e Tiago Figueiredo Gonçalves, "A dissolução parcial de sociedade no Código de Processo Civil de 2015: pretensões veiculáveis, sociedades alcançadas e legitimidade", *Revista de Processo* 282/2, São Paulo, Ed. RT, agosto/2018 (artigo eletrônico).

12. Fábio Ulhoa Coelho e Marcelo Guedes Nunes, *Carta de apoio ao novo CPC sugere procedimento especial para tratar da dissolução parcial de sociedade*, São Paulo, 22.11.2012, disponível em *[www.migalhas.com.br/Quentes/17,MI168124,101048-Carta+de+apoio+ao+novo+CPC+sugere+procedimento+especial+para+tratar]*.

lecido, excluído ou que exerceu o direito de retirada ou recesso" (inc. II); ou c) "somente a resolução ou a apuração de haveres" (inc. III).

O atual Código quebra um paradigma histórico, deixando de prever um procedimento especial para a ação de dissolução *total* da sociedade, passando esta a ser regulada pelo procedimento comum (CPC, art. 1.046, § 3º). Tal exclusão nos parece adequada, na medida em que o antigo procedimento especial de dissolução total de sociedade não trazia qualquer mecanismo processual que melhor atendesse às características do direito material discutido.[13]

Em uma análise atenta do art. 599 percebe-se ainda que, dentro de uma rubrica única – "Ação de Dissolução Parcial de Sociedade" – em verdade o Código de Processo Civil de 2015 está a regular *duas pretensões notoriamente distintas*: a primeira tendente a contemplar a dissolução parcial da sociedade e a segunda tendente a regular a apuração dos haveres. Aliás, conforme se extrai do inc. III do referido dispositivo legal, essas duas pretensões inclusive podem ou não coexistir dentro do mesmo processo.

Portanto, poderá o interessado optar por formular uma única pretensão – com vistas à dissolução parcial da sociedade ou à apuração de haveres – ou ambas as pretensões reguladas pelo procedimento especial, em autêntico *cúmulo sucessivo* de pedidos.[14] Há esse cúmulo sucessivo porque, nessas hipóteses, primeiramente deverá ser julgado o pedido de dissolução parcial de sociedade e apenas em caso de sua procedência é que será então julgado o pedido de apuração de haveres. Do contrário o segundo julgamento restará *prejudicado*.[15]

---

13. Em relação à apuração de haveres decorrente da dissolução total da sociedade o juiz poderá flexibilizar o procedimento comum (CPC, art. 139, inc. VI) para compatibilizar o procedimento de liquidação ao de apuração de haveres (CPC, art. 604 e ss.) ou ao da "liquidação da sociedade" (CC, arts. 1.102 e ss.), podendo as partes optar pela realização de negócios jurídicos processuais (CPC, art. 190).

14. Há cúmulo sucessivo de pedidos quando haja uma relação de *prejudicialidade* entre o primeiro e os demais pedidos de modo que o primeiro pedido deve ser julgado procedente para que os demais sejam julgados sucessivamente (p.ex., a declaração de paternidade é prejudicial ao pedido de alimentos, que só será julgado sucessivamente em caso de procedência do primeiro pedido) (cf. Cândido Rangel Dinamarco, *Instituições de direito processual civil*, 7ª ed., vol. II, São Paulo, Malheiros Editores, 2017, pp. 195-197).

15. "Quando apresentada na ação de dissolução parcial de sociedade tanto a pretensão de desligamento de sócio quanto a pretensão de apuração de haveres, tem-se caso de cumulação sucessiva de pedidos que torna o objeto do processo complexo. Nessas circunstâncias, aprecia-se num primeiro momento apenas o pleito dissolutivo. Se acolhido esse pleito, cuida-se num segundo momento do pedido apurativo; se rejeitado tal pleito, o exame do segundo pedido fica prejudicado. Assim, é possível que o processo deflagrado pela ação de dissolução parcial de sociedade se desenvolva em duas fases: uma, para a definição do desligamento ou não do sócio, e outra, caso se decida por tal desligamento, para o levantamento do valor da participação do sócio na sociedade" (Luis Guilherme Aidar

Essa possibilidade de cumulação sucessiva de demandas é uma faculdade e não uma imposição. Isso porque em determinadas situações a sociedade estará parcialmente dissolvida de maneira *automática* e *independentemente de pronunciamento jurisdicional*, razão pela qual seria desnecessária, até mesmo por ausência de interesse de agir, a pretensão de dissolução parcial da sociedade, havendo interesse apenas na demanda de apuração de haveres. É o que ocorre, p.ex., nas hipóteses de morte do sócio (salvo as hipóteses descritas no art. 1.028, incs. I a III, do Código Civil), em caso de exercício do direito potestativo de retirada pelo sócio (CC, art. 1.029, 2ª parte), nas hipóteses de exclusão do sócio por voto da maioria (CC, art. 1.030), nas causas específicas eventualmente previstas em contrato (CC, art. 1.029, 1ª parte) e ainda quando o sócio é declarado falido (CC, art. 1.030, par. ún.).

Em tais situações inexistirá interesse-necessidade para o manejo de ação objetivando exclusivamente a dissolução parcial.

O provimento jurisdicional postulado na apuração de haveres tem natureza *condenatória*, porquanto o que se pretende a partir dele é a obtenção de ordem judicial impondo o pagamento de quantia pecuniária equivalente ao valor da participação societária até então pertencente ao sócio retirante. Diversamente, na ação de dissolução parcial o provimento jurisdicional postulado tem caráter *constitutivo negativo* (ou *desconstitutivo*), visto que por ele se almeja desfazer – ou literalmente, *dissolver* – o vínculo societário até então existente entre a sociedade e o sócio retirante.

2.628. críticas terminológicas à expressão "dissolução parcial"

Não se pode deixar de fazer uma crítica à terminologia adotada pelo Código de Processo Civil. Primeiramente, como afirma Luis Guilherme Aidar Bondioli, parece menos adequado o título "ação de dissolução parcial de sociedade" nas situações "nas quais nada mais há para dissolver". Melhor seria que o Código de Processo Civil tivesse destinado um espaço próprio para disciplinar a apuração de haveres, sem misturar, em uma regulamentação única, pretensões que sabidamente não se confundem. No mínimo, poderia o legislador ter expandido o título da rubrica do Capítulo V do Título II do Livro I da Parte Especial do Código para também abarcar essa última pretensão.

Em todo caso, ainda que incluídas dentro do mesmo *nomen iuris*, está-se diante de duas pretensões distintas e, como já asseverado, cumuláveis sucessivamente.

Bondioli, "Breves notas sobre a ação de dissolução parcial de sociedade", *Revista de Processo* 302/2, São Paulo, Ed. RT, abril/2020).

Embora sejam pretensões notoriamente distintas, o nome a ser atribuído à ação não será relevante para fins da aferição da adequação ou inadequação da petição inicial, assim como para a definição de seu procedimento.[16] Ainda que o autor venha a distribuir ação denominada de "dissolução parcial de sociedade" e acabe formulando somente um pedido de apuração de haveres, ou vice-e-versa, isso não deverá ser motivo para a extinção do processo. Igualmente há de se aceitar outras denominações, até mesmo muito comuns na praxe forense, tais quais "ação de exclusão de sócios", "ação de resolução da sociedade em relação ao sócio" e tantas outras.[17] Desde que as respectivas pretensões estejam devidamente explicitadas no pedido e na causa de pedir, elas podem e devem ser aceitas pelo Poder Judiciário.[18]

Há ainda uma segunda linha de críticas doutrinárias à expressão "dissolução parcial". Isso se dá essencialmente porque a palavra "dissolução", em sua acepção técnica, remete à ideia de extinção da sociedade, algo que sabidamente não acontece na denominada dissolução *parcial*.[19]

2.629. procedimento e a medida de sua real especialidade

A manutenção e/ou a criação de procedimentos especiais em nosso sistema processual deve ser justificada a partir de uma efetiva necessidade de adequação das regras gerais previstas no procedimento comum às peculiaridades do direito material em disputa, de modo a melhor atender ao equilíbrio entre celeridade/eficiência do processo e à justiça na solução do litígio.

A partir da análise do procedimento previsto para o julgamento do pedido de dissolução parcial de sociedade, parece-nos que o legislador – talvez apegado à tradição histórica da existência de um procedimento tratando da dissolução (ainda que total) das sociedades – acabou não adaptando nenhu-

16. Como observa Dinamarco, em uma classificação verdadeiramente científica, as ações de conhecimento se subdividiriam em declaratórias, constitutivas e condenatórias, sendo indesejável, do ponto de vista técnico, que o termo "ação" sofresse adjetivações que, em verdade, remetem a uma ultrapassada concepção privatista e civilista do conceito. Porém, como igualmente pontua o ilustre Jurista, diante da fortíssima tradição forense há séculos incorporada no Brasil, é inegável que esta adjetivação, ainda que pecando pela falta de apuro terminológico, tem plena aptidão de transmitir a ideia desejada (Cândido Rangel Dinamarco, *Vocabulário do processo civil*, São Paulo, Malheiros Editores, 2009, pp. 61-62).

17. *Cfr.* Rodrigo Otávio Barioni, ob. cit., p. 284.

18. *Cfr.* Cândido Rangel Dinamarco, "A chamada ação de dissolução parcial de sociedade", in *Fundamentos do processo civil moderno*, 6ª ed., t. II, São Paulo, Malheiros Editores, 2010, p. 1.773.

19. Consoante a lição de Rodrigo Barioni, "a expressão dissolução parcial utilizada pela Código de Processo Civil não teria sentido técnico preciso, porque diz respeito apenas à resolução ou à resilição da sociedade em face de um dos sócios" (ob. cit., pp. 282-283).

ma regra relevante prevista no procedimento comum às questões de direito material relacionadas ao tema.

A petição inicial, por ausência de regra explícita (CPC, art. 318, par. ún.), deve respeitar os requisitos de toda e qualquer outra ação (CPC, art. 319).

Por sua vez, o art. 599, § 1º, do Código de Processo Civil, traz uma "regra especial" praticamente idêntica àquela prevista no art. 656 do Código de Processo Civil de 1939, por meio da qual "a petição inicial será necessariamente instruída com o contrato social consolidado".

Essa "regra especial" nos parece dispensável considerando que a apresentação do contrato social consolidado decorre da necessidade óbvia, devidamente prevista em regra geral, de instruir a petição inicial com todos "os documentos indispensáveis à propositura da ação" (CPC, art. 320). Nesse contexto, se o autor pretende dissolver um vínculo seu ou de outro sócio com determinada sociedade, a apresentação do contrato social surge como documento indispensável para o julgamento da demanda.[20]

Fábio Caldas de Araújo esclarece, aliás, que "a ausência de contrato consolidado, ou seja, com todas as alterações societárias, não impede a propositura do pedido, desde que o contrato seja acompanhado de todas as alterações promovidas e ainda não consolidadas".[21]

O art. 601 do Código de Processo Civil afirma que os réus serão citados para, "no prazo de 15 (quinze) dias, concordar com o pedido ou apresentar contestação".

> Essa redação deve ser criticada. A citação é "o ato pelo qual são convocados o réu, o executado ou o interessado para integrar a relação processual" (CPC, art. 238), razão pela qual seria tecnicamente aconselhável que os réus fossem citados e *intimados* para praticar tais atos.

O prazo de 15 dias para responder à intimação nada tem de diferente do procedimento comum (CPC, art. 335), inexistindo qualquer especialidade nessa norma. Além disso, as possíveis atitudes do réu – que, como visto, pode concordar com o pedido ou apresentar contestação – também nada têm de especiais em relação ao procedimento comum, considerando que neste último o réu igualmente pode reconhecer a procedência do pedido (CPC, art. 487, inc. III, letra *a*) ou contestar o pedido (CPC, arts. 335 e ss.).

Os desdobramentos das condutas dos réus também observam as regras do procedimento comum. Caso haja concordância "expressa e unânime" de to-

---

20. Salvo, é claro, se inexistente um contrato assinado, p.ex., quando o autor pretender dissolver uma sociedade de fato.

21. Fabio Caldas de Araújo, ob. cit., p. 6.

dos os interessados na dissolução, "o juiz a decretará" (CPC, art. 603), isso é, resolverá o mérito do pedido, homologando o reconhecimento da sua procedência (CPC, art. 487, inc. III, letra *a*), e, caso o pedido de dissolução seja contestado, "observar-se-á o procedimento comum" (CPC, art. 603, § 3º), com o julgamento do pedido de dissolução ao final.

O legislador é silente em relação ao termo inicial para a contagem do prazo para contestar. No entanto, aqui também se mostra aplicável a regra geral prevista para as ações que veiculam direitos que admitem autocomposição – como é o caso da dissolução parcial da sociedade –, de modo que o prazo se iniciará no primeiro dia útil subsequente à designação de audiência de conciliação ou mediação (CPC, arts. 334 e 335, inc. I).

Pelo que se vê, a criação do procedimento especial para o julgamento do pedido de dissolução parcial de sociedade carece de justificativa técnica, na medida em que não traz qualquer eficiência adicional, tampouco qualquer simplificação ou otimização dos resultados do processo.

Já o procedimento para a ação de apuração de haveres parece ter uma verdadeira especialidade, ainda que restrita ao momento inicial do *iter* procedimental. Nele, após aperfeiçoado o contraditório, caberá ao juiz (i) fixar "a data da resolução da sociedade" (CPC, art. 604, inc. I), (ii) definir "o critério de apuração dos haveres à vista do disposto no contrato social" (inc. II), (iii) nomear perito para apurar os haveres (inc. III), (iv) determinar o depósito "em juízo [d] a parte incontroversa dos haveres devidos" (CPC, art. 604, § 1º); e (v) autorizar o levantamento da parte incontroversa independentemente de caução (CPC, art. 604, § 2º), observadas as disposições do contrato social (CPC, art. 604, § 3º).

Essas regras destacam uma efetiva especialidade do procedimento, já que alteram significativamente a forma como a pretensão de apuração de haveres será apresentada e respondida. Para que se tenha uma "parte incontroversa" será necessário que o autor (na petição inicial) e o réu (na contestação) desde logo indiquem o valor que entendem devido a título de haveres.

Nas hipóteses em que o réu apresentar contestação a ação passará a ser regida pelo *procedimento comum* (CPC, art. 603, § 2º), observando-se, porém, as diretrizes dos arts. 604 e ss. do Código para fins de definição do critério de apuração dos haveres e fixação do marco temporal da dissolução.

2.630. sociedades sujeitas à dissolução parcial

Podem ser objeto de dissolução as sociedades formadas em caráter *intuitu personae*:[22] (i) as sociedades simples, em sentido "não empresárias", o

22. Fábio Ulhoa Coelho, "A ação de dissolução parcial de sociedade", *Revista de Informação Legislativa* 48/149-150, t. 1, n. 190, Brasília, abril-junho/2011.

que admitiria a dissolução das sociedades cooperativas;[23] e (ii) as sociedades empresárias contratuais, como a sociedade limitada, em nome coletivo e em comandita simples.

Quanto às sociedades em conta de participação, embora estas não tenham registro em qualquer órgão público (CC, art. 992) e ainda que os efeitos de seu contrato social sejam limitados aos seus sócios – o que não lhes confere personalidade jurídica (CC, art. 993) – a jurisprudência vem admitindo a ação de dissolução parcial para essa modalidade de organização societária.[24]

Fábio Ulhoa Coelho[25] e Fábio Caldas de Araújo[26] destacam que a dissolução parcial de sociedade não é indicada para as sociedades de caráter *intuitu pecuniae* – como a sociedade anônima e a sociedade por comandita por ações –, nas quais há mecanismos próprios de retirada de sócios.

O § 2º do art. 599 do Código de Processo Civil admite, porém, a dissolução parcial das sociedades anônimas de capital fechado "quando demonstrado, por acionista ou acionistas que representem cinco por cento ou mais do capital social", que estas não detêm condições de "preencher o seu fim". A respeito do tema a lei processual se limitou a ratificar a previsão do art. 206, inc. II, letra *b*, da Lei de Sociedades por Ações e o entendimento doutrinário[27] e jurisprudencial[28] já consagrados sobre a matéria.

Sobre a parte final desse dispositivo deverá haver uma demonstração de que a sociedade é incapaz de exercer a atividade prevista no seu objeto so-

---

23. Rodrigo Mazzei e Tiago Figueiredo Gonçalves, ob. cit., p. 3. Conforme leciona Rodrigo Barioni, "no que diz respeito às sociedades simples, estão contempladas, por exemplo, as sociedades cooperativas" (ob. cit., p. 296).

24. STJ, 3ª Turma, REsp 1.230.981-RJ, rel. Min. Marco Aurélio Bellizze, j. 16.12.14, deram provimento, v.u.

25. Fábio Ulhoa Coelho, ob. cit., "A ação de dissolução parcial de sociedade", cit., pp. 149-150.

26. Fabio Caldas de Araújo, ob. cit., p. 6.

27. Dentre outros: Paulo Henrique dos Santos Lucon e João Paulo Hecker da Silva, "Dissolução parcial de sociedade anônima fechada", in Flávio Yarshell e Guilherme Setoguti J. Pereira (coords.), *Processo societário*, São Paulo, Quartier Latin, 2012, pp. 591-615; e ainda Henrique Cunha Barbosa, "Dissolução parcial de S/As fechadas: involução sistêmica e coisas que se perdem pelo caminho", in Flávio Yarshell e Guilherme Setoguti J. Pereira (coords.), *Processo societário III*, São Paulo, Quartier Latin, 2018, pp. 281-319.

28. "Ação de dissolução de sociedade anônima, proposta por acionistas minoritários – *Quorum* mínimo atendido na data da propositura da ação. (...). A titularidade de 5% do capital social da companhia, em ações de dissolução propostas com base no art. 206 da Lei das S.A., é condição a ser preenchida na data da propositura da demanda (...)" (STJ, 3ª Turma, REsp 408.122-PR, rel. para o acórdão Min. Nancy Andrighi, j. 20.6.2006, m.v., *DJe* 27.11.2006).

cial (escopo-meio) ou de gerar e distribuir lucros (escopo-fim).[29] Se não provada a incapacidade, prevalecerá apenas o direito de retirada.

Em verdade, o Código de Processo Civil inova ao prever a dissolução meramente parcial – e não total – da sociedade como consequência dessa demonstração de sua inaptidão para o adequado exercício de seus escopos sociais. É que a previsão para tal situação até então imposta pelo art. 206, inc. II, letra *b*, da Lei de Sociedades por Ações remetia à sua dissolução total. Rodrigo Barioni fala inclusive em revogação tácita desse último dispositivo da lei societária, o qual, no mais, mostra-se em conflito com o princípio da preservação das empresas.[30]

Apesar de excepcional, o caráter essencialmente pessoal pode estar presente em algumas sociedades anônimas, como aquelas de capital fechado de cunho familiar. Por essa razão, além da hipótese expressamente prevista no Código, também deverá ser autorizada a dissolução parcial dessas sociedades[31] pela quebra da *affectio societatis*, o que poderá ser feito "independentemente da demonstração de outros elementos como a ausência de lucros ou a não distribuição de dividendos"[32] e independentemente de o legitimado ativo representar "cinco por cento ou mais do capital social" (CPC, art. 599, § 2º). Esse é, aliás, o entendimento atual do Superior Tribunal de Justiça.[33]

Por fim, no que tange às sociedades de fato (CC, art. 986), admitir-se-á quanto a elas a propositura de ação de dissolução parcial, mas é necessário que tal pretensão venha acompanhada de um *prévio* pedido judicial de reconhecimento de sua própria existência – ainda que ambos os pleitos venham cumulados dentro de uma mesma petição inicial. Por razões até mesmo lógi-

---

29. Erasmo Valladão Azevedo e Novaes França e Marcelo Vieira von Adamek, *Direito processual societário: comentários breves ao CPC/2015*, 2ª ed., São Paulo, Malheiros Editores, 2021, p. 40.

30. Rodrigo Barioni, ob. cit., p. 296.

31. Priscila M. P. Corrêa da Fonseca, *Dissolução parcial, retirada e exclusão de sócio*, São Paulo, Atlas, 2002, p. 82; André Luis Monteiro, "Dissolução parcial de sociedade anônima fechada pela quebra da *affectio societatis*", in Luiz Guilherme Marinoni (dir.), *Precedentes jurisprudenciais: direito societário*, São Paulo, Ed. RT, 2014, p. 549.

32. Rodrigo Mazzei e Tiago Figueiredo Gonçalves, ob. cit., p. 4.

33. "A jurisprudência do STJ reconheceu a possibilidade jurídica da dissolução parcial de sociedade anônima fechada, em que prepondere o liame subjetivo entre os sócios, ao fundamento de quebra da *affectio societatis*" (STJ, 3ª Turma, REsp 1.400.264-RS, rel. Min. Nancy Andrighi, j. 24.10.2017, v.u., *DJe* 30.10.2017).
"Admite-se dissolução de sociedade anônima fechada de cunho familiar quando houver a quebra da *affectio societatis*. 2. A dissolução parcial deve prevalecer, sempre que possível, frente à pretensão de dissolução total, em homenagem à adoção do princípio da preservação da empresa, corolário do postulado de sua função social" (STJ, 3ª Turma, REsp 1.303.284-PR, rel. Min. Nancy Andrighi, j. 16.4.2013, v.u., *DJe* 13.5.2013).

cas, é necessário que o Poder Judiciário primeiramente reconheça a existência da sociedade de fato para, somente então, deferir sua dissolução parcial, se o caso com a respectiva apuração de haveres.

2.631. legitimidade ativa

Sem fazer qualquer distinção a respeito das pretensões autônomas de dissolução parcial de sociedade e de apuração de haveres, o art. 600 do Código de Processo Civil traz uma extensa lista dos legitimados ativos aparentemente aptos para o exercício de ambas.

No entanto, conforme a pertinente crítica de Erasmo Valladão Azevedo e Novaes França e Marcelo Vieira von Adamek, mostra-se pernicioso esse "tratamento unitário" da legitimidade ativa de duas pretensões distintas, na medida em que "os incisos foram redigidos de maneira a aparentemente alterar o próprio direito material societário subjacente, o que não deveria jamais ser a preocupação do legislador no bojo do Código de Processo Civil".[34]

Examinaremos a seguir as hipóteses legais de legitimação ativa.

2.631.1 legitimidade ativa do espólio e dos sucessores (CPC, art. 600, incs. I e II)

No caso de falecimento do sócio a regra é a dissolução automática do vínculo societário e a liquidação das suas quotas (CC, art. 1.028). Portanto, como regra, diferentemente do que sugere o art. 600, incs. I e II, do Código de Processo Civil, o espólio e/ou os seus sucessores não terão legitimidade para apresentar pedido de dissolução parcial, mas apenas para apresentar pretensão de apuração de haveres.

Contudo, há exceções à regra geral: a quota do sócio falecido não será liquidada se (a) o contrato dispuser de maneira diferente (CC, art. 1.028, inc. I), (b) os sócios remanescentes optarem pela dissolução total da sociedade (CC, art. 1.028, inc. II) e (c) os sócios remanescentes firmarem acordo com os herdeiros para regular a substituição do sócio falecido (CC, art. 1.028, inc. III).

Na primeira exceção, caso o contrato social da sociedade preveja a automática substituição do sócio falecido por seus sucessores (herdeiros ou legatários) ou pelo cônjuge meeiro, esses passarão a integrar a sociedade na qualidade de novos titulares da participação societária até então detida pelo *de cujus*.

Apesar da sua automática inclusão por força do contrato social, se essas pessoas não se dispuserem a ingressar na sociedade o espólio (CPC, art. 600,

---

34. Erasmo Valladão Azevedo e Novaes França e Marcelo Vieira von Adamek, ob. cit., p. 44.

inc. I) ou os sucessores[35] (CPC, art. 600, inc. II) do sócio falecido – um *ou* outro, a depender de o inventário já ter ou não sido finalizado – terão então legitimidade para ingressar com o pedido de dissolução parcial de sociedade. Sabendo-se que as disposições do contrato social não foram acordadas pelos sucessores, e sim pelo próprio falecido, estes naturalmente "não estão impedidos de buscar, em juízo, a dissolução parcial e apuração de haveres".[36] Trata-se, aliás, de *regra de ouro*, inspirada na garantia constitucional de liberdade de não permanecer associado (CF, art. 5º, inc. XX).

Na segunda exceção, se diante do evento morte os sócios remanescentes optarem pela dissolução *total* da sociedade – o que pressupõe sua liquidação *e respectiva extinção* – como consequência lógica, por óbvio não há que se falar em ingresso de novos sócios.

Igualmente não haverá espaço para a dissolução parcial da sociedade em relação ao sócio falecido quando o contrato social não autorizar o ingresso dos herdeiros, já que, em tal hipótese, seus sucessores terão direito apenas à apuração do valor das quotas.[37] Portanto, também nessa situação, ao contrário do que parece indicar a lei processual, o espólio (CPC, art. 600, inc. I) ou os sucessores (CPC, art. 600, inc. II) do sócio falecido *não* serão legitimados ativos para ingressar com o pedido de dissolução parcial de sociedade.

Por fim, na terceira exceção, caso os sócios remanescentes optem por firmar acordo com os herdeiros para regular a substituição do sócio falecido, os sucessores poderão ingressar na sociedade, mas seria ilógico (vedação ao comportamento contraditório) admitir que o sucessor ingresse na sociedade apenas para, no momento imediatamente seguinte, exercer o seu direito de retirada ou recesso.[38] Portanto, também nessa hipótese o espólio (CPC, art. 600, inc. I) ou os sucessores (CPC, art. 600, inc. II) do sócio falecido *não terão legitimidade* para ingressar com o pedido de dissolução parcial de sociedade.

---

35. Os sucessores passam a ostentar legitimidade "para a ação de dissolução após o desfazimento do espólio, isto é, quando concluída a partilha do sócio falecido" (Fábio Ulhoa Coelho, "A ação de dissolução parcial de sociedade", cit., p. 151).

36. Fábio Ulhoa Coelho, "A ação de dissolução parcial de sociedade", cit., p. 151.

37. Alexandre Ferreira de Assunção Alves e Allan Nascimento Turano, *Resolução da sociedade limitada em relação a um sócio e a ação de dissolução parcial*, Curitiba, Juruá, 2016, p. 108.

38. "(...) se o ingresso de todos os herdeiros é admitido pelos demais sócios, não há que se falar em dissolução parcial da sociedade; como também não há de se falar em dissolução parcial se todos os herdeiros, com o assentimento dos sócios remanescentes, se dispuserem a ingressar na sociedade" (Rodrigo Mazzei e Tiago Figueiredo Gonçalves, ob. cit., p. 5).

2.631.2 legitimidade ativa da sociedade (CPC, art. 600, incs. III e V)

O ordenamento jurídico brasileiro autoriza a denominada *exclusão extrajudicial* de sócio em razão de "atos de inegável gravidade" que ponham em risco a continuidade da empresa (CC, art. 1.085). Quando houver previsão no contrato social a exclusão poderá ser promovida pela maioria dos sócios, por justa causa, por meio de deliberação de mais da metade do capital social, e desde que sejam garantidos os meios de defesa e contraditório ao sócio cuja exclusão se pretende, por meio da convocação de reunião ou assembleia com esse fim específico com tempo mínimo hábil para tanto (CC, art. 1.085, par. ún.).[39]

Quando não houver a previsão de exclusão por justa causa no contrato social poderá a sociedade postular *judicialmente* a saída forçada do sócio que cometer falta grave no cumprimento de suas obrigações sociais ou, ainda, por motivo de incapacidade superveniente, mediante iniciativa da maioria dos demais sócios (CC, art. 1.030).

É exatamente nesse contexto em que se insere a previsão do inc. V do art. 600 do Código de Processo Civil, que outorga legitimidade ativa à sociedade para propor a ação de dissolução parcial "nos casos em que a lei não autoriza a exclusão extrajudicial".[40]

Após muita discussão acerca da legitimidade ativa da sociedade *ou* de seus sócios para tal exclusão, parece-nos que o Código de 2015 fez uma escolha clara e expressa pela primeira alternativa.[41] Em nosso entender, mostra-se correta tal opção legislativa, visto que é a própria sociedade quem experimenta de modo *direto* os prejuízos causados pela conduta antissocial de um de seus sócios, sendo apenas *indiretos* os prejuízos porventura sofridos pelos demais sócios.

Diz ainda o inc. III do art. 600 do Código de Processo Civil que a sociedade igualmente poderá propor a ação de dissolução parcial nas hipóteses em que "os sócios sobreviventes não admitirem o ingresso do espólio ou dos su-

---

39. Quando a sociedade tiver apenas dois sócios a lei civil dispensa a formalidade de uma reunião ou assembleia (CC, art. 1.085, par. ún., parte inicial).

40. Como observa Fábio Ulhoa Coelho, a sociedade "só está legitimada para a ação de sua própria dissolução parcial no caso de exclusão de sócio, que não possa ser efetivada por meio de assembleia ou reunião" ("A ação de dissolução parcial de sociedade", cit., p. 151).

41. *Cfr.* Rodrigo Barioni, ob. cit., p. 323. Apontam ainda Erasmo Valladão Azevedo e Novaes França e Marcelo Vieira von Adamek que, com essa nova previsão, "o legislador eliminou uma discussão que existia na doutrina e na jurisprudência – sobre se essa legitimação seria da sociedade (amparada em deliberação autorizadora), como sempre nos pareceu, ou dos demais sócios" (ob. cit., p. 49).

cessores do falecido na sociedade, quando esse direito decorrer do contrato social" (CPC, art. 600, inc. III).

Trata-se de hipótese de um tanto quanto *esdrúxula* de legitimação ativa da sociedade, a qual em verdade pressupõe que esta última aja em flagrante desconformidade com o próprio contrato social que a rege. Não se ignora que a Constituição enuncie que "ninguém poderá ser compelido a associar-se ou a permanecer associado" (CF, art. 5º, inc. XX), mas em verdade tal garantia fundamental autoriza apenas que o próprio sócio que não mais deseje permanecer vinculado à sociedade dela se retire. A norma constitucional não parece ter o alcance de possibilitar que os demais sócios promovam uma exclusão pela simples vontade de não admitir o herdeiro *quando tal admissão já tiver sido previamente acordada no contrato social*. Se a aceitação do ingresso do herdeiro já estava consentida pelos demais sócios, a rigor, essa regra não pode ser simplesmente ignorada pela sociedade.[42]

Diante dessa estranha hipótese legal, parte da doutrina chega a associar a legitimidade ativa da sociedade para o pedido de dissolução parcial da sociedade quando essa se opuser à decisão dos sócios remanescentes de firmarem acordo com os herdeiros para regular a substituição do sócio falecido (CC, art. 1.028, inc. III).[43] Todavia, tendo em vista que a sociedade é uma mera abstração, que atua e age conforme a vontade de seus sócios, embora isso na prática não seja impossível – especialmente em sociedades com multiplicidade de sócios que tenham exarado decisões dissonantes sobre tal admissão –, parecem ser muito residuais as hipóteses em que esta consiga tomar tal iniciativa em detrimento da vontade dos sócios remanescentes.

Ainda sobre a questão, Fábio Ulhoa Coelho aduz que o texto legal poderia ter aplicação à dissolução das sociedades "em nome coletivo", "em comandita simples" ou "sociedade simples" em que prepondera o caráter personalíssimo do vínculo societário.[44] Contudo, nessas sociedades mostra-se clara-

42. Sobre a questão, eis a pertinente observação de Sérgio Campinho: "não se pode obstruir a eficácia de cláusula do contrato social que assegure o ingresso dos sucessores do sócio falecido na sociedade. Seria uma agressão ao direito garantido. Contra ele, não podem os sócios sobreviventes se opor. Se o direito ao ingresso decorre do contrato (art. 1.028, I, do Código Civil), não há espaço para essa interdição do direito dos sucessores. Uma lei processual não pode, contrariando o disposto no direito material, incentivar o descumprimento do contrato, propondo a alternativa da apuração de haveres como solução para esse descumprimento" (*Curso de direito comercial: direito de empresa* (livro eletrônico), 15ª ed., São Paulo, Saraiva, 2018, item 7.11.3).

43. Sérgio Campinho, ob. cit., item 7.11.3.

44. "Ainda no caso de falecimento de sócio, pode a ação ser movida pelos sócios supérstites (art. 586, III). Para isso, contudo, é necessário cumprir-se a condição atinente à configuração da sociedade como 'de pessoas'. Sendo o tipo societário *em nome cole-*

mente incongruente e inadmissível a existência de uma cláusula de admissão dos herdeiros dos sócios falecidos.

2.631.3 legitimidade ativa do sócio retirante, dissidente ou excluído (CPC, art. 600, incs. IV e VI)

Terá também legitimidade ativa o "sócio que exerceu o direito de retirada ou recesso, se não tiver sido providenciada, pelos demais sócios, a alteração contratual consensual formalizando o desligamento, depois de transcorridos 10 (dez) dias do exercício do direito" (CPC, art. 600, inc. IV).

Consoante estabelece o art. 1.029 do Código Civil, em determinadas situações é permitido ao sócio retirar-se da sociedade, podendo exercer seu direito de *recesso* ou de *retirada*.[45]

> Embora exista um direito potestativo de retirada em certas circunstâncias, não há um direito *absoluto* de saída do sócio. Seu exercício, portanto, deverá obedecer às hipóteses previstas no direito material. Há de se considerar que o ingresso do sócio em uma sociedade decorre de um ato de vontade, que lhe gera não apenas direitos, mas também obrigações. E é até intuitiva a premissa de que, a depender das circunstâncias, sua saída poderá gerar prejuízos ou embaraços ao bom desempenho da sociedade, às suas atividades *etc.* Por tais razões é que o ordenamento jurídico traz requisitos e regulamenta o exercício do direito de retirada, condicionando a saída do sócio às hipóteses previstas em lei.[46]

Nas sociedades que tenham prazo indeterminado de duração isso se dará "mediante notificação aos demais sócios, com antecedência mínima de sessenta dias", e nas que tenham prazo determinado a retirada é autorizada nas

---

tivo, em comandita simples ou *sociedade simples*, não há dificuldade: esses tipos são sempre personalíssimos, e os sócios sobreviventes têm o direito de impedir o ingresso, na sociedade, dos sucessores" (Fábio Ulhoa Coelho, "A ação de dissolução parcial de sociedade", cit., p. 151).

45. Sobre o tema colaciona-se a lição de Rodrigo Barioni: "o recesso difere da retirada. No recesso há a permissão de quebra do vínculo societário por dissidência do acionista em relação a determinada deliberação social relevante, tomada em reunião de sócios ou assembleia geral (...)". E complementa: "o direito de retirada representa expressão do direito de liberdade de associação, de maneira a impedir que o sócio seja obrigado a ficar vinculado eternamente contra a própria vontade" (Barioni, ob. cit., pp. 304 e 307).

46. P.ex., inexiste a possibilidade de retirada imotivada nas sociedades por prazo determinado. Nelas, "o sócio não pode desligar-se das obrigações que contratou sem a concordância dos demais contratantes, enquanto não transcorrer o tempo escolhido de comum acordo (...). Não podem [*os sócios*], simplesmente, liberar-se da obrigação, porque desistiram do investimento" (Fabio Ulhoa Coelho, *Curso de direito comercial*, 17ª ed., vol. 2, São Paulo, Saraiva, 2013, p. 470).

hipóteses em que provada judicialmente justa causa. No caso de recesso, portanto, o prazo para a eficácia do ato de saída será de 60 dias após a notificação; nas hipóteses de retirada sua eficácia será imediata a partir do recebimento da respectiva comunicação.

Na primeira situação, o sócio que deseja se retirar da sociedade por prazo indeterminado, mediante notificação, exerce direito potestativo, desconstituindo automaticamente seu vínculo com a sociedade,[47] razão pela qual a sociedade já estaria dissolvida em relação a ele "independentemente de posterior formalização perante os órgãos competentes ou não".[48]

A legitimidade do sócio excluído não parece causar grandes dúvidas. Diante de sua exclusão, terá ele duas alternativas: ou irá propor demanda visando à restauração da sua situação de sócio (p.ex., visando à anulação da decisão societária que deliberou por sua saída forçada) ou ele irá propor demanda visando à apuração dos seus haveres. Portanto, não se identifica interesse do sócio excluído para formular pedido de dissolução parcial de sociedade da qual ele já não mais faz parte.

Por fim, consoante a pertinente observação de Rodrigo Barioni, em qualquer dessas hipóteses, para exercer validamente as pretensões de dissolução parcial ou de apuração de haveres, é necessário que o sócio excluído, retirante ou dissidente tenha efetivamente integralizado as quotas do contrato social, sendo que "a falta de contribuição para a formação do capital social torna o sócio remisso e, com isso, retira-lhe a legitimidade para pleitear a dissolução parcial da sociedade".[49]

2.631.4 legitimidade ativa do ex-cônjuge ou ex-companheiro do sócio (CPC, art. 600, par. ún.)

Conquanto o cônjuge (ou companheiro) do sócio não detenha direitos políticos ou prerrogativas de ingerência sobre a sociedade, a depender do regime matrimonial adotado ou dos termos em que tenha sido celebrado o contrato de união estável, poderá ter ele direitos *patrimoniais* sobre as respectivas quotas sociais.

Nesse contexto, quando findo o vínculo matrimonial ou a união estável, se o regime escolhido contiver a previsão de divisão dos bens comuns, embora o ex-cônjuge ou ex-companheiro não tenha o direito de se integrar à sociedade,

---

47. Erasmo Valladão Azevedo e Novaes França e Marcelo Vieira von Adamek, ob. cit., p. 48.

48. Eduardo Azuma Nishi, *Novos paradigmas de apuração de haveres na ordem jurídica*, dissertação (Mestrado), São Paulo, PUC/SP, 2020, pp. 49-50.

49. Rodrigo Barioni, ob. cit., p. 322.

terá o direito de exigir que sejam apurados os haveres relativos ao quinhão de quotas sociais a que faz jus por força do término de sua união conjugal.

A legitimidade ativa do ex-cônjuge ou ex-companheiro limita-se, assim, à pretensão de apuração de haveres.

Dispõe a lei que os haveres serão pagos "à conta da quota social titulada" pelo sócio que teve seu vínculo conjugal extinto (CPC, art. 600, par. ún.), o que significa que, ainda que a sociedade seja o ente devedor das quantias pecuniárias que vierem a ser apuradas como devidas, ele terá a respectiva participação societária reduzida para viabilizar tal pagamento.[50]

A nova redação do parágrafo único do art. 600 do Código de Processo Civil, de natureza material e não processual, felizmente se sobrepõe à *obscura* previsão constante do art. 1.027 do Código Civil, que *vedava* ao cônjuge ou ao companheiro a possibilidade de "exigir desde logo a parte que lhes couber na quota social", ditando que este devesse concorrer na "divisão periódica dos lucros, até que se liquide a sociedade".[51]

2.632. legitimidade passiva

Em matéria de legitimidade passiva, o Código de Processo Civil afirma que os sócios e a sociedade serão citados para contestar (CPC, art. 601, *caput*).

Sergio Campinho faz uma extensa retrospectiva histórica acerca das divergências no trato da matéria pelos tribunais pátrios, ora entendendo pela legitimidade passiva exclusivamente do sócio, ora pela legitimidade passiva da sociedade e do sócio.[52] Atualmente há diversos julgados do Superior Tribunal de Justiça entendendo pela obrigatoriedade de os sócios e a sociedade figurarem no polo passivo da demanda, mas admitindo sua mitigação quando a ausência de citação de qualquer um deles, seja dos demais sócios, seja da sociedade, não causar qualquer prejuízo ao seu direito de defesa (*pas de nullité sans grief*).[53]

O Código de Processo Civil positivou em parte esse entendimento jurisprudencial ao dispor que "a sociedade não será citada se todos os seus sócios

---

50. *Cfr.* Rodrigo Barioni, ob. cit., p. 327.

51. Erasmo Valladão Azevedo e Novaes França e Marcelo Vieira von Adamek, ob. cit., pp. 56-57.

52. Sérgio Campinho, ob. cit., item 7.11.2.

53. STJ, 4ª Turma, Resp/AgR 1.295.141-SP, rel. Min. Antônio Carlos Ferreira, j. 7.4.2016, v.u., *DJe* 12.4.2016; STJ, 4ª Turma, REsp 1.015.547-AM, rel. Min. Raul Araújo, j. 1.12.2016, v.u., *DJe* 14.12.2016; STJ, 3ª Turma, REsp 788.886-SP, rel. Min. Sidnei Beneti, j. 15.12.2009, v.u., *DJe* 18.12.2009; STJ, 3ª Turma, REsp 1.634.074-PR, rel. Min. Nancy Andrighi, j. 3.8.2017, v.u., *DJe* 10.8.2017.

o forem, mas ficará sujeita aos efeitos da decisão e à coisa julgada" (CPC, art. 601, par. ún.).

Trata-se de questão de trato delicado, sendo necessário parcimônia e serenidade para se alcançar a melhor interpretação desse dispositivo. Afinal, seria possível simplesmente ignorar a citação da sociedade – isto é, dispensar o *importantíssimo* ato que a convoca para integrar a relação processual (CPC, art. 238) – apenas porque os seus sócios já estão integrados ao processo?

Tudo leva a crer que a intenção do legislador tenha sido apenas a de ratificar o entendimento jurisprudencial acima mencionado quanto à ausência de nulidade pela falta da regular citação da sociedade quando inexistente prejuízo à sua defesa. No entanto, o dispositivo em comento acaba resvalando em questão altamente espinhosa, *autorizando a supressão do relevante ato processual de citação, e com o agravante de essa dispensa se operar contra um litisconsorte passivo necessário e unitário!* Como se não bastasse, a norma acaba por tratar com grande displicência a regra da autonomia da pessoa jurídica em relação aos seus sócios. Melhor teria sido silenciar sobre a questão, relegando exclusivamente à jurisprudência a tarefa de trazer temperamentos pontuais e específicos às essenciais regras concernentes à citação.

Feitas essas considerações, parece-nos que a interpretação que melhor se coaduna com os preceitos de um processo civil *constitucional* é aquela defendida por Humberto Theodoro Júnior, para quem o Código de Processo Civil *não* excluiu a pessoa jurídica da relação processual e, portanto, a sociedade será havida como parte "estando todos os sócios presentes no processo (...) independentemente de ser diretamente citada".[54]

No mesmo sentido, Luis Guilherme Aidar Bondioli arremata: "não existe aqui disposição alguma que dispense a integração da sociedade ao processo deflagrado pela ação de dissolução parcial de sociedade. Tudo o que esse dispositivo faz é dar aplicação prática e específica à noção de ciência inequívoca, tida como suficiente para fins de citação e de intimação".[55]

O tratamento unitário conferido pelo Código de Processo Civil a duas pretensões distintas (dissolução parcial e apuração de haveres) também trouxe marcas perceptíveis no tratamento da legitimidade passiva. Atento a essa distinção, Bondioli afirma que "o amplo litisconsórcio necessário de que se trata aqui deve ser formado apenas nos processos em que haja pretensão dissolutiva, deduzida isoladamente ou em conjunto com pretensão apurativa, dados

---

54. Humberto Theodoro Júnior, *Curso de direito processual civil*, vol. 2, Rio de Janeiro, Forense, 2016, p. 227.

55. Luis Guilherme Aidar Bondioli, ob. cit., p. 6.

os difusos impactos que a extinção de um vínculo societário produz na vida da sociedade e dos demais sócios".[56]

Portanto, na ação de dissolução parcial está-se diante de uma típica situação de litisconsórcio *passivo*, *necessário* e *unitário*.[57] Essa interpretação é a que melhor atende ao direito material e à necessidade de observância do devido processo legal a quem terá a sua esfera jurídica afetada. Afinal, a dissolução parcial afeta não apenas o contrato plurilateral firmado entre os sócios, como ainda a própria estrutura jurídica da sociedade.

Esse litisconsórcio necessário e unitário não existe, contudo, na apuração de haveres, visto que eventual condenação dela advinda repercutirá unicamente na esfera jurídica (e patrimonial) da própria sociedade, sendo ela – e somente ela – a devedora do *quantum* pecuniário equivalente às quotas pertencentes ao sócio que dela se retira.[58-59]

> Há de se preservar importante regra de direito das sociedades – a de que a personificação das sociedades lhes garante *autonomia jurídica* e *patrimonial*, inconfundível com a figura e o patrimônio dos seus sócios[60] – razão pela qual o Código de Processo Civil não pode ser interpretado de modo (a) a exigir a presença do sócio no polo passivo da ação de apuração de haveres (CPC, art. 601)

---

56. Luis Guilherme Aidar Bondioli, ob. cit., p. 6.

57. "A opção da lei, em autorizar a participação no processo de todos os sócios, está em harmonia com a visão geral do Código, em autorizar sempre a maior participação possível dos envolvidos no litígio. Assim, p.ex., esse preceito poderia até mesmo ser deduzido do contido do art. 115, *caput*, do Código, que sanciona com a nulidade a decisão proferida sem a citação dos litisconsortes unitários (e, sem dúvida, esses sócios são todos litisconsortes unitários em demanda que objetiva a dissolução parcial da sociedade" (Luiz Guilherme Marinoni, Sérgio Cruz Arenhart e Daniel Mitidiero, *Novo curso de processo civil*, vol. 3, São Paulo, Ed. RT, 2015, p. 183).

58. Nesse sentido é a lição de Erasmo Valladão Azevedo e Novaes França e Marcelo Vieira von Adamek: "os sócios remanescentes de sociedades personificadas não são devedores dos haveres; devedora dos haveres (e, portanto, parte legítima para figurar no polo passivo da demanda que os tenha por objeto) é somente a sociedade" (ob. cit., p. 61).

59. Na *praxe forense* verifica-se ser comum que os sócios constem do polo passivo da demanda de apuração de haveres pela simples circunstância de que sua presença foi obrigatória quando do julgamento da demanda anterior, de dissolução parcial da sociedade, e a parte que deu início à segunda fase do procedimento não tomou as devidas cautelas para retificar o polo passivo da demanda. Isso não significa, contudo, que a presença dos sócios no polo passivo tenha a aptidão de modificar as regras de direito material, fazendo surgir uma responsabilidade que não é deles, qual seja, pelo pagamento dos haveres devidos ao ex–sócio. Portanto, ressalvadas as hipóteses em que, por qualquer razão, correta ou incorreta, o título executivo imponha a obrigação também aos sócios, a sociedade é, e sempre será, a responsável pelo pagamento dos haveres.

60. Sobre o tema: Francisco Ettore Giannico Neto, *O incidente de desconsideração da personalidade jurídica na execução fiscal*, Rio de Janeiro, Lumen Juris, 2019, p. 60.

nem tampouco (b) a dispensar a presença da sociedade ou a sua citação (CPC, art. 601, par. ún.).

Não obstante essa ressalva, o sócio remanescente que se sentir prejudicado com os critérios de apuração de haveres poderá intervir na demanda de apuração de haveres na qualidade de *assistente simples* (CPC, arts. 119 e 121).

2.633. causa de pedir

No pedido de dissolução parcial de sociedade a causa de pedir – isto é, a descrição dos fatos (causa de pedir remota) e dos fundamentos jurídicos (causa de pedir próxima) – será específica para cada um dos diferentes legitimados ativos para a propositura da demanda.

Como já pudemos expor, o espólio e/ou os sucessores do sócio falecido (CPC, art. 600, incs. I e II) devem fundamentar sua causa de pedir na *recusa* em permanecerem vinculados à sociedade da qual foram obrigados a participar contra a sua vontade em razão do evento morte porque, no direito brasileiro, ninguém está obrigado a celebrar contratos com outrem contra a sua vontade (CF, art. 5º, inc. XX). Naturalmente, porém, não há que se falar em interesse de agir em prol daquele que aceitou sua inclusão na sociedade.[61]

Em relação à sociedade (CPC, art. 600, incs. III e V) a causa de pedir terá fundamento na exclusão do sócio "por falta grave no cumprimento de suas obrigações, ou, ainda, por incapacidade superveniente" (CC, art. 1.030, *caput*). Essas são as hipóteses legais em que a exclusão dependerá de pleito *judicial* de dissolução parcial. Como visto alhures, os demais casos de exclusão de sócios se processam automaticamente ou podem ser efetivados *extrajudicialmente* (p.ex., sócio remisso ou declarado falido).

Em relação ao sócio (CPC, art. 600, inc. IV) a causa de pedir terá fundamento na sua manifestação de vontade de se retirar da sociedade por prazo determinado, mediante a prova da justa causa (CC, art. 1.029). Na sociedade

61. "Se o contrato social da limitada, p.ex., diz que, no caso de falecimento, os sucessores ingressam na sociedade, os sócios sobreviventes não poderão impedir esse ingresso, não se legitimando, por conseguinte, para a ação de dissolução parcial. Os sobreviventes, porém, podem sempre se recusar a entrar na sociedade empresária contratual, exatamente por se tratar de um contrato, que ninguém está obrigado a celebrar. Os sobreviventes, se haviam concordado com a cláusula obstativa da dissolução parcial em caso de falecimento de qualquer um deles, ficam impedidos de pleitear o desfazimento do vínculo em juízo, porque isso contrariaria a vontade declarada por eles, ao contratarem a sociedade. Os sucessores, por sua vez, como não haviam contratado nada (quem contratou foi o falecido), não estão impedidos de buscar, em juízo, a dissolução parcial e apuração de haveres" (Fábio Ulhoa Coelho, "A ação de dissolução parcial de sociedade", cit., p. 151).

por prazo indeterminado o sócio que informa o seu interesse em se retirar da sociedade exerce direito potestativo e, portanto, seu vínculo com a sociedade é dissolvido automaticamente.

Em relação ao acionista ou aos acionistas "que representem cinco por cento ou mais do capital social" (CPC, art. 599, § 2º) a causa de pedir terá fundamento na impossibilidade de a sociedade anônima de capital fechado preencher o seu fim.

Por fim, mesmo diante de situações em que teoricamente se poderia obter a dissolução parcial de sociedade pela via extrajudicial, mas vindo esse direito a ser impedido de ser exercido por qualquer razão, o interessado poderá apresentar sua pretensão ao Poder Judiciário tendo como causa de pedir o seu direito recusado (CF, art. 5º, inc. XXXV).

A pretensão de apuração de haveres, naturalmente, pressupõe a prévia extinção, judicial ou extrajudicial, do vínculo societário entre o sócio retirante (excluído, falecido *etc.*) e os demais sócios e a sociedade, sob pena de inexistir interesse processual para tal pedido (CPC, art. 485, inc. VI). Assim, quando o vínculo societário não for dissolvido automaticamente ou pela via extrajudicial, será necessário que se postule judicialmente a dissolução para que se adquira o interesse na veiculação do pleito apurativo – ainda que sabidamente possam ser cumuladas ambas as pretensões em uma única petição inicial.

Quanto à apuração de haveres, a causa de pedir está ligada às situações de (a) *recusa* da sociedade em dar início aos procedimentos para o pagamento extrajudicial dos haveres do sócio retirante (em especial se esses procedimentos estiverem previstos no seu contrato social) ou (b) *discordância* do sócio retirante em relação aos haveres apurados pela sociedade em procedimento próprio.

2.634. pedido

Conforme salientado, o Código de Processo Civil conferiu autonomia ao pedido de dissolução parcial de sociedade, de tal modo que o pedido de apuração de haveres *não será* analisado automaticamente e independentemente de pedido, como se fosse uma decorrência lógica da dissolução parcial.[62]

Dessa forma, fica a critério do autor apresentar uma ou outra pretensão, ou ainda ambas em cúmulo sucessivo de pedidos.

Na primeira situação – em que formulado exclusivamente o pedido de dissolução parcial – afirma Bondioli que o réu poderá formular pedido de apuração de haveres por meio de reconvenção, inclusive nas hipóteses em que o

---

62. Luis Guilherme Aidar Bondioli, ob. cit., p. 2.

réu venha a reconhecer o pedido de dissolução formulado pelo autor na petição inicial.[63]

Nessa hipótese admitir-se-á ainda que a sociedade formule "pedido de indenização compensável com o valor dos haveres a apurar" (CPC, art. 602) – pedido esse que será veiculado na própria petição inicial, quando esta for autora, ou por meio de reconvenção, quando ré.

Ainda que o cabimento da reconvenção esteja sujeito ao juízo de admissibilidade (em especial, a conexão de causas – CPC, art. 343, *caput*), o Código de Processo Civil não faz nenhuma limitação ao pleito indenizatório que poderá ser formulado pela sociedade, razão pela qual será admitida a veiculação de causa de pedir relacionada não só a atos lesivos na qualidade de sócio (p.ex., decorrentes de "falta grave no cumprimento de suas obrigações" – CC, art. 1.030, *caput*) como também a outras hipóteses, como a de responsabilidade por atos praticados na qualidade de administrador.[64]

Na apuração de haveres o pedido estará limitado à verificação e consequente pagamento dos haveres devidos ao sócio retirante (excluído, falecido *etc.*). E, não obstante o réu possa se opor, em defesa, aos critérios de apuração de haveres apresentados no pedido do autor, não há a necessidade de apresentação de reconvenção para o reconhecimento do seu direito.

2.635. critérios para a apuração de haveres e pagamento

Os critérios para a apuração de haveres devem respeitar, em síntese, as balizas estabelecidas em lei e no contrato social (*pacta sunt servanda*).

Em relação ao marco temporal do desligamento da sociedade – e da respectiva baliza para a apuração dos haveres – o Código de Processo Civil acabou por reproduzir alguns critérios já previstos na lei material, sendo (i) a data do óbito no caso de falecimento do sócio (CPC, art. 605, inc. I; CC, art. 1.028), (ii) o sexagésimo dia subsequente ao do envio do aviso prévio para o sócio que pretenda se desligar imotivadamente de sociedade constituída por prazo indeterminado (CPC, art. 605, inc. II; CC, art. 1.029), (iii) a data de recebimento de notificação pela sociedade no caso do sócio que deseje se desvincular da sociedade por discordar de determinadas deliberações sociais (CPC, art. 605, inc. III; CC, art. 1.077; e LSA, arts. 109 e 137, *caput*), (iv) a data do trânsito em julgado da decisão judicial que dissolver parcialmente a sociedade quando o sócio pretende se desligar de sociedade constituída por prazo determinado por justa causa (CPC, art. 605, inc. IV; CC, art. 1.029), (v) a data do

63. Luis Guilherme Aidar Bondioli, ob. cit., p. 3.

64. Luiz Rodrigues Wambier e Eduardo Talamini, *Curso avançado de processo civil*, 16ª ed., vol. 4, São Paulo, Ed. RT, 2018, p. 124.

trânsito em julgado da decisão de dissolução, na exclusão judicial por justa causa (CPC, art. 605, inc. IV; CC, art. 1.030),[65] e (vi) a data da assembleia ou da reunião de sócios que a tiver deliberado, quando a exclusão do sócio puder ser realizada extrajudicialmente (CPC, art. 605, inc. V; CC, art. 1.085).

Em relação ao exercício do direito de retirada imotivada (CPC, art. 605, inc. II), o Código de Processo Civil criou obrigações não previstas na lei material. Pela disciplina do art. 1.029 do Código Civil, bastava ao sócio retirante o envio de "notificação aos demais sócios". O Código de Processo Civil, porém, passa a exigir que seja enviada notificação do sócio dissidente também para a sociedade, a qual "terá o escopo específico e exclusivo de fixar a data de corte para fins de orientar a apuração dos haveres".[66]

Em relação à data da assembleia ou da reunião de sócios (CPC, art. 605, inc. V), Erasmo Valladão Azevedo e Novaes França e Marcelo Vieira von Adamek destacam que o Código de Processo Civil resolveu questão controvertida na doutrina: "como a convocação é um pressuposto de existência da própria deliberação, deve o sócio inteirar-se do que foi decidido no conclave para o qual foi instado a comparecer. É lógico, assim, que a perda do *status socii* se opere também naquela mesma data".[67]

Para os demais casos não previstos na lei processual naturalmente devem ser respeitados os critérios previstos no direito material, p.ex., a data da liquidação da quota no caso de execução de dívida de sócio (CC, art. 1.026) ou ainda, no caso de sócio falido, a data em que decretada a falência (CC, art. 1.030, par. ún.).

Em relação aos critérios de apuração, tema bastante controvertido,[68] deverá prevalecer o critério previsto no contrato social (*pacta sunt servanda*) e,

---

65. Afinal, trata-se de sentença de *natureza constitutiva negativa* (ou *desconstitutiva*) e, portanto, seus efeitos operam a partir do trânsito em julgado da decisão. Sobre a questão, aliás, eis a pertinente lição de Dinamarco: "o momento em que entra em vigor uma sentença constitutiva, com a oferta de efetiva tutela jurisdicional ao autor, é o do *trânsito em julgado*. Não há uma *execução provisória* de sentenças constitutivas, pela simples razão de que sentenças dessa ordem não comportam efetivação pela via da execução forçada (cumprimento de sentença) nem são títulos executivos segundo a lei processual (só as condenatórias – art. 475-N, inc. I): quando liberados seus efeitos, a sentença constitutiva opera por si mesma, desde logo e automaticamente, a modificação jurídica determinada pelo juiz" (Cândido Rangel Dinamarco, *Instituições de direito processual civil*, 6ª ed., vol. III, São Paulo, Malheiros Editores, 2009, p. 261).
66. Sérgio Campinho, ob. cit., item 6.11.4.
67. Erasmo Valladão Azevedo e Novaes França e Marcelo Vieira von Adamek, ob. cit., p. 84.
68. Para um panorama da discussão, cf.: STJ, 3ª Turma, REsp 1.877.331-SP, rel. Min. Nancy Andrighi, rel. para o acórdão Min. Ricardo Villas Bôas Cueva, j. 13.4.2021, m.v., *DJe* 14.5.2021.

na sua ausência, "o valor patrimonial apurado em balanço de determinação, tomando-se por referência a data da resolução e avaliando-se bens e direitos do ativo, tangíveis e intangíveis, a preço de saída, além do passivo também a ser apurado de igual forma" (CPC, art. 606).

Essa previsão, de certo modo, procurou tornar mais nítida a forma de apuração prevista no art. 1.031 do Código Civil, o qual impõe uma avaliação "com base na situação patrimonial da sociedade, à data da resolução, verificada em balanço especialmente levantado".

Sempre que necessária a realização de perícia, será nomeado perito, preferencialmente um "especialista em avaliação de sociedades" (CPC, art. 606, par. ún.) – regra essa que decorre da própria disciplina geral sobre perícia técnica (CPC, art. 156). As partes terão a faculdade de nomear assistentes técnicos e formular quesitos (CPC, art. 465, § 1º, incs. II e III).

Criando uma regra de questionável constitucionalidade, o art. 607 dispõe que os critérios de apuração dos haveres – data da resolução e metodologia de apuração – poderão ser "revistos pelo juiz, a pedido da parte, a qualquer tempo antes do início da perícia". Trata-se de regra que, ao menos em uma *interpretação literal*, autorizaria o juiz a definir critérios mediante apreciação subjetiva e em contrariedade com a lei. Daí por que a melhor exegese a esse dispositivo, de modo inclusive a torná-lo constitucional, deve se limitar à hipótese de "corrigir erro anterior de interpretação",[69] de modo a, *excepcionando a regra geral de preclusão*, permitir ao juiz sanar equívoco porventura cometido na exata identificação do critério legal aplicável ao caso concreto.

Por sua vez, o *caput* do art. 608 do Código de Processo Civil prevê regra justa e autoexplicativa: enquanto prevalecer o vínculo societário, o sócio que ainda não se retirou deverá ser remunerado em condições normais, isso é, receber a sua "participação nos lucros ou os juros sobre o capital próprio declarados pela sociedade e, se for o caso, a remuneração como administrador". Após a data da resolução do vínculo societário, porém, o ex-sócio terá direito "apenas à correção monetária dos valores apurados e aos juros contratuais ou legais" (CPC, art. 608, par. ún.).

Enuncia o art. 609 do Código de Processo Civil que o sócio retirante deverá receber seus haveres em dinheiro "no prazo de noventa dias, a partir da liquidação, salvo acordo, ou estipulação contratual em contrário" (CC, art. 1.031, § 2º). Tal dispositivo também terá aplicação ao sócio falecido e excluído.

---

69. Erasmo Valladão Azevedo e Novaes França e Marcelo Vieira Von Adamek, ob. cit., p. 92.

Sobre esse tema, parte da jurisprudência afirma que, quando o tempo de duração do processo for superior ao prazo constante do contrato social para o pagamento dos haveres, tal pagamento deverá ser feito de *imediato*. A nosso ver, mostra-se correto tal temperamento, pois "não soa razoável nem jurídico que o devedor, instado a pagar a dívida consubstanciada em título executivo judicial, depois de longa batalha judicial, ainda venha a se beneficiar" de nova dilação de prazo.[70] Se, no entanto, a exigência de pagamento ocorrer antes do fim do parcelamento, apenas as verbas já vencidas serão imediatamente devidas, devendo as demais obedecer aos prazos estipulados no contrato social.

No mais, embora se deva respeito ao quanto pactuado no contrato social, nada impede que o sócio retirante questione judicialmente a validade de cláusula que estabeleça prazo excessivamente alongado – e, portanto, desarrazoado – para pagamento, postulando, em consequência, que o pagamento se dê dentro dos 90 dias previsto no § 2º do art. 1.031 do Código Civil. Porém, desde que não haja abuso, o parcelamento em si poderá e deverá ser admitido, sendo implícito que a sociedade há de *sobreviver* ao pagamento dos haveres, sem colocar em xeque sua própria existência, suas atividades *etc.*

Em razão da especialidade desse prazo para pagamento, a fase de cumprimento de sentença terá que ser adaptada a essa realidade, de modo que, ao invés de se iniciar com uma determinação de pagamento em 15 dias (CPC, art. 523, § 1º), o respectivo comando judicial deverá estar em sintonia com o que se decidiu no título executivo.

Importante questão diz respeito à incidência dos juros de mora para o pagamento dos haveres do ex-sócio. O art. 605 do Código de Processo Civil se limita a regular o marco temporal do desligamento do ex-sócio da sociedade, o qual servirá como data-base para o cálculo dos haveres. Já o art. 609 do Código de Processo Civil dá ênfase à regra de direito material que trata do *momento* em que essa prestação se tornará *exigível*.

O pagamento dos haveres do ex-sócio ainda não é devido no momento da resolução da sociedade em relação a ele, mas deverá ser realizado nos termos previstos no acordo firmado entre as partes (*pacta sunt servanda*) ou, na sua ausência, "no prazo de noventa dias, a partir da liquidação" (CC, art. 1.031, § 2º).

Como consequência, com o decurso desse prazo "a sociedade estará automaticamente constituída em mora",[71] passando a incidir, apenas a partir des-

---

70. TJSP, 2ª Câmara de Direito Empresarial, Ap. 1004542-03.2020.8.26.0565, rel. Des. Sérgio Shimura, j. 8.3.2022, v.u., *DJE* 10.3.2022.

71. Erasmo Valadão Azevedo e Novaes França e Marcelo Vieira von Adamek, ob. cit., p. 96.

sa data (e não a partir de qualquer outra anterior a ela, como p.ex. a data da sentença de dissolução parcial ou a da resolução da sociedade em relação ao ex-sócio), os juros de mora devidos pela sociedade.[72]

Por fim, para o cálculo da "situação patrimonial da sociedade, à data da resolução" (CC, art. 1.031, *caput*), será realizado balanço especial que deverá apurar o valor da sociedade pelo critério convencionado pelas partes (*pacta sunt servanda*) ou, na sua ausência, pelo critério patrimonial (excluído o método do fluxo de caixa descontado que considera, dentre outras questões, a expectativa de riscos e/ou lucros futuros), com a necessidade de se apurar também o valor do fundo de comércio da sociedade.[73]

Em julgamento o Superior Tribunal de Justiça definiu o seu entendimento sobre a forma mais adequada para a apuração dos haveres, excluindo do critério legal o método do fluxo de caixa descontado, afirmando que "o critério legal (patrimonial) é o mais acertado e está mais afinado com o princípio da preservação da empresa, ao passo que o econômico (do qual deflui a metodologia do fluxo de caixa descontado), além de inadequado para o contexto da apuração de haveres, pode ensejar consequências perniciosas, tais como (i) desestímulo ao cumprimento dos deveres dos sócios minoritários, (ii) incentivo ao exercício do direito de retirada, em prejuízo da estabilidade das

72. "(...). Atualmente, o cenário legislativo impõe nova reflexão quanto ao tema, porquanto o CC/02 estabelece um prazo para pagamento de 90 dias contados da data em que houver a liquidação dos valores devidos (art. 1.031, § 2º). Diante desse novo contexto legal, não parece razoável impor ao devedor o pagamento de juros de mora, se o próprio legislador deliberadamente fixou o prazo para pagamento. Assim, pagos os valores devidos dentro do prazo legal, ou em conformidade com disposição contratual expressa, se existente, não há que se falar em mora a ser compensada por meio de juros. 48. Assim, quanto à fixação do termo *a quo* para incidência dos juros de mora, merece provimento o recurso especial, fixando-o no prazo legal de 90 dias após a sentença de liquidação dos haveres" (STJ, 3ª Turma, REsp 1.286.708-PR, rel. Min. Nancy Andrighi, j. 27.5.2014, v.u.).

73. Nesse sentido: TJSP, 2ª Câmara de Direito Empresarial, AI 2253663-45.2020.8.26.0000, rel. Des. Ricardo Negrão, j. 20.7.2021, v.u. Em outro julgado dessa mesma Câmara afirmou-se que "a inclusão da estimativa pecuniária do fundo de comércio no cálculo dos haveres, a cuja aceitação tendem a doutrina e a jurisprudência, comporta exceção que fora feita no acórdão quando o caso concreto revelar que a composição da rentabilidade da sociedade decorre/decorreu da relação pessoal desenvolvida pelo próprio sócio e não da sua atuação como empresário" – razão pela qual ficou decidido que "a natureza da espécie societária em questão não permite ignorar a existência de componentes subjetivos de relevância na composição das quotas sociais e, principalmente, nos resultados sociais e, dessa forma, não há como projetar-se um faturamento futuro sem a presença do sócio retirante, sendo, pois, descabida a inclusão do fundo de comércio na apuração de haveres" (TJSP, 2ª Câmara de Direito Empresarial, AI 2264061-17.2021.8.26.0000, rel. Des. Maurício Pessoa, j. 26.4.2022, v.u.).

empresas, e (iii) enriquecimento indevido do sócio desligado em detrimento daqueles que permanecem na sociedade".[74]

2.636. julgamento das ações de dissolução e de apuração de haveres: natureza das decisões, honorários e recursos

O pronunciamento judicial que julga o pedido de dissolução parcial de sociedade tem natureza jurídica de sentença (CPC, art. 203, § 1º), tendo como efeito romper o contrato plurilateral firmado entre os sócios, com a consequente modificação da estrutura jurídica da sociedade, razão pela qual terá natureza constitutiva negativa, ou desconstitutiva. Será recorrível, portanto, por meio da interposição de recurso de apelação (CPC, art. 1.009, *caput*).

Considerando que o autor ou o réu ainda podem formular pedidos visando ao recebimento de indenização decorrente dos prejuízos sofridos pelos atos lesivos praticados pelo ex-sócio, o respectivo *capítulo* que julgar procedente esse pedido terá natureza condenatória.

Se houver sucumbência de uma das partes em relação a algum dos seus pedidos aplica-se o princípio da causalidade, com a condenação do vencido ao pagamento de honorários de sucumbência ao vencedor, observando integralmente o disposto nos arts. 85 e ss. do Código de Processo Civil.

Por sua vez, igualmente terá natureza de sentença o pronunciamento judicial que julgar o pedido de apuração de haveres. Tal sentença reconhecerá a existência de uma obrigação pecuniária líquida ou ilíquida, impondo seu pagamento, razão pela qual terá natureza condenatória. Assim, contra ela igualmente será cabível apelação.

O Código de Processo Civil traz um regramento *especial* em relação à repartição dos ônus de sucumbência na apuração de haveres quando o procedimento não assumir caráter contencioso. Nos casos em que o réu simplesmente anuir com o pedido de dissolução de sociedade formulado pelo autor (CPC, art. 603, *caput*) será proferida sentença homologatória do pedido do autor (CPC, art. 487, inc. III, letra *a*) e, excepcionando a regra geral do *caput* do art. 90 do Código de Processo Civil – *que determina que aquele que reconhecer o pedido é responsável pelos ônus da sucumbência* –, diz o art. 603, § 1º, do Código que "não haverá condenação em honorários advocatícios de nenhuma das partes, e as custas serão rateadas segundo a participação das partes no capital social".

Esse regramento especial aplica-se, exclusivamente, à hipótese de anuência expressa, que não se confunde com a situação de ausência de resposta,

---

74. STJ, 3ª Turma, REsp 1.877.331-SP, rel. Min. Nancy Andrighi, rel. para o acórdão Min. Ricardo Villas Bôas Cueva, j. 13.4.2021, m.v., *DJe* 14.5.2021.

a configurar revelia (CPC, art. 344), orientada pelas regras gerais de sucumbência.[75] Tal regramento especial também não se aplica ao capítulo da sentença que julgar eventual pedido indenizatório.

Referências Bibliográficas

ALVES, Alexandre Ferreira de Assumpção, e TURANO, Allan Nascimento. *Resolução da sociedade limitada em relação a um sócio e a ação de dissolução parcial*. Curitiba, Juruá, 2016.

ARAÚJO, Fabio Caldas de. "Ação de dissolução parcial de sociedade no novo CPC". *Revista de Direito Recuperacional e Empresa* 5. São Paulo, julho-setembro/2017.

BARBOSA, Henrique Cunha. "Dissolução parcial de S/As fechadas: involução sistêmica e coisas que se perdem pelo caminho". In: PEREIRA, Guilherme Setoguti J., e YARSHELL, Flávio (coords.). *Processo societário III*. São Paulo, Quartier Latin, 2018.

BARIONI, Rodrigo Otávio. *Comentários ao Código de Processo Civil – Artigos 539 a 609*. São Paulo, Saraiva. 2020.

BONDIOLI, Luis Guilherme Aidar. "Breves notas sobre a ação de dissolução parcial de sociedade". *Revista de Processo* 302. São Paulo, Ed. RT, abril/2020.

————. *Reconvenção no processo civil*. São Paulo, Saraiva, 2009.

BOTELHO DE MESQUITA, José Ignácio. *Litisconsórcio unitário. Eficácia do reconhecimento do pedido por um só dos réus na ação de dissolução de sociedade. Teses, estudos e pareceres de processo civil*. vol. 1. São Paulo, Ed. RT, 2005.

BUENO, Cassio Scarpinella. "Ação de dissolução parcial de sociedades". In: COELHO, Fábio Ulhoa (org.). *Tratado de direito comercial*. vol. 8. São Paulo, Saraiva, 2015.

CALMON DE PASSOS, José Joaquim. "Teoria geral dos procedimentos especiais". In: DIDIER JR., Fredie, e FARIAS, Cristiano Chaves de (coords.). *Procedimentos especiais cíveis: legislação extravagante*. São Paulo, Saraiva, 2003.

CAMPINHO, Sérgio. *Curso de direito comercial: direito de empresa* (livro eletrônico). 15ª ed. São Paulo, Saraiva, 2018.

COELHO, Fábio Ulhoa. "A ação de dissolução parcial de sociedade". In: *Revista de Informação Legislativa* 48. t. 1, n. 190. Brasília, abril-junho/2011.

————. *Curso de direito comercial*. 17ª ed., vol. 2. São Paulo, Saraiva, 2013; 20ª ed., vol. 2. São Paulo, Ed. RT, 2016.

---

75. Fabio Caldas de Araújo, ob. cit., p. 8.

COELHO, Fábio Ulhoa, e NUNES, Marcelo Guedes. *Carta de apoio ao novo CPC sugere procedimento especial para tratar da dissolução parcial de sociedade. São Paulo, 22 de novembro de 2012.* Disponível em *[www.migalhas.com.br/Quentes/17,MI168124,101048-Carta+de+apoio+ao+novo+CPC+sugere+procedimento+especial+para+tratar].*

DINAMARCO, Cândido Rangel. "A chamada ação de dissolução parcial de sociedade". In *Fundamentos do processo civil moderno.* 6ª ed., t. II. São Paulo, Malheiros Editores, 2010.

————. *Instituições de direito processual civil.* 7ª ed., vol. II. São Paulo, Malheiros Editores, 2017; 6ª ed., vol. III. São Paulo, Malheiros Editores, 2009.

————. *Vocabulário do processo civil.* São Paulo, Malheiros Editores, 2009.

DINAMARCO, Cândido Rangel, BADARÓ, Gustavo Henrique Righi Ivahy, e LOPES, Bruno Vasconcelos Carrilho. *Teoria geral do processo.* 32ª ed. São Paulo, Malheiros Editores, 2020.

ESTRELLA, Hernani. *Apuração dos haveres.* 3ª ed., atualizada por Roberto Papini. Rio de Janeiro, Forense, 2001.

FONSECA, Priscila M. P. Corrêa da. *Dissolução parcial, retirada e exclusão de sócio.* São Paulo, Atlas, 2002.

FRANÇA, Erasmo Valladão Azevedo e Novaes, e ADAMEK, Marcelo Vieira von. *Direito processual societário: comentários breves ao CPC/2015.* 2ª ed. São Paulo, Malheiros Editores, 2021.

GAJARDONI, Fernando da Fonseca. *Flexibilidade procedimental (um novo enfoque para o estudo do procedimento em matéria processual).* Tese (Doutorado). São Paulo, USP, 2007.

GIANNICO NETO, Francisco Ettore. *O incidente de desconsideração da personalidade jurídica na execução fiscal.* Rio de Janeiro, Lumen Juris, 2019.

LUCON, Paulo Henrique dos Santos, e HECKER DA SILVA, João Paulo. "Dissolução parcial de sociedade anônima fechada". In: PEREIRA, Guilherme Setoguti J., e YARSHELL, Flávio (coords.). *Processo societário.* São Paulo, Quartier Latin, 2012.

MARCATO, Antonio Carlos. *Procedimentos especiais.* 17ª ed. São Paulo, Atlas, 2017.

MARINONI, Luiz Guilherme, ARENHART, Sérgio Cruz, e MITIDIERO, Daniel. *Novo curso de processo civil.* vol. 3. São Paulo, Ed. RT, 2015.

MAZZEI, Rodrigo, e GONÇALVES, Tiago Figueiredo. "A dissolução parcial de sociedade no Código de Processo Civil de 2015: pretensões veiculáveis, sociedades alcançadas e legitimidade". *Revista de Processo* 282. São Paulo, Ed. RT, agosto/2018.

MONTEIRO, André Luis. "Dissolução parcial de sociedade anônima fechada pela quebra da *affectio societatis*". In: MARINONI, Luiz Guilherme (dir.). *Precedentes jurisprudenciais: direito societário.* São Paulo, Ed. RT, 2014.

NEVES, Daniel Amorim Assumpção. *Novo Código de Processo Civil comentado.* 3ª ed. Salvador, Juspodivm, 2018.

NISHI, Eduardo Azuma. *Novos paradigmas de apuração de haveres na ordem jurídica.* 2020. Dissertação (Mestrado). São Paulo, PUC/SP, 2020.

SICA, Heitor Vitor Mendonça. "Reflexões em torno da teoria geral dos procedimentos especiais". *Revista de Processo* 208. São Paulo, Ed. RT, junho/2012.

SILVA, Ovídio A. Baptista da. "A 'plenitude da defesa' no processo civil". In: *Da sentença liminar à nulidade da sentença.* São Paulo, Saraiva, 2002.

THEODORO JÚNIOR, Humberto. *Curso de direito processual civil.* vol. 2. Rio de Janeiro, Forense, 2016.

WAMBIER, Luiz Rodrigues, e TALAMINI, Eduardo. *Curso avançado de processo civil.* 16ª ed., vol. 4. São Paulo, Ed. RT, 2018.

WAMBIER, Teresa Arruda Alvim, CONCEIÇÃO, Maria Lúcia Lins, RIBEIRO, Leonardo Ferres da Silva, e TORRES DE MELLO, Rogério Licastro. *Primeiros comentários ao novo Código de Processo Civil.* 1ª ed. São Paulo, Ed. RT, 2015.

CAPÍTULO CLXXVII – ***INVENTÁRIO, PARTILHA E ARROLAMENTO***

PAULO CEZAR PINHEIRO CARNEIRO

2.637. considerações iniciais

A lei material estabelece que "aberta a sucessão, a herança transmite-se, desde logo, aos herdeiros legítimos e testamentários" (art. 1.784 do Código Civil). Logo, transmite-se a herança, não sendo, porém, especificadas a qualidade e a quantidade de bens que irão compor o quinhão de cada herdeiro ou a meação do cônjuge sobrevivo. Assim, deverá ter um procedimento em que se apurem, descrevam-se e partilhem-se os bens componentes dessa universalidade de bens. Para tanto, o direito brasileiro prevê o procedimento do inventário e da partilha, especialmente no Código de Processo Civil de 2015, disciplinado nos arts. 610 a 673.

A palavra "inventário" possui origem latina (*invenire, inventum*), significa, na acepção comum, enumeração ou descrição de algo. Em síntese, no inventário serão arrolados e avaliados os bens do monte, citados ou habilitados os herdeiros, pagas as dívidas reconhecidas, colacionados os bens doados em vida pelo(a) falecido(a) e calculado o imposto devido pela transmissão.[1] Trata-se, portanto, de uma espécie de descrição e liquidação do acervo hereditário a ser, em breve, partilhado e de uma determinação de quem concorrerá nessa divisão.

Nesse sentido, a partilha é a fase final do procedimento sucessório, é o momento em que se haverá de atribuir a cada um dos herdeiros a porção que lhe couber dos bens e direitos do acervo hereditário, pondo fim à comunhão hereditária.

Além disso, o CPC prevê a hipótese de arrolamento, que é uma forma simplificada de inventário para quando todos os herdeiros forem maiores, capazes e concordes quanto ao modo de divisão dos bens (art. 659 do CPC), nas hipóteses em que houver herdeiro único (art. 659, § 1º, do CPC) ou, ainda, quando o valor do acervo não ultrapassar o limite legal (art. 664 do CPC).

Por fim, é preciso registrar que o procedimento do inventário no Brasil poderá ocorrer na via judicial ou na extrajudicial. Considerando que a modalidade extrajudicial é facultativa, somente será objeto de análise no presente trabalho o procedimento do inventario da via judicial.

2.638. legitimidade para requerer o inventário

Entendemos que todas as pessoas indicadas no art. 616 do CPC possuem legitimidade para requerer a abertura do inventário, sendo irrelevante o fato de estarem ou não na posse[2] ou administração de bens do espólio.

Isso porque não há qualquer impedimento para que o cônjuge sobrevivente, casado sob regime de bens diverso do da comunhão, possa requerer a abertura do inventário. Haverá sempre interesse do cônjuge, mesmo casado sob o regime da separação total de bens, em precisar quais os bens que per-

---

1. É interessante a observação feita por Luiz Felipe Difini ressaltando que para o direito fiscal não importa a *saisine*, pois o imposto será devido quando da formalização da transferência da propriedade ("Direito de saisine", *Revista da Ajuris* 45/245, 1989).

2. A maioria dos autores leciona que a abertura do inventário deverá ser requerida por quem estiver na posse e na administração do espólio, sem prejuízo dos demais legitimados ativos concorrentes. Nelson Nery Junior diz que "exige-se que seja comprovada por documento a qualidade da pessoa que se apresenta com legitimidade para o pedido, de sorte a que possa ser aquilatado se se encontra no rol daquelas do CPC 988 [*CPC-2015, art. 616*]" (Nelson Nery Júnior e Rosa Maria de Andrade Nery. *Código de Processo Civil comentado e legislação processual civil em vigor*, 4ª ed., São Paulo, Ed. RT, 1999, p. 1.319; Vicente Greco Filho, *Direito processual civil brasileiro*, 13ª ed., vol. 3, São Paulo, Saraiva, 1999, p. 241).

tenciam ao seu falecido consorte e os seus, para evitar que, no futuro, dúvidas possam surgir.

De igual forma, poderá também a(o) companheira(o) promover a abertura do inventário desde que demonstre, por meio de prova documental inequívoca, essa qualidade. Por força de preceito constitucional (art. 226, § 3º), não deve haver discriminação entre o cônjuge e a(o) companheira(o).[3] A legitimidade agora consta expressa do CPC de 2015.

Portanto, o pedido de abertura de inventário deverá ser requerido por quem tenha legitimidade para tanto e, obrigatoriamente, instruído com a certidão de óbito do autor da herança. Trata-se de documento indispensável à propositura da ação. Sua falta enseja o indeferimento da petição inicial caso o autor não supra tal defeito no prazo de 10 dias, que o juiz deverá conceder para tanto ao despachar a petição inicial (arts. 320 e 321 e parágrafo único, ambos do CPC).[4]

Nada obstante o disposto no art. 618, inc. VII, do CPC, a nosso sentir, o Ministério Público, em princípio, terá legitimidade para requerer a abertura do inventário em qualquer hipótese, pouco importa que exista ou não interesse de herdeiros incapazes, ausentes, ou testamento a ser cumprido, pois haverá sempre interesse público para tanto, na medida em que existe interesse da Fazenda Pública na arrecadação de impostos devidos.

O fato de o Ministério Público estar legitimado para requerer a abertura do inventário não significa que existirá interesse público em sua atuação nas etapas seguintes do processo. Ao contrário, a regra é a de que, aberto o inventário, caberá à Fazenda Pública oficiar no interesse do Estado ou da União (imposto de renda, por exemplo), devendo o Ministério Público intervir, a seu exclusivo critério, desde que entenda existir interesse público que justifique a sua participação, além, evidentemente, dos casos em que exista interesse de menores, ausentes, ou testamento a ser cumprido.

---

3. Nesse mesmo sentido, Nelson Nery Junior e Roda Maria de Andrade Nery (ob. cit., p. 1.320), Alexandre Freitas Câmara (*Lições de direito processual civil*, vol. III, Rio de Janeiro, Lumen Juris, 2000, p. 417) e Antonio Carlos Marcato (*Procedimentos especiais*, 5ª ed., São Paulo, Malheiros Editores, 1993, p. 171).

4. Ernane Fidélis dos Santos, no seu livro *Dos procedimentos especiais*, diz que, "se não existir o registro do óbito, (...) há de haver justificação prévia, que o supra (art. 109 da Lei de Registros Públicos)". Este artigo, porém, trata da restauração ou da retificação do assentamento no registro civil, e não do próprio registro em si, como é o caso (Ernane Fidélis dos Santos, *Dos procedimentos especiais do Código de Processo Civil*, 3ª ed., Rio de Janeiro, Forense, 1999, p. 268). Pontes de Miranda, em seus *Comentários*, preleciona que, se há razão para o retardamento da vinda da certidão, o legitimado pode requerer a abertura expondo o que se passa (*Comentários ao Código de Processo Civil*, Rio de Janeiro, Forense, 1977, p. 36).

A Fazenda Pública, em regra, sempre terá interesse na abertura do inventário para verificar e exigir o recolhimento do imposto, ou mesmo fiscalizar a correção de eventual isenção. Para aqueles que defendem a possibilidade da existência de inventário negativo, a Fazenda Pública, nessa hipótese, não estaria legitimada.

A previsão constante do art. 989 do CPC de 1973, que autorizava que o juiz desse início ao inventário de ofício, não foi reproduzida pelo Código de 2015. Desse modo, tal possibilidade resta definitivamente afastada de nosso sistema processual.

2.639. inventariante e primeiras declarações

O CPC, no art. 617, estabelece uma ordem de preferência para a nomeação do inventariante. Em princípio, ela deve ser seguida pelo juiz, salvo se não consultar aos interesses do espólio, do mesmo modo no que concerne à indicação por consenso de todos os herdeiros e eventuais legatários.

Assim, antes de tudo, é preciso balizar quais são os interesses do espólio que autorizariam a nomeação do inventariante fora da ordem legal.

O processo de inventário, como qualquer outro processo contencioso, visa à satisfação de um direito material – no caso, a formalização da distribuição do patrimônio do autor da herança aos herdeiros legítimos ou testamentários, além do conhecimento de tantas outras questões de fato e de direito.

Todavia, ele tem uma característica diferente da maioria dos outros processos, que é a existência de uma função destinada a administrar o espólio e a representá-lo ativa e passivamente em juízo (art. 618, incs. I e II, do CPC), impulsionando o processo de inventário, com o cumprimento das diversas etapas deste procedimento até a partilha, de sorte a permitir a realização do direito material.[5]

A fim de que o inventário pudesse chegar a bom termo, o legislador adotou uma ordem de nomeação para tal função, com base em regras de experiência que melhor atendessem à finalidade do processo.

Uma simples leitura dos diversos incisos do art. 617 do CPC revela que, possivelmente, o cônjuge sobrevivente casado sob o regime de comunhão seria a pessoa mais adequada para desempenhar essa função, seja do ponto de vista moral e ético, seja do ponto de vista legal, pois é proprietário, por direito próprio, de metade de todo o patrimônio.

---

5. Algo semelhante ocorre no processo de falência e de recuperação judicial, com a função do administrador judicial (arts. 21 a 25 da Lei 11.101/2005).

2.639.1 o inventariante e o termo de compromisso

O inventariante nomeado deverá ser intimado pessoalmente da designação para que, no prazo de cinco dias, preste o compromisso formal de bem e fielmente desempenhar o cargo.

Na prática, porém, a intimação se faz pela publicação da decisão que designou o inventariante no *Diário Oficial* ou no jornal que funcione como tal, sendo certo que o próprio advogado contratado, desde que tenha poderes para tanto na procuração, costuma assinar o termo de compromisso.

2.639.2 a representação judicial do espólio

O espólio não tem personalidade jurídica no campo do direito civil; todavia, como pessoa formal que é, tem capacidade para ser parte no processo (art. 75, inc. VI, do CPC). Por isso, a primeira das funções listadas pelo art. 618, em seu inc. I, é que o inventariante representa judicialmente o espólio.

A representação do espólio é feita pelo inventariante, se já estiver nomeado, ou, caso contrário, pelo administrador provisório, ou, ainda, à falta deste, por todos os herdeiros.

Em regra, a representação é exclusiva do inventariante para discutir questões em que o espólio deve figurar como autor ou réu, como, p.ex., cobrança de uma dívida, ação de despejo, requerimento de falência. A opção do legislador foi a de facilitar o acesso à Justiça, aqui entendido não só em benefício do próprio espólio, mas também da parte contrária, e, em especial, dos fins a que o processo se propõe como instrumento para garantir a realização do direito material. Ora, se cabe ao inventariante e somente a ele administrar os bens do espólio, nada mais lógico que a representação judicial também lhe caiba com exclusividade.[6]

2.639.3 a administração do espólio

Dentre as diversas funções atribuídas ao inventariante, a administração do espólio, prevista no art. 618, inc. II, do CPC, é uma das mais importantes.

Em princípio, o inventariante possui poderes amplos de administração, salvo as hipóteses em que a lei exige a oitiva dos demais interessados e a autorização do juiz, como ocorre nos casos previstos no art. 619 do Código de

6. Em sentido contrário, Pontes de Miranda (ob. cit., p. 66), que afirma que o art. 12, inc. V, e o art. 991, inc. I, do CPC-1973 (art. 75, inc. VI, e art. 618, inc. I, do CPC-2015) tratam de representação dos herdeiros, dos legatários e demais. Para o autor, tal representação não exclui os representados e, portanto, esses podem ser litisconsortes, ou mesmo pleitear em juízo, se o inventariante se recusar a fazê-lo.

Processo Civil,[7] ou seja, alienar bens de qualquer espécie, transigir em juízo ou fora dele, pagar dívidas do espólio, fazer as despesas necessárias com a conservação e o melhoramento dos bens do espólio.

Se o inventariante pratica algum desses atos sem autorização do juiz, o negócio jurídico poderá ter sua nulidade decretada, com todas as consequências daí advindas para aqueles que participaram do negócio.

Responderá também o inventariante, como qualquer administrador, pelos danos a que, por dolo ou culpa, der causa. A aferição de culpa do administrador terá como norte o princípio contido no art. 618 do CPC, qual seja, o de que ele deve velar pelos bens do espólio com a mesma diligência como se fossem seus, podendo o juiz, para tanto, valer-se das regras de experiência.

2.639.4 as primeiras e as últimas declarações

O inventariante funciona, à semelhança de qualquer outro processo, como um verdadeiro autor do inventário, devendo apresentar, em juízo, todos os elementos necessários para o alcance da finalidade pretendida, praticando os atos processuais estabelecidos no procedimento.

As primeiras declarações representam, guardadas as proporções, uma petição inicial, da qual deverá constar, além dos elementos indicados no art. 620 do CPC, o pedido, se for o caso, de citação do cônjuge, herdeiros, legatários, Fazenda Pública e do Ministério Público, se houver herdeiro incapaz, ausente ou se o *de cujus* deixou testamento, devendo, nesta mesma hipótese, também ser citado o testamenteiro (art. 626 do CPC).

Procedidas as avaliações dos bens constantes do acervo hereditário e resolvidas eventuais impugnações suscitadas, o inventariante apresentará as últimas declarações, sendo-lhe possível, até esse momento, emendar, aditar ou completar as primeiras declarações (art. 636 do CPC). Após, deverá adotar o procedimento de sobrepartilha para aqueles bens omitidos (art. 669 do CPC).

O inventariante poderá ser removido se não apresentar, no prazo legal, as primeiras e as últimas declarações, como previsto no art. 622, inc. I, do CPC.

2.639.5 conteúdo das primeiras declarações

O inventariante deverá apresentar, no prazo de 20 dias (art. 620, *caput*, do CPC), sob pena de remoção (art. 622, inc. I, do CPC), as primeiras declara-

---

7. "Ao inventariante incumbe representar o espólio em assembleia de sociedade por ações, independentemente de alvará judicial" (*RTJE* 117/193, *apud* Theotônio Negrão, *Código de Processo Civil e legislação processual em vigor*, 30ª ed., São Paulo, Saraiva, 1999, p. 837).

ções. Caso não seja possível fazê-lo no prazo legal, poderá solicitar ao juiz, justificadamente, eventual prorrogação.

Importante consignar a responsabilidade do inventariante pela omissão na declaração de determinados bens, como costuma ocorrer na prática com relação a dinheiro, joias ou títulos ao portador, mesmo que exista a concordância dos demais herdeiros, pois, no futuro, um deles poderá reclamar, responsabilizar o inventariante por sonegação ou, até mesmo, contestar a forma da divisão informal.

Não se exige a conferência de poderes especiais para que o advogado possa firmar as primeiras declarações; todavia é conveniente que venham assinadas também pelo inventariante, o que dispensará a assinatura do termo a que alude o *caput* do art. 620 do CPC, bastando, posteriormente, a simples ratificação pelo advogado constituído. Sem a assinatura do inventariante, será necessária a concessão de poderes especiais ao procurador (CPC, art. 620, § 2º).

Elas deverão indicar o juízo a quem se dirigem e o nome com a qualificação do autor da herança, compreendendo, pelo menos, os seguintes dados: nacionalidade, para fins de possibilitar a aplicação, se for o caso, do art. 5º, inc. XXXI, da Constituição Federal (legislação mais favorável aos interesses do cônjuge e dos filhos), a idade e o domicílio do autor da herança e o local onde faleceu, estes últimos dados para permitir a verificação do foro adequado e, portanto, eventual arguição de incompetência, e, também, apresentar testamento, se houver. Tais requisitos podem se extrair do art. 620, inc. I, do CPC.

Além dos dados relacionados diretamente com o autor da herança, as primeiras declarações deverão precisar todos os herdeiros, qualificando-os, inclusive com indicação da qualidade que ostentam e o grau de seus respectivos parentescos com o inventariado, bem como de eventuais: cônjuge supérstite, com a indicação do regime de bens do casamento ou da apresentação de pacto antenupcial, companheira(o) ou legatários, todos com as respectivas qualificações (CPC, art. 620, incs. II e III).

É fundamental a juntada dos documentos comprobatórios da qualidade das pessoas anteriormente mencionadas, com apresentação de certidões de nascimento ou de casamento; do testamento já mandado cumprir (CPC, arts. 735 a 737), no caso de herdeiros testamentários e legatários; e, ainda, daqueles documentos que possam comprovar a qualidade de companheira(o), tal como definido na Lei 9.278/1996 e no art. 1.723 do Código Civil.

A indicação da qualidade do herdeiro e seu grau de parentesco com o inventariado é de fundamental importância para verificar a ordem da vocação hereditária; assim como a indicação do cônjuge, ou da(o) companheira(o) e de eventuais legatários possibilitará a individualização dos bens que serão conferidos aos herdeiros.

Deverá constar também da petição inicial do inventário a relação completa e individuada de todos os bens de propriedade do espólio, direitos e ações, com a indicação, se for possível, do valor corrente, estimativo, de cada um, assim como aqueles que estavam na posse do autor da herança à época do passamento, ainda que não se possa precisar a respectiva origem. Tudo em conformidade com o art. 620, inc. IV, do CPC.

O referido dispositivo indica como deve ser apresentada a relação dos bens: os imóveis, com as suas especificações, nomeadamente o local em que se encontram, extensão da área, limites, confrontações, benfeitorias, origem dos títulos, número das transcrições aquisitivas e ônus que os gravam (letra *a*); os móveis, com os sinais característicos (letra *b*); os semoventes, com o respectivo número, espécies, marcas e sinais distintivos (letra *c*); o dinheiro, as joias, os objetos de ouro e prata e as pedras preciosas, declarando-se-lhes especificamente a qualidade, o peso e a importância (letra *d*); os títulos da dívida pública, bem como as ações, cotas e títulos de sociedade, mencionando-se-lhes o número, o valor e a data (letra *e*); direitos e ações (letra *g*); e o valor corrente de cada um dos bens (letra *h*).

Finalmente, deverá constar das primeiras declarações a relação das dívidas e dos créditos do espólio, com a indicação da origem da obrigação, dos nomes dos credores e devedores e, se possível, a juntada dos respectivos títulos.

2.639.6 remoção do inventariante

A inventariança é uma função técnica que, em princípio, deve ser exercida pelos próprios titulares do patrimônio em jogo, pois, certamente, a qualquer deles interessa preservar o patrimônio e partilhá-lo, o mais rápido possível. Mais ainda, a eles no futuro caberá a administração do patrimônio recebido. Todavia, esse interesse não pode prevalecer, ainda que o inventariante nomeado se esforce para cumprir bem a sua missão, se, na prática, ele atuar de forma inadequada, desastrosa, incompetente, seja como administrador, seja como pessoa encarregada de tocar o processo de inventário. Nesse passo, deve prevalecer o interesse de todos os herdeiros e eventuais legatários em ter um administrador competente, bem como o da própria Justiça no sentido de que o processo de inventário seja efetivo.

É extremamente difícil, praticamente impossível, indicar todas as situações que poderiam levar à remoção do inventariante. O art. 622 do CPC indicou as mais frequentes, sendo quatro delas relacionadas com a atividade processual: falta da apresentação, no prazo legal, das primeiras e últimas declarações (n. I), deixar de dar andamento regular ao processo (n. II),[8] não defender o espólio nas ações em que for citado (n. IV, parcialmente), deixar de prestar contas ou prestá-las irregularmente (n. V); e três relacionadas com sua atividade de administrador, a saber: deixar de cuidar adequadamente dos bens do espólio por imprudência, negligência ou imperícia, permitindo que eles se deteriorem, sejam dilapidados ou sofram danos (n. III), deixar de cobrar dívidas ativas ou não promover as medidas necessárias para evitar o perecimento de direitos (n. IV, parte), sonegar, ocultar ou desviar bens do espólio (n. VI).

2.640. citações e impugnações

Buscando uma analogia com os procedimentos de jurisdição contenciosa em geral, uma vez que o inventário se situa nessa categoria, podemos afirmar que o inventariante faz o papel do autor da ação, estando autorizado a praticar e receber atos processuais nessa qualidade; as primeiras declarações representam a petição inicial, enquanto as pessoas mencionadas no art. 626 do CPC, que devem ser citadas como litisconsortes necessários, figuram como partes passivas nessa relação processual.

Basta para que se caracterize a jurisdição contenciosa a possibilidade da existência do contraditório, como ocorre, p.ex., no processo de usucapião. É perfeitamente plausível que neste último processo todos os confinantes este-

8. "(...). 1. A simples demora na finalização do inventário não autoriza a remoção do inventariante se este não deu causa ao retardamento do processo. 2. Não demonstrou o recorrente que a inventariante tenha, por eventual inércia ou conduta deliberada, contribuído para o atraso na conclusão do inventário, razão pela qual está correta a decisão que indeferiu a remoção pretendida" (TJRJ, 17ª Câmara Cível, AI 0016588-39.2007.8.19.0000, rel. Des. Elton Martinez Carvalho Leme, j. 22.11.2007). Igualmente: TJSP, 5ª Câmara de Direito Privado, AI 2090617-50.2015.8.26.0000, rel. Des. Erickson Gavazza Marques, j. 3.8.2016); TJMG, 6ª Câmara Cível, AI 0263705-63.2014.8.13.0000, rel. Des. Sandra Fonseca, j. 16.9.2014, publ. 26.9.2014).
"Apelação cível – Ação de sonegados – Companheiro da falecida genitora da autora da ação que sonega da partilha amigável créditos oriundos de contas bancárias, bem como apartamento que integrava o patrimônio comum do casal, eis que adquirido na vigência da união estável havida de 1992 até 2008 – Contrato de compra e venda do imóvel entre o casal que não tem eficácia, sendo nula – Evidenciada a sonegação – Ocultação dolosa dos valores depositados em contas bancárias eis que mesmo conhecendo sua existência deixou o réu de relacioná-los no inventário – Ocultação dolosa do imóvel também, na medida em que adquirido em 1992 pela falecida e incorporado ao patrimônio comum do casal, não podendo ser alvo de contrato de compra e venda entre os companheiros por expressa vedação legal, nos termos do art. 499 do Código Civil – Correta a sentença que aplica ao réu a pena de perda do direito sobre o que foi sonegado – Não provimento do recurso de apelação interposto" (TJRJ, 18ª Câmara Cível, Ap. 0056995-08.2012.8.19.0002, rel. Des. Eduardo de Azevedo Paiva, j. 4.4.2018).

jam de acordo com o pedido do autor da ação e nem por isso deixará de ser contencioso o procedimento. O mesmo ocorre com o inventário.

Nessa linha, é obrigatória a citação das pessoas indicadas no *caput* do art. 626, quais sejam: o cônjuge, qualquer que seja o regime de bens, vez que a lei não fez distinção, o companheiro, os herdeiros e os legatários. Assim como também é obrigatória a intimação da Fazenda Pública; do Ministério Público, se houver herdeiro incapaz ou ausente; e do testamenteiro, se o falecido houver deixado testamento, sob pena de nulidade do processo.

Não ocorrendo qualquer prejuízo objetivamente aferível pela falta ou pela realização defeituosa da citação, a nulidade não deverá ser declarada. Assim, como exemplo, se o *de cujus*, viúvo, deixou em dinheiro R$ 1.000.000,00 e três herdeiros necessários e indicou, em testamento, um legatário para receber R$ 100.000, e se o inventário, apesar da falta da citação de um dos herdeiros e do único legatário, chegou a bom termo, cada um recebendo, na partilha, a importância a que tinha direito, não haverá qualquer interesse prático em rescindir a partilha com a decretação da nulidade da citação, exatamente porque nenhuma das partes foi prejudicada (art. 282, § 1º, do CPC).

Existindo bens imóveis no inventário, o cônjuge ou companheiro do herdeiro deverá ser também citado, qualquer que seja o regime de bens, conforme determinam os §§ 1º e 3º do art. 73 do CPC, aplicando-se essa mesma norma ao legatário, caso o legado se constitua de bem imóvel. Se o herdeiro ou o legatário forem casados sob o regime de comunhão de bens, os respectivos cônjuges deverão obrigatoriamente ser citados, qualquer que seja a natureza dos bens deixados, porque são cotitulares de tais direitos.

É bastante comum que os herdeiros já estejam representados por advogados antes mesmo das primeiras declarações. Nesse caso, bastará a intimação do advogado, que, inclusive, deverá receber do escrivão cópia das primeiras declarações (§ 4º do art. 626 do CPC).

2.640.1 a atuação da Fazenda Pública como parte

O processo de inventário divide-se em duas fases. A primeira começa com a abertura do inventário propriamente dito e finda com a sentença que julga o cálculo do imposto (art. 638, § 2º, do CPC). A segunda inicia-se pela apresentação do pedido de quinhão pelas partes e termina com a sentença que julga a partilha (art. 654 do CPC).

A Fazenda Pública, conforme previsto no *caput* do art. 626 do CPC, é citada para "os termos do inventário e da partilha", ou seja, figura na relação jurídica como parte, com todos os poderes, deveres e ônus próprios dessa condição.

Pouco importa que o âmbito de contestação da Fazenda Pública seja restrito aos interesses fiscais do Estado, pois o conceito de parte não pressupõe necessariamente que a pessoa, nessa qualidade, tenha direito restrito à impugnação de todas as questões que eventualmente surjam no processo.

Especificamente com relação à Fazenda Pública, ela é citada através de abertura de vista no próprio processo, na qualidade de parte, para pronunciar-se sobre as primeiras declarações, podendo arguir erros ou omissões. No primeiro caso, poderá, p.ex., alegar que a pretensa renúncia de direitos hereditários, assim qualificada pelo inventariante, representa na realidade uma cessão de direitos hereditários; no segundo, poderá a Fazenda alegar omissão na declaração de algum bem cujo título fora apresentado junto com as primeiras declarações. Poderá também contestar eventuais isenções, valores atribuídos aos bens declarados etc.

A Fazenda Pública deverá, em 15 dias, contados a partir do término do prazo para a apresentação de eventual contestação, informar ao juízo o valor dos bens de raiz descritos nas primeiras declarações, com base nos dados que constam de seu cadastro imobiliário (art. 629 do CPC).

Caso não apresente tais valores, duas possíveis situações poderão ocorrer. A primeira, a avaliação dos bens na forma do art. 630 do Código de Processo Civil. A segunda, desde que capazes todas as partes, a atribuição aos bens, para fins de cálculo do imposto, dos valores indicados nas primeiras declarações, se a Fazenda Pública, intimada pessoalmente de tal pretensão, com ela concorde ou deixe de se pronunciar sobre a mesma. Caso não concorde, os bens serão avaliados.

2.641. avaliação e cálculo do imposto

A avaliação dos bens do espólio destina-se a fixar o valor do monte, servindo de base para que os herdeiros possam formular os seus respectivos pedidos de quinhão, além de permitir, corretamente, o recolhimento do imposto devido. Por outro lado, é por meio dela que o juiz pode resolver, se for o caso, uma série de questões, tais como se os bens objeto de testamento estão ou não compreendidos na parte disponível do testador; se o herdeiro contemplado com doações deve ou não conferir determinados bens ou o seu valor para efeito de repor a parte inoficiosa; possibilitar ao cônjuge casado sob o regime de comunhão universal ou parcial e, ainda, à(ao) companheira(o), receber bens do espólio compreendidos na meação a que tenham direito etc.

Assim, ela nada mais é do que uma prova pericial, que pode ser realizada nos procedimentos de jurisdição contenciosa em geral, como é o caso do inventário.

Aliás, o art. 464 do Código de Processo Civil é claro quanto à conclusão acima, *in verbis*: "A prova pericial consiste em exame, vistoria ou avaliação".

Nessas circunstâncias, aplicar-se-ão, subsidiariamente, as normas da Seção X do Capítulo XII do Livro I da Parte Especial do Código de Processo Civil, relativas à prova pericial no processo de conhecimento. É preciso deixar claro, desde logo, que a aplicação subsidiária de que antes se falou não poderá modificar o procedimento especial do processo de inventário.

Assim, poderá o perito se escusar ou ser recusado por impedimento ou suspeição (art. 467 do CPC), bem como ser substituído quando carecer de conhecimento técnico ou científico, ou, ainda, deixar de cumprir o encargo no prazo legal, sem motivo legítimo (art. 468 do CPC).

A avaliação deverá ser dispensada sempre que desnecessária, como toda e qualquer outra prova. Especificamente com relação ao inventário, o legislador identifica uma destas hipóteses no art. 633 do Código de Processo Civil, ou seja, "não se procederá à avaliação se a Fazenda Pública, intimada pessoalmente, concordar de forma expressa com o valor atribuído, nas primeiras declarações, aos bens do espólio".

2.641.1 impugnação à avaliação

Realizada a perícia, o juiz determinará que as partes se manifestem sobre a mesma no prazo de 15 dias, sob pena de preclusão (CPC, art. 635, *caput*), devendo a Fazenda Pública e o Ministério Público, se for o caso, ser intimados pessoalmente para tanto, através de abertura de vista nos próprios autos.

Poderá a mesma, é evidente, ser impugnada por qualquer das partes, que poderão, inclusive, apresentar laudo de assistente técnico, bem como pelo Ministério Público, se estiver oficiando no feito.

A impugnação poderá versar sobre o valor do bem, inclusive sobre os próprios critérios utilizados, ou a existência de falhas, omissões, contradições, obscuridades e ainda algum dos vícios da vontade atribuíveis ao perito: erro, dolo ou coação.

Caso a contestação tenha por base o valor do bem, o juiz, após ouvir o perito, se entender necessário, decidirá de plano. Se acolher a impugnação, determinará a retificação do valor do bem ou, caso não seja possível tal medida, que seja realizada nova avaliação pelo mesmo perito ou por outro que venha a indicar.

Versando a impugnação sobre fato atribuível ao próprio perito, como a existência de erro, dolo ou coação, deverá o juiz possibilitar, se for o caso, a produção de prova documental ou testemunhal, decidindo em seguida. Acolhida a impugnação, o juiz designará outro perito para proceder à avaliação.

Qualquer que seja a decisão, caberá recurso de agravo de instrumento. Transitada em julgado a decisão, somente a existência de fato novo, como a posterior diminuição do valor dos bens ou a existência de vício oculto, não percebido por ocasião da perícia, poderá determinar uma nova avaliação (art. 873, inc. II, do CPC).

2.641.2 declarações finais

Conforme examinado anteriormente, o juiz, após examinar eventual impugnação sobre a avaliação dos bens, proferirá decisão interlocutória, acolhendo-a ou não (art. 635 e seus parágrafos do CPC). Nessa decisão será fixado o valor dos bens inventariados, o qual servirá de base para o futuro cálculo do imposto.

Todavia, antes da realização do cálculo o inventariante apresentará as declarações finais, lavrando-se o competente termo, em consonância com o art. 636 do CPC.

Nessa oportunidade, poderá o inventariante, se for o caso: a) emendar as primeiras declarações fazendo correções, como, p.ex., retificar eventuais erros na descrição dos bens, a forma de aquisição deles, assim como o nome ou a qualificação de herdeiros ou legatários; b) aditar as primeiras declarações para indicar a existência de herdeiro de que não tinha conhecimento, de testamento, de dívidas do *de cujus*, de outros bens, inclusive aqueles que devem ser trazidos à colação; c) completar os dados faltantes nas primeiras declarações, tais como aqueles relativos à precisa descrição dos bens imóveis, indicar os sinais característicos dos bens móveis declarados, assim como juntar documentos necessários à perfeita caracterização dos bens declarados, das dívidas, da identificação de herdeiros e legatários, do regime de bens dos cônjuges e qualquer outro necessário a possibilitar a futura partilha, permitindo a correta elaboração do competente formal ou da carta de adjudicação, se for o caso.

Na hipótese de aditamento das primeiras declarações para a inclusão de novos bens ou de retificações na titulação deles que possa influir no valor fixado pela perícia, deverá o juiz determinar que se proceda à avaliação destes bens.

Importante aqui consignar que os bens que não foram declarados até este momento ficarão para sobrepartilha, sendo certo, por outro lado, que a omissão do inventariante na declaração de bens pertencentes ao *de cujus* poderá determinar a hipótese de sonegação, com a sua consequente remoção.

2.642. colações

Colação consiste na conferência no inventário dos bens doados aos herdeiros necessários pelo falecido. Essas doações recebidas em vida são consideradas como adiantamento da legítima (art. 544 do Código Civil).[9]

---

9. Caso o *de cujus* declare no instrumento próprio – na escritura de doação ou no testamento – que o bem doado deverá ser imputado à parte disponível da herança, só haverá

O Código Civil erigiu o cônjuge como herdeiro necessário (art. 1.845) e, assim, a doação de um cônjuge para outro pode importar adiantamento da legítima (art. 544 do Código Civil) naquelas hipóteses em que ele concorre com descendentes ou ascendentes (arts. 1.829, incs. I e II, 1.832 e 1.838, todos do Código Civil).

Tecnicamente, não haveria que se falar em colação desses bens quando o cônjuge não concorresse à legítima com ascendentes ou descendentes (art. 2.003 do Código Civil). A hipótese seria de ação anulatória, no prazo de 10 anos, para desconstituir a doação, situação que tem por consequência lógica o ingresso do bem no inventário para a partilha ou mesmo para sobrepartilha.

Os herdeiros deverão conferir os bens recebidos em excesso no prazo de 15 dias contados da juntada do mandado de citação aos autos. Caso o inventariante também seja herdeiro necessário, deverá apresentar os bens eventualmente recebidos em excesso juntamente com as primeiras declarações.

Na dúvida, os herdeiros deverão indicar no inventário os bens acaso recebidos em doação para, uma vez apurados seus respectivos valores, verificar se eles superam a parte de que o *de cujus* poderia dispor. Só não se sujeitam à colação as doações remuneratórias e as despesas normais da guarda paterna ou decorrentes de obrigação natural. Assim, devem ser trazidos à colação, exemplificativamente: o imóvel escriturado em nome do filho, mas cujo preço foi pago pelo pai; os bens doados aos descendentes em acordo que homologa a separação do casal; os bens doados a filhos do primeiro casamento do *de cujus*, ainda que os filhos do segundo matrimônio só tenham nascido depois do ato. Tal mecanismo impedirá que, no futuro, possa o herdeiro sujeitar-se à ação de sonegados, com a gravíssima consequência dela decorrente, ou seja, a perda do direito sobre os bens que lhe cabiam (art. 1.992 do Código Civil).

2.643. pagamento das dívidas

Enquanto não julgada a partilha os credores do espólio poderão requerer ao juízo do inventário o pagamento de seus respectivos créditos, desde que a dívida esteja vencida, seja exigível e, ainda, esteja devidamente comprovada através de documento que revele tal obrigação (art. 642, *caput* e § 1º, do Código de Processo Civil).

O legislador, no art. 642, § 1º, do CPC, não exige que a prova literal da dívida se estribe em documento que autorize o processo de execução, mas sim que ele contenha os elementos necessários que constituam prova sufi-

---

necessidade de colacionar tal bem se o seu valor exceder a metade disponível (art. 2.005 do Código Civil), apurada no momento do passamento.

ciente da obrigação e de seu valor, caso contrário deverá remeter as partes para as vias ordinárias.[10]

Por outro lado, enquanto não proferida a sentença que irá julgar a partilha será sempre possível modificar o esboço apresentado, de sorte a contemplar as dívidas a serem atendidas (art. 651, inc. I, do CPC). Não se justifica que o pedido do credor só possa ser feito até o início da fase de partilha, ou antes de esta ser lançada. Trata-se de uma limitação de natureza formalista, que prejudica o acesso à Justiça, especialmente os princípios da operosidade e da proporcionalidade, ou seja: de um lado, não haveria qualquer prejuízo de monta para as partes do inventário no refazimento do esboço, possibilitando o pagamento de dívida legítima; de outro lado, não seria razoável que o credor tivesse que aguardar o encerramento da fase de partilha para então promover a ação contra os herdeiros individualmente considerados para o recebimento de seu crédito.

2.644. partilha

Julgado o cálculo e encerrados eventuais incidentes de colação ou de habilitação de crédito, pago o imposto de transmissão, iniciar-se-á o procedimento visando à partilha dos bens, ou seja, a extinção da comunhão *causa mortis*.

Poderão as partes, nessa fase, desde que maiores e capazes, apresentar um esboço amigável de partilha (art. 2.015 do Código Civil e art. 657 do Código de Processo Civil), o qual, em princípio, não poderá ser recusado pelo juiz, salvo se não atender às exigências legais (art. 651 do CPC) ou deixar de contemplar algum bem.

Caso não haja a apresentação de um esboço amigável de partilha com a concordância de todos os herdeiros e do cônjuge meeiro, se for o caso, o juiz, de ofício ou a requerimento de qualquer dos legitimados indicados no art. 616 do Código de Processo Civil, facultará às partes que, no prazo comum de 15 dias, apresentem os respectivos requerimentos de quinhão, indicando os bens que pretendem receber (CPC, art. 647, *caput*). Poderá o inventariante ou qualquer uma das partes, inclusive o cônjuge meeiro, nesse momento, apresentar uma proposta de esboço de partilha.

Existem determinados princípios que o juiz deve observar no momento de proferir sua decisão sobre os pedidos de quinhão ou, à falta deles, como

---

10. "Agravo de instrumento – Inventário – Discussão acerca de dívidas, que teriam sido arcadas por um dos herdeiros – Documentação não traz a necessária certeza a respeito – Questão de alta indagação a ser discutida em ação própria – Decisão mantida – Recurso não provido" (TJSP, 2ª Câmara de Direito Privado, AI 2274259-26.2015.8.26.0000, rel. Des. José Carlos Ferreira Alves, j. 15.4.2016).

a partilha deve ser organizada. O Código de Processo Civil de 1939, em seu art. 505, indicava as regras a serem observadas para a partilha, *in verbis*: "I – a maior igualdade possível, seja quanto ao valor, seja quanto à natureza e qualidade dos bens; II – a prevenção de litígios futuros; III – a maior comodidade dos coerdeiros". Corolário dos princípios da maior comodidade e da prevenção de litígio é a regra inserta no art. 2.019 do Código Civil, no sentido de que o bem que não couber na meação do cônjuge sobrevivente ou no quinhão de um só herdeiro, e não admitir divisão cômoda, será, em princípio, vendido em hasta pública.

2.644.1 a manifestação das partes sobre o esboço da partilha

Realizado o esboço de partilha, deverão as partes ser intimadas para, no prazo comum de 15 dias, apresentarem eventuais reclamações ou pedido de retificação, se for o caso, conforme o art. 652 do CPC.

Tais reclamações poderão, exemplificativamente, ter por base desacordo do esboço com a decisão anterior de deliberação da partilha; a falta de observância dos critérios que deveriam nortear a partilha, caso o juiz não tenha na sua decisão de deliberação da partilha determinado o quinhão de cada herdeiro; erros de cálculo ou de indicação de herdeiros, de credores habilitados, de legatários; falta de elementos que deveriam constar do esboço – e outros que tais.

Findo o prazo para apresentação de eventuais reclamações, os autos serão conclusos para o juiz, que terá uma das seguintes opções: a) acolher a reclamação e determinar que a partilha seja lançada nos autos com as modificações necessárias; b) determinar que a partilha seja lançada nos autos tal como constante do esboço.

2.644.2 o pagamento do imposto de transmissão e as certidões negativas são condições para sentença de partilha?

Realizado o esboço de partilha, deverão as partes ser intimadas para, no prazo comum de 15 dias, apresentarem eventuais reclamações ou pedido de retificação, se for o caso, conforme o art. 652 do CPC.

O art. 654 do CPC sugere que o juiz somente poderá julgar por sentença a partilha uma vez que o imposto *causa mortis* tenha sido pago e que não exista nas certidões próprias indicação de dívida fiscal de qualquer natureza para com a Fazenda municipal, estadual ou federal.

Relativamente ao pagamento do imposto de transmissão não existe qualquer dúvida quanto à obrigatoriedade de seu pagamento para que o juiz possa julgar a partilha. Isso porque é no procedimento do inventário, e somente nele, que o cálculo será elaborado, as impugnações serão resolvidas e, finalmente, ele será objeto de julgamento.

Enquanto não encerrada essa fase do inventário e, portanto, cumprida a sentença que julgou o cálculo com o pagamento do respectivo imposto, não se passará para a fase subsequente, a da partilha.

O mesmo não se pode afirmar com relação à falta de certidão negativa de dívidas para com a Fazenda Pública municipal, estadual e federal, a despeito da redação do art. 192 do CTN. Pode ocorrer que o espólio esteja discutindo em juízo (execuções fiscais, com embargos a elas opostos) com a Fazenda municipal – por exemplo, sobre o pagamento do IPTU de determinado imóvel – ou com a Fazenda federal – p.ex., sobre uma determinada multa aplicada por não recolhimento do imposto de renda –, estando os respectivos juízos garantidos por penhoras em bens imóveis pertencentes ao espólio. Nesses casos, apesar de positivas as certidões, não se justifica que o juiz do inventário tenha de aguardar o encerramento desse processo para, aí então, julgar a partilha. A própria lei ministra a solução ao determinar que das respectivas folhas de pagamento conste a relação de bens com os respectivos ônus que os gravam (art. 653, inc. II, do CPC).

2.644.3 o formal de partilha

Tenha ou não havido conflito de interesse entre as partes que serão beneficiadas pela herança, o processo de inventário será encerrado com a sentença que vier a julgar a partilha. Como toda e qualquer sentença que julga o mérito de um processo, um dia transitará em julgado, seja porque esgotados todos os recursos, seja porque a parte deixou transcorrer *in albis* o prazo que teria para tanto, produzindo, a partir daí, coisa julgada material. Portanto, não poderá mais ser modificada, salvo a possibilidade de emenda prevista no art. 656 do Código de Processo Civil, podendo ser alvo de ação rescisória ou anulatória, se tiver natureza meramente homologatória.

Como examinado anteriormente, tal sentença tem natureza constitutiva, mesmo quando ela se limita a homologar a partilha amigável apresentada pelas partes. Por isso, não existe necessidade de se proceder à execução da mesma. A própria sentença opera a transformação, cria uma nova relação jurídica, apesar de não se constituir, isoladamente, em instrumento hábil para caracterizar a nova realidade jurídica, assim como não enseja o registro da propriedade imobiliária havida pelos herdeiros, nem serve de título hábil para que o herdeiro possa exigir do inventariante os bens constitutivos do seu quinhão ou de outro coerdeiro que, eventualmente, se encontra na posse deles. Para tanto, é necessária a expedição do formal de partilha, havendo mais de um herdeiro, ou da carta de adjudicação, se houver herdeiro único.

Na medida em que o mérito do inventário é julgado paulatinamente, é preciso que o título judicial a ser outorgado aos beneficiários da herança contenha uma série de elementos constantes do próprio processo de inventário, os quais serão necessários para inúmeras providências futuras, como, p.ex.: permitir o registro de bem imóvel, de concessão de direito real de uso; instruir declaração de imposto de renda; fazer a prova junto a terceiros da propriedade de uma série de bens havidos, do recolhimento de impostos etc.

Por essa razão, deverá o formal de partilha, ou a carta de adjudicação, conforme o caso, conter: o termo de inventariante e título de herdeiros; a avaliação dos bens que constituíram o quinhão de cada herdeiro; a folha de pagamento com a individualização dos bens de cada uma das partes; a comprovação do pagamento dos impostos e, finalmente, a sentença que julgou a partilha, tudo em conformidade com o art. 655 do Código de Processo Civil.

A lei permite a substituição do formal de partilha por certidão do pagamento do quinhão hereditário quando este não exceder cinco vezes o salário-mínimo vigente na sede do juízo (CPC, art. 655, parágrafo único). Nessa situação constará da certidão a sentença de partilha com a notícia do seu trânsito em julgado.

2.645. arrolamento

O inventário poderá ser processado diferente da sua forma tradicional, prevendo a lei duas outras modalidades denominadas de arrolamento.

A primeira, prevista no art. 659 do CPC, denominada de arrolamento sumário, depende necessariamente da concordância expressa de todas as partes, que deverão ser capazes, inclusive do cônjuge meeiro ou da(o) companheira(o), que deverão apresentar o esboço de partilha amigável juntamente com os demais documentos exigidos. Existindo herdeiro único, bastará o pedido de adjudicação. A natureza desse procedimento é de jurisdição voluntária, cabendo ao juiz, tão somente, após verificar o enquadramento da hipótese na lei, proferir sentença homologatória, ou seja, o magistrado conferirá força judicial à manifestação de vontade externada pelas partes, nada lhe acrescentando de novo.

A segunda espécie de arrolamento é aquela prevista no art. 664 do Código de Processo Civil, denominada pela doutrina de arrolamento comum, sendo tal procedimento obrigatório sempre que o valor dos bens do espólio for igual ou inferior a 1.000 salários-mínimos, e pressupõe, logicamente, que não haja consenso expresso de todas as partes capazes, pois, se tal ocorresse, o arrolamento se enquadraria na primeira espécie anteriormente examinada. Incidirá também o arrolamento comum quando uma das partes for incapaz. Esse tipo de arrolamento tem natureza de jurisdição contenciosa, podendo o juiz julgar a partilha da forma que entenda mais adequada ao caso concreto.

Importante consignar que mesmo no caso de sucessão testamentária caberá o arrolamento, sem prejuízo do prévio registro do testamento, na forma dos arts. 735 a 737 do Código de Processo Civil.

2.645.1 possibilidade de conversão do inventário em arrolamento sumário

Em princípio, é perfeitamente possível converter o inventário em arrolamento sumário, desde que, evidentemente, preenchidos os requisitos legais. Tal situação pode ocorrer, inclusive, caso um dos herdeiros, inicialmente incapaz, tenha no curso do inventário adquirido a capacidade plena, seja pelo implemento da idade, emancipação ou qualquer outra causa legal.

Todavia, tal conversão somente poderá se dar enquanto o cálculo não tiver sido julgado por sentença, pois caso isso ocorra as partes não poderão dispor da coisa julgada material que se formou, inclusive no interesse da própria Fazenda Pública. Aqui, o imposto de transmissão deverá ser necessariamente recolhido antes da partilha. Nessa hipótese não há por que convolar o procedimento, pois, no procedimento tradicional do inventário, só restará a própria partilha que poderá ser apresentada por todos os herdeiros, caso queiram.

Já a conversão do arrolamento sumário em inventário somente poderá ocorrer com a concordância de todas as partes que celebraram a partilha amigável, ou caso ocorra algum óbice que impeça o preenchimento dos pressupostos relativos ao procedimento do arrolamento, como a previsão na petição inicial do arrolamento da necessidade de avaliação dos bens, ou mesmo a falta de consenso dos herdeiros com relação à indicação posterior de bens suficientes para pagamento de eventual credor.

2.645.2 arrolamento comum – cabimento e procedimento

O inventário observará obrigatoriamente o procedimento previsto para o arrolamento comum sempre que o valor dos bens do espólio for igual ou inferior a 1.000 salários-mínimos, independentemente da capacidade das partes e de estarem elas de acordo com a partilha proposta pelo inventariante, conforme determinado o art. 664, *caput*, do CPC.

Trata-se de procedimento de jurisdição contenciosa, no qual o juiz dirimirá as questões duvidosas, salvo aquelas relativas ao cálculo do imposto, julgando por sentença a partilha.

Antes de tudo, deverá o administrador provisório, se houver, ou qualquer das pessoas indicadas no art. 616 do Código de Processo Civil, apresentar junto ao juízo competente requerimento para a abertura de inventário, com pedido de nomeação do inventariante.

A nomeação do inventariante, diferentemente do que ocorre no arrolamento sumário, deverá obedecer à ordem prevista no art. 617 do Código de Processo Civil, aplicando-se aqui as mesmas regras e princípios previstos para o procedimento tradicional do inventário.

O inventariante nomeado está dispensado da assinatura do termo de inventariança e deverá apresentar, desde logo, as primeiras declarações com a atribuição do valor dos bens do espólio e o plano de partilha. Nada impede que o inventariante requeira, nesse momento, alvará para a venda de bem de difícil divisão, aplicando-se aqui as regras previstas no art. 619, por força da autorização concedida pelo art. 667, ambos do Código de Processo Civil.

Em seguida, o juiz determinará a citação das partes para no prazo de 15 dias reclamar contra a nomeação do inventariante; arguir erros ou omissões constantes das declarações, especialmente os valores atribuídos aos bens; contestar a qualidade de quem foi incluído como herdeiro ou credor; solicitar a colação de bens; impugnar o plano de partilha. Enfim, cabe aqui discutir todas as questões duvidosas que decorram do inventário e da partilha, salvo aquelas que digam respeito ao cálculo do imposto.

Após o pronunciamento das partes e ouvido o Ministério Público, se houver interesses de incapazes ou testamento, o juiz, havendo discordância quanto aos valores atribuídos aos bens, nomeará um avaliador para que apresente laudo, em 10 dias (CPC, art. 664, § 1º). Poderá, também, o juiz, se necessário para formar seu convencimento sobre outras questões porventura levantadas, determinar a oitiva das outras partes diretamente interessadas.

Concluída a avaliação, se for o caso, ou havendo outro tipo de impugnação, o juiz marcará necessariamente audiência para decidir as questões controvertidas que a lei lhe autoriza, julgando, neste momento, a partilha (CPC, art. 664, § 2º), salvo se não estiver comprovada nos autos a quitação dos tributos relativos aos bens do espólio ou de suas rendas, conforme o art. 664, § 5º, do CPC.

Se o valor da avaliação superar o limite máximo previsto para a utilização do procedimento de arrolamento comum, o juiz não designará audiência e determinará, imediatamente, a conversão desse procedimento no tradicional, comum, do inventário, cabendo a qualquer das partes ou ao Ministério Público, se estiver oficiando, apresentar recurso de agravo de instrumento em face desta decisão de natureza interlocutória (CPC, art. 1.015, parágrafo único).

O legislador entendeu que a sede para decidir as questões duvidosas e a deliberação sobre o plano de partilha seria a da audiência, até porque sempre, em tese, será possível a conciliação.

Não cabe no procedimento de arrolamento comum, a exemplo do procedimento de arrolamento sumário, qualquer discussão sobre o lançamento, o pagamento e a quitação da taxa judiciária e do imposto sobre a transmissão da propriedade dos bens do espólio.

CAPÍTULO CLXXVIII – ***OPOSIÇÃO***

CLARISSE FRECHIANI LARA LEITE

2.646. conceito – 2.647. histórico do instituto no sistema brasileiro – a oposição interventiva e a oposição autônoma – 2.648. intervenção de terceiro em sentido amplo, veiculada mediante processo incidente – 2.649. demanda de terceiro veiculada espontaneamente mediante exercício de direito de ação – 2.650. direitos e pretensões em jogo: a incompatibilidade como requisito para a oposição – 2.651. processo de conhecimento *inter alios* pendente em primeiro grau de jurisdição – 2.652. competência absoluta do juízo de origem – 2.653. litisconsórcio passivo necessário (e, em parte, unitário) entre autor e réu do processo de origem – 2.654. facultatividade da via especial da oposição: riscos e benefícios a serem avaliados pelo terceiro – 2.655. facultatividade da oposição e não formação do litisconsórcio necessário – 2.656. especificidades do procedimento especial da oposição – 2.657. propositura da demanda e distribuição por dependência – 2.658. citação dos opostos na pessoa dos representantes e apresentação de defesa – 2.659. princípio da aquisição e mitigação dos efeitos da revelia – 2.660. instrução probatória conjunta para formação de juízo fático único – 2.661. excepcional suspensão do processo de origem para aguardar a instrução em separado da oposição – 2.662. reconhecimento unilateral do pedido por algum dos opostos – 2.663. julgamento conjunto – 2.664. relação de antecedência entre pretensões: prejudicialidade – 2.665. recorribilidade – 2.666. limites da devolução recursal – 2.667. limites subjetivos da eficácia e da estabilidade das decisões – 2.668. confronto com os embargos de terceiro.

2.646. conceito

Oposição[1] é a demanda, regida por procedimento especial, "mediante a qual terceiro deduz em juízo pretensão incompatível com os interesses conflitantes

---

1. Encartado no Capítulo II da última edição de seu *Intervenção de terceiros* (5ª ed., São Paulo, Malheiros Editores, 2009, nn. 14-71, pp. 40-146), o estudo de Cândido Rangel Dinamarco sobre a *oposição* baseou-se na pesquisa e no plano da aula ministrada no Salão Nobre da Faculdade de Direito do Largo de S. Francisco, em 19.6.1986, como etapa do concurso mediante o qual Dinamarco obteve a cátedra de Professor Titular em Direito Processual perante aquela Instituição. A qualidade, a grandeza e o valor simbólico de que se reveste tal trabalho na carreira do Professor são, de um lado, prova de sua

de autor e réu em processo cognitivo pendente",[2] ensejando o julgamento das pretensões incompatíveis pelo mesmo juízo, normalmente de modo conjunto.

O exemplo mais corriqueiro de sua utilização é o da oposição oferecida diante de demanda reivindicatória movida pelo autor em face do réu, mediante a qual o opoente, em vez de aguardar a solução do primeiro litígio para só então agir em face do vencedor, pretende desde logo obter para si o bem em disputa.

No conceito acima encontram-se todos os elementos atualmente caracterizadores do instituto: a) oposição é demanda de terceiro, veiculada espontaneamente mediante exercício de seu direito de ação; b) a pretensão que consubstancia a oposição é incompatível com outra pretensão veiculada em processo *inter alios* e, ao mesmo tempo, com a posição do réu em face daquela pretensão originária; c) por isso, a oposição dirige-se tanto contra o autor como contra o réu do processo de origem, requerendo a formação de litisconsórcio necessário em seu polo passivo; d) para ser tratada de forma especial, a demanda do terceiro deve ser proposta enquanto *já* e *ainda* pendente a demanda de origem, em primeiro grau de jurisdição – ou seja, após a propositura da demanda e antes da prolação da sentença; e) entre as características distintivas do procedimento especial destinado à oposição está a maior propensão ao julgamento conjunto de ambas as demandas, atribuindo-se anterioridade lógica à solução da demanda do terceiro.[3]

Ao mesmo tempo, o conceito mantém-se alheio à discussão sobre ser oposição – em uma de suas possíveis configurações – espécie de *intervenção de terceiros*.

No Código de Processo Civil de 1973 era entre as intervenções que a oposição vinha tratada. No diploma em vigor encontra-se disciplinada entre os procedimentos especiais de jurisdição contenciosa. Tanto antes como agora, segue sendo a "topologia legislativa" critério insuficiente para a definição da natureza do instituto.

A solução de tal questão conceitual, para além de satisfazer curiosidades históricas quanto à identificação das feições do instituto brasileiro com o mo-

---

enorme generosidade ao convidar esta discípula a retomar o tema da *oposição* no vol. VI de suas *Instituições* e, de outro, motivo de grande honra, alegria e responsabilidade por parte de quem escreve. Mais uma vez, obrigada, Professor!

2. É a sucinta fórmula de Cândido Rangel Dinamarco (*Intervenção de terceiros*, n. 14, p. 40).

3. No sistema anterior Cândido Rangel Dinamarco também iniciou seu estudo sobre oposição partindo do conceito e demonstrando as características essenciais do instituto nele abarcadas (ob. cit., n. 14, pp. 40-41).

delo de origem germânica ou romana,[4] tem repercussões práticas relevantes – especialmente quanto à disciplina recursal. Por isso, será examinada adiante.

2.647. histórico do instituto no sistema brasileiro – a oposição interventiva e a oposição autônoma

No Código de Processo Civil de 1939[5] a oposição estava regulada entre as modalidades de intervenção de terceiro, dispondo o art. 102 que o terceiro que se julgasse "com direito, no todo ou em parte, ao objeto da causa" poderia "intervir no processo para excluir[6] autor e réu".

Já àquela época vigiam as regras de que: (i) a oposição correria "nos autos da ação, quando proposta antes da audiência de instrução e julgamento" (CPC-39, art. 103, § 1º); (ii) quando corresse em autos apartados – porque, entende-se,[7] apresentada depois de tal marco –, o processo da oposição poderia ser reunido com o processo de origem, a requerimento das partes, "sem prejuízo do andamento da causa" (CPC-39, art. 102, § 2º); e (iii) demanda de origem e oposição seriam "julgadas na mesma sentença" (CPC-39, art. 105). Não havia norma expressa, contudo, quanto ao momento final para a apresentação da oposição – o que veio a ser disciplinado no diploma subsequente.

---

4. Associa-se a origem da oposição aos juízos universais perante a assembleia dos homens livres, do antigo direito lombardo. Como tais juízos eram aptos a alcançar a todos (ou, em período posterior, aos que tivessem conhecimento do litígio), impunha-se a possibilidade de participação daqueles que pretendessem defender direito próprio (manifestando-se como parte do juízo universal ou, no segundo período, intervindo propriamente como terceiro em processo *inter alios*). Após sua introdução no direito comum italiano, inicialmente com os traços da figura germânica, o instituto foi redesenhado por influência da Rota romana e do direito gaulês, adquirindo os contornos de um processo em separado (e não de uma intervenção no processo, *stricto sensu*). Atualmente, enquanto no sistema alemão a oposição é ordinariamente tratada como um novo processo, na Itália prevalece sua disciplina como modalidade de intervenção de terceiro (cf.: Giuseppe Chiovenda, *Principii di diritto processuale civile*, reimpr., Nápoles, Jovene Editore, 1965, § 89, p. 1.103, e *Instituições de direito processual civil*, 3ª ed., vol. 2, trad. da 2ª ed. italiana de J. Guimarães Menegale, São Paulo, Saraiva, 1969, n. 218, p. 241; Cândido Rangel Dinamarco, ob. cit., n. 16, pp. 47-48).
5. Heitor Vitor Mendonça Sica demonstra que os principais traços do instituto disciplinado no CPC-39 remontam ao direito português reinol, em especial às Ordenações Filipinas, e também estiveram presentes nas produções legislativas brasileiras anteriores à edição daquele primeiro Código nacional (*Comentários ao Código de Processo Civil*, vol. X – arts. 674 a 718, São Paulo, Thomson Reuters Brasil, 2018, pp. 70-71).
6. Como observou Cândido Rangel Dinamarco, não se excluíam as partes do processo, mas a possibilidade de acolhimento de suas pretensões (ob. cit., n. 41, p. 91).
7. Cândido Rangel Dinamarco registra, contudo, que a interpretação do dispositivo era controvertida (ob. cit., n. 18, p. 51).

No Código de Processo Civil de 1973 a oposição permaneceu tratada entre as espécies de intervenção de terceiros, estabelecendo o art. 56 que ela poderia ser apresentada "até ser proferida a sentença".

Ao mesmo tempo, mantiveram-se os procedimentos diversos para a oposição oferecida antes ou depois do início da audiência de instrução. Na primeira hipótese, dispunha o art. 59 que a oposição seria "apensada aos autos principais" e correria "simultaneamente com a ação, sendo ambas julgadas pela mesma sentença". Já quando "oferecida depois de iniciada a audiência", dispunha o art. 60 que a oposição seguiria "o procedimento ordinário, sendo julgada sem prejuízo da causa principal", podendo "o juiz, todavia, sobrestar no andamento do processo, por prazo nunca superior a 90 (noventa) dias, a fim de julgá-la conjuntamente com a oposição".

Nesse cenário, Cândido Rangel Dinamarco, em um dos trabalhos monográficos de maior fôlego sobre o tema à luz do Código anterior, sustentava a dúplice configuração da oposição no ordenamento brasileiro.[8] De um lado, a *oposição interventiva*, apresentada antes de iniciada a audiência, constituiria verdadeira modalidade de *intervenção de terceiros*, mediante a qual sujeito estranho à relação processual formularia demanda própria no curso do mesmo processo (*incidente do processo*), a ser julgada necessariamente em conjunto com a demanda de origem. De outro, a *oposição autônoma*, proposta após o início da audiência, ensejaria a formação de novo processo (sem verdadeira intervenção, portanto), apto a ser eventualmente julgado com o processo de origem e a produzir efeitos sobre ele (*processo incidente*).[9]

Ao defender a dúplice configuração do instituto, Dinamarco repudiava tanto (i) o entendimento que, à luz do Código de Processo Civil de 1973, tratava indistintamente a oposição como hipótese de intervenção de terceiro, sem destacar

---

8. Tal dúplice configuração, amalgamando o instituto de origem germânica, vigente na Itália, e aquele de origem italiana medieval, acolhido na Alemanha, atribuía, segundo Dinamarco, contornos próprios à oposição vigente no ordenamento brasileiro, diferenciando-a de institutos semelhantes presentes nos demais sistemas (ob. cit., nn. 18 e 19, pp. 51 e 53). A posição de Dinamarco quanto à configuração do sistema da oposição de 1973 foi acatada por grande parte da doutrina (p.ex.: José Roberto dos Santos Bedaque, in Antonio Carlos Marcato (coord.), *Código de Processo Civil interpretado*, 2ª ed., São Paulo, Atlas, 2005, comentário aos arts. 56-61, pp. 164-172, esp. comentários aos arts. 59 e 60, pp. 169-171; e Felipe Scripes Wladeck, "A oposição no CPC/2015", in Eduardo Talamini, Heitor Vitor Mendonça Sica, Lia Carolina Batista Cintra e Elie Pierre Eid (coords.), *Partes e terceiros no processo civil*, Salvador, Juspodivm, 2020, pp. 671-699, esp. p. 673). Também Athos Gusmão Carneiro sustentava a dúplice configuração do instituto, sem se valer contudo da denominação "autônoma" e "interventiva" (*Intervenção de terceiros*, 18ª ed., São Paulo, Saraiva, 2009, Cap. XIV, nn. 34-35, pp. 91-92).
9. Dinamarco, ob. cit., n. 18, pp. 52-53.

a peculiaridade da oposição autônoma, como (ii) aquela que negava *tout court* a natureza interventiva ao instituto, por se pautar no conceito *substancial* de parte, a partir do qual não seria terceiro aquele que intervém como titular da ação ou situação de direito material.[10]

Ao lado dessas duas modalidades havia ainda a possibilidade de o terceiro propor demanda autônoma, não sujeita à disciplina da oposição, especialmente quando deduzida após a sentença.[11]

Naquele sistema as decisões relativas à admissibilidade do julgamento de mérito e ao próprio julgamento de mérito quanto a apenas uma das demandas (ou quanto à demanda de origem ou quanto à oposição) seriam, no caso de oposição interventiva, impugnáveis por agravo de instrumento, por não conformarem ato de extinção do processo (CPC-73, arts. 162, § 2º, e 522). Já na hipótese de oposição autônoma as decisões que decretassem a inadmissibilidade do julgamento de mérito ou decidissem o mérito de qualquer das duas demandas seriam sentenças, por ensejarem a extinção dos respectivos processos (CPC-73, arts. 162, § 1º, e 512).

Durante os debates legislativos que antecederam a edição do Código de Processo Civil de 2015 chegou a ser proposta a supressão da disciplina específica da oposição, afirmando-se que as correspondentes situações substanciais (terceiros dotados de interesse incompatível) poderiam ser reguladas pelas normas gerais das relações entre demandas.[12] Acabou prevalecendo a manutenção do instituto no sistema do Código, transportado contudo para o título dos procedimentos especiais,[13] ao lado dos embargos de terceiro – e não mais entre as intervenções.

Além da modificação "topológica", a disciplina do instituto sofreu alterações relativas ao procedimento a ser adotado para a oposição oferecida antes da audiência e para a apresentada depois desse marco. O *caput* do art.

---

10. Cândido Rangel Dinamarco, ob. cit., nota 4, pp. 42-43. No sentido de que a oposição *nunca* constituiria "verdadeira" modalidade de intervenção de terceiros: Celso Agrícola Barbi, *Comentários ao Código de Processo Civil*, 13ª ed., vol. I, Rio de Janeiro, Forense, 2008, n. 347, p. 233.

11. Cândido Rangel Dinamarco, ob. cit., n. 18, pp. 52-53.

12. Tal qual ocorrido no direito espanhol, conforme observação de Heitor Vitor Mendonça Sica (ob. cit., p. 74).

13. O Anteprojeto de Código de Processo Civil elaborado pela comissão de juristas do Senado não previa a oposição, mas o Projeto da Câmara inseriu sua disciplina entre os procedimentos especiais (para, de acordo com o Relatório do deputado Paulo Teixeira, conferir "coerência ao sistema") (cf. Heitor Vitor Mendonça Sica, ob. cit., p. 74; Cassio Scarpinella Bueno (coord.), *Comentários ao Código de Processo Civil*, 1ª ed., 2ª tir., vol. 3, São Paulo, Saraiva, 2017, comentários aos art. 682-686, pp. 309-324, esp. comentário ao art. 682, p. 310; Felipe Scripes Wladeck, ob. cit., p. 673).

685 trata do que antes se compreendia como *oposição interventiva*, dispondo que "a oposição será apensada aos autos e tramitará simultaneamente à ação originária, sendo ambas julgadas pela mesma sentença". E no parágrafo único desse art. 685 disciplina-se agora a hipótese de oposição oferecida após o início da audiência (*oposição autônoma*, no sistema anterior), com hermética nova redação: "O juiz suspenderá o curso do processo ao fim da produção das provas, salvo se concluir que a unidade da instrução atende melhor ao princípio da duração razoável do processo".

2.648. intervenção de terceiro em sentido amplo, veiculada mediante processo incidente

A despeito da pouca clareza do legislador de 2015, pode-se afirmar que a oposição, tratada agora como procedimento especial, *constitui inicialmente um processo incidente e não "mero" incidente processual no processo já em curso.*[14]

De acordo com Cândido Rangel Dinamarco, (i) *processo incidente* consiste em "processo novo, nova relação processual, que se instaura em razão de um outro já pendente e destinado a exercer alguma influência sobre ele".[15] Diversamente, os (ii) *incidentes processuais* caracterizam-se como "desvios procedimentais do procedimento principal, que se situam à margem de sua caminhada linear em direção ao provimento final pedido na demanda inicial do processo",[16] diferenciando-se dos *processos incidentes* por não terem a autonomia destes como relação processual, mas fazendo parte do processo em que são suscitados e sendo julgados por decisão interlocutória, e não por sentença.[17]

Admitindo-se, com Cândido Rangel Dinamarco, que intervenção de terceiros é o ingresso de um sujeito, como parte, em processo já pendente *inter alios*,[18] impõe-se reconhecer que a oposição deixou de integrar as modalidades de intervenção de terceiros *em sentido estrito*, por dar agora origem sempre a um processo incidente.[19] Propõe-se, inclusive, o abandono dos termos

---

14. Registra-se a posição aparentemente diversa de Heitor Vitor Mendonça Sica (ob. cit., comentários ao art. 682, pp. 76-79 e nota 36), para quem é eventual o *desmembramento* da oposição em relação ao processo de origem (ob. cit., nota 36, p. 76).

15. Dinamarco, *Instituições de direito processual civil*, 7ª ed., vol. II, São Paulo, Malheiros Editores, 2017, n. 746, p. 543.

16. Dinamarco, *Instituições de direito processual civil*, cit., n. 746, p. 542.

17. Dinamarco, *Instituições de direito processual civil*, cit., n. 746, p. 544.

18. Dinamarco, *Intervenção de terceiros*, cit., n. 50, p. 106. De acordo com Athos Gusmão Carneiro, "pela intervenção, o terceiro torna-se parte (ou coadjuvante da parte) no processo pendente" (ob. cit., n. 23.3, p. 70).

19. Nesse sentido: Cândido Rangel Dinamarco, *Instituições de direito processual civil*, cit., n. 602, p. 431; Eduardo Talamini e Luiz Rodrigues Wambier, *Curso avançado de processo*

interventiva e *autônoma*, que, com base no critério de haver ou não intervenção de terceiros, indicavam as duas modalidades de oposição.[20]

Para os que entendem que já no sistema anterior a oposição (mesmo *interventiva*) não constituía verdadeira intervenção de terceiros teria havido simples adequação da disciplina legislativa com a migração do instituto para o título dos procedimentos especiais.[21]

Em *sentido amplo*, contudo, permanece legítimo vislumbrar a oposição – anterior ou posterior ao início da audiência – como hipótese de intervenção de terceiros no *litígio* (*lato sensu*) alheio, seja em virtude dos efeitos que os processos assim relacionados projetam um sobre o outro, seja em razão de seu natural encaminhamento para a reunião em processo único, instruindo-se e julgando-se conjuntamente as demandas.[22]

A própria adjetivação de um processo como "incidente" justifica-se justamente em virtude da aptidão de seus atos a projetar efeitos sobre os de outro processo.[23]

Daí nunca terem sido reputados critérios de distinção entre *processos incidentes* e *incidentes processuais* regras como a da competência para julgamento de

civil – Procedimentos especiais e juizados especiais, 16ª ed. (reformada e ampliada de acordo com o novo CPC), vol. 4, São Paulo, Thomson Reuters Brasil/RT, 2018, Cap. 8, p. 164.

20. Felipe Scripes Wladeck, ob. cit., p. 673; Marcelo Pacheco Machado, *Comentários ao Código de Processo Civil*, 1ª ed., 2ª tir., vol. XIII ("Dos Embargos de Terceiro até a Restauração de Autos"), São Paulo, Saraiva, 2017 (2018), comentários aos arts. 682-686, pp. 119-144, esp. n. 67, p. 125 (que propõe, em substituição, os termos "oposição cediça" e "oposição tardia").

21. Ricardo de Carvalho Aprigliano, in Teresa Arruda Alvim *et al.* (coords.), *Breves comentários ao novo Código de Processo Civil*, 3ª ed., São Paulo: RT-Thomson Reuters, 2016, comentários aos arts. 682-686, pp. 1.763-1.771, esp. comentários ao art. 682, p. 1.764. Entre tais autores diverge-se contudo entre ter sido extinta (conforme sustentado por Rodrigo Otávio Barioni, in José Rogério Cruz e Tucci *et al.* (coords.), *Código de Processo Civil anotado*, AASP/OAB-PR, 2017, disponível em *https://aaspsite.blob.core.windows.net/aaspsite/2021/12/CPC_anotado-final.pdf*, comentários aos arts. 682-686, pp. 1.113-1.122, esp. comentários aos arts. 683 e 685, pp. 1.113 e 1.119) ou mantida (consoante Antonio Carlos Marcato, *Procedimentos especiais*, 18ª ed., São Paulo, Atlas, 2021, nn. 177-178, pp. 189-190) a distinção procedimental justificadora do uso das duas já consagradas locuções – interventiva e autônoma – para diferenciar a oposição anterior à audiência e a posterior a seu início.

22. Admitem que a oposição segue compreendida como modalidade de intervenção de terceiros: Araken de Assis, *Processo civil brasileiro*, 2ª ed., vol. II, t. I, São Paulo, Ed. RT, 2016, n. 762.2, p. 596; Cassio Scarpinella Bueno, ob. cit., comentários ao art. 686, p. 316; Heitor Vitor Mendonça Sica, ob. cit., comentários ao art. 682, pp. 76-79 e nota 36.

23. Cândido Rangel Dinamarco, *Instituições de direito processual civil*, cit., n. 746, p. 543.

cada "módulo processual", a da tramitação nos mesmos autos ou em autos apartados e a da possibilidade de suspensão dos atos praticados em um dos módulos processuais – as quais podem se aplicar indistintamente às duas figuras. Ao mesmo tempo em que os *incidentes* de arguição de suspeição ou impedimento do juiz e de julgamento das demandas repetitivas não são da competência do mesmo órgão competente para o processo (CPC, arts. 146, § 1º, e 978),[24] o *incidente* de desconsideração da personalidade jurídica e o *processo* dos embargos de terceiro o são (CPC, arts. 134, 136 e 676). Do mesmo modo, a suspensão do processo (ou de alguns de seus atos) poderá decorrer tanto da oposição de embargos de terceiro (CPC, art. 678) e do reconhecimento da existência de prejudicialidade externa (CPC, art. 313, inc. V, *a*) (situações nas quais há "verdadeiros processos") como da tramitação do *incidente* de suspeição (CPC, art. 146, § 2º, inc. II) ou do *incidente* de desconsideração da personalidade jurídica (CPC, art. 134, § 3º). Também a autuação em apartado é inapta a distinguir as duas figuras, pois a liquidação, p.ex., é fase do mesmo processo que pode ensejar autuação em apartado (CPC, art. 509, § 1º).

Assim, mesmo quando no sistema anterior se negava à oposição autônoma a natureza de intervenção de terceiros (*stricto sensu*), também a ela se atribuía a propriedade de interferir na *definição do ônus probatório* e na *formação da convicção* concernentes à demanda de origem, sempre que fosse o caso de promover o julgamento conjunto das duas pretensões.[25]

Também se reconhecia que, após a reunião da oposição autônoma e da demanda de origem para julgamento conjunto, os três sujeitos – autor, réu e opoente – passavam a ser "partes de um processo só".[26] Ou seja, conquanto se afirmasse a dupla natureza da oposição, compreendia-se que, a partir da reunião das demandas para prolação de sentença única, passaria a haver um único processo[27] – tornando-se irrelevante a origem interventiva ou autônoma.[28]

---

24. Cândido Rangel Dinamarco, *Instituições de direito processual civil*, cit., n. 746, p. 545.

25. "Devendo julgar numa só sentença e mediante só uma convicção as diversas demandas contidas nesse processo, é dever do juiz levar em conta todas as afirmações, negações e provas – em suma, toda a conduta ativa de todos os litigantes – e daí extrair critérios coerentes e não conflitantes para todos esses julgamentos" (Cândido Rangel Dinamarco, *Intervenção de terceiros*, cit., n. 56, pp. 116-117 e 118-119).

26. Dinamarco, *Intervenção de terceiros*, cit., n. 18, p. 53.

27. Eduardo Talamini e Luiz Rodrigues Wambier entendem que a demanda de origem e a oposição compartilham o mesmo *procedimento*, tramitam simultaneamente e são decididas por sentença formalmente una (embora estruturalmente haja "duas sentenças que decidem duas lides") (ob. cit., p. 164).

28. Na *ZPO* alemã (§§ 64 e 65) é mais fácil defender a existência de dois processos distintos, na medida em que a oposição pode ser proposta mesmo quando a demanda de origem esteja tramitando em grau recursal. Mas também naquele sistema se nota a projeção de efeitos entre os dois procedimentos, especialmente em virtude de regras quanto à (a)

A distinção também não exibia relevo no tratamento que se atribuía aos limites subjetivos da *coisa julgada* em processo com oposição à luz do Código de Processo Civil de 1973. Mas nesse tema, ao contrário, prevalecia a autonomia de cada demanda sobre a unidade do litígio, ainda quando fosse *interventiva* a modalidade de oposição. Em ambas as hipóteses Cândido Rangel Dinamarco sustentava que cada litigante só ficaria alcançado pela coisa julgada quanto à decisão da *demanda em que fosse parte*: os três quanto à oposição; apenas autor e réu quanto à demanda de origem.[29] Dessa perspectiva, seria irrelevante a ideia de que o opoente interventivo se tornaria parte no mesmo processo, e o autônomo, não. Em ambos os casos os limites subjetivos dos vínculos produzidos pelas decisões seriam os mesmos – o que será criticamente analisado adiante.

Como nessas questões não se mostrava definitiva a classificação da oposição como interventiva ou autônoma, a modificação legislativa não traz grandes impactos na disciplina do instituto.

A questão mais aguda é a da definição do recurso cabível contra a decisão que rejeita a oposição, enquanto o processo de origem prossegue. Em nosso sistema, estruturado sobre a conceituação "topológica" dos atos decisórios – conforme se insiram ao final ou no curso da fase de conhecimento de um processo autônomo – bem como sobre a definição do recurso cabível contra decisões de primeiro grau com base nesse conceito (CPC, arts. 203, §§ 1º e 2º, 1.009 e 1.015, inc. IX), é preciso saber se a oposição representa um incidente processual mediante o qual terceiro intervém no mesmo processo ou se enseja a formação de processo incidente, para poder optar pelo recurso adequado contra a decisão que põe fim à oposição, sem extinguir o processo quanto à demanda de origem. Essa questão será examinada mais adiante.

Em conclusão, no sistema processual em vigor a oposição não mais se reputa *intervenção de terceiros em sentido estrito*, mediante a qual o terceiro desde logo ingressa em processo *inter alios*, ampliando seu objeto e adquirindo a condição de parte nesse processo originário. Trata-se agora, inicialmente, de *processo incidente*, regido por procedimento especial, no qual veiculada a demanda incompatível com aquela entre as partes do *outro processo*.

Mesmo assim, segue havendo interferência entre os atos praticados nos dois processos e, mais do que isso, tendência à unificação dos dois módulos em um processo único, a partir da reunião para instrução e prolação de decisão conjunta.

---

competência funcional do juízo da demanda de origem para a oposição, (b) eventual suspensão do processo e (c) possível reunião de demandas (§ 147).

29. Dinamarco, *Intervenção de terceiros*, cit., n. 62, pp. 130-131.

Por isso, de uma perspectiva ampla, é possível vislumbrar a oposição como intervenção de terceiro *lato sensu*, mediante a qual o opoente *interfere no litígio inter alios*,[30] *participando da construção do provimento judicial apto a projetar efeitos práticos ou jurídicos sobre sua esfera de interesses.*

2.649. demanda de terceiro veiculada espontaneamente mediante exercício de direito de ação

Independentemente da unidade ou dualidade de processos, a oposição representa sempre uma nova demanda proposta contra o autor e o réu de um processo em que o mesmo bem da vida pretendido pelo opoente já é objeto de discussão.

Ao apresentar a demanda em juízo, presentes a legitimidade e o interesse, o opoente exerce verdadeiro direito de ação. Por isso, a oposição enseja o desenvolvimento de todas as fases do processo – postulatória, saneadora, instrutória e decisória –, marcadas pelas regras próprias que conformam a especialidade de seu procedimento.

Ao final, preenchidos todos os requisitos de admissibilidade do julgamento de mérito, o provimento emanado quanto à pretensão albergada na oposição projetará efeitos substanciais sobre a vida dos sujeitos envolvidos no litígio (eficácia imperativa), se necessário mediante cumprimento forçado. E o comando nele contido ficará alcançado pela estabilidade própria da coisa julgada material, mantendo-se imune a questionamentos posteriores.

2.650. direitos e pretensões em jogo: a incompatibilidade como requisito para a oposição

Constitui traço característico da oposição – e, pois, requisito de admissibilidade de seu procedimento especial – a *incompatibilidade* da pretensão do opoente tanto com a pretensão do autor quanto com a resistência do réu. Fala-se também que o interesse do opoente é *excludente* do interesse daqueles dois sujeitos.[31]

---

30. A partir de noção igualmente ampla de intervenção de terceiros, Cassio Scarpinella Bueno afirma que também os embargos de terceiro constituem modalidade de intervenção (*Curso sistematizado de direito processual civil*, 9ª ed., vol. 1, São Paulo, Saraiva, 2018, p. 524).

31. A locução "interesse excludente" é sinônima de "interesse incompatível" e, portanto, pode ser legitimamente utilizada. Equivocada era, contudo, a afirmação no art. 102 do Código de Processo Civil de 1939 de que o opoente poderia intervir para *excluir autor e réu* do processo (v. nota 6, *supra*, e texto correspondente).

Embora o réu não precise ter contestado para configurar a resistência,[32] é necessário que a pretensão do opoente também se dirija *contra a posição do demandado* em face da pretensão do autor. Caso o terceiro pretenda opor-se ao autor, apoiando a posição do demandado ou a ela aderindo, estar-se-á diante de outras figuras, como a assistência, a intervenção litisconsorcial voluntária ou a integração de litisconsorte passivo necessário (p.ex., o coproprietário juntando-se ao réu na defesa contra o possuidor que pretende usucapir o bem).[33]

Daí afirmar-se que a oposição constitui demanda *bifronte*, no sentido de dirigir-se *contra o autor* e *contra o réu* do processo de origem, veiculando pedidos cumulados em face de tais sujeitos.[34]

A depender dos contornos do litígio e dos interesses em jogo, variará a natureza desses pedidos. Estando com o réu o bem pretendido por autor e opoente, a oposição veiculará pedidos declaratórios em face do autor e do réu originários e pedido condenatório em face deste último. Mas é possível que o bem esteja com o autor e que a demanda originária tenha natureza meramente declaratória em face do réu, vindo então o opoente a formular, além do pedido declaratório em face de ambos, pedido condenatório em face do autor. Muitos outros arranjos são possíveis, inclusive aquele em que não haja pedido condenatório formulado na oposição.[35]

As pretensões conflitantes devem abarcar o mesmo bem da vida ou objeto mediato – "a coisa ou o direito" pretendidos –, independentemente de sua natureza real ou obrigacional.[36] Podem ensejar o oferecimento de oposição

---

32. No mesmo sentido Celso Agrícola Barbi (ob. cit., n. 350, p. 234) e Rodrigo Barioni (ob. cit., art. 682, p. 1.114). Sem chegar a exigir a contestação, Eduardo Talamini e Luiz Rodrigues Wambier afirmam todavia que a pretensão do opoente deve ser incompatível com a pretensão do autor e com a defesa do réu (ob. cit., p. 165).

33. Como anotado por Rodrigo Barioni, o TJSP não admitiu a oposição na hipótese em que o cessionário do adquirente do imóvel, com quem celebrado contrato não registrado, pretendia opor-se à demanda de resolução do contrato por inadimplemento, pois seu interesse seria incompatível apenas com o do autor, e não também com o do réu (TJSP, Ap. cível 258.569-2, rel. Des. Ruy Coppola, j. 18.4.1995) (Barioni, ob. cit., comentários ao art. 683, p. 1.116).

34. Cândido Rangel Dinamarco, *Intervenção de terceiros*, cit., n. 60, pp. 60-61; Antonio Carlos Marcato, ob. cit., n. 177.1, p. 190; José Roberto dos Santos Bedaque, ob. cit., comentários ao art. 56, p. 166.

35. Cândido Rangel Dinamarco, *Intervenção de terceiros*, cit., n. 60, p. 61.

36. Cândido Rangel Dinamarco, *Intervenção de terceiros*, cit., n. 21, p. 62. De acordo com Giuseppe Chiovenda, a incompatibilidade seria "mais grave" quando o autor e o terceiro se afirmam titulares da mesma relação jurídica (real ou obrigacional) e "menos grave" quando o terceiro postule do réu uma prestação idêntica, insuscetível de contemporâ-

tanto demandas reivindicatórias como demandas possessórias[37] e demandas fundadas em outros direitos pessoais,[38] inclusive direitos não patrimoniais.[39] Exemplo interessante é o da oposição apresentada pelo suposto cedente do crédito em face da demanda de cobrança movida pelo cessionário ao devedor, com fundamento na nulidade da cessão.[40]

Nossa lei admite a oposição total ou parcial, conforme a pretensão abarque parte do bem da vida pretendido na demanda de origem ou todo ele (CPC, art. 682).[41] Nada obsta também a que a oposição tenha por objeto pretensão mais ampla do que a veiculada na demanda de origem, como, p.ex., oposição com pretensão à declaração do direito de propriedade diante de demanda em que se disputa a nua-propriedade.[42]

2.651. processo de conhecimento **inter alios** *pendente em primeiro grau de jurisdição*

Para configurar-se como tal, a oposição há de referir-se ao objeto de processo (ou fase) de conhecimento *já* e *ainda* pendente em primeiro grau de jurisdição.[43] É o que se conclui quando o art. 682 estabelece ser objeto da oposição "a coisa ou o direito sobre que controvertem autor e réu", admitindo-se sua propositura "até ser proferida a sentença".

A existência de controvérsia entre autor e réu é configurada pela pendência da relação processual – o que, em sentido técnico, denomina-se *litispen-*

---

nea realização mais de uma vez, mas fundada em relações diversas (*Principii di diritto processuale civile*, cit., § 89, 1.105).

37. Mas, como reporta Rodrigo Barioni, o Superior Tribunal de Justiça não admite que a oposição tenha por objeto o direito de propriedade quando o processo originário exiba natureza possessória (STJ, 2ª Turma, AgR no REsp 1.455.320-SE, rel. Min. Humberto Martins, *DJe* 15.8.2014) (Barioni, ob. cit., comentários ao art. 682, p. 1.114).

38. Cândido Rangel Dinamarco, *Intervenção de terceiros*, cit., n. 21, p. 62; José Roberto dos Santos Bedaque, ob. cit., comentários ao art. 56, p. 164.

39. Cândido Rangel Dinamarco apresenta como exemplos (desde que haja efetiva incompatibilidade): a oposição diante de investigação de paternidade, afirmando-se o opoente pai, e a oposição diante de ação de busca-e-apreensão de incapaz, afirmando o opoente ser sua a guarda (*Intervenção de terceiros*, cit., n. 33, p. 78).

40. O exemplo é de Othmar Jauernig, *Direito processual civil*, totalmente refundida da obra criada por Friedrich Lent (*Zivilprozessrecht: ein Studienbuch*, 25ª ed., Munique, 1998), trad. De F. Silveira Ramos, Coimbra, Almedina, 2002, § 85, p. 427.

41. Cândido Rangel Dinamarco, *Intervenção de terceiros*, cit., n. 22, p. 63.

42. Cândido Rangel Dinamarco, *Intervenção de terceiros*, cit., n. 32, p. 76. Contra: Rodrigo Barioni, ob. cit., comentários ao art. 682, p. 1.114; Ricardo de Carvalho Aprigliano, ob. cit., comentários ao art. 682, p. 1.765.

43. Eduardo Talamini e Luiz Rodrigues Wambier, ob. cit., p. 165.

dência.[44] Para que essa situação se configure basta que a demanda de origem tenha sido proposta pelo autor. Não é necessário nem que o réu tenha apresentado defesa[45] nem mesmo que já tenha sido citado.[46]

Marco final do cabimento da oposição é a prolação da sentença no processo em que o direito é disputado *inter alios*. Como o procedimento especial é instituído para possibilitar o julgamento conjunto das duas demandas, não se justificaria o processamento da demanda do terceiro como oposição, caso a reunião se mostrasse desde logo inviável por estarem os processos em graus diversos de jurisdição.

A litispendência em primeiro grau de jurisdição do processo em que se controverte sobre o direito pretendido pelo opoente constitui, pois, requisito de admissibilidade da oposição em nosso sistema.[47] Antes do marco inicial da pendência do processo ou depois da prolação da sentença, será sempre admitida a demanda autônoma movida pelo terceiro para postular o bem, mas não a oposição.

É preciso, ademais, que se trate de processo ou fase de conhecimento. Em execução ou cumprimento de sentença podem ser opostos embargos de terceiro para livrar o bem de constrição ou ameaça. Mas oposição não caberá.[48]

Também se requer que os procedimentos da oposição e do processo de origem sejam compatíveis, porque serão preferencialmente conjuntas a instrução e a decisão (CPC, art. 685). Não há óbice, p.ex., a que a oposição seja apresentada em face de demanda de consignação em pagamento[49] ou mes-

44. Giuseppe Chiovenda, *Principii di diritto processuale civile*, cit., § 41, p. 625. Como requisito da oposição (*intervento principale*) fala o autor italiano em "lide vertente" ou "pendente" (ob. cit., § 89, p. 1.107).

45. Athos Gusmão Carneiro, ob. cit., n. 34, nota 1, p. 91.

46. Cândido Rangel Dinamarco, *Intervenção de terceiros*, cit., n. 36, p. 83; José Roberto dos Santos Bedaque, ob. cit., comentários ao art. 56, p. 166; Rodrigo Barioni, ob. cit., comentários ao art. 682, p. 1.115. Em sentido contrário, requerendo a prévia citação do réu para a admissibilidade da oposição: Celso Agrícola Barbi, ob. cit., n. 355, p. 235; e Marcelo Abelha, *Manual de direito processual civil*, 6ª ed., Rio de Janeiro, Forense, 2016, Cap. 9, n. 5, p. 873.

47. Cândido Rangel Dinamarco, *Intervenção de terceiros*, cit., p. 84.

48. Quanto ao não cabimento da oposição em execução e cumprimento de sentença: Athos Gusmão Carneiro, ob. cit., n. 37-A, p. 95; Rodrigo Barioni, ob. cit., comentários ao art. 682, p. 1.115. Em sentido contrário, com posição isolada, Celso Agrícola Barbi admitia a oposição em processo de execução de título extrajudicial (ob. cit., nn. 356 e 357, pp. 235 e 236).

49. Cândido Rangel Dinamarco, *Intervenção de terceiros*, cit., n. 34, pp. 78-79; Ricardo de Carvalho Aprigliano, ob. cit., comentários ao art. 682, p. 1.765.

mo diante de reconvenção.[50] Mas a sumariedade do procedimento de origem costuma ser vista como óbice à admissibilidade da oposição;[51] a jurisprudência não a admite em mandado de segurança[52] e a lei considera-a incompatível com o processo dos juizados especiais cíveis (Lei 9.099/1995, art. 10).

A Lei dos Juizados Especiais repele o cabimento de intervenções de terceiro. Mesmo não sendo a oposição uma intervenção de terceiros *em sentido estrito*, ela significa, como visto, intervenção do terceiro no litígio (conceito mais amplo do que processo), impactando fortemente o processo de origem e propiciando a futura formação de um processo único (reunião para instrução e julgamento conjunto). Por isso, deve-se seguir compreendendo que a oposição está abarcada na vedação imposta pelo art. 10 da Lei 9.099/1995, o que não impede que terceiro proponha a sua demanda perante o juizado especial, se atendidos os requisitos legais. Apenas não se tratará de oposição.[53]

2.652. competência absoluta do juízo de origem

Porque o objetivo da oposição é viabilizar o julgamento conjunto das pretensões incompatíveis, sendo um de seus diferenciais procedimentais a competência funcional do juízo do processo de origem, a *admissibilidade* da oposição exige que esse órgão não seja absolutamente incompetente para seu julgamento.[54]

Assim, se o processo de origem tramita em Vara comum, não pode ser formulada como oposição demanda para a qual seja competente a Vara de

---

50. Rodrigo Barioni, ob. cit., comentários ao art. 682, p. 1.115.

51. O requisito da compatibilidade procedimental é mencionado por Cândido Rangel Dinamarco, *Intervenção de terceiros*, cit., n. 34, pp. 78-79. O autor afirma que tal exigência não se aplicaria à oposição autônoma do sistema de 1973, que pouco interferiria no processo de origem (apenas com possível suspensão, por até 90 dias – CPC-73, art. 60) (ob. cit., n. 34, pp. 79-80). Atualmente, contudo, embora a oposição não enseje a imediata intervenção do terceiro no mesmo processo, ela projeta sobre ele efeitos mais intensos do que a oposição autônoma do sistema anterior – o que deverá ser considerado pelo juiz ao admitir a oposição como tal ou tratá-la como simples demanda potencialmente conexa.

52. STJ, 5ª Turma, AgR na Pet. 4.337-RJ, rel. Min. Arnaldo Esteves Lima, *DJU* 12.6.2006 – conforme anotado por Rodrigo Barioni, ob. cit., comentários ao art. 682, p. 1.115.

53. É a conclusão de Felipe Scripes Wladeck, para quem a oposição não se admite nos juizados especiais cíveis em virtude da incompatibilidade procedimental – e não mais por força da vedação à intervenção de terceiros (ob. cit., p. 678). Em sentido diverso, Ricardo de Carvalho Aprigliano afirma que, diante da reconfiguração promovida pelo Código de Processo Civil de 2015, a oposição seria agora cabível no sistema dos juizados, por não ter mais natureza de intervenção de terceiros (ob. cit., comentários ao art. 682, p. 1.765).

54. Felipe Scripes Wladeck, ob. cit., p. 684.

Família.[55] É também por essa razão que não se há de cogitar de oposição em ação rescisória, pois a competência absoluta e originária do tribunal para a rescisória é incompatível com a demanda opositiva. Em tais casos, a demanda do terceiro deverá ser proposta no juízo competente, não se configurando como oposição.[56]

Mas, tratando-se de oposição formulada por entidade a quem a Constituição ou a lei concede tratamento especial quanto à competência, serão deslocadas para o juízo indicado por tais normas especiais tanto a oposição como a demanda de origem.[57] É o que se passa, p.ex., com a competência da Justiça Federal para as demandas em que figurem como opoentes a União, entidade autárquica ou empresa pública federal (Const., art. 109, inc. I).[58]

Em tais casos a oposição será dirigida ao juízo estadual em que se processa a demanda de origem, o qual determinará a remessa de ambas as causas ao juízo federal absolutamente competente. Caberá então ao juízo federal decidir sobre sua competência, inclusive mediante exame de admissibilidade da oposição.[59] Nessas situações excepcionais a competência absoluta do juízo de origem não constituirá requisito de admissibilidade da oposição, pois haverá a atração da demanda originária pelo juízo competente para a demanda opositiva – ficando afastada a regra da inalterabilidade da competência absoluta (CPC, art. 54).[60]

2.653. litisconsórcio passivo necessário (e, em parte, unitário) entre autor e réu do processo de origem

Um dos traços distintivos da oposição é a exigência de formação de litisconsórcio em seu polo passivo, entre o autor e o réu do processo de origem.

Caso opte por não se valer da via especial da oposição, o terceiro terá liberdade para incluir no polo passivo apenas a parte que reputar dotada de le-

---

55. Eduardo Talamini e Luiz Rodrigues Wambier, ob. cit., pp. 165-166.

56. Felipe Scripes Wladeck, ob. cit., pp. 684-685.

57. Cândido Rangel Dinamarco, *Intervenção de terceiros*, cit., n. 27, pp. 69-70.

58. Eduardo Talamini e Luiz Rodrigues Wambier, ob. cit., p. 166.

59. Como observa Rodrigo Barioni, aplicam-se ao caso as Súmulas 150, 224 e 254 do STJ, segundo as quais: "150. Compete à Justiça Federal decidir sobre a existência de interesse jurídico que justifique a presença, no processo, da União, suas autarquias ou empresas públicas"; "224. Excluído do feito o ente federal, cuja presença levara o juiz estadual a declinar da competência, deve o juiz federal restituir os autos e não suscitar conflito"; "254. A decisão do juízo federal que exclui da relação processual ente federal não pode ser reexaminada no juízo estadual" (ob. cit., comentários ao art. 683, p. 1.116).

60. Felipe Scripes Wladeck, ob. cit., p. 685.

gitimidade em face de sua demanda.[61] Na oposição, contudo, é impositiva a inclusão de autor e réu no polo passivo, configurando-se o *litisconsórcio passivo necessário*.[62]

Havendo litisconsortes ativos e passivos no processo de origem, admite-se que a oposição seja em tese dirigida apenas contra um ou alguns dos autores *e* contra um ou alguns dos réus; não, todavia, apenas quanto aos integrantes de só um dos polos.[63]

Não se vê razão para impedir, *a priori*, a inclusão de outros sujeitos no polo passivo da oposição em litisconsórcio com o autor e réu originários.[64] A depender da interligação das situações materiais, e com apoio na regra que admite a ampliação subjetiva do polo passivo em caso de reconvenção (CPC, art. 343, § 3º), pode ser eventualmente admitida a inclusão de outro sujeito ao lado daqueles exigidos pela lei.[65]

A despeito do pacífico reconhecimento da *necessariedade* de tal litisconsórcio, discute-se quanto à sua qualificação como *unitário* ou *comum* (*simples*).

São distintas as características da *necessariedade* e da *unitariedade* do litisconsórcio, embora muitas vezes elas possam estar associadas. "A necessariedade do litisconsórcio consiste na indispensabilidade da inclusão de partes plúrimas, resolvendo-se em uma questão de legitimidade *ad causam*".[66] Será sempre carecedor de ação o autor que demandar sem respeitar a formação do litisconsórcio necessário. A unitariedade, a seu turno, relaciona-se à incindibilidade da situação jurídico-material versada no processo, fazendo com que seja também incindível o provimento de mérito ("o destino que tiver um dos litisconsortes haverá de ser consentâneo com o que será dado aos demais").[67]

Parte da doutrina, capitaneada por Cândido Rangel Dinamarco, entende que o litisconsórcio aí formado é *unitário*, não porque devam ter destinos

---

61. Cândido Rangel Dinamarco, *Intervenção de terceiros*, cit., n. 48, p. 101; Eduardo Talamini e Luiz Rodrigues Wambier, ob. cit., p. 166.

62. Quanto à necessariedade do litisconsórcio não há divergência doutrinária, nem no sistema anterior nem no atual: Celso Agrícola Barbi, ob. cit., n. 354, p. 235; Cândido Rangel Dinamarco, *Intervenção de terceiros*, cit., n. 48, p. 101; Athos Gusmão Carneiro, ob. cit., n. 34, p. 90; Eduardo Talamini e Luiz Rodrigues Wambier, ob. cit., p. 166; Cassio Scarpinella Bueno, *Comentários ao Código de Processo Civil*, cit., comentários ao art. 684, p. 314.

63. Felipe Scripes Wladeck, ob. cit., p. 687.

64. Em sentido contrário: Rodrigo Barioni (ob. cit., comentários ao art. 683, p. 1.117) e Felipe Scripes Wladeck (ob. cit., p. 687).

65. Em sentido semelhante: Marcelo Pacheco Machado, ob. cit., n. 71, pp. 130-131.

66. Cândido Rangel Dinamarco, *Litisconsórcio*, 9ª ed., São Paulo, Malheiros Editores, 2021, n. 46, p. 72.

67. Cândido Rangel Dinamarco, cit., n. 47, p. 74.

iguais as situações dos litisconsortes, mas porque não se pode chegar a soluções incoerentes e incompatíveis para os opostos. "O julgamento da oposição, como um todo, é que há de ser uno para os opostos", não sendo concebível que a oposição seja julgada procedente em face do autor-oposto e improcedente em face do réu-oposto. Nos limites da incompatibilidade entre pretensões, a sentença deve guardar harmonia entre seus capítulos, advindo daí a unitariedade do litisconsórcio.[68]

Diversamente, entende a maioria dos doutrinadores ser *simples* ou *comum* ("não unitário") o litisconsórcio formado entre os opostos, porque "a decisão poderá ser diferente, de acordo com o direito de cada um dos opostos em relação ao opoente".[69] Ilustrativamente, menciona-se "ação em que A pretende que lhe seja entregue o bem de que B é depositário. Antes da audiência, C apresenta oposição contra ambos, formulando pedido de entrega da coisa. É possível que, ao apreciar a oposição, o juiz acolha o pedido contra A, com a declaração de que o bem pertence a C, e julgue improcedente o pedido de restituição em relação a B, sob o fundamento de C ter de pagar as despesas feitas por B para guardar a coisa (CC, art. 644). Nesse caso, verifica-se a existência de uma decisão na lide entre C-A e outra na lide entre C-B".[70]

Analisando a divergência, nota-se que cada uma das correntes centra o exame em determinada parcela das pretensões veiculadas na oposição para afirmar o caráter unitário ou simples do litisconsórcio. No exame de Dinamarco prevalece o papel da pretensão relativa à declaração da titularidade do direito. Tratando-se de direito único, que somente pode existir ou inexistir uma única vez – o que se alinha à ideia de incompatibilidade de pretensões –, *será incindível o reconhecimento da titularidade do opoente sobre tal direito*. Assim como não se pode decretar que um mesmo contrato seja válido para algumas das partes e inválido para outras, não é possível declarar

68. Dinamarco, *Intervenção de terceiros*, cit., esp. nn. 42 e 49, pp. 93 e 102-103. No mesmo sentido: Antonio Carlos Marcato, ob. cit., n. 182, p. 193; e José Roberto dos Santos Bedaque, ob. cit., comentários aos arts. 56 e 58, pp. 166 e 168.

69. A locução é de Rodrigo Barioni (ob. cit., comentários ao art. 683, p. 1.117). Essa também era a posição de Athos Gusmão Carneiro (ob. cit., n. 34, p. 90) no sistema anterior. No atual, negam a unitariedade: Eduardo Talamini e Luiz Rodrigues Wambier, ob. cit., p. 166; Cassio Scarpinella Bueno, *Comentários ao Código de Processo Civil*, cit., comentários ao art. 684, p. 314; Lia Carolina Batista Cintra, *Intervenção de terceiro por ordem do juiz – A intervenção iussu iudicis no processo civil*, São Paulo, Ed. RT/Thomson Reuters, 2017, n. 10.2, p. 145; Marcelo Abelha, ob. cit., Cap. 9, n. 4, p. 873; Daniel Amorim Assumpção Neves, *Manual de direito processual civil – Volume único*, 8ª ed., Salvador, Juspodivm, 2016, n. 33.2, pp. 913-914; Ricardo de Carvalho Aprigliano, ob. cit., comentários ao art. 684, p. 1.167.

70. Rodrigo Barioni, ob. cit., comentários ao art. 683, p. 1.117.

que o opoente seja titular do direito em face do autor-oposto e não seja titular do mesmo direito em face do réu-oposto.

O que se passa, contudo, é que normalmente as pretensões veiculadas na oposição não se limitam à declaração do direito do opoente, abarcando *também* outros segmentos da relação material e outras formas de tutela. No exemplo mencionado acima, a oposição veicula perante o autor-oposto apenas o pedido de declaração da propriedade, mas busca obter frente ao réu-oposto também a condenação à entrega da coisa. Nesse caso, é possível que, a despeito do *acolhimento da pretensão declaratória contra ambos*, a pretensão condenatória seja julgada improcedente em face do réu-oposto, por força de outros fatores que afastam a existência do dever de entrega. Por outro lado, por força da incindibilidade da pretensão relacionada à declaração do direito, que antecede a pretensão condenatória, será impossível acolher esta última em face do réu-oposto e ao mesmo tempo julgar improcedente a oposição em face do autor-oposto.

Em outros possíveis conflitos a três é possível que nem mesmo essa parcial unitariedade se imponha, pois podem de fato ser variadas as pretensões de parte a parte. Todavia, *a incompatibilidade de pretensões quanto a um mesmo bem ou direito, que caracteriza a oposição, permite afirmar a unitariedade do litisconsórcio ao menos quanto à parcela da pretensão de declaração da titularidade do bem ou direito.*

> Normalmente o litisconsórcio é necessário *porque*, em virtude da incindibilidade da situação jurídico-material, é unitário. A necessariedade por força de lei, sem unitariedade, é excepcional no sistema. Curiosamente, no caso da oposição as coisas se passam de modo invertido. Primeiro a lei impõe a necessariedade do litisconsórcio para que a demanda se caracterize como *oposição* – sabendo que, como demanda autônoma, ela poderia ser proposta apenas em face de uma das partes – e, a partir de então, dá-se a incindibilidade do julgamento quanto à titularidade do direito, pois a declaração a esse respeito haverá de ser uma só perante todos os que integram o polo passivo.

Na disciplina do reconhecimento jurídico do pedido pelos opostos essa parcela de unitariedade transparece. Conquanto o art. 684 enuncie que "se um dos opostos reconhecer a procedência do pedido, contra o outro prosseguirá o opoente", a doutrina acaba por reconhecer a relativa ou momentânea ineficácia do ato de disposição de direito praticado isoladamente pelo réu-oposto. Justamente por não ser possível cindir a declaração da titularidade do direito objeto de pretensões incompatíveis do autor e do opoente, e como mesmo eventual pretensão condenatória em face do réu-oposto será condicionada por essa declaração de titularidade (para definir em face de quem ele será condenado), não há como excluir de imediato esse sujeito do polo passivo a despeito de ter ele reconhecido o direito do opoente. É preciso que o réu permaneça integrando o processo para que, com o julgamento da oposição em face do autor-oposto, seja definida (de forma única) a titularidade sobre o direito em disputa e, se o caso, fixado o beneficiário da condenação a ser dirigida ao réu-oposto.[71-72]

2.654. *facultatividade da via especial da oposição: riscos e benefícios a serem avaliados pelo terceiro*

É também moeda corrente na doutrina, tanto no sistema anterior como no atual, o reconhecimento de que a propositura da oposição, como demanda incidente em litígio *inter alios*, constitui mera *faculdade* do terceiro. Seu não oferecimento não afasta o direito desse sujeito de propor demanda autônoma, em face de quem quer que seja, para postular o mesmo bem da vida.[73]

A faculdade de oferecer oposição permite que o terceiro, se reputar conveniente para a defesa de seus interesses, possa aproveitar-se dos atos praticados no processo de origem e obter o julgamento de sua pretensão com prioridade, afastando assim eventuais prejuízos que lhe poderiam ser impostos pelo comando proferido *inter alios*.

Conquanto os terceiros não sejam alcançados pela coisa julgada material formada sobre provimentos que os prejudiquem (CPC, art. 506), eles estão sujeitos, em um primeiro momento, aos efeitos que a sentença, como ato estatal imperativo, projeta indistintamente sobre todos. P.ex., mesmo podendo cobrar do devedor o crédito que o autor originário ilegitimamente afirmou ser seu, o terceiro que deixou de oferecer oposição fica sujeito ao esvaziamento do patrimônio de seu devedor, bem como ao desafio de convencer o julgador de que a primeira sentença (por mais que não seja para ele vinculante) estava equivocada.

---

71. Nessa linha, Felipe Scripes Wladeck afirma não ser unitário o litisconsórcio, mas ao mesmo tempo adere à concepção de Dinamarco quanto aos limitados efeitos do reconhecimento da procedência da oposição apenas pelo réu-oposto, afirmando que ele simplesmente deixa de ter "interesse jurídico em escolher qual dos adversários receberá a coisa ou será titular do direito" (Wladeck, ob. cit., esp. pp. 694-695). Ressalte-se de todo modo haver doutrinadores que, sem tratar analiticamente a eficácia do reconhecimento do pedido pelo litisconsorte, invocam a regra do art. 684 para sustentar a natureza não unitária do litisconsórcio (cf.: Daniel Amorim Assumpção Neves, ob. cit., n. 33.2, pp. 913-914; Ricardo de Carvalho Aprigliano, ob. cit., comentários ao art. 684, p. 1.167).

72. Como se verá adiante, as coisas se passam de modo em parte diverso quanto ao reconhecimento do pedido pelo autor-oposto (v. n. 2.662, *infra*).

73. Celso Agrícola Barbi, ob. cit., n. 351, p. 234; José Roberto dos Santos Bedaque, ob. cit., comentários ao art. 56, p. 166; Eduardo Talamini e Luiz Rodrigues Wambier, ob. cit., p. 165; Cassio Scarpinella Bueno, *Comentários ao Código de Processo Civil*, cit., comentários ao art. 682, p. 311.

Daí a possibilidade que se abre ao terceiro de intervir no litígio entre outros sujeitos, instaurando processo incidente com demanda a ser julgada de forma conjunta, mas logicamente anterior à demanda de origem.

Ao mesmo tempo, a oposição exige do terceiro que proponha a demanda dentro do espaço temporal marcado pela litispendência do processo alheio em primeiro grau de jurisdição – demanda proposta e ainda não sentenciada –, o qual será possível ou provavelmente menor do que aquele dado pelos prazos materiais de prescrição e decadência. Também impõe o litisconsórcio necessário entre autor e réu do processo de origem, o que constitui inegável fator de complicação do processo, em comparação com a possibilidade de demandar apenas um dos sujeitos que se julga ou que venha a ser reconhecido como adversário efetivo. Há ainda a possibilidade de o objeto do processo de origem ser mais amplo do que o da oposição, impondo ao opoente o ônus de suportar instrução probatória mais extensa e demorada do que aquela necessária ao julgamento de sua pretensão. Por fim, ao intervir em litígio alheio o opoente também se sujeita à estabilidade de atos proferidos no processo único em que vierem a ser reunidas as demandas – inclusive daqueles relativos à demanda de origem, que não o vinculariam caso não houvesse oposição (v. n. 2.667, *infra*).

Por decorrência desse caráter facultativo ou opcional, admite-se que a oposição proposta em desatendimento aos requisitos exigidos pelo procedimento especial possa prosseguir, caso não regularizada ou não regularizável a situação, na forma de demanda autônoma pelo procedimento comum.[74]

A depender da situação, poderá ser inclusive mantida a reunião dos processos para decisão conjunta, caso presente a conexidade e ausentes outros óbices, como a incompetência absoluta e a incompatibilidade dos estágios procedimentais (CPC, art. 55). Do contrário será determinada a distribuição livre da oposição, a qual será processada de forma autônoma, no juízo então competente.[75]

2.655. facultatividade da oposição e não formação do litisconsórcio necessário

Sabendo-se que a citação de litisconsorte necessário é uma das poucas hipóteses em que se admite a integração da parte na relação processual por

---

74. Antonio do Passo Cabral, Fredie Didier Júnior e Leonardo Carneiro da Cunha falam em procedimentos especiais não obrigatórios ou opcionais, aos quais "se aplica irrestritamente a regra da conversibilidade do procedimento em comum, em caso de cumulação de pedidos" (*Por uma nova teoria dos procedimentos especiais*, Salvador, Juspodivm, 2018, n. 5, p. 40).

75. Heitor Vitor Mendonça Sica, ob. cit., p. 8.

iniciativa do juiz,[76] e configurando-se o litisconsórcio passivo necessário na oposição, seria possível concluir pela possibilidade de o juiz determinar, de ofício, a citação do oposto omitido.

É preciso lembrar, contudo, que a oposição constitui forma procedimental especial de uso *opcional* pelo terceiro. Assim, é plenamente possível que a pretensão seja exercida fora do rito especial da oposição, com plena liberdade do demandante para optar contra quem demandar.[77]

Daí a dúvida: diante de oposição oferecida sem a inclusão no polo passivo de ambas as partes do processo de origem, deve-se integrar de ofício o litisconsorte necessário omitido ou determinar o prosseguimento da demanda incompatível pelo procedimento comum?

A resposta dependerá, naturalmente, da consulta ao opoente, a quem se faculta optar por um ou por outro procedimento. Caso pretenda que sua demanda seja processada como oposição, será impositiva a inclusão do litisconsorte necessário omitido no polo passivo. Do contrário a demanda deixará de observar o regime especial, tramitando como demanda autônoma possivelmente conexa à de origem.

2.656. especificidades do procedimento especial da oposição

Dos dois fatores destacados por Cândido Rangel Dinamarco como critérios normalmente eleitos pelo legislador para a imposição de procedimento especial (*supra*, n. 2.552), o que guia a disciplina da oposição é o da *especificidade do conflito*, marcado não por uma "bi" mas por uma "tripolaridade".

Oposição é a forma com que se apresenta em juízo o conflito entre três sujeitos em torno de um mesmo bem da vida, de modo a configurar pretensões processuais incompatíveis. Mais do que isso. É o conflito tripolar marcado pela peculiaridade do comparecimento posterior de uma das partes em juízo, quando já existente processo entre duas delas.

É para atender a essas especificidades que a lei desenha o procedimento especial da oposição mediante técnicas que propiciam, em maior ou menor medida, o aproveitamento de atividades e o julgamento conjunto, com vista a ensejar solução única, definitiva e coerente para esse particular conflito.

São, assim, notas características do procedimento da oposição: (a) a atribuição das demandas à competência do mesmo juízo, ainda quando haja para

---

76. Ordinariamente alguém se torna parte ou por vontade própria – ao instaurar processo ou intervir – ou por vontade da parte contrária.

77. O que, naturalmente, haverá de sujeitar-se a controle de legitimidade, mas não com base na norma do art. 682 do Código de Processo Civil.

alguma delas competência absoluta por força da condição do sujeito (entes federais, Fazenda Pública); (b) o aproveitamento da presença das partes em juízo, autorizando-se que a integração dos demandados à relação de oposição se faça mediante notificação de seus advogados já constituídos; (c) a realização conjunta dos atos de instrução, sempre que possível e viável, ou, (d) a aptidão a ensejar a suspensão do processo de origem, quando a instrução haja de ser feita separadamente, e (e) o julgamento conjunto das demandas, com precedência lógica do relativo à oposição.[78]

Adiante tais características distintivas serão examinadas, destacando-se também aquilo que não apresenta qualquer peculiaridade em relação ao procedimento comum.

2.657. propositura da demanda e distribuição por dependência

Como a oposição constitui verdadeira demanda, é natural que ela venha veiculada em petição inicial, na qual indicados tanto os elementos configuradores dessa técnica especial (pretensão a bem ou direito incompatível com aquela objeto de processo de conhecimento *inter alios*; litisconsórcio passivo necessário) como os requisitos exigidos em qualquer petição inicial (pedido, causa de pedir, partes, endereçamento, valor da causa[79] *etc.*) (CPC, art. 683 c/c art. 319).

Em especial, deverá ser indicado o processo quanto ao qual a oposição se dirige e o juízo em que ele tramita, para que possa ser realizada a distribuição por dependência (CPC, art. 683, par.).[80]

Um dos elementos que diferenciam a petição inicial da oposição é a desnecessidade (mas não a impossibilidade) de nela se indicar interesse na realização de audiência de tentativa de conciliação (CPC, art. 334), pois os opos-

---

78. Heitor Vitor Mendonça Sica, diversamente, critica o enquadramento da oposição entre as modalidades de procedimento especial, afirmando que "o procedimento nada tem de especial em relação ao procedimento comum, salvo a supressão da audiência de conciliação ou mediação *ex lege* e a fixação de prazo comum aos opostos, sem possibilidade de aplicação do art. 229 quando couber. Não bastasse, a oposição será de regra processada em conjunto com a demanda principal e, como tal, se submeterá ao seu procedimento, que pode ser comum ou especial" (ob. cit., pp. 75-76).

79. O valor da causa deve levar em conta a pretensão da própria oposição, que pode não coincidir por completo com a da demanda originária. Nesse sentido: Rodrigo Barioni, ob. cit., comentários ao art. 683, p. 1.116; e Cassio Scarpinella Bueno, *Comentários ao Código de Processo Civil*, cit., comentários ao art. 683, p. 312.

80. Como observa Antonio Carlos Marcato, *distribuição* pressupõe alternância e aleatoriedade. Quando um processo é direcionado a dado juízo por motivo de prevenção, dá-se *atribuição*, e não propriamente *distribuição* (ob. cit., p. 192).

tos serão citados diretamente "para contestar o pedido no prazo comum de 15 (quinze) dias" (CPC, art. 683, par.).[81]

2.658. citação dos opostos na pessoa dos representantes e apresentação de defesa

Porque a oposição se dirige contra pretensões de um conflito já posto em juízo, permite o legislador que a citação dos demandados seja feita na pessoa de seus defensores, independentemente de poderes especiais para tanto (CPC, art. 683, par., c/c art. 242).[82]

Naturalmente, não haverá prejuízo se a citação observar a forma mais tradicional e segura, dirigindo-se à própria parte.[83] Aliás, não havendo procurador constituído no processo de origem – porque ainda não citado o réu, por ter havido revelia ou porque não esgotado o prazo para a defesa –, a citação para a oposição deverá ser feita na pessoa da parte. É irrelevante o fato de não ter sido reproduzida a norma do art. 57, par., do Código de Processo Civil de 1973, que assim dispunha expressamente, pois não há outra solução possível que não a observância da regra geral acerca das formas de realizar a citação.[84]

Nos casos em que se admite a citação na pessoa do representante, diverge-se quanto à forma de realizá-la. Para parte da doutrina a comunicação poderia ser feita pelas formas com que se realiza a mera intimação de atos processuais aos defensores – especialmente, pela imprensa oficial e por portais eletrônicos –, tal como se passa com a intimação para a reconvenção (CPC, art. 343, § 1º).[85] Para outros a lei apenas permitiria dirigir a comunicação ao advogado, e não à própria parte, sem dispensar as formas próprias de realizar a citação – pelos meios eletrônicos, por carta, oficial de justiça ou edital.[86]

---

81. Também nesse sentido: Rodrigo Barioni, ob. cit., comentários ao art. 683, p. 1.116; Cassio Scarpinella Bueno, *Comentários ao Código de Processo Civil*, cit., comentários ao art. 683, p. 312; e Felipe Scripes Wladeck, ob. cit., p. 686.

82. Antonio Carlos Marcato, ob. cit., p. 193; Felipe Scripes Wladeck, ob. cit., p. 690; Rodrigo Barioni, ob. cit., comentários ao art. 683, p. 1.117; Heitor Vitor Mendonça Sica, ob. cit., p. 80 e nota 50; Cassio Scarpinella Bueno, *Comentários ao Código de Processo Civil*, cit., comentários ao art. 683, p. 313.

83. Athos Gusmão Carneiro, ob. cit., n. 34, pp. 90-91.

84. Felipe Scripes Wladeck, ob. cit., p. 690.

85. Antonio Carlos Marcato, *ob. cit.*, p. 193; Theotônio Negrão, José Roberto Gouvêa, Luis Guilherme Aidar Bondioli e José Francisco Naves da Fonseca, *Código de Processo Civil e legislação processual em* vigor, 48ª ed., São Paulo, Saraiva, 2017, notas 1b e 2 ao art. 683 (para quem a oposição se processa nos mesmos autos do processo de origem, havendo mera intimação para resposta); Ricardo de Carvalho Aprigliano, ob. cit., comentários ao art. 683, p. 1.766; Heitor Vitor Mendonça Sica, ob. cit., p. 80 e nota 50.

86. Cândido Rangel Dinamarco, *Intervenção de terceiros*, cit., n. 51, p. 128, nota 123; Athos Gusmão Carneiro, ob. cit., pp. 90-91; José Roberto dos Santos Bedaque, ob. cit., co-

Como se trata de questão sensível, apta a repercutir gravemente na garantia constitucional da ampla defesa, entende-se que a interpretação da lei deva realizar-se de modo conservador. De um lado, enquanto no art. 343, § 1º, do Código de Processo Civil, que trata da reconvenção, fala-se expressamente em "intimação" na pessoa do advogado, no art. 683, par., o legislador vale-se do termo diverso "citação". Assim, diante da ausência de autorização legal expressa para a realização de mera intimação, aplica-se a norma do art. 242, que trata da citação (e não intimação) na pessoa do representante legal, a ser realizada nas formas do art. 246, ambos do diploma processual.

Tal tomada de posição é relevante para reconhecer a nulidade da citação realizada por mera intimação do defensor na imprensa quando não apresentada defesa pelo oposto. Naturalmente, nulidade alguma se decretará se, realizada de outro modo, a notificação do litígio cumprir a sua finalidade e o oposto defender-se tempestivamente.

De lege ferenda, reputa-se adequada a unificação do sistema de comunicação da apresentação da reconvenção, da oposição e dos embargos de terceiro, mediante simples intimação do defensor já constituído. *De lege lata*, contudo, inclusive diante da divergência doutrinária e jurisprudencial, não se deve decretar a revelia com base no reconhecimento da validade da citação do oposto realizada por intimação na imprensa.

Conforme expressamente estabelecido no art. 683, par., é comum o prazo de 15 dias (úteis) para a apresentação de defesa, não se aplicando a ele a possibilidade – cada vez mais rara, à luz da ampla adoção do processo eletrônico – de duplicação prevista no art. 229, § 2º, do Código de Processo Civil.[87] Mas devem ser respeitados os prazos especiais concedidos pela lei aos entes públicos e à Defensoria Pública (CPC, arts. 183 e 186).[88] Ademais, pre-

---

mentários ao art. 57, p. 167; Rodrigo Barioni, ob. cit., comentários ao art. 683, p. 1.117 (para quem, diferentemente do que se passa na reconvenção, na oposição a parte a ser citada ainda não integra a mesma relação processual); Felipe Scripes Wladeck, ob. cit., p. 690.

87. Tal entendimento é hoje uníssono: Antonio Carlos Marcato, ob. cit., p. 193; Eduardo Talamini e Luiz Rodrigues Wambier, ob. cit., p. 167; Cassio Scarpinella Bueno, *Comentários ao Código de Processo Civil*, cit., comentários ao art. 683, p. 313; Daniel Amorim Assumpção Neves, ob. cit., n. 33.2, p. 913; Ricardo de Carvalho Aprigliano, ob. cit., comentários ao art. 683, p. 1.767; Rodrigo Barioni, ob. cit., comentários ao art. 683, p. 1.118. No sistema anterior apenas Celso Agrícola Barbi sustentava a aplicação do prazo em dobro (ob. cit., n. 364, p. 238).

88. Embora o Ministério Público também disponha de prazo em dobro (CPC, art. 180), não se vislumbra, em princípio, hipótese em que a Instituição figure como *oposta*.

sentes os requisitos legais, serão duplicados os demais prazos para os opostos, que não o prazo de defesa.[89]

Conquanto a lei se refira apenas à contestação, podem ser apresentadas outras respostas pelos opostos, tais como denunciação da lide e reconvenção – ambas atualmente oferecidas na mesma peça da contestação.[90]

No que respeita à arguição de incompetência pelos opostos, é preciso ter em mente a regra especial que institui a competência funcional do juízo do processo de origem para a oposição. Assim, apenas poderá ser arguida a incompetência como resposta à oposição e, ordinariamente, apenas pelo réu-oposto, (a) se o juízo for absolutamente incompetente para o próprio processo de origem ou (b) se, sendo relativamente incompetente para a demanda originária, não tiver ocorrido ainda a prorrogação da competência por força da preclusão quanto à faculdade de excepcioná-la – o que se dará quando não se tiver esgotado o prazo para a defesa no processo de origem.[91] A incompetência absoluta superveniente nos casos em que a União for opoente poderá, naturalmente, ser suscitada por qualquer parte.

2.659. princípio da aquisição e mitigação dos efeitos da revelia

A reunião dos processos para que a demanda de origem e a oposição sejam julgadas conjuntamente traz repercussões sobre a formação do juízo fático. "Devendo julgar numa só sentença e mediante só uma convicção as diversas demandas contidas nesse processo, é dever do juiz levar em conta todas as afirmações, negações e provas – em suma, toda a conduta ativa de todos os litigantes – e daí extrair critérios coerentes e não conflitantes para todos esses julgamentos".[92]

---

89. Cândido Rangel Dinamarco, *Intervenção de terceiros*, cit., n. 51, p. 109.

90. Cândido Rangel Dinamarco, *Intervenção de terceiros*, cit., n. 51, pp. 110-112; José Roberto dos Santos Bedaque, ob. cit., comentários ao art. 57, p. 167; Eduardo Talamini e Luiz Rodrigues Wambier, ob. cit., p. 167; Ricardo de Carvalho Aprigliano, ob. cit., comentários ao art. 683, p 1.167; Rodrigo Barioni, ob. cit., comentários ao art. 683, p. 1.118; Felipe Scripes Wladeck, ob. cit., p. 691.

91. Felipe Scripes Wladeck, ob. cit., pp. 691-692 (observando a excepcional admissibilidade da invocação da incompetência relativa); Rodrigo Barioni, ob. cit., comentários ao art. 683, p. 1.118 (registrando a ordinária preclusão de tal questão no momento da resposta à oposição).

92. Cândido Rangel Dinamarco, *Intervenção de terceiros*, cit., n. 56, p. 117. A observação quanto ao aproveitamento das impugnações fáticas e provas produzidas dentro de um mesmo processo também foi feita por Dinamarco para defender a unidade do processo litisconsorcial (*Litisconsórcio*, cit., n. 10, p. 30).

Bastará assim que as alegações fáticas comuns tenham sido contrariadas em apenas um dos módulos procedimentais para manter com o autor da alegação (interessado no reconhecimento do fato) o ônus de provar a sua veracidade. Ou seja, não haverá presunção de veracidade decorrente de ausência de impugnação específica ou de revelia quanto a uma das demandas – originária ou oposição – quando a contrariedade à mesma alegação fática tiver sido feita no contexto da outra demanda.[93]

Do mesmo modo, a prova produzida no contexto de qualquer das demandas será globalmente *adquirida* (*princípio da aquisição* – CPC, art. 371)[94] e considerada no julgamento único. E, de acordo com o art. 345, inc. IV, do Código de Processo Civil, não se presumirá a veracidade de alegação de fato não impugnada que estiver em contradição com a prova produzida.

Deve-se ter também em mente que, como decorre do art. 349 do Código de Processo Civil, revelia e ausência de impugnação específica não impedem a produção de provas em sentido contrário.

2.660. instrução probatória conjunta para formação de juízo fático único

Uma das características distintivas do procedimento especial de que se cuida é a tendencial unidade da instrução a ser realizada quanto à demanda de origem e à oposição. De acordo com o art. 685, essa regra será observada sempre que apresentada a oposição antes do início de eventual audiência de instrução e julgamento (*caput*) ou quando, proposta a demanda do terceiro depois desse marco, a instrução conjunta for mais propícia para assegurar a razoável duração do processo (parágrafo único).

A ideia é possibilitar o aproveitamento de atividades instrutórias e, ao mesmo tempo, facilitar a realização de juízo fático único ("formação de convicção única"[95]) acerca das mesmas questões que impactam o julgamento da demanda de origem e da oposição.

---

93. José Roberto dos Santos Bedaque, ob. cit., comentários ao art. 58, pp. 168-169; Rodrigo Barioni, ob. cit., comentários ao art. 683, p. 1.118; Felipe Scripes Wladeck, ob. cit., p. 693.

94. Sobre o significado mais amplo do *princípio da aquisição*, que não se limita à questão probatória, alcançando também as alegações de fato, v. Clarisse Frechiani Lara Leite, *Aporte de fatos ao processo e superação de estabilidades a partir de fatos e provas novos*, tese de livre-docência apresentada à Faculdade de Direito da USP, São Paulo, 2022, n. 31, p. 131, nota 367.

95. A locução "formação de convicção única" é consagrada no tratamento das relações entre demandas (conexão, prejudicialidade *etc.*), mas está bastante atrelada à *concepção persuasiva da prova* – prova voltada a produzir convencimento judicial –, que vem sendo modernamente superada pela *concepção racional* – prova como elemento de demons-

Em qualquer caso, poderá ocorrer o aproveitamento das provas já produzidas no processo de origem (*prova emprestada* – CPC, art. 372) sempre que a ausência de participação do opoente em sua produção não lhe prejudique e não comprometa o resultado obtido. Do contrário a prova deverá ser repetida ou, se inviável a repetição, valorada com muita cautela – inclusive, a depender da situação, para a ela ser negado qualquer valor.

2.661. excepcional suspensão do processo de origem para aguardar a instrução em separado da oposição

Excepcionalmente, quando a oposição for apresentada tardiamente e a instrução conjunta não se mostrar propícia, promover-se-á a suspensão do processo de origem para aguardar a conclusão da instrução isolada da oposição (CPC, art. 685, par.).

O marco legal a partir do qual a propositura da oposição possibilita a sua instrução em separado é o do início da audiência de instrução. Mas, diante da regra do art. 139, inc. VI, do diploma processual, é possível que tal ato se ponha logo ao início da instrução[96] – antes de eventual perícia. Também por isso é possível que a instrução conjunta seja mais propícia a assegurar a razoável duração do processo, mesmo quando a oposição seja apresentada após o início da audiência.

Diferentemente do que dispunha o art. 60 do diploma de 1973 quanto à oposição autônoma, o art. 685, par., do Código em vigor não estabelece prazo máximo de duração da suspensão do processo de origem, para que a instrução da oposição se conclua e as demandas possam ser julgadas conjuntamente.[97]

Há alguma semelhança entre essa situação e a da suspensão da causa prejudicada para aguardar o *julgamento* da causa prejudicial, quanto à qual se impõe o prazo máximo de um ano (CPC, art. 313, inc. V, *a*, e § 4º).[98] Toda-

---

tração racional de fatos, independentemente das crenças do julgador –, mais adequada ao devido processo legal. Sobre o tema, cf. Jordi Ferrer Beltrán, *Prueba y verdad en el derecho*, 2ª ed., Madri, Marcial Pons, 2005, pp. 96-101. De acordo com a pertinente crítica de Leonardo Greco, "a convicção do julgador como função ou finalidade da prova corresponde a uma concepção subjetivista de uma realidade objetiva, os fatos. Essa concepção faz do juiz um soberano absoluto e incontrolável, por mais que a lei lhe imponha exclusões probatórias, critérios predeterminados de avaliação ou a exigência de motivação. Há sempre uma enorme margem ineliminável de arbítrio" ("O conceito de prova", *Revista da Faculdade de Direito de Campos* Ano IV, n. 4, e Ano V, n. 5, 2003-2004, pp. 213-269, esp. p. 231).

96. Rodrigo Barioni, ob. cit., comentários ao art. 685, p. 1.120.

97. Eduardo Talamini e Luiz Rodrigues Wambier, ob. cit., p. 167.

98. Antonio Carlos Marcato defende a aplicação desse prazo ânuo também para a oposição (ob. cit., n. 178.2, p. 191).

via, além de no caso da oposição a suspensão ser imposta *para viabilizar o julgamento conjunto* (v. n. 2.663, *infra*) – e não para aguardar o julgamento da prejudicial –, a própria regra de suspensão ânua da causa prejudicada é em certos casos mitigada pela doutrina, para que não se converta em mera "perda de tempo".[99]

2.662. reconhecimento unilateral do pedido por algum dos opostos

O art. 684 do Código de Processo Civil enuncia que, "se um dos opostos reconhecer a procedência do pedido, contra o outro prosseguirá o opoente", dando a entender que com essa medida seria prontamente desfeito o litisconsórcio necessário.

A questão não é contudo tão simples, pois (i) o reconhecimento jurídico do pedido enseja, entre nós, julgamento de mérito (CPC, art. 487, inc. III, *a*) e (ii) a relação de incompatibilidade entre as pretensões cumuladas no litígio conformado pela oposição impõe, em alguma medida, a incindibilidade do julgamento de mérito (v. n. 2.653, *supra*).

Em primeiro lugar, analisemos o reconhecimento pelo autor-oposto. Quando esse sujeito reconhece a procedência do pedido do opoente, incompatível com o seu próprio pedido, ele estará necessariamente *renunciando à pretensão veiculada no processo de origem* – nos limites da incompatibilidade. Se a oposição tiver sido total, o reconhecimento do direito do opoente possibilitará desde logo o encerramento da tramitação daquela primeira demanda, com resolução de mérito, por renúncia (CPC, art. 487, inc. III, *a*), e condenação do autor ao pagamento de custas e honorários em face do réu.

Ao mesmo tempo, a homologação do reconhecimento do pedido na oposição ensejará a exclusão do autor-oposto do polo passivo – com sua condenação ao pagamento das verbas de sucumbência ao opoente –, pois, deixando de existir a pretensão de origem, cessa a incompatibilidade em razão da qual a lei impunha o litisconsórcio necessário na oposição.[100]

A demanda opositiva seguirá tramitando então apenas entre opoente e réu-oposto (que, deixando de reconhecer o pedido, mantém a sua resistência à pretensão).

Se a oposição fora parcial, a demanda de origem poderá prosseguir naquilo que desborda da incompatibilidade entre as pretensões. P.ex., se o autor

99. Conquanto reconheça a incidência da regra de suspensão ânua, Cândido Rangel Dinamarco refere o risco de nela haver mera "perda de tempo", registrando opiniões no sentido de que, em certas situações, a suspensão poderá estender-se por prazo superior (*Instituições de direito processual civil*, cit., n. 485, p. 90).

100. Cândido Rangel Dinamarco, *Intervenção de terceiros*, cit., n. 59, p. 124 e nota 144.

demanda o reconhecimento do domínio de dois imóveis em face do réu, e o opoente pretende a declaração de seu domínio sobre um deles, o reconhecimento do pedido pelo autor-oposto na oposição reduzirá o objeto do processo originário mas não ensejará a sua extinção. Nesse caso, desaparecendo o motivo que justificava a tramitação conjunta, cada processo seguirá seu curso separadamente, figurando apenas o réu no polo passivo de ambos.

Sempre que o réu-oposto não tiver formulado pretensão própria (reconvenção) em face de qualquer das demandas, será plenamente possível a liberação da eficácia do reconhecimento unilateral pelo autor-oposto e da decisão que o homologar, mesmo que a oposição contenha pedido de cumprimento de prestação por esse sujeito. Imagine-se a hipótese em que o autor, já investido na posse do bem, tenha proposto contra o réu demanda declaratória de sua propriedade. O opoente, a seu turno, pediu fosse reconhecida a sua propriedade perante os dois opostos e condenado o autor-oposto a lhe entregar a posse. Tendo o réu-oposto apenas resistido à declaração de propriedade em face de ambos os adversários, sem ter formulado pedido próprio, em nenhuma hipótese o processo terminaria com o reconhecimento de seu direito à entrega da coisa. É possível, pois, que o autor reconheça unilateralmente o pedido do opoente e entregue-lhe a coisa – cabendo ao réu, se julgar adequado, propor demanda em face do opoente para obter a posse.

Diversamente se passam as coisas em caso de reconhecimento do pedido da oposição apenas pelo réu-oposto.[101] Nessa hipótese, *o ato unilateral do réu não poderá ensejar o acolhimento da pretensão do opoente, que é incompatível com a do autor-oposto*. Se ambos pedem o reconhecimento de seu direito à entrega da coisa pelo réu, naturalmente tal direito apenas poderá ser declarado (e satisfeito) quando julgada a pretensão do opoente em face do autor. O réu até poderá deixar de participar do procedimento concernente à oposição, mas deverá permanecer vinculado ao comando final, que definirá o titular do direito. *Portanto, até que ocorra o trânsito em julgado, não cessa integralmente o litisconsórcio passivo nessa situação.*

É possível – mas não impositivo – que o reconhecimento do pedido pelo réu-oposto enseje a falta de interesse desse sujeito para seguir resistindo à pretensão do autor na demanda de origem. Isso dependerá das defesas que tiverem sido invocadas naquele primeiro processo. Imagine-se que o réu tenha alegado compensação ou uma prescrição aplicável apenas à pretensão do autor. Mesmo reconhecendo o direito do opoente, poderá ter o réu interesse em produzir provas quanto a tais defesas, para o caso de o autor se sagrar vencedor na oposição. Nesse cenário, *podem ambas as demandas vir a ser jul-*

101. Ou também no caso em que o réu tenha formulado reconvenção e o autor reconheça o pedido do opoente.

gadas improcedentes, ficando sem eficácia o reconhecimento do pedido manifestado pelo réu-oposto. Diversamente, caso a defesa do réu tenha se limitado à afirmação de sua própria titularidade sobre o direito postulado pelo autor, então o reconhecimento da titularidade do opoente fará com que desapareça o interesse do réu em seguir resistindo frente à demanda de origem. *Nesse caso – e apenas nele –, eventual improcedência da oposição ensejará a automática procedência da demanda do autor.*[102]

Dando-se o reconhecimento do pedido por ambos os opostos, a oposição será resolvida no mérito mediante a sentença homologatória de tal ato de manifestação de vontade (CPC, art. 487, inc. III, *a*). Nos limites da incompatibilidade, e caso não haja disposição diversa das partes, a demanda de origem também será resolvida no mérito, em princípio, por força da renúncia do autor (CPC, art. 487, inc. III, *c*).

2.663. julgamento conjunto

O fim programado do procedimento especial da oposição é a realização de julgamento único, que permita a solução coerente e contemporânea das pretensões incompatíveis.

Esse objetivo foi reforçado no Código de Processo Civil de 2015.[103] No sistema anterior, ao disciplinar a oposição apresentada após o início da audiência de instrução e julgamento (*oposição autônoma*), o art. 60 instituía como *regra* o julgamento autônomo das demandas, acrescentando ser possível ao juiz suspender o processo de origem por no máximo até 90 dias para caminhar com a instrução do processo da oposição e realizar o julgamento conjunto.

Agora, além de o *caput* do art. 685 estatuir como *regra o julgamento conjunto*, não prevê mais a lei a possibilidade de julgamentos isolados. O parágrafo único, em que disciplinada a oposição oferecida após o início da audiência, dispõe que "o juiz suspenderá o curso do processo ao fim da produção das provas, salvo se concluir que a *unidade da instrução* atende melhor ao princípio da duração razoável do processo".

---

102. Sem distinguir os possíveis objetos da defesa do réu, Cândido Rangel Dinamarco afirma que o reconhecimento do pedido na oposição por esse sujeito suprime seu interesse para resistir também contra a demanda de origem: "o reconhecimento da *oposição*, pelo réu, é na realidade o reconhecimento de não ter direito à tutela jurisdicional *tout court* – ou seja, nem direito à da demanda inicial, nem direito à improcedência da oposição". Em consequência, julgada improcedente a oposição, a demanda originária (se admissível) será inexoravelmente procedente (Dinamarco, *Intervenção de terceiros*, cit., n. 59, pp. 125-126). No mesmo sentido: Felipe Scripes Wladeck, ob. cit., pp. 694-695.

103. Lia Carolina Batista Cintra menciona ter havido o "empoderamento da oposição" no Código de 2015 (ob. cit., n. 10.2, p. 148).

A norma não é clara e, diante dela, a doutrina vem se dividindo. Alguns autores, apoiados também no fato de o art. 686 iniciar-se com a locução "cabendo ao juiz decidir simultaneamente a ação originária e a oposição", extraem da parte final daquele parágrafo único autorização para que o juiz cinda a tramitação e o julgamento das demandas.[104]

Embora essa seja uma proposta de regulação razoável, não se encontra amparo no direito posto para acatá-la. Em especial, não se identifica na locução "unidade da instrução" qualquer margem para a compreensão de que poderia haver julgamentos isolados das demandas.

De lege lata, compreende-se pois que o julgamento haverá de ser conjunto mesmo nos casos de oposição apresentada após o início da audiência de instrução.[105] As possibilidades procedimentais conferidas pela lei ao julgador são: *ou* realizar as instruções separadamente – suspendendo o primeiro processo após a produção de provas, até que a demanda opositiva esteja em ponto de ser com ela julgada conjuntamente –, *ou* promover a instrução conjunta, a despeito da diversidade de estágios procedimentais.[106] Em ambos os casos o julgamento permanecerá realizando-se de forma conjunta.

Isso não significa, contudo, que *nunca* poderá ser realizado o julgamento autônomo das pretensões ou de parte delas. Em primeiro lugar, como a lei estabelece a antecedência lógico-jurídica da oposição em relação à demanda de origem, *não haverá prejuízo caso a oposição seja julgada em primeiro lugar*, p.ex. em hipótese nas quais as provas necessárias para a instrução da demanda de origem sejam de mais complexa realização (CPC, art. 356, inc. II) ou em caso de suspensão da tramitação daquela causa por convenção ou inércia das partes.[107]

Também com fundamento na previsão de julgamento antecipado parcial do mérito, pode ser julgada antes da oposição a parcela do objeto do processo de origem quanto à qual não haja incompatibilidade com a demanda do opoente (oposição parcial).

---

104. Nesse sentido, cf.: Eduardo Talamini e Luiz Rodrigues Wambier, ob. cit., p. 167; Rodrigo Barioni, ob. cit., comentários ao art. 685, p. 1.119; Heitor Vitor Mendonça Sica, ob. cit., p. 82; e Ricardo de Carvalho Aprigliano, ob. cit., comentários ao art. 685, pp. 1.769-1.770.

105. Esse é também o entendimento de Daniel Amorim Assumpção Neves (ob. cit., n. 33.2, p. 914), Felipe Scripes Wladeck (ob. cit., pp. 696-697), Lia Carolina Batista Cintra (ob. cit., n. 10.2, pp. 147-148) e Cassio Scarpinella Bueno (*Comentários ao Código de Processo Civil*, cit., comentários ao art. 685, pp. 315-316), falando este último autor em "preferência" para o julgamento conjunto.

106. Felipe Scripes Wladeck, ob. cit., pp. 696-697.

107. *Cfr.* Athos Gusmão Carneiro, ob. cit., n. 36, p. 94, referindo o seguinte julgado: STJ, 4ª Turma, REsp 208.311-RJ, rel. Min. Sálvio de Figueiredo Teixeira, *DJU* 7.8.2000.

Dando-se o julgamento conjunto, haverá na sentença – formalmente única, mas objetivamente complexa[108] – capítulos decisórios relativos a cada uma das pretensões cumuladas: tanto capítulos de admissibilidade do julgamento de mérito, como capítulos de mérito e, se o caso, capítulos decorrentes da cisão da pretensão em caso de acolhimento parcial. *Em qualquer hipótese, deverá ser respeitada a coerência lógico-jurídica na solução das pretensões incompatíveis, que impede sejam ambas simultaneamente acolhidas.*

Nessa sentença formalmente única deverão ser imputados os custos financeiros do processo às partes que lhe tenham dado causa: normalmente os sucumbentes em cada demanda, conforme a parcela de sua sucumbência. Mas é preciso examinar, em cada caso, as pretensões cumuladas, as condutas adotadas pelas partes e as soluções ao final obtidas. Em especial, é preciso atentar à conduta do réu-oposto em caso de procedência da oposição e consequente improcedência da demanda, pois se poderá eventualmente concluir que sua inclusão no polo passivo da oposição terá decorrido unicamente da propositura da infundada demanda do autor – hipótese em que não seria legítimo condenar o réu a arcar com os custos da sucumbência na oposição.[109] A sucumbência é um bom indício da causalidade, mas é esta que, ao fim e ao cabo, deve informar a atribuição do custo do processo.[110]

A mesma regra de causalidade guiará a condenação ao pagamento das verbas de sucumbência em caso de julgamento isolado das demandas ou de decisão parcial de mérito quanto a uma delas.

2.664. relação de antecedência entre pretensões: prejudicialidade

A incompatibilidade entre pretensões constitui relação lógica em virtude da qual o acolhimento de qualquer uma delas impede, nos limites da incompatibilidade, o simultâneo acolhimento da outra. Sendo o terceiro o titu-

---

108. Cândido Rangel Dinamarco, *Intervenção de terceiros*, cit., n. 60, p. 127; Cassio Scarpinella Bueno, *Comentários ao Código de Processo Civil*, cit., comentários ao art. 685, p. 315; e Eduardo Talamini e Luiz Rodrigues Wambier, ob. cit., p. 168 (sendo que para estes últimos coautores tal ato formalmente uno é estruturalmente constituído por "duas sentenças" que julgam "duas lides").

109. Certamente pautados na regra da causalidade, Eduardo Talamini e Luiz Rodrigues Wambier afirmam que o vencido também deve ser condenado a arcar com os ônus da sucumbência da oposição (ob. cit., p. 167). De modo mais amplo, José Roberto dos Santos Bedaque pondera que a conduta do réu-oposto na oposição deve ser levada em conta para definir sua eventual corresponsabilidade pelo custo financeiro dessa demanda (ob. cit., comentários ao art. 61, p. 172).

110. *Cfr.* Bruno Vasconcelos Carrilho Lopes, *Comentários ao Código de Processo Civil*, 2ª ed., vol. II, São Paulo, Saraiva, 2018, n. 93, pp. 120-123.

lar do direito em disputa, ele não poderá pertencer ao autor ou ao réu opostos, e vice-versa: sendo titular do direito algum dos opostos, ele não poderá ser de titularidade do opoente.

Da perspectiva puramente lógica, trata-se, como se vê, de relação mutuamente excludente, sem que seja possível definir qual dos dois juízos seria antecedente em relação ao outro. No campo jurídico-processual, contudo, atribui-se à oposição o caráter de anterioridade, em virtude de sua maior amplitude objetiva e subjetiva. A demanda de origem abarca apenas a pretensão do autor em face do réu, que são, pois, os únicos sujeitos envolvidos no contraditório e, em princípio, alcançados pelos efeitos e pela estabilidade do provimento final. Já na oposição se conjugam as pretensões do opoente em face do autor-oposto e do réu-oposto, sendo os três sujeitos alcançados pelo contraditório, pelos efeitos da decisão e pela coisa julgada que sobre ela se formar. É, pois, o julgamento da oposição que condiciona o da demanda de origem, e não o contrário. Daí estabelecer o art. 686 que, "cabendo ao juiz decidir simultaneamente a ação originária e a oposição, desta conhecerá em primeiro lugar".[111]

A essa forma de antecedência lógico-jurídica a doutrina é unânime em atribuir a natureza de relação de prejudicialidade, afirmando-se ser a oposição *prejudicial* em relação à demanda de origem.[112]

Apesar do consenso quanto ao sentido vetorial da anterioridade e da nomenclatura a ele atribuída, nota-se divergência entre doutrinadores quanto aos efeitos produzidos por tal relação.

Parte da doutrina, alinhada ao vocabulário técnico das relações entre demandas, afirma que o julgamento da oposição condiciona o *teor do julgamento do mérito* da demanda de origem, de modo que o acolhimento da oposição impõe necessariamente a improcedência daquela pretensão – ao menos no âmbito da incompatibilidade entre elas.[113]

---

111. Em trabalho anterior esta autora havia observado a reciprocidade das influências condicionantes exercidas pela demanda de origem e pela oposição e afirmado que a definição da antecedência nesse caso decorria de opção legislativa (*Prejudicialidade no processo civil*, São Paulo, Saraiva, 2008, n. 6, p. 30, e n. 31, p. 193). A explicação do motivo que subjaz à escolha legislativa – maior dimensão objetiva e subjetiva da oposição – foi corretamente apresentada por Felipe Scripes Wladeck (ob. cit., esp. p. 683).

112. *Cfr.* os autores indicados nas notas 113 e 114, *infra*, bem como Luiz Edson Fachin, *Intervenção de terceiros no processo civil*, São Paulo, Ed. RT, 1989, p. 15.

113. *Cfr.*: Cândido Rangel Dinamarco, *Intervenção de terceiros*, cit., n. 43, pp. 93-95, e n. 45, p. 98; Antonio Carlos Marcato, ob. cit., n. 184, pp. 195-196; José Roberto Bedaque, ob. cit., esp. comentário ao art. 61, p. 171; Araken de Assis, ob. cit., n. 762.2, p. 596; Rodrigo Otávio Barioni, ob. cit., comentários ao art. 686, p. 1.121; Marcelo Pacheco Machado, ob. cit., n. 80, p. 143. Embora sem falar em prejudicialidade, Athos Gusmão

Para outros o acolhimento da oposição não enseja a improcedência, mas a inadmissibilidade do julgamento do mérito da demanda de origem, em virtude de carência superveniente de interesse processual.[114] Embora também aqui se diga que o julgamento da pretensão originária fica "prejudicado" (ou "perde o objeto"), o significado com que esse vocábulo é utilizado é o de *resolução sem julgamento de mérito em virtude da superveniente ausência de interesse processual*.[115]

Deve-se adotar a primeira posição, não apenas por força do correto uso dos termos técnicos, mas, principalmente, pela correta explicação do fenômeno jurídico-processual. Como não há identidade entre as pretensões veiculadas na demanda de origem e na oposição, o acolhimento desta não torna supérfluo o julgamento de mérito daquela, mas impõe a sua improcedência, por força da incompatibilidade. Afirmada imperativamente a titularidade do oponente sobre o direito demandado, é improcedente a pretensão (diversa, mas incompatível) do autor de ser declarado titular do mesmo direito em face do réu.

Além de tecnicamente correta,[116] tal solução atende melhor ao chamado "princípio da primazia do julgamento do mérito" (CPC, arts. 4º e 488), pelo qual se deve privilegiar a decisão de improcedência em face de decisão meramente terminativa, conferindo ao réu tutela jurisdicional mais ampla e definitiva.

Por outro lado, no caso de a oposição não ser acolhida – seja porque inadmissível o julgamento de mérito, seja porque improcedente –, fica em aberto a solução de mérito a ser dada à demanda de origem. Ou seja, a improcedência da oposição não enseja necessariamente a procedência da demanda originária.

Carneiro também afirmava ser a *improcedência* da demanda de origem a consequência necessária do acolhimento da oposição (ob. cit., n. 34, p. 92).

114. *Cfr.*: Cassio Scarpinella Bueno, *Comentários ao Código de Processo Civil*, cit., comentários aos arts. 685 e 686, pp. 315 e 316; Daniel Amorim Assumpção Neves, ob. cit., n. 33.2, p. 914; Eduardo Talamini e Luiz Rodrigues Wambier, ob. cit., Cap. 8, pp. 163-171, esp. pp. 164-165. No sistema italiano, Antonio Segni também afirma que a "prejudicialidade" entre oposição e demanda de origem se traduz em que, com a vitória do opoente, a demanda entre opostos se torna "supérflua" ("Intervento in causa (diritto processuale civile)", in *Novissimo digesto italiano*, 3ª ed., vol. 8, Turim, UTET, 1957, pp. 942-972, esp. n. 15, p. 956).

115. Para a crítica ao uso atécnico do vocábulo "prejudicado" nas situações de perda superveniente de interesse, cf. Clarisse Frechiani Lara Leite, *Prejudicialidade no processo civil*, cit., n. 55, pp. 300-301.

116. Entre os autores que se alinham a esta posição, José Roberto Bedaque é o que, de forma mais explícita, critica a solução contrária: "se procedente o pedido formulado pelo opoente, será rejeitada a demanda inicial. Haverá exame de mérito desta última, não sendo adequadas outras fórmulas normalmente empregadas, como prejudicada ou carência por falta de interesse" (ob. cit., comentário ao art. 61, p. 171).

É possível, inclusive, que ambas as demandas sejam julgadas improcedentes por falta de prova. Mesmo nesse julgamento conjunto o julgador levará em consideração as regras próprias de ônus relativas a cada demanda (com as interferências decorrentes da ampla "aquisição" de alegações, impugnações e provas tratada no item 2.659, *supra*). Assim, não havendo prova das alegações do opoente (impugnadas pelos opostos em qualquer dos dois contextos), a oposição será julgada improcedente, passando-se então a examinar a existência de prova suficiente para julgar procedente a demanda de origem.

2.665. recorribilidade

A cumulação de pretensões em um procedimento complexo traz desafios à compreensão da disciplina recursal do procedimento especial da oposição, tanto no que respeita à definição dos recursos cabíveis quanto no que concerne aos limites da devolução.

Quanto ao cabimento, dificuldade não há quando a decisão única julga conjuntamente as pretensões reunidas, pondo fim à fase de conhecimento como um todo. Não há dúvida de que tal ato configura uma *sentença*, de acordo com a definição do art. 203, § 1º, do Código de Processo Civil, sendo pois recorrível mediante *apelação*, nos termos do art. 1.009, *caput*.[117]

Também não se vacila diante de decisão que (a) julgue antecipadamente parcela do mérito da demanda de origem, no caso em que quanto a ela não haja incompatibilidade com a pretensão opositiva e seja desnecessária a produção de outras provas, ou que (b) declare a inadmissibilidade do julgamento de mérito dessa parcela da pretensão. Trata-se, de acordo com os arts. 203, § 2º, 354, par., 356, inc. II e § 5º, e 1.015, inc. II, de decisão interlocutória – de mérito ou terminativa –, impugnável por agravo de instrumento.

A dúvida se instala quando se examina o recurso cabível contra a decisão que julga separadamente a oposição – seja decretando a inadmissibilidade do julgamento do mérito, seja decidindo a pretensão –, enquanto o processo de origem prossegue. Conforme se entenda que a oposição e a demanda de origem integram o mesmo processo *ou* processos distintos, variará a resposta a essa questão. Tratando-se de processo único, terá natureza de decisão interlocutória – terminativa ou de mérito – o ato com que o juiz decidir apenas a demanda opositiva; e contra ela caberá agravo de instrumento, em regra desprovido de efeito suspensivo (CPC, arts. 203, § 2º, 354, par., 356, inc. II e §

---

117. Cassio Scarpinella Bueno, *Comentários ao Código de Processo Civil*, cit., comentários ao art. 685, p. 316; Daniel Amorim Assumpção Neves, ob. cit., n. 33.2, p. 914; Eduardo Talamini e Luiz Rodrigues Wambier, ob. cit., p. 168.

5º, e 1.015, incs. II e IX).[118-119] Compreendendo-se ao revés que o processo da oposição conserva sua autonomia, será sentença a decisão que puser fim à sua fase de conhecimento, dela cabendo apelação, dotada em regra de efeito suspensivo (CPC, arts. 203, § 1º, e 1.009, *caput*).[120-121]

Essa questão relaciona-se diretamente àquela examinada no item 2.648, *supra*, sobre a natureza da oposição no Código em vigor. Entende-se que, quando o juiz reúne os processos para que sejam instruídos conjuntamente e julgados na mesma sentença, forma-se um único processo complexo. Isso não necessariamente ocorre logo na propositura da demanda opositiva, mas após a decisão que *admite o processamento da oposição anterior à audiência e determina a sua tramitação simultânea à demanda de origem* (art. 685, *caput*) ou que, *reconhecendo o benefício da unidade da instrução para a duração razoável do processo, igualmente determina a tramitação da oposição posterior à audiência conjuntamente à demanda de origem* (art. 685, par.).

Com base nessa premissa, o recurso cabível será agravo ou apelação, a depender de já ter sido determinada ou não a reunião. Rejeitada liminarmente a oposição, caberá apelação; mas, se o julgamento isolado dessa demanda advier após a sua reunião com a demanda de origem, cabível será o agravo.

---

118. Cassio Scarpinella Bueno apresenta o mesmo raciocínio, conquanto adote ao final o entendimento de que cabe apelação, por ter o Código em vigor tratado a oposição como um novo processo (*Comentários ao Código de Processo Civil*, cit., comentários ao art. 686, p. 316).

119. No tratamento do litisconsórcio, Cândido Rangel Dinamarco reputa "artificiosa e injustificada" a "ficção da dualidade ou pluralidade de processos" em caso de pluralidade de partes (litisconsórcio, intervenções), afirmando ser "incômoda e esdrúxula" a situação configurada pela interposição de um recurso de apelação dirigido contra a decisão que julga parte do objeto composto (*Litisconsórcio*, cit., n. 10, p. 31).

120. É a posição adotada por Rodrigo Barioni (ob. cit., comentários ao art. 685, p. 1.120) e Cassio Scarpinella Bueno, (*Comentários ao Código de Processo Civil*, cit., comentários ao art. 686, p. 316).

121. Antonio Carlos Marcato apresenta critério diverso de definição da recorribilidade, pautado na distinção entre oposição autônoma e interventiva (que para o processualista não teria sofrido alteração com o Código de 2015), e outras dúvidas a ele relacionados. Para Marcato, tratando-se de oposição autônoma, sua rejeição liminar (p.ex., por falta de interesse ou legitimidade) dá-se por sentença, impugnável por apelação. Já diante da rejeição liminar da oposição interventiva, "se de um lado o ato de indeferimento da oposição é decisão interlocutória encartável no § 2º do art. 203 – pois, diversamente da sentença, não 'põe fim à fase cognitiva do procedimento comum', nem 'extingue a execução' (§ 1º) – de outro há a previsão do art. 485, inc. I, reconhecendo como sentença terminativa o ato de indeferimento da petição inicial – e apelável, portanto (art. 1.009)" (ob. cit., p. 192).

Veja-se, contudo, o quão cerebrina é essa solução, remetendo o intérprete à fase autonomista do processo, quando não se tinha ainda plena consciência da missão instrumental deste e dos escopos externos a serem por ele buscados. Por isso, além de ser recomendável a realização de reforma legislativa para disciplinar de forma mais adequada a oposição, em geral, e a recorribilidade nesse procedimento especial, em particular, impõe-se a plena aplicação da *fungibilidade recursal*,[122] para que as partes não sejam penalizadas por imprecisões do legislador. Processos não podem funcionar como armadilhas.[123]

2.666. limites da devolução recursal

A disciplina da devolução recursal fica impactada, à sua volta, por força da relação de prejudicialidade entre a oposição e a demanda de origem.

Regra geral na disciplina da devolução recursal, lastreada no princípio dispositivo, é a de que a *impugnação* determina os limites da devolução recursal concernentes às partes imperativas da decisão (capítulos decisórios). Na dicção do *caput* do art. 1.013, a "apelação devolverá ao tribunal o conhecimento da matéria impugnada".

> Já os fundamentos de cada parte do *decisum* – as questões suscitadas e discutidas, solucionadas ou não – são devolvidos no âmbito da profundidade da devolução, independentemente de menção pelo recorrente, desde que relativos ao respectivo capítulo (CPC, art. 1.013, § 1º).

Constitui contudo exceção a tal regra a devolução de capítulos não impugnados que sejam dependentes daqueles alcançados pelo recurso. Uma das hipóteses em que transparece a dependência é a da relação de prejudicialidade, presente na oposição.

---

122. Já era esse o entendimento de José Roberto dos Santos Bedaque no sistema anterior, diante da divergência doutrinária quanto ao cabimento de agravo ou apelação contra a extinção antecipada da oposição interventiva (ob. cit., comentários ao art. 59, p. 170).

123. Vem de longa data a preocupação de Cândido Rangel Dinamarco com a transformação das regras formais do processo "num sistema orgânico de *armadilhas*" (cf. *A instrumentalidade do processo*, 15ª ed., São Paulo, Malheiros Editores, 2013, n. 35, p. 318 – referindo discurso de posse do Professor no cargo de Juiz do extinto 1º Tribunal de Alçada Civil de São Paulo – *JTA* 65/279). Como também afirmado por José Roberto dos Santos Bedaque, uma das principais missões do processualista é "buscar fórmulas destinadas a simplificar o processo, eliminando os óbices que a técnica possa apresentar ao normal desenvolvimento da relação processual" (*Efetividade do processo e técnica processual*, 2ª ed., São Paulo, Malheiros Editores, 2007, n. 3, p. 25).

Assim como em primeiro grau não se pode julgar a demanda de origem procedente após o acolhimento da oposição, segue sendo impositivo o respeito a tal vínculo de incompatibilidade na fase recursal.[124]

Por isso, diante da sentença única que rejeita a oposição e acolhe a demanda do autor-oposto, mesmo que a apelação do opoente impugne apenas a rejeição de sua demanda, o capítulo relativo à demanda de origem ("dependente" ou "prejudicado") será também modificado pelo tribunal, para decretar a sua improcedência, *caso venha a ser provido o recurso para julgar procedente a oposição*. Rejeitado o recurso do opoente, contudo, e não tendo havido recurso do réu-oposto, não poderá o tribunal conhecer do capítulo decisório que acolheu a demanda originária.

Na situação em que a oposição tenha sido acolhida em primeira instância, com a consequente rejeição da demanda de origem, a relação de prejudicialidade não é todavia suficiente para determinar a automática modificação do capítulo prejudicado em virtude da alteração do prejudicial. Isso porque, embora o acolhimento da oposição imponha necessariamente a rejeição da demanda de origem – nos limites da incompatibilidade –, o inverso não é verdadeiro. A despeito da improcedência da oposição, a demanda de origem pode ser também improcedente.

Assim, eventual recurso interposto apenas pelo réu-oposto contra o acolhimento da oposição não terá aptidão a devolver ao tribunal o conhecimento do capítulo que rejeitou a demanda de origem, mesmo que a apelação venha a ser provida para julgar a oposição improcedente. Será necessário o recurso do autor-oposto para que o órgão *ad quem* fique investido do poder de reapreciar sua demanda, pois o acolhimento dessa pretensão diante de recurso interposto exclusivamente pelo réu para afastar a procedência da oposição configuraria *reformatio in pejus*.[125]

Por fim, como a relação de prejudicialidade opera no sentido da oposição para a demanda de origem, e não o contrário, em princípio o recurso in-

---

124. Sobre os limites da devolução recursal diante de relações de antecedência, do tipo preliminar e prejudicial, cf., desta autora, *Prejudicialidade no processo civil*, cit., nn. 32-35, pp. 195 ss.

125. Discorda-se da posição de Cândido Rangel Dinamarco, para quem, provida a apelação do réu-oposto contra a procedência da oposição, tal decisão do tribunal *deixaria* "o caminho livre para novo julgamento da causa inicial", que poderia ser "favorável ao próprio réu-apelante ou ao autor, conforme o caso" (*Intervenção de terceiros*, cit., n. 65, p. 136). Mas ressalva-se que o próprio Dinamarco transparecera adotar entendimento diverso (alinhado com o que se defende no texto), afirmando que, se a demanda inicial foi julgada improcedente, a devolução do capítulo relativo à oposição não interfere na devolução do capítulo relativo àquela demanda de origem (*Intervenção de terceiros*, cit., n. 64, pp. 134-135).

terposto apenas contra o capítulo de rejeição da demanda de origem, sem impugnar também a parte do *decisum* que acolheu a oposição, não terá o condão de ensejar a devolução deste último capítulo decisório ao tribunal.[126] E, nesse caso, o recurso será *fadado ao insucesso* (verdadeiramente *inepto*), pois por força da incompatibilidade entre pretensões é impossível acolher a demanda do autor quando antes acolhida a do opoente, sobre o mesmo bem ou direito. Aqui é preciso observar entretanto a regra de interpretação do pedido de acordo com o conjunto da postulação e com a boa-fé (CPC, art. 322, § 2º) – também aplicável ao pedido recursal –, bem como a que impõe a intimação da parte para a correção de vícios sanáveis antes da inadmissibilidade de recursos (CPC, art. 932), com base nas quais poderá ser possível, a depender da situação, compreender que a impugnação substancialmente alcançava também o capítulo da oposição, a despeito p.ex. da ausência de menção formal de tal pedido na conclusão da petição recursal.

2.667. limites subjetivos da eficácia e da estabilidade das decisões

A oposição apresenta também peculiaridades quanto aos limites subjetivos da eficácia e da estabilidade das decisões.

Por força da regra de limitação subjetiva da coisa julgada (CPC, art. 506), reconhece-se que o terceiro, titular de pretensão incompatível com aquela objeto de processo alheio, não fica em princípio *vinculado* pela decisão que venha a ser nele proferida *sem a sua participação*. Mas, porque pode eventualmente vir a ser impactado pelos efeitos prejudiciais de tal *decisum* (conquanto não vinculantes), é tal terceiro admitido a oferecer oposição para tentar desde logo evitá-los, interferindo com isso no litígio alheio e obtendo o julgamento de sua pretensão com prioridade.

Ao intervir, tornando-se – após a reunião – parte do processo único em que a demanda de origem e a oposição são debatidas, instruídas e julgadas, entende-se que o opoente deva ficar, por decorrência, sujeito à estabilidade dos atos de cuja formação teve oportunidade de participar. A *estabilidade* constitui, como corretamente afirmado por Sofia Temer, *a outra face da participação*.[127]

Tal conclusão se extrai, em primeiro lugar, da regra do art. 506 do Código de Processo Civil, segundo a qual as partes do processo entre as quais

---

126. Cândido Rangel Dinamarco, *Intervenção de terceiros*, cit., n. 60, pp. 127-128.

127. Defendendo a vinculação em casos de intervenções atípicas de terceiros, afirmou Sofia Temer que "preclusão é a outra face de participação" (*Participação no processo civil – Repensando litisconsórcio, intervenção de terceiros e outras formas de atuação*, Salvador, Juspodivm, 2020, n. 6.2.4, p. 388).

é proferida a sentença estão sujeitas à coisa julgada. Reforça-se, ainda, com a norma do art. 123 do mesmo diploma, quanto à qual mesmo a parte "auxiliar" fica alcançada pela estabilidade da decisão, não podendo mais discutir a sua justiça – salvo nas situações em que não tenha havido plenas condições de participação (CPC, art. 123, incs. I e II).

É preciso observar que esse entendimento não conta, contudo, com a adesão da doutrina. Tratando dos limites subjetivos da *coisa julgada* na oposição à luz do sistema anterior, Cândido Rangel Dinamarco levava em consideração apenas a condição de *parte na demanda*, e não de *parte no processo*, para definir o seu alcance. Subjetivamente, dizia ele, cada parte só fica alcançada pela coisa julgada quanto à decisão da *demanda em que seja parte*: os três litigantes quanto à oposição; apenas autor e réu quanto à demanda de origem.[128]

A posição alinha-se com a tese defendida por Enrico Tullio Liebman no artigo "Limites à coisa julgada nas questões de estado",[129] segundo a qual, em processos objetiva e subjetivamente complexos, as partes apenas ficam alcançadas pela coisa julgada com relação à decisão proferida quanto à sua respectiva "ação". No caso examinado pelo processualista italiano, após a improcedência de demanda proposta por herdeiros para declarar a inexistência de relação de filiação entre o pai já falecido e duas rés reconhecidas como filhas na mesma escritura pública, uma delas propôs demanda declaratória da não filiação da outra. Como no processo anterior havia duas demandas ("ações") e a atuação das filhas teria sido paralela (não contraditória), não estariam elas sujeitas à coisa julgada formada quanto à decisão relativa à outra, porque "não houve, na realidade, nem processo nem decisão entre elas".[130]

---

128. Dinamarco, *Intervenção de terceiros*, cit., n. 62, pp. 130-131. Giuseppe Chiovenda, para quem a coisa julgada representava o próprio bem reconhecido ou desconhecido pelo julgador, afirmava que a decisão de mérito do processo com intervenção principal (oposição) faria coisa julgada para todas as três partes (*Principii di diritto processuale civile*, cit., § 89, p. 1.112). Por outro lado, da perspectiva interna do processo, dizia que "a unidade da relação processual não impede a autonomia das demandas e das partes", de modo que o opoente poderia vir a ser ouvido como testemunha na relação entre autor e réu de origem (ob. cit., pp. 1.110-1.111). No sistema atual, sem afirmar que a reunião para julgamento conjunto ensejaria a formação de processo único, Cassio Scarpinella Bueno também limita subjetivamente a coisa julgada quanto a cada capítulo decisório considerando as partes da oposição (todos) e as da demanda de origem (apenas autor e réu) (*Comentários ao Código de Processo Civil*, cit., comentários ao art. 686, p. 317).

129. Liebman, "Limites à coisa julgada nas questões de estado", in *Eficácia e autoridade da sentença e outros escritos sobre a coisa julgada*, 4ª ed., trad. de Alfredo Buzaid, Benvindo Aires e Ada P. Grinover (textos posteriores à edição de 1945), Rio de Janeiro, Forense, 2007, pp. 197-205.

130. Enrico Tullio Liebman, ob. cit., p. 204. A tese é também adotada por Eduardo Talamini, com a ressalva de aplicar-se apenas às hipóteses de litisconsórcio simples, pois, sendo

Adotada essa premissa, tornar-se-ia irrelevante figurar ou não o opoente como parte do processo, pois de todo modo ele só seria alcançado pela eficácia e estabilidade da decisão relativa à demanda de oposição. Extraindo consequências dessa conclusão, se p.ex. a mesma sentença decretasse a inadmissibilidade do julgamento de mérito da oposição e afirmasse o direito do autor-oposto, o trânsito em julgado dessa decisão única não impediria que o opoente propusesse nova demanda (sanando o vício apontado na decisão de inadmissibilidade), para postular o direito já atribuído ao autor-oposto, porque, mesmo tendo sido *parte naquele processo*, não ficaria ele alcançado pela estabilidade da coisa julgada formada sobre a decisão da *demanda em que não figurou como parte*. De modo semelhante, Heitor Vitor Mendonça Sica – para quem a oposição segue sendo hipótese de intervenção – afirma que, caso transite primeiramente em julgado a decisão da demanda de origem, esse comando não impedirá o posterior acolhimento da oposição, que tornará "prejudicada" aquela decisão anterior revestida de coisa julgada.[131] Ou seja, mesmo intervindo como parte no mesmo processo, o opoente segue, para tais doutrinadores, reputando-se "terceiro" em relação à coisa julgada formada sobre a decisão que afirma o direito do autor-oposto.

De uma perspectiva teórica, não parece contudo adequado sustentar a atuação de determinado sujeito como parte ("principal") no processo e, paralelamente, considerá-lo terceiro quanto aos resultados produzidos.

Nota-se inclusive certo paradoxo quando se confronta tal posição com o tratamento dado ao opoente que, por não ter obtido a reunião das demandas para julgamento conjunto, vem a ser admitido a intervir como *assistente* no processo de origem. De acordo com Cândido Rangel Dinamarco, nas hipóteses de oposição autônoma vigentes no sistema anterior – em que o opoente não se tornava parte do processo de origem –, caso não fosse determinada a suspensão do primeiro processo (CPC-73, art. 60), o opoente poderia nele intervir como assistente, na defesa da improcedência da demanda (que não representaria reconhecimento do direito do réu sobre a coisa, mas nega-

---

o litisconsórcio unitário, com apenas uma pretensão dirigida a ambas as partes (como, p.ex., se no caso narrado por Liebman a impugnação no primeiro processo se fundasse na falsidade da escritura), a coisa julgada alcança todos os litisconsortes de modo incindível (*Coisa julgada e sua revisão*, São Paulo, Ed. RT, 2005, n. 2.5.8, pp. 116-117).

131. Heitor Vitor Mendonça Sica, ob. cit., p. 82. Veja-se que uma coisa é afirmar que o recurso contra o capítulo decisório da oposição promove a devolução automática ao tribunal do capítulo relativo à demanda de origem, *evitando o seu trânsito em julgado*. Outra, diversa, é sustentar que, *depois de transitada em julgado a decisão* quanto a uma parcela do objeto do processo composto, ela possa ser automaticamente desconstituída pela superveniente decisão quanto à parcela do objeto do processo concernente à oposição.

tiva do direito do autor).[132] Na condição de assistente (parte com poderes menos intensos), entende-se que o opoente ficaria então vinculado pela "justiça da decisão" proferida nesse processo *inter alios* (CPC-73, art. 55; CPC, art. 123).[133] Paradoxalmente, contudo, na hipótese em que o opoente se tornasse parte "principal" desse mesmo processo, por apresentar a oposição interventiva, ele não ficaria vinculado por qualquer estabilidade quanto à mesma decisão.[134]

Também para afastar esse paradoxo, entende-se que à atribuição ao opoente da condição de *parte no mesmo processo* deve corresponder alguma *vinculação por aquilo que vier a ser decidido entre autor e réu da demanda de origem* (ou seja, alguma eficácia *e* estabilidade).

Assim, nas hipóteses em que as demandas de origem e opositiva forem reunidas para tramitação e julgamento conjunto, formando um único processo, o opoente ficará sujeito a ser alcançado pela estabilidade das decisões relativas à demanda inicial, revestindo-se de interesse recursal para impugná-las quando aptas a prejudicar os seus interesses.

Lembre-se que o terceiro tem a *faculdade* de ingressar no litígio *inter alios*, mediante oposição, ou de propor sua demanda de modo autônomo, sem ser nesse caso alcançado pela eficácia de decisões proferidas em processo alheio. Ao *optar por oferecer a oposição*, o terceiro obtém os benefícios desse procedimento especial – entre os quais o julgamento de sua demanda com prioridade em relação àquela inicial – mas se submete também aos ônus e riscos daí advindos. Um deles é a sujeição à estabilidade das decisões proferidas, no processo único formado quando da reunião das demandas, sobre questões relativas a autor e réu originários que tenham o condão de impactar a sua esfera de direitos.

2.668. confronto com os embargos de terceiro

Ao definir os contornos da oposição, tradicionalmente se compara o instituto com os embargos de terceiro, em que também se evidencia o exercí-

132. Dinamarco, *Intervenção de terceiros*, cit., n. 53, p. 114.

133. Em outro trabalho esta autora sustentou de modo semelhante que na denunciação da lide, figurando o denunciado como assistente em relação à demanda de origem (a despeito de a lei tratá-lo por litisconsorte), fica ele igualmente alcançado pela estabilidade consistente na "eficácia da intervenção" (ou "justiça da decisão") (*Evicção e processo*, São Paulo, Saraiva, 2013, n. 50, p. 226).

134. É preciso ressalvar, contudo, que Dinamarco negava expressamente apenas a vinculação do opoente interveniente pela coisa julgada material relativa à decisão da demanda de origem, sem chegar a examinar a questão da perspectiva da vinculação pela "justiça da decisão".

cio de ação pelo terceiro para postular o acolhimento de pretensão própria no contexto de litígio *inter alios*.

No sistema anterior afirmava-se constituir distinção essencial entre as duas figuras o fato de a oposição pretender a *declaração de titularidade do direito* do terceiro, enquanto os embargos visariam a desconstituir ou impedir constrição judicial sobre bem do terceiro, apenas com *fundamento* em direito próprio. De um lado, a sentença da oposição pronunciar-se-ia *principaliter*, com aptidão à formação de coisa julgada material, sobre o direito real ou pessoal afirmado pelo opoente. De outro, o alegado direito do embargante e sua oponibilidade ao credor seriam examinados apenas *incidenter tantum*, não integrando o decisório sentencial e não ficando alcançados pela coisa julgada material.[135]

Essa distinção abalou-se no atual sistema, com a *novel* disposição de que, "acolhido o pedido inicial, o ato de constrição judicial indevida será cancelado, *com o reconhecimento do domínio, da manutenção da posse ou da reintegração definitiva do bem ou do direito ao embargante*" (CPC, art. 681) (destacou-se).

Diante da nova norma, parte da doutrina passou a afirmar que, nas hipóteses em que os embargos de terceiro se fundem na alegação de posse ou domínio sobre o bem, o julgamento de procedência abarcará a declaração de tais direitos.[136]

Não se deve compreender contudo que tal declaração *principaliter* do direito decorra automaticamente do acolhimento dos embargos de terceiro. Em

---

135. Cândido Rangel Dinamarco, *Intervenção de terceiros*, cit., n. 23, pp. 64-65; José Roberto dos Santos Bedaque, ob. cit., comentários ao art. 56, p. 165; Rodolfo da Costa Manso Real Amadeo, *Embargos de terceiro: legitimidade passiva*, São Paulo, Atlas, 2006, pp. 108-109. Sobre os contornos dos embargos de terceiro no sistema brasileiro, como processo fundado em *cognição sumária*, em que – diversamente do que se passava nos sistemas italiano e francês – não se decidia *principaliter* sobre o direito do terceiro, mas apenas sobre a constrição realizada no processo de execução em questão, v. Enrico Tullio Liebman, *Processo de execução*, 3ª ed., São Paulo, Saraiva, 1968, n. 47, pp. 86-88.

136. *Cfr.*: Eduardo Talamini e Luiz Rodrigues Wambier, ob. cit., *Curso avançado de processo civil*, 16ª ed., vol. 3, São Paulo, Ed. RT/Thomson Reuters, 2017, n. 22.8.4; Heitor Vitor Mendonça Sica, ob. cit., comentários ao art. 681, p. 68. Marcelo Pacheco Machado chega a afirmar que a pretensão nos embargos de terceiro seria agora essencialmente declaratória do direito, representando a desconstituição da constrição simples *efeito anexo* da sentença (ob. cit., n. 59, p. 114) – o que parece todavia exagerado. Para Rodrigo Barioni e Jorge Amaury Nunes, de forma mais cautelosa, a possibilidade de declaração *principaliter* do direito na sentença dos embargos dependeria do atendimento dos requisitos do art. 503, § 1º, do Código de Processo Civil, que permitem a extensão da coisa julgada à solução da questão prejudicial (in Lenio Luiz Streck *et al.*, *Comentários ao Código de Processo Civil*, 2ª ed., São Paulo, Saraiva, 2017, comentários ao art. 681, pp. 936-937).

respeito às regras da demanda e da correlação, que também tutelam o contraditório, é preciso que o embargante *formule pedido declaratório* para que a sentença possa abarcar tal efeito.[137] Afinal, tanto o objeto do debate quanto os sujeitos legitimados a dele participar variarão conforme se destinem os embargos à mera liberação da constrição ou à declaração *principaliter* do direito.[138]

Caso os embargos contemplem tal pedido declaratório, aproximar-se-ão em grande medida da oposição, inclusive porque a existência (ou ameaça) de constrição nunca constituiu óbice ao cabimento desta última.[139]

Segue de todo modo distinguindo os institutos o fato de que a oposição requer a litispendência em primeiro grau de jurisdição de processo em fase de conhecimento, enquanto os embargos são cabíveis tanto na fase de cumprimento como em execução (CPC, art. 675).

Também quanto à legitimidade passiva, mesmo no caso de os embargos abarcarem pedido declaratório, pode não ser preciso incluir o executado no polo passivo, enquanto na oposição o litisconsórcio é necessário. Pense-se, p.ex., na hipótese em que, além de não ter oferecido o bem à penhora, o executado tampouco conste como titular no registro de propriedade, justamente por tê-lo alienado ao terceiro embargante.

Já nos casos em que os embargos se limitarem a pretender o levantamento ou a não realização da constrição permanecerá adequada a distinção tradicionalmente afirmada pela doutrina entre os institutos, com base especialmente no objeto dos respectivos processos e, em consequência, nos efeitos e estabilidades das sentenças em cada um deles proferidas.

---

137. É o que também parece sustentar Antonio Carlos Marcato ao afirmar que o reconhecimento do domínio sobre a coisa advirá “se requerido pelo embargante” (ob. cit., n. 175, p. 186).

138. Quanto à legitimidade passiva, observe-se que, ao defini-la, o § 4º do art. 677 do Código de Processo Civil leva em conta apenas a relação dos sujeitos com o *ato de constrição*, sem considerar sua relação com o próprio direito material. Portanto, caso se peça o reconhecimento *principaliter* do direito, será preciso olhar para além de referido dispositivo, incluindo-se no polo passivo todos os sujeitos a serem alcançados de forma direta pela declaração (como, p.ex., o cônjuge do executado – CPC, art. 73, § 1º, inc. I).

139. Quanto ao cabimento de oposição mesmo diante de constrição, cf., no sistema anterior: José Roberto dos Santos Bedaque, ob. cit., comentários ao art. 56, p. 165; e, sob a égide do Código em vigor: Daniel Amorim Assumpção Neves, ob. cit., n. 33.1, p. 911. Diversamente, Araken de Assis afirma que a diferença fundamental entre oposição e embargos é a necessidade de constrição para cabimento destes últimos e o fato de que, em regra, inexiste constrição para cabimento da oposição (ob. cit., n. 762.2, p. 596).

CAPÍTULO CLXXIX – ***HABILITAÇÃO***

HELENA NAJJAR ABDO

2.669. morte, suspensão do processo e sucessão da parte – 2.670. transmissibilidade do direito ou da obrigação – 2.671. dupla legitimidade – 2.672. processamento da habilitação direta e da apartada – 2.673. natureza da decisão sobre o pedido de habilitação.

2.669. morte, suspensão do processo e sucessão da parte

Para muitos a *morte* é o fim de tudo. Porém, para o processo civil pode significar o *início de uma série de atividades*, todas elas necessárias à regularização da relação jurídica processual, com vistas a permitir que o processo continue seu devido curso.

No processo civil a morte tem vários efeitos, sendo uns mais imediatos e outros que se protraem no tempo. Assim que noticiado o falecimento de uma das partes, *suspende-se* imediatamente o processo, nos termos do art. 313, inc. I, do Código de Processo Civil. A partir daí, atos diversos terão de ser praticados para que se opere a *sucessão processual* do falecido (sucessão *mortis causa*), de modo que seu espólio (caso esteja pendente a partilha de bens) ou seus herdeiros (se já concluída a partilha de bens) assumam suas posições jurídicas no processo.

Com a morte, abre-se a sucessão do conjunto de direitos e obrigações do *de cujus*. E, pelo princípio da *saisine*, acolhido pelo art. 1.784 do Código Civil, opera-se de imediato a transmissão da herança aos sucessores. A rigor, transmitem-se aos herdeiros não só bens e direitos, mas, na verdade, todo o conjunto de posições jurídicas *ativas* e *passivas* do falecido, sendo elas objeto de disputa ou não, observada sempre a regra pela qual o herdeiro não responde por encargos superiores às forças da herança (CC, art. 1.792).

Frente à modificação da titularidade da relação jurídica material, opera-se também a sucessão *mortis causa* no plano processual (CPC, art. 110). Esta tem lugar em relação a direitos ou bens do falecido postulados em juízo ou no caso de obrigações que dele estejam sendo reclamadas em processos judiciais.[1]

Considerando que o conceito de *parte* não se refere somente a autor e réu, mas a todos os sujeitos em contraditório perante o órgão jurisdicional (Liebman), tem-se que a sucessão *mortis causa* também se dá em relação aos intervenientes, tais como o litisdenunciado e o assistente litisconsorcial.

Questiona-se, todavia, se pode haver sucessão do assistente simples falecido, dado que, pelo disposto no art. 121 do Código de Processo Civil, ele não defende posição própria, mas atua como auxiliar da parte principal. Contudo, tem-se entendido que o interesse jurídico que autoriza a assistência simples também é suficiente para justificar a sucessão processual. Solução diversa é aplicada ao *amicus curiae*, que, uma vez falecido, não pode ser sucedido no processo, pois sua intervenção se justifica por suas características personalíssimas, tais como as de um *expert* em determinado assunto objeto da disputa, de modo que seus herdeiros em nada poderiam contribuir caso viessem a sucedê-lo no processo.[2] Do mesmo modo, não se procede à sucessão *mortis causa* do representante processual da parte ou do advogado em caso de falecimento.

A sucessão processual *causa mortis* opera-se, *obrigatoriamente*, pela via da habilitação (CPC, 687). A habilitação é, portanto, procedimento por meio do qual os sucessores assumem a posição processual da parte falecida, de maneira a permitir que o processo se desenvolva de forma válida.

A morte da parte importa *imediata* suspensão do processo, por decisão de natureza declaratória, com eficácia *ex tunc*, ao contrário da imprecisa redação do art. 689 do Código de Processo Civil, segundo o qual procede-se à habilitação e suspende-se "a partir de então" o processo. Na verdade, a suspensão do processo ocorre quando da morte (CPC, art. 313, inc. I) e independe da apresentação da habilitação.

Tanto é assim que quaisquer atos praticados entre o falecimento e o pedido de habilitação são *nulos*, mas a respectiva nulidade só será decretada se

---

1. Clito Fornaciari Júnior, in Angélica Arruda Alvim *et al.* (coords.), *Comentários ao Código de Processo Civil*, São Paulo, Saraiva, 2016, p. 789.

2. Andre Vasconcelos Roque, in Fernando da Fonseca Gajardoni *et al.* (coords.), *Processo de conhecimento e cumprimento de sentença: comentários ao CPC de 2015*, Rio de Janeiro/São Paulo, Forense/Método, 2016, p. 1169. Em sentido contrário à habilitação de sucessor do assistente simples, v. Raniel Fernandes de Ávila e Andreza Lage Raimundo, "A eficácia do fato jurídico 'morte' no processo civil: uma análise teórico-dogmática do procedimento de habilitação no CPC/2015", *Revista de Processo* 304/135-155, 2020.

houver prejuízo aos sucessores.[3] Eventuais atos urgentes para preservação do direito também poderão ser praticados.[4]

Em qualquer caso, o processo não poderá ficar suspenso indefinidamente, motivo pelo qual a sucessão deve ser promovida por meio da habilitação, sob pena de extinção por ausência de pressuposto processual (CPC, art. 313, § 2º, c/c art. 485, inc. IV).

Na concepção do Código, a habilitação volta-se exclusivamente às hipóteses de sucessão *mortis causa*, ou seja, de morte da parte que é *pessoa natural*. Não obstante, a melhor doutrina tem proposto que o procedimento seja aplicável por analogia a outras espécies de sucessão, tais como (i) a alienação da coisa litigiosa (sucessão *inter vivos* a título singular – CPC, art. 109), (ii) a sucessão de pessoas jurídicas, em razão de dissolução total, fusão, incorporação ou falência e, até mesmo, em situações de incapacidade superveniente da parte.[5]

De todo modo, é certo que a habilitação não se presta a corrigir defeito originário relacionado à legitimidade *ad causam*, mas somente fatos decorrentes de uma alteração na titularidade de posições jurídicas no plano do direito material, ocorridos *posteriormente* à propositura da demanda.

2.670. transmissibilidade do direito ou da obrigação

Condição indispensável para o cabimento da habilitação para promover a sucessão processual é a de que o *direito* ou a *obrigação* sobre o qual ver-

3. "Nos casos de morte da parte no curso do processo, também a jurisprudência desta Corte é no sentido de que a suspensão é automática, a decisão tem efeito *ex tunc* e eventuais atos praticados após o falecimento são nulos em razão da mesma causa: a morte do mandante extingue automaticamente os efeitos do mandato" (STJ, 3ª Seção, EAR 3.358-SC, rel. Min. Gurgel de Faria, rel. para o acórdão Min. Félix Fischer, j. 10.12.2014, *DJe* 4.2.2015). No mesmo sentido: "Processo civil – Agravo interno – Embargos de divergência – Morte de uma das partes – Declaração de nulidade dos atos processuais – Necessidade de comprovação do prejuízo – *Pas de nullité sans grief.* 1. A eventual falta de observância da regra prevista no art. 265, I, do CPC/1973 (art. 313, I, do NCPC), que determina a suspensão do processo com a morte de qualquer das partes, enseja apenas nulidade relativa, sendo válidos os atos praticados, desde que não comprovado o prejuízo – Precedentes. 2. Agravo interno não provido" (STJ, 2ª Seção, EAREsp/AgInt 578.729-PE, rel. Min. Luís Felipe Salomão, j. 14.3.2018, *DJe* 20.3.2018).

4. Clito Fornaciari Júnior, in ob. cit., p. 790.

5. Neste último caso não se trataria propriamente de uma sucessão, como esclarece Heitor Vitor Mendonça Sica, pois a parte original não é sucedida, mas permanece como tal e há o ingresso do curador, para o fim de integrar a sua capacidade de ser parte (*Comentários ao Código de Processo Civil*, 2ª ed., vol. X – arts. 674 ao 718 –, São Paulo, Ed. RT, 2018, pp. 90-91).

sar a demanda seja *transmissível* aos herdeiros da parte falecida (CPC, art. 313, § 2º, inc. II). Se, todavia, a demanda tiver por objeto direito personalíssimo intransmissível, a morte de qualquer das partes acarretará, forçosamente, a extinção do processo sem resolução do mérito (CPC, art. 485, inc. IX).[6]

Naturalmente, aqui se está a tratar de situação em que a transmissão do direito ou obrigação ocorreu *depois* de instaurado o processo. Se ocorrer *antes* não se trata de sucessão processual, mas de questão relacionada à legitimidade de parte. Deverá, pois, a parte comprovar a sua condição de sucessora, sob pena de ser considerada ilegítima (CPC, arts. 330, inc. II, e 485, inc. VI).

Em geral, toda vez que a providência objeto do processo principal *não* puder *aproveitar* ao sucessor ou, eventualmente, dele ser exigida, está-se diante de situação de intransmissibilidade do direito ou da obrigação. Por outro lado, tratando-se de relações comerciais ou meramente patrimoniais (demanda indenizatória, despejo *etc.*) é possível a habilitação dos sucessores.

> Assim, não caberá habilitação – e, consequentemente, não haverá sucessão processual – em situações em que os direitos são *personalíssimos* e *intransmissíveis*, como numa *ação de divórcio* em que o autor vem a falecer no curso do processo. Outro exemplo de *intransmissibilidade* frequentemente encontrado na jurisprudência diz respeito a mandado de segurança impetrado por funcionário público com vistas à reintegração no cargo.[7] Todavia, caso haja *reflexos patrimoniais* da pretensão do impetrante, seus sucessores poderão habilitar-se no processo (caso haja pedido nesse sentido) ou valer-se de outras vias para perseguir tal finalidade. O mesmo se aplica aos casos em que o pedido de cumprimento da obrigação personalíssima possa ser objeto de conversão em indenização, por perdas e danos.

Em suma, o exame do *direito material* buscado pela parte é a chave para entender se haverá ou não transmissibilidade das suas posições jurídicas (material e processual) aos sucessores. Concluindo-se pela intransmissibilidade do direito, a consequência é a extinção do processo sem resolução do mérito (CPC, art. 485, inc. IX).

---

6. Antonio Carlos Marcato, *Procedimentos Especiais*, 17ª ed., São Paulo, Atlas, 2017, p. 243.
7. Clássico é o precedente do Plenário Supremo Tribunal Federal no MS/QO 2.2130-RS: "Mandado de segurança – Habilitação de herdeiros por morte do impetrante – Questão de ordem – Impossibilidade da habilitação dos herdeiros, dados o caráter mandamental da ação de mandado de segurança e a natureza personalíssima do único direito postulado: a reintegração em decorrência da invalidade do ato de demissão – Precedentes do STF – Pedido de habilitação indeferido, dando-se o processo por extinto sem julgamento do mérito e ressalvando-se aos herdeiros do impetrante as vias ordinárias para a persecução dos efeitos patrimoniais decorrentes da eventual invalidade do ato administrativo de sua demissão" (STF, Plenário, MS/QO 2.2130-RS, rel. Min. Moreira Alves, j. 13.3.1997, v.u., *DJU* 30.5.1997).

Por fim, vale ressaltar que, não obstante a redação do art. 313, § 2º, inc. II, a transmissibilidade em questão é requisito não apenas para sucessão do falecido *autor*, mas também do *réu*, nas situações em que isso é possível em razão da natureza do direito material discutido em juízo.[8]

2.671. dupla legitimidade

A lei prevê uma *dupla legitimidade* para requerer a habilitação: a parte sobrevivente em face dos sucessores da parte falecida ou estes em face daquela (CPC, art. 688, incs. I e II).

Essa duplicidade de legitimados explica-se em razão da verificação do *interesse* em requerer a habilitação: da mesma forma que a parte sobrevivente talvez não esteja interessada em providenciar a habilitação dos sucessores da falecida (como, p.ex., no caso de réu de demanda indenizatória proposta por autor falecido), os sucessores poderão também não ter qualquer interesse na habilitação e no prosseguimento do feito contra si.[9]

É por esse motivo que a doutrina costuma falar em *habilitação voluntária* (aquela em que o espólio ou sucessores tomam a iniciativa de comparecer aos autos e requerer a assunção da posição do falecido) e *habilitação compulsória* (aquela que é requerida pela parte contrária à parte falecida).[10]

Se a habilitação for requerida pela parte sobrevivente, o polo passivo será ocupado pelos sucessores do falecido (normalmente, o espólio, representado pelo inventariante, nos termos do art. 75, inc. VII). Se, todavia, for instaurada pelos sucessores do falecido, a parte sobrevivente do processo originário é quem figurará como requerida.

Algumas dúvidas surgem quanto a quem seriam os sucessores da parte falecida. O Código de Processo Civil não é preciso quanto a isso, ora mencionando os "interessados" (CPC, art. 687), ora se referindo em conjunto ao espólio e aos herdeiros (CPC, art. 110).

A resposta, evidentemente, está no âmbito do *direito material*, mais especificamente no direito das sucessões. Suas normas especificarão quem são

8. "O art. 313, § 2º, inc. II, alude à transmissibilidade do direito em litígio somente em relação à sucessão do falecido autor; todavia, essa mesma transmissibilidade será requisito para sucessão do falecido réu, como no caso das ações tendo por objeto relações de parentesco (investigatória de paternidade ou maternidade – v. CC, arts. 1.601, parágrafo único, e 1.606, parágrafo único" (Antonio Carlos Marcato, ob. cit., pp. 244-245).

9. Antonio Carlos Marcato, ob. cit., p. 245.

10. Antonio Carlos Marcato, ob. cit., p. 244. Também são comuns as expressões "habilitação ativa" (promovida pela parte sobrevivente em face dos sucessores do falecido) e "habilitação passiva" (de iniciativa dos sucessores do falecido em relação às partes remanescentes no processo – cf. Andre Vasconcelos Roque, ob. cit., p. 1.170).

os legítimos herdeiros e sucessores em cada caso concreto, com a análise das relações jurídicas do *de cujus*. Para efeito de aferição de legitimidade na habilitação o mais comum é que a parte falecida seja sucedida pelo *espólio* (massa desprovida de personalidade jurídica), representado pelo inventariante, em especial se o inventário já foi aberto, mas não ultimada a partilha (CC, art. 1.991). Se, todavia, ainda não houve abertura de inventário ou não tendo o inventariante sido compromissado, o espólio continuará na posse de administrador provisório, sendo por ele administrado (CPC, arts. 613 e 614). Realizada a partilha, os sucessores do falecido serão os seus herdeiros, não devendo haver litisconsórcio ou requerimento concomitante de habilitação do espólio e dos herdeiros.[11] Nas ações de caráter não patrimonial (como investigação de paternidade) a habilitação será feita diretamente pelos herdeiros do falecido e não pelo espólio.[12]

2.672. processamento da habilitação direta e da apartada

A habilitação tem lugar com o *pedido* do interessado (v. item *supra*, sobre legitimidade), não havendo previsão legal que autorize a instauração do procedimento *de ofício* pelo órgão jurisdicional (CPC, art. 2º). Não obstante, em caso de inércia dos legitimados, o Código dispõe expressamente que, ao tomar conhecimento da morte de qualquer das partes e, não havendo ainda pedido de habilitação, o juiz: (i) suspenderá o curso do processo originário, (ii) intimará os interessados, assinando-lhes prazo razoável – de dois a seis meses – para que procedam à habilitação (CPC, art. 313, § 2º).

Como dito anteriormente, a habilitação é procedimento *obrigatório*[13] e, em caso de *inércia* dos legitimados em promover a habilitação voluntária ou

11. Esse é o posicionamento do STJ (4ª Turma, ED nos ED no AgR no REsp 1.179.851-RS, rel. Min. Antonio Carlos Ferreira, *DJe* 29.4.2013). Mas "nada impede que os herdeiros figurem como assistentes do espólio, por terem interesse jurídico na solução daquela questão" (Rodrigo Otávio Barioni, in José Rogério Cruz e Tucci *et al.* (coords.), *Código de Processo Civil anotado*, São Paulo, Associação dos Advogados de São Paulo/OAB--PR, 2017, p. 1.122).

12. Nesse sentido: Andre Vasconcelos Roque, ob. cit., p. 1.171, mencionando precedente do STJ (REsp 331.482, rel. Min. Antonio de Pádua Ribeiro, j. 6.5.2002).

13. Sobre a obrigatoriedade da habilitação, v. esta interessante passagem de escrito do saudoso processualista Rodrigo Otávio Barioni, com menção a precedentes importantes: "Em caso de falecimento de qualquer das partes, a habilitação dos sucessores é procedimento obrigatório. Não é suficiente a mera informação nos autos do processo, sem contraditório, para que os sucessores do falecido venham a assumir a posição de parte. O prévio contraditório de todos os integrantes do processo e dos sucessores cujo ingresso se pretende é indispensável, sob pena de nulidade (STJ, 6ª Turma, REsp/AgR/AgR 1.064.919-PR, rel. Min. Nefi Cordeiro, *DJe* 10.11.2014). Em interessante acórdão,

compulsória, mesmo após a intimação a que acima se aludiu, não restará outra solução senão a extinção do processo sem resolução do mérito (CPC, art. 485, inc. III).

A habilitação é um *incidente* ou uma *demanda incidental*, a depender do formato que assuma (direta ou em autos apartados, como se verá mais adiante neste item). É cabível em qualquer grau e fase em que se encontrar o processo, ou seja, em primeiro grau de jurisdição, em grau recursal ou no cumprimento de sentença (CPC, art. 689). Ainda, tem lugar em qualquer espécie de processo (de conhecimento ou execução) e em qualquer procedimento, *comum* ou *especial*.

O pedido de habilitação, que é feito nos mesmos autos do processo em que falecida a parte (CPC, art. 689), é veiculado por simples *petição*, a qual *não* precisa revestir-se de todos os requisitos do art. 319 do Código, mas deve conter a prova do óbito e a demonstração da condição de sucessor (ou seja, do vínculo entre o falecido e o requerente da habilitação voluntária ou, eventualmente, entre o falecido e aquele contra quem se requer a habilitação compulsória).

O pedido é formulado por *dependência* ao processo em curso, já que a *competência* para processá-lo e julgá-lo é do órgão jurisdicional junto ao qual tramita o processo original, ou seja, naquele em que se noticiou o óbito de uma das partes. Se o processo estiver no tribunal, por conta de *competência originária* (rescisória, por exemplo) ou *recursal*, a habilitação será processada perante o respectivo relator e julgada conforme o que dispuser o regimento interno do tribunal em questão.[14]

A dicotomia existente no CPC-1973 foi mantida pelo Código vigente, sendo admissíveis as chamadas *habilitação direta* – que se desenvolve como *incidente processual*, nos mesmos autos do processo originário – e *habilitação apartada*, a qual, como o nome sugere, é autuada em apartado e conduzida como verdadeira *ação incidental*.

O critério de discriminação para a adoção de cada um os procedimentos (habilitação direta ou apartada) continua a ser o mesmo da legislação processual anterior: a necessidade ou não de dilação probatória aprofundada – ou seja, diversa da mera prova documental – para a resolução das questões concernentes à habilitação.

---

o Superior Tribunal de Justiça registrou que, em caso de falecimento do avalista, que integrava o polo passivo da execução, deve-se promover a habilitação dos sucessores, a fim de que possam assumir a posição do *de cujus*, e não o pedido de habilitação do crédito no inventário (3ª Turma, REsp 615.077-SC, rel. Min. Paulo de Tarso Sanseverino, *DJe* 7.2.2011)" (Rodrigo Otávio Barioni, ob. cit., p. 1.122).

14. Antonio Carlos Marcato, ob. cit., p. 245.

Em ambos os casos, porém, instaura-se necessariamente o *contraditório*, com a citação dos requeridos para resposta dentro do prazo de cinco dias (CPC, art. 690).

Há na doutrina quem entenda que a habilitação direta é aquela em que simplesmente não existe controvérsia ou litígio entre as partes ou entre os sucessores, ou seja, aquela em que não há oposição a que alguém suceda o falecido no processo, resolvendo-se a questão incidentalmente.[15] Não se pode concordar, contudo, com essa visão, já que o critério distintivo eleito pelo Código de Processo Civil nada tem a ver com a existência ou não de controvérsia ou resistência: em ambas as situações (habilitação direta e habilitação apartada) *pode ou não haver litígio* entre sucessores ou oposição da parte contrária. O diferencial está unicamente na necessidade ou desnecessidade de produção de outras provas além da documental, de sorte que, carecendo o processo de provas diversas da documental, a habilitação deve ser desentranhada dos autos originários e *autuada em apartado*.

Embora o Código trate de *citação* (CPC, art. 690) dos requeridos, melhor seria se tivesse empregado o termo "comunicação" para se referir ao ato que dá ciência do pedido de habilitação aos interessados, conferindo-lhes oportunidade para resposta. Isso porque podem ocorrer diversas situações, que dispensam o ato de citação da parte, a saber:

a) em caso de *habilitação voluntária* requerida pelo cônjuge supérstite e pelos herdeiros necessários do falecido, a parte sobrevivente será citada (ou intimada) a responder *na pessoa do procurador já constituído* no processo originário, na forma dos arts. 269 e ss. e do parágrafo único do art. 690;

b) nos casos de *ausência* do herdeiro ou *herança jacente* já declaradas judicialmente, a intervenção no processo originário caberá ao curador especial nomeado para esse fim (CPC, art. 75, inc. VI);

c) na habilitação voluntária requerida por *parte dos sucessores*, deverão ser comunicados não só a parte contrária, na pessoa do seu procurador, mas também todos os demais sucessores, na forma do art. 690 do Código;

d) na hipótese em que o *sucessor do falecido for litisconsorte* deste no processo em que se pretende realizar a habilitação, dispensa-se a citação pessoal, bastando a comunicação na pessoa do advogado (CPC, art. 690, parágrafo único).

A citação poderá ser realizada por *edital* sempre que forem desconhecidos os sucessores do falecido (CPC, art. 256, inc. I) ou, quando conhecidos,

---

15. Nesse sentido parecem ser as interpretações de José Miguel Garcia Medina, *Novo Código de Processo Civil comentado*, 4ª ed., São Paulo, Ed. RT, 2016, p. 1.002; Andre Vasconcelos Roque, ob. cit., p. 1.168; e Fabio Caldas de Araújo, *Curso de processo civil*, t. II, São Paulo, Malheiros Editores, 2016, pp. 103-104.

estiverem em local incerto ou inacessível (CPC, art. 256, inc. II). Não se cogita, nesses casos, de comunicação dirigida ao advogado da parte falecida, uma vez que com a morte *extingue-se o mandato*, não detendo o advogado poderes para receber citação em nome dos sucessores de seu finado cliente.[16]

Parte da doutrina credita a essas peculiaridades envolvendo a comunicação dos requeridos a existência da dicotomia entre habilitação direta e habilitação apartada. Assim, para essa corrente, quando for o caso de mera *intimação* na pessoa do advogado estar-se-á diante de uma habilitação direta (incidente processual), ao passo que, quando for cabível a citação de terceiros, a habilitação seria processada como ação autônoma (habilitação apartada). Mas essa *coincidência* é apenas parcialmente verificável na prática, pois bem se sabe, como acima demonstrado, que há casos de comunicação do ato diretamente ao advogado e que ensejam atuação da habilitação em apartado, já que o *verdadeiro critério* para distinguir o procedimento em habilitação direta (mero *incidente* nos autos) ou habilitação apartada (*demanda autônoma incidental*) é o da necessidade de se aprofundar a produção da prova para além da prova documental.

A polêmica *citação x intimação* ou *comunicação* também dá azo a outra discussão relevante no tema: a da *natureza jurídica da habilitação*. Aqui os doutrinadores se dividem em três correntes: ora entendem a habilitação como *mero incidente processual* (mesmo quando se tratar de habilitação autônoma),[17] ora a classificam exclusivamente como *ação incidental* (mesmo tratando-se de habilitação direta),[18] ora admitem *ambas as classificações*, a depender do procedimento assumido.[19]

Parece que razão assiste à última corrente, já que a habilitação pode assumir tanto a feição de *mero incidente*, sobretudo quando instruída com prova documental e resolvida de plano pelo juiz (*habilitação direta*), quanto a natureza de *demanda incidental*, nos casos em que é autuada em separado para uma produção de prova mais completa (*habilitação apartada*).

Pode ocorrer que, mesmo depois de instada a se manifestar sobre o pedido de habilitação (CPC, art. 690), a parte permaneça *inerte*, deixando o pra-

16. A última observação – sobre a limitação dos poderes do advogado – é de Clito Fornaciari Júnior, ob. cit., p. 792.
17. Filiado a essa corrente está Heitor Vitor Mendonça Sica, para quem o incidente de habilitação sequer se trata de procedimento especial e deveria estar disciplinado na Parte Geral do CPC, no capítulo atinente à "sucessão das partes e dos procuradores", a partir do art. 108 (ob. cit., pp. 94-95). Também entendendo tratar-se de mero incidente, v. a posição de Clito Fornaciari Júnior, ob. cit., p. 789.
18. Nesse sentido, v. Andre Vasconcelos Roque, ob. cit., p. 1.168.
19. Essa é a posição de Cláudia Elizabete Schwerz Cahali, in Teresa Arruda Alvim *et al.* (coords.), *Breves comentários ao novo Código de Processo Civil*, São Paulo, Ed. RT, 2020, p. 688.

zo transcorrer *in albis*. Na falta de dispositivo próprio, deve-se entender aplicável o sistema de preclusões do processo civil brasileiro (CPC, art. 223).

Não obstante, não se pode carrear ao silêncio da parte um peso excessivo, ou seja, *não se aplica o efeito da revelia*, com a presunção de veracidade dos fatos alegados (CPC, art. 345, por analogia). Tratando-se de questão relacionada à legitimidade *ad causam*, o requerente não estará dispensado de demonstrar a sua condição de sucessor, nem o juiz de examinar a prova pertinente, ainda que não haja resposta por parte do requerido.[20]

Outra particularidade da habilitação é, sem dúvida, a limitação do objeto de cognição do juiz. Diz-se que a habilitação tem cognição restrita à *condição de sucessor* do falecido e da *transmissibilidade* do direito em debate na demanda, conforme regras do direito material.[21] Em outras palavras, a cognição é limitada à *demonstração da morte da parte*, à *transmissibilidade* do objeto do processo e à verificação de *quem são os sucessores*. Não podem os requeridos trazer alegações estranhas à habilitação, como discussões sobre o litígio sucessório, pretensão de obter reconhecimento de filiação ou de união estável, por exemplo. Tais questões não devem ser trazidas para a habilitação, assim como também não cabem discussões relativas à demanda principal (originária), as quais deverão, igualmente, ser desconsideradas pelo magistrado.

No mais, na ausência de outras normas específicas (CPC, art. 318), o procedimento da habilitação, em especial o da *habilitação apartada*, seguirá o procedimento comum e suas regras para produção de prova, interposição de recursos *etc.*

2.673. natureza da decisão sobre o pedido de habilitação

Outra discussão relevante é a da natureza jurídica da decisão sobre o pedido de *habilitação*. Nesse ponto, a redação que assumiram os arts. 691 e 692 do Código não parece ser muito clara.

Todavia, a leitura conjunta de tais dispositivos leva à conclusão de que, a depender da *forma* pela qual se dê o processamento da habilitação – *direta* ou *apartada* –, a decisão assumirá a característica de *interlocutória* (na primeira modalidade) ou de *sentença* (na segunda modalidade).

Sentença haverá quando o pedido de habilitação assumir a feição de *ação autônoma incidental*. Com efeito, pela dicção legal, a decisão proferida nos

20. Nesse sentido: Heitor Vitor Mendonça Sica, ob. cit., p. 101. Contra o aqui sustentado, ou seja, pugnando pelo efeito da revelia, v. Raniel Fernandes de Ávila e Andreza Lage Raimundo, ob. cit., pp. 141-142.

21. *Cfr.* Cláudia Elizabete Schwerz Cahali, ob. cit., p. 688.

autos apartados terá a natureza de *sentença* e será trasladada, por cópia, aos autos do processo originário (CPC, art. 692), sendo ainda, impugnável por recurso de *apelação* (CPC, art. 1009).

Se, contudo, o pedido de habilitação for processado incidentalmente, o pronunciamento do juiz a respeito será uma *decisão interlocutória*, contra a qual caberá agravo de instrumento (CPC, art. 1015, inc. II).

Não obstante a posição acima manifestada, as vozes doutrinárias não parecem ter chegado a um consenso sobre a natureza da decisão que resolve a habilitação, bem como sobre a interpretação a ser dada aos arts. 691 e 692. Há quem entenda que, sob a égide do CPC 2015, não restam dúvidas de que o decisório que põe termo à habilitação é sempre *sentença*, independentemente da modalidade de processamento.[22] Esse é também o teor do Enunciado 55 da I Jornada de Direito Processual Civil, promovida pelo Conselho da Justiça Federal (CJF) em 2017.[23] Outros, apesar de entenderem que a habilitação configura sempre *incidente processual* (qualquer que seja a modalidade adotada), acolhem a dicotomia do Código quanto à natureza da decisão, admitindo que a decisão que julga a habilitação direta é *interlocutória* e a que resolve a habilitação apartada é *sentença*.[24]

Em qualquer caso, merece crítica a redação do art. 692 do Código, pois, ao se referir a "sentença", dá a falsa impressão de que a habilitação sempre se resolverá por sentença, quando na maior parte dos casos a habilitação é incidental e é julgada por *decisão interlocutória*. A regra em questão aplica-se, portanto, somente à habilitação apartada.

---

22. Nesse sentido, v.: Humberto Theodoro Júnior, *Curso de direito processual civil*, 50ª ed., vol. II, Rio de Janeiro, Forense, 2017, pp. 363-364; e Andre Vasconcelos Roque, ob. cit., p. 1.174.

23. "É cabível apelação contra sentença proferida no procedimento especial de habilitação (arts. 687 a 692 do CPC)."

24. Sobre o tema, vale transcrever as palavras de Heitor Vitor Mendonça Sica: "Numa interpretação sistemática e histórica do art. 691, resta claro que a decisão que julga a habilitação incidental é interlocutória e, numa interpretação do inc. IX do art. 1.015, chega-se ao entendimento de que dela cabe agravo de instrumento. Já a decisão que julga a habilitação apartada, embora também tenha inequivocamente natureza de incidente processual, teria natureza de sentença à luz do art. 692. A rigor, considerando-se o conceito básico de sentença haurido do art. 203, § 1º, do CPC-2015, realmente essa decisão nele não se encaixaria, pois não resolve, propriamente, mérito (na acepção dos arts. 485 e 487 e demais dispositivos do Código) e tampouco põe fim à fase cognitiva do procedimento comum. Contudo, o mesmo art. 203, § 1º, ressalva a aplicação desse conceito básico aos 'procedimentos especiais', dentre os quais se acha (embora indevidamente) a habilitação. Assim, ainda que incoerente e reprovável a solução dada pelo Código, não há espaço para fugir da realidade. Nas hipóteses raríssimas em que se adotar a forma de 'habilitação apartada', a decisão que a julgar será sentença (art. 692), sujeita a apelação (art. 1.009)" (ob. cit., p. 103).

Como se não bastasse, o dispositivo indica que a suspensão do processo encerrar-se-ia apenas com o *trânsito em julgado* da decisão do pedido de habilitação. Mais uma vez verifica-se um equívoco, pois nem sempre a cessação da suspensão do processo originário dependerá do trânsito em julgado. O processo originário poderá voltar a seu curso antes do trânsito em julgado, bastando, para tanto, que a decisão não esteja sujeita a recurso dotado de *efeito suspensivo*. Todavia, quando a habilitação não for acolhida – seja por decisão interlocutória, seja por sentença – o processo originário continuará paralisado, pois depende do ingresso dos efetivos sucessores do falecido na relação jurídica processual.

Operada a sucessão processual, por decisão de natureza *constitutiva* (pois confere a condição de parte ao sucessor recém-admitido),[25] o sucessor ingressa no processo no estágio em que este se encontra, sem poder rediscutir matérias já abarcadas pela *preclusão*.

25. Antonio Carlos Marcato, ob. cit., p. 247.

CAPÍTULO CLXXX – ***AÇÕES DE FAMÍLIA***

MARINA PACHECO CARDOSO DINAMARCO

2.674. ações litigiosas de família

O objetivo do Código de Processo Civil de 2015 foi o de buscar uma sociedade mais justa e solidária, e este principal escopo refletiu diretamente nas relações familiares, sendo dignas de nota as mudanças no âmbito do direito de família.

Ainda que tenha sido um tímido avanço, para o direito de família, um capítulo exclusivo com sete artigos e a recorrente abordagem do instituto da união estável e do companheiro em diversos dispositivos do Código, sem dúvida nenhuma, merece comemoração; afinal de contas, é a primeira vez que recebe esse tratamento na norma procedimental.

As "ações de família", que ocupam exclusivamente o Capítulo X do Título III do Código de Processo Civil, versam sobre os processos contenciosos, ou seja, processos litigiosos de divórcio, de separação (separação de corpos ou de fato), de reconhecimento e dissolução de união estável, de guarda e de convivência e filiação, como preanuncia o *caput* do art. 693. As demandas de jurisdição voluntária têm regulamentação específica nos arts. 731 a 734 da legislação processual.

Como dispõe o art. 693 do Código de Processo Civil, as ações de família seguirão o procedimento da legislação processual, salvo algumas exceções. A primeira delas diz respeito às ações de alimentos e às que versarem sobre interesses de criança ou de adolescente, como preconiza o parágrafo único do mencionado dispositivo. Quando se tratar de ação que se encaixe nessas duas situações, deverá observar o procedimento previsto em legislação específica – nesse caso, as Leis 5.478/1968 (Lei de Alimentos) e 8.069/1990 (Estatuto da Criança e Adolescente), respectivamente, aplicando-se, no que couber, as disposições do Código de Processo Civil.

Em relação à primeira exceção, principalmente no tocante às "ações de alimentos", há um claro retrocesso quando os alimentandos se deparam com complexas fraudes e desvios patrimoniais cometidos pelo alimentante para forjar uma irreal decadência financeira, pois, em processos complexos de omissão da real capacidade econômica do devedor alimentar, é imperiosa uma ampla produção de provas, que a antiquada Lei de Alimentos não permite.

Sempre pensando na proteção do alimentando – parte mais vulnerável –, deve ser aplicada a lei específica de alimentos naquilo que couber e a lei processual com a possibilidade de uma vertical investigação probatória, em especial, acerca da possibilidade financeira do alimentante, quando se tratar de empresário ou profissional liberal, pois consabido haver recorrente omissão patrimonial nestas situações específicas. Um exemplo clássico é a possibilidade de ajuizamento do incidente de desconsideração inversa da personalidade nas ações de alimentos (CPC, art. 133, § 2º) para descortinar as falsas insolvências de devedores de alimentos que escondem nas sociedades empresárias seus reais rendimentos.

Ainda que alimentos reclamem soluções ágeis e descomplicadas, por vezes é necessário o uso de instrumentos jurídicos para alcançar a efetividade do processo, e indispensável se torna o incidente de desconsideração inversa da personalidade jurídica nas ações de alimentos; em especial:

> "quando um devedor de pensão usa uma interposta pessoa ou via societária como escudo para cometer fraudulenta insolvência alimentar e transfere seus bens pessoais para uma empresa ou um terceiro sujeito, ou simula a sua retirada da sociedade empresária, está causando com estes gestos contratuais de lícita aparência um imenso prejuízo ao seu dependente alimentar. A reação judicial, nestes casos, há de ser a da episódica suspensão de vigência daquele funesto ato jurídico, para desconsiderar a pessoa física ou jurídica utilizada para fraudar o credor dos alimentos, sem a intrincada necessidade de demonstrar em ações judiciais especialmente propostas a nulidade do ato de aparente validade, ou de acionar por via de simulação empresas e sócios, com fôlego processual e recursos materiais não disponibilizados pelo dependente alimentar".[1]

De igual forma, possível a desconsideração da pessoa física no âmbito dos alimentos quando o alimentante usa de interpostas pessoas para comprar bens e/ou utiliza contas-correntes de terceiros por procuração, oportunidade

1. Rolf Hanssen Madaleno, *Direito de família*, Rio de Janeiro, Forense, 2020, p. 1.117.

na qual o magistrado deve declarar a desestimação da pessoa usada como "laranja" episodicamente e considerar como do fraudador os bens e rendimentos existentes em nome do presta-nome.[2]

Ainda que haja certa resistência dos julgadores, a desconsideração inversa da personalidade da pessoa física e jurídica vem ganhando espaço na jurisprudência quando configurada a transferência furtiva dos rendimentos e/ou do patrimônio para fraudar o sagrado dever alimentar.[3] Ou seja, ainda que o Código de Processo Civil remeta ao regulamento próprio, as ações de alimentos deverão se valer das regras da Lei 5.478/1968 no que couber e for benéfico ao alimentando, assim como das normas presentes na legislação processual.

O mesmo entendimento deve ser aplicado aos processos que envolvam interesses de criança ou adolescente, pois a ideia é a de proteger e garantir o mais alto nível de efetividade e de segurança às partes mais frágeis e desprotegidas do processo judicial.

Em outras palavras, por mais que a legislação exclua algumas situações, não há razão para interpretar o rol do art. 693 taxativamente, sendo ele meramente exemplificativo. Outros conflitos subsumíveis ao amplíssimo (e necessariamente mutável) conceito de família devem observar o disposto neste novel procedimento especial, sem prejuízo, se for o caso, de também seguir o que constar em leis específicas.[4] Esta posição está ancorada também no Enunciado 71 aprovado no Fórum Permanente dos Processualistas Civis.

A terceira exceção está nos processos que envolvam interdição, em virtude do tratamento específico nos arts. 747 a 763 do Código de Processo Civil. Neste ponto, o Código apresentou um avanço importante ao garantir um tratamento mais digno e humano às pessoas interditadas, pelas cautelas tidas

2. Rolf Hanssen Madaleno, Fraude no direito de família e sucessões, Rio de Janeiro, Forense, 2021, p. 789.

3. "Agravo de instrumento – Incidente de desconsideração inversa da personalidade jurídica – Decisão que deferiu a liminar para determinar a indisponibilidade de bem imóvel, bem como a citação de terceira pessoa em cujo nome encontra-se registrado o bem – Incidente instaurado no curso de execução de prestação alimentícia – Bem imóvel que teria sido objeto de contrato particular de compra e venda firmado pela sociedade empresária, cujo administrador era o alimentante, e, posteriormente, transferido à sua esposa, sendo utilizado pelo sócio para fins particulares – Presentes os pressupostos para deferimento da liminar pleiteada – Incidência do disposto no art. 300 do CPC – Imbróglio patrimonial que denota a probabilidade do direito alegado – Caracterização de risco ao resultado útil do processo decorrente da possibilidade de transferência furtiva do patrimônio, o que prejudicaria os interesses da menor na execução de alimentos – Recurso ao qual se nega provimento" (TJRJ, 13ª Câmara Cível, AI 0004523-26.2018.8.19.0000 rel. Des. Fernando Fernandy Fernandes, j. 13.6.2018).

4. Cassio Scarpinella Bueno, *Manual de direito processual civil*, 2ª ed., São Paulo, Saraiva, 2016, p. 254.

com as pessoas portadoras de alguma deficiência e pelo cuidado de inserção social. Exemplo disto é a garantia de uma entrevista com o juiz e com um especialista, ao invés de um interrogatório, como se fazia anteriormente, assim como não existe mais a incapacidade absoluta para enfermidades – apenas para pessoas com idade inferior a 16 anos. Outra mudança é a indicação obrigatória pelo magistrado acerca do grau de capacidade e a necessidade de especificar quais atos o interditado está impedido de fazer, corroborando com os objetivos centrais do Código de promover uma sociedade mais justa e solidária.

Por fim, a quarta exceção diz respeito às ações consensuais de divórcio e de dissolução de união estável, podendo até mesmo esses procedimentos ser feitos extrajudicialmente quando não existirem filhos comuns ou nascituro (outra inovação trazida pelo Código de Processo Civil) e interesse de incapaz.

Todas as ações restantes são reguladas no Capítulo X do Código de Processo Civil – *caput* do art. 693 –, divórcio litigioso, reconhecimento e dissolução de união estável; e grande e principal retrocesso foi a menção à *separação*. Este foi um equívoco do legislador, tendo em vista ter sido extinto o instituto da separação pela Emenda Constitucional 66/2010 e também pelo fato de nunca ter sido permitida a discussão da causa no divórcio. Além disso, com a promulgação da Emenda Constitucional 66/2010 o divórcio passou a ser um direito potestativo, ou seja, não aceita contestações de nenhuma das partes, e assim como não mais exige um tempo prévio da separação fática para sua decretação.

Dessa forma, todas as menções da legislação à separação devem ser lidas e entendidas como *separação de corpos* ou a *separação de fato do casal*, cujas figuras jurídicas são as únicas viáveis no cenário atual, mas nunca a separação judicial, pois foi excluída definitivamente pelo texto constitucional.

2.675. mediação e conciliação

O art. 694 quer otimizar a possibilidade de soluções consensuais e alternativas dos conflitos de família, inclusive com profissionais que não tenham necessariamente formação jurídica. Caberá ao juiz, portanto, optar entre diversos profissionais, desde que sejam qualificados em uma ou mais áreas de conhecimento específico, de acordo com as necessidades do caso concreto. O parágrafo único do art. 694 incentiva a diretriz do *caput* ao autorizar a suspensão do processo enquanto as partes buscam entendimento consensual por outras vias. Convém esclarecer, porém, que essa possibilidade não se esgota nos exemplos trazidos pelo legislador e o prazo de suspensão não se limitará ao período de um ano previsto no art. 313, § 4º, do Código de Processo Civil, por se tratar de hipótese que reclama prioridade absoluta de resolução.

Por mais que esta inserção tenha sido feita com o objetivo de desafogar o Judiciário, infelizmente, é uma medida que muitas vezes atrasa os processos de direito de família, pois o réu passou a ser citado para comparecer à audiência de mediação, não mais para se defender. Sob esta faceta, são desenrolados diversos outros problemas. Quando é citada, a pessoa apenas recebe o mandado de citação, sem cópia da inicial, de forma a construir ansiedade e curiosidade até o dia designado para a audiência. Na prática, todos demandados contratam um advogado para ter ciência do conteúdo da inicial, da forma que deveria ser, pois, inimaginável o comparecimento em uma audiência de negociação sem o conhecimento prévio da pretensão da parte contrária.

Afinal, o maior problema desta norma está na sua obrigatoriedade. Ao menos deveria ser feita uma seleção, como de fato alguns juízes têm feito, tendo em vista não ser proveitoso e muito menos eficiente em relação às partes mandar todos os processos direto para mediação. Na realidade, nos conflitos familiares as partes estão ressentidas, em especial na fase inicial da demanda, e precisam do tempo do processo para aceitar o fim do amor (luto), por este motivo o art. 696 preconiza que a audiência de mediação e conciliação poderá dividir-se em tantas sessões quantas sejam necessárias para viabilizar a solução consensual, sem prejuízo de providências jurisdicionais para evitar o perecimento do direito, afinando-se com o art. 695 e relacionando-se, intimamente, com a razão de ser da busca de soluções mediadas de conflito.

Há vantagens e acordos frutíferos, mas por vezes a insistente e incisiva tentativa do magistrado na conciliação, quando nitidamente não há espaço para composição, é desastrosa e passa a ser um desserviço à sociedade, pois um acordo imposto termina um processo mas não resolve o problema e, com isso, gera um agravamento do conflito e, seguramente, um processo futuro mais complexo e doloroso.

Por fim, o Código de Processo Civil estabelece em seu art. 697 que, frustradas as tentativas de solução consensual do conflito e não realizado acordo, passarão a incidir, a partir de então, as normas do procedimento comum, a partir do art. 335. Assim, dá-se início ao processo contencioso abrindo para o réu a oportunidade de apresentar sua contestação.

2.676. procedimento específico

Para todas as ações contenciosas de família, como preconiza o *caput* do art. 693, com as devidas ressalvas já aqui feitas, o art. 695 estabelece um procedimento-padrão. Recebida a petição inicial e após a concessão de eventual tutela provisória (arts. 294 a 311), determina-se a citação na pessoa do réu (art. 695, § 3º), preferencialmente pelo correio (§ 2º), para comparecer à audiência de mediação e conciliação, sem prejuízo das iniciativas previstas no art. 694. Tal citação deverá ocorrer até 15 dias antes da audiência, como menciona o § 2º do dispositivo.

Importa destacar que, de acordo com o § 1º do art. 695, a citação é desacompanhada de cópia da inicial, como já previamente mencionado, mas o acesso aos autos, inclusive ao réu, é expressamente franqueado a qualquer tempo. A iniciativa quer evitar que o réu, tão logo receba o mandado de citação e tenha ciência do teor da inicial, fato que poderá, por si só, dificultar a solução consensual para o caso, tendo em vista a falta de embasamento no momento inicial da audiência de conciliação. Inclusive, neste momento, o § 4º impõe que as partes estejam representadas por seus advogados e/ou pela Defensoria Pública na audiência.

Outra novidade inserida no art. 698 do Código de Processo é a intervenção do Ministério Público somente quando houver interesse público, ou seja, em casos envolvendo jurisdicionado ou interessado incapaz. Esta norma se diferencia da anterior prevista no art. 82 do CPC-73, pois foi afastada a visão clássica de a preservação da família ser de interesse do Estado.[5] Além disso, importante inclusão feita em 2019, na forma de parágrafo único ao dispositivo, anunciando a intervenção do Ministério Público, mesmo quando não for parte, nas ações de família em que figure como parte vítima de violência doméstica e familiar, nos termos da Lei Maria da Penha (Lei 11.340/2006).

Finalmente, o art. 699 preconiza que, quando o processo envolver discussão sobre fato relacionado a abuso ou a alienação parental,[6] o juiz, ao tomar o depoimento do incapaz, deverá estar acompanhado por especialista. A inserção deste dispositivo é importantíssima ao direito de família e condizente com a proposta humanizadora do Código, tendo em vista que a diversificação de profissionais atuantes nas "ações de família" é fundamental para o atingimento dos objetivos desejados desde o direito material, inclusive, mas não só, para fins de obtenção de solução consensual do conflito, em especial quando envolve ação tão delicada como as de abuso e de alienação parental. Esta mudança visa a manter o princípio do melhor interesse da criança em ações complexas, de forma que o acompanhamento feito por profissionais especializados é de extrema beneficência e deve ser explorado pelos magistrados, pois não são raras as vezes onde há falsa acusação de abuso para

---

5. Fernanda Tartuce, *Processo civil no direito de família. Teoria e prática*, 3ª ed., Rio de Janeiro, Método, 2018, p. 316.

6. O art. 2º da Lei n. 12.318/2010 define *alienação parental* como "a interferência na formação psicológica da criança ou do adolescente promovida ou induzida por um dos genitores, pelos avós ou pelos que tenham a criança ou a adolescente sob a sua autoridade, guarda ou vigilância para que repudie genitor ou que cause prejuízo ao estabelecimento ou à manutenção de vínculo com este."

o afastamento de um dos genitores da vida dos filhos, cuja situação é de difícil diagnóstico e exige a presença e o auxílio de um profissional da saúde.

Apesar da importância da mudança, o legislador perdeu a oportunidade de regular de forma unificada a oitiva das crianças e dos adolescentes em situações de abuso, seja físico, sexual, psicológico ou pela tortura da deletéria campanha de alienação parental, pelo depoimento especial sem dano.

O depoimento sem dano, atualmente chamado de depoimento especial, tem sua origem no art. 28, § 1º, do Estatuto da Criança e Adolescente e na doutrina da proteção integral, e sua função é garantir uma escuta segura e menos traumática à criança, como, p.ex., ser realizado em lugar acolhedor, por profissional da saúde e sem a presença do agressor.

Pela falta de regulamentação pela lei processual, a Lei 13.431/2017 cuidou não só de conceituar e especificar as formas de violência, como de estipular o procedimento da escuta especializada e tipificar como crime a violação de sigilo processual sem a autorização judicial e sem o consentimento do depoente ou de seu representante legal.

Com base nesta legislação os magistrados devem ouvir as crianças e adolescentes envolvidos em conflitos familiares onde há alegação de qualquer espécie de abuso, pois, por mais sofrida que possa ser uma oitiva judicial – amenizada pelo regulamento do depoimento especial –, sem dúvida alguma, é maior o sofrimento pelo constrangimento causado por abusos psicológicos, sexuais, físicos e pelo afastamento injusto de genitores inocentes e vítimas da fatídica e crescente alienação parental.

CAPÍTULO CLXXXI – AÇÃO MONITÓRIA

JOSÉ ROGÉRIO CRUZ E TUCCI

2.677. introdução

A técnica processual do procedimento monitório originou-se na órbita do direito comum medieval, que é modernamente adotada, com algumas importantes variações, em inúmeras legislações da Europa continental: *procedimento d'ingiunzione*, na Itália; *Mahnverfahen*, na Alemanha e na Áustria; *injonction de payer*, na França e na Bélgica; *etc.*[1]

Escudada também na evolução histórica e nas diversificadas vertentes que o instituto ora estudado tomou nos textos legais hodiernos, a doutrina distin-

1. O *procedimento monitório* é regulamentado na Itália pelos arts. 633 a 656 do CPC; na Alemanha, pelos §§ 688 a 703d do *ZPO*, com a reforma introduzida pela *Vereinfachungsnovelle* de 3.12.1976; na Áustria, pelos §§ 448 a 453 e 548 a 554 do *ZPO*; na França, pelos arts. 1.405 a 1.425 do NCPC; e na Bélgica, pelos arts. 1.338 a 1.344 do CJ.

gue, a partir da contribuição de Piero Calamandrei, o *procedimento monitório puro* do *procedimento monitório documental*.[2]

No primeiro, a emissão da ordem de pagamento não se lastreia necessariamente na existência de prova escrita do débito.

No procedimento monitório documental, pelo contrário, aquela determinação judicial deve sempre basear-se em prova incontestável do crédito.

Inspirados nessa classificação, os processualistas uruguaios distinguem o *procedimento monitório* "presuncional", "basado en la presunción legal de la improbabilidad de la contradicción", do "pleno", "cuando se exige plena prueba de derecho del actor para habilitar el procedimiento".[3]

Advirta-se, com Lorca Navarrete, que a aludida distinção, do ponto de vista técnico, não se afigura precisa, uma vez que no denominado *procedimento monitório puro* a demonstração documental da dívida "es una práctica frecuente".[4]

Na verdade, nesta espécie de procedimento, vigente nos sistemas processuais da Alemanha e da Áustria (*Mahnverfahen*), a prova que acompanha o pedido (*Mahnantrag*) é prescindível, devido não ser ela geralmente examinada pelo juiz (*Amtsgericht*), porquanto a ordem liminar de pagamento (*Zahlungsbefehl*) é exarada pelo seu auxiliar – o *Rechtspfleger* alemão –, que apenas analisa os pressupostos de cabimento e a plausibilidade da *causa petendi* deduzida.[5]

Essa, igualmente, a praxe procedimental da *injonction de payer* adotada na França, com a única diferença de que é o próprio magistrado, após um su-

---

2. V.: Piero Calamandrei, *Il procedimento monitorio nella legislazione italiana*, Milão, Unitas, 1926. V., a propósito: Salvatore Satta, *Diritto processuale civile*, 11ª ed., atualizada por Carmine Punzi, Pádua, CEDAM, 1993, p. 819; Proto Pisani, *Verso la riforma del Codice di Procedura Civile?, Appunti sulla giustizia civile*, Bari, Cacucci, 1982, p. 435; Antonio M. Lorca Navarrete, *El procedimiento monitorio civil*, San Sebastián, Instituto Vasco de Derecho Procesal, 1988, pp. 18-19.

3. V., a propósito, Luís Alberto Vieira, "Teoría general del proceso monitorio", in *Curso de derecho procesal* (obra coletiva), t. 5º, vol. 1, Montevidéu, Fund. Cult. Universitaria, 1988, p. 15.

4. Antonio M. Lorca Navarrete, ob. cit., p. 19.

5. *Cfr.* Fritz Baur, *Zivilprozessrecht*, 5ª ed., Frankfurt am Main, Alfred Metzner, 1985, p. 219; Roger Perrot, "Il procedimento per ingiunzione – Studio di diritto comparato", *Rivista di diritto processuale*, 1986, pp. 727-728.
V., sobre o *Rechtspfleger*, que é considerado "un funcionario que comparte funciones de administración de justicia con el juez, para exonerarle de trabajos no estrictamente jurisdiccionales, lo que permite a éste una dedicación más intensa a ellos y disponer del tiempo necesario": I. Prieto-Castro y Ferrándiz, *El "Rechtspfleger", libro homenaje a Jaime Guasp*, Granada, Comares, 1984, pp. 475 e ss. V., ainda, Sidnei Agostinho Beneti, "Ação monitória da reforma processual", *Revista de Processo* 77/23, 1995.

perficial exame formal da petição inicial (*requête*), quem determina a expedição da ordem de pagamento.[6]

No Brasil, durante a vigência do Código de Processo Civil de 1973 inúmeros processualistas pátrios fomentavam a adoção do procedimento monitório pelo nosso sistema jurídico.[7] Constava ele, aliás, do Anteprojeto de modificação do Código de Processo Civil, elaborado pela comissão nomeada pelo Ministro da Justiça no ano de 1985.

Aproveitando, por certo, aquela sugestão, em momento posterior, a comissão presidida pelo Min. Sálvio de Figueiredo Teixeira apresentou proposta semelhante ao Congresso Nacional, consubstanciada no Projeto de Lei 3.805/1993, que acabou sendo convertido na Lei 9.079, de 14.7.1995.

Foi, assim, instituída a denominada *ação monitória* em nosso sistema processual, acrescentando-se os arts. 1.102ª, 1.102b e 1.102c ao Código de Processo Civil, no final da parte que disciplina os *procedimentos especiais de jurisdição contenciosa*.

O vigente Código de Processo Civil contemplou igualmente o procedimento monitório nos arts. 700 a 702.

2.678. enquadramento topológico (interação entre direito e processo)

Verifica-se, ademais, que, apesar de o instituto ter sido inserido em sede adequada, continuou sendo seguido o vezo de nominar as ações que se desenrolam mediante procedimento especial.

Na verdade, a técnica do procedimento monitório se justifica, no plano científico, pelas mesmas razões que determinaram a opção pela conservação de algumas "ações especiais" que, "longe de significarem simples desvios do padrão ritual ordinário, equivalem a formas muito especiais de tutela processual sumária".[8]

É que, como explica Antonio Carlos Marcato, a especificidade procedimental resulta, em várias hipóteses, da exigência de uma tutela jurisdicional mais rápida, tendo-se em vista as características que envolvem o litígio sub-

---

6. *Cfr.* Perrot, ob. cit., p. 728. V., no mesmo sentido, Jacques Héron, *Droit judiciaire privé*, Paris, Montchrestien, 1991, p. 383.

7. V., a propósito: Galeno Lacerda, "Mandados e sentenças liminares", *Revista Forense* 236/11-12, 1971; Humberto Theodoro Júnior, *O procedimento monitório como possível solução para o problema da execução de duplicata sem aceite*, Uberaba, Vitória Editora, 1976, e "O procedimento monitório e a conveniência de sua introdução no processo civil brasileiro", *Revista Forense* 271/71, 1980.

8. *Cfr.* Ovídio Baptista da Silva, *Curso de processo civil*, 4ª ed., vol. 1, Rio de Janeiro, Forense, 2008, p. 98, e *Procedimentos especiais*, Rio de Janeiro, Aide, 1989, p. 74.

metido à apreciação jurisdicional, assim como das imposições das pretensões nele contidas, ou seja, "o conflito de interesses a ser dirimido apresenta particularidades que escapam ao alcance de um tratamento processual comum, daí por que os procedimentos especiais se ajustam às peculiaridades das exigências das relações jurídicas nele deduzidas".[9]

E isso, certamente, está a evidenciar a inescondível convivência das esferas de direito substancial e processual, sendo que a primeira, em relação à segunda, aflora como um *prius* lógico. Nesse mesmo sentido, ressalta Carnelutti que entre direito e processo existe um relacionamento lógico circular: "o processo serve ao direito, mas, para que sirva ao direito, deve ser servido pelo direito".[10]

Assim, pelo chamado princípio da adaptabilidade do procedimento aos pormenores da pretensão, emerge cristalina a influência que o direito material acarreta no procedimento, "o que reforça a ideia da necessidade de relativizar o binômio direito-processo, a fim de que sejam alcançados os objetivos do direito processual".[11]

2.679. conceito e características

A ação monitória consiste no meio pelo qual o credor de quantia certa ou de coisa móvel determinada, cujo crédito esteja comprovado por documento hábil, requerendo a prolação de provimento judicial consubstanciado, em última análise, num mandado de pagamento de quantia em dinheiro, de entrega de coisa ou, ainda, de adimplemento de obrigação de fazer ou de não fazer, visa a obter a satisfação de seu direito.

Já no que se refere à sua estrutura, tal demanda é veiculada mediante procedimento especialíssimo, em razão da sumariedade formal da cognição e de outros aspectos que o conotam.

Ademais, nos moldes como estabelecido no art. 700, trata-se de *procedimento monitório documental*, que é caracterizado, como acima explicado, pela exigência de prova escrita do crédito, desprovida de eficácia executiva.

---

9. Antonio Carlos Marcato, *Procedimentos especiais*, 18ª ed., São Paulo, GEN/Atlas, 2021, p. 37. V., também, procurando justificar a influência do direito material no sistema processual: Adroaldo Furtado Fabrício, *Comentários ao Código de Processo Civil*, 2ª ed., vol. 8, t. 3, Rio de Janeiro, Forense, 1984, p. 8.
10. *Cfr.* Carnelutti, *Diritto e processo*, Nápoles, Morano, 1958, p. 33. V., a propósito: Carnelutti, "Profilo dei rapporti tra diritto e processo", *Rivista di Dirittto Processuale*, 1960, p. 545; Fazzalari, *Note in tema di diritto e processo*, Milão, Giuffrè, 1957, pp. 47 e 115.
11. José Roberto dos Santos Bedaque, *Direito e processo*, 7ª ed., São Paulo, Malheiros Editores/Juspodivm, 2022, pp. 51-52.

Seguindo, outrossim, o modelo clássico da técnica monitória, o pronunciamento jurisdicional perseguido é proferido *inaudita altera parte*, diferindo-se para um momento ulterior a possibilidade de contraditório.

Lembra, a propósito, Luiz Guilherme Marinoni que no "procedimento monitório é oportunizada a ampla defesa, e isso é o suficiente para que não seja possível a sua inclusão na classe dos procedimentos de cognição sumária. O procedimento monitório pode ser classificado como procedimento formalmente sumário, assim como o procedimento do mandado de segurança, mas jamais como procedimento materialmente sumário, classe a que pertence o procedimento cautelar".[12]

2.680. legitimação ativa e passiva – intervenção de terceiros

A *legitimatio* para agir, no quadro das condições de admissibilidade da ação, como enfatiza Donaldo Armelin, "é uma qualidade jurídica que se agrega à parte, habilitando-a a ver resolvida no mérito a lide *sub judice*. Essa qualidade emerge de uma situação jurídica legitimante e dá colorido a uma situação processual oriunda, obviamente, de um processo existente, ou seja, a situação de parte no processo".[13]

Anota, igualmente, Juan Montero Aroca que a regra geral "del que hay que partir es el de que sólo el titular del derecho puede disponer del mismo y que, atendido que una manera de disponer de él es deducirlo en el proceso, en éste sólo podrá dictarse una sentencia sobre el fondo si las partes han afirmado su titularidad, es decir, si existe la legitimación ordinaria".[14]

Não há, em princípio, qualquer dificuldade que se apresenta no tocante à legitimidade *ad causam* no contexto da ação monitória.

Esta demanda poderá ser ajuizada pelo titular do crédito, assim reconhecido pela documentação que deverá instruir a petição inicial.

Legitimado passivo é o devedor, sendo, no entanto, possível, desde que haja vínculo de solidariedade passiva, o aforamento da demanda em face de um ou de todos os coobrigados. Poderá, assim, ocorrer que o autor, fundado em crédito decorrente de obrigação solidária, proponha a demanda em face de todos os devedores. Havendo então pluralidade de demandados, não cumprida a ordenação judicial no prazo legal, mas ofertados os embargos apenas por um ou por alguns deles, a respectiva decisão preambular passa a valer como título executivo em face dos réus que se mantiveram inertes.

---

12. Luiz Guilherme Marinoni, *Novas linhas do processo civil*, 2ª ed., São Paulo, Malheiros Editores, 1996, p. 139.

13. Donaldo Armelin, *Legitimidade para agir no direito processual civil brasileiro*, São Paulo, Ed. RT, 1979, p. 80.

14. Juan Montero Aroca, *La legitimación en el proceso civil*, Madri, Civitas, 1994, p. 49-50.

E isto sobretudo se a situação jurídica destes não se vincular à matéria suscitada nos embargos.

Como a solidariedade não implica a formação de litisconsórcio necessário, não pode restar dúvida de que o mandado de pagamento, em relação a estes, convola-se em ordem de citação, iniciando-se a execução contra os devedores que nada alegaram em prol de seu respectivo direito.

Por outro lado, em relação àquele ou àqueles devedores que, em momento oportuno, suscitaram a instauração do contraditório, mediante a oposição dos denominados embargos monitórios, a eficácia da decisão preambular resta contida, ficando condicionada ao desfecho dessa ação incidental.

Se a ação monitória for encetada exclusivamente ao fiador, este certamente não poderá valer-se do chamamento ao processo, visto que a especificidade do procedimento traçado para tal tipo de demanda não comporta essa forma de intervenção.

Não se entende, por esse motivo, o posicionamento de Flávio Cheim Jorge, em dissertação sobre o chamamento ao processo escrita sob a égide da legislação processual revogada, que admite esta modalidade de intervenção de terceiros na esfera do procedimento monitório, mais especificamente nos embargos ao mandado, ao argumento de que a sentença de procedência do pedido formulado pelo devedor irá "condenar a todos, tanto chamante como chamado"! Aduza-se que, na sequência da exposição de seu raciocínio, o próprio monografista se incumbe de demonstrar a inviabilidade do chamamento na hipótese alvitrada.[15]

Se o réu, por outro lado, oferecer embargos, assume a posição processual de autor, viabilizando-se a denunciação da lide quando for ele titular de eventual direito de regresso contra um terceiro (CPC, art. 125).[16] Nessa hipótese, a sentença proferida nos embargos deverá também julgar a "lide secundária". Com efeito: "Ordinarizado o procedimento monitório com a oposição dos embargos, revela-se plenamente possível a denunciação da lide a terceiro para o exercício do direito de regresso decorrente de obrigação legal ou contratual".[17]

2.681. viabilidade de ajuizamento em face da Fazenda Pública

É bem de ver, ainda, que a execução contra a Fazenda Pública se lastreia, em princípio, em título judicial, de modo que o detentor de título extrajudi-

15. Flávio Cheim Jorge, *Chamamento ao processo*, São Paulo, Ed. RT, 1997, p. 84.

16. STJ, 3ª Turma, AgInt. no REsp 1.539.925-SC, rel. Min. Paulo de Tarso Sanseverino, j. 12.12.2017.

17. STJ, 3ª Turma, REsp 1.418.151-SP, rel. Min. Paulo de Tarso Sanseverino, j. 18.12.2014.

cial, como uma verdadeira exceção à regra geral prevista no Código de Processo Civil, mas justificada pela peculiaridade dos princípios que informam o direito público, deve propor ação de conhecimento para a obtenção de título judicial, para, tão só em seguida, promover a respectiva execução.[18]

A ação monitória, sobretudo pelo expresso permissivo do § 6º do art. 700 do Código de Processo Civil, constitui então o remédio indicado para que o credor, portador de título extrajudicial, possa obter, em espaço temporal abreviado, título judicial contra a Fazenda Pública. A rigor, como asseverado pelo saudoso Min. Teori Albino Zavascki, por ocasião do julgamento do REsp 345.752-MG, "é dever da Fazenda Pública cumprir suas obrigações espontaneamente, no prazo e na forma devidos, independentemente de execução forçada (...). Em se tratando de título sujeito a ação monitória, nada impede que, nessa primeira etapa, convocada pelo mandado, a Fazenda assuma a dívida e atenda à correspondente prestação".[19]

Bem é de ver, outrossim, que os obstáculos suscitados por parte da doutrina que se construiu sob o regime do Código de 1973 deixam de existir na hipótese em que a demandada oferece embargos ao mandado monitório. Nesse caso, a própria Súmula 339/STJ já assentava o cabimento da ação monitória contra a Fazenda Pública.

Desnecessário ressalvar que nesta hipótese, ou seja, de oposição dos embargos pela Fazenda, todos os problemas procedimentais que conspiram contra o cabimento da ação monitória restam minimizados, uma vez que o trânsito em julgado da decisão de improcedência do pedido formulado naqueles consolida o título executivo que lastreará a execução.

Mas é evidente que não se pode admitir a adequação de uma espécie de tutela processual dependendo da atitude a ser tomada pelo demandado. Imperioso, pois, é averiguar se o mandado de pagamento pode ser expedido, *initio litis*, contra a Fazenda Pública.

Abstração feita da natureza jurídica do comando emergente do mandado de pagamento, resulta inequívoco que contém ele uma determinação emanada de órgão investido de jurisdição.

Além dos regramentos traçados pelos arts. 100 da Constituição Federal e 535 do Código de Processo Civil, dispõe o art. 496 deste diploma legal que estão sujeitas ao duplo grau de jurisdição, dependendo do *quantum debea-*

---

18. Consulte-se, amplamente, Vicente Greco Filho, *Da execução contra a Fazenda Pública*, São Paulo, Saraiva, 1986, pp. 58-59.

19. STJ, 1ª Turma, j. 9.11.2005. V., com transcrição desse mesmo precedente, Marcelo Pacheco Machado, in Luis Guilherme A. Bondioli, João Francisco N. da Fonseca e José Roberto F. Gouvêa (coords.), *Comentários ao Código de Processo Civil*, vol. 13, São Paulo, Saraiva, 2017, p. 218.

tur, as sentenças proferidas contra a União, os Estados, o Distrito Federal, os Municípios e suas respectivas autarquias e fundações. Consequentemente, a eficácia de tais decisões se subordina ao denominado reexame necessário.

Pergunta-se: inclui-se na aludida norma processual o mandado de pagamento? A resposta deve ser positiva, visto que os mesmos motivos que embasam tal privilégio desfrutado pela Fazenda, sem dúvida, servem para justificar a situação ora considerada.[20]

Inócua, portanto, a expedição do mandado de pagamento contra a Fazenda Pública, uma vez que a precípua razão da instituição da técnica procedimental monitória – agilidade na formação do título – não se verifica quando a requerida for a Fazenda Pública.

Não fosse por isso, a subsequente inércia desta também não acarreta a aplicação do disposto § 2º do art. 701, sendo impossível, *in casu*, a conversão do mandado de pagamento em mandado executivo.

Com efeito, a indisponibilidade do direito cuja titularidade é da Fazenda Pública obsta à produção de efeitos decorrentes de eventual atitude passiva.[21]

Conclui-se, pois, que o apontado art. 700, § 6º, admite a ação monitória em face da Fazenda Pública supondo que essa sempre se defenderá por meio da oposição de embargos à ação monitória.

2.682. fase procedimental preambular: requisitos da petição inicial (causa de pedir e pedido)

Como corolário do ônus de demandar, decorrente da regra do art. 2º do Código de Processo Civil, cumpre ao autor provocar a jurisdição por meio de petição inicial, que consiste no ato introdutório da demanda de natureza civil.

Assim, a ação em apreço deverá ser incoada por meio de petição elaborada de conformidade com o disposto no art. 319 do aludido diploma processual, não havendo qualquer excepcionalidade que a diferencie das peças tradicionais.

Além de seu requisito externo, vale dizer, a forma escrita, dentre os requisitos internos, o inc. III do art. 319 reclama, como é cediço, a exposição do fato e dos fundamentos jurídicos do pedido.

Desse modo, o autor deverá precisar, na petição inicial da ação monitória, o fato constitutivo de seu crédito e o fato violador do respectivo direito (*causa petendi remota*), originando-se daí a demonstração de seu interesse processu-

20. V., a propósito, Tucci e Cruz e Tucci, *Constituição e processo – Regramentos e garantias constitucionais do processo*, São Paulo, Saraiva, 1989, pp. 55-56.

21. *Cfr.*, nesse sentido: Theodoro Júnior, *As inovações no Código de Processo Civil*, 6ª ed., Rio de Janeiro, Forense, 1996, p. 80; e Eduardo Talamini, *Tutela monitória*, São Paulo, Ed. RT, 1997, p. 153.

al. Em seguida, deverá proceder ao enquadramento dessa situação concreta, narrada *in status assertionis* (mas documentalmente comprovada), à previsão abstrata, contida no ordenamento de direito positivo (*causa petendi próxima*).

Incumbe ainda ao autor explicitar na petição inicial: a) o montante devido, discriminado numa memória de cálculo; b) o valor atualizado da quantia, da obrigação de fazer ou da coisa pretendida; ou c) o proveito econômico perseguido (art. 700, § 2º). É certo que, desatendida essa exigência, o juiz deverá determinar ao autor, nos termos do art. 321, que emende ou complete a petição inicial, no prazo de 15 dias, sob pena de indeferimento (par. ún.).[22]

Por fim, o demandante deverá expor a consequência jurídica emergente de tais fatos, concretizada no pedido de deferimento liminar do mandado de pagamento de quantia, de obrigação de fazer ou não fazer ou, ainda, de entrega da coisa, que terá como destinatário o devedor.

Assim, como pedido imediato o autor requererá providência jurisdicional de natureza condenatória. A satisfação do crédito, com a respectiva ordem de pagamento ou de entrega da coisa, consiste no pedido mediato.

De se observar que o deferimento do mandado, atinente ao bem material pretendido pelo autor, implica a prolação de provimento que contém a declaração de certeza do crédito e, por via de consequência, a potencialidade de verdadeira condenação.

Evidentemente que os fatos articulados na petição inicial deverão estar roborados pelos documentos (originais ou cópias autenticadas) a ela acostados.

O valor a ser atribuído à causa corresponderá ao da quantia ou da coisa sobre a qual recai a pretensão do autor (art. 700, § 3º, c/c § 2º).

Ajuizada a demanda, embora o art. 700 não disponha com precisão, o juiz verificará, no juízo prévio de admissibilidade, a existência dos pressupostos processuais e das condições da ação. Procederá igualmente a um exame superficial do material probatório apresentado. Sendo negativo esse juízo, a petição inicial é de ser indeferida com fundamento no art. 330, c/c o art. 700, § 4º, do Código de Processo Civil.

Caso a prova documental produzida não seja contundente, o juiz deverá determinar, num primeiro momento, a intimação do autor para que providencie a emenda da petição inicial, complementando a prova.

Delineia-se possível, com efeito, tal complementação, como, aliás, teve oportunidade de assentar a 4ª Turma do Superior Tribunal de Justiça ao ensejo do julgamento do AgInt no Ag. no REsp 1.574.122-MS, com voto condu-

---

22. *Cfr.* STJ, 4ª Turma, AgInt no REsp 1.972.696-AM, rel. Min. João Otávio de Noronha, j. 28.3.2022.

tor da Min. Maria Isabel Gallotti, no seguinte sentido: "Nos termos da jurisprudência do Superior Tribunal de Justiça, a juntada posterior de documentos referentes à ação monitória é possível inclusive depois de já proferida a sentença, desde que tais documentos tenham pertinência com os fatos alegados na inicial, haja o contraditório e não exista má-fé".

Entendendo o juiz que, apesar de satisfatória a prova pré-constituída apresentada, resulta ainda duvidoso algum aspecto fático emergente da narração deduzida pelo autor, nada obsta a que seja designada audiência de justificação, convocando-se o demandante, com base no princípio da cooperação (CPC, art. 6º), a prestar ao magistrado o necessário esclarecimento.

Contudo, não havendo elementos de convicção suplementares a serem trazidos aos autos, o juiz determinará ao demandante, a teor do disposto no art. 700, § 5º, que, caso seja de seu desejo, emende a petição inicial, adaptando-a às exigências do procedimento comum.

Ressalte-se, nesse particular, que o advogado do demandante deve atender ao comando judicial, a evitar o indeferimento da petição inicial, em prejuízo do direito de seu cliente. Não se pode perder de vista que a prova é produzida para convencer o juiz. Se já no início da ação monitória tal convicção não é alcançada, antes de se interpor recurso, descortina-se muito mais aconselhável a emenda da petição inicial.

Todavia, preenchendo a petição inicial as imposições legais, o julgador deverá, *in limine litis*, a teor do art. 701, proferir decisão fundamentada, deferindo o mandado de pagamento de quantia, de obrigação de fazer ou de não fazer ou, ainda, de entrega da coisa. Lembre-se que contra esse ato decisório há expressa previsão de cabimento da ação rescisória (CPC, art. 701, § 3º), justificando-se ainda mais a exigência de motivação.

Deferida a expedição do mandado – no qual deverá constar expressamente que o silêncio do réu implicará a constituição do título executivo –, vem assinalado ao requerido o prazo de 15 dias para cumprir a ordenação judicial. Esse prazo, dependendo da espécie de citação que foi determinada, deverá ser computado consoante a regra do art. 224 do Código de Processo Civil. A citação, na ação monitória, segundo dispõe o § 7º do art. 700, poderá ser efetivada por qualquer um dos meios previstos no art. 246. Contudo, se a requerida for a Fazenda Pública não se admite a citação postal (CPC, art. 247).

2.683. significado da locução "prova escrita"

2.683.1 conceito de "prova escrita"

Dentre os requisitos para a concessão da ordem liminar, o *caput* do art. 700, repetindo a dicção do revogado art. 1.102, impõe seja instruída a petição inicial com "prova escrita".

Esta expressão encerra o documento demonstrativo de crédito, em princípio, líquido e exigível mas desprovido de certeza, merecedor de fé, pelo julgador, quanto à autenticidade e eficácia probatória.

Diante dos vários pontos controvertidos que foram surgindo a partir da introdução do procedimento monitório em nosso sistema jurídico, o perfil conceitual da prova escrita, exigida como *condição específica de admissibilidade* da denominada ação monitória, veio sendo aperfeiçoado pela doutrina e pelos tribunais pátrios.

Reportando-nos a ensaio específico que escrevemos sobre esse tema,[23] vejamos o sentido da referida expressão legal.

No plano jurídico – escreve Lessona –, "a prova é o meio legal concedido aos litigantes para que possam demonstrar a verdadeira existência dos fatos trazidos a juízo como fundamento das opostas pretensões".[24]

Assim, na esfera do procedimento monitório, para a concessão da ordem liminar de pagamento de soma em dinheiro, de obrigação de fazer ou não fazer ou de entrega de coisa móvel determinada, o mencionado art. 700 impõe ao demandante a exibição de prova escrita pré-constituída: "A ação monitória pode ser proposta por aquele que afirmar, com base em prova escrita sem eficácia de título executivo, ter direito de exigir do devedor capaz: (...)".

E isso porque, como antes frisado, o nosso direito adotou o denominado *procedimento monitório documental*, que exige seja aparelhada a petição inicial com prova incontestável do crédito, assim concebida pela literatura italiana a prova objetiva de "pronta soluzione", que não reclama, por via de consequência, "lunga indagine", vale dizer, instrução minudente acerca do fato que se pretende provar: "non è necessaria la fissazione di una udienza istruttoria ulteriore".[25]

Trata-se, pois, nos quadrantes da tipologia da prova, de um meio de convicção direto, inserido na categoria de documento *ad probationem* em senso estrito.[26] E tal documento pode se consubstanciar em prova oral, devidamen-

23. José Rogério Cruz e Tucci, "Prova escrita na ação monitória", *RT* 768/11 e ss., 1999.

24. Carlo Lessona, *Manuale delle prove in materia civile*, Florença, Fratelli Cammelli, 1898, p. 2.

25. *Cfr.* Andrea Proto Pisani, *Lezioni di diritto processuale civile*, Nápoles, Jovene, 1994, p. 614. A locução "prova scrita o di pronta soluzione" emerge do art. 648 do Código de Processo Civil italiano, que autoriza a execução apenas provisória do mandado de pagamento ou de entrega (*decreto ingiuntivo*) quando o embargante não estiver munido de prova de tal natureza.

26. Tenha-se presente que em nosso direito processual, assim como no direito italiano, a noção de *documento* é extremamente ampla. Na categoria de prova documental, em sentido amplo, encarta-se inclusive o suporte eletrônico de qualquer natureza. V., a respeito,

te instrumentalizada em momento anterior (CPC, art. 700, § 1º), em consonância com o art. 381 do Código de Processo Civil, que contempla a produção antecipada de prova.

2.683.2 justificativa para a exigência da "prova escrita"

A ausência de contraditório na fase inicial do procedimento monitório – e, portanto, a impossibilidade para o devedor apresentar imediata contestação ao material probatório produzido pelo demandante – consiste, por outro lado, em fator determinante da dilatação da prudência judicial.[27]

Procurando estabelecer um nexo harmônico entre a finalidade do procedimento monitório e a exigência de prova escrita, observa Marinoni que o legislador parte da premissa de que, existindo documento capaz de revelar a probabilidade do direito alegado pelo autor, o devedor poderá se curvar ao mandado judicial para não experimentar o risco de sucumbir e ser obrigado a pagar as despesas processuais e os honorários advocatícios.

Assim, o requisito da prova escrita "nada tem a ver com a instituição de um procedimento semelhante ao do mandado de segurança, em que se exige 'direito líquido e certo', ou prova documental suficiente para demonstrar a afirmação de um fato, exatamente para se construir um verdadeiro procedimento documental, no qual são proibidas as demais provas, ficando assim eliminado o tempo necessário para a sua produção. Quando se almeja dispensar as provas mais elaboradas, que dispendem mais tempo, requer-se prova que seja capaz de demonstrar o fato constitutivo do direito; contudo, quando se exige prova escrita como requisito da ação monitória, parte-se apenas da premissa de que o devedor poderá não apresentar embargos, permitindo ao credor um acesso mais rápido à execução forçada. A prova escrita, justamente porque pode ser associada a outros tipos de prova, não é a prova que deve fazer surgir 'direito líquido e certo', isto é, não é a prova que deve demonstrar, por si só, o fato constitutivo do direito afirmado pelo autor. A prova escrita relaciona-se apenas a um juízo de probabilidade".[28]

Cruz e Tucci, "Valor probante do suporte informático", in *Temas polêmicos de processo civil*, São Paulo, Saraiva, 1990, pp. 67 e ss. E, no que se refere à experiência jurídica italiana, Comoglio, Ferri e Taruffo, *Lezioni sul processo civile*, Bolonha, Mulino, 1995, pp. 557-558.

27. Cf. Aldo Cavallo, "La prova scritta nel procedimento per ingiunzione", in *L'opposizione al decreto ingiuntivo nei suoi momenti applicativi* (obra coletiva), Milão, Giuffrè, 1994, p. 82. É também por essa importante razão que a decisão determinativa da expedição do mandado injuntivo deve conter um mínimo de fundamentação.

28. Marinoni, "Ação monitória – Conceito de prova escrita", in *Questões do novo direito processual civil brasileiro*, Curitiba, Juruá, 1999, p. 268.

Para o ajuizamento e consequente admissibilidade da ação monitória, uma vez que a cognição se delineia exauriente no procedimento dos embargos ao mandado, é suficiente que a prova produzida pelo autor possibilite ao órgão judicante estabelecer um grau elevado de probabilidade da procedência da pretensão deduzida.[29]

Calamandrei, em clássico estudo, explica que aquilo que é *provável* está além da aparência, uma vez que se encontram reunidos elementos tendentes a acreditar que a alegação do fato corresponde à realidade. No entanto – adverte –, esse juízo provisório de probabilidade tem sempre função instrumental e seletiva: considera apenas a prova que, pela verossimilhança do *thema probandum*, apresenta-se *prima facie* com uma certa garantia de credibilidade e, portanto, com uma significativa probabilidade de êxito positivo.[30]

Pondera Dinamarco que "para tornar admissível o processo monitório o documento há de ser tal que dele se possa razoavelmente inferir a existência do crédito", devendo necessariamente tratar-se de "documento que, sem trazer em si todo o grau de probabilidade que autorizaria a execução forçada (os títulos executivos extrajudiciais expressam esse grau elevadíssimo de probabilidade), nem a '*certeza*' necessária para a sentença de procedência de uma demanda em processo ordinário de conhecimento, alguma probabilidade forneça ao espírito do juiz. Como a técnica da tutela monitória constitui um patamar intermediário entre a executiva e a cognitiva, também para valer-se dela o sujeito deve fornecer ao juiz uma situação na qual, embora não haja toda aquela probabilidade que autoriza executar, alguma probabilidade haja e seja demonstrada *prima facie*. É uma questão de grau, portanto, e só a experiência no trato do instituto poderá conduzir à definição de critérios mais objetivos".[31]

Nessa mesma linha de raciocínio, o Superior Tribunal de Justiça consolidou a tese no sentido de que: "A prova hábil a instruir a ação monitória, isto é, apta a ensejar a determinação da expedição do mandado monitório – a que aludem os arts. 1.102-A do CPC/1973 e 700 do CPC/2015 –, precisa demonstrar a existência da obrigação, devendo o documento ser escrito e suficiente para, efetivamente, influir na convicção do magistrado acerca do di-

29. *Cfr.*, em parte, Marinoni, "Ação monitória – Conceito de prova escrita", cit., p. 270. E esse grau elevado de probabilidade, diferentemente do pensamento do colega Marinoni, somente pode referir-se à presunção de existência do *fato constitutivo* do direito do credor! V., a respeito, Juan Pablo Correa Delcasso, *El proceso monitorio*, Barcelona, J. M. Bosch, 1998, pp. 259-260.

30. Piero Calamandrei, "Verità e verosimiglianza nel processo civile", in *Studi sul processo civile*, vol. 6, Pádua, CEDAM, 1957, pp. 118 e 130.

31. Dinamarco, *A reforma do Código de Processo Civil*, 3ª ed., São Paulo, Malheiros Editores, 1996, pp. 235-236 (citação também reproduzida por Marinoni).

reito alegado, não sendo necessário prova robusta, estreme de dúvida, mas sim documento idôneo que permita juízo de probabilidade do direito afirmado pelo autor".[32]

2.683.3 elementos intrínsecos da "prova escrita"

Acrescente-se, por outro lado, que, na classificação da prova, tal meio de convicção deve ser catalogado entre as provas históricas ou diretas, visto que se referem imediatamente ou que certificam *prima facie* o fato probando, diminuindo, destarte, a margem de interpretação ou mesmo de investigação judicial.

E esta cognição, em princípio sumária, poderá ser dilatada em momento procedimental ulterior, se o devedor opuser embargos ao mandado, que permitirão ao juiz formar convencimento definitivo acerca da existência ou inexistência do direito afirmado pelo autor.[33]

A expressão "prova escrita", quanto aos seus elementos estruturais, traduz-se, como ressaltado, no documento demonstrativo de crédito, em princípio, líquido e exigível.

Igualmente, explica Humberto Theodoro Júnior[34] que a "quantia em dinheiro", aludida no art. 700, *caput*, corresponde à "quantia certa que se reclama para a execução regulada pelos atuais arts. 824 e ss. do Código de Processo Civil. Não se pode pedir quantia incerta, na pendência de liquidação posterior, porque a ação monitória deve ser instaurada por meio de mandado de pagamento a ser expedido com base na prova da inicial, não havendo estágio ulterior em que se possa liquidar o *quantum debeatur*. O mandado liminar está programado a converter-se em mandado de execução por quantia certa pelo simples decurso do prazo de embargos, se o demandado permanecer inerte diante da citação injuntiva".

Nessa mesma direção, a 4ª Turma do Superior Tribunal de Justiça, com arrimo em precedente da 3ª Turma, ao ensejo do julgamento do AgInt na Tutela Provisória no Ag. em REsp 1.835.925-SP, relatado pelo Min. Luís Felipe Salomão, assentou a orientação de que: "Consoante é cediço nesta Corte, 'a ação monitória não é o meio processual cabível para cobrar dívida ilíquida, devendo ser instruída com documento escrito considerado pelo julgador como juridicamente hábil para, à primeira vista, comprovar o valor devido, sob pena de inépcia da petição inicial' (AREsp/AgInt/ED 1.782.548-/DF, rel.

32. STJ, 4ª Turma, REsp 1.381.603-MS, rel. Min. Luís Felipe Salomão, j. 6.10.2016.

33. V., nesse sentido, Marinoni, "Ação monitória – Conceito de prova escrita", cit., p. 276.

34. Theodoro Júnior, *As inovações no Código de Processo Civil*, cit., p. 78. V., também, Eduardo Talamini, *Tutela monitória*, cit., p. 80.

Ministro Ricardo Villas Bôas Cueva, 3ª Turma, julgado em 11.10.2021, *DJe* 15.10.2021)".

Relativamente às prestações pecuniárias e às de dar coisa fungível, escreve Antonio Carlos Marcato que se exige certamente não apenas a atualidade do direito deduzido pelo demandante, como, ainda, a liquidez e a exigibilidade do crédito correspondente, pois, 'uma vez convolado o mandado monitório em título executivo, não se abrirá qualquer oportunidade para liquidação do crédito".[35]

Aduz, outrossim, que a liquidez poderá ser comprovada pelo autor mediante simples cálculos aritméticos, descritos em memória discriminada, tal como previsto no art. 798 do Código de Processo Civil, socorrendo-se o réu dos embargos ao mandado para impugnar "tanto os valores indicados quanto os critérios utilizados para a sua apuração".[36]

Observe-se, porém, que se a liquidação da quantia a pagar se descortinar complexa, a exigir até um laudo contábil para instruir a petição inicial visando a evidenciar o valor exato do crédito, não poderá o documento ser tido como prova escrita e, portanto, inadequada será a escolha da ação monitória.

Posiciona-se nesse sentido o Superior Tribunal de Justiça, como se infere do julgamento pela 4ª Turma, do AgR no REsp 1.402.170-RS, da relatoria do Min. Raul Araújo, ao decidir que: "A ação monitória é meio processual disponibilizado ao credor para realizar dívidas representadas em prova escrita, pelo que, sob pena de inépcia da inicial, a propositura da monitória deve vir acompanhada de um documento, considerado pelo magistrado juridicamente hábil, para, naquele primeiro momento, comprovar o montante da dívida, sem o qual não poderá expedir o competente mandado monitório".

Verifica-se, ademais, que essa segura orientação tem sido acolhida pelos nossos tribunais, como pode ser verificado, *e.g.*, no julgamento da 6ª Câmara de Direito Privado do Tribunal de Justiça de São Paulo, da Ap. 1025770-82.2017.8.26.0001, *in verbis*: "Não há que se falar, na espécie, em prova escrita que permita dedução a respeito do direito alegado na petição inicial, condição necessária ao procedimento monitório. Em outras palavras, falta na demanda prova da liquidez da obrigação. Realmente, ainda que os documentos juntados com a vestibular possam expressar (não expressam) algum débito, este não é líquido, pelo que se faz necessária a produção de prova em juízo, para definição ou arbitramento dos valores dos serviços prestados. E a ação monitória não se presta à produção de tal prova, impondo-se às apelantes o ajuizamento de demanda que tramite pelo rito ordinário, para que to-

35. Marcato, ob. cit., p. 230.

36. *Cfr.* Marcato, ob. cit., p. 230.

dos os meios de prova sejam produzidos. Em outras palavras, cabe às autoras, se assim entenderem conveniente, ajuizar contra os réus ação de arbitramento de honorários, embasadas nos dispositivos contidos nos arts. 22 e ss. da Lei n. 8.906/1994, com possibilidade de dilação probatória, e ampla defesa das partes envolvidas".

Importa reconhecer, destarte, que, dos três requisitos clássicos que conotam o título executivo, o *título injuntivo* (prova escrita) ostenta apenas dois – exigibilidade e liquidez –, uma vez que a certeza será agregada ao documento pela decisão judicial que determina o pagamento ou a entrega da coisa.

Conclui-se, assim, que a prova escrita a aparelhar a ação monitória, qualquer que seja a sua natureza, deve exprimir inequívoca liquidez, sem a necessidade de se recorrer a outros elementos, adredes e externos, para a ciência do *quantum debeatur*.[37]

---

37. Permite-se, no entanto, como visto, com o escopo de demonstrar a liquidez, simples memória de cálculo aritmético apresentado no corpo da própria petição inicial ou em documento anexo. Embora com a atenção voltada ao exame dos predicados que devem conotar os títulos executivos extrajudiciais, em particular do atributo da *liquidez*, a 3ª Turma do STJ, num antigo precedente, por ocasião do julgamento do REsp 32.875-9-SP, relatado pelo Min. Eduardo Ribeiro, asseverou que: "Em princípio, *deve o próprio título fornecer todos os elementos para que se possa aferir a certeza e liquidez do débito*". A exemplo desse importante precedente, também se manifestou, a propósito, o TARJ, em acórdão estampado na *RT* 601/216 e ss., no qual ficou reconhecida a *iliquidez* do débito dada a necessidade de recorrer-se a elementos não constantes do título, *in verbis*: "(...). Outra característica do contrato em tela consiste em fazer depender o valor das prestações mensais de circunstâncias variáveis, pois estabelece que, fixadas em ORTN, poderão elas basear-se em outros índices enumerados como substitutivos (índices de correção dos saldos das contas do PIS e do PASEP, IGP da Fundação Getúlio Vargas), as prestações seriam corrigidas 'segundo índices similares que preservem o valor real da moeda'. *Portanto, para se saber o valor de qualquer prestação devida em função de tal contrato tem-se, além de examinar o instrumento respectivo, de averiguar qual o índice a cada momento, indagação evidentemente incompatível com o requisito de liquidez e certeza do crédito*" (fls. 219-220).
Em um caso de ação monitória no qual emitimos parecer em prol da ré-embargante, a própria autora, já na petição inicial, demonstrou estar convencida da imprecisão de seu crédito, a ponto de afirmar que: "(...) diante da dificuldade de promover o cálculo aritmético para obtenção do valor líquido devido, tendo em vista as regras contidas no edital e nos contratos para o cálculo do valor dos serviços, buscou-se elaborar laudo contábil prévio (anexo n. 15), subscrito por perito de reconhecida competência nos meios forenses, que vem devidamente instruído pelos contratos e demais documentos pertinentes ao caso, onde se acha circunstancialmente demonstrado o crédito, contrato a contrato, e sua forma de cálculo, que monta hoje, na sua totalidade, a importância de R$ (...)".
Colhe-se, destarte, que não apenas ilíquida se descortina a *prova escrita* exibida pela demandante-embargada, como, na verdade, a apuração do montante do débito deu-se de modo absolutamente unilateral, sem a menor participação da ré-embargante.

Nada obsta, sob esse aspecto, a que, para fornecer tal convicção, o credor se utilize, do ponto de vista formal, da reunião de mais de um documento;[38] até porque a probabilidade do direito invocado deve ser atestada pela vertente qualitativa e não quantitativa da prova produzida.

Cumpre observar, por fim que, apesar de nossa lei não impor qualquer exigência acerca da procedência da prova escrita, dúvida não há de que, quanto maior for a participação do devedor na construção do documento probante, maior, sem dúvida, será a sua verossimilhança.[39]

2.684. natureza da decisão liminar e recurso cabível

Tenha-se presente que o ato decisório que indefere o processamento da petição inicial tem a natureza de sentença, que poderá ser impugnada pelo recurso de apelação.

É certo também que este pronunciamento não impede a repropositura da ação monitória ou mesmo o posterior ajuizamento de ação de cognição exauriente.

A decisão preambular, por outro lado, na hipótese de determinar a expedição do mandado, possui natureza híbrida, condicionada à atitude a ser tomada pelo réu. E, diante deste aspecto, a sistemática recursal, como veremos em seguida, não será uniforme.

Seja como for, o referido pronunciamento judicial, especialmente em caso de deferimento do pedido, deve atender ao disposto nos arts. 93, IX, da Constituição Federal, 11 e 489, inc. II, do Código de Processo Civil, explicitando o

---

38. V., em senso idêntico: Marinoni, "Ação monitória – Conceito de prova escrita", cit., pp. 271-272; Marcato, *O processo monitório brasileiro*, São Paulo, Malheiros Editores, 1998, p. 64.

39. O art. 1.338 do *Code Judiciaire* da Bélgica, p.ex., somente admite como prova para aparelhar a ação monitória (*injonction de payer*) aquela constituída por documento elaborado pelo próprio devedor: "Toute demande de la compétence du juge de paix, tendant au paiement d'une dette liquide qui a pour objet une somme d'argent dont le montant n'excède pas septante-cinq mille francs, peut être introduite, instruite et jugée conformément aux dispositions du présent chapitre, si elle paraît justifiée devant lui par un écrit émanant du débiteur. L'écrit qui sert de fondement à la demande ne doit pas nécessairement constituer une reconnaissance de dette" (tradução livre: "Qualquer pedido dirigido ao juiz, tendente ao pagamento de dívida líquida cujo objeto seja uma quantia em dinheiro, cujo valor não exceda setenta e cinco mil francos, poderá ser apresentado, instruído e julgado de acordo com as disposições deste capítulo, se lhe parecer justificado por documento emanado do devedor. O documento que serve de fundamento ao pedido não tem necessariamente de constituir um reconhecimento de dívida").
Decidiu, a respeito, a 3ª Turma do STJ, no julgamento do AgR em REsp 963.656-DF: "Para a admissibilidade da ação monitória considera-se prova escrita todo e qualquer documento que sinalize o direito à cobrança de determinada dívida, ainda que unilateral".

juiz, de modo tanto quanto possível pormenorizado, as razões de seu convencimento impositivo de uma determinada sanção (condenação) ao devedor.[40]

Decisão desprovida de fundamentação ou mesmo sem fundamento sério e aceitável como tal, ainda que mínimo, constitui provimento nulo, que nada impõe a ninguém e deve ser reformada, "inclusive via mandado de segurança, com punição do culpado por essa violência desnecessária a uma garantia constitucional básica".[41]

2.685. atitudes do réu e efeitos da decisão liminar

O exame dos arts. 701 e 702 do Código de Processo Civil revela que o demandado, regular e validamente cientificado, poderá seguir três diferentes caminhos.

Se, porventura, o réu acatar, dentro do lapso de 15 dias, o comando judicial emergente do mandado judicial, aplica-se, no que for compatível com o processo da ação monitória, a regra do art. 916, inclusive a possibilidade de parcelamento do débito.

Na sequência, o processo será extinto por sentença terminativa, isentando-se o demandado do pagamento de custas e fixando-se os honorários do patrono do autor em 5% do valor atribuído à demanda (art. 701 e § 1º). Nessa hipótese, o provimento liminar, que determinara a expedição do mandado, insere-se na categoria das interlocutórias.

Apesar de afrontarem, em princípio, a isonomia processual, os benefícios em prol do réu são instituídos pela lei "como evidente estímulo ao implemento da obrigação".[42]

Caso o réu do procedimento monitório – como corretamente anota Clito Fornaciari Júnior – venha a pretender cumprir o mandado após o prazo de 15 dias que por lei lhe é assinado, tenha ou não deduzido embargos, não fará jus à dispensa do pagamento das custas e honorários advocatícios de 5%, privilégios que somente são reconhecidos dentro daquele prazo.[43]

Se o réu, pelo contrário, não atender à respectiva ordem e se os embargos, a que alude a segunda parte do *caput* do art. 702, não forem opostos a tempo e hora, formar-se-á o título executivo judicial, e, por via de consequência, o

---

40. V., nesse sentido, no direito italiano, Comoglio, Ferri e Taruffo, ob. cit., pp. 234 e 240.

41. *Cfr.* J. J. Calmon de Passos, *Inovações no Código de Processo Civil*, Rio de Janeiro, Forense, 1995, p. 28.

42. *Cfr.* Sérgio Bermudes, *A reforma do Código de Processo Civil*, 2ª ed., São Paulo, Saraiva, 1996, p. 176.

43. Clito Fornaciari Júnior, *A reforma processual civil (artigo por artigo)*, São Paulo, Saraiva, 1996, p. 214.

mandado de pagamento, de determinação de obrigação de fazer ou não fazer ou de entrega de coisa inicialmente deferido converte-se em mandado de citação válido para todos os atos executivos (penhora, imposição de multa coercitiva ou depósito da coisa, avaliação *etc.*).

Assim, a despeito de ser catalogado entre as interlocutórias (CPC, art. 203, § 2º),[44] tal provimento se equipara, sob o prisma ontológico, a verdadeira sentença potencialmente condenatória, passando a gozar de eficácia executiva plena e imediata. Acrescente-se que é a própria inércia do devedor que vai conferir esse atributo àquela decisão.

De se ressaltar que esta minha opinião, reiterada sob a égide do vigente Código de Processo Civil, fora veementemente criticada por Frederico Ricardo de Almeida Neves, ao escrever que: "É erro supor que essa decisão preambular, que determina a expedição de mandado, 'ostenta a natureza de sentença condenatória' (Tucci). Mesmo diante da possibilidade do mandado inicial se converter em mandado executivo (na hipótese de não serem opostos embargos), não tenho a mais mínima dúvida de que aquele pronunciamento judicial caracteriza-se, autenticamente, como sendo uma decisão interlocutória que, por isso, desafia o recurso de agravo. Não posso conceber como sentença ato judicial que não põe termo ao processo, e, o que seria mais grave, praticado liminarmente, sem audiência da parte suplicada, em flagrante desrespeito ao princípio constitucional do contraditório e da ampla defesa".[45]

Continuamos, no entanto, mantendo a nossa precedente convicção: a uma, porque a crítica supratranscrita demonstra que o ilustre Magistrado ainda não apreendeu a técnica do procedimento monitório, cuja respectiva demanda é extinta com a decisão que defere o mandado; a duas, porque há inúmeros provimentos na legislação vigente que, no plano ontológico, têm a natureza de sentença, mas que excepcionalmente são agraváveis, como, *v.g.*, a decisão que indefere liminarmente a reconvenção, o ato decisório que extingue o processo em relação a um litisconsorte passivo, o pronunciamento judicial que decreta a falência; e, por fim, a três, porque, como visto, não há se falar, na hipótese vertente, em ofensa às garantias do devido processo legal, porquanto a possibilidade de o devedor se opor, em momento sucessivo, àque-

---

44. E, por isso, em tese, atacável mediante agravo de instrumento. Todavia, como explica Dinamarco, "o mandado não é sujeito a recurso algum: o meio adequado a impugná-lo, segundo clara disposição legal e conforme é da essência do sistema, são os embargos previstos no novo art. 1.102c [*atual art. 702*] do Código de Processo Civil" (ob. cit., p. 247).

45. Frederico Ricardo de Almeida Neves, "Ação monitória", *Revista Jurídica* 220/16, 1996 (*Correio Brasiliense*, coluna "Direito e Justiça", ed. 21.8.1995, p. 3). E, com ele, Reis Friede, *Principais inovações no direito processual civil brasileiro*, Rio de Janeiro, Forense Universitária, 1996, p. 24.

le ato decisório inicial constitui o fundamento da legalidade da estrutura procedimental monitória. Na verdade, em tal situação, "o *due process of law* é resguardado pela fase de oposição, que é eventual mas que introduz no procedimento especial todas as garantias do processo ordinário de cognição".[46]

Invoco, ademais, em abono do meu ponto de vista, precedente da 4ª Turma do Superior Tribunal de Justiça, segundo o qual: "A decisão liminar que defere a expedição do mandado de pagamento, posteriormente convertido em mandado executivo em razão da não oposição de embargos à ação monitória, tem a natureza jurídica de sentença".[47]

Reafirme-se, outrossim, com Dinamarco, que "a garantia constitucional do contraditório endereça-se a processos de toda natureza, quer cognitivos, quer executivos, quer monitórios (Const., art. 5º, inc. LV). Nessa técnica de deslocamento da efetividade do contraditório reside a nota específica mais saliente no processo monitório (...). Essa relação processual diferencia-se das que são tradicionais no direito brasileiro em razão de marcantes características das quais é portadora e assim se enunciam: o juiz tem no processo monitório um grande poder que em outros processos não tem – o de emitir o mandado *inaudita altera parte*; citado, o réu recebe o ônus de oferecer embargos sob pena de ficar preclusa a possibilidade de discutir o mérito em sede monitória (...). Tais elementos autorizam a afirmação de que esse é um *processo* diferenciado".[48]

Esclarece, a seu turno, Sérgio Bermudes que, "expedido o mandado monitório, *que é uma sentença condenatória* condicional (ainda que com a forma de despacho ou de decisão interlocutória ...), pode o réu cumprir a obrigação (...)".[49]

Acompanhado, destarte, da melhor doutrina, devemos esclarecer, por outro lado, que dentre os efeitos da decisão preambular emerge aquele de possibilitar a constituição da hipoteca judiciária.

2.686. ato decisório liminar e hipoteca judiciária

Como leciona Washington de Barros Monteiro: "A hipoteca pode ser convencional, legal e judicial (...). A hipoteca judicial, de origem francesa, é a que a lei atribui à sentença condenatória e consiste no direito real conferido ao exequente sobre bens do executado, em garantia da execução do julga-

46. *Cfr.* Ferrucio Tommaseo, *Appunti di diritto processuale civile (nozioni introduttive)*, Turim, Giappichelli, 1991, p. 25.

47. *Cfr.* REsp 1.038.133-PR, rel. Min. Raul Araújo, j. 14.3.2017.

48. Dinamarco, ob. cit., p. 240.

49. Sérgio Bermudes, ob. cit., p. 175.

do. O direito a essa hipoteca apenas surge com julgamento definitivo. Desde que obtenha decisão favorável, assiste ao autor o direito de fixar bens do réu, para vendê-los e assim obter suficientes recursos à satisfação do julgado. A procedência da hipoteca é, pois, jurisdicional".[50]

Nesse mesmo sentido, afirma Maria Helena Diniz que "a hipoteca judicial é originária da França. Planiol e Ripert a definem como sendo a hipoteca geral que a lei empresta a todo julgamento que condena um devedor a executar sua obrigação".[51]

Trata-se, como esclarecem os especialistas, de uma hipoteca anômala, porquanto, assegurando o direito de sequela ao credor, não lhe outorga a preferência, ínsita às demais espécies de direito real sobre coisa alheia.[52]

Traçando os pressupostos da hipoteca judiciária ou judicial, Caio Mário da Silva Pereira[53] enumera os seguintes: a) existência de uma sentença condenando a entregar coisa ou quantia ou a ressarcir perdas e danos; b) liquidez do ato decisório; c) trânsito em julgado; d) especialização; e e) registro na forma prescrita na Lei de Registros Públicos.

Ressalte-se, de logo e como se verá em seguida, que o requisito do trânsito em julgado, invocado pela doutrina civilística, afigura-se desnecessário.

Havendo, pois, sentença de natureza condenatória, impondo ao réu o pagamento de quantia certa ou a entrega de determinada coisa, aflora para o autor o direito de constituição da hipoteca judiciária.

Dispõe, com efeito, o *caput* do art. 495 do Código de Processo Civil que: "A decisão que condenar o réu ao pagamento de prestação consistente em dinheiro e a que determinar a conversão de prestação de fazer, de não-fazer ou de dar coisa em prestação pecuniária valerão como como título constitutivo de hipoteca judiciária".

Comentando essa norma processual, aduz Moacyr Amaral Santos que "do só fato de haver sentença de efeito condenatório resulta, por força da lei, hipoteca judiciária sobre os bens imóveis do condenado e, assim, o poder do autor de fazer inscrevê-la mediante simples mandado do juiz".[54]

---

50. Washington de Barros Monteiro, *Curso de direito civil – Direito das coisas*, 31ª ed., São Paulo, Saraiva, 1994, p. 416.

51. Maria Helena Diniz, *Curso de direito civil brasileiro*, 10ª ed., vol. 4º ("Direito das coisas"), São Paulo, Saraiva, 1995, p. 388.

52. V., *e.g.*, Sílvio Rodrigues, *Direito civil – Direito das coisas*, 21ª ed., vol. v. 6, São Paulo, Saraiva, 1994, p. 388.

53. Caio Mário da Silva Pereira, *Instituições de direito civil*, 11ª ed., vol. 4, Rio de Janeiro, Forense, 1994, pp. 283-284.

54. Moacyr Amaral Santos, *Comentários ao Código de Processo Civil*, 3ª ed., vol. 4, Rio de Janeiro, Forense, 1982, p. 455.

E, por isso, sustentam Theotonio Negrão *et al.*, à luz do transcrito art. 495, que a hipoteca judiciária "é consequência imediata da sentença, pouco importando a pendência ou não de recurso contra esta, inclusive com efeito suspensivo".[55]

Verifica-se, nesse sentido, que, na esteira da orientação da 2ª Seção do Superior Tribunal de Justiça, "a hipoteca judiciária constitui um efeito secundário da sentença condenatória e não obsta à sua efetivação a pendência de julgamento de apelação recebida em ambos os efeitos".[56]

Assim, dada a natureza da decisão que determina a expedição do mandado de pagamento, examinada no item anterior, o autor da ação monitória, com arrimo no disposto no citado art. 495, pode providenciar no registro de imóveis a constituição de hipoteca judiciária sobre bem do devedor.[57]

Ressalte-se que esta providência, embora de rara incidência prática, consubstancia-se num relevante instrumento preventivo de fraude à execução.

2.687. regime dos embargos ao mandado e ampliação do objeto litigioso – expressa possibilidade de reconvenção

2.687.1 aspectos gerais

Consoante ainda o *caput* do art. 702, o réu poderá oferecer embargos dentro daquele prazo de 15 dias. Com a oposição destes inaugura-se um incidente processual de cognição exauriente, regrado certamente pelas normas do procedimento comum ordinário (CPC, art. 702, § 1º).

E, por esta razão, nenhuma restrição também é imposta ao conteúdo da argumentação a ser desenvolvida pelo embargante. Poderá deduzir qualquer matéria de natureza processual ou substancial, "passível de alegação como defesa no procedimento comum" (cf. art. 702, § 2º). Todavia, com a inversão da posição processual que decorre da oferta destes embargos, ao devedor-embargante é imposto o ônus de provar o fato constitutivo da exceção deduzida (art. 373, inc. I), com todas as consequências que advêm desse encargo.

---

55. Theotonio Negrão *et al.*, *Código de Processo Civil e legislação processual em vigor*, 53ª ed., São Paulo, Saraiva, 2022, p. 554, nota 1b ao art. 495, com a invocação de inúmeros precedentes jurisprudenciais.

56. STJ, 3ª Turma, REsp 715.451.-SP, rel. Min. Nancy Andrighi; AgInt nos ED no AREsp 509.223-SC, rel. Min. Antônio Carlos Ferreira. Todavia, "revela-se destituída de sentido a manutenção da hipoteca judiciária após a decisão do tribunal que, dotada de efeito substitutivo, reforma a sentença de mérito, afastando da parte recorrente a condição de devedora" (STJ, 3ª Turma, REsp 1.963.553-SP, rel. Min. Ricardo Villas Bôas Cueva).

57. V., igualmente no âmbito do direito italiano, Comoglio, Ferri e Taruffo, ob. cit., p. 241.

Ao embargante ainda se delineia lícito formular mais de um pedido, em cumulação objetiva, visando, a um só tempo, à rejeição da ação monitória por vício atinente ao seu objeto formal (pressupostos processuais e condições da ação) e/ou à declaração da inexistência da obrigação representada pelo documento escrito em que lastreado o mandado de pagamento ou de entrega da coisa.

Destaque-se que o § 6º do art. 702 inovou em relação ao regime anterior, uma vez que passou a admitir expressamente, nos termos da Súmula 292/STJ,[58] a reconvenção, a fim de que o embargante-reconvinte possa formular pedido de natureza condenatória contra o autor-reconvindo, derivado, por certo, dos mesmos fatos que constituem objeto da ação monitória.[59]

No entanto, o mesmo dispositivo legal veta a denominada *reconventio reconventionis*, vale dizer, ulterior reconvenção deduzida pelo autor reconvindo.

Constata-se, pois, que os embargos ao mandado monitório devem ser opostos, mediante petição escrita, sujeitando-se o embargante ao devido recolhimento de custas judiciais. Serão eles recebidos *ex lege* no efeito suspensivo, até o proferimento da sentença (art. 702, § 4º).

A teor do art. 702, § 2º, caso o embargante suscite excesso do valor exigido, tem ele o dever de apontar o montante que entende correto, acompanhado do demonstrativo atualizado do débito. Descumprindo esse ônus que a lei lhe impõe, os embargos serão liminarmente rejeitados, na hipótese de ser este o único fundamento da defesa. Havendo outros argumentos deduzidos nos embargos, "o juiz deixará de examinar a alegação de excesso" (CPC, art. 702, § 3º).

---

58. "A reconvenção é cabível na ação monitória, após a conversão do procedimento em ordinário."

59. *Cfr.* TJSP, 14ª Câmara de Direito Privado, Ap. 1002940-05.2020.8.26.0297, rel. Des. César Zalaf, j. 28.3.2022: "Ação monitória e reconvenção – Sentença de procedência da ação principal e parcial procedência da reconvenção – Contrato de abertura de crédito. Trata-se de apelos interpostos contra r. sentença, pela qual foi julgada procedente ação monitória. Na mesma oportunidade, foi julgada parcialmente procedente a reconvenção proposta para declarar abusiva a cobrança do 'seguro' nos contratos de crédito descritos na petição inicial da ação principal, bem como condenar a reconvinda a pagar à parte reconvinte o valor referente à restituição simples de tais cobranças, proporcionalmente ao cumprimento do contrato, acrescido dos juros/encargos contratuais que sobre elas incidiram (...). Diante de tais considerações, a sentença deve ser parcialmente reformada para reconhecer a parcial procedência da ação monitória, diante da abusividade na cobrança de seguro, além de determinar que sobre o valor devido pela ré-reconvinde devem incidir juros moratórios de 1% ao mês a partir da citação (art. 405, CC). Nos demais aspectos, fica mantida a r. sentença por seus próprios fundamentos e os ora acrescidos, inclusive no que diz respeito aos ônus de sucumbência. Pelo exposto, dou parcial provimento ao recurso da ré-reconvinte e nego provimento ao recurso do banco autor-reconvindo".

Os embargos, segundo previsão do § 7º do art. 702, são processados nos próprios autos do processo da ação monitória, independem de prévia segurança do juízo e, como acima ressaltado, têm o condão de obstar à produção de quaisquer atos executivos decorrentes da ordem de pagamento ou de entrega da coisa.

É claro que, se os embargos forem parciais, impugnando apenas parte da pretensão do autor da ação monitória, poderão ser eles, a critério do juiz, autuados em apartado (art. 702, § 7º), evitando-se assim qualquer entrave no desenvolvimento dos respectivos procedimentos.

Nesta situação, verificar-se-á, outrossim, a formação de título executivo judicial no que se refere à parcela não abrangida pelos embargos, e, por isso, nada impedirá a sua imediata execução.[60]

Não há, destarte, fazer-se confusão entre estes embargos – *embargos à ação monitória* – e a ação incidental, também denominada de embargos, que pode ser ajuizada pelo devedor após a intimação da penhora ou do depósito, quando da conversão do mandado de pagamento ou de entrega em mandado de citação, porque, nesse caso, tal ato processual, como ressaltado, corresponde, em tudo, ao ato citatório da tradicional ação de execução.[61]

A despeito de se identificarem com verdadeira contestação, até porque inexiste *ainda* título executivo a ser desconstituído, não há dúvida de que os embargos ao mandado, à luz do disposto no art. 702, correspondem a uma ação incidental *sui generis*.[62]

Dispõe, realmente, o § 8º que: "Rejeitados os embargos, constituir-se-á, de pleno direito, o título executivo judicial, (...)".

2.687.2 efeito do recurso de apelação

A sentença que julga os embargos desafia o recurso de apelação, que, em princípio, deve ser recebido apenas no efeito devolutivo, como parece ter

---

60. Entendemos, pois, que, neste particular, aplica-se aos embargos ao mandado a mesma disciplina dos embargos à execução (art. 919, § 3º, do CPC) e dos embargos de terceiro (art. 678 do CPC).

61. *Cfr.*, também, Ronaldo Brêtas C. Dias, "Ação monitória – Procedimento monitório – Implantação no CPC – Comentários à L. 9.079/95", *Revista Jurídica* 220/25, 1996.

62. Correto, a nosso ver, o entendimento esposado em antigo aresto da 1ª Turma da 2ª Câmara Cível do Tribunal de Justiça do Estado de Goiás na Ap. 47.386-6/188, rel. Des. Fenelon Theodoro Reis, ao asserir que: "(...) ante a natureza não contraditória do processo monitório, os embargos ali formulados constituem uma ação de cognição incidental e que, por evidente, não se confundem com a 'contestação' que é deflagrada no processo de conhecimento, falecendo condições ao curador especial para ajuizamento de embargos (...)" (*Rev. Jur.* 255/56).

sido o alvitre do legislador, segundo se infere do § 4º do art. 702, ao explicitar que: "A oposição dos embargos suspende a eficácia (...) até o julgamento em primeiro grau".

Na verdade, nesse particular, cumpre registrar que o vigente Código de Processo Civil, no § 1º do art. 1.012, continua respeitando a nossa tradição, visto que, em seu respectivo sistema, as hipóteses nas quais o recurso não é dotado de efeito suspensivo são as arroladas *taxativamente* no texto legal.

Assim também, pontua Sérgio Bermudes,[63] "a regra é a de que a apelação produz ambos os dois efeitos, devolutivo e suspensivo, não podendo o juiz privá-la deste, sem que, expressamente, o faça a lei". E Sérgio Sahione Fadel veementiza que a ausência de efeito suspensivo no recurso de apelação é a exceção, uma vez que "a relação disposta na lei encerra *numerus clausus*", e que, certamente, "as exceções não se podem ampliar".[64]

De qualquer forma, apenas para relembrar, sob o regime do diploma processual revogado o julgamento do Incidente de Uniformização de Jurisprudência 831.423-2/01 resultou na edição da Súmula 47 do extinto 1º Tribunal de Alçada Civil de São Paulo, do seguinte teor: "A apelação interposta da sentença que julga os embargos ao mandado monitório será recebida também no efeito suspensivo".

Era esse igualmente, antes da entrada em vigor do Código de Processo Civil de 2015, o entendimento predominante no Superior Tribunal de Justiça, como se infere, *v.g.*, do julgamento do REsp 207.728-SP, relatado pela Min. Nancy Andrighi, que decidiu, em síntese, que: "As hipóteses excepcionais de recebimento da apelação no efeito meramente devolutivo, porque restritivas de direitos, limitam-se aos casos previstos em lei. Os embargos à monitória não são equiparáveis aos embargos do devedor para fins de aplicação analógica da regra que a estes determina seja a apelação recebida só no seu efeito devolutivo. Rejeitados liminarmente os embargos à monitória ou julgados improcedentes, deve a apelação ser recebida em ambos os efeitos, impedindo o curso da ação monitória até que venha a ser apreciado o objeto dos embargos em segundo grau de jurisdição".

Seja como for, diante dos termos do suprarreferido art. 702, § 4º, nada obsta a que o apelante requeira, com fundamento no art. 1.012, §§ 2º e 3º, do Código de Processo Civil, a concessão de efeito suspensivo.

---

63. Sérgio Bermudes, ob. cit., p. 77.

64. Sérgio Sahione Fadel, "As alterações do Código de Processo Civil relativas a recursos", in Sálvio de Figueiredo Teixeira (coord.), *Reforma do Código de Processo Civil*, São Paulo, Saraiva, 1996, pp. 622-623.

2.688. constituição do título executivo judicial

Duas são, como asseverado, as situações que determinam, na esfera da ação monitória, a constituição do título executivo judicial.

Em primeiro lugar, é bem de ver que o provimento que defere o mandado de pagamento, de obrigação de fazer ou não fazer ou de entrega de coisa adquire a qualidade de título judicial quando o réu não oferecer embargos. Estabiliza-se aí a tutela monitória.

Apesar da obscuridade da redação do § 8º do art. 702 do Código de Processo Civil, a outra hipótese é aquela em que, oferecidos os embargos, a sentença que os rejeita irá propiciar a produção de efeitos da decisão que ordenou a expedição do mandado (cuja eficácia ficou – integral ou parcialmente – obstada pela oposição daqueles).

Desse modo, a sentença de improcedência do pedido formulado nos embargos ao mandado não constitui título algum, mas simplesmente libera a eficácia da decisão liminar. Em outras palavras, a constituição de pleno direito do título executivo judicial (art. 702, § 8º) decorre da rejeição dos embargos.

Forçoso assim reconhecer, com Proto Pisani, que a eficácia da decisão que encerra a fase preambular do procedimento monitório subordina-se à condição resolutiva do desacolhimento dos embargos eventualmente opostos pelo demandado.[65]

2.689. limites da preclusão e da cognição nos futuros embargos à execução

Em ambas as situações acima retratadas esse pronunciamento, determinativo da emissão do mandado de pagamento, de obrigação de fazer ou de não fazer ou, ainda, de entrega de coisa, passa a gozar dos atributos que tipificam o título executivo judicial.

Contudo, reitero meu entendimento no sentido de que merecem elas tratamento diversificado no que se refere aos desdobramentos processuais verificáveis em momento posterior.

Com efeito, rejeitados os embargos ao mandado por sentença de mérito, transitada esta em julgado, nenhum questionamento poderá mais ser feito no âmbito de futuros embargos à execução acerca daquilo que foi definitivamente decidido.

De tal sorte, os embargos à execução que eventualmente forem opostos, após a intimação da penhora ou do depósito da coisa, somente poderão en-

---

65. Proto Pisani, *Lezioni di diritto processuale civile*, cit., p. 604.

contrar alicerce no rol do art. 917 do Código de Processo Civil, limitando, portanto, o campo cognitivo do julgador, uma vez que esse aludido dispositivo legal impõe restrições à liberdade de iniciativa do embargante quanto à demarcação da *causa petendi*.[66]

No entanto, a falta de oferecimento dos embargos ao mandado produzirá uma preclusão de menor calibre, visto que a formação do título se deu de modo unilateral, isto é, sem a efetivação do contraditório acerca dos fatos deduzidos na ação monitória.

Refutando expressamente esta tese na vigência do diploma processual revogado, Vicente Greco Filho afirma que a preclusão seria integral, à luz do disposto no art. 474 (*atual art. 508*) do Código de Processo Civil, "ainda que não tenha havido sentença propriamente dita".[67]

Ora, considerando-se a natureza de "ação" – ação incidental – dos embargos ao mandado, reputo impossível a incidência do postulado inserto na citada norma legal, no sentido de que a coisa julgada cobre o deduzido e aquilo que também poderia ter sido alegado... Despiciendo dizer que esta regra se aplica apenas quando o silêncio for do demandado, no que concerne à sua defesa! Assim, a situação alvitrada por Vicente Greco Filho certamente se equipara àquela na qual ocorre a revelia do réu em processos plenários.

A estrutura procedimental da ação monitória, pelo contrário, não faculta qualquer atuação defensiva do requerido, inclusive após o prazo de que dispõe para oferecer embargos.

Escapa, pois, da eficácia preclusiva decorrente do transcurso *in albis* do prazo para a oposição dos embargos ao mandado, a teor do art. 485, § 3º, do Código de Processo Civil, a matéria relativa aos pressupostos processuais e às condições de admissibilidade da ação, por extravasar do poder de disposição das partes, subordinando-se à "investigação de ofício pelo Estado, como uma das consequências de ser a ação um direito contra ele exercitável que, por isso, lhe dá o poder, correspectivo, de examinar de ofício os pressupostos do processo e as condições da ação", ainda que se configure profundo silêncio do demandado.[68]

---

66. V., a propósito, Cruz e Tucci, *A causa petendi no processo civil*, 3ª ed., São Paulo, Ed. RT, 2009, p. 148.

67. Vicente Greco Filho, *Comentários ao procedimento sumário, ao agravo e à ação monitória*, São Paulo, Saraiva, 1996, p. 55. V. também, já na vigência do CPC/2015, contrário ao meu ponto de vista: Heitor Vitor Mendonça Sica, in Luiz Guilherme Marinoni (coord.), *Comentários ao Código de Processo Civil*, 3ª ed., vol. 10, São Paulo, Ed. RT, 2021, p. 144.

68. *Cfr.* Egas Dirceu Moniz de Aragão, *Comentários ao Código de Processo Civil*, 2ª ed., vol. 2, Rio de Janeiro, Forense, 1976, pp. 449-450.

E, nesse caso, entendemos que, a despeito de a execução ser lastreada em título judicial, não prevalecem os argumentos teóricos que justificam a limitação objetiva imposta pelo art. 741, uma vez que tal título não adveio de um processo judicial onde se viabilizou o mais amplo contraditório entre as partes.

Daí por que a execução fundada nesse título não tem por pressuposto a "certeza inequívoca" do direito do credor.

Não se pode, assim, negar ao devedor, após a constituição do título executivo, o direito de paralisar a execução infundada ou injusta que lhe é promovida pelo credor...[69]

Os embargos, portanto, quando tenha ficado inerte o demandado no processo da ação monitória, serão de cognição plenária, segundo o disposto no art. 917 do Código de Processo Civil, podendo o embargante suscitar, além das matérias previstas no art. 525, § 1º, "qualquer outra que lhe seria lícito deduzir como defesa no processo de conhecimento" (CPC, art. 917, inc. VI), inclusive e principalmente aquela concernente a fato superveniente, assegurando-se-lhe, destarte, todos os meios regulares de oposição ao processo executivo.

Ademais, e pelos motivos acima expostos, nada obsta ao devedor, que não tenha bens penhoráveis ou que não embargou a execução após estar seguro o juízo pela penhora ou pelo depósito da coisa, almejar a anulação do título, com a consequente declaração de inexistência do crédito excutido, mediante o ajuizamento de demanda autônoma.

Em tal hipótese também não há se falar em qualquer preclusão, projetada fora da órbita executiva, decorrente da atitude passiva do executado, malgrado ter ele optado por um caminho certamente mais tortuoso. Absurdo seria, com toda certeza, subordinar-se o exercício do direito à jurisdição, concretizado na propositura de demanda autônoma, a determinado prazo processual.

E isto porque o direito processual não pode ter a força de exterminar o direito material do demandado, estabelecendo lapso extintivo da pretensão deste.[70]

---

69. V., em idêntico senso, Maria Margherita Chiarini, "L'adempimento volontario dopo l'opposizione all'ingiunzione alla luce della sentenza delle S. U. della Cassazione n. 7448 del 16 giugno 1993", in *L'opposizione al decreto ingiuntivo nei suoi momenti applicativi* (obra coletiva), Milão, Giuffrè, 1994, p. 145.

70. Este mesmo fenômeno ocorre também no âmbito dos embargos à execução (15 dias); da ação declaratória incidental que ainda é cabível; do mandado de segurança (120 dias). Ninguém em sã consciência poderia admitir que o transcurso de tais prazos impediria o interessado de valer-se de outros remédios processuais para obter o reconhecimento judicial de seu respectivo direito... V., a respeito, quanto à primeira das hipóteses acima invocadas (embargos à execução): Cruz e Tucci, "Tutela processual do direito do executado", in *Processo civil – Realidade e justiça*, São Paulo, Saraiva, 1994, pp. 29 e ss.

Na verdade, a circunstância da falta de oposição de embargos ao mandado não pode significar renúncia ao direito material a ser invocado em posterior via judicia autônoma.

Realmente, como se observa em antigo, mas ainda atual, aresto da lavra do Min. Athos Gusmão Carneiro, da 4ª Turma do Superior Tribunal de Justiça: "Inocorre preclusão, e portanto a validade e eficácia do título executivo extrajudicial podem ser objeto de posterior ação de conhecimento, quando na execução *não forem opostos embargos ao devedor*, e igualmente quando tais embargos, embora opostos, não foram recebidos ou apreciados em seu mérito – Inexistência de coisa julgada material, e da imutabilidade dela decorrente".[71]

Assim, não se pode perder de vista a existência, gerada pelo ajuizamento da ação monitória, de um concurso de ações à disposição do devedor, que pode muito bem valer-se de uma via mais favorável, qual seja, a oferta de embargos ao mandado ou, em seguida, de embargos contra a execução, ou, então, de outra mais gravosa, implicativa do aforamento de ação de conhecimento autônoma.

A consequência imediata, no âmbito da monitória, em caso de silêncio do réu será a formação do título e a eclosão do processo de execução num prazo bem mais abreviado...

2.690. previsão de cabimento de ação rescisória

Como antes frisado, a decisão que determina a expedição do mandado de pagamento, de entrega de coisa ou para a execução de obrigação de fazer ou não fazer deve ser adequadamente fundamentada.

Tal ato decisório converte-se *de pleno direito* em título executivo judicial, de forma "automática" em duas diversificadas situações, *ex vi* do disposto no § 2º do art. 701 do Código de Processo Civil, quais sejam: (i) quando não realizado o pagamento no prazo legal de 15 dias; e (ii) quando não opostos os embargos à ação monitória.

Não obstante, deve-se igualmente acrescentar a esse rol uma terceira situação na qual também ocorre essa conversão, que é aquela decorrente da sentença de improcedência dos embargos, segundo expressa previsão do art. 702, § 8º.

---

71. STJ, AgR no Ag./AgR 8.098-SP, j. 23.4.1991. V., em sentido contrário, STJ, 4ª Turma, REsp 1.038.133-PR, rel. Min. Raul Araújo, j. 14.3.2017: "A não oposição de embargos, com a consequente conversão do mandado inicial em mandado definitivo e a constituição do título executivo judicial, enseja a produção de coisa julgada material, inviabilizando a posterior propositura de ação de conhecimento relativa ao mesmo contrato objeto da ação monitória anterior".

Esta decisão, como já também ressaltado, tem natureza de sentença de mérito e, portanto, pode ser objeto de ação rescisória, nos termos do disposto no art. 966 do Código de Processo Civil. Para não restar dúvida, o legislador foi enfático, ao prever a rescindibilidade da decisão que defere o mandado monitório no § 3º do art. 701.

Não seria mesmo desarrazoado imaginar-se situação que possibilitaria o ajuizamento de ação rescisória (com fundamento, *e.g.*, em falsidade da prova: art. 966, inc. VI, do CPC) destinada a rescindir tal pronunciamento judicial.[72]

2.691. repressão ao dolo processual

Na mesma linha principiológica, que marca as denominadas "Normas Fundamentais do Processo Civil", constantes do Preâmbulo do vigente Código de Processo Civil, inspirando-se, por certo, na dogmática do direito privado, o legislador estabelece, no art. 5º, uma cláusula geral de boa-fé processual, que deverá nortear a conduta, durante as sucessivas etapas do procedimento, de todos os protagonistas do processo: o juiz, as partes, o representante do Ministério Público, o defensor público e também os auxiliares da Justiça (serventuários, peritos, intérpretes *etc.*).

O fundamento legal da boa-fé decorre da cooperação ativa dos litigantes, especialmente no contraditório, que devem participar da construção da decisão, colaborando, pois, com a prestação jurisdicional. Não há falar, com certeza, em processo justo e équo se as partes atuam de forma abusiva, conspirando contra as garantias constitucionais do devido processo legal.

Não obstante, nem sempre o comportamento das partes atende a esse imperativo ideal, dada a atuação muitas vezes abusiva e temerária. Daí a razão pela qual o art. 79 do Código de Processo Civil reza que: "Responde por perdas e danos aquele que litigar de má-fé como autor, réu ou interveniente".

Desse modo, não se justifica a redundância da previsão inserida nos §§ 10 e 11 do art. 702, que reprimem o dolo processual, respectivamente, cometido tanto pelo autor que ajuíza a ação monitória quanto pelo réu que opõe embargos à monitória, agindo de má-fé. A multa prevista pela atuação abusiva pode ser fixada em até 10% sobre o valor da causa.

---

72. *Cfr.*, já sob a égide do CPC/2015: STJ, 4ª Turma, AREsp/AgInt 1.482.088-DF: "De acordo com o entendimento desta Corte, a exceção de pré-executividade não é remédio jurídico adequado para modificar comando judicial que tenha transitado em julgado, sob fundamento de suposto *error in judicando*. A correção do suposto equívoco, no caso, consistente na ausência de prova escrita idônea a embasar a ação monitória, deveria ter sido provocada mediante os recursos cabíveis ou por ação rescisória, não sendo possível ser efetuada em sede de exceção de pré-executividade". V., admitindo o cabimento de *azione revocatoria* contra o decreto injuntivo, Proto Pisani, *Lezioni di diritto processuale civile*, cit., pp. 615-616.

Recente precedente da 3ª Turma do Superior Tribunal de Justiça, no julgamento do AgInt no REsp 1.778.399-CE, da relatoria do Min. Paulo de Tarso Sanseverino, manteve a condenação por litigância de má-fé imposta ao réu que opôs embargos monitórios baseados em alegações inconsistentes, textual: "(...). O recorrente volta a apenas reafirmar a ausência da prova do dolo e, assim, a impossibilidade de reconhecimento da litigância de má-fé (...). Ademais, fora precisa a concretização da hipótese do art. 80 do Código de Processo Civil, já que de modo temerário aduziu-se fato que, na verdade, não teria ocorrido. Ou seja, aduziu-se não ter sido oportunizada a impugnação dos documentos quando, na verdade, não só fora ela oportunizada, mas houve a referida impugnação! Não há, assim, afastar a penalidade aplicada, pois ausente afronta ao dispositivo de lei indicado".

2.692. hipóteses de cabimento

2.692.1 situações extraídas da praxe forense

Múltiplos são os casos de cabimento da ação monitória, bastando que o interessado seja portador de um documento, público ou privado, que justifique o crédito e que não contenha a eficácia típica dos títulos executivos extrajudiciais.

O credor em tais condições poderá então eleger a via do procedimento monitório em lugar de submeter a sua pretensão às normas que norteiam o procedimento comum, em regra sempre mais custoso e demorado.

Aliás, segundo precedente da 3ª Turma do Superior Tribunal de Justiça por ocasião do julgamento do AgR no REsp 1.508.197-SP, com voto condutor do Min. Marco Aurélio Bellizze: "O entendimento adotado pelo Tribunal de origem encontra ressonância na jurisprudência pacífica dos Turmas integrantes da 2ª Seção desta Corte de Justiça, que reputa possível ao credor, detentor de título executivo, valer-se, a seu critério, da via executiva ou da via monitória, desde que não propicie prejuízo à defesa do devedor".

Aduza-se nesse sentido que, por força do disposto no art. 785 do Código de Processo Civil, mesmo sendo portador de título executivo extrajudicial, o credor tem a prerrogativa de eleger o caminho da ação monitória, "a fim de obter título executivo judicial".

Desse modo, profissionais liberais, p.ex., possuidores de cartas, *e-mails*, telegramas, que revelem a concordância com os honorários cobrados, poderão, após ter-se verificado, de um lado, a efetivação dos serviços contratados e, de outro, o inadimplemento do cliente, valer-se da ação monitória.[73]

73. *Cfr.* STJ, 4ª Turma, AgInt no AREsp 2.053;755-SP, rel. Min. Raul Araújo, j. 19.9.2022; 4ª Turma, AgInt no REsp 1.303.182-DF, rel. Min. Antônio Carlos Ferreira, j. 11.12.2018:

Para os médicos e dentistas que puderem comprovar a liquidez do crédito e o respectivo fato constitutivo, por meio de prova material, como, *e.g.*, guias de internação, prontuário hospitalar, requisição de serviço protético *etc.*, igualmente se viabiliza tal demanda.

Assim, a cobrança de mensalidade escolar resultante de prestação de serviço pode perfeitamente ser feita mediante as regras do procedimento monitório.[74]

Incluir-se-iam no rol dos casos de cabimento da demanda monitória aqueles escudados em instrumentos comprobatórios de consumo mensal de água, gás e energia elétrica,[75] desde que cotejados com contas pretéritas oportunamente quitadas pelo usuário-devedor: "Com efeito, é admissível o ajuizamento de ação monitória para cobrança de consumo de energia elétrica não faturado, desde que comprovado que o débito de recuperação de consumo foi apurado dentro dos procedimentos estabelecidos".[76]

Admite-se, também, a cobrança de dívida condominial, desde que preenchidos os requisitos legais.[77]

Igualmente – e ainda à guisa de exemplo –, poderá optar pelo ajuizamento da ação monitória o comerciante credor de determinada coisa resultante de fornecimento habitual cuja obrigação assumida pelo devedor inde-

---

"Conforme o entendimento desta Corte, é admissível o correio eletrônico como meio de prova, sendo que 'o exame sobre a validade, ou não, da correspondência eletrônica (*e-mail*) deverá ser aferido no caso concreto, juntamente com os demais elementos de prova trazidos pela parte autora' (REsp n. 1.381.603-MS, rel. Min. Luís Felipe Salomão, 4ª Turma, j. 6.10.2016)".

74. *Cfr.* STJ, 4ª Turma, AgInt no AREsp 1.312.749-SP, rel. Min. Raul Araújo, j. 3.3.2020. *Cfr.*, também, TJSP, 14ª Câmara de Direito Privado, Ap. 1052768-05.2018.8.26.0114: "Ação monitória – Contrato de prestação de serviços educacionais – Sentença de procedência – Regularidade da objetada cobrança de mensalidades com base no contrato de prestação de serviços educacionais firmado entre as partes, acompanhado de histórico escolar e comprovante de frequência às aulas – Prova escrita que, todavia, não corrobora suficientemente a cobrança deduzida em virtude de disciplinas extras cursadas pela autora – Ausência de cabal demonstração dos valores acordados para a prestação do respectivo serviço – Procedimento injuntivo que exige inequívoca prova escrita da dívida alegada (art. 700, CPC) – Fragilidade do conjunto probatório em relação a tal débito que, ante a impugnação da requerida, impede o acolhimento integral do pedido monitório – Sentença de procedência reformada para parcial procedência".

75. *Cfr.* STJ, 2ª Turma, REsp 1.864.950-PR, rel. Min. Assusete Magalhães, j. 2.2.2021.

76. *Cfr.* STJ, 2ª Turma, REsp 1.694.462-RS, rel. Min. Herman Benjamin, j. 10.10.2017. "A 2ª Turma, na ocasião do julgamento do REsp n. 831.760-RS, da relatoria da Min. Eliana Calmon, decidiu que 'é perfeitamente viável instruir ação monitória ajuizada por concessionária de energia elétrica com cópia de faturas para cobrança por serviços prestados, sendo desnecessária, na hipótese, a assinatura do devedor'(...)" (2ª Turma, REsp 773.247-RS, rel. Min. Mauro Campbell Marques, j. 4.9.2008).

77. *Cfr.* STJ, 4ª T., REsp 1.172.448-RJ, rel. Min. Luís Felipe Salomão, j. 18.6.2013.

penda de maiores formalidades, bastando o pagamento antecipado do preço para ultimar o pedido.

Duplicatas protestadas – como decidiu o Superior Tribunal de Justiça – pela não devolução dos originais, falta de aceite ou de pagamento, presentes as notas fiscais ou faturas que as originaram, levam ao convencimento da existência da dívida, não tendo a eficácia de títulos executivos, sendo, portanto, hábeis a instruir a ação monitória.[78]

Nesse sentido, asseverou também a 3ª Turma que: "Assentando o tribunal de origem estar a duplicata despida de força executiva por ausência de aceite, é ela documento hábil à instrução do procedimento monitório".[79]

Todavia, a duplicata sem aceite que, embora protestada, se encontra desacompanhada do comprovante de entrega das mercadorias descaracteriza-se como título executivo extrajudicial e também como prova escrita apta a viabilizar a ação monitória.

A despeito desse entendimento, a 4ª Turma do Superior Tribunal de Justiça, em antigo (mas ainda atual) pronunciamento no julgamento do REsp 247.342-MG, de relatoria do Min. Ruy Rosado de Aguiar, concluiu que: "O protesto sem impugnação faz presumir a concordância do devedor quanto à existência da dívida, razão pela qual a duplicata sem aceite e protestada pode servir à instauração do procedimento monitório".

Valendo-me do profícuo "diálogo" de Theotonio Negrão[80] com a jurisprudência, a praxe do foro evidencia que também é cabível a ação monitória instruída com as seguintes provas escritas:

a) nota fiscal, acompanhada do respectivo comprovante de entrega e recebimento da mercadoria ou do serviço, devidamente assinado pelo adquirente;[81]

b) contrato de cartão de crédito, desde que o autor colacione ao contrato firmado tanto os extratos que comprovem a realização de débitos pelo titular do cartão como os demonstrativos dos encargos e critérios utilizados para o cálculo da evolução do débito;[82]

---

78. *Cfr.* STJ, 3ª Turma, REsp 882.330-AL, rel. Min. Sidnei Beneti, j. 11.5.2010.

79. *Cfr.* STJ, 3ª Turma, REsp 204.894-MG, rel. Min. Waldemar Zveiter, j. 19.2.2001.

80. Theotonio Negrão, ob. cit., notas ao art. 700.

81. *Cfr.* STJ, 3ª Turma, REsp 778.852-RS, rel. Min. Nancy Andrighi, j. 15.8.2006; 3ª Turma, AgInt no REsp 1778.399-CE, rel. Min. Paulo de Tarso Sanseverino, j. 18.5.2021: "A nota fiscal, sozinha, por ser documento confeccionado pelo próprio credor, não poderia dar ensejo à ação monitória, mas, como já referido, como claramente expõe o acórdão recorrido, ela fora acompanhada por comprovante de entrega de mercadorias assinado e, ainda, por mensagens eletrônicas trocadas entra as partes".

82. *Cfr.* STJ, 3ª Turma, REsp 469.005-MG, rel. Min. Nancy Andrighi, j. 6.6.2003; 3ª Turma, AgR no REsp 879.434-SP, rel. Min. Sidnei Beneti, j. 6.8.2009.

c) contrato de seguro inadimplido, sendo possível sua impugnação em embargos, nos quais será discutida, quanto ao mérito, a ocorrência de incêndio criminoso ou não, versando acerca da exigibilidade da dívida e sua liquidez;[83]

d) "romaneio", que é o documento fornecido pelo comprador do produto agrícola quando do recebimento da mercadoria.[84]

Já no que refere à entrega de coisa fungível, o contrato de arrendamento rural presta-se a aparelhar a ação monitória quando discriminar a quantidade do produto como objeto do respectivo pagamento.[85]

Interessante precedente da 4ª Turma do Superior Tribunal de Justiça, anterior à vigência do Código de Processo Civil de 2015, já admitira o cabimento da ação monitória para impor à requerida obrigação de fazer, com a fixação de multa visando a compeli-la a excluir o nome do requerente do cadastro de proteção ao crédito.[86]

2.692.2 "cheque prescrito"

Situação peculiar que também viabiliza a ação monitória ocorre na hipótese de o credor ser portador de um título de crédito despido de eficácia executiva por força da prescrição[87] ou, ainda que eficaz *in executivis*, a praça de pagamento constante do título seja uma capital de país estrangeiro.

O cheque se despe de potencialidade executiva pela expiração do tempo de apresentação: sete meses, contados da data da emissão, desde que pagável na mesma praça, ou oito meses, quando for de outra praça. Nessa situação, destrói-se a característica de título cambiariforme do cheque, passando a constituir mero quirógrafo, apto no entanto a evidenciar o crédito, em ação de conhecimento.[88]

Ressalte-se que a Lei 7.357, de 2.9.1985 (Lei do Cheque), contempla uma ação, lastreada no locupletamento injustificado (até ilícito) do devedor, na qual ainda se preserva a natureza cambiária.

Preceitua o art. 61 do citado diploma que: "A ação de enriquecimento contra o emitente ou outros obrigados, que se locupletaram injustamente com o

83. *Cfr.* STJ, 3ª Turma, REsp 250.513-MG, rel. Min. Nancy Andrighi, j. 26.3.2001.

84. *Cfr.* STJ, 4ª Turma, REsp 324.656-ES, rel. Min. Ruy Rosado de Aguiar, j. 18.10.2002.

85. *Cfr.* STJ, 3ª Turma, REsp 1.266.975-MG, rel. Min. Ricardo Villas Bôas Cueva, j. 10.3.2016.

86. STJ, REsp 1.006.473-PR, rel. para o acórdão Min. Marco Buzzi, j. 8.5.2012.

87. V., a respeito, Cruz e Tucci, "'Título prescrito' e ação monitória", in *Questões práticas de processo civil*, 2ª ed., São Paulo, Atlas, 1998, pp. 119 e ss.

88. V., nesse sentido, Fran Martins, *Títulos de crédito*, 9ª ed., vol. 2, Rio de Janeiro, Forense, 1995, p. 148.

não pagamento do cheque prescreve em 2 (dois) anos, contados do dia em que se consumar a prescrição prevista no art. 59 e seu parágrafo desta Lei".

Nota-se, portanto, que, embora extintos os atributos do título executivo extrajudicial, não se perde, contudo, o título de crédito enquanto documento eficaz para possibilitar ao credor, no prazo de dois anos após consumada a prescrição, o ajuizamento, contra o emitente do cheque ou outros obrigados, de ação de locupletamento ilícito (art. 61 da Lei 7.357/1985). A ação mencionada é de natureza cambiária, porque baseada exclusivamente no fato do não pagamento do cheque.

E por ainda preservar não a eficácia mas a abstração que conota os títulos de crédito, a *causa petendi* dessa ação de conhecimento guarda mais similitude com aquela deduzida na ação de execução, restringindo-se ela na apresentação pelo demandante-credor do documento (cheque) e na alegação do respectivo inadimplemento.

Com efeito, "a posse de cheques que não foram honrados pelo emitente, exaurido o prazo de cobrança executiva das dívidas por eles representadas, é suficiente à propositura da ação de locupletamento ilícito, presumindo-se em favor do autor a causa lícita das dívidas, o prejuízo sofrido pelo não pagamento e o enriquecimento do emitente, presunção que poderá ser elidida, por provas em contrário, a cargo do réu".[89]

Assim, não mais dispondo da ação *in executivis*, o credor poderá recorrer ao processo de conhecimento, ajuizando, dentro daquele prazo estabelecido, ação monitória ou ação de cognição exauriente para obter a condenação do devedor.

A jurisprudência que se sedimentou sob a vigência do Código de Processo Civil revogado continua constituindo importante subsídio hermenêutico a ser invocado para dirimir essa interessante questão.

Assim, considerando-se o suprarreferido art. 61 da Lei do Cheque, apresentam-se três situações distintas a considerar: a) o cheque, enquanto não vencido o prazo prescricional, é título que assegura o exercício da ação de execução; b) vencido o prazo prescricional, a execução não é mais admissível, mas o credor pode, dentro de dois anos, valer-se da ação de locupletamento ilícito, bastando-lhe a apresentação do documento; c) esgotado esse prazo, continua sendo admissível ao credor fundar-se na relação negocial subjacente, que é de natureza pessoal, lastreada em documento público ou privado, e prescreve, em regra, no prazo de cinco anos. Na primeira hipótese, cabe ao credor alegar o crédito fundado no título. Na segunda, pleiteia o reconhecimento do direito ao recebimento, presumindo-se o não recebimento do valor

89. *Cfr.* STJ, REsp 32.722-0-PR, rel. Dias Trindade, *RSTJ* 47/440.

pela simples apresentação do título. Na terceira, alega o negócio causal para, daí, fazer decorrer o pedido condenatório.

Secundando esse mesmo entendimento, o Superior Tribunal de Justiça igualmente traça esta fundamental distinção que tem inequívoca relevância prática, como se extrai do julgamento da 4ª Turma no REsp 926.313-SP, da relatoria do Min. Luís Felipe Salomão, no qual restou averbado que: "Se ocorreu a prescrição para execução do cheque, o art. 61 da Lei do Cheque prevê, no prazo de dois anos a contar da prescrição, a possibilidade de ajuizamento de ação de locupletamento ilícito que, por ostentar natureza cambial, prescinde da descrição do negócio jurídico subjacente. Expirado o prazo para ajuizamento da ação por enriquecimento sem causa, o art. 62 do mesmo diploma legal ressalva a possibilidade de ajuizamento de ação de cobrança fundada na relação causal. No entanto, caso o portador do cheque opte pela ação monitória, como no caso em julgamento, o prazo prescricional será quinquenal, conforme disposto no art. 206, § 5º, I, do Código Civil e não haverá necessidade de descrição da *causa debendi*. Registre-se que, nesta hipótese, nada impede que o requerido oponha embargos à monitória, discutindo o negócio jurídico subjacente, inclusive a sua eventual prescrição, pois o cheque, em decorrência do lapso temporal, já não mais ostenta os caracteres cambiários inerentes ao título de crédito".

Em acórdão, a 2ª Seção sufragou igualmente essa orientação, no julgamento dos EDiv 1.575.781-DF, com voto unânime da Min. Nancy Andrighi, asseverando que: "Não é mais o cheque, por si, o fundamento da pretensão, mas o fato jurídico que precedeu e motivou a sua emissão. Em consequência, dessume-se que a ação monitória, neste documento fundada, admitirá a discussão do próprio fato gerador da obrigação, sendo possível a oposição de exceções pessoais. Para efeitos de solução do litígio, deve prevalecer, nesta Corte, a seguinte tese: ocorrida a prescrição cambial, o cheque perde os atributos cambiários, sendo possível, na ação monitória, a discussão do negócio jurídico subjacente e a oposição de exceções pessoais a portadores precedentes ou ao próprio emitente do título".

Cumpre observar, por fim, que, com o desaparecimento da eficácia cambial, a ação de conhecimento (pelo procedimento monitório ou pelo procedimento comum) poderá ser ajuizada em face do sacador e dos eventuais endossantes do cheque, mas não contra o avalista, visto ser o aval instituto estritamente cambiário. Ressalve-se, no entanto, que, se estiver prescrita a ação cambial, "desaparece a abstração das relações jurídicas cambiais firmadas, devendo o beneficiário do título demonstrar, como causa de pedir na ação própria, o locupletamento ilícito, seja do emitente ou endossante, seja do avalista".[90]

---

90. *Cfr.* STJ, 3ª Turma, AgR no Ag. 549.924-MG, rel. Nancy Andrighi, j. 16.3.2004.

2.692.3 contrato de abertura de crédito

Logo após a entrada em vigor da lei que instituiu o procedimento monitório em nosso ordenamento jurídico, Francisco de Assis Vasconcellos Pereira da Silva, após referir-se aos títulos formalmente imperfeitos, assim enunciados por Donaldo Armelin, acrescenta outros documentos, na esfera da prática bancária, tais como extrato de conta-corrente, saque automático e adiantamento a depositante, que também constituem "prova escrita" destinada a aparelhar a ação monitória.[91]

Muito conhecida foi a discussão em sede pretoriana quanto à eficácia executiva do contrato de abertura de crédito em conta-corrente (cheque especial). A divergência existia até mesmo entre as Turmas do Superior Tribunal de Justiça.[92]

Todavia, já há muito tempo, após o profundo debate travado no famoso julgamento dos EDiv no REsp 108.259-RS, a maioria dos Ministros componentes da 2ª Seção daquele Tribunal federal concluiu pela uniformização da jurisprudência, secundando a orientação que inadmitia a exequibilidade dos contratos de abertura de crédito, tendo em vista, em particular, a elaboração unilateral de tal "prova escrita".

O Min. Cesar Asfor Rocha, incumbido da redação do acórdão vencedor, deixou então consignado que no documento em tela "(...) não há nenhuma afirmação de quem quer que seja dizendo-se em dívida de uma importância certa e determinada. E essa ausência não pode ser suprida com a simples apresentação de extratos ainda que explicitados pelo banco que abriu o crédito (...). A experiência comum tem demonstrado que, em nome da celeridade e da efetividade que se deve emprestar aos feitos judiciais, nesses processos que veiculam a mesma discussão aqui instaurada, muitos excessos têm sido cometidos, na inclusão feita pelo credor de verbas não pactuadas. Poder-se-ia retrucar, é certo, que nessas hipóteses o devedor poderia se valer dos embargos à execução ao fim do que o juiz reduziria a dívida ao exato valor. Todavia, quando da oposição dos embargos, o eventual devedor já é levado a uma situação de constrangimento e de inferioridade, resultante do só fato de ser obrigado a, previamente, necessariamente ter os seus bens sob constrição judicial. Ademais, inquietou-me, em princípio, a possibilidade de que uma decisão contrária à que foi proposta pelo eminente Ministro-Relator, inadmitindo a executividade cogitada, servisse de desestímulo aos estabelecimentos bancários em oferecer crédi-

---

91. Francisco de Assis Vasconcellos Pereira da Silva, "Breves notas sobre a ação monitória", *Repertório IOB de Jurisprudência* 18/290, 1995.

92. Enquanto a 3ª Turma entendia que o contrato de abertura de crédito, ainda que acompanhado de extrato indicativo da evolução do débito, não caracterizava título executivo extrajudicial, a 4ª Turma, pelo contrário, outorgava-lhe eficácia executiva.

to sem muita burocracia aos seus clientes, como as relações comerciais e bancárias desses tempos modernos estão a exigir. Porém, esses receios ficam superados ante a adoção, pela nossa legislação processual, da ação monitória – tão pouco utilizada, diga-se de passagem –, que também enseja às casas bancárias reaver o crédito com a celeridade da via executiva, mas aí deixando as partes em posição de igualdade para discuti-lo (...)".

Assim, como se observa, consoante entendimento expresso no próprio acórdão, a ação monitória, na hipótese aqui examinada, passou a ser a vertente mais aconselhável. Contudo, sempre se faz imprescindível, para a admissibilidade da monitória, que o credor submeta ao juiz um demonstrativo inteligível dos respectivos lançamentos, especificando o montante dos juros, os índices de correção, o custo dos serviços *etc.*

Foi então, a partir desse precedente que serviu de alicerce para a edição da Súmula 233/STJ[93] e, posteriormente, da Súmula 274/STJ,[94] que o Superior Tribunal de Justiça passou a prestigiar a concepção de que: "No contrato de abertura de crédito, os demonstrativos de débito, mesmo unilaterais, servem para o ajuizamento da ação monitória".[95]

Atualmente, continua sendo essa a tese que predomina nos domínios do Superior Tribunal de Justiça, como se colhe, *v.g.*, do seguinte julgado: "O entendimento adotado pela Justiça de origem coincide com a jurisprudência desta Corte Superior, assente no sentido de 'ser cabível o ajuizamento de ação monitória, com fundamento em contrato de abertura de crédito em conta-corrente, acompanhado do demonstrativo do débito. É o enunciado da Súmula n. 247 do STJ' (AgInt no AREsp n. 1.373.892-SP, rel. Min. Luís Felipe Salomão, julgado em 29.6.2020) (...)".[96]

2.693. considerações conclusivas

Estes, em suas linhas gerais, os pontos mais relevantes do procedimento da ação monitória, já integralmente assimilado pelo nosso sistema processual.

A ação monitória, como de início asseverado, deve ser inserida no contexto dos mecanismos de agilização do processo, visando ao desejo de privi-

93. "O contrato de abertura de crédito, ainda que acompanhado de extrato da conta-corrente, não é título executivo."

94. "O contrato de abertura de crédito em conta-corrente, acompanhado do demonstrativo de débito, constitui documento hábil para o ajuizamento da ação monitória."

95. *Cfr.* STJ, 3ª Turma, REsp 188.375-MG, rel. Min. Carlos Alberto Menezes Direito, j. 16.8.1999.

96. *Cfr.* STJ, 4ª Turma, AgInt no AREsp 1.795.805-SP, rel. Min. Antônio Carlos Ferreira, j. 26.4.2021.

legiar os consumidores da prestação jurisdicional, tornando-a, na medida do possível, mais célere e efetiva.

Todavia, à míngua de dados estatísticos acerca do número de execuções embargadas, e tendo-se em conta a notável ampliação do rol de títulos executivos extrajudiciais, o incremento na utilização da demanda de natureza monitória somente é possível com a experiência colhida no cotidiano da atividade profissional dos operadores do direito.

Referências Bibliográficas

ARMELIN, Donaldo. *Legitimidade para agir no direito processual civil brasileiro.* São Paulo, Ed. RT, 1979.

BAUR, Fritz. *Zivilprozessrecht.* 5ª ed. Frankfurt am Main, Alfred Metzner, 1985.

BEDAQUE, José Roberto dos Santos. *Direito e processo.* 7ª ed. São Paulo, Malheiros Editores/Juspodivm, 2022.

BENETI, Sidnei Agostinho. "Ação monitória da reforma processual". *Revista de Processo* 77. 1995.

BERMUDES, Sérgio. *A reforma do Código de Processo Civil.* 2ª ed. São Paulo, Saraiva, 1996.

CALAMANDREI, Piero. *Il procedimento monitorio nella legislazione italiana.* Milão, Unitas, 1926 (*El procedimiento monitorio.* trad. espanhola de Santiago Sentís Melendo. Buenos Aires, EJEA, 1953).

——————. "Verità e verosimiglianza nel processo civile". In: *Studi sul processo civile.* vol. 6. Pádua, CEDAM, 1957.

CALMON DE PASSOS, J. J. *Inovações no Código de Processo Civil.* Rio de Janeiro, Forense, 1995.

CARNELUTTI, Francesco. *Diritto e processo.* Nápoles, Morano, 1958.

——————. "Profilo dei rapporti tra diritto e processo". *Rivista di Dirittto Processuale*, 1960.

CAVALLO, Aldo. "La prova scritta nel procedimento per ingiunzione". In: *L'opposizione al decreto ingiuntivo nei suoi momenti applicativi* (obra coletiva). Milão, Giuffrè, 1994.

CHIARINI, Maria Margherita. "L'adempimento volontario dopo l'opposizione all'ingiunzione alla luce della sentenza delle S. U. della Cassazione n. 7448 del 16 giugno 1993". In: *L'opposizione al decreto ingiuntivo nei suoi momenti applicativi* (obra coletiva), Milão, Giuffrè, 1994.

COMOGLIO, Luigi Paolo, FERRI, Corrado, e TARUFFO, Michele. *Lezioni sul processo civile.* Bolonha, Mulino, 1995.

CORREA DELCASSO, Juan Pablo. *El proceso monitorio*. Barcelona, J. M. Bosch, 1998.

CRUZ E TUCCI, José Rogério. *A causa petendi no processo civil*. 3ª ed. São Paulo, Ed. RT, 2009.

————. "Apontamentos sobre o procedimento monitório". In *Devido processo legal e tutela jurisdicional*. São Paulo, Ed. RT, 1993.

————. "Prova escrita na ação monitória". *RT* 768/11 e ss. 1999.

————. "'Título prescrito' e ação monitória". In: *Questões práticas de processo civil*. 2ª ed. São Paulo, Atlas, 1998.

————. "Tutela processual do direito do executado". In: *Processo civil – Realidade e justiça*. São Paulo, Saraiva, 1994.

————. "Valor probante do suporte informático". In: *Temas polêmicos de processo civil*. São Paulo, Saraiva, 1990.

DIAS, Ronaldo Brêtas C. "Ação monitória – Procedimento monitório – Implantação no CPC – Comentários à L. 9.079/95". *Revista Jurídica* 220. 1996.

DINAMARCO, Cândido Rangel. *A reforma do Código de Processo Civil*. 3ª ed. São Paulo, Malheiros Editores, 1996.

DINIZ, Maria Helena. *Curso de direito civil brasileiro*. 10ª ed., vol. 4º ("Direito das coisas"). São Paulo, Saraiva, 1995.

FABRÍCIO, Adroaldo Furtado. *Comentários ao Código de Processo Civil*. 2ª ed., vol. 8, t. 3. Rio de Janeiro, Forense, 1984.

FADEL, Sérgio Sahione. "As alterações do Código de Processo Civil relativas a recursos". In: TEIXEIRA, Sálvio de Figueiredo (coord.). *Reforma do Código de Processo Civil*. São Paulo, Saraiva, 1996.

FAZZALARI, Elio. *Note in tema di diritto e processo*. Milão, Giuffrè, 1957.

FORNACIARI JÚNIOR, Clito. *A reforma processual civil (artigo por artigo)*. São Paulo, Saraiva, 1996.

FRIEDE, Reis. *Principais inovações no direito processual civil brasileiro*. Rio de Janeiro, Forense Universitária, 1996.

GRECO FILHO, Vicente. *Comentários ao procedimento sumário, ao agravo e à ação monitória*. São Paulo, Saraiva, 1996.

————. *Da execução contra a Fazenda Pública*. São Paulo, Saraiva, 1986.

HERÓN, Jacques. *Droit judiciaire privé*. Paris, Montchrestien, 1991.

JORGE, Flávio Cheim. *Chamamento ao processo*. São Paulo, Ed. RT, 1997.

LACERDA, Galeno. "Mandados e sentenças liminares". *Revista Forense* 236. 1971.

LESSONA, Carlo. *Manuale delle prove in materia civile*. Florença, Fratelli Cammelli, 1898.

LORCA NAVARRETE, Antonio Maria. *Il procedimiento monitorio civil*. San Sebastián, Instituto Vasco de Derecho Procesal, 1988.

MACHADO, Marcelo Pacheco. In: BONDIOLI, Luis Guilherme A., FONSECA, João Francisco N. da, e GOUVÊA, José Roberto F. (coords.). *Comentários ao Código de Processo Civil*. vol. 13. São Paulo, Saraiva, 2017.

MARCATO, Antonio Carlos. *O processo monitório brasileiro*. São Paulo, Malheiros Editores, 1998.

————. *Procedimentos especiais*. 18ª ed. São Paulo, GEN/Atlas, 2021.

MARINONI, Luiz Guilherme. "Ação monitória – Conceito de prova escrita". In: *Questões do novo direito processual civil brasileiro*. Curitiba, Juruá, 1999.

————. *Novas linhas do processo civil*. 2ª ed. São Paulo, Malheiros Editores, 1996.

MARTINS, Fran. *Títulos de crédito*. 9ª ed., vol. 2. Rio de Janeiro, Forense, 1995.

MONIZ DE ARAGÃO, Egas Dirceu. *Comentários ao Código de Processo Civil*. 2ª ed., vol. 2. Rio de Janeiro, Forense, 1976.

MONTEIRO, Washington de Barros. *Curso de direito civil – Direito das coisas*. 31ª ed. São Paulo, Saraiva, 1994.

MONTERO AROCA, Juan. *La legitimación en el proceso civil*. Madri, Civitas, 1994.

NEGRÃO, Theotonio, *et al*. *Código de Processo Civil e legislação processual em vigor*. 53ª ed. São Paulo, Saraiva, 2022.

NEVES, Frederico Ricardo de Almeida. "Ação monitória". *Revista Jurídica* 220. 1996 (*Correio Brasiliense*, coluna "Direito e Justiça", ed. 21.8.1995).

PEREIRA, Caio Mário da Silva. *Instituições de direito civil*. 11ª ed., vol. 4. Rio de Janeiro, Forense, 1994.

PEREIRA DA SILVA, Francisco de Assis Vasconcellos. "Breves notas sobre a ação monitória". *Repertório IOB de Jurisprudência* 18. 1995.

PERROT, Roger. "Il procedimento per ingiunzione – Studio di diritto comparato". *Rivista di Diritto Processuale* 1986(4).

PRIETO-CASTRO Y FERRÁNDIZ, I. *El "Rechtspfleger", Libro Homenaje a Jaime Guasp*. Granada, Comares, 1984.

PROTO PISANI, Andrea. "Appunti sulla tutela sommaria – I processi speciali". In: *Studi offerti a Virgilio Andrioli dai suoi allievi*. Nápoles, Jovene, 1979.

————. "Il procedimento d'ingiunzione". *Rivista Trimestrale di Diritto e Procedura Civile* 1987.

————. *Lezioni di diritto processuale civile*. Nápoles, Jovene, 1994.

————. *Verso la riforma del Codice di Procedura Civile?, Appunti sulla giustizia civile*. Bari, Cacucci, 1982.

RODRIGUES, Sílvio. *Direito civil – Direito das coisas*. 21ª ed., vol. 6. São Paulo, Saraiva, 1994.

SANTOS, Moacyr Amaral. *Comentários ao Código de Processo Civil*. 3ª ed., vol. 4. Rio de Janeiro, Forense, 1982.

SATTA, Salvatore. *Diritto processuale civile*. 11ª ed., atualizada por Carmine Punzi. Pádua, CEDAM, 1993.

SICA, Heitor Vitor Mendonça. In: MARINONI, Luiz Guilherme (coord.). *Comentários ao Código de Processo Civil*. 3ª ed., vol. 10. São Paulo, Ed. RT, 2021.

SILVA, Ovídio A. Baptista da. *Comentários ao Código de Processo Civil*. vol. 11, Porto Alegre, LeJur, 1985.

————. *Curso de processo civil*. 4ª ed., vol. 1. Rio de Janeiro, Forense, 2008.

————. *Procedimentos especiais*. Rio de Janeiro, Aide, 1989.

TALAMINI, Eduardo. *Tutela monitória*. São Paulo, Ed. RT, 1997.

THEODORO JÚNIOR, Humberto. *As inovações no Código de Processo Civil*. 6ª ed. Rio de Janeiro, Forense, 1996.

————. *O procedimento monitório como possível solução para o problema da execução de duplicata sem aceite*. Uberaba, Vitória Editora, 1976.

————. "O procedimento monitório e a conveniência de sua introdução no processo civil brasileiro". *Revista Forense* 271. 1980.

TOMMASEO, Ferrucio. *Appunti di diritto processuale civile (nozioni introduttive)*. Turim, Giappichelli, 1991.

TUCCI, Rogério Lauria, e CRUZ E TUCCI, José Rogério. *Constituição e processo – Regramentos e garantias constitucionais do processo*. São Paulo, Saraiva, 1989.

VIEIRA, Luís Alberto. 'Teoría general del proceso monitorio". In: *Curso de derecho procesal* (obra coletiva). t. 5º, vol. 1. Montevidéu, Fund. Cult. Universitaria, 1988.

CAPÍTULO CLXXXII – ***HOMOLOGAÇÃO DO PENHOR LEGAL***

Helena Mechlin Wajsfeld Cicaroni

2.694. o penhor no direito material

O penhor encontra-se atualmente disciplinado no Código Civil pelos arts 1.419 a 1.430 (Cap. I – disposições gerais ao penhor, hipoteca e anticrese) e pelos arts. 1.431 a 1.437 (Cap. II – disposições específicas do penhor).

Consiste em um *direito real de garantia* que se opera pela transferência da posse de uma coisa móvel ou suscetível de mobilização,[1] apta a ser alienada, realizada pelo devedor ou por terceiro ao credor como garantia de um débito (art. 1.431 do Código Civil).[2] Trata-se de garantia real porque o pe-

---

1. Nos termos do art. 83 do Código Civil, consideram-se móveis para os efeitos legais as energias que tenham valor econômico (inc. I), os direitos reais sobre objetos móveis e as ações correspondentes (inc. II) e os direitos pessoais de caráter patrimonial e respectivas ações (inc. III). Do mesmo modo, "os materiais destinados a alguma construção, enquanto não forem empregados, conservam sua qualidade de móveis" e "readquirem essa qualidade os provenientes da demolição de algum prédio" (art. 84 do Código Civil). Nem todas as coisas móveis, entretanto, são passíveis de ser empenhadas, tal como ocorre com as ferrovias, navios e aeronaves, que são objeto de hipoteca (Caio Mário da Silva Pereira, *Instituições de direito civil*, 25ª ed., vol. IV, Rio de Janeiro, Forense, 2017, p. 306).
2. O penhor (*pignus*) surgiu no direito romano para reforçar o cumprimento de uma obrigação e se dava por meio da transferência da posse de uma coisa móvel ou imóvel

nhor está vinculado a um crédito e submete-se a própria coisa à solução da obrigação. O empenhante não precisa ser necessariamente o devedor, podendo a garantia ser dada por terceiro.[3]

A posse imediata (direta) geralmente fica a cargo do credor pignoratício, pois o bem móvel é mais suscetível de deterioração, sendo natural que o credor queira ter controle sobre ele. Entretanto, existem casos em que o devedor fica com a posse do bem empenhado por ele servir como meio de produção para as suas atividades, situação em que o credor fica apenas com a posse mediata (indireta) da coisa.[4] É o que ocorre no caso do penhor rural, industrial, mercantil ou de veículos, em que os bens empenhados continuam em poder do devedor, que deve zelar pela sua guarda e conservação (art. 1.431, parágrafo único, do Código Civil).[5]

---

do devedor ou terceiro para o credor (*traditio*). O pretor foi o primeiro a sancionar a *conuentio pignoris* (convenção de penhor) com uma *actio in factum* concedida a quem entregava a coisa para reavê-la do credor pignoratício se ele se recusasse a devolvê-la depois de extinta a obrigação garantida pelo contrato de penhor. Havia a *actio pigneraticia directa*, concedida em favor de quem entregou a coisa e contra o credor pignoratício que não cumpriu a sua obrigação (de conservar a coisa, de restituir a coisa uma vez extinta a obrigação preexistente que embasou o contrato de penhor, de não restituir ao devedor o produto da venda da coisa quando ele exceder o valor da dívida garantida). A *actio pigneraticia contraria*, por sua vez, voltava-se aos interesses do credor pignoratício e contra quem entregou a coisa e se recusava a cumprir as obrigações que tivessem surgido para ele, tais como o reembolso ao credor pignoratício das despesas necessárias que tenha feito com a coisa, a indenização por danos que a coisa dada em penhor tenha lhe causado e a assunção de obrigações contraídas pelo credor em razão da venda da coisa (José Carlos Moreira Alves, *Direito romano*, 20ª ed., Rio de Janeiro, Forense, 2021, pp. 495-496).

3. Não se exige ao empenhante ser proprietário, mas sim que tenha posse apta a ser transmitida e que possa dispor do bem. O empenhante pode ser (a) o devedor, dono do objeto empenhado, (b) um terceiro que seja o proprietário, (c) o devedor sem ser proprietário, com o assentimento do proprietário, ou por ser possuidor, se não vindicável a posse nem restituível contra terceiro (art. 1.212 do Código Civil), e (d) outra pessoa que não seja o proprietário, com o assentimento desse, ou por ser possuidor, se não vindicável a posse, nem restituível contra terceiro, nem reivindicável o bem (Pontes de Miranda, *Tratado de direito privado*, t. 20, Campinas, Bookseller, 2002, p. 476).

4. Roberto P. Campos Gouveia Filho, "Da homologação do penhor legal", in Teresa Arruda Alvim Wambier *et al.* (coords.), *Breves comentários ao novo Código de Processo Civil*, 3ª ed., São Paulo, Ed. RT, 2016, p. 1.809.

5. "O Código Comercial, a teor do revogado art. 271, tratava o penhor mercantil como contrato, todavia o Código Civil inclui o penhor entre os direitos reais de garantia, sem que tenha procedido à substancial modificação em sua disciplina. Com efeito, em que pese ao diploma civilista não dispor textualmente acerca da possibilidade de fazer-se a tradição simbólica, isso ressai nítido da leitura de seu art. 1.431, parágrafo único (...)" (STJ, 4ª Turma, REsp 1377908/RJ, rel. Min. Luís Felipe Salomão, j. 21.5.2013, *DJU* 1.7.2013).

O acordo de constituição de penhor, salvo expressa disposição legal, deve ser levado a registro por qualquer dos contratantes, sendo o do penhor comum registrado no cartório de títulos e documentos,[6] o que lhe atribui eficácia *erga omnes*.[7]

Em caso de inadimplemento da dívida o penhor permite a alienação dos bens dados em garantia ou a venda amigável da coisa se o contrato permitir ou o devedor autorizar por meio de procuração (art. 1.433, inc. IV, do Código Civil), motivo pelo qual não se trata de simples direito de retenção sobre a coisa.[8] O credor pignoratício pode ainda promover a venda antecipada do bem mediante autorização judicial quando houver fundado receio de que a coisa empenhada se perca ou se deteriore, devendo o valor do preço ser depositado. O proprietário da coisa empenhada pode tentar impedir essa venda antecipada caso seja prestada outra garantia real idônea (art. 1.433, inc. VI, do Código Civil).

A extinção do penhor se dá pela extinção da obrigação, pelo perecimento da coisa,[9] pela renúncia do credor, pela existência de confusão entre o credor e o devedor,[10] pela adjudicação judicial ou pela remissão ou pela venda da coisa empenhada feita pelo credor ou por pessoa por ele autorizada (art. 1.436, incs. I a IV, do Código Civil).

---

6. Art. 1.432 do Código Civil e art. 127, incs. II e IV, da Lei 6.015/1973.
7. Art. 221 do Código Civil: "O instrumento particular, feito e assinado, ou somente assinado por quem esteja na livre disposição e administração de seus bens, prova as obrigações convencionais de qualquer valor; mas os seus efeitos, bem como os da cessão, não se operam, a respeito de terceiros, antes de registrado no registro público".
8. Nesse sentido, Pontes de Miranda adverte que o penhor "é direito real de valorização do valor, pois o credor pignoratício tem direito a realizar o valor, extraí-lo, para que se lhe pague a dívida. É inconfundível com o direito de retenção, que tem o credor por despesas ou benfeitorias. Para a estruturação do direito é elemento necessário a posse da coisa, ainda que não seja, excepcionalmente, a posse imediata" (ob. cit., p. 473). No mesmo sentido: "enquanto o penhor é direito a, diante do inadimplemento, alienar a coisa gravada, de modo a realizar o valor, supondo, para tanto, a posse –mesmo que mediata – da coisa por parte do credor, o direito de retenção consiste na possibilidade de o devedor cobrado reter a coisa, que se encontra sob sua posse, a fim de garantir ressarcimento por despesas, benfeitorias ou acréscimos feitos na coisa. Não pode o titular do direito de retenção, apenas pelo exercício de seu direito, excutir a coisa retida. Já no penhor legal a executibilidade é elemento essencial" (Roberto P. Campos Gouveia Filho, ob. cit., p. 1.810).
9. "O perecimento por completo da coisa empenhada não induz à extinção da obrigação principal, pois o penhor é apenas acessório desta, perdurando, por conseguinte, a obrigação do devedor, embora com caráter pessoal e não mais real" (STJ, 3ª Turma, REsp 730.925, rel. Min. Nancy Andrighi, j. 20.4.2006, *DJU* 15.5.2006).
10. Se a confusão atingir apenas parte da dívida pignoratícia, subsistirá inteiro o penhor quanto ao resto (CC, art. 1.436, § 2º).

2.695. o penhor legal

O penhor legal encontra-se disposto pelos arts. 1.467 a 1.472 do diploma civil e o procedimento para sua homologação pelos arts. 703 a 706 do Código de Processo Civil.[11]

Ao contrário do penhor consensual, que é feito por meio do acordo de constituição de penhor em decorrência da vontade das partes, o penhor legal, como o próprio nome diz, deriva de disposição de lei. O art. 1.467 do Código Civil dispõe que são credores pignoratícios "os hospedeiros, ou fornecedores de pousada ou alimentos, sobre as bagagens, móveis, joias ou dinheiro que os seus consumidores ou fregueses tiverem consigo nas respectivas casas ou estabelecimentos, pelas despesas ou consumo que aí tiverem feito" (inc. I) e "o dono do prédio rústico ou urbano, sobre os bens móveis que o rendeiro ou inquilino tiver guarnecendo o mesmo prédio, pelos aluguéis ou rendas" (inc. II).

O 1.468 do Código Civil acrescenta que "a conta das dívidas enumeradas no inc. I do artigo antecedente" deve ser "extraída conforme a tabela impressa, prévia e ostensivamente exposta na casa, dos preços de hospedagem, da pensão ou dos gêneros fornecidos, sob pena de nulidade do penhor".[12]

O penhor legal inicia-se como providência de caráter privado e se completa em juízo ou extrajudicialmente pela homologação. Trata-se nessa fase inicial de espécie de *autotutela* conferida ao credor, uma espécie de "justiça feita pelas próprias mãos" para protegê-lo ao receber o hóspede ou loca-

---

11. Além do penhor legal, há ainda outras espécies de penhor que se encontram normatizadas, como o penhor rural (arts. 1.438 a 1.441 do Código Civil), o penhor agrícola (arts. 1.442 e 1.443 do Código Civil), o penhor pecuário (arts. 1.444 a 1.446 do Código Civil), o penhor industrial e mercantil (arts. 1.447 a 1.450 do Código Civil), o penhor de direitos e títulos de crédito (arts. 1.451 a 1.460 do Código Civil) e o penhor de veículos (arts. 1.461 a 1.466 do Código Civil). Em relação ao penhor legal, há ainda disposições em legislação esparsa, como é o caso da Lei 6.533/1978, que regulamenta as profissões de artista e de técnico em espetáculos e dispõe em seu art. 31: "Os profissionais de que trata esta Lei têm penhor legal sobre os equipamentos ou produção, pelo valor das obrigações não cumpridas pelo empregador".

12. Não pode o hospedeiro ou fornecedor de pousada ou alimento apresentar uma conta qualquer, devendo ser seguido o disposto no art. 1.468 do Código Civil, sob pena de nulidade. "Neste caso, o hóspede ou consumidor não poderá alegar ignorância do custo da hospedagem ou do alimento, ou que o preço cobrado é por demais elevado, uma vez que dele tomou ciência de antemão. Pressupõe a lei, portanto, a celebração de um contrato de adesão aos preços expostos, a serem cobrados pelos serviços prestados" (Carlos Roberto Gonçalves, *Direito civil brasileiro*, 12ª ed., 2ª tir., vol. 5 ("Direito das coisas"), São Paulo, SaraivaJur, 2018).

tário ou para facilitar a admissão do inquilino ou freguês sem a exigência de segurança maior.[13]

O credor pignoratício tem a faculdade de apropriar-se de bens móveis do devedor para assegurar o pagamento futuro de obrigação estabelecida em seu favor. Embora o penhor legal somente seja constituído após a homologação judicial ou extrajudicial (arts. 703 e ss. do Código de Processo Civil), o art. 1.470 do Código Civil permite que haja a apropriação dos bens pelos "credores compreendidos no art. 1.467 do Código Civil, sempre que haja *perigo na demora*, dando aos devedores comprovante dos bens de que se apossarem".

> Esse perigo na demora aludido pelo art. 1.470 do Código Civil não se confunde com o *periculum in mora* que confere suporte à concessão de medida cautelar no processo, não sendo necessária sua existência para que seja exercida a pretensão para constituição do penhor. Trata-se apenas de antecipação da eficácia executiva da sentença homologatória, que se aperfeiçoa extrajudicialmente por meio da autotutela por parte do credor.[14]

É possível ao locatário impedir a constituição do penhor mediante a prestação de caução idônea (art. 1.472 do Código Civil). Caso os bens apropriados pelo credor sejam de terceiros, é cabível a adoção dos mecanismos processuais adequados contra o ato adotado (ex.: embargos de terceiro).

Por fim, embora não haja disposição legal expressa, encontra significativo amparo na doutrina e na jurisprudência o entendimento de que não podem ser objeto do penhor legal os bens dotados de *impenhorabilidade* (art. 833 do Código de Processo Civil). Contrariamente ao que acontece no penhor consensual, em que as partes envolvidas podem manifestar livremente o ato de vontade sobre os bens que integrarão o penhor (o que não autoriza que posteriormente argumentem sobre sua impenhorabilidade, sob pena de *venire contra factum proprium* – art. 187 do Código Civil), no penhor legal não há prévia deliberação acerca dos bens passíveis de serem empenhados, pois decorrente de disposição legal.[15]

---

13. Caio Mário da Silva Pereira, ob. cit., p. 313.
14. Roberto P. Campos Gouveia Filho, ob. cit., p. 1.815.
15. Sobre a impenhorabilidade, assim já decidiu o egrégio Tribunal de Justiça do Distrito Federal: "As regras da penhorabilidade devem ser observadas pelo credor ao exercitar o penhor legal, que não pode recair sobre o vestuário do devedor em face da impenhorabilidade absoluta prevista no art. 649, III, do CPC. A retenção de vestimentas desrespeita a regra legal e autoriza a expedição de mandado de entrega, sobretudo quando utilizadas em atividade profissional" (TJDF, 3ª Turma Cível, AI 20120020154266, rel. Des. Getúlio de Moraes Oliveira, j. 9.1.2013). Em sentido contrário, o Tribunal de Justiça de São Paulo já decidiu que o penhor legal "não apresenta qualquer exceção ou condição para seu exercício, abrangendo, assim, todos os bens móveis que guarnecem o prédio", haja vista

Apesar de o ato de empenhar não se confundir com a penhora[16] (o primeiro relaciona-se a instituto de direito material e a segunda decorre de ato executivo processual), não parece ser admissível autorizar no penhor legal que os bens impenhoráveis sejam aptos à apropriação pelo credor pignoratício, dada a proteção que o legislador objetivou criar para eles.[17]

2.696. procedimento da ação de homologação judicial do penhor legal

O Código de Processo Civil de 2015 passou a tratar o penhor legal como procedimento especial de jurisdição contenciosa, ao contrário do disposto no revogado Código de Processo Civil de 1973, no qual figurava como hipótese de processo cautelar específico (arts. 874 a 876).

Nos termos do art. 703 do Código de Processo Civil, após ser tomado o penhor legal deve o credor pedir a sua imediata homologação judicial. O Código de Processo Civil inovou ao permitir a homologação extrajudicial do penhor legal (CPC, art. 703, § 2º) – v. item 2.697, *infra*.

O art. 1.471 do Código Civil corrobora a impossibilidade de que o simples apossamento dos bens possa dar azo à constituição do penhor legal: "to-

---

que "a impenhorabilidade a que se refere o Código de Processo Civil/2015 (...) trata da penhora como ato executivo e não do penhor, relativo ao direito material que antecede o próprio processo judicial, o que afasta, portanto, a alegação de impenhorabilidade" (TJSP, 33ª Câmara de Direito Privado, Ap. 1010266-58.2016.8.26.0005, rel. Des. Mario A. Silveira, j. 30.10.2017).

16. Consoante Pontes de Miranda, quase sempre o que é empenhável é penhorável, mas "há coisa que, por serem intransferíveis, são inempenháveis, sem serem impenhoráveis. Não se podem empenhar, mas podem ser penhoradas (...). Os bens gravados de inalienabilidade não são empenháveis ou hipotecáveis; mas podem ser penhorados, salvo se a cláusula implica a de impenhorabilidade, o que aliás não preexclui a penhorabilidade pelas dívidas fiscais. Há coisas e direitos que são empenháveis sem serem penhoráveis. O direito do autor, antes de ser publicada a obra, literária, artística ou musical, não pode ser penhorada, mas pode ser empenhada" (Pontes de Miranda, ob. cit., p. 476).

17. De acordo com Pontes de Miranda, "não se pode, tampouco, pensar em penhor em que não se possa excutir a coisa, nem constitui-se penhor sobre coisas que não possam ser alienadas" (ob. cit., p. 473). Nesse mesmo sentido, Flávio Tartuce tece críticas ao penhor legal por considerá-lo não condizente com a atual realidade jurídica brasileira: "O penhor legal parece violar o Código de Defesa do Consumidor, por exigir do hóspede uma vantagem excessivamente onerosa, inclusive de lesão aos seus bens íntimos, constituindo uma cobrança vexatória, nos termos do art. 42 da Lei 8.078/1990. Já o penhor legal a favor do locador representa lesão à Lei 8009/1990,que considera como impenhoráveis os bens móveis essenciais que guarnecem a residência da família. Ora, se tais bens são absolutamente impenhoráveis, igualmente não podem ser objeto da garantia legal" (*Manual de direito civil*, São Paulo, Método, 2023, p. 1.093).

mado o penhor, requererá o credor, ato contínuo, a sua homologação judicial", de modo que a sentença tem eficácia constitutiva positiva do penhor.

O pedido de homologação do penhor legal deve ser feito de forma célere pelo credor, tanto que é adotado o termo "ato contínuo" nos arts. 1.471 do Código Civil e 703 do diploma processual civil. Caso não seja logo formulado o pedido de homologação pelo credor pode ser considerada indevida a retenção dos bens, com a consequente necessidade de devolução dos bens apossados.[18]

A petição inicial do pedido de homologação deve ser instruída "com o contrato de locação ou a conta pormenorizada das despesas, a tabela dos preços e a relação dos objetos retidos" (art. 703, § 1º, do Código de Processo Civil). Caso não seja instruída com esses elementos, deve haver a intimação do credor para regularizar a situação, sob pena de indeferimento da petição inicial (arts. 320, 321 e 485, inc. I, do Código de Processo Civil).

Uma vez recebida a petição inicial, o réu será citado para pagar ou contestar na audiência preliminar designada (art. 703, § 1º, do Código de Processo Civil). O atual Código trouxe importante inovação ao contemplar a necessidade de ser dada ao réu em qualquer situação a oportunidade de defesa, até mesmo na homologação extrajudicial do penhor legal. O art. 874, parágrafo único, do Código de Processo Civil de 1973 permitia que o juiz homologasse de plano o penhor legal na hipótese de estar "suficientemente provado o pedido", mas tratando-se de ato jurisdicional capaz de atingir o patrimônio da parte deve ser oportunizada a sua participação para o exercício do contraditório e da ampla defesa.[19]

2.696.1 defesa do réu e conversão do procedimento especial em comum

Tratando-se de procedimento especial, a resposta do réu na ação de homologação do penhor legal é mais restrita e sofre limitações no plano horizontal em virtude da disciplina da lei material, dado que a homologação do

18. Nesse sentido, o Tribunal de Justiça gaúcho já entendeu ser indevida a retenção do bem pelo credor que aguarda mais de um ano para postular a homologação judicial do penhor legal: "deixando o credor, por mais de um ano, de requerer a homologação judicial do penhor, a posse das mercadorias, por força da sua precariedade, converte-se em injusta e autoriza a reintegração pretendida pela requerente, pois configurado o esbulho – Pedido de indenização por dano moral indeferido, pois ausente ilicitude na conduta dos demandados" (TJRS, 20ª Câmara Cível, Ap. 70075048736, rel. Des. Dilso Domingos Pereira, j. 11.10.2017).

19. Marcelo Pacheco Machado, *Comentários ao Código de Processo Civil*, vol. XIII, São Paulo, SaraivaJur, 2017, pp. 255-256.

penhor legal se relaciona às situações previstas no art. 1.467, incs. I e II, do Código Civil ou em legislação especial.[20]

De acordo com o art. 704 do Código de Processo Civil, a defesa poderá versar sobre a nulidade do processo (inc. I), a extinção da obrigação (inc. II), sobre "não estar a dívida compreendida entre as previstas em lei ou não estarem os bens sujeitos a penhor legal" (inc. III) e sobre a oferta de caução idônea pelo devedor que foi rejeitada pelo credor (inc. IV).

No caso do inc. I, a nulidade do processo deve ser interpretada como qualquer matéria de cunho processual que impeça o julgamento de mérito, seja ela relacionada às regras de competência, aos pressupostos processuais, à falta de interesse de agir, às irregularidades na petição inicial (falta, p.ex., do contrato de locação e de descrição adequada dos objetos retidos caso isso não tenha sido verificado de plano pelo juiz).

A defesa atinente à extinção da obrigação (inc. II) refere-se ao fato já aludido acima de que o penhor, por se tratar de um direito real de *garantia*, está atrelado a uma obrigação existente e válida, sendo acessório a ela. Caso o devedor demonstre que inexiste dívida a ser garantida, tendo sido extinta a obrigação principal, não há como ser feita a homologação do penhor legal, devendo ser extinto o processo, com a possiblidade de formação de coisa julgada sobre a inexistência da obrigação (v. item 2.696.2, *infra*).

O inc. III do art. 704 trata da validade do penhor legal e da possibilidade de os bens estarem sujeitos ao penhor legal, nos moldes do que dispõem os incs. I e II do art. 1.467 do Código Civil. Enquadra-se nessa hipótese a alegação de que os bens do devedor seriam impenhoráveis (v. item 2.695, acima). Nos casos em que o locatário objetivou impedir a constituição do penhor mediante a oferta de caução idônea (CC, art. 1.472) é possível ao réu arguir a impossibilidade de constituição do penhor sobre os bens móveis que guarnecem o imóvel.

Uma vez não paga a dívida na audiência preliminar e ofertada a defesa pelo réu, o procedimento passa de especial para comum (CPC, art. 705), de-

---

20. Kazuo Watanabe, em reconhecida obra sobre o assunto, insere a cognição em dois planos distintos: o *horizontal*, relacionado com a extensão da cognição, em plena ou limitada (parcial), de acordo com os elementos objetivos do processo indicados pelo autor; e o *vertical*, relacionado ao grau de profundidade com que a atividade é exercida pelo juiz, em sumária (incompleta) ou exauriente (completa). Watanabe assevera que, se a cognição se estabelece sobre todas as questões trazidas ao processo, ela é horizontalmente ilimitada, mas se a cognição dessas questões é superficial, ela é sumária quanto à profundidade. Diz ainda que, se a cognição é eliminada "de uma área toda de questões", ela é *limitada* quanto à extensão, mas quanto ao objeto cognoscível ela é *exauriente*, situação na qual se encaixa a homologação do penhor legal (Kazuo Watanabe, *Cognição no processo civil*, 2ª ed., São Paulo, Saraiva, 1999, p. 113).

vendo ser observadas as regras dispostas nos arts. 318 e ss. do Código de Processo Civil. Diante da resistência do réu e da necessidade de solução da crise posta, deve ser oportunizada a produção de provas sobre as questões objeto de controvérsia, a fim de se verificar em sede de cognição exauriente a existência ou não do direito à constituição do penhor legal.

2.696.2 sentença homologatória e recurso

A sentença homologatória do penhor legal tem natureza constitutiva positiva. Após a realização da devida atividade cognitiva, com observância do contraditório e da ampla defesa, o juiz faz a verificação da presença dos requisitos legais aptos à constituição do penhor legal, nos termos do *caput* do art. 706 do Código de Processo Civil.

Essa constituição do penhor consolida a posse do credor sobre os bens eventualmente já apossados (art. 1.470 do Código Civil) e permite que haja a sua alienação para que seja então cumprida a função do penhor de produzir valor apto a satisfazer a obrigação pecuniária do devedor. Se não tiver havido o apossamento prévio dos bens pelo credor, o juiz determinará a retirada da coisa do réu para a devida entrega ao credor.

Caso o juiz não vislumbre a presença dos requisitos legais aptos à constituição do penhor, será "negada a homologação", devendo a coisa ser "entregue ao réu, ressalvado ao autor o direito de cobrar a dívida pelo procedimento comum, salvo se acolhida a alegação de extinção da obrigação" (CPC, art. 706, § 1º).

Em comparação com o Código de Processo Civil de 1973, a possibilidade de rediscussão da dívida pelo procedimento comum sofreu apenas ressalva em relação ao acolhimento da "alegação de extinção da obrigação". Nesse caso foi opção do legislador permitir a formação da coisa julgada material sobre o fundamento da sentença relativo à inexistência da obrigação, impedindo-se que haja a rediscussão dessa questão em processo futuro.[21]

---

21. Nesse sentido observa Cândido Rangel Dinamarco: "é isso que se vê também na eficácia daquelas decisões incidentais de questões prejudiciais de mérito, às quais a *lei* agrega a eficácia de uma declaração *principaliter* apta a produzir efeitos na vida comum dos sujeitos em suas relações recíprocas ou com os bens da vida. Ordinariamente, um mero fundamento da sentença, lançado incidentemente no corpo desta, nasce e morre no processo, sem produzir qualquer efeito no exterior; mas no caso daquela disposição legal a decisão incidental sobre uma matéria prejudicial produz esses efeitos substanciais e é apta a receber a autoridade de *res judicata*, não porque assim dispôs o juiz, mas porque a lei assim quer. Típico caso de efeito secundário da sentença. Um pronunciamento emitido com a finalidade exclusiva de dar apoio lógico ao decisório passa a caracterizar um *preceito imperativo*, tanto quanto os que estejam nessa parte final da sentença" (Dinamarco, *Capítulos de sentença*, 7ª ed., Malheiros Editores/Juspodivm, 2021, p. 39). Roberto P.

A possibilidade de extensão dos efeitos da coisa julgada material aos fundamentos da sentença ganhou novos contornos com a introdução do art. 503, §§ 1º e 2º, ao atual Código de Processo Civil, exigindo-se para tanto que o julgamento do mérito dependa da solução da questão prejudicial, que tenha havido o contraditório prévio e efetivo (não se aplicando em caso de revelia), que o juízo seja competente em razão da matéria e da pessoa para resolvê-la como questão principal (§ 1º, incs. I, II e III) e que não tenham havido restrições probatórias ou limitações à cognição.[22]

Por ter sido opção expressa do legislador, não se aplicam os requisitos do art. 503, §§ 1º e 2º, do Código de Processo Civil à situação contemplada pelo art. 706, § 1º, do diploma processual civil no que tange à extinção da obrigação declarada na sentença. De todo modo, para que seja validada a formação da coisa julgada material é relevante que essa questão tenha sido trazida como argumento de defesa (CPC, art. 704, inc. II) e que tenha havido o devido processo legal e o efetivo contraditório sobre ela.[23]

Campos Gouveia Filho, ao tratar do art. 706 do Código de Processo Civil, assevera que o dispositivo legal em comento teria função apenas retórica, pois a eficácia declaratória de inexistência da dívida já estaria necessariamente no dispositivo da sentença: "se a sentença de improcedência se fundar em inexistência da obrigação, há eficácia declaratória suficiente para formar a coisa julgada material. Em verdade, a previsão cumpre função apenas retórica, e não jurídico-positiva, porquanto, salvo expressa disposição legal em contrário, a comprovação da extinção da obrigação, levantada como matéria de defesa, implica a necessidade de o dispositivo sentencial conter eficácia declaratória de inexistência da dívida" (Roberto P. Campos Gouveia Filho, ob. cit., p. 1.819).

22. Ao examinar o art. 503, §§ 1º e 2º, no atual Código de Processo Civil, Clarisse Frechiani Lara Leite traz fundada crítica à possibilidade de extensão dos efeitos da coisa julgada à questão prejudicial. Embora reconheça que o dispositivo legal em questão propiciaria aos jurisdicionados mais segurança jurídica, dado que não haverá "dúvida quanto à eficácia imperativa alcançada pela questão prejudicial", ressalta que "o preço a pagar é alto", dado o "aumento da complexidade da discussão no interior daquele processo, que passará a versar também sobre a presença ou ausência dos pressupostos do art. 503, §§ 1º e 2º, do CPC", em especial no que tange à observância de contraditório prévio e efetivo e à verificação da existência de restrições probatórias ou limitações à cognição ("Solução de questão prejudicial incidental", in *Estudos em homenagem a Cândido Rangel Dinamarco*, 1ª ed., Malheiros Editores/Juspodivm, São Paulo, 2022, pp. 271 e ss.). Sobre a possibilidade de formação da coisa julgada material sobre a questão prejudicial, v. Bruno Vasconcelos Carrilho Lopes, *Limites objetivos e eficácia preclusiva da coisa julgada*, São Paulo, Saraiva, 2012, pp. 66 e ss.

23. "Apenas é constitucionalmente deferível a coisa julgada à decisão proferida em processo desenvolvido em *regime de contraditório* entre as partes – o qual será efetivo ou potencial, conforme o grau de disponibilidade dos interesses em disputa. Somente pode ser destinatário de comando irreversível aquele a quem antes foi dada a oportunidade de participar do processo de formação desse comando (...). Outro parâmetro fundamental para a atribuição da coisa julgada é a *presença de cognição exauriente*. O instituto –

> A participação igualitária das partes por meio de um contraditório efetivo legitima o provimento jurisdicional[24] e constitui fator de aprimoramento da qualidade do produto final, ou seja, fator de efetividade do processo do ponto de vista do escopo jurídico de atuação da vontade concreta do direito.[25]

No aspecto recursal, dispõe o § 2º do art. 706 do Código de Processo Civil que a sentença poderá ser objeto de apelação, sendo ela recebida no efeito suspensivo, e, "na pendência de recurso, poderá o relator ordenar que a coisa permaneça depositada ou em poder do autor".

Essa antecipação dos efeitos da tutela recursal somente parece fazer sentido no caso de improcedência do pedido, pois a sentença que rejeita a homologação opera efeitos imediatos, devendo os bens eventualmente apossados ser devolvidos ao devedor independentemente do efeito suspensivo concedido ao apelo. Na situação de improcedência ficam revogados automaticamente os efeitos de eventual tutela provisória concedida anteriormente (CPC, 1.012, § 1º, inc. V), pois não há sentido em se manter a posse dos bens concedida em sede de cognição sumária quando já há o reconhecimento em sede de cognição exauriente da impossibilidade de constituição do penhor legal.

Esse raciocínio deve também ser aplicado na situação em que o credor obteve o apossamento dos bens extrajudicialmente, por meio da autotutela autorizada pelo art. 1.470 do Código Civil e antes mesmo do ajuizamento do processo. Sobrevindo a improcedência do pedido de homologação do penhor legal, os bens devem retornar à posse do devedor.

Por outro lado, não há qualquer sentido na interpretação de que eventual efeito suspensivo concedido a recurso interposto pelo devedor contra a sentença de procedência acarretaria a possibilidade de ele retomar a posse dos bens. Além de ir contra a própria sistemática que regulamenta o penhor – que

---

que tem por essência a imutabilidade – é constitucionalmente incompatível com decisão proferida com base em cognição superficial e, por isso mesmo, provisória, sujeita a confirmação. *Há uma vinculação constitucional da coisa julgada à cognição exauriente*. Ainda que não exista disposição expressa nesse sentido, isso é uma imposição da proporcionalidade e da razoabilidade extraíveis inclusive da cláusula do devido processo" (Eduardo Talamini, *Coisa julgada e sua revisão*, São Paulo, Ed. RT, 2005, pp. 53-54).

24. No mesmo sentido, José Roberto dos Santos Bedaque pondera que a observância do contraditório "constitui fator de legitimidade do ato estatal, pois representa a possibilidade que as pessoas diretamente envolvidas com o processo têm de influir em seu resultado" (*Tutela cautelar e tutela antecipada: tutelas sumárias e de urgência*, 5ª ed., São Paulo, Malheiros Editores, 2009, p. 97).

25. José Roberto dos Santos Bedaque, "Instrumentalismo e garantismo: visões opostas do fenômeno processual?", in José Roberto dos Santos Bedaque, Lia Carolina Batista Cintra e Elie Pierre Eid (coords.), *Garantismo processual: garantias constitucionais aplicadas ao processo*, Brasília, Gazeta Jurídica, 2016, p. 6.

permite até mesmo o apossamento dos bens antes do pedido homologatório –, tem-se que o efeito suspensivo dos recursos impede apenas os efeitos positivos advindos do conteúdo da sentença.[26]

Caso o credor deseje a atribuição de efeito suspensivo ao recurso, devem ser observados os requisitos expostos no art. 1.012, §§ 3º e 4º, do Código de Processo Civil.

2.697. homologação extrajudicial do penhor legal

Nos últimos tempos ganhou força a "desjudicialização" como mecanismo alternativo para regularizar determinadas situações jurídicas em cartórios extrajudiciais. Embora isso não seja exatamente algo novo[27], é possível notar um incremento na utilização da via extrajudicial para dirimir alguns conflitos.[28]

Em relação ao penhor legal, o art. 703, § 2º, do Código de Processo Civil introduziu a possiblidade de sua homologação extrajudicial, situação na qual será lavrada escritura pública apta a produzir os mesmos efeitos da homologação judicial.

O notário não é um *auxiliar da Justiça*, pois não realiza serviços complementares ou paralelos à jurisdição como o fazem, p.ex., os auxiliares permanentes ou eventuais da Justiça, sendo exemplo dos primeiros os escrivães ou chefes de secretaria, o depositário e o contabilista e dos segundos os peritos, os avaliadores e os intérpretes.[29] Isso significa que o notário não exercerá atividade jurisdicional e não tem o poder de, caso não tenha havido o desapossamento dos bens anteriormente à homologação (CC, art. 1.470), determinar a apreensão dos bens

---

26. "O recurso pode ter o efeito de obstar à eficácia natural de que os atos judiciais são dotados, refreando a sua natural tendência a produzir no processo ou no mundo exterior os *efeitos indicados na parte dispositiva*" (Cândido Rangel Dinamarco, *Nova era do processo civil*, São Paulo, Malheiros Editores, 2003, p. 147).

27. Tal como se pode constatar pela Lei 11.441/2007 (que permitiu a realização de separações e divórcios na esfera administrativa mediante a observância de determinados requisitos) ou pela Lei 11.977/2009, que previu a legitimação de posse e a aquisição de propriedade por usucapião.

28. Exemplos desse incremento: a) a criação da ata notarial como instrumento de prova para conferir autenticidade aos fatos que o tabelião afirma terem ocorrido (CPC, art. 384); e b) a alteração da Lei de Registros Públicos pelo art. 1.071 do CPC para reconhecer a possibilidade de reconhecimento extrajudicial do usucapião.

29. De acordo com Dinamarco, a sujeição dos notários à orientação e à censura do Poder Judiciário foi apenas uma opção do legislador brasileiro (CF, art. 236, § 1º), mas as atividades por eles realizadas "dizem respeito à vida familiar, social, econômica ou negocial dos indivíduos, sem serem integrantes do processo judicial" (*Instituições de direito processual civil*, 9ª ed., vol. I, São Paulo, Malheiros Editores, 2017, p. 863).

do devedor caso haja resistência à sua entrega após o ato homologatório.[30] Nesse caso far-se-ia necessário o ajuizamento de demanda judicial para que fosse emanada ordem judicial determinando a entrega dos bens ao credor, dado ser ato exclusivo do Estado-juiz prestar a tutela jurisdicional executiva, tal como ocorre na arbitragem.

No que tange ao procedimento, o locador ou o dono do hotel (em sentido amplo) poderão apossar-se dos bens e pedir a homologação desse penhor legal junto ao notário de sua livre escolha (CPC, art. 703, § 2º). O requerimento deve ser instruído com a conta pormenorizada das despesas hoteleiras, a cópia do contrato de locação e a tabela dos preços fixados, além da relação dos bens retidos. A disposição legal em questão é expressa no sentido de que devem ser observados os "requisitos previstos no § 1º deste artigo".[31]

Feito o requerimento extrajudicial, o notário promoverá a notificação extrajudicial do devedor para que, no prazo de cinco dias, pague o débito ou faça a impugnação da cobrança com base em uma das hipóteses do art. 704 do Código de Processo Civil. Nessa situação haverá a conversão do procedimento em judicial, que se iniciará por ato do notário.

Caso haja o decurso do prazo de cinco dias sem manifestação do devedor, haverá a homologação do penhor legal pelo notário. Isso não impede, todavia, que seja ajuizada demanda judicial pelo devedor para discussão de todas as matérias possíveis relacionadas à existência ou não da dívida, o não cabimento do penhor legal *etc.* Conforme asseverado, o notário não tem poder jurisdicional e o ato homologatório por ele realizado não impede a judicialização da questão pelo devedor.

---

30. Ao tratar do tema, Fernanda Tartuce e Érica Barbosa e Silva salientam que o notário "não exercerá qualquer jurisdição, pois não há subsunção a ser realizada; ele apenas autenticará os fatos ocorridos, de tudo lavrando termo. A homologação do penhor legal pela via administrativa será instrumentalizada pela constatação de fatos. Dessa forma, embora a lei mencione que o ato será formalizado por escritura pública (art. 703, § 4º), a melhor compreensão do dispositivo é que tratou do ato de forma *lato sensu*, pois o fato será formalizado pela captação dos sentidos do tabelião, que certificará o recebimento do requerimento e a realização da notificação com o transcurso *in albis* do prazo" ("O novo CPC e os atos extrajudiciais cartoriais: críticas, elogios e sugestões", disponível em *http://www.fernandatartuce.com.br/wp-content/uploads/2016/12/Atos-extrajudiciais-cartoriais-no-NCPC.pdf*, acesso em 28.5.2022).

31. Art. 703, § 1º, do CPC: "Na petição inicial, instruída com o contrato de locação ou a conta pormenorizada das despesas, a tabela dos preços e a relação dos objetos retidos, o credor pedirá a citação do devedor para pagar ou contestar na audiência preliminar que for designada".

Referências Bibliográficas

BEDAQUE, José Roberto dos Santos. "Instrumentalismo e garantismo: visões opostas do fenômeno processual?". In: BEDAQUE, José Roberto dos Santos, CINTRA, Lia Carolina Batista, e EID, Elie Pierre (coords.). *Garantismo processual: garantias constitucionais aplicadas ao processo*. Brasília, Gazeta Jurídica, 2016.

——————. *Tutela cautelar e tutela antecipada: tutelas sumárias e de urgência*. 5ª ed. São Paulo, Malheiros Editores, 2009.

DINAMARCO, Cândido Rangel. *Instituições de direito processual civil*. 9ª ed., vol. I. São Paulo, Malheiros Editores, 2017.

——————. *Nova era do processo civil*. São Paulo, Malheiros Editores, 2003.

——————. *Capítulos de sentença*. 7ª ed. São Paulo, Malheiros Editores/Juspodivm, 2021.

GONÇALVES, Carlos Roberto. *Direito civil brasileiro*. 12ª ed., 2ª tir., vol. 5 ("Direito das coisas"). São Paulo, SaraivaJur, 2018.

GOUVEIA FILHO, Roberto P. Campos. "Da homologação do penhor legal". In: WAMBIER, Teresa Arruda Avim, *et al.* (coords.) *Breves comentários ao novo Código de Processo Civil*. 3ª ed. São Paulo, Ed. RT, 2016.

LEITE, Clarisse Frechiani Lara. "Solução de questão prejudicial incidental". In: *Estudos em homenagem a Cândido Rangel Dinamarco*. 1ª ed. São Paulo, Malheiros Editores/Juspodivm, 2022.

LOPES, Bruno Vasconcelos Carrilho. *Limites objetivos e eficácia preclusiva da coisa julgada*. São Paulo, Saraiva, 2012.

MACHADO, Marcelo Pacheco. *Comentários ao Código de Processo Civil*. vol. XIII. São Paulo, SaraivaJur, 2017.

MOREIRA ALVES, José Carlos. *Direito romano*. 20ª ed. Rio de Janeiro, Forense, 2021.

PEREIRA, Caio Mário da Silva. *Instituições de direito civil*. 25ª ed., vol. IV. Rio de Janeiro, Forense, 2017.

PONTES DE MIRANDA, F. C. *Tratado de direito privado*. t. 20. Campinas, Bookseller, 2002.

TALAMINI, Eduardo. *Coisa julgada e sua revisão*. São Paulo, Ed. RT, 2005.

TARTUCE, Fernanda, e SILVA, Érica Barbosa e. "O novo CPC e os atos extrajudiciais cartoriais: críticas, elogios e sugestões". Disponível em *http://www.fernandatartuce.com.br/wp-content/uploads/2016/12/Atos-extrajudiciais-cartoriais-no-NCPC.pdf* (acesso em 28.5.2022).

TARTUCE, Flávio. *Manual de direito civil*. São Paulo, Método, 2023.

WATANABE, Kazuo. *Cognição no processo civil*. 2ª ed. São Paulo, Saraiva, 1999.

CAPÍTULO CLXXXIII – ***REGULAÇÃO DE AVARIA GROSSA***

MARCELO PACHECO MACHADO

2.698. a avaria grossa

O procedimento especial previsto pelos arts. 707 e ss. do Código de Processo Civil é técnica diferenciada, a qual se direciona a situação específica do direito material: demandas que visam a apurar a responsabilidade por avarias grossas decorrentes de transporte marítimo.

O transporte marítimo envolve diferentes sujeitos, tais como o armador, os transportadores, os donos da carga, o segurador e outros eventuais interessados na operação. Em hipóteses de infortúnio, pode surgir conflito quanto à apuração das responsabilidades destes sujeitos relativamente às avarias identificadas.

"Avaria" é expressão técnica que designa três categorias de danos ressarcíveis quanto ao transporte marítimo: os danos ocasionados à embarcação, os danos ocasionados à carga e as despesas extraordinárias realizadas em benefício da carga ou do navio.

As avarias grossas, também chamadas de comuns, são aquelas geradas por ato de vontade do próprio comandante do navio, o qual, em condição real de perigo, e com a intenção de evitar dano maior, acaba por avariar o navio ou a sua carga.[1] Trata-se, portanto, do dano causado com a finalidade de salvar o navio e sua carga e evitar um dano ainda maior.

O Código Comercial prevê hipóteses de avaria grossa em seu art. 764, mencionando, entre outras, "tudo o que se dá ao inimigo, corsário ou pirata por composição ou a título de resgate do navio e fazendas, conjunta ou separadamente", ou mesmo "os danos feitos deliberantemente ao navio para facilitar a evacuação d'água e os danos acontecidos por esta ocasião à carga" e "o tratamento, curativo, sustento e indenizações da gente da tripulação ferida ou mutilada defendendo o navio".[2]

As hipóteses restritas de avaria grossa são as situações específicas das relações de direito material que comportam a tutela diferenciada relativamente ao procedimento especial em análise. Outras hipóteses de avarias, como as chamadas avarias particulares ou simples, isto é, aquelas decorrentes de casos fortuitos ou conduta meramente culposa, tal como definidas pelo art. 766 do Código Comercial, não seguirão a mesma técnica processual.

A situações relativas às avarias particulares ou simples, quais sejam, "o dano acontecido às fazendas por borrasca, presa, naufrágio, ou encalhe fortuito, durante a viagem, e as despesas feitas para as salvar" ou mesmo "a perda de cabos, amarras, âncoras, velas e mastros, causada por borrasca ou outro acidente do mar", deverão ser tuteladas pelo procedimento comum.

Isto ocorre como uma decorrência das peculiaridades do direito material. Ao contrário da avaria particular ou simples, na avaria grossa os danos, tanto na embarcação quanto na carga, serão arcados em conjunto por todos interessados "na aventura marítima", sejam os responsáveis pelo casco, pela carga ou pelo frete, tal como determina o art. 763 do Código Comercial.[3] Por

---

1. Nesse sentido, o Supremo Tribunal Federal identifica a avaria grossa como "ato voluntário, praticado no interesse da salvação comum" (STF, Pleno, RE 38.938, rel. Min. Luiz Gallotti, *DJU* 30.1.1961). No mesmo sentido, *cfr.*: Eliane M. Otaviano Martins, *Curso de direito marítimo*, Barueri/SP, Manole, 2018, pp. 699-701; e Jozé Cândido Sampaio de Lacerda, *Curso de direito privado da navegação*, São Paulo, Freitas Bastos, 1984, p. 229.

2. Daniel Neves ressalta a natureza não exaustiva do rol legal e entende que pode se compreender como avaria grossa "qualquer dano ou despesa expendida pelo comandante da embarcação desde que certos requisitos sejam preenchidos no caso concreto: (i) a intencionalidade; (ii) extraordinariedade; (iii) razoabilidade; (d) iminência de dano maior; e (v) respeito às formalidades na lavratura de ata com registro no diário de bordo (*Novo Código de Processo Civil comentado*, Salvador, Juspodivm, 2016, p. 1.125).

3. *Cfr.* Nelson Cavalcanti, "O Projeto de novo Código de Processo Civil e o direito marítimo", *Revista de Processo* 203/182, São Paulo, Ed. RT, 2012. No mesmo sentido, *cfr.*: Gajardoni, Dellore, Roque e Oliveira Júnior, *Processo de conhecimento e cumprimento*

consequência, o procedimento especial é concebido de modo a permitir uma tutela adequada desta situação de direito material, com a previsão de técnicas pensadas a partir de suas vicissitudes.

Na avaria grossa existe a necessidade de nomeação de uma auxiliar especial do juízo, denominado "regulador", para a avaliação dos danos, identificando seu valor e a natureza das avarias, de modo a determinar a responsabilidade de cada um dos envolvidos na "aventura marítima".[4]

São as peculiaridades presentes no direito material, quanto à responsabilidade pelos danos, as quais justificam a especialidade do procedimento, na medida em que agregam complexidade na determinação da responsabilidade de cada sujeito envolvido no empreendimento. Conforme veremos, as técnicas especiais visam a dirimir com maior eficiência as divergências advindas deste modo de ser do direito material.

2.699. a especialidade do procedimento

A regulação da avaria grossa era prevista originariamente pelo Código de Processo Civil de 1939, o qual, em relação a estes dispositivos, manteve-se vigente mesmo após a promulgação do Código de Processo Civil de 1973.

A técnica mostrava-se excessivamente complexa e instigava o desenvolvimento de um processo com prazos elásticos e expectativa de longíssima duração, o que acabou por reduzir sua utilização prática.[5]

O procedimento especial, assim, perdeu eficácia social sob a égide do Código de Processo Civil de 1973, buscando as partes geralmente a nomeação consensual de regulador. O Judiciário, de fato, era demandado tão somente

---

de sentença: comentários ao CPC de 2015, 4ª ed., São Paulo, Método, 2021, p. 987; e Monica Judice, *O processo marítimo à luz do direito processual civil*, São Paulo, PUC/SP, 2014, p. 41.

4. Pelo direito civil, a responsabilidade decorrente de danos causados a pessoas e coisas na execução dos contratos de transportes recai em face do transportador, nos termos dos arts. 733 e 734 do Código Civil. A situação é distinta tratando-se de direito marítimo. *Cfr.* Mazzei e Rizk, "Da regulação da avaria grossa", in Teresa Arruda Alvim Wambier *et. al.* (coords.), *Breves comentários ao novo Código de Processo Civil*, 2ª ed., São Paulo, Ed. RT, 2016, p. 1.717.

5. Conforme ressaltam Gajardoni, Dellore, Roque e Oliveira Júnior, foi comum a solução extrajudicial das hipóteses de avaria grossa, em três etapas. "Na primeira, faz-se a vistoria do navio e da carga, para verificar as avarias sofridas, e neste momento são estabelecidos o valor do navio e da carga que entrarão no cálculo da regulação (...). Na segunda etapa, haverá a regulação propriamente dita, com as partes indicando um regulador em comum para estimar os prejuízos e o valor a ser suportado por cada qual dos interessados no transporte. Finalmente, na terceira etapa será promovida a liquidação (arts. 787 a 796 do Código Comercial)" (Gajardoni, Dellore, Roque e Oliveira Júnior, ob. cit., p. 988).

com o objetivo de pleitear a homologação do laudo produzido, de modo a lhe dar força de título executivo.[6]

Os arts. 707 e ss. do Código de Processo Civil foram introduzidos com a finalidade de suprir esta lacuna axiológica e focam exatamente no estímulo inicial à realização de negócio jurídico processual típico, pela eleição consensual do regulador, esclarecendo a possibilidade de o juiz efetuar a nomeação apenas quando "inexistir consenso" das partes.

Após esta nomeação, o regulador não se limita à elaboração de laudo (regulamento de avaria grossa); diferentemente, realiza parte da condução do processo, como se se tratasse de árbitro, (i) exigindo o fornecimento de caução para liberação de mercadorias (CPC, art. 708), (ii) declarando a admissibilidade do procedimento, a partir da identificação da situação de direito material (CPC, art. 708), e (iii) pleiteando autorização judicial para a alienação judicial da carga.

São, exatamente, estas circunstâncias que demonstram a peculiaridade do procedimento especial frente ao comum, qual seja, a possibilidade de ampla atuação do auxiliar (regulador), inclusive na prática de atos de condução do processo.

2.700. avaria grossa e procedimento comum

A técnica diferenciada fornece claras vantagens aos litigantes, em especial ao demandante, o qual não tem o ônus de atribuir responsabilidades de antemão e pedir a condenação do responsável, ou por quantia certa ou em valor a ser apurado em sede de liquidação futura.

Adicionalmente, o desenvolvimento do processo é facilitado pela figura do regulador de avarias, auxiliar do juízo *sui generis*, o qual tem a atribui-

---

6. Nelson Cavalcanti relata que a ineficiência do procedimento do Código de 1939 deixava uma lacuna axiológica no sistema, especialmente nas hipóteses em que as partes não obtinham consenso na nomeação de perito, para a solução extrajudicial. Sustentava que, "caso não seja alcançado consenso pela regulação extrajudicial, não restaria espaço para outra técnica, senão o procedimento previsto (...) no art. 1.218, inc. XIV, do CPC de 1973" (ob. cit., p. 183). Nelson Nery Jr. ressalta também a predominância do procedimento extrajudicial: "O rito da regulação judicial está em desuso, pois as partes vêm procedendo à regulação de avaria grossa pela via extrajudicial, dirigindo-se ao Judiciário apenas para pleitear a homologação do laudo de regulação quando necessário para a execução de alguma contribuição (Nelson Cavalcante e Silva Filho. O projeto do novo Código de Processo Civil e o direito marítimo, *RP* 203/181). Isso reforça o quanto foi dito no comentário anterior acerca da preferência dada pelo CPC à regulação extrajudicial, sendo, portanto, a regulação judicial a exceção e não a regra." (Nery Junior, Nelson; Nery, Rosa. *Código de Processo Civil Comentado*. Capítulo XIII. Ed. 2024).

ção não apenas de contribuir para o processo com questões de natureza técnica, mas, também, conduzir parte dos atos processuais e propor responsabilidades jurídicas.

O procedimento especial de regulação de avaria grossa, todavia, não pode ser enxergado como uma hipótese de ação típica ou de limitação ao acesso à Justiça, na medida em que não se pode afirmar que, tratando-se de hipótese de avaria grossa, as partes estariam obrigadas a utilizar exclusivamente a técnica especializada, sob pena de não poderem obter a tutela de suas pretensões de direito material.[7]

A garantia da universalidade da tutela jurisdicional e a promessa geral de acesso à Justiça, inerente ao devido processo legal, garantem – mesmo diante da existência de uma técnica diferenciada – aos jurisdicionados o pleno acesso ao procedimento comum, mediante a formulação de mero pedido condenatório por perdas e danos, a ser decidido em conformidade com o direito material aplicável.[8]

É evidente que, valendo-se do procedimento comum, a parte deverá seguir as regras aplicáveis, entre as quais formulando pedido líquido e certo, do mesmo modo que o juiz estaria limitado ao pedido e à causa de pedir veiculada, restringindo suas possibilidades de pacificação do conflito e aumentando as chances de sucumbência do demandante. Isto, todavia, é uma faculdade da parte, a qual, em casos especiais, pode vir a ser alertada a respeito de eventuais benefícios para conversão ao procedimento especial, com base na regra da cooperação (CPC, arts. 6º e 8º). O juiz, toda-

---

7. Esta é a posição de Nelson Cavalcanti, no sentido de que o procedimento especial seria uma sorte de "ação típica" para as hipóteses de avaria grossa (ob. cit., p. 183).

8. Para Flávio Luiz Yarshell, "tem-se como certo que as garantias constitucionais de *ação* e *da inafastabilidade do controle jurisdicional* devem ser interpretadas de sorte a delas se extrair formas de tutela ou tipos de provimento aptos a solucionar, efetiva e adequadamente, todas as situações de violação (ou ameaça de violação) de direitos e interesses protegidos no direito substancial". O autor complementa, apontado exceção à rega: "(...) há casos em que a tutela – entendida como o resultado proporcionável pelo processo – é prévia e taxativamente limitada pela lei processual, que deliberadamente impõe limites à produção de certos efeitos. É o caso do provimento apto à desconstituição da sentença de mérito transitada em julgado. Daí falar-se na ação rescisória como ação típica: vista sob o ângulo do resultado decorrente da procedência de uma ação rescisória, a tutela aí prestada pode também reputar-se típica, eis que a situação de desvinculação da coisa julgada (subjetiva e objetivamente) somente se obtém com base naquele provimento taxativamente autorizado pela lei" (*Tutela jurisdicional*, 2ª ed., São Paulo, DPJ, 2006, pp. 147-149). No mesmo sentido, *cfr.* Marcelo Pacheco Machado, *Incerteza e processo*, São Paulo, Saraiva, 2013, pp. 93-94.

via, não pode negar a análise do mérito ao fundamento de que não seria o procedimento legal adequado.

Isso significa que a parte interessada, a qual houver arcado com prejuízos decorrentes de avaria grossa, não está obrigada pela lei a se utilizar do procedimento especial, podendo, para tanto, se valer do procedimento comum ou ainda de outra técnica diferenciada aplicável, com a finalidade de tutelar seu direito.

2.701. pedido e natureza dúplice

A avaria grossa, como visto, é identificada por danos volitivos causados pelo capitão do navio com o objetivo de evitar a ocorrência de dano maior. Sua característica principal é a divisão de responsabilidade, a qual não ocorre nas avarias particulares.[9] O pedido a ser formulado, nesta hipótese, não se limita à condenação de um ou uns indivíduos ao pagamento de quantia, mas a um bem da vida consideravelmente mais incerto: a obtenção de ato judicial capaz de estipular as responsabilidades, quaisquer que estas sejam, pondo fim à crise estabelecida no âmbito do direito material.

Temos aqui não apenas uma autorização legal para a formulação de pedido genérico, mas também a possibilidade de formulação de pedido incerto, que não individualiza adequadamente o bem da vida pleiteado. O autor não necessariamente precisa imputar a cada um dos envolvidos sua parcela específica de responsabilidade. Esta é a fundamental utilidade da técnica diferenciada, a qual não se mostra viável diante das estritas regras formais relativas ao procedimento comum (CPC, art. 322).

No surgimento da crise de direito material, especialmente considerando-se as circunstâncias do infortúnio marítimo, a quantificação dos danos e a apuração das respectivas responsabilidades dependerão de profunda e complexa análise técnica, tornando inviável ou muito difícil a apuração do *quantum debeatur* no momento do ajuizamento da demanda.

Esta peculiaridade, tal como regulada pelo procedimento comum, é causa autorizativa para a formulação de pedido de natureza genérica (CPC, art. 324, § 1º). Ocorre que, nas hipóteses de avaria grossa, a mera formulação de pedido genérico não seria suficiente.

No nascimento da causa pode se mostrar inviável a tentativa do demandante de identificar, uma a uma, a responsabilidade de cada um dos sujeitos

9. *Cfr.* De Palacio e Silva, *Comentários do Código de Processo Civil*, 4ª ed., vol. IV, Rio de Janeiro, Forense, 1956, p. 387.

envolvidos na aventura marítima, diante da complexidade dos fatos, das provas e das relações jurídicas pertinentes à regulação de avaria grossa.

A técnica, assim, autoriza especialmente que o bem da vida não seja devidamente individualizado na petição inicial, bastando que o autor identifique o acidente e as partes envolvidas na "aventura marítima", pleiteando que o Estado-juiz, com o auxílio do regulador, indique todas as responsabilidades envolvidas e, ao fim do processo, conceda, a quem for, título executivo para o ressarcimento dos prejuízos (CPC, art. 322). Note-se: título este que pode, inclusive, ser contrário ao autor e favorável ao réu.

Esta é, certamente, a mais relevante das peculiaridades deste procedimento especial, o qual permite que tanto o autor quanto os réus, a depender dos resultados da regulação, sofram em seu desfavor tutela de natureza condenatória, independentemente da formulação de pedido específico neste sentido (demanda inicial ou reconvencional). Por tais razões, a doutrina defende, de um modo geral, a natureza dúplice do procedimento da regulação da avaria grossa.[10]

Neste procedimento especial, a ideia de duplicidade significa, apenas, a possibilidade de o juiz ter grande flexibilidade quanto à correlação entre pedido e tutela jurisdicional, podendo emitir tutela condenatória favorável ao autor, contrária ao autor, ou mesmo entre diferentes réus. Pela natureza genérica e incerta do pedido, admitida especialmente pela lei, o juiz pode conceder tutela jurisdicional, de natureza condenatória, a quem não pediu exatamente esta tutela, inclusive com a possibilidade de a condenação recair contra o autor, ainda que sem pedido específico do réu no processo.[11]

São circunstâncias desconhecidas no procedimento comum, as quais, todavia, justificam-se a partir das circunstâncias do direito material e legitimam a formação desta técnica especializada, em respeito ao princípio da adaptabilidade.

2.702. eleição consensual do regulador

O procedimento da regulação da avaria grossa tem previsão de negócio processual típico, para a nomeação do regulador. Trata-se de negócio bilateral, o qual pode surgir antes ou depois de iniciado o processo, com o objetivo de que as partes escolham o auxiliar em comum acordo (CPC, art. 707).

---

10. *Cfr.* Daniel Neves, ob. cit., ob. cit., p. 1126.

11. A respeito da problemática conceituação das chamadas ações dúplices, *cfr.* Marcelo Pacheco Machado, *A correlação no processo civil*, Salvador, Juspodivm, 2015, pp. 190; Bondioli, *Reconvenção no processo civil*, São Paulo, Saraiva, 2009, pp. 67-68.

A nomeação do regulador deve observar tanto os requisitos gerais para a formação válida de negócios jurídicos processuais (CPC, art. 190) quanto as normas relativas ao negócio típico de nomeação consensual do perito, aplicado aqui por clara analogia (CPC, art. 471, incs. I e II). Nesse sentido, o parágrafo único do art. 6º da Resolução 233/2016 do Conselho Nacional de Justiça determina que o perito nomeado consensualmente pelas partes "fica sujeito às mesmas normas e deve reunir as mesmas qualificações exigidas do perito judicial".

Dentre os procedimentos especiais previstos pelo Código, a regulação de avaria grossa é certamente um dos mais especializados, a ser aplicado a uma gama restrita de sujeitos e relações de direito material, indivíduos que exercem atividade econômica específica. Por sua vez, a disponibilidade de auxiliares com o conhecimento técnico e a *expertise* necessária para atuarem como reguladores é restrita, circunstância que impõe dificuldades para a manutenção de cadastro amplo e efetivo destes profissionais perante os diferentes juízos pátrios.

O Código de Processo Civil, em seu art. 707, deixa claro que a nomeação judicial apenas ocorrerá "quando inexistir consenso acerca da nomeação de um regulador de avarias". Ao fazê-lo, concede clara preferência à indicação conjunta e consensual das partes quanto ao regulador.

A nomeação judicial é necessariamente suplementar porque, nesta situação concreta, presume-se que as partes terão melhores condições de indicar um regulador adequado do que o juiz. Participando de mercado restrito, as partes podem identificar os profissionais que reúnem as características éticas e técnicas necessárias para o exercício deste mister, o qual, conforme ressaltaremos mais adiante, não se limita à elaboração de laudo técnico, mas vai além, influenciando a admissibilidade da causa e o modo de desenvolvimento do processo.[12]

2.703. nomeação judicial

A nomeação judicial do regulador, de natureza suplementar, apenas ocorrerá em duas hipóteses. A primeira diz respeito aos casos nos quais as partes se omitem ou não têm condições de efetuar nomeação consensual de regulador. A segunda, por sua vez, ocorrerá quando as partes não efetuarem nomeação válida, isto é, descumprirem os requisitos gerais para a formulação de

12. Nesse sentido, é importante ressaltar que a Resolução 233/2016 do Conselho Nacional de Justiça, a despeito de exigir que a nomeação de peritos siga necessariamente os cadastros previstos pelo órgão, na hipótese de nomeação consensual as partes estarão livres para escolher profissional que não se encontre devidamente cadastrado, desde que reúna os mesmos requisitos legais para a nomeação judicial do perito (art. 6º, parágrafo único).

negócios processuais, ou os especificamente direcionados à nomeação consensual do auxiliar do juízo (CPC, art. 471, incs. I e II; Resolução 233/2016 do CNJ, art. 6º, parágrafo único).

Como ressaltado, a nomeação judicial é suplementar exatamente diante da presunção legal, no sentido de as partes terem melhores condições de selecionar profissional adequado para a tarefa, diante da especificidade do ramo e da pequena quantidade de profissionais aptos a realizarem a função em território nacional.

Isso, evidentemente, não significa que as partes terão liberdade total e absoluta na escolha do regulador, de modo que deve o juiz controlar a indicação, do ponto de vista de suas exigências formais. É necessário que exista a comprovação, pelas partes, da capacidade técnica do regulador nomeado, bem como do atendimento das regras de ordem pública sobre o impedimento (CPC, arts. 148, 465, § 1º, e 467). Cabe ao juiz avaliar se o regulador indicado atende às exigências do art. 144 do Código de Processo Civil, de modo a garantir sua imparcialidade.

Identificadas a omissão ou a invalidade da indicação do regulador, o juiz passa a ter a atribuição de efetuar a nomeação. As mesmas exigências éticas e técnicas para nomeação do perito são aplicáveis à nomeação do regulador (CPC, art. 711). Os reguladores, assim como os peritos, deverão ser incluídos no cadastro do art. 156, § 1º, do Código de Processo Civil. Apenas naqueles juízos nos quais não existir nenhum regulador devidamente cadastrado poderá ocorrer a nomeação judicial de regulador alheio aos respectivos cadastros dos tribunais, tal como expressamente autorizado pelo § 1º do art. 10 da Resolução 233/2016 do Conselho Nacional de Justiça.

2.704. competência

A competência para o julgamento da ação de regulação de avaria grossa se estabelece perante o juízo do local do primeiro porto aonde o navio houver chegado, após a ocorrência da avaria, coincidindo com a norma que trata da ratificação de protestos e processos testemunháveis formados a bordo, nos termos do art. 766 do Código de Processo Civil.

A regra anteriormente prevista pelo Código Comercial, em seu art. 786, previa como competente o foro do local de entrega da carga, tendo sido revogada pela sistemática do Código de Processo Civil de 2015.[13] É exatamen-

13. Daniel Neves ressalta que a alteração "deve ser saudada porque a comarca em que se localiza o primeiro porto é o mais adequado para dar efetividade aos resultados do processo" (ob. cit., p. 1.126).

te neste local que a embarcação será, no primeiro momento, atendida, facilitando a identificação e a mensuração das avarias.

A competência, estabelecida com base no critério "lugar", é competência relativa, de modo que, não sendo alegada pela parte, no primeiro momento em que comparecer aos autos, prorroga-se perante o juízo onde a demanda foi efetivamente proposta (CPC, art. 65). Não há interesse público predominante na norma que trata desta sorte de competência, sendo válida, mediante negócio entre as partes, a eleição de foro distinto, inclusive a eleição de foro internacional, em favor de jurisdição estrangeira (CPC, arts. 25 e 63).

2.705. legitimidade

As demandas fundadas em caso de avaria grossa têm como caraterística especial a possibilidade de responsabilização de mais de um indivíduo pelos danos gerados à carga e à embarcação. Por este motivo, não apenas o armador tem legitimidade para instaurar o procedimento especial de regulação da avaria grossa, como também os transportadores, os donos da carga, o segurador sub-rogado e os demais interessados no transporte marítimo.[14] Em relevante precedente, o Supremo Tribunal Federal entendeu que, na omissão do armador, cabe a qualquer interessado iniciar o procedimento de regulação de avaria grossa.[15]

---

14. A este respeito, Heitor Sica esclarece que: "Outro aspecto de destaque deste procedimento é a ausência de nítida segregação entre legitimidade ativa e legitimidade passiva. Explica-se: a instauração do procedimento de regulação de avaria grossa poderá se dar por iniciativa de qualquer interessado. No universo de interessados – ao mesmo tempo que poderão ser autores, também poderão ser réus – todos são titulares do poder de demandar, ao passo que também poderão ser demandados. A possível justificativa que se encontra para esclarecer essa realidade está na natureza do direito material, isto é, por se conferir legitimidade ativa a qualquer interessado, é bem provável que se apresente como autor o sujeito que ocupará o posto de devedor da obrigação de ressarcimento dos danos. Nessas situações, o autor poderá ser parte responsável por ressarcir algum réu pela ocorrência de avaria grossa, mas a lei lhe faculta a possibilidade de dar início ao procedimento por possuir interesse na resolução da controvérsia. Assim, o interesse inicial que motiva o ajuizamento da demanda está mais próximo da descoberta dos prejuízos sofridos e respectivos valores, do que se extrai que esse procedimento especial é dotado de característica *sui generis* quanto ao aspecto subjetivo da demanda visto sob o viés clássico de autor contra réu. Até pela possível grande quantidade de sujeitos envolvidos na regulação de avaria grossa, a intensa discordância entre eles quanto aos mais diversos temas e as variadas posições jurídicas ocupadas no plano material indicariam a configuração de uma relação plurilateral em vez de uma relação bilateral composta por múltiplos atores" (*Comentários ao Código de Processo Civil* (arts. 674 ao 718), vol. X, São Paulo, Ed. RT, 2016, art. 707, item 2).
15. STF, 1ª Turma, RE 57.591, rel. Min. Amaral Santos, *DJU* 9.5.1969, p. 1.910.

Ocorre que, por uma peculiaridade, a legitimidade passiva atende aos mesmos critérios da legitimidade ativa, de modo que todos que podem figurar no "polo ativo" da relação jurídica processual também podem, indistintamente, ocupar o "polo passivo".[16]

O regulamento da avaria, a ser obtido e homologado neste procedimento especial, indica a responsabilidade individualizada de cada um destes indivíduos, exigindo que – quando não iniciam o procedimento – sejam citados para participarem efetivamente do contraditório.

Nesse sentido, "serão citados para a ação de regulação de avaria grossa, em litisconsórcio necessário (unitariedade), todos os demais interessados que não propuseram e que serão chamados a responder pelos prejuízos comuns decorrentes da avaria tida por grossa (os armadores, os transportadores, o dono da carga, o segurador sub-rogado)".[17]

O procedimento especial de avaria grossa configura hipótese do chamado processo despolarizado, no qual as partes não ocupam posições estanques, ativas e passivas, no curso da relação jurídica processual e existe a possibilidade de migração entre os polos da demanda. O demandante pode surgir como pretenso titular de determinada obrigação e, ao fim do processo, tornar-se devedor desta mesma obrigação em face de um ou mais demandados, ou mesmo de codemandante, em posições fluidas, a decorrerem das circunstâncias da relação de direito material.[18]

A verdade é que não se pode, sequer, presumir antagonismo entre demandante e demandado no curso do processo, podendo o litígio efetivamente se estabelecer entre demandados quanto à definição de suas responsabilidades. Daí as legitimidades ativa e passiva se estabelecerem indistintamente, qualquer um que pode ser demandante pode, também, figurar como demandado para a ação de regulação de avaria grossa.

2.706. admissibilidade do procedimento

O Código de Processo Civil estabelece ao regulador uma função especial, que extrapola a mera necessidade da atividade técnico-científica. Nesse sentido, o art. 708 deixa claro que sua função diz respeito à qualificação jurídica de fatos, estabelecendo que lhe cabe declarar se os danos que apurou se ajustam, ou não, ao conceito legal de avaria grossa.

---

16. *Cfr.* Daniel Neves, ob. cit., p. 1.126.

17. *Cfr.* Gajardoni, Dellore, Roque e Oliveira Júnior, ob. cit., p. 989. Também entendendo se tratar de litisconsórcio necessário, *cfr.* Daniel Neves, ob. cit., p. 1.126.

18. *Cfr.* Antonio do Passo Cabral, "Despolarização do processo e zonas de interesse", *Revista Forense* 105/3-42, n. 404, julho-agosto/2009.

A qualificação jurídica tem, certamente, repercussões para o mérito, na medida em que "ser ou não ser" avaria grossa repercute na possibilidade, ou não, de divisão da responsabilidade entre todos os participantes da aventura marítima. Ademais, o juízo prelibatório a este respeito vincula a admissibilidade do procedimento legal.

Não se identificando a hipótese como avaria grossa, o processo deverá ser convertido ao procedimento comum (CPC, art. 321) ou, na omissão das partes, extinto sem julgamento de mérito (CPC, art. 485, inc. VI). O procedimento especial dos arts. 707 e ss. do Código de Processo Civil somente será admissível se devidamente identificada e declarada pelo regulador a situação prevista pelo Código Comercial como avaria grossa.

2.707. contraditório sobre admissibilidade

O regulador, a despeito de exercer relevantíssima função neste procedimento especial, efetuando juízo de valor sobre o direito aplicável ao caso, não tem atribuição para emitir atos jurisdicionais de natureza decisória.

É dizer, após a deliberação do regulador a respeito de a hipótese configurar, ou não, avaria grossa, nos termos da lei, as partes terão oportunidade de manifestar concordância ou discordância com o ato do regulador, cabendo posteriormente ao juiz, mediante a utilização dos critérios de decisão pertinentes, decidir se acolhe ou não a recomendação emitida pelo regulador.

Há aqui, por analogia, a possibilidade de as partes indicarem quesitos suplementares, a serem respondidos pelo regulador, assim como poderá o juiz solicitar esclarecimentos de ordem técnica, de modo a melhor respaldar seu juízo de valor.

A impugnação da parte deve ser apresentada no prazo de 10 dias (CPC, art. 708, § 2º). Independentemente disso, a decisão por admitir ou não o procedimento especial é ato privativo do juiz, o qual, valendo-se do livre convencimento motivado, poderá usar outros fundamentos para adotar linha de entendimento diversa daquela manifestada originalmente pelo regulador.

2.708. procedimento para liberação da carga

Um dos primeiros atos concernentes ao regulador diz respeito à análise de todos os documentos que instruíram o pedido de regulação de avaria grossa, tal como diário de bordo, protesto testemunhável, data de deliberação, contrato de transporte e demais documentos relativos à carga, cabendo-lhe, ainda, a realização eventual de vistoria da embarcação.

Diante deste arcabouço probatório inicial, caberá ao regulador avaliar se os danos são passíveis de rateio na forma de avaria grossa e, ato contínuo, exigir das partes envolvidas garantias idôneas, de modo que possa autorizar a imediata liberação da carga aos seus respectivos consignatários.[19]

Uma vez solucionada a questão relativa à admissibilidade do procedimento, a lei confere ao juiz a oportunidade de concessão de tutela provisória típica (tutela de evidência), consistente na ordem de liberação da carga da embarcação.

Não se trata, efetivamente, de tutela de urgência, na medida em que a lei torna prescindível a demonstração de qualquer sorte de risco de dano. Basta a demonstração da evidência, caracterizada pela própria decisão de admissibilidade, a qual reconhece a ocorrência de avaria grossa, aliada à apresentação de garantia idônea.

Embora a lei se refira à terminologia "consignatário", a exemplo do que ocorria no art. 765 do Código de Processo Civil de 1939 e dos arts. 784 e 785 do Código Comercial, não necessariamente a destinação da carga e o ônus de prestação de caução se estabelecerão em face do destinatário no transporte, sendo viável a estipulação em sentido contrário em conhecimento de transporte e contrato de compra e venda internacional de mercadorias.[20]

O regulador deve atentar para as circunstâncias do caso concreto e indicar prazo razoável para que as partes apresentem as garantias adequadas, levando em consideração o tempo necessário para a produção dos documentos pertinentes, perante instituições bancárias ou outras, bem como a necessidade de rápida liberação das mercadorias, evitando custos adicionais com armazenamento. O valor da caução, também a ser definido pelo regulador, deve ser suficiente para atender ao futuro ressarcimento dos prejuízos identificados, bem como para suportar as despesas relativas ao armazenamento das mercadorias salvas.

A garantia deve ser exigida apenas em face da "massa ativa", é dizer, dos indivíduos que, nos termos da lei, haveriam de ser chamados a contribuir com o ressarcimento das despesas atinentes à avaria grossa, em montante a ser estimado pelo regulador como suficiente para o caso concreto.

As garantias podem ser reais ou fidejussórias, exercendo o regulador o papel de fiscal de adequação destas garantias, analisando a documentação per-

---

19. Gajardoni, Dellore, Roque e Oliveira Júnior, ob. cit., p. 989.

20. Conforme Mazzei e Rizk, enquanto não fornecida a garantia, "subsiste direito de retenção da carga pelo comandante da embarcação mediante depósito judicial em armazém (arts. 619 do CCo e 7º do Decreto-lei 116/1967)". Os autores complementam que o direito de retenção decorre do *lien* da *common law*, o qual, sem correspondente no direito nacional, "materializa-se como 'espécie' de direito de sequela ou – no caso de avaria grossa – de retenção (Mazzei e Rizk, ob. cit., p. 1.725).

tinente e avaliando sua regularidade, inclusive, utilizando como referência a ordem preferencial estipulada pelo art. 835 do Código de Processo Civil.

2.709. ausência de garantias

Uma vez designado prazo para fornecimento das garantias, o regulador tem a faculdade de sua renovação ou, mesmo, ampliação, fomentando o interesse coletivo para que os indivíduos chamados a contribuir pelo ressarcimento apresentem patrimônio idôneo a sustentar a futura responsabilização, bem como ressarcimento das despesas supervenientes, com armazenamento e transporte das mercadorias salvas.

Restando, todavia, omissos os interessados, estes perdem o direito de apresentar garantias idôneas, passando a ser compelidos a fornecer ou depósito em dinheiro, ou garantias bancárias. Assim determina o § 2º do art. 708 do Código de Processo Civil: "Se o consignatário não apresentar garantia idônea a critério do regulador, este fixará o valor da contribuição provisória com base nos fatos narrados e nos documentos que instruírem a petição inicial, que deverá ser caucionado sob a forma de depósito judicial ou de garantia bancária".

A garantia é fundamental para que possa ser conferida a ordem de entrega das mercadorias aos interessados, assegurando-se que esta não será efetuada sem que exista segurança quanto à futura reparação dos danos causados. Persistindo, todavia, a omissão dos interessados em fornecer as garantias mencionadas, a solução passa a ser a alienação judicial imediata da carga, a qual tem o objetivo de evitar que o armazenamento durante o curso do processo venha a majorar significativamente os prejuízos a serem suportados pelas partes.

A alienação é efetuada pelo regulador, o qual deve seguir a técnica prevista pelo Código de Processo Civil, consistente ou na alienação por iniciativa particular ou na alienação por leilão judicial eletrônico ou presencial (CPC, art. 879, incs. I e II). Os custos inerentes à alienação podem ser suportados pelos valores eventualmente depositados por outros interessados, mediante autorização judicial.[21]

2.710. contraditório, instrução e fixação de prazo pelo regulador

O desenvolvimento da fase instrutória segue a máxima colaborativa do processo civil (CPC, art. 6º), mediante a qual as partes devem se comprometer a atender aos escopos da jurisdição, dentre os quais o escopo jurídico representado na adequada apuração dos fatos e aplicação do direito.

---

21. *Cfr.* Mazzei e Rizk, ob. cit., p. 1.727.

Avaliando a complexidade das avarias, a localização das partes e das cargas e a facilidade na obtenção dos documentos pertinentes, o regulador deve estipular prazo para que as partes apresentem todos os documentos relevantes para a apuração das avarias, que digam respeito tanto às mercadorias e ao transporte quanto ao evento que justificou a regulação.

A opção do sistema vigente representa inovação frente ao art. 766 do Código de Processo Civil de 1939, o qual, ao contrário de conceder poderes de flexibilização do procedimento ao juiz, previa prazos estanques, de 60 dias para embarcadores residentes no Brasil e de 120 dias para embarcadores residentes no exterior.[22]

Ao regulador caberá a averiguação da pertinência e suficiência dos documentos apresentados, sendo-lhe facultado exigir da parte a exibição de documentos. Aplica-se-lhe a norma do § 3º do art. 473 do Código de Processo Civil, a qual autoriza ao auxiliar do juízo "valer-se de todos os meios necessários, ouvindo testemunhas, obtendo informações, solicitando documentos que estejam em poder da parte, de terceiros ou em repartições públicas, bem como instruir o laudo com planilhas, mapas, plantas, desenhos, fotografias ou outros elementos necessários ao esclarecimento do objeto da perícia".

A recusa da parte, sem justificativa adequada, na apresentação de documentos solicitados diretamente pelo regulador autorizará a produção de presunções processuais, admitindo-se "como verdadeiros os fatos que, por meio do documento ou da coisa, a parte pretendia provar" (CPC, art. 400).

O regulador deverá levar em consideração tais circunstâncias na apresentação do regulamento de avaria grossa, cabendo ao juiz, após as impugnações pertinentes, avaliar se as premissas e conclusões adotadas estão em conformidade com as provas e com o direito.

2.711. regulamento de avaria grossa

O regulamento de avaria grossa é ato jurídico de natureza complexa, representando uma mistura de elementos de laudo pericial, antiga sentença arbitral, dependente de homologação, e prestação de contas. Isto porque o regulador é auxiliar responsável por realizar diligências, angariar informações e documentos aptos a mensurar e quantificar as avarias, bem como identificar as responsabilidades jurídicas dos interessados no evento. Não fosse isso suficiente, o regulador deve prestar contas de seu trabalho, tendo em vista que também lhe cabe a administração de bens alheios (CC, art. 668).

22. Gajardoni, Dellore, Roque e Oliveira Júnior, ob. cit., p. 990.

Naquilo que diz respeito à atividade técnica, propriamente dita, o regulador deve ir a bordo, vistoriar cargas, solicitar e analisar documentos, ouvir testemunhas, obter informações ou, ainda, elaborar planilhas, plantas ou desenhos que facilitem a compreensão das circunstâncias técnicas relativas ao caso, em atividade típica de perito judicial (CPC, art. 473, § 3º).

Atendendo a este propósito, o regulamento de avaria grossa deve conter relatório das diligências realizadas e das informações obtidas, abrangendo: a exposição do objeto da perícia, a análise técnica realizada, a indicação dos métodos utilizados e a resposta aos quesitos apresentados pelas partes (CPC, art. 473, incs. I a IV).

Ocorre que a atividade não termina nesse ponto. Além da análise técnica, cabe ao regulador efetuar análise jurídica, é dizer, descrever o direito aplicável ao caso concreto e declarar, no seu entendimento, que os fatos narrados configuram a hipótese legal de "avaria grossa" e qual é a responsabilidade civil de cada um dos sujeitos envolvidos na avaria grossa.[23]

Por fim, o regulador tem a missão de se desincumbir de sua obrigação de prestar contas, na medida em que, durante o processo, comportou-se como síndico ou administrador judicial do patrimônio remanescente da avaria grossa. O regulamento, por sua vez, deverá contar com a apresentação das contas de forma adequada, "especificando-se as receitas, a aplicação das despesas e os investimentos, se houver" (CPC, art. 551).

O Código de Processo Civil de 1939, em seu art. 766, previa sanção pecuniária ao regulador que descumprisse o longíssimo prazo de um ano, a contar do recebimento dos documentos, para apresentar a regulação. O sistema vigente prevê o mesmo prazo, mas não sanciona o seu descumprimento com pena pecuniária, fazendo-se aplicar as normas gerais que tratam da atividade do perito (CPC, arts. 156 a 158). Em especial, descumprido o prazo, o juiz estará autorizado a substituir o regulador, nomeando outro em seu lugar (CPC, art. 468, inc. II).

2.712. impugnação

A regulação de avaria grossa, após apresentada, deve ser submetida ao contraditório das partes, as quais, munidas de informações técnicas e jurídicas, podem apresentar impugnações no prazo de 15 dias (CPC, art. 710, § 1º).

Trata-se, efetivamente, de prazo preclusivo, o qual, descumprido, implica a perda do direito da parte de realizar o ato processual. No entanto, considerando a disparidade entre o prazo para elaboração da regulamentação de

23. *Cfr.* Mazzei e Rizk, ob. cit., p. 1.727.

avaria grossa, de 12 meses, deve o juiz levar em consideração as circunstâncias de cada caso (volume de documentos e complexidade das informações), ampliando, se for o caso, o prazo para as partes (CPC, art. 139, inc. VI).

A impugnação permite às partes o exercício do contraditório de maneira ampla, manifestando-se sobre informações técnicas, interpretações jurídicas ou, mesmo, sobre contas prestadas pelo regulador.

Em dadas circunstâncias as alegações de uma parte podem implicar repercussões para outra, diante da necessidade de rateio de despesas. Nestas hipóteses, à parte afetada deve ser oportunizada nova manifestação, fomentando-se o contraditório e enriquecendo o processo com os argumentos de todos aqueles que poderão vir a ser afetados pela decisão judicial.

2.713. provimento jurisdicional

Na ausência de impugnação dos interessados, caberá ao juiz simplesmente avaliar a regularidade da regulação apresentada, a qual, atendendo aos preceitos de ordem pública, deverá ser homologada por sentença (CPC, art. 710, § 1º). Fala-se em homologação, pois a sentença não precisa incorporar, em seu texto, os fundamentos e conclusões obtidos na regulação de avaria grossa, limitando-se a apresentar motivação relativa à sua regularidade e à ausência de impugnação, de modo a que sejam produzidos os efeitos pertinentes (motivação *per relationem*).[24]

Havendo, todavia, impugnação, caberá ao juiz, após o adequado contraditório, decidir as questões trazidas pelas partes, apreciando, uma a uma, as alegações e construindo comando decisório que estabeleça as responsabilidades, em tutela de natureza condenatória (CPC, art. 489, § 1º).

A atividade do regulador, portanto, não termina com a apresentação da regulação de avaria grossa. Diferentemente, deverá participar do contraditório estabelecido com as impugnações, prestando esclarecimentos e colaborando com a solução das questões técnicas e jurídicas trazidas pelas partes.

---

24. Conforme entendimento do Supremo Tribunal Federal, "a utilização, pelo Poder Judiciário, da técnica da motivação *per relationem* reveste-se de plena legitimidade jurídico-constitucional e se mostra compatível com o que dispõe o art. 93, IX, da Constituição Federal. A remissão feita pelo magistrado – referindo-se, expressamente, aos fundamentos (de fato e/ou de direito) que deram suporte à anterior decisão (ou, então, a pareceres do Ministério Público ou, ainda, a informações prestadas por órgão apontado como coator) – constitui meio apto a promover a formal incorporação, ao ato decisório, da motivação a que o juiz se reportou como razão de decidir" (STF, 2ª Turma, AI/AgR/ED 825.520, rel. Min. Celso de Mello, *DJe* 12.9.2011).

É possível que, diante destas, seja necessária a elaboração de laudo ou, ainda, seja por analogia aplicada a norma da "prova técnica simplificada", designando-se audiência para que o regulador seja inquirido a respeito das questões técnicas em debate no processo (CPC, art. 464, §§ 2º a 4º).

2.714. recorribilidade

O ato decisório que põe fim ao procedimento especial de regulação de avaria grossa é qualificável como sentença (CPC, art. 203, § 1º), passível de impugnação pela via do recurso de apelação (CPC, art. 1.009) o qual, via de regra, possui efeito suspensivo.

Ocorre que, conforme ressaltado, é característica deste procedimento especial a concessão de tutela provisória (tutela de evidência) para a liberação das mercadorias, nos termos do art. 708 do Código de Processo Civil. Nesta hipótese, caso concedida a medida e confirmada na sentença, restará configurada a hipótese do art. 1.012, inc. V, do Código de Processo Civil, pela qual a apelação deverá ser recebida apenas em seu efeito devolutivo.

Havendo confirmação da tutela de evidência, as partes poderão executar provisoriamente a sentença, seguindo procedimento previsto pelos arts. 520 e ss. do Código de Processo Civil.

2.715. posição jurídica do regulador

A referência do Código de Processo Civil aos arts. 156 a 158 demonstra, claramente, a circunstância de o regulador de avarias se colocar na mesma posição jurídica que o perito. Isto significa que, tal como o perito, o regulador passa a exercer no processo uma série de poderes e a se submeter a um conjunto de deveres processuais.[25]

O perito é auxiliar do juízo (CPC, art. 149), o qual, embora – via de regra – não figure como servidor público e possa se escusar da função por justo motivo, exerce no processo atividade essencial à Justiça (CPC, art. 157). Nessa medida, as hipóteses de suspeição e impedimento lhe são aplicáveis (CPC, art. 148, inc. II), do mesmo modo em que este é equiparado à figura de autoridade pública no que tange ao direito penal (CP, art. 327). Tem, assim, o poder administrativo de manter a ordem na realização de diligências periciais, bem como dever de exercer seu *munus* com eficiência (CPC, art. 157), devendo se comprometer com a verdade e atuar com isonomia (CPC, art. 158).

O regulador, assim como o perito, é um auxiliar do juízo, devendo exercer sua função com imparcialidade, já que assume os mesmos poderes admi-

25. No mesmo sentido, *cfr.* Gajardoni, Dellore, Roque e Oliveira Júnior, ob. cit., p. 990.

nistrativos do perito e se submete aos mesmos deveres judiciais aplicáveis aos demais auxiliares.

O regulador, todavia, não pode ser considerado um mero equivalente ao perito judicial. O regulador é um auxiliar *sui generis*, uma categoria especial, eis que não apenas contribui com sua *expertise* a respeito de questões estritamente técnicas, como também auxilia o juiz na condução do processo e no exercício do contraditório e na realização de atos materiais, como a alienação judicial.

Tanto isso é verdade que o procedimento se inicia com a nomeação do regulador, antes de iniciada a fase postulatória, pois a este é atribuída a incumbência de avaliar as circunstâncias de fato da causa, para identificar se, efetivamente, a situação trata, ou não, de hipótese legal de avaria grossa.

Ao contrário do perito, cabem ao regulador a interpretação do direito bem como o exercício de juízo de subsunção do direito aos fatos, declarando as consequências daí decorrentes. É exatamente nesse sentido que o regulador deve realizar juízo de admissibilidade, verificando se a situação narrada se ajusta ao conceito legal de avaria grossa, deve avaliar e mensurar garantias e propor a liberação de bens. Mais do que isso, cabe ao regulador juízo jurídico a respeito do mérito, propondo a determinação da responsabilidade de cada um dos envolvidos no evento marítimo.

Em certa medida, a atividade descrita acima assemelha-se à do árbitro no regime jurídico original do Código de 1973, quando suas sentenças dependiam de futura homologação judicial para produzirem efeitos. Em outra medida, a função do regulador se assemelha à do leiloeiro ou mesmo do depositário.

É possível dizer que o regulador de avarias detém, como parte de suas atribuições, algo similar às do "legal expert" ou perito jurídico, na medida em que deve manifestar não apenas conhecimento de circunstâncias técnicas relativas à navegação e à embarcação e cargas danificadas, mas também das normas jurídicas aplicáveis à responsabilidade civil no caso concreto.

Ademais, o regulador tem a função de guarda e cuidado em relação a bens, e eventualmente de alienar a carga que não tenha sido liberada em favor das partes, de modo a evitar despesas adicionais com armazenagem. Ao fim do processo, à semelhança do depositário, cabe ao regulador o dever de prestar contas, exatamente em conformidade com os parâmetros legais.

Da somatória destas circunstâncias, observa-se que o regulador é um auxiliar *sui generis* do juízo, o qual se submete a regramento jurídico similar ao do perito, mas cuja responsabilidade no processo se apresenta em amplitude consideravelmente mais ampla, por uma exigência específica da situação de direito material que exige tutela por meio do procedimento especial de avaria grossa.

Referências Bibliográficas

BONDIOLI, Luis Guilherme Aidar. "Disposições gerais. Procedimento comum". In: WAMBIER, Teresa Arruda Alvim, *et. al.* (coords.). *Breves comentários ao novo Código de Processo Civil*. 2ª ed. São Paulo, Ed. RT, 2016.

————. *Reconvenção no processo civil*. São Paulo, Saraiva, 2009.

CABRAL, Antonio do Passo. "Despolarização do processo e zonas de interesse". *Revista Forense* 105/3-42. N. 404. Julho-agosto/2009.

CAVALCANTI, Nelson. "O Projeto de novo Código de Processo Civil e o direito marítimo". *Revista de Processo* 203. São Paulo, Ed. RT, 2012.

DINAMARCO, Cândido Rangel. *A instrumentalidade do processo*. 12ª ed. São Paulo, Malheiros Editores, 2006.

————. *Vocabulário do processo civil*. São Paulo, Malheiros Editores, 2009.

DINAMARCO, Candido Rangel, e LOPES, Bruno Vasconcelos Carrilho. *Teoria geral do novo processo civil*. São Paulo, Malheiros Editores, 2016.

GAJARDONI, Fernando, DELLORE, Luiz, OLIVEIRA JR, Zulmar, e ROQUE, André. *Processo de conhecimento e cumprimento de sentença: comentários ao CPC de 2015*. 4ª ed. São Paulo, Método, 2021.

GODINHO, Robson. *Comentários ao Código de Processo Civil*. vol. XIV. São Paulo, Saraiva, 2018.

JUDICE, Mônica. *O processo marítimo à luz do direito processual civil*. São Paulo, PUC/SP, 2014.

LACERDA, Jozé Cândido Sampaio de. *Curso de direito privado da navegação*. São Paulo, Freitas Bastos, 1984.

MACHADO, Marcelo Pacheco Machado. *A correlação no processo civil*. Salvador, Juspodivm, 2015.

————. "Art. 250". In: *Novo Código de Processo Civil anotado*. Rio de Janeiro, GZ Editora, 2016.

————. *Comentários ao Código de Processo Civil*. vol. XII. São Paulo, Saraiva, 2017.

————. *Incerteza e processo*. São Paulo, Saraiva, 2013.

MARTINS, Eliane M. Otaviano. *Curso de direito marítimo*. Barueri/SP, Manole, 2018.

MAZZEI, Rodrigo, e RIZK, Werner Braun. "Da regulação da avaria grossa". In: WAMBIER, Teresa Arruda Alvim, *et. al.* (coords.). *Breves comentários ao novo Código de Processo Civil*. 2ª ed. São Paulo, Ed. RT, 2016.

NERY JR., Nelson, e NERY, Rosa Maria de Andrade. *Código de Processo Civil comentado*. São Paulo, Ed. RT, 2024.

NEVES, Daniel Amorim Assumpção. *Ações probatórias autônomas*. São Paulo, Saraiva, 2006.

————. *Novo Código de Processo Civil comentado*. Salvador, Juspodivm, 2016.

————. *Preclusões para o juiz: preclusão pro iudicato e preclusão judicial no processo civil*. São Paulo, Método, 2004.

SICA, Heitor Vitor Mendonça. *Comentários ao Código de Processo Civil* (arts. 674 ao 718). vol. X. São Paulo, Ed. RT, 2016.

————. *O direito de defesa no processo civil brasileiro. Um estudo sobre a posição do réu*. São Paulo, Atlas, 2011.

————. "Reflexões em torno da teoria geral dos procedimentos especiais". *Revista de Processo* 208. São Paulo, Ed. RT, 2012.

SILVA, De Plácido e. *Comentários do Código de Processo Civil*. 4ª ed., vol. IV. Rio de Janeiro, Forense, 1956.

YARSHELL. Flávio Luiz. *Ação rescisória: juízos rescindente e rescisório*. São Paulo, Malheiros Editores, 2005.

————. *Tutela jurisdicional*. 2ª ed. São Paulo, DPJ, 2006.

————. *Tutela jurisdicional específica nas obrigações de prestar declaração de vontade*. São Paulo, Malheiros Editores, 1993.

CAPÍTULO CLXXXIV – **_RESTAURAÇÃO DE AUTOS_**

DANIEL MENEGASSI ZOTARELI

2.716. o processo, os autos e a eventual necessidade de restauração destes

Entre as acepções do vocábulo *processo* (*supra*, n. 449, Volume II), há aquela que o caracteriza como instituto jurídico, em que se estabelece uma relação jurídica entre os atores processuais, aos quais se atribuem poderes, faculdades, ônus e deveres, e cujo objetivo é outorgar tutela a quem lhe faça jus, de modo a pacificar com justiça o conflito da realidade submetido ao Poder Judiciário. Isso deverá ocorrer por meio de um *método de trabalho*, consistente na prática de diversos e concatenados atos, em observância às garantias inerentes ao devido processo legal (*supra*, nn. 132 e 452, Volumes I e II). O conjunto desses atos interconectados denomina-se *procedimento*, elemento que, associado à própria *relação jurídico-processual*, compõe a *entidade complexa* que é o processo (*supra*, n. 450, Volume II).

O processo, no entanto, é imaterial, uma abstração, um conceito intangível, que opera no plano das ideias. Justamente por isso, são necessárias sua materialização e sua documentação,[1] de modo a lhe conferir publicidade e segurança, garantindo, assim, a efetividade dos atos praticados e dos resultados provenientes da prestação jurisdicional.

Daí a importância dos *autos*, que consistem na "concretização gráfica do processo",[2] seja em suporte físico (papel) ou digital (autos eletrônicos). Por serem os autos "o fascículo onde se contém a instrumentalização escrita de todos os atos",[3] bem como o meio de comprovação de como se desenvolveu a relação processual, é imprescindível conservá-los e protegê-los. Afinal, diversamente do processo – cujo encerramento depende da verificação de alguma das hipóteses positivadas em lei –, os autos podem, por diferentes razões, *desaparecer*.[4]

> Na pintura *La trahison des images*, René Magritte reproduziu a imagem de um cachimbo, abaixo da qual redigiu a frase *Ceci n'est pas une pipe*. Assim como na obra do artista belga, em que a imagem do cachimbo não é o objeto em si, também os autos funcionam como um retrato (documentado) do processo, sem com este se confundir.

Embora o processo subsista sem os autos,[5] despido de seu corpo físico ele ficará paralisado (CPC, art. 313, inc. VI – *infra* n. 2.727) e não terá condições de prosseguir. Não por outra razão, desaparecidos os autos, torna-se necessário restaurá-los, ato para o qual o Código de Processo Civil de 2015 – assim como seus antecessores (CPC-39, arts. 776 a 781; CPC-73, arts. 1.063

---

1. Mesmo os atos praticados oralmente carecem de documentação, "para a segurança de todos" (DINAMARCO, Cândido Rangel. "Restauração de autos, sentença homologatória de transação, coisa julgada, ação rescisória e prescrição". *In: Fundamentos do processo civil moderno (tomo II)*. 6ª ed. São Paulo: Malheiros, 2010, p. 1.606).
2. PONTES DE MIRANDA, Francisco Cavalcanti. *Comentários ao Código de Processo Civil, tomo XV: arts. 1.046 a 1.102*. Rio de Janeiro: Forense, 1977, p. 153.
3. DINAMARCO, Cândido Rangel. "Restauração...", op. cit., p. 1.606.
4. "O conjunto das peças documentais do processo configura o que se denomina autos (ou autos do processo). Sem os autos, nenhum efeito do processo pode ser obtido pela parte, pois são eles a prova e o instrumento da relação processual. Daí a necessidade de proteger os autos e de recompô-los quando se extraviam ou são destruídos" (THEODORO JÚNIOR, Humberto. *Curso de direito processual civil: procedimentos especiais (v. 3)*. 43ª ed. Rio de Janeiro: Forense, 2011, p. 299).
5. "[...] há a preponderância da idéia sobre o corpo, a coisa: enquanto esse pode ser restaurado, aquela persiste. [...] Os autos do processo são, em princípio, substituíveis. Quer dizer: a desaparição ou destruição dos autos não é irremediável. Juridicamente, põe-se, como enunciado de ciência, que o processo é, existe, ainda sem os autos" (PONTES DE MIRANDA, Francisco Cavalcanti. *Comentários...*, op. cit., pp. 153-154).

a 1.069) – disciplina procedimento especial específico (*ação de restauração de autos* – arts. 712 a 718).

2.717. *processo incidental*

A restauração dos autos ocorrerá por meio de um autêntico processo,[6] voltado especificamente àquele fim. Começará por iniciativa de algum dos legitimados (CPC, art. 712, *caput*); citar-se-ão os integrantes do polo passivo (CPC, art. 714); poderá haver instrução (CPC, art. 715); e, ao final, proferir-se-á sentença. Admitir-se-ão, ainda, a interposição de recursos e a propositura de ação rescisória.

Trata-se, porém, de um *processo acessório e incidental*, que versará e produzirá efeitos sobre aquele preexistente cujos autos desapareceram, de modo a permitir sua regeneração. Com a propositura de demanda para restaurar os autos, formar-se-á relação jurídico-processual distinta, cujas partes não necessariamente corresponderão àquelas do processo anterior e na qual será perseguida e outorgada tutela própria, relativa ao direito ao processo e à reparação dos respectivos autos.

Diante de tais características, "nega-se que o procedimento da restauração de autos seja mero incidente processual, caracterizado este como sequência de atos pertinentes à mesma relação processual pendente e realizados pela forma que a lei dispõe, na sequência por ela disposta. Mais que mero incidente do processo, caracteriza-se a restauração de autos como um processo incidente ao processo cujos autos hajam desaparecido".[7]

---

6. Em sentido contrário, caracterizando a restauração de autos como "mero incidente": SICA, Heitor Vitor Mendonça. *Comentários ao Código de Processo Civil – volume X (artigos 674 ao 718)*. MARINONI, Luiz Guilherme (dir.). ARENHART, Sérgio Cruz; MITIDIERO, Daniel (coord.). São Paulo: Editora Revista dos Tribunais, 2016, p. 204; MACHADO, Marcelo Pacheco. *Comentários ao Código de Processo Civil: dos embargos de terceiro até da restauração de autos – arts. 674 a 718*. GOUVÊA, José Roberto F., BONDIOLI, Luis Guilherme A., FONSECA, João Francisco N. da (coord.). São Paulo: Saraiva, 2017, pp. 287 ss.

7. "Processo incidente é um processo em si mesmo, com nova relação processual que se inicia quando realizado o ato de incoação (a demanda instrumentalizada em uma petição inicial), ordinariamente com a citação da parte oposta e final sentença que define a causa que lhe constitui o objeto – embora realizado com o objetivo imediato de produzir efeitos sobre um processo pendente. A causa contida no processo de restauração de autos é representada pela pretensão do autor à própria restauração" (DINAMARCO, Cândido Rangel. "Restauração...", op. cit., p. 1.608). Trata-se, pois, de "processo acessório ao da ação do processo perdido ou destruído – acessório regerador" (PONTES DE MIRANDA, Francisco Cavalcanti. *Comentários...*, op. cit., p. 161).

> "O ajuizamento da ação restaurativa faz surgir, necessariamente, uma cumulação objetiva de lides. Com efeito, a restauração de autos tem natureza jurídica de ação, e não de mero incidente processual. Dessa forma, há a necessidade de prolação de duas sentenças: uma a julgar a restauração e outra a apreciar o mérito da causa principal" (STJ, Min. Teori Albino Zavascki).[8]

2.718. jurisdição contenciosa

Não se olvida que o procedimento especial de restauração de autos ostenta determinadas características usualmente associadas à jurisdição voluntária – como o maior grau de inquisitoriedade[9] e a concessão de tutela comum a todos os envolvidos.[10] Todavia, acertou o legislador em não o incluir no Capítulo XV do Código de Processo Civil (arts. 719 ss.), pertinente aos procedimentos de jurisdição voluntária.

Em um cenário ideal, o marcante viés colaborativo da restauração de autos (CPC, art. 6º – *infra*, n. 2.720) deveria conduzir, de forma célere, a um resultado indisputado, almejado por todos os participantes do processo: a fiel restauração dos autos desaparecidos. Existe, contudo, concreta possibilidade de surgirem controvérsias sobre inúmeras questões, relacionadas, *v.g.*, à necessidade ou ao modo de realização da restauração (documentação apresentada pelas partes, atos praticados no processo de origem e seu conteúdo, fase procedimental no momento do desaparecimento *etc.*); e à responsabilidade pelo perdimento dos autos.

Essa potencial litigiosidade impede conceituar o processo para restauração de autos como de jurisdição voluntária.[11] Apesar de, ao final, a tutela ofertada ser, teoricamente, do interesse de todos (reparação dos autos), a reconstituição poderá ocorrer mediante acolhimento das razões de uma ou de outra parte – seja a respeito do modo de restauração em si ou de eventual respon-

---

8. STJ, 1ª Turma, REsp n. 780.390-SP, Rel. Min. Teori Albino Zavascki, j. 2.4.2009, DJe 15.4.2009.

9. MACHADO, Marcelo Pacheco. *Comentários...*, op. cit., pp. 288-289.

10. "O processo de restauração de autos não principia sem se saber a qual dos litigantes será dada tutela; sabe-se desde logo que todos eles serão beneficiados em seu direito ao processo e à indispensável documentação deste. Daí, portanto, ser imperioso negar-lhe a natureza contenciosa, mas voluntária" (DINAMARCO, Cândido Rangel. "Restauração...", op. cit., p. 1.611).

11. Na jurisprudência do Superior Tribunal de Justiça, há julgados em ambos os sentidos, ora afirmando se tratar de "procedimento de jurisdição voluntária" (STJ, 1ª Seção, CC n. 90.856-MG, Rel. Min. Eliana Calmon, j. 11.6.2008, DJe 12.8.2008); ora reconhecendo ser "procedimento especial de jurisdição contenciosa" (STJ, 2ª Seção, CC n. 19.229-MG, Rel. Min. Jorge Scartezzini, j. 9.3.2005, DJ 21.3.2005).

sabilidade pelo extravio. Haverá, então, vencedor e vencido nesse processo incidental, inclusive com condenação aos ônus da sucumbência.

Essas especificidades denotam a natureza contenciosa da jurisdição. Em suma, portanto, "dar-se-á a restauração através de um processo judicial, de natureza contenciosa, acessório ao processo que se pretende restaurar".[12]

2.719. o interesse público na restauração

O interesse em restaurar os autos não se restringe ao âmbito subjetivo das partes do processo. Ao contrário: existe substancial *interesse público* subjacente,[13] na medida em que, iniciado o processo, é dever do Estado impulsioná-lo ao seu regular término, concretizando, às máximas proporções e por meio das normas legitimadoras do procedimento, os escopos inerentes ao exercício da jurisdição (sociais, políticos e jurídicos – *supra*, nn. 57-65, Volume I), os quais extrapolam a mera resolução de um conflito interpartes.

Esse marcante viés publicista – aferível da inexistência de prazo para exercício da pretensão à restauração de autos[14] – conduz à conclusão de que, de-

12. CARNEIRO, Paulo Cezar Pinheiro. *Comentários ao Código de Processo Civil – volume IX, tomo II (arts. 964 a 981 e 1.046 a 1.102).* Rio de Janeiro: Forense, 2005, pp. 225-226. Em sentido similar: NERY JUNIOR, Nelson; NERY, Rosa Maria de Andrade. *Código de Processo Civil comentado.* 3ª ed. São Paulo: Thomson Reuters Brasil, 2018, p. 1.581 (livro eletrônico); GAJARDONI, Fernando da Fonseca *et al. Processo de conhecimento e cumprimento de sentença – comentários ao CPC de 2015: volume 2.* 2ª ed. Rio de Janeiro: Forense; São Paulo: Método, 2018 (livro eletrônico); SANTOS, Nelton dos *et al. Código de Processo Civil interpretado.* MARCATO, Antonio Carlos (coord.). 3ª ed. São Paulo: Atlas, 2008, pp. 2.805-2.806; BARROS, Hamilton de Moraes e. *Comentários ao Código de Processo Civil – vol. IX (arts. 946 a 1.102).* 3ª ed. Rio de Janeiro: Forense, 1992, p. 265.

13. Nas palavras de Dinamarco, há "a necessidade de preservar a efetividade da autoridade do Estado-juiz no exercício da jurisdição" (DINAMARCO, Cândido Rangel. "Restauração...", op. cit., p. 1.608). Existe, assim, "interesse público para que os autos sejam restabelecidos. A missão jurisdicional exige do Estado capacidade de conceder efetiva tutela jurisdicional, pautada no direito material e capaz de pacificar o litígio. Sem base documental, sem autos, essa missão acaba por fracassar e o Estado, seja pela procedência, improcedência, ou extinção sem julgamento do mérito, omite-se, não fornece uma declaração do direito relativamente às partes" (MACHADO, Marcelo Pacheco. *Comentários...*, op. cit., p. 284).

14. "Não ocorre a prescrição intercorrente quando a exequente não deu causa à paralisação dos autos" (STJ, 2ª Turma, REsp n. 31.653-SP, Rel. Min. Américo Luz, j. 22.2.1995, DJ 20.3.1995). Na doutrina, no mesmo sentido: CARNEIRO, Paulo Cezar Pinheiro. *Comentários...*, op. cit., pp. 229-230; MACHADO, Marcelo Pacheco. *Comentários...*, op. cit., p. 308. Há, ainda, quem defenda inexistir prazo prescricional para a restauração dos autos por se tratar de demanda declaratória (p.ex.: SODRÉ, Eduardo *et al. Breves comentários ao novo Código de Processo Civil.* WAMBIER, Teresa Arruda Alvim; DIDIER

saparecidos os autos, restaurá-los não será uma faculdade, *mas uma obrigação – ou, no caso do juiz, um dever*. Independentemente do que vier a ser decidido no processo originário, essa solução jamais poderá ser alcançada – muito menos, efetivada – sem os autos, responsáveis por conferir legitimidade e segurança jurídica ao processo e ao exercício da jurisdição (*quod non est in actis non est in mundo*).

Trata-se, pois, de uma *demanda necessária*.[15] Comprovado o desaparecimento dos autos, não será tolerável a inércia das partes: ou os legitimados proporão a demanda ou o juiz iniciará a restauração *ex officio* (CPC, art. 712, *caput*), não sendo admitida eventual restauração por método ou via diversos.

Imagine-se hipótese na qual, desaparecidos os autos, autor e réu transacionam. A homologação dessa composição (CPC, art. 487, inc. III, alínea *b*) somente poderá ocorrer após a restauração dos autos, no seio, portanto, do processo de origem. Antes dessa providência, será impossível delimitar o alcance da transação ou mesmo se preenche os requisitos ínsitos à homologação. Haverá, ainda, interesse em conservar os autos para cumprimento do acordado ou para futuro e eventual ajuizamento de ação rescisória.

2.720. princípio da colaboração

O interesse público por trás do processo de restauração dos autos influencia diretamente em seu acentuado traço colaboracionista (CPC, art. 6º). Todos os envolvidos devem – ao menos em tese – cooperar para atingir meta comum: a fidedigna reconstrução do instrumento em que estava documentado o processo.

O *dever* das partes de apresentar cópias de peças e quaisquer outros documentos que facilitem a restauração (CPC, arts. 713 e 714) evidencia a valorização do *princípio da colaboração*. Esse enaltecimento é igualmente perceptível da ativa participação atribuída a outros sujeitos, existindo disposições vinculando serventuários e auxiliares da justiça a testemunhar sobre atos que tenham praticado ou assistido (CPC, art. 715, § 4º) e determinando ao juiz a disponibilização de documentos que porventura possua – notadamente, cópia da sentença e de outras decisões (§ 5º) – ou que estejam armazenados em secretaria.

JR., Fredie; TALAMINI, Eduardo; DANTAS, Bruno (coord.). 3ª ed. São Paulo: Editora Revista dos Tribunais, 2016, p. 1.846) ou "pois não há direito material em discussão no incidente" (SICA, Heitor Vitor Mendonça. *Comentários*..., op. cit., p. 213).

15. NERY JUNIOR, Nelson; NERY, Rosa Maria de Andrade. *Código*..., op. cit., p. 1.581; SODRÉ, Eduardo *et al. Breves*..., op. cit., p. 1.839.

"No procedimento de restauração de autos, todos os interessados devem cooperar exibindo as cópias dos documentos que estiverem em seu poder e quaisquer outros documentos que possam facilitar a sua reconstituição, visando recolocar o processo no estado em que se encontrava antes de os autos terem sido extraviados" (STJ, Min. Og Fernandes).[16] "Ocorrido [...] o desaparecimento, devem as partes, de preferência, evitar a litigiosidade e oferecer mútua cooperação, uma vez que o objetivo da restauração é repor materialmente o processo" (STJ, Min. Antônio de Pádua Ribeiro).[17]

Como não se discutem, no processo de restauração dos autos, questões relacionadas ao processo cujos autos desapareceram, a cooperação lá estabelecida não dirá respeito ao mérito da demanda inicial. Os envolvidos colaborarão em prol da própria higidez do processo originário e da efetivação da prestação jurisdicional, permitindo que, reconstituídos os autos, a marcha processual seja retomada ou haja segurança e publicidade acerca do que foi decidido. É, portanto, "uma colaboração com a Justiça, e com o modo de ser do processo, e não uma colaboração direta entre as partes".[18]

2.721. restauração sem inovações ou alterações

O procedimento especial de restauração de autos volta-se a dirimir crise específica: o desaparecimento dos autos. Objetiva-se reconstituí-los, formando-se novo instrumento, que, assim como o anterior, retratará o processo exatamente como estava no momento do extravio. O escopo não é perquirir as causas do desaparecimento nem imputar responsabilidades, não obstante possam surgir discussões sobre essas questões. Almeja-se tão somente reparar, com celeridade e eficiência (CPC, art. 4º), a estrutura material do processo.

Por vezes, será impossível restaurar, folha por folha, os autos desaparecidos. Reconstituídos elementos essenciais (petições, documentos probatórios e decisões), a partir dos quais seja adequadamente compreensível a controvérsia, os autos poderão ser declarados restaurados. "A restauração de autos merece chancela nas hipóteses em que a Requerente acosta documentos suficientes ao julgamento do recurso de embargos de divergência por este Tribunal Superior, tornando possível a exata compreensão da controvérsia" (STJ, Min. Luiz Fux).[19]

---

16. STJ, 2ª Turma, REsp n. 1.411.713-SE, Rel. Min. Og Fernandes, j. 21.3.2017, DJe 28.3.2017.
17. STJ, 3ª Turma, REsp n. 198.721-MT, Rel. Min. Antônio de Pádua Ribeiro, j. 25.11.2003, DJ 19.12.2003.
18. MACHADO, Marcelo Pacheco. *Comentários...*, op. cit., p. 290.
19. STJ, 1ª Turma, Pet. n. 3.753-SC, Rel. Min. Luiz Fux, j. 25.8.2009, DJe 17.9.2009. Ou seja: "não há necessidade da reprodução integral de todas as peças do processo original,

Entretanto, reconstituir não significa *alterar* ou *inovar*. Os autos restaurados deverão espelhar os autos desaparecidos com máxima simetria. "Na restauração, nada se inova, nada se modifica. A pretensão é recolocar o processo no estado anterior ao desaparecimento, como se os autos não tivessem sido extraviados" (STJ, Min. Antônio de Pádua Ribeiro).[20] É inadmissível, portanto, a modificação de atos postulatórios, instrutórios ou decisórios, ou a tentativa de contornar preclusões consumadas, sendo vedadas, *v.g.*, a juntada de documentos inéditos e a produção de provas novas.

Como consequência, o processo de restauração de autos não comportará quaisquer discussões sobre questões e pretensões pertinentes ao processo cujos autos foram perdidos. Isto é: "não cabe discussão sobre qualquer ponto de direito, ou de fato, da causa principal" (STF, Min. Carlos Madeira).[21] Limitar-se-ão as partes a tratar da adequação da reconstituição e, quando muito, de outros pontos eventuais (responsabilidade pelo desaparecimento, condenação em custas e honorários *etc.*).

As mesmas restrições impõem-se ao julgador. "O juiz, ao julgar o pedido de restauração de autos [...], deve cingir-se aos requisitos inerentes à própria restauração, sendo defeso o exame acerca da causa principal" (STJ, Min. Luiz Fux).[22] Ou seja: "na sentença da ação de restauração, o juiz deve ater-se exclusivamente às questões relativas à restauração em si, não devendo fazer qualquer juízo de valor acerca da causa principal" (STJ, Min. Teori Albino Zavascki).[23]

2.722. interesse processual – desaparecimento dos autos

O verbo "desaparecer" foi adequadamente empregado no *caput* do art. 712 do Código de Processo Civil. Afinal, "o não aparecer apanha a destruição, o mero extravio, a perda e o roubo ou o furto".[24]

Tanto os autos físicos quanto os eletrônicos podem desaparecer. Em relação aos primeiros, ainda existentes em quantidade considerável nos tribu-

mas somente daquelas que forem minimamente necessárias a permitir o prosseguimento do processo" (CARNEIRO, Paulo Cezar Pinheiro. *Comentários...*, op. cit., p. 236).

20. STJ, 3ª Turma, REsp n. 198.721-MT, Rel. Min. Antônio de Pádua Ribeiro, j. 25.11.2003, DJ 19.12.2003.
21. STF, Tribunal Pleno, RMS n. 9.325-DF, Rel. Min. Carlos Madeira, j. 26.2.1986, DJ 14.3.1986.
22. STJ, 1ª Turma, REsp n. 676.265-PB, Rel. Min. Luiz Fux, j. 17.11.2005, DJ 28.11.2005.
23. STJ, 1ª Turma, REsp n. 780.390-SP, Rel. Min. Teori Albino Zavascki, j. 2.4.2009, DJe 15.4.2009.
24. PONTES DE MIRANDA, Francisco Cavalcanti. *Comentários...*, op. cit., p. 158.

nais nacionais e em órgãos com procedimentos administrativos internos, seus constantes deslocamentos (*v.g.*: remessas internas e cargas externas) favorecem perdas, furtos, roubos, ocultações, destruições (culposas ou não) *etc.* Quanto aos eletrônicos, armazenados em servidores virtuais, há possibilidade de destruição, provocada, p.ex., por falhas sistêmicas ou ataques cibernéticos.[25]

> Têm se tornado cada vez mais recorrentes as invasões criminosas às redes de informática dos tribunais brasileiros. Em novembro de 2020, o Superior Tribunal de Justiça foi alvo de afronta desse tipo, ocasionando indisponibilidade do sistema e suspensão de prazos processuais.[26] Mais recentemente, em março de 2022, o Tribunal Regional Federal da Terceira Região também sofreu investida similar, da qual resultaram as mesmas consequências.[27] Em nenhum dos casos houve comprometimento dos dados armazenados nos servidores, mas, embora improvável à primeira vista, não se pode assumir que o Poder Judiciário nacional esteja imune a ulteriores e mais gravosos ataques.[28]

O *interesse processual* para propor demanda voltada à restauração dos autos nasce simultaneamente ao desaparecimento destes – o qual deverá ser

---

25. "Embora bastante limitada a possibilidade de perda, subtração, ocultação ou indevida retenção de autos eletrônicos, porque incorporados virtualmente ao servidor do Poder Judiciário, a restauração pode ser necessária quando, por algum erro ou defeito (humano ou não), resultarem esgotadas as tentativas de recuperação do processo (arquivo/*backup*)" (DALL'OLIO, Gustavo *et al. Comentários ao Código de Processo Civil – perspectivas da magistratura.* SANTOS, Silas Silva; MAIA DA CUNHA, Fernando Antonio; CARVALHO FILHO, Milton Paulo de; RIGOLIN, Antonio (coord.). São Paulo: Editora Revista dos Tribunais, 2018, p. 743). Em sentido similar: "os autos eletrônicos podem ser perdidos por falha no armazenamento de dados, queda do sistema ou mesmo invasão ou destruição dolosa" (MACHADO, Marcelo Pacheco. *Comentários...*, op. cit., p. 281). E ainda: "é indiscutível que os autos eletrônicos podem ser perdidos – total ou parcialmente. Basta que se percam os arquivos eletrônicos a partir de uma falha no sistema operacional do Tribunal responsável pela manutenção daquele processo" (DANIEL, Letícia Zuccolo Paschoal da Costa *et al. Comentários ao Código de Processo Civil – volume 3 (arts. 539 a 925).* BUENO, Cassio Scarpinella (coord.). São Paulo: Saraiva, 2017, p. 374).
26. Fontes: *https://www.stj.jus.br/sites/portalp/Paginas/Comunicacao/Noticias/19112020-Comunicado-da-Presidencia-do-STJ.aspx* e *https://www.conjur.com.br/2020-nov-04/stj-sofre-ataque-hacker-suspende-prazos-segunda-911.*
27. Fontes: *https://g1.globo.com/jornal-nacional/noticia/2022/03/30/ataque-hacker-deixa-indisponiveis-servicos-do-trf-3.ghtml* e *https://www.conjur.com.br/2022-abr-06/ataque-hacker-sistemas-trf-continuam-fora-ar.*
28. "Ordinariamente, autos eletrônicos não são extraviados/destruídos posto que armazenados em servidores, bancos de dados, e outros instrumentos tecnológicos de armazenamento de informações (nuvens). A possibilidade de um processo eletrônico ser deletado do sistema informatizado dos Tribunais é baixa, considerando os inúmeros sistemas de segurança existentes. Não é, todavia, inexistente" (GAJARDONI, Fernando da Fonseca *et al. Processo...*, op. cit.).

comprovado por certidão cartorária (CPC, art. 152, inc. V)[29] –, sendo irrelevante perquirir a causa, o motivo ou o responsável pelo extravio. Constatado o desaparecimento, o processo jurisdicional se revelará *necessário* à reconstituição dos autos e *adequado* a tal finalidade (binômio necessidade-adequação – *supra*, n. 632, Volume II).

Poderá existir interesse de agir mesmo se já estiver encerrado o processo cujos autos desapareceram. Além da possibilidade de propositura de ação rescisória, subsistirá o interesse público em promover a restauração, a fim de garantir publicidade, segurança e efetividade ao julgamento daquela causa.[30]

Haverá casos, contudo, em que faltará *interesse-necessidade*. Isso ocorrerá, p.ex., quando existirem autos suplementares, conforme explicita o parágrafo único do art. 712 do Código de Processo Civil.[31]

Os *autos suplementares* são cópia dos originais e, no regime do Código de Processo Civil de 1973, deveriam ser constituídos "salvo no Distrito Federal e nas Capitais dos Estados" (art. 159, *caput*). "Apesar de não conter expressa previsão de formação de autos suplementares, o NCPC também contempla a sua existência, destinando-os à liquidação e ao cumprimento da decisão que julgar parcialmente o mérito da causa (art. 356, § 4º)."[32] Do mesmo modo, o art. 102 das Normas Judiciais da Corregedoria Geral da Justiça do Estado de São Paulo determina que, "antes da remessa dos autos à instância superior, os escrivães judiciais ou, sob sua supervisão, os escreventes: [...] formarão autos suplementares, se o processo envolver questão de alto risco, conforme determinação ju-

---

29. NERY JUNIOR, Nelson; NERY, Rosa Maria de Andrade. *Código...*, op. cit., p. 1.581; DALL'OLIO, Gustavo *et al. Comentários...*, op. cit., p. 744; MACHADO, Marcelo Pacheco. *Comentários...*, op. cit., p. 282; BARROS, Hamilton de Moraes e. *Comentários...*, op. cit., p. 267; CARNEIRO, Paulo Cezar Pinheiro. *Comentários...*, op. cit., p. 235.

30. Nesse sentido, decidiu o Superior Tribunal de Justiça que "o fato de a ação principal ter sido ajuizada não retira da autora, herdeira no inventário, o direito de vê-los restaurados. Vale salientar que os autos do inventário, por ser patrimônio público, devem ficar à disposição das partes" (STJ, 3ª Turma, REsp n. 198.721-MT, Rel. Min. Antônio de Pádua Ribeiro, j. 25.11.2003, DJ 19.12.2003). Em contrapartida: "despropositada a alegação de ofensa ao art. 1.066 do CPC [de 1973], que determina a repetição das provas produzidas em audiência, na medida em que, ao tempo do desaparecimento dos autos, já havia decisão de mérito com trânsito em julgado" (STJ, 2ª Turma, REsp n. 1.100.853-ES, Rel. Min. Eliana Calmon, j. 20.8.2013, DJe 28.8.2013). Na doutrina, reconhecendo o interesse na reconstituição mesmo após a extinção do processo: DINAMARCO, Cândido Rangel. "Restauração...", op. cit., p. 1.606; SANTOS, Ernane Fidelis dos. *Dos procedimentos especiais do Código de Processo Civil – vol. VI (arts. 890 a 1.102).* Rio de Janeiro: Forense, 1999, p. 417.

31. Ainda mais diretamente, o art. 776 do Código de Processo Civil de 1939 determinava que "a reforma de autos perdidos somente se admitirá quando faltarem os suplementares".

32. MARCATO, Antonio Carlos. *Procedimentos especiais.* 16ª ed. São Paulo: Atlas, 2016, p. 298.

dicial, facultada a digitalização das peças processuais, as quais serão armazenadas em disco rígido (estação de trabalho), com cópia de segurança (*backup*) em *pen drive*, sob a responsabilidade do escrivão judicial" (inc. III). Entretanto, em relação a processos de autos eletrônicos positivou-se estar "dispensada a formação de autos suplementares" (lei n. 11.419/2006, art. 12, § 1º).[33]

Diante da presença de autos suplementares, inexistirá interesse na restauração, devendo o processo neles prosseguir, formando-se, por cautela, novos autos suplementares. *Mutatis mutandis*, o mesmo raciocínio aplica-se aos autos eletrônicos, na hipótese de existirem cópias armazenadas em servidor (*backup*).

Também é possível cogitar de desaparecimento apenas parcial dos autos ou de incompletude ou desatualização dos autos suplementares (ou da cópia de *backup*). Para tais casos, deverá ser privilegiada solução mais condizente com a celeridade e a eficiência do processo, possibilitando-se aos sujeitos processuais – incluindo-se o magistrado – aportar aos autos remanescentes, por meio de simples petição, cópias do que houver sumido. Somente se isso não for possível haverá interesse-necessidade em propor demanda para restaurar (parcialmente) os autos.

Existem, ainda, outras situações para as quais o legislador expressamente dispensou a restauração dos autos. A título ilustrativo, se desaparecidos os autos da separação judicial, o pedido de conversão em divórcio será instruído com certidão da sentença ou de sua averbação no assento de casamento (lei n. 6.515/1977, art. 47) – sem necessidade de reconstituição daqueles, portanto.

2.723. as posições detidas na restauração dos autos – efetiva participação de todos os envolvidos

Não haverá mandatória correspondência entre as posições detidas por cada sujeito no processo de origem e naquele destinado a reconstituir os autos. O réu do primeiro processo poderá ocupar o polo ativo na restauração de autos, assim como o autor daquele poderá compor o polo passivo desta. Ambos ainda poderão figurar conjuntamente no polo passivo, caso, *v.g.*, o processo decorra de iniciativa do Ministério Público – na condição de fiscal da ordem jurídica – ou do juiz.

---

33. "Diversamente do CPC/1973, não há mais no Brasil a figura dos autos suplementares (art. 159 do CPC/1973), algo que já era de rara incidência prática, seja por elevar sobremaneira os custos do processo, seja pelos graves reflexos ambientais (consumo excessivo de papel). Some-se a isso, ainda, que diante dos avanços tecnológicos e da possibilidade de registros de atos processuais por meio digital, seja pelas partes (fotos), seja pelo Judiciário (processo eletrônico), sem sentido mesmo a manutenção da previsão sobre autos suplementares" (GAJARDONI, Fernando da Fonseca *et al. Processo...*, op. cit.).

Tampouco estará potencial antagonismo limitado aos ocupantes de polos opostos (autor *versus* réu). Os integrantes do mesmo polo poderão discordar entre si de todas as questões pertinentes à restauração de autos – seja a respeito do modo de reconstituição, da causa do extravio *etc.*

O caráter dúplice da demanda (*infra*, n. 2.729) permitirá, ainda, a concessão de tutela a um ou mais componentes do polo passivo. Também poderá ocorrer outorga de tutela de igual natureza a todos os sujeitos do processo, nas mesmas proporções – sem vencidos ou vencedores.

Na restauração de autos, portanto, garantir que todos os envolvidos participem ativa e efetivamente da reconstrução é mais relevante do que examinar a posição processual de cada um. "Não há que se falar em 'autor' e 'réu', e tampouco 'parte requerente' e 'parte requerida' ou 'contrária'. [...] Em realidade, o que importa é que a todas as partes do processo cujos autos tenham se perdido seja oportunizado o direito de se manifestar sobre os elementos apresentados pelos demais, de aportar os elementos de que dispuseram e de participar dos atos que houverem de ser repetidos".[34]

2.724. legitimidade ativa

Os legitimados a dar início ao processo de restauração de autos encontram-se quase todos elencados no *caput* do art. 712 do Código de Processo Civil. São eles: "o juiz, de ofício, qualquer das partes ou o Ministério Público, se for o caso".

Qualquer das partes. Terá legitimidade para propor demanda voltada à restauração dos autos qualquer um dos sujeitos do contraditório do processo cujos autos desapareceram – o que inclui não apenas autor e réu, mas também os intervenientes, seja a intervenção espontânea ou provocada. Trata-se, pois, de um conceito amplo de *parte*, "em sentido larguíssimo",[35] englobando todos os sujeitos do contraditório perante o juiz,[36] que terão *simultâneo* interesse processual em ajuizar ação de restauração dos autos caso estes desapareçam.

Todavia, só terão legitimidade *ad causam* os terceiros cuja intervenção já tenha ocorrido quando do desaparecimento dos autos.[37] O raciocínio difere para o terceiro não interveniente cuja esfera de direitos poderá ser impacta-

34. SICA, Heitor Vitor Mendonça. *Comentários...*, op. cit., p. 197.

35. PONTES DE MIRANDA, Francisco Cavalcanti. *Comentários...*, op. cit., p. 160.

36. LIEBMAN, Enrico Tullio. *Manual de Direito Processual Civil*, v. I, 3ª ed. Trad. e notas: Cândido Rangel Dinamarco. São Paulo: Malheiros, 2005, pp. 123-125. O Código de Processo Civil de 1939 ia além e autorizava a propositura da demanda por qualquer "interessado" (art. 777, *caput*).

37. SICA, Heitor Vitor Mendonça. *Comentários...*, op. cit., p. 198.

da a depender do desfecho do processo no qual desaparecidos os autos. Tais pessoas – potenciais intervenientes futuros – detêm interesse jurídico próprio na restauração, o qual deverá ser demonstrado na petição inicial do processo incidental. É o caso do legitimado a opor *embargos de terceiro* (CPC, arts. 674 ss.), que eventualmente dependerá da reconstituição dos autos extraviados para desfazer ou inibir constrição em bem de sua titularidade.

Ministério Público. O Ministério Público poderá propor demanda para restaurar autos perdidos sempre que for parte ou nas hipóteses em que atuar como fiscal da ordem jurídica (Const., arts. 127 ss.; CPC, art. 178). Se o Ministério Público deve figurar como *custos legis*, sua eventual ausência no processo de origem não tolherá sua legitimidade para promover a restauração. Como a própria lei determina o envolvimento do órgão nessas hipóteses, é evidente seu interesse jurídico na reconstituição, de modo que poderá adotar as medidas pertinentes a tal fim.

O juiz de ofício. Embora não adquira a qualidade de parte, constatado o desaparecimento dos autos o juiz não estará condicionado à iniciativa de algum legitimado para promover a restauração. O Código de Processo Civil de 2015 conferiu-lhe o *poder-dever* de iniciar de ofício o processo incidental, o que se coaduna com o acentuado interesse público que o permeia e com seu marcante viés colaboracionista (*supra*, nn. 2.719-2.720).

A expressa autorização legal para o processo de restauração de autos ser instaurado *ex officio* reduziu a utilidade de se investigar a legitimidade ativa. Afinal, caso conclua pela ilegitimidade, deverá o juiz, ciente do desaparecimento dos autos, dar sequência ao procedimento voltado à sua reconstituição, mas sem a participação da pessoa cuja ilegitimidade *ad causam* tenha sido reconhecida.

Inexistirá, em tais hipóteses, afronta à inércia da jurisdição (CPC, art. 2º). O processo para restauração dos autos é incidental e acessório, produzindo seus efeitos em relação jurídico-processual preexistente. Não se trata de situação inédita, na qual o Poder Judiciário exerce jurisdição sem prévia provocação, haja vista a demanda originária (principal) já ter sido proposta, mediante regular exercício da autonomia da vontade (princípio da demanda).

Ademais, a reconstituição é essencial à continuidade do processo cujos autos sumiram ou mesmo à efetividade do que nele se decidiu. Submeter o juiz à discricionariedade das partes poderia resultar em *non liquet* (Const., art. 5º, inc. XXXV) ou frustrar a atividade jurisdicional. Em contrapartida, permitir-lhe iniciar a restauração não apenas concretiza o dever estatal de "impulso oficial" (CPC, art. 2º), como legitima os escopos da jurisdição.

Há, no Superior Tribunal de Justiça, "entendimento de ser possível o reconhecimento do abandono da causa, com a consequente extinção do processo sem julgamento do mérito, quando a Fazenda Pública, apesar de devidamente intimada, não promove a restauração dos autos" (STJ, Min. Og Fernandes).[38] O interesse público e o traço cooperativo inerentes à restauração de autos tornaram superado esse posicionamento. Se o ente público – ou os legitimados de modo geral – se mantiver inerte sobre a restauração, caberá ao juiz dar início ao processo, no qual todos os sujeitos deverão colaborar para reconstituir os autos. Somente após o julgamento desta demanda, com a retomada do processo de origem, é que nele se poderá proferir decisão.

2.725. legitimidade passiva

A legitimidade passiva para a ação de restauração de autos é determinada *por exclusão*. Deverão figurar no polo passivo todos aqueles que eram legitimados para ajuizar a demanda (os sujeitos do contraditório perante o juiz no processo de origem), mas não o fizeram. Formar-se-á, assim, *litisconsórcio passivo necessário-unitário* (CPC, art. 114; *supra*, nn. 665-666, Volume II), na medida em que a decisão a ser proferida sobre a restauração dos autos deverá ser a mesma para todos esses sujeitos da relação jurídico-processual preexistente.

Ainda que tenham causado o desaparecimento dos autos, não figurarão como partes do processo de restauração eventuais pessoas que não eram parte do processo de origem[39] – como o juiz (não obstante possa iniciar o processo incidental de ofício), o perito, o escrivão, o advogado, o estagiário *etc.* Embora possam vir a ser responsabilizadas em sede adequada (CPC, art. 718), isso não ocorrerá no bojo da restauração de autos, cujas atividades focarão em sua reconstrução com o máximo de celeridade e eficiência possíveis.

2.726. o procedimento especial para restauração dos autos – petição inicial

A petição inicial do processo de restauração de autos conterá os *requisitos estruturais* do art. 319 do Código de Processo Civil, somados a outros *requisitos extrínsecos específicos* (*supra*, n. 1.185, Volume III), listados no art. 713. São eles: "certidões dos atos constantes do protocolo de audiências do cartório por onde haja corrido o processo" (inc. I); cópia das peças que o autor tenha em seu poder (inc. II); e "qualquer outro documento que facilite a restauração" (inc. III). Além disso, indicar-se-á, com precisão e detalhamento, "o estado do processo ao tempo do desaparecimento dos autos" (*caput*). Com

---

38. STJ, 2ª Turma, PET no REsp n. 1.411.189-RJ, Rel. Min. Og Fernandes, j. 27.2.2018, DJe 8.3.2018.

39. BARROS, Hamilton de Moraes e. *Comentários...*, op. cit., p. 268; CARNEIRO, Paulo Cezar Pinheiro. *Comentários...*, op. cit., p. 232.

essas particularidades, almeja-se identificar o exato momento do procedimento quando do extravio e facilitar a atividade regeneradora, instituindo-se o dever de apresentação, desde logo, de todos os documentos úteis à reconstituição.

A despeito de ser considerada indispensável à propositura da demanda (CPC, art. 320), a ausência da documentação elencada no art. 713 – ainda que injustificada – não provocará o indeferimento da petição inicial (CPC, arts. 321, par. e 330). "A falta de apresentação dos documentos elencados no art. 1.064 do CPC/1973 (correspondente ao art. 713 do CPC/2015) não implica o indeferimento do pedido de restauração dos autos, máxime a necessidade de cooperação de todos os atores do processo. Tal comportamento de cooperação está previsto nas disposições constantes no art. 1.065 do CPC/1973, com correspondência no art. 714 do CPC/2015. [...]. Desse modo e diante do princípio da instrumentalidade das formas, não há que se aplicar rigor excessivo que obste o objetivo do procedimento, especialmente diante da falta de comprovação de prejuízo às partes" (STJ, Min. Og Fernandes).[40]

Sem prejuízo de a omissão resultar em sancionamento por litigância de má-fé ou por ato atentatório à dignidade da justiça (CPC, arts. 77 e 79 a 81), o interesse público na restauração impõe a continuidade e a adequada conclusão desse processo incidental. Portanto, mesmo se o autor não apresentar documentos ou não descrever "o estado do processo ao tempo do desaparecimento dos autos" (CPC, art. 713), deverá haver citação do réu, o qual provavelmente deterá dados relevantes para a reconstrução. O próprio magistrado também poderá disponibilizar informações e cópias que porventura possua ou que estejam armazenadas em secretaria.

Competência (CPC, arts. 319, inc. I e 717). A competência para processar e julgar a demanda proposta para restaurar os autos é *funcional* e *absoluta* (*supra*, n. 265, Volume I), competindo ao juízo no qual tramitava o processo à época do desaparecimento (CPC, art. 61). Ou seja: "o Juízo competente para julgar a restauração é o Juízo em que os autos originais foram extraviados [...]. Com efeito, é no cartório do Juízo em que os autos originais foram extraviados que poderá existir o registro de eventuais atos processuais do processo que se pretende restaurar [...] e que poderão instruir e facilitar a restauração. Além disso, é no Juízo em que os autos originais foram extraviados que se terá melhores condições de aferir se os atos restaurados os foram fielmente e se é cabível a aplicação de sanções" (STJ, Min. Nancy Andrighi).[41]

---

40. STJ, 2ª Turma, REsp n. 1.411.713-SE, Rel. Min. Og Fernandes, j. 21.3.2017, DJe 28.3.2017.

41. STJ, 2ª Seção, CC n. 64.296-GO, Rel. Min. Nancy Andrighi, j. 11.10.2006, DJ 26.10.2006. E ainda: "comprovado o desaparecimento dos autos de Carta Precatória de Execução, tenho por absolutamente necessária a Ação de Restauração de Autos, acessória àquela

Se o processo original se encontrava em primeiro grau de jurisdição, o processo acessório deverá ser distribuído ao mesmo juízo e, sempre que possível, ao mesmo juiz. Se estava em grau jurisdicional superior – seja por força de recurso ou por competência originária –, a petição inicial será endereçada ao Presidente do tribunal e distribuída ao relator do processo anterior ou ao seu substituto (CPC, art. 717, *caput*; RISTF, art. 298). Inexistindo relator prevento, haverá livre distribuição.

Ocasionado o desaparecimento pelo próprio magistrado, ele não ostentará imparcialidade para julgar a restauração dos autos.[42] Em hipóteses assim, o processo incidental deverá ser distribuído para o substituto legal ou, se isso não for possível, redistribuído por sorteio. Tratando-se de extravio provocado por membro de órgão colegiado, ele deverá ser substituído por outro de seus integrantes.

Qualificação das partes (CPC, art. 319, inc. II). Como em qualquer petição inicial, naquela a ser apresentada no processo de restauração de autos deverão ser qualificadas as partes do processo incidental, discriminando-se as pessoas legitimadas (*supra*, nn. 2.724-2.725).

Pedido e causa de pedir (CPC, art. 319, incs. III e IV). Na restauração de autos, o pedido será declaratório e de natureza processual, pois a pretensão vindicada (declaração de que os autos foram reconstituídos) produzirá efeitos em relação jurídico-processual pretérita. A causa de pedir corresponderá ao desaparecimento em si – do qual nasce o interesse de agir (*supra*, n. 2.722) – e a fatos relativos a esse evento, se conhecidos.[43]

Valor da causa (CPC, art. 319, inc. V). O valor da causa do processo de restauração de autos não equivale ao do processo cujos autos desapareceram. Por não ter o processo incidental dimensão econômica própria, o valor da causa deverá ser módico, com recolhimento das taxas judiciárias nas quantias mínimas praticadas por cada tribunal.[44]

---

cujos autos desapareceram [...] a competência para a prática dos atos executivos, realizados nos autos da Carta Precatória, pertencia exclusivamente ao D. Juízo deprecado, de modo que por ele deve ser dirimido incidente relativo à restauração de autos" (STJ, 2ª Seção, CC n. 19.229-MG, Rel. Min. Jorge Scartezzini, j. 9.3.2005, DJ 21.3.2005).

42. Em sentido semelhante: MARCATO, Antonio Carlos. *Procedimentos...*, op. cit., p. 299; FISCHMANN, Gerson. *Comentários ao Código de Processo Civil – volume 14 – Dos Procedimentos Especiais (arts. 982 a 1.102c)*. São Paulo: Editora Revista dos Tribunais, 2000, p. 305.; BARROS, Hamilton de Moraes e. *Comentários...*, op. cit., p. 266.

43. "O fundamento do pedido é o desaparecimento ou extravio dos autos e o pedido é o de restauração, especificado pela declaração do estado da causa" (SANTOS, Ernane Fidelis dos. *Dos procedimentos...*, op. cit., p. 417).

44. CARNEIRO, Paulo Cezar Pinheiro. *Comentários...*, op. cit., p. 237; FISCHMANN, Gerson. *Comentários...*, op. cit., p. 309; SODRÉ, Eduardo *et al. Breves...*, op. cit., p. 1.843; SANTOS, Ernane Fidelis dos. *Dos procedimentos...*, op. cit., p. 417.

Indicação de provas (CPC, art. 319, inc. VI). É dispensável especificar provas na petição inicial do processo de restauração de autos. A atividade reconstitutiva se dará primordialmente mediante apresentação de cópias dos autos desaparecidos. Eventual dilação probatória somente ocorrerá caso seja impossível essa reconstrução documental, tornando necessária a repetição de provas outrora produzidas (CPC, art. 715 – *infra*, nn. 2.730 ss.) – o que só se saberá, contudo, após a efetivação do contraditório. Todavia, se a atividade instrutória for pertinente à alegação de que determinada parte foi responsável pelo extravio (CPC, art. 718), as provas para comprovar tal fato deverão ser indicadas.

Audiência para tentativa de conciliação ou de mediação (CPC, art. 319, inc. VII). O direito à reconstituição dos autos processuais é *indisponível*[45] e, portanto, não comporta transação ou composição. Logo, não apenas estará o autor dispensado de optar, na petição inicial, pela realização ou não de audiência para tentativa de conciliação ou de mediação, como tais atos não serão praticados no desenrolar da relação processual.

Incitada a restauração de ofício pelo magistrado, não haverá petição inicial. O ato praticado será uma *portaria*,[46] por meio da qual as partes serão citadas para contestar (CPC, art. 714). Na hipótese de o juiz dispor de informações acerca do estado do processo no momento do extravio ou de cópias dos autos desaparecidos – notadamente, das decisões proferidas (CPC, art. 715, § 5º) –, deverá apresentá-las.

2.727. suspensão do processo – força maior

O desaparecimento dos autos provoca a suspensão do processo por motivo de *força maior* (CPC, art. 313, inc. VI).[47] O sobrestamento perdurará enquanto não transitar em julgado a decisão em que forem declarados restaura-

45. CARNEIRO, Paulo Cezar Pinheiro. *Comentários*..., op. cit., p. 239. Segundo o escólio de Pontes de Miranda, "a ação de restauração de autos só é proponível se verificado o desaparecimento. Com esse nascem direito, pretensão e ação à restauração, no plano do direito material, aí direito público" (PONTES DE MIRANDA, Francisco Cavalcanti. *Comentários*..., op. cit., p. 157).

46. GAJARDONI, Fernando da Fonseca *et al. Processo*..., op. cit.; SODRÉ, Eduardo *et al. Breves*..., op. cit., p. 1.841.

47. THEODORO JÚNIOR, Humberto. *Curso*..., op. cit., p. 299; NEVES, Daniel Amorim Assumpção. *Manual de direito processual civil (volume único)*. 9ª ed. Salvador: Editora Juspodivm, 2017, pp. 1.049-1.050; MACHADO, Marcelo Pacheco. *Comentários*..., op. cit., p. 283.

dos os autos (CPC, art. 716, *caput*).[48] Ainda que somente remanesçam meios de impugnação destituídos de suspensividade *ope legis*, dever-se-á aguardar decisão definitiva sobre a restauração antes de se dar continuidade ao processo originário. Precipitar essa retomada poderá provocar indesejada inutilização de inúmeros atos processuais, em desperdício de tempo e de recursos.

Nesse ínterim, contudo, não ficarão desamparadas as partes nem os direitos vindicados no processo cujos autos sumiram. O art. 314 do Código de Processo Civil autoriza, durante a suspensão, "a realização de atos urgentes a fim de evitar dano irreparável".[49] Presentes os requisitos legais, admitir-se-á a formulação de pedidos de tutela provisória (CPC, arts. 294 ss. – *supra*, nn. 1.490 ss., Volume III), a serem apreciados pelo juízo competente para a restauração dos autos (juiz de primeiro grau ou relator).

Suspenso o processo, haverá *interrupção* de eventuais prazos em curso. Estes recomeçarão a fluir após o trânsito em julgado da decisão em que foram declarados restaurados os autos, mediante intimação das partes a respeito da retomada do processo original.[50]

2.728. contestação – possíveis posturas do réu

Citados, os legitimados a integrar o polo passivo do processo para restauração dos autos poderão apresentar contestação no prazo de cinco dias. Assim como ocorre com o autor e a petição inicial (CPC, art. 713, incs. I-III), o réu tem o dever legal de "exibir as cópias, as contrafés e as reproduções dos atos e dos documentos que estiverem em seu poder" (CPC, art. 714, *caput*). Consoante disposto no art. 299, *caput*, do Regimento Interno do Supremo Tribunal Federal, efetuada a citação, caberá "ao Relator exigir as cópias, contrafés e reproduções dos atos e documentos que estiverem em seu poder".

A citação será realizada de modo usual, de acordo com o regime legal (CPC, arts. 238 ss. – *supra*, nn. 1.226 ss., Volume III). Tratando-se de processo incidental, o ato deverá, sempre que possível, ser praticado por meio

48. CARNEIRO, Paulo Cezar Pinheiro. *Comentários...*, op. cit., p. 246; FISCHMANN, Gerson. *Comentários...*, op. cit., p. 318; PONTES DE MIRANDA, Francisco Cavalcanti. *Comentários...*, op. cit., pp. 157-158.

49. CARNEIRO, Paulo Cezar Pinheiro. *Comentários...*, op. cit., p. 229.

50. "Restauração de autos. Se foi esta processada quando a causa se encontrava na segunda instância, a intimação da sentença do Desembargador Relator, que a homologou, tem o efeito de marcar o início da fluência do prazo para a interposição do RE, desde que se extraviaram os autos precisamente quando os retirara o recorrente para manifestar o apelo" (STF, 1ª Turma, RE n. 60.321-BA, Rel. Min. Barros Monteiro, j. 30.4.1968, DJ 9.8.1968). Na doutrina, *v.g.*: PONTES DE MIRANDA, Francisco Cavalcanti. *Comentários...*, op. cit., p. 172.

dos procuradores das partes, já constituídos no processo de origem (CPC, art. 242, *caput*), ou por meio eletrônico (CPC, art. 246; lei n. 11.419/2006, art. 9º), desde que se assegure inequívoca ciência da propositura da demanda.

Desaparecidos os autos antes da citação do réu, este não deverá ser citado no processo de restauração.[51] Inexistindo integração do demandado à relação jurídico-processual originária, ele não será parte legítima para compor o polo passivo do processo acessório.

Entre as matérias de defesa, será possível versar sobre os pressupostos de admissibilidade do julgamento do mérito do processo incidental (competência, legitimidade, interesse de agir *etc.* – *supra*, nn. 1.001 ss., Volume III), sobre a higidez dos elementos apresentados para a restauração, sobre as causas do extravio e as respectivas responsabilidades *etc.* No entanto, a depender da postura adotada pelo réu, o procedimento enveredará por caminhos diferentes.

Concordância com a restauração. Se o réu concordar que os elementos aportados aos autos do processo acessório correspondem àqueles extraviados, será lavrado "auto que, assinado pelas partes e homologado pelo juiz, suprirá o processo desaparecido" (CPC, art. 714, § 1º). A concordância do réu não representa composição entre as partes, mas espécie de reconhecimento do pedido formulado pelo autor.[52]

É possível que o réu concorde com a restauração, mas não com outros pontos, como, *v.g.*, quem deu causa ao desaparecimento. Nesse cenário, será proferida decisão interlocutória parcial de mérito, na qual será julgada a restauração (CPC, art. 356), prosseguindo o processo incidental apenas para solução das questões remanescentes. Preclusa a decisão a respeito da restauração, o processo de origem poderá continuar, não obstante a pendência desses outros pontos.

Caso o juiz entenda que os novos autos não retratam o objeto da reconstituição, eventual anuência do réu não servirá de impedimento para a não homologação do auto de restauração.[53] O interesse público e a colaboração inerentes à atividade reconstrutiva exigem participação ativa do julgador, que deverá fiscalizar e contribuir para a fidelidade da reconstituição. Logo, convencido do contrário, o juiz deverá determinar a prática de atos instrutórios

51. BARROS, Hamilton de Moraes e. *Comentários...*, op. cit., pp. 266; SANTOS, Nelton dos *et al.* *Código...*, op. cit., p. 2.806.

52. DINAMARCO, Cândido Rangel. "Restauração...", op. cit., p. 1.622.

53. Para Dinamarco, no entanto, "a anuência do réu em processo de restauração de autos [...], como declaração de vontade que é, reputa-se vinculante para quem a emite e para o juiz que proferirá a sentença de restauração" (DINAMARCO, Cândido Rangel. "Restauração...", op. cit., p. 1.625).

para a adequada restauração dos autos (RISTF, art. 300: "o Relator determinará as diligências necessárias, solicitando informações e cópias autênticas, se for o caso, a outros juízes e Tribunais"), bem como poderá disponibilizar documentos que porventura possua ou que estejam armazenados em secretaria (CPC, art. 715, § 5º).

Discordância com a restauração. Para as hipóteses nas quais o réu discorde – total ou parcialmente – dos elementos apresentados como representativos dos autos perdidos, dita o Código de Processo Civil que será observado o procedimento comum (CPC, art. 714, § 2º).

Desaparecidos os autos de processo em tramitação junto aos juizados especiais, não se adotará o procedimento comum, mas aquele inerente aos juizados especiais.[54] Eventual necessidade de prática de atos mais complexos – como, *v.g.*, exames periciais para análise de falsidade documental – não altera essa conclusão, pois "a necessidade da realização de prova pericial, por si só, não afasta a competência dos juizados especiais" (STJ, Min. Maria Isabel Gallotti).[55] Haverá, contudo, excepcional condenação ao pagamento das "custas da restauração", em observância à expressa disposição legal (CPC, art. 718).

Se a discordância for total, caberá ao juiz, em atenção ao devido processo legal e embasado em eventuais provas produzidas, decidir a respeito da restauração, acolhendo as pretensões de uma ou de outra parte. Se a discordância for parcial, aquilo que for consenso entre as partes já poderá ser prontamente julgado, declarando-se a restauração daquela parcela dos autos. Esta também será uma decisão interlocutória parcial de mérito (CPC, art. 356), impugnável via agravo de instrumento. O que remanescer controvertido deverá ser dirimido mediante implementação do procedimento comum.

Embora o agravo de instrumento não seja recurso dotado de efeito suspensivo *ope legis* (CPC, art. 995 – *supra*, n. 2.331, Volume V), a retomada do processo originário somente poderá ocorrer depois de prolatada decisão definitiva sobre toda a restauração. Mesmo preclusa a decisão parcial de mérito, a continuidade dependerá do trânsito em julgado da decisão em que se declarar restaurado o restante dos autos desaparecidos.

---

54. SICA, Heitor Vitor Mendonça. *Comentários...*, op. cit., p. 207; SODRÉ, Eduardo *et al. Breves...*, op. cit., p. 1.840.

55. STJ, 4ª Turma, RMS n. 39.071-MG, Rel. Min. Maria Isabel Gallotti, j. 4.10.2018, DJe 15.10.2018. Vide, ainda: "este Superior Tribunal de Justiça firmou entendimento segundo o qual a competência dos Juizados Especiais deve ser fixada em razão do valor da causa, que não pode ultrapassar 60 salários-mínimos, sendo irrelevante a necessidade de produção de prova pericial, ou seja, a complexidade da matéria" (STJ, 1ª Turma, AgInt no REsp n. 1.833.876-MG, Rel. Min. Manoel Erhardt, j. 21.3.2022, DJe 24.3.2022).

Suscitada falsidade documental, ela deverá ser solucionada nos moldes dos arts. 430 a 433 do Código de Processo Civil.[56]

Ausência de contestação. Não apresentada contestação (CPC, art. 714, § 2º), o réu será considerado revel (CPC, arts. 344 ss. – *supra*, n. 1.308, Volume III): permanecerá afastado do contraditório e os prazos fluirão sem sua intimação até que compareça ao processo (CPC, art. 346). Entretanto, de modo análogo à ação rescisória (*supra*, n. 2.485, Volume V), não incidirá o *efeito da revelia*, o qual não se confunde com a revelia em si (*supra*, n. 1.307, Volume III) e consiste na presunção de veracidade dos fatos alegados na petição inicial (CPC, art. 344).

A natureza indisponível do direito (direito ao processo e à sua correta materialização por meio dos autos) obsta a produção do efeito da revelia (CPC, art. 345, inc. II). O marcante interesse público em torno da restauração dos autos impede que simplesmente sejam reputados verdadeiros os fatos deduzidos pelo autor. Norteado pelo escopo de reconstruir os autos com fidelidade, deverá o julgador investigar se os elementos apresentados pelo demandante são fidedignos, podendo aportar outros potencialmente em seu poder e determinar a produção de provas (CPC, art. 715, § 5º; RISTF, art. 300).

Essas mesmas razões não autorizam penalizar com extremo rigor o comparecimento do réu a destempo. A reconstituição dos autos exige colaboração de todos os envolvidos, de modo que, justificados o comparecimento tardio e a juntada extemporânea de documentos (CPC, art. 435, par.), deverão ser considerados, em prol da atividade reconstrutiva, os elementos aportados pelo réu.

2.729. sem reconvenção – duplicidade da demanda

"São consideradas dúplices aquelas demandas que, em virtude da relação de direito material em litígio, do tipo de tutela pleiteado e de disposições legislativas, detêm aptidão para fornecer tutela de mesma natureza para o demandante e para o demandado".[57] A ação de restauração de autos enquadra-se nessa definição.

O compartilhamento do direito à reconstituição por todos os sujeitos do processo originário já evidencia a natureza dúplice da demanda. Afinal, em maior ou menor proporção, eles receberão tutela de igual natureza.[58] No mais,

---

56. SICA, Heitor Vitor Mendonça. *Comentários...*, op. cit., pp. 205-206.

57. ZOTARELI, Daniel Menegassi. *A regra da correlação à luz do Código de Processo Civil.* São Paulo: Thomson Reuters Brasil, 2020, p. 145.

58. "[...] todos os litigantes do processo cujos autos desapareceram têm o direito à volta da integridade da documentação perdida. Teoricamente a tutela poderá ser conferida a qualquer um deles, ao fim daquele processo. E o próprio Estado tem tal interesse, na

a lei impõe a condenação do responsável pelo desaparecimento ao pagamento de custas processuais e honorários advocatícios (CPC, 718) – seja ele autor ou réu do processo de restauração.

Justamente em decorrência desse caráter dúplice, não se admite apresentação de reconvenção no processo destinado à reconstituição dos autos.[59] Visando a restauração ao fim comum de regenerar os autos, não há espaço para expansão do objeto do processo mediante introdução de pretensão distinta por via reconvencional.

2.730. repetição de atos

Preferencialmente, a restauração deverá ocorrer por meio de cópias dos autos extraviados e dos documentos neles juntados, além da coleta de dados existentes em órgãos e repartições públicas, registros cartorários, publicações na imprensa oficial *etc.* Na hipótese de isso não ser possível, o estatuto processual autoriza, como *ultima ratio*, a repetição de atos praticados no seio do processo de origem. Embora não seja ideal – haja vista as dificuldades inerentes ao transcurso do tempo (esquecimento dos fatos, perecimento do objeto da prova, falecimento da testemunha ou do perito *etc.*) –, a medida é necessária para recriar o instrumento que materializa o processo – em especial, seu arcabouço probatório – e, com isso, permitir ou referendar o julgamento da causa, ainda que à luz dessas limitações provocadas pelo desaparecimento.

O *caput* do art. 715 do Código de Processo Civil passa a errônea impressão de que somente haveria repetição se o desaparecimento dos autos fosse posterior à produção de provas em audiência. Não é esse, porém, o espírito do dispositivo, sendo admissível, sempre que possível, a repetição de qualquer prova produzida no processo de origem – antes, durante ou depois da audiência de instrução, cuja realização pode nem sequer ter ocorrido.

Tampouco é correto presumir que a repetição abrangeria apenas atos instrutórios, excluindo-se os postulatórios e os decisórios. Não se descarta cenário no qual seja necessário elaborar nova contestação ou proferir outra decisão, pois não se tem qualquer registro da anterior. Entretanto, a repetição de atos se pautará pelo contexto formado pelos demais elementos já restaurados,

---

medida em que não é indiferente ao Estado-de-direito moderno, solidário por destinação democrática, o fazer justiça ou deixar de fazê-la" (DINAMARCO, Cândido Rangel. "Restauração...", op. cit., pp. 1.609-1.610).

59. BONDIOLI, Luis Guilherme Aidar. *Reconvenção no processo civil.* São Paulo: Saraiva, 2009, p. 323. Vide, ainda: SILVA, Clóvis de Couto e. *Comentários ao Código de Processo Civil – Volume XI – tomo II – arts. 1.046 a 1.102.* São Paulo: Editora Revista dos Tribunais, 1981, p. 515; NEVES, Daniel Amorim Assumpção. *Manual...*, op. cit., p. 1.051.

fiando-se em informações deles constantes a respeito do ato outrora praticado. Serão inadmissíveis ineditismos e inovações (p.ex.: alterações do pedido ou da causa de pedir, ou introdução de novos documentos) e será mandatório oportunizar efetivo contraditório sobre o ato repetido.

Especificamente sobre os atos decisórios, preceitua o § 5º do art. 715 que, "se o juiz houver proferido sentença da qual ele próprio ou o escrivão possua cópia, esta será juntada aos autos e terá a mesma autoridade da original". O dispositivo aplica-se a qualquer decisão e não apenas às sentenças. Ademais, a "autoridade" da cópia da decisão não é absoluta, de modo que, vislumbradas inconsistências ou disparidades em relação ao provimento original, poderá ser questionada.[60] Do mesmo modo, inexiste óbice para autor e réu disponibilizarem eventuais cópias de decisões que possuam. Porém, se não houver registro ou cópia da decisão, não haverá alternativa além de se prolatar outra.[61]

A repetição dos atos será efetuada perante os juízos nos quais tenham sido praticados, por meio de *fases distintas e escalonadas*. Para um processo em tramitação perante um tribunal superior no momento do desaparecimento dos autos, será de um de seus órgãos colegiados a competência para julgar a restauração. Todavia, se houver necessidade de repetir atos praticados em primeiro e segundo graus, isso será efetuado nessas instâncias inferiores, por meio da expedição de *cartas de ordem* (CPC, art. 236, § 2º – *supra*, n. 781, Volume II). Assim, a restauração ocorrerá no juízo de origem no tocante aos atos lá praticados; na sequência, o mesmo ocorrerá em segundo grau. Finalizadas essas etapas, os autos serão remetidos ao tribunal superior, no qual poderá ser completada a restauração e, então, julgada a demanda (CPC, art. 717, §§ 1º e 2º).

2.731. prova oral

Não identificados registros da prova oral produzida no processo originário (atas de audiência, gravações em mídia audiovisual, transcrições em outras peças *etc.*), será necessário reinquirir as mesmas testemunhas e colher novo depoimento pessoal das partes (CPC, art. 715, § 1º). O objetivo desses atos não será rememorar os anteriores – i.e., não se inquirirá a testemunha ou a parte sobre suas reminiscências da oitiva antecedente. Ao contrário: promover-se-á verdadeira repetição do ato, sem restrições.

Suponha-se situação na qual, ao tempo da nova inquirição, sobrevenha circunstância que torne a testemunha impedida ou suspeita (CPC, art. 447, §§ 2º

---

60. PONTES DE MIRANDA, Francisco Cavalcanti. *Comentários...*, op. cit., pp. 169-170.
61. CARNEIRO, Paulo Cezar Pinheiro. *Comentários...*, op. cit., p. 244; MARCATO, Antonio Carlos. *Procedimentos...*, op. cit., p. 300.

e 3º). Em tais hipóteses, dever-se-á conferir à parte que arrolara a testemunha a oportunidade de a substituir, se for do seu interesse. Caso isso não aconteça, a oitiva deverá ser repetida, ainda que a pessoa seja ouvida na condição de informante (§§ 4º e 5º). Suprimir o testemunho significaria modificar provas tempestivamente postuladas e previamente deferidas e produzidas, deixando-se injustificadamente de ouvir pessoa regularmente arrolada pela parte e apta a repetir, em juízo, seu conhecimento sobre os fatos. No entanto, caberá ao juiz sopesar o conteúdo do novo relato à luz das razões que tenham provocado o impedimento ou a suspeição.

Sendo impossível repetir o testemunho (incapacidade superveniente, óbito, localização desconhecida *etc.*), poderá haver substituição da testemunha de ofício ou mediante requerimento da parte (CPC, art. 715, § 1º). Desde que justificada e demonstrada a necessidade, deve-se admitir, ainda, o arrolamento de mais de uma testemunha para provar os mesmos fatos de conhecimento daquela inicialmente ouvida.[62] Se houver utilidade, será igualmente possível a repetição do depoimento pessoal pelo sucessor da parte.

O § 4º do art. 715 do Código de Processo Civil determina que "os serventuários e os auxiliares da justiça não podem eximir-se de depor como testemunhas a respeito de atos que tenham praticado ou assistido". A potencial oitiva de tais pessoas não se confunde – e não substitui – com a repetição e a possibilidade de alteração das testemunhas arroladas no passado. A colaboração de serventuários e auxiliares da justiça visa tão somente à reconstituição dos fatos e atos processuais dos quais tenham participado, contribuindo, assim, para a acurácia da reconstrução.

2.732. prova pericial

Existindo certidão, cópia ou qualquer registro que permita inferir o conteúdo e as conclusões apostas no laudo pericial, será desnecessário repetir a produção da prova. Não sendo o caso, a nova perícia deverá ser preferencialmente realizada pelo mesmo profissional, a fim de se obter máxima simetria com o trabalho anterior. Se o ato vier a ser repetido, dever-se-á permitir às partes a indicação de novos assistentes técnicos, a elaboração de novos quesitos ou a complementação dos anteriores, bem como a apresentação de manifestações sobre o laudo – inclusive, com pareceres de seus assistentes técnicos (CPC, art. 477, §§ 1º e 2º).

Já decidiu o Superior Tribunal de Justiça que, "reproduzida a essencialidade da prova técnica na sentença que julgou procedente a ação de prestação de contas, é de ser abrandado o rigor do art. 1.066, § 2º, do CPC [de 1973], por se re-

62. No mesmo sentido: SICA, Heitor Vitor Mendonça. *Comentários...*, op. cit., p. 210.

velar desnecessária, pela peculiaridade da espécie, a juntada de cópia do laudo pericial" (STJ, Min. Aldir Passarinho Junior).[63] Soluções como essa exigem cuidado e dependerão das especificidades de cada caso. A existência de transcrições de excertos do laudo ou apenas da conclusão poderá não ser suficiente para sua adequada compreensão ou impugnação. A irresignação da parte pode residir, p.ex., em erros de metodologia, os quais talvez não sejam perceptíveis dos trechos disponíveis. Em casos assim, deverá ser apresentada cópia integral do laudo e, se isso não for possível, repetir-se-á a prova.

2.733. prova documental

O § 3º do art. 715 do Código de Processo Civil é autoexplicativo quanto ao modo de restauração da documentação constante dos autos extraviados: "não havendo certidão de documentos, esses serão reconstituídos mediante cópias ou, na falta dessas, pelos meios ordinários de prova". Contudo, se não forem encontradas certidões ou cópias e tampouco for possível reconstituir o documento – ou aferir seu conteúdo – de outra forma, não haverá alternativa além de, mesmo sem ele, declarar os autos restaurados no estado em que se encontram.

Em relação a processos cujos autos são eletrônicos, o legislador impôs às partes o ônus de, em determinadas situações, preservar os originais dos documentos digitalizados "até o trânsito em julgado da sentença, ou quando admitida, até o final do prazo para interposição de ação rescisória" (lei n. 11.419/2006, art. 11, § 3º). Nesses casos, portanto, a impossibilidade de reconstituir o documento e sua consequente desconsideração serão consequências da inobservância desse encargo legal.

2.734. a decisão sobre a restauração – tutela meramente declaratória

Em situações nas quais (a) os autos sejam declarados parcialmente restaurados, mas o processo prossiga para dirimir controvérsias sobre a parcela ainda não restaurada; ou (b) os autos sejam declarados totalmente restaurados, mas o processo continue para solucionar outras questões, a decisão proferida será uma interlocutória parcial de mérito, contra a qual será admissível agravo de instrumento (CPC, art. 356). Nos demais casos, será prolatada sentença ou, tratando-se de processo de restauração de competência dos tribunais, acórdão (CPC, art. 204; RISTF, art. 301).

O provimento em que é julgada a restauração é de natureza *meramente declaratória*. Por meio dele, declarar-se-á, com devida motivação (Const., art.

---

63. STJ, 4ª Turma, REsp n. 302.527-RJ, Rel. Min. Aldir Passarinho Junior, j. 12.12.2006, DJ 12.2.2007.

93, inc. IX; CPC, art. 11), a reforma dos autos outrora desaparecidos. Inexistirá, contudo, modificação de uma situação jurídica ou mesmo substituição dos autos anteriores – os quais podem, inclusive, ser posteriormente encontrados e, assim, passar a ser conjuntamente considerados para o julgamento da causa (*infra*, n. 2.735). A reconstituição dos autos é anterior à decisão em si, sendo fruto dos atos praticados pelos sujeitos do processo incidental. A sentença apenas reconhece a higidez dessa atividade e do corpo físico formado a partir dela, equiparando-o aos próprios autos extraviados.[64]

Como toda sentença, a que declara restaurados os autos é passível de impugnação por apelação (CPC, art. 1.009, *caput* – *supra*, nn. 2.286 ss., Volume V), dotada dos *efeitos devolutivo e suspensivo* (CPC, art. 1.012 – *supra*, n. 2.308, Volume V).[65] Também serão admissíveis todos os demais meios de impugnação ínsitos ao procedimento comum, incluindo-se ajuizamento de ação rescisória.

Por considerar haver dúvida fundada quanto ao recurso cabível contra a decisão que declara os autos restaurados, o Superior Tribunal de Justiça admite a *conversão recursal* (*supra*, n. 2.214, Volume V) entre apelação e agravo de instrumento. *In verbis*: "identificado o dissenso doutrinário em torno da aplicação da natureza da decisão que julga a restauração de autos (sentença ou decisão interlocutória) e, consequentemente, acerca do recurso cabível (apelação ou agravo de instrumento), há de se aplicar o princípio da fungibilidade recursal, porquanto existe dúvida fundada e objetiva acerca do recurso adequado, não constituindo erro grosseiro a interposição de agravo de instrumento" (STJ, Min. Raul Araújo).[66]

2.735. aparição dos autos originais

Os autos originais podem ser encontrados *antes*, *durante* ou *depois* do ajuizamento de demanda para sua restauração. Na primeira hipótese, desapa-

---

64. "A sentença que julga o pedido (mérito) da ação de restauração de autos tem natureza declaratória. Ela se limita a certificar e, pois, a declarar a existência de uma relação jurídica anterior em desenvolvimento, composta dos atos processuais praticados até o desaparecimento do processo original. [...] É preciso não confundir novos autos com nova relação jurídica. [...] uma vez reproduzido o processo original, estar-se-ia diante da mesma situação anteriormente existente, que é assim declarada na sentença que julga o processo de restauração" (CARNEIRO, Paulo Cezar Pinheiro. *Comentários...*, op. cit., pp. 244-245). Em sentido contrário, defendendo tratar-se de tutela constitutiva, vide, entre ouros: DINAMARCO, Cândido Rangel. "Restauração...", op. cit., p. 1.612.

65. "A apelação na ação de restauração de autos deve ser recebida no duplo efeito" (STJ, 3ª Turma, REsp n. 774.797-SP, Rel. Min. Carlos Alberto Menezes Direito, j. 13.9.2005, DJ 28.11.2005).

66. STJ, 4ª Turma, AgInt no AREsp n. 1.418.883-GO, Rel. Min. Raul Araújo, j. 24.9.2019, DJe 21.10.2019.

recerá o interesse de agir (*supra*, n. 2.722) e o processo seguirá normalmente naqueles autos.

Se os autos extraviados forem recuperados ao longo do processo voltado à sua restauração, o processo incidental será extinto sem julgamento do mérito, dispondo o Código de Processo Civil que, "aparecendo os autos originais, neles se prosseguirá, sendo-lhes apensados os autos da restauração" (art. 716, par.; RISTF, art. 303, par.).[67] Por praticidade, caso os autos originais apareçam após o término da reconstituição, quando o processo já estiver em fase procedimental avançada, inverter-se-á o apensamento. Assim, o processo continuará nos novos autos – objeto da restauração –, apensando-se a estes os originais.

Independentemente do cenário, os autos formados na restauração serão livremente sopesados pelo juiz e seus elementos serão considerados para o julgamento da causa, como "complementos de convicção".[68] Constatadas contradições e incompatibilidades – especialmente, relativas a eventuais atos instrutórios repetidos –, será necessário ponderá-las e, existindo dúvida insuperável, privilegiar-se-á o conteúdo dos atos retratados nos autos originais.[69]

Reconstituídos os autos e transitada em julgado a decisão em que julgada a demanda originária, posterior aparecimento dos autos esbarrará na autoridade da coisa julgada (CPC, arts. 502 ss. – *supra*, nn. 1.141 ss., Volume III). Ainda que identificadas inconsistências entre estes e aqueles, os efeitos imunizantes da coisa julgada impedirão modificações no que restou decidido no processo instrumentalizado pelos autos oriundos da restauração. Restará à parte interessada postular pela desconstituição da decisão passada em julgado mediante propositura de ação rescisória.[70]

---

67. Enunciado n. 76 do Fórum Permanente de Processualistas Civis: "localizados os autos originários, neles devem ser praticados os atos processuais subsequentes, dispensando-se a repetição dos atos que tenham sido ultimados nos autos da restauração, em consonância com a garantia constitucional da duração razoável do processo (CF/88, 5º, LXXVIII) e inspiração no art. 964 do Código de Processo Civil Português".

68. FISCHMANN, Gerson. *Comentários...*, op. cit., p. 319. Vide, ainda: CARNEIRO, Paulo Cezar Pinheiro. *Comentários...*, op. cit., p. 248; SANTOS, Ernane Fidelis dos. *Dos procedimentos...*, op. cit., p. 421.

69. Em sentido semelhante: SILVA, Clóvis de Couto e. *Comentários...*, op. cit., p. 514. De acordo com Pontes de Miranda, "as diferenças entre depoimentos e perícias têm de ser apreciadas como se no mesmo processo tivessem ocorrido duas vezes, em dois momentos. [...] Nada obsta a que se utilize, nos motivos, de dados do segundo. Porém, sem se desprezar os dados do primeiro e sem os contradizer" (PONTES DE MIRANDA, Francisco Cavalcanti. *Comentários...*, op. cit., pp. 160-161).

70. Situação similar foi examinada por Dinamarco. Eis sua conclusão: "o reaparecimento de uma peça do processo principal depois da sentença de homologação só induz a continuação desse processo, sendo levado em conta para julgar [...], enquanto pendente este.

2.736. responsabilidade pelo desaparecimento – custos do processo

Na redação do art. 718 do Código de Processo Civil, "quem houver dado causa ao desaparecimento dos autos responderá pelas custas da restauração e pelos honorários de advogado". O dispositivo aplica-se às partes do processo de restauração, que poderão ter ocasionado ou não o desaparecimento. Essa questão será debatida em contraditório, poderá ser objeto de instrução e será solucionada pelo julgador. Identificado, o responsável pelo extravio responderá, independentemente de dolo ou culpa,[71] pela integralidade dos custos do processo. Potencial responsabilidade civil ou penal deverá ser apurada em processos autônomos, de modo a não prejudicar a celeridade e a eficiência da restauração dos autos.

Caso se conclua que nenhuma das partes teve responsabilidade pelo extravio – provocado, *v.g.*, por imprevisível evento da natureza –, os custos processuais serão igualitariamente repartidos. Todos serão condenados ao pagamento de honorários advocatícios, fixados por equidade, com vista a remunerar o trabalho dos patronos que atuaram no processo incidental (CPC, art. 85, § 8º).[72]

Pode-se entender, no entanto, que a causa do desaparecimento seja imputável a terceiro (p.ex..: perito, escrivão, funcionários do cartório, juiz, advogado, estagiário *etc.*). Essa questão não poderá ser solucionada no processo de restauração, pois dele não participará esse terceiro considerado responsável (*supra*, nn. 2.725). Portanto, também nesse cenário haverá divisão equânime dos custos processuais entre as partes, com sua recíproca condenação em honorários advocatícios. Entretanto, poderão ajuizar demanda condenatória contra a pessoa à qual atribuam a responsabilidade, cobrando-lhe, em sede própria, restituição dos valores despendidos e indenização por danos porventura suportados (*infra*, n. 2.737).

Pense-se em cenário no qual nenhuma das partes tenha ocasionado o desaparecimento, porém controvertem a respeito do modo como deverá ser efetuada a reconstituição dos autos. Sendo esse o caso, os ônus da sucumbência recairão sobre a parte vencida – qual seja, aquela cujas razões não foram acolhidas

---

Já extinto pela sentença homologatória da transação, com trânsito em julgado, não há mais o que julgar, e o documento não merece consideração" (DINAMARCO, Cândido Rangel. "Restauração...", op. cit., p. 1.625).

71. CARNEIRO, Paulo Cezar Pinheiro. *Comentários...*, op. cit., pp. 232 e 251-252.

72. Todavia, já afirmou o Superior Tribunal de Justiça que, "não demonstrado que as partes tenham dado causa ao desaparecimento dos autos, descabida a condenação em honorários" (STJ, 2ª Turma, EDcl no REsp n. 10.883-SP, Rel. Min. Franciulli Netto, j. 19.10.2004, DJ 4.4.2005).

no julgamento da restauração.[73] Ainda assim, a parte condenada terá a faculdade de ajuizar demanda indenizatória contra eventual terceiro que acredite responsável pelo extravio.

O comportamento das partes no processo de restauração poderá culminar em sua condenação às penas por litigância de má-fé ou por ato atentatório à dignidade da justiça (CPC, arts. 77 e 79 a 81). Todavia, se a conduta repudiada for referente ao próprio desaparecimento dos autos, eventual aplicação das consequentes penalidades somente poderá ocorrer após a restauração. Afinal, se o ato malicioso ou atentatório foi praticado no bojo do processo originário (antes, portanto, do processo de restauração), é lá que deverá ser sancionado.

2.737. responsabilização civil, penal e funcional

Os atos perpetrados pelo responsável pelo desaparecimento poderão repercutir em diferentes âmbitos – quais sejam, cível, penal e funcional. As respectivas implicações deverão ocorrer em sedes próprias,[74] sempre sob a égide do devido processo legal.

Na seara cível, o responsável poderá ser demandado a ressarcir os custos processuais e os honorários advocatícios pagos no processo de restauração (se dele não tiver sido parte), bem como a reparar danos patrimoniais potencialmente suportados em virtude do desaparecimento dos autos. Tratando-se de servidores públicos, a demanda deverá ser ajuizada em face do respectivo ente público (i.e., do Estado, cuja responsabilidade é objetiva), cabendo a este, se condenado, valer-se das medidas legais e administrativas cabíveis contra o infrator. O direito de regresso contra o funcionário público estará condicionado à demonstração de dolo ou de culpa (Const., art. 37, § 6º: "as pessoas jurídicas de direito público e as de direito privado prestadoras de serviços públicos responderão pelos danos que seus agentes, nessa qualidade, causarem a terceiros, assegurado o direito de regresso contra o responsável nos casos de dolo ou culpa"). O juiz, por sua vez, "responderá, civil e regressivamente, por perdas e danos quando, no exercício de suas funções, proceder com dolo ou fraude" (CPC, art. 143, inc. I). Similares são as disposições pertinen-

---

73. "Se o requerido se opõe sem razão à restauração dos autos, deve ser condenado em honorários de advogado (RSTJ 134/259)". *In:* NEGRÃO, Theotonio; GOUVÊA, José Roberto Ferreira; BONDIOLI, Luis Guilherme Aidar; FONSECA, João Francisco Naves da. *Código de Processo Civil e legislação processual em vigor*. 52ª ed. São Paulo: Saraiva Educação, 2021, p. 728, n. 2. Na doutrina, p.ex.: DANIEL, Letícia Zuccolo Paschoal da Costa *et al. Comentários...*, op. cit., p. 374.

74. CARNEIRO, Paulo Cezar Pinheiro. *Comentários...*, op. cit., p. 232; FISCHMANN, Gerson. *Comentários...*, op. cit., p. 324; SANTOS, Nelton dos *et al. Código...*, op. cit., p. 2.815; SILVA, Clóvis de Couto e. *Comentários...*, op. cit., p. 531.

tes aos membros do Ministério Público (CPC, art. 181), da Advocacia Pública (CPC, art. 184) e da Defensoria Pública (CPC, art. 187).

Na esfera penal, os atos praticados poderão caracterizar, a depender das circunstâncias concretas, os crimes de supressão de documento (CP, art. 305), de subtração ou inutilização de livro ou documento (CP, art. 337) ou de sonegação de papel ou objeto de valor probatório (CP, art. 356). O juiz deverá oficiar o Ministério Público – ou poderá qualquer interessado provocar sua iniciativa (CPP, art. 27) –, narrando os fatos apurados e remetendo-lhe a documentação pertinente (CPP, art. 40). Constatados indícios de autoria e de materialidade, caberá ao órgão ministerial propor ação penal (CPP, arts. 24 e 41).

No âmbito funcional, o causador do desaparecimento responderá perante os órgãos disciplinares da sua categoria. Assim, p.ex., ficarão os agentes estatais sujeitos a processos administrativos disciplinares e às respectivas sanções. O advogado, por sua vez, poderá ser réu em processo administrativo disciplinar perante o Tribunal de Ética e Disciplina da Ordem dos Advogados do Brasil, pois constitui infração disciplinar "reter, abusivamente, ou extraviar autos recebidos com vista ou em confiança" (Lei n. 8.906/1994, art. 34, inc. XXII) – conduta sancionável com pena de suspensão (art. 37, inc. I).

Referências Bibliográficas

BARROS, Hamilton de Moraes e. *Comentários ao Código de Processo Civil – vol. IX (arts. 946 a 1.102)*. 3ª ed. Rio de Janeiro: Forense, 1992.

BONDIOLI, Luis Guilherme Aidar. *Reconvenção no processo civil.* São Paulo: Saraiva, 2009.

CARNEIRO, Paulo Cezar Pinheiro. *Comentários ao Código de Processo Civil – volume IX, tomo II (arts. 964 a 981 e 1.046 a 1.102)*. Rio de Janeiro: Forense, 2005.

DALL'OLIO, Gustavo *et al. Comentários ao Código de Processo Civil – perspectivas da magistratura.* SANTOS, Silas Silva; MAIA DA CUNHA, Fernando Antonio; CARVALHO FILHO, Milton Paulo de; RIGOLIN, Antonio (coord.). São Paulo: Editora Revista dos Tribunais, 2018.

DANIEL, Letícia Zuccolo Paschoal da Costa *et al. Comentários ao Código de Processo Civil – volume 3 (arts. 539 a 925)*. BUENO, Cassio Scarpinella (coord.). São Paulo: Saraiva, 2017.

DINAMARCO, Cândido Rangel. "Restauração de autos, sentença homologatória de transação, coisa julgada, ação rescisória e prescrição". *In: Fundamentos do processo civil moderno (tomo II)*. 6ª ed. São Paulo: Malheiros, 2010.

FISCHMANN, Gerson. *Comentários ao Código de Processo Civil – volume 14 – Dos Procedimentos Especiais (arts. 982 a 1.102c)*. São Paulo: Editora Revista dos Tribunais, 2000.

GAJARDONI, Fernando da Fonseca *et al. Processo de conhecimento e cumprimento de sentença – comentários ao CPC de 2015: volume 2*. 2ª ed. Rio de Janeiro: Forense; São Paulo: Método, 2018 (livro eletrônico).

LIEBMAN, Enrico Tullio. *Manual de Direito Processual Civil*, v. I, 3ª ed. Trad. e notas: Cândido Rangel Dinamarco. São Paulo: Malheiros, 2005.

MACHADO, Marcelo Pacheco. *Comentários ao Código de Processo Civil: dos embargos de terceiro até da restauração de autos – arts. 674 a 718*. GOUVÊA, José Roberto F., BONDIOLI, Luis Guilherme A., FONSECA, João Francisco N. da (coord.). São Paulo: Saraiva, 2017.

MARCATO, Antonio Carlos. *Procedimentos especiais*. 16ª ed. São Paulo: Atlas, 2016.

NEGRÃO, Theotonio; GOUVÊA, José Roberto Ferreira; BONDIOLI, Luis Guilherme Aidar; FONSECA, João Francisco Naves da. *Código de Processo Civil e legislação processual em vigor*. 52ª ed. São Paulo: Saraiva Educação, 2021.

NERY JUNIOR, Nelson; NERY, Rosa Maria de Andrade. *Código de Processo Civil comentado*. 3ª ed. São Paulo: Thomson Reuters Brasil, 2018 (livro eletrônico).

NEVES, Daniel Amorim Assumpção. *Manual de direito processual civil (volume único)*. 9ª ed. Salvador: Editora Juspodivm, 2017.

PONTES DE MIRANDA, Francisco Cavalcanti. *Comentários ao Código de Processo Civil, tomo XV: arts. 1.046 a 1.102*. Rio de Janeiro: Forense, 1977.

SANTOS, Ernane Fidelis dos. *Dos procedimentos especiais do Código de Processo Civil – vol. VI (arts. 890 a 1.102)*. Rio de Janeiro: Forense, 1999.

SANTOS, Nelton dos *et al. Código de Processo Civil interpretado*. MARCATO, Antonio Carlos (coord.). 3ª ed. São Paulo: Atlas, 2008.

SICA, Heitor Vitor Mendonça. *Comentários ao Código de Processo Civil – volume X (artigos 674 ao 718)*. MARINONI, Luiz Guilherme (dir.). ARENHART, Sérgio Cruz; MITIDIERO, Daniel (coord.). São Paulo: Editora Revista dos Tribunais, 2016.

SILVA, Clóvis de Couto e. *Comentários ao Código de Processo Civil – Volume XI – tomo II – arts. 1.046 a 1.102*. São Paulo: Editora Revista dos Tribunais, 1981.

SODRÉ, Eduardo *et al. Breves comentários ao novo Código de Processo Civil*. WAMBIER, Teresa Arruda Alvim; DIDIER JR., Fredie; TALAMINI, Eduardo; DANTAS, Bruno (coord.). 3ª ed. São Paulo: Editora Revista dos Tribunais, 2016.

THEODORO JÚNIOR, Humberto. *Curso de direito processual civil: procedimentos especiais (v. 3)*. 43ª ed. Rio de Janeiro: Forense, 2011.

ZOTARELI, Daniel Menegassi. *A regra da correlação à luz do Código de Processo Civil*. São Paulo: Thomson Reuters Brasil, 2020.

CAPÍTULO CLXXXV– NOTIFICAÇÃO, INTERPELAÇÃO E PROTESTO

JÚLIO CÉSAR FERNANDES

2.738. introdução

A notificação, a interpelação e o protesto são procedimentos de vasta e corriqueira utilização na prática forense, e com o Código de Processo Civil de 2015 passaram a ser adequadamente tratados no Título III, que trata "dos procedimentos especiais", deixando de ser tratados como uma medida cautelar, como outrora se verificava no Código de Processo Civil de 1973.

Embora tais procedimentos estivessem previstos no Livro III do Código de Processo Civil de 1973 – que tratava "do processo cautelar" –, é certo que a notificação, a interpelação e o protesto são procedimentos de jurisdição voluntária,[1] a qual, segundo José Roberto dos Santos Bedaque, "trata-se de administração pública de interesses privados conferida ao Poder Judiciário".[2]

---

1. "Diante dessa inclusão da jurisdição voluntária no conceito de jurisdição, suas características distintivas quando comparada com a contenciosa são essas: (a) não consiste em dirimir diretamente conflitos entre as partes, (b) consequentemente, não são julgadas pretensões antagônicas, (c) destina-se a dar tutela a uma das partes, previamente determinada, ou a ambas, sem se colocar para o juiz a escolha entre tutelar uma delas ou a outra, (d) é invariavelmente exercida por juízes integrantes do Poder Judiciário e (e) deve sempre ser exercida pelo juiz com inteira imparcialidade" (Cândido Rangel Dinamarco e Bruno Vasconcelos Carrilho Lopes, *Teoria geral do novo processo civil*, São Paulo, Malheiros Editores, 2016, p. 81).
2. José Roberto dos Santos Bedaque, "Breves notas sobre jurisdição e ação", in Camilo Zufelato e Flávio Luiz Yarshell, *40 anos da teoria geral do processo no Brasil: passado, presente e futuro*, São Paulo, Malheiros Editores, 2013, p. 543.

A notificação, a interpelação e o protesto são procedimentos meramente conservativos de direitos e não se prestam a "evitar que o passar do tempo prive o processo de algum meio exterior que poderia ser útil ao correto exercício da jurisdição e consequente produção, no futuro, de resultados úteis e justos".[3]

Tratando-se de procedimento de jurisdição voluntária, o Estado exerce apenas atos de administração, limitando-se a verificar se a intenção formalmente manifestada pelo requerente deve ou não ser comunicada ao requerido, sem adentrar no mérito do direito da parte.[4]

Para seu processamento, o Código de Processo Civil estabelece um rito especial nos arts. 726 a 729.

2.739. conceito

A notificação, a interpelação e o protesto prestam-se, *grosso modo*, à documentação de uma expressão de vontade,[5] sendo bastante sutil a distinção entre os três institutos.

O art. 726 do Código de Processo Civil estabelece que "quem tiver interesse em manifestar formalmente sua vontade a outrem sobre assunto juridicamente relevante poderá notificar pessoas participantes da mesma relação jurídica para dar-lhes ciência de seu propósito".

Assim, a notificação pode ser conceituada como "um procedimento especial destinado a levar a alguém o conhecimento de algum fato ou de alguma intenção do notificante"[6] ou, ainda, a "cientificação que se faz a outrem para que junto a ele se produza algum efeito prático ou jurídico, incidente sobre relação jurídica preexistente entre promovente e promovido".[7-8]

---

3. Cândido Rangel Dinamarco e Bruno Vasconcelos Carrilho Lopes, ob. cit., p. 27.
"Tais medidas, contudo, não possuem características próprias da tutela cautelar, por lhes faltar o requisito da urgência e, ainda, a finalidade de asseguração da tutela de direitos" (Bruno Freire e Silva, in Antonio do Passo Cabral e Ronaldo Cramer (coords.), *Comentários ao novo Código de Processo Civil*, 2ª ed., Rio de Janeiro, Forense, 2016, p. 1.036).

4. "Em nenhum desses casos há ordem judicial para que o protestado, notificado ou interpelado faça ou deixe de fazer alguma coisa. O órgão jurisdicional atua simplesmente como mediador da comunicação" (Luiz Guilherme Marinoni, Sérgio Cruz Arenhart e Daniel Mitidiero, *Novo Código de Processo Civil comentado*, 1ª ed., São Paulo, Ed. RT, 2017, p. 819).

5. Daniel Amorim Assumpção Neves, *Manual de direito processual civil (volume único)*, Rio de Janeiro, Forense, 2009, p. 1.169.

6. Cândido Rangel Dinamarco e Bruno Vasconcelos Carrilho Lopes, ob. cit., p. 249.

7. Humberto Theodoro Júnior, *Curso de direito processual civil*, vol. II – "Procedimentos especiais. Codificados (de jurisdição contenciosa e de jurisdição voluntária) e de legislação extravagante", Rio de Janeiro, Forense, 2020, p. 695.

8. "A notificação judicial é instrumento hábil tão só para tornar pública a manifestação de vontade da parte interessada" (TRF-5ª Região, 4ª Turma, Ap. cível 272.412-SE, rel. Juiz Luiz Alberto Gurgel Faria, *DJU* 25.3.2003, p. 867).

Se a pretensão do requerente for a de dar conhecimento geral ao público por meio da publicação de edital, caberá ao juiz deferir a medida apenas se a tiver por fundada e necessária ao resguardo de direito (CPC, art. 726, § 1º).

A evidenciar a importância da notificação nas relações, cita-se como exemplo o uso da notificação (tanto judicial quanto extrajudicial) para que o locatário possa exercer seu direito de preferência na aquisição do imóvel locado (Lei de Locações, art. 27)[9] ou para que o sócio exerça seu direito potestativo de retirada de uma sociedade, tendo extrema relevância para a fixação da data da resolução da sociedade e apuração dos haveres do sócio retirante (CPC, art. 605).[10]

Por sua vez, a interpelação, nos termos da própria lei, se trata de uma espécie de notificação com propósito específico, qual seja, fazer ou deixar de fazer alguma coisa que o requerente entenda ser de seu direito.[11]

É justamente o que estabelece o art. 727: "Também poderá o interessado interpelar o requerido, no caso do art. 726, para que faça ou deixe de fazer o que o requerente entenda ser de seu direito".

Assim, por meio do uso da interpelação o requerente reclama do requerido, de maneira formal e categórica, que este "faça ou deixe de fazer" algo, "sob pena de determinações, cominações, dentre as quais, notadamente, a constituição do outro em mora".[12]

É o que se verifica, p.ex., no caso de inadimplemento de determinada obrigação, positiva e líquida, sem termo, em que o requerente deve interpelar o requerido (parte inadimplente) para o cumprimento da obrigação, sob pena de constituí-lo em mora (CC, art. 397, par. ún.)[13-14] ou no caso de extin-

---

9. "Art. 27. No caso de venda, promessa de venda, cessão ou promessa de cessão de direitos ou dação em pagamento, o locatário tem preferência para adquirir o imóvel locado, em igualdade de condições com terceiros, devendo o locador dar-lhe conhecimento do negócio mediante notificação judicial, extrajudicial ou outro meio de ciência inequívoca."

10. "Art. 605. A data da resolução da sociedade será: (...); II – na retirada imotivada, o sexagésimo dia seguinte ao do recebimento, pela sociedade, da notificação do sócio retirante; (...)".

11. "A interpelação é apenas uma espécie de notificação, identificada pela referência a uma prestação que o promovente reclama do interpelado. Aqui, o que se pretende é que o requerido, especificamente, seja conclamado a fazer ou deixar de fazer alguma coisa, que o interpelante considera como sendo prestação que o interpelado lhe deve" (Humberto Theodoro Júnior, ob. cit., p. 695).

12. Antonio Vital Ramos de Vasconcelos, "Alcance jurídico da interpelação judicial", *Revista de Processo* 72/157-160, outubro-dezembro/1993.

13. "Art. 397. O inadimplemento da obrigação, positiva e líquida, no seu termo, constitui de pleno direito em mora o devedor.
"Parágrafo único. Não havendo termo, a mora se constitui mediante interpelação judicial ou extrajudicial."

14. "A prévia interpelação judicial para constituição em mora é necessária quando se trata de mora *ex persona*, isto é, quando não há termo previamente acordado para cumprimento

ção do contrato em razão de cláusula resolutiva tácita, que "depende de interpelação judicial" para produzir efeitos (CC, art. 474).[15]

Enfim, tem-se que o protesto é ato judicial por meio do qual o requerente documenta sua declaração de vontade, cientificando formalmente o requerido de seu propósito de ressalvar ou conservar direitos e prevenir responsabilidades.

Segundo Humberto Theodoro Júnior, o protesto tem por objetivo "(a) prevenir responsabilidade, como, p.ex., o caso do engenheiro que elaborou o projeto e nota que o construtor não está seguindo seu plano técnico; (b) prover a conservação de seu direito, como no caso de protesto interruptivo de prescrição; (c) prover a ressalva de seus direitos, como no caso de protesto contra alienação de bens, que possa reduzir o alienante à insolvência e deixar o credor sem meios de executar seu crédito".[16]

No tocante ao protesto interruptivo de prescrição, cabe registrar que o requisito do legítimo interesse advém apenas da necessidade de interromper o prazo prescricional (CC, art. 202, inc. II,[17] e CPC, art. 726, § 2º),[18] sendo certo que este não pode ser promovido por quem não tenha vínculo com a relação jurídica invocada.[19]

---

da obrigação. Em contrapartida, nos casos em que há obrigação positiva, líquida e com termo certo estipulado na avença, tem-se a mora *ex re*, que independe de prévia interpelação – Precedentes" (STJ, 4ª Turma, AgR no AREsp 172.693-MT, rel. Min. Marco Buzzi, j. 6.11.2014, *DJe* 17.11.2014).

15. "Art. 474. A cláusula resolutiva expressa opera de pleno direito; a tácita depende de interpelação judicial."

16. Humberto Theodoro Júnior, ob. cit., p. 694.

17. "Art. 202. A interrupção da prescrição, que somente poderá ocorrer uma vez, dar-se-á: I – por despacho do juiz, mesmo incompetente, que ordenar a citação, se o interessado a promover no prazo e na forma da lei processual; II – por protesto, nas condições do inciso antecedente."

18. "Protesto judicial interruptivo de prescrição – Extinção do processo, sem resolução do mérito, por falta de interesse de agir – Apelo da autora – Procedimento de jurisdição voluntária – Interesse processual verificado – Necessidade de interrupção do prazo prescricional com o fito de evitar o perecimento do direito de ajuizamento de uma ação principal – Pedido embasado no art. 202, II, do CC, c/c art. 726 § 2º, do CPC – Precedentes deste TJSP – Sentença anulada – Recurso provido" (TJSP, 25ª Câmara de Direito Privado, Ap. 1004051-53.2021.8.26.0664, rel. Des. Carmen Lucia da Silva, j. 18.11.2021, *DJE* 29.11.2021).

    "O protesto interruptivo de prescrição é medida processual de jurisdição voluntária, cujo interesse processual do demandante advém apenas da necessidade de interromper o prazo prescricional, nos termos dispostos nos arts 202, II, do CC e 726, § 2º, do CPC" (TJSP, 25ª Câmara de Direito Privado, Ap. 2119222-64.2019.8.26.0000, rel. Des. Marcondes D'Ângelo, j. 11.7.2019).

19. "Medida cautelar de protesto ajuizada para interromper prazo prescricional referente a contrato habitacional. Deve ser indeferido por falta de legítimo interesse o protesto

A título de arremate, cabe registrar que o protesto ora analisado não se confunde com o protesto marítimo, que conta com regulação específica (CPC, arts. 766 a 770) e escopo diverso.[20]

2.740. procedimento

O procedimento da notificação e da interpelação é o mesmo (CPC, arts. 726 e 729). Por sua vez, o procedimento previsto para os dois primeiros institutos aplica-se ao protesto apenas "no que couber" (CPC, art. 726, § 2º).

Independentemente de se estar diante de notificação, interpelação ou protesto, o procedimento se inicia por provocação do requerente, que deve apresentar petição inicial contendo todos os requisitos previstos no art. 319 do Código de Processo Civil, sob pena de indeferimento, caso em que se admite a interposição de recurso de apelação pelo requerente.[21]

A medida deve ser endereçada ao "juízo cível do foro do domicílio ou da sede da pessoa física ou jurídica interpelanda ou notificanda",[22] valendo destacar que, tratando-se de caso de incompetência relativa – que não pode ser

---

formulado por quem não demonstra vínculo com a relação jurídica invocada" (STJ, 3ª Turma, REsp 1.200.075-RJ, rel. Min. Nancy Andrighi, j. 23.10.2012, *DJe* 13.11.2012).

20. "O capitão é obrigado a ter escrituração regular de tudo quanto diz respeito à administração do navio, e à sua navegação (art. 501 do CCo). Um dos livros obrigatórios é o Diário da Navegação, onde devem ser assentados, diariamente, enquanto o navio se achar em algum porto, os trabalhos que tiverem lugar a bordo, e os consertos ou reparos do navio. No mesmo livro se assentará também toda a derrota da viagem, notando-se diariamente as observações que os capitães e os pilotos são obrigados a fazer, todas as ocorrências interessantes à navegação, acontecimentos extraordinários que possam ter lugar a bordo, e com especialidade os temporais, e os danos ou avarias que o navio ou a carga possam sofrer, as deliberações que se tomarem por acordo dos oficiais da embarcação, e os competentes protestos (art. 502 do CCo).
Assim, o procedimento em análise visa dar publicidade do Diário da Navegação, nos termos previstos no art. 505 do CCo: 'Todos os processos testemunháveis e protestos formados a bordo, tendentes a comprovar sinistros, avarias, ou quaisquer perdas, devem ser ratificados com juramento do capitão perante a autoridade competente do primeiro lugar onde chegar; a qual deverá interrogar o mesmo capitão, oficiais, gente da equipagem (art. 545, n. 7) e passageiros sobre a veracidade dos fatos e suas circunstâncias, tendo presente o Diário da Navegação, se houver sido salvo'" (Rogério Mollica, in José Rogério Cruz e Tucci *et al.* (coords.), *Código de Processo Civil anotado*, AASP/OAB Paraná, 2015, p. 1.177).

21. "Quando, porém, a petição inicial é indeferida, o caso é, efetivamente, de sentença, impugnável, portanto, por meio de apelação (art. 1.009)" (Leonardo Greco, in Teresa Arruda Alvim Wambier *et al.* (coords.), *Breves comentários ao novo Código de Processo Civil*, São Paulo, Ed. RT, 2015, p. 1.682).
No mesmo sentido: Luiz Guilherme Marinoni, Sérgio Cruz Arenhart e Daniel Mitidiero, ob. cit., p. 820.

22. Antonio Carlos Marcato, *Procedimentos especiais*, 17ª ed., São Paulo, Atlas, 2017, p. 328.

conhecida de ofício pelo juiz – diante da ausência de oportunidade de o requerido se manifestar, ainda assim a medida deve ser deferida.[23]

No que diz respeito ao valor da causa, o requerente pode estimá-lo apenas para fins de alçada, pois inexiste lide nem proveito econômico imediato.[24]

Recebida a inicial, cabe ao juiz, em regra, apenas determinar a intimação do requerido, o que deve se dar por carta (CPC, art. 274), por mandado (CPC, art. 269) ou por meio eletrônico (CPC, art. 270). Não sendo possível a intimação por esses meios, admite-se ainda a intimação do requerido por edital (CPC, art. 246).[25]

Note-se que não se trata de citação do requerido,[26] pois ele é simplesmente cientificado do conteúdo da notificação, interpelação ou protesto promovido pelo requerente.

---

23. "Como o requerido não tem a oportunidade de se manifestar e a incompetência relativa não pode ser conhecida de ofício pelo juiz (...) ainda que o requerente ingresse com o processo em foro ou seção judiciária incompetente, o pedido do requerente será deferido. O único controle possível ao juiz é o da incompetência absoluta, que deve ser realizado de ofício" (Daniel Amorim Assumpção Neves, ob. cit., p. 1.171).

24. "Cuidando-se de procedimento voltado apenas a obter a interrupção de prazo prescricional sem qualquer conteúdo patrimonial imediato, não se faz necessário atribuir à causa o valor da dívida que será alvo de futura ação de cobrança – Conteúdo patrimonial que deve ser atribuído apenas à própria ação de cobrança (Código de Processo Civil, art. 292, inc. I) – Decisão agravada que determinou a alteração do valor da causa para o valor do crédito (dívida) em aberto reformada – Valor atribuído à causa para fins meramente fiscais adequado ao procedimento voltado à obtenção da interrupção do prazo prescricional" (TJSP, 25ª Câmara de Direito Privado, AI 2288227-16.2021.8.26.0000, rel. Des. Marcondes D'Ângelo, j. 28.4.2022, *DJE* 28.4.2022).
    "Decisão que determinou que a autora emendasse a petição inicial para correção do valor da causa e complementar o valor das custas iniciais – Insurgência – Possibilidade – Notificação judicial que destina-se exclusivamente à conservação do direito da autora para constituir em mora o promitente comprador, não existindo lide nem proveito econômico imediato, sendo possível a fixação do valor da causa em valor estimativo – Inexistência de proveito econômico imediato – Precedentes do STJ e desta e. Corte" (TJSP, 15ª Câmara de Direito Privado, AI 2275246-52.2021.8.26.0000, rel. Des. Achile Alesina, j. 30.11.2021, *DJE* 30.11.2021).

25. "Admite-se, ainda, que a comprovação da mora do devedor seja efetuada pelo protesto do título por edital quando, esgotados os meios de localizar o devedor, seja inviável a notificação pessoal, em razão de não ter sido o réu encontrado no endereço indicado no contrato" (STJ, 4ª Turma, AgInt no AgR no AREsp 664.661-MS, rel. Min. Raul Araújo, *DJe* 10.6.2016).
    "Não se logrando sucesso na tentativa de notificar pessoalmente o devedor no endereço constante do contrato, a notificação do protesto por edital é válida à sua constituição em mora" (TJMT, AI 65887/2007, rel. Des. José M. Bianchini Fernandes, j. 26.11.2007).

26. "Citação é o ato mediante o qual se transmite ao demandado a ciência da propositura da demanda, tornando-o parte do processo (...). Sobre a relação processual o efeito da

Como adiantado, a participação do juízo é meramente integrativa, já que "o órgão judicial se limita a acatar a pretensão do promovente de que sua manifestação de vontade seja levada, pelas vias judiciais, ao conhecimento do promovido".[27]

Contudo, por muitas vezes a cientificação exclusivamente do requerido não é suficiente para que os interesses do requerente estejam resguardados, sendo necessária a intimação de terceiros.

Na hipótese, cabível a publicação de edital, nos termos do art. 726, inc. I, do Código de Processo Civil, que estabelece que, "se a pretensão for a de dar conhecimento geral ao público, mediante edital, o juiz só a deferirá se a tiver por fundada e necessária ao resguardo de direito".

Ademais, estabelece o art. 728 do Código de Processo Civil que o requerido será previamente ouvido antes do deferimento da notificação ou do respectivo edital se houver suspeita de que o requerente, por meio da notificação ou do edital, pretende alcançar fim ilícito (inc. I) e se tiver sido requerida a averbação da notificação em registro público (inc. II).[28]

As disposições de referidos artigos (CPC, art. 726, inc. I, e art. 728) claramente buscam resguardar o requerido de eventuais abusos de direito por parte do requerente.[29]

Além disso, o procedimento da notificação, interpelação ou protesto (i) não admite dilação probatória, não havendo nele prolação de sentença, nem mesmo homologatória, (ii) é incompatível com a condenação em honorários

---

citação consiste em completar sua estrutura tríplice" (Cândido Rangel Dinamarco, *Instituições de direito processual civil*, 7ª ed., vol. II, São Paulo, Malheiros Editores, 2017, pp. 597-598).

27. Humberto Theodoro Júnior, ob. cit., p. 689.

28. "Nas situações delineadas em referido artigo, o juiz não pode deferir as medidas nele dispostas, no deferimento da inicial. A notificação será cientificada ao requerido, o qual tomará ciência oficial, em toda extensão, da vontade do requerente. É postergada, na espécie, a apreciação dos efeitos que o promovente quer atribuir à notificação, ou seja, a decisão sobre a publicação do edital para conhecimento de terceiros e a averbação em cartório de registro serão objeto de deliberação judicial posterior à intimação do promovido. À vista das alegações e, eventualmente, de documentos do promovido, o juiz decidirá sobre a conveniência da expedição do edital ou da averbação pleiteadas pelo requerente" (Humberto Theodoro Júnior, ob. cit., pp. 697-698).

29. "Assim, o que se observa é que, a despeito de tais procedimentos de jurisdição voluntária não consubstanciarem manifestação judicial propriamente dita, poderá o órgão judicial inadmitir determinados pedidos, quando verificar que há abuso do requerente, caso este vise a obter finalidade indevida, o que deverá ser precedido da oportunidade de manifestação da parte interessada" (Bruno Freire e Silva, ob. cit., p. 1.037).

sucumbenciais[30-31] e (iii) é insuscetível de caracterizar a dependência ou prevenção para eventual e futuro processo.[32]

Uma vez deferida e realizada a intimação do requerido, o Código de Processo Civil estabelece que os autos serão entregues ao requerente (CPC, art. 729).

De forma diversa da prevista no art. 872 do Código de Processo Civil de 1973 – que previa que, uma vez realizada a intimação, cabia ao juiz ordenar, após o pagamento das custas e decorrido o prazo de 48 horas, fossem os autos entregues à parte independentemente de traslado –, o Código de Processo Civil de 2015 não faz qualquer menção a formalidades ou prazos.

Analisando o silêncio do legislador, Humberto Theodoro Júnior pontua que "a solução mais adequada, porém, é a permanência dos autos em cartório pelo período de um mês, ou outro estipulado pelo juiz, tal como se passa no caso do art. 383. Cabe aplicar, por analogia, a regra estabelecida para o pro-

---

30. "Apelação – Notificação judicial – Art. 726 do CPC – Condenação do notificado no pagamento de honorários advocatícios – Inadmissibilidade – Medida incompatível com o procedimento de jurisdição voluntária – Recurso provido para afastar tal condenação" (TJSP, 4ª Câmara de Direito Público, Ap. 1011773-79.2019.8.26.0577, rel. Des. Ferreira Rodrigues, j. 25.4.2022, *DJE* 29.4.2022).

31. "Apesar de a norma não fazer menção aos honorários advocatícios, é da essência desse tipo de processo que cada parte arque com os honorários de seu patrono – ou seja, não deverá haver condenação em honorários –, pois a atuação por intermédio de advogado se dará na medida do seu interesse" (Bruno Vasconcelos Carrilho Lopes, in José Roberto F. Gouvêa *et al.* (coords.), *Comentários ao Código de Processo Civil*, vol. II, São Paulo, Saraiva, 2018, p. 229).

32. "Conflito de competência – Notificação judicial – Rescisão de contrato de prestação de serviços advocatícios – Distribuição por dependência à ação de divórcio – Impossibilidade – Notificação judicial caracterizada como procedimento de cunho não contencioso, dotado de autonomia e meramente conservativo de direito e, como tal, insuscetível de caracterizar a dependência – Inteligência do art. 726 do CPC – Conexão não verificada – Ausência de risco de decisões conflitantes – Arts. 55, *caput*, 3º, e 286, incs. I e III, ambos do CPC – Competência do MM. Juízo suscitado – Conflito procedente" (TJSP, Câmara Especial, Conflito de competência 0028681-82.2020.8.26.0000, rel. Des. Lidia Conceição, j. 15.9.2020, *DJE* 15.9.2020).
"Conflito negativo de competência – Ação de produção antecipada de provas distribuída livremente ao Juízo da 2ª Vara Cível de Sumaré – Redistribuição do feito ao Juízo da 3ª Vara Cível da mesma comarca, nos termos do art. 286, II, do CPC – Impossibilidade – Feito anteriormente proposto que se trata de notificação judicial (art. 726 do CPC) – Ambos os feitos que se caracterizam como não contenciosos, gozando de autonomia, sendo insuficiente para caracterizar a prevenção – Precedentes do Superior Tribunal de Justiça e desta Câmara – Conflito julgado procedente – Competência do Juízo da 2ª Vara Cível de Sumaré, ora suscitado" (TJSP, Câmara Especial, Conflito de Competência 0038284-53.2018.8.26.0000, rel. Des. Dora Aparecida Martins, j. 3.6.2019, *DJE* 5.6.2019).

cedimento destinado à produção antecipada de prova, definido nos arts. 381 a 383 da nova lei processual, sendo bastante assemelhadas as duas medidas, no tocante à constituição de prova em benefício do promovente".[33]

Por fim, no tocante ao art. 729 do Código de Processo Civil, importante notar que atualmente grande maioria dos processos judiciais se inicia e tramita de forma eletrônica, razão pela qual referido artigo tende a cair em desuso – afinal, tratando-se de processo eletrônico, parece razoável que os autos sejam simplesmente arquivados com a respectiva baixa no distribuidor, cabendo ao interessado "baixar" cópia integral dos autos por conta própria.

2.741. ausência de contraditório

O art. 871 do Código de Processo Civil de 1973 era expresso ao afirmar que "o protesto ou interpelação não admite defesa nem contraprotesto nos autos; mas o requerido pode contraprotestar em processo distinto".

Embora o Código de Processo Civil vigente não tenha previsão alguma acerca do assunto, ainda assim não se admite a apresentação de defesa[34] ou contraprotesto[35] nos autos em que a notificação, interpelação ou protesto são processados.

Isso não quer dizer que o requerido nada possa fazer, pois o procedimento não impede que aquele contra quem se notificou, interpelou ou protestou, por sua vez, notifique, interpele ou proteste em outro procedimento independente.[36]

Quanto a esse ponto, registre-se que a oitiva do requerido prevista no art. 728 do Código de Processo Civil não pode ser confundida com defesa processual, incompatível com a natureza do procedimento.

2.742. protesto contra alienação de bens

Conforme esclarecido, pode o interessado, com o objetivo de prover a ressalva de seus direitos, realizar protesto contra alienação de bens.[37]

---

33. Humberto Theodoro Júnior, ob. cit., p. 689.

34. Considerando que a *interpelação* judicial se trata de procedimento que não exige contraditório, que se encerra com a simples comunicação da parte contrária, o que já foi realizado no caso com a citação da parte ré em primeiro grau, a pretensão inicial se exauriu, restando prejudicado o apelo da autora (TJSP, 31ª Câmara de Direito Privado, Ap. 1051832-85.2019.8.26.0100, rel. Des. Paulo Ayrosa, j. 28.9.2020, *DJE* 28.9.2020).

35. "Na realidade, o termo é incorreto, tratando-se meramente de um novo processo, que pode ser de protesto, notificação, interpelação ou de qualquer outra natureza" (Daniel Amorim Assumpção Neves, ob. cit., p. 1.174).

36. "Não impede que aquele contra quem se protestou, por sua vez, proteste" (Francisco Cavalcanti Pontes de Miranda, *Comentários ao Código de Processo Civil*, t. IX, Rio de Janeiro, Forense, 1959, p. 175).

37. Registre-se que o protesto contra alienação de bens é uma das medidas previstas pelo art. 301 do Código de Processo Civil para efetivação da tutela de urgência de natureza

A inserção da informação no registro público do imóvel é uma forma de prevenir possível alienação fraudulenta, mediante divulgação *erga omnes*, o que não impede a disposição do bem, mas obsta tão somente a que eventual terceiro adquirente possa alegar boa-fé no caso de futura demanda judicial envolvendo o imóvel.

Nos termos da jurisprudência do Superior Tribunal de Justiça, são requisitos para o protesto contra a alienação de bens o legítimo interesse[38] e a não prejudicialidade efetiva da medida,[39] sendo que sua efetivação "não tem o condão de obstar o respectivo negócio tampouco de anulá-lo; apenas tornará inequívocas as ressalvas do protestante em relação ao negócio, bem como a alegação desse – simplesmente alegação – em ter direitos sobre o bem e/ou motivos para anular a alienação".[40-41]

Com relação ao bem de família não há qualquer empecilho para que o protesto contra alienação de bens seja averbado na matrícula do imóvel, pois sua realização terá a finalidade apenas de informar terceiros de boa-fé a respeito da pretensão do credor de penhora do bem, na hipótese de afastamento da proteção legal (Lei 8.009/1990).[42]

---

cautelar.

38. "Não se pode, p.ex., protestar contra alienação de bens se o devedor-vendedor é senhor de muitos outros que possam atender à obrigação denunciada pelo protestante" (Ernane Fidélis dos Santos, *Manual de direito processual civil*, vol. 3 ("Procedimentos especiais codificados e da legislação esparsa, jurisdição contenciosa e jurisdição voluntária, processo nos tribunais e juizados especiais"), 15ª ed., São Paulo, Saraiva, 2017, p. 590).

39. STJ, 4ª T., REsp 1.236.057-SP, rel. Min. Antonio Carlos Ferreira, j. 6.4.2021, *DJe* 28.4.2021.

40. STJ, 3ª Turma, REsp 1.229.449-MG, rel. Min. Nancy Andrighi, *DJe* 15.9.2011.

41. "O primeiro requisito – legítimo interesse – se traduz na necessidade ou utilidade da medida para assegurar ao promovente o fim colimado. Assim, devem ser sumariamente indeferidos por falta de legítimo interesse os protestos formulados por quem não demonstra vínculo com a relação jurídica invocada ou que se mostrem desnecessários frente aos próprios fatos descritos na petição inicial. O segundo requisito – não nocividade da medida – exige que o protesto não atente contra a liberdade de contratar ou de agir juridicamente, ou seja, o seu deferimento não deve dar causa a dúvidas e incertezas que possam impedir a formação de contrato ou a realização de negócio lícito. Esse impedimento, porém, é de natureza psicológica, porque o protesto não tem a força de direito de impedir qualquer negócio jurídico. Na prática, portanto, o juiz deve tolher o uso abusivo da medida, como meio de suscitar suspeitas infundadas ou exageradas sobre o bem ou direito objeto do protesto, a ponto de afastar indevidamente o possível interesse de terceiros em firmar negócio jurídico envolvendo o mencionado bem ou direito" (STJ, 4ª Turma, AgR no RMS 48.140-GO, rel. Min Luís Felipe Salomão, j. 3.12.2015, *DJe* 11.12.2015).

42. "Em relação ao bem de família, o protesto contra alienação de bens não possui o objetivo de obstar ou anular o negócio jurídico de venda do imóvel impenhorável. A sua

2.743. conclusão

Ao longo do presente artigo foram analisados os institutos da notificação, interpelação e protesto, que no Código de Processo Civil de 2015 passaram a ser adequadamente tratados nos arts. 726 a 729 como um procedimento especial.

Em um primeiro momento foram apontadas algumas distinções acerca dos objetivos de cada instituto, passando-se à análise especificamente do procedimento e de algumas de suas particularidades, tais quais a ausência de contraditório, de produção de provas e de sentença, não cabimento de honorários advocatícios – dentre outras.

Enfim, trata-se de procedimento especial de vasta e corriqueira utilização na prática forense e de extrema relevância nas relações de direito material.

Referências Bibliográficas

BEDAQUE, José Roberto dos Santos. "Breves notas sobre jurisdição e ação". In. ZUFELATO, Camilo, e YARSHELL, Flávio Luiz. *40 anos da teoria geral do processo no Brasil: passado, presente e futuro*. São Paulo, Malheiros Editores, 2013.

DINAMARCO, Cândido Rangel. *Instituições de direito processual civil*. 7ª ed., vol. II. São Paulo, Malheiros Editores, 2017.

DINAMARCO, Cândido Rangel, e LOPES, Bruno Vasconcelos Carrilho. *Teoria geral do novo processo civil*. São Paulo, Malheiros Editores, 2016.

GRECO, Leonardo. In: WAMBIER, Teresa Arruda Alvim, *et al.* (coords.). *Breves comentários ao novo Código de Processo Civil*. São Paulo, Ed. RT, 2015.

LOPES, Bruno Vasconcelos Carrilho. In: GOUVÊA, José Roberto F., *et al.* (coords.). *Comentários ao Código de Processo Civil*. vol. II. São Paulo, Saraiva, 2018.

LOPES, Bruno Vasconcelos Carrilho, e DINAMARCO, Cândido Rangel. *Teoria geral do novo processo civil*. São Paulo, Malheiros Editores, 2016.

MARCATO, Antonio Carlos. *Procedimentos especiais*. 17ª ed. São Paulo, Atlas, 2017.

MARINONI, Luiz Guilherme, ARENHART, Sérgio Cruz, e MITIDIERO, Daniel. *Novo Código de Processo Civil comentado*. 1ª ed. São Paulo, Ed. RT, 2017.

MOLLICA, Rogério. In: CRUZ E TUCCI, José Rogério, *et al.* (coords.). *Código de Processo Civil anotado*. AASP/OAB Paraná, 2015.

---

finalidade é apenas a de informar terceiros de boa-fé a respeito da pretensão do credor de penhorar aquele bem, na hipótese de afastamento da proteção conferida pela Lei n. 8.009/1990" (TJSP, 30ª Câmara de Direito Privado, AI. 2246985-77.2021.8.26.0000, rel. Des. Maria Lucia Pizzotti, j. 31.1.2022, *DJE*. 31.1.2022).

NEVES, Daniel Amorim Assumpção. *Manual de direito processual civil (volume único)*. Rio de Janeiro, Forense, 2009.

PONTES DE MIRANDA, Francisco Cavalcanti. *Comentários ao Código de Processo Civil*. t. IX. Rio de Janeiro, Forense, 1959.

SANTOS, Ernane Fidélis dos. *Manual de direito processual civil*. vol. 3 ("Procedimentos especiais codificados e da legislação esparsa, jurisdição contenciosa e jurisdição voluntária, processo nos tribunais e juizados especiais"). 15ª ed. São Paulo, Saraiva, 2017.

SILVA, Bruno Freire e. In: CABRAL, Antonio do Passo, e CRAMER, Ronaldo (coords.). *Comentários ao novo Código de Processo Civil*. 2ª ed. Rio de Janeiro, Forense, 2016.

THEODORO JÚNIOR, Humberto. *Curso de direito processual civil*. vol. II – "Procedimentos especiais. Codificados (de jurisdição contenciosa e de jurisdição voluntária) e de legislação extravagante". Rio de Janeiro, Forense, 2020.

VASCONCELOS, Antonio Vital Ramos de. "Alcance jurídico da interpelação judicial". *Revista de Processo* 72. Outubro-dezembro/1993.

CAPÍTULO CLXXXVI – ***ALIENAÇÃO JUDICIAL***

FABIO GUIDI TABOSA PESSOA

2.744. alcance da expressão "alienação judicial" – 2.745. alienação judicial como objeto de procedimento especial de jurisdição voluntária – 2.746. confronto com a disciplina procedimental anterior – 2.747. abrangência restrita da regra do art. 730 do CPC-2015.

2.744. alcance da expressão "alienação judicial"

Dado que o estudo dos procedimentos envolve, dentre outras coisas, a verificação dos atos a serem praticados em cada qual, o estabelecimento da ordem em que organizados esses atos e bem assim o exame das formalidades de que devem se revestir (*supra*, vol. III, n. 1.170), faz-se relevante, como etapa preliminar deste trabalho, definir a abrangência do termo "alienação judicial", de modo a permitir a compreensão do objeto de um procedimento específico que o tenha por elemento nuclear.

Intuitivamente, a expressão remete a um ato de transferência do domínio ocorrido no ambiente judicial, como parte integrante de um procedimento.

Há, entretanto, variadas situações, no âmbito do CPC ou da legislação extravagante, que remetem a hipóteses de alienação de bens com algum grau de intervenção judicial, meramente anterior ou posterior, e que não obstante são por vezes indevidamente associadas a esse conceito, contribuindo para seu indesejável alargamento, sem que a respeito se mostrem uniformes a doutrina ou a jurisprudência.

Não envolve alienação judicial, por certo, a mera divisão judicial da coisa comum (CC, art. 1.230), para o que previsto no CPC procedimento especial (arts. 588 a 598). Há, nesse caso, mera especificação e atribuição aos condôminos de quinhões delimitados, segundo as respectivas frações ideais e a condição dominial preexistente, ausente qualquer elemento translativo de domínio (diversamente da extinção do condomínio pela venda da coisa comum e repartição do produto); o juízo desenvolvido, a rigor, é distributivo, tanto que segundo o art. 1.321 do CC aplicam-se, no que couber, as regras da partilha da herança. A respeito, era explícito o art. 631 do CC-1916, que rezava ser a divisão entre os condôminos meramente declaratória, não atributiva da propriedade.

Tampouco oferece dificuldades, no tocante à alienação fiduciária de imóveis regida pela Lei 9.514/1997, a pretensão pelo credor fiduciário de reintegração de posse (ou, pelo terceiro adquirente do imóvel, de imissão na posse), no curso ou após procedimento de consolidação da propriedade e venda do objeto da garantia, que se desenvolve, totalmente, no plano extrajudicial. Resvalam, eventualmente, para a esfera judicial tão somente alguns efeitos da alienação já consumada extrajudicialmente.

Ainda em matéria de alienação fiduciária, mas de veículos, a demanda de busca e apreensão com procedimento disciplinado pelo Decreto-lei 911/1969 volta-se, em última análise, a possibilitar a retomada pelo credor fiduciário da coisa dada em garantia, com vistas à sua venda e satisfação do crédito em aberto. A despeito desse objetivo, regulado pelo direito substancial, a intervenção jurisdicional, quando necessária para possibilitar a apreensão da coisa móvel, cessa aí, com a entrega do bem ao credor; a venda, propriamente dita, do veículo ocorre em termos extrajudiciais, por ato privado do credor totalmente estranho ao procedimento da busca e apreensão, venda que tampouco ostenta natureza executiva em relação à sentença aí proferida, desprovida de natureza condenatória em torno da transmissão do domínio (mantém-se a característica de venda exclusivamente extrajudicial ainda quando feita previamente à sentença, após o cumprimento da liminar, conforme autorização do art. 2º, *caput*, c/c o art. 3º, § 1º, do citado Decreto-lei 911/1969).

Do mesmo modo, no tocante às operações de arrendamento mercantil, se porventura obtém o arrendador a reintegração judicial da posse do objeto arrendado, a venda, que se segue, é também feita extrajudicialmente (art. 2º, § 4º, do Decreto-lei 911/1969, incluído pela Lei 13.043/2014).

Paralelamente aos casos em que a venda se dá fora da esfera judicial, depois de *materialmente* viabilizada pela intervenção judicial (*v.g.*, mediante apreensão e entrega do objeto), há outras hipóteses em que a atuação jurisdicional vem exigida pelo legislador como autêntico requisito *jurídico* de validade (ou eficácia) da alienação de determinados bens, como se tem no tocante a algumas situações de incapacidade do alienante.

Os bens imóveis de menores sob o poder familiar, p.ex., não podem ser vendidos pelos pais sem autorização judicial (CC, art.1.691, *caput*); o mesmo ocorre quanto aos bens móveis e imóveis de menores sob tutela, no segundo caso inclusive mediante prévia avaliação (CC, arts. 1.748, inc. IV, e 1.750), e quanto a bens de pessoas sob curatela, relativamente a que aplicáveis as mesmas regras do exercício da tutela (CC, art. 1.781).

De outra parte, quanto a pessoas portadoras de deficiência, em princípio plenamente capazes para os atos da vida civil, pode haver interferência judicial desde que instaurado procedimento de tomada de decisão apoiada – inclusive, se necessário, com pronunciamento sobre a conveniência do negócio (art. 1.783-A do CC, incluído pela Lei 13.146/2015).

Em todos esses casos, uma vez autorizada a venda (ou aprovada a tomada de decisão apoiada), a alienação se concretiza de ordinário em termos extrajudiciais, por ato bilateral direto, de natureza contratual, entre o alienante (ainda que representado ou assistido) e o adquirente. O resultado final almejado, em termos práticos, é a transmissão dominial, mas a pretensão autônoma formulada em juízo é tendente, apenas, à *autorização* para tanto; a intervenção jurisdicional, assim, concentra-se na permissão e, eventualmente, na fiscalização do cumprimento de determinadas condições acaso impostas para a alienação, mas não envolve a efetivação material dessa última.[1]

Também é possível cogitar de permissão para a venda externa de bens sujeitos a processo de inventário, por conveniência ou necessidade do inventariante e herdeiros (visando a gerar recursos ou por se tratar de bem de manutenção indesejada). O art. 1.793, § 3º, do CC qualifica de ineficaz a disposição por herdeiro, sem autorização judicial, de qualquer bem integrante do acervo hereditário, pendente a indivisibilidade; o próprio inventariante, por seu turno, somente pode alienar bens desse mesmo acervo mediante autorização do juiz da sucessão, ouvidos os interessados (CPC, art. 619, inc. I). Concedida a autorização, outrossim, a venda, mediante alvará, será igualmente promovida diretamente pelo inventariante a quem de direito, em nome do espólio, por meio de negócio privado.

Assentada a característica fundamental de existência, em todas as hipóteses referidas, de negócio direto e estranho ao procedimento, a identificação, em termos estritos, de *alienação judicial* deve ser buscada justamente em função de peculiaridades do ato translativo que apontem não apenas para sua realização no ambiente judicial mas, especialmente, para sua consumação material por meio de ato estatal, integrante do procedimento e de natureza complexa, a partir do qual a um só tempo retirada a titularidade dominial das mãos de alguém e transferida a coproprietário ou terceiro.

---

1. Diferentemente do que se tinha na vigência do Código Civil de 1916, em que o arrendamento dos bens de raiz e a venda dos bens móveis do órfão haveriam de ser promovidos pelo tutor mediante praça pública (art. 427, incs. V e VI), impondo-se a realização de hasta pública para a venda de imóveis (art. 429).

Ainda que se pretenda, sob perspectiva mais larga, vislumbrar alienação judicial também na venda cuja realização se permita, alternativamente, em termos privados (para a atender à conveniência dos interessados e na ausência de vedação legal), a tanto se pode chegar, de toda forma, somente quando o ato translativo seja em si mesmo parte integrante do procedimento respectivo (o que, insista-se, não ocorre nos casos em que a alienação é apenas materialmente viabilizada por atos de apreensão, ou quando a atuação judicial é apenas de autorização e/ou controle da regularidade).

Basicamente, a alienação judicial (em sentido estrito) pode se desenvolver por três formas distintas, disciplinadas nos arts. 876 a 903 do CPC:[2] adjudicação, alienação por iniciativa particular e em leilão (eletrônico ou presencial).

Não deixa, evidentemente, de ter natureza de alienação judicial, à luz dos parâmetros aqui definidos, a hipótese de *adjudicação* (em favor, na execução, do exequente ou de algum dos legitimados do art. 876, §§ 5º e 7º, do CPC, e em outras situações em favor de condôminos ou, eventualmente, de credores), ainda que o legislador tenha empregado o termo "alienação", no art. 879 do CPC, referindo-se apenas às outras espécies de expropriação, as quais envolvem ordinariamente o pagamento de um preço.[3]

A chamada alienação *por iniciativa particular*, por seu turno, não obstante a enganosa nomenclatura, é certamente exemplo de alienação *judicial*, não se confundindo com alienação privada pura e simples. O que se dá em termos particulares é apenas a busca, por iniciativa do exequente ou com atuação de corretor ou leiloeiro público, de interessados na aquisição do bem penhorado, observadas as condições do art. 880, § 1º, do CPC; frutífera que seja essa diligência, entretanto, a concretização da alienação se dá por meio de ato judicial, consistente na assinatura do termo do art. 880, § 2º. Não há nisso qualquer ato negocial de transmissão dominial da parte do titular do bem (o executado), do que de resto nem mesmo teria motivo para praticá-lo, sendo a venda feita contra sua vontade.

De todo modo, as espécies de alienação judicial, ditadas conforme o caso por imposição legal, por razões de conveniência, por necessidade ou ainda por limitações das situações jurídicas em função das quais venha a ser praticado o ato, não são relevantes para a compreensão de sua inserção sistemática, senão a verificação da finalidade da alienação, do contexto em que realizada e da estrutura procedimental em que situada.

---

2. Relativas ao procedimento da execução por quantia certa, mas de aplicação supletiva a outras hipóteses de alienação judicial previstas em lei.
3. Circunstancialmente, também a adjudicação pode envolver a necessidade de desembolso por parte do adjudicante.

Sob tal perspectiva, apresentam-se como exemplos típicos de alienação judicial, antes de mais nada, atos objeto de procedimentos contenciosos marcados pela agressão ao patrimônio do devedor com vistas à satisfação de credores, como os de realização do ativo no âmbito falimentar (arts. 139 a 148 da Lei 11.101/2005) ou de expropriação na execução singular por quantia certa contra devedor solvente (CPC, arts. 876 a 903).

Além disso, pode estar a alienação judicial inserida na dinâmica natural de determinados procedimentos, como parte do tratamento judicial destinado a situações jurídicas específicas (p.ex., a tutela de coisas vagas – art. 746, § 3º, do CPC, c/c o art. 1.237 do CC –, a regulação de avaria grossa, em transporte marítimo – art. 708, § 3º, do CPC –, a alienação de bens no curso do inventário, para a facilitação da partilha – art. 649 do CPC –, ou para pagamento de credores, com concordância dos herdeiros – art. 642, §§ 3º e 4º, do CPC).

Pode, em adendo, ser autorizada com propósitos marcadamente acautelatórios (CPC, arts. 742 e 852), normalmente para evitar a depreciação ou deterioração de bens de interesse a determinado processo.

Eventualmente, decorre de imperativo legal com vistas ao tratamento de situações jurídicas relevantes merecedoras de especial tutela estatal, como se tinha no tocante à exigência do CC-1916 de praça ou hasta pública para a venda de bens de menores sob tutela ou de interditos.

E pode, também, decorrer de necessidade privada decorrente da falta de consenso em torno da regulação de interesses incidentes sobre coisas comuns.

2.745. alienação judicial como objeto de procedimento especial de jurisdição voluntária

A doutrina refere, como um dos critérios distintivos das hipóteses de alienação judicial, sua autonomia ou caráter principal, em contraposição à natureza incidental; no primeiro caso viria a alienação posta como objeto central do pedido, desvinculadamente de outro processo ou providência, concentrando-se em torno dela o procedimento e exaurindo-se com sua realização; incidental, por outro lado, seria a alienação aperfeiçoada no curso e como providência acessória relativa a outro processo com objeto distinto.

Melhor distinguir ainda, quanto ao segundo aspecto, "incidente" de "incidental". Há os atos de alienação previstos como parte integrante de determinado procedimento, e nele praticados de forma incidente – ou quando menos sendo naturalmente inseríveis na estrutura procedimental correspondente –, sem se confundir com o objeto respectivo, e há os que venham a ser requeridos no curso de outro processo ou procedimento, com função instrumental, por meio de processo distinto, incidental.

Mantida, outrossim, pelo CPC vigente a técnica da disciplina em separado dos procedimentos especiais qualificados como de jurisdição voluntária, no âmbito do processo de conhecimento, vem essa disciplina caracterizada, no capítulo próprio, pela disposição inicial de normas procedimentais de caráter geral, na sequência enumerando-se uma série de procedimentos específicos, distribuídos em seções (dentre elas a Seção III, dedicada à alienação judicial, limitada ao art. 730).

Sujeitam-se a processamento segundo as regras gerais dos arts. 719 a 724, nesse sentido, os pedidos de alienação de coisa comum (art. 725, inc. IV), feitos por um ou mais condôminos em face dos demais, ou ainda de alienação restrita a quinhão em coisa comum (art. 725, inc. V).

Trata-se de hipóteses reconhecidas, sem divergência, como casos de alienação judicial autônoma, ou de caráter principal, visando à extinção do condomínio como um todo ou, no segundo caso, à exclusão do interessado da comunhão, mediante transferência de sua quota a outrem.

Embora em ambas as situações a alienação judicial seja o provimento final buscado – e, de resto, necessário para a produção do efeito substancial almejado –, deve ser ela antecedida de fase cognitiva em torno de sua viabilidade e pertinência, com solução de eventuais manifestações de resistência oferecidas por outros interessados; a esse respeito irá versar a sentença de mérito a ser proferida nos termos do art. 723 do CPC, insuscetível por si só de fazer cessar o *status* condominial e voltada, tão somente, a determinar, se o caso, a futura realização dos atos materiais destinados a concretizar a alienação.

Por outro lado, parte da doutrina menciona como exemplo de alienação judicial autônoma também a hipótese do art. 725, inc. III, do CPC, opinião da qual, como já dito no tópico anterior, não compartilhamos. Embora a literalidade do dispositivo em questão aponte como objeto do pedido, dentre outras coisas, a *alienação* de bens de crianças ou adolescentes, de órfãos e de interditos, a atividade jurisdicional não visa, aí, a qualquer alienação em juízo, senão à emissão, desde que presentes os requisitos necessários, de *autorização* para a venda, a ser feita concretamente no plano extrajudicial.[4]

Inexiste, aí, conflito prático não resolvido amigavelmente, como nos dois outros casos, a reclamar a intervenção judicial, senão a preocupação estatal com o controle e a fiscalização do ato, na tutela dos relevantes interesses do incapaz (e diferentemente do que ocorria sob a égide do CC-1916, em que

---

4. Não é de se excluir que, em caráter excepcional e mediante justificação adequada, postule o incapaz, por seus representantes, ou mesmo o Ministério Público, a concretização também em juízo da alienação do bem, o que, de toda forma, consistiria situação desbordante do paradigma do inc. III.

se exigia a venda judicial propriamente dita, no tocante aos menores tutelados e aos interditos).

De outra parte, no tocante a alienações judiciais previstas em termos incidentes, no âmbito de procedimentos específicos de jurisdição voluntária, os exemplos clássicos sempre citados são os da arrecadação da herança jacente e do procedimento relacionado ao tratamento das coisas vagas.

No primeiro caso, estatui o art. 742 do CPC a possibilidade de o juiz (mesmo de ofício, como subentendido), nas hipóteses dos incs. I a V, autorizar a alienação, enquanto não acolhida eventual habilitação ou declarada a vacância, dos bens ali apontados. A alienação, a ser naturalmente feita em juízo (dadas as circunstâncias), tem por escopo evitar danos diretos ou indiretos à massa de bens, e tem função nitidamente acautelatória.

Quanto às coisas vagas, após apresentada pelo descobridor a coisa alheia perdida, prevê o art. 746, § 2º, do CPC, a expedição de edital na busca do dono ou do legítimo possuidor, mandando, nos termos do § 3º, observar-se quanto ao mais "o disposto em lei". Com isso, acaba remetendo indiretamente ao art. 1.237 do CC, que, em caso de falta de comparecimento de alguém que reclame a coisa, dentro de 60 dias, manda aliená-la em hasta pública, com pagamento, por meio do produto, da recompensa ao descobridor, bem como, deduzidas as despesas, a entrega do remanescente ao Município em que localizado o objeto. A alienação judicial incidente, como se percebe, tem aí escopo eminentemente satisfativo, derivado do próprio tratamento legal da descoberta.

A mesma facilidade exegética não é oferecida pela regra do art. 730 do CPC.

Pela própria inserção topológica, como objeto de seção voltada, dentre outras, a contemplar procedimentos específicos de jurisdição voluntária, sugere o dispositivo legal em questão, naturalmente, a instituição de disciplina procedimental suficiente tendo por objeto a alienação judicial, em si mesma.

Não se trata, entretanto, como decorre da redação correspondente, de regular o procedimento de pedido de alienação autônomo e desvinculado de qualquer outro processo, mesmo porque, diferentemente dos incs. IV e V do art. 725, o art. 730 não indica qualquer situação jurídica substancial em relação a que a alienação judicial ali referida se preste a de algum modo tutelar.

Mais ainda: a sugestão é de cenário em que o juízo de admissibilidade sobre a alienação já esteja superado, restando apenas definir o modo de sua concretização prática.

A doutrina, embora com discrepâncias quanto à incidência, assinala tratar-se de hipótese de alienação tipicamente incidental. Entretanto, a análise sistemática e gramatical do art. 730, de par com sua confrontação histórica com a disciplina anterior da matéria, põe em dúvida sequer a existência, nesse caso, de um procedimento com identidade própria.

2.746. *confronto com a disciplina procedimental anterior*

O CPC-1939, que não fazia distinção entre jurisdição voluntária e contenciosa, adotou disciplina na qual, além de regular os casos de alienação judicial incidentes em procedimentos diversos, como o relativo à execução por quantia certa (arts. 963 a 985), tratou em particular de quatro procedimentos especiais[5] tendo por objeto principal ou subsidiário a deliberação sobre atos de tal natureza: venda, locação e administração de coisa comum (arts. 405 a 409),[6] venda de quinhão em coisa comum (art. 410), venda de bens de órfãos ou incapazes (arts. 635 a 637) e venda de bens dotais (arts. 638 a 641).

Em separado, por seu turno, no âmbito dos chamados *processos acessórios*, estabeleceu em título específico disposições de natureza variada para *vendas judiciais* (arts. 704 a 706), p.ex. ditando formalidades para a avaliação e venda dos bens em praça ou leilão público, bem como vinculando a essas formalidades hipóteses como as de venda, em inventário, do imóvel que, na partilha, não couber no quinhão de um só herdeiro ou não admitir divisão cômoda, da venda de coisa comum indivisível e da venda dos bens móveis e imóveis de órfãos (além disso aludindo também, quanto à venda de coisa comum, a critérios de preferência entre condôminos e estranhos e à propositura por condômino preterido de ação para o exercício de sua preferência).

Se, nas situações referidas no art. 706, a rigor se distinguia tão somente a previsão de normais operacionais de caráter complementar em relação a hipóteses de venda judicial já previstas em outros procedimentos especiais, a rigor trouxe o título em questão, como novidade, a previsão de determinação incidental de alienações judiciais, com vistas à prevenção de danos aos bens em si ou, de natureza econômica, ao processo; cogitou o art. 704, nesse sentido, da possibilidade, nos casos previstos em lei, e sempre que os bens "sequestrados, arrestados, depositados ou penhorados" fossem sujeitos a deterioração, estivessem avariados ou fossem de guarda dispendiosa, a venda em praça ou leilão público, por determinação de ofício do juiz ou a requerimento do depositário ou de algum dos interessados.

O CPC-1973, por seu turno, instituindo a separação entre os procedimentos especiais de jurisdição contenciosa e voluntária, inseriu dentre esses últimos os pedidos de alienação judicial de bens dotais, de menores, de órfãos

---

5. *Processos* especiais, na dicção do legislador.
6. Com objetivo inicial, na esteira do art. 635 do CC-1916, de deliberação dos interessados em torno do destino da coisa e remissão à venda judicial para o caso de falta de opção em torno da locação ou administração, considerando ainda a indivisibilidade.

e de interditos, de alienação de coisa comum e de alienação de quinhão em coisa comum (art. 1.112, incs. III, IV e V), sujeitando-os em termos procedimentais às regras gerais dos arts. 1.104 a 1.111.

E, a exemplo do CPC-1939, previu, na sequência, um capítulo adicional, "Das alienações judiciais" (mas que não estatuía um procedimento único, tratando, na verdade, de situações e aspectos díspares), de conteúdo assemelhado.

Assim, no art. 1.113 repetiu a previsão, para os "casos expressos em lei", de determinação judicial oficiosa ou a requerimento do depositário ou qualquer das partes, de alienação em leilão de bens depositados judicialmente, ante o risco de deterioração, existência de avarias ou elevado custo de manutenção (acrescentando no § 1º a referência a semoventes). Seguiam-se, nos arts. 1.114 a 1.116, regras alusivas à avaliação e à venda em leilão, bem como destinação do produto (tal como o faziam os arts. 704 e 705 do Código de 1939).

Finalmente, em disposições afinadas com a do art. 706 do CPC-1939, previram os arts. 1.117 a 1.119 do Código de 1973 a venda, em leilão, do imóvel insuscetível de divisão cômoda, na partilha, além da coisa comum indivisível e dos bens móveis e imóveis de órfãos,[7] definindo-se, a par disso, regras acerca da preferência de condôminos em torno da venda de coisa comum indivisível e para o exercício da preferência por eventual condômino preterido.

---

7. Note-se a diferença de redação entre o art. 1.112, inc. III, do CPC-1973, que falava, do ponto de vista dos incapazes, no pedido de venda de bens de menores, órfãos e interditos, ao passo que o art. 1.117 do mesmo Código, a ele complementar, referia-se no inc. III apenas aos bens de órfãos. A aparente incongruência resolve-se a partir da percepção de que o art. 1.112, inc. III, tratava conjuntamente de duas situações distintas, uma, singelo pedido de autorização para a alienação extrajudicial de bens e a outra pedido de alienação judicial propriamente dita, em leilão. Os menores sob o pátrio poder, na vigência do CC-1916, podiam ter seus bens imóveis vendidos extrajudicialmente pelos genitores, desde que com autorização judicial (art. 386), disciplina que seguiu, no CC-2002, quanto aos menores sob poder familiar (art. 1.691); o pedido, aqui, era, portanto, apenas de *autorização*, não de alienação judicial em si. Já os menores postos sob tutela não podiam, na vigência do CC-1916, ter seus bens móveis ou imóveis vendidos senão em praça (art. 427) ou hasta pública (art. 429), o que explica a redação do art. 1.117, inc. III, do CPC-1973 (que deveria ter se referido também aos interditos); o pedido judicial, nesse caso, era não apenas de autorização, mas também de efetiva concretização material da venda em juízo. Posteriormente, com o advento do CC-2002, eliminou-se a necessidade de venda judicial, passando-se a admitir a venda mediante simples autorização do juiz dos bens – móveis ou imóveis – dos menores tutelados (arts. 1.748, inc. IV, e 1.750), regra aplicável também aos interditos (cf. art. 1781 do CC-2002). Assim, na órbita do art. 725, inc. III, do CPC-2015, o requerimento atualmente a ser feito, para todos os casos (crianças, adolescentes, órfãos e interditos), como já dito, não é de alienação judicial em si mesma, mas tão somente de *autorização* para a venda (também, eventualmente, para o arrendamento ou oneração de bens).

Mostra-se notável, em tal cenário, a mudança de orientação ditada pelo CPC-2015, seja pela drástica redução da matéria abrangida por essa disciplina específica alusiva à alienação judicial, restrita a um único dispositivo legal, seja pelo próprio conteúdo desse.

Veja-se a redação literal do art. 730:

> "Nos casos expressos em lei, não havendo acordo entre os interessados sobre o modo como se deve realizar a alienação do bem, o juiz, de ofício ou a requerimento dos interessados ou do depositário, mandará aliená-lo em leilão, observando-se o disposto na Seção I deste Capítulo e, no que couber, o disposto nos arts. 879 a 903".

Em primeiro lugar, chama a atenção o silêncio em torno das questões relativas a eventuais preferências, entre condôminos e entre esses e terceiros, bem como em torno da distribuição do produto da venda em tais casos e do exercício judicial da preferência pelo condômino preterido. A omissão é mais do que justificada, e corrige a atecnia dos dois Códigos anteriores em tratar, ociosamente, da matéria, que é de natureza eminentemente substancial e vem efetivamente disciplinada pela lei civil.

Em segundo lugar, não pode passar despercebida, muito menos ter relevado seu significado, a falta de referência a qualquer das situações justificadoras das alienações incidentais de que tratavam os dois Códigos anteriores.

Quanto às providências de cunho eminentemente acautelatório, voltadas a evitar danos aos bens ou excessivo encargo financeiro em torno de sua guarda e conservação, a rigor não se justificava, dada a natureza da matéria, que viessem, mesmo no CPC-1973, disciplinadas como objeto de procedimento específico de jurisdição voluntária.

Ademais, aquele diploma legal, em situações relevantes nesses moldes, já dispunha em sede própria de disposições específicas, como p.ex., o art. 670, que autorizava, quanto a veículos, pedras, metais preciosos e outros bens móveis, a alienação antecipada de bens penhorados, para evitar depreciação ou depreciação; no Código atual a regra encontra previsão equivalente no art. 852.

Em matéria de herança jacente, outrossim, o CPC-1973 também tinha disposição expressa, na disciplina correspondente, tratando da possibilidade de alienação de bens arrecadados, móveis, semoventes ou imóveis, em casos como os de conservação difícil ou dispendiosa, receio de dilapidação e ameaça de ruína, dentre outros (art. 1.155), o que vem novamente tratado em termos específicos pelo CPC-2015, na seção própria (art. 742).

Mesmo quanto à possibilidade de venda judicial de bens sujeitos a inventário e insuscetíveis, na partilha, de divisão cômoda, o CPC-2015 é, agora, expresso (art. 649), ao contrário dos CPCs anteriores, em cuja vigência a hipótese vinha cogitada tão somente pela legislação civil (CC-1916, art. 1.777, e CC-2002, art. 2.019).

Não há, enfim, como pretender que o atual art. 730 siga, em termos implícitos, tratando, integralmente, das mesmíssimas situações de que cuidavam os arts. 1.113 e 1.117, inc. I, do CPC-1973.

2.747. abrangência restrita da regra do art. 730 do CPC-2015

Tendo em vista o laconismo da redação desse dispositivo legal, em comparação com o previsto nos Códigos precedentes, a doutrina acaba por desenvolver, como se percebe, esforço com resultados díspares na tentativa de definição dos respectivos conteúdo e alcance.

Há, assim, quem sustente, mesmo à luz da disciplina vigente, que se trata de um procedimento destinado a possibilitar a alienação judicial no curso de processo pendente, quando se tratar de bens sujeitos a deterioração, avariados, que exijam grandes despesas para sua guarda, semoventes ou então, no inventário, insuscetíveis de divisão cômoda[8] (vale dizer, exatamente as mesmas hipóteses a que se referiam os arts. 1.113, *caput* e § 1º, e 1.117, inc. I, do Código revogado).

Há, de outro lado, quem entenda mais amplamente haver, aí, procedimento de jurisdição voluntária aplicável sempre que determinada a alienação judicial pela lei material, ou ainda quando não houver consenso entre os interessados em torno da venda do bem.[9]

Em termos próximos, fala-se na necessidade de observância do procedimento de jurisdição voluntária para a alienação judicial nos casos, diversos dos procedimentos expropriatórios executivos, em que ausente acordo entre os interessados em torno do modo de alienação, ou quando a lei exija a alienação judicial como requisito de validade da transferência do bem.[10]

De comum a todas as opiniões a percepção de que em todos os casos de alienação judicial incidental, como os referidos, seria necessária a observância das normas procedimentais gerais dos arts. 720 a 724 do CPC-2015, com citação dos interessados e a prolação de sentença, inclusive nos casos em que

---

8. Antonio Carlos Marcato, *Código de Processo Civil interpretado*, São Paulo, Atlas, 2022, pp. 1.253-1.254.

9. Lucas Buril de Macêdo, in Lenio Luiz Streck, Dierle Nunes e Leonardo Carneiro da Cunha (orgs.), *Comentários ao Código de Processo Civil*, 2ª ed., São Paulo, Saraiva, 2017, pp. 985-987.

10. Robson Renault Godinho, in José Roberto F. Gouvêa, Luis Guilherme A. Bondioli e João Francisco N. da Fonseca (coords.), *Comentários ao Código de Processo Civil*, vol. XIV, São Paulo, Saraiva, 2018, pp. 200-203.

iniciado o procedimento especial por iniciativa do juiz, hipótese, conforme se diz, contemplada pelo art. 730.

Não há, entretanto, em termos sistemáticos, como sustentar que a disposição se preste ao estabelecimento de um procedimento genérico destinado a reger todas as alienações judiciais incidentais, em casos diversos de necessidade – e mesmo quando a alienação não for o propósito central do processo em curso, ou não vier prevista como ato naturalmente integrado ao procedimento correspondente –, visto que aí se derivaria para um plano de atipicidade não compatível com a referência, logo ao início do enunciado do art. 730, aos *casos expressos em lei*.

Tampouco há como pretender que esse suposto procedimento se destine à determinação de medidas incidentais com escopo acautelatório, em específico, inclusive por coerência temática.

Na verdade, à luz do sistema vigente, havendo necessidade, por qualquer motivo, de tutela acautelatória consistente na alienação judicial de algum bem, deve ela ser requerida não como providência de jurisdição voluntária, mas, segundo sua natureza, como tutela cautelar antecedente ou incidental, com observância das regras procedimentais próprias.

Por outro lado, tratando-se a alienação de hipótese já prevista em normas procedimentais de ordem específica, deve ser promovida segundo elas, sem a necessidade de se acorrer a um pretenso procedimento genérico de alienação judicial.

O art. 853 do CPC-2015, nesse sentido, prevê que, caso uma das partes requeira a alienação antecipada de bem penhorado, o juiz decida de forma singela, após ouvir a parte adversa em três dias.

O art. 742, acerca da arrecadação de herança jacente, não prevê qualquer procedimento específico para a venda de bens, o que pode ser feito a pedido do curador ou determinado de ofício.

A propósito das coisas vagas, o art. 746, § 3º, remete ao disposto na lei civil, que no art. 1.237 do CC-2002 determina, de forma singela, a venda em hasta pública dos bens perdidos não se apresentando possíveis donos ou possuidores após o prazo de convocação.

Do mesmo modo, em matéria de regulação de avaria grossa (no âmbito de transporte marítimo), o art. 708, § 3º, do CPC prevê singelamente a determinação pelo juiz de envio dos bens a leilão, na forma dos arts. 879 a 903 do mesmo Código, a pedido do regulador e nas hipóteses em que o consignatário se recusar a prestar caução.

Em matéria de inventário, finalmente, o CPC-2015 tampouco prevê para a venda dos bens insuscetíveis de divisão cômoda qualquer necessidade de um processo ou procedimento incidental, simplesmente oferecendo de forma singela, como alternativas, a licitação entre os próprios interessados (*v.g.*, herdeiros) ou, alternativamente, a alienação judicial (art. 649).[11]

Em todas essas hipóteses, quanto a alienações já previstas naturalmente na dinâmica de alguns procedimentos, ou se menos com autorização para sua determinação judicial em situações expressas em lei e internamente ao próprio procedimento, não se concebe, em termos razoáveis, tivessem as partes que se submeter inexoravelmente ao procedimento cognitivo dos arts. 720 a 724 do CPC, de forma a ter legitimamente autorizada a própria alienação judicial, ou em momento posterior para discutir, quando possível, sua forma.

Semelhante exigência seria claramente afrontosa à racionalidade, bem como ao ideal de economia processual e à vocação natural dos procedimentos em servir como modelo de disposição e organização dos atos processuais de modo a assegurar a eficiência da atuação jurisdicional e a observância dos princípios e garantias processuais.

Destaque-se ainda que, em torno dos exemplos citados, ainda que sumária a cognição, é ínsito a todas as previsões procedimentais de alienação incidente de bens o respeito ao contraditório, com prévia discussão das partes ou interessados em torno da matéria.

Passando, por derradeiro, à não menos relevante análise gramatical do texto do art. 730 do CPC, reitera-se a necessidade de atentar para o âmbito de incidência determinado pelo próprio texto legal: em momento algum o dispositivo trata da verificação, em termos primários, da necessidade ou pertinência da alienação judicial em si, e de deliberação judicial a esse respeito. Também por isso, enfim, afasta-se a perspectiva de cogitação de um procedimento genérico destinado à imposição de alienações judiciais.

Fala-se, tão somente, da falta de acordo *sobre o modo de alienação*, partindo da premissa, portanto, de que já superada a etapa cognitiva necessária à determinação ou autorização para a prática do ato.

Sob essa perspectiva, é interessante observar que a disposição nem mesmo teria como ser aplicada a situações específicas em que prevista a alienação incidente de bens à guisa de jurisdição voluntária, como nos casos de herança jacente ou de coisas vagas, já que, aí, pela natureza das situações, ausente qualquer possibilidade de cogitação de acordo entre interessados.

---

11. Ainda no âmbito do inventário, outra situação remissiva à venda judicial de bens da herança é a do art. 642 do CPC-2015, relativo ao pagamento de credores do espólio; o § 3º, a respeito, prevê, após habilitado o credor, a separação de dinheiro para o pagamento ou, na sua falta, de bens suficientes para tanto, determinando sua alienação segundo as disposições do Código relativas à expropriação.

Por exclusão, acaba chegando-se então às hipóteses, expressas em lei, de alienação de coisa comum e de quinhão em coisa comum (art. 725, incs. IV e V), de resto perfeitamente compatíveis, pela disponibilidade dos interesses patrimoniais envolvidos e pela ausência de imposição legal de venda pública, com a opção pela venda privada, com remessa a leilão apenas em termos subsidiários.

Semelhante inclinação funcional, outrossim, amolda-se mesmo à ressalva do art. 730 do CPC de observância do disposto na Seção I do capítulo correspondente (ou seja, ao procedimento geral dos arts. 720 a 724 do CPC), desde que seja entendida em termos adequados.

Não se está falando aí da observância desse procedimento, com citação e inclusive sentença, para efeito de mera deliberação sobre a forma de alienação judicial. A sujeição ao procedimento cognitivo vem referida, na verdade, como premissa formal para a concretização material da venda.

Sob tal ótica, pode-se dizer que o art. 730 do CPC, em dimensão muito mais modesta do que a ele se pretende frequentemente atribuir, acabe por ter função meramente complementar quanto às normas procedimentais aplicáveis aos casos do art. 725, incs. IV e V, com elas formando um todo e atuando após a superação da etapa cognitiva prévia, à semelhança do que ocorria com os arts. 706 do CPC-1939 e 1.117, inc. II, do CPC-1973.

*CAPÍTULO CLXXXVII – **DIVÓRCIO E SEPARAÇÃO CONSENSUAIS, EXTINÇÃO CONSENSUAL DE UNIÃO ESTÁVEL E ALTERAÇÃO DO REGIME DE BENS DO MATRIMÔNIO***

MARINA PACHECO CARDOSO DINAMARCO

2.748. homologação do divórcio ou da separação consensual – 2.749. requisitos para a realização via escritura pública – 2.750. alteração consensual do regime de bens do casamento – Referências Bibliográficas.

2.748. homologação do divórcio ou da separação consensual

O art. 731 substitui os antigos dispositivos 1.120 e 1.121 do CPC-1973. E, antes de abordar as principais mudanças, importante destacar que o fato de o legislador ter mantido a expressão "separação" não significa a manutenção ou o ressurgimento do superado instituto – excluído pela Emenda 66/2010. Esta conclusão é facilmente alcançada, pois, além de a Constituição Federal ter revogado tacitamente as normas do Código Civil por incompatibilidade, para que a nova norma ressuscite a antiga é necessária a regulamentação expressa da norma revogada, cuja normatização não ocorreu no Código de Processo Civil-2015.

Logo, pela interpretação sistemática do nova lei, ou se entende que são normas inconstitucionais ou que a expressão "separação", isoladamente mencionada no novo Código, se refere às ainda existentes *separação de corpos* ou *separação fática do casal*, pois para estas, assim como para o divórcio, se aplicam as regras de competência de foro (CPC-2015, art. 53, inc. I); trâmite em segredo de justiça (CPC-2015, art. 189, inc. II e § 2º) e ações de direito de família (CPC-2015, art. 693), sendo o segundo raciocínio o mais adequado.

As outras duas menções feitas à "separação consensual" tanto no art. 731 quanto no art. 733 do CPC-2015 devem ser interpretadas como *separação de corpos*, tendo em vista que, somado ao fato de este instituto da separação de corpos ter sido mantida pela Emenda 66/2010, ainda é bastante usada no ordenamento jurídico, pois serve para os cônjuges formalizarem amigavelmente a separação de fato do casal, ajustando, desde já, alguns itens sobre os quais não paire controvérsia, como, p.ex.: a) qual cônjuge deixará o lar conjugal; b) pensão alimentícia; c) guarda; d) convivência, e e) partilha de bens, ou ainda, para requerer o afastamento compulsório de um dos cônjuges antes da demanda principal de divórcio ou de dissolução de união estável. Neste ponto, convém lembrar que, além de a separação de corpos servir para retirada de um dos cônjuges ou companheiros do lar comum, tem como função manter aquele que saiu voluntariamente fora da antiga residência.

Como a separação – diferente do divórcio – não dissolve o vínculo conjugal, a diferença de optar por ela é a de permitir o restabelecimento do casamento, assim como de pôr fim ao regime de bens escolhido pelo casal e aos deveres do matrimônio.

A primeira novidade do Código de Processo Civil neste tópico é a exclusão da possibilidade de a petição do divórcio ou da separação de corpos ser subscrita "a rogo" e a necessidade de as assinaturas serem reconhecidas por tabelião quando não assinado na presença do juiz. Desta feita, não se faz necessário o reconhecimento de firma quando não assinada a petição em audiência, e quanto à assinada por "outrem", quando um dos cônjuges não puder fazer, apesar da exclusão, certamente será uma conduta que os juízes seguirão adotando por segurança, pois é permitido pela Lei 6.515/1977.

Ainda com relação ao art. 731, foi alterado o texto legal referente às exigências da petição inicial, passando o novo Código de Processo a dispor que deverão constar: "I – as disposições relativas à descrição e à partilha dos bens comuns". Esta providência é aconselhável mesmo se deixada a partilha para momento posterior, como permite o parágrafo único do artigo em análise, pois ficam, desde já, descritos os bens divisíveis, evitando possível esvaziamento patrimonial; "II – as disposições relativas à pensão alimentícia entre cônjuges", direito excepcional existente somente quando quem os pretende não tiver bens suficientes e nem puder exercer atividade remunerada ou prover por seu trabalho a própria mantença (CC, art. 1.695); "III – o acordo relativo à guarda dos filhos incapazes e ao regime de visitas", acordo este que deve estabelecer a guarda compartilhada, exceto quando um dos genitores renunciar a este direito ou um deles não tiver aptidão para tanto, cujo compartilhamento igualmente exige o regime de convivência, pois a guarda compartilhada não significa que os filhos terão duas casas, mas sim que ambos os genitores seguirão corresponsáveis por seus descendentes; e por fim,

"IV – o valor da contribuição para criar e educar os filhos", quantia obrigatória que deve ser estabelecida em consonância com o previsto no art. 1.568 do CC, isto é, na proporção dos rendimentos de cada genitor – p.ex., se a esposa recebe R$ 50.000,00 mensais e o pai R$ 20.000,00, terá a genitora que custar 71,42% das despesas da prole, enquanto o varão terá que pagar 28,57% dos gastos da criança.

No divórcio tanto quanto na dissolução da união estável consensual convém investir em regras claras e distantes da generalidade, a exemplo da convivência livre dos genitores, recorrente em minutas entre ex-cônjuges e ex-companheiros, pois trata-se da máxima "quem tudo tem, nada tem". Esta cláusula geral de convivência deve ser evitada, pois, se em algum momento for preciso exigir o contato entre pais e filhos, primeiro será necessário o ajuizamento de uma ação de regulamentação da convivência, para posterior cumprimento de sentença, cuja fase de conhecimento é dispensada se houver prévia e específica regulamentação no momento da dissolução consensual.

Outra importante observação é a condição de repasses financeiros no momento da homologação do consenso, uma vez que pode o juiz se recursar de homologar o acordo se observar a não preservação de interesses dos filhos ou de um dos cônjuges, sendo, inclusive, mais seguro, ante a possibilidade de desistência por uma das partes após assinatura e recebimento de recursos financeiros,[1] quando vinculado a alguma prestação no momento da assinatura. Isto é, para segurança jurídica de ambos, qualquer pagamento deve estar vinculada à homologação da avença, não de sua assinatura.

Devem os cônjuges ou companheiros estar assistidos por advogados, ou por um só na representação de ambos, o que não é aconselhável, pois aquele profissional que assiste ao casal está impedido de defender uma das partes em conflito futuro, pois, ainda que haja algumas decisões favoráveis após

1. "*Ementa:* Apelação cível – Ação de divórcio consensual – Desistência por um dos cônjuges – Conversão em divórcio litigioso – Impossibilidade – Extinção do feito sem resolução do mérito – Necessidade. É cediço que o divórcio consensual c/c partilha de bens é a dissolução do casamento com a divisão dos bens por acordo recíproco entre as partes envolvidas, ou seja, por mútuo consentimento. Antes da prolação da sentença é possível o arrependimento de uma das partes e o pedido de desistência, acarretando a extinção do feito sem resolução do mérito. Os efeitos constitutivos necessários à dissolução do vínculo conjugal pela via judicial dependem da prolação da sentença homologatória, mas ausente a homologação não é possível exigir o cumprimento das cláusulas constantes de um acordo do qual desistiu, a tempo e modo, uma das partes. Informado nos autos por uma das partes o desinteresse em prosseguir com o acordo constante da inicial, o único ato possível a ser realizado na ação de divórcio consensual é a extinção do feito sem resolução do mérito, sendo incompatível a conversão da ação em divórcio litigioso" (TJMG, 8ª Câmara Especializada, AC 10000220583603001 MG, rel. Des. Ângela de Lourdes Rodrigues, j. 30.6.2022, publ. 6.7.2022).

dois anos do término do último processo, certeza que caracteriza falta disciplinar contida no art. 20 do Código de Ética. Afinal de contas, inviável inexistir a quebra do sagrado sigilo profissional em processos de direito de família, onde a situação fática tem relação e conexão com a originalmente discutida.

Assim, como o art. 1.120 do CPC-1973 permitia a efetivação da partilha em momento posterior, o parágrafo único do art. 731 do CPC-2015 autoriza o mesmo procedimento, remetendo às regras previstas para partilha oriunda do evento morte (arts. 647 a 658). A integralidade das regras previstas para o inventário deve ser aplicada nas partilhas oriundas do divórcio e da dissolução da união estável, inclusive as relativas à pena de sonegados, pois, muito embora se trate de uma pena restritiva de direito, são regras específicas do partilhamento de bens independente de sua origem – morte, divórcio ou dissolução de união estável. Este entendimento é alcançado mediante uma interpretação lógica, sistemática e finalística da norma substancial e do artigo de reenvio (CPC-1973, art. 1.121, § 1º; CPC-2015, art. 731, parágrafo único), técnica legislativa esta que remete a um outro contexto normativo para evitar repetições. Equivale dizer que as normas substanciais e procedimentais presentes no Título IV, Capítulos I a VII, do Código Civil não são exclusivas ao direito das sucessões, mas de qualquer espécie de inventário e partilha, pois, conforme já mencionado, "uma norma jurídica qualifica-se por seu objeto e não por sua localização neste ou naquele corpo de lei".[2]

Evidentemente, não só as leis processuais regulam o processo de divisão patrimonial, mas também as descritas no Código Civil, entre as quais se encontram as regras dos sonegados, pois a finalidade de toda e qualquer partilha, assim como da própria pena de sonegação, é uma só: garantir a igualdade da divisão dos bens e proteger não só os herdeiros e a viúva, mas todos os interessados na partilha de bens.

A interpretação lógica-sistemática advém do fato de a norma nunca estar sozinha, pois ela existe e se insere organicamente em um sistema, que é o ordenamento jurídico, onde vive em mútua dependência com as demais regras do direito.[3] Este exame conjunto é indispensável, pois, como explica Carlos Maximiliano, todo corpo possui órgãos diversos,

> "porém a autonomia das funções não importa em separação; operam-se, coordenados, os movimentos, e é difícil, por isso mesmo, compreender bem um elemento sem conhecer os outros, sem os comparar, verificar a recíproca interdepen-

---

2. Antonio Carlos de Araújo Cintra, Ada Pellegrini Grinover e Cândido Rangel Dinamarco, *Teoria geral do processo*, 30ª ed., São Paulo, Malheiros Editores, 2014, p. 111.
3. Antonio Carlos de Araújo Cintra, Ada Pellegrini Grinover e Cândido Rangel Dinamarco, ob. cit., p.123.

dência, por mais que à primeira vista pareça imperceptível. O processo sistemático encontra fundamento na lei da solidariedade entre os fenômenos coexistentes".[4]

Se cada preceito é membro de um grande todo – ordenamento jurídico –, o exame em conjunto da universalidade dos princípios e das regras da partilha de bens leva a uma única conclusão lógica, à aplicação moderna do processo tradicional, porém com amplitude maior do que a de outrora. Assim estar-se-á atendendo à conexidade entre as partes da lei civil e entre esta e outras prescrições da mesma legislação, como também do Código de Processo Civil, que regula a matéria. É com esta interpretação sistemática que se encontra uma base segura para o alcance do fim pretendido para todas as espécies de partilhas de bens, dando-lhes coerência, já que o procedimento previsto em diversos dispositivos legais é único: o processo de inventário e partilha, localizado no livro do direito das sucessões.

Não pode ser outro o raciocínio senão o dedutivo, já que o processo lógico tem mais valor que o simplesmente verbal, como inclusive já aconselhavam os textos positivos antigos: "deve-se evitar a supersticiosa observância da lei que, olhando só a letra dela, destrói a sua intenção".[5] De sorte que não pode ser apenas pelo fato de a ação de sonegados estar inserida dentro do título de inventário e partilha, que por sua vez situa-se dentro do direito sucessório, ou ainda porque os dispositivos fazem menção ao herdeiro e não ao cônjuge meeiro, que seria legítimo concluir que a lei tenha a intenção de excluir a sanção logo nas partilhas mais fraudulentas, como ocorre no divórcio. Esta singela construção de completo isolamento no ambiente onde vigora a norma deixaria de atender à finalidade da norma e a outras necessidades da vida e às exigências da atualidade de combate à fraude patrimonial.

Assim como nos divórcios, esta solução se aplica igualmente às dissoluções de uniões estáveis – aliás, uma das principais marcas do CPC-2015 no direito de família é a valorização e o cuidado concedido à união estável, cujo instituto, após ser regularizado pelas Leis 8.971/1994 e 9.278/1996, foi reconhecido como uma espécie de família pelo § 3º do art. 226 da CF-1988. Muito embora o casamento seja uma relação formal e a união estável informal, cuja característica dificulta a identificação do termo inicial quando não existente contrato escrito, em 10.5.2017 o Supremo Tribunal Federal, no julgamento do RE 878.694-MG, equiparou a sucessão do cônjuge à do companheiro ao declarar a inconstitucionalidade do art. 1.790 do Código Civil.

---

4. Carlos Maximiliano, *Hermenêutica e aplicação do direito*, 19ª ed., Rio de Janeiro, Forense, 2001, p. 105.

5. Assento 345, de 17.8.1811; Assento 358, de 10.6. 1817 (Carlos Maximiliano, ob. cit., p. 101).

2.749. requisitos para a realização via escritura pública

A Lei 11.441, de 4.1.2007, alterou os dispositivos do CPC e possibilitou a realização inicialmente do divórcio, do inventário e da superada separação do casal pela via administrativa. No tocante ao CPC-1973, foi acrescido o art. 1.124-A, correspondente ao presente art. 733, passando a permitir o divórcio consensual, a separação consensual (leia-se separação de fato ou de corpos) e a extinção da união estável, por escritura pública, desde que o casal não tenha filhos menores ou incapazes e tampouco a esposa esteja grávida.

Contudo, embora a lei proíba a via administrativa aos casais com filhos, nascituros e incapazes, a escritura pública pode ser utilizada pelos cônjuges ou pelos companheiros para tratarem de direitos disponíveis, como, p.ex., alimentos entre adultos e partilha de bens, submetendo o restante – direitos indisponíveis – à tutela jurisdicional (Enunciado 571 do STJ – VI Jornada de Direito Civil).

Na escritura pública de dissolução do relacionamento estável ou conjugal devem constar as mesmas disposições exigidas na via judicial, a saber, as disposições relativas à descrição da partilha dos bens comuns que pode ser feita posteriormente, mas aconselhável ao menos que sejam arrolados os bens para evitar a fraude patrimonial, a pensão alimentícia entre cônjuges ou companheiros, a guarda e convivência dos filhos, alimentos da prole e, ainda, quanto ao retorno ou não ao nome de solteiro.

A escritura independe de homologação judicial e se constitui em título hábil para o registro civil e de imóveis. Para sua validade necessária a assistência de advogado comum ou um procurador de cada um deles ou, ainda, de um defensor público, no caso de gratuidade do serviço. Esta benesse estende-se aos atos notariais, desde que devidamente comprovada a dificuldade financeira, pois, muito embora a regra do § 3º do art. 1.124-A do CPC-1973 não tenha correspondência no art. 773 do CPC-2015, a gratuidade segue sendo aplicada nestes procedimentos pela norma interpretativa prevista nos arts. 6º e 7º da Resolução 35/2007 do CNJ, os quais têm fundamento no art. 5º, inc. LXXVI, da CF-1988, cujo dispositivo, apesar de mencionar a gratuidade dos serviços registrais relativos ao registro civil, engloba na gratuidade os serviços notariais, conforme já estabeleceu o STJ no julgamento do RO 29.429-RS (209/082167).

Esta modalidade de separação de corpos, divórcio e dissolução da união estável é mais uma alternativa aos casais que não possuem filhos menores, incapazes nem nascituros, cujo rito muitas vezes é adotado pela celeridade e menor custo, mas muitas vezes dispensado pelo fato de não ter o segredo de justiça, previsto às demandas familiares judiciais.

2.750. alteração consensual do regime de bens do casamento

No Código Civil-1916 vigia o princípio da imutabilidade do regime de bens, ou seja, escolhido o regime antes do casamento, perdurava o mesmo até o fim da relação. Uma das principais novidades do Código Civil-2002 no direito de família patrimonial foi a possibilidade de alteração do regime de bens no curso do casamento (CC, art. 1.639, § 2º), e, em que pese a que não tenha sido expressamente permitida na lei a modificação para os casamentos iniciados sob a égide da revogada legislação, o STJ autorizou a mutação, desde que os efeitos sejam *ex nunc*, ou seja, começam a vigorar a partir do trânsito em julgado da decisão que modificou o regime de bens (REsp 1.300.036-MT). Aliás, este é o entendimento da Corte quando se trata também de casamentos celebrados na vigência do CC-2002 e que visa a restringir a comunhão de bens, pois se assim não fosse se abriria uma perigosa brecha para incansável fraude à partilha.

O pedido de alteração do regime de bens será sempre judicial e requerido por ambos os cônjuges, em pedido fundamentado por um motivo relevante, como, p.ex., a chegada de um filho e a consolidação do casamento no caso de ampliação da comunicação patrimonial, ou o risco do empreendedorismo por um dos cônjuges, na hipótese de restrição.

A lei civil como a processual obstam ao abuso do direito de terceiros e dos próprios consortes. Todavia, importante consignar que o descumprimento deste requisito não implica nulidade da alteração, mas apenas torna ineficaz a modificação em relação ao terceiro prejudicado. É exatamente para evitar o prejuízo de terceiro que o Código Civil e o novo Código de Processo Civil exigem a publicação de edital ou outro meio alternativo de divulgação da pretendida alteração, bem como os juízes exigem, na maioria das vezes, as certidões negativas de débitos, o que se aconselha juntar para acelerar o processo.

Em face do interesse público, o promotor de justiça, representando o Ministério Público, deve ser intimado (CPC, arts. 178, inc. I, e 721), e na sequência será proferida a sentença e serão expedidos os ofícios aos órgãos competentes.

Referências Bibliográficas

BRASIL. *Constituição da República Federativa do Brasil de 1988*. Brasília, Presidência da República, 2016.

———. *Lei n. 10.406, de 10 de janeiro de 2002*. Institui o Código Civil. *DOU*, Seção 1. Ano 139. Brasília/DF, N. 8, 2022 (pp. 1-74).

———. *Lei n. 13.105, de 16 de março de 2015*. Institui o Código de Processo Civil. *DOU* 17.3.2015. Brasília/DF.

CINTRA, Antonio Carlos de Araújo, DINAMARCO, Cândido Rangel, e GRINOVER, Ada Pellegrini. *Teoria geral do processo*. 30ª ed. São Paulo, Malheiros Editores, 2014.

MAXIMILIANO, Carlos. *Hermenêutica e aplicação do direito*. 19ª ed. Rio de Janeiro, Forense, 2001.

CAPÍTULO CLXXXVIII – *REGISTRO DE TESTAMENTO E DE CODICILO*

FRANCISCO JOSÉ CAHALI

2.751. considerações iniciais – 2.752. sobrevoo nas disposições de última vontade – 2.753. do processo necessário de registro de testamento e codicilo – 2.753.1 legitimidade para se requerer o registro de testamento – 2.753.2 da importância e finalidade específica do registro de acordo com a forma do testamento – 2.753.3 participação dos herdeiros, do testamenteiro e do Ministério Público no processo de registro de testamento – 2.753.4 do procedimento e suas particularidades para cada uma das formas de testamento – 2.753.5 finalização do processo de registro no curso da ação de invalidação do testamento – 2.754. do testamenteiro – 2.755. registro de testamento, inventário extrajudicial e arbitragem – Referências Bibliográficas.

2.751. considerações iniciais[1]

A observação primeira a respeito do tema que se faria ficou superada ao se ler as observações iniciais do Prof. Dinamarco sobre "O estado da doutrina acerca dos procedimentos especiais" no início desta obra.

Apenas completamos: se escassa a doutrina sobre procedimentos especiais no geral, em particular a respeito do registro de testamento e de codicilo o vazio é ainda maior, não apenas pela mais remota existência de embates, como jurisdição voluntária que é, como também pelo seu objeto pontual

1. Nossa alegria, emoção e honra em participar desta obra é imensurável. Ao lado das lições (e minhas primeiras em processo como estudante) recebidas do já à época brilhante Prof. Dinamarco, por seus escritos, tivemos, ainda jovens, o privilégio de conviver com a grandiosidade de sua pessoa além do direito e de desfrutar da companhia de sua família. Realmente, este para mim é um momento ímpar, por estar ao lado, agora desta forma, do nosso querido Prof. Dinamarco.

– *registro de disposições de última vontade*, ainda não tão intensamente utilizadas em nossa cultura.[2]

Ainda, o tema vem regrado indistintamente tanto em ambiente de processo civil como também no próprio direito material, em razão do que as passagens são feitas em um e outro espaço, encontrando-se, p.ex., no Código Civil as disposições sobre testamenteiro e sua remuneração (*v.g.*, CC, arts. 1.986 e 1.987), bem como a própria legitimidade para se requerer o registro de testamento (CC, art. 1.979) e até previsão de citação de herdeiros no registro de testamento particular (CC, art. 1.877).

Com a liberdade que nos foi dada para tratar do tema, temos a ousadia de firmar nossa posição quanto a um aspecto específico deste procedimento: não se justifica manter o modelo para o registro de testamento público, celebrado perante o cartório de notas.

Como se verá, este expediente processual limita-se a, em autos próprios, verificar a regularidade meramente formal do testamento. Vícios de conteúdo ou de manifestação de vontade são direcionados à ação própria (invalidade do testamento). Esta regularidade do testamento público, como escritura que é, lavrada por tabelião portador de fé pública, poderia, assim, ser aferida nos próprios autos de inventário, em seu curso regular. Inclusive, como se vê na prática, nestes casos o procedimento é meramente burocrático, o que acaba movimentando desnecessariamente a estrutura do Judiciário.

Daí a nossa sugestão de, em eventual reforma legislativa, retirar-se a obrigatoriedade deste registro de testamento público como procedimento especial (sem prejuízo de verificação de sua regularidade formal diretamente nos autos do inventário), mantendo-se o procedimento para as demais formas de testamento, pelas suas peculiaridades, adiante analisadas.[3]

2.752. sobrevoo nas disposições de última vontade

Toda pessoa capaz pode dispor por testamento de seus bens, ou de parte deles, para depois de sua morte, observada a parcela legítima dos herdei-

---

2. Embora com um número crescente de celebrações entre nós de testamentos, principalmente em razão das questionáveis alterações na ordem de vocação hereditária introduzidas pelo Código Civil de 2002, com a indicação do cônjuge, salvo se casado pelo regime da separação obrigatória, como herdeiro necessário em concorrência com descendentes (CC, art. 1.829), ainda poucas são as pessoas que deixam disposições de última vontade. Um ponto a merecer observação, neste aspecto, consiste no uso do testamento para destinação de **patrimônio digital**, bem como para estabelecer critérios (no quanto possível), a respeito da destinação de conteúdo digital (e perfil) em **redes sociais**. Como advogado, tenho promovido diversos instrumentos para acomodar os interesses dos clientes quanto a estes bens e direitos.

3. Neste sentido, como se verá adiante, há proposta de reforma legislativa de dispensa do procedimento de registro de testamento público.

ros necessários (CC, art. 1.857). Até mesmo o patrimônio digital, especialmente quando possuir conteúdo econômico (p.ex., as criptomoedas), pode ter sua destinação por disposições de última vontade. Ato personalíssimo (*intuitu personae*), é de sua essência a possibilidade de revogação ou modificação a qualquer momento.[4]

De acordo com a maneira como são celebrados, como *formas ordinárias* de testamento temos (a) o público, lavrado pelo tabelião, (b) o cerrado, também chamado nos clássicos como *místico*,[5] escrito pelo testador, para ao depois ser apresentado, aprovado, encerrado e fechado ("costurado") pelo tabelião, e (c) o particular, feito diretamente pelo testador, sem a participação notarial (CC, arts. 1.862 e ss.).

Também, embora remotíssima a ocorrência, ainda há previsão atualmente de *formas especiais* de testamento (CC, arts. 1.886 e ss.),[6] com facilitação de suas formalidades, no intuito de preservar a disposição de última vontade em situações especiais – p.ex., diante do risco de morte do testador em circunstâncias tais que não se teria tempo ou condição de promover o instrumento pelas formas ordinárias. São os testamentos (a) marítimo, (b) aeronáutico e (c) militar. Sua principal característica consiste no fato de que não terá eficácia (caducará – CC, arts. 1.891 e 1.895) se o testador não morrer em viagem, ou em campanha a serviço das Forças Armadas, nem nos 90 dias subsequentes ao seu retorno.[7]

Algumas peculiaridades, relevantes ao tema aqui tratado, a serem adiante mais bem exploradas: o testamento cerrado, se aberto ou dilacerado pelo testador ou por terceiro com o seu consentimento, será considerado revogado (caducidade do testamento);[8] e o testamento particular, para ter eficácia, exige a sua confirmação pelas testemunhas.

---

4. À exceção de eventual reconhecimento de filho, que é irrevogável (CC, art. 1.610).
5. Como bem lembra o saudoso Zeno Veloso, na melhor obra, embora não atual, que existe a respeito de testamento, com aprofundado estudo acadêmico e prático sobre o tema (*Testamentos, de acordo com a Constituição de 1988*, 2ª ed., Belém, CEJUP, 1993).
6. Fala-se atualmente, pois há proposta de revogação dos chamados testamentos especiais no projeto de reforma do Código Civil (Projeto de Lei 04/2025 em tramitação no Senado Federal). Aliás, embora não se tenha previsão de aprovação deste projeto, principalmente com as propostas nele contidas, com boa perspectiva de alterações substanciais por emendas e revisão geral, recomenda-se acompanhar a pretendida reforma, pois a versão original traz substanciais alterações no Direito das Sucessões. Cf. https://www25.senado.leg.br/web/atividade/materias/-/materia/166998.
7. À exceção da situação prevista no parágrafo único do art. 1.984 do Código Civil e do testamento militar nuncupativo (CC, art. 1.896).
8. Em ambiente acadêmico prevalece a doutrina no sentido de que não ocorrerá a revogação do testamento se a abertura foi acidental (ainda que pelo próprio testador, e, assim, sem

Por sua vez, o codicilo, assemelhado ao testamento, representa o desejo da pessoa para após sua morte, mas promovido com menor formalidade (escrito particular datado e assinado), limitado a disposições acerca do enterro e sufrágios da alma, nomeação ou substituição de testamenteiro e destinação de bens de *pouco valor*[9] (móveis, roupas, joias *etc.* – CC, art. 1.881). Pode

---

a intenção de revogar o ato) ou por terceiros, à revelia do testador. Por todos, *cfr.* Zeno Veloso, ob. cit., p. 249.

Nesse sentido também a jurisprudência: "Sucessão testamentária – Abertura de testamento cerrado feita por desconhecimento do procedimento legal, pela própria inventariante – Inocorrência de vício externo capaz de ensejar a revogação do testamento, vez que a abertura ocorreu após a morte dos testadores, mantendo-se incólume a vontade expressa no documento – Ausência, ademais, de alegação de prejuízo pelos interessados – Entendimento assente na doutrina de que, nessa hipótese, o testamento continua válido – Recurso provido" (TJSP, 9ª Câmara de Direito Privado, Agravo de Instrumento n. 9031729-18.2005.8.26.0000, rel. Des. João Carlos Garcia, j. 5.10.2005).

Cfr., ainda, interessante precedente pelo qual foram admitidos o registro e o arquivamento do testamento cerrado mesmo quando apresentado aberto, remetendo a análise da validade para ação própria: "Testamento – Abertura, registro e cumprimento – Herdeira que comunicou a existência de testamento cerrado deixado pelo *de cujus* – Sentença extintiva do processo, com base no art. 267, inc. VI, do Código de Processo Civil, porque o testamento já foi apresentado aberto – Inconformismo – Acolhimento parcial – Matéria alegada que não pode ser discutida nos acanhados limites do procedimento de jurisdição voluntária, exigindo ação própria – Possibilidade, no entanto, do registro e arquivamento do testamento – Inteligência do art. 1.126, parágrafo único, do referido diploma processual – Cumprimento do testamento que dependerá do que for decidido em outro processo – Sentença reformada em parte – Recurso parcialmente provido" (TJSP, 5ª Câmara de Direito Privado, Ap. 0029997-39.2011.8.26.0100, rel. Des. J. L. Mônaco da Silva, j. 13.3.2013).

Para tanto, embora seja em princípio um processo de cognição sumária (cf. item 2.753.4, abaixo), deve existir aprofundada análise do contexto fático, a ser realizada pelo julgador, que confirmará ou não o testamento.

9. Como escrevemos: "Não traz o Código, explicitamente, o que seria 'pouco valor'. Necessário se faz, nesse caso, analisar o conjunto de bens do *de cujus* a fim de comparar se os valores que constam no codicilo podem ser considerados pequenos, ou seja, a análise se faz em relação ao valor do patrimônio" (devem ser consideradas na análise do conteúdo codicilar, também, outras circunstâncias fáticas do inventário, p.ex. a inexistência de herdeiro necessário e o atendimento ao máximo da vontade do testador) (TJMG, 1ª Câmara Cível, Ap. 1.0000.00.160919-7/000, rel. Des. Orlando Adão Carvalho, j. 14.12.1999) *in* CAHALI, Francisco José. "Comentários aos arts. 1.784 a 2.027 – Livro V – Direito das sucessões". In: NANNI, Giovanni Ettore (coord.). *Comentários ao Código Civil: direito privado contemporâneo.* 3ª edição revista e atualizada. São Paulo: Ed. Thomson Reuters – Revista dos Tribunais, 2023, nos comentários ao art. 1.881.

Ainda a respeito: "Ação anulatória de codicilo – Meio hábil para legar bens móveis de reduzido valor – Redução das disposições. Excluem-se do codicilo joias e relógios, bens de alto valor, por serem incompatíveis com a natureza da disposição de vontade, restrita a bens móveis de reduzido valor (...)" (TJRS, 7ª Câmara Cível, Ap. 70015923808, rel. Des. Luiz Felipe Brasil Santos, j. 29.11.2006). *Cfr.* Francisco José Cahali, "*Comentários*" cit., nos comentários ao art. 1.881.

conviver com testamento se assim desejar o testador e neste sentido manifestar a sua vontade (CC, art. 1.884).

Cada qual com seus requisitos (de forma e conteúdo) e particularidades, têm em comum a necessidade de, uma vez aberta a sucessão (exato instante do falecimento do testador), reclamarem o processo próprio de registro de testamento (ou codicilo) perante o juízo de Inventário (CPC, arts. 735 e ss.).

Por fim, em ambiente de *disposições de última vontade*, é necessária a lembrança das chamadas *diretivas antecipadas de vontade* (DAVs), também conhecidas como *testamento vital* ou *testamento biológico* (embora inadequadas estas designações). Representam, para falar pouco, as orientações da pessoa a respeito de procedimentos médicos/clínicos e cuidados a que pretende ser submetida quando estiver adoentada e sem condições de manifestar a sua vontade; vale dizer, é a autodeterminação a respeito de seus tratamentos médicos em situações delicadas da saúde. Neste instrumento pode-se também conter o chamado "mandato duradouro", pelo qual há a indicação um representante para determinadas deliberações, se enfermo o outorgante, a respeito dos seus cuidados pessoais.[10]

Por esta rápida apresentação das *diretivas antecipadas de vontade*, mesmo impropriamente designadas de *testamento vital*, verifica-se não ter cabimento o seu registro em juízo, sendo inaplicáveis as regras e o procedimento a serem aqui tratados, pois terão eficácia enquanto vivo o outorgante, e não após a sua morte. O procedimento de registro é exclusivo dos testamentos e codicilos, na forma expressamente prevista em lei (CPC e CC), e não para estas outras disposições a serem respeitadas e cumpridas ainda em vida do declarante.

2.753. do processo necessário de registro de testamento e codicilo

Embora não isenta de incisivas críticas, como acima referido, a existência de testamento (como também de codicilo) leva à necessidade, intransponível, pela atual legislação, de se promover o processo judicial de seu registro.

Trata-se de um *procedimento especial*, de *jurisdição voluntária*, porém integrante da categoria de *processo necessário*. Vale dizer que o registro do testamento é condição essencial para seu cumprimento.

Por meio deste procedimento, o juiz irá verificar se o testamento preenche os requisitos formais, sendo obstado o registro se houver "vício externo, que o torne suspeito de nulidade ou falsidade" (CPC-2015, art. 735), como

---

10. *Cfr.*, a respeito, Francisco José Cahali, "*Comentários*" cit., nos comentários ao art. 1.857. Anote-se que a reforma do Código Civil citada acima (nota de rodapé n. 64) também se propõe a trazer regras sobre estas Diretivas.

ausência de testemunhas, falta de assinatura do testador,[11] dilaceração do documento cerrado e formalidades próprias do testamento particular.[12] Note-se que são avaliados os *elementos externos* do instrumento, especialmente relativos às formalidades de sua celebração.

Em recente julgado do Superior Tribunal de Justiça, p.ex., no acórdão relatado pelo Min. Moura Ribeiro, consignou-se: "O testamento público submetido a procedimento de abertura, registro e cumprimento, no qual foi constatada a presença de vício externo grave, consubstanciado na ausência de assinatura e identificação do tabelião que teria presenciado ou lavrado o instrumento, compromete a sua higidez e não permite aferir, com segurança, a real vontade da testadora, não pode [*ser*] juridicamente eficaz" (3ª Turma, REsp 1.703.376-PB, j. 6.10.2020).

Eventuais vícios na formação da manifestação de vontade ou defeitos quanto às declarações[13] só podem ser arguidos pelos interessados em ação

11. STJ, 3ª Turma, REsp 1.618.754-MG (2016/0203627-3), rel. Min. Ricardo Villas Bôas Cueva, j. 26.9.2017, em acórdão assim ementado: "Recurso especial – Testamento particular – Pedido de confirmação, registro e cumprimento – Assinatura do testador – Requisito essencial de validade – Abrandamento – Impossibilidade – Assinatura a rogo – Inadmissibilidade. 1. Cuida-se de procedimento especial de jurisdição voluntária consubstanciado em pedido de confirmação, registro e cumprimento de testamento particular. 2. Cinge-se a controvérsia a determinar se pode subsistir o testamento particular formalizado sem todos os requisitos exigidos pela legislação de regência, no caso, a assinatura do testador. 3. A jurisprudência desta Corte tem flexibilizado as formalidades prescritas em lei no tocante às testemunhas do testamento particular quando o documento tiver sido escrito e assinado pelo testador e as demais circunstâncias dos autos indicarem que o ato reflete a vontade do testador. 4. No caso dos autos, além de o testamento não ter sido assinado pelo próprio testador, há fundada dúvida acerca da higidez da manifestação de vontade ali expressa. 5. Segundo a doutrina especializada, na confecção do testamento particular não se admite a assinatura a rogo. 6. Recurso especial não provido".
No mesmo sentido: STJ, 3ª Turma, REsp 1.444.867-DF, rel. Min. Ricardo Villas Bôas Cueva, j. 23.9.2014.

12. "Nesse ato de abertura e registro de testamento, que é judicial, possíveis vícios formais serão apreciados e o testamento somente será executado se atender os requisitos formais" (STJ, 4ª Turma, REsp 1.808.767-RJ, rel. Min. Felipe Salomão, j. 15.10.2019). *Cfr.* também: TJSP, 2ª Câmara de Direito Privado, Ap. 4023573-94.2013.8.26.0114, rel. Des. Neves Amorim, j. 19.8.2014, v.u., com a seguinte ementa: "Testamento particular – Ausência do cumprimento dos requisitos essenciais ao ato como pressuposto para o reconhecimento da autenticidade do testamento e a capacidade do testador – Inteligência do art. 1.876 do Código Civil – Sentença mantida"; TJSP, 3ª Câmara de Direito Privado, Ap. 0609853-34.2007.8.26.0100, rel. Des. Egidio Giacoia, j. 29.4.2014, impedindo o registro pela ausência de testemunhas no testamento particular.

13. Além de outros gerais relativos a vícios do negócio jurídico, *cfr.* art. 1.909 do Código Civil. Dentre várias, em recente decisão firma-se esta conclusão: "Abertura, registro e cumprimento de testamento particular – Inviável a apreciação da alegada nulidade decorrente de incapacidade da testadora – Procedimento que se presta à verificação dos requisitos formais previstos no art. 1.876 do CC – Nulidade suscitada depende de dila-

própria, de nulidade ou anulabilidade do testamento, com processo de conhecimento, pelo procedimento comum previsto no Código de Processo Civil,[14] ou, conforme o caso, em razão da gravidade do vício e eventual inexistência de controvérsia, nos próprios autos do inventário. Igualmente, a invalidade e/ou alegações de necessária redução das disposições testamentárias são estranhas ao procedimento de registro do testamento.

Até mesmo se houver suspeita de falsidade ou do vício de nulidade, o que se permite neste procedimento especial é deixar de promover o registro e o arquivamento do testamento, negando-lhe neste primeiro momento o cumprimento. O mais comum, porém, é acolher-se o pedido apresentado no procedimento especial (se com o mínimo suficiente para tanto), remetendo divergências e discussões mais aprofundadas à ação própria.[15]

ção probatória, mediante o contraditório, em ação própria – Recurso desprovido" (TJSP, 10ª Câmara de Direito Privado, Ap. Cível 1000244-93.2021.8.26.0415, rel. Des. Coelho Mendes, j. 30.9.2022).

Também em outro recente julgado: "Ação de abertura, registro e cumprimento de testamento cerrado – Sentença pela qual foi determinado o registro e cumprimento do testamento – Inconformismo da filha do testador – Sem razão – Procedimento de jurisdição voluntária que se destina apenas a verificar se o testamento preenche as formalidades legais e atende às exigências do art. 1.868 e ss. do Código Civil. Ante a inexistência de vício extrínseco, de rigor a determinação do registro e cumprimento do testamento. Não cabe nesta ação discussão quanto ao seu conteúdo ou à capacidade mental do testador – Sentença mantida – Negado provimento ao recurso" (TJSP, 6ª Câmara de Direito Privado, Ap. Cível 1009015-87.2020.8.26.0482; rel. Des. Christiano Jorge, j. 5.9.2022). *Cfr.*, ainda: TJSP, 5ª Câmara de Direito Privado, Ap. Cível 0002469– 65.2012.8.26.0562, rel. Des. Moreira Viegas, j. 12.6.2013, com a seguinte ementa: "Testamento – Ação de abertura, registro e cumprimento – Demanda que se presta à análise de vícios extrínsecos do testamento, não se mostrando a via processual adequada para discussão de outros defeitos – Questões de nulidade carecem de dilação probatória, devendo os interessados se valer das vias próprias – Sentença mantida – Recurso desprovido".

14. Possível inclusive em momento anterior à própria abertura da sucessão.

15. Vale a mais extensa transcrição de acórdão do TJSP a respeito: "É dizer, a legislação de regência outorgou ao juiz a prerrogativa de abrir o testamento cerrado. Todavia, o fato de o testamento encontrar-se aberto, como sucedeu na espécie dos autos, não o invalida necessariamente, como pareceu ao MM. Juiz de primeiro grau, desde que o interessado (ou interessados) prove que o documento foi aberto inadvertidamente, sem o conhecimento ou a autorização do testador. Ao comentar esse dispositivo legal, Mauro Antonini escreve: 'Em regra, o testamento só pode ser revogado por outro testamento válido (art. 1.969). A única exceção é a do art. 1.972. O testamento cerrado será considerado revogado se o testador o abrir ou dilacerar, ou se isso for feito por outrem com consentimento dele. Tal meio de revogação pressupõe ato consciente do testador. Se, ao abrir o testamento, estava incapacitado por doença mental, fica preservada a validade do testamento. O testamento também fica mantido se sua abertura ocorreu de forma involuntária, acidentalmente, ou se feita por outrem sem consentimento do testador' (*Código Civil comentado*, coordenador Min. Cezar Peluso, Manole, 6ª ed., p. 2307). Pelo que se vê, há questões que reclamam esclarecimentos, a saber: 1) O testamento foi encontrado antes ou depois da morte do testador?

Em qualquer situação, pela natureza do procedimento especial de jurisdição voluntária, o reconhecimento por sentença da falsidade ou invalidação do testamento (com trânsito em julgado quanto ao mérito) reclama ação própria, com contraditório completo e instrução robusta, em processo de cognição ampla, e não sumária.[16]

E assim já era a antiga doutrina de José Olympio de Castro Filho:[17] o "cumpra-se" do juiz não significa que esteja declarando a plena regularidade do documento, podendo ser feito no inventário, ou em ação própria, o exame de questões que eventualmente o testamento possa suscitar.[18] De igual peso e tempo, Lafayette Rodrigues Pereira: "Nesta fase, o 'cumpra-se' do juiz é um despacho que apenas declara a existência do testamento, sem nulidade visí-

---

2) O testamento foi aberto antes ou depois da morte do testador? Aliás, o apelado alega, nas contrarrazões, não haver prova de que 'o testamento teria sido aberto somente depois da morte do testador, inadvertidamente, pela apelante' (v. fls. 48, item 22). E com integral razão, porque não há prova das alegações contidas na inicial. Ademais, considerando que o art. 1.869, *caput*, do Código Civil impõe ao tabelião, logo após a lavratura do auto de aprovação, o dever de cerrar e coser o instrumento, é de imperiosa necessidade apurar em que local se encontra o invólucro do testamento. Todas essas dúvidas não podem ser dirimidas nos acanhados limites do procedimento de jurisdição voluntária. Reclamam a instauração de processo de conhecimento a fim de que os herdeiros de (...) possam provar as suas alegações. No procedimento de jurisdição voluntária não há lide, mas mera divergência passível de exame pelo magistrado. E tampouco partes, senão interessados, a ponto de o legislador, em várias oportunidades, valer-se da nomenclatura 'interessados' (*v.g.*, arts. 1.104, 1.105, 1.107, 1.113, 1.128, 1.129, 1.132, 1.141). Discorrendo sobre a apresentação e a aprovação do testamento cerrado, Ernane Fidélis dos Santos adverte: 'Assim é que se chega a entender que o número de testemunhas instrumentárias hábeis, em alguns casos, pode ser até relegado, como também possível será o cumprimento do testamento cerrado, quando provado ficar que seu detentor é quem o violou, sem que o testador do ato tivesse ciência. Tais questões, no entanto, não podem ser objeto de decisão nos estritos limites de jurisdição voluntária, competindo ao juiz negar a aprovação pleiteada depois de registrado e arquivado o testamento, com remessa dos interessados às vias ordinárias' (*Manual de direito processual civil*, Saraiva, vol. 3, 2006, 10ª ed., p. 427). I – No entanto, a remessa dos interessados às vias ordinárias não impede o registro e o arquivamento do testamento no cartório a que tocar, nos termos do art. 1.126, parágrafo único, do Código de Processo Civil. Ou seja, o cumprimento do testamento dependerá do que for decidido em outro processo. Em suma, a apelante poderá valer-se de ação própria para comprovar que não houve a revogação do testamento cerrado. O registro e o arquivamento do testamento deverão ser feitos em primeira instância" (TJSP, 5ª Câmara de Direito Privado, Ap. 0029997-39.2011.8.26.0100, rel. Des. J. L. Mônaco da Silva, j. 6.3.2013).

16. *Cfr.*, ainda, adiante, item 2.753.4, "do procedimento e suas particularidades para cada uma das formas de testamento", onde há referência à limitada instrução neste procedimento especial.

17. José Olympio de Castro Filho, *Comentários ao Código de Processo Civil*, vol. X, Rio de Janeiro, Forense, 1976, p. 154.

18. Acrescentando: "Assim, numa palavra, o procedimento de abertura do testamento nada mais é, e somente é, que um procedimento para autenticação do estado em que o documento foi apresentado em juízo" (José Olympio de Castro Filho, ob. cit., pg. cit.).

veis ou aparentes. Mas nada impede que no juízo contencioso, inobstante o ‘cumpra-se’, intente-se a ação competente para apurar e julgar a nulidade”.[19]

O registro de testamento é autônomo e independente do inventário, com seu início, procedimentos intermediários e decisões próprios. Seu objetivo é apresentar, registrar, arquivar e determinar o cumprimento do testamento (que será promovido no inventário e partilha/adjudicação), uma vez observado o preenchimento de seus requisitos formais.

Em razão da relevância da preservação da vontade do testador, sendo a matéria de ordem pública, e intransponíveis o registro e a determinação de cumprimento das disposições, para o prosseguimento de qualquer inventário (judicial ou extrajudicial), exige-se a apresentação de certidão de testamento expedida pelo Colégio Notarial,[20] sendo esta inclusive uma obrigação legal do inventariante (CPC, art. 618, inc. V).

Confirmando a anterior praxe dos juízos neste sentido, a previsão encontra amparo atualmente no Provimento 56, de 14.7.2016, do Conselho Nacional de Justiça, que estabelece ser “obrigatório para o processamento dos inventários e partilhas judiciais, bem como para lavrar escrituras públicas de inventário extrajudicial, a juntada de certidão acerca da inexistência de testamento deixado pelo autor da herança, expedida pela CENSEC – Central Notarial de Serviços Compartilhados” (art. 2º).

Esta certidão, também conhecida como “busca de testamento”, possível de ser solicitada por qualquer pessoa maior com a comprovação do óbito, pesquisa a existência de testamentos públicos ou cerrados lavrados pelo falecido em tabelionato de notas. Também nela constam revogações ou modificações dos testamentos, podendo-se verificar a disposição atual deixada pelo falecido (se pelo instrumento público).

A existência do testamento, quando sabida, deve constar até mesmo da certidão de óbito; se indicada neste ato, e depois omitida a informação no pedido de abertura de inventário, de ofício pelo juiz será determinado esclarecimento a respeito; e, como em qualquer inventário, será exigida a apresentação da referida certidão do Colégio Notarial. Existindo testamento (aferido pela informação no inventário ou pela certidão), determina-se, também de

19. Também escrevendo: “só por ação ordinária, e não por simples despacho, pode ser anulado o testamento revestido de todas as formalidades externas, (...)” (Lafayette Rodrigues Pereira, *Revista Forense* V/372).

20. No Estado de São Paulo, cf. *https://signo.org.br/#/certidao-testamento*; em outros Estados, *cfr. https://www.certidaonamao.com.br/certidao-negativa-de-testamento-colegio-cartorio-notarial-brasil-cnb.html*. Todos os testamentos feitos em qualquer tabelionato de notas são comunicados ao Colégio Notarial do Brasil, permitindo, assim, que a informação seja centralizada, em condições de facilitar a busca.

ofício, caso não espontaneamente realizada, a propositura do processo próprio de registro.

O inventário (judicial ou extrajudicial) não terá seu encerramento enquanto não tenha sido proferida a sentença (e respectivo trânsito em julgado) do registro de testamento, determinando-se, quando acolhido, arquivamento e cumprimento.

Em São Paulo, os dois processos (inventário e registro de testamento) são distribuídos por dependência um ao outro (independentemente de qual tenha sido apresentado por primeiro, prevalecendo a regra geral de determinação de prevenção no caso de não se ter pedido já de início a distribuição direcionada). Podem os herdeiros, lembre-se, utilizar o Judiciário apenas para o registro do testamento, deslocando o inventário para procedimento extrajudicial.

O processo encerra-se por sentença, na qual, acolhida a pretensão, determina-se o registro, arquivamento e cumprimento do testamento, sendo comum em São Paulo, por celeridade e economia processual, a decisão no sentido de que a sentença, com o trânsito em julgado, servirá para todos os fins legais como certidão de testamento, devendo ser juntada nos autos de inventário (ou apresentada para inventário extrajudicial, quando assim autorizado, conforme adiante detalhado) acompanhada do próprio testamento. Sendo sentença, desafia recurso de apelação.

Também na sentença será nomeado o testamenteiro, a quem cumpre zelar pelo fiel respeito às disposições testamentárias,[21] fazendo jus, em princípio, à remuneração denominada "vintena" (CC, arts. 1.987 e ss.), conforme adiante analisado.

A depender do instrumento da disposição de última vontade, o processamento do registro tem algumas particularidades, mas para todos há participação do Ministério Público (CPC, arts. 735, § 3º, 736 e 737, §§ 2º e 3º); vejamos os detalhes procedimentais.

2.753.1 legitimidade para se requerer o registro de testamento

Os herdeiros (instituídos ou não pelas disposições) são naturalmente os primeiros legitimados a requerer o registro de testamento, na qualidade de interessados diretos na sucessão (CPC, arts. 720 e 736).

O testamenteiro tem esta obrigação (CC, arts. 1.978 e 1.979), com a qualidade de guardião da vontade do testador, devendo zelar para o cumprimento das disposições. Inclusive, se não estiver na posse do testamento (particular, cerrado, codicilo *etc.*), deve requerer ao detentor do instrumento que o apre-

---

21. Devendo ser citado e intimado do processo de inventário, se não tiver sido dele a iniciativa de sua instauração, ou se nele ainda não estiver habilitado (CPC, art. 626).

sente ou leve a revisto. Esta determinação pode ser ordenada de ofício pelo juiz do inventário a quem for comunicada a existência do testamento, com possiblidade até de busca e apreensão em face daquele que permanecer inerte à apresentação de testamento em seu poder.[22]

Também, em razão da regra geral dos procedimentos de jurisdição voluntária, é de se admitir a provocação do processo pelo Ministério Público ou pela Defensoria Pública, como de forma genérica de qualquer pessoa que tenha interesse (CPC, art. 720).

Na amplitude contida nas disposições processuais e do direito material, tendo em vista o interesse público na preservação da vontade do testador, de se admitir a apresentação e o pedido de registro por qualquer pessoa que detenha ou tenha acesso ao testamento. Assim se afirma em tese, pois o caminho natural é deixar aos herdeiros instituídos, beneficiados por testamento, as providências pertinentes. De qualquer forma, anotem-se disposições específicas no Código de Processo Civil quanto à apresentação "por qualquer interessado", no caso de testamento público (art. 736),[23] e "pelo herdeiro, pelo legatário ou pelo testamenteiro, bem como pelo terceiro detentor do testamento, se impossibilitado de entregá-lo a algum dos outros legitimados para requerê-la" (art. 737).

O inventariante, se em curso o inventário, tem a legitimidade para promover este registro, mesmo que não seja herdeiro, embora ordinariamente, para a sua nomeação, seguindo a ordem legal, detenha a qualidade de sucessor.

2.753.2 da importância e finalidade específica do registro de acordo com a forma do testamento

Para cada espécie de testamento o processo de registro cumpre uma determinada função; e, assim, o Código de Processo Civil traz as particularidades dos respectivos procedimentos. Em comum para todos eles é a verificação de inexistência de vício externo que impeça o acolhimento da pretensão.

Para o *testamento cerrado*: a relevância do registro decorre da necessidade de ser o testamento até então secreto, *aberto* e *lido* no processo de registro,

22. *Cfr.* José Miguel Garcia Medina e Fábio Caldas de Araújo, *Código Civil comentado*, São Paulo, Ed. RT, 2013, p. 1.162.

23. Sendo o testamento público, ele é acessível a qualquer pessoa, uma vez comprovado o falecimento do testador. Antes do falecimento, tem sido na maioria dos Estados vedada o seu fornecimento pelo cartório, permitidas justificativas para a pretensão ou procedimento específico com esta finalidade junto à Corregedoria, a ser apreciada a pertinência do pedido. Vale dizer que o "público" desta espécie de testamento refere-se à sua forma de celebração (perante o tabelião, como também o é o cerrado), e não à acessibilidade plena como em relação a outros documentos públicos (*v.g.*, matrícula de imóveis, escrituras públicas de venda e compra *etc.*).

na presença do apresentante.[24] Se já aberto, ou dilacerado pelo testador, como antes referido,[25] terá ocorrido a revogação do testamento,[26] impedindo o acolhimento do registro. Embora com a presença de duas testemunhas quando da aprovação pelo tabelião, estas não serão ouvidas neste procedimento especial.

Tratando-se de *testamento particular*: o registro depende da confirmação das testemunhas perante o juízo no próprio processo de registro. O objetivo é verificar sua autenticidade e validade. São três as testemunhas presenciais exigidas para o instrumento, quando de sua celebração; e "se as testemunhas forem contestes sobre o fato da disposição, ou, ao menos, sobre a sua leitura perante elas, e se reconhecerem as próprias assinaturas, assim como a do testador, o testamento será confirmado" (CC, art. 1.878),[27] sendo que, "se faltarem testemunhas, por morte ou ausência, e se pelo menos uma delas o reconhecer, o testamento poderá ser confirmado, se, a critério do juiz, houver prova suficiente de sua veracidade" (CC, art. 1.878, par. ún.). Excepcionalmente, por circunstâncias declaradas no próprio instrumento, "o testamento particular de próprio punho e assinado pelo testador, sem testemunhas, poderá ser confirmado, a critério do juiz" (CC, art. 1.879). Estas questões são analisadas no respectivo processo de registro, dispensada ação própria.

No caso de *testamento público*, como já referido, não se vê sentido ou função própria o procedimento de registro, considerando tratar-se o ato celebrado perante o tabelião como válido e eficaz, cujo conteúdo tem fé pública. Assim, o procedimento é meramente burocrático, pois, apresentada a certidão atual da escritura por tabelionado de notas, certamente o instrumento já terá preenchido os requisitos formais. De qualquer maneira, a inexistência de vícios formais nesta outorga pelo testador será apreciada no procedimento de registro. Como ocorre no testamento cerrado, as duas testemunhas exigidas para o ato não são convocadas neste juízo para confirmação do testamento. Ainda, também, aplicam-se as regras procedimentais gerais previstas para o testamento cerrado (CPC, art. 736, parte final, c/c parágrafos do art. 735).

Quanto aos *testamentos especiais* (marítimo, aeronáutico, militar e nuncupativo[28]), por expressa previsão (CPC, art. 737, § 3º), aplicam-se as regras

---

24. Além da previsão no art. 735 do Código de Processo Civil, adiante referido, também o Código Civil assim estabelece: "Art. 1.875. Falecido o testador, o testamento será apresentado ao juiz, que o abrirá e o fará registrar, ordenando seja cumprido, se não achar vício externo que o torne eivado de nulidade ou suspeito de falsidade".
25. *Cfr.* acima, item 2.752, "sobrevoo nas disposições de última vontade".
26. CC, art. 1.972: "Testamento cerrado que o testador abrir ou dilacerar, ou for aberto ou dilacerado com seu consentimento, haver-se-á como revogado".
27. STJ, AREsp 1240125, rel. Min. Raul Araújo, j. 1.9.2020.
28. Lembrando-se a observação acima (nota de rodapé n. 6), de que há proposta de revogação dos testamentos especiais no projeto de reforma do Código Civil.

procedimentais do testamento particular para estes instrumentos.[29] A atenção maior é em relação aos requisitos de validade previstos no Código Civil, detalhado quanto às formalidades exigidas para a sua outorga. A seu turno, como a convocação das testemunhas para confirmação do testamento particular está prevista no Código Civil, esta não será uma exigência no processo de registro. Apenas no caso de testamento nuncupativo (CC, art. 1.896) as testemunhas serão ouvidas, pois a forma é oral, e serão elas as detentoras da vontade do testador a ser apresentada em juízo.

Por fim, quanto aos *codicilos*: em sendo semelhante ao testamento particular (celebração mediante *escrito particular* – CC, art. 1.881), o procedimento segue a sua regra (CPC, art. 737, § 3º), embora não se tenha a oitiva de testemunhas, pois desnecessárias ao instrumento. O procedimento, assim, será apenas de verificação das formalidades legais. Na miscelânea entre regras contidas no Código Civil e no Código de Processo Civil, embora relativas a procedimento, é a legislação material que prevê o modo de abertura e registro do *codicilo cerrado*, determinando seja seguido o procedimento previsto para o testamento cerrado (CC, art. 1.885). A legislação processual é omissa a respeito. Há nesta raríssima hipótese (desconhecida na prática) função específica para o procedimento, idêntica à do testamento cerrado. Ainda, em qualquer apresentação de codicilo deve ser demonstrada a inexistência de sua revogação (especialmente consideradas as causas de revogação previstas no art. 1.844 do Código Civil[30]).

2.753.3 participação dos herdeiros, do testamenteiro e do Ministério Público no processo de registro de testamento

A participação do representante do Ministério Público é obrigatória por força da lei, como já referido (CPC, arts. 735, § 3º, 736 e 737, §§ 2º e 3º).

---

29. Por curiosidade, note-se que o Código Civil assemelha estas formas de testamentos especiais ao testamento público ou cerrado (*v.g.*, art. 1.888), na medida em que há uma "autoridade delegada" em face de quem se apresentam as disposições testamentárias. Porém, o Código de Processo Civil remete o procedimento de registro ao previsto para testamento particular (art. 737, § 3º). A lógica desta previsão consiste no fato de que, quanto à celebração, há proximidade entre os especiais e o público (à exceção do nuncupativo, evidentemente). Mas para o registro, pelas características, as regras do testamento particular. Aliás, não se terá, instrumentalmente, o "traslado" ou a "certidão de testamento" previstos como documento a ser apresentado no pedido de registro do testamento público, e daí ser, mesmo, pertinente a utilização do procedimento destinado ao registro do testamento particular. Lembre-se que para todas as situações aplicam-se as regras dos parágrafos do art. 735 da legislação processual.

30. Assim: "Art. 1.884. Os atos previstos nos artigos antecedentes revogam-se por atos iguais, e consideram-se revogados, se, havendo testamento posterior, de qualquer natureza, este os não confirmar ou modificar".

Realmente relevante a sua participação, tendo em vista que deve ser buscada, ao máximo, a prevalência da vontade do testador, considerando, ademais, serem os requisitos do testamento de ordem pública, deles não se podendo dispor a critério dos interessados.

Em relação aos herdeiros e sucessores (instituídos ou legítimos), não há necessidade de sua citação ou notificação para manifestação diante do pedido de registro de testamento público ou cerrado.[31]

Anote-se que o conteúdo do testamento (inclusive eventual causa de redução e outras invalidades) poderá ser discutido, conforme o caso, nos autos do inventário ou em ação própria,[32] de forma que os herdeiros não serão prejudicados em seu afirmado direito pela falta de participação no processo de registro. A avaliação do testamento é feita sobre o quanto apresentado, e tanto por provocação do Ministério Público como de ofício pelo juiz eventuais vícios de forma impedem o registro.

Especificamente no processo de registro de testamento particular, como também testamentos especiais e codicilo, pois seguem o mesmo regime jurídico – CPC, art. 737, § 3º, pela sua natureza, prescindindo de uma autoridade delegada para sua celebração ou expedição de certidão respectiva, a lei exige a *intimação* dos herdeiros que não tiverem requerido a publicação do testamento (CPC, art. 737, § 1º). Entende-se a *intimação* referida como sendo *citação*, se não estiverem no processo, e inclusive assim se diz no Código Civil: "Morto o testador, publicar-se-á em juízo o testamento, com citação dos herdeiros legítimos" (art. 1.877).

O testamenteiro nomeado pelo testamento ou na sua falta pelo juiz, caso não seja o apresentante (pois se indicado pelo testador é sua a atribuição de tomar esta iniciativa), deve ser chamado (citado) para acompanhar o processo

---

31. *Cfr.* TJSP, 10ª Câmara de Direito Privado, Ap. 1004113-63.2021.8.26.0286, rel. Des. J. B. Paula Lima, j. 21.9.2021, com a seguinte ementa: "Registro, arquivamento e cumprimento de testamento público – Sentença de procedência – Recurso desprovido – Registro, arquivamento e cumprimento de testamento público – Insurgência contra sentença de procedência – Preliminar de nulidade por ausência de intimação dos herdeiros – Descabimento. A intimação dos interessados é prevista apenas para o procedimento de registro de testamento particular – Art. 737, § 1º, do CPC – Procedimento de jurisdição voluntária destinado à análise de eventuais vícios extrínsecos do testamento – Discussão quanto à vocação hereditária da apelada e violação da legítima que devem ser formuladas em ação própria, já ajuizada pelo apelante – Doutrina e jurisprudência – Sentença mantida – Recurso desprovido". No mesmo sentido: TJSP, 8ª Câmara de Direito Privado, AI 2125520-04.2021.8.26.0000, rel. Des. Salles Rossi, j. 19.7.2021 ("Prescindível a intimação/concordância dos herdeiros necessários, tendo em vista que tal formalidade apenas se aplica aos testamentos particulares, nos termos do art. 737, § 1º, do CPC"); e TJSP, 8ª Câmara de Direito Privado, Ap. 1021233-67.2021.8.26.0562, rel. Des. Clara Maria Araújo Xavier, j. 31.10.2022.

32. *Cfr.* itens 2.753, "do processo necessário de registro de testamento e codicilo", e 2.753.4 "do procedimento e suas particularidades para cada uma das formas de testamento".

de registro, sendo sua a tarefa de, "com ou sem o concurso do inventariante e dos herdeiros instituídos, defender a validade do testamento" (CC, art. 1.981).

Inclusive, como se verá, haverá "temo" de sua qualidade, para no inventário cuidar da execução e do cumprimento das disposições testamentárias (CPC, art. 735, §§ 3º e 4º), como fiel guardião da vontade do falecido, além de outras funções que pode exercer em relação ao patrimônio deixado pelo falecido (CC, arts. 1.976 e ss.).

Mesmo não sendo necessária a participação no testamento cerrado ou público, temos para nós que os herdeiros, querendo, podem acompanhar o processo, e, tratando-se de questão de ordem pública, a ser reconhecida até mesmo de ofício, poderão apontar eventual vício que impeça o acolhimento do registro, podendo, inclusive, recorrer da sentença como terceiros interessados.

2.753.4 do procedimento e suas particularidades para cada uma das formas de testamento

Com pouca técnica, o Código de Processo Civil trata em três artigos (arts. 735 a 737) do procedimento especial relativo ao *registro, arquivo e determinação de cumprimento* do testamento e do codicilo.

No primeiro artigo cuida do testamento cerrado; no segundo, do testamento público; e, no terceiro, do testamento particular, dos especiais e do codicilo. Mas em relação a estes últimos ao final determina a aplicação das regras previstas para o testamento cerrado.

Vale dizer, então, embora assim não nomeado, que existem as "disposições gerais" do procedimento e as particularidades processuais para cada uma das formas de disposições de última vontade. E, assim, vejamos as regras gerais e especiais.

A jurisdição nacional é exclusiva para a confirmação de testamento particular e para o inventário e a partilha de bens situados no Brasil, ainda que o autor da herança seja de nacionalidade estrangeira ou tenha domicílio fora do território nacional (CPC, art. 23, inc. I).

Quanto à competência interna, segue-se a regra geral para a distribuição do inventário (CPC, art. 48; CC, art.1.784[33]), lembrando, como antes referido, que em São Paulo há reunião de ambos no mesmo juízo.

Em petição inicial endereçada pelo apresentante, acompanhada dos requisitos normais desta peça, apresentam-se os documentos pertinentes (certidão

33. *Cfr.* Francisco José Cahali, "*Comentários*". cit., nos comentários ao art. 1.784, com casuísticas a respeito, p.ex., diante de domicílio múltiplo ou incerto.

de óbito, o instrumento de testamento *etc.*), requerendo-se o registro da disposição de última vontade.

Nesta oportunidade deverá ser também apresentada a certidão de testamento expedida pelo Colégio Notarial, já antes referida, para demonstração da eventual existência de outros testamentos além daquele apresentado, conferindo-se, neste contexto, a não revogação do juntado.

Ouvido o Ministério Público, superadas as providências de processamento e particularidades de cada forma de testamento (a seguir detalhadas), o processo encerra-se por sentença, na qual confirma-se o testamenteiro, determinando-se a inscrição, o registro, arquivamento e cumprimento do testamento.

A cognição do juiz é sumária, com prova documental a ser juntada com a própria inicial, podendo ser determinada no curso do processo, se o caso, como em relação à certidão de testamento, e documentos atualizados.

Especificamente em relação ao *testamento particular*, por ser requisito previsto no direito material, promove-se a instrução oral, com a oitiva das testemunhas indicadas no instrumento, como se verá adiante. Observada esta exceção, e nos limites dela, não há ampliação de fase instrutória, tendo em vista o objeto contido do processo: verificação das formalidades legais do testamento apresentado. Patrocinamos, há mais de 30 anos, um processo que provocou um dos pioneiros julgados a respeito da validade do testamento particular redigido por meio mecânico (hoje expressamente permitido pelo Código Civil, em seu art. 1.876). Naquela oportunidade, além da oitiva das testemunhas, fez-se a prova pericial grafotécnica e grafológica para confirmar, pelas circunstâncias especiais do caso, ter sido manifestada a vontade impressa pelo próprio testador. Também foram apresentadas provas documentais de outros escritos do testador com idêntico meio mecânico. Tudo se conta para afirmar que, embora com cognição sumária, eventualmente, se o contexto processual justificar, evidentemente há de se flexibilizar, excepcionalmente, a afirmação de ser a prova neste processo restrita à oitiva das testemunhas do testamento. Mas, sem dúvida, a exceção não afasta a regra.

Por fim, verificada a regularidade do testamento, é proferida sentença acolhendo o pedido de arquivamento e registro de testamento, com as demais restritas deliberações aqui tratadas (p.ex., relativas ao testamenteiro).

Embora dizendo a lei de forma diversa (CPC, art. 735, § 1º), para maior eficiência e celeridade, quando o testamenteiro nomeado pelo falecido é o requerente, ou está presente nos autos, em São Paulo tem sido também dispensada a assinatura de termo, como igualmente se vale da própria sentença como certidão de testamento, atestando o seu registro e arquivamento, se assim nela constar, para todos os fins, inclusive para juntada no inventário onde será requerido o seu cumprimento.

Quanto às particularidades procedimentais para cada forma de testamento, temos:

O *testamento cerrado* traz como peculiaridade o fato de que, apresentado no processo, será aberto pelo juiz, na presença do apresentante (e de quem mais estiver integrando os autos), em audiência designada para este fim. Sendo o processo eletrônico, apenas a certidão notarial é apresentada, deixando-se para após a distribuição a juntada do documento físico, cerrado, a ser entregue ao juiz para as providências de abertura.

Uma vez aberto, será lido pelo escrivão, sendo então lavrado termo de abertura, do qual constarão o nome do apresentante e referência de como ele obteve o instrumento, anotando-se ainda a data e o lugar do falecimento e "qualquer circunstância digna de nota" (CPC, art. 735, § 1º). Lembre-se, como já referido, que, aberto ou dilacerado o testamento, será tido como revogado, e, como tal, rejeita-se o registro (CC, art. 1.972).[34]

Podendo ser escrito o testamento cerrado em língua estrangeira (CC, art. 1.871), como a sua abertura é feita pelo juiz, não se aplica a regra do parágrafo único do art. 192 do Código de Processo Civil,[35] devendo ser levada ao processo a versão para a língua portuguesa apenas após a constatação da situação, anotada quando da sua abertura.[36]

Quanto ao *testamento público*, não se tem detalhe além da apresentação do traslado ou certidão atual do instrumento, observando-se as regras gerais do procedimento.

Para o registro do *testamento particular*, além da convocação dos herdeiros, há outra particularidade relevante, que se encontra no Código Civil, mas interfere diretamente no procedimento: a designação de audiência[37] para a oitiva das testemunhas indicadas no instrumento, como acima referido (CC, arts. 1.878 e 1.879[38]). Só então, observados os requisitos do direito material, será confirmado o testamento.

---

34. *Cfr.*, acima, item 2.752, "sobrevoo nas disposições de última vontade", com mais detalhes e indicação de doutrina e jurisprudência a respeito.

35. "Art. 192. Em todos os atos e termos do processo é obrigatório o uso da língua portuguesa. "Parágrafo único. O documento redigido em língua estrangeira somente poderá ser juntado aos autos quando acompanhado de versão para a língua portuguesa tramitada por via diplomática ou pela autoridade central, ou firmada por tradutor juramentado."

36. Não importa se os herdeiros (instituídos ou legais) compreendem o conteúdo do testamento. Para constar dos autos, e até mesmo para verificação pelo juiz e pelo Ministério Público de seu futuro cumprimento na partilha, haverá necessidade de sua tradução.

37. Anote-se que há proposta de reforma deste dispositivo para permitir a confirmação se a testemunha reconhecer suas imagens e fala por programa de gravação (Cf. nota de rodapé n. 6 acima com a indicação do Projeto).

38. *Cfr.* item 2.753.2, "da importância e finalidade específica do registro de acordo com a forma do testamento", acima. Entendendo de forma diversa, Nelson Nery Júnior e Rosa Maria de

Por fim, quanto aos *testamentos especiais*[39] e ao *codicilo* segue-se o previsto na regra geral e especificidades do testamento particular (*v.g.*, convocação dos herdeiros), por expressa indicação na lei (CPC, art. 737, §§ 3º e 4º), com a necessária confirmação pelo juízo, porém sem a necessidade de serem ouvidas as testemunhas, posto que esta exigência é reservada, pelo direito material, ao testamento particular.

2.753.5 finalização do processo de registro no curso da ação de invalidação do testamento

Como já se disse repetidas vezes, defeitos internos do ato, como vícios de manifestação de vontade, desafiam ação própria, de cognição ampla, para seu reconhecimento.

Embora já se tenha visto posição divergente,[40] temos para nós que o procedimento especial de registro deve ter seu curso normal, inclusive almejando a sentença, independentemente da existência de ação de invalidação do testamento.

São ambientes diversos, e cada qual com um tema de cognição. Como tal, um processo não interfere no outro, até porque, como referido acima (item 2.753), a sentença de registro e "cumpra-se" não impede a invalidação em processo próprio, em que se busca a coisa julgada material a respeito.

Casuisticamente, um vício de forma pode também impedir o registro, em curso a invalidação com mesmo fundamento,[41] mas não se obsta ao prosseguimento do registro até para, quem sabe, ser este negado pelo defeito apontado.

O que se mostra prudente, por solicitação incidente ou por pedido de tutela provisória para este fim, é a suspensão do inventário, ou ao menos da sentença de partilha, a depender da robustez dos argumentos trazidos na pretensão de invalidação do testamento.

Andrade Nery consideram dispensada a oitiva das testemunhas em audiência, uma vez ausente a previsão no Código de Processo Civil, em conformidade com a orientação de Pontes de Miranda (Nelson Nery Júnior e Rosa Maria de Andrade Nery, *Comentários ao Código de Processo Civil. Novo CPC*, São Paulo, Ed. RT, 2015, p. 1.582). Como a confirmação é um requisito legal (CC, art. 1.878), entendemos ser necessária esta oitiva, seguindo aqui a orientação, dentre outros, de: Teresa Arruda Alvim Wambier (Teresa Arruda Alvim Wambier (coord.) *et al.*, *Primeiros comentários ao Código de Processo Civil*, São Paulo, Ed. RT, 2015, p. 1.082); Leonardo Duncan Moreira Lima (in Antonio do Passo Cabral e Ronaldo Cramer (coords.), *Comentários ao Código de Processo Civil*, Rio de Janeiro, Forense, 2015, p. 1.046); Luis Otávio Sequeira de Cerqueira (in Teresa Arruda Alvim Wambier, Freddie Didier Júnior, Eduardo Talamini e Bruno Dantas (coords.), *Breves comentários ao Código de Processo Civil*, São Paulo, Ed. RT, 2015, p. 1.706). Confira-se ainda observação na nota de rodapé anterior sobre a proposta de reforma do Código Civil.

39. Lembrando-se a observação acima (nota de rodapé n. 64), de que há proposta de revogação dos testamentos especiais no projeto de reforma do Código Civil.

40. RT 350/559 e 431/72, trazidos por Zeno Veloso (ob. cit., p. 249).

41. Quem sabe até proposta anteriormente.

2.754. do testamenteiro

Como já se viu, neste procedimento é feita a nomeação do testamenteiro. É de boa importância esta nomeação, pois será necessária a sua atuação no processo de inventário, devendo zelar para a execução e o cumprimento das disposições, além de outras obrigações que podem ter sido impostas pelo falecido (CC, arts. 1.982, 1.977, 1.978 e 1.980 e ss.[42]).[43] Na legislação processual a previsão é a de que o testamenteiro "deverá cumprir as disposições testamentárias e prestar contas em juízo do que recebeu e despendeu, observando-se o disposto em lei" (CPC, art. 735, § 5º).

A indicação pode (e deve) ser feita no próprio testamento (CC, art. 1.976), e, assim ocorrendo, o indicado, se não for o próprio apresentante do testamento, deverá ser convocado.[44] Evidentemente há necessidade de manifestação do testamenteiro aceitando o encargo. A simples indicação e a manifestação não bastam para sua atuação no processo de inventário; há necessidade de sua nomeação pelo juízo do registro de testamento.

Inexistente a indicação pelo falecido (no testamento e/ou em codicilo), ou diante de sua recusa em assumir o encargo, e quando não localizado (ausente), haverá a nomeação de um testamenteiro dativo, "observando-se a preferência legal" (CPC, art. 735, § 4º), prevista no Código Civil (arts. 1.984 e 1.985[45]), podendo nomear-se também um dativo, sem vínculo sucessório ou parentesco com o falecido.

Muito incomum, pode acontecer de o testador indicar mais de um testamenteiro para, em conjunto ou separadamente, seguirem com a função (CC, art. 1.976). Se assim ocorrer, caberá a identificação das atribuições específicas de cada qual na sentença, ou a confirmação de ser simultâneo o encargo.[46]

---

42. Sendo o testamenteiro, ainda, o terceiro na ordem de atuação como administrador provisório, até a nomeação de inventariante, depois do cônjuge e herdeiros (CC, art. 1.797).
43. Como já escrevemos: "Embora diferentes as posições de inventariante e testamenteiro, nada impede que a mesma pessoa acumule as duas funções. Inclusive a legislação processual integra no rol dos possíveis inventariantes o testamenteiro (CPC-2015, art. 617, inc. V), e o próprio Código Civil estabelece que, se o testador tiver distribuído toda a herança em legados, exercerá o testamenteiro as funções de inventariante (art. 1.990)" (Francisco José Cahali, "*Comentários*", cit., nos comentários aos artigos referidos). *Cfr.* ainda, na mesma obra, o capítulo destinado ao testamenteiro).
44. *Cfr.*, acima, item 2.753.3, "participação dos herdeiros, do testamenteiro e do Ministério Público no processo de registro de testamento".
45. Com propostas de pequenas alterações no projeto de reforma do Código Civil (Cf. nota de rodapé n. 64).
46. CC, arts. 1.976 e 1.986, com responsabilidade solidária a dar contas dos bens que lhes forem confiados, quando nomeados para atribuições conjuntas.

Pelas suas tarefas, atribuições e responsabilidades, o testamenteiro que não seja herdeiro ou legatário tem direito à vintena (CC, art. 1.987), que é o prêmio, ou pagamento, a ser quitado por conta da parte disponível, quando houver herdeiro necessário. O testador pode determinar que a atuação não seja remunerada, e caberá ao indicado aceitar ou recusar o encargo diante desta condição. Quando o testamenteiro for herdeiro ou legatário deverá optar entre receber o prêmio ou a herança/legado (CC, art. 1.988).

A vintena pode ser estabelecida pelo testamento; e, se nada for fixado, será de 1% a 5% sobre a herança líquida (CC, art. 1.987), devendo neste caso ser consideradas a dificuldade na execução do testamento, a complexidade das disposições, quantidade de tarefas e encargos e todo o mais que demonstre a maior ou menor intensidade na atuação e responsabilidade. Neste contexto, é natural que a remuneração seja fixada (quando omisso o testamento), no juízo de inventário, não no processo de registro de testamento, limitado à confirmação do testamenteiro.

Também fora do processo de registro de testamento é que serão verificadas a conduta e as responsabilidades do testamenteiro. Poderá ser nos autos do próprio inventário ou, p.ex., no caso de em face dele se exigir contas (CPC, art. 735, § 5º), em processo próprio para esta finalidade.

Enfim, o debate no procedimento especial a respeito da figura do testamenteiro limita-se ao pertinente à sua nomeação na sentença; seus direitos, atribuições, responsabilidades e obrigações são exercidos em outra sede (no inventário ou em ação própria).

Anote-se, ao encerrar, que a prática tem apontado, e assim se faz corretamente, que pode ser dispensada a nomeação de testamenteiro diante de disposições pouco complexas, p.ex., naquelas sem necessidade de atuação de testamenteiro para promover o cumprimento do testamento, limitada a atenção à verificação de seu atendimento pelo inventariante nas últimas declarações e partilha. A verificação é casuística, e realmente o testamenteiro representa um ônus ao espólio, e, por consequência, aos herdeiros instituídos, que, sem efetiva utilidade na sua atuação, pode e deve ser evitado. Ainda o Código Civil delega ao viúvo ou herdeiro indicado pelo juiz a execução testamentária na ausência de testamenteiro nomeado pelo testador (CC, art. 1.984).

2.755. registro de testamento, inventário extrajudicial e arbitragem

Mantendo previsão arcaica, o Código de Processo Civil, em sua literalidade, estabeleceu que, existindo testamento, preceder-se-á ao inventário judicial (art. 610). Esta previsão mostrou-se anacrônica à propalada desjudicialização, que, no quanto pertinente, já em 2007 passou a permitir o inventário e a partilha extrajudicial em situações específicas (Lei 11.441/2007), mantidos pelo § 1º do art. 610 da legislação processual.

Porém, iniciadas provocações pelos interessados, em São Paulo, já em 2016, por Parecer 133, a Corregedoria admitiu que, com autorização do juízo de registro de testamento, fossem promovidos o inventário e a partilha extrajudicial.

Prevalecendo esta orientação, vieram o Provimento 37/2016 do TJSP (dando nova redação ao item 129 e subitens das NSCGJ) e o Enunciado 51 da I Jornada de Direito Processual Civil ("Havendo registro judicial ou autorização expressa do juízo sucessório competente, nos autos do procedimento de abertura, registro e cumprimento de testamento, sendo todos os interessados capazes e concordes, poderão ser feitos o inventário e a partilha por escritura pública"). Na mesma linha, inúmeros tribunais estaduais seguiram com idêntica conclusão, tornando tranquila a utilização deste modelo extrajudicial nesta situação, *amenizado*, por assim dizer, o aparente rigor do art. 610 do CPC-2015, sem violar a sua razão de ser, tendo em vista a verificação prévia, pelo juízo competente, da pertinência desta solução.

Anote-se também os Enunciados 77 da I Jornada sobre Prevenção e Solução Extrajudicial de Litígios,[47] 600 da VII Jornada de Direito Civil[48] e 16 do IBDFAM – Instituto Brasileiro de Direito de Família,[49] uniformes nesta linha.

Avançando nesta concepção, em mais recente pronunciamento, com inteira razão e pertinência, o Conselho Nacional de Justiça, pela Resolução 571 de 26.08.2024[50] estendeu a possibilidade de inventário extrajudicial mesmo existentes herdeiros menores ou incapazes[51], estabelecendo certas restrições e confirmando, em relação ao procedimento, a necessidade de autorização do juízo de registro do testamento.[52]

---

47. Assim: "Havendo registro ou expressa autorização do juízo sucessório competente, nos autos do procedimento de abertura e cumprimento de testamento, sendo todos os interessados capazes e concordes, o inventário e partilha poderão ser feitos por escritura pública, mediante acordo dos interessados, como forma de pôr fim ao procedimento judicial".

48. Assim: "Após registrado judicialmente o testamento e sendo todos os interessados capazes e concordes com os seus termos, não havendo conflito de interesses, é possível que se faça o inventário extrajudicial".

49. Assim: 'Mesmo quando houver testamento, sendo todos os interessados capazes e concordes com os seus termos, não havendo conflito de interesses, é possível que se faça o inventário extrajudicial".

50. Altera a Resolução CNJ nº 35/2007, que disciplina a lavratura dos atos notariais relacionados a inventário, partilha, separação consensual, divórcio consensual e extinção consensual de união estável por via administrativa.

51. Já verificadas algumas decisões isoladas neste sentido.

52. Art. 12-B. É autorizado o inventário e a partilha consensuais promovidos extrajudicialmente por escritura pública, ainda que o autor da herança tenha deixando testamento, desde que obedecidos os seguintes requisitos: I – os interessados estejam todos representados por advogado devidamente habilitado; II – exista expressa autorização do

E por fim, o projeto de reforma do Código Civil[53], em sua versão original, acertadamente propõe a revogação deste artigo 610, que, de resto, apresenta-se atualmente esvaziado, pelo avanço da doutrina, jurisprudência e Resolução referida.

Caberá, assim, ao juiz, quando do registro de testamento, verificar se há tranquilidade em se cumprir as disposições testamentárias sem risco, mesmo pela forma extrajudicial. Com certeza, só a participação do tabelião já confere esta tranquilidade, pois a ele cabe, sempre, verificar a licitude da escritura (e como tal, a observância do testamento) que necessariamente será apresentada e arquivada em cartório.

Na escritura participam necessariamente todos os sucessores, legais e testamentários, de forma que os próprios interessados, de comum acordo, verificarão a adequação das disposições testamentárias.

Vejam-se, por exemplo, situações em que há um bem de pequeno valor destinado a um legatário, também herdeiro legítimo, ou naquelas onde uma parcela (ou toda) da parte disponível é destinada a sucessores igualmente legítimos. Certamente inexiste qualquer complexidade diante do consenso dos interessados em promover a partilha, em cumprimento ao testamento, da forma extrajudicial.

E, assim, merece aplauso esta orientação, deixando sob os cuidados do juízo de registro de testamento, com a participação do Ministério Público, a avaliação sobe se é o caso de autorizar o inventário e a partilha extrajudicial mesmo existente disposição de última vontade.

De muitos, com posição consolidada, anote-se julgado do Superior Tribunal de Justiça com passagem repetida em diversas outras decisões: "Conferindo-se interpretação sistemática ao *caput* e ao § 1º do art. 610 do CPC-2015, c/c os arts. 2.015 e 2.016 do CC-2002, mostra-se possível o inventário extrajudicial, ainda que exista testamento, se os interessados forem capazes e concordes e estiverem assistidos por advogado, desde que o testamento tenha sido previamente registrado judicialmente ou haja a expressa autorização do juízo competente – Precedente do STJ (REsp n. 1.808.767-RJ[54])".

Falando em meios extrajudiciais para o processamento de inventário, temos nos dedicado ao estudo e prática da arbitragem no Direito de Família e Sucessões.[55]

---

juízo sucessório competente em ação de abertura e cumprimento de testamento válido e eficaz, em sentença transitada em julgado; III – todos os interessados sejam capazes e concordes; IV – no caso de haver interessados menores; ...

53. Cf. nota de rodapé n. 6 acima.

54. STJ, 4ª Turma, REsp 1.808.767-RJ, rel. Min. Luís Felipe Salomão, j. 15.10.2019.

55. Cf. a respeito, nosso "Curso de Arbitragem", Capítulo 14, item 14.7 – Arbitragem no direito das sucessões (CAHALI, Francisco José. *Curso de Arbitragem – Mediação – Conciliação – Tribunal Multiportas*. 9ª ed., São Paulo: Ed. Revista dos Tribunais. 2023).

Para o inventário *ab intestato*, a questão é de menor complexidade, sendo todos os herdeiros maiores e capazes, e de comum acordo, podem optar pela arbitragem para a solução de conflito sobre a herança. A polêmica, entretanto, direciona-se com ênfase à chamada "arbitragem testamentária".

Primeiro pelo cabimento de arbitragem imposta pelo testador, só possível, em nosso entender, quanto à parcela disponível da herança[56], ou se inexistentes herdeiros necessários – temas estranhos ao presente estudo).

Segundo, pelo cabimento de arbitragem quanto existente testamento, posto que necessário o registro do testamento, na forma acima tratada, prevendo a Lei, ainda, que o inventário será judicial (CPC, art. 610).

Pois bem:

Em relação ao registro do testamento, sem dúvida alguma a jurisdição é exclusiva do Poder Judiciário, inclusive, como visto, com a necessária participação do Ministério Público.

Porém, uma vez registrado o testamento, não encontramos óbice atualmente para que o inventário seja em procedimento arbitral se autorizado pelo Juízo do registro de testamento.

Vale dizer, atualmente, se pela orientação de nossos Tribunais, inclusive confirmada pelo Superior Tribunal de Justiça e pela Resolução 571/24 do Conselho Nacional de Justiça quanto à possibilidade de inventário extrajudicial mesmo existente testamento, por igual (ou até maior) razão, há de se admitir que a herança seja cuidada e distribuída na jurisdição arbitral (superada a fase de registro).

Assim, como em relação ao inventário extrajudicial, é possível que se requeira, por todos os herdeiros (e testamenteiro, se o caso) a autorização do juízo de registro de testamento para se promover o inventário pela arbitragem.

Inexistente legislação específica a respeito, a questão que se coloca é saber se há necessidade de normas próprias, ou o quanto se tem hoje é suficiente, e em que medida e extensão, a se admitir o inventário no juízo arbitral. Como temos sustentado, principalmente com as observações acima, tratando-se de direito patrimonial disponível, inexistentes herdeiros menores ou incapazes, realmente o juízo arbitral está com as portas abertas para inventário, partilha de bens, e prestação de contas de inventariante, de forma inclusive mais célere e eficiente que o Poder Judiciário.

Fica também aqui a sugestão, e recomenda-se aos interessados a leitura de nosso mais recente estudo sobre o tema ("Arbitragem no Direito de Famí-

---

56. Vale dizer, assim, que a cláusula arbitral testamentária em face de herdeiros legítimos funciona como disposição ***persuasiva***, mas não vinculante.

lia e das Sucessões[57]), além de outros escritos que já começam a surgir nesta mesma linha de pensamento.

Referências Bibliográficas

CABRAL, Antonio do Passo, e CRAMER, Ronaldo (coords.). *Comentários ao Código de Processo Civil*. Rio de Janeiro, Forense, 2015.

CAHALI, Francisco José. *Curso de Arbitragem – Mediação – Conciliação – Tribunal Multiportas*. 9ª ed. São Paulo: Ed. Revista dos Tribunais. 2023.

CAHALI, Francisco José. “Comentários aos arts. 1.784 a 2.027 – Livro V – Direito das sucessões”. In: NANNI, Giovanni Ettore (coord.). *Comentários ao Código Civil: direito privado contemporâneo*. 3ª edição revista e atualizada. São Paulo: Ed. Thomson Reuters – Revista dos Tribunais, 2023.

CAHALI, Francisco José. “Arbitragem no Direito de Família e das Sucessões”, **in** Planejamento Patrimonial e Sucessório – Volume III. Coord. Daniel Zugman, Frederico Bastos e Renato Vilela. São Paulo: Ed. Dialética, 2025.

CASTRO FILHO, José Olympio de. *Comentários ao Código de Processo Civil*. vol. X. Rio de Janeiro, Forense, 1976.

CERQUEIRA, Luis Otávio Sequeira de. In: DANTAS, Bruno, DIDIER JÚNIOR, Fredie, TALAMINI, Eduardo, e WAMBIER, Teresa Arruda Alvim (coords.). *Breves comentários ao Código de Processo Civil*. São Paulo, Ed. RT, 2015.

LIMA, Leonardo Duncan Moreira. In: CABRAL, Antonio do Passo, e CRAMER, Ronaldo (coords.). *Comentários ao Código de Processo Civil*. Rio de Janeiro, Forense, 2015.

MEDINA, José Miguel Garcia, e ARAÚJO, Fábio Caldas de. *Código Civil comentado*. São Paulo, Ed. RT, 2013.

NERY JÚNIOR, Nelson, e NERY, Rosa Maria de Andrade. *Comentários ao Código de Processo Civil. Novo CPC*. São Paulo, Ed. RT, 2015.

PEREIRA, Lafayette Rodrigues. In: VELOSO, Zeno. *Testamentos, de acordo com a Constituição de 1988*. 2ª ed. Belém, CEJUP, 1993.

VELOSO, Zeno. *Testamentos, de acordo com a Constituição de 1988*. 2ª ed. Belém, CEJUP, 1993.

WAMBIER, Teresa Arruda Alvim (coord.), *et. al. Breves comentários ao Código de Processo Civil*. São Paulo, Ed. RT, 2015.

WAMBIER, Teresa Arruda Alvim, *et al. Primeiros comentários ao Código de Processo Civil*. São Paulo, Ed. RT, 2015.

57. CAHALI, Francisco José. “Arbitragem no Direito de Família e das Sucessões”, *in* Planejamento Patrimonial e Sucessório – Volume III. Coord. Daniel Zugman, Frederico Bastos e Renato Vilela. São Paulo: Ed. Dialética, 2025.

CAPÍTULO CLXXXIX – ***HERANÇA JACENTE, BENS DE AUSENTES E COISAS VAGAS***

MARCELO JOSÉ MAGALHÃES BONIZZI

2.756. considerações gerais

No Capítulo XV do CPC-2015, destinado aos procedimentos de jurisdição voluntária, encontram-se as disposições relativas às hipóteses em que algum falecido possuía bens, mas não deixou testamento ou herdeiros conhecidos ou, ainda, quando todos os herdeiros conhecidos simplesmente renunciaram à herança.

Também o Código Civil, em seus arts. 1.819 a 1.823, trata desse tema, e isso, aliás, poderia ter levado o legislador do CPC-2015 a fazer simples remissão a boa parte desses dispositivos, ao invés de repeti-los desnecessariamente nos dispositivos processuais ora em análise.

Trata-se de hipóteses em que o Estado assumirá a propriedade desses bens e, curiosamente, sem que possa recusar essa transmissão, não porque ele seja algum tipo de sucessor do falecido, mas sim em prol do interesse público em evitar que os bens deixados por alguém fiquem abandonados na sociedade, daí decorrendo a importância dessas regras legais que tratam da chamada herança "jacente", que poderá ser considerada "vacante" com o decorrer do tempo. Tais regras protegem a integridade desses bens e evitam disputas – provavelmente agressivas – entre pessoas interessadas em se apropriar indevidamente deles.

A partir dessa premissa, o CPC-2015, na mesma linha adotada pelo CPC-1973,[1] trata dos meios pelos quais o Poder Judiciário pode evitar esse tipo de desordem social, dando algum destino a esses bens ao invés de deixá-los abandonados.

A competência para essas medidas é do juízo da comarca em que o falecido tinha domicílio (arts. 738 do CPC e 1.785 do CC), mas se essa pessoa não tinha domicílio certo aplicam-se as disposições do art. 48, parágrafo único, do CPC para determinação dessa competência.

2.757. aspectos procedimentais

O primeiro passo é promover a arrecadação dos bens deixados pelo falecido nessas circunstâncias. Isso pode ser feito de ofício pelo juiz, nos termos do disposto no art. 738 do CPC, devido ao interesse público subjacente a todos esses fatos, o que, aliás, legitima o Ministério Público a pedir a abertura desse procedimento, assim como qualquer interessado também poderá fazê-lo (art. 720). Nesse último caso, é bem possível que eventuais credores do falecido tenham interesse na destinação dos bens que serão arrecadados, embora a legitimação para isso, que estava presente no art. 856, § 2º, do CPC-1973, não tenha sido mencionada no CPC atual. A solução é dada pelo disposto no art. 1.821 do Código Civil, que continua a lhes conferir legitimidade para pedir a abertura da herança jacente.[2]

É uma das poucas situações em que o juiz pode dar início a um processo *ex officio*, isto é, sem nenhuma provocação, mas vale lembrar que se trata de *jurisdição voluntária*, no sentido de que não há propriamente um litígio a ser solucionado, mas sim mera *administração pública de interesses privados*, conforme conhecida lição de José Frederico Marques.

Em seguida, o juiz nomeará um administrador[3] dessa herança "jacente", cujas incumbências estão descritas no § 1º do art. 739: representar a herança em juízo ou fora dele; guardar e conservar os bens, bem como arrecadar outros que forem encontrados; executar as medidas conservatórias dos direitos da herança; apresentar mensalmente ao juiz demonstrativo da receita e das despesas, prestando contas de tudo ao final de sua gestão.

---

1. *Cfr.* Arts. 1.142 a 1.169. O CPC-1939 cuidou desse tema nos arts. 553 a 590.
2. Depois da abertura, os credores poderão se habilitar da mesma forma que fazem nos inventários ou propor ação de cobrança (art. 741, § 4º, CPC-2015).
3. O TJSP já decidiu que há "conflito de interesses" na nomeação de curadora que é proprietária de um imóvel no mesmo condomínio em que está o bem deixado pela proprietária falecida (8ª Câmara de Direito Privado, Ag. 2214254-62.2020.8.26.000, rel. Des. Salles Rossi, j. 28.10.2021).

Esse administrador possui poderes para representar a herança vacante ou jacente em juízo, nos termos do disposto no art. 75, inc. VI, do CPC, embora esse conjunto de bens e direitos não possua personalidade jurídica.

É importante lembrar que esse administrador, ou curador, precisa demonstrar alguma habilidade técnica que justifique sua nomeação. O juiz, evidentemente, não possui discricionariedade para escolher quem deve administrar bens, principalmente se essa administração for complexa, como ocorre, p.ex., na hipótese em que será preciso manter a produção de um determinado produto comercial ou dar continuidade a um empreendimento comercial. Nesses casos, além de conservar, o curador também deve "fazer produzir mais frutos, render, aumentar",[4] e nem sempre isso será uma tarefa simples.

Ao ordenar que o oficial de justiça arrole os bens dessa herança, o legislador preocupou-se com vários detalhes em prol da segurança desses bens.

Vale destacar, dentre esses detalhes, a possibilidade de comparecimento pessoal do juiz ao local onde estão os bens e a autorização para inquirição dos moradores da casa e da vizinhança sobre a existência de outros bens e de herdeiros. Aliás, nesse contexto, recomenda-se ao juiz examinar *reservadamente* os papéis, cartas e livros domésticos (§ 4º do art. 740), e, se essa recomendação for vista da perspectiva das novas tecnologias, também caberá ao juiz examinar os dispositivos eletrônicos que forem encontrados, como *notebooks*, *laptops* e *smartphones*, porque atualmente é através deles que a maioria das pessoas se comunica, guarda informações *etc.*

A arrecadação dos bens, entretanto, será imediatamente suspensa se o cônjuge, companheiro, herdeiro ou testamenteiro se apresentarem para reclamar os bens (idem, § 6º). Se alguém se habilitar, desde que apresente prova idônea, a arrecadação "converter-se-á em inventário" (idem, § 3º).[5] É importante ressaltar, nesse ponto, que mesmo um *único pedido* de habilitação de alguém que se afirma herdeiro ou testamenteiro é suficiente para transformação da jacência em vacância.

Quando entender que a arrecadação terminou, o juiz mandará expedir edital, que será publicado na *Internet* e na plataforma de editais do Conselho Nacional de Justiça, para que eventuais sucessores do falecido venham a

---

4. *Cfr.* Jefferson Carús Guedes, in Luiz Guilherme Marinoni, Sérgio C. Arenhardt e Daniel Mitidiero (coords.), *Comentários ao Código de Processo Civil*, vol. XI, São Paulo, Ed. RT, 2018, p. 404.

5. Na presença de "ex-convivente" do falecido, o TJSP entendeu que deve haver a conversão imediata para inventário, pois seria inadmissível o ente público dividir com essa pessoa a herança deixada (6ª Câmara de Direito Privado, Ag. 2067667-81.2014.8.26.0000, rel. Des. Vito Guglielmi, j. 26.6.2014).

se habilitar, e se ficar sabendo da existência de um sucessor ou testamenteiro que esteja em lugar certo o juiz providenciará sua citação (§ 1º do art. 741).

Na pendência do procedimento para arrecadação de bens o juiz poderá autorizar a alienação desses bens quando ocorrer quaisquer das hipóteses previstas no art. 742, como, p.ex., se houver bens móveis de difícil ou dispendiosa conservação, mas os bens "com valor de afeição" somente serão alienados após ocorrer a declaração de "vacância" da herança" (idem, § 2º).

Ao final, o juiz proferirá sentença declarando a "vacância" da herança, pondo fim ao processo, e pode fazer isso inclusive na mesma sentença que julgar improcedente o pedido de habilitação (art. 743). Nesse ponto, ocioso dizer, se acolher o pedido de habilitação haverá conversão para o rito do inventário, caso contrário a herança será declarada vacante.

Após o trânsito em julgado da sentença que declarou a vacância, "o cônjuge, o companheiro, os herdeiros e os credores só poderão reclamar o seu direito por ação direta" (idem, § 2º).

Nesse caso, o surgimento tardio de pessoas que possuem direito à herança não impede que ocorra a divisão dos bens, mas elas terão que iniciar um processo judicial contra os novos proprietários desses bens, que pode ser o Município ou o Distrito Federal, ou seja, os bens arrecadados passarão ao domínio do Município ou do Distrito Federal em que estiverem localizados e os possíveis herdeiros terão que ingressar com "ação direta" para proteger seus interesses.

Vale lembrar que, ante a extinção dos Territórios federais, deixou de existir a possibilidade de os bens passarem ao domínio da União, conforme previsto no art. 1.822 do Código Civil.

Dessa forma, ainda na perspectiva do Código Civil, o herdeiro que apareceu tardiamente poderá utilizar a "petição de herança" prevista no art. 1.824 desse diploma legal para reaver a sua parte na herança ou mesmo "todos os bens hereditários" (art. 1.825).

Essa medida é muito mais do que uma mera petição. Trata-se de uma ação de conhecimento, que tem como objetivo reaver os bens dos autores que foram incorporados – talvez irregularmente – ao patrimônio de um ente público.

As disposições dos arts. 1.819 a 1.823 do Código Civil também regulam esse tema, especialmente quanto à destinação dos bens arrecadados.

Após o término do prazo de cinco anos, contados da data da abertura da sucessão, ou seja, da data do falecimento do proprietário, os entes públicos mencionados consolidarão a propriedade desses bens (art. 1.822).

Não será necessário esperar o decorrer desse prazo "quando todos os chamados a suceder renunciarem à herança" (art. 1.823).

Por último, vale destacar que o CPC-2015 avançou ao menos num ponto em relação à herança jacente. As disposições contidas no art. 741 permitem a utilização da "rede mundial de computadores no sítio do tribunal a que estiver vinculado o juízo e na plataforma de editais do Conselho Nacional de Justiça", para dar ciência de tudo a eventuais herdeiros ou interessados na herança.

Somente na ausência de um sítio do tribunal competente é que haverá publicação "no órgão oficial e na imprensa da comarca", ou seja, a utilização da *Internet* passou a ter preferência frente aos meios tradicionais de comunicações dessa natureza.[6]

2.758. breves notas sobre os "bens dos ausentes"

As hipóteses de "ausência" foram reguladas no Código Civil em seu art. 26, que permitem a designação de um curador, arrecadação de bens e abertura da sucessão provisória após um ano dessa arrecadação ou após três anos, se o ausente nomeou representante ou curador.

Essa "ausência" não se confunde com a "ausência processual", que, conforme observa Jefferson Carús Guedes,[7] não depende de nenhuma declaração e destina-se apenas a permitir a continuidade do processo com a nomeação de um curador especial (art. 671 do CPC).

Também de forma diversa do que acontece na hipótese de herança jacente, aqui as medidas giram em torno de uma situação em que alguém não pode ser encontrado, mas seus sucessores ou credores, assim como o Ministério Público, estão presentes e podem pedir judicialmente "declaração de ausência e nomeação de curador", conforme previsto no art. 27 do Código Civil. O objetivo dessas pessoas é o de proteger os bens e até mesmo o próprio ausente, que, desnecessário lembrar, pode retornar a qualquer momento e reassumir o controle desses bens.[8]

É necessário que a declaração de ausência seja registrada publicamente, conforme disposto no art. 94 da Lei de Registros Públicos (Lei 6.015/1973).

O curador nomeado pelo juiz, assim como ocorre na herança vacante, deve zelar pelos bens sob sua guarda. As disposições contidas nos arts. 759 a 763 do CPC regulam as formas pelas quais o curador pode ser nomeado, destituído *etc.*

Na ausência ora em análise o juiz deve mandar publicar editais preferencialmente na *Internet*, anunciando a arrecadação e chamando o ausente a entrar na posse dos seus bens (art. 745 do CPC).

---

6. *Cfr.* Jefferson Carús Guedes, ob. cit., p. 419.
7. *Cfr.* Jefferson Carús Guedes, ob. cit., p. 439.
8. *Cfr.* Jefferson Carús Guedes, ob. cit., p. 440.

Após o término do prazo de um ano dessa publicação, os interessados poderão pedir abertura da sucessão provisória (idem, § 1º), e quando estiverem presentes os requisitos legais poderá ser pedida a "conversão da sucessão provisória em definitiva" (§ 3º).

Essa conversão só pode ocorrer após o decurso do prazo de 10 anos, contado da data em que ocorrer o trânsito em julgado da decisão que concede a abertura da sucessão provisória, conforme previsto no art. 37 do Código Civil.

Se nenhum interessado promover essa conversão e o ausente não retornar ao exercício da administração de seus bens, estes serão incorporados ao patrimônio do Município ou do Distrito Federal, assim como ocorre na herança vacante.

2.759. a regulação das denominadas "coisas vagas" prevista no art. 746 do CPC

Para finalizar este breve estudo, vale destacar alguns aspectos das "coisas vagas", ou seja, aqueles bens que, tendo sido encontrados por alguém, são entregues ao juiz de uma determinada comarca.

Tais regras guardam relação com as disposições contidas nos arts. 1.233 a 1.237 do Código Civil e no art. 169, inc. II, do Código Penal, que exigem do descobridor de uma determinada coisa a restituição ao legítimo proprietário, hipótese em que fará jus a uma recompensa não inferior a 5% do valor da coisa (art. 1.234).

Ao contrário do que se poderia imaginar, tais disposições são utilizadas com frequência no âmbito da Justiça Federal, em virtude do grande volume de coisas abandonadas por passageiros que utilizam transporte aéreo.

Nesse caso, a Justiça Federal recebe o pedido de que seja publicado edital na forma prevista no art. 746, § 2º, de maneira que os bens encontrados, se não forem retirados pelos seus proprietários ou possuidores, terminem arrecadados pelo Estado, que, promoverá, na forma da lei, a incorporação deles ao seu patrimônio ou providenciará um leilão público para venda desses bens.

Há diferença entre as situações tratadas no âmbito das coisas vagas em relação à arrecadação de bens de ausentes porque na primeira não se sabe a quem pertence determinado bem, enquanto na segunda o dono é conhecido, mas seu paradeiro é que é desconhecido, daí decorrendo a necessidade de adoção de procedimentos de jurisdição voluntária diversos.

Em última análise, a regulação das coisas vagas tem como pressuposto o *dever de restituição* que incide na hipótese em que alguém encontra um determinado bem.[9]

---

9. Sobre o tema, v. Antonio Carlos Morato, "Descoberta: uma visão geral do instituto", in Renan Lotufo, Giovanni Ettore Nanni e Fernando Rodrigues Martins (coords.), *Temas*

2.760. considerações finais

As medidas judiciais analisadas no contexto do presente estudo constituem típicas medidas de proteção às pessoas e aos bens que se acham nessas situações.

Na primeira hipótese, alguém falece sem deixar sucessores para seus bens, ou sem que se saiba quem são essas pessoas ou, ainda, se conhecidas, todas recusam a transmissão desses bens.

Na segunda hipótese, há sucessores, mas não se sabe onde está o proprietário dos bens.

Em ambas as situações o juiz mandará publicar editais, nomeará curadores e, ao final, obedecidos os prazos legais, permitirá que os bens sejam incorporados ao patrimônio de entes públicos ou das pessoas que podem ser sucessoras do proprietário.

Em síntese, embora tais situações possam revelar muitos conflitos familiares ou dramas pessoais, na perspectiva jurídica são relativamente simples, tanto que, com poucas inovações, as regras legais que regem esses temas atualmente são suficientes para atingir os objetivos imaginados pelo legislador que as criou.

Trata-se, sem dúvida, de um bom exemplo para justificar a existência de um procedimento especial para regular situações também especiais, ou seja, no contexto da teoria geral dos procedimentos especiais, estamos diante de regras que são muito diferentes daquelas voltadas para o processo comum, mas mesmo assim funcionam perfeitamente na prática.

Tais premissas também estão presentes na hipótese das chamadas "coisas vagas", porque, contrariando o senso popular de que o proprietário seria aquele que encontra determinado bem, há um dever de restituição ao legítimo proprietário ou possuidor, quando conhecido, ou à autoridade competente, quando não se sabe quem é essa pessoa.

---

relevantes do direito civil contemporâneo: reflexões sobre os 10 anos do Código Civil, São Paulo, Atlas, 2012, pp. 746-763.

CAPÍTULO CXC – ***INTERDIÇÃO, CURATELA E TUTELA***

JULIA PRADO MASCARENHAS

2.761. considerações introdutórias

A interdição é medida protetiva extraordinária,[1] com a finalidade de vedar ou restringir o exercício de atos da vida civil por pessoa natural maior de 18 anos com algum grau de incapacidade, sujeitando-a à curatela.[2] Submetem-se aos cuidados de um curador "todos aqueles que, por motivos de ordem patológica ou acidental, congênita ou adquirida, não estavam em condições de dirigir a sua pessoa ou administrar os seus bens, posto que maiores de idade".[3]

---

1. O Estatuto da Pessoa com Deficiência reforça em mais de uma passagem a excepcionalidade da curatela (art. 84, §§ 1º e 3º, e art. 85, § 2º). Nesse sentido, *cfr.* Theodoro Júnior, *Curso de direito processual civil*, vol. II, São Paulo, Saraiva, 2016, p. 524.
2. "A interdição e curatela estão diretamente ligadas, sendo a segunda uma consequência da primeira. Conforme Pontes de Miranda, a interdição consiste em ato do Poder Público pelo qual se declara ou se retira (= desconstitui), total ou parcialmente, a capacidade negocial de alguém" (*cfr.* Guedes, *Comentários ao Código de Processo Civil: artigos 719 ao 770*, vol. XI, São Paulo, Ed. RT, 2021, p. 472).
3. *Cfr.* Pereira, *Instituições de direito civil direito de família*, vol. 5, atualizado por Tânia da Silva Pereira, Rio de Janeiro, Forense, 2022, pp. 881–882. "Todo interdito é curatelado,

A curatela consiste, portanto, num "instituto de proteção ao incapaz, àquele que não tem condições de cuidar de si, principalmente, e de seu patrimônio".[4]

O Código de Processo Civil de 2015 procurou aprimorar a técnica legislativa pertinente à interdição, além de refletir a necessidade de resguardar as características específicas e as potencialidades da pessoa com deficiência. Trouxe dispositivos que primam pela *personalização* da curatela, que preferencialmente deve ser parcial e temporária, atentando para a possibilidade de reabilitação do curatelado, que deve ser buscada pelo seu curador sempre que possível (CPC, art. 758).[5]

As hipóteses de interdição estão indicadas no art. 1.767 do Código Civil, e o caminho processual para que seja declarada a incapacidade da pessoa natural é disciplinado no Capítulo XV ("Procedimentos de jurisdição voluntária"), Seção IX, arts. 747 e ss. do Código de Processo Civil. Foram expressamente revogados os arts. 1.768 a 1.773 do Código Civil, consolidando-se todo o regramento da interdição na lei processual.

Não menos importante é o Estatuto da Pessoa com Deficiência (Lei 13.146/2015), editado em função da Convenção das Nações Unidas sobre o Direito das Pessoas com Deficiência (CDPD), ratificada pelo Brasil em 2008. Essa lei foi publicada no período de *vacatio* do Código de Processo Civil de 2015 e alterou de forma significativa a disciplina das incapacidades do direito civil, com reflexos imediatos no instituto da interdição. Também criou o regime da *tomada de decisão apoiada*, medida protetiva destinada a pessoas com deficiência que, embora capazes de manifestar a sua vontade, desejam apoio na condução de determinados atos da vida civil.

2.762. procedimento de jurisdição voluntária

O Código de Processo Civil de 2015 manteve a interdição entre os procedimentos especiais de jurisdição voluntária, reconhecendo nela a "atividade jurisdicional destinada a pacificar pessoas mediante a tutela de uma delas ou a ambas em casos de conflitos diante do juiz sem confronto entre possíveis direitos de uma ou de outra".[6]

---

mas nem todo curatelado é interdito. Em outras palavras, não há curatela nas hipóteses do art. 1.767 do CC sem uma sentença judicial que decrete a interdição, fruto do procedimento regulado na presente Seção" (*cfr.* Schenk (em coop.), *Comentários ao novo Código de Processo Civil*, Rio de Janeiro, Forense, 2016, p. 1.064.) Além dos interditos, sujeitam-se à curatela os nascituros, os ausentes, os enfermos e os deficientes físicos.

4. *Cfr.* Pereira, ob. cit., pp. 881-882.

5. *Cfr.* Theodoro Júnior, ob. cit., p. 524.

6. Dinamarco aponta ainda as seguintes características distintivas da jurisdição voluntária: "a) é atividade jurisdicional e não administrativa, b) destina-se à tutela de pessoas em

Tradicionalmente considera-se que os procedimentos de jurisdição voluntária são despidos de litigiosidade e de interesses conflitantes entre as partes, entendimento sobre o qual desenvolveram-se relevantes críticas.[7] Para Dinamarco, a jurisdição voluntária é "o poder exercido pelo juiz mediante as formas ordinárias do processo civil, mas sem ter por objeto um conflito de interesses a ser diretamente dirimido".[8] Segundo o processualista, "no máximo serão questões controvertidas entre dois ou mais sujeitos mas a solução dessas controvérsias não se pauta pela busca da determinação do sujeito merecedor da tutela jurisdicional e daquele que deve suportar decisões desfavoráveis".[9]

Desse exercício do poder estatal decorrerá um estado jurídico oponível a terceiros, isto é, com eficácia *erga omnes*.

Trata-se de procedimento *obrigatório*, pois integralmente estruturado para proteger o interditando, e *necessário*, pois a interdição só ocorre por meio de decisão judicial.[10] Não se admite interdição promovida de ofício pelo juiz;[11]

---

casos de conflito, c) não consiste em dirimir diretamente o conflito entre elas, d) consequentemente, não são julgadas pretensões antagônicas, e) destina-se a dar tutela a uma das partes, previamente determinada, ou a ambas, sem se colocar para o juiz a escolha entre tutelar uma delas ou a outra, f) apesar disso, deve sempre ser exercida pelo juiz com inteira imparcialidade" (*cfr*. Dinamarco, *Instituições de direito processual civil*, vol. I, São Paulo, Malheiros Editores, 2020, pp. 411-413).

7. Sobre o conflito de interesses no processo de interdição: "É divorciada da realidade a formulação no sentido de que seria sempre de jurisdição voluntária a atividade no processo de interdição porque a interdição é medida que se realiza no interesse do interditando, ainda que ele não a queira. Põe-se, por vezes, efetivo e intenso conflito de interesses entre o interditando e aqueles que o pretendem interditar (...) tanto quanto há litígio e jurisdição contenciosa nos outros exemplos ora dados, pode haver no processo de interdição. Esse, portanto, é mais um exemplo da inadequação e inutilidade da rígida distinção entre 'jurisdição voluntária' e 'jurisdição contenciosa'" (*cfr.* Talamini e Wambier, *Curso avançado de processo civil*, vol. 4, São Paulo, Ed. RT, 2022, p. 325). Dinamarco aponta que dentre os procedimentos de jurisdição voluntária há atos puramente administrativos, mas não se trata de característica distintiva da jurisdição voluntária (*cfr.* ob. cit., p. 412).

8. *Cfr.* Dinamarco, *Comentários ao Código de Processo Civil: das normas processuais civis e da função jurisdicional*, vol. I, São Paulo, Saraiva, 2018, p. 157.

9. *Cfr.* Dinamarco, *Comentários ao Código de Processo Civil: das normas processuais civis e da função jurisdicional*, cit., vol. I, p. 157. Prossegue o autor: "Entre os vários critérios que ao longo dos anos foram propostos para a conceituação de jurisdição voluntária, o que mais atende às realidades da jurisdição voluntária é aquele proposto por Giovanni Cristofolini há quase um século, segundo o qual, no exercício desta, o juiz sabe de antemão a qual sujeito ou a quais os sujeito aos quais virá a conceder a tutela jurisdicional".

10. *Cfr.*: Theodoro Júnior, ob. cit., p. 528; Neves, *Código de Processo Civil comentado*, Salvador, Juspodivm, 2020, p. 1.270.

11. *Cfr*. Godinho, *Comentários ao Código de Processo Civil*, vol. XIV, São Paulo, Saraiva, 2018, p. 364.

tampouco cabe interdição incidental.[12] É indispensável a instauração de um processo que tenha como objeto o pedido de interdição, sem a cumulação de outros pedidos.[13]

2.763. Estatuto da Pessoa com Deficiência

Após a publicação do Código de Processo Civil de 2015 foi editado o Estatuto da Pessoa com Deficiência (Lei 13.146/2015), que reflete a evolução do tema, apontando para a inserção social da pessoa com deficiência. O Estatuto adapta parcialmente a legislação brasileira à Convenção Internacional sobre os Direitos das Pessoas com Deficiência e seu Protocolo Facultativo.[14]

Há clara intenção de evitar a interdição do incapaz para a totalidade dos atos da vida civil. O Estatuto declara que a deficiência não afeta a capacidade civil da pessoa (art. 6º), limitando a interdição a atos patrimoniais e negociais (art. 85, *caput* e § 1º),[15] sendo excepcional a extensão da curatela à pessoa e aos bens do curatelado, diferentemente do que dispõe o art. 757 do Código de Processo Civil. Alterou-se a redação do art. 3º do Código Civil, de modo que a pessoa com deficiência não seja mais considerada absolutamente incapaz – categoria em que permaneceram apenas os menores de 16 anos. Foram excluídos do rol dos relativamente incapazes, previstos no art. 4º, os excepcionais, sem desenvolvimento mental completo, e os que, por deficiência mental, tenham o discernimento reduzido. E foram incluídos aqueles que não puderem exprimir sua vontade por causa transitória ou permanente.

Os relativamente incapazes poderão precisar de apoio para a tomada de decisões para assuntos de natureza negocial e patrimonial, não alcançando, como dispõe o § 1º do art. 85, "o direito ao próprio corpo, à sexualidade, ao matrimônio, à privacidade, à educação, à saúde, ao trabalho e ao voto".

O Estatuto da Pessoa com Deficiência não emprega o termo "interdição" nenhuma vez, em atenção à carga pejorativa associada ao termo, e não declara que as pessoas referidas nos incisos do art. 1.767 do Código Civil se-

---

12. *Cfr.* Neves, ob. cit., p. 1.270.
13. *Cfr.* Godinho, ob. cit., p. 388.
14. A Convenção Internacional sobre os Direitos das Pessoas com Deficiência e seu Protocolo Facultativo foi aprovada pelo Congresso Nacional por meio do Decreto Legislativo 186/2008, promulgada pelo Decreto 6.949/2009.
15. "[*A curatela*] Não impede o casamento, ou o exercício do poder familiar. A pessoa com deficiência pode trabalhar, votar, ser testemunha, obter documentos oficiais que sejam de seu interesse. Como alerta Paulo Lôbo, não há que se falar mais de interdição, que sempre teve por finalidade vedar o exercício de todos os atos da vida civil, impondo-se a mediação de seu curador. Cuidar-se-á, apenas, de curatela específica, para determinados atos" (*cfr.* Dias, *Manual de direito das famílias*, São Paulo, Ed. RT, 2016, p. 1.149).

jam inaptas a todos os atos da vida civil. Onde havia "interdição deve ser promovida" passou-se a indicar "processo que define os termos da curatela deve ser promovido".[16]

No Estatuto são disciplinadas duas diferentes medidas para que a pessoa com deficiência possa receber assistência na gestão de seus negócios e patrimônio, a depender do grau de incapacidade. O procedimento disposto nos art. 747 e ss. do Código de Processo Civil, em que há indicação de curador, é reservado aos casos em que houver menor grau de discernimento. Para casos de incapacidade de menor grau, o Estatuto prescreve a tomada de decisão apoiada (1.783-A do Código Civil, com redação dada pela Lei 13.146/2015), de iniciativa da própria pessoa a ser apoiada. Nesse instituto menos invasivo, a pessoa com deficiência indica aqueles que a apoiarão na tomada de decisões sobre atos da vida civil.[17]

Não menos relevante é a necessidade de compatibilização entre o Código de Processo Civil e o Estatuto da Pessoa com Deficiência. Apesar de os respectivos projetos de leis terem tramitado ao mesmo tempo – o que permitiu que o CPC de 2015 fosse influenciado pelos debates incorporados ao Estatuto –, a Lei 13.146/2015, aprovada na *vacatio legis* do Código de Processo Civil de 2015, alterou a redação de artigos do Código Civil que o Código de Processo Civil havia revogado (arts. 1.768, 1.769, 1.771 e 1.772), num claro descuido do legislador.

Surgiu, portanto, a dúvida: com a entrada em vigor do CPC de 2015, estariam revogados os dispositivos do Código Civil alterados pela Lei 13.146/2015? Ou estaria prejudicada a revogação dos artigos do Código Civil promovida pelo Código de Processo Civil?

É possível defender que o CPC de 2015 entrou em vigor posteriormente ao Estatuto e, dada a específica regulamentação do instituto da interdição, teria revogado as alterações instituídas no Código Civil (arts. 1.768, 1.769, 1.771 e 1.772). É possível considerar ainda que o Código de Processo Civil já era uma lei válida desde março de 2015, e que a Lei 13.146/2015, a qual promoveu alterações na lei processual em seu período de vacância, prevaleceria.[18]

---

16. *Cfr.* Didier Júnior, "Da interdição", in Teresa Arruda Alvim Wambier *et al.* (coords.), *Breves Comentários ao novo Código de Processo Civil*, São Paulo, Ed. RT, 2016, p. 1.930.

17. "Nem o deficiente visual nem o auditivo estão sujeitos à curatela. O quadro de depressão também não. O analfabetismo também não constitui motivo bastante para tal. Igualmente, a simples idade avançada não a justifica. Mero enfraquecimento psíquico não configura alteração mental. Só a demência senil autoriza a curatela" (*cfr.* Dias, ob. cit., p. 1.152).

18. *Cfr.* Cais, *Comentários ao Código de Processo Civil*, vol. XXI, São Paulo, Saraiva, 2017, p. 186.

A melhor solução parece ser conciliar as disposições à luz do propósito das alterações legislativas sobre a matéria, de forma a conferir coerência ao sistema e reforçar a proteção da pessoa com deficiência.[19] Na impossibilidade de conciliação, deverá prevalecer o regramento aprovado posteriormente (Lei 13.146/2015).

2.764. tomada de decisão apoiada (CC, art. 1.783-A)

O Estatuto da Pessoa com Deficiência (Lei 13.146/2015) disciplinou a "tomada de decisão apoiada" (CC, art. 1.783-A),[20] instituto distinto e menos invasivo do que a interdição para a proteção da pessoa com deficiência.[21]

O Estatuto permite que a própria pessoa com deficiência possa indicar aqueles que a apoiarão na tomada de decisões sobre atos da vida civil, bem como estabelecer os limites do apoio a ser oferecido (CC, art. 1.783-A, § 1º). Em caso de divergência entre a pessoa apoiada e seus apoiadores sobre a realização de negócio jurídico que possa trazer risco ou prejuízo relevante, caberá ao juiz decidir (CC, art. 1.783-A, § 6º). E a própria pessoa apoiada pode, a qualquer tempo, solicitar o término do acordo firmado (CC, art. 1.783-A, § 9º).

Trata-se de procedimento de jurisdição voluntária específico, com aplicação supletiva das disposições gerais.[22] É admissível, com as devidas adaptações, a conversão do procedimento de tomada de decisão apoiada para interdição, caso verificada a incapacidade do interessado.[23]

Enquanto o ato praticado pelo interdito sem a presença de seu curador é nulo, a participação do apoiador na tomada de decisão não condiciona a exis-

---

19. *Cfr.* Godinho, ob. cit., pp. 353-354.

20. "Art. 1.783-A. A tomada de decisão apoiada é o processo pelo qual a pessoa com deficiência elege pelo menos 2 (duas) pessoas idôneas, com as quais mantenha vínculos e que gozem de sua confiança, para prestar-lhe apoio na tomada de decisão sobre atos da vida civil, fornecendo-lhes os elementos e informações necessários para que possa exercer sua capacidade."

21. "Esse instituto não é novo no direito estrangeiro, tendo sido previsto no Código Civil italiano – *amnistratores di sostegno* – para situações em que a pessoa, por efeito de uma enfermidade ou de uma deficiência física ou psíquica, torna-se impossibilitada, ainda que parcial ou temporariamente, de prover os seus próprios interesses (arts. 404 a 415 do Código Civil italiano" (*cfr.* Theodoro Júnior, ob. cit., p. 542).

22. *Cfr.* Godinho, ob. cit., p. 356.

23. Em sentido contrário: "Não são fungíveis, nem conversíveis entre si, a interdição e tomada de decisão apoiada, em que pese à complementariedade ou à característica comum de procedimentos de jurisdição voluntária; podem ser prejudiciais entre si, mas a improcedência de um pode abrir espaço à propositura de outro, consideradas as razões da rejeição do pedido em cada caso. Entretanto o processamento simultâneo dos procedimentos (de interdição e de tomada de decisão apoiada) pode motivar a reunião e o julgamento conjunto de processos mesmo sem ocorrência de conexão ou continência" (*cfr.* Guedes, ob. cit., p. 476).

tência, validade ou eficácia do ato jurídico praticado pela pessoa com deficiência, que não é *representada*, mas apenas *assistida*.

2.765. legitimidade ativa

Os legitimados para pedir a interdição eram dispostos no art. 1.177 do Código de Processo Civil de 1973 e no artigo 1.768 do Código Civil de 2002: (i) os pais ou tutores; (ii) o cônjuge, ou qualquer parente; ou (iii) o Ministério Público nos casos (a) de doença mental grave ou (b) se não existir ou não promover a interdição alguma das pessoas designadas nos incs. I e II do art. 1.168 do Código Civil, ou (c) se, existindo, forem incapazes as pessoas mencionadas nos incisos antecedentes.

O Código de Processo Civil de 2015, em seu art. 1.072, inc. II, revogou expressamente o art. 1.768 do Código Civil e dispôs, no art. 747, que a interdição poderá ser promovida: (i) pelo cônjuge ou companheiro; (ii) pelos parentes ou tutores;[24] (iii) pelo representante da entidade em que se encontra abrigado o interditando;[25] ou (iv) pelo Ministério Público, nos casos indicados no art. 748 do Código de Processo Civil.[26] O inc. III representa importante inovação, visando a assegurar a inúmeras pessoas que não podem contar com o suporte de suas famílias a garantia de direitos que merecem ser protegidos ou exercidos.[27]

A ordem dos incisos do art. 747 não é preferencial, devendo-se priorizar o legitimado que mantém vínculo mais próximo com o interditando, não bastando a aptidão abstrata para promover a interdição. Também a admissão do legitimado ativo deve considerar o melhor interesse do interditando, podendo-se excluir algum legitimado cujos interesses conflitem com aqueles do interditando.[28]

---

24. "Embora não se exija que o parentesco seja 'próximo', razoável se estabelecer como limite o do art. 752, § 3º, do CPC, admitindo-se, assim, a propositura da ação, apenas, pelos parentes que estariam aptos a suceder o incapaz (art. 1.839 do CC)" (*cfr.* Gajardoni, *Comentários ao Código de Processo Civil*, Rio de Janeiro, Forense, 2022, p. 3.688 – em coop.).

25. "É comum que as pessoas com algum tipo de deficiência mental sejam abandonadas pela família; muitas vezes essas pessoas têm direitos que precisam ser exercidos ou protegidos; a nomeação de um curador, representante do interdito, é indispensável para isso. A possibilidade de a entidade onde está abrigado o interditando poder pedir a interdição é, então, uma técnica para proteger o vulnerável. E a entidade é legitimada para a interdição, mas isso não implica que o seu dirigente se torne o curador do interdito – a designação para a curatela deve seguir o disposto em lei" (*cfr.* Didier Júnior, ob. cit., p. 1.931).

26. Trata-se, pois, de legitimidade ativa subsidiária e supletiva.

27. No sentido de que o inc. III do art. 747 foi revogado pelo Estatuto da Pessoa com Deficiência, *cfr.* Theodoro Júnior, ob. cit., p. 530.

28. *Cfr.* Godinho, ob. cit., p. 362.

Outra relevante inovação é a *autointerdição*, ou *autocuratela*, disposta no art. 1.768, inc. IV, do Código Civil (com redação da Lei 13.146/2015),[29] o qual permite que o autor indique o seu curador, ou mais de um, o que deverá ser levado em conta para a nomeação, como determina o art. 755, inc. II, do Código de Processo Civil.[30] Tratando-se de admissão da própria incapacidade relativa, faz-se necessária a nomeação de um curador provisório, mas não se elimina a necessidade de ampla instrução da causa.[31]

2.766. petição inicial

A petição inicial deve observar os requisitos gerais do art. 319 do Código de Processo Civil. As exigências específicas são indicadas no *caput* do art. 749: a descrição dos fatos que demonstram a incapacidade do interditando para administrar os seus bens e, se for o caso, para praticar atos da vida civil. Essa é a causa de pedir da ação de interdição, que deve estar entre as hipóteses previstas no art. 1.767 do Código Civil, com a redação da Lei 13.146/2015. A indicação do momento em que a incapacidade surgiu, caso seja de conhecimento do autor, é relevante para que se determinem os limites temporais da sentença de interdição e, na fase instrutória, para que possa ser levado em consideração na prova pericial a ser realizada.[32] Tratando-se de requisito indispensável, o autor deve comunicar na petição inicial se não tiver conhecimento do marco temporal da incapacidade.

---

29. A respeito da revogação do art. 1.768 pelo CPC de 2015: "Parece que a melhor solução é considerar que a revogação promovida pelo CPC levou em consideração a redação da época, em que não aparecia a possibilidade de autointerdição (...). A Lei n. 13.146/2015 claramente quis instituir essa nova hipótese de legitimação, até então não prevista no ordenamento – e, por isso, não pode ser considerada como 'revogada' pelo CPC. O CPC não poderia revogar o que não estava previsto. Assim, será preciso considerar que há um novo inciso ao rol do art. 747 do CPC, que permite a promoção da interdição pela 'própria pessoa'. A possibilidade de a própria pessoa pedir a sua interdição ratifica a natureza constitutiva da sentença de interdição: a pessoa, que é capaz, pede para ficar sujeita a um regime de curatela" (*cfr.* Didier Júnior, ob. cit., p. 1.932). Guedes pontua que a autointerdição "se coaduna com a previsão do possível levantamento da interdição promovido pelo próprio interditado (art. 756, § 1º), que seria parte indubitavelmente interessada nesse procedimento" (*cfr.* ob. cit., p. 487).

30. "Com efeito, se à primeira vista pode soar estranho que uma pessoa tenha discernimento para requerer a constituição de uma medida que pressupõe a impossibilidade de expressar a sua vontade, o fato é que, de acordo com o referido estatuto, as situações existenciais não são afetadas pela deficiência, de modo que é correta a previsão legal, que, aliás, já era alvitrada por doutrina na codificação anterior. Trata-se, portanto, de legitimidade para requerimento de interdição por qualquer motivo, não sendo restrita à deficiência física, intelectual ou mental que afete a expressão de vontade" (*cfr.* Godinho, ob. cit., p. 366).

31. *Cfr.* Godinho, ob. cit., p. 369.

32. *Cfr.* Neves, ob. cit., p. 1.273.

O art. 750, por sua vez, indica a necessidade de apresentação de laudo médico, ou de outros especialistas,[33] para provar o quanto alegado, ou que se justifique a impossibilidade de fazê-lo.

A prova da legitimidade ativa é documento indispensável para a propositura da demanda (CPC, art. 747, parágrafo único),[34] nos termos do art. 320 do Código de Processo Civil.

Na hipótese de não serem preenchidos os requisitos, o autor deverá ser intimado a emendar a inicial, sob pena de indeferimento, nos termos do art. 321 do Código de Processo Civil.

2.767. tutela provisória

O art. 749, par., do Código de Processo Civil trata da possibilidade de nomeação de um curador provisório para a prática de determinados atos, assim como o art. 87 do Estatuto da Pessoa com Deficiência. Para tanto devem estar preenchidos os requisitos da urgência e probabilidade do direito (CPC, art. 300), de modo a permitir a antecipação da curatela.[35]

Contra a decisão interlocutória que nomeia curador provisório cabe agravo de instrumento (CPC, art. 1.015, inc. I).

2.768. citação e defesa

O interditando deve ser citado pessoalmente[36] para (i) ser cientificado da existência do processo, podendo exercer o direito de defesa, e (ii) comparecer

---

33. "Assinale-se, ainda, que a documentação técnica disponível não seja médica, mas, sim, de outros especialistas aptos a cuidar do interditando, dentro de seu quadro concreto, como psicólogos, assistentes sociais, fisioterapeutas, fonoaudiólogos *etc.* Não se trará de um procedimento necessariamente médico, mas técnico, sem monopólio do conhecimento" (*cfr.* Godinho, ob. cit., p. 394).

34. "Em casos excepcionais, em que a urgência seja insuperável, pode ser postergada a juntada de documentos essenciais para a comprovação da legitimidade, o que, contudo, deve ser sanado no menor prazo possível" (*cfr.* Godinho, ob. cit., p. 364).

35. Esclarece Didier que "não se trata de uma interdição provisória, mas, sim, de uma curatela provisória; o réu ainda permanece como interditando; ainda não é interdito. Embora o parágrafo único do art. 749 apenas mencione a urgência como pressuposto dessa tutela provisória satisfativa, é preciso que haja o mínimo de prova da incapacidade, ainda que documental, para a concessão dessa medida (art. 750, CPC/2015). A previsão é importantíssima, sobretudo para os casos de incapacidade total, como quando o interditando está em coma, p.ex." (*cfr.* ob. cit., p. 1.934).

36. Se impossibilitado de receber citação, aplica-se o disposto no art. 245 do Código de Processo Civil.

perante o juiz para uma entrevista (CPC, art. 751),[37] que poderá ser acompanhada por especialista ou uma equipe multidisciplinar (CPC, art. 751, § 2º). A data da entrevista é o termo inicial do prazo de 15 dias para o interditando impugnar o pedido (CPC, art. 752).

Na entrevista o juiz verificará o lastro probatório mínimo para o prosseguimento do processo de interdição e analisará a possibilidade de conversão para o procedimento de tomada de decisão apoiada. Dadas a relevância da entrevista nesse procedimento e a situação específica do interditando, eventuais entraves à sua realização devem ser resolvidos favoravelmente ao interditando, como determinado no art. 751, §§ 1º e 3º.[38]

Para a hipótese de o interditando não constituir advogado, o art. 752, § 2º, do Código de Processo Civil estabelece a nomeação de um curador especial, e há a possibilidade de o cônjuge, companheiro ou qualquer parente sucessível do interditando intervir como assistente (CPC, art. 752, § 3º).

Na resposta pode-se rejeitar integralmente o pedido de interdição ou contribuir com elementos para que a curatela seja adequada ao caso concreto. A falta de manifestação do interditando não produz os efeitos da revelia, uma vez que se trata de interesse indisponível.[39]

2.769. instrução processual

O art. 753 do Código de Processo Civil determina a realização de prova pericial para o exame do interditando, que seguirá as regras procedimentais previstas a partir do art. 464 do Código de Processo Civil. Não se trata de mera opção do julgador, mas de exigência legal, ainda que ninguém a requeira, pois a prova dos fatos que indicam a incapacidade é eminentemente técnica.[40] Há situações excepcionais em que a incapacidade é evidente, como

---

37. Por envolver direitos que não admitem autocomposição (CPC, art. 334, § 4º, inc. II), a citação não é voltada ao comparecimento de audiência de conciliação. *Cfr.* Rodrigues Filho (em coop.), *Comentários ao Código de Processo Civil*, São Paulo, Saraiva, 2016, p. 2.497.

38. "Art. 751. (...).
"§ 1º. Não podendo o interditando deslocar-se, o juiz o ouvirá no local onde estiver.
"§ 2º. (...).
"§ 3º. Durante a entrevista, é assegurado o emprego de recursos tecnológicos capazes de permitir ou de auxiliar o interditando a expressar suas vontades e preferências e a responder às perguntas formuladas."

39. *Cfr.* Talamini e Wambier, ob. cit., p. 324.

40. "Embora a regra no processo civil brasileiro seja da liberdade dos meios de prova, há necessária e estreita vinculação entre o fato probando e a prova a ser produzida (...). No caso da interdição, há evidente necessidade de pronunciamento técnico e científico

no caso de pessoa em coma, em que se admite prova documental ou inspeção judicial, dispensando-se a realização de perícia.[41]

O laudo pericial deverá especificar os atos sobre os quais deverá recair a curatela (CPC, art. 753, § 2º), pois, ainda que restritos os direitos de natureza patrimonial e negocial (Lei 13.146/2015, art. 85), a medida pode ser concedida de maneira parcial.

O art. 754 estabelece a possibilidade de produção de outras provas, como prova oral, cujo resultado poderá orientar os limites da incapacidade da curatelado e, portanto, a gradação da interdição. Não é mais obrigatória, como no procedimento previsto no Código de Processo Civil de 1973, a designação de audiência de instrução e julgamento.[42]

2.770. sentença de interdição

A sentença de mérito proferida no procedimento de interdição, além de conter relatório, fundamentação e dispositivo, deve observar os requisitos específicos indicados nos incisos do art. 755 do Código de Processo Civil.

Nos termos do art. 755, inc. I, a sentença deve nomear o curador e fixar os limites da curatela em atenção às características pessoais daquele indivíduo[43] e, levando em consideração a sua vontade, assegurar que o curador seja pessoa de sua confiança e com quem mantenha vínculo familiar ou afetivo.[44] Admite-se, inclusive, a curatela compartilhada por mais de uma pessoa (CC, art. 1.775-A), em atenção ao melhor interesse do interditando (CPC, art. 755, § 1º), podendo o juiz alterar a gradação disposta nos incisos do art. 1.775 do Código Civil[45] de acordo com a conveniência do curatelado.

---

sobre as condições de curatela, de modo que não é exagero afirmar que o processo de interdição baseia-se sobretudo na produção de prova pericial (...). Especialmente com as disposições do Estatuto da Pessoa com Deficiência, o processo de interdição não mais pode ser serial, mas, sim, artesanal, ou seja, de acordo com as capacidades e necessidades do interditando" (*cfr.* Godinho, ob. cit., pp. 422-424).

41. Sobre a possibilidade de dispensa da prova pericial, *cfr.* Theodoro Júnior, ob. cit., p. 535; Didier Júnior, ob. cit., pp. 1.940-1.941; Godinho, ob. cit., pp. 424-429.

42. *Cfr.* Godinho, ob. cit., p. 434.

43. Código Civil, art. 1.772: "O juiz determinará, segundo as potencialidades da pessoa, os limites da curatela, circunscritos às restrições constantes do art. 1.782, e indicará curador".

44. Lei 13.146/2015, art. 85, § 3º: "No caso de pessoa em situação de institucionalização, ao nomear curador, o juiz deve dar preferência a pessoa que tenha vínculo de natureza familiar, afetiva ou comunitária com o curatelado".

45. "Art. 1.775. O cônjuge ou companheiro, não separado judicialmente ou de fato, é, de direito, curador do outro, quando interdito.

Tratando-se de medida protetiva excepcional, a curatela deverá ser preferencialmente fixada de forma temporária e parcial,[46] em decisão fundamentada de acordo com as específicas características pessoais do interditando, sob pena de nulidade por vício de motivação.

A sentença de procedência do pedido de interdição tem natureza constitutiva, sendo o reconhecimento da incapacidade o fundamento para que, em seu dispositivo, seja criada uma nova situação jurídica,[47] isto é, a sujeição do indivíduo à curatela, com efeitos *ex nunc*.[48] Deve ser inscrita no registro de pessoas naturais e será imediatamente publicada na rede mundial de computadores, especificando-se os nomes do interdito e do curador, a causa da interdição e os limites da curatela (CPC, art. 755, § 2º). Trata-se de medida que visa a dar ampla publicidade da decisão e segurança jurídica a terceiros.

A sentença produz efeitos imediatos, não sendo a apelação dotada de efeito suspensivo *ope legis* (CPC, art. 1.012, § 1º, inc. VI).[49] A partir de então, se os atos jurídicos abrangidos pela curatela forem praticados pelo interdito sem o seu curador, serão nulos. Os atos anteriores à sentença serão anuláveis, podendo ser invalidados em caso de prova de que o agente já se encontrava incapaz na data do ato impugnado,[50] o que deverá ser objeto de demanda autônoma.

"§ 1º. Na falta do cônjuge ou companheiro, é curador legítimo o pai ou a mãe; na falta destes, o descendente que se demonstrar mais apto.

"§ 2º. Entre os descendentes, os mais próximos precedem aos mais remotos.

"§ 3º. Na falta das pessoas mencionadas neste artigo, compete ao juiz a escolha do curador."

46. Prevê o art. 84, § 3º, do Estatuto da Pessoa com Deficiência: "A definição de curatela de pessoa com deficiência constitui medida protetiva extraordinária, proporcional às necessidades e às circunstâncias de cada caso, e durará o menor tempo possível".

47. "Embora se declare um estado preexistente (o motivo que levou à interdição), a restrição à capacidade do interditando para o exercício de direitos só começa a operar a partir da decretação da interdição. Mas, se antes havia sido deferida tutela antecipada de interdição, a restrição à capacidade do interditando já vigorava desde a concessão de tal medida provisória" (*cfr.* Talamini e Wambier, ob. cit., pp. 327-328).

48. *Cfr.*: Talamini e Wambier, ob. cit., p. 327; Neves, ob. cit., p. 1.280.

49. *Cfr.* Talamini e Wambier, ob. cit., p. 328. Trata de hipótese em que a sentença constitutiva tem seus efeitos liberados antes do trânsito em julgado. A esse respeito, *cfr.* Dinamarco, *Instituições de direito processual civil*, vol. III, São Paulo, Malheiros Editores, 2017, pp. 307-308.

50. *Cfr.* Theodoro Júnior, ob. cit., pp. 538–539. Aponta Didier que "o STJ decidiu, corretamente, que a procuração outorgada pelo interditando antes da interdição não se invalida pela superveniência da interdição (...) – STJ, REsp 1.251.728/PE, 3ª Turma, rel. Min. Paulo de Tarso Sanseverino, j. 14.5.2013, v.u." (*cfr.* ob. cit., p. 1.947).

2.771. extinção ou modificação da interdição

A interdição pode ser alterada ou "levantada" (extinta) a qualquer tempo, a depender da mudança do estado das coisas que levou aos contornos da curatela anteriormente fixada (coisa julgada *rebus sic stantibus*). O art. 756 do Código de Processo Civil determina o levantamento total ou parcial da interdição quando cessar a causa que a determinou,[51] por provocação do próprio curatelado, do curador ou do Ministério Público, uma vez provada a alteração da causa de incapacidade reconhecida pela sentença. A causa de pedir deve necessariamente ser um fato superveniente à interdição, pois caso contrário a demanda teria nítida natureza rescisória.

É dever do curador (i) buscar tratamentos adequados para que o curatelado conquiste autonomia (CPC, art. 758), o que poderá levar ao levantamento total ou parcial da interdição, além de (ii) prestar contas anualmente (Lei 13.146/2015, art. 84, § 4º).

2.772. tutela e curatela

Se antes a tutela e a curatela tinham em comum a proteção dos incapazes, com a edição do Estatuto da Pessoa com Deficiência a curatela passou a se destinar à proteção de relativamente incapazes em assuntos patrimoniais e negociais (art. 85), enquanto a tutela se volta à proteção dos absolutamente incapazes, que, na nova redação do art. 3º do Código Civil, incluem apenas os menores de 16 anos e aqueles que não estiverem sob o poder familiar.

Enquanto a interdição e a instituição de curatela decorrem necessariamente de uma decisão judicial, a tutela também pode ser instituída por ato de vontade, conforme dispõe o art. 1.729 do Código Civil, tendo como pressuposto o falecimento ou ausência de ambos os pais ou, ainda, a decadência do poder familiar (CC, art. 1.728). Na ausência dos pais, a atribuição de representar os filhos menores de 16 anos e, após essa idade, assisti-los transfere-se a um tutor (CC, arts. 1.728 e 1.747, inc. I).

Compete aos pais, em conjunto, a nomeação de um tutor, nos termos do art. 1.729 do Código Civil. Na ausência de nomeação válida ou na hipótese de o nomeado não atender aos requisitos legais (CC, arts. 1.735 e 1.736), caberá ao juiz escolher o tutor, orientando-se pelos critérios do art. 1.731 do Código Civil.

Após a nomeação do tutor ou curador, aplica-se a mesma disciplina legal para a investidura, dispensa, exoneração e prestação de contas ao tutor e

---

51. Art. 756, § 4º: "A interdição poderá ser levantada parcialmente quando demonstrada a capacidade do interdito para praticar alguns atos da vida civil".

ao curador, como indicam os arts. 759 a 753 do Código de Processo Civil. E o Código Civil indica, nos arts. 1.774 e 1.781, as equivalências dos institutos sob o aspecto material.

2.773. disciplina da tutela

O art. 227 da Constituição Federal[52] assegura a proteção integral da criança e adolescente. Sua atual redação foi estabelecida pela Emenda Constitucional 65, em 2010. É posterior, portanto, à edição do Código Civil de 2002 e do Estatuto da Criança e do Adolescente, de 1990, que certamente influenciaram o texto do dispositivo constitucional.

É no Estatuto da Criança e do Adolescente que se encontra a disciplina principiológica da tutela, sobretudo nos arts. 28, § 3º, 29 e 37, parágrafo único.

A tutela é regulada pelos arts. 1.728 a 1.766 do Código Civil.

2.774. nomeação do tutor ou curador

A nomeação do tutor sempre visará ao melhor interesse do menor, ainda que em contraste com a vontade dos genitores (ECA, art. 37, par.). Serão observadas as restrições indicadas no art. 1.735 do Código Civil[53] e os requisitos dos arts. 28 e 29 do ECA, inclusive a oitiva e o consentimento do menor que tenha mais de 12 anos (art. 28, § 2º, do ECA). Aplica-se ainda ao tutor o critério indicado no art. 755, § 1º, do Código de Processo Civil para a nomeação de curador.

A tutela, da mesma forma que a curatela, deve ser formalizada por meio de um termo de compromisso (CPC, art. 759), em consonância com os deveres previstos nos arts. 1.740, 1.741, 1.745 e 1.747 do Código Civil. Trata-se de incidente processual daquele que em houve a sua nomeação, por meio do qual o tutor assume a administração dos bens do tutelado.[54] A descrição dos bens sob responsabilidade do tutor será parâmetro para a prestação periódica

---

52. "Art. 227. É dever da família, da sociedade e do Estado assegurar à criança, ao adolescente e ao jovem, com absoluta prioridade, o direito à vida, à saúde, à alimentação, à educação, ao lazer, à profissionalização, à cultura, à dignidade, ao respeito, à liberdade e à convivência familiar e comunitária, além de colocá-los a salvo de toda forma de negligência, discriminação, exploração, violência, crueldade e opressão."

53. "A incapacidade de exercer a tutela prevista no art. 1.735 possui hipóteses anacrônicas, preconceituosas e de cunho patrimonialista, guardando vinculação a uma tradição incompatível com a proteção integral prevista na Constituição e especificada no ECA, que constituem as diretrizes fundamentais no tema" (*cfr*. Godinho, ob. cit., p. 472).

54. *Cfr*. Godinho, ob. cit., p. 460.

de contas (CC, art. 1.745). Com a assinatura do termo, o tutor ou curador assume a administração dos bens do tutelado ou do interditado.

Na hipótese de o patrimônio ser de valor considerável, o juiz pode determinar a prestação de caução pelo tutor, o que poderá se dar por meio de hipoteca (CC, art. 1.745, par.). A dispensa de caução torna o juiz subsidiariamente responsável pelos prejuízos eventualmente causados ao incapaz, como dispõe o art. 1.744, inc. II, do Código Civil.[55]

O Código Civil prevê ainda, no art. 1.742, a figura do *protutor*, que é uma pessoa designada para fiscalizar as atividades do tutor, com a finalidade de reforçar a proteção do incapaz.

Ainda que não haja previsão específica de tutela compartilhada, como ocorre com a curatela (CC, art. 1.775-A), trata-se de medida admissível desde que em consonância com o melhor interesse do menor.

2.775. dispensa da tutela ou curatela

Tanto tutor quanto curador podem eximir-se do encargo, desde que justificadamente e com a concordância do juiz (CPC, art. 760, e CC, art. 1.739). O art. 1.736 do Código Civil prevê aqueles que podem escusar-se da tutela, e o juiz competente para examiná-lo será o mesmo da nomeação.

A dispensa deverá ser requerida no prazo de cinco dias, contados a partir da intimação do compromisso (CPC, art. 760, inc. I),[56] sob pena de preclusão (CPC, art. 760, § 1º), e deverá ser decidida de plano (CPC, art. 760, § 2º).[57] Se rejeitada, a tutela ou curatela será exercida enquanto pendente eventual recurso (CPC, art. 760, § 2º). Deve ser analisado no caso concreto, entretanto, se a medida não estará em confronto com os interesses do incapaz.

2.776. remoção do tutor ou curador

O procedimento para remoção do curador ou tutor está disciplinado no art. 761 do Código de Processo Civil. Pode ser promovido pelo Ministério Público ou por quem tenha legítimo interesse para requerer a remoção em caso de

55. Nos termos do art. 1.744, incs. I e II, do Código Civil, o juiz se responsabiliza pessoalmente pela não nomeação ou nomeação tardia do tutor, e subsidiariamente quando não tiver exigido garantia legal do tutor, nem o removido, quando se tornou suspeito.

56. Revogou-se parcialmente o art. 1.738 do CC, que previa o prazo de 10 dias, a contar da sua designação.

57. "Apesar da omissão do art. 760 do CPC, o pedido de escusa elaborado pelo tutor ou curador só será decidido após a devida manifestação do Ministério Público" (*cfr.* Neves, ob. cit., p. 1.285).

negligência, prevaricação ou incorrer em incapacidade. A competência deve atender ao melhor interesse do tutelado ou curatelado.

As causas de remoção ou destituição do tutor ou curador estão indicadas de forma genérica no art. 1.766 do Código Civil,[58] aplicando-se ainda as hipóteses previstas nos incisos do art. 1.735 e o não cumprimento dos deveres dispostos nos arts. 1.740 e 1.741 do Código Civil. Não se trata de rol taxativo, bastando que seja demonstrada a ofensa aos interesses do tutelado ou curatelado.[59]

O prazo para contestar é de cinco dias, segundo o art. 761, par., do Código de Processo Civil.[60] Após a contestação será observado o procedimento comum (CPC, art. 761, par.).

O art. 762 do Código de Processo Civil determina a suspensão do tutor ou curador em caso de extrema gravidade, em regime de urgência. Trata-se de hipótese em que é necessário agir rápido para evitar dano ao incapaz, nomeando-se tutor ou curador provisório. A regra, entretanto, é que o exercício da tutela ou curatela não seja interrompido até o julgamento final do pedido de remoção. Trata-se de decisão interlocutória, contra a qual cabe agravo de instrumento (CPC, art. 1.015, inc. I).

Em caso de remoção será necessário observar o disposto nos arts. 148, parágrafo único, *b*, e 164 do ECA e nomear um novo tutor ou curador. A sentença que determina a remoção do tutor ou curador também determinará a prestação de contas e será recorrível por meio de apelação.

Cessada a curatela, o curador deve prestar contas, na forma da lei civil (CPC, art. 763, § 2º).

2.777. cessação da tutela ou curatela

A tutela é exercida por ao menos dois anos (CC, art. 1.765), exceto se sobrevier escusa legítima ou causa de remoção (CC, art. 1.764, incs. II e III), podendo ser renovada sucessivamente, em atenção à vontade do tutor e à conveniência do tutelado (CC, art. 1.765, par.).

Decorridos dois anos, o tutor pode eximir-se do encargo imotivadamente. No silêncio do tutor ou curador após o decurso do prazo inicialmente estipulado, há automática recondução por igual período (CPC, art. 763, § 1º).

---

58. CC, art. 1.781: "As regras a respeito do exercício da tutela aplicam-se ao da curatela, com a restrição do art. 1.772 e as desta Seção".

59. *Cfr.* Theodoro Júnior, ob. cit., p. 527.

60. O ECA, em seu art. 158, dispõe que esse prazo seria de 10 dias. Como o CPC é lei específica e posterior, deve prevalecer.

O prazo para requerer a exoneração é de 10 dias úteis após a expiração do termo (CPC, art. 763, § 1º).[61]

Também chega ao fim a tutela quando cessa a condição de tutelado, o que ocorre com a maioridade, emancipação do menor ou então quando é recolocado sob o poder familiar (CC, art. 1.763).

2.778. prestação de contas

Nos termos do art. 763, § 2º, do Código de Processo Civil, quando cessada a tutela ou curatela é indispensável a prestação de contas, nos termos dos arts. 1.755 a 1.762 do Código Civil e 553 do Código de Processo Civil. À curatela aplicam-se ainda os arts. 1.781 a 1.783 do Código Civil e o art. 84, § 4º, do Estatuto da Pessoa com Deficiência.

As contas devem ser prestadas em apenso aos autos em que se deu a nomeação (CPC, art. 533).

Referências Bibliográficas

CAIS, Fernando Fontoura da Silva. *Comentários ao Código de Processo Civil*. vol. XXI. São Paulo, Saraiva, 2017.

DIAS, Maria Berenice. *Manual de direito das famílias*. São Paulo, Ed. RT, 2016.

DIDIER JÚNIOR, Fredie. "Da interdição". In: WAMBIER, Teresa Arruda Alvim, *et al.* (coords.). *Breves Comentários ao novo Código de Processo Civil*. São Paulo, Ed. RT, 2016.

DINAMARCO, Cândido Rangel. *Comentários ao Código de Processo Civil: das normas processuais civis e da função jurisdicional*. vol. I. São Paulo, Saraiva, 2018.

————. *Instituições de direito processual civil*. vol. I. São Paulo, Malheiros Editores, 2020; vol. III. São Paulo, Malheiros Editores, 2017.

GAJARDONI, Fernando da Fonseca. *Comentários ao Código de Processo Civil*. Rio de Janeiro, Forense, 2022 (em coop.).

GODINHO, Robson Renault. *Comentários ao Código de Processo Civil*. vol. XIV. São Paulo, Saraiva, 2018.

GUEDES, Jefferson Carús. *Comentários ao Código de Processo Civil: artigos 719 ao 770*. vol. XI. São Paulo, Ed. RT. 2021.

61. "Não se deve, entretanto, ler com rigor a fixação desse prazo, já que a manutenção do tutor ou curador deve se dar em benefício do tutelado ou curatelado. Sendo assim, a ressalva na parte final do parágrafo ('salvo se o juiz dispensar') deve ser lida como reforço da flexibilização do prazo, conforme, aliás, a parte final do parágrafo único do art. 1.765, CC" (*cfr*. Godinho, ob. cit., p. 477).

MARQUES, José Frederico. *Manual de direito processual civil*. vol. I. São Paulo, Saraiva, 1974.

NEVES, Daniel Amorim Assumpção. *Código de Processo Civil comentado*. Salvador, Juspodivm, 2020.

PEREIRA, Caio Mário da Silva. *Instituições de direito civil: direito de família*. vol. 5, atualizado por Tânia da Silva Pereira. Rio de Janeiro, Forense, 2022.

RODRIGUES FILHO, José Marcos Vieira. *Comentários ao Código de Processo Civil*. São Paulo, Saraiva, 2016 (em coop.).

SCHENK, Leonardo Faria. *Comentários ao novo Código de Processo Civil*. Rio de Janeiro, Forense, 2016 (em coop.).

TALAMINI, Eduardo, e WAMBIER, Luiz Rodrigues. *Curso avançado de processo civil*. vol. 4. São Paulo, Ed. RT, 2022.

THEODORO JÚNIOR, Humberto. *Curso de direito processual civil*. vol. II. São Paulo, Saraiva, 2016.

CAPÍTULO CXCI – ***ORGANIZAÇÃO E FISCALIZAÇÃO DAS FUNDAÇÕES***

CAROLINE DAL POZ EZEQUIEL

2.779. as fundações, a sua relevância social e o procedimento para sua organização e fiscalização – 2.780. natureza jurídica das fundações e a sua submissão ao procedimento disposto no Código de Processo Civil – 2.781. instituição da fundação: elaboração do estatuto e sua aprovação – 2781.1 elaboração do estatuto fundacional pelo Ministério Público – 2.781.2 suprimento judicial de aprovação estatutária: principais questões procedimentais – 2.782. alteração do estatuto fundacional – 2.783. extinção da fundação – Referências Bibliográficas.

2.779. as fundações, a sua relevância social e o procedimento para sua organização e fiscalização

Apesar de inexistir no ordenamento jurídico brasileiro uma definição legal de *fundação*, consolidou-se o entendimento de que se trata de patrimônio afetado a determinado fim estabelecido pelo instituidor por escritura pública ou testamento, a que se confere personalidade jurídica. Na clássica lição de Clóvis Beviláqua, fundação é "uma universidade de bens personalizada, em atenção ao fim que lhe dá unidade".[1] Dessa forma, na fundação o aspecto patrimonial da organização se sobressai ao pessoal, o que a torna diferente de outras pessoas jurídicas, em que a característica principal é a reunião de pessoas para a consecução de determinado fim.

O fim a que se destina a fundação, contudo, é restrito às hipóteses dispostas no Código Civil (art. 62, parágrafo único): (a) assistência social, (b) cultura, defesa e conservação do patrimônio histórico e artístico, (c) educação,

1. Clóvis Beviláqua, *Código Civil dos Estados Unidos do Brasil*, 12ª ed., vol. I, Rio de Janeiro, Francisco Alves, 1959, p. 192.

(d) saúde, (e) segurança alimentar e nutricional, (f) defesa, preservação e conservação do meio ambiente e promoção do desenvolvimento sustentável, (g) pesquisa científica, desenvolvimento de tecnologias alternativas, modernização de sistemas de gestão, produção e divulgação de informações e conhecimentos técnicos e científicos, (h) promoção da ética, da cidadania, da democracia e dos direitos humanos e (i) atividades religiosas.

Embora seja criticável a apresentação dos fins a que podem se dedicar as fundações em *numerus clausus*[2], verifica-se que todos têm em comum a *ausência de lucro*[3] a *relevância social* e o *interesse coletivo*. Trata-se, portanto, de ente destinado a promover o bem comum. Disso decorre a preocupação com o correto cumprimento da finalidade estipulada pelo instituidor e respaldada na lei, que levou à atribuição ao Ministério Público da função de *velar* pelas fundações do Estado em que estão situadas (Código Civil, art. 66).

A relevante atividade social desenvolvida pelas fundações e a intervenção do Ministério Público na sua constituição e funcionamento levaram igualmente o legislador a incluir no rol de procedimentos especiais de jurisdição voluntária a organização e a fiscalização das fundações (Código de Processo Civil, arts. 764 e 765).[4] As regras dispostas nos referidos dispositivos tratam da aprovação do estatuto da fundação, etapa imprescindível para a constituição da pessoa jurídica, e das possíveis alterações estatutárias, referindo-se também à extinção da fundação em juízo.

Já o Código de Processo Civil de 1939 continha, no livro dedicado aos "processos especiais", a disciplina da "organização e fiscalização das fundações", em moldes parecidos com os do Código vigente. O Código de

---

2. De acordo com Daniel Pires Novais Dias, "segundo a posição dominante na doutrina, o parágrafo único do art. 62 do Código Civil, a princípio, não abarca todas as hipóteses de fins fundacionais lícitos, porque as fundações podem promover qualquer fim de interesse social e há outras hipóteses de fins sociais não abrangidos no texto legal (...). Assim, o referido dispositivo legal deve ser interpretado de maneira a dele se extrair apenas uma proibição de criação de fundações[2] destinadas a fins particulares ou, de maneira equivalente, uma permissão de criação de fundações voltadas a fins de interesses sociais ou coletivos" (*Negócio fundacional: criação de fundações privadas*, São Paulo, Método, 2014, p. 109).

3. "Os fins fundacionais não podem jamais visar ao lucro, o que não significa que o ente esteja impedido de auferir rendimentos pelos serviços prestados ou produtos oferecidos à sociedade. O que não pode ocorrer é a distribuição do superávit gerado entre os instituidores, administradores e beneficiários da fundação; ele deve sempre ser revertido em prol da consecução dos objetivos da entidade ou de seu próprio patrimônio" (Airton Graziolli e Edson José Rafael, *Fundações privadas: doutrina e prática*, 3ª ed., São Paulo, Atlas, 2013, p. 92).

4. *Cfr.* Humberto Theodoro Júnior, *Curso de direito processual civil – Procedimentos especiais*, 50ª ed., vol. II, Rio de Janeiro, Forense, 2016, p. 551.

Processo Civil de 1973, por sua vez, expandiu a disciplina sobre a organização e a fiscalização das fundações, trazendo de forma imprópria nos arts. 1.199 a 1.204 disposições de direito material, que repetiam conceitos já tratados no Código Civil e que não diziam respeito ao procedimento especial. Tal impropriedade foi corrigida pelo Código de Processo Civil de 2015, que tratou do procedimento em apenas dois artigos, dedicados basicamente à constituição e à extinção judiciais da fundação.[5] Os dispositivos que tratavam do direito material foram substituídos pela menção à necessidade de que o estatuto das fundações observe o disposto no Código Civil (CPC, art. 764, § 1º).

2.780. natureza jurídica das fundações e a sua submissão ao procedimento disposto no Código de Processo Civil

O procedimento disposto nos arts. 764 e 765 do Código de Processo Civil é aplicável apenas às fundações de direito privado, instituídas de acordo com o regramento disposto no Código Civil, não se aplicando às fundações de personalidade jurídica de direito público. Estas últimas se diferenciam das primeiras por serem instituídas pelo Poder Público por meio de lei, sendo seus estatutos aprovados por decreto,[6] e por possuírem regime jurídico próprio, seguindo os princípios do direito administrativo, voltando-se ao atendimento de finalidades de caráter público.[7]

Esclareça-se que, relativamente às fundações instituídas e mantidas pelo Poder Público, há fundações com personalidade jurídica de *direito público* (*autarquias*) e fundações com personalidade jurídica de *direito privado*. Seu regime jurídico, orçamentário e de pessoal, assim como as suas prerrogativas, diferem.[8] Contudo, independentemente de sua natureza, as fundações pú-

---

5. "Inova razoavelmente o CPC/2015 na organização e fiscalização das fundações, especialmente por retirar a parte que tratava de direito material, afeta desde 2002 ao Código Civil (arts. 62-69). Embora parecesse óbvia a destinação de cada matéria a um Código, muitas vezes o Código de Processo Civil adentra ao direito material e ao Código Civil ao processo, criando até mesmo impropriedades embaraçosas" (Jefferson Carús Guedes, *Comentários ao Código de Processo Civil: artigos 719 ao 770*, São Paulo, Ed. RT, 2016, p. 547).
6. *Cfr.* José Celso de Mello Filho, "Notas sobre as fundações", *Revista de Direito Privado* 53/269-279, janeiro-março/2013.
7. *Cfr.* José Cretella Júnior, "Fundações de direito público", in *Doutrinas essenciais – Direito administrativo*, vol. 6, São Paulo, Ed. RT, novembro de 2012, pp. 481-491.
8. Para ampla descrição e comparação entre os regimes jurídicos das fundações instituídas pelo Poder Público: José Eduardo Sabo Paes, *Fundações, associações e entidades de interesse social: aspectos jurídicos, administrativos, contábeis, trabalhistas e tributários*, 10ª ed., Rio de Janeiro, Forense, 2020, pp. 198-209.

blicas sujeitam-se ao controle da Administração Pública, o que torna desnecessário o controle exercido pelo Ministério Público e inaplicável o procedimento disposto no Código de Processo Civil ora analisado.[9]

Por outro lado, apesar de privadas, as fundações que se enquadrem no conceito de entidade fechada de previdência complementar, disciplinada pelas Leis Complementares 108 e 109, ambas de 29.5.2001, também não se submetem ao controle pelo Ministério Público[10] e à disciplina disposta nos arts. 764 e 765 do Código de Processo Civil. Neste caso, a fiscalização compete *privativamente* à própria Administração Pública, por meio do órgão regulador e fiscalizador das entidades fechadas, conforme expressamente disposto no art. 72 da Lei Complementar 109/2001.

2.781. instituição da fundação: elaboração do estatuto e sua aprovação

Para constituir uma fundação privada é necessário que o seu instituidor estipule, por escritura pública ou testamento, os bens livres que integrarão o patrimônio da instituição e o fim a que ela se dedicará. No mesmo ato é possível que o instituidor declare a maneira como a fundação será administrada, desde logo elaborando o seu estatuto ou designando os responsáveis pela aplicação do patrimônio para fazê-lo (CC, arts. 62 e 65). Trata-se do *negócio fundacional*, que dependerá da aprovação pelo Ministério Público para que produza todos os seus efeitos e a fundação seja registrada e adquira personalidade jurídica (Lei 6.015/1973, art. 119).[11]

---

9. "Com relação às fundações instituídas por particulares, a função do Ministério Público justifica-se pela necessidade de atribuir a algum órgão público a função de manter a entidade dentro dos objetivos para os quais foi instituída; (...). Nas fundações, públicas ou privadas, instituídas pelo Poder Público, a autonomia da entidade não vai ao ponto de desvinculá-las inteiramente dos laços que as prendem ao ente instituidor; este se encarrega de manter essa vinculação [*por*] meio do controle interno (tutela) exercido pelos órgãos da Administração Direta" (José Eduardo Sabo Paes, ob. cit., p. 210).

10. "Quanto à competência, necessário esclarecer que não tem o Ministério Público, por intermédio dos promotores de justiça (curadores de fundações), atribuição para velar pelas fundações de previdência privada. No entanto, cabe ressaltar que poderá haver ações cuja decisão, ao final, redundará em grande repercussão social, sendo possível a presença do interesse público, por força do art. 178, I, do CPC-2015, que justifique a atuação do Ministério Público" (José Eduardo Sabo Paes, ob. cit., p. 281).

11. De acordo com Pontes de Miranda, "o registro é formalidade integrativa, para a eficácia *erga omnes* e para a personificação. A aprovação dos estatutos pertence à fase negocial, e não à da personificação; é integrativa do negócio jurídico. A personificação é *posterius*" (*Comentários ao Código de Processo Civil*, t. XVI – arts. 1.103 a 1.210, Rio de Janeiro, Forense, 1977, p. 427).

Nessa etapa, disciplinada pelo Código Civil e por normas administrativas do Ministério Público de cada Estado,[12] analisam-se os pressupostos do negócio fundacional: a capacidade jurídica do fundador, a licitude, possibilidade e determinação do fim a que a fundação se dedica, além da suficiência dos bens dotados e a viabilidade financeira da instituição.

É possível que desde essa etapa prévia à elaboração do estatuto, em que há a instituição da fundação com o registro da escritura pública ou do testamento, haja conflitos que, diante do princípio da inafastabilidade da jurisdição, podem ser judicializados.[13] O procedimento especial disposto nos arts. 764 e 765 do Código de Processo Civil, contudo, trata de litígios que surjam justamente na fase seguinte, de elaboração e aprovação do estatuto da fundação, ao fim da qual ela adquirirá personalidade jurídica.

O estatuto configura a norma fundamental por meio da qual a fundação poderá exercer a finalidade para a qual foi constituída, tratando do patrimônio que a compõe, do objetivo da atividade a ser desenvolvida, além da sua organização e forma de administração.[14] Dessa forma, é o estatuto que norteará a vida desse ente a partir do momento em que for constituído, razão pela qual a sua posterior modificação deverá respeitar as regras nele dispostas, estando também sujeita ao controle do Ministério Público e às mesmas formalidades que a sua constituição (*infra*, n. 2.782).[15]

Após a sua elaboração, o estatuto será submetido à aprovação do Ministério Público do Estado (ou do Distrito Federal) em que se situar a fundação (CC, art. 66).[16] O *Parquet* analisará, como curador legal, se foram atendidas

---

12. *Cfr.* Robson Renault Godinho, *Comentários ao Código de Processo Civil*. vol. XIV ("Dos procedimentos de jurisdição voluntária", arts. 719-770), São Paulo, Saraiva, 2018, p. 483.

13. *Cfr.* Robson Renault Godinho, ob. cit., p. 484.

14. *Cfr.* José Eduardo Sabo Paes, ob. cit., p. 304.

15. "É por meio do estatuto que a pessoa jurídica demonstrará sua forma de desenvolvimento, os órgãos pelos quais será dirigida, os poderes dos dirigentes e até eventual vinculação de terceiros que adiram à entidade já constituída. Sendo de vital importância à fundação, uma vez aprovado, o estatuto não poderá mais ser modificado pelos signatários, exceto por expressa determinação de suas próprias normas, ou seja, em conformidade com o próprio regramento do estatuto" (Airton Graziolli e Edson José Rafael, ob. cit., p. 104).

16. Apesar disso, frise-se que a aprovação de estatuto por Promotoria de Justiça de localidade distinta daquela em que situada a fundação só ensejará a nulidade do ato se houver prejuízo ao interessado, conforme decidido pelo Tribunal de Justiça de São Paulo em julgamento em que constou o seguinte: "o Ministério Público é órgão uno e indivisível, de forma que a atuação de qualquer um de seus membros dá atendimento à exigência legal. A divisão de tarefas *rationi loci* (...) tem cunho procedimental e seu desatendimento não altera a validade do ato praticado. Ademais, atendendo ao princípio de direito que não indica a declaração de nulidade de ato que não cause qualquer prejuízo (*pas*

as determinações do instituidor, do Código Civil e da Lei de Registros Públicos relativamente à organização e ao funcionamento da fundação.[17] Realizada tal análise, é possível que o *Parquet* (a) concorde desde logo com as disposições do estatuto, aprovando-o e autorizando o seu registro, (b) discorde de alguns termos do estatuto, determinando ao interessado a sua adequação para que nova análise seja empreendida, e (c) indefira de plano a aprovação do estatuto, pelo descumprimento, de forma insanável, de alguma das exigências dispostas na legislação que rege o ato.

Caso o estatuto seja aprovado pelo Ministério Público, todo o procedimento de constituição da fundação se dará de forma administrativa, sem intervenção judicial. Nas duas últimas hipóteses, contudo, a aprovação do estatuto poderá ser decidida pelo juiz, caso o interessado não concorde com as alterações propostas pelo Ministério Público ou com o indeferimento de plano do estatuto (CPC, art. 764, inc. I, e CC, art. 65, *caput*). Justamente por isso, não importa qual seja o resultado da análise do estatuto pelo Ministério Público, tal decisão sempre deverá ser fundamentada,[18] possibilitando-se, caso necessário, a sua revisão judicial.

2781.1 elaboração do estatuto fundacional pelo Ministério Público

Caso a elaboração do estatuto não ocorra no prazo estipulado pelo instituidor ou, inexistindo prazo, em 180 dias, a incumbência ficará a cargo do Ministério Público[19] (CC, art. 65, parágrafo único). Apesar de inexistirem normas específicas dispondo sobre o procedimento para a elaboração do estatuto pelo

---

de nullité sans grief), o acolhimento do pedido de anulação não se justifica. A inicial não aponta qualquer falha, defeito ou vício nos estatutos da Fundação que pudesse ser alterado ou que não se mostrasse adequado à consecução de seus objetivos" (TJSP, 1ª Câmara Extraordinária de Direito Privado, Ap. 9282056-75.2008.8.26.0000, rel. Des. Marcia Regina Dalla Déa Barone, j. 24.10.2013).

17. Há disposições estatutárias obrigatórias e facultativas; para análise pormenorizada de cada uma delas, v. Airton Graziolli e Edson José Rafael, ob. cit., pp. 105-117.

18. "O órgão do Ministério Público tem a faculdade de apreciar, mas não tem o poder discricionário de arbitrariamente opor-se à constituição da pessoa jurídica, nem o de rejeitar o projeto estatutário por mero capricho" (Caio Mário da Silva Pereira, *Instituições de direito civil*, vol. I, Rio de Janeiro, Forense, 2001, p. 227).

19. A esse respeito, pertinente a crítica de Robson Renault Godinho, para quem tal atribuição não seria "consentânea com a Constituição da República", pois "nada justifica que o Ministério Público elabore o estatuto de uma fundação, como se fosse assistente do instituidor. Havendo inércia na elaboração do estatuto, simplesmente a fundação não se estabelecerá" (ob. cit., pp. 486-487).

Parquet,[20] deve-se entender que se aplicam as mesmas exigências impostas ao instituidor ou àquele a quem for incumbida tal providência (*supra*, n. 2.781).

Nessa hipótese, surge dúvida sobre se o próprio *Parquet* aprovará o estatuto por ele elaborado, ou se a aprovação incumbirá ao juiz. Anteriormente, na vigência do Código de Processo Civil de 1973, havia disposição expressa de que, elaborado o estatuto pelo Ministério Público, o regulamento deveria ser submetido à aprovação do juiz (CPC-1973, art. 1.202, inc. II). Tal disposição, contudo, foi suprimida no Código vigente, havendo menção a decisão judicial apenas se "o interessado discordar do estatuto elaborado pelo Ministério Público" (CPC, art. 764, inc. II).

Embora haja autores que defendam a manutenção da aprovação judicial nos casos em que o estatuto é elaborado pelo Ministério Público,[21] considera-se mais conveniente o entendimento de que, diante da supressão de tal hipótese no diploma processual vigente, o procedimento de aprovação não permanece o mesmo nessa hipótese. Afinal, caso o interessado concorde com o estatuto elaborado pelo Ministério Público, que, como visto, é o legítimo curador das fundações e primeiro responsável pela aprovação dos estatutos, não haveria qualquer fundamento para a judicialização de tal questão. A propositura de demanda judicial ainda tornaria o processo de constituição da fundação mais demorado, na contramão dos princípios processuais da economia e eficiência (CPC, arts. 6º e 8º).

De qualquer forma, é possível que, caso o interessado discorde do estatuto elaborado pelo Ministério Público, a questão seja judicializada, seguindo o mesmo procedimento de jurisdição voluntária aplicável ao caso de não aprovação do estatuto pelo *Parquet* (CPC, art. 764, inc. II).

2.781.2 suprimento judicial de aprovação estatutária: principais questões procedimentais

Como visto nos itens anteriores, sempre que houver discordância da decisão do Ministério Público relativamente à aprovação (*supra*, n. 2.781) ou elaboração (*supra*, n. 2.781.1) do estatuto fundacional, será possível o *suprimento judicial* de tais atos.[22] Dessa forma, terá *legítimo interesse processual*

20. Na vigência do Código de Processo Civil de 1973 Pontes de Miranda já apontava que "a lei processual criou a pretensão do órgão do Ministério Público a formular estatuto, sem ter estabelecido a forma do processo" (ob. cit., p. 433). Tal panorama se mantém atualmente.

21. José Eduardo Sabo Paes, ob. cit., p. 308; Humberto Theodoro Júnior, ob. cit., p. 553.

22. De acordo com Robson Renault Godinho, "rigorosamente, não se trata de suprimento de aprovação, mas, sim, de controle jurisdicional de ato administrativo" (ob. cit., p. 502). Apesar disso, entende-se conveniente a manutenção da nomenclatura já consagra-

de agir aquele que discordar (a) da decisão do Ministério Público que indeferir a aprovação do estatuto fundacional, ou (b) das alterações determinadas pelo Ministério Público previamente à aprovação do estatuto, ou, ainda, (c) do estatuto elaborado pelo *Parquet*.

Antes que haja decisão sobre a aprovação do estatuto ou a sua elaboração pelo Ministério Público não estará presente o *interesse-necessidade*,[23] já que o provimento jurisdicional ainda não será o único caminho para que seja obtida a aprovação do estatuto. Por outro lado, o *interesse-adequação*[24] estará presente desde que respeitada a técnica processual direcionada à solução do conflito, identificada neste caso pelo procedimento de jurisdição voluntária disposto nos arts. 719 a 725 e 764 e 765 do Código de Processo Civil. Por óbvio, aplicam-se supletivamente as normas que disciplinam o procedimento comum.

Possui *legitimidade ad causam* para propor demanda para o suprimento de aprovação estatutária qualquer pessoa cuja esfera de direitos possa ser favorecida pela aprovação judicial do estatuto, o que quase sempre corresponderá ao próprio instituidor ou àquele que tiver o encargo de aplicar o patrimônio afetado ou elaborar o estatuto fundacional (CC, art. 65, e CPC, art. 764). Contudo, apesar de improvável, não há motivo para que se deixe de cogitar da possibilidade de outros interessados pleitearem o suprimento da aprovação do estatuto fundacional.[25] Frise-se que em qualquer hipótese o interessado atuará em juízo em nome próprio, e não como representante da fundação, na medida em que somente após a aprovação do estatuto – que configura o objeto da demanda – é que se adquire personalidade jurídica (*supra*, n. 2.781).

---

da doutrinariamente e que contempla a ideia de revisão judicial do ato praticado pelo Ministério Público.

23. *Cfr.* Cândido Rangel Dinamarco, *Instituições de direito processual civil*, 7ª ed., vol. II, São Paulo, Malheiros Editores, 2017, pp. 353 e ss.

24. *Cfr.* Cândido Rangel Dinamarco, ob. cit., pp. 353 e ss.

25. A esse respeito, de acordo com Jefferson Carús Guedes, "são legitimados a atuarem como interessados no plano processual aqueles que no plano material têm ou teriam função estabelecida pelo instituidor na aplicação do patrimônio, no zelo, e na fiscalização, no cuidado (art. 65 CC-2002)" (ob. cit., p. 552). Apresentando entendimento mais abrangente e que, por isso, deve prevalecer, Pontes de Miranda defende que "a legitimação ativa para a ação dos arts. 1.199-1.201 [*do Código de Processo Civil de 1973*] é diferente da legitimação de direito material para elaborar o estatuto (Código Civil, art. 27, *verbis*, 'aqueles a quem o instituidor cometer a aplicação do patrimônio'). O 'interesse' opera como pressuposto objetivo-subjetivo, ainda que não se trate de incumbido de formular estatuto (Código Civil, art. 27), ou de destinatários (beneficiados); *e.g.*, a Fazenda Pública, o incluído como administrador nos estatutos desaprovados" (ob. cit., pp. 429-430).

De outra banda, possui *legitimidade passiva* o Ministério Público, pois o ato a ser impugnado – elaboração do estatuto ou a sua desaprovação com ou sem determinação prévia de alterações – será sempre de sua autoria.[26] Ressalte-se que é obrigatória a intervenção do Ministério Público, como fiscal da ordem jurídica, em demandas que tenham por objeto questões relacionadas de forma essencial às fundações e à função de velamento do *Parquet* (CPC, art. 178; CC, art. 66). Em decorrência, nos casos de suprimento judicial da aprovação do estatuto ter-se-á a incomum possibilidade de que o Ministério Público participe do processo, ao mesmo tempo, como parte e fiscal da ordem jurídica. Nesse caso, não será necessário que membros ou órgãos distintos do Ministério Público atuem. A participação única do *Parquet* no processo suprirá ambas as funções que lhe são atribuídas.[27]

Tratando-se ainda dos pressupostos de admissibilidade do provimento jurisdicional, terá *competência* para processar e julgar a demanda para o suprimento da aprovação do estatuto o juízo do local em que a fundação será instalada[28] – e que se tornará, em caso de aprovação, sua sede. Inexistindo qualquer disposição especial a esse respeito, aplica-se a regra que disciplina o procedimento comum (CPC, art. 53, inc. III, alínea *a*). Destaque-se igualmente que no local em que será estabelecida a sede da fundação serão competentes as Varas Cíveis da Justiça comum, estaduais ou do Distrito Federal, não devendo a demanda ser proposta perante Varas de registros públicos,[29] ainda que a aprovação do estatuto fundacional enseje a análise dos requisitos dispostos na Lei de Registros Públicos para a aquisição de personalidade jurídica (Lei 6.015/1973, art. 120).

Ajuizada a demanda e aperfeiçoada a relação processual, deverão ser realizados de forma regular e ordenada todos os atos processuais, inexistindo qualquer particularidade decorrente da especialidade do procedimento analisado. É digna de nota, contudo, a inocorrência dos efeitos da revelia na improvável hipótese de a demanda não ser contestada, o que decorre da indisponibilidade do direito *sub judice*, e não da especificidade do procedimento.[30]

---

26. *Cfr.* Robson Renault Godinho, ob. cit., p. 503.

27. *Cfr.* Robson Renault Godinho, ob. cit., p. 503.

28. *Cfr.* Cassio Scarpinella Bueno, *Curso sistematizado de direito processual civil: procedimentos especiais do Código de Processo Civil*, 3ª ed., vol. 2, t. II, São Paulo, Saraiva, 2014, p. 219.

29. *Cfr.* Jefferson Carús Guedes, ob. cit., p. 553.

30. "Os efeitos da revelia não incidirão por se tratar de opção legislativa a indisponibilidade do direito, o que decorre do próprio sistema legal que reputa de interesse público 'primário' a instituição e fiscalização das fundações e a pretensão veiculada no procedimento vincula-se à própria essência do direito fundacional e à atuação obrigatória do Ministério Público" (Robson Renault Godinho, ob. cit., p. 503).

Ao longo do trâmite do processo o juiz analisará a legalidade e a conveniência dos atos praticados pelo Ministério Público no exercício da função de velamento das fundações dos quais o autor discorda.

Poderá haver instrução probatória, ao fim da qual o juiz decidirá (a) manter o estatuto elaborado pelo Ministério Público ou as alterações por aquele órgão propostas ao estatuto elaborado pelo instituidor ou encarregado, (b) aprovar o estatuto nos moldes pretendidos pelo interessado, desconsiderando as alterações anteriormente determinadas pelo Ministério Público, ou, ainda, (c) determinar a realização de modificações no estatuto objeto da demanda, com o fim de adaptá-lo ao objetivo do instituidor (CPC, art. 764, § 2º). Na última hipótese o juiz poderá determinar alterações diversas daquelas prescritas pelo Ministério Público.[31]

A sentença terá natureza constitutiva,[32] já que promoverá, em caso de procedência, a modificação da situação jurídica da fundação, e poderá ser impugnada por meio do recurso de *apelação*, a ser interposto tanto pelo Ministério Público quanto pelo instituidor ou interessado.

2.782. alteração do estatuto fundacional

Diante da enorme importância do *estatuto fundacional*, que dispõe sobre todos os aspectos relevantes à organização e ao funcionamento da fundação (*supra*, n. 2.781), não apenas a sua elaboração, mas também a sua alteração requer o cumprimento de determinadas formalidades para que o ato seja válido. O Código Civil (art. 67) dispõe que, para que o estatuto de uma fundação seja reformado após a sua aprovação e registro, é essencial que a alteração, cumulativamente, (a) seja deliberada por dois terços dos membros responsáveis pela gestão e representação da fundação, (b) não contrarie ou desvirtue a finalidade da fundação, e (c) seja aprovada pelo Ministério Público,[33] que terá o prazo de 45 dias para tal deliberação.

Tais formalidades justificam-se pois o estatuto, como norma fundamental da fundação, que dispõe sobre a sua finalidade, deve ser perene e modificado apenas de forma excepcional e justificada. Além disso, busca-se evitar alterações na essência da própria fundação, que levam ao seu desvirtuamento e que muitas vezes pretendem, de forma velada, a consecução de objeti-

---

31. *Cfr.* José Eduardo Sabo Paes, ob. cit., p. 307.
32. *Cfr.* Jefferson Carús Guedes, ob. cit., p. 551.
33. "O órgão competente para analisar e aprovar a reforma estatutária é sempre o Ministério Público da comarca onde a fundação tenha sede, mesmo que o ente estenda as suas atividades a mais de uma comarca ou mesmo a mais de um Estado" (Airton Graziolli e Edson José Rafael, ob. cit., p. 118).

vos estranhos àqueles inicialmente estabelecidos e que conflitam com a ausência de lucro, a relevância social e o interesse coletivo que caracterizam as fundações.[34]

Além das formalidades dispostas em lei, o Ministério Público analisará a conveniência das alterações propostas, assim como a disponibilidade financeira da fundação para implementá-las.[35] Caso o *Parquet* não aprove as modificações requeridas pelo interessado ou decorra *in albis* o prazo de 45 dias de que aquele órgão dispõe para tal aprovação, é possível a propositura de demanda visando ao *suprimento de aprovação*, nos mesmos moldes do já tratado suprimento judicial da aprovação inicial do estatuto, seguindo-se o mesmo procedimento (*supra*, n. 2.781.2). A principal diferença será relativamente ao resultado do processo: enquanto a aprovação inicial do estatuto é essencial para a constituição da fundação e a sua negativa implica a impossibilidade da sua existência, a não aprovação de alterações estatutárias simplesmente mantém a fundação funcionando na forma disposta no estatuto originário.

Ressalte-se, ainda, que, além de responsável pela aprovação das alterações estatutárias pretendidas pelos interessados, o Ministério Público, no exercício do dever de velamento das fundações, pode, ele próprio, propor alterações ao estatuto fundacional, sempre que o adequado e atualizado funcionamento da instituição e a persecução da sua finalidade tiverem no estatuto um empecilho. Tal pleito, contudo, não seguirá o rito especial disposto nos arts. 764 e 765 do Código de Processo Civil, mas sim o procedimento ordinário, sendo bastante comum a propositura de ação civil pública nesses casos, pois a ne-

---

34. "Devem ser objeto de rigorosa fiscalização as alterações que visem a modificar ou a misturar objetivos ou modificações ampliativas e genéricas, não raro com a única intenção de contratar com o poder público ou receber verba pública a partir da ampliação do escopo" (Robson Renault Godinho, ob. cit., p. 491).

35. Nesse sentido o seguinte julgado do Tribunal de Justiça de São Paulo: "Com efeito, compete ao Ministério Público a aprovação das alterações nos estatutos das fundações, que poderá denegá-las, não só quando irregularidades formais para a consecução forem verificadas, mas, também, quanto à conveniência dessas modificações para o seu bom desempenho e finalidade para a qual foi criada, instituída. No caso, o 'Parquet' entendeu que não ficou suficientemente demonstrada a necessidade de alterar-se o estatuto para dilatar o mandato da Diretoria Executiva, Conselho Consultivo-Fiscal e de Curadores, pois o prazo atual vem se mostrando adequado para o desempenho da direção da entidade, que em cerca de vinte anos impôs-se como das mais conceituadas em seu ramo em todo o País. (...). Posto isso, nega-se provimento ao recurso" (TJSP, 2ª Câmara de Direito Privado, Ap. 9124654-77.1998.8.26.0000, rel. Des. Linneu Carvalho, j. 30.5.2000). Em sentido semelhante: TJSP, 2ª Câmara de Direito Privado, Ap. 9185858-44.2006.8.26.0000, rel. Des. José Roberto Bedran, j. 11.12.2007.

cessidade de alteração do estatuto pode decorrer da verificação de irregularidades após denúncia ou investigação em inquérito civil.[36]

Por fim, deve-se mencionar que, conforme disposto no art. 68 do Código Civil, quando a alteração do estatuto da fundação não tiver sido aprovada por votação unânime, os integrantes da minoria vencida serão cientificados da submissão da alteração à aprovação do Ministério Público e terão o prazo de dez dias para impugnar tal pedido.[37] O *Parquet*, então, deliberará tendo em conta ambos os posicionamentos e, decidindo pela aprovação ou desaprovação da alteração proposta, será sempre possível àquele que discordar do resultado impugná-lo judicialmente, seja por meio de demanda que siga o procedimento especial disposto no art. 764 do Código de Processo Civil, seja por meio de demanda ordinária em que se pretenda a declaração de nulidade da reforma.[38]

2.783. extinção da fundação

Além da constituição da fundação e da alteração de seu estatuto, também é de interesse público a sua *extinção*, que poderá ocorrer apenas nas hipóteses dispostas no Código Civil (art. 69) e no Código de Processo Civil (art. 765), consideradas em conjunto:[39] (a) ilicitude do seu objeto, (b) inutilidade da sua finalidade, (c) impossibilidade da sua manutenção e (d) vencimento do prazo da sua existência.[40] Todas as hipóteses retratam situações que impossibilitam a

---

36. Verificaram-se na jurisprudência do Tribunal de Justiça de São Paulo exemplos em que o Ministério Público ajuizou ação civil pública visando à alteração de estatuto fundacional para que (a) não houvesse a perpetuação de apenas um grupo na administração da fundação, o que violaria o princípio democrático e frustraria o fim da fundação de atender aos interesses sociais de sua região (TJSP, 9ª Câmara de Direito Privado, Ap. 0005779-28.2012.8.26.0288, rel. Des. Edson Luiz de Queiróz, j. 22.9.2020), e (b) fosse declarada a nulidade de alteração estatutária que havia desvirtuado a própria destinação da fundação, com o afastamento dos gestores responsáveis pelas alterações (TJSP, 3ª Câmara de Direito Privado, Ap. 0006123-32.2013.8.26.0269, rel. Des. Egidio Giacoia, j. 18.10.2016).

37. *Cfr.* Sílvio Rodrigues, *Direito Civil*, 28ª ed., vol. 1 ("Parte Geral"), São Paulo, Saraiva, 1998, p. 79.

38. *Cfr.* Humberto Theodoro Júnior, ob. cit., p. 553.

39. Tendo em vista que as hipóteses de extinção da fundação dispostas no Código Civil e no Código de Processo Civil não são idênticas, deve-se interpretar em conjunto os dispositivos que tratam do tema nos referidos diplomas, de forma a integrar tais hipóteses. A esse respeito: Robson Renault Godinho, ob. cit., p. 506, e Jefferson Carús Guedes, ob. cit., p. 554.

40. De acordo com José Eduardo Sabo Paes, (a) a ilicitude do objeto da fundação se verifica "quando se constata que ela desenvolve e mantém suas atividades em desvio das finalidades lícitas e sociais para as quais ela foi instituída", (b) a inutilidade da finalidade

realização da finalidade para a qual a fundação foi constituída. Em decorrência, se a fundação é o patrimônio que foi afetado a determinado fim estabelecido pelo instituidor, a impossibilidade de realização de tal fim devido a algum dos motivos acima elencados torna injustificável a manutenção desse ente.

É possível que a extinção ocorra de forma administrativa ou judicial.[41] Na primeira hipótese deve haver concordância entre os administradores da fundação e o Ministério Público. O pedido de extinção pode partir tanto da própria fundação quanto do *Parquet*, que, apurando a impossibilidade de funcionamento da fundação, propõe aos dirigentes a sua extinção, com o que deve haver concordância. Em ambos os casos será analisada a prestação de contas e decidido o destino dos bens remanescentes, finalizando-se o processo com a elaboração de escritura pública de extinção, a ser posteriormente averbada no Registro Civil competente. Caberá ao Ministério Público[42] definir a destinação a ser dada ao patrimônio remanescente da fundação, seja para cumprir o que determinou o ato constitutivo a esse respeito, seja para incorporá-lo a outra fundação que se dedique ao mesmo fim (CC, art. 69).

Caso, contudo, não haja concordância entre Ministério Público e dirigentes da fundação relativamente à sua extinção, ou até mesmo entre os dirigentes entre si, a questão poderá ser judicializada. De qualquer forma, ainda que não haja litígio, haverá *interesse processual* sempre que demonstrada, pelo interessado, a ocorrência de alguma das hipóteses de extinção dispostas nos arts. 765 do Código de Processo Civil e 69 do Código Civil. Possuem *legitimidade ad causam* o Ministério Público ou "qualquer interessado"[43] que, de forma pertinente, apresentar o pedido de extinção. Caso não seja autor, o *Parquet* intervirá obrigatoriamente no feito, nos termos do art. 178 do Código de Processo Civil.

é caracterizada pela desnecessidade da atividade desempenhada, que, "com o decorrer do tempo e da própria evolução social, científica e tecnológica, tornou-se desnecessária, não apresentando mais a utilidade antes existente ou não se prestando mais ao objetivo a que se destinava", (c) a impossibilidade da manutenção da fundação ocorre quando "é caracterizada a sua inviabilidade econômico-financeira ou o estado de insolvência ou acefalia de seus órgãos" e, por fim, (d) o vencimento do prazo de existência "só é causa extintiva para aquelas fundações que são instituídas com termo ou condição final de existência e, implementado um desses, finda a pessoa jurídica" (ob. cit., pp. 392-394).

41. Nesse sentido: Robson Renault Godinho, ob. cit., p. 505, e Jefferson Carús Guedes, ob. cit., p. 554.

42. *Cfr.* Airton Graziolli e Edson José. Rafael, ob. cit., p. 173.

43. De acordo com José Eduardo Sabo Paes, "qualquer integrante de qualquer órgão da fundação é parte legítima para requerer a extinção, tanto administrativa como judicialmente, bem como a pessoa que seja credora da fundação e possa, com o seu crédito insatisfeito, caracterizar, em juízo, alguma das causas de extinção da entidade" (ob. cit., p. 394).

A petição inicial deverá demonstrar os fatos que se subsomem às hipóteses legais de extinção, sendo possível a produção de prova acerca da causa alegada para a extinção durante a fase instrutória, por iniciativa de qualquer das partes ou do juiz. A sentença que extinguir a fundação deverá tratar da destinação do seu patrimônio remanescente, seguindo o que houver sido determinado no ato constitutivo a esse respeito ou, caso inexistente disposição nesse sentido, incorporando-o em outra fundação que se proponha a fim igual ou semelhante[44] (CC, art. 69).

Antes que eventual transferência de bens seja empreendida, contudo, é importante verificar a existência de credores da fundação, já que a sua extinção não implica o fim das suas obrigações.[45] Para que se assegure o pagamento das dívidas da fundação é possível que durante o trâmite do processo de extinção se empreendam medidas acautelatórias[46] ou de publicidade[47] aos credores. Tais créditos, contudo, deverão ser cobrados em processo próprio, dada a incompatibilidade entre o procedimento de cobrança e o procedimento especial para extinção da fundação ora analisado.

A sentença que extinguir a fundação poderá ser impugnada por recurso de apelação e, uma vez transitada em julgado, deverá ser averbada na matrícula em que foi registrado o estatuto da fundação, no Registro Civil competente, extinguindo-se definitivamente a personalidade jurídica desse ente.

---

44. Embora decidindo tal questão no âmbito de ação civil pública, o Tribunal de Justiça de São Paulo, ao extinguir fundação, já considerou inaplicável regra estatutária que possibilitava a órgão deliberativo da fundação decidir a destinação a ser dada ao patrimônio remanescente, tendo em vista que "a regra do art. 69, CC, é clara no sentido de que a entidade destinatária do patrimônio deve vir expressamente designada no estatuto da fundação extinta, motivo pelo qual mantém-se a instituição referida pelo magistrado" (TJSP, 9ª Câmara de Direito Privado, Ap. 0000364-57.2009.8.26.0292, rel. Des. Alexandre Lazzarini, j. 27.10.2015).

45. *Cfr.* Robson Renault Godinho, ob. cit., p. 507.

46. José Eduardo Sabo Paes menciona a possibilidade de se "requerer a suspensão de todos os processos de execução que eventualmente tramitem em face da entidade requerida. A medida é necessária para acautelar o procedimento de concurso universal de credores a ser procedido posteriormente, na fase de liquidação" (ob. cit., p. 400).

47. Robson Renault Godinho sugere "a publicação de edital e aviso em jornal de grande circulação" e a "manutenção de campo próprio nas páginas oficiais na Internet do Ministério Público e do Tribunal de Justiça para divulgação dos processos de extinção, intimação dos órgãos da Fazenda Pública (no âmbito municipal, estadual e federal) e também intimações específicas a partir de informações concretas obtidas no decorrer do próprio procedimento" (ob. cit., p. 507).

Referências Bibliográficas

BEVILÁQUA, Clóvis. *Código Civil dos Estados Unidos do Brasil.* 12ª ed., vol. I. Rio de Janeiro, Francisco Alves, 1959.

BUENO, Cassio Scarpinella. *Curso sistematizado de direito processual civil: procedimentos especiais do Código de Processo Civil.* 3ª ed., vol. 2, t. II. São Paulo, Saraiva, 2014.

CRETELLA JÚNIOR, José. "Fundações de direito público". In: *Doutrinas essenciais – Direito administrativo.* vol. 6. São Paulo, Ed. RT, novembro/2012.

DIAS, Daniel Pires Novais. *Negócio fundacional: criação de fundações privadas.* São Paulo, Método, 2014.

DINAMARCO, Cândido Rangel. *Instituições de direito processual civil.* 7ª ed., vol. II. São Paulo, Malheiros Editores, 2017.

GODINHO, Robson Renault. *Comentários ao Código de Processo Civil.* vol. XIV ("Dos procedimentos de jurisdição voluntária", arts. 719-770). São Paulo, Saraiva, 2018.

GRAZIOLLI, Airton, e RAFAEL, Edson José. *Fundações privadas: doutrina e prática.* 3ª ed. São Paulo, Atlas, 2013.

GUEDES, Jefferson Carús. *Comentários ao Código de Processo Civil: artigos 719 ao 770.* São Paulo, Ed. RT, 2016.

MELLO FILHO, José Celso de. "Notas sobre as fundações". *Revista de Direito Privado* 53/269-279. Janeiro-março/2013.

PAES, José Eduardo Sabo. *Fundações, associações e entidades de interesse social: aspectos jurídicos, administrativos, contábeis, trabalhistas e tributários.* 10ª ed. Rio de Janeiro, Forense, 2020.

PEREIRA, Caio Mário da Silva. *Instituições de direito civil.* vol. I. Rio de Janeiro, Forense, 2001.

PONTES DE MIRANDA, Francisco Cavalcanti. *Comentários ao Código de Processo Civil.* t. XVI (arts. 1.103 a 1.210). Rio de Janeiro, Forense, 1977.

RODRIGUES, Silvio. *Direito Civil.* 28ª ed., vol. 1 ("Parte Geral"), São Paulo, Saraiva, 1998.

THEODORO JÚNIOR, Humberto. *Curso de Direito Processual Civil – Procedimentos especiais.* 50ª ed., vol. II. Rio de Janeiro, Forense, 2016.

CAPÍTULO CXCII – *RATIFICAÇÃO DOS PROTESTOS MARÍTIMOS E DOS PROCESSOS TESTEMUNHÁVEIS FORMADOS A BORDO*

MARCELO PACHECO MACHADO

2.784. a situação de direito material adjacente – 2.785. o ato de ratificação – 2.786. o procedimento – 2.787. sentença – Referências Bibliográficas.

2.784. a situação de direito material adjacente

O comandante da embarcação exerce múltiplas funções a bordo, dentre as quais o dever de manter o registro dos eventos mais relevantes à navegação, relativamente à carga, carregadores e consignatários (CCom, art. 502), recebimentos e despesas com tripulação e outros ônus (CCom, art. 503), bem como os trabalhos que tiverem lugar a bordo, consertos e reparos do navio.

Adicionalmente, nos termos do art. 504 do Código Comercial, cabe-lhe registrar "todas as ocorrências interessantes à navegação, acontecimentos extraordinários que possam ter lugar a bordo, e com especialidade os temporais, e os danos ou avarias que o navio ou a carga possam sofrer, as deliberações que se tomarem por acordo dos oficiais da embarcação, e os competentes protestos".

O protesto marítimo, ou protesto testemunhável a bordo, tem lugar nas hipóteses em que tais fatos relevantes da embarcação configurem a ocorrência de sinistro, avarias ou qualquer outra perda ocorrida durante a viagem. Assim, o art. 505 do Código Comercial determina ser atribuição do capitão a ratificação, mediante juramento, de todos os processos testemunháveis e protestos formados a bordo.

O protesto não se confunde com o mero registro no diário de bordo, o qual se realiza de modo objetivo e simplificado. Deve contar, diferentemente, com descrição detalhada do evento danoso, exercendo o capitão juízo de valor a respeito dos fatos ocorridos, a respeito das responsabilidades e avaliações da conduta dos sujeitos envolvidos.

Nos casos de avaria grossa, além da realização do protesto, será necessária a lavratura de ata de deliberação, a qual deve contar com a assinatura de todos os oficiais de bordo e com as razões pelas quais o capitão decidiu realizar o ato de avaria voluntária. Tal formalidade mostra-se relevante com a finalidade de dar fundamento para a decisão do comandante, a qual pode vir a ser objeto de questionamento futuro (CPC, art. 707).

O registro dos eventos relevantes à navegação é uma obrigação do capitão, a qual tem o claro objetivo de resguardar a formação futura de prova, de modo que se possam estabelecer com adequação as responsabilidades por sinistros e avarias ocorridos relativamente à embarcação ou à carga.

2.785. o ato de ratificação

Cabe ao comandante, de modo geral, a realização de três atos de natureza distinta. O registro dos fatos e circunstâncias de modo objetivo no diário de bordo, a realização de protesto ou processo testemunhável e, ainda, nos casos de avaria grossa, a lavratura de ata de deliberação.

Nos casos de sinistros, avarias ou outras perdas, caberá ao capitão realizar procedimento adicional no primeiro local aonde chegar a embarcação, de modo a buscar a ratificação de seus atos perante órgão jurisdicional competente.

A ratificação é procedimento de jurisdição voluntária com a finalidade de convalidar provas, perante o órgão jurisdicional do destino da embarcação. Neste, o juiz tem sua conduta direcionada a interrogar o capitão, tripulantes ou passageiros com a finalidade de avaliar as circunstâncias nas quais se efetuou a lavratura do protesto.

O Código de Processo Civil de 2015 previu tal procedimento dentre os procedimentos de jurisdição voluntária, concedendo-lhe claro objetivo de constituição probatória.

O procedimento é extremamente simplificado, sem a possibilidade de aprofundamento da atividade cognitiva do juiz ou mesmo sem que se estabeleça juízo de valor ou tutela declaratória a respeito de eventuais responsabilidades pelos eventos descritos. No entanto, trata-se de técnica de grande relevância para o direito marítimo, na medida em que a ratificação do protesto representa uma das obrigações do capitão, sendo exigida nos casos de apuração de responsabilidades por acidentes marítimos, regulação de avaria grossa (CPC, art. 707) e na apuração de sinistros por terceiros, como empresas seguradoras.

É do interesse do capitão do navio a plena ratificação do protesto marítimo, de modo a resguardar a adequação de sua conduta a bordo, estabelecendo elementos probatórios a respeito de seu modo de agir e do modo pelo qual se sucederam os eventos relevantes à navegação.

A ratificação permite que terceiro imparcial exerça inquirições a respeito do modo pelo qual ocorreram os efetivos registros e, desse modo, agregue maior confiabilidade ao protesto ratificado. Todavia, a instrução probatória deve se limitar a oitiva das partes e de testemunhas indicadas, sem a possibilidade de produção de prova pericial ou da investigação mais profunda dos fatos.

2.786. o procedimento

O foro competente para a ratificação dos protestos marítimos e processos testemunháveis formados a bordo será aquele em que primeiro desembarcar o navio, após o evento danoso devidamente registrado. A finalidade, para tanto, é permitir que o registro tenha a sua ratificação efetivada no menor tempo possível e com a aferição – ainda que superficial – de terceiro imparcial, objetivando-se "reduzir a ocorrência de fraudes".

Tal previsão já constava do art. 505 do Código Comercial, determinando que: "É obrigação do capitão resistir por todos os meios que lhe ditar a sua prudência a toda e qualquer violência que possa intentar– se contra a embarcação, seus pertences e carga; e se for obrigado a fazer entrega de tudo ou de parte, deverá munir-se com os competentes protestos e justificações no mesmo porto, ou no primeiro onde chegar (arts. 504 e 505)".

O art. 766 do Código de Processo Civil determina o prazo de 24 horas, a contar da chegada da embarcação, para que seja efetivada a ratificação judicial de "todos os protestos e os processos testemunháveis formados a bordo e lançados no livro Diário da Navegação".

Trata-se de prazo de natureza decadencial, o qual se conta em horas, mediante a adequada aferição do momento em que a embarcação é atracada ao porto de destino. Daniel Neves, nesse sentido, ressalta que, "caso o prazo vença em horário em que não há expediente forense, o comandante deve adiantar o protocolo ou buscar o plantão judiciário, não se estendo até o início do expediente após o decurso do prazo". No mesmo sentido, para Robson Godinho, "por se considerar que o prazo deve ser contado de acordo com o regramento comercial, não há suspensão ou vinculação com o horário de expediente forense, sob pena de se estender as 24 horas, na prática, em vários dias".

A petição inicial deve contar com a cópia dos documentos que comprovam os termos lançados no Diário de Navegação, incluindo naturalmente as páginas relativas ao protesto a ser ratificado, além dos documentos de identificação do comandante e das testemunhas arroladas, do rol de tripulantes, do documento de registro da embarcação e, quando for o caso, do manifesto das cargas sinistradas e a qualificação de seus consignatários, traduzidos, quando for o caso, de forma livre para o português.

Diante dos curtos prazos envolvidos no procedimento, não faz sentido buscar tradutores juramentados ou maiores rigores formais relativamente à tradução, de modo que a lei consente expressamente com a possibilidade de ocorrer a tradução dos atos de forma livre para o vernáculo.

O procedimento é marcado pela concentração dos atos processuais e pela rigidez na formação da prova. As testemunhas, bem como o capitão, devem comparecer à audiência independentemente de intimação. Adicionalmente, sob pena de invalidade da ratificação, deve-se apresentar no mínimo duas e no máximo quatro testemunhas, com a finalidade de ratificar em juízo os protestos lavrados pelo capitão (CPC, art. 768).

O capitão é, via de regra, o autor da demanda de ratificação de protesto marítimo e deve, necessariamente, prestar depoimento. Todavia, diferentemente do procedimento comum, a parte, juntamente com as testemunhas deste procedimento especial, terá seu depoimento tomado "sob compromisso", nos termos do art. 768 do Código de Processo Civil, decorrendo daí as consequências jurídicas pertinentes (CPC, art. 458).

É aconselhável que, para a oitiva das testemunhas, se utilize dos meios tecnológicos adequados, permitindo-se a realização de audiências por videoconferência ou meios análogos, de modo a garantir a agilidade do procedimento, já que muito comumente a tripulação se submete a regimes expeditos de trabalho quando atraca ao porto, dificultando o comparecimento ao fórum para a prática presencial de atos processuais.

Do mesmo modo que a tradução dos documentos pertinentes pode ser realizada de modo informal, a oitiva das testemunhas incapazes de se expressar em português pode ser viabilizada, ainda que mediante o auxílio de intérprete sem o devido cadastro perante o Poder Judiciário, bastando que se comprove dominar a língua e ser capaz de exprimir com exatidão os depoimentos prestados (CPC, art. 768, § 1º). Tal possibilidade, visando a reduzir custos e simplificar a produção da prova, não impede que o juiz, verificando a necessidade, nomeie tradutor em conformidade com as exigências do procedimento comum (CPC, art. 768, § 2º).

A ratificação é feita no interesse do capitão, o qual deve ter condições de garantir a realização do ato, mediante a apresentação adequada das testemunhas e da documentação exigida pela lei. O autor da ação deve garantir que as formalidades relativamente à demanda e sua documentação e à instrução probatória sejam adequadamente atendidas. O descumprimento das exigências formais, quanto ao número de testemunhas e ao seu adequado comparecimento perante a autoridade judicial, deve justificar a extinção do processo sem julgamento de mérito.

O procedimento, tendo natureza de jurisdição voluntária, não exige a realização de citação ou tampouco a intimação de terceiros interessados. Todavia, é autorizada a participação de terceiros, tais como consignatários das cargas e outros eventuais interessados, os quais devem ser apregoados no momento de abertura da audiência, tendo amplas possibilidades de participação no contraditório (CPC, art. 769).

A lei menciona que, na ausência destes interessados, deve ocorrer a nomeação de curador especial, recaindo o ônus à Defensoria Pública (CPC, art. 72). Por se tratar de procedimento o qual visa à mera constituição de prova, a participação de todos os sujeitos do processo, inclusive terceiros, diz respeito à sua contribuição na produção da prova, apresentando as testemunhas e realizando inquirições. Não há manifestação de pretensões ressarcitórias ou de nenhuma outra natureza, ou tampouco resistência por parte de terceiros a estas pretensões, de modo que não cabe falar em contestação ou impugnação ao ato de ratificação de protesto marítimo.

2.787. sentença

O alvo da atividade cognitiva do juiz deve ser a reconstrução dos fatos que levaram à lavratura do protesto, identificando a eventual existência de inconsistências ou fraudes. É nesse sentido que o art. 770 indica a necessidade de o juiz se convencer a respeito "da veracidade dos termos lançados no Diário da Navegação".

Não há, efetivamente, a possibilidade de um juízo cognitivo profundo ou tampouco é missão do juiz proferir tutela declaratória a respeito da veracidade dos fatos descritos ou das responsabilidades eventualmente apontadas pelo capitão no ato de protesto. Diferentemente, em juízo de cognição sumária, mediante a oitiva dos sujeitos indicados pela lei, o juiz deve avaliar se há ou não suspeitas de inverdades presentes nos protestos lavrados. Apenas nesta hipótese deve haver a negativa de ratificação do protesto marítimo.

A lei pressupõe que o interesse recursal, neste procedimento, é extremamente limitado, permitindo a "entrega dos autos" ao autor e seu advogado independentemente da certificação do trânsito em julgado. A determinação, ainda, justifica-se pela brevidade do procedimento e a necessidade de que a documentação produzida seja rapidamente utilizada para fundamentar os procedimentos pertinentes para a avaliação do acidente, do sinistro ou da apuração de outros prejuízos.

A locução "entrega dos autos", presente no art. 770, deve ser adequada à noção predominante de processo em autos eletrônicos, cuja entrega representa a mera disponibilização de arquivos digitais, devidamente assinados e certificados pelos sistemas pertinentes.

Referências Bibliográficas

CAVALCANTI, Nelson. "O projeto de novo Código de Processo Civil e o direito marítimo". *Revista de Processo* 203. São Paulo, Ed. RT, 2012.

DINAMARCO, Cândido Rangel. *A instrumentalidade do processo*. 12ª ed. São Paulo, Malheiros Editores, 2006.

————. *Vocabulário do processo civil*. São Paulo, Malheiros Editores, 2009.

GAJARDONI, Fernando, DELLORE, Luiz, OLIVEIRA JÚNIOR, Zulmar, e ROQUE, André. *Processo de conhecimento e cumprimento de sentença: comentários ao CPC de 2015*. 4ª ed. São Paulo, Método, 2021.

GODINHO, Robson. *Comentários ao Código de Processo Civil*. vol. XIV. São Paulo, Saraiva, 2018.

JUDICE, Mônica. *O processo marítimo à luz do direito processual civil*. São Paulo, PUC/SP, 2014.

LACERDA, Jozé Cândido Sampaio de. *Curso de direito privado da navegação*. São Paulo, Freitas Bastos, 1984.

MARTINS, Eliane M. Otaviano. *Curso de direito marítimo*. Barueri/SP, Manole, 2018.

NERY JÚNIOR, Nelson, e NERY, Rosa Maria de Andrade. *Código de processo civil comentado*. 17ª ed. São Paulo, Ed. RT, 2018.

NEVES, Daniel Amorim Assumpção. *Novo Código de Processo Civil comentado*. Salvador, Juspodivm, 2016.

*CAPÍTULO CXCIII – **EXIBIÇÃO DE DOCUMENTO OU COISA***

MÁRCIA CONCEIÇÃO ALVES DINAMARCO

2.788. localização do instituto

A exibição de documento ou coisa, prevista nos arts. 396 a 404 do Código de Processo Civil, é um instrumento que já existia na sistemática anterior, mas que era disciplinado tanto no capítulo das provas (Livro I do processo de conhecimento – arts. 355 a 363 do CPC-1973) como no Livro III do processo cautelar (arts. 844 e 845 do CPC-1973).

Na sistemática atual o instituto está inserido unicamente no capítulo das provas (Parte Especial – Livro I, Título I).

Ao se confrontar os dispositivos atuais (arts. 396 a 404) com os que integravam o Livro I da sistemática anterior (arts. 355 a 363), é possível perceber a manutenção integral dos dispositivos, com pequenas alterações terminológicas.

Então, a primeira pergunta que vem à mente é a seguinte: pela sistemática atual, somente é possível a exibição de documento ou coisa incidentemente a um processo de conhecimento? Não é mais cabível como tutela provisória?

Para respondermos à questão devemos considerar, ao menos, dois aspectos: (a) o processo é um instrumento assegurado a todos como forma de solucionar as crises jurídicas e está expresso na sistemática atual o dever de colaboração (art. 6º do CPC) e (b) é assegurado às partes o direito ao conhecimento, consequentemente, o direito autônomo à prova, que, nas palavras de Cândido Rangel Dinamarco, caracterizam as "crises de conhecimento, presentes em situações nas quais o sujeito carece de informações suficientes para ter segurança quanto a algum direito de que se supõe titular – ou porque não dispõe de provas satisfatórias relativamente a esse possível direito ou porque lhe faltam elementos indicativos da existência ou montante deste".[1]

2.789. exibição de documento e produção antecipada de prova

A prova e o próprio direito à prova, que buscam proporcionar que se tenha o conhecimento de um fato, têm como destinatário imediato não apenas o juiz, mas também, diretamente, as partes envolvidas no litígio. Assim, o direito à prova pode existir como um direito material autônomo (crise de conhecimento), que não se confunde com os fatos que ela se destina a demonstrar (fatos controvertidos e ônus da prova), tampouco com as consequências jurídicas que possam advir de eventual demanda a ser proposta com base em referida prova.[2]

Em regra, a prova é produzida incidentemente em um processo, juntada/especificada pelo autor, já com a inicial, e pelo réu, quando da apresentação da contestação.[3] Não se tratando de prova legal, não ocorrerá a preclusão se não produzida nessa oportunidade inicial. É possível, ainda, sua produção na fase instrutória, e mesmo posteriormente, quando se tratar de prova nova.[4]

Ocorre que, em algumas situações, a parte, com receio de que a prova se torne impossível ou seja muito difícil a sua verificação, durante o processo,

---

1. Cândido Rangel Dinamarco, Gustavo Henrique Righi Ivahy Badaró e Bruno Vasconcelos Carrilho Lopes, *Teoria geral do processo*, 32ª ed., São Paulo, Malheiros Editores, 2020, p. 33.
2. Vicente Greco Filho, in Angélica de Arruda Alvim, Araken de Assis, Eduardo Arruda Alvim e George Salomão Leite (coords.), *Comentários ao Código de Processo Civil*, São Paulo, Saraiva, 2016, p. 508: "daí reconhecer a doutrina três espécies ou tipos de pedido de exibição: a) a exibição como resultante de ação autônoma principal, de modo que, exibida a coisa, esgota-se o interesse material do autor; b) a exibição de natureza cautelar preparatória, que tem por finalidade a constatação de um fato sobre a coisa, ou com finalidade probatória futura ou com finalidade de ensejar outra ação principal; c) a exibição incidental, inserida na ação pendente, com finalidade probatória".
3. *Cfr.* arts. 320 e 424 do Código de Processo Civil, respectivamente.
4. *Cfr.* art. 435 do Código de Processo Civil.

para assegurar a sua produção antes do momento adequado, pode propor a ação de produção antecipada de prova (antes do processo ou antes de instaurada a fase instrutória – art. 381, inc. I, do CPC). Mas há outras situações da vida em que a parte não pretende assegurar uma prova para demonstrar um fato alegado ou que será alegado em um processo. Nessas hipóteses, a parte pretende apenas ter conhecimento do fato, sem sequer ter essa natureza cautelar – nesse caso, também se autoriza a propositura da produção antecipada de prova. Trata-se das hipóteses em que a prova pode viabilizar a autocomposição ou outro meio adequado de solução de conflito ou em que o conhecimento do fato pode servir para justificar ou evitar o ajuizamento de ação (incs. II e III do art. 381 do CPC).

Diante dessa nova sistemática em relação à produção antecipada de provas, pela qual é possível a sua propositura tanto com natureza cautelar como sem essa natureza, travou-se, inicialmente, uma discussão sobre se a exibição de documento prevista nos arts. 396 a 404 do Código de Processo Civil seria cabível apenas quando já pendente o processo, ou seja, em caráter incidental. Assim, quando a parte pretendesse ter o acesso/conhecimento a um documento ou coisa antes da propositura da demanda principal, deveria se valer da produção antecipada de provas.

O principal ponto a ser considerado é que no procedimento da produção antecipada de prova não são cabíveis defesa nem recurso. Uma vez produzida a prova, finaliza-se o procedimento, que é incompatível com a exibição de documento que prevê a possibilidade de defesa por parte do réu, bem como a aplicação de sanção em caso de não exibição (seja em relação à parte, seja em relação a terceiro).

Assim, considerando esse aspecto essencial em relação ao procedimento e as penalidades possíveis de serem aplicadas na exibição de documento, que são incompatíveis com o procedimento da produção antecipada de prova, entendemos que a exibição de documento pode ser antecedente e seguirá o rito comum.[5]

---

5. REsp 1.803.251-SC (2018/0235823-3), rel. Min. Marco Aurélio Bellizze, j. 8.11.2019; REsp 1.774.987-SP, rel. Min. Maria Isabel Gallotti, j. 8.11.2018, *DJe* 13.11.2018, nos seguintes termos: "esse entendimento, como assinalado, reconhece a coexistência harmônica entre a ação autônoma de exibição de documentos pelo rito comum e os 'novos' institutos processuais afetos à 'produção antecipada de provas' (arts. 381 e ss.) e à 'exibição incidental de documentos e coisa' (arts. 496 e ss.), consideradas as particularidades de cada qual. É de se reconhecer, assim, que a ação de exibição de documentos subjacente, promovida pelo rito comum, denota, por parte do demandante, a existência de interesse de agir, inclusive sob a vertente adequação e utilidade da via eleita. Registre-se, por fim, que o cabimento da ação de exibição de documentos não impede, em si, o ajuizamento de ação de produção de antecipação de provas. Em arremate, a partir dos fundamentos

2.790. exibição de documento e o dever de colaborar

O dever de colaboração, previsto no art. 6º do Código de Processo Civil,[6] é reforçado no capítulo das provas, em especial no art. 378, ao dispor que "ninguém se exime do dever de colaborar com o Poder Judiciário para o descobrimento da verdade", possibilitando à parte propor a ação de exibição de documento ou coisa em poder da parte ou de terceiro.

O instituto tem por finalidade assegurar a prova e por objeto alguma fonte de prova que seja necessária, útil e adequada a demonstrar determinado fato litigioso (tanto a prova direta como a indireta). Se a pretensão for a posse ou a propriedade do documento ou coisa, o meio adequado não será o pedido de exibição de documento, já que o documento ou coisa será o objeto do processo.

Apesar de ser considerada um dever a apresentação do documento ou coisa, na realidade, quando essa determinação tiver a parte como destinatária estaremos diante de uma situação de cunho misto. Isto porque, além do dever, incidirá um ônus, visto que o descumprimento dessa ordem poderá causar prejuízos na esfera de interesses do próprio encarregado de cumpri-la, visto que no art. 379, inc. III, está disposto que "incumbe à parte: (...) III – praticar o ato que lhe for determinado". Diante disso, a recusa injustificada em apresentá-la acarretará a admissão da veracidade dos fatos por meio da qual se pretendia demonstrar (CPC, art. 400). Já no caso de se tratar de exibição de documento em face de terceiro, aí estaremos diante apenas de um dever (CPC, arts. 380, inc. II, c/c arts. 401 a 403).

2.791. requisitos do pedido de exibição de documento ou coisa

Os requisitos são de ordem objetiva e subjetiva.

Em relação aos requisitos objetivos, é ônus daquele que requer a exibição de documento ou coisa que (a) individualize o documento ou coisa, (b) explique qual a finalidade, (c) quais fatos se relacionam com o documento ou coisa e (d) como sabe que o documento ou coisa existe e está em poder da parte contrária (CPC, art. 397).

Esses requisitos objetivos são de suma importância, uma vez que a prova, assim como o direito ao conhecimento de determinado documento ou coi-

---

acima delineados, dou provimento ao recurso especial para reconhecer a adequação da via eleita pela parte demandante, determinando-se, pois, o retorno dos autos à origem, para o prosseguimento do feito, na esteira do devido processo legal".

6. Todos os sujeitos do processo devem cooperar entre si para que se obtenha, em tempo razoável, decisão de mérito justa e efetiva.

sa, deve ter uma relação com alguma circunstância relevante/fato, pois sua ausência levará ao indeferimento liminar do pedido, podendo ser impugnado por meio de agravo de instrumento, conforme disposto no inc. VI do art. 1.015 do Código de Processo Civil.

Apesar de constar expressamente no art. 397 do Código de Processo Civil que o pedido será formulado pela parte, não se exclui a possibilidade de o juiz de ofício determinar que a parte exiba determinado documento ou coisa,[7] uma vez que, sendo o juiz o destinatário da prova, está entre os poderes instrutórios do juiz, em complementaridade à iniciativa da parte, tomar referida providência em busca da verdade real.

Já em relação ao requisito subjetivo, pode ser requerida a exibição do documento ou coisa em face da parte contrária ou de terceiro (mas demonstrando porque esse documento ou coisa estaria com essa pessoa). Se requerida em face da parte e no curso de um processo pendente, teremos a instauração de um incidente. Já se requerida em face de um terceiro, teremos a instauração de uma demanda. Observa-se que no art. 401 do Código de Processo Civil está expresso que o juiz mandará citá-lo.

Em 2021, a Lei 14.195 efetuou alterações nos incisos do artigo 397 do Código de Processo Civil:

Redação original	Redação após a Lei nº 14.195/2021
Art. 397. O pedido formulado pela parte conterá: I – a individuação, tão completa quanto possível, do documento ou da coisa; II – a finalidade da prova, indicando os fatos que se relacionam com o documento ou com a coisa; III – as circunstâncias em que se funda o requerente para afirmar que o documento ou a coisa existe e se acha em poder da parte contrária.	Art. 397. O pedido formulado pela parte conterá: I – a descrição, tão completa quanto possível, do documento ou da coisa, **ou das categorias de documentos ou de coisas buscados**; II – a finalidade da prova, com indicação dos fatos que se relacionam com o documento ou com a coisa, **ou com suas categorias**; III – as circunstâncias em que se funda o requerente para afirmar que o documento ou a coisa existe, **ainda que a referência seja a categoria de documentos ou de coisas**, e se acha em poder da parte contrária.

As modificações, na prática, buscam permitir que o requerente tenha mais chances de o documento ou a coisa serem exibidos em juízo, por diminuir a necessidade de uma extrema especificação. Isso poderia ocasionar que a par-

7. *Cfr.* arts. 396 e 370 do Código de Processo Civil.

te requerente ficasse impedida de ter exibido ou documento ou a coisa em razão de não conseguir efetuar uma descrição pormenorizada, pois o documento ou a coisa só eram conhecidos por ele de uma maneira mais genérica: em sua categoria. Assim, por exemplo, é possível requerer a apresentação de um contrato bancário em que o requerente indique características principais e o lapso temporal em que celebrado, não podendo o requerido se escusar de apresentá-lo sob a justificativa de que não houve suficiente especificação.

Obviamente que os acréscimos aos incisos não eximem o requerente de efetuar uma descrição, informar qual a finalidade e as circunstâncias que o fazem crer que o documento ou a coisa existe e está em poder da outra parte, apenas ampliam as possibilidades, de modo a autorizar a indicação por categorização, facilitando a obtenção da prova em juízo.

2.792. procedimento da exibição de documento ou coisa

Como a exibição de documento ou coisa pode ser requerida em face da parte ou de terceiro, o prazo para responder é distinto, já que em relação à parte será um incidente e em face do terceiro será uma demanda.

Assim, se requerida a exibição de documento ou coisa em face da parte, esta terá 5 dias para responder (CPC, *caput* do art. 398), enquanto o terceiro terá 15 dias (CPC, art. 401).

O réu – seja a parte ou o terceiro – poderá se defender (a) negando que esteja de posse do documento ou coisa, (b) afirmando que o autor não tem interesse no documento e (c) afirmando a impossibilidade de apresentá-los.

Caso a defesa do réu tenha o conteúdo das alíneas "a" e "b", o ônus da prova é do autor. Já se o réu alegar a matéria apontada na alínea "c" o ônus da prova será deste. Inclusive, a distribuição do ônus da prova é a regra geral disposta no art. 373 do Código de Processo Civil.[8]

2.793. inadmissão da recusa de apresentar o documento ou coisa

Conforme exposto, o dever de colaboração previsto no art. 6º do Código de Processo Civil[9] é reforçado no capítulo das provas, em especial no art. 378, ao dispor que "ninguém se exime do dever de colaborar com o Poder Judici-

---

8. "Art. 373. O ônus da prova incumbe: I – ao autor, quanto ao fato constitutivo de seu direito; II – ao réu, quanto à existência de fato impeditivo, modificativo ou extintivo do direito do autor."

9. Todos os sujeitos do processo devem cooperar entre si para que se obtenha, em tempo razoável, decisão de mérito justa e efetiva.

ário para o descobrimento da verdade", possibilitando à parte a propositura da ação de exibição de documento ou coisa em poder da parte ou de terceiro.

Assim, aquele que detém o documento ou coisa, uma vez requerida a exibição de documento, terá o ônus de exibi-lo caso não se trate de hipóteses excepcionais (item 2.800, *infra* – art. 404 do CPC) e caso tenha aludido a esse documento em argumento de defesa de seus interesses ou, ainda, seja comum às partes ou à parte contrária e a terceiro. Caso não exiba ou o juiz entenda que não prevalece a justa recusa, tanto a parte como o terceiro ficarão sujeitos a sanção (itens 2.794 e 2.799, *infra*).

Como o pedido de exibição de documento ou coisa pode decorrer de inúmeras situações práticas que necessitem dessa prova, o legislador regulou as diferentes situações e lhes deu tratamento distinto, em especial se se tratar de documento ou coisa requerido em face da parte ou de terceiro. Em ambas, no entanto, é possível pleitear tutela de urgência (arts. 303 a 310 do CPC) e, se deferida a tutela de urgência e exibido o documento ou coisa, desnecessária qualquer outra providência.

2.794. ônus de exibição e consequências de sua não apresentação – em face da parte

A parte tem o ônus de exibir o documento ou coisa solicitado, e caso não o faça, ou seja ilegítima sua recusa, aplica-se a sanção de presunção de veracidade quanto às alegações que seriam provadas a partir da apresentação deles.

O pedido de exibição de documento ou coisa dirigido a uma das partes está disposto nos arts. 397 a 400 do Código de Processo Civil, que será intimada – na pessoa de seu advogado ou pessoalmente, caso não tenha advogado constituído – para se manifestar se está de posse ou não do documento ou coisa e, estando, se concorda com a sua exibição.

O incidente não tem o condão de suspender o andamento do processo principal, e, no caso de ser exibido o documento ou a coisa, encerra-se o incidente. A sanção somente será aplicada quando houver recusa (injustificada) de exibir.

Caso o requerido/réu alegue não possuir o documento ou coisa (nunca existiu, foi perdido, extraviado), o requerente/autor terá o ônus de provar a existência e a posse do documento ou coisa nas mãos do requerido/réu, podendo inclusive ser designada audiência para a colheita de provas em relação a essa questão (existência e posse do documento ou coisa).

Agora, se o requerido/réu alegar que esteve na posse mas que não mais detém esse documento ou coisa, como se trata de uma defesa indireta (fato impeditivo), o ônus da prova será dele.

Se deferida a exibição de documento – decisão de natureza mandamental – e dada a oportunidade para o requerido/réu se manifestar, o juiz não admitirá a recusa se o requerido (a) tiver a obrigação legal de exibir, (b) aludiu ao documento ou coisa, no processo, com o intuito de constituir prova ou (c) se o documento, por seu conteúdo, for comum às partes (art. 399 do CPC). Se, por um acaso, para a exibição do documento for necessário pagar alguma taxa, o requerido só estará obrigado a apresentar se o requerente realizar o pagamento.

Se reconhecido o direito à exibição – após instrução ou não –, o juiz decidirá; se exibido, resolve-se o incidente. Já no caso de o requerido ficar inerte, não apresentar o documento ou a recusa for tida como injustificada, serão tidas como verdadeiras as alegações que o requerente pretende demonstrar com a exibição do documento ou coisa (incs. I e II do art. 400 do CPC), cuja valoração será objeto de apreciação do juiz quando da análise de todo o conjunto probatório.

Importante apontar que, caso a exibição de documento seja requerida em face de um litisconsorte, mesmo sendo unitário, essa presunção atingirá somente o requerido, não podendo atingir o outro litisconsorte, que sequer integrou esse incidente.

2.795. medidas de sub-rogação

Com o fim de se buscar maior efetividade na medida e favorecer a busca da verdade no processo, o atual Código de Processo Civil tornou clara a possibilidade de serem adotadas medidas sub-rogatórias para busca e apresentação do documento ou coisa, tanto em face da parte como em face do terceiro.

A sistemática anterior (CPC-1973) não dispunha a respeito de medidas de sub-rogação em relação à parte. A única consequência (sanção) era a presunção de veracidade, mas a jurisprudência caminhava nesse sentido, por se tratar de uma obrigação de fazer; por isso, não teria sentido a não aplicação de medidas de sub-rogação, o que veio a ser positivado no parágrafo único do art. 400 do Código de Processo Civil: "Sendo necessário, o juiz pode adotar as medidas indutivas, coercitivas, mandamentais ou sub-rogatórias para que o documento seja exibido".[10]

Conforme exposto, apesar de ser considerado um dever a apresentação do documento ou coisa, na realidade, quando essa determinação tiver a parte como destinatário estaremos diante de uma situação de cunho misto, pois, além do dever, incidirá um ônus, visto que o descumprimento dessa ordem

---

10. Reforçado pelo disposto no art. 139, inc. IV, do Código de Processo Civil.

poderá causar prejuízos na esfera de interesses do próprio encarregado de cumpri-la. No art. 379, inc. III, consta que "incumbe à parte: (...). III – praticar o ato que lhe for determinado", e a recusa injustificada em apresentá-lo acarretará a admissão da veracidade dos fatos por meio dos quais se pretendia demonstrar (CPC, art. 400), ou seja, a sanção será aplicada em razão do descumprimento do ônus (presunção de veracidade) e pelo descumprimento do dever (medidas de sub-rogação).

Portanto, além do ônus, cujo descumprimento acarretará a presunção de veracidade, também incide o dever de exibir o documento ou coisa. A sanção são as medidas de sub-rogação, com a ressalva de não incidirem automaticamente, pois, conforme disposto no parágrafo único do art. 400 do Código de Processo Civil, incidirá "se necessário", ou seja, o juiz analisará caso a caso se deverá adotar as medidas indutivas, coercitivas, mandamentais ou sub-rogatórias, pois em determinados casos sequer seriam úteis ou possíveis.

Caso incida a sanção decorrente do ônus, qual seja, presunção de veracidade, em regra não há por que aplicar-se medidas sub-rogatórias, pois o que se pretendia demonstrar com o documento ou coisa já estava presumido.[11] Significa que terá uma aplicação residual, sem afastar a aplicação eventual da pena de litigância de má-fé.

Em algumas situações práticas, mesmo não se tratando de direito indisponível – no qual não se aplica a presunção de veracidade – a ausência de exibição do documento ou coisa não fica suprimida, pois o acesso à prova é relevante, inclusive para identificar outras fontes de prova, p.ex., documentos, testemunhas, ou servir de subsídio para eventual perícia. Por isso, as medidas sub-rogatórias poderão ser adotadas, já que para o esclarecimento dos fatos e o julgamento da demanda será necessário o acesso a esses documentos ou coisa.

Assim, as medidas atípicas que poderão ser aplicadas, considerando a mais adequada a cada situação, poderão ser, p.ex., multa periódica, busca e apreensão por oficial de justiça ou requisição de documento perante terceiro.

11. Com a entrada em vigor do CPC-2015 passou-se a sustentar a revogação da Súmula 372 STJ (na ação de exibição de documentos não cabe a aplicação de multa cominatória), conforme Cassio Scarpinella Bueno ("A exibição de documento ou coisa, a Súmula 372 do STJ e o novo Código de Processo Civil", in Olavo de Oliveira Neto, Elias Marques de Medeiros Neto e Ricardo Augusto de Castro Lopes (coords.), *A prova no processo civil: estudos em homenagem ao professor João Batista Lopes*, São Paulo, Verbatim, 2013). E, conforme o Tema 1000 do STJ, temos que "desde que prováveis a existência da relação jurídica entre as partes e de documento ou coisa que se pretende seja exibido, apurada em contraditório prévio, poderá o juiz, após tentativa de busca e apreensão ou outra medida coercitiva, determinar sua exibição sob pena de multa com base no art. 400, parágrafo único, do CPC-2015".

2.796. dever de exibição do documento ou coisa pelo terceiro

Quando se trata de requerimento de exibição de documento ou coisa em face de terceiro, em relação a este não incide o ônus, apenas o dever de apresentá-los, visto ser um imperativo do interesse alheio, e não o seu próprio.

Se descumprir o dever, ficará sujeito à aplicação das medidas atípicas. O juiz poderá expedir mandado de apreensão, requisitando, se necessário, força policial, sem prejuízo da responsabilidade por crime de desobediência, pagamento de multa e outras medidas indutivas, coercitivas, mandamentais ou sub-rogatórias necessárias para assegurar a efetivação da decisão (art. 403 do CPC).

2.797. procedimento de exibição de documento ou coisa em face de terceiro

O requerimento de exibição de documento ou coisa em face de terceiro é verdadeiro processo incidente, e não mero incidente processual (seja antecedente ou incidental), o qual deve ter seu início mediante uma petição inicial. Nesse contexto, o réu deve ser citado para respondê-lo em 15 dias (art. 401 do CPC). O processo termina por sentença, impugnável mediante o recurso de apelação, e com aptidão para formar a coisa julgada.

O terceiro será parte nesse processo incidente, ocupará a posição de réu, deverá ser citado e ter garantido o direito do contraditório, além de poder apresentar defesa (resposta), em até 15 dias. Deve ser observado o procedimento comum, com a possibilidade de dilação probatória (fase instrutória), e ao final será julgada por sentença.

Em sua defesa o réu poderá alegar matérias processuais e de mérito, limitadas ao objeto do processo, ou seja, negar que esteja na posse do documento ou coisa, além das razões pelas quais entende não ter o dever de exibi-los ou de o documento ou coisa não ser necessário para o deslinde da controvérsia.

Se controvertida a relação jurídica, será aberta a oportunidade para a produção de prova. Segundo a lei (art. 402 do CPC), será designada uma audiência especial, não porque tenha alguma diferenciação em relação às demais audiências, mas por serem limitadas as questões que serão objeto de instrução, ou seja, essa audiência terá uma finalidade mais específica.

Caso o terceiro exiba o documento ou coisa, resolve-se o incidente. Já no caso de resistência por parte do terceiro, e após eventual instrução, será proferida sentença com natureza mandamental em caso de procedência, com fixação de prazo para o seu cumprimento (art. 403 do CPC), que, segundo a lei, será de cinco dias, embora nada impeça o juiz de fixar prazo diverso por entender que a realidade dos fatos impõe um lapso temporal maior.

2.798. sanções ao terceiro que se recuse à exibição

Caso a recusa do terceiro em exibir documento ou coisa seja reputada ilegítima, o juiz deverá ordenar que se proceda com o depósito do documento ou coisa em local determinado, no prazo de cinco dias, ou outro que entenda adequado à realidade, sob pena de busca e apreensão e sem prejuízo de eventual responsabilização pelo crime de desobediência, pagamento de multa e outras medidas indutivas, coercitivas, mandamentais ou sub-rogatórias necessárias para assegurar a efetivação da decisão (art. 403 do CPC).

Em regra, a aplicação de multa diária, enquanto perdurar a resistência ao cumprimento da ordem judicial, dá mais resultado, ou seja, é mais efetiva. Ademais, o requerido também será condenado a pagar todas as despesas relativas à necessária efetivação da medida coercitiva.

2.799. justa recusa na exibição do documento ou coisa

A recusa da parte ou do terceiro em exibir documento ou coisa será considerada legítima quando (a) forem relativos aos negócios da vida familiar, (b) a sua apresentação violar o seu dever de honra, (c) a sua publicidade redundar em desonra a ele, a terceiro bem como parentes próximos ou lhes traga perigo de serem demandados penalmente, (d) a sua exibição violar seu dever de sigilo ou por outros motivos graves, que devem ser apreciados pelo próprio juiz (art. 404 do CPC). Como se pode ver, o rol de escusas não é exaustivo, tanto que o inc. V de referido dispositivo legal dispõe "subsistirem outros motivos graves que, segundo o prudente arbítrio do juiz, justifiquem a reusa da exibição", e o inc. VI dispõe a respeito de disposição legal que justifique a recusa.

2.800. justa recusa parcial

A justa recusa poderá ser apenas sobre parte do documento ou coisa. Cabe àquele que tem o ônus ou o dever de apresentá-los fazê-lo naquela parte em que a justeza da recusa não o alcança (art. 404 do CPC).

2.801. natureza jurídica da decisão

A natureza jurídica da decisão altera-se tratando-se de exibição em face da parte ou do terceiro.

Se requerida em face da parte, estaremos diante de uma decisão interlocutória, já que não é o objeto do processo e, por isso, desafiará o recurso de agravo de instrumento.

Já se requerida em face de terceiro, por se tratar de uma demanda, a decisão terá natureza de sentença e desafiará o recurso de apelação.

2.802. verbas sucumbenciais

Em relação às verbas de sucumbência (custas, despesas e honorários advocatícios), em caso de recusa (seja da parte ou do terceiro) e decidido que a recusa é injusta, o requerido ficará sujeito ao pagamento das verbas sucumbenciais e ao pagamento de eventuais despesas para o cumprimento das medidas de sub-rogação.

Agora, se o requerente, antes de instaurar o incidente de exibição de documento ou coisa, seja em face da parte, seja em face de terceiro, não solicitou por meio de via extrajudicial, e com a instauração a parte ou o terceiro vem a exibir a coisa, o requerente deverá arcar com a verba decorrente dos honorários sucumbenciais, em razão do princípio da causalidade.

Como, em regra, o valor da causa em referido incidente é apenas para efeitos fiscais, a fixação dos honorários sucumbenciais se dará nos termos do art. 85, § 8º, do Código de Processo Civil.

Referências Bibliográficas

ARRUDA ALVIM, Teresa. *Primeiros Comentários ao Novo Código de Processo Civil artigo por artigo*. São Paulo, Ed. RT, 2015.

BUENO, Cassio Scapinella. "A exibição de documento ou coisa, a Súmula 372 do STJ e o novo Código de Processo Civil". In: LOPES, Ricardo Augusto de Castro, MEDEIROS NETO, Elias Marques de, e OLIVEIRA NETO, Olavo de (coords.). *A prova no processo civil: estudos em homenagem ao professor João Batista Lopes*. São Paulo, Verbatim, 2013.

————. In: FERREIRA, William Santos, e JOBIM, Marco Felix (coords.). *Coleção grandes temas do novo CPC*. 2ª ed., vol. 5 ("Direito probatório"). Juspodivm, 2016.

CAMBI, Eduardo. *A prova civil: admissibilidade e relevância*. São Paulo, Ed. RT, 2006.

CASTRO, Daniel Penteado de. In: BUENO, Cassio Scarpinella. *Comentários ao Código de Processo Civil*. São Paulo, Saraiva, 2017.

DINAMARCO, Cândido Rangel. *Instituições de direito processual civil*. 7ª ed., vol. 3. São Paulo, Malheiros Editores, 2017.

DINAMARCO, Cândido Rangel, BADARÓ, Gustavo Henrique Righi Ivahy, e LOPES, Bruno Vasconcelos Carrilho. *Teoria geral do processo*. 32ª ed. São Paulo, Malheiros Editores, 2020.

GRECO FILHO, Vicente. In: ARRUDA ALVIM, Angélica, ARRUDA ALVIM, Eduardo, ASSIS, Araken de, e LEITE, George Salomão (coords.). *Comentários ao Código de Processo Civil*. São Paulo, Saraiva, 2016.

LOPES, Maria Elizabeth de Castro. In: BUENO, Cassio Scarpinella. *Comentários ao Código de Processo Civil*. São Paulo, Saraiva, 2017.

MACEDO, Elaine Harzheim. "Exibitória de documento ou coisa no novo CPC". In: DIDIER JÚNIOR, Freddie (coord.-geral). *Coleção grandes temas do novo CPC*. 2ª ed., vol. 5. Salvador, Juspodivm, 2016.

MARINONI, Luiz Guilherme, e ARENHART, Sérgio Cruz. *Prova e convicção*. 3ª ed. São Paulo, Ed. RT, 2015.

MEDEIROS NETO, Elias Marques de. In: BUENO, Cassio Scarpinella. *Comentários ao Código de Processo Civil*. São Paulo, Saraiva, 2017.

MONTORO, Marcos André Franco. "Comentários aos art. 396 a 404". In: CRUZ E TUCCI, José Rogério (coord.). *Código de Processo Civil anotado*. 3ª ed. Rio de Janeiro, LMJ Mundo Jurídico, 2018.

TALAMINI, Eduardo. "Produção antecipada de prova no Código de Processo Civil". *Revista de Processo* 206. 2016.

THEODORO JÚNIOR, Humberto. *Curso de direito processual civil*. 56ª ed., vol. 1. Rio de Janeiro, Forense, 2015.

YARSHELL, Flávio Luiz. *Antecipação da prova sem o requisito da urgência e direito autônomo à prova*. São Paulo, Malheiros Editores, 2009.

YARSHELL, Flávio Luiz. In: DANTAS, Bruno, DIDIER JÚNIOR, Fredie, TALAMINI, Eduardo, e WAMBIER, Teresa Arruda Alvim (coords.). *Breves comentários ao novo Código de Processo Civil*. São Paulo, Ed. RT, 2015.

CAPÍTULO CXCIV – ***HOMOLOGAÇÃO DE SENTENÇA ESTRANGEIRA***

ANDRÉ DE ALBUQUERQUE CAVALCANTI ABBUD

2.803. introdução: processo homologatório e juízo de delibação – 2.803.1 natureza do procedimento e do provimento homologatório – 2.804. o conceito de sentença (e decisão) estrangeira – 2.805. eficácia e autoridade da sentença dependentes de homologação – 2.806. fontes do direito aplicável ao reconhecimento de sentenças estrangeiras – 2.807. pressupostos de admissibilidade do julgamento do mérito – 2.807.1 interesse jurídico na homologação – 2.807.2 partes legítimas no processo de homologação – 2.807.3 inexistência de fatos impeditivos: "litispendência" e coisa julgada – 2.807.4 documentos indispensáveis à propositura da demanda homologatória – 2.808. causas oponíveis à homologação de sentenças estrangeiras: limites – 2.809. causas oponíveis à homologaçao de sentenças judiciais estrangeiras – 2.809.1 incompetência da autoridade estrangeira (CPC, arts. 963, inc. I, e 964) – 2.809.2 citação irregular (CPC, art. 963, inc. II) – 2.809.3 ineficácia no país de origem (CPC, art. 963, inc. III) – 2.809.4 ofensa à coisa julgada brasileira (CPC, art. 963, inc. IV) – 2.809.5 ofensa manifesta à ordem pública nacional (CPC, art. 963, inc. VI) – 2.810. causas oponíveis à homologação de sentenças arbitrais estrangeiras – 2.810.1 incapacidade das partes na convenção de arbitragem (CNI, art. V.1.a; LArb, art. 38, inc. I) – 2.810.2 invalidade objetiva da convenção de arbitragem (CNI, art. V.1.a; LArb, art. 38, inc. II) – 2.810.3 falta de notificação e violação ao contraditório e à ampla defesa (CNI, art. V.1.b; LArb, art. 38, inc. III) – 2.810.4 sentença fora dos limites da convenção de arbitragem (CNI, art. V.1.c; LArb, art. 38, inc. IV) – 2.810.5 desacordo entre a instituição da arbitragem e a convenção (CNI, art. V.1.d; LArb, art. 38, inc. V) – 2.810.6 sentença ainda não obrigatória, anulada ou suspensa no país de origem (CNI, art. V.1.e; LArb, art. 38, inc. VI) – 2.810.7 litígio não arbitrável segundo a lei brasileira (CNI, art. V.2.a; LArb, art. 39, inc. I) – 2.810.8 violação à ordem pública nacional (CNI, art. V.2.b; LArb, art. 39, inc. II) – 2.811. homologação parcial – 2.812. tutelas provisórias: concessão e reconhecimento – 2.813. procedimento, recursos e execução – 2.814. ação rescisória – Referências Bibliográficas.

2.803. introdução: processo homologatório e juízo de delibação

Todo aquele que pretende se valer no Brasil de uma sentença estrangeira, na qualidade de ato jurisdicional, precisa antes mover aqui uma demanda voltada ao seu reconhecimento no país. Essa demanda dá início ao processo para homologação de sentença estrangeira, veiculado em procedimento especial da competência originária do Superior Tribunal de Justiça. A estrutura e os atos desse procedimento são preordenados a resolver uma particular crise jurídica, consistente na necessidade de obter a autorização do Estado brasileiro para que a sentença estrangeira possa produzir efeitos no nosso território.

Essa exigência de que o Judiciário brasileiro faça um controle prévio do julgado estrangeiro decorre do fato de que, uma vez acolhido o pedido e homologada a sentença, ela adquire aqui a mesma autoridade e os mesmos efeitos de uma sentença definitiva que houvesse sido proferida no Brasil (CPC, art. 961). Dessa forma, não apenas pode ser executada nessa qualidade perante os órgãos judiciais (CPC, art. 515, inc. VIII), como produz os efeitos positivo e negativo da coisa julgada no país (CPC, arts. 485, inc. V, e 502 e ss.). É para permitir que tais força e efeitos típicos de uma sentença nacional sejam liberados no Brasil, dando efetividade aqui ao comando decisório, que a lei exige o reconhecimento das sentenças estrangeiras.

Em tese, esse ato de controle prévio das sentenças estrangeiras poderia ser feito não apenas em um procedimento especial, em caráter principal, mas também em um juízo incidental feito no curso de qualquer processo em que se buscasse a produção de efeitos do laudo estrangeiro. O legislador brasileiro optou pelo reconhecimento da sentença estrangeira em juízo principal, feito em processo destinado exclusivamente a esse fim, o processo para homologação de sentenças estrangeiras, salvo previsão especial diversa em tratado (CPC, art. 960). Assim, *homologação* é o nome que se dá no Brasil ao ato de reconhecimento, isto é, à sentença que julga procedente o pedido para que o julgado estrangeiro produza efeitos no território nacional. É com a homologação que o Judiciário autoriza a sentença estrangeira a manifestar no Brasil a força e os efeitos de um ato de julgamento nacional.[1]

Nesse procedimento faz-se um juízo de mera *delibação*, isto é, verifica-se apenas a presença de certas condições ou garantias mínimas, sem que se invada o mérito do julgamento feito pelos árbitros. Em outras palavras, não se faz um reexame das questões de fundo decididas na sentença estrangeira, perquirindo sobre a justiça ou injustiça da decisão, erros de direito ou de fato, aplicação de norma diversa da que um juiz brasileiro teria aplicado; não se faz um novo julgamento da causa.[2] A essa conclusão conduzem as normas

1. O vocábulo "homologação", "do grego *homos*, o mesmo, *logos*, discurso, *lego*, falar, pelo latim *homologo, homologatum*, na terminologia jurídica exprime especialmente o ato pelo qual a autoridade, judicial ou administrativa, ratifica, confirma ou aprova um outro ato, a fim de que possa investir-se de força executória ou apresentar-se com validade jurídica, para ter a eficácia legal. Assemelha-se ou se equipara à sentença. Mas, na verdade, a homologação, ato de ratificação ou de confirmação, não dá direito novo nem novo título, não dispondo, pois, de modo diferente àquele ajustado ou estabelecido no ato homologando e homologado. Somente lhe dá força e ativa o direito de execução" (De Plácido e Silva, *Vocabulário jurídico*, 29ª ed., Rio de Janeiro, Forense, 2012, p. 687).
2. Como exemplo recente da jurisprudência há tempos consolidada no Tribunal a esse respeito, v.: "a atuação jurisdicional do Superior Tribunal de Justiça para homologação de

sobre o reconhecimento de sentenças arbitrais estrangeiras em vigor no Brasil, ao vedarem a possibilidade de qualquer interferência sobre o juízo de mérito produzido no exterior. Com efeito, o controle delibatório da importação de sentenças estrangeiras está limitado à verificação da presença de alguns poucos, expressos e taxativos requisitos legais, analisados adiante (CPC, arts. 963 e 964; LArb, arts. 37 a 39; Convenção de Nova Iorque – CNI, arts. IV e V – *infra*, nn. 2.807.4, 2.809 e 2.810). Essa limitação horizontal da cognição e, portanto, do controle feito pelo Judiciário nesse procedimento especial é a pedra de toque, ou regra fundamental, do sistema de reconhecimento de sentenças estrangeiras no Brasil.

Mesmo quando verifica se o julgado estrangeiro não viola a ordem pública nacional, o STJ não está autorizado a invadir o juízo de mérito do processo findo. Para esse controle, investiga-se o conteúdo da sentença, mas não de modo a proceder a um rejulgamento da matéria de fundo, e sim para o propósito bastante limitado de confrontar o *decisum*, tal como emitido no outro país, com os imperativos da ordem pública. Não se refaz, assim, o juízo de mérito do órgão julgador estrangeiro. É de um novo e diverso juízo que se trata, componente do mérito do processo homologatório.[3]

Dessa forma, o processo de homologação tem objeto completamente diverso do objeto do processo encerrado no Estado *a quo*. Aquele se destina a verificar se estão presentes todos os requisitos a que a lei condiciona a importação da eficácia do julgado forasteiro. Em caso positivo, a sentença declara o direito do autor ao reconhecimento e faz operar no território nacional os efeitos produzidos pelo *decisum* homologando. Por extensão, a demanda delibatória é distinta da deduzida no exterior; enquanto esta última traz pretensão ligada à lide material, a primeira veicula pretensão a que seja homologado o julgado estrangeiro. Nesse pedido reside o mérito do processo homologatório, inconfundível com o mérito do processo estrangeiro, cujo julgamento está encerrado e imune ao juízo delibatório.[4]

---

sentença estrangeira está circunscrita à aferição de requisitos meramente formais, bem como à inexistência de ofensa à soberania nacional, à dignidade da pessoa humana ou à ordem pública, em consonância com o disposto nos arts. 963 e 964 do CPC e 216-C, 216-D e 216-F do RISTJ. Por isso, não cabe examinar questões relativas ao mérito da demanda, já examinadas e decididas no juízo estrangeiro" (STJ, HDE 4.071, rel. Min. João Otávio de Noronha, *DJ* 22.3.2022).

3. Cf., nesse mesmo sentido: Francisco Cavalcanti Pontes de Miranda, *Tratado das ações*, t. III, São Paulo, Ed. RT, 1974, p. 540; Luigi Condorelli, *La funzione del riconoscimento di sentenze straniere*, Milão, Giuffrè, 1967, p. 110; Vicente Greco Filho, *Homologação de sentença estrangeira*, São Paulo, Saraiva, 1978, p. 142.

4. *Cfr.* Amílcar de Castro, *Das execuções de sentenças estrangeiras no Brasil*, Belo Horizonte, Imprensa Oficial de Minas Gerais, 1939, p. 104; José Frederico Marques, *Manual de direito processual civil*, 2ª Parte, vol. 3, São Paulo, Saraiva, 1975, p. 254, nota 5.

É fundamental a adequada compreensão de que se distinguem a demanda delibatória e a decidida pelo julgado homologando e de que são autônomos os processos a que ambas dão lugar no país de origem e no de destino, em seu mérito e pressupostos. Esse postulado assume grande importância para o correto enquadramento e a resolução de inúmeros problemas práticos associados ao juízo de reconhecimento de sentenças estrangeiras, como o dos limites horizontais à cognição do juiz, dos pressupostos de admissibilidade do exame do mérito, da natureza da sentença homologatória, da rescindibilidade e exequibilidade desse provimento, dos efeitos do decurso do tempo sobre esse processo, da relação da demanda de reconhecimento com outra porventura movida no Brasil sobre a lide decidida no julgado homologando – dentre outros.

2.803.1 natureza do procedimento e do provimento homologatório

O procedimento especial para homologação de sentenças estrangeiras é de jurisdição contenciosa. O fato de não se invadir o mérito do julgado homologando nesse processo não significa que não se trate de solucionar outro conflito de interesses, próprio do juízo delibatório. E esse conflito diz respeito justamente à presença ou não dos requisitos instituídos na lei para que a eficácia do provimento possa se manifestar no território nacional. De um lado, o autor deduz a pretensão a ver recepcionada a sentença; de outro, o réu poder opor resistência a ela, pretendendo ver negada a importação do julgado estrangeiro. Pode-se considerar essa contenciosidade limitada, em virtude da restrição horizontal às questões sujeitas ao conhecimento do juiz no processo, mas a sentença de mérito compõe uma situação litigiosa, estabelecida entre duas verdadeiras partes em contraditório em torno da liberação ou não dos efeitos do *decisum* estrangeiro.

Assim, não há dúvidas de que a sentença de mérito proferida ao cabo do processo homologatório adquire a imunidade da coisa julgada material, uma vez decorrido o prazo para recursos. O resultado do julgamento torna-se imutável e indiscutível, em quaisquer processos entre as partes (CPC, art. 502), e o comando decisório só pode ser desconstituído pela via excepcional da ação rescisória (*infra*, n. 2.814).

Por sua vez, o provimento homologatório tem natureza constitutiva. Uma vez constatada a presença dos requisitos legais, essa sentença declara o direito ao reconhecimento do julgado estrangeiro e, com base nisso, cria-se situação jurídica nova no ordenamento brasileiro, consistente na liberação integral ou parcial da eficácia do *decisum* homologado. Para que esses efeitos possam operar no território pátrio, seja qual for sua espécie (condenatórios, declaratórios *etc.*), a sentença nacional é condição necessária, sem a qual nenhum deles se manifesta no Brasil. Independentemente da natureza da sentença estrangeira, portanto, será sempre constitutiva a decisão homologatória.[5] Já a sentença que julga improcedente o pedido de reconhecimento é, invariavelmente, declaratória negativa, pois apenas afirma a inexistência do direito do autor à recepção do julgado no Brasil.

2.804. o conceito de sentença (e decisão) estrangeira

O juízo sobre a presença das condições legais ao reconhecimento pressupõe um outro, que antecede logicamente àquele. Quais são os atos sobre os quais incide a atividade de delibação? Trata-se de identificar os elementos integrantes da *fattispecie* do ato material cuja eficácia pode se produzir aqui, caso a demanda homologatória seja julgada procedente.

O ato a ser concebido como sentença, para fim de homologação, é aquele ao qual a lei do país em que emitido (*a quo*) atribui conteúdo e eficácia típicos de sentença, sob a perspectiva do ordenamento do Estado chamado a reconhecê-lo (*ad quem*). Não são relevantes elementos como sua forma, o órgão emissor ou sua denominação no sistema de origem. Decisivo é que, em substância, esse ato corresponda lá a uma sentença nos padrões do país de destino, isto é, que, caso fosse ele proferido no país em que pretende se tornar eficaz pela homologação, revestir-se-ia da roupagem de uma sentença segundo as normas locais, por possuir-lhe o mesmo conteúdo e produzir-lhe os mesmos efeitos.[6]

---

5. *Cfr.*: Enrico Tullio Liebman, "L'azione per la delibazione delle sentenze straniere", in *Problemi del processo civile*, Nápoles, Morano, 1962, pp. 125-127; Giuseppe Chiovenda, *Instituições de direito processual civil*, vol. 2, 3ª ed., São Paulo, Saraiva, 1969, p. 50; Francisco Cavalcanti Pontes de Miranda, *Comentários ao Código de Processo Civil*, 3ª ed., t. VI, Rio de Janeiro, Forense, 2002, p. 73, e *Tratado das ações*, cit., p. 530; José Frederico Marques, *Instituições de direito processual civil*, vol. 5, 3ª ed., Rio de Janeiro, Forense, 1971, p. 288; José Carlos Barbosa Moreira, *Comentários ao Código de Processo Civil*, 11ª ed., vol. 5, Rio de Janeiro, Forense, 2003, p. 92; Paulo Cezar Aragão e Roberto Rosas, *Comentários ao Código de Processo Civil*, vol. 5, São Paulo, Ed. RT, 1975, pp. 151-152; Vicente Greco Filho, ob. cit., pp. 110-113.

6. *Cfr.*: Luigi Condorelli, ob. cit., pp. 162-164 e 167-170; Ludovico Mortara, *Commentario del Codice e delle leggi di procedura civile*, 4ª ed., vol. 5, Milão, Francesco Vallardi, s/d, pp. 46-47; Andrea Proto Pisani, *Lezioni di diritto processuale civile*, 2ª ed., Nápoles, Jovene, 1996, p. 855; Francisco Cavalcanti Pontes de Miranda, *Comentários ao Código de Processo Civil*, cit., p. 89, e *Tratado das ações*, cit., pp. 550-551 e 602-603; José Carlos Barbosa Moreira, ob. cit., pp. 64-66; Paulo Cezar Aragão e Roberto Rosas, ob. cit., pp. 177-180; Vicente Greco Filho, ob. cit., pp. 125-127. "O que, para a ordem jurídica pátria, constitua ou não sentença estrangeira, como tal homologável no *forum*, é questão de direito brasileiro, cuja solução independe do valor e da eficácia que o ordenamento do Estado de origem atribua à decisão questionada" (STF, SEC 4.724, rel. Min. Sepúlveda Pertence, *DJ* 19.12.1994).

Essa a razão pela qual a jurisprudência brasileira sempre reputou passíveis de homologação decisões que, a despeito de proferidas no exterior por autoridades e órgãos não judiciais, como autoridades políticas e religiosas, veiculavam o julgamento de um litígio ou, mais precisamente, caso fossem transpostas para o sistema jurídico brasileiro, constituiriam atos equivalentes a uma sentença nacional.[7] Reconhecendo que o ato homologando deve ser qualificado de acordo com os padrões e as normas do direito interno do Estado *ad quem*, o sistema delibatório brasileiro sempre se valeu dos critérios do direito nacional para aferir a natureza do provimento a ser reconhecido. Se o ato é portador de comando e efeitos típicos de uma sentença segundo os parâmetros da lei nacional, pode ser submetido ao juízo delibatório. Essa firme jurisprudência, atualmente, está incorporada ao direito positivo pelo art. 961, § 1º, do Código de Processo Civil.

No conceito de sentença se incluem tanto as sentenças que põem fim ao processo, seja julgando ou não o mérito da disputa, quanto aquelas que decidem apenas uma parte dos pedidos, deixando os demais para serem julgados ao final da etapa seguinte do procedimento. A própria parte interessada pode optar também por trazer à homologação apenas um ou alguns capítulos da sentença estrangeira final ou parcial (CPC, art. 961, § 2º).[8]

A par disso, o Código de Processo Civil incluiu expressamente na categoria de atos suscetíveis de reconhecimento, a par das sentenças, também as decisões interlocutórias (CPC, arts. 960, § 1º, e 962). Para esse fim, também alterou o nome desse procedimento especial para homologação de *decisão estrangeira*, e não mais homologação de *sentença estrangeira*, como constava do Código anterior. O objetivo foi deixar claro que não apenas decisões interlocutórias de cunho meramente ordinatório ou instrutório seriam passíveis de reconhecimento no Brasil, como tradicionalmente se entendeu, mas também

---

7. *Cfr.*: STF, SE 1.282, rel. Min. Mário Guimarães, *DJ* 11.9.1952; STF, SE 1.312, Rel. Min. Mário Guimarães, *DJ* 17.9.1953; STF, SE 2.366, rel. Min. Thompson Flores, *DJ* 16.8.1977; STF, SE 2.419, rel. Min. Thompson Flores, j. 30.11.1978; STF, SE 2.703, rel. Min. Antonio Neder, *DJ* 4.2.1980; STF, SE 2.636, rel. Min. Xavier de Albuquerque, *DJ* 12.3.1981; STF, SE 3.135, rel. Min. Cordeiro Guerra, *DJ* 2.5.1983; STF, SE 3.786, rel. Min. Moreira Alves, *DJ* 19.9.1986; STF, SE 3.869, rel. Min. Rafael Mayer, *DJ* 21.4.1988; STF, SEC 4.966, rel. Min. Paulo Brossard, *DJ* 30.9.1994; STF, SEC 5.529, rel. Min. Nelson Jobim, *DJ* 7.6.2002; STJ, SE/AgR 456, rel. Min. Barros Monteiro, *DJ* 5.2.2007.

8. Pense-se na hipótese de a parte querer reconhecer apenas o capítulo da sentença que lhe foi favorável, o capítulo para o qual tem legitimidade, aquele que não foi anulado no país de origem, ou queira aguardar o desfecho de demanda anulatória movida contra parte da sentença para trazer essa mesma parte à homologação. Naturalmente, só será possível pedir a homologação de parte da sentença estrangeira se esse capítulo for apto a ter existência independente dos capítulos não trazidos à homologação (p.ex., não é possível homologar capítulo atinente a multa, juros ou correção monetária se o capítulo condenatório ao cumprimento da obrigação principal não foi também objeto do pedido de reconhecimento).

decisões ensejadoras de atos executórios, como as concessivas de tutelas provisórias. Desse tema se tratará melhor em capítulo próprio (*infra*, n. 2.812).

O conceito de sentença estrangeira também inclui o laudo arbitral proferido fora do território nacional (LArb, art. 34, par.). Afinal, a lei brasileira equipara a sentença arbitral, em seu conteúdo e efeitos, às sentenças proferidas pelos órgãos do Poder Judiciário (LArb, arts. 18 e 31), atribuindo-lhe inclusive o nome *sentença* (LArb, arts. 23 ss.). Como consequência, a sentença arbitral estrangeira deve também ser previamente submetida à homologação do Superior Tribunal de Justiça, a fim de que seja reconhecida e executada no território nacional como uma sentença doméstica (LArb, art. 35).

Apesar de os requisitos a que subordinada, no mérito, a homologação das sentenças arbitrais serem, em sua maioria, especiais e diversos daqueles impostos às sentenças judiciais (LArb, arts. 38 e 39; CNI, art. V; CPC, arts. 963 e 964 – *infra*, nn. 2.809 e 2.810), ambas as espécies de atos decisórios estão sujeitas ao mesmo procedimento especial para serem reconhecidas no Brasil. Nessa esteira, tanto a Lei de Arbitragem quanto o Código de Processo Civil determinam a aplicação subsidiária das disposições deste último ao processo para homologação de sentenças arbitrais estrangeiras (LArb, art. 36; CPC, art. 960, § 3º).

2.805. *eficácia e autoridade da sentença dependentes de homologação*

Já se adiantou que a homologação é necessária para que a sentença estrangeira produza efeitos no Brasil. É preciso detalhar quais são esses efeitos. Em tese, o legislador poderia restringir a necessidade de homologação a um ou alguns efeitos da sentença, notadamente o executivo, ou excepcionar dessa necessidade certos tipos de provimento. E é o que faz o art. 961, § 5º, do Código de Processo Civil, ao dispensar de homologação para que produza quaisquer efeitos no Brasil a sentença estrangeira de divórcio consensual.[9]

No entanto, essa lei optou decididamente por fazer depender do juízo delibatório a produção de todo e qualquer efeito da sentença estrangeira no Brasil, salvo disposição diversa prevista em tratado ou lei especial. Esse é o comando do art. 961, *caput*, do Código de Processo Civil e do art. 35 da Lei de Arbitragem.

Portanto, é apenas com a homologação que a sentença estrangeira produz no Brasil quaisquer efeitos enquanto ato de julgamento. A partir daí, torna-se título hábil para a prática de atos executivos (CPC, art. 515, inc. VIII), ou mesmo

9. Nessa linha, o antigo art. 15, par., da Lei de Introdução às Normas do Direito Brasileiro (então Lei de Introdução ao Código Civil), derrogado pelo art. 473 do Código anterior e revogado expressamente pela Lei 12.036/2009, dispensava de homologação as sentenças meramente declaratórias do estado das pessoas. Em matéria de insolvência, a Lei 14.112/2020 permite o reconhecimento de processos estrangeiros para a postulação de

de execução imprópria, como de inscrição, transcrição ou averbação em registro público, ou inclusão do nome do executado em cadastros de inadimplentes (CPC, art. 782, § 3º), e produz efeitos secundários, como dar azo à constituição de hipoteca judiciária (CPC, art. 495) ou ser levada a protesto (CPC, art. 517).

Da mesma forma, é com a homologação que a sentença estrangeira adquire a mesma *autoridade* de uma sentença nacional transitada em julgado. Com esse ato, a força de coisa julgada do *decisum* estrangeiro homologado pode ser invocada ou reconhecida como vinculante perante o Judiciário brasileiro. Isso significa que, após o trânsito em julgado da decisão homologatória da sentença estrangeira, o juiz brasileiro deve extinguir processo em que movida a mesma demanda já julgada no exterior (efeito negativo da coisa julgada – CPC, art. 485, inc. V), bem como está obrigado a acolher o comando contido na sentença estrangeira como premissa quando tenha que julgar questão subordinada à decidida *principaliter* no país *a quo* (efeito positivo da coisa julgada – CPC, arts. 502, 503 e 505).[10]

O STJ já corroborou o entendimento aqui exposto, não apenas para registrar que a homologação é condição necessária para que a sentença estrangeira adquira o caráter de título executivo judicial no Brasil,[11] como também para que sua autoridade de coisa julgada possa ser oposta a processo movido no país,[12] ou mesmo para que o crédito reconhecido na sentença estrangeira possa ser compensado com outro objeto de execução no Brasil.[13]

2.806. fontes do direito aplicável ao reconhecimento de sentenças estrangeiras

Tradicionalmente, nosso direito convive com certa sobreposição de fontes normativas aplicáveis à homologação de sentenças estrangeiras. No entanto, a atenção às normas de conflito e à hierarquia entre tais fontes ajuda

---

medidas de apoio no Brasil, mas ressalva a competência do Superior Tribunal de Justiça para a homologação de quaisquer decisões proferidas no exterior (art. 167-A, § 6º).

10. Para análise mais detalhada dos efeitos que dependem e que independem de homologação, inclusive efeitos documentais ou probatórios, *cfr.* André de Albuquerque Cavalcanti Abbud, *Homologação de sentenças arbitrais estrangeiras*, São Paulo, Atlas, 2008, pp. 46-78.

11. STJ, SEC 15.977, rel. Min. Humberto Martins, *DJ* 15.9.2017. O Tribunal já decidiu também que a decisão, proferida em processo falimentar estrangeiro, que determina a transmissão de direitos decorrentes de sentença arbitral já homologada no Brasil precisa ser objeto de reconhecimento para ter efeitos aqui (STJ, AgInt/TutPrv/REsp 1.730.752, rel. Min. Marco Buzzi, *DJ* 8.4.2019).

12. STJ, SEC 12.781, rel. Min. João Otávio de Noronha, *DJ* 18.8.2017; STJ, SEC 1.302, rel. Min. Paulo Gallotti, *DJ* 6.10.2008.

13. STJ, AREsp/AgInt 753.169, rel. Min. Luís Felipe Salomão, *DJ* 20.6.2017. Neste caso, a Corte Especial consignou: "a sentença proferida por autoridade estrangeira somente

a identificar os âmbitos de aplicação próprios de cada uma e a permitir sua convivência harmônica.

O reconhecimento de sentenças estrangeiras no Brasil é regido, em primeiro lugar, pelos tratados em vigor no país (CPC, art. 960, §§ 2º e 3º; LArb, art. 34), em respeito à regra da primazia dos tratados internacionais sobre o direito interno (CPC, arts. 13 e 26; Decreto 7.030/2009, art. 27). E há vários instrumentos multilaterais e bilaterais vigentes sobre o tema da homologação de sentenças estrangeiras em matéria cível.[14] Para o reconhecimento de laudos arbitrais, a fonte normativa prioritária é a Convenção de Nova Iorque sobre o Reconhecimento e a Execução de Sentenças Arbitrais Estrangeiras, conhecida simplesmente como Convenção de Nova Iorque de 1958. Vigente hoje em 172 países,[15] trata-se da lei comum no panorama internacional em matéria de importação da eficácia de laudos arbitrais. Foi promulgada no Brasil pelo Decreto 4.311, de 23.7.2002. Não há instrumento multilateral equivalente para o reconhecimento de sentenças judiciais estrangeiras no país.[16]

Subsidiariamente aos tratados internacionais, o regime do direito interno aplicável ao processo homologatório tem relevante bifurcação. De um lado, para o reconhecimento das sentenças judiciais aplicam-se as normas do CPC (arts. 960 a 965) e, naquilo que for compatível com estas, as regras do RISTJ (CPC, art. 960, § 2º; RISTJ, arts. 216-A a 216-N). De outro lado, para o reconhecimento das sentenças arbitrais aplicam-se as normas da Lei de Arbitragem (LArb, arts. 34 a 40) e, em segundo grau de subsidiariedade, aplicam-se no que couberem as normas do CPC (LArb, art. 36; CPC, art. 960, § 3º) e, nessa mesma medida, os dispositivos do RISTJ (LArb, art. 36, c/c CPC, art. 960, § 2º).

---

terá eficácia no Brasil após sua homologação. Antes disso, no entanto, porque ainda não incorporada ao ordenamento jurídico nacional, será inexequível. 2. A homologação da sentença estrangeira constitui ato formal de recepção, pelo direito pátrio, da decisão emanada de Estado ou ente equivalente estrangeiro, revestindo-se de caráter eminentemente constitutivo. Conforme ressaltado pelo Supremo Tribunal Federal em inúmeros julgamentos, a eficácia do ato judicial alienígena condiciona-se à 'prévia formulação de um juízo positivo de delibação' (SE n. 6.069-FR). 3. Portanto, antes do processamento do pedido de homologação, por meio do qual se dará a nacionalização do ato decisório estrangeiro, este não terá efeitos jurídicos no país".

14. *Cfr. https://www.gov.br/mj/pt-br/assuntos/sua-protecao/cooperacao-internacional/cooperacao-juridica-internacional-em-materia-civil/* (acesso em 28.5.2025).

15. *Cfr. http://www.uncitral.org/uncitral/en/uncitral_texts/arbitration/NYConvention_status.html* (acesso em 27.5.2025).

16. A Convenção sobre o Reconhecimento e a Execução de Sentenças Estrangeiras em Matéria Civil e Comercial, concluída em Haia em 2019, ainda não está em vigor nem foi assinada pelo Brasil (*cfr. https://www.hcch.net/en/instruments/conventions/status-table/?cid=137* (acesso em 27.5.2025).

Assim, nos temas expressamente disciplinados pelos tratados internacionais não há por que recorrer aos dispositivos previstos na nossa lei federal sobre a mesma matéria, estejam previstos no CPC ou na Lei de Arbitragem. Da mesma forma, as regras do RISTJ só se aplicam nos espaços deixados por essas fontes de superior hierarquia. É bem verdade, no entanto, que a maior parte das normas sobre o *procedimento* para homologação de sentenças arbitrais estrangeiras, tanto judiciais quanto arbitrais, está prevista no CPC e no RISTJ. É o caso das regras atinentes a prazos, competência interna do STJ, manifestações das partes, custas, medidas de urgência, homologação parcial, execução da sentença homologada *etc.*, temas pouco ou nada tratados nas convenções internacionais ou na Lei de Arbitragem.

Note-se que, no direito positivo atual, não faz sentido seguir invocando os arts. 15 e 17 da Lei de Introdução às Normas do Direito Brasileiro (Decreto-lei 4.657/1942) para a homologação de sentenças estrangeiras. Seu escopo sobre esse tema foi integralmente substituído por lei posterior de igual estatura, o CPC, em particular seus arts. 963 e 964.

2.807. pressupostos de admissibilidade do julgamento do mérito

2.807.1 interesse jurídico na homologação

Na esteira da regra geral, o interesse processual na demanda homologatória estará presente sempre que o provimento postulado seja apto e adequado a produzir algum resultado útil ao autor, proporcionando-lhe determinada vantagem em sua esfera subjetiva de direitos.[17] Em virtude da autonomia do juízo delibatório, essa utilidade deve ser valorada à luz da tutela pedida ao juiz no processo de homologação, não no processo estrangeiro já encerrado.

Há quem afirme que o interesse de agir na demanda homologatória estaria sempre implicitamente presente, pois, tratando-se de ação constitutiva necessária, condição *sine qua non* a que se produzam os efeitos da sentença estrangeira no Estado *ad quem*, o autor sempre ostentaria interesse na obtenção do provimento homologatório, uma vez que não poderia obter esse resultado por outro meio.[18] Não basta, contudo, que o exercício da jurisdição seja indispensável para que se reconheça ao demandante interesse processual. É

17. *Cfr.*, por todos, Enrico Tullio Liebman, *Manual de direito processual civil*, trad. Portuguesa de C. R. Dinamarco, vol. 1, São Paulo, Malheiros Editores, 2005, pp. 205-208.

18. *Cfr.*: Gaetano Morelli, *Diritto processuale civile internazionale*, 2ª ed., Pádua, CEDAM, 1954, p. 303; Riccardo Monaco, *Il giudizio di delibazione*, Pádua, CEDAM, 1940, p. 124; Rolando Quadri, "Interesse ad agire, 'legitimatio ad causam' e giudizio di delibazione", *Rivista di Diritto Processuale Civile* 14. 1937, pp. 158-159; Giovanni Pau, "Delibazione", in *Novissimo digesto italiano*, vol. 5, Turim, UTET, 1957, p. 371.

preciso, como mencionado acima, que a homologação da sentença estrangeira seja apta a gerar algum proveito jurídico ao autor.

No Brasil, cujo sistema de reconhecimento de sentenças peregrinas condiciona a manifestação de quaisquer efeitos do ato decisório à prévia homologação do STJ (*supra*, n. 2.803), o autor da demanda terá interesse de agir sempre que a importação do julgado lhe proporcionar alguma *utilidade jurídica*, qualquer que seja ela.

Desse modo, não apenas para executar o *decisum* no território pátrio tem o demandante interesse processual, mas também para valer-se de qualquer parcela da eficácia da sentença, primária ou secundária.[19] O autor pode ostentar interesse, p.ex., na liberação dos efeitos constitutivos da sentença, para praticar aqui algum ato de registro, ou na invocação da autoridade do comando decisório, seja para impedir a instauração de novo processo no Brasil, seja para mover demanda sobre lide subordinada à decidida no exterior.

Até mesmo a parte vencida no processo estrangeiro pode ostentar interesse jurídico no reconhecimento, na medida em que queira evitar, com lastro na eficácia impeditiva da coisa julgada, o risco de derrota maior em eventual nova demanda sobre o mesmo litígio proposta no país.[20] O derrotado também pode ter interesse na homologação para que possa remeter divisas ao exterior para o pagamento da condenação imposta no *decisum*, de acordo com o exigido pelo Estado brasileiro.[21]

Daí se extrai a impropriedade da assertiva de que a prescrição da pretensão executória, de acordo com sua lei de regência, retiraria interesse à parte no reconhecimento do julgado estrangeiro. Ainda que a sentença não seja mais passível de execução forçada no Brasil – o que não é rigorosamente válido para qualquer prescrição havida na origem –, o autor pode ter interesse

19. *Cfr.* Francisco Cavalcanti Pontes de Miranda, *Comentários ao Código de Processo Civil*, cit., p. 93; Paulo Cezar Aragão e Roberto Rosas, ob. cit., p. 200. O mesmo se reconhece na Itália, à luz do sistema de reconhecimento lá vigente (*cfr.* Elio Fazzalari *et al.*, *La nuova disciplina dell'arbitrato – Commentario*, Milão, Giuffrè, 1994, p. 275; Elio Fazzalari, *Istituzioni di diritto processuale*, 7ª ed., Pádua, CEDAM, 1995, p. 513; Sergio La China, *L'arbitrato – Il sistema e l'esperienza*, 2ª ed., Milão, Giuffrè, 2004, pp. 221-222). Em sentido contrário, *cfr.* Vicente Greco Filho (ob. cit., p. 124), para quem a homologação é necessária apenas para a irradiação do efeito executivo no Brasil.

20. *Cfr.* Giovanni Pau, ob. cit., p. 371; Santiago Sentís Melendo, *La sentencia extranjera (**exequatur**)*, Buenos Aires, EJEA, 1958, p. 154; Paulo Cezar Aragão e Roberto Rosas, ob. cit., p. 203; José Carlos Barbosa Moreira, ob. cit., pp. 85-86.

21. *Cfr.* Carlos Alberto Carmona, *Arbitragem e processo: um comentário à Lei n. 9.307/96*, 2ª ed., São Paulo, Atlas, 2004, p. 384; Jürgen Samtleben, "Questões atuais da arbitragem comercial internacional no Brasil", *RT* 712/60.

na importação da sentença, com vistas a valer-se de algum outro efeito decisório, ou mesmo enviar dinheiro ao exterior para pagamento da condenação.[22]

Tampouco é lícito negar, aprioristicamente, interesse jurídico na ação delibatória destinada a reconhecer sentença que não aprecia o mérito do processo, sob o argumento de que esse *decisum* não geraria efeitos exteriores ao processo.[23] É possível que o julgado manifeste eficácia jurídica cuja importação se mostre útil, como no caso de capítulo portador de condenação em multa por ilícito processual, custas ou honorários devidos à outra parte, a advogados ou a outros auxiliares do processo. Em cada caso, portanto, a existência de interesse jurídico na homologação deve ser aferida à luz das particulares circunstâncias da situação concreta.

Como se vê, afigura-se reduzido o campo para a extinção do processo delibatório por falta de interesse de agir do demandante (CPC, arts. 17 e 485, inc. VI). Somente na hipótese de não ser possível vislumbrar nenhuma utilidade jurídica na liberação da eficácia do julgado forasteiro no Brasil será lícito reputar o autor carente de ação, por falta desse requisito. Foi o que entendeu recentemente o STJ em caso no qual o autor pretendia homologar sentença cuja condenação já havia sido cumprida, para valer-se aqui da motivação do julgado.[24]

2.807.2 partes legítimas no processo de homologação

Os sujeitos legitimados ativa e passivamente para o processo homologatório são aqueles que, no ato da propositura dessa demanda, estejam, em tese, ligados por vínculo de pertinência subjetiva com os eventuais resultados do reconhecimento, quer tenham sido partes no processo estrangeiro, quer não. Assim, caso tenha havido transferência da situação jurídica substancial afirmada na sentença estrangeira, em virtude de sucessão *inter vivos* ou *causa mortis*, universal ou particular, o adquirente, o cessionário, o herdeiro, a sociedade incorporadora, a sociedade sucessora na cisão *etc.* serão as pessoas dotadas de legitimidade para figurar nos polos ativo e passivo do processo de homologação.[25] O decisivo é determinar quem são os pretensos destina-

---

22. *Cfr.* José Carlos Barbosa Moreira, ob. cit., p. 92. É bom lembrar que a prescrição da pretensão não necessariamente extingue o direito. No ordenamento brasileiro, p.ex., ele não deixa de existir (CC, arts. 191 e 882).

23. Entendem inviável a homologação nesses casos: Gaetano Morelli, ob. cit., p. 307; Gabriella Carella, "Sentenza civile straniera", in *Enciclopedia del diritto*, vol. 41, Milão, Giuffrè, 1989, p. 1.281; Paulo Cezar Aragão e Roberto Rosas, ob. cit., p. 187.

24. STJ, SEC 10.639, rel. Min. Raul Araújo, *DJ* 4.3.2022.

25. "O pedido de homologação pode ser proposto por qualquer pessoa interessada nos efeitos da sentença estrangeira: as partes no processo original, seus sucessores ou terceiros"

tários *atuais* da eficácia material da sentença a ser importada, segundo a lei a ela aplicável.

Questão diferente é a da legitimidade das partes para o processo estrangeiro: essa não se pode revisitar no juízo de delibação, já que restou preclusa com o fim daquele processo, inconfundível com o processo homologatório que tem lugar no Brasil.[26]

2.807.3 inexistência de fatos impeditivos: "litispendência" e coisa julgada

Situação várias vezes enfrentada pelo STJ na homologação de sentenças estrangeiras diz respeito à existência de processos paralelos no Brasil relativos à mesma relação jurídica decidida no processo estrangeiro. Cogita-se aqui a existência de litispendência e coisa julgada, pressupostos negativos de admissibilidade do julgamento do pedido de homologação (CPC, art. 485, inc. V). Da ofensa à coisa julgada como questão de mérito do processo tratar-se-á em tópico próprio (CPC, art. 963, inc. IV – *infra*, n. 2.809.4).

A primeira situação em que o problema aparece é aquela em que o processo homologatório tramita *simultaneamente* à pendência, perante o Judiciário brasileiro, de processo dotado de objeto igual ou conexo ao do processo que resultou na sentença trazida a reconhecimento no Brasil.

A rigor, não se pode falar em litispendência, já que a causa de pedir e o pedido de ambos os processos são necessariamente distintos (CPC, art. 337, § 2º). Erigir essa circunstância em fator impeditivo do reconhecimento dependeria de norma expressa a respeito, que não existe no nosso regime geral.[27] Daí por que a jurisprudência, após algum debate, fixou o entendimento de que a pendência de processo paralelo não é óbice à homologação.[28] E o

(STJ, SEC 269, rel. Min. Fernando Gonçalves, *DJ* 10.6.2010). No mesmo sentido: STJ, SEC 8.308, rel. Min. Eliana Calmon, *DJ* 28.2.2013; STJ, SEC 3.035, rel. Min. Fernando Gonçalves, *DJ* 31.8.2009; STJ, SEC 1.302, rel. Min. Paulo Gallotti, *DJ* 6.10.2008).

26. STJ, HDE 1.808, rel. Min. Maria Thereza de Assis Moura, *DJ* 16.4.2019; STJ, SEC 10.432, rel. Min. Laurita Vaz, *DJ* 19.10.2015; STJ, SEC 8.847, rel. Min. João Otávio de Noronha, *DJ* 28.11.2013; STJ, SEC 611, rel. Min. João Otávio de Noronha, *DJ* 11.12.2006.

27. Diz-se no nosso regime geral porque tratados bilaterais ou regionais podem conter regra diferente, impedindo a homologação caso haja processo igual ou incompatível pendente ou decisão incompatível em processo em trâmite no Brasil. É o caso, p.ex., do Protocolo de Las Leñas (Decreto 6.891/2009, art. 22).

28. STJ, SEC 9.880, rel. Min. Maria Thereza de Assis Moura, *DJ* 27.5.2014; STJ, SEC 14.519, rel. Min. Francisco Falcão, *DJ* 14.6.2017; STJ, SEC 14.518, rel. Min. Og Fernandes, *DJ* 5.4.2017; STJ, SEC 5.692, rel. Min. Ari Pargendler, *DJ* 1.9.2014; STJ, SEC 9.714, rel.

Código de Processo Civil vigente sepultou de vez a discussão (art. 24, par.).[29] A mesma conclusão se aplica a processos brasileiros que tenham por objeto a impugnação da validade da convenção de arbitragem que originou a sentença arbitral estrangeira.[30]

A segunda situação é da relação *sucessiva* entre o processo homologatório e o processo brasileiro sobre a mesma disputa resolvida na sentença estrangeira. Aqui a questão passa a ser de coisa julgada, que impõe a extinção de processo que ameace sua autoridade (CPC, art. 337, §§ 1º e 4º, c/c art. 485, inc. V). Assim, se a decisão homologatória da sentença estrangeira transitar em julgado primeiro, impede o prosseguimento da demanda paralela no Brasil. Da mesma forma, se o julgamento de mérito no processo paralelo brasileiro transitar em julgado antes do fim do processo homologatório, este não tem como prosseguir. Ou seja, prevalece o processo que primeiro transitar em julgado no Brasil.[31]

2.807.4 documentos indispensáveis à propositura da demanda homologatória

A lei exige que o autor instrua o processo de homologação com a via original ou cópia autenticada da decisão homologanda, devidamente legalizada e acompanhada de tradução oficial (CPC, art. 963, inc. V; RISTJ, art. 216-C). Para as sentenças arbitrais é exigido também o original, ou cópia autenticada, do instrumento que contenha a convenção de arbitragem, e nenhum outro documento[32] (CNI, art. IV, nn. 1 e 2; LArb, art. 37).

Tradicionalmente, a lei impõe que a legalização da sentença seja feita por meio da sua autenticação nas repartições consulares ou embaixadas brasileiras sediadas no país onde proferida a sentença, a chamada consularização (RISTJ, art. 216-C; LArb, art. 37, inc. I),[33] salvo dispensa decorrente de norma prevista

---

Min. Maria Thereza de Assis Moura, *DJ* 27.5.2014; STJ, SEC 6.069, rel. Min. Cesar Asfor Rocha, *DJ* 16.12.2011; STJ, SEC 349, rel. Min. Eliana Calmon, *DJ* 21.5.2007.

29. "A pendência de causa perante a jurisdição brasileira não impede a homologação de sentença judicial estrangeira exigida para produzir efeitos no Brasil."

30. STJ, SEC/AgR 854, rel. para o acórdão Min. Nancy Andrighi, *DJ* 14.4.2011; STJ, SEC 854, rel. para o acórdão Min. Sidnei Beneti, *DJ* 7.11.2013; STJ, SEC 6.335, rel. Min. Felix Fischer, *DJ* 12.4.2012.

31. STJ, Resp/AgR 1.316.522, rel. Min. Maria Isabel Gallotti, *DJ* 30.5.2016; STJ, SEC 1, rel. Min. Maria Thereza de Assis Moura, *DJ* 1.2.2012; STJ, REsp 1.203.430, rel. Min. Paulo de Tarso Sanseverino, *DJ* 1.10.2012; STJ, RCL/AgR 14.005, rel. Min. João Otávio de Noronha, *DJ* 5.10.2015; STJ, SEC 9.714, rel. Min. Maria Thereza de Assis Moura, *DJ* 27.5.2014; STJ, SEC/AgR 854, rel. para o acórdão Min. Nancy Andrighi, *DJ* 14.4.2011.

32. STJ, SEC 6.069, rel. Min. Cesar Asfor Rocha, *DJ* 16.12.2011.

33. "A legalização de documentos estrangeiros tem base, atual, no Decreto n. 8.742/2016 e possui ditames regulamentares fixados no Manual do Serviço Consular e Jurídico do

em tratado.[34] No entanto, com a adesão do Brasil à Convenção de Haia sobre a Eliminação da Exigência de Legalização de Documentos Públicos Estrangeiros de 1961 (Convenção da Apostila), esse ato de legalização entre os países-membros foi substituído pelo simples apostilamento (Decreto 8.660/2016).[35] Nos casos em que o pedido de homologação tramita por meio de autoridades centrais[36] do país de origem e do Brasil, com fulcro em acordo de cooperação jurídica internacional que assim preveja (CPC, art. 26, inc. IV), tal trâmite é suficiente para a comprovação da autenticidade da sentença.[37]

Além disso, como dito, é preciso que os documentos indispensáveis sejam acompanhados de tradução para o português feita por tradutor oficial ou juramentado no Brasil, caso redigidos em língua estrangeira, salvo dispensa prevista em tratado (CPC, art. 963, inc. V; RISTJ, art. 216-C).

Na qualidade de documentos indispensáveis à propositura da demanda, caso não sejam trazidos pelo autor ou, uma vez trazidos, contenham alguma irregularidade, a consequência é que o autor deve ser intimado a juntá-los ou sanar a falha em prazo razoável. Apenas caso não o faça é que o processo deve ser extinto sem julgamento do mérito (CPC, arts. 320 e 321; RISTJ, art. 216-E).[38] Neste último caso não haverá óbice a que a parte mova novamente a demanda de homologação da sentença, uma vez corrigido o vício, como prevê a lei (CPC, arts. 485, inc. I, c/c 486, § 3º; LArb, art. 40) e confirma a jurisprudência.[39]

Ministério das Relações Exteriores do Brasil" (STJ, SEC 9.820, rel. Min. Humberto Martins, *DJ* 26.10.2016).

34. STJ, HDE 2.908, rel. Min. Francisco Falcão, *DJ* 12.05.2021.

35. STJ, HDE 4.273, rel. Min. Francisco Falcão, *DJ* 23.11.2021; STJ, HDE 1.940, rel. Min. Napoleão Nunes Maia Filho, *DJ* 17.02.2020; STJ, HDE 2.578, rel. Min. Maria Thereza de Assis Moura, *DJ* 10.9.2019; STJ, SEC 14.385, rel. Min. Nancy Andrighi, *DJ* 21.08.2018.

36. A autoridade central, tal como adotada no direito internacional, é um órgão técnico e especializado designado em tratado para unificar o trâmite, o processamento e o acompanhamento dos pedidos de cooperação jurídica internacional junto às autoridades estrangeiras. Na ausência de designação específica no tratado, o Ministério da Justiça exerce as funções de autoridade central (CPC, art. 26, § 4º).

37. STJ, HDE 2.908, rel. Min. Francisco Falcão, *DJ* 12.05.2021.

38. STJ, SEC 10.643, rel. Min. Humberto Martins, *DJ* 11.12.2014; STJ, SEC 839, rel. Min. Cesar Asfor Rocha, *DJ* 13.8.2007; STJ, SEC 611, rel. Min. João Otávio de Noronha, *DJ* 11.12.2006.

39. STJ, SEC 3.035, rel. Min. Fernando Gonçalves, *DJ* 31.8.2009; STJ, SEC 967, rel. Min. José Delgado, *DJ* 20.3.2006; STF, SEC 6.127, rel. Min. Moreira Alves, *DJ* 6.4.2001; STF, SE 5.470, rel. Min. Celso de Mello, *DJ* 4.5.1998; STF, SE 1.880, rel.. Min. Amaral Santos, *DJ* 18.11.1968; STF, SE 4.440, rel. Min. Ilmar Galvão, *DJ* 1.7.1992; STF, SE/AgR 3.129, rel. Min. Xavier de Albuquerque, *DJ* 18.2.1983.

2.808. causas oponíveis à homologação de sentenças estrangeiras: limites

Como visto, no procedimento homologatório faz-se juízo de mera delibação, destinado a verificar a presença de alguns poucos, expressos e taxativos requisitos legais para que a decisão estrangeira possa produzir efeitos no Brasil (*supra*, n. 2.803). A função desses requisitos é tão somente assegurar que o julgamento estrangeiro tenha respeitado garantias elementares outorgadas às partes em qualquer processo erigido sobre bases democráticas, sem arbitrariedades ou agressão a postulados fundamentais da ordem jurídica nacional.

Isso significa, em primeiro lugar, que, no exame da pretensão delibatória, o STJ não pode pronunciar-se sobre questões integrantes da situação jurídica conflituosa decidida pelo *decisum* estrangeiro. Se o julgamento de mérito feito no exterior foi justo ou injusto, se a lei material foi aplicada correta ou incorretamente, não cabe nem interessa ao juiz da homologação dizer. A ele é vedado reexaminar, reavaliar, imiscuir-se, enfim, no juízo de mérito realizado no país *a quo*.

Em segundo lugar, isso significa que o STJ, no julgamento do mérito do processo homologatório, não pode se manifestar sobre nenhum outro tema além daqueles enumerados no rol dos arts. 963 e 964 do CPC, 38 e 39 da LArb e V da CNI. Ao órgão julgador só é lícito conhecer das questões tendentes a impedir a recepção da sentença, vinculadas às circunstâncias taxativamente estatuídas pelo legislador naquelas normas jurídicas. Nenhum outro diploma legal pode estipular condições adicionais à homologação. Nada que esteja, p.ex., no Regimento Interno do STJ e não constitua reprodução ou especificação daqueles pressupostos legais autorizados pode ser causa de improcedência da demanda de reconhecimento.

Dessa forma, no juízo delibatório, a cognição desempenhada pelo magistrado é limitada em sua extensão, isto é, horizontalmente, pois tem sua área de incidência permitida restrita às questões jurídicas ou fáticas relativas aos exclusivos requisitos legais a que subordinada a homologação. Em perspectiva vertical, no entanto, a cognição sobre essas específicas questões não é superficial, ou sumária, mas profunda, ou exauriente, na medida em que o juiz não está sujeito a condicionamentos no trabalho intelectual voltado ao deslinde das questões cognoscíveis.[40] Desse modo, o juízo de delibação pode realizar-se mediante ampla instrução probatória em contraditório pleno, de acordo com as regras aplicáveis a esse processo.

---

40. Já se pronunciava nesse sentido Giuseppe Chiovenda, *Principii di diritto processuale civile*, cit., p. 935, nota 1.

Os próximos tópicos examinarão brevemente os requisitos legais à homologação, divididos entre aqueles aplicáveis às decisões judiciais (*infra*, n. 2.809) e os aplicáveis às decisões arbitrais (*infra*, n. 2.810).

2.809. causas oponíveis à homologação de sentenças judiciais estrangeiras

2.809.1 incompetência da autoridade estrangeira (CPC, arts. 963, inc. I, e 964)

O primeiro requisito à homologação das decisões judiciais no Brasil é a competência (*rectius*: jurisdição) do órgão prolator estrangeiro para proferir o julgado trazido a reconhecimento (CPC, art. 963, inc. I). A verificação dessa competência tem por objetivo constatar a existência de vínculo entre a decisão e o ordenamento jurídico que lhe deu origem, a fim de atestar a legitimidade da função jurisdicional exercida pelo julgador no ato decisório.[41]

O principal critério para cumprimento desse requisito é que não haja afronta às regras de competência internacional exclusiva da autoridade judicial brasileira (CPC, art. 964). Faz-se referência aos casos em que o ordenamento, em defesa da soberania nacional, reconhece apenas o Judiciário pátrio, e nenhum outro, como dotado do poder jurisdicional para solucionar a controvérsia (CPC, art. 23). Nesse contexto, é impossível o reconhecimento se o julgado (i) decidir sobre imóveis situados no território nacional, (ii) em matéria de sucessão hereditária, proceder à confirmação de testamento particular, inventário ou partilha de bens situados no Brasil ou, (iii) em divórcio, separação judicial ou dissolução de união estável, proceder à partilha de bens situados no Brasil (incs. I a III).[42]

Fora dessas hipóteses a lei admite que países estrangeiros possam também se atribuir jurisdição, ainda que a matéria tenha alguma conexão com o Brasil, como nos casos de competência concorrente da autoridade judiciária brasileira (CPC, arts. 21 e 22). E não obsta a que julgado proferido sobre tais matérias no exterior possa ser reconhecido no país.[43]

---

41. Luigi Condorelli, ob. cit., pp. 144 e 179-180.

42. *Cfr.*: Celso Agrícola Barbi, *Comentários ao Código de Processo Civil*, 11ª ed., vol. 1, Rio de Janeiro, Forense, 2002, pp. 297-299; José Manoel de Arruda Alvim, "Competência internacional", in *Studi in onore di Enrico Tullio Liebman*, vol. 2, Milão, Giuffrè, 1979, pp. 722-727; José Ignácio Botelho de Mesquita, "Da competência internacional e dos princípios que a informam", *Revista de Processo* 50/52-53; José Carlos Barbosa Moreira, "Problemas relativos a litígios internacionais", in *Temas de direito processual*, Quinta série, São Paulo, Saraiva, 1994, p. 140.

43. STJ, HDE/AgInt 328, rel. Min. Felix Fischer, *DJ* 18.2.2019; STJ, SEC 16.121, rel. Min. Raul Araújo, *DJ* 27.5.2019; STJ, SEC 14.914, rel. Min. Maria Thereza de Assis Moura, *DJ* 14.6.2017.

Além disso, é preciso atestar se, segundo as regras gerais de competência internacional do Estado *a quo*, o órgão prolator da decisão homologanda tinha o poder de proferi-la. No entanto, a aferição da jurisdição da autoridade estrangeira tem aí seu limite. Não é relevante, no juízo delibatório, avaliar se foram obedecidas as normas do país de origem sobre a distribuição interna de competência entre seus órgãos.[44]

2.809.2 citação irregular (CPC, art. 963, inc. II)

O reconhecimento de sentenças judiciais estrangeiras é também condicionado à prova de que o réu foi regularmente citado para o processo que tramitou no exterior, ainda que tenha ficado revel (CPC, art. 963, inc. II). Trata-se de exigência básica do devido processo legal (*audiatur et altera pars*), a impor que ao demandado tenha sido dada a efetiva oportunidade de participar do processo em que proferida a decisão estrangeira, em observância aos postulados do contraditório e da ampla defesa (CF, art. 5º, incs. LIV e LV).

O parâmetro de aferição da validade do ato citatório varia conforme o réu tenha domicílio no exterior ou no Brasil. No primeiro caso, deve ser verificado se a citação ocorreu de acordo com as leis do país prolator da decisão (*lex loci actionis*), não se ele atendeu aos ditames da legislação brasileira. Da mesma forma, caso tenha ocorrido revelia, a validade desta deve ser aferida conforme a lei do país de origem. No segundo caso a jurisprudência exige tradicionalmente que o réu domiciliado no Brasil tenha sido citado para o processo estrangeiro por meio de carta rogatória.[45] No entanto, o STJ já abriu exceções e admitiu como válida, por exemplo, a citação de empresa sediada no Brasil pela via (postal) prevista no contrato celebrado entre as partes.[46]

---

44. STJ, SE/AgR 2.714, rel. Min. Cesar Asfor Rocha, *DJ* 30.8.2010; STJ, SEC 14.297, rel. Min. Napoleão Nunes Maia Filho, *DJ* 18.9.2018.

45. A respeito dessa dicotomia, *cfr.*: STJ, AR 6.258, rel. Min. Raul Araújo, *DJ* 18.2.2022; STJ, HDE 818, rel. Min. Benedito Gonçalves, *DJ* 10.9.2019; STJ, SEC 842, rel. Min. Luiz Fux, *DJ* 4.12.2006; STJ, SEC 980, rel. Min. João Otávio de Noronha, *DJ* 16.10.2006. Para os países signatários da Convenção de Haia sobre Citação, o pedido citatório da parte domiciliada no Brasil deve ser feito por meio do seu formulário padrão, nos termos do art. 3º (Decreto 9.734/2019).

46. STJ, HDE 89, rel. Min. Maria Thereza de Assis Moura, *DJ* 31.10.2017. Em outro caso recente, o STJ não exigiu a carta rogatória para a citação de parte domiciliada no Brasil que demonstrou ciência inequívoca e reiterada da demanda e se esquivou de "esforços suficientes" para que ela comparecesse ao processo (STJ, HDE/AgInt/ED 8123, rel. Min. Herman Benjamin, DJ 23.08.2024).

Naturalmente, caso o réu tenha comparecido espontaneamente ao processo estrangeiro considera-se suprido o requisito, tendo em vista sua submissão voluntária à autoridade jurisdicional do país de origem da decisão.[47]

2.809.3 ineficácia no país de origem (CPC, art. 963, inc. III)

Na tradição da lei brasileira exigia-se prova do trânsito em julgado para que a sentença pudesse ser homologada no país. A partir do Código de Processo Civil de 2015, como visto, passou-se a admitir expressamente o reconhecimento de decisões interlocutórias, mesmo aquelas ensejadoras da prática de atos executórios (CPC, arts. 960, § 1º, e 962 – *supra*, n. 2.804). Com isso, o requisito do trânsito em julgado foi substituído pela exigência de que a decisão homologanda seja eficaz no país em que proferida (CPC, art. 963, inc. III).

Assim, para que a decisão estrangeira possa ser homologada é preciso que esteja produzindo efeitos no Estado *a quo*.[48] Se tais efeitos estão suspensos, seja por decisão em processo autônomo, seja pela pendência de recurso que impeça a liberação deles, ou se deixaram de se produzir em razão da desconstituição por qualquer modo da decisão estrangeira (anulação, substituição, rescisão *etc.*), ela não poderá ser homologada.

2.809.4 ofensa à coisa julgada brasileira (CPC, art. 963, inc. IV)

Não pode ser reconhecida decisão estrangeira que contrarie comando coberto pela autoridade da coisa julgada material no Brasil (CPC, art. 963, inc. IV). Como visto, a pendência de um processo nacional de objeto igual ou conflitante com aquele decidido no exterior não impede a homologação da decisão peregrina no Brasil, como corolário da regra geral de que a litispendência internacional não gera efeitos no país (CPC, art. 24 e par. – *supra*, n. 2.807.3). No entanto, uma vez julgada em definitivo a causa brasileira, não se pode mais importar decisão que violaria o conteúdo daquele ato jurisdicional transitado em julgado, sob pena de afronta à soberania nacional, integrante da ordem pública (*infra*, n. 2.809.5).

Para esse fim, pouco importa que a decisão estrangeira tenha se tornado definitiva ainda antes da formação da coisa julgada sobre a sentença nacional. Enquanto aquela decisão não é reconhecida no Brasil, como se viu, seus efeitos e sua autoridade não se produzem aqui (*supra*, n. 2.803), permitindo até mesmo, como regra geral, que o Judiciário brasileiro conheça de causa igual ou conexa (CPC, art. 24). E se esta última for julgada de modo definitivo an-

47. STJ, HDE/AgInt 328, rel. Min. Felix Fischer, *DJ* 18.2.2019.

48. STJ, HDE/AgInt. 2.565, rel. Min. Benedito Gonçalves, *DJ* 26.5.2021.

tes da homologação da decisão estrangeira que com ela conflite no todo ou em parte, o pedido de reconhecimento não pode mais ser julgado procedente.

2.809.5 ofensa manifesta à ordem pública nacional (CPC, art. 963, inc. VI)

A mais tradicional causa impeditiva da homologação de sentenças estrangeiras é a violação à ordem pública brasileira (CPC, art. 963, inc. VI).

De modo geral, entende-se por ordem pública o conjunto de valores, princípios e normas fundamentais ao Estado *ad quem*, indispensáveis à convivência e à organização sociais segundo os ditames de justiça prevalecentes em determinado contexto sociocultural, político, econômico e jurídico.[49] Constitui, assim, válvula de controle político-jurídico exercido pelo país da delibação, em tributo à sua soberania.

A indeterminação do conceito de ordem pública não significa que esse filtro permita o reexame do mérito da decisão estrangeira. Continua irrelevante, no juízo delibatório, saber se a decisão foi justa ou injusta, cometeu ou não erros de fato ou de direito, ou deu a quaisquer questões processuais ou materiais surgidas no processo estrangeiro solução diversa da que seria obtida se o pedido tivesse sido julgado aqui, ou se o direito brasileiro fosse aplicável à causa. Assim como as demais hipóteses taxativas de não homologação, a objeção de ordem pública também deve ser interpretada restritivamente – o que é reforçado pelo adjetivo "manifesta" presente no dispositivo legal.

Daí por que não são quaisquer regras imperativas, ou cogentes, do direito brasileiro que integram a noção de ordem pública para esse fim. Apenas violações extremamente graves, contrárias aos mais relevantes fundamentos político-jurídicos da sociedade, podem impedir a homologação das decisões estrangeiras.[50]

Nesse sentido, a expressão "ordem pública" designa não a ordem pública exclusivamente doméstica, mas sim a ordem pública *internacional*, entendida como aquela adotada pelo país do reconhecimento em sua interação com outros países e ordens jurídicas estrangeiras (*ordre public à usage internatio-*

---

49. *Cfr.* Jacob Dolinger, "A ordem pública internacional em seus diversos patamares", *RT* 93, n. 828, outubro/2004, *passim*.

50. "O procedimento de homologação de sentença estrangeira não autoriza o reexame do mérito da decisão homologanda, excepcionadas as hipóteses em que se configurar afronta à soberania nacional ou à ordem pública. Dado o caráter indeterminado de tais conceitos, para não subverter o papel homologatório do STJ, deve-se interpretá-los de modo a repelir apenas aqueles atos e efeitos jurídicos absolutamente incompatíveis com o sistema jurídico brasileiro" (STJ, SEC 9.412, rel. para o acórdão Min. João Otávio de Noronha, *DJ* 30.5.2017).

nal), não como o conjunto de princípios gerais de justiça e moral compartilhados pelas nações ditas civilizadas (*truly international public policy*). Assim, o que pertence à ordem pública brasileira não é igual em questões meramente internas e em questões internacionais, como a homologação de sentenças estrangeiras. É essa última concepção de ordem pública nacional (ordem pública de "uso internacional"), mais estreita que a primeira (ordem pública puramente doméstica), que deve ser aplicada. Fecha-se, assim, a porta para que idiossincrasias e particularidades do direito interno sejam transformadas em obstáculos ao reconhecimento de sentenças estrangeiras.

A jurisprudência do STJ confirma em boa medida essa ideia ao rejeitar a imensa maioria das impugnações à homologação fundadas em ofensa à ordem pública nacional, mesmo nos casos em que invocadas normas cogentes no direito brasileiro. Dentre as alegações rejeitadas estão: exceção de contrato não cumprido, compensação, pagamento, ausência de responsabilidade solidária, condenação ou indexação em moeda estrangeira, nulidade ou inexistência de contrato, injustiça da decisão, hipossuficiência, força maior, vedação ao enriquecimento ilícito, onerosidade do procedimento, teoria da imprevisão, juros compostos, não aplicação da lei eleita no contrato, questões patrimoniais decorrentes da extinção de contrato de trabalho, ofensa ao princípio da legalidade e parte em recuperação judicial ou falência no Brasil.[51]

Importante registrar que o conceito de ordem pública abarca as ideias de soberania nacional e de dignidade da pessoa humana, mais restritas, termos previstos ao lado da ordem pública no art. 216-F do RISTJ.[52] Assim, a sobe-

---

51. *Cfr.*, p ex.: STJ, SEC 507, rel. Min. Gilson Dipp, *DJ* 13.11.2006; STJ, SEC 802, rel. Min. José Delgado, *DJ* 19.9.2005; STJ, SEC 1.210, rel. Min. Fernando Gonçalves, *DJ* 6.8.2007; STJ, SEC 507, rel. Min. Gilson Dipp, *DJ* 13.11.2006; STJ, SEC 5.692, rel. Min. Ari Pargendler, *DJ* 1.9.2014; STJ, SEC 9.880, rel. Min. Maria Thereza de Assis Moura, *DJ* 27.5.2014; STJ, SEC 11.969, rel. Min. Raul Araújo, *DJ* 2.2.2016; STJ, SEC 4.516, rel. Min. Sidnei Beneti, *DJ* 30.10.2013; STJ, SEC 16.016, rel. Min. Nancy Andrighi, *DJ* 28.11.2017; STJ, SEC 15.977, rel. Min. Humberto Martins, *DJ* 15.9.2017; STJ, SEC 6.069, rel. Min. Cesar Asfor Rocha, *DJ* 16.12.2011; STJ, SEC 11.529, rel. Min. Og Fernandes, *DJ* 2.2.2015; STJ, SEC 9.502, rel. Min. Maria Thereza Assis Moura, *DJ* 5.8.2014; STJ, SEC 6.753, rel. Min. Maria Thereza Assis Moura, *DJ* 19.8.2013; STJ, SEC 8.242, rel. Min. Maria Thereza Assis Moura, *DJ* 19.3.2015; STJ, SEC 10.643, rel. Min. Humberto Martins, *DJ* 11.12.2014; STJ, SEC 3.891, rel. Min. Humberto Martins, *DJ* 16.10.2013; STJ, SEC 4.024, rel. Min. Nancy Andrighi, *DJ* 13.9.2013; STJ, SEC 3.035, rel. Min. Fernando Gonçalves, *DJ* 31.8.2009; STJ, SEC 874, rel. Min. Francisco Falcão, *DJ* 15.5.2006; STJ, SEC 12.781, rel. Min. João Otávio de Noronha, *DJ* 18.8.2017; STJ, SEC 12.574, rel. Min. Francisco Falcão, *DJ* 3.5.2017; STJ, SEC 15.750, rel. Min. Nancy Andrighi, *DJ* 27.11.2018.

52. Nesse sentido, quanto à soberania nacional, *cfr.*: Francisco Cavalcanti Pontes de Miranda, *Tratado das ações*, cit., p. 592; Paulo Cezar Aragão e Roberto Rosas, ob. cit., pp. 228-229.

rania e a dignidade humana são exemplos de situações integrantes da ordem pública cuja violação impede o reconhecimento de decisões estrangeiras, não causas autônomas para rejeição do pedido homologatório.

2.810. causas oponíveis à homologação de sentenças arbitrais estrangeiras

A análise feita aqui dos óbices ao reconhecimento de sentenças arbitrais estrangeiras no Brasil tem por base a Convenção de Nova Iorque (Decreto 4.311/2002). Apesar de existirem outros tratados sobre a matéria em vigor no Brasil, a CNI constitui o regime geral, uma vez que é a lei aplicável em quase todos os países com que o Brasil mantém relações comerciais.

A Convenção contém o rol taxativo de hipóteses que ensejam a denegação do reconhecimento de sentenças arbitrais estrangeiras no Brasil. Tanto pelo critério da hierarquia quanto da especialidade, esse rol deve ser aplicado com prioridade sobre aquele previsto na LArb e, com mais razão, no lugar das causas de não homologação listadas no CPC (LArb, arts. 34 e 36; CPC, art. 960, §§ 2º e 3º) – a não ser que uma dessas normas se mostre mais favorável ao reconhecimento que a regra da CNI (art. VII.1).

A LArb praticamente reproduziu, com pequenas diferenças, as hipóteses de denegação do reconhecimento previstas na CNI (LArb, arts. 38 e 39; CNI, art. V). O legislador teve com isso o deliberado propósito de incorporar ao direito brasileiro as regras da Convenção, antes e independentemente da incerta e tardia ratificação desta.

Os requisitos, expostos a seguir, podem ser divididos em dois grupos. No primeiro está a maioria, composta por aqueles que só podem ser conhecidos por iniciativa da parte interessada (exceções), que tem assim o ônus de alegar e provar a presença do óbice ao reconhecimento (CNI, art. V.1; LArb, art. 38 – *infra*, nn. 2.810.1 a 2.810.6). No segundo estão os dois requisitos que podem ser conhecidos de ofício pelo juiz da homologação (objeções): a ofensa à ordem pública e o caráter não arbitrável do litígio (CNI, art. V.2; LArb, art. 39 – *infra*, nn. 2.810.7 e 2.810.8).

2.810.1 incapacidade das partes na convenção de arbitragem (CNI, art. V.1.a; LArb, art. 38, inc. I)

A primeira das matérias oponíveis à homologação de sentenças arbitrais estrangeiras é a incapacidade jurídica das partes signatárias da convenção de arbitragem. Se a parte não tinha capacidade de livremente dispor de seus direitos e assumir obrigações quando celebrou a convenção arbitral, os árbitros não tinham autoridade para decidir a disputa. É preciso que as partes não apenas tenham personalidade (jurídica ou física), como também capacidade de contratar, isto é, de exercer por si mesmas seus próprios direitos.

Trata-se de causa de invalidade subjetiva da convenção de arbitragem, em contraponto à invalidade objetiva desta (*infra*, n. 2.810.2).

A questão da incapacidade das partes deve ser resolvida com base na "lei a elas aplicável" (CNI, art. V.1.a), isto é, na lei pessoal de cada uma delas.[53] Não é relevante, nesse ponto, a lei eleita pelas partes na convenção de arbitragem; afinal, elas não têm liberdade de disposição sobre a lei regente de sua própria capacidade, matéria atinente ao estado das pessoas. A lei aplicável às partes deve ser identificada pelo órgão judicial do país onde se busca o reconhecimento da sentença, com base nas regras de conflito de leis previstas no ordenamento desse mesmo país.[54] No Brasil a questão da capacidade das partes deve ser resolvida com base na lei em que domiciliadas (*lex domicilii*), em caso de pessoas físicas (LINDB, art. 7º, *caput*),[55] e na lei do Estado onde constituídas (*lex loci constitutionis*), no caso das pessoas jurídicas (LINDB, art. 11).[56]

Na maior parte das vezes os tribunais dos países-membros da Convenção de Nova Iorque têm rejeitado a alegação de que Estados ou entes públicos seriam incapazes de contratar a arbitragem porque isso violaria sua imunidade de jurisdição.[57] O mais comum é se entender que a assinatura da convenção de arbitragem representa renúncia a tal imunidade.[58] Outra questão é a da possibilidade de que determinada disputa concreta envolvendo Estados ou entes estatais seja arbitrada, que se liga mais de perto à hipótese do art. V.2.a da CNI (e art. 39, inc. I, da LArb – *infra*, n. 2.810.7).

2.810.2 invalidade objetiva da convenção de arbitragem (CNI, art. V.1.a; LArb, art. 38, inc. II)

A segunda causa oponível pelo réu à homologação da sentença arbitral estrangeira é a invalidade objetiva da convenção de arbitragem, fonte do po-

53. Lauro da Gama e Souza Júnior, "Reconhecimento e execução de sentenças arbitrais estrangeiras", in Paulo Borba Casella (coord.), *Arbitragem – A nova lei brasileira e a praxe internacional*, 2ª ed., São Paulo, LTr, 1999, p. 416.

54. *Cfr.* Albert Jan van den Berg, *The New York Arbitration Convention of 1958: towards a uniform judicial interpretation*, Kluwer Law International, 1981, pp. 276-277.

55. "A lei do país em que domiciliada a pessoa determina as regras sobre o começo e o fim da personalidade, o nome, a capacidade e os direitos de família."

56. "As organizações destinadas a fins de interesse coletivo, como as sociedades e as fundações, obedecem à lei do Estado em que se constituírem."

57. Albert Jan van den Berg, ob. cit., pp. 87 e 280-281. Problema diferente é o da imunidade de *execução* dos entes estatais estrangeiros, que não tem relevância para o processo homologatório, cujo objeto é exclusivamente o reconhecimento da eficácia do julgado no Brasil.

58. Georgios Petrochilos, *Procedural law in international arbitration*, Oxford, Oxford University, 2004, pp. 291-292.

der jurisdicional dos árbitros. Tanto faz tratar-se de vício de índole formal ou material, ou ser ele gerador de nulidade absoluta ou relativa (anulabilidade). Se o defeito torna inválido o pacto arbitral, nos termos da legislação de regência, essa circunstância pode levar à improcedência do pedido homologatório da sentença estrangeira, desde que o réu invoque e demonstre o não preenchimento desse requisito.

A questão da invalidade da convenção arbitral deve ser respondida com base na lei eleita pelas partes, isto é, na *lex causae*. Somente caso nenhuma lei tenha sido escolhida pelas partes deve ser aplicada a lei do país onde a sentença arbitral foi proferida (CNI, art. V.1.a; LArb, art. 38, inc. II).[59] São irrelevantes para esse tema, portanto, os requisitos de validade previstos na lei brasileira para a convenção de arbitragem (LArb, arts. 4º, 9º e 10) ou para os atos jurídicos em geral (CC, arts. 138-184), a não ser que o direito brasileiro tenha sido o eleito pelas partes. O STJ vem confirmando esse entendimento.[60]

Uma das situações que ensejam a aplicação desse dispositivo é o caráter não arbitrável da disputa, de acordo com a lei escolhida pelas partes. Trata-se, assim, de hipótese distinta daquela prevista no art. V.2.a da CNI (art. 39, inc. I, da LArb), na qual a arbitrabilidade é aferida com base na lei brasileira, até mesmo de ofício (*infra*, n. 2.810.7). Diferentemente, o pressuposto aqui tratado só pode ser conhecido por iniciativa da parte e tem por base, como dito, a lei eleita pelas partes ou, subsidiariamente, aquela do país onde proferida a sentença.

Essa causa de improcedência do pedido homologatório tem sido invocada com frequência perante o STJ, que vem lhe dando interpretação corretamente restritiva. A Corte rejeitou, p.ex., alegação de vício de vontade (erro) pela parte que não fora assistida por advogado na celebração da cláusula compromissória, sob o fundamento de que foi opção dela própria não contar com assistência jurídica.[61] E vem rejeitando repetidamente alegações de que a convenção de arbitragem seria nula porque inserida em *contrato de adesão*,

---

59. Nesse sentido, *cfr.* STJ, SEC 3.709, rel. Min. Teori Albino Zavascki, *DJ* 29.6.2012.

60. STJ, SEC 6.761, rel. Min. Nancy Andrighi, *DJ* 16.10.2013; STJ, SEC 4.213, rel. Min. João Otávio de Noronha, *DJ* 26.6.2013; STJ, SEC 5.828, rel. Min. João Otávio de Noronha, *DJ* 26.6.2013. Apesar disso, por vezes o STJ fez esse controle da validade da convenção de arbitragem com base no art. 4º da Lei de Arbitragem, não aplicável nos termos da Convenção de Nova York e da própria Lei de Arbitragem, seja por entender que tal norma integraria a ordem pública nacional, seja sem maiores justificativas (STJ, SEC 6.365, rel. Min. Eliana Calmon, *DJ* 28.2.2013; STJ, SEC 6.335, rel. Min. Felix Fischer, *DJ* 12.4.2012; STJ, SEC 1, rel. Min. Maria Thereza de Assis Moura, *DJ* 1.2.2012).

61. STJ, SEC 611, rel. Min. João Otávio de Noronha, *DJ* 11.12.2006.

juízo que ao ver do tribunal se esgota na própria arbitragem e escapa aos limites da delibação.[62]

2.810.2.1 *a questão da forma e da aceitação tácita da convenção de arbitragem* – Um dos temas mais suscitados em matéria de invalidade da convenção de arbitragem – e que mais vezes gerou a negativa de homologação de sentenças arbitrais no Brasil – é o da *forma escrita* da convenção, exigida no art. II da CNI, ao qual o art. V.1.a remete. Essa questão associa-se muito de perto à do *consentimento das partes* ao pacto arbitral e, portanto, tem sido por vezes tratada pelo STJ como questão de ordem pública.

Boa parte das dificuldades centra-se na interpretação do que seja *acordo por escrito* (CNI, art. II). Isso porque no âmbito do comércio internacional é muito frequente a celebração de contratos por meio da simples emissão de uma carta confirmatória do negócio de uma parte a outra, sem qualquer assinatura.[63] E a exegese do termo "forma escrita" não pode ignorar a realidade a que o sistema de reconhecimento de sentenças arbitrais estrangeiras se aplica. O tratamento dos requisitos para a homologação de laudos arbitrais produzidos em outro país deve sempre levar em conta as práticas, necessidades e particularidades das relações comerciais internacionais.

Nesse sentido, a expressão "acordo escrito" deve ser interpretada de forma abrangente, não limitada apenas à convenção arbitral contida em instrumento contratual assinado por todas as partes. A própria CNI define *pacto escrito* como a "cláusula arbitral inserida em contrato ou acordo de arbitragem, firmado pelas partes ou contido em troca de cartas ou telegramas" (art. II.2). E, conforme recomendação da UNCITRAL, as circunstâncias enunciadas nesse dispositivo devem ser consideradas meramente exemplificativas.[64] A Lei-Modelo da UNCITRAL vai ainda mais longe, admitindo como convenção escrita a resultante de qualquer troca de correspondência pelos convenentes, a celebrada por referência, no contrato, a um documento que contenha uma cláusula arbitral ou, mesmo, a afirmada por uma parte em suas alegações

62. STJ, SEC 11.106, rel. Min. Herman Benjamin, *DJ* 21.6.2017; STJ, SEC 6.761, rel. Min. Nancy Andrighi, *DJ* 16.10.2013; STJ, SEC 4.213, rel. Min. João Otávio de Noronha, *DJ* 26.6.2013; STJ, SEC 6.365, rel. Min. Eliana Calmon, *DJ* 28.2.2013; STJ, SEC 6.335, rel. Min. Felix Fischer, *DJ* 12.4.2012; STJ, SEC 507, rel. Min. Gilson Dipp, *DJ* 13.11.2006.

63. Pieter Sanders, "A twenty years' review of the convention on the recognition and enforcement of foreign arbitral awards", *International lawyer* 13/15-16, 1979.

64. *Cfr. Recommendation regarding the interpretation of article II, paragraph 2, and article VII, paragraph 1, of the Convention on the Recognition and Enforcement of Foreign Arbitral Awards, done in New York, 10 June 1958 (2006)*, disponível em *https://uncitral.un.org/en/texts/arbitration/explanatorytexts/recommendations/foreign_arbitral_awards* (acesso em 14.6.2025).

na arbitragem e não negada pela outra parte.[65] E várias legislações nacionais vêm adotando posturas mais liberais nesse sentido, como, p.ex., na Holanda, Alemanha, Suíça, Espanha, Itália e no Reino Unido.[66] A própria lei brasileira permite a pactuação de cláusula arbitral por referência (LArb, art. 4º, § 1º) e não exige forma solene para a celebração de contratos privados em geral (CC, arts. 427-434), admitindo inclusive a aceitação tácita (CC, art. 432).

O importante, a fim de se cumprir o requisito do *acordo por escrito*, é a existência de clara e livre manifestação de vontade das partes no sentido de se submeterem à arbitragem, demonstrável por meio de documentos – ainda que desprovidos da assinatura dos contratantes. Não se deve exigir, portanto, que a cláusula ou o compromisso arbitral estejam contidos em um único documento, assinado por ambas as partes, mas é possível que esse acordo decorra também, p.ex., de (a) troca de cartas, telegramas, fac-símiles, *e-mails* ou qualquer outra forma de correspondência, ainda que sem a assinatura dos convenentes, (b) troca de petições no processo arbitral em que uma parte afirme e a outra não negue a submissão à arbitragem ou (c) referência, feita no contrato, a um outro documento que contenha uma cláusula dessa espécie (como o regulamento de uma câmara arbitral, câmara de comércio ou associação setorial).

A jurisprudência do STJ exige claramente que a convenção de arbitragem esteja estipulada por escrito. Alguns julgados, mais antigos, interpretam a forma escrita da convenção de arbitragem como portadora também da exigência de aceitação expressa, veiculada pela assinatura de ambas as partes no contrato que contenha a cláusula compromissória ou a ela se refira.[67] Mas a maioria dos julgados, especialmente mais recentes, apesar de afirmar a assinatura das partes como prova precípua da celebração da convenção de arbitragem, admite a possibilidade de que haja também a *aceitação tácita* da convenção, isto é, o acordo de vontades pela arbitragem provado por outros meios que

65. Art. 7, n. 2: "The arbitration agreement shall be in writing. An agreement is in writing if it is contained in a document signed by the parties or in an exchange of letters, telex, telegrams or other means of telecommunication which provide a record of the agreement, or in an exchange of statements of claim and defence in which the existence of an agreement is alleged by one party and not denied by another. The reference in a contract to a document containing an arbitration clause constitutes an arbitration agreement provided that the contract is in writing and the reference is such as to make that clause part of the contract".

66. *Cfr.* o art. 1.021 da lei holandesa de 1986, o art. 1.031 da lei alemã de 1998, o art. 1.781 da lei suíça de direito internacional privado de 1987, o art. 9º da lei espanhola de 2003, o art. 833 do Código de Processo Civil italiano e a *Section* 5 do *Arbitration Act* de 1996 do Reino Unido.

67. STJ, SEC 978, rel. Min. Hamilton Carvalhido, *DJ* 5.3.2009; SEC 967, rel. Min. José Delgado, *DJ* 20.3.2006.

não a assinatura do contrato, caso em que seria possível a homologação da sentença estrangeira (mesmo nos casos em que a sentença não foi homologada por se entender ausente a prova da aceitação tácita).[68]

2.810.3 falta de notificação e violação ao contraditório e à ampla defesa (CNI, art. V.1.b; LArb, art. 38, inc. III)

A homologação também poderá ser negada se o réu alegar e provar que "não recebeu notificação apropriada acerca da designação do árbitro ou do processo de arbitragem, ou lhe foi impossível, por outras razões, apresentar seus argumentos" (CNI, art. V.1.b; LArb, art. 38, inc. III).

O propósito da regra é claro: condicionar o reconhecimento da sentença estrangeira à observância na arbitragem dos postulados basilares do *due process of law*. Em qualquer processo democrático a concessão de iguais oportunidades às partes de participar dos atos processuais, formulando pedidos e requerimentos ao órgão julgador, expondo seus argumentos, produzindo as provas tendentes a corroborá-los, conhecendo e contrariando os atos praticados pela parte contrária, é fator *sine qua non* de legitimidade da decisão final. Apenas o processo dotado dessa dinâmica atende às exigências inerentes aos princípios do contraditório e da ampla defesa, corolários do devido processo legal.[69]

O que se exige é que o laudo estrangeiro tenha sido emitido ao cabo de processo dotado de *garantias mínimas*, comprobatórias de que às partes foi concedida paridade de armas ao longo do procedimento, de que lhes foi franqueado o *fair hearing*. Assim, o exame a ser feito no juízo delibatório tem por base os *standards* mínimos da ideia comum de *due process*, tal como compar-

---

68. STJ, SEC 11.593, rel. Min. Benedito Gonçalves, *DJ* 18.12.2015; STJ, SEC 3.709, rel. Min. Teori Albino Zavascki, *DJ* 29.6.2012; STJ, SEC 866, rel. Min. Felix Fischer, *DJ* 16.10.2006; STJ, SEC 856, rel. Min. Carlos Alberto Menezes Direito, *DJ* 27.6.2005; e, aparentemente, STJ, SEC 885, rel. Min. Francisco Falcão, *DJ* 13.8.2012. A aceitação tácita da convenção de arbitragem foi reafirmada no âmbito das sentenças nacionais: "a manifestação de vontade das partes contratantes, destinada especificamente a anuir com a convenção de arbitragem, pode se dar, de igual modo, de inúmeras formas, e não apenas por meio da aposição das assinaturas das partes no documento em que inserta. Absolutamente possível, por conseguinte, a partir do contexto das negociações entabuladas entre as partes, aferir se elas, efetivamente, assentiram com a convenção de arbitragem" (STJ, REsp 1.569.422, rel. Min. Marco Aurélio Bellizze, *DJ* 20.5.2016).

69. Sobre os predicados em que se desdobra o contraditório, *cfr.* Cândido Rangel Dinamarco, "O princípio do contraditório e sua dupla destinação", in *Fundamentos do processo civil moderno*, 5ª ed., t. I, São Paulo, Malheiros Editores, 2002, pp. 124-128. Cf. também Ada Pellegrini Grinover, "O princípio da ampla defesa no processo civil, penal e administrativo", in *O processo em sua unidade*, vol. 2, Rio de Janeiro, Forense, 1984, pp. 61-62.

tilhada pela generalidade dos países e adotada na prática da arbitragem internacional.[70] É preciso verificar se as partes foram informadas da instauração da arbitragem, da designação dos árbitros; se lhes foi ofertada a prerrogativa de, em tempo razoável, formular seus pedidos, expor suas razões, produzir provas a respeito da veracidade de seus argumentos; enfim, se os litigantes foram informados dos atos processuais e tiveram a oportunidade de participar de sua produção, mediante tratamento igualitário recebido dos árbitros.

O eventual parâmetro normativo a ser observado na análise dessa questão é o da lei eleita pelas partes para regular o processo arbitral (*lex causae*). Esse prestígio à autonomia da vontade está em consonância com a cognoscibilidade dessa matéria apenas por provocação da parte.

A violação ao devido processo legal pode constituir também ofensa à ordem pública brasileira, já que esse princípio, ao lado de seus corolários do contraditório e da ampla defesa, integra o rol dos direitos fundamentais (CF, art. 5º, incs. LIV e LV), aplicáveis na relação com outros países (CNI, art. V.2.b; LArb, art. 39, inc. II – *infra*, n. 2.810.8).[71] Têm-se, assim, duas causas distintas oponíveis à homologação dos laudos arbitrais estrangeiros: de um lado, a afronta ao devido processo legal aferível apenas por provocação da parte interessada, com base na lei aplicável ao processo arbitral (CNI, art. V.1.b; LArb, art. 38, inc. III); de outro lado, a ofensa a essa postulado cognoscível de ofício pelo juiz, com base no núcleo da garantia constitucional do *due process* pertencente à ordem pública brasileira (CNI, art. V.2.b; LArb, art. 39, inc. II).

Em qualquer dos casos, o juízo de delibação está adstrito aos parâmetros basilares do justo processo da lei. Essas duas hipóteses de não reconhecimento não abrem as portas para os particularismos ou regras processuais do direito interno sobre o modo, o tempo ou a forma dos atos do procedimento arbitral.[72] Não se pode negar a homologação a pretexto de terem sido violadas quaisquer regras pertencentes à disciplina dos processos arbitrais ou judiciais que têm lugar no país de origem ou no Brasil. O que se quer é evitar a importação de sentenças afrontosas a garantias fundamentais que orbitam em torno do *due process*, e não permitir que o país do reconhecimento reavalie ou tome decisões diferentes a respeito de questões procedimentais da ar-

70. Philippe Fouchard, "Sugestões para aumentar a eficácia internacional das sentenças arbitrais", *Revista de Direito Bancário, do Mercado de Capitais e da Arbitragem* 3/337, 2000.

71. Albert Jan van den Berg, ob. cit., p. 300; Lauro da Gama e Souza Júnior, ob. cit., p. 419; Pedro A. Baptista Martins, "A recepção nacional às sentenças arbitrais prolatadas no exterior", in Carlos Alberto Carmona, Selma M. Lemes e Pedro A. Baptista Martins, *Aspectos fundamentais da Lei de Arbitragem*, Rio de Janeiro, Forense, 1999, p. 450.

72. Carlos Alberto Carmona, ob. cit., pp. 373-374; Lauro da Gama e Souza Júnior, ob. cit., p. 419.

bitragem.[73] Daí a importância de se manter sempre uma perspectiva internacional no juízo de delibação de sentenças arbitrais estrangeiras.

O STJ vem aplicando de modo correto o dispositivo aqui analisado. Não apenas confirma que o réu tem o ônus de alegar e provar a incidência dessa hipótese legal de não reconhecimento,[74] como vem interpretando-a de modo restritivo. Assim, já rejeitou alegações de que a sentença arbitral estrangeira violaria o devido processo legal porque o procedimento arbitral seria "excessivamente oneroso",[75] ou a parte não teria podido constituir advogado para representá-la na arbitragem.[76] Também rejeitou defesa fundada nesse dispositivo porque o réu deixara de alegar o vício na primeira oportunidade que tivera na arbitragem, como determinava o regulamento aplicável.[77] Além disso, o tribunal tem se negado a usar essa regra para controlar o cumprimento de regras procedimentais aplicáveis à arbitragem.[78]

De modo talvez mais importante, o STJ tem decidido que o indeferimento da produção de provas específicas requeridas pela parte na arbitragem não constitui fundamento para negar a homologação por violação aos princípios do contraditório ou da ampla defesa.[79] Com isso, o Tribunal reafirma que não pode se substituir aos árbitros na condução e instrução do procedimento, bem como na formação do livre convencimento motivado destes, o que importaria indevido reexame do mérito e ofensa aos limites do juízo delibatório das sentenças arbitrais estrangeiras.

A norma em comento faz referência expressa a uma das principais situações de afronta ao devido processo legal: a falta de notificação da designação do árbitro ou da instauração do processo de arbitragem. Não é à toa que tanto a CNI quanto a LArb adotam o termo genérico "notificação": quiseram com isso evitar qualquer vinculação ao ato de comunicação tal como previsto nas regras do direito interno dos países. O decisivo é que essa notificação tenha sido efetiva, isto é, tenha sido apta a levar ao requerido (diretamente ou por meio de representante) a informação sobre a existência do processo ou a

73. Albert Jan van den Berg, ob. cit., p. 297.

74. STJ, SEC 887, rel. Min. João Otávio de Noronha, *DJ* 3.4.2006; STJ, SEC 3.660, rel. Min. Arnaldo Esteves Lima, *DJ* 25.6.2009.

75. STJ, SEC 507, rel. Min. Gilson Dipp, *DJ* 13.11.2006.

76. STJ, SEC 10.643, rel. Min. Humberto Martins, *DJ* 11.12.2014.

77. STJ, SEC 3.709, rel. Min. Teori Albino Zavascki, *DJ* 29.06.2012.

78. "Não cabe, no presente juízo de homologação da decisão arbitral, verificar o acerto ou o equívoco do árbitro na interpretação das normas processuais aplicáveis naquele procedimento arbitral" (STJ, HDE 1.914, rel. Min. Benedito Gonçalves, *DJ* 11.6.2019).

79. STJ, SEC 611, rel. Min. João Otávio de Noronha, *DJ* 11.12.2006; STJ, SEC 12.115, rel. Min. Luís Felipe Salomão, *DJ* 3.5.2016.

designação dos árbitros, chamando-o a integrar a arbitragem e nela fazer uso de suas prerrogativas de parte. Prova disso é que há tempos a exigência de notificação se entende suprida caso o requerido, a despeito de não comunicado, compareça ao processo, não para arguir essa invalidade, mas para – e a tempo – exercer suas faculdades processuais.[80] De outra parte, não importa que o requerido tenha optado por não comparecer à arbitragem; o importante é que lhe tenha sido dada a oportunidade de dela participar.[81]

Em particular, não se deve verificar a adequada cientificação do requerido na arbitragem com base nas normas processuais brasileiras sobre *citação*. A lei tem regra específica a respeito, para prescrever que a citação da parte residente ou domiciliada no Brasil por meio diferente da carta rogatória não constitui ofensa à ordem pública nacional (LArb, art. 39, par.).[82]

2.810.4 sentença fora dos limites da convenção de arbitragem (CNI, art. V.1.c; LArb, art. 38, inc. IV)

A sentença arbitral também terá homologação negada, a pedido do réu, caso decida "uma divergência que não está prevista ou que não se enquadra nos termos da cláusula de submissão à arbitragem" ou contenha "decisões acerca de matérias que transcendem o alcance da cláusula de submissão", a não ser que, "se as decisões sobre as matérias suscetíveis de arbitragem puderem ser separadas daquelas não suscetíveis, a parte da sentença que contém decisões sobre matérias suscetíveis de arbitragem possa ser reconhecida e executada" (CNI, art. V.1.c; semelhante à regra do art. 38, inc. IV, da LArb).

---

80. *Cfr.*: STJ, SEC 4.213, rel. Min. João Otávio de Noronha, *DJ* 26.6.2013; STF, SEC 6.697, rel. Min. Joaquim Barbosa, *DJ* 27.8.2004; STF, SEC 7.178, rel. Min. Carlos Britto, *DJ* 6.8.2004; STF, SEC 5.828, rel. Min. Ilmar Galvão, *DJ* 23.2.2001; STF, SEC 6.122, rel. Min. Sepúlveda Pertence, *DJ* 20.10.2000. *A contrario sensu*: STF, SEC 1.649, rel. Min. Luiz Gallotti, *DJ* 7.319.60.

81. STJ, SEC 10.702, rel. Min, Laurita Vaz, *DJ* 23.3.2015; STJ, SEC 3.891, rel. Min. Humberto Martins, *DJ* 16.10.2013; STJ, SEC 6.761, rel. Min. Nancy Andrighi, *DJ* 16.10.2013; STJ, SEC 6.753, rel. Min. Maria Thereza Assis Moura, *DJ* 19.8.2013; STJ, SEC 874, rel. Min. Francisco Falcão, *DJ* 15.5.2006.

82. STJ, SEC 8.847, rel. Min. João Otávio de Noronha, *DJ* 28.11.2013; STJ, SEC/AgR 15.897, rel. Min. Mauro Campbell Marques, *DJ* 27.11.2017; STJ, SEC 6.760, rel. Min. Sidnei Beneti, *DJ* 22.5.2013; STJ, SEC 3.660, rel. Min. Arnaldo Esteves Lima, *DJ* 25.6.2009; STJ, SEC 12.041, rel. Min. Humberto Martins, *DJ* 16.12.2016; STJ, SEC 9.820, rel. Min. Humberto Martins, *DJ* 26.10.2016; STJ, SEC 11.106, rel. Min. Herman Benjamin, *DJ* 21.6.2017; STJ, SEC 10.658, rel. Min. Humberto Martins, *DJ* 16.10.2014; STJ, SEC 3.661, rel. Min. Paulo Gallotti, *DJ* 15.6.2009; STJ, SEC 874, rel. Min. Francisco Falcão, *DJ* 15.5.2006. Inclusive no endereço profissional do requerido (STJ, SEC 11.529, rel. Min. Og Fernandes, *DJ* 2.2.2015).

Baseada no fato de que a jurisdição dos árbitros está limitada àquilo que as partes lhes convencionaram atribuir, essa regra impede o reconhecimento de laudos que decidam controvérsias que extrapolem o objeto do processo arbitral, tal como balizado pela convenção de arbitragem e definido pelos pedidos deduzidos pelas partes. Essa extrapolação pode se dar tanto em relação à qualidade desse objeto (*extra compromissum*) quanto em relação à sua quantidade (*ultra compromissum*).

A vedação às sentenças *extra vel ultra petita partium* constitui manifestação da regra da correlação entre a sentença e a demanda, que impõe ao julgador a limitação de seu provimento decisório aos contornos estipulados pelas partes ao objeto do processo.

A expressão "objeto do processo" é aqui utilizada em seu sentido técnico mais estrito, identificado com o pedido da parte, a pretensão por ela formulada e resolvida pelos árbitros no decisório da sentença. A proibição a que o árbitro extravase o objeto da arbitragem não abrange os fundamentos da pretensão ou as questões jurídicas e fáticas surgidas em torno desta.[83] A essa conclusão conduz a imperiosa interpretação restritiva das causas de não homologação. Não importa, assim, que o laudo estrangeiro tenha se valido, em sua motivação, de argumentos ou fatos diferentes dos alegados pelas partes, ou tenha aplicado cláusula contratual diversa da invocada ou lei outra que não a eleita por elas. Essas circunstâncias não se enquadram como sentença proferida *extra vel ultra petita partium*.

Na análise desse requisito, portanto, o juiz deve apenas fazer um confronto objetivo entre a convenção de arbitragem, os pedidos deduzidos e a *conclusão* da sentença. Isso não quer dizer que esse juízo seja exclusivamente fático; no confronto entre laudo, pedidos e convenção pode ser necessário resolver também questões de direito, especialmente voltadas à definição dos contornos da matéria controvertida. Para tanto, o juiz deve valer-se da lei aplicável à convenção de arbitragem, nos termos do art. V.1.a da CNI.[84]

A segunda parte do dispositivo contém regra bastante importante, instituída em favor da maior efetividade possível às sentenças arbitrais estrangeiras. Ela autoriza que, diante de sentença *extra* ou *ultra petita* e sempre que possível, o juiz homologue apenas a parte do *decisum* não acometida pelo vício e rejeite as demais, procedendo ao reconhecimento parcial do julgado. Como

83. Cândido Rangel Dinamarco, "Limites da sentença arbitral e de seu controle jurisdicional", in *Nova era do direito processual civil*, São Paulo, Malheiros Editores, 2004, pp. 34-37. Sobre o conceito técnico de objeto, ou mérito do processo, cf. o estudo do mesmo autor: Cândido Rangel Dinamarco, "O conceito de mérito em processo civil", in *Fundamentos do processo civil moderno*, 5ª ed., t. I, São Paulo, Malheiros Editores, 2002, *passim*.

84. Albert Jan van den Berg, ob. cit., pp. 312-318.

a aplicação dessa norma se estende a outras hipóteses de não reconhecimento, será tratada em item próprio (*infra*, n. 2.811).

2.810.5 desacordo entre a instituição da arbitragem e a convenção (CNI, art. V.1.d; LArb, art. 38, inc. V)

A Convenção de Nova Iorque também prevê como causa de não reconhecimento o fato de a constituição da autoridade arbitral ou o procedimento arbitral não terem ocorrido em conformidade com as regras a esse respeito previstas na convenção de arbitragem ou, subsidiariamente, na lei do país onde ocorrida a arbitragem (CNI, art. V.I.d).[85]

Nota-se, aqui, divergência parcial entre a regra da CNI e seu equivalente na LArb.[86] Enquanto a primeira prevê como causa de recusa ao reconhecimento a contrariedade entre a convenção de arbitragem e a formação do juízo arbitral *ou* o procedimento, a lei brasileira faz menção apenas à instituição da arbitragem contrária à convenção. Essa parcial antinomia entre as normas pode ser resolvida com base na regra de conflito do art. VII.1 da CNI (*cláusula do direito mais favorável*): como o direito interno brasileiro não estipula como óbice à homologação o confronto entre o acordo de arbitragem e o trâmite do procedimento arbitral (após a formação do *iudicium*), essa circunstância não deve ser reputada exigível para que o laudo seja reconhecido no país.

Logo, diante da prevalência da regra mais benéfica, somente se o juízo arbitral tiver sido instaurado em dissonância com a convenção ou, no silêncio desta, com a lei do país onde ocorreu a arbitragem o reconhecimento pode ser recusado com base na hipótese em comento, caso invocada pelo réu.[87] Um exemplo foi a rejeição, pelo STJ, do reconhecimento de laudo arbitral estrangeiro proferido por árbitro único em caso em que a convenção de arbitragem previa que o processo seria conduzido por três árbitros.[88]

É importante frisar o papel subsidiário da lei arbitral do país sede da arbitragem frente às regras acordadas pelas partes no contrato. Se o juízo arbitral tiver sido instaurado em conformidade com as normas previstas na convenção de arbitragem (inclusive as de regulamento arbitral a que ela se refira) não se pode invocar o requisito aqui tratado como fundamento para rejeitar

---

85. "A composição da autoridade arbitral ou o procedimento arbitral não se deu em conformidade com o acordado pelas partes, ou, na ausência de tal acordo, não se deu em conformidade com a lei do país em que a arbitragem ocorreu."

86. Assim está redigido o art. 38, inc. V: "a instituição da arbitragem não está de acordo com o compromisso arbitral ou (com a) cláusula compromissória".

87. No mesmo sentido, *cfr.* Carlos Alberto Carmona, ob. cit., p. 375.

88. STJ, SEC 12.236, rel. Min. Mauro Campbell Marques, DJ 18.12.2015.

a homologação, ainda que o juízo arbitral tenha se constituído de forma colidente com o disposto em normas cogentes do direito do país onde sediada a arbitragem.[89]

2.810.6 sentença ainda não obrigatória, anulada ou suspensa no país de origem (CNI, art. V.1.e; LArb, art. 38, inc. VI)

A última das situações que podem gerar a improcedência do pedido homologatório a pedido do réu é a prova de que "a sentença ainda não se tornou obrigatória para as partes ou foi anulada ou suspensa por autoridade competente do país em que, ou conforme a lei do qual, a sentença tenha sido proferida" (CNI, art. V.1.e).[90] Na verdade, há aqui duas hipóteses separadas de não homologação: a (i) da sentença ainda não obrigatória às partes e a (ii) da sentença que tenha sido anulada ou suspensa no país em que, ou com base em cuja lei, foi proferida.

Para interpretar o que seja sentença arbitral *obrigatória* é necessário apenas verificar se o laudo não está mais sujeito a recurso sobre o mérito, nos termos da convenção de arbitragem – e do regulamento a que ela eventualmente remeta.[91]

O necessário, portanto, é que a sentença arbitral (final ou parcial) represente o resultado último do julgamento feito pelos árbitros, vinculante e definitivo às partes.[92] Diferentemente do que se exige para homologação de sentenças judiciais (*supra*, n. 2.809.3), não é preciso que o laudo tenha adquirido

89. Albert Jan van den Berg, ob. cit., pp. 323-327 e 331; James van Roven Springer, "The United Nations Convention on the recognition and enforcement of foreign arbitral awards", *International lawyer* 3/324, n. 2, 1968-1969; Paolo Contini, "The United Nations Convention on the recognition and enforcement of foreign arbitral awards", *The american journal of comparative law*, vol. 8, 1959, p. 302.

90. Essa norma corresponde – de modo parcial, como se verá adiante – ao art. 38, inc. VI, da Lei 9.307/1996: "a sentença arbitral não se tenha, ainda, tornado obrigatória para as partes, tenha sido anulada, ou, ainda, tenha sido suspensa por órgão judicial do país onde a sentença foi prolatada".

91. Martin Hunter e Alan Redfern, *Law and practice of international commercial arbitration*, 4ª ed., Londres, Sweet & Maxwell, 2004, p. 537. STJ, SEC 13.080, rel. Min. João Otávio de Noronha, *DJ* 14.12.2017; STJ, SEC 6.855, rel. Min. Jorge Mussi, *DJ* 24.8.2017; STJ, SEC 3.687, rel. Min. Humberto Martins, *DJ* 11.5.2017; STJ, SEC 9.820, rel. Min. Humberto Martins, *DJ* 26.10.2016; STJ, SEC 16.208, rel. Min. Nancy Andrighi, *DJ* 5.12.2017.

92. Michael H. Strub Junior, "Resisting enforcement of foreign arbitral awards under article V(1)(e) and article VI of the New York Convention: a proposal for effective guidelines", *Texas Law review* 68/1.050, 1.052 e 1.058-1.059, 1989-1990; Carlos Alberto Carmona, *Arbitragem e processo*, p. 376.

autoridade ou eficácia idêntica à de uma sentença prolatada pelos órgãos judiciários do país de origem, tampouco que seja exequível nesse mesmo país.[93]

Da mesma forma, a possibilidade teórica de que a sentença arbitral seja impugnada nas vias judiciárias ou mesmo a mera pendência de demanda destinada a invalidá-la não impedem que se a considere obrigatória. É preciso ter havido decisão cassando sua eficácia, em caráter definitivo ou provisório ("anulada ou suspensa").[94] Do contrário não faria sentido a segunda parte do dispositivo, segundo a qual a efetiva cassação ou suspensão da sentença arbitral no país de origem é causa de sua não homologação. Ou mesmo a regra do art. VI da CNI, que prevê a possibilidade de suspensão do processo homologatório caso penda na sede demanda voltada à invalidação da sentença arbitral.[95]

A segunda parte da norma exige que o laudo tenha já perdido sua eficácia por decisão judicial, ainda que em caráter provisório. E não é a invalidação ocorrida em qualquer lugar que pode impedir o reconhecimento, mas apenas aquela verificada no Estado onde emitida a sentença, ou cuja lei tenha sido aplicada ao processo arbitral.[96] Esses locais de origem do laudo são os detentores de *jurisdição primária* sobre ele, os únicos dotados de autoridade para anular a sentença arbitral no sistema da CNI. Já os Estados onde buscado o reconhecimento da sentença arbitral estrangeira têm o poder apenas de conceder ou negar sua homologação, com base em uma das hipóteses do art. V da CNI. Daí falar-se que estes últimos têm *jurisdição secundária* sobre o lau-

---

93. Como já decidiu o STJ, "o fato de o laudo arbitral não ser exequível no país de origem não é óbice à homologação" (SEC 9.880, rel. Min. Maria Thereza de Assis Moura, *DJ* 27.5.2014).

94. STJ, SEC 4.837, rel. Min. Francisco Falcão, *DJ* 30.8.2012; STJ, SEC 894, rel. Min. Nancy Andrighi, *DJ* 9.10.2008.

95. "Caso a anulação ou a suspensão da sentença tenha sido solicitada à autoridade competente mencionada no Artigo V, 1. (e), a autoridade perante a qual a sentença está sendo invocada poderá, se assim julgar cabível, adiar a decisão quanto a execução da sentença e poderá, igualmente, a pedido da parte que reivindica a execução da sentença, ordenar que a outra parte forneça garantias apropriadas".

96. A inclusão do país segundo a lei do qual foi proferida a sentença arbitral deveu-se à possibilidade de as partes elegerem um país como sede da arbitragem e a lei de outro país para regular o processo (*lex causae*), caso em que ambos poderiam se considerar competentes para a anulação da sentença arbitral. As dificuldades práticas de fazer essa separação, no entanto, tornam-na rara na prática, de modo que o "país de origem" do laudo é normalmente aquele onde teve sede a arbitragem (cf. Martin Hunter e Alan Redfern, ob. cit., p. 540). No Brasil existe outro argumento para que apenas a anulação havida no país onde proferido o laudo seja oponível à homologação deste: o art. 38, inc. VI, da Lei de Arbitragem restringe a hipótese à sentença anulada ou suspensa no "país onde a sentença arbitral for prolatada"; como regra mais favorável à homologação, pode ser aplicada no lugar da prevista na Convenção de Nova York (CNY, art. VII.1).

do. A distinção é importante para deixar claro que o país do reconhecimento não tem jurisdição para julgar demandas voltadas à anulação da sentença arbitral estrangeira, as quais, caso movidas, não têm nenhum impacto sobre a homologação dessa sentença.[97]

Na aplicação da causa de não reconhecimento, aqui tratada, existe importante divergência de visões entre os Estados-membros da CNI. A regra básica ou original, refletida no texto da norma, é a de que a sentença arbitral anulada ou suspensa no seu país de origem deixa de ter efeitos e, portanto, não tem como ser reconhecida em outro país (*ex nihilo nil fit*). No entanto, os tribunais de alguns países têm aberto exceções a essa regra, para homologar laudos estrangeiros a despeito de sua invalidação no país sede da arbitragem. No cerne dessa divergência estão diferentes visões sobre o papel e os limites do Estado de origem no controle sobre o laudo arbitral.

Os fundamentos para as exceções à não homologação com base no art. V.1.e são especialmente três. Primeiro, conforme algumas decisões norte-americanas, se a anulação ofende noções básicas de justiça nos Estados Unidos os tribunais podem desconsiderá-la e reconhecer a sentença anulada, já que o art. V.1 da CNI afirma que eles *podem* (*may*) – não *devem* – negar a homologação. Segundo, em interpretação que tem na França seu principal exemplo, é possível adotar, em substituição à regra da CNI, outro regime jurídico aplicável ao reconhecimento de laudos estrangeiros que permita a homologação de sentenças anuladas na origem com base no art. VII.1 (*cláusula do direito mais favorável*). O terceiro fundamento é aquele verificado em decisões da Holanda, segundo o qual o próprio julgado que anulou a sentença arbitral deve ser submetido ao crivo delibatório no país de destino; se esse julgado viola a ordem pública nacional, a anulação deve ser desconsiderada e o laudo deve ser reconhecido.[98] No único precedente existente a respeito dessa questão no Brasil o STJ indica tendência a se filiar à regra básica da Convenção.[99]

---

97. O STJ agiu bem, portanto, ao decidir que "a existência de ação anulatória da sentença arbitral estrangeira em trâmite nos tribunais pátrios não constitui impedimento à homologação da sentença alienígena" (STJ, SEC 611, rel. Min. João Otávio de Noronha, *DJ* 11.12.2006).

98. Para uma resenha dos julgados que refletem essas três posições, *cfr.* Marike R. P. Paulsson, *The 1958 New York Convention in action*, Kluwer Law International, 2016, pp. 205-212.

99. Segundo se decidiu, a "sentença estrangeira arbitral suspensa ou anulada por órgão judicial do país onde a sentença arbitral foi prolatada" não é homologável. Para esse fim, é desnecessária a "prévia homologação da sentença judicial de nulidade do laudo arbitral para que ela produza seus efeitos no processo de homologação, porquanto a legislação de regência indica bastar ao requerido, em sua defesa, suscitar e comprovar a inexistência

2.810.7 litígio não arbitrável segundo a lei brasileira (CNI, art. V.2.a; LArb, art. 39, inc. I)

A primeira das causas que podem ser conhecidas até mesmo de ofício para dar ensejo ao não reconhecimento de sentenças arbitrais estrangeiras é a natureza não arbitrável do litígio, de acordo com a lei do Estado do reconhecimento (CNI, art. V.2.a; LArb, art. 39, inc. I). A rigor, trata-se de espécie do gênero ordem pública (*infra*, 2.810.8), o qual, por razões históricas, a CNI resolveu separar em dois dispositivos[100] – no que foi seguida pela LArb.

Assim como a objeção de ordem pública, essa hipótese foi estabelecida no interesse do Estado do reconhecimento da sentença arbitral e, portanto, deve ser avaliada com base na sua lei. É preciso, portanto, que a disputa seja passível de solução pela via da arbitragem, nos termos da lei brasileira, para que aqui o laudo estrangeiro possa ser homologado.

A principal baliza sobre a matéria está no art. 1º da LArb, segundo o qual são arbitráveis os litígios existentes entre pessoas capazes de contratar relativos a *direitos patrimoniais disponíveis*. Trata-se dos direitos cujos titulares podem exercer, alienar, transacionar ou renunciar livremente, em prestígio à sua autonomia privada. Não podem ser arbitradas, portanto, disputas ligadas ao estado das pessoas, direito de família e sucessões, direito penal e anticorrupção, p.ex., à exceção talvez de suas consequências exclusivamente patrimoniais.

O caráter arbitrável do litígio afere-se não apenas por sua dimensão objetiva (arbitrabilidade objetiva), mas também por sua dimensão subjetiva (arbitrabilidade subjetiva). Assim, ainda nos termos do art. 1º da LArb, somente as pessoas capazes de contratar podem arbitrar suas disputas.

Com relação aos contratos em que figura um dos entes do Estado brasileiro está consolidada a orientação de que podem ser objeto de arbitragem. Originada da distinção entre os atos de negócio (*ius gestionis*) e os atos de império (*ius imperii*) da Administração Pública,[101] essa possibilidade ganhou aceitação da jurisprudência e de diversas leis esparsas, até ser amplamente reconhecida na reforma da LArb ocorrida em 2015 (LArb, art. 1º, § 1º).[102]

---

do trânsito em julgado do laudo arbitral" (STJ, SEC 5.782, rel. Min. Jorge Mussi, *DJ* 16.12.2015).

100. Albert Jan van den Berg, ob. cit., pp. 360 e 368.

101. Eros Roberto Grau, "Arbitragem e contrato administrativo", *Revista Trimestral de Direito Público* 32/15-20, 2000.

102. "A Administração Pública direta e indireta poderá utilizar-se da arbitragem para dirimir conflitos relativos a direitos patrimoniais disponíveis."

2.810.8 violação à ordem pública nacional (CNI, art. V.2.b; LArb, art. 39, inc. II)

Assim como ocorre em relação às sentenças judiciais, a homologação de sentenças arbitrais estrangeiras também está sujeita à ausência de violação à ordem pública nacional. O conceito e os contornos gerais da objeção de ordem pública aplicam-se a ambas as espécies de provimento jurisdicional, razão pela qual se remete ao que já foi exposto a esse respeito (*supra*, n. 2.809.5). Neste tópico, faz-se referência a alguns exemplos relevantes da aplicação dessa causa de denegação ao reconhecimento de sentenças arbitrais estrangeiras.

O primeiro diz respeito à alegação de vício ou falta de motivação da sentença arbitral estrangeira. Apesar de ser norma cogente e causa de invalidade das sentenças arbitrais domésticas (LArb, arts. 26, inc. II, e 32, inc. III), o vício de fundamentação corretamente não tem sido considerado hipótese de violação à ordem pública a impedir a homologação de sentenças arbitrais estrangeiras.[103]

O segundo exemplo refere-se à falta de imparcialidade dos árbitros, alegação que costuma ser feita internacionalmente com base no art. V.2.b da CNI. A esse respeito costuma-se fazer uma distinção. Não basta a existência de indícios que, em tese, poderiam levar ao comprometimento da independência dos árbitros, mas é preciso haver prova de que estes agiram *in concreto* de modo efetivamente parcial durante a arbitragem, no intuito de favorecer um dos sujeitos do processo.[104] O STJ, no entanto, já deixou de reconhecer sentença por entender violado pelo árbitro o dever de revelação de uma das circunstâncias que poderiam gerar dúvida sobre sua independência e imparcialidade.[105]

A situação que deu ensejo ao maior número de sentenças arbitrais estrangeiras não homologadas no Brasil por ofensa à ordem pública refere-se à forma e à aceitação da convenção de arbitragem, questão já analisada (*supra*, n. 2.810.2.1).

---

103. STJ, SEC 5.692, rel. Min. Ari Pargendler, *DJ* 1.9.2014; STJ, SEC 4.223, rel. Min. Laurita Vaz, *DJ* 16.2.2011; STJ, SEC 760, rel. Min. Felix Fischer, *DJ* 28.8.2006. Para análise mais detalhada da questão, *cfr.* André de Albuquerque Cavalcanti Abbud, ob. cit., pp. 211-215.

104. Albert Jan van den Berg, ob. cit., pp. 377-379.

105. STJ, SEC 9.412, rel. para o acórdão Min. João Otávio de Noronha, *DJ* 30.5.2017. Em outro caso o STJ deixou de conhecer de alegação de parcialidade do árbitro porque a parte deixara de invocar essa questão na primeira oportunidade que tivera na arbitragem (SEC 4.837, rel. Min. Francisco Falcão, *DJ* 30.8.2012).

A questão da ausência de violação à ordem pública em caso de citação da parte domiciliada no Brasil por meio diverso da carta rogatória (LArb, art. 39, par.) também já foi abordada em outro tópico (*supra*, n. 2.810.3).

2.811. homologação parcial

Caso apenas um dos capítulos da sentença estrangeira padeça de um dos vícios impeditivos do reconhecimento, a parte não viciada da sentença pode ainda assim ser homologada (CPC, art. 961, § 2º; CNI, art. V.1.c; LArb, art. 38, inc. IV).[106] Essa possibilidade aplica-se a qualquer das hipóteses de não homologação do julgado estrangeiro (*utile per inutile non vitiatur*).

Essa homologação parcial só não é possível nos casos em que os capítulos hígidos e aqueles viciados estejam ligados por vínculo de subordinação ou condicionamento. Nos casos em que a decisão de um capítulo impede o julgamento de outro (preliminar) ou lhe condiciona o teor (prejudicial), a não homologação do segmento subordinante impede o reconhecimento do subordinado. Assim, p.ex., o vício no capítulo que declara a responsabilidade pelo descumprimento da obrigação impede a homologação do capítulo que condena ao pagamento da indenização correspondente.[107]

2.812. tutelas provisórias: concessão e reconhecimento

O tema das tutelas provisórias – em especial, das medidas de urgência – suscita questões de ao menos duas ordens no processo homologatório.

A primeira liga-se à possibilidade de que sejam concedidas tutelas provisórias antecedentes ou incidentais ao processo de homologação de sentenças estrangeiras. Tal possibilidade está hoje prevista expressamente na lei (CPC, art. 961, § 3º; RISTJ, art. 216-G) e vem sendo reconhecida pelo STJ, Tribunal dotado de competência absoluta para a concessão de tais tutelas (CPC, art. 299, c/c CF, art. 105, inc. I, *i*).[108]

---

106. O STJ tem admitido a homologação parcial da sentença estrangeira (SEC 12.781, rel. Min. João Otávio de Noronha, *DJ* 18.8.2017; SEC 854, rel. para o acórdão Min. Sidnei Beneti, *DJ* 7.11.2013; SEC 1, rel. Min. Maria Thereza de Assis Moura, *DJ* 1.2.2012).

107. O STJ já decidiu que a sentença que condenou a parte ao pagamento de quantia sujeita a correção monetária e variação cambial não podia ser homologado parcialmente, por se tratar de um único capítulo incindível (SEC 2.410, rel. para o acórdão Min. Nancy Andrighi, *DJ* 19.2.2014).

108. STJ, MC 17.411, rel. Min. Benedito Gonçalves, *DJ* 4.11.2016; STJ, MC/AgR 17.411, rel. Min. Ari Pargendler, *DJ* 1.9.2014; STJ, MC 20.206, rel. Min. João Otávio de Noronha, *DJ* 18.6.2014; STJ, SE 5.692, rel. Min. Ari Pargendler, *DJ* 18.10.2010.

Os requisitos para o julgamento de pedidos de tutelas provisórias antecedentes ou incidentais ao processo homologatório são aqueles previstos na lei processual brasileira (CPC, art. 294 e ss.; RISTJ, art. 288) e devem ser analisados com base na pretensão ao reconhecimento da sentença estrangeira, não na pretensão já julgada por esta. Em outras palavras, o que precisa ser verossimilhante (*fumus boni iuris*), p.ex., não é o direito reconhecido na sentença, mas sim o direito à homologação desta. Afinal, como o juízo (de delibação) para a concessão da tutela definitiva não pode reexaminar o mérito da sentença estrangeira (*supra*, nn. 2.803 e 2.809), tampouco pode fazê-lo o juízo para concessão de tutela provisória.

A segunda ordem de questões está relacionada à possibilidade de reconhecimento de decisões estrangeiras concessivas de tutelas provisórias.

Tradicionalmente, a jurisprudência do STF excluía a possibilidade de que decisões ensejadoras da prática de atos executórios no país, tais como arrestos, sequestros, penhora de bens *etc.*, recebessem o *exequatur* em carta rogatória, a fim de que fossem cumpridos no território nacional.[109] Essa posição baseava-se no argumento de que a concessão do *exequatur* a medidas de caráter executório ofenderia a ordem pública nacional. Se a liberação de quaisquer efeitos do julgado estrangeiro aqui estava subordinada à homologação, não se poderia dar cumprimento a medidas destinadas a fazer valer aqui parte ou alguns desses efeitos, de forma oblíqua, por meio de carta rogatória, antes e independentemente da homologação da respectiva sentença.

A doutrina mais moderna sempre criticou essa jurisprudência do Supremo Tribunal. A concessão de *exequatur* a rogatórias de cunho executivo em nada viola, aprioristicamente, a ordem pública ou a soberania nacionais, até porque o cumprimento da medida é subordinado a controle delibatório, exercido pelo mesmo órgão competente para homologar sentenças estrangeiras. O *decisum* poderia até afrontar a ordem pública, em determinada situação particular, mas esse juízo deveria ser feito à luz das circunstâncias concretas de cada caso, e não ser adotado como premissa teórica apenas em razão da natureza da decisão rogada. Permitir que decisões interlocutórias, especialmente medidas de urgência, tivessem efeitos no Brasil era um imperativo de efetividade da tutela jurisdicional.

A partir dos anos 90 esse quadro começou a mudar. Primeiro, o Supremo Tribunal Federal passou a ressalvar a possibilidade de outorgar *exequa-*

---

109. Essa posição era inspirada no Aviso Imperial de 1.10.1847 e na Lei 221/1894 (art. 12, § 4º), além do art. 12, § 2º, da Lei de Introdução às Normas do Direito Brasileiro, que falavam e falam em rogatórias para o cumprimento de "diligências", e era endossada por boa parte da doutrina (cf., por todos, Haroldo Valladão, *Direito internacional privado*, vol. 3, Rio de Janeiro, Freitas Bastos, 1978, p. 176).

tur a rogatórias que tivessem por objeto medidas executórias, desde que fosse aplicável à situação concreta norma específica que o admitisse, prevista em tratado internacional.[110] Entretanto, a grande inflexão no tema ocorreu com a transferência da competência para a concessão do *exequatur* em cartas rogatórias para o Superior Tribunal de Justiça. A Resolução 9/2005, editada para regulamentar esse procedimento, previa que "as cartas rogatórias podem ter por objeto atos decisórios ou não decisórios" (art. 7º). A doutrina e a jurisprudência viram nesse dispositivo a porta de entrada que faltava para a admissão do reconhecimento de medidas de cunho executivo (em sentido amplo) no país, pela via da carta rogatória.

O Código de Processo Civil de 2015 buscou consolidar em definitivo a matéria ao prever expressamente – até de modo redundante – a possibilidade de se reconhecerem no país decisões interlocutórias, inclusive as que veiculem medidas de urgência (CPC, arts. 960, § 1º, e 962). Para não haver dúvidas, a lei ainda mudou o nome do procedimento para homologação de *decisão* estrangeira e substituiu a exigência de trânsito em julgado da decisão homologanda por sua eficácia no país de origem (CPC, art. 963, inc. III).

Como se trata de controle delibatório da tutela provisória concedida no exterior, não é dado ao STJ reexaminar os requisitos para a concessão da medida, juízo que cabe apenas ao órgão estrangeiro prolator da decisão, com base nos requisitos da lei aplicável (CPC, art. 962, § 3º). Ao juiz brasileiro cabe exclusivamente avaliar a presença dos requisitos impostos pela nossa lei ao reconhecimento da decisão estrangeira no Brasil (CPC, arts. 963 e 964).

A lei também optou por deixar claro que são passíveis de reconhecimento tutelas provisórias de urgência concedidas *inaudita altera parte*, desde que a lei aplicável garanta o exercício do contraditório em momento ulterior (contraditório diferido) (CPC, art. 962, § 2º).

Com relação às decisões interlocutórias judiciais, o reconhecimento é feito por meio de carta rogatória (CPC, arts. 960, § 1º, e 962, § 1º).

Com relação às decisões arbitrais o problema suscita maiores dificuldades. Nem a Convenção de Nova Iorque nem a Lei de Arbitragem disciplinam diretamente o reconhecimento de liminares proferidas por árbitros no exterior. Diante do silêncio da primeira, muitos entendem que tais decisões não podem ser reconhecidas com base nesse tratado, já que ele se aplicaria apenas a laudos arbitrais definitivos (*final awards*), e tutelas provisórias seriam por definição não definitivas – além de virem muitas vezes sob a forma de or-

---

110. STF, CR 7.618, rel. Min. Sepúlveda Pertence, *DJ* 9.5.1997; STF, CR 7.613, rel. Min. Sepúlveda Pertence, *DJ* 9.5.1997; STF, CR 9.194, rel. Min. Carlos Velloso, *DJ* 7.12.2000; STF, CR 8.240, rel. Min. Celso de Mello, *DJ* 20.11.1998; STF, CR 7.899, rel. Min. Celso de Mello, *DJ* 2.9.1997.

dens (*orders*) e não laudos (*awards*).[111] Outros sustentam que a decisão sobre um pedido de tutela provisória seria definitiva (*final*) para as questões nela resolvidas e, portanto, seria passível de reconhecimento no regime da Convenção de Nova Iorque, quer fosse veiculada por uma ordem ou um laudo.[112]

No Brasil poder-se-ia tentar superar o problema por meio do regime geral do Código de Processo Civil sobre homologação de decisões estrangeiras, que, como se viu, se aplica subsidiariamente ao reconhecimento de decisões arbitrais e prevê expressamente o reconhecimento e a execução de decisões estrangeiras concessivas de tutelas provisórias (LArb, art. 36; CPC, arts. 960, §§1º e 3º, e 962 – *supra*, nn. 2.804 e 2.806). O problema é que o caminho da carta rogatória constitui solução insatisfatória na arbitragem. Afinal, isso significa que o tribunal arbitral ou a parte interessada teriam que requerer ao *órgão judicial* do país sede da arbitragem a expedição da carta rogatória para concessão do *exequatur* no Brasil, o que praticamente inviabilizaria a efetivação tempestiva da decisão.

Diante dessas dificuldades, o ideal seria permitir que se pedisse diretamente ao STJ o reconhecimento no Brasil de decisões arbitrais estrangeiras concessivas de tutelas provisórias ou, *de lege ferenda*, permitir que o controle dessas decisões ocorresse de forma incidental no próprio juízo do foro de cumprimento da medida no território nacional, a exemplo da solução preconizada em outras leis nacionais.[113] E as duas soluções poderiam ser veiculadas por meio da carta arbitral, instrumento já previsto na nossa lei para a cooperação jurídica entre árbitros e juízes (LArb, art. 22-C; CPC, art. 260, § 3º; Resoluções CNJ 350/2020 e 421/2021).

2.813. procedimento, recursos e execução

Como visto (*supra*, n. 2.803), o processo para homologação de sentenças estrangeiras é da competência originária do STJ (CF, art. 105, inc. I, *i*). Den-

111. V. V. Veeder, "Provisional and conservatory measures", in *Enforcing arbitration awards under the New York Convention: experience and prospects*, disponível em *https://digitallibrary.un.org/record/277902/files/Enforcing_arbitration_awards_under_the_New_York_Convention.pdf*, pp. 20-21 (acesso em 14.6.2022); Marike R. P. Paulsson, ob. cit., p. 117.

112. Para uma resenha das posições, *cfr.* Gary B. Born, *International commercial arbitration*, vol. 2, Kluwer Law International, 2009, pp. 2.512-2.516.

113. Cf. as modificações feitas às leis de arbitragem da Suíça (art. 185) e de Hong Kong (art. 61), inspiradas pelas alterações feitas em 2006 à Lei-Modelo da UNCITRAL, cujo art. 17-H.1 dispõe: "An interim measure issued by an arbitral tribunal shall be recognized as binding and, unless otherwise provided by the arbitral tribunal, enforced upon application to the competent court, irrespective of the country in which it was issued, subject to the provisions of article 17 I" (disponível em *https://uncitral.un.org/sites/uncitral.un.org/files/media-documents/uncitral/en/19-09955_e_ebook.pdf*).

tro do Tribunal, essa competência é atribuída ao Presidente (RISTJ, art. 216-A) ou, nos casos mais frequentes em que o pedido de homologação é contestado, à Corte Especial (RISTJ, art. 216-K).

O pedido de homologação de sentença estrangeira deve ser formulado em petição inicial dirigida ao Presidente do STJ e dotada dos requisitos da lei processual, bem como dos documentos indispensáveis à propositura da demanda (CPC, art. 960; RISTJ, arts. 216-A e 216-C; CNY, art. IV; LArb, art. 37 – *supra*, n. 2.807.4).

O valor da causa deve corresponder, o mais proximamente possível, ao benefício econômico pretendido pelo autor com o reconhecimento da sentença estrangeira. Essa premissa, de validade geral (CPC, art. 292), está à base da determinação, feita pela jurisprudência, de que, na homologação de sentenças condenatórias, o autor atribua à causa o valor da condenação imposta no julgado homologando.[114]

Não é necessário que o autor residente fora do país e que não possua aqui bens imóveis preste a caução do art. 83 do CPC em garantia do custo do processo.[115] Tratando-se de sentença arbitral, essa dispensa atende ao comando do art. III da CNI, que impede a imposição ao reconhecimento de sentenças arbitrais estrangeiras de "condições substancialmente mais onerosas ou taxas ou cobranças mais altas" que as previstas para a execução de sentenças arbitrais domésticas (CPC, art. 83, § 1º, inc. II).

Caso a petição inicial não preencha os requisitos legais, o Presidente do STJ deve intimar o autor para que a emende em prazo razoável, sob pena de extinção do processo (RISTJ, art. 216-E). Deferida ou emendada a inicial, o réu será citado para, no prazo de 15 dias, apresentar contestação, que só poderá versar, no mérito, sobre quaisquer dos requisitos legais à homologação (CPC, arts. 963 e 964; LArb, arts. 37 a 39; CNI, arts. IV e V; RISTJ, art. 216-H). Uma vez contestado o pedido, o processo será distribuído para um dos Ministros integrantes da Corte Especial (RISTJ, art. 216-K). Serão admitidas réplica e tréplica em 5 dias (RISTJ, art. 216-J), e o Ministério Público também terá vista dos autos, pelo prazo de 15 dias, para emitir seu parecer (RISTJ, art. 216-L).

Caso haja jurisprudência consolidada da Corte Especial sobre o tema versado no processo de homologação, o relator poderá julgar a demanda monocraticamente (RISTJ, art. 216-K, par.).[116] A decisão monocrática que julgar o

114. STJ, SE/QO 879, rel. Min. Luiz Fux, *DJ* 13.11.2006; STJ, SEC 507, rel. Min. Gilson Dipp, *DJ* 13.11.2006; STF, SEC/QO 6.697, rel. Min. Moreira Alves, *DJ* 14.12.2001.

115. STJ, SEC 507, rel. Min. Gilson Dipp, *DJ* 13.11.2006.

116. STJ, HDE/AgInt 2.950, rel. Min. Laurita Vaz, *DJ* 4.6.2021; STJ, SEC 15.273, rel. Min. Luís Felipe Salomão, *DJ* 27.4.2020; STJ, SEC 14.073, rel. Min. Luís Felipe Salomão, *DJ* 27.4.2020; STJ, HDE 2.565, rel. Min. Benedito Gonçalves, *DJ* 16.04.2020.

pedido de reconhecimento comporta agravo interno à Corte Especial, quer tenha sido proferida pelo relator, quer pelo Presidente do Tribunal em caso de ausência de contestação (RISTJ, art. 216-M).

Contra o julgamento feito pela Corte Especial podem ser opostos embargos de declaração (CPC, art. 1.022; RISTJ, art. 263). A rigor, é *cabível* também a interposição de recurso extraordinário ao STF (CF, art. 102, inc. III). No entanto, esses recursos têm sido reputados inadmissíveis, seja por ofensa meramente reflexa à Constituição Federal, seja por ausência de repercussão geral.[117]

Se o demandado se opôs ao pedido de reconhecimento tem plena incidência sobre o processo homologatório o princípio da sucumbência. Desse modo, ele deve ser condenado a arcar com o custo do processo, inclusive honorários advocatícios sucumbenciais (CPC, arts. 82, § 2º, e 85), que vêm sendo majoritariamente fixados de maneira equitativa pelo STJ (CPC, art. 85, § 8º).[118]

Por outro lado, caso o réu não tenha impugnado a demanda ou tenha aderido à pretensão homologatória, em princípio o acolhimento ou a rejeição do pedido não implicam sucumbência de nenhuma das partes frente à outra.[119] Afinal, o reconhecimento é condição inafastável para que o julgado manifeste quaisquer de seus efeitos decisórios no Brasil, independentemente da resistência de qualquer das partes – trata-se de tutela constitutiva necessária. Caso julgada procedente a demanda não contestada, portanto, não se pode condenar invariavelmente o réu ao pagamento de honorários apenas por ter ele ostentado a condição de sucumbente no processo estrangeiro.[120] Da sucumbência de determinada parte no primeiro não decorre necessariamente sua sucumbência no segundo. Apenas se o demandado tiver dado causa ao processo homologatório, por ter deixado de satisfazer a prestação a ele imposta na sentença estrangeira, p.ex., deverá ser condenado a pagar honorários sucumbenciais, em aplicação do princípio da causalidade.

---

117. STJ, SEC/ED/RExt/AgR 10.702, rel. Min. Francisco Falcão, *DJ* 16.12.2015; STF, RE/Ag./AgR 933.368, rel. Min. Rosa Weber, *DJ* 2.2.2016; STF, RE/AgR 915.341, rel. Min. Dias Toffoli, *DJ* 29.9.2017; STF, RE/AgR 598.754, rel. Min. Gilmar Mendes, *DJ* 9.9.2014; STF, RE/AgR 715.400, rel. Min. Roberto Barroso, *DJ* 22.9.2015.

118. STJ, SEC/ED/AgInt 14.073, rel. Min. Luís Felipe Salomão, *DJ* 14.6.2021; STJ, HDE 2.578, rel. Min. Maria Thereza de Assis Moura, *DJ* 10.9.2019; STJ, SEC 14.930, rel. Min. Og Fernandes, *DJ* 27.6.2019; STJ, SEC 8.421, rel. Min. Herman Benjamin, *DJ* 11.10.2017; STJ, EC/ED 5.782, rel. Min. Jorge Mussi, *DJ* 30.8.2016; STJ, SEC 507, rel. Min. Gilson Dipp, *DJ* 13.11.2006. Mas há precedentes fixando honorários conforme os limites do art. 85, § 2º, do CPC (p.ex.: STJ, SEC 15.750, rel. Min. Nancy Andrighi, *DJ* 27.11.2018; STJ, SEC 14.385, rel. Min. Nancy Andrighi, *DJ* 21.8.2018; STJ, HDE 1.940, rel. Min. Napoleão Nunes Maia Filho, *DJ* 17.2.2020).

119. STJ, HDE 1.614, rel. Min. Raul Araújo, *DJ* 1.7.2021; STJ, HDE 1.600, rel. Min. Og Fernandes, *DJ* 13.9.2021.

120. Nesse sentido, *cfr.* Angelo Gualandi, *Spese e danni nel processo civile*, Milão, Giuffrè. 1962, pp. 228-229.

A sentença homologada pode ser levada a cumprimento por meio da extração de carta de sentença, perante o juízo federal competente, onde seguirá o mesmo procedimento previsto para o cumprimento de sentenças nacionais (CF, art. 109, inc. X; CPC, arts. 513 ss. e 965; RISTJ, art. 216-N).

Por fim, é importante lembrar que o procedimento acima descrito constitui o regime geral, ou comum, para o reconhecimento de decisões estrangeiras no Brasil. Se aplicável algum regime especial previsto em tratado bilateral ou multilateral vigente no país, tal regime prevalece sobre o comum (CPC, art. 960, §§ 2º e 3º; LArb, art. 34 – *supra*, n. 2.806). É o caso, p.ex., do Protocolo de Cooperação e Assistência em Matéria Civil, Comercial, Trabalhista e Administrativa no âmbito do Mercosul (Protocolo de Las Leñas), segundo o qual o reconhecimento se faz pela via simplificada da carta rogatória (Decreto 2.067/96, art. 24).[121]

2.814. ação rescisória

A sentença que julga procedente ou improcedente o pedido homologatório, uma vez não mais sujeita a recursos, fica imunizada pela autoridade da coisa julgada material (CPC, art. 502). Nessa condição, só pode ser impugnada pela via excepcional da ação rescisória. É cabível esse meio de rescisão do julgado, visto tratar-se de provimento jurisdicional de mérito exarado em processo civil conduzido no território nacional. Nessa medida, integra a *fattispecie* dos atos rescindíveis prevista no art. 966 do Código de Processo Civil. Essa é a opinião prevalecente na doutrina e já acobertada pela jurisprudência.[122]

Sendo assim, é possível à parte, ao terceiro juridicamente interessado ou ao Ministério Público, entendendo presente alguma circunstância autorizadora do art. 966, mover ação rescisória perante o Superior Tribunal de Justiça, com o objetivo de desconstituir o julgado de mérito proferido no processo de homologação de sentenças estrangeiras (CPC, arts. 966 e 967; CF, art. 105, inc. I, *e*).

É importante lembrar que o objeto da rescisão é o provimento nacional emitido no processo de reconhecimento, não a sentença proferida no exterior

121. STJ, CR/AgR/ED/ED 398, rel. para o acórdão Min. Cesar Asfor Rocha, *DJ* 12.08.2010.

122. Cf. Francisco Cavalcanti Pontes de Miranda, *Tratado da ação rescisória*, cit., p. 357, e *Comentários ao Código de Processo Civil*, cit., p. 251; José Carlos Barbosa Moreira, *Comentários ao Código de Processo Civil*, cit., 116; Paulo Cezar Aragão e Roberto Rosas, ob. cit., p. 243; Haroldo Valladão, ob. cit., p. 208, nota 56. Há décadas o STF decidiu que "a homologação de sentença estrangeira constitui ato de prestação jurisdicional do Estado brasileiro, e, por isto, a sua desconstituição deve ser pleiteada por meio de ação rescisória" (AR 893, rel. Min. Antonio Neder, *DJ* 13.10.1976. No mesmo sentido, *cfr.* AR 676, rel. Min. Luiz Gallotti, *DJ* 14.09.66). O cabimento da ação rescisória também foi reconhecido no STJ (AR 6.258, rel. Min. Raul Araújo, *DJ* 18.2.2022).

e submetida ao crivo delibatório. Esta, não constituindo decisão jurisdicional brasileira, não se submete às vias autônomas de impugnação dos julgados previstas na lei pátria, mesmo depois de reconhecida.[123] Rescindível é, apenas, o provimento de mérito emitido no Brasil, com o qual se julgou a pretensão a que fosse homologado o laudo arbitral estrangeiro. E, desconstituído aquele, nada sucede com este último, em sua existência e validade intrínsecas. Suprimida a sentença de reconhecimento, simplesmente deixa de irradiar efeitos no Brasil o *decisum* estrangeiro que fora homologado.

À luz disso devem ser interpretadas as hipóteses legais ensejadoras da ação rescisória. Os vícios e fundamentos apontados nos incisos do art. 966, ao fazerem menção a "decisão", "causa", "prova", "autos", "juiz" *etc.*, referem-se, com exclusividade, ao processo tramitado e à sentença proferida no Brasil, no processo homologatório. Para o juízo rescindente efetuado no país nada importa ter a sentença estrangeira incorrido em erro de fato ou de direito, decorrido de prevaricação, corrupção ou concussão do julgador, se fundado em prova falsa, resultado de colusão entre as partes ou de dolo de uma delas, p.ex. Todo o controle da validade da sentença forasteira, reputado importante no Estado *ad quem*, terá sido efetuado no juízo de delibação. Fora desse âmbito, compete ao país de origem da sentença estrangeira dizer se ela está ou não sujeita a alguma forma de desconstituição naquela jurisdição, antes ou depois da homologação no Brasil.

Referências Bibliográficas

ABBUD, André de Albuquerque Cavalcanti. "Fifty years in five? The Brazilian approach to the New York Convention". In: JEMIELNIAK, Joanna, e MIKŁASZEWICZ, Przemys (eds.). *Interpretation of law in the global world: from particularism to a universal approach.* Berlim, Springer, 2010.

————. *Homologação de sentenças arbitrais estrangeiras*. São Paulo, Atlas, 2008.

ALMEIDA, Ricardo Ramalho. *Arbitragem comercial internacional e ordem pública.* Rio de Janeiro, Renovar, 2005.

ARAGÃO, Paulo Cezar, e ROSAS, Roberto. *Comentários ao Código de Processo Civil.* vol. 5. São Paulo, Ed. RT, 1975.

ARRUDA ALVIM, José Manoel de. "Competência internacional". In: *Studi in onore di Enrico Tullio Liebman.* vol. 2. Milão, Giuffrè, 1979.

123. "A sentença estrangeira não é suscetível de ser rescindida pelos juízes no Brasil" (cf. Francisco Cavalcanti Pontes de Miranda, *Tratado da ação rescisória*, cit., p. 357, e *Comentários ao Código de Processo Civil*, cit., p. 251). Como já decidiu o STJ, a ação rescisória é cabível "para discutir os requisitos da homologação (...) e não o próprio mérito da sentença estrangeira homologada" (AR 6.258, rel. Min. Raul Araújo, *DJ* 18.2.2022).

BARBI, Celso Agrícola. *Comentários ao Código de Processo Civil.* 11ª ed., vol. 1. Rio de Janeiro, Forense, 2002.

BARBOSA MOREIRA, José Carlos. *Comentários ao Código de Processo Civil.* 11ª ed., vol. 5. Rio de Janeiro, Forense, 2003.

————. "Problemas relativos a litígios internacionais". In: *Temas de direito processual.* Quinta série. São Paulo, Saraiva, 1994.

BORN, Gary B. *International commercial arbitration.* vol. 1. Kluwer Law International, 2009; vol. 2. Kluwer Law International, 2009.

CARELLA, Gabriella. "Sentenza civile straniera". In: *Enciclopedia del diritto.* vol. 41. Milão, Giuffrè, 1989.

CARMONA, Carlos Alberto. *Arbitragem e processo: um comentário à Lei n. 9.307/96.* 2ª ed. São Paulo, Atlas, 2004.

CASTRO, Amílcar de. *Das execuções de sentenças estrangeiras no Brasil.* Belo Horizonte, Imprensa Oficial de Minas Gerais, 1939.

CHIOVENDA, Giuseppe. *Istituzioni di diritto processuale civile*, s. d., trad. port. J. G. Menegale, *Instituições de direito processual civil*, v. 2, 3ª ed., São Paulo, Saraiva, 1969.

————. *Principii di diritto processuale civile.* Nápoles, Jovene, 1965.

COLE, Richard A. *The public policy exception to the New York Convention on the recognition and enforcement of arbitral awards.* In: *Ohio State journal on dispute resolution.* vol. 1, n. 2. 1986.

CONDORELLI, Luigi. *La funzione del riconoscimento di sentenze straniere.* Milão, Giuffrè, 1967.

CONTINI, Paolo. "The United Nations Convention on the recognition and enforcement of foreign arbitral awards". *The american journal of comparative law.* vol. 8. 1959.

DINAMARCO, Cândido Rangel. "Limites da sentença arbitral e de seu controle jurisdicional". In: *Nova era do direito processual civil.* São Paulo, Malheiros Editores, 2004.

————. "O conceito de mérito em processo civil". In: *Fundamentos do processo civil moderno.* 5ª ed., t. I. São Paulo, Malheiros Editores, 2002.

————. "O princípio do contraditório e sua dupla destinação". In: *Fundamentos do processo civil moderno.* 5ª ed., t. I. São Paulo, Malheiros Editores, 2002.

DOLINGER, Jacob. "A ordem pública internacional em seus diversos patamares". *RT* 93, n. 828. Outubro/2004.

FAZZALARI, Elio. *Istituzioni di diritto processuale.* 7ª ed. Pádua, CEDAM, 1995.

FAZZALARI, Elio, *et al. La nuova disciplina dell'arbitrato – Commentario.* Milão, Giuffrè, 1994.

FOUCHARD, Philippe. "Sugestões para aumentar a eficácia internacional das sentenças arbitrais". *Revista de Direito Bancário, do Mercado de Capitais e da Arbitragem* 3. 2000.

GAMA E SOUZA JÚNIOR, Lauro da. "Reconhecimento e execução de sentenças arbitrais estrangeiras". In: CASELLA, Paulo Borba (coord.). *Arbitragem – A nova lei brasileira e a praxe internacional.* 2ª ed. São Paulo, LTr, 1999.

GRAU, Eros Roberto. "Arbitragem e contrato administrativo". *Revista Trimestral de Direito Público* 32. 2000.

GRECO FILHO, Vicente. *Homologação de sentença estrangeira.* São Paulo, Saraiva, 1978.

GRINOVER, Ada Pellegrini. "O princípio da ampla defesa no processo civil, penal e administrativo". In: *O processo em sua unidade.* vol. 2. Rio de Janeiro, Forense, 1984.

GUALANDI, Angelo. *Spese e danni nel processo civile.* Milão, Giuffrè, 1962.

HUNTER, Martin, e REDFERN, Alan. *Law and practice of international commercial arbitration.* 4ª ed. Londres, Sweet & Maxwell, 2004.

KAPLAN, Neil. *New developments on written form. Enforcing arbitration awards under the New York Convention: experience and prospects.* Disponível em *http://www.uncitral.org/pdf/english/texts/arbitration/NY-conv/NYCDay-e.pdf* (acesso em 21.5.2022).

KLEINHEISTERKAMP, Jan. *International commercial arbitration in Latin America.* Dobbs Ferry, Oceana, 2005.

LA CHINA, Sergio. *L'arbitrato – Il sistema e l'esperienza.* 2ª ed. Milão, Giuffrè, 2004.

LIEBMAN, Enrico Tullio. "L'azione per la delibazione delle sentenze straniere". In: *Problemi del processo civile.* Nápoles, Morano, 1962.

————. *Manuale di diritto processuale civile* (1980). trad. portuguesa de C. R. Dinamarco, *Manual de direito processual civil.* vol. 1. São Paulo, Malheiros Editores, 2005.

MARQUES, José Frederico. *Instituições de direito processual civil.* vol. 5, 3ª ed., Rio de Janeiro, Forense, 1971.

————. *Manual de direito processual civil.* 2ª Parte, vol. 3. São Paulo, Saraiva, 1975.

MARTINS, Pedro A. Baptista. "A recepção nacional às sentenças arbitrais prolatadas no exterior". In: CARMONA, Carlos Alberto, LEMES, Selma M., e MARTINS, Pedro A. Baptista. *Aspectos fundamentais da Lei de Arbitragem.* Rio de Janeiro, Forense, 1999.

————. "Questões que envolvem a homologação de sentença arbitral estrangeira". *Revista Forense* 344. Rio de Janeiro, outubro-dezembro/1998.

MELENDO, Santiago Sentís. *La sentencia extranjera (exequatur).* Buenos Aires, EJEA, 1958.

MESQUITA, José Ignácio Botelho de. "Da competência internacional e dos princípios que a informam". *Revista de Processo* 50/51.

MONACO, Riccardo, *Il giudizio di delibazione*. Pádua, CEDAM, 1940.

MORELLI, Gaetano. *Diritto processuale civile internazionale*. 2ª ed. Pádua, CEDAM, 1954.

MORTARA, Ludovico. *Commentario del Codice e delle leggi di procedura civile*. 4ª ed., vol. 5. Milão, Francesco Vallardi, s/d.

NAÓN, Horacio A. Grigera. "Orden público y arbitraje". In: Pucci, Adriana Noemi (coord.), *Arbitragem comercial internacional*. São Paulo, LTr, 1998.

PAU, Giovanni. "Delibazione". In: *Novissimo digesto italiano*. vol. 5. Turim, UTET, 1957.

PAULSSON, Marike R. P. *The 1958 New York Convention in action*. Kluwer Law International, 2016.

PETROCHILOS, Georgios. *Procedural law in international arbitration*. Oxford, Oxford University, 2004.

PONTES DE MIRANDA, Francisco Cavalcanti. *Comentários ao Código de Processo Civil*. 3ª ed., t. VI. Rio de Janeiro, Forense, 2002.

——————. *Tratado da ação rescisória*. 5ª ed. Rio de Janeiro, Forense, 1976.

——————. *Tratado das ações*. t. III. São Paulo, Ed. RT, 1974.

PROTO PISANI, Andrea. *Lezioni di diritto processuale civile*. 2ª ed. Nápoles, Jovene, 1996.

QUADRI, Rolando. "Interesse ad agire, 'legitimatio ad causam' e giudizio di delibazione". in *Rivista di Diritto Processuale Civile* 14. 1937.

SAMTLEBEN, Jürgen. "Questões atuais da arbitragem comercial internacional no Brasil". *RT* 712/51.

SANDERS, Pieter. "A twenty years' review of the convention on the recognition and enforcement of foreign arbitral awards". *International lawyer* 13. 1979.

SILVA, De Plácido e. *Vocabulário jurídico*. 29ª ed. Rio de Janeiro, Forense, 2012.

SPRINGER, James van Roven. "The United Nations Convention on the recognition and enforcement of foreign arbitral awards". *International lawyer* 3, n. 2. 1968-1969.

STRUB JUNIOR, Michael H. "Resisting enforcement of foreign arbitral awards under article V(1)(e) and article VI of the New York Convention: a proposal for effective guidelines". *Texas Law review* 68. 1989-1990.

VALLADÃO, Haroldo. *Direito internacional privado*. vol. 3. Rio de Janeiro, Freitas Bastos, 1978.

VAN DEN BERG, Albert Jan. *The New York Arbitration Convention of 1958: towards a uniform judicial interpretation*. Kluwer Law International, 1981.

VEEDER, V. V. "Provisional and conservatory measures". In: *Enforcing arbitration awards under the New York Convention: experience and prospects*. Disponível em *https://digitallibrary.un.org/record/277902/files/Enforcing_arbitration_awards_under_the_New_York_Convention.pdf* (acesso em 14.6.2022).

*TÍTULO XXXIX – **TUTELA COLETIVA E DO PATRIMÔNIO PÚBLICO***

CAPÍTULO CXCV – ***AÇÃO CIVIL PÚBLICA***

PEDRO DA SILVA DINAMARCO

2.815. terminologia

A expressão "ação civil pública" é utilizada tanto pela Constituição quanto pela sua principal lei de regência, enquanto o Código de Defesa do Consumidor trata do instituto como ação coletiva. Mas, apesar de certa divergência doutrinária, as expressões "ação civil pública" e "ação coletiva" não devem ser entendidas como sinônimo.[1] Esta deve ser considerada o *gênero* da tutela jurisdicional dos direitos transindividuais, enquanto a ação civil pública, a ação popular, o mandado de segurança coletivo, o mandado de injunção coletivo – e, para alguns, a ação de improbidade administrativa – são *espécies* daquela.

A jurisprudência dos Tribunais Superiores faz a distinção entre a ação civil pública, na qual o autor coletivo atua como substituto processual, e a *ação or-*

1. Em outro trabalho doutrinário (Pedro da Silva Dinamarco, *Ação civil pública*, São Paulo, Saraiva, 2002, n. 3, p. 17) afirmei que essas duas expressões teriam o mesmo significado, mas após maior reflexão passei a entender que a primeira é espécie da segunda.

dinária coletiva, quando uma associação civil também atua em nome próprio, mas como representante da categoria (CF, art. 5º, inc. XXI). Ao adotar esse questionável entendimento, logicamente deve ser reconhecida a inaplicabilidade dos dispositivos legais que regem a ação civil pública a essa ação ordinária coletiva, em especial em relação ao rol de legitimados ativos, à extensão subjetiva da coisa julgada,[2] inclusive no tocante à limitação territorial dos seus efeitos, e à isenção de custas, despesas e honorários de sucumbência.

A *ação de improbidade de administrativa* tampouco pode ser tratada como ação civil pública ou, mais amplamente, como ação coletiva. O art. 17-D da Lei 8.429/1992 – com as alterações trazidas pela Lei 14.230/2021 – é claro ao dispor que esta espécie de ação "é repressiva (...) e não constitui ação civil, vedado seu ajuizamento para o controle de legalidade de políticas públicas e para a proteção do patrimônio público e social, do meio ambiente e de outros interesses difusos, coletivos e individuais homogêneos". Em complemento, os §§ 16 e 17 do art. 17 tratam da conversão da conversão da "ação de improbidade em ação civil pública" caso a discussão passe a versar exclusivamente sobre ressarcimento do erário – sem possibilidade de incidência das sanções previstas na lei.

2.816. legislação aplicável

O *direito à tutela jurisdicional coletiva* é assegurado tanto pelo próprio conteúdo da ampla garantia da inafastabilidade da tutela jurisdicional (art. 5º, inc. XXXV),[3] quanto pela menção expressa na Constituição a diversas espécies de ações coletivas relacionadas à proteção dos direitos e interesses coletivos e difusos, em especial ao conferir legitimidade ao Ministério Público para a ação civil pública (art. 129, inc. III), à ação popular (art. 5º, inc. LXXIII) e ao mandado de segurança coletivo (art. 5º, inc. LXX), bem como ao conferir poderes aos sindicatos e à Defensoria Pública para a defesa de certos interesses coletivos (arts. 8º, inc. III, e 134, respectivamente).

No plano infraconstitucional, a ação civil pública é disciplinada pela lei n. 7.347/1985 (Lei da Ação Civil Pública) em conjunto harmônico com o título III da lei n. 8.078/1990 (Código de Defesa do Consumidor). Subsidiaria-

2. "Tendo em vista a distinção traçada pelo Pleno, é forçoso concluir que os Temas 82 e 499 da sistemática da repercussão geral referem-se apenas às *ações coletivas sob o rito ordinário*, não abrangendo as ações civis públicas, que possuem rito próprio" (STF, 2ª Turma, RE com agravo/Segundo AgR 1.347.643-RO, rel. Min. Gilmar Mendes, j. 23 a 30.9.2022, v.u.).
3. Nesse sentido: Cândido Dinamarco, *Instituições de direito processual civil*, vol. I, n. 82, p. 216.

mente, para suprir as lacunas legislativas, aplica-se o Código de Processo Civil – ou a Consolidação das Leis Trabalhistas, nas matérias laborais.

"O microssistema das tutelas coletivas está incluído nesse sistema (e por isso é que ele se diz um microssistema) para que as normas gerais do processo civil brasileiro, contidas basicamente no Código de Processo Civil, sejam também ali aplicadas e só não o sejam quando algum preceito específico excluir sua aplicação".[4]

Para parte da doutrina e da jurisprudência, todavia, o *microssistema de tutelas coletivas* autorizaria, no caso de lacuna legal, a aplicação prioritária e cruzada das diversas leis que tratam de espécies específicas de ação coletiva – ação civil pública, mandado de segurança coletivo, ação popular, Lei de Improbidade Administrativa *etc.* – e de outras que também visem a tutelar direitos de natureza coletiva, como o Estatuto do Idoso e o da Criança e do Adolescente. Haveria, portanto, o intenso diálogo dessas fontes legais extravagantes.

Nessa toada, é reiterada a jurisprudência no Superior Tribunal de Justiça a respeito da aplicabilidade à ação civil pública do prazo prescricional disposto no art. 21 da Lei da Ação Popular (v. *infra*, item 2.816), bem como do cabimento de agravo de instrumento em ação civil pública (em especial de improbidade administrativa), por força do art. 19, § 1º, da Lei da Ação Popular.[5] Há também decisão fixando a competência absoluta do local do dano na ação popular (LACP, art. 2º).[6]

Esse entendimento está equivocado, principalmente por violar o art. 19 da Lei da Ação Civil Pública e o art. 90 do Código de Defesa do Consumidor, que expressamente determinam a aplicação subsidiária do Código de Processo Civil (e não das outras leis mencionadas acima). Ademais, o Código processual de 2015 já foi concebido na origem pressupondo a existência das ações coletivas. Assim, eventual entendimento de que as normas gerais do processo seriam inapropriadas à tutela coletiva deve ser solucionada na esfera legislativa, jamais no campo hermenêutico.

2.817. matérias

As matérias sobre as quais este tipo de processo pode versar estão *exemplificadas* nos incisos do art. 1º da Lei da Ação Civil Pública, entre as quais

---

4. Cândido Dinamarco, *Instituições de direito processual civil*, 10ª ed., vol. I, São Paulo, Malheiros Editores/Juspodivm, 2020, n. 83, p. 220.
5. STJ, 1ª Turma, REsp 1.828.295-MG, rel. Min. Sérgio Kukina, j. 11.2.2020; e STJ, 2ª Turma, REsp 1.925.492-RJ, rel. Min. Herman Benjamin, j. 4.5.2021, v.u.
6. STJ, 2ª Turma, REsp/AgInt 1.883.545-DF, rel. Min. Mauro Campbell, j. 4.10.2021, v.u.

se destacam a defesa do meio ambiente, do consumidor, da ordem econômica, dos valores mobiliários e do patrimônio público, cultural e social.

Por outro lado, o parágrafo único do mencionado art. 1º – com redação dada pela Medida Provisória 2.180-35/2001, ainda em vigor – dispõe que "não será cabível ação civil pública para veicular pretensões que envolvam tributos, contribuições previdenciárias, o Fundo de Garantia do Tempo de Serviço – FGTS ou outros fundos de natureza institucional cujos beneficiários podem ser individualmente determinados". Essa restrição deve se limitar aos interesses individuais homogêneos e ser vista com reservas, especialmente em situações em que possa impedir a própria tutela efetiva de certos direitos. Ademais, esse dispositivo não impede que a *causa de pedir* verse sobre as matérias lá especificadas, se o acolhimento do pedido não impedir automaticamente a cobrança de impostos e contribuições de qualquer natureza pelo Poder Público.

A ação civil pública também não é cabível contra *lei em tese*, sem indicação de fato específico, em especial quando ela implicar substituição das vias de controle concentrado de constitucionalidade de leis (ADIN, ADC *etc.*). Mas é aceita quando o controle de constitucionalidade for meramente incidental, constituindo apenas *questão prejudicial* necessária ao julgamento da causa, sem visar direta ou indiretamente à extirpação integral da norma do sistema jurídico, com efeitos *erga omnes*.[7]

Ressalvada essas situações acima, o que realmente importa para a análise da adequação da ação civil pública – e consequente interesse de agir – não é tanto a matéria ali vinculada, mas se da narrativa da petição inicial se extrai, ao menos em tese, a efetiva ocorrência de relevante impacto social decorrente dos fatos narrados ou a existência interesse público primário – pertencente à sociedade e não só ao Estado – tido como violado.

"A relevância social pode ser objetiva (decorrente da própria natureza dos valores e bens em questão, como a dignidade da pessoa humana, o meio ambiente ecologicamente equilibrado, a saúde, a educação) ou subjetiva (aflorada pela qualidade especial dos sujeitos – um grupo de idosos ou de crianças, p.ex. – ou pela repercussão massificada da demanda)."[8]

Como se percebe, a ação civil pública tem *enorme relevância* no sistema de tutela judicial da sociedade e seus direitos, sendo apta a proteger grande número de pessoas em um único processo. Inicialmente, ela veio para suprir uma *lacuna* do processo civil tradicional em relação aos direitos difusos – em especial o meio ambiente –, que, por pertencerem a todos, de modo indivisível,

---

7. Nesse sentido: STJ, 1ª Turma, AREsp/AgInt 1.736.396-GO, rel. Min. Gurgel de Faria, j. 25.4.2022, v.u.
8. STJ, 2ª Turma, REsp 347.752-SP, rel. Min. Herman Benjamin, j. 8.5.2007, v.u.

geralmente não podem ser defendidos individualmente. Posteriormente sua utilização foi ampliada para a defesa dos interesses individuais homogêneos, passando a reduzir a *litigiosidade contida* (conflitos que sequer chegariam ao Judiciário) – e portanto a universalizar a tutela jurisdicional –, a conferir maior força à defesa de direitos com origem comum, a ser exercida por alguém com maior capacidade técnica e econômica (Ministério Público, associações *etc.*) e consequentemente a conferir maior *poder de barganha* ao grupo, para eventual transação coletiva. Além disso, *desafoga a máquina judiciária*, mediante a eliminação ou suspensão de inúmeros processos individuais com o mesmo objeto e contribui para a efetividade do *princípio da igualdade* entre as pessoas, ao reduzir a loteria judiciária gerada por decisões díspares sobre a mesma matéria, bem como gera a *conscientização* dos potenciais violadores em série de direitos, que passam a temer o impacto econômico das decisões lá proferidas.[9]

Doutrina e jurisprudência vêm destacando a relevância do *processo coletivo estrutural*, para impor a alteração estrutural na política pública, em organização pública e, eventualmente, até em entidade privada, para dar cumprimento a preceito fundamental – como o direito à educação ou à saúde e a proteção à infância e à adolescência –,[10] o que ganhou reforço com o novo art. 17-D, parágrafo único, da Lei de Improbidade Administrativa. Essa reestruturação envolve plano de longo prazo, com várias etapas, de modificação do funcionamento da instituição – e não apenas a determinação de um comportamento específico, como usualmente ocorre.[11] Ou seja, "a decisão não mais versa sobre fatos passados ao quais se cogita de aplicar a lei, mas projeta-se para o futuro, mediante uma dimensão prospectiva consistente no regramento de fatos ainda não acontecidos mas previsíveis".[12]

2.818. espécies de direitos metaindividuais

A ação civil pública visa à tutela jurisdicional de direitos ou interesses coletivos (*lato sensu*) – ou metaindividuais –, os quais, segundo a lei, englo-

---

9. A respeito desses e de outros benefícios, v. Pedro da Silva Dinamarco, ob. cit., n. 5, pp. 21 e ss.

10. Sobre a possibilidade de utilização da ação civil pública para suprir omissão do ente público em tema de direitos fundamentais de caráter social e determinar a implantação de políticas públicas, sem ofensa à separação dos Poderes – discussão que se inclui no Tema 220 da sistemática da repercussão geral: STF, ARE/AgR 1.339.740, rel. Min. Edson Fachin, j. 4.4.2022, v.u.

11. Sobre a utilização dos processos estruturais para a alteração do estado de coisas ensejador da violação dos direitos: STJ, 2ª Turma, REsp 1.733.412-SP, rel. Min. Og Fernandes, j. 17.9.2019, v.u.

12. Dinamarco-Badaró-Lopes, *Teoria geral do processo*, 32ª ed., São Paulo, Malheiros Editores/Juspodivm, 2020, n. 365, p. 539.

bam três espécies: direitos ou interesses difusos, coletivos (*stricto sensu*) e individuais homogêneos.

A lei faz menção tanto a *direitos* quanto a *interesses* (legítimos) para evitar que eventual preciosismo hermenêutico pudesse comprometer a aplicação da lei. Assim, apesar da distinção conceitual entre eles – sem grande relevância prática –, aqui utilizaremos indistintamente os dois termos, como sinônimos. A própria Constituição Federal refere-se ora a *direitos coletivos* (Título II), ora a *interesses coletivos* (arts. 129, inc. III, e 134).

As três espécies de direitos ou interesses são conceituadas nos incisos do art. 81, parágrafo único, do Código de Defesa do Consumidor. Segundo lá está, difusos são aqueles direitos "transindividuais, de natureza indivisível, de que sejam titulares pessoas indeterminadas e ligadas por circunstâncias de fato" (inc. I). Coletivos são os interesses "transindividuais, de natureza indivisível, de que seja titular grupo, categoria ou classe de pessoas ligadas entre si ou com a parte contrária por uma relação jurídica base" (inc. II). E direitos individuais homogêneos são aqueles "decorrentes de origem comum" (inc. III).

Para fins didáticos, a distinção se dá em razão do seu objeto e de seus sujeitos: direitos *difusos* são aqueles cujo objeto é indivisível – ou se protege todos, ou não se protege ninguém – e os sujeitos não são identificáveis, nem mesmo *a posteriori* (*v.g.*, proteção do meio ambiente); os direitos *coletivos* em sentido estrito são aqueles cujo objeto também é indivisível, mas os sujeitos são identificáveis; e os *individuais homogêneos* têm objeto divisível e os sujeitos são identificáveis.

Venho sustentando, contudo, que na prática *não existem* os direitos coletivos *stricto sensu* e que a tentativa de sua utilização vem causando apenas discussões desnecessárias e tumultuo nos processos coletivos.[13]

A tutela judicial dos direitos difusos e coletivos, por ter objeto indivisível, deve necessariamente ocorrer por meio de uma demanda coletiva – aqui incluídos o mandado de segurança coletivo, a ação popular *etc.* Já os interesses individuais homogêneos recebem tratamento processual coletivo apenas por questão de conveniência – eles são essencialmente individuais, e como tais também podem ser defendidos por cada um de seus titulares. Isto é, trata-se de *tutela coletiva a direitos individuais*.[14] Neste caso, deve ser demons-

---

13. Minha ob. cit., n. 7.2, esp. p. 58.

14. Cândido Dinamarco, "As três figuras da liquidação de sentença", in *Fundamentos do processo civil moderno*, 6ª ed., vol. II, São Paulo, Malheiros Editores, 2010, n. 793, p. 1.394. Barbosa Moreira os tratava como "direitos e interesses acidentalmente coletivos"

trado que a conduta tida como ilícita gerou danos a uma quantidade bastante elevada de pessoas, de modo a revelar a relevância social da sua tutela.

Por outro lado, as três espécies de interesses se assemelham por haver prevalência da dimensão coletiva sobre a individual. É isso inclusive que confere homogeneidade a certos interesses individuais e legitima tutelá-los coletivamente. Assim, se no curso do processo coletivo (fase de conhecimento) houver necessidade de analisar as peculiaridades individuais, como condição para o acolhimento do pedido autoral, esta via será inadmissível.

2.819. processo especial – e não procedimento especial

O que caracteriza um procedimento é a sequência ordenada de atos processuais, bem como o próprio rol desses atos e o modo como eles são praticados. E o procedimento é especial quando ele contém desvios em relação ao rito ordinário estabelecido pelo legislador para a generalidade dos processos.

A ação civil pública (leia-se: fase de conhecimento) segue basicamente o rito ordinário tradicional. Suas principais peculiaridades dizem respeito à legitimidade extraordinária (v. item 2.822) e à coisa julgada *secundum eventum litis* e *in utilibus* (v. itens 2.832 e 2.833).

> Na síntese de Cândido Dinamarco, a oferta de tutela jurisdicional coletiva atua em dois momentos: (a) na entrada, pelo ajuizamento de ações civis públicas pelos legitimados extraordinários, e (b) na saída, ao entregar resultados a grupos, categorias ou classes que não figuram no processo como parte formal.[15]

Está sujeita ainda a outras pequenas e pontuais regras processuais, que igualmente não impactam no procedimento, tais como as relativas à competência; à possibilidade de obtenção de informações e certidões junto a autoridades e de suspensão da liminar pelo presidente do tribunal; ao destino da condenação pecuniária; e à isenção do pagamento de custas, despesas e de condenação nas verbas de sucumbência.

Portanto, a ação civil pública não é um procedimento especial, mas um verdadeiro processo especial, onde se busca uma *tutela jurisdicional diferenciada*, para solucionar conflitos que extrapolam a esfera puramente individual.

> Todavia, se aprovado sem alteração algum dos projetos de leis em trâmite no Congresso Nacional (PLs 4.441/2020 e 4.778/2020), a ação passaria então a ser um verdadeiro procedimento especial, pois eles disciplinam diversos atos processuais, como os requisitos da petição inicial, a possibilidade de dila-

---

("Tutela jurisdicional dos interesses coletivos ou difusos", in *Temas de direito processual*, Terceira série, São Paulo, Saraiva, 1984, n. 3, p. 196).

15. Cândido Dinamarco, *Instituições de direito processual civil*, cit., n. 82, p. 219.

ção do prazo de contestação, o fracionamento da decisão de mérito e a imposição da remessa necessária.

2.820. competência

Quando o dano alegado na petição inicial for local, a competência para a ação civil pública será do foro do *local do dano* (LACP, art. 2º), com vista a facilitar o acesso às provas. Se ele for geograficamente restrito a poucas comarcas, será competente qualquer uma delas.[16]

Mas, se o dano tiver abrangência nacional ou de uma grande região (por vezes envolvendo diversos Estados), são competentes para a causa o foro da Capital do Estado ou do Distrito Federal, nos termos do art. 93, inc. II, do Código de Defesa do Consumidor (STF, Tema de repercussão geral 1.075). Trata-se de *competência territorial concorrente*, cabendo ao autor escolher onde sua atuação será mais facilitada.[17]

E, nos termos do art. 2º, par. ún., da Lei 7.347/1985, se forem propostas diversas ações civis públicas com mesma causa de pedir e mesmo pedido – ainda que parcialmente iguais (continência) –, além de terem a mesma abrangência subjetiva, está *prevento* para o julgamento de todas as demandas conexas o juízo perante o qual tiver sido ajuizada a primeira delas (novamente Tema de repercussão geral 1.075 do STF).

Mas essa reunião de processos só é possível enquanto nenhum deles tiver sido sentenciado (Súmula 235 do STJ). Do contrário a única solução então é a extinção do processo posterior, em razão da litispendência.

2.821. relação com os processos individuais

Admite-se a coexistência de ações individuais com uma ação civil pública – por interesse difuso ou individual homogêneo –, ainda que visem ao reconhecimento do mesmo direito.

Mas, ajuizada ação civil pública relativa à macrolide geradora de inúmeros processos, o magistrado competente pode determinar a *suspensão* de todos os processos individuais – e coletivos também – que versem total ou parcialmente sobre a mesma matéria, até seu julgamento final (Temas repetitivos 60 e 589 da 1ª e da 2ª Seção do STJ, respectivamente).[18] Conforme lá decidido, isso não implica violação

---

16. Nesse sentido: Pedro Dinamarco, "Competência, conexão e prevenção nas ações coletivas", in Édis Milaré (coord.), *Ação civil pública – Após 20 anos*, São Paulo, Ed. RT, 2005, n. 2, p. 506.
17. Nesse sentido: STJ, 1ª Seção, CC 187.601-DF, rel. Min. Francisco Falcão, j. 10.8.2022, v.u.
18. Especificamente sobre a suspensão de outros processos coletivos com a mesma abrangência: STJ, 1ª Seção, REsp/ProAfR 1.913.392-MG, rel. Min. Assusete Magalhães, j. 24.8.2021, v.u.

aos arts. 103 e 104 do Código de Defesa do Consumidor e prestigia a utilização da demanda coletiva. Tal suspensão, aliás, também é imposta no incidente de resolução de demandas repetitivas (CPC, art. 982, inc. I e § 3º) e nos recursos extraordinário e especial repetitivos (CPC, art. 1.037, inc. II), sempre com o objetivo principal de evitar esforços desnecessários do Judiciário e garantir a segurança jurídica.

Da mesma forma, a mera possibilidade teórica de ajuizamento de uma ação civil pública para a defesa de interesse difuso ou individual homogêneo não impede, por si só, que o lesado promova demanda para a proteção do seu direito individual – ainda que para tanto eventualmente haja a tutela *indireta* de direitos alheios, em razão da indivisibilidade do seu objeto, sob pena de violação da garantia da inafastabilidade do controle jurisdicional.

2.822. legitimidade ativa extraordinária

Nos termos do art. 5º da Lei da Ação Civil Pública e do art. 82 do Código de Defesa do Consumidor, são legitimados a propor uma ação civil pública o Ministério Público; a Defensoria Pública; União, Estados, Distrito Federal e Municípios; autarquia, empresa pública, fundação ou sociedade de economia mista – desde que destinadas à defesa da espécie de direito *sub judice* (do consumidor, do meio ambiente *etc.*); associações formalmente constituídas há mais de um ano e que inclua entre suas finalidades institucionais a proteção aos direitos metaindividuais objeto daquela demanda coletiva. A interpretação desse rol deve ser estrita.

Prevalece o entendimento de que o autor da ação civil pública age como *substituto processual*. Isto é, nessas demandas o legitimado não age – e não pode agir – na defesa de seus próprios interesses, mas em favor de determinado grupo relevante, determinável ou não. Para a defesa do seu próprio interesse – p.ex., proteção do erário pela pessoa jurídica de direito público – a via processual é outra e a legitimidade será ordinária.

Conforme já afirmei alhures, "é possível que o autor tenha legitimidade (ordinária ou extraordinária) para a defesa daquele direito, mas que a via adequada não seja a da ação civil pública. Assim, se qualquer órgão público legitimado pretende a defesa de interesses patrimoniais próprios (*v.g.*, recebimento de um crédito), deverá socorrer-se das vias tradicionais (...). Da mesma forma, o *Parquet* está legitimado a defender o interesse indisponível de uma única criança que não conseguiu vaga em escola, mas não por meio da ação civil pública".[19]

Essa legitimidade extraordinária conferida pela lei é *autônoma* (independe da manifestação ou da presença do substituído), *concorrente* (não exclui a de outros legitimados) e *disjuntiva* (admite litisconsórcio).[20]

---

19. Pedro Dinamarco, *Ação civil pública*, cit., n. 16.2, p. 101.
20. Nesse sentido: Pedro Dinamarco, *Ação civil pública*, cit., n. 14.3, pp. 77-78.

A Constituição Federal confere legitimidade ao *Ministério Público* – o que é reforçado por diversas leis –, ao dispor que está entre suas funções institucionais "promover o inquérito civil e a ação civil pública, para a proteção do patrimônio público e social, do meio ambiente e de outros interesses difusos e coletivos" (art. 129, inc. III). E o art. 127 claramente condiciona sua atuação à demonstração em concreto de relevante *interesse social ou individual indisponível* (CF, art. 127).[21]

Sendo *difuso* ou *coletivo stricto sensu* senso o direito discutido – portanto indivisível –, sua legitimidade é mais facilmente identificável, especialmente quando não for viável a sua defesa integral por cada um dos indivíduos lesados. É o caso da defesa do meio ambiente saudável e do combate à propaganda enganosa e às práticas de cartelização (defesa do mercado e não do concorrente prejudicado).

O patrimônio público secundário, relativo ao *erário público*, não é difuso. Ao contrário, o interesse aqui é particular e individual do Estado, equivalente ao de qualquer outro sujeito. Ademais, a Constituição veda expressamente a representação judicial de entidades públicas pelo *Parquet* (art. 129, inc. IX). Daí a sua ilegitimidade para a ação visando à proteção do erário – apesar de a jurisprudência ser em sentido oposto.

Por outro lado, quando se trata de *direitos individuais homogêneos* – com objeto divisível e com titulares determináveis – a questão é bem mais complexa. Nesses casos, o Ministério Público só tem legitimidade para a defesa coletiva se estiver configurado o interesse social relevante – ainda que eventualmente disponível e divisível –, isto é, quando a soma dos inúmeros interesses individuais homogêneos, aferidos em seu conjunto, transcender a esfera de interesses estritamente particulares, de modo que a própria sociedade passa a ter interesse na ampla resolução desses conflitos de massa, em razão do seu grande impacto social (v. Tema 471 de repercussão geral do STF). Assim, a conduta deve necessariamente causar danos a número bastante significativo de pessoas – sem que haja um número predeterminado de lesados.

Nessa toada, o *Parquet* tem legitimidade para ajuizar *ação civil pública* com objetivo de, entre outros, (a) compelir entes federados a entregarem medicamentos a portadores de certas doenças (STF, Tema 262 de repercussão geral), bem como oferecer tratamentos médicos específicos (Tema repetitivo 766 do STJ), por se tratar de direitos indisponíveis, (b) defender direitos sociais relacionados ao FGTS (STF, Tema de repercussão 850) e (c) questionar

---

21. Na esfera infraconstitucional essa legitimidade é conferida não só pela LACP e pelo CDC, mas também pela LOMP (art. 25, inc. IV, *a*) e pela LOMPU (art. 6º, inc. VII, *d*, aplicável ao MP dos Estados).

a legalidade de determinada cláusula contida em contrato de adesão em massa, em prejuízo de número muito grande de consumidores.

Contudo, não tem legitimidade, *v.g.*, para defender os interesses dos moradores de determinado condomínio ou loteamento (ou ainda dos associados de um clube), inclusive relativos a danos por eles sofridos ou à cobrança da taxa associativa;[22] e para questionar a constitucionalidade ou ilegalidade de tributos, em favor dos contribuintes (STF, Tema de repercussão geral 645).[23]

Se não tiver ajuizado a ação civil pública, o Ministério Público obrigatoriamente atuará no processo como *custos legis* (LACP, art. 5º, inc. I).

Apesar de o *Parquet* ser reiteradamente intimado a opinar como fiscal da lei quando ele é o próprio autor da ação coletiva, tal prática constitui flagrante violação ao princípio da paridade das armas e gera – ou deveria gerar – a nulidade do processo. Mas o máximo que a jurisprudência vem reconhecendo é a inexistência de nulidade do julgamento na situação oposta, isto é, pela ausência de intimação do Ministério Público para se manifestar nesta qualidade, por inexistência de prejuízo.[24]

Associações e *sindicatos* formalmente constituídos há mais de um ano nos termos da lei civil têm legitimidade extraordinária para defender por meio de ação civil pública substitutiva os interesses também de quem não é seu filiado. Para tanto, a lei (LACP, art. 5º, inc. V, *b*; e CDC, art. 82, inc. IV) exige a pertinência temática, isto é, que a proteção judicial daquele bem específico objeto da demanda esteja expressamente entre as suas finalidades institucionais. Mas essa finalidade estatutária não pode ser muito ampla, destinada a proteger toda e qualquer matéria sujeita à ação civil pública, por configurar desvirtuamento de sua própria razão de ser. E, segundo entendimento atual, não há necessidade de autorização estatutária ou assemblear, por ser inaplicável aqui o art. 5º, inc. XXI, da Constituição Federal.

Segundo a jurisprudência dos Tribunais Superiores, o art. 2-A da Lei 9.494/1997 – que restringe a legitimidade da associação apenas aos seus associados – diz respeito apenas à denominada ação coletiva de rito ordinário, quando essas entidades atuam como representantes processuais.

---

22. STJ, 4ª Turma, REsp 1.585.794-MG, rel. Min. Antonio Carlos Ferreira, j. 28.9.2021, v.u.; e STJ, 4ª T., REsp 1.109.335-SE, rel. Min. Luís Felipe Salomão, j. 21.6.2011, v.u.
23. Na verdade, a questão é de *inadmissibilidade* da própria ação civil pública, e não de ilegitimidade.
24. Entre outros: STJ, 2ª Turma, AREsp/AgInt 155.681-SP, rel. Min. Assusete Magalhães, j. 10.5.2021, v.u.

À *Defensoria Pública* cabe a defesa dos direitos individuais e coletivos pertencentes "aos necessitados" (CF, art. 134), isto é, somente aos que comprovadamente não tiverem recursos financeiros suficientes para promover adequadamente a defesa de seus direitos. Apesar disso, o Supremo Tribunal Federal já definiu pela sistemática da repercussão geral que ela "tem legitimidade para a propositura de ação civil pública que vise a promover a tutela judicial de direitos difusos e coletivos de que sejam titulares, em tese, pessoas necessitadas", ainda que com isso simultaneamente defenda os não necessitados (Tema 607).

Em relação aos direitos individuais homogêneos, porém, o Superior Tribunal de Justiça já reconheceu corretamente que sua "legitimação deverá ser restrita às pessoas notadamente necessitadas", de modo que a Defensoria Pública não tem legitimidade, *v.g.*, para requerer a declaração da abusividade de cláusula contida em contrato de plano de saúde, pois neste caso "parece intuitivo que não se está diante de consumidor que possa ser considerado necessitado a ponto de ser patrocinado, de forma coletiva, pela Defensoria Pública".[25]

A legitimidade das *pessoas jurídicas de direito público* e suas ramificações está vinculada basicamente ao interesse público primário relacionado às suas respectivas atribuições. Vale dizer, só pode defender judicialmente aquelas espécies de interesses que aquele Órgão também possa tutelar validamente na esfera administrativa. Assim, *v.g.*, um Município é parte ilegítima para defender direitos transindividuais pertencentes exclusivamente a cidadãos de outro Município, sem repercussão favorável aos seus. E um órgão de proteção do consumidor, como o Procon, logicamente não pode ajuizar ação civil pública para a defesa do meio ambiente, ainda que o dano esteja localizado dentro do território de sua atuação administrativa, por falta de pertinência temática.[26] A jurisprudência por vezes restringe ainda mais a legitimidade dos conselhos profissionais – com natureza jurídica de autarquia –, limitando-a às atividades de fiscalização do exercício da profissão, não à defesa dos interesses individuais homogêneos dos integrantes da categoria.

Por fim, a jurisprudência passou a afirmar que a ilegitimidade ativa não implica a extinção automática da ação civil pública, cabendo ao magistrado primeiramente abrir oportunidade para o ingresso de outro colegitimado no polo ativo da demanda, que assumiria a condução do processo no estado em que ele

---

25. STJ, 4ª Turma, REsp 1.192.577-RS, rel. Min. Luís Felipe Salomão, j. 15.5.2014, v.u.

26. "Da mesma forma que as associações, as pessoas jurídicas da Administração Pública indireta, para que sejam consideradas parte legítima no ajuizamento de ação civil pública, devem demonstrar, dentre outros, o requisito da pertinência temática entre suas finalidades institucionais e o interesse tutelado na demanda coletiva" (STJ, 4ª Turma, REsp 1.978.138-SP, rel. Min. Antonio Carlos Ferreira, j. 22.3.2022, v.u.).

estiver. Essa tentativa de "salvar" o processo – numa questionável interpretação extensiva do art. 5º, § 3º, da Lei da Ação Civil Pública – só é válida, porém, se não houver prejuízo para a ampla defesa do demandado e para a própria atividade jurisdicional, com a necessidade de se refazer atos processuais relevantes.

2.823. legitimidade e litisconsórcio passivos

A Lei da Ação Civil Pública e o Código de Defesa do Consumidor não especificam *quem* deve figurar no polo passivo da demanda coletiva. Portanto, devem ser respeitadas as regras do Código de Processo Civil, a partir das alegações de violação ao direito material formuladas na petição inicial.

Essas leis tampouco impõem litisconsórcio passivo necessário – ao contrário da Lei da Ação Popular (art. 6º). Nesse cenário, e em linha com o art. 114 do Código de Processo Civil, o litisconsórcio somente será necessário (ou obrigatório) quando, pela natureza incindível da relação jurídica controvertida e da pretensão formulada, a eficácia da sentença exigir a participação no processo de todos os envolvidos, para assegurar o contraditório. É o caso das pretensões (des)constitutivas, pois não pode haver modificação de um negócio jurídico sem a intervenção de todos aqueles que dele participaram – contratantes e contratados –, sob pena de violação ao contraditório e ao devido processo legal. Sendo o pedido de condenação a pagar ou (não) fazer, em princípio o litisconsórcio será facultativo.

Todavia, quando a procedência da ação coletiva puder ter impacto na *relação concorrencial*, é legítimo que o demandado exija a participação de seus principais concorrentes, a fim de que todos os *players* do mercado estejam sujeitos às mesmas regras, sob pena de quebra do princípio da isonomia. É o caso de um fornecedor (instituição financeira, seguradora, construtora etc.) demandado com vista a, *v.g.*, impedir o repasse de determinado custo para seus consumidores ou para obrigá-lo a fornecer gratuitamente algum produto ou serviço para os clientes.[27]

2.824. intervenção de terceiros

Como visto, o indivíduo – pessoa física ou jurídica – não tem legitimidade para ajuizar uma ação coletiva. Porém, o art. 103, § 2º, do Código de Defesa do Consumidor permite o ingresso de sedizentes lesados pelos mesmos

---

27. "Diante da natureza da tutela requerida na ação civil pública, com repercussão no princípio da *livre concorrência*, é condição de validade do processo e de eficácia do provimento jurisdicional pretendido a formação do litisconsórcio passivo" (STJ, 4ª Turma, REsp 1.185.323-RS, rel. para o acórdão Min. Raul Araújo, j. 7.4.2015 m.v.). A pretensão lá formulada era para impedir a comercialização de uma determinada cerveja sem a classificação "sem álcool" no rótulo do produto.

fatos como litisconsortes do autor – *rectius*: como *assistentes litisconsorciais* (CPC, art. 124). Eles inclusive estão sujeitos aos efeitos da coisa julgada material em caso de improcedência da demanda.

No plano teórico, também é admissível a *assistência no polo passivo*, tanto a litisconsorcial quanto a simples, estando sujeita aos mesmos requisitos exigidos no processo civil individual, em especial a demonstração de interesse jurídico – e não meramente econômico – e, na modalidade litisconsorcial, a possibilidade de interferência em relação jurídica mantida com a parte a ser assistida.

Igualmente seguindo a linha do processo civil tradicional, na ação civil pública não vêm sendo admitidas algumas espécies de intervenção de terceiro – em especial a denunciação da lide – que impliquem a introdução de *fundamento novo*, de modo a ampliar o objeto da discussão no processo, como a alegação de responsabilidade civil subjetiva e regressiva de terceiro.[28]

Já o art. 101, inc. II, do Código de Defesa do Consumidor permite expressamente ao demandado chamar o segurador ao processo caso tenha contratado seguro de responsabilidade civil – vedado o chamamento do ressegurador.

O pedido de *desconsideração de personalidade jurídica* é admissível tanto na petição inicial da ação civil pública (CPC, art. 134, § 2º) quanto, incidentalmente, no cumprimento individual ou coletivo de sentença.

A intervenção do *amicus curiae* não só é cabível como também recomendável – desde que preenchidos os requisitos objetivos e principalmente subjetivos impostos pelo art. 138 do Código de Processo Civil. Como já disse alhures, os processos de natureza coletiva e os de grande repercussão são "o campo mais propício para a intervenção, em razão da repercussão social que é inerente a essas demandas",[29] independentemente da indisponibilidade do direito. Mas essa intervenção não deve ser admitida quando o "candidato" tiver legitimidade extraordinária para ajuizar demanda idêntica e, portanto, para intervir como assistente litisconsorcial.[30]

2.825. ação civil pública passiva

Conforme venho sustentando há mais de duas décadas, o grupo ou a coletividade não pode figurar no polo passivo de uma ação civil pública.[31] Isso

---

28. Nesse sentido: STJ, 2ª Turma, REsp 1.696.736-SP, rel. Min. Herman Benjamin, j. 16.11.2021, v.u.

29. Pedro Dinamarco, in José Rogério Cruz e Tucci *et al.* (coords.), *Código de Processo Civil anotado*, 2ª ed., Rio de Janeiro, LMJ Mundo Jurídico, 2018, nota 2 ao art. 138, p. 216.

30. Nesse sentido, novamente Pedro Dinamarco, in José Rogério Cruz e Tucci *et al.* (coords.), *Código de Processo Civil anotado*, nota 2 ao art. 138, p. 217.

31. Cf. minhas *Ação civil pública*, cit., n. 15.1, pp. 268-273, e "Las actiones colectivas pasivas en el Código-Modelo de procesos colectivos para Iberoamérica", in Antonio Gidi

não se dá em razão da mera ausência de previsão legal, mas porque a ação civil pública passiva é incompatível com o nosso sistema processual de tutela coletiva.

No sistema norte-americano isso é possível porque na *class action* há um rígido controle da *representação adequada* no caso concreto (representação *ope judicis*) e porque, consequentemente, lá a coisa julgada sempre atinge todos os representados, ainda que improcedente o pedido – excluídos apenas aqueles que previamente optarem por serem excluídos do processo (*opt out*).

Entretanto, o sistema brasileiro é completamente diverso. Aqui a legitimidade é apurada *ope legis*, abstratamente, sem verificação da real representatividade do ente naquele caso concreto. Daí por que a sentença transitada em julgado só pode *beneficiar* os integrantes da classe substituída, não impedindo o ajuizamento de demandas individuais, ainda que a ação civil pública tenha sido julgada improcedente (CDC, art. 103 – v. abaixo, item 2.833). Assim, como os efeitos da coisa julgada não podem prejudicar o sujeito que não participou do processo coletivo (o que é confirmado pelo art. 506 do CPC), nem está presente o interesse de agir na ação coletiva passiva, pois nem em tese a sentença de procedência teria utilidade para o autor.

E, pelos mesmos motivos acima expostos, não se admite que o réu da ação civil pública apresente *ação declaratória incidental* ou *reconvenção*.[32] Mas nada impede que a comunidade ou o grupo figure no polo passivo de uma ação rescisória, em regime de substituição processual, pois o objetivo desta ação é apenas desconstituir a coisa julgada tida como viciada – isto é, visa à mera improcedência da ação civil pública original.

Por outro lado, em algumas demandas trabalhistas um sindicato pode excepcionalmente figurar no polo passivo da ação civil pública, em especial quando se discutem questões ligadas a dissídio coletivo de trabalho, pois nesses casos o direito é indivisível e ele atua como legítimo representante da classe de trabalhadores ou de empregadores (CF, art. 5º, inc. XXI; e CLT, art. 513, alínea *a*).

2.826. inquérito civil

O inquérito civil é *procedimento investigatório* à disposição exclusivamente do Ministério Público (CF, art. 129, inc. III; Lei 7.437/1985, art. 8º, § 1º; e LOMP, art. 26, inc. I), destinado à colheita de elementos de prova e de

---

e Eduardo Ferrer Mac-Gregor (coords.), *La tutela de los derecho difusos, colectivos e individuales homogéneos*, México, 2003, pp. 132-141.

32. STJ, 3ª Turma, REsp 1.051.302-DF, rel. Min. Nancy Andrighi, j. 23.3.2010, v.u.

direito para a *formação da convicção* do representante deste Órgão a respeito do cabimento e da conveniência do ajuizamento da ação civil pública, bem como de eventual celebração de Termo de Ajustamento de Conduta. Para legitimar sua instauração, portanto, deve ser indicada a existência de possível violação a relevante direito difuso ou individual homogêneo que legitime o *Parquet* para a correspondente ação civil pública.

Apesar de o *contraditório* no inquérito civil não ser obrigatório,[33] sendo possível dispensar a apresentação de defesa e a própria participação do investigado na produção das provas, essa oportunidade de diálogo é extremamente recomendável, até mesmo para que no julgamento da eventual ação civil pública o juiz possa dar à prova lá produzida o peso desejado. Afinal, como já afirmei alhures, "o valor judicial da prova colhida no inquérito civil será diretamente proporcional à intensidade do contraditório disponibilizado ao investigado, durante a fase de sua colheita".[34]

De todo modo, o réu da ação civil pública tem o direito de ter acesso à integralidade do inquérito – e não somente às partes selecionadas pelo *Parquet* –, pois, além de ser relevante conhecer todo o contexto das provas juntadas aos autos, pode haver naquele procedimento também documentos favoráveis ao demandado. Ou seja, o Ministério Público tem o dever de fornecer a cópia integral como forma de colaboração com a atividade jurisdicional.

No inquérito civil, o promotor dispõe de vastos *poderes investigatórios*, inclusive o de requisitar certidões, informações – especialmente quando constantes em banco de dados de caráter público ou relativo a serviço de relevância pública –, documentos, exames ou de realizar perícias, expedir notificações *etc.* Essa requisição é dotada de coercibilidade e a recusa, o retardamento ou omissão no fornecimento das informações legitimamente requisitadas são tipificados como crime (LACP, art. 10).

Mas esses poderes *não são ilimitados*. A própria lei de regência excepciona a hipótese de o documento ou informação ser sigiloso (art. 8º, § 2º). Nesta hipótese, o *Parquet* deverá requerer ao juiz a requisição dessas informações – *v.g.*, a respeito dos dados cadastrais de consumidores ou protegidas pelo sigilo bancário e fiscal. Ademais, como ninguém é obrigado a produzir prova contra si próprio (CF, art. 5º, inc. LXIII; CPC, art. 379, *caput*), seja na esfera penal, civil ou administrativa, o próprio investigado não pode ser coagido

33. STF, 1ª Turma, RE/AgR 481.955-PR, rel. Min. Carmem Lúcia, j. 10.5.2011, v.u.

34. Pedro Dinamarco, "Responsabilidade civil do promotor de justiça no inquérito civil", in Rodrigo Mazzei e Rita Dias Nolasco (coords.), *Processo civil coletivo*, São Paulo, Quartier Latin, 2005, n. 1, p. 253. Em sentido equivalente: STJ, 2ª Turma, AREsp/AgInt 1.155.352-GO, rel. Min. Assusete Magalhães, j. 10.4.2018, v.u.

a fornecer prova que em tese lhe possa ser prejudicial – assim como ocorre em qualquer processo civil.[35]

2.827. prova

Assim como em qualquer processo, aqui as partes também têm amplo direito a produzir provas de suas alegações por qualquer meio (pericial, testemunhal, documental *etc.*), desde que a prova seja lícita e moralmente legítima (CPC, art. 369), bem como relevante para o julgamento da causa (CPC, art. 374).

Para instruir adequadamente a petição inicial, qualquer legitimado extraordinário pode previamente requerer diretamente às *autoridades* competentes – mas não a particulares – o fornecimento, em 15 dias, de certidões e informações necessárias, independentemente de qualquer intervenção judicial, nos termos do art. 8º da Lei da Ação Civil Pública – em projeção legal dos arts. 5º, inc. XXXIII, e 37, *caput* e § 3º, inc. II, da Constituição Federal. Esse requerimento deve ser o mais específico possível e indicar os "fins e razões do pedido" (Lei 9.051/1995, art. 2º).

Caso o documento ou informação seja protegido pelo dever de sigilo – *v.g.*, declaração de imposto de renda –, a autoridade pode recusar-se a fornecê-lo. E se o material solicitado extrajudicialmente não for fornecido tempestivamente, por este ou qualquer outro motivo, então o autor coletivo pode solicitar já na petição inicial da ação civil pública que o juiz de imediato requisite à autoridade aquelas certidões ou informações, se essenciais à própria propositura da demanda.

> Os documentos e informações sigilosas eventualmente apresentados na ação civil pública, ou no inquérito civil, deverão permanecer em segredo de justiça, com acesso restrito ao Poder Judiciário.[36] Mas os autos do processo devem continuar com acesso aberto ao público em geral, pois a sociedade e principalmente os titulares do direito material defendido têm o direito de exercer controle sobre os atos processuais.

As *provas estatísticas e por amostragem*, que não têm previsão legal, devem ser utilizadas com extrema cautela, apenas para eventualmente comple-

---

35. Sobre a existência desses poderes investigatórios apenas em relação a terceiros e não aos investigados: Pedro Dinamarco, in Susana Henrique da Costa (coord.), *Comentários à Lei da Ação Civil Pública e à Lei da Ação Popular*, São Paulo, Quartier Latin, 2006, n. 1 ao art. 8º da LACP, p.14.

36. A respeito do acesso restrito a dados cadastrais individuais: STJ, 3ª Turma, REsp 1.285.437-MS, rel. Min. Moura Ribeiro, j. 23.5.2017, v.u.

mentar outras provas robustas constantes dos autos. Não se pode condenar alguém, com eficácia *erga omnes*, a reparar a coletividade por danos com fundamento apenas nessas provas, pois insuficientes para reconhecer o ilícito alegado e o nexo causal com o dano. Assim, *v.g.*, se 70% das pessoas que contraíram determinada doença, num mesmo período, tiverem consumido um mesmo produto, isso por si só não é suficiente para uma condenação genérica, pois esse percentual elevado pode ser fruto de mera coincidência (no todo ou em parte).

O *ônus da prova* também segue o modelo do processo civil individual, que normalmente prestigia a regra do interesse (CPC, art. 373, incs. I e II). Todavia, o juiz pode invertê-lo caso a ação civil pública verse especificamente (a) sobre relação consumerista, quando demonstradas a hipossuficiência das partes (formais e materiais) *e* a verossimilhança de suas alegações (CDC, art. 6º, inc. VIII),[37] (b) sobre proteção do meio ambiente (princípio da precaução) – mas não se a pretensão for meramente reparatória e pecuniária – ou ainda se (c) preenchidos os requisitos legais para a aplicação da teoria do ônus dinâmico da prova (CPC, art. 373, § 1º – impossibilidade ou excessiva dificuldade do onerado em produzi-la e maior facilidade para a outra parte desincumbir-se deste encargo). Nesta última hipótese, como em qualquer processo, a possibilidade de inversão se dá em mão dupla, ou seja, pode eventualmente ocorrer em favor do réu, sob pena de quebra da isonomia das partes. E, em qualquer situação, a inversão do ônus probatório é inadmissível quando gerar uma prova diabólica, isto é, se for impossível ou muito difícil a produção da prova também pela outra parte (CPC, art. 373, § 2º).

2.828. tutela provisória

Os requisitos para a concessão de tutela provisória – cautelar e de evidência – em ação civil pública são basicamente os mesmos de qualquer outro processo e seguem de modo geral as regras contidas principalmente no Livro V da Parte Geral do Código de Processo Civil.

De fato, o juiz da ação civil pública também é dotado de amplo *poder geral de cautela* (LACP, art. 12, *caput*). Assim, ele deve conceder a tutela de urgência quando constatar, cumulativamente, a verossimilhança do direito alegado (direito aparentemente mais forte) e o *periculum in mora* (juízo do mal maior), bem como a reversibilidade prática da medida (restituição ao *status quo ante*).

---

37. Como o citado art. 6º, inc. VIII, não está contido no Título III do CDC, ele não pode ser aplicado à generalidade das ações civis públicas que versem sobre relações jurídicas de outra natureza, sob pena de violação ao art. 21 da LACP.

Mas há algumas peculiaridades adicionais a serem consideradas na ação civil pública, por força do tratamento legal de algumas situações específicas. Nessa toada, o art. 2º da Lei 8.437/1992 proíbe taxativamente a concessão de medidas liminares contra pessoas jurídicas de direito público sem a prévia oitiva de seu representante legal no prazo de 72 horas. Ainda em relação a esses entes públicos, não pode ser determinado provisoriamente o pagamento imediato de uma dívida, por violar a obrigatoriedade do precatório (CF, art. 100), salvo quando o dinheiro for mero instrumento para o cumprimento de relevante obrigação de outra natureza – *v.g.*, para compra de remédio indispensável à vida do demandante.

> Há também na jurisprudência a advertência de que nos litígios de natureza estrutural, diante de sua complexidade e dos impactos sociais e políticos, seja evitada a concessão de medidas liminares sem instrução exauriente e a participação coletiva.[38]

Além disso, assim como ocorre no mandado de segurança, eventual medida cautelar pode ser suspensa liminarmente pelo presidente do respectivo tribunal, a pedido da pessoa jurídica de direito público interessada, a fim de "evitar grave lesão à ordem, à saúde, à segurança e à economia pública", em decisão bem fundamentada da qual caberá agravo (LACP, art. 12, § 1º).

É igualmente admissível a concessão de *tutela de evidência* em ação civil pública, desde que preenchidos os requisitos contidos nos incisos do art. 311 do Código de Processo Civil. Destaca-se em especial a possibilidade de concessão quando a matéria fática já estiver suficientemente demonstrada e sobre a questão jurídica houver *precedente qualificado*, constante em súmula vinculante ou proferido em julgamento com repercussão geral, de casos repetitivos e de incidente de assunção de competência (inc. II).

Quando a demanda coletiva versar sobre interesses individuais homogêneos, a eficácia individual da tutela provisória – de urgência ou de evidência – é condicionada à *prévia manifestação de cada interessado* de se beneficiar dela – nos autos ou em documentos enviado diretamente ao réu –, tal como ocorre com o cumprimento de sentença genérica (CDC, arts. 97 e 103, § 3º), assumindo pessoalmente assim os graves riscos inerentes ao seu cumprimento e posterior revogação da medida. Afinal, eventual decisão que cassar a medida concedida provisoriamente tem efeitos *ex tunc*, de modo a revogar retroativamente a tutela provisória e, consequentemente caracterizar a mora do indivíduo e gerar responsabilidade civil pelos danos causados ao réu (CPC, arts. 297, par. ún., 302 e 520, incs. I e II). Assim, exemplificando, caso uma

38. STJ, 3ª Turma, REsp 1.854.842-CE, rel. Min. Nancy Andrighi, j. 2.6.2020, v.u.

medida liminar para expurgar o reajuste do plano de saúde seja revogada, o consumidor terá que pagar todos os valores não pagos, com juros e correção monetária, sob pena de caracterizar sua inadimplência e autorizar não só a cobrança desses valores, como também a própria rescisão do contrato – risco que, evidentemente, ele tem o direito de não assumir.

Sem prejuízo, o autor da ação civil pública também responde solidariamente por todos os danos causados *ao demandado* pela tutela provisória caso a demanda seja julgada improcedente. Como a improcedência da demanda corresponde à inexistência de interesse coletivo violado, não há motivo para se dar uma proteção excepcional ao autor, sem que ao menos haja qualquer lei expressa que o isente desse dever.

2.829. prescrição

A jurisprudência do Superior Tribunal de Justiça é reiterada no sentido de que o prazo prescricional para o ajuizamento de qualquer ação civil pública seria sempre de cinco anos, por indevida analogia ao art. 21 da Lei da Ação Popular, pois pertenceriam ao mesmo microssistema de tutela coletiva (Tema repetitivo 515 do STJ – 2ª Seção).[39]

Todavia, sendo a prescrição um instituto essencialmente de direito material, o prazo prescricional para o ajuizamento da ação civil pública deve ser *idêntico ao das demandas individuais*, de modo a variar conforme as disposições legais aplicáveis em cada situação – conforme reconhecido em votos vencidos do citado Tema 515. Assim, tratando-se de demanda coletiva por responsabilidade contratual, o prazo correto é de 10 anos (CC, art. 205). E a demanda coletiva relativa a matéria securitária deve ser ajuizada em até um ano (CC, art. 206, § 1º, inc. II). Não faz sentido a prescrição impedir o ajuizamento válido da demanda individual mas permitir que aquele mesmo direito seja protegido pela via coletiva. E, por outro lado, também não deve prescrever o prazo para a ação civil pública enquanto não prescritas as pretensões individuais homogêneas ou relativas a direitos difusos.

Esse mesmo raciocínio deve ser empregado em relação ao prazo para iniciar o *cumprimento individual da sentença* proferida em ação civil pública, isto é, este prazo também deve ser regulado pelas regras de direito material aplicáveis. Mas o Superior Tribunal de Justiça vem igualmente reconhecendo a prescrição quinquenal também da pretensão individual executiva (Tema 515 do STJ).[40] Esse prazo começa a fluir automaticamente do trânsito em jul-

---

39. No mesmo sentido: STJ, Corte Especial, EREsp/AgR 1.070.896-SC, rel. Min. Laurita Vaz, j. 25.4.2013, v.u.

40. STJ, 2ª Seção, REsp repetitivo 1.273.643-PR, rel. Min. Sidnei Beneti, j. 27.2.2013, m.v. A Min. Nancy Andrighi, porém, afirmou corretamente em seu voto vencido ser "apli-

gado da sentença condenatória coletiva, independentemente de qualquer publicação para lhe dar publicidade (Tema repetitivo 877 do STJ).

As ações civis públicas que visem à reparação específica de dano ambiental continuado são imprescritíveis. Mas estão sujeitas ao prazo prescricional de cinco anos as pretensões coletivas de natureza patrimonial relativas à proteção do meio ambiente – isto é, para recebimento de indenização ou de multa de qualquer natureza.[41]

Registre-se ainda que a *citação válida* na ação civil pública interrompe o prazo prescricional – e constitui o devedor em mora, dando início à incidência de juros (Tema repetitivo 685 do STJ) – também para as correlatas pretensões individuais, desde que formuladas em liquidação de sentença ou se o autor tiver requerido a suspensão do seu processo (tema 1.005 do STJ) – ainda que a ação coletiva venha a ser extinta sem julgamento do mérito ou verse sobre interesses difusos. Afinal, se o sistema foi concebido para estimular o titular do direito subjetivo a aguardar o desfecho da ação coletiva para só então, se necessário, ajuizar sua pretensão individual – ou solicitar seu prosseguimento (CDC, art. 104, *in fine*), conforme o caso –, consequentemente ele não pode ser punido pela inércia, que não se confunde com a omissão.

Inocorre a interrupção, porém, se o prazo já tiver sido previamente interrompido (CC, art. 202), tanto no âmbito individual quanto coletivo; ou se a extinção anômala do processo coletivo tiver ocorrido antes da citação do demandado, por abandono do processo pelo autor (CPC, art. 485, incs. II e III) ou por ilegitimidade.[42]

Ademais, a execução coletiva de obrigação de fazer não interrompe o prazo prescricional para o cumprimento individual de sentença relativo à obrigação de pagar derivada do mesmo título, salvo se o título executivo expressamente condicionar a execução da obrigação pecuniária ao encerramento daquela outra execução.

---

cável o *mesmo prazo* prescricional da ação individual cabível para a defesa autônoma da pretensão de direito material na hipótese de execução de sentença obtida em ação coletiva de direitos individuais homogêneos". As duas Turmas de Direito Público do STJ também vêm adotando essa jurisprudência da Seção de Direito Privado.

41. STJ, 1ª Turma, AREsp 1.941.907-RJ, rel. Min. Benedito Gonçalves, j. 9.8.2022, v.u.

42. Sobre a sua não interrupção pela liquidação de sentença coletiva extinta por ilegitimidade do Ministério Público: STJ, Corte Especial, REsp 1.758.708-MS, rel. Min. Nancy Andrighi, j. 20.4.2022, v.u. Mas, por implicar mudança da jurisprudência, os efeitos da decisão foram modulados, para o novo entendimento atingir "apenas as situações futuras, ou seja, as ações civis públicas cuja sentença seja posterior à publicação deste acórdão".

2.830. meios de impugnação das decisões

A ação civil pública sujeita-se às *regras gerais* dos recursos, contidas no Código de Processo Civil.

Assim, caberá *agravo de instrumento* apenas nas hipóteses arroladas nos incisos e no parágrafo único do seu art. 1.015 e em conformidade com a tese da taxatividade mitigada adotada pela jurisprudência pátria. Parte da jurisprudência, todavia, amplia as hipóteses de cabimento deste agravo em ação civil pública pela aplicação analógica do art. 19, § 1º, da Lei da Ação Popular.

A *apelação* não é dotada de efeito suspensivo automático. E, apesar de o art. 14 da Lei 7.347/1984 dispor que "o juiz poderá conferir efeito suspensivo aos recursos", a partir da entrada em vigor do Código de Processo Civil de 2015 a competência originária para essa decisão é do relator da apelação (art. 1.012, § 3º).

A sentença proferida nestas ações não está sujeita ao *reexame necessário* – salvo na hipótese restrita do art. 496, inc. I, do Código de Processo Civil, isto é, quando "proferida contra a União, os Estados, o Distrito Federal, os Municípios e suas respectivas autarquias e fundações de direito público" e, cumulativamente, houver condenação ou benefício econômico em valor superior àqueles especificados em seu § 3º.

Por fim, admite-se o ajuizamento de *ação rescisória* contra acórdão de mérito nas hipóteses expressamente arroladas no art. 966 do Código de Processo Civil, bem como contra decisão terminativa que impeça o ajuizamento de nova ação civil pública idêntica ou contra decisão relativa à (in)admissibilidade de recurso (art. 966, § 2º). Caso se pretenda rescindir sentença de improcedência, a legitimidade ativa para tanto é de qualquer dos legitimados extraordinários arrolados no art. 82 do Código de Defesa do Consumidor, ainda que não tenha sido parte na ação civil pública. E, se a sentença rescindenda tiver sido de procedência de demanda, então a legitimidade ativa será do réu vencido e no polo passivo deve estar o autor original da ação civil pública, com possibilidade de intervenção voluntária de outros legitimados coletivos como litisconsortes passivos e participação obrigatória do Ministério Público como fiscal da lei – caso ele não tenha sido o autor.

2.831. negócio processual

O art. 190 do Código de Processo Civil autoriza as partes a celebrarem negócios jurídicos processuais que impliquem mudanças consensual no procedimento, bem como a criação ou modificação dos seus ônus, poderes e deveres processuais, desde que o processo verse sobre "direitos que admitam autocomposição". Direitos indisponíveis e direitos que admitem composição são conceitos diversos, de modo que em certas situações admite-se a transação apesar da indisponibilidade do direito material – *v.g.*, em ações de alimentos.

Em relação aos direitos tuteláveis por meio de ação civil pública, somente os *órgãos públicos* legitimados podem transigir quanto ao modo pelo qual a obrigação será cumprida pelo "devedor", por meio da celebração de Termo de Ajustamento de Compromisso (LACP, art. 5º, § 6º). Recentemente, porém, passou-se a admitir também certas transações coletivas relativas a *direitos individuais homogêneos*, com concessões recíprocas, mas condicionada à expressa adesão de cada titular do direito subjetivo (*opt in*).[43] Isso inclusive é expressamente autorizado no âmbito da Administração Pública federal direta e indireta (art. 35 da Lei 13.140/2015), desde que atendidos requisitos específicos.

Tornou-se notória a transação coletiva *por adesão* celebrada em dezembro de 2017 pela Federação Brasileira de bancos (Febraban), representando as instituições financeiras, com o Instituto Brasileiro de Defesa do Consumidor (IDEC) e outras associações de defesa do consumidor, com a intermediação da Advocacia-Geral da União. Por meio de concessões recíprocas, foram estipulados critérios de indenização decorrentes de expurgos inflacionários a poupadores prejudicados por planos econômicos que aderissem expressamente ao acordo, com a consequente extinção de milhares de processos individuais (inclusive em fase de cumprimento de sentença genérica proferida em ações civis públicas).

Simetricamente, os *órgãos públicos legitimados*, e somente eles, podem celebrar negócio jurídico processual – inclusive sobre ônus da prova (CPC, art. 373, § 3º) –, independentemente da espécie de interesse metaindividual em discussão (difuso ou individual homogêneo). Nesse sentido, a Resolução 11/2014 do Conselho Nacional do Ministério Público autoriza expressamente o *Parquet* a celebrar convenções processuais (arts. 15 e 16), o que é reforçado pelo Enunciado 253 do Fórum Permanente de Processualistas Civis. Associações e sindicatos não podem celebrar validamente esses acordos processuais, salvo se referendados pelo *Parquet* (como fiscal da lei) e pelas demais partes formais daquele processo.[44]

Segundo já decidiu o Superior Tribunal de Justiça, "a disponibilidade que o legitimado coletivo possui e exercita por meio do acordo é restrita ao aspecto processual do procedimento judicial, não alcançando o conteúdo material da causa".[45]

---

43. Sobre a possibilidade e os requisitos da transação coletiva de interesses individuais homogêneos: Pedro Dinamarco, "Transação coletiva e direitos individuais homogêneos", in Édis Milaré (coord.), *Ação civil pública – Após 35 anos*, São Paulo, Ed. RT, 2020, pp. 1.249-1.267.

44. Pedro Dinamarco, *Comentários ao Código de Processo Civil*, vol. IV, São Paulo, Saraiva, 2020, n. 48, pp. 92-96.

45. STJ, 3ª Turma REsp/AgInt 1.724.754-SP, rel. Min. Villas Bôas Cueva, j. 23.11.2020, v.u.

Em regra, os negócios jurídicos processuais celebrados individualmente por alguns substituídos antes do processo não vinculam coletivamente os autores da ação civil pública – ressalvadas, *v.g.*, a convenção coletiva de consumo (CDC, art. 107) e a convenção coletiva de trabalho que vincularem todo o grupo. Da mesma forma, os negócios processuais celebrados por órgãos públicos também não vinculam os titulares do direito material na liquidação e cumprimento de sentença se eles não participaram nem anuírem com o acordo – salvo se estipulados em seu exclusivo benefício.

2.832. coisa julgada

O art. 16 da Lei da Ação Civil Pública, com a redação dada pela Lei n. 9.494/1997, dispõe que "a sentença civil fará coisa julgada *erga omnes*, exceto se o pedido for julgado improcedente por insuficiência de provas, hipótese em que qualquer legitimado poderá intentar outra ação com idêntico fundamento, valendo-se de nova prova". Essa disposição, contudo, foi concebida inicialmente apenas em relação aos *interesses difusos*, o que foi reafirmado no art. 103, inc. I, do Código de Defesa do Consumidor.

O Código consumerista, que pela primeira vez fez a distinção legal entre as três espécies de interesses metaindividuais, dispõe ainda que, no caso dos *interesses coletivos em sentido estrito*, a coisa julgada seria "*ultra partes*, mas limitadamente ao grupo, categoria ou classe, salvo improcedência por insuficiência de provas" (art. 103, inc. II), enquanto a sentença relativa a *interesses individuais homogêneos* está sujeita à coisa julgada "*erga omnes*, apenas no caso de procedência do pedido, para beneficiar todas as vítimas e seus sucessores" (inc. III) – nada dispondo neste caso a respeito da improcedência por falta de prova. Em complemento, o § 3º do art. 103 explicita ainda mais que "os efeitos da coisa julgada (...) não prejudicarão as ações de indenização por danos pessoalmente sofridos, propostas individualmente ou na forma prevista neste Código, mas, se procedente o pedido, beneficiarão as vítimas e seus sucessores, que poderão proceder à liquidação e à execução".

Como se sabe, coisa julgada não é efeito da sentença, mas a qualidade especial da sentença e de seus efeitos, que a torna imutável e indiscutível, não mais sujeita a qualquer recurso naquele processo. Daí o alerta de Cândido Dinamarco quanto à impropriedade conceitual da lei ao referir-se à coisa julgada *erga omnes* ou *ultra partes*, quando na verdade ela se refere à eficácia substancial da sentença e sua abrangência subjetiva.[46]

---

46. Nesse sentido: Cândido Dinamarco, *Instituições de direito processual civil*, cit., n. 86, p. 223.

Assim, em regra, o trânsito em julgado da sentença de uma ação civil pública impede o ajuizamento de uma nova ação coletiva com o mesmo objeto, isto é, com a mesma causa de pedir e mesmo pedido, como em qualquer processo individual (CPC, art. 505). Todavia, quando a demanda tiver sido julgada improcedência por falta de prova, a lei excepcionalmente autoriza sua repropositura, com base em prova nova.

É verdade que o art. 103 do Código de Defesa do Consumidor só faz referência expressa a essa possibilidade de repropositura em relação aos interesses difusos e coletivos em sentido estrito. Em relação aos interesses individuais homogêneos ele dá a falsa impressão de que a sentença só estaria sujeita aos efeitos da coisa julgada em caso de procedência da ação civil pública. Todavia, no caso de improcedência da ação civil pública para defesa dessa espécie de interesses, o § 2º deste art. 103 concede autorização especial apenas para o ajuizamento de demandas individuais, não para outra demanda coletiva. E exceções a regras gerais legais, como esta, devem ser interpretadas restritivamente. Nessa linha, o Superior Tribunal de Justiça e a doutrina dominante vêm corretamente reconhecendo a impossibilidade de rediscussão das mesmas questões em outra ação coletiva – inclusive por meio de ação popular e mandado de segurança coletivo –, salvo em caso de insuficiência de prova.[47]

O que justifica a excepcional autorização legal de ajuizamento de uma segunda demanda coletiva, quando a primeira tiver sido julgada improcedente por falta de prova, é a preocupação do legislador em não impedir definitivamente a tutela coletiva em situações nas quais a atuação do autor na área probatória tenha sido deficiente. Quanto às questões jurídicas, o legislador confia no conhecimento do juiz (*iura novit curia*) e do representante do *Parquet*, que obrigatoriamente atua como fiscal da lei. Mas a petição inicial dessa nova demanda coletiva deve necessariamente especificar quais as novas provas, inexistentes à época do processo ou que por qualquer motivo não tenham sido requeridas, que pretende sejam produzidas no novo processo, sob pena de inépcia e até mesmo de multa por litigância de má-fé.

Parte da doutrina defende ainda a possibilidade de uma espécie de desconsideração da coisa julgada sobre a sentença de improcedência com suficiência de prova quando a ação civil pública versar sobre a proteção do meio ambiente e a prova dos autos tiver sido produzida fraudulentamente, pois a *res judicata* não seria suficiente para autorizar a continuidade da destruição do nosso *habitat*, que também é protegido pela Constituição. Isso não tem autorizado, contudo, a aplicação retroativa de leis ambientais.

---

47. Nesse sentido: STJ, 2ª Seção, REsp 1.302.596-SP, rel. para o acórdão Min. Villas Boas Cueva, j. 9.12.2015, m.v.; STJ, 1ª T., REsp/AgInt 1.733.419-RN, rel. Min. Sérgio Kukina, j. 26.6.2018, v.u.; e TJSP, 28ª Câmara de Direito Privado, Ap. 0054905-78.2002.8.26.0100, rel. Des. Gilson Delgado Miranda, j. 11.3.2014, v.u.

Sob o enfoque dos direitos individuais, além de os efeitos da sentença de procedência serem subjetivamente ampliados (*erga omnes*) – afastando, assim, a lógica do art. 506 do Código de Processo Civil –, eles incidem sobre os direitos individuais somente *in utilibus*. Em nenhuma situação, independentemente da natureza do interesse, uma sentença proferida em ação civil pública pode prejudicar os titulares dos direitos subjetivos individuais, mas exclusivamente beneficiá-los (CDC, art. 103, § 3º). Em outras palavras, a improcedência da demanda coletiva nunca impede o ajuizamento de uma ação individual – exceto para aquelas pessoas que intervieram no processo (CPC, art. 103, § 2º), pois elas já tiveram a oportunidade de exercer o contraditório em juízo.

Já a sentença de procedência é apta a beneficiar todos os indivíduos que se enquadrarem naquela situação fática e jurídica descrita na decisão e que deu ensejo ao reconhecimento da responsabilidade do réu – salvo para quem, ciente da ação civil pública, não pedir tempestivamente a suspensão do seu processo individual (CDC, art. 104, *in fine*) ou para aqueles que já estiverem sujeitos à coisa julgada formada em demanda individual.[48] Assim, a sentença coletiva transitada em julgado legitima automaticamente aqueles indivíduos lesados a utilizar aquele título executivo judicial para dar início à liquidação e ao cumprimento de sentença para a satisfação do seu direito, mesmo se essa sentença versar exclusivamente sobre interesses difusos – portanto, independentemente de comando a favor dos interesses individuais homogêneos. É o que, segundo a doutrina, se depreende da interpretação conjunta do art. 103, § 3º, do Código de Defesa do Consumidor com o art. 16 da Lei da Ação Civil Pública – agora com o reforço do art. 503, § 1º, do Código de Processo Civil de 2015 (coisa julgada sobre questão prejudicial).

> Assim, a sentença que reconhece, *v.g.*, a prática de cartelização pelas empresas-rés e determina a adoção de medidas para proteger a concorrência sadia naquele mercado relevante – em proteção a interesses difusos – forma simultaneamente também título executivo, e coisa julgada, em favor de cada um dos concorrentes e consumidores que sofreram prejuízos econômicos em decorrência daquela prática ilegal de alteração artificial dos preços praticados – o que deverá ser comprovado por meio de prévia liquidação de sentença.

Ademais, os efeitos subjetivos da coisa julgada são de *âmbito nacional*, pois o Supremo Tribunal Federal declarou a inconstitucionalidade da ressalva inserida no art. 16 da Lei da Ação Civil Pública pela Lei 9.494/1997, que restringia esses efeitos aos "*limites da competência territorial* do órgão prolator" (Tema de repercussão geral 1.075). Essa eficácia subjetiva será limi-

---

48. Sobre essa segunda ressalva: Pedro Dinamarco, *Ação civil pública*, cit., n. 8.4.1, pp. 108-109.

tada, porém, se a sentença tiver expressamente ressalvado a sua abrangência (Tema repetitivo 481 do STJ).

E se a ação civil pública tiver sido ajuizada por entidade associativa a sentença também beneficia quem nunca foi filiado a ela (Tema repetitivo 948 do STJ) – ao contrário do que ocorre com a ação coletiva de rito ordinário também proposta por associação ou sindicato (STF, Tema 499 de repercussão geral).

2.833. liquidação e cumprimento da sentença coletiva

Como em qualquer processo, a condenação imposta na sentença coletiva deve ser certa e precisa quanto ao objeto (CPC, art. 492, par. ún.), isto é, a sentença deve resolver toda a pretensão formulada em juízo e, em caso de procedência, especificar precisamente o tipo e as condições da obrigação a ser prestada pelo demandado. E a condenação pecuniária pode ser líquida ou ilíquida.

No tocante aos *interesses difusos*, portanto indivisíveis, a legitimidade para promover a liquidação, caso necessária, bem como o cumprimento de sentença são preferencialmente do próprio autor da ação civil pública e alternativamente dos demais legitimados extraordinários para a tutela coletiva, segundo relação contida em lei (v. *supra*, item 2.823). E o juízo por onde tramitou o processo de conhecimento encontra-se prevento para essas novas fases.

A maior complexidade do trato destas fases diz respeito aos *interesses individuais homogêneos* lesados. As sentenças genéricas, neste caso, são ilíquidas e não identificam cada lesado (*cui debeatur*), pois na ação civil pública o juiz não pode julgar situações particulares – isto é, analisa-se somente a "molécula", nunca o "átomo".

> Assim, essa sentença genérica *erga omnes* apenas reconhece a mera "potencialidade danosa da conduta do demandado",[49] de modo que ela se situa "no meio do caminho entre o abstrato da lei e o concreto da sentença em litígios individuais.[50]

Daí a indispensabilidade, nesses casos, da liquidação de sentença *sui generis* (Tema 482 do STJ), tanto para reconhecer o liquidante como efetivo titular do direito material violado (*cui debeatur*) quanto para quantificar a extensão do seu dano individual.

São *legitimados* para a liquidação e sucessivo cumprimento individual da sentença genérica todos os indivíduos que alegarem se enquadrar na mes-

49. Cândido Dinamarco, "As três figuras da liquidação de sentença", cit., n. 793, p. 1.394.
50. Novamente Cândido Dinamarco, "As três figuras da liquidação de sentença", cit., n. 794, p. 1.397.

ma situação de fato e de direito descrita na condenação, de modo a ter tido seu direito subjetivo violado, independentemente do local de seu domicílio.

> Na ação coletiva de rito ordinário ajuizada por associação em *representação* de seus associados, têm legitimidade ativa para o cumprimento individual da sentença genérica aquelas pessoas residentes na área compreendida na jurisdição do órgão julgador local (Tribunal de Justiça ou Tribunal Regional Federal) e que constaram expressamente na lista de associados apresentada com a petição inicial, nos termos do art. 2º-A, *caput* e parágrafo, da Lei 9.494/1997 (STF, Tema 499 de repercussão geral).

O autor da ação civil pública – ou outro colegitimado – não tem legitimidade para promover a liquidação e o cumprimento individual de sentença genérica, em favor de cada uma das vítimas ou sucessores. A legitimidade extraordinária, nestas fases, é apenas *subsidiária*, quando não houver habilitação de beneficiários em número compatível com a gravidade dos fatos (CDC, art. 100).[51] Essa reparação fluida (*fluid recovery*) visa a impedir a impunidade e o enriquecimento sem causa daquele que causou danos em série. E, assim como na execução decorrente da lesão a direitos difusos, o dinheiro arrecadado nesta execução coletiva será destinado ao Fundo de Reparação de Interesses Difusos (LACP, art. 13, e CDC, art. 100, par. ún.).

A liquidação individual deve ser realizada *por artigos* (ou "pelo procedimento ordinário"), segundo ditames dos arts. 509, inc. II, e 511 do Código de Processo Civil. Nela é necessário comprovar *fatos novos* relativos à titularidade do direito violado e ao valor da prestação devida.[52] Somente em situações excepcionais, em razão de peculiaridade do caso ou por expressa determinação da sentença, ela deve ser realizada por arbitramento.

Como em qualquer processo, esta liquidação de sentença também pode ser *provisória* e ser instaurada a partir de quando o recurso cabível contra a condenação não for dotado de efeito suspensivo (CPC, art. 512). Em tese, parece ser admissível que o próprio devedor dê início às liquidações individuais (CPC, art. 509, *caput*), mas para tanto ele deve demonstrar que cada um desses indivíduos se encontra naquela situação descrita na condenação – *v.g.*, juntando os contratos de adesão devidamente assinados e que contenham a cláusula tida por ilegal na sentença.

Quanto à *competência*, a liquidação e a execução individual de sentença genérica proferida em ação civil coletiva podem ser promovidas perante

---

51. Nesse sentido: STJ, 3ª Turma, REsp 1.955.899, rel. Min. Nancy Andrighi, j. 15.3.2022, v.u.

52. STJ, 2ª Seção, EREsp 1.705.18-DF, rel. para o acordão Min. Luís Felipe Salomão, j. 9.12.2020, m.v.

o próprio juízo por onde tramitou a ação civil pública, por prevenção. Mas também "pode ser ajuizada no foro do domicílio do beneficiário, porquanto os efeitos e a eficácia da sentença não estão circunscritos a lindes geográficos, mas aos limites objetivos e subjetivos do que foi decidido" (Temas 480 e 481 do STJ). Ou seja, a competência não é exclusiva nem há prevenção absoluta. Os juizados especiais cíveis e da Fazenda Pública, todavia, não são competentes para o processamento dessas pretensões individuais (em sentido aproximado, Tema repetitivo 1.029 do STJ).

Especificamente nas execuções de *obrigação de fazer* reconhecida por sentença coletiva, também só há legitimidade extraordinária para a fase de cumprimento de sentença quando essa obrigação precisar ser cumprida coletivamente – e não para cada lesado beneficiado.

2.834. custas, despesas e honorários

O art. 18 da Lei da Ação Civil Pública e o art. 87 do Código de Defesa do Consumidor dispensam o pagamento das custas, despesas processuais em geral e dos encargos da sucumbência. A redação é ampla e genérica para dispensar o adiantamento das custas e despesas processuais "nas ações de que trata esta Lei", além de isentar a *associação autora* do pagamento ao final do processo dos encargos sucumbenciais, salvo comprovada má-fé – hipótese em que os seus diretores serão solidariamente responsáveis, inclusive pelo pagamento de multa correspondente a 10 vezes o valor das custas.

Esses dispositivos vêm sendo equivocadamente interpretados para dispensar qualquer autor coletivo do pagamento de custas e despesas – o que não inclui a remuneração de auxiliares eventuais da Justiça, como os peritos –, mas não para isentar os demandados.

> A jurisprudência imputa ao ente público ao qual o Ministério Público está vinculado o encargo de adiantar os honorários periciais, quando a ação civil pública tiver sido ajuizada pelo *Parquet*, pois não se pode obrigar o perito judicial a exercer seu ofício gratuitamente, tampouco transferir ao réu o encargo de financiar as demandas ajuizadas em face dele (Tema 510 do STJ).

Quanto à *sucumbência*, o Superior Tribunal de Justiça passou a adotar o entendimento de que, "em razão da simetria, descabe a condenação em honorários advocatícios da parte requerida em ação civil pública, quando inexistente má-fé".[53] Vale dizer, nestes processos não há condenação do venci-

53. STJ, Corte Especial, EAREsp 962.250-SP, rel. Min. Og Fernandes, j. 15.8.2018, v.u. No âmbito da 1ª Seção foi afetada a seguinte tese jurídica ao rito dos repetitivos: "se é possível ou não a condenação da União ao pagamento de honorários de sucumbência

do em honorários de sucumbência, salvo em benefício de associação-autora ou se a parte vencida litigar de má-fé.[54]

De todo modo, a isenção financeira de que trata a lei é aplicável apenas quando o processo gira em torno de *questões coletivas*, com substituição processual, sendo inaplicável em favor do indivíduo na liquidação e no cumprimento de sentença condenatória genérica – ainda que ele esteja representado por associação. Portanto, "são devidos honorários advocatícios nos procedimentos individuais de cumprimento de sentença decorrente de ação coletiva, ainda que não impugnados e promovidos em litisconsórcio" (Tema repetitivo 973 do STJ), inclusive contra a Fazenda Pública (Súmula 345 do STJ), pois nestes casos a cognição é exauriente e há necessidade de contratação específica de advogado.[55]

Referências Bibliográficas

BADARÓ, Gustavo Henrique Righi Ivahy, *et al. Teoria geral do processo.* 32ª ed. São Paulo, Malheiros Editores/Juspodivm, 2020.

BARBOSA MOREIRA, José Carlos. "Tutela jurisdicional dos interesses coletivos ou difusos". In: *Temas de direito processual.* Terceira série. São Paulo, Saraiva, 1984.

DINAMARCO, Cândido Rangel. "As três figuras da liquidação de sentença". In: *Fundamentos do processo civil moderno.* 6ª ed., vol. II. São Paulo, Malheiros Editores, 2010 (pp. 1.379-1.412).

————. *Instituições de direito processual civil.* 10ª ed., vol. I. São Paulo, Malheiros Editores/Juspodivm, 2020.

————, *et al. Teoria geral do processo.* 32ª ed. São Paulo, Malheiros Editores/Juspodivm, 2020.

DINAMARCO, Pedro da Silva. *Ação civil pública.* São Paulo, Saraiva, 2001.

————. *Comentários ao Código de Processo Civil.* vol. IV. São Paulo, Saraiva, 2020.

————. "Competência, conexão e prevenção nas ações coletivas". In: MILARÉ, Édis (coord.). *Ação civil pública – Após 20 anos.* São Paulo, Ed. RT, 2005 (pp. 505-518).

em sede de ação civil pública" (STJ, 1ª Seção, REsp/ProAfR 1.981.398-RS, rel. Min. Benedito Gonçalves, j. 22.11.2022).

54. Quanto ao cabimento desta condenação em favor da associação-autora: STJ, 3ª Turma, REsp 1.987.688-PR, rel. Min. Nancy Andrighi, j. 22.11.2022, v.u.

55. A tese fixada refere-se inapropriadamente ao cumprimento de sentença, mas é na liquidação que se justifica sua fixação, pois é ali onde existe a controvérsia propriamente dita, com vista a identificar os titulares do direito e o valor dos danos.

————. "Custas, despesas, honorários e danos processuais na nova Lei da Ação Civil Pública". In: CALMON, Petrônio, CIANCI, Mirna, GOZZOLI, Maria Clara, e QUARTIERI, Rita (coords.). *Em defesa de um novo sistema de processos coletivos – Estudos em homenagem a Ada Pellegrini Grinover*. São Paulo, Saraiva, 2010 (pp. 465-496).

————. In: COSTA, Susana Henrique da (coord.). *Comentários à Lei da Ação Civil Pública e à Lei da Ação Popular.* São Paulo, Quartier Latin, 2006 (pp. 433-443).

————. In: CRUZ E TUCCI, José Rogério, *et al.* (coords.). *Código de Processo Civil anotado.* 2ª ed. Rio de Janeiro, LMJ Mundo Jurídico, 2018 (comentário ao art. 138, pp. 215-220).

————. "Las actiones colectivas pasivas en el Código-Modelo de procesos colectivos para Iberoamérica". In: GIDI, Antonio, e Mac-GREGOR, Eduardo Ferrer (coords.). *La tutela de los derecho difusos, colectivos e individuales homogéneos*. México, 2003 (pp. 132-141).

————. "Responsabilidade civil do promotor de justiça no inquérito civil". In: MAZZEI, Rodrigo, e NOLASCO, Rita Dias (coords.). *Processo civil coletivo.* São Paulo, Quartier Latin, 2005 (pp. 247-268).

————. "Transação coletiva e direitos individuais homogêneos". In: MILARÉ, Édis (coord.). *Ação civil pública – Após 35 anos*. São Paulo, Ed. RT, 2020 (pp. 1.249-1.267).

LOPES, Bruno Vasconcelos Carrilho, *et al. Teoria geral do Processo*. 32ª ed. São Paulo, Malheiros Editores/Juspodivm, 2020.

CAPÍTULO CXCVI – ***AÇÃO POPULAR***

Fernão Borba Franco

2.835. considerações iniciais

A origem remota da ação popular costuma ser identificada no direito romano; no Brasil, as Constituições, desde 1934, a preveem, exceto a de 1937. Atualmente, o art. 5º, LXXIII, da Constituição Federa, assim dispõe: "qualquer cidadão é parte legítima para propor ação popular que vise a anular ato lesivo ao patrimônio público ou de entidade de que o Estado participe, à moralidade administrativa, ao meio ambiente e ao patrimônio histórico e cultural, ficando o autor, salvo comprovada má-fé, isento de custas judiciais e do ônus da sucumbência".

O constitucionalista a definiria como uma *ação constitucional*; o administrativista, como um *meio de controle externo da Administração Pública*; e o processualista, como um *procedimento especial*.

De fato, a Constituição atribui ao cidadão legitimidade para ajuizar demanda visando a proteger o patrimônio público, de acordo com o procedimento estabelecido pela Lei federal 4.717/1965 (Lei da Ação Popular). Todos os especialistas estão certos, o que demonstra a grande interdisciplinaridade do assunto, a exigir uma visão panorâmica para que se possa verdadeiramente compreendê-lo.

Esse panorama, dentre outras coisas, contemplará quem pode ajuizar a *ação popular*; quem deve compor o polo passivo desse processo; qual a posição do Ministério Público; quais interesses se pretende proteger; quais as particularidades do procedimento, que o distinguem do comum.

2.836. legitimidade ativa

Conforme o texto constitucional, *qualquer cidadão* poderá propor a demanda visando a proteger o interesse público, nos termos do art. 5º, inc. LXXIII, da Constituição Federal. Evidente, em primeiro lugar, que não se trata de demanda em que o cidadão visa a proteger apenas seu interesse particular, mas interesse que não lhe pertence com exclusividade: um *interesse difuso*. Trata-se, pois, de *legitimação extraordinária.*

Esse cidadão, portanto, pode ajuizar demanda visando a proteger interesse alheio, que entretanto o beneficia, mínima ou indiretamente, como se prefira, na medida em que o interesse público também lhe diz respeito.

O cidadão é a pessoa física titular de seus direitos políticos, ou seja, deve provar a regularidade de sua situação eleitoral (art. 1º, § 3º, da LAP). Suspensos os direitos políticos, esvai-se a legitimação da pessoa física para o ajuizamento da ação popular, motivo por que se exige, dentre os documentos que instruem a inicial, cópia do título de eleitor e certidão do Tribunal Eleitoral a que vinculado. Afinal, sendo um instrumento político, apenas os que são politicamente capazes podem utilizá-lo.

Já se cogitou restringir a possibilidade de ajuizamento da demanda popular àqueles cidadãos que exercem seus direitos políticos nos limites do território do interesse que se pretende defender. Todavia, há de se considerar que a finalidade da previsão constitucional é exatamente garantir que o maior número de pessoas possa ajuizar a ação popular e assim defender o interesse público, de maneira que esse entendimento não prevalece.

No entanto, de registrar que este fundamento não se presta a ampliar excessivamente a legitimidade, o que aconteceria caso dispensado o requisito constitucional do exercício dos direitos políticos, o que também não prevalece.

Por fim, basta ao autor que comprove ser *cidadão*, o que torna desnecessário cogitar de qualquer *pertinência temática*, seja relativa ao território em que reside o cidadão, seja a respeito de quais interesses pode ele defender.

Interessante o caso do cidadão entre 16 e 18 anos, que é titular de seus direitos políticos mas nem sempre pode praticar sem assistência os atos da vida civil. Discute-se se a legitimação constitucional dispensa essa assistência, e respeitável parcela da doutrina assim conclui. Ocorre que o ajuizamento da demanda pode acarretar consequências patrimoniais (caso seja considerado litigante temerário). Logo, a capacidade da pessoa é indispensável, podendo a (relativa) incapacidade ser suprida na forma da lei.

Também necessário explicitar por que se falou em *pessoa física* titular de seus direitos políticos: a pessoa jurídica não é parte legítima para ajuizar a demanda popular, conforme a Súmula 365 do Supremo Tribunal Federal: "Pessoa jurídica não tem legitimidade para propor ação popular".

Entre os cidadãos, facultam-se o litisconsórcio ativo bem como a assistência (art. 6º, § 5º, da LAP).

Por fim, interessante referir a capacidade postulatória: ressalvada a hipótese de o autor popular ser advogado litigando em causa própria, deve ser representado por patrono que disponha de tal capacidade.

2.837. legitimidade passiva

O autor popular promoverá a demanda em face das *pessoas públicas ou privadas e entidades autárquicas, sociedades de economia mista, sociedades mútuas de seguro em que a União represente os segurados ausentes, empresas públicas, serviços sociais autônomos, instituições ou fundações em que o Poder Público tenha concorrido ou concorra com mais de 50% do patrimônio e quaisquer pessoas jurídicas ou entidades subvencionadas pelos cofres públicos* (arts. 6º, *caput*, e 1º, *caput*, da LIA).

Em síntese, qualquer pessoa jurídica, pública ou privada, que tenha recebido dinheiro público poderá ser réu em ação popular. Essa legitimação, ampla, é coerente com a finalidade da garantia do art. 5º, inc. LXXIII, da CF, ou seja, zelar pelo patrimônio público em geral.

Além de tais pessoas jurídicas, devem também ser partes as *autoridades, funcionários ou administradores* envolvidos com o ato impugnado, bem ainda os que se omitiram em tomar alguma atitude contra o ato sabidamente ilegal e contra os seus beneficiários diretos.

Não há nada excepcional nessa legitimidade, considerando-se que devem participar do processo os que possuam interesse na solução que lhe será dada; aliás, também não surpreende que seja indispensável a participação no processo de todos aqueles atingidos pelo provimento final, sob pena de violação do devido processo legal. É, como se vê, hipótese de litisconsórcio passivo necessário, de modo que aquele que não foi adequadamente citado não poderá ser atingido pela decisão de mérito.

De se registrar que pode não haver *benefício direto* do ato lesivo, caso da ilegalidade não decorra prejuízo financeiro, como no caso de pura imoralidade (art. 6º, § 1º, da LAP).

2.838. é possível a mudança de polo no processo

O art. 6º, § 3º, da Lei 4.717/1965 permite que a pessoa jurídica ré se abstenha de contestar o pedido do autor popular ou mesmo atuar a seu lado, em litisconsórcio ativo, "desde que isso se afigure útil ao interesse público, a juízo do respectivo representante legal ou dirigente".

O que se busca proteger pela via da ação popular é exatamente o interesse público primário, ou seja, o interesse além do mero *interesse dell'apparatto*, conforme a conhecida distinção de Renato Alessi. Assim, não surpreende que exista essa faculdade, pois à própria Administração cabe perseguir o interesse público. A propósito, essa faculdade também é prevista na Lei da Ação Civil Pública (art. 5º, § 2º).

Perfeitamente possível, e comum, que o ente público tenha contestado a demanda e posteriormente modifique seu entendimento, passando a compor o polo ativo; para tanto, em vista da expressa previsão legal, não há cogitar de preclusão, temporal ou consumativa. Evidentemente, assim que citada, a pessoa jurídica de direito público poderá desde logo optar por participar do processo ao lado do autor.

2.839. o Ministério Público

Ao receber a demanda popular, o juiz intimará o Ministério Público, cabendo-lhe velar pelo atendimento da eventual requisição de documentos úteis ou necessários para o julgamento, que serão mencionados no despacho inicial (art. 7º da LAP). Tem, portanto, participação essencial no processo, e sua ausência acarretará a nulidade do processo, ressalvada a hipótese de ausência de prejuízo ao interesse público.

Não tem legitimidade ativa para o ajuizamento, sendo irrelevante que a tenha para o ajuizamento de ação civil pública ou de improbidade administrativa.

Sua participação limita-se à função de *custos legis* (art. 6º, § 4º, e art. 7º, inc. I, *a*, da LAP), a não ser na hipótese de assunção do polo ativo do processo na circunstância de falta do autor popular (falecimento, abandono, desistência), desde que não seja ele sucedido por outro cidadão ou pelo próprio ente de direito público.

Em vista da independência funcional outorgada ao Ministério Público no art. 127, § 1º, da Constituição Federal, tem-se que assumir o polo ativo do processo é uma *opção*, assim como não se pode impedir o promotor de justiça de, "em qualquer hipótese, assumir a defesa do ato impugnado ou dos seus autores", conforme a parte final do art. 6º, § 4º, da LAP.

O que referida proibição significa, exatamente em decorrência da independência funcional, é que o promotor de justiça atue em prol do interesse público, e não em benefício da demanda popular ou dos entes e administradores públicos.

A propósito, corrente a advertência de que muitas vezes a demanda popular é utilizada por cidadãos com finalidades meramente políticas. De fato, como o manejo da demanda permite um controle mais estrito da legalidade do ato, fazendo com que o dogma da *discricionariedade administrativa* fosse relativizado, logo se manifestou essa preocupação e a que lhe faz reflexo, da excessiva intervenção judicial na Administração Pública.

Por vezes isso é verdadeiro, e a demanda popular é na verdade contrária ao interesse público, pois se presta para algum interesse pessoal do autor popular; daí, não faz sentido impedir o Ministério Público de atuar na defesa do interesse público, eventualmente contra o pedido formulado pelo autor.

Não há dúvida de que o Ministério Público poderá recorrer (art. 19, § 2º) e na falta do autor ou terceiro deverá iniciar o cumprimento de sentença condenatória (art. 16).

2.840. o juiz

Recebida a demanda popular, o juiz competente – pelas regras de organização judiciária (art. 5º, *caput* e §§ 1º e 2º, da LAP) – determinará a intimação do Ministério Público e requisição de documentos pertinentes ao julgamento da causa, sejam os elencados pelo autor ou os que julgar convenientes (art. 7º, inc. I, da LAP). Observe-se que, desde 1965, a Lei da Ação Popular atribui ao juiz iniciativa probatória, aqui sob o fundamento do interesse público na solução do processo, interesse esse que, dados os escopos da jurisdição, se estende, na verdade, a qualquer processo.

O art. 7º, inc. VI, da LAP determina que o juiz deverá proferir a sentença em 15 dias, sob pena de ser preterido em promoções por merecimento ou antiguidade, salvo motivo justo. Nada incomum a superação do prazo, por problemas estruturais vários, de modo que a superação do prazo deve ser qualificada, seja porque infundada a demora, seja porque eventualmente provocado o juiz a proferir a sentença nesse prazo, sem que o faça.

Necessário o registro de que a propositura da demanda tornará prevento o juízo para as demandas posteriores, "intentadas contra as mesmas partes e sob os mesmos fundamentos". A rigor, trata-se de prevenção para demandas iguais ou conexas, uma vez que a variação do polo ativo é irrelevante, ante a natureza coletiva do interesse que é objeto do processo.

2.841. o objeto do processo

O autor popular foi autorizado pela lei a fiscalizar diretamente a Administração Pública, permitindo-lhe anular o ato ilegal e lesivo eventualmente praticado e a obter a reparação dos danos causados.

Ilegalidade e lesividade são, pois, requisitos indispensáveis para a procedência da demanda popular, e assim devem estar presentes, cumulativamente.

O art. 2º da lei cuida do que a doutrina trata como elementos ou requisitos de validade do ato administrativo. É, efetivamente, uma teoria das nulidades dos atos, cuidando dos vícios de competência, forma, objeto, motivo e do desvio de finalidade.

A doutrina fala em atos inexistentes, nulos e anuláveis, na medida da gravidade do vício e da possibilidade de convalidação. Estas categorias, no entanto, não têm importância para o julgamento da ação popular, bastando serem caracterizadas a ilegalidade e a lesividade.

Sobre a lesividade, o art. 4º da lei estabelece uma relação de atos que devem ser assim presumidos. De fato, são atos dos quais normalmente ela decorre, como restrições indevidas ao caráter competitivo de licitações, venda de bens por preço inferior ao de mercado ou empréstimo irregular. Além destas hipóteses, não se pode esquecer do art. 15 da Lei de Responsabilidade Fiscal, que também estabelece presunção de lesividade de atos que violem seus arts. 16 e 17 (Lei Complementar 101/2000).

A lesividade até agora referida é a financeira, o prejuízo aos cofres públicos (para cuja reparação é indispensável determinar o *quantum debeatur*, no próprio processo ou em liquidação de sentença).

Entretanto, esse não é o único prejuízo a justificar a ação popular, sendo possível também o prejuízo ao meio ambiente, à moralidade administrativa ou ao patrimônio histórico e cultural, por vezes sem reflexos financeiros diretos, mas que podem ensejar indenização pecuniária.

De qualquer forma, o reconhecimento da ilegalidade e lesividade do ato levará à procedência da ação popular, seja esse ato vinculado ou discricionário. A simples referência à discricionaridade do ato não o imuniza ao controle jurisdicional, que o examinará nos limites dessa discricionariedade, investigados inclusive seus motivos e motivação.

A propósito, a motivação do ato discricionário deve ser até mais cuidadosa, porque mais complexa, se comparada com a motivação do ato vinculado, e a ausência de motivação pode ser considerada como fundamento de nulidade do ato.

Afinal, o art. 20 da LINDB veda decisões com base em valores abstratos, desconsideradas suas consequências práticas. Exatamente para permitir esse controle, o parágrafo único determina que "a motivação demonstrará a necessidade e adequação da medida, inclusive em face das possíveis alternativas", a demonstrar também o acerto da afirmativa que considera a discricionariedade a opção entre alternativas equivalentes (Celso Antônio Bandeira de Mello).

Estas considerações são complementadas pelo art. 24 da mesma Lei de Introdução, determinando, aliás de forma lógica e proporcional, que se levem em conta as orientações gerais da época do ato impugnado, e não suas eventuais mudanças posteriores, contemporâneas com o controle, e pelo art. 22, cujo § 1º determina a consideração das circunstâncias práticas que informaram a atuação do agente.

Tudo isto demonstra a importância da motivação do ato administrativo, especialmente a dos atos discricionários, que, em seus limites, poderá e deverá ser objeto de controle.

2.842. a demanda

A petição inicial da ação popular deverá, atendendo aos requisitos do Código de Processo Civil, descrever o ato lesivo praticado pela Administração e requerer sua correção e anulação.

De fato, em muitas hipóteses não haverá o menor sentido em buscar apenas a anulação do ato, como parece sugerir o *caput* do art. 1º da lei, sem correção de suas consequências lesivas (*v.g.*, desfazer o dano ambiental, recompor a fachada de um prédio tombado *etc.*).

Apesar de a lei não prever explicitamente esses pedidos, são decorrência lógica do sistema de controle da Administração, que permite ao cidadão a efetiva corrigenda do ato lesivo e ilegal.

Uma inicial que não descreva o ato praticado e os fundamentos para sua ilegalidade e lesividade, conforme visto no item anterior, será irremediavelmente inepta, pois desprovida de causa de pedir. Por isso, não basta que o autor ajuíze a demanda sem ter obtido elementos suficientes para conclusão acerca da ilicitude do ato; consequentemente, os documentos que podem ser indicados na inicial e requisitados pelo juiz e pelo Ministério Público só serão os destinados a demonstrar o preenchimento da condição de eleitor e a provar os fatos alegados na demanda, não sendo dado ao autor popular ajuizar a demanda com fundamento em meras suspeitas, utilizando-se dessa via como verdadeira *fishing expedition*.

Ainda de forma coerente com o item anterior, não se admite a ação popular, dentre outras hipóteses, como substituta de ação declaratória de inconstitucionalidade, de improbidade administrativa, para defesa de interesses individuais homogêneos *etc.*

2.843. providências preliminares

Preocupou-se a Lei 4.717/1965 em assegurar acesso aos documentos necessários ao ajuizamento da ação popular, uma vez que, sem os dados necessários, inviável determinação dos fatos relevantes, necessariamente expostos na petição inicial.

Não tratou expressamente essa lei do ajuizamento, preparatório, de ação cautelar de exibição de documentos e nem de mandado de segurança com essa finalidade, omissão na verdade irrelevante, porque o próprio sistema já o permite – e na verdade até o impõe, em virtude da indispensabilidade desses dados para a propositura da demanda.

A LAP prevê que o autor possa requerer às entidades as informações necessárias, bastando que indique sua finalidade (art. 1º, § 4º), facultando-lhe ajuizar a demanda sem os documentos no caso de sigilo, hipótese em que o juiz poderá requisitar tais documentos, decretando segredo de justiça (§§ 5º a 7º). Cuidou ainda de impor pena de desobediência (art. 8º) caso não sejam entregues, atribuindo ainda ao Ministério Público o dever de zelar pelo atendimento às requisições de documentos (art. 7º, § 1º).

Muito disso está superado após promulgada a Lei de Acesso à Informação (Lei 12.527/2011), que estabelece a forma como devem ser obtidas as informações e as sanções pela recusa injustificada, restando a possibilidade de requisição judicial dos documentos, nos termos e limites da Lei 12.527/2011, por ter derrogado as regras anteriores.

Ressalvados os documentos sigilosos, perfeitamente possível sua busca e apreensão (art. 400, parágrafo único, do CPC), dentre outras medidas visando ao atendimento específico da obrigação, como imposição de multa diária. Já se cogitou de prisão civil do obrigado, mas excessiva a medida e sem qualquer respaldo legal.

Juntamente com a requisição dos documentos relevantes para o julgamento, o juiz determinará a citação dos réus e beneficiários do ato para que contestem no prazo de 20 dias (úteis, tratando-se de prazo processual), prorrogáveis por mais 20 dias (art. 7º, incs. I e IV, da Lei 4.717/1965).

No inc. II do art. 7º a Lei da Ação Popular faculta ao autor requerer a citação dos beneficiários por edital, com prazo de 30 dias. Essa faculdade, entretanto, não é compatível com o devido processo legal, uma vez que citação irregular, como a citação ficta fora das hipóteses permitidas pelo Código de Processo Civil, leva à inexistência do processo.

Pode-se argumentar que a lei especial prevê essa hipótese de citação, o que afastaria a irregularidade, mas, como tal modalidade não assegura o efetivo contraditório (o que é apenas mitigado mas não impedido pela nomeação de curador), a conclusão de incompatibilidade permanece.

Interessante a previsão de que, caso algum beneficiário seja identificado já no curso da demanda, evidentemente antes da sentença, deverá ser citado, sendo a ele assegurado prazo para contestar e produzir provas (art. 7º, inc. III).

2.844. instrução

Decorrido o prazo para resposta, a Lei da Ação Popular determina que, não havendo requerimento de produção de prova oral ou pericial, o juiz deve conceder às partes o prazo de 10 dias para alegações finais, proferindo sentença em seguida. Caso haja prova a ser produzida, o processo tomará o procedimento ordinário (art. 7º, incs. V e VI).

Já muito bem estabelecido que o juiz possui poderes instrutórios, de modo que, independentemente de pedido das partes, poderá determinar a produção das provas necessárias. As regras de produção das provas são as do CPC, não havendo nada especial a respeito.

O Ministério Público não é parte, mas acompanhará o processo, podendo requerer a produção de provas (art. 6º, § 4º), e deve também ter assegurada possibilidade de manifestação a final.

Três questões devem ser consideradas.

A primeira delas é a respeito da consequência da falta de apresentação de documentos pelos réus; essa punição, na verdade, é irrelevante para o processo, sendo importante a consequência endoprocessual, especialmente aquela relativa à presunção de veracidade do fato que se desejava comprovar com o documento faltante. A questão que se afigura é a respeito da incompatibilidade dessa consequência com o interesse público no objeto do processo, atraindo a busca da "verdade real", que seria incompatível com essa presunção. Não parece, todavia, a melhor solução, pois a presunção, legal e *hominis*, na medida em que decorre da constatação de que normalmente o documento suprimido é o que prejudica o interesse daquele que o esconde, é a sanção mais efetiva para a resistência em entregar o documento eventualmente prejudicial e o resultado mais adequado para o processo e – pese à inadequação dessa fórmula – coerente com a "verdade real".

A segunda questão é sobre a produção dos efeitos da revelia, especificamente o de se considerar verdadeiro o fato não impugnado. Mais que efeito da revelia, isso decorre da própria estrutura lógico-dialética do processo civil, e, ausente impugnação ao fato alegado na inicial, deve ser – geralmente – tido como verdadeiro. É o que decorre do ônus da impugnação específica, e não existe nenhuma especificidade que o afaste no caso da ação popular, mesmo porque é aplicável contra a Fazenda Pública.

A terceira questão é a de haver nulidade do processo se não for aberta às partes e ao Ministério Público oportunidade de manifestação a respeito do processo, na hipótese de não haver provas a produzir.

Haverá nulidade apenas nas hipóteses de prejuízo, como é a regra das nulidades processuais, o que pode acontecer caso o juiz não aplique o art. 10

do CPC ou não considere a alegação relevante que pudesse ser trazida nessa oportunidade.

Normalmente, contudo, essa última hipótese não ocorrerá, pois eventual questão não resolvida pelo juiz na sentença e que possa ser posta pela parte ou pelo Ministério Público poderá ser diretamente conhecida pelo tribunal no julgamento da apelação ou no reexame necessário, como permite o art. 1.013 do CPC.

Nulidade haverá também nas (raras) vezes em que necessária produção de provas, mas isso, a rigor, independe de ter sido alegado pelas partes nesse momento, pois pode ser determinada, de ofício, pela Turma julgadora.

2.845. sentença

A sentença é diretamente ligada à petição inicial porque deve, considerando os fatos e fundamentos jurídicos expostos pelo autor e pelo réu, apreciar os pedidos formulados, acolhendo-os ou os rejeitando. Daí que perfeitamente possível provimentos declaratórios, constitutivos ou condenatórios em sede de ação popular.

Deve a sentença, como curial, ater-se ao(s) pedido(s) formulado(s), não podendo, ainda que por grandeza de razões, ir além dele(s). Importa no momento apenas referir que os provimentos possíveis em ação popular decorrem diretamente dos pedidos que são possíveis ao autor.

O art. 11 da LAP aparentemente consagra a existência de um *pedido implícito*, ou seja, que decorre da lei, independente de formulação pela parte. Não é, entretanto, o que acontece, devendo a condenação às perdas e danos decorrentes do ilícito reconhecido na sentença ser imposta apenas se presente o responsável ou beneficiário no polo passivo do processo e, mais, se efetivamente formulado pedido nesse sentido (sendo de cogitar até eventual emenda da inicial para tanto, caso omissa). Caso contrário haverá incontornável ofensa ao contraditório e ao devido processo legal, até mais gravosa que a possibilidade de citação ficta dos beneficiários, já tida como inadmissível pelos mesmos fundamentos.

A sentença deve ser preferencialmente líquida, ou seja, estabelecer o *quantum debeatur*, no caso aquele necessário para reparar as perdas e danos decorrentes do ato ilegal. O art. 14 da Lei 4.717/1965 prevê, de forma compatível com o Código de Processo Civil, que, se esse valor for devidamente apurado na fase de conhecimento, já será indicado na sentença, seguindo-se seu cumprimento; se, entretanto, isso não acontecer, será feita a liquidação da sentença, por artigos ou arbitramento. Os parágrafos desse dispositivo indicam algumas hipóteses para fixar esse valor, e o § 3º estabelece forma especial de cumprimento de sentença, permitindo que o valor seja obtido por desconto em folha de pagamento, caso o réu seja servidor ("receba dos cofres públicos"); trata-se de exceção à regra do CPC que impede a penhora de salários (art. 833, inc. IV).

A sentença, evidentemente, será motivada, anotando-se apenas que o juiz deve ter especial atenção ao examinar o ato sob o aspecto da discricionariedade eventualmente envolvida. De fato, a circunstância de ser discricionário o ato não afasta o controle jurisdicional, que entretanto há de ser feito nos limites das opções do administrador, apreciando-os efetivamente.

A sentença terminativa ou de improcedência só produzirá efeitos depois do reexame necessário (art. 19 da LAP). Ao contrário do regime do CPC, que determina reexame necessário das sentenças proferidas contra a Fazenda Pública, no caso apenas as sentenças proferidas contra o autor popular são condicionadas, fazendo com que o interesse público relevante no caso seja o defendido pelo cidadão, e não necessariamente o da Fazenda Pública.

Se o fundamento da improcedência for deficiência da prova não se formará coisa julgada material, permitindo-se nova ação popular se obtida nova prova (art. 18 da Lei 4.717/1965; coisa julgada *secundum eventum litis*).

2.846. meios de impugnação

O art. 19 da Lei 4.717/1965 prevê, além do reexame necessário acima mencionado, que contra a sentença de procedência caberá apelação, com efeito suspensivo (*caput*); das decisões interlocutórias caberá agravo de instrumento (§ 1º); e atribui legitimidade (extraordinária) para qualquer cidadão recorrer das sentenças e decisões proferidas contra o autor popular, bem como para o Ministério Público (§ 2º).

Como se vê deste último dispositivo, claro que o autor popular, qualquer cidadão e o Ministério Público poderão recorrer das sentenças de improcedência ou carência.

Indaga-se, entretanto, se o Ministério Público pode recorrer das sentenças de procedência da ação popular, ao que já se respondeu afirmativamente no item 2.839, *supra*, com fundamento em suas funções institucionais, constitucionalmente fixadas.

Como expresso pelo art. 22 da LAP, aplicam-se subsidiariamente as regras do CPC. Logo, o sistema recursal como um todo é aplicável subsidiariamente, inclusive o art. 1.015 do CPC vigente, que restringe o cabimento de agravo a algumas decisões interlocutórias, que indica nos incs. I a XI. As decisões interlocutórias proferidas em ação popular, seja porque não sujeitas a tal restrição em virtude do art. 19, § 1º, da LAP, seja porque devem ser consideradas na previsão do art. 1.015, inc. XIII, do CPC (outros casos expressamente referidos em lei), são todas recorríveis.

Da mesma maneira, a apelação contra a sentença de procedência da ação popular deve ser recebida no efeito suspensivo, dada a previsão expressa e especial da Lei 4.717/1965.

Salvo estas particularidades, aplicam-se as normas do CPC a respeito de recursos, valendo observar que, se eventualmente revogado o § 1º do art. 19 da LAP, aplicar-se-ia integralmente o art. 1.015 do CPC.

2.847. ônus de sucumbência e regime de custas

Três dispositivos da Lei da Ação Popular tratam do tema. Segundo o art. 10, o pagamento de custas e preparo é diferido para o final do processo; o art. 12 impõe que a sentença incluirá, na condenação dos réus, a condenação no pagamento de custas e despesas, judiciais ou extrajudiciais, relacionadas com o processo e devidamente comprovadas, bem como honorários de advogado; e o art. 13 prevê que, reconhecendo o juiz a litigância temerária do autor, o condenará ao pagamento do décuplo das custas.

Contudo, em função do disposto no art. 5º, inc. LXXIII, da CF, que isenta o autor popular, salvo comprovada má-fé, do pagamento de custas judiciais e do ônus da sucumbência, limita-se tal dispositivo a, de forma coerente com o art. 18 da Lei da Ação Civil Pública, impedir que seja adiantado o valor de despesas processuais pelo autor, mormente no que toca a eventual perícia.

No caso de procedência da demanda, os réus serão condenados no pagamento das verbas de sucumbência, de forma integral; no caso de improcedência ou sentença terminativa, o autor popular não será condenado no pagamento dessas verbas, ressalvada a má-fé, hipótese em que não apenas será responsabilizado por custas, despesas e honorários do patrono do réu como também pela multa equivalente ao décuplo das custas.

2.848. cumprimento da sentença

A Lei da Ação Popular não trata especificamente do cumprimento de sentença, de modo que integralmente aplicáveis as normas do Código de Processo Civil, como, aliás, decorre do art. 22.

Entretanto, em diversos dispositivos faz referências específicas sobre o tema, como a do art. 16, em que determina ao Ministério Público promover esse cumprimento, sob pena de falta grave, caso nem o autor nem terceiro o façam em 60 dias, e a do art. 17, que também faculta promover o cumprimento da sentença às pessoas e entidades referidas no art. 1º da lei.

Há, como se vê, legitimidade concorrente para o cumprimento de sentença, permanecendo o Ministério Público com a legitimidade subsidiária para tanto.

Outra especificidade, já referida, mas que, por sua importância, merece outra menção, é a permissão de penhora de vencimentos do servidor para a obrigação de pagar quantia (art. 14, § 3º). Essa exceção à regra de impenhorabilidade já existia quando em vigor o CPC de 1973 e permanece após promulgado o CPC em vigor.

2.849. prescrição

Segundo o art. 21 da Lei da Ação Popular, o prazo de prescrição é de cinco anos.

Doutrina e jurisprudência não são pacíficas a respeito da natureza do prazo, mas parece prevalecer o entendimento de que é ele decadencial, de modo que não admite suspensão ou interrupção e pode ser conhecido de ofício.

Esse prazo conta-se a partir do ato descrito como ilegal ou de sua primeira publicidade, e o prazo para o cumprimento de sentença, a partir do trânsito em julgado, é também de cinco anos.

O Supremo Tribunal Federal declarou recentemente (RE 852.475-SP) ser imprescritível ação de ressarcimento de danos ao erário decorrente de ato de improbidade administrativa. Interessa saber se a reparação de danos imposta em ação popular deve ser também assim considerada. Evidente que a ilegalidade e a lesividade do ato podem ou não caracterizar ato de improbidade administrativa, e há certa permeabilidade entre as ações, na medida em que tanto o cidadão como o Ministério Público, na ação popular e na de improbidade, podem fundamentar as respectivas demandas nos mesmos fatos.

No entanto, ainda está para se construir entendimento sobre eventuais limites dessa imprescritibilidade, em especial no que tange à sua aplicabilidade em ação popular, o que demandará interpretar os limites do precedente do Supremo Tribunal Federal. De qualquer forma, serão raras essas ocorrências, pois, como já dito, o Ministério Público, sob pena de responsabilidade administrativa do promotor responsável, tem legitimação subsidiária para o cumprimento da sentença.

2.850. considerações finais

A ação popular é meio tradicional de permitir controle dos atos do Estado pelos cidadãos. Há algum tempo vem perdendo sua importância, pois outros meios de controle, especialmente a Lei de Improbidade Administrativa e a Lei de Responsabilidade Fiscal, tornaram mais estrito o controle dos atos e contas públicas.

De qualquer forma, as modificações feitas recentemente pela Lei 14.230/2021 na Lei de Improbidade Administrativa, especialmente as que restringem a legitimação ativa, deixando-a a cargo apenas do Ministério Público (art. 17), e as que tratam da prescrição *interfases* (art. 23), podem fazer com que a ação popular volte a ser importante meio de controle, pois, apesar de não haver possibilidade de aplicação de penas, o ato será anulado, e os prejuízos ressarcidos.

A circunstância já referida de que a ação popular pode ser utilizada para fins políticos é, longe de ser um defeito, uma verdadeira qualidade, pois o controle efetivo não pode ser feito pelos próprios detentores do poder. O que se busca, enfim, é cada vez mais permitir que a Administração Pública seja efetiva e rigorosamente controlada, e a ação popular é meio importante para que se chegue a tal objetivo.

Referências Bibliográficas

ABDO, Helena Najjar. In: COSTA, Susana Henriques da (coord.). *Comentários à Lei da Ação Civil Pública e Ação Popular*. São Paulo, Quartier Latin, 2006.

ALIENDE RIBEIRO, Luís Paulo. In: COSTA, Susana Henriques da (coord.). *Comentários à Lei da Ação Civil Pública e Ação Popular*. São Paulo, Quartier Latin, 2006.

ALVES, Francisco Glauber Pessoa. In: GAJARDONI, Fernando da Fonseca, e SILVA, Márcio Henrique Mendes da (coords.). *Manual dos procedimentos especiais cíveis de legislação extravagante*. São Paulo, Método, 2006.

BARBOSA MOREIRA, José Carlos. "A ação popular do direito brasileiro como instrumento de tutela jurisdicional dos chamados 'interesses difusos'". In: BENJAMIN, Antonio Herman, GRINOVER, Ada Pellegrini, VIGORITI, Vincenzo, e WAMBIER, Teresa Arruda Alvim (orgs.). *Processo coletivo, do surgimento à atualidade*. São Paulo, Ed. RT, 2014.

BUENO, Cassio Scarpinella. *Manual do Poder Público em juízo*. São Paulo, Saraiva, 2022.

CAIS, Frederico. In: COSTA, Susana Henriques da (coord.). *Comentários à Lei da Ação Civil Pública e Ação Popular*. São Paulo, Quartier Latin, 2006.

CAPPELLETTI, Mauro. *Processos, ideologias e sociedade*. vol. I, trad. e notas de Elício de Cresci Sobrinho. Porto Alegre, SAFe, 2008.

DINAMARCO, Cândido Rangel. *Fundamentos do processo civil moderno*. vol. I. São Paulo, Malheiros Editores, 2000.

DINAMARCO, Pedro da Silva. In: COSTA, Susana Henriques da (coord.). *Comentários à Lei da Ação Civil Pública e Ação Popular*. São Paulo, Quartier Latin, 2006.

FERRARESI, Eurico. "A pessoa física como legitimada ativa à ação coletiva". In: GRINOVER, Ada Pellegrini, MENDES, Aluisio Gonçalves de Castro, e WATANABE, Kazuo (coords.). *Direito processual coletivo e o Anteprojeto brasileiro do Código Brasileiro de Processos Coletivos*. São Paulo, Ed. RT, 2007.

————. *Ação popular, ação civil pública e mandado de segurança coletivo*. Rio de Janeiro, Forense, 2009.

FERRAZ, Leslie Shérida. In: COSTA, Susana Henriques da (coord.). *Comentários à Lei da Ação Civil Pública e Ação Popular*. São Paulo, Quartier Latin, 2006.

FIGUEIREDO CRUZ, Luana Pedrosa de. *Comentários à nova Lei de Improbidade Administrativa*. São Paulo, Ed. RT, 2022 (em coop.).

GABBAY, Daniela. In: COSTA, Susana Henriques da (coord.). *Comentários à Lei da Ação Civil Pública e Ação Popular*. São Paulo, Quartier Latin, 2006.

GAJARDONI, Fernando da Fonseca. In: COSTA, Susana Henriques da (coord.). *Comentários à Lei da Ação Civil Pública e Ação Popular*. São Paulo, Quartier Latin, 2006.

GASPARINI, Diógenes. In: COSTA, Susana Henriques da (coord.). *Comentários à Lei da Ação Civil Pública e Ação Popular*. São Paulo, Quartier Latin, 2006.

GOMES JÚNIOR, Luiz Manoel. "Lei da Ação Popular – Modificações pontuais necessárias". In: GRINOVER, Ada Pellegrini, MENDES, Aluisio Gonçalves de Castro, e WATANABE, Kazuo (coords.). *Direito processual coletivo e o Anteprojeto brasileiro do Código Brasileiro de Processos Coletivos*. São Paulo, Ed. RT, 2007.

———— (coord.). *Comentários à Lei da Ação Popular*. Rio de Janeiro, GZ Editora, 2021.

GRINOVER, Ada Pellegrini. "A ação popular portuguesa: uma análise comparativa". In: BENJAMIN, Antonio Herman, GRINOVER, Ada Pellegrini, VIGORITI, Vincenzo, e WAMBIER, Teresa Arruda Alvim (orgs.). *Processo coletivo, do surgimento à atualidade*. São Paulo, Ed. RT, 2014.

LEONEL, Ricardo de Barros. In: COSTA, Susana Henriques da (coord.). *Comentários à Lei da Ação Civil Pública e Ação Popular*. São Paulo, Quartier Latin, 2006,

MANCUSO, Rodolfo de Camargo. "A concomitância entre ações de natureza coletiva". In: GRINOVER, Ada Pellegrini, MENDES, Aluisio Gonçalves de Castro, e WATANABE, Kazuo (coords.). *Direito processual coletivo e o Anteprojeto brasileiro do Código Brasileiro de Processos Coletivos*. São Paulo, Ed. RT, 2007.

————. *Ação popular*. São Paulo, Ed. RT, 2011.

MAZZEI, Rodrigo. In: COSTA, Susana Henriques da (coord.). *Comentários à Lei da Ação Civil Pública e Ação Popular*. São Paulo, Quartier Latin, 2006.

MEIRELLES, Hely Lopes, *Mandado de segurança, ação popular, ação civil pública, mandado de injunção, habeas data* (atualizado por Arnoldo Wald). São Paulo, Malheiros Editores, 1998,

NEVES, Daniel Amorim Assumpção. In: COSTA, Susana Henriques da (coord.). *Comentários à Lei da Ação Civil Pública e Ação Popular*. São Paulo, Quartier Latin, 2006.

NOHARA, Irene Patrícia. In: COSTA, Susana Henriques da (coord.). *Comentários à Lei da Ação Civil Pública e Ação Popular*. São Paulo, Quartier Latin, 2006.

PORTO, Sérgio Gilberto. In: LEONCY, Léo Ferreira (coord.). *Comentários à Constituição do Brasil*. São Paulo, Saraiva/Almedina/IDP, 2013.

REAL AMADEO, Rodolfo da Costa Manso. In: COSTA, Susana Henriques da (coord.). *Comentários à Lei da Ação Civil Pública e Ação Popular*. São Paulo, Quartier Latin, 2006.

SANTOS NETO, João Antunes. In: COSTA, Susana Henriques da (coord.). *Comentários à Lei da Ação Civil Pública e Ação Popular*. São Paulo, Quartier Latin, 2006.

SCARPARO, Eduardo. "Controle da representatividade adequada em processos coletivos no Brasil". In: BENJAMIN, Antonio Herman, GRINOVER, Ada Pellegrini, VIGORITI, Vincenzo, e WAMBIER, Teresa Arruda Alvim (orgs.). *Processo coletivo, do surgimento à atualidade*. São Paulo, Ed. RT, 2014.

SIDOU, J. M. Othon. *As garantias ativas do direito coletivo: habeas corpus, ação popular, mandado de segurança*. Rio de Janeiro, Forense, 1977.

ZUFELATO, Camilo. *Coisa julgada coletiva*. São Paulo, Saraiva, 2011.

CAPÍTULO CXCVII – *MANDADO DE SEGURANÇA COLETIVO*

CARLOS ALBERTO DE SALLES
SUSANA HENRIQUES DA COSTA

2.851. conceito e finalidade – 2.852. mandado de segurança coletivo e institutos afins – 2.853. o objeto do mandado de segurança coletivo – 2.854. legitimidade – 2.855. litispendência e coisa julgada – 2.856. liminares no mandado de segurança e suas limitações – 2.857. conclusões: seria possível uma sistematização epistemológica? – Referências Bibliográficas.

2.851. conceito e finalidade

O mandado de segurança coletivo é um instrumento processual, criado de forma expressa pela Constituição Federal de 1988 (art. 5º, inc. LXX). Embora o texto constitucional não o diga de maneira expressa, sua finalidade está circunscrita às hipóteses de cabimento previstas pela Constituição para o mandado de segurança em geral, que, por contraste, pode ser chamado de "individual". Este último, cabe lembrar, é mecanismo tradicional em nosso sistema jurídico-constitucional. Derivando do *habeas corpus*,[1] veio a ser introduzido na Constituição em 1934 e, com exceção de um curto período,[2] esteve presente em nossas Constituições desde então.

Não se duvida, portanto, de que, mesmo sob a vertente coletiva, seu direcionamento seja "proteger direito líquido de certo, não amparado por *ha-*

1. *Cfr.* Pontes de Miranda. *História e prática do* ***habeas corpus***, Rio de Janeiro, José Konfino, 1951, pp. 174-184.
2. A Constituição de 1937 o suprimiu, mas voltou a ser inserido no texto constitucional de 1946.

beas corpus ou *habeas data*, quando o responsável pela ilegalidade ou abuso de poder for autoridade pública ou agente de pessoa jurídica no exercício de atribuições do Poder Público" (art. 5º, inc. LXIX, da CF).

Em termos procedimentais, o mandado de segurança coletivo não tem uma estrutura própria. Ao contrário, a Lei do Mandado de Segurança (Lei 12.016/2009) dedica à espécie coletiva apenas dois artigos, detalhando o texto constitucional e limitando o âmbito de sua coisa julgada. Certo, portanto, que as regras procedimentais previstas para o mandado de segurança "individual" são também cabíveis à espécie coletiva, sem prejuízo da aplicação da disciplina legal própria dos processos coletivos.

Ressalte-se que a falta de uma disciplina procedimental específica não impede ou dificulta a impetração e o desenvolvimento do mandado de segurança coletivo. Basta lembrar, a propósito, que, por figurar entre os direitos e garantias fundamentais, a previsão de mandado de segurança coletivo tem aplicação imediata (art. 5º, § 1º, da CF), sendo, anteriormente ao advento da Lei 12.016/2009, utilizado com base na Lei 1.533/1951, que não trazia qualquer menção ao congênere coletivo.[3]

Assim, cabe de início afirmar que o regramento procedimental/processual do mandado de segurança coletivo segue aquela disciplina geral do mandado de segurança combinada, no que cabível, com dispositivos da Lei 7.347/1985 e dos dispositivos processuais do Código de Defesa do Consumidor, sem que isso traga qualquer óbice à efetividade dessa medida constitucional. No presente capítulo buscar-se-á destacar somente as diferenças oriundas do trato de questões coletivas pela via mandamental, uma vez que há capítulo específico acerca da disciplina geral do mandado de segurança.

Deve-se chamar atenção, no entanto, a que a disciplina procedimental do mandado de segurança é bastante peculiar. Não por outra razão, no capítulo que abre o presente volume, o Prof. Dinamarco, em sua proposta de uma Teoria Geral do Procedimentos Especiais, estabelece diversas ressalvas no que se trata do mandado de segurança (*supra*, n. 2.560) Três fatores se destacam entre aqueles que dão especificidade a esse instrumento processual constitucional.

Primeiro, seu caráter estritamente documental, no sentido de o impetrante estar limitado a documentos para demonstrar os fatos constitutivos de seu direito, sem abertura de instrução probatória. Essa limitação é consentânea com o direcionamento do instituto à proteção do direito *líquido e certo*, portanto, por via de consequência, demonstrável por via exclusivamente documental.

---

3. Nesse sentido: Aluisio Gonçalves de Castro Mendes (org.), "Art. 21", in *Mandado de segurança individual e coletivo – Lei 12.016 comentada*, São Paulo, Ed. RT, 2014, p. 148.

Em segundo lugar, em razão da natureza mandamental dos remédios típicos dessa medida, trata-se de procedimento de cumprimento imediato, apto a impor à autoridade impetrada a obediência da ordem judicial, sem a necessidade de abertura de uma fase específica para esse fim, mesmo que a pretensão do impetrante não tenha sido atendida por meio de uma liminar.

Por fim, como outros instrumentos processuais da chamada jurisdição constitucional – como a ação civil pública, a ação popular, o *habeas corpus* e o *habeas data* –, o mandado de segurança não visa a atender a uma situação de fato ou de direito específica, mas um tipo de violação ao qual o legislador constitucional pretende dar uma resposta jurisdicional adequada. Essa adequação pode advir de vários fatores, isolados ou cumulados, tais como pela celeridade procedimental, pela natureza do provimento jurisdicional ou amplitude do rol de legitimados. Compare-se, p.ex., uma possessória – que terá sempre como objeto o resguardo ou a restituição da posse – com o mandado de segurança, que poderá envolver matérias tão diversas quanto poder de polícia, questões de funcionários públicos ou direito tributário.

O mandado de segurança foge ao direcionamento, típico de outros procedimentos especiais, de adequação da disciplina jurídica-processual a situações de fato específicas, de fato e/ou de direito. Repita-se, neste caso, o que determina sua configuração procedimental é a tentativa de adequar determinado tipo de violação de direito com uma resposta jurisdicional suficientemente efetiva. O mandado de segurança coletivo, de sua feita, deve-se estudar a partir das particularidades dessa modalidade específica de remédio constitucional.

2.852. mandado de segurança coletivo e institutos afins

É sempre pertinente lembrar que direito de ação é genérico e abstrato, porque existe e pode ser exercido independentemente da existência da relação de direito material por meio dele veiculada no processo. O direito de ação é um direito público do autor em face do Estado de pleitear uma tutela jurisdicional (art. 5º, inc. XXXV, da CF).[4]

Se o direito de ação não pode ser tipificado pela espécie de direito material por meio dele veiculada, o mesmo pode ser dito com relação ao procedimento adotado no processo iniciado pelo seu exercício. Na busca de solucionar de forma mais adequada as múltiplas e específicas crises advindas das situações jurídicas de direito material, o direito processual cria ritos e procedimentos diferenciados. É o chamado princípio da adaptabilidade, que Dinamarco define como sendo aquele "que orienta os procedimentos no sentido

4. Antônio Carlos de Araújo Cintra, Ada Pellegrini Grinover e Cândido Rangel Dinamarco, *Teoria geral do processo*, 28ª ed., São Paulo, Malheiros Editores, 2012, p. 285.

da útil aderência às peculiaridades e exigências da situação jurídico-substancial lamentada ou postulada",[5] ou seja, aquele que faz com que o legislador preveja regras procedimentais mais adequadas à solução de determinado conflito de direito material, de forma a assegurar às partes maior efetividade da prestação jurisdicional. Todavia, independentemente do rito procedimental adotado, o direito de ação continua a ser o mesmo, não sujeito a qualquer espécie de tipificação.

Isso não significa dizer que não haja qualquer diferença entre os instrumentos processuais individuais e coletivos, ou mesmo entre os coletivos. Diferenças há, e são elas substanciais. Referem-se, entretanto, a questões relacionadas às hipóteses de cabimento, legitimidade, tutelas provisórias sumárias, dentre outros. Não há, entretanto, qualquer diferença com relação ao direito de ação que dá início a qualquer um dos processos. Ele é e sempre será o mesmo direito de ação, previsto pela Constituição Federal como garantia fundamental (art. 5º, inc. XXXV).

Nesse sentido, a inclusão do mandado de segurança coletivo na Constituição Federal (art. 5º, inc. LXX), não pode ser vista como limitação ao direito de ação, em geral, e do cabimento da via mandamental para proteção de direitos líquidos e certos, em especial os coletivos. Em relação a essa inovação constitucional, muito precocemente se percebeu que "não se cuida, cumpre logo dizer e fundamentar, de uma *nova* garantia constitucional. Estamos diante do velho mandado de segurança, ampliado em termos de legitimação para sua propositura, dessa legitimação resultando repercussões sobre a estrutura do procedimento e sobre a decisão do mérito nele proferida".[6]

Assim, pode-se afirmar que a inclusão do mandado de segurança coletivo na Constituição Federal de 1988 representa uma *dupla adicionalidade* a nosso sistema normativo.

Primeiro, porque adicionou, formalmente, à disciplina legal do mandado de segurança, da então vigente Lei 1.533/1951, mesmo sem mudança de texto, a es-

---

5. Cândido Rangel Dinamarco, "Das ações típicas", in *Fundamentos do processo civil moderno*, 3ª ed., vol. 1, São Paulo, Malheiros Editores, 2000 (pp. 324-352), p. 342.

6. José Joaquim Calmon de Passos, *Mandado de segurança coletivo, mandado de injunção,* ***habeas data*** *(Constituição e processo)*, Rio de Janeiro, Forense, 1989, p. 7. No mesmo sentido, tratando da legitimidade do Ministério Público: Carlos Alberto de Salles, *Legitimação do Ministério Público para defesa de direitos e garantias constitucionais*, dissertação (Mestrado em Direito), São Paulo, Faculdade de Direito da USP, 1992, p. 151: "vale dizer, ainda que a Constituição Federal não tivesse feito menção ao mandado de segurança coletivo, o Ministério Público poderia se valer do mandado de segurança, em sua acepção tradicional, para defesa dos interesses que lhe cabe proteger. Ter-se-ia um mandado de segurança com efeito coletivo, no sentido de que os efeitos da tutela jurisdicional deferida se voltariam à proteção de interesses transindividuais".

pécie coletiva do *mandamus*. Tanto assim, que mesmo antes das previsões trazidas pela Lei 12.016/2009 nunca se questionou a possibilidade de utilização da via coletiva com base nas normas vigentes para a modalidade individual. Em segundo lugar, porque adicionou à ainda incipiente disciplina dos processos coletivos, regida apenas pela Lei 7.347/1985,[7] a possibilidade da via do processo coletivo.

Aliás, a disposição constitucional, como é próprio dos direitos e garantias fundamentais, deve ser interpretada ampliativamente, não podendo nunca ser lida de maneira restritiva. Observa-se, portanto, que o chamado mandado de segurança coletivo deve ser considerado a partir de definição mais ampla que aquela prevista no texto constitucional, como veio a acabar consagrado no texto do art. 83 do Código de Defesa do Consumidor, com aplicação geral às ações civis públicas (art. 21 da Lei 7.347/1985).

Há algumas discussões sobre diferenças e identidades processuais entre o mandado de segurança coletivo e outros procedimentos previstos na Constituição Federal e em legislação ordinária. Neste artigo serão utilizadas as denominações, de praxe forense, dadas a esses procedimentos (ação de mandado de segurança coletivo, ação em representação, ação coletiva pelo rito ordinário, ação civil pública, dentre outras). Entretanto, deve ser ressaltado que, ao fazê-lo, não se está a reconhecer a tipicidade do direito de ação, mas sim a se referir aos seus respectivos instrumentos processuais.

Uma questão central ao mandado de segurança coletivo é a sua natureza jurídica coletiva (art. 129, inc. III, da CF) ou representativa (art. 5º, XXI, da CF). A resposta escolhida irradia efeitos a toda a sistemática processual do mandado de segurança coletivo, incluindo objeto, legitimidade e coisa julgada, como será abaixo exposto.

Adota-se a posição de que o mandado de segurança coletivo é uma ação constitucional de natureza coletiva, que compõe o chamado microssistema de processos coletivos do direito brasileiro (Lei 7.347/1985 e Lei 8.078/1990). Ele é incorporado ao direito brasileiro a partir da discussão sobre a eliminação de óbices jurídicos que impediam a análise pelo Judiciário dos interesses transindividuais e que visava a abrir as portas do Poder Judiciário e a adequar a tutela jurisdicional do Estado a novas demandas sociais. O mandado de segurança coletivo é produto do mesmo movimento histórico que deu ensejo à criação da ação civil pública. É uma demanda coletiva, proposta em substituição processual da coletividade para a defesa de seu direito líquido e certo. Como tal, além da Lei 12.026/2019, sujeita-se à disciplina da teoria geral do processo coletivo.

7. Lembrando que o Código de Defesa do Consumidor, que complementa a disciplina processual dessa lei, foi instituído pela Lei 9.078/1990.

Distingue-se, portanto, das chamadas ações por representação, previstas pelo art. 5º, inc. XXI, da Constituição Federal (chamadas pelo STF, no julgamento do Tema 499, de ações coletivas pelo rito ordinário). A figura da representação difere da substituição processual. Na representação, o representante age em nome e no interesse do representado. Na substituição, ou legitimidade extraordinária, o substituto age em nome próprio, na defesa dos interesses do substituído. No primeiro caso, os efeitos da decisão estão adstritos aos membros associados; no segundo, abrangem toda a coletividade delimitada pelo pedido inicial.

O mandado de segurança coletivo, como o próprio nome indica, é instrumento de tutela coletiva, voltado ao tratamento molecular de interesses muitas vezes indivisíveis. Entender de forma diferente seria atentar contra a lógica do processo coletivo, que busca o tratamento igualitário de todos os membros atingidos por um conflito de grupo.

As ações em representação, por seu turno, corporativas e voltadas à defesa restrita dos interesses dos associados, podem se utilizar das regras gerais do mandado de segurança, previstas pela Lei 12.016/2009, na medida em que defendem interesses individuais em litisconsórcio, e não interesses transindividuais.

Como instrumento de tutela coletiva, por seu turno, o mandado de segurança coletivo pode veicular pedidos de proteção a interesses difusos, coletivos ou individuais homogêneos, indiferentemente. O art. 21, parágrafo único, incs. I e II, da Lei 12.016/2009[8] não deve ser interpretado como uma limitação à utilização do mandado de segurança coletivo para a tutela de interesses difusos. Não há qualquer razão para que se tutelem os direitos líquidos e certos coletivos e individuais homogêneos e se negue proteção, nas mesmas circunstâncias, aos direitos/interesses difusos. Interpretação contrária viola a garantia da inafastabilidade da tutela jurisdicional (art. 5º, inc. XXXV, da CF), por ausência de adequada proteção para a solução do conflito posto.

É importante lembrar, ainda, que os interesses difusos são transindividuais indivisíveis, indeterminados e indetermináveis, geralmente dispersos e aleatórios, e que, portanto, não podem e não conseguem ser judicializados na forma individualizada. A proteção integral, por "todas as espécies de ações capazes

---

8. Art. 21. (...).
"Parágrafo único. Os direitos protegidos pelo mandado de segurança coletivo podem ser: I – coletivos, assim entendidos, para efeito desta Lei, os transindividuais, de natureza indivisível, de que seja titular grupo ou categoria de pessoas ligadas entre si ou com a parte contrária por uma relação jurídica básica; II – individuais homogêneos, assim entendidos, para efeito desta Lei, os decorrentes de origem comum e da atividade ou situação específica da totalidade ou de parte dos associados ou membros do impetrante".

de propiciar sua adequada e efetiva tutela", nos termos do art. 83 do CDC, garante a possibilidade de veiculação de pedidos de tutela mandamental coletiva para a proteção dos interesses difusos, desde que presentes os respectivos requisitos legais. Essa é a única interpretação passível de garantir o adequado acesso à Justiça dos interesses transindividuais, na dimensão prevista pelo texto constitucional.[9]

2.853. o objeto do mandado de segurança coletivo

Segundo Dinamarco, o objeto do processo é a pretensão processual localizada no pedido realizado pelo autor.[10] Esse pedido é bifronte. Subdivide-se em pedido imediato e pedido mediato. O pedido imediato é a tutela jurisdicional requerida pelo autor ao Poder Judiciário, apta a solucionar a crise de direito material que lhe é apresentada. O pedido mediato, por seu turno, é o próprio bem da vida que o ator pretende lhe seja concedido, segundo as normas de direito material previamente traçadas pelo legislador. Definir o objeto de um determinado processo, portanto, significa explicitar, primeiro, qual a tutela jurisdicional cabível para aquele caso concreto. Num segundo momento, significa identificar qual o bem jurídico cuja proteção se busca por meio dessa tutela e que representa o efetivamente desejado pela parte dentro do processo.[11]

O objeto imediato do mandado de segurança, em geral, como decorre de sua disciplina constitucional e da já longa tradição desse instituto no Brasil,[12] é o provimento jurisdicional, de natureza mandamental – isto é, impositivo de uma ordem judicial de uma fazer ou deixar de fazer –, para corrigir um ato

---

9. Nesse sentido, o art. 58 do PL 1.641/2021 pretende alterar a Lei do Mandado de Segurança, para que o parágrafo único do seu art. 21 passe a prever que: "Parágrafo único. O mandado de segurança coletivo pode ter por objeto a proteção de direito difuso, coletivo ou individuais homogêneos".

10. Dinamarco, *Instituições de direito processual civil*, vol. 2, São Paulo, Malheiros Editores, 2017, pp. 217-218 e ss. E p. 210.

11. "O objeto do processo é delimitado segundo a vontade do demandante, que ele expressa no *petitum* exposto na petição inicial (CPC, art. 319, inc. IV – *supra*, n. 521). Ao especificar o bem da vida pretendido e o modo como quer que o Estado-juiz atue sobre ele, o demandante coloca diante do juiz a sua pretensão sobre o bem, preexistente ao processo, e a ela associa a pretensão a obter um provimento jurisdicional a respeito (*pretensão bifronte*: *supra*, n. 512). Feito isso, está composto o objeto do processo e sobre ele irá pronunciar-se o juiz" (Cândido Rangel Dinamarco, *Instituições de direito processual civil*, cit., p. 217). V., ainda, Cândido Rangel Dinamarco, *Fundamentos do processo civil moderno*, 3ª ed., vol. 1, São Paulo, Malheiros Editores, 2000, pp. 232-276 ("O conceito de mérito no processo civil", em especial itens 110 e 118).

12. V. breve histórico no item 2.851, acima.

ou uma omissão de autoridade pública[13] praticado em ilegalidade ou abuso de poder. Dito de outra forma, o pedido do impetrante, delimitador do objeto do processo do mandado de segurança, é a providência pedida ao juiz para que determine à chamada *autoridade coatora* medida apta a sanar a ilegalidade ou abuso de poder apontado pelo autor.

No mandado de segurança coletivo, como, ademais, naquele individual, as dificuldades para definição, em abstrato, de seu possível objeto ficam por conta, exatamente, da grande abrangência que o tipo de medida pode ter. Neste ponto, as possíveis questões a esse respeito são coincidentes com aquelas do mandado de segurança individual, mas algumas podem ser potencializadas na tutela coletiva.

Em primeiro lugar, cabe ressaltar que a o ato ou omissão atacado pelo mandado de segurança pode ser proveniente de qualquer dos três Poderes. Nesse aspecto, abrangem até mesmo atos judiciais, em relação aos quais a excepcionalidade restou bem caracterizada pelo art. 5º, incs. II e III, da Lei 12.016/2009, secundando as vetustas Súmulas 267 e 268 do STF.

A propósito, interessante cogitar do cabimento de mandado de segurança coletivo contra decisões judiciais, em processos individuais, que violem direitos coletivos líquidos e certos. Na posição de terceiro interessado, e nos limites fixados pelo dispositivo legal referido, o interesse coletivo, consideradas as questões relativas à legitimidade, poderia ser veiculado pela via mandamental. Assim, a medida seria, em tese, cabível para resguardar interesse jurídico coletivo que não tenha sido devidamente considerado no processo individual e que não possa ser amparado por recurso com efeito suspensivo.

Outra limitação importante quanto ao possível objeto do mandado de segurança, aplicável ao individual e também ao coletivo, diz respeito à limitação de efeitos patrimoniais que medidas dessa espécie possam ter. A teor das Súmulas 269 e 271 do STF, respectivamente, "o mandado de segurança não é substitutivo de ação de cobrança" e ele "não produz efeitos patrimoniais em relação a período pretérito, os quais devem ser reclamados administrativamente ou pela via judicial própria". Por outro lado, como ressalvado pela vigente Lei do Mandado de Segurança, a decisão que denegar a segurança sem decidir o mérito "não impedirá que o requerente, por ação própria, pleiteie os seus direitos e os respectivos efeitos patrimoniais" (art. 19).[14]

---

13. Por autoridade pública menciona-se aqui não apenas aquela em exercício direto de função pública, mas também "o agente de pessoa jurídica no exercício de atribuições do Poder Público" (art. 5º, inc. LXIX, da CF), o que pode incluir particulares no exercício de funções delegadas pelo Poder Público. Para o conceito de *autoridade pública* v. item 2.854, a seguir, sobre legitimidade passiva.

14. De igual teor o art. 15 da lei antecedente (Lei 1.533/1951).

Essas posições são consistentes com o direcionamento constitucional do instituto estudado à proteção de direitos líquidos e certos, bem como à natureza mandamental ínsita a esse tipo de medida. Primeiro, de forma notável em sua modalidade coletiva, não se vislumbra que a repercussão patrimonial de determinado direito possa ter a exigida *liquidez* em relação a prestações passadas. Segundo, visando-se à correção de ato ilegal ou abusivo da autoridade pública, tem-se por certo que ela deve realizar-se de forma *mandamental*, isto é, pelo atendimento da *ordem* expedida pelo juiz, adequando o ato impugnado ou sua omissão àquelas prestações futuras.[15] Por isso não se cogitar, propriamente, de uma fase de execução ou cumprimento do mandado de segurança, embora o exato cumprimento da ordem judicial possa gerar uma série de incidentes processuais, notadamente na esfera coletiva.

Destaque-se, nesse sentido, a possibilidade de o mandado de segurança ser utilizado para proteção de direitos líquidos e certos de uma dada coletividade, com projeção imediata sobre prestações futuras. Nesse caso, a repercussão patrimonial pretérita, de caráter individual, pode ser buscada separadamente, seja por meio de ação individual, seja pela via coletiva ou de *ação em representação*, com aplicação da disciplina geral dos processos coletivos.[16] De todo modo, as prestações passadas, não atingidas pela eficácia do mandado de segurança, estariam sujeitas à necessidade de apuração dos valores devidos a cada interessado individualmente.

Questão mais espinhosa, mas bastante significativa, diz respeito à utilização do mandado de segurança contra atos legislativos.

Não que se pretenda, aqui, questionar os limites, já de muito estabelecidos pela Súmula 266 do STF, de que não cabe mandado de segurança contra *lei em tese*. Vislumbra-se, no entanto, nessa matéria alguma dificuldade quando se trata de direitos coletivos. Isso porque a exceção em relação à qual se tem admitido a impetração nesses casos é, exatamente, de lei – ou eventual decreto – de *efeitos concretos*, isto é, daquela que prescinde de um ato administrativo para produzir efeitos, atuando de forma direta e imediata sobre os destinatários da norma.

Pergunta-se, então, tratando-se de direitos titularizados por grupos ou categorias: esses *efeitos concretos* da lei não poderiam ser mais facilmente caracterizáveis, na medida em que poderiam alcançar qualquer interessado direto, independentemente de afetar todo o conjunto? Embora de maneira nenhuma se cogite estender o mandado de segurança coletivo para atacar *lei em tese*, cabe questionar se, em relação aos integrantes de determinada coletividade, não ca-

15. Nesse sentido o art. 26 da Lei 12.016/2009.

16. Neste sentido o Tema 1.119 do STF. V. itens 2.854 e 2.855, abaixo.

beria sustentar a existência de um *efeito concreto em tese*, sob pena de obrigar o impetrante coletivo a uma individualização verdadeiramente impossível.

O objeto mediato do mandado de segurança coletivo (bem da vida), por seu turno, são direitos difusos, coletivos e individuais homogêneos da sociedade, nos termos já explicitados acima (*supra*, n. 2.852), desde que constituam direitos líquido e certo, ou seja, desde que para sua tutela baste comprovação documental, sem necessidade de dilação probatória.

2.854. legitimidade

Diante da incapacidade de o sistema processual tradicional lidar com a questão do acesso à Justiça dos interesses transindividuais, o desafio do processo coletivo, dentre outros, foi construir uma via de acesso desses interesses, tão caros e relevantes para sociedade, à apreciação jurisdicional.[17] O instrumento processual utilizado para a construção dessa via de acesso à Justiça no direito brasileiro foi o da legitimidade extraordinária.

Na legitimidade extraordinária, terceira pessoa, que não é o titular do direito material, propõe a demanda em nome próprio, defendendo direito do titular. Os efeitos da decisão não atingirão o legitimado extraordinário, parte no processo, mas o titular do direito, que foi por aquele substituído. É exatamente porque há uma substituição do titular do direito material pelo legitimado extraordinário que essa espécie de legitimação recebe o nome também de *substituição processual*.

Como ensina Dinamarco:

> "é inerente à técnica da substituição processual a eficácia da sentença sobre a *esfera de direitos do substituído*, embora não haja figurado como parte no processo (CPC, art. 109, § 3º). *Substituindo-o* nessa condição, o legitimado extraordinário é autorizado por lei a tomar iniciativas e conduzir o processo eficazmente, sem ser titular dos interesses em conflito".[18]

A legitimidade extraordinária do processo coletivo é, na classificação de Barbosa Moreira,[19] autônoma, posto que o legitimado atua de forma indepen-

---

17. Foi o que Mauro Cappelletti chamou de "segunda onda renovatória" do direito processual, os métodos alternativos de solução de conflitos no quadro do movimento universal de acesso à Justiça ("Os métodos alternativos de solução de conflitos no quadro do movimento universal de acesso à Justiça", *Revista de Processo* 74/84, São Paulo, abril-junho/1994).

18. Cândido Rangel Dinamarco, *Instituições de direito processual civil*, cit., p. 364.

19. Barbosa Moreira, "Apontamentos para um estudo sistemático da legitimação extraordinária", *RT* 404/9 e ss., ano 58, São Paulo, Ed. RT, junho/1969.

dente em relação ao legitimado ordinário, a quem substitui. É também concorrente e disjuntiva, pois há previsão de mais de um legitimado extraordinário, podendo todos agir em conjunto ou separadamente.

As hipóteses de legitimidade extraordinária são excepcionais e somente possíveis quando expressamente previstas em lei. Isso não significa, entretanto, que o legislador preveja hipóteses de legitimidade extraordinária aleatoriamente. Ao contrário, nos casos de substituição processual é necessário haver um vínculo, uma relação, entre o substituto e o substituído, ou uma especial condição daquele, de forma a justificar a escolha daquele. É o que se convencionou chamar de representatividade adequada.

A ideia de representatividade adequada surgiu no direito anglo-saxão e constitui pedra de toque para a aferição da legitimidade dos autores das *class actions*.[20] Ela corresponde à capacidade de a parte que litiga em nome da classe ou coletividade defendê-la de forma eficaz. O representante adequado é aquele que tem aptidão para satisfatoriamente fazer valer os interesses da coletividade em juízo.

O direito brasileiro também previu a necessidade da representatividade adequada do autor de uma demanda coletiva. Ao contrário do direito americano, entretanto, estabeleceu critérios, na maior parte das vezes legais, bem mais superficiais e objetivos. No que tange ao mandado de segurança coletivo, dispõe o art. 21 da Lei 12.016/2009 que serão legitimados para a propositura daquela demanda os (i) partidos políticos com representação no Congresso Nacional, na defesa de seus interesses legítimos relativos a seus integrantes ou à finalidade partidária, e as (ii) organizações sindicais, entidades de classe ou associações, desde que (a) constituídas e em funcionamento há, pelo menos, um ano, (b) em defesa de direitos líquidos e certos da totalidade ou de parte dos seus membros ou associados e (c) na forma dos seus estatutos e desde que pertinentes às suas finalidades, dispensada, para tanto, autorização especial.

A concessão da legitimidade aos partidos políticos, às organizações sindicais e às associações para a propositura do mandado de segurança coletivo ocorre dentro de um contexto que busca mobilizar a sociedade

---

20. Como leciona Stephen C. Yeazell: "In group litigation the theory of representation performs a similar function. It permits, in theory, a lawsuit involving what Zecariah Chafee called 'the multitude' to go forward because what would otherwise be an impracticably large number of people is represented by the active litigant, who protects their interests while guarding his own. Many of the most intense battles in modern class actions are fought over the adequacy of the representative and the representation" ("From group litigation to class action – Part II: interest, class, and representation", *UCLA Law Review* 27/1.071, abril-junho/1980).

civil (corpos sociais intermediários) para a participação nas escolhas públicas do Estado. Os requisitos previstos em lei têm por escopo justificar a escolha do legitimado extraordinário, pois somente permite a tutela por entidade cujo estatuto preveja a defesa do interesse objeto dos autos. Além disso, os requisitos visam a garantir que o interesse difuso, coletivo ou individual homogêneo discutido no caso concreto seja defendido de forma satisfatória.

Assim, exige-se, além do nexo com as finalidades institucionais (*pertinência temática*), que o ente associativo já exista há pelo menos um ano, de forma a evitar a propositura por legitimados recém-criados ou criados somente para a finalidade do ajuizamento daquela determinada demanda (o que pode vir a prejudicar a tutela do interesse em juízo). A contagem do prazo de um ano tem início do registro dos atos constitutivos da pessoa jurídica no órgão público competente e deve ser comprovada quando da propositura da demanda. O requisito da pré-constituição, ainda, pode ser afastado pelo juiz se, no caso concreto, este verificar que há manifesto interesse social, evidenciado pela dimensão ou característica do dano ou pela relevância do bem jurídico a ser protegido (art. 5º, § 4º, da LACP e art. 82, § 1º, do CDC).

É desnecessária, ainda, a autorização assemblear específica. Nesse sentido, a Lei 12.016/2009 explicita entendimento do Supremo Tribunal Federal, destacado na Súmula 629 ("A impetração de mandado de segurança coletivo por entidade de classe em favor dos associados independe da autorização destes"). Está em consonância, ainda, com o previsto pelo art. 82, inc. IV, do Código de Defesa do Consumidor. Nesse sentido, afasta a aplicação do previsto pelo art. 2º-A, parágrafo único, da Lei 9.494/1997, que poderia soar como uma limitação à legitimidade das entidades associativas na propositura de ações coletivas.[21] Como já explicitado acima, o mandado de segurança coletivo *não* é uma ação em representação, e, portanto, a ele não se aplica o disposto no art. 5º, inc. XXI, da CF, que concede a possibilidade de as associações representarem seus filiados judicial ou extrajudicialmente, agora, sim, desde que "expressamente autorizadas".

É de se salientar que art. 21 da Lei 12.016/2009 já exige a previsão estatutária de defesa do interesse objeto de um mandado de segurança coletivo proposto pelos legitimados que arrola. Logo, já há um controle/autorização por parte dos membros da entidade sobre suas finalidades quando da ela-

---

21. Art. 2º-A, parágrafo único: "Nas ações coletivas propostas contra a União, os Estados, o Distrito Federal, os Municípios e suas autarquias e fundações, a petição inicial deverá obrigatoriamente estar instruída com ata da assembleia da entidade associativa que a autorizou, acompanhada da relação nominal dos seus associados e indicação dos respectivos endereços".

boração do estatuto, o que dispensa a necessidade de autorização específica para a propositura da demanda coletiva.

Tratando-se de processo coletivo, ainda, o legitimado extraordinário age em favor de toda ou de parcela[22] da coletividade, incluindo os não associados. Não se aplica, portanto, a exigência prevista pelo já mencionado art. 2º-A, parágrafo único, da Lei 9.494/1997, de juntada de relação nominal dos associados, com os respectivos endereços.

Vale sobre o assunto, ainda, mencionar o decidido pelo Supremo Tribunal Federal quando do julgamento do Tema 1.119 de repercussão geral, no sentido da *desnecessidade* de autorização expressa dos associados, a relação nominal destes, bem como a comprovação de filiação prévia, para a cobrança de valores pretéritos de título judicial decorrente de mandado de segurança coletivo impetrado por entidade associativa de caráter civil. A questão, portanto, está definida tanto pela lei quanto pela jurisprudência, sempre no sentido de reconhecer a natureza transindividual dos interesses tutelados pelo mandado de segurança coletivo, afastando a incidência da sistemática jurídica própria das ações em representação.

Uma última palavra deve ser dita com relação à escolha política da Lei 12.016/2009 de legitimar expressamente só os corpos sociais intermediários (partidos políticos, entidades sindicais e associações) para a propositura do mandado de segurança coletivo. Parece que o intuito da lei foi circunscrever o instrumento à defesa de interesses mais concentrados, de grupos específicos, corporativos,[23] o que se coadunaria com a restrição de sua utilização somente para a tutela dos interesses coletivos *stricto sensu* e individuais homogêneos.

Assim como ocorre com relação aos interesses objeto de mandado de segurança coletivo, porém, a melhor interpretação é aquela no sentido de que a previsão legal de legitimidade do art. 21, que espelha a disposição do inc. LXX do art. 5º da CF, não afasta a incidência subsidiária das regras de legitimação previstas para processo coletivo, e nem poderia. Afinal, como apontado acima (*supra*, n. 2.852), o dispositivo constitucional deve ser interpretado ampliativamente, não podendo ser interpretado restritivamente. Ao contrário, deve ser entendido como uma dupla adicionalidade, no sentido de apenas acrescer – e não limitar – a legitimidade na disciplina do mandado de segurança e dos processos coletivos.

---

22. Nesse sentido também a Súmula 630 do STF: "A entidade de classe tem legitimação para o mandado de segurança ainda quando a pretensão veiculada interesse apenas a uma parte da respectiva categoria".

23. Vittorio Denti, *Profili civilistici della tutela degli interessi diffusi. Strumenti per la tutela degli interessi diffusi della collettività*, Bolonha, Maggioli Editore, 1981, p. 48.

Há, portanto, de se interpretar sistematicamente a norma, para adequá-la à principiologia do processo coletivo, em especial àquela que prevê a integral proteção dos interesses transindividuais, por quaisquer espécies de tutela jurisdicional previstas pelo ordenamento jurídico (art. 83 do CDC) e que espelha a garantia constitucional de inafastabilidade da tutela jurisdicional (art. 5º, inc. XXXV, da CF). Permitir ao Ministério Público ou à Defensoria Pública, p.ex., o ajuizamento de ação civil pública para a defesa dos interesses da sociedade mas lhes negar a tutela mandamental, mesmo quando há direito transindividual líquido e certo, é violar o acesso à Justiça.

Portanto, é possível que os entes previstos pelos arts. 5º da LACP e 82 do CDC ajuízem mandados de segurança coletivos para a defesa de direitos difusos, coletivos e individuais homogêneos líquidos e certos, desde que preenchidos os requisitos legais e jurisprudenciais referentes à sua legitimidade.[24]

2.855. litispendência e coisa julgada

Acerca da litispendência envolvendo o mandado de segurança coletivo cabem duas observações iniciais.

Primeiro, a de que a disciplina legal do § 1º do art. 22 da Lei 12.016/2009 diz respeito apenas à relação entre demandas coletivas e individuais. Quer dizer, eventual litispendência entre mandados de segurança coletivos, entre si, deve obedecer à regra geral do CPC sobre a matéria (art. 337, §§ 2º e 3º), com a peculiaridade de, na identidade da parte impetrante, considerar os substituídos – não os legitimados coletivos, que atuam como substitutos processuais.[25]

Em segundo lugar, deve-se ponderar que a referida regra da Lei do Mandados de Segurança, como se extrai da própria literalidade do dispositivo, dirige-se à contraposição entre mandados de segurança coletivos e individuais que tenham o mesmo objeto. Não entre mandados de segurança coletivos e ações individuais em via ordinária (não mandamental), o que em tese seria possível, se o demandante preferir não entrar na discussão sobre a configuração do requisito do direito líquido e certo. Em relação a essas últimas, não apenas não existiria litispendência como, também, o autor poderia beneficiar-

24. Explicitando esse entendimento, o art. 58 do PL 1.641/21 prevê que o "art. 21 da Lei n. 12.016, de 7 de agosto de 2009, passa a ter a seguinte redação: "Art. 21. O mandado de segurança coletivo pode ser impetrado por partido político com representação no Congresso Nacional, por organização sindical, entidade de classe ou associação legalmente constituída e em funcionamento há pelo menos um ano, em defesa dos interesses de seus membros ou associados, ou por qualquer outro legitimado à condução de processo coletivo, observada a exigência de controle jurisdicional da adequação da legitimação para o caso concreto".

25. A propósito, v. itens 2.852 e 2.854, acima.

-se da tutela mandamental coletiva sem desistir de sua demanda, a qual poderia ser afetada por perda total ou parcial de objeto.

A disciplina da litispendência no mandado de segurança coletivo, de todo modo, possui uma peculiaridade em relação à disciplina das ações coletivas em geral.

No que toca às ações individuais, é verdade, a Lei 12.0016/2009 repete a regra do CDC de que o processo coletivo não induz litispendência (art. 104). No entanto, diferentemente daquele, estabelece que "os efeitos coisa julgada não beneficiarão o impetrante a título individual se não requerer a *desistência* de seu mandado de segurança no prazo de 30 dias" (art. 22, § 1º, da Lei 12.016/2009). No caso, a disciplina geral das ações coletivas, estabelecida pelo dispositivo do CDC acima referido, indica a necessidade de os autores das ações individuais apenas requerem a *suspensão* de seus processos para serem beneficiados pelos efeitos da coisa julgada coletiva.

A questão, portanto, é saber se a regra de suspensão prevalece sobre aquela da desistência, ou vice-versa, para que o autor individual possa se aproveitar de eventual julgado favorável do mandado de segurança coletivo.

No caso, é correto afirmar que a regra exigindo a desistência deve prevalecer quando se tratar de litispendência entre mandados de segurança coletivos e individuais.[26] Não apenas por se tratar norma especial em relação à disciplina geral dos processos coletivos, mas, também, por se vislumbrar que o legislador realizou tal opção para privilegiar a especial efetividade e a imediatidade esperadas do mandado de segurança. Para tanto, exige do autor individual optar clara e definitivamente pela tutela coletiva ou pela individual, evitando manter sob suspensão processos que, por natureza, devam ser céleres.

No que toca à coisa julgada, a regra do *caput* do art. 22 da Lei do Mandados de Segurança deve ser entendida levando em conta as características gerais da coisa julgada no mandado de segurança. Isso porque a leitura isolada e literal do dispositivo legal leva ao entendimento que a coisa julgada, em qualquer caso, seria *pro et contra*, sem qualquer das limitações do art. 103 do CDC. Embora tal entendimento não seja, em si, incorreto, deve-se considerá-lo em conjunto com as peculiaridades da coisa julgada no mandado de segurança de um modo geral.

Nesse sentido, o mandado de segurança, pelo seu próprio direcionamento constitucional, tem seu próprio cabimento vinculado à existência de um di-

---

26. Afirmando o cabimento de desistência, não de suspensão, v.: STJ, 2ª Turma, AREsp/AgInt 1.249.824-SP, rel. Min. Francisco Falcão, j. 22.4.2020, *DJe* 24.4.2020; também 2ª Turma, RMS 52.018-RS, rel. Min. Francisco Falcão, rel. para o acórdão Min. Herman Benjamin, j. 13.12.2018, *DJe* 4.9.2019.

reito líquido e certo. Assim, o mandado de segurança (individual ou coletivo) poderá ser denegado em razão de a pretensão do impetrante não estar fundada em direito dessa natureza. Em outras palavras, a denegação da segurança poderá ocorrer por faltar liquidez e certeza do direito afirmado pelo autor, não propriamente por lhe faltar o direito em si. Nesse caso, tem-se considerado tratar-se um julgamento *sem resolução do mérito*, possibilitando ao impetrante valer-se da via ordinária para demonstrar seu direito.

Como isso, a denegação do mandado de segurança se dará, por assim dizer, por insuficiência de provas aptas a demonstrar, documentalmente, o direito do impetrante ou de seus substituídos – no caso do coletivo. É o que decorre, de forma direta, do art. 19 da Lei 12.016/2009. Sendo assim, a regra do *caput* do art. 22, discutido, deve ser lida com esse acréscimo, ou seja, de que fará coisa desde que a denegação não seja por falta de demonstração da existência de direito líquido e certo. Dessa maneira, praticamente iguala-se a disciplina específica do mandado de segurança coletivo à hipótese coisa jugada *secundum eventum probationis*, como vem sendo chamada aquela do art. 103, incs. I e II, do CDC.[27]

Claro, não se deve esquecer a possibilidade de efetivo julgamento de mérito também na decisão denegatória do mandado de segurança – individual ou coletivo. Não apenas a procedência do pedido do mandado de segurança faz coisa julgada. A improcedência da pretensão, de igual maneira, pode levar à produção de seus efeitos. Afinal, também nesse caso pode haver efetiva apreciação de mérito do *writ*, no sentido de, não obstante a liquidez e certeza da situação jurídica trazida a juízo, a decisão não acolher o direito afirmado do impetrante.

De qualquer forma, a grande polêmica envolvendo os efeitos da coisa julgada no mandado de segurança coletivo foi aquela relacionada aos limites subjetivos da coisa julgada. A controvérsia doutrinária e, sobretudo, jurisprudencial a esse respeito girava em torno de quem a coisa julgada beneficiava nesses processos, se todos os integrantes do grupo ou classe envolvidos ou se apenas integrantes da entidade impetrante – ou até mesmo aqueles que houvessem sido expressamente indicados pela inicial.

Agora a matéria parece estar pacificada, diante das decisões mais recentes do STF e do STJ em regime de recursos repetitivos no sentido de que a medida coletiva – que não se confunde com a ação em representação, do inc. XXI do art. 5º da CF, como visto acima – produz efeitos sobre todos os integrantes do grupo ou classe.

No STF, com expressa referência ao inc. XXI na descrição do tema decidido em repercussão geral, firmou-se a tese que "a eficácia subjetiva da coi-

27. Nesse sentido: Aluisio Gonçalves de Castro Mendes, ob. cit., pp. 174-176.

sa julgada formada a partir de ação coletiva, de rito ordinário, ajuizada por associação civil na defesa de interesses dos associados, somente alcança os filiados, residentes no âmbito da jurisdição do órgão julgador, que o fossem em momento anterior ou até a data da propositura da demanda, constantes da relação jurídica juntada à inicial do processo de conhecimento" (Tema 499, RE 612.043). Claramente, portanto, indicando que a limitação aos filiados se refere à "ação coletiva em rito ordinário", portanto não mandamental, isto é, aquela aqui designada de ação em representação.

De todo modo, como já visto acima, mais recentemente,[28] o STF, a pretexto de solucionar aparente conflito entre o tema transcrito acima e o Tema 82, firmou a seguinte posição: "É desnecessária a autorização expressa dos associados, a relação nominal destes, bem como a comprovação de filiação prévia, para a cobrança de valores pretéritos de título judicial decorrente de mandado de segurança coletivo impetrado por entidade associativa de caráter civil" (Tema 1.119, ARE 1.293.130). Em suma, relativamente ao mandado de segurança coletivo, afastou a limitação da eficácia da medida aos filiados à associação impetrante, dispensando qualquer requisito formal nesse sentido, como relação nominal, comprovação de filiação prévia e, acima de tudo, autorização expressa.

Em data ainda mais recente,[29] o STJ estabeleceu, na mesma matéria, a seguinte tese em julgamento de recurso repetitivo: "A coisa julgada formada no Mandado de Segurança Coletivo n. 2005.51.01.016159-0 (impetrado pela Associação de Oficiais Militares do Estado do Rio de Janeiro – AME/RJ, enquanto substituta processual) beneficia os militares e respectivos pensionistas do antigo Distrito Federal, integrantes da categoria substituída – oficiais, independentemente de terem constado da lista apresentada no momento do ajuizamento do *mandamus* ou de serem filiados à associação impetrante" (Tema 1.056, REsp 1.845.716, 1.865.563 e 1.843.249). Embora o tema faça referência a um processo específico, é certo que o preceito estabelecido pode ser estendido a todos os mandados de segurança coletivos, no sentido de os efeitos de sua coisa julgada abrangerem a todos os "integrantes da categoria substituída".

Assim, em resumo deste item, pode-se estabelecer: (i) a litispendência obstativa dos efeitos da coisa julgada para o litigante individual só se dá entre o mandado de segurança coletivo e aquele de mesma natureza promovido individualmente pelo impetrante, com o mesmo objeto, não se formando, todavia, em relação a ações individuais propostas pela via não mandamental; (ii) para ser alcançado por eventuais efeitos benéficos da coisa julgada

28. Com trânsito em julgado em 10.3.2022.

29. Com trânsito em julgado em 12.8.2022.

coletiva o impetrante individual deverá *desistir* da medida por ele impetrada, não bastando sua simples suspensão; (iii) o mandado de segurança coletivo forma coisa julgada *pro et contra*, mas deve observar a característica geral desse instituto no mandado de segurança em geral, pela qual a denegação da segurança por falta de liquidez e certeza do direito não faz coisa julgada, o que, na prática, a equipara à coisa julgada *secundum eventum probationis* dos processos coletivos; (iv) segundo posições que se consolidaram no STF e no STJ, no mandado de segurança coletivo – diferentemente da ação em representação – a coisa julgada beneficia a todos os integrantes do grupo ou classe, sem qualquer limitação e requisitos relativos aos integrantes da associação impetrante.

2.856. liminares no mandado de segurança e suas limitações

A utilização da sumarização da cognição como forma de afastar os prejuízos causados pelo tempo do processo e equacionar o embate existente entre os valores da celeridade e da certeza jurídica já é técnica conhecida do direito brasileiro (arts. 294 e ss. do CPC). A técnica consiste na emissão de provimentos provisórios, fundados em cognição sumária, que visam, em última análise, a maximizar a efetividade do provimento jurisdicional, seja acautelando o resultado prático do processo, seja antecipando os efeitos finais da sentença de mérito. A certeza virá no final, com o julgamento definitivo do mérito, sem que, contudo, a parte com maior probabilidade de sucesso tenha que arcar com os ônus da duração, patológica ou não, da relação jurídica processual.

A Lei 12.016/2009 previu a possibilidade de concessão de liminar, em sede de mandado de segurança individual e coletivo, para suspender o "ato que deu motivo ao pedido, quando houver fundamento relevante e do ato impugnado puder resultar a ineficácia da medida" (art. 7º, inc. III). Há, portanto, expressa previsão de tutela sumária, o que não afasta a aplicação subsidiária do CPC, dentro dos limites procedimentais do instrumento processual.

É digna de nota sobre esse tema a previsão de normas limitativas da concessão de provimentos cautelares e antecipatórios mandamentais pela Lei 12.016/2009, reproduzindo normas anteriores à sua edição (Lei 4.348/1964 – revogada; Lei 5.021/1966 – revogada; Lei 8.437/1992 e Lei 9.494/1997). Em especial, há a vedação expressa, no art. 7º, § 2º, de concessão de liminares em qualquer espécie de mandado de segurança para "a compensação de créditos tributários, a entrega de mercadorias e bens provenientes do exterior, a reclassificação ou equiparação de servidores públicos e a concessão de aumento ou a extensão de vantagens ou pagamento de qualquer natureza".

Em relação ao mandado de segurança coletivo há, ainda, a norma do art. 22, § 2º, da Lei 12.016/2009, que, repetindo previsão da Lei 8.437/1992, determinou que a concessão de liminar dependerá sempre de prévia oitiva da pessoa jurídica de direito público.

Se historicamente o STF reconheceu a constitucionalidade das vedações de liminares contra o Poder Público (v. ADC 4-DF), em 2021 houve alteração de posicionamento da Corte. No julgamento da ADI 4.296-DF o STF decidiu, por maioria, pela inconstitucionalidade do art. 7º, § 2º, e do art. 22, § 2º, da Lei 12.016/2009, sob o argumento de que eles violavam o direito de acesso à jurisdição e o direito líquido e certo, constitucionalmente protegidos.

Realmente, as restrições à possibilidade de concessão de liminares previstas pela Lei 12.016/2009 são inconstitucionais por vários motivos. Os provimentos provisórios integram a garantia de acesso à Justiça, e muitas vezes são os únicos aptos a propiciar uma tutela efetiva às partes. Negar a possibilidade de liminar contra a Fazenda Pública em abstrato significa subtrair da garantia da inafastabilidade do controle jurisdicional boa parte do seu conteúdo. Não se justifica, ainda, a previsão de necessidade de oitiva da pessoa jurídica de direito público antes da concessão da liminar, pois em alguns casos a intimação do demandado poderá vir a prejudicar a eficácia da medida, até mesmo em função de eventual situação de urgência. Nestes casos deve ser viabilizada, presentes os requisitos legais, a tutela *inaudita altera pars*, diferindo-se o contraditório para um momento posterior.

Outra especificidade prevista pela Lei 12.016/2009 é a possibilidade de suspensão da eficácia da decisão liminar em desfavor da pessoa jurídica de direito público, desde que haja manifesto interesse público ou flagrante ilegitimidade e sempre para evitar lesão grave à ordem, à saúde, à segurança e à economia públicas.

Esta possibilidade de suspensão da liminar foi prevista sob a vigência da lei que anteriormente regulava o mandado de segurança (art. 4º, *caput*, da Lei 4.348/1964 – revogada) e pela própria Lei da Ação Civil Pública (art. 12, § 1º, da Lei 7.347/1985). A Lei 8.437/1992, no entanto, ampliou sua abrangência, ao passo que a Lei 9.494/1997 sujeitou a tutela antecipada a essa forma de impugnação, via suspensão liminar. Na Lei 12.016/2009 a suspensão da segurança é prevista pelo art. 15, que repete regras já postas na legislação acima mencionada e se aplica tanto ao mandado de segurança individual quanto ao coletivo.

O pedido de suspensão da decisão liminar não é recurso, mas sim um incidente processual que permite a impugnação da liminar e da sentença prolatadas contra a Fazenda Pública e que não suspende o curso do processo principal. A suspensão, é importante frisar, pode ser concedida independentemente do acerto ou não do mérito da decisão prolatada, bastando, para tanto, o preenchimento dos seus requisitos, especialmente o risco de lesão grave à ordem, à saúde, à segurança e à economia públicas.

Nada obsta, portanto, à interposição simultânea do recurso cabível, esse, sim, necessariamente impugnando o mérito da decisão (art. 15, § 3º, da Lei 12.016/2009). O pedido de suspensão tem como legitimados ativos a pessoa jurídica de direito público lesada ou o Ministério Público e é feito perante o presidente do tribunal competente para o julgamento do recurso contra a liminar concedida, que decidirá sem ouvir a parte contrária. Da decisão do presidente cabe recurso de agravo ao Órgão Especial ou Plenário do tribunal (art. 15, *caput*). Há a previsão, ainda, de um outro pedido de suspensão, perante o presidente do tribunal competente para o julgamento do recurso especial ou extraordinário contra acórdão proferido no agravo prolatado pelo Órgão Especial ou Plenário do tribunal (art. 15, § 1º). O mesmo pedido é cabível contra o acórdão que julgue o agravo de instrumento interposto contra a decisão de primeiro grau que concedeu a liminar (art. 15, § 2º).

O § 5º do art. 15 da mesma Lei 12.016/2009 também previu uma espécie de efeito expansivo dos limites subjetivos da suspensão da segurança para casos com idêntico objeto. Segundo a norma, basta um aditamento simples ao pedido inicial de suspensão já deferido, com a indicação de outras decisões liminares supervenientes em processos com idêntico objeto, para possibilitar a decisão de extensão dos efeitos da suspensão a terceiros que não são partes no processo original. Esse efeito pode ser concedido em mandados de segurança individuais e coletivos.

Trata-se de evidente técnica de gestão processual, que permite a prolação em único processo de uma decisão com efeitos *erga omnes*, que atingirá terceiros. O efeito expansivo da suspensão da segurança, embora amplamente utilizado pelos tribunais, traz questionamentos acerca da sua constitucionalidade, na medida em que permite a prolação de decisão que gera efeitos na esfera jurídica de terceiros que nele não puderam se manifestar, muito menos foram adequadamente representados.

Nesse sentido, vale mencionar que, ao contrário dos casos repetitivos (que já são questionáveis quanto à possibilidade de efetiva participação dos grupos envolvidos), o efeito expansivo da decisão de suspensão da segurança não prevê qualquer participação representativa dos possíveis atingidos, seja pelo ingresso de *amicus curiae*, seja pela realização de audiência pública, dentre outros. Vale lembrar, ainda, que para a concessão da suspensão de segurança em favor da pessoa jurídica de direito público não é sequer necessária a oitiva da parte contrária no processo original. De fato, a técnica esgarça os limites do devido processo constitucional, seja porque praticamente aniquila a possiblidade de participação dos atingidos, seja porque configura privilégio desarrazoado ao litigante habitual Fazenda Pública, que já possui vantagens estratégicas naturais no jogo da litigância.[30] Mereceria uma análise mais rigorosa do Supremo Tribunal Federal sobre sua consonância ou não com os princípios constitucionais do contraditório e igualdade processuais.

2.857. conclusões: seria possível uma sistematização epistemológica?

Encerrando o presente capítulo, cabe especular quais seriam as bases para uma possível sistematização epistemológica do instituto estudado.

Aos autores parece que a construção do conhecimento acerca da aplicação e da interpretação da disciplina jurídica do mandado de segurança coletivo deve atender a duas principais premissas: (i) sua compreensão como instrumento de ampliação e facilitação do acesso à Justiça; (ii) sua inserção no âmbito dos processos coletivos de maneira geral.

Em primeiro lugar, os embates, as lacunas e os conflitos normativos acerca da matéria devem ser tratados a partir do princípio do acesso à Justiça, isto é, levando em conta o direcionamento finalístico do instituto, no sentido de possibilitar maior facilidade de acesso, célere e eficiente, dos interesses difusos, coletivos e individuais homogêneos. O mandado de segurança coletivo, a esse propósito, deve ser visto como uma porta aberta para esses interesses acessarem a via de especial efetividade do *mandamus*. Daí a ideia, sustentada acima, de o mandado de segurança coletivo ser visto, sempre, como representando uma *dupla adicionalidade*, no sentido de acrescer, ao mesmo tempo, à disciplina do mandado de segurança e à sistemática jurídica dos processos coletivos.

Em segundo lugar, o tipo coletivo do mandado de segurança, a partir de sua inserção no texto constitucional (art. 5º, inc. LXX), deve ser compreendido como integrando um ambiente mais amplo, aquele dos processos coletivos de um modo geral. Não se trata, reitere-se, de ação por representação, mas sim de demanda coletiva, voltada à defesa de interesses transindividuais da sociedade. Assim, deve haver um constante diálogo entre as fontes normativas do mandado de segurança e dos processos coletivos, devendo tomar sempre as premissas, os preceitos e princípios desses últimos, visto ser mecanismo de ampliação da tutela jurisdicional coletiva, não o contrário.

Só assim parece possível alcançar o verdadeiro sentido finalístico do mandado de segurança coletivo, de maneira a colocá-lo sob uma perspectiva verdadeiramente instrumentalista.

---

30. V.: Marc Galanter, *Why the haves come out ahead? Speculations on the limits of legal change*, volume 9:1 ("Law and society review"), 1974 (republicação, com correções, in Roger Cotterrell, *Law and society*, Dartmouth, Aldershot, 1994).

Referências Bibliográficas

BARBOSA MOREIRA, José Carlos. "Apontamentos para um estudo sistemático da legitimação extraordinária". *RT* 404/9-18. Ano 58. São Paulo, Ed. RT, junho/1969.

BONOMO JÚNIOR, Aylton, e ZANETI JÚNIOR, Hermes. *Mandado de segurança individual e coletivo: conforme CPC/2015 e precedentes vinculantes do STF e STJ*. Salvador, Juspodivm, 2019.

CALMON DE PASSOS, José Joaquim. *Mandado de segurança coletivo, mandado de injunção, habeas data (Constituição e processo)*. Rio de Janeiro, Forense, 1989.

CAPPELLETTI, Mauro. "Os métodos alternativos de solução de conflitos no quadro do movimento universal de acesso à Justiça". *Revista de Processo* 74/82-97. São Paulo, abril-junho/1994.

CINTRA, Antônio Carlos de Araújo, DINAMARCO, Cândido Rangel, e GRINOVER, Ada Pellegrini. *Teoria geral do processo*. 28ª ed. São Paulo, Malheiros Editores, 2012.

DENTI, Vittorio. *Profili civilistici della tutela degli interessi diffusi. Strumenti per la tutela degli interessi diffusi della collettività*. Bolonha, Maggioli Editore, 1981.

DINAMARCO, Cândido Rangel. "Das ações típicas". In: *Fundamentos do processo civil moderno*. 3ª ed., vol. 1. São Paulo, Malheiros Editores, 2000 (pp. 324-352).

————. *Instituições de direito processual civil*. vol. 2. São Paulo, Malheiros Editores, 2017.

————. "O conceito de mérito no processo civil". In: *Fundamentos do processo civil moderno*. 3ª ed., vol. 1. São Paulo, Malheiros Editores, 2000.

GALANTER, Marc. *Why the haves come out ahead? Speculations on the limits of legal change*. vol. 9:1 ("Law and society review"), 1974 (republicação, com correções, in: COTTERRELL, Roger. *Law and Society*. Aldershot, Dartmouth, 1994).

MENDES, Aluisio Gonçalves de Castro (org.). "Art. 21". In *Mandado de segurança individual e coletivo – Lei 12.016 comentada*. São Paulo, Ed. RT, 2014.

PONTES DE MIRANDA, Francisco Cavalcanti. *História e prática do habeas corpus*. Rio de Janeiro, José Konfino, 1951.

SALLES, Carlos Alberto de. *Legitimação do Ministério Público para defesa de direitos e garantias constitucionais*. Dissertação (Mestrado em Direito). São Paulo, Faculdade de Direito da USP, 1992.

YEAZELL, Stephen C. "From group litigation to class action – Part II: interest, class, and representation". *UCLA Law Review* 27/1.066-1.121. Abril-junho/1980.

CAPÍTULO CXCVIII – *AÇÃO DE IMPROBIDADE ADMINISTRATIVA*

Flávio Luiz Yarshell

2.858. premissas: especialidade do processo – significado e desdobramentos

O exame da especialidade do processo – aí contido o procedimento da assim chamada *ação de improbidade administrativa* – parte de premissa válida, de um modo geral, para todos os também assim denominados *procedimentos especiais*: sua disciplina é orientada pela ideia de *adaptabilidade*, que busca a racional e útil aderência do processo às peculiaridades e exigências de cada situação jurídico-substancial submetida a julgamento. E, embora esse enunciado seja relativamente simples, e de certa forma até mesmo óbvio diante da certeza de que o processo é um instrumento a serviço dos valores consagrados no plano substancial, convém atentar para seu real significado e seus desdobramentos.

Primeiro, em termos mais rigorosos, não se trata apenas da especialidade do *procedimento*, entendido esse como sequência de atos interligados para consecução de um dado objetivo – aspecto *formal* do processo (*supra*, n. 63).

A especialidade imposta pelas peculiaridades da situação substancial também reside na *relação jurídica processual*, isto é, no conjunto de vínculos ou de posições jurídicas que se estabelecem entre os sujeitos do processo: poderes, sujeições, ônus, faculdades e deveres. Assim, embora seja usual falar-se em especialidade do *procedimento*, é efetivamente de um atributo do *processo* que se fala (*supra*, n. 63). E isso ocorre quando menos porque a ligação entre procedimento e relação processual é umbilical: quando se exercita alguma das posições jurídicas inerentes a essa última, pratica-se um ato; que faz nascer uma nova posição jurídica, cujo exercício redunda na prática de um novo ato, e assim sucessivamente. Por isso é correto afirmar que há "procedimentos especiais" cuja disciplina é abrangente de temas como legitimação, competência, limites de cognição e autoridade da coisa julgada material, dentre outros – não limitados a regras estritamente procedimentais.[1]

Segundo, a especialidade do processo (aí contido o procedimento) não deve ser confundida com o que se poderia qualificar como *tipicidade de ações* ou com *ações típicas*. Nesse particular, não é lícito confundir a tipicidade que possa vigorar no plano substancial, de um lado, e as projeções processuais desse fenômeno, de outro – do que poderia resultar uma indesejável limitação ao acesso à Justiça. Isso não significa, contudo, descartar o recurso aos conceitos de *tipo* e de *tipicidade* no estudo do direito processual. Pelo contrário, seu emprego pode facilitar o exame dos diferentes modos pelos quais se postula e se presta a tutela jurisdicional. Isso ocorre, em boa medida, pelo caráter concreto do *tipo*, que permite o que se poderia qualificar como especificação do *conceito*. Nessa medida, o tipo desempenha a função de singularizar ou especializar e seu emprego permite o que se poderia qualificar como descrição voltada à simplificação, que se dá mediante o enquadramento de certos fenômenos ou comportamentos, independentemente de mais profundas indagações objetivas ou subjetivas das situações concretas. Na órbita do direito público *tipo* e *tipicidade* estão efetivamente associados à função de descrever para garantir, relacionando-se com o princípio da legalidade, de sorte a funcionarem como restrição ou limitação ao exercício do poder, propiciando garantia da pessoa em face do Estado. Isso ocorre nos campos do direito administrativo, tributário e, com maior vigor, no direito penal – ou, mais amplamente, do que se possa qualificar como direito sancionador. São conceitos pertinentes e relevantes no contexto da tutela da probidade administrativa, como se verá em seguida.

Terceiro, no exame de qualquer processo especial – aí novamente incluído o procedimento – é fundamental identificar *onde* reside a especialidade e

---

1. *Cfr.* Heitor Vitor Mendonça Sica, "Reflexões em torno da teoria geral dos procedimentos especiais", *Revista de Processo* 208, junho/2012, p. 3 da versão eletrônica.

no que ela consiste. E isso se impõe por pelo menos duas razões. Uma consiste em aferir a fidelidade entre as regras processuais, de um lado, e os valores tutelados no plano substancial, de outro, para que se confirme concretamente a desejada adaptação e, portanto, para que o instrumento não traia os valores do plano substancial e os escopos ali almejados. A outra consiste em determinar até que ponto se aplicam as regras especiais – que sabidamente derrogam as *gerais* – e, portanto, em que medida essas últimas podem e devem ser aplicadas subsidiariamente. Essas podem até parecer tarefas fáceis, mas a experiência mostra que não raramente há a tentação de se aplicar uma dada regra geral, superveniente à disciplina especial e supostamente mais aperfeiçoada, abandonando-se a regra especial; quando é certo que o critério de especialidade afasta logicamente o debate sobre derrogação da lei antiga pela nova. O inverso também é correto: se a situação é regulada por regra geral, ainda que a especial pareça mais evoluída, é aquela e não esta que deve ser aplicada – salvo se efetivamente se puder entrever na superveniência da regra uma efetiva derrogação da então vigente (LINDB, art. 2º, §§ 1º e 2º).

2.859. a tutela da probidade administrativa no direito positivo brasileiro: premissas a nortear a adaptação e a especialidade do processo – direito administrativo sancionador

Não deve haver dúvida de que, no plano do direito material, a tutela da probidade, no âmbito de aplicação da Lei 8.249/1992, se dá mediante a previsão de figuras típicas – descritas nos arts. 9º, 10 e 11 desse diploma – das correspondentes sanções, nomeadamente qualificadas pela lei como "penas" (art. 12). E, de fato, não se trata apenas de perda de bens acrescidos ilicitamente ao patrimônio do réu, mas de sanções de natureza pessoal, que passam pela perda da função pública, pela suspensão de direitos políticos (por períodos que superam uma década), pela proibição de contratar com o Poder Público e de receber benefícios fiscais ou creditícios. Mesmo a multa civil, conquanto se traduza em expressão patrimonial, não pode ser qualificada como forma de ressarcimento, dado que seu objetivo é o de punir e de desestimular a prática de novas infrações. Essa já era a situação sob a égide da redação original da lei e segue – certamente com mais elevado grau de explicitação quanto à natureza das regras ali contidas – diante do advento da Lei 14.230/2021. Portanto, para além de qualquer debate que haja ou pudesse haver sobre a aplicação da lei nova no tempo (conceitualmente vocacionado à transitoriedade), não pode haver dúvida de que, no plano substancial, seja por sua própria natureza, seja pela explicitação trazida pelo legislador, a lei contém regras que integram o assim chamado direito administrativo sancionador.

Mesmo antes da citada alteração legislativa isso já era reconhecido pela jurisprudência, ao aceitar que a regulamentação estabelecida pela Lei 8.429/1992 se aproximava do direito penal e que o correspondente processo deveria ser compreendido como uma extensão do *jus puniendi* estatal e do sistema criminal.[2] Isso corresponde ao que também já preconizava prestigiosa doutrina, ao defender interpretação uniforme e coerente não apenas para regras penais em sentido estrito, mas a todas as impositivas de sanções, inclusive as de caráter punitivo situadas no âmbito do direito privado[3] – entendendo-se como tais aquelas que estatuem uma pena ou que limitem o livre exercício de direitos – todas elas de caráter excepcional e, portanto, sujeitas a exegese estrita.[4] Entendia-se, portanto, que atos configuradores de improbidade, no âmbito da citada lei, eram ilícitos do direito administrativo, a ensejar a devida persecução, mas mediante o estabelecimento de garantias para os acusados.[5]

Conforme então se alertava, o direito penal é referência histórica adequada para limitar o poder punitivo estatal, ainda quando exercido por autoridades administrativas ou por autoridades judiciárias na prática de poderes jurisdicionais de imposição de sanções administrativas. Assim, sem propriamente se reduzirem as fontes do direito administrativo sancionador às do penal, reconhecia-se a dogmática desse último como inspiração garantista na seara do direito administrativo punitivo, uma vez que "ambas constituem projeções do direito punitivo público (...)".[6] Portanto, embora seja certo que a lei tutela a probidade administrativa e, portanto, a "integridade do patrimônio público e social" (art. 1º, *caput*), é igualmente certo que ela atua como garantia em favor do demandado, tal como ocorre nos processos sancionadores de um modo geral.

As alterações trazidas pela Lei 14.230/2021, aliás de forma consideravelmente enfática, trataram de positivar e de explicitar esse enquadramento, sendo disso boa ilustração o disposto no § 4º do art. 1º, ao se estatuir expressamente que: "Aplicam-se ao sistema da improbidade disciplinado nesta Lei os princípios constitucionais do direito administrativo sancionador"; e no *caput* do art. 17-D, ao se reconhecer que: "A ação por improbidade administrativa é repressiva, de caráter sancionatório, destinada à aplicação de sanções de caráter pessoal previstas nesta Lei, e não constitui ação civil (...)". Tais regras, que se alinham

---

2. *Cfr.* STF, 2ª Turma, RCL 41.557, rel. Min. Gilmar Mendes, j. 15.12.2020, *DJe* 10.3.2021, m.v.
3. *Cfr.* Carlos Maximiliano, *Hermenêutica e aplicação do direito*, 21ª ed., Rio de Janeiro, Forense, 2017, p. 302 da versão eletrônica.
4. Carlos Maximiliano, ob. cit., p. 298 da versão eletrônica.
5. *Cfr.* Fábio Medina Osório, *Teoria da improbidade administrativa*, 2ª ed., São Paulo, Ed. RT, 2010, pp. 205-206.
6. *Cfr.* Fábio Medina Osório, ob. cit., p. 207.

a outras que as complementam e/ou regulam seus desdobramentos materiais ou processuais, podem ser consideradas com autênticas normas *interpretativas*,[7] uma vez que o caráter sancionador da lei já podia ser identificado em sua redação original – e isso não obstante as consideráveis alterações trazidas na configuração das figuras típicas, em particular aquelas constantes do art. 11.

Então, se a especialidade do processo voltado à tutela da probidade administrativa tivesse que ser resumida em um aspecto, esse seria seu diferencial. Ele tem repercussões importantes sobre o modo de ser do processo, do que são boas ilustrações as disposições constantes do § 19 do art. 17, ao excluir da disciplina especial eventual presunção de veracidade dos fatos alegados pelo autor, em caso de revelia do réu; a imposição ao demandado do encargo probatório; a concomitância de mais de um processo pelo mesmo fato (alegadamente configurador de improbidade) e o reexame necessário em caso de julgamento desfavorável ao autor. Mas, para além das expressas previsões legais, o estabelecimento da premissa de que se trata de processo sancionador há de presidir a interpretação sistemática e teleológica da lei, seja no tocante à transitória questão da aplicação da lei no tempo, seja em relação a outros temas, de configuração permanente.

É certo que a tutela da probidade não se limita à imposição de sanções porque, afinal de contas, a sentença de procedência, quando fundada a demanda nas figuras dos arts. 9º e 10, imporá não apenas a perda ou reversão de bens ou valores ilicitamente adquiridos, mas também "o ressarcimento dos danos" (art. 18, *caput*) – o que, em sentido estrito, não se afigura exatamente como sanção. Isso, contudo, não é suficiente para descaracterizar o processo na forma acima referida, quer pelos termos da lei, quer pela prevalência de sua função sancionadora. Sendo o caso, caberá ao aplicador considerar que, em tema de ressarcimento, não se aplicam os postulados integrantes do direito administrativo sancionador, embora deva considerar, mesmo nessa seara, a eventual incidência das disposições constantes dos incs. II, III e IV do art. 17-C.

2.860. jurisdição

O reconhecimento de que, tratando-se de processo sancionador, a tutela deve ordinariamente ser prestada mediante o exercício de típica atividade substitutiva e, portanto, jurisdicional não afasta outras considerações.

---

7. As normas *interpretativas* são fruto do legislador que, "diante de divergências ou distorções na interpretação da lei, pode pretender, ele próprio, reivindicar a interpretação do direito vigente" (*cfr.* Flávio Luiz Yarshell e Adriano Camargo Gomes, *Normas interpretativas no novo CPC: incidência no período de* ***vacatio legis****?*, disponível em *https://www.migalhas.com.br/depeso/224087/normas-interpretativas-no-novo-cpc--incidencia--no-periodo-de-vacatio-legis*, publ. 27.7.2015 (último acesso ao *link* em 10.6.2022).

Sendo tipicamente sancionador, eventual litígio deve ser dirimido pelo Estado. Contudo, não é de se descartar que fatos relacionados à prática de atos de improbidade, em sua dimensão exclusivamente patrimonial, sejam objeto de processo arbitral. É pensar, p.ex., na responsabilização civil de administradores e de controladores no contexto de pessoas jurídicas que detenham participação de capital público e de cujos estatutos conste cláusula compromissória. Nesse caso, eventualmente será preciso considerar a necessidade de coordenação entre a jurisdição estatal e a privada, quer para que se preservem valores como economia e harmonia de decisões, quer para que se descarte eventual *bis in idem* – que é repudiado pela lei para as sanções aplicáveis (art. 12, § 7º), mas que deve ser considerado também em relação aos desdobramentos estritamente patrimoniais, tal como, p.ex., preveem o § 6º do art. 12 e o § 5º do art. 21. Ainda, se o tribunal arbitral, de forma objetiva e consistente, detectar a ocorrência de improbidade, respeitadas vozes em contrário, deverá representar ao Ministério Público competente, para as providências necessárias, na forma do art. 7º, *caput*, que se sobrepõe ao dever de confidencialidade.[8]

Além disso, a solução do conflito não necessariamente se dará mediante adjudicação, dada a possibilidade da celebração de *acordo de não persecução civil*, nos termos e condições previstos pelo art. 17-B. Nesse caso, a intervenção do Judiciário será apenas homologatória e o controle que aí possa ser feito, conquanto seja limitado, pode ser relevante. Diante do silêncio da lei, mas considerando a nota de especialidade que reside em seu caráter sancionador, aplicam-se subsidiariamente as disposições pertinentes do Código de Processo Penal. É que, embora a experiência autorize presumir que o acordo tendencialmente se limitará a aspectos estritamente patrimoniais, isso não parece ser um dado obrigatório, considerando-se que integral ressarcimento e reversão da vantagem indevida são previstos apenas como resultados mínimos da autocomposição. Eventualmente, o demandado poderá aceitar algum tipo de limitação de direitos que correspondam, total ou parcialmente, aos efeitos das penas previstas pelo art. 12 (p.ex., abstenção de recebimento de benefícios ou incentivos fiscais ou creditícios). Além disso, mesmo em tema

---

8. Analogamente, v.: César Pereira, *Corrupção e arbitragem: os árbitros diante da alegação ou contatação de práticas ilícitas pelas partes*, disponível em *https://justen.com.br/pdfs/IE138/IE138-Cesar-corrupcao-e-arbitragem.pdf* (último acesso ao *link* em 14.6.2022). V. também: Antonio Alberto Rondina Cury, "Efeitos da corrupção em arbitragens envolvendo o Poder Público", *Revista de Arbitragem e Mediação* 60/4, janeiro-março/2019). Ressaltando a necessidade de se evitar utilizar a confidencialidade e o sigilo como forma de criar um ambiente propício à perpetuação de ilícitos, v.: Nigel Blackaby, Constantine Partasides, Alan Redfern e Martin Hunter, *Redfern and Hunter on international arbitration*, 6ª ed., Oxford, Oxford University Press, 2015, p. 333.

estritamente patrimonial, há limites fundados em perspectiva consequencialista que podem desafiar algum tipo de controle (p.ex., art. 17-C, inc. III). Assim, o juiz eventualmente poderá determinar a realização de audiência para confirmar a voluntariedade do ato, mediante oitiva do demandado na presença de seu defensor, além de controlar a legalidade do negócio jurídico celebrado (art. 28-A, § 4º) E, caso o juiz considere inadequadas, insuficientes ou abusivas as condições dispostas no acordo, poderá eventualmente ocorrer a recusa para que novos termos sejam estabelecidos ou até mesmo para que o processo siga (art. 28-A, §§ 5º ao 8º).

O controle jurisdicional também poderá recair sobre a legalidade da investigação que possa preceder a instauração do processo judicial. Assim, não obstante as prerrogativas constitucionais e legais ostentadas pelo Ministério Público, a colheita de elementos preliminares de instrução pode colocar em risco ou violar valores como sigilo, intimidade, privacidade, confidencialidade e direito à não incriminação, dentre eventuais outros. Eventual e excepcionalmente, pode não haver justa causa sequer para a investigação (p.ex., por se tratar incontroversamente de fato atípico). Então, tendo em vista o disposto no inc. XXXV do art. 5º da Constituição Federal, compete ao Judiciário eventualmente estabelecer limites à investigação, ou mesmo barrá-la, para que aqueles valores consagrados no plano substancial, se for o caso, sejam tutelados.

2.861. competência

No tocante à competência, a lei se limitou a tratar da competência de foro e, de forma colateral, de juízo. Quanto ao primeiro, o critério adotado foi o territorial-funcional (art. 17, § 4º), a exemplo do que ocorre na disciplina da ação civil pública (art. 2º da Lei 7.347/1985) e certamente inspirado na circunstância de que a proximidade com o local do dano pode facilitar a instrução da causa e, eventualmente, o cumprimento da decisão. Embora a opção seja racional e não padeça de qualquer inconstitucionalidade, ela não deixa de ser em alguma medida contraditória com o marcante caráter sancionador que a própria lei se encarregou de estabelecer; que apontaria para a regra geral de que o réu fosse demandado em seu domicílio. Tratando-se de competência ditada por critério funcional, avulta o interesse público e, portanto, ela não comporta alteração. Contudo, não é de se descartar a possibilidade de que eventualmente a demanda seja proposta no foro do domicílio do réu ou até mesmo em atenção a outra regra de determinação de competência (p.ex., aquela prevista pelo Estatuto do Idoso, art. 80); caso em que, não havendo prejuízo para o demandado, pelo contrário, a modificação da competência poderá ser aceita.

Com relação à competência de juízo, a lei se limitou a estabelecer, no art. 17, § 5º, que a propositura da demanda "prevenirá a competência do juízo para todas as ações posteriormente intentadas que possuam a mesma causa de pedir ou o mesmo objeto"; de resto, na esteira da regra geral do art. 59 do CPC, embora com redação ligeiramente diversa. De qualquer modo, a competência de juízo será determinada conforme regras de organização judiciária, estaduais ou federal, conforme o caso.

A lei não dispôs sobre competência internacional ou, mais corretamente, sobre os limites da jurisdição brasileira. Dessa forma, aplicam-se as disposições do art. 21 do CPC. Não se descarta que fatos relacionados à prática de atos de improbidade sejam objeto de processos perante outras jurisdições, e a regra do art. 17, § 4º, da Lei de Improbidade, não infirma essa constatação porque ela disciplina competência interna. Contudo, pode ocorrer que o objeto da ação de improbidade seja relativo a bens imóveis situados no Brasil – p.ex., no caso de serem eles o produto do ilícito, a ser perdido na forma do art. 12, inc. I e II. Nesse caso, a jurisdição brasileira deve ser entendida como excludente de qualquer outra.

Dentro dos limites da jurisdição brasileira, a competência será da Justiça comum, federal, nas hipóteses previstas pelo art. 109 da Constituição Federal, e subsidiariamente da Justiça estadual. A Justiça eleitoral poderá apreciar temas ligados à improbidade, mas o fará apenas incidentalmente, nos limites de sua competência, ao ensejo do exame das condições de elegibilidade de candidatos (Lei Complementar 64/1990, art. 1º, inc. I, *g* e *l*) ou na verificação das assim chamadas condutas vedadas (art. 73, em especial o disposto no § 7º) – e, em qualquer caso, atenta a decisões que tenham sido proferidas pela Justiça comum, no exercício de sua competência.

No tocante à competência originária, ela será invariavelmente do primeiro grau porque demanda dessa natureza não se inscreve em qualquer das hipóteses de competência originária dos tribunais, sejam os Superiores, sejam os locais.

2.862. legitimidade e interesse

A legitimidade ativa, antes outorgada também à "pessoa jurídica interessada" e, eventual e complementarmente, à Fazenda Pública (art. 17, *caput*), passou, por força de alteração trazida pela Lei 14.230/2021, a ser exclusivamente do Ministério Público. A constitucionalidade da alteração poderia ser questionada[9] na medida em que privaria o ente que titulariza o patrimônio lesado do devido ressarcimento ou recuperação dos bens indevidamente subtraídos pelos ímprobos – titularidade que resulta da natureza das coisas e que

9. Como de fato veio a ser nas ADIs 7.042-DF e 7.043-DF, perante o Supremo Tribunal Federal.

é reconhecida pela lei, quando alude à "pessoa jurídica prejudicada", quando estabelece o critério para determinação da competência de foro. Por outras palavras, não seria possível subtrair ao titular da relação material o correspondente direito de ação, ainda que sob a justificativa de se outorgar legitimidade extraordinária ao Ministério Público.

Contudo, a alteração parece ser coerente com o caráter predominantemente sancionador da lei, de tal sorte que, conquanto a pessoa jurídica e/ou a Fazenda Pública tenha inegável legitimidade para buscar o devido ressarcimento e/ou a recuperação de bens perdidos (art. 18, § 1º), elas não o têm para pleitear a imposição das demais sanções ("penas") previstas pelo art. 12 da lei. Portanto, faz rigoroso sentido que assim o seja. O que não seria admissível, e de fato não é, é que se impedisse tais pessoas de fazer os pleitos para os quais efetivamente estão legitimadas, tanto mais porque são os entes prejudicados e cujo patrimônio se busca tornar indene. E, tratando-se de pleitos estritamente patrimoniais, para tanto os legitimados podem ajuizar ação civil pública, como de resto se extrai do disposto no art. 17, § 16, c/c art. 18, § 1º e no art. 1º, inc. VIII, da Lei 7.347/1985.

Se, porventura, o Ministério Público ajuizar ação de improbidade pelos mesmos fatos e que inclua pleitos de ressarcimento e/ou perda de bens antes que a pessoa jurídica ou a Fazenda o façam, será o caso de tais entes serem admitidos na qualidade de assistentes litisconsorciais (CPC, arts. 119, 120 e 124) – o que, no mais, é confirmado tanto pela redação do § 14 do art. 17 da lei (que fala genericamente sobre *intervenção no processo*) quanto pela outorga de legitimidade para o cumprimento do julgado, reconhecida no § 1º do art. 18. O fato de o § 3º do art. 17 (em sua redação original) ter sido revogado não altera essa conclusão, uma vez que os entes públicos continuam a ser legitimados para os pleitos de ressarcimento de danos ao seu patrimônio e, portanto, podem ingressar na forma indicada acima, por força de aplicação subsidiária da lei processual civil. Se, em contrapartida, os entes públicos tiverem ajuizado ação civil pública e, posteriormente, o Ministério Público intentar ação de improbidade, deverá haver reunião das causas para julgamento conjunto (art. 17, § 5º), com a ressalva de que, nesse caso, não será necessário ou possível que o Ministério Público pleiteie o ressarcimento ou a perda dos bens (já postulados pelo ente público), mas que se limite a pretender a aplicação das sanções ou "penas" previstas no art. 12, conforme o caso exigir.

A legitimidade passiva é de todos quantos estejam sujeitos às sanções ao ressarcimento/devolução de bens e às sanções legais, na forma dos §§ 6º e 7º do art. 1º e arts. 2º e 3º da lei. Saber se tais pessoas devem efetivamente responder é tema relativo ao mérito da causa, de tal sorte que o controle da legitimidade deve ser feito em estado de asserção,[10] que, contudo, comportará controle prévio se, desde logo, for possível verificar que nem mesmo em tese o demandado se enquadra nas figuras previstas pela lei como pessoas aptas à prática dos ilícitos ali previstos e passíveis de submissão às respectivas penas.

Tratando-se de improbidade que envolva pessoa jurídica, é preciso considerar os fatos e fundamentos que lhe sejam imputados, pelo autor: se – para além de acusação que eventualmente possa ser feita aos sócios, membros ou administradores por atos próprios (art. 3º, § 1º) – os atos forem também imputáveis à entidade, então ela deverá figurar como demandada. Nesse caso, não se tratará exatamente de desconsideração de personalidade jurídica, mas de responsabilidade civil direta, lembrando-se que os fatos e fundamentos aptos a caracterizar improbidade administrativa são diversos daqueles que justificam a desconsideração – seja essa última invocada com base no art. 50 do Código Civil, seja com base em algum outro dispositivo aplicável para esse fim específico. Também convém lembrar que, mesmo no caso típico de desconsideração, ela poderá ser requerida desde logo na inicial, conforme faculta o art. 134, § 2º, do CPC.

O interesse de agir surge tanto que o Ministério Público (ou a pessoa jurídica prejudicada, nos limites de sua legitimidade) repute configurada alguma das situações constantes dos tipos legais – ressaltando-se em todas elas a necessidade de se invocar o elemento subjetivo *dolo*. Não há obrigatoriedade de instauração prévia de inquérito, embora a experiência revele que ele seja altamente desejável ou até imprescindível, inclusive para as finalidades previstas pelos incs. II e III do art. 381 do Código de Processo Civil e ratificadas no inc. II do § 6º do art. 17 da lei. Aliás, não obstante as prerrogativas de que desfruta o Ministério Público, há interesse para o emprego da produção antecipada de prova, na forma da lei processual, de sorte a permitir que a prova seja colhida sob o crivo do contraditório, sob a presidência de terceiro imparcial, com todas consequências daí decorrentes. Outrossim, ao menos em regra,[11] não é condição para o ajuizamento ter havido proposta de acordo; embora também aqui a busca da solução de autocomposição seja desejável, como o é para os sistemas jurídico de um modo geral.

Conquanto a lei não seja explícita a respeito, também é possível que o Ministério Público busque tutela preventiva do ilícito, na perspectiva de ato

---

10. *Cfr.* José Carlos Barbosa Moreira, "Legitimação para agir. Indeferimento da petição inicial", in *Temas de direito processual*, Primeira série, São Paulo, Saraiva, 1997, p. 200.

11. É que, na excepcionalíssima hipótese de o investigado propor a realização de acordo (adequado, razoável e proporcional, em termos de proteção do interesse público) e não obter qualquer resposta satisfatória do Ministério Público, poder-se-ia cogitar da inexistência de interesse de agir pelo prisma da necessidade ou utilidade.

ainda não consumado que venha a se caracterizar como ímprobo. Não se trata de tutela provisória, mas de tutela definitiva, para inibir a ocorrência de uma das hipóteses previstas pela lei. Nesses casos, a menos que os atos de preparação possam, eles próprios, ser qualificados como de improbidade, não haverá que se cogitar de ressarcimento ou de devolução de bens, na medida em que se trata, precisamente, de tutela apta a impedir o ilícito; e, com maior razão, não haverá espaço para a aplicação das sanções legais, limitadas a condutas dolosas consumadas. Nessa hipótese, substancialmente não se estará diante de típica ação de improbidade, mas de demanda que poderia ser rotulada como ação civil pública, a impor, quando o caso, eventual conversão nos termos do art. 17, § 16.

2.863. litisconsórcio

Sob a ótica do polo ativo, podem eventualmente se consorciar o Ministério Público e a *pessoa jurídica prejudicada* (para usar a dicção do § 4º-A do art. 17). Como já visto, não obstante as alterações trazidas pelas Lei 14.230/2021, uma interpretação conforme a Constituição autoriza dizer que a legitimação do ente lesado remanesce, mas exclusivamente em relação ao ressarcimento e, eventualmente, à recuperação de patrimônio – excluído, portanto, qualquer pleito de aplicação das "penas" previstas pelo art. 12 – aí incluída a multa civil. Essa limitação, contudo, não afasta a possibilidade mencionada e, de qualquer forma, a possível concomitância de demandas a cargo de cada um dos legitimados, a exigir coordenação, na forma tratada no tópico precedente. Nessa eventual hipótese, o litisconsórcio será facultativo e simples, isto é, não unitário. Isso decorre da circunstância acima e que, em tese, abre a possibilidade de que o pleito de ressarcimento seja acolhido (pela prática de ilícito civil, mas não de ilícito de improbidade), mas que não haja aplicação propriamente de sanções.

Ainda no polo ativo, não se deve descartar a possibilidade de consórcio de diferentes órgãos do Ministério Público (estaduais ou estadual e federal); que, contudo, deverá ser adequadamente justificada.[12]

---

12. Isso porque "a delimitação das funções de cada Ministério Público não está constitucionalmente vinculada à competência dos órgãos judiciais" (*cfr.* Aluisio Gonçalves de Castro Mendes, *Competência cível da Justiça federal*, 2ª ed., São Paulo, Ed. RT, 2006, p. 84). Também já se decidiu que: "Seria contraditório, aliás, autorizar o Ministério Público federal a se litisconsorciar com órgãos que não têm os seus mesmos fins institucionais (DPU, associações, *etc.* [*sic*]), na forma do art. 5º, § 2º, da Lei 7.347/1985, e não poder fazê-lo com órgão distinto (MP estadual), mas com muito maior similitude institucional" (*cfr.* STJ, 2ª Turma, REsp/ED 1.716.095-RJ, rel. Min. Herman Benjamin, j. 15.3.2022, *DJe* 12.4.2022, v.u.).

No polo passivo o litisconsórcio apresenta natureza pouco usual: sob a ótica de sua formação, ele pode ser qualificado como *necessário* porque não há margem de escolha para o Ministério Público, que tem o dever de incluir todos quantos tenham participado do ato ímprobo, na perspectiva de que se esteja diante de conduta concertada, em que a participação conjunta seja da essência do ilícito de que se cogite. Assim deve ser desde que, naturalmente, seja possível individualizar as condutas dolosas de cada qual (art. 17, § 6º, inc. I) e de estabelecer o nexo entre tais condutas e o resultado repudiado pela lei – além da demonstração da "lesividade relevante ao bem jurídico tutelado", no caso das figuras previstas pelo art. 11. Eventual exclusão (especialmente considerando o que se tenha levantado na fase de investigação), portanto, deverá ser adequadamente justificada, quer pela ausência de participação, quer pela falta do liame mencionado, quer eventualmente porque, em relação a determinada pessoa, tenha havido a celebração de acordo de não persecução devidamente homologado pela autoridade judicial competente. Essa é a única solução que se ajusta à exigência de impessoalidade, que, portanto, estabelece uma figura de litisconsórcio passivo necessário por força do direito objetivo.[13]

2.864. intervenção de terceiros

São relativamente escassas as disposições da lei sobre possíveis formas de intervenção de terceiros. Em duas passagens – nos §§ 7º e 15 dos arts. 16 e 17, respectivamente – o texto alude à *desconsideração da personalidade jurídica*, e em ambas remete à aplicação subsidiária do CPC. Nesse caso, na esteira do que já foi examinado em tópico precedente (*supra*, n. 2.863), será preciso considerar que os fundamentos para a desconsideração são diversos daqueles que configuram os atos de improbidade. Além disso, de desconsideração só se pode cogitar para efeito de extensão de responsabilidade patrimonial (ou de perda de bens), mas não para a aplicação das penas previstas pela lei; salvo, como já foi dito, se o "terceiro" de que se pudesse cogitar (sociedade ou sócios, conforme o sentido da pretendida desconsideração) tiver, ele próprio, praticado alguma

---

13. Por força da isonomia (*cfr.* Celso Antônio Bandeira de Mello, *O conteúdo jurídico do princípio da igualdade*, 3ª ed., São Paulo, Malheiros Editores, 1997, p. 18) e da impessoalidade (Const., art. 37) – e a defesa dela é uma das atribuições do Ministério Público –, "todos quantos tenham, ainda que em tese, participado do ato contrário ao direito" devem figurar no polo passivo. Assim: "Eventual exclusão, repita-se, só pode ser admitida mediante razões objetivas e juridicamente relevantes" (*cfr.* Flávio Luiz Yarshell, "Breves reflexões sobre o litisconsórcio necessário no processo administrativo perante o CADE", in Carlos Alberto de Salles (coord.), *As grandes transformações do processo civil brasileiro*, São Paulo, Quartier Latin, 2009, p. 1.036 e pp. 1.037-1.038).

das condutas típicas. Nesse caso, ao "terceiro" – que sequer pode ostentar tal qualificação – se deve chegar por imputação direta de ato ímprobo; caso em que, aí sim, ele estará também sujeito à imposição das sanções do art. 12 (que não as medidas patrimoniais de caráter restitutório).

Também será preciso considerar o *momento* em que feita a desconsideração – o que pode apresentar alguma dificuldade. Reiterada a distinção feita anteriormente (fundamentos de eventual obrigação não se confundem com os de possível desconsideração), se o Ministério Público ou a pessoa jurídica prejudicada desde logo tiverem – ou puderem ter – conhecimento de fatos que autorizam a desconsideração, a bem da segurança jurídica e, ainda, por lealdade, é ônus do demandante o de indicar tais fatos desde logo na inicial, e, nesse caso, observar-se-á o disposto no § 2º do art. 134 do CPC. É certo que isso precipitará a vigência dos encargos decorrentes da litispendência para o "terceiro"; que, nesse caso, desde logo assumirá a posição de litisconsorte passivo (embora o fundamento que lhe seja imputado seja diverso da improbidade). Mas a contrapartida disso – em prol da segurança jurídica – é evitar que a desconsideração venha a ocorrer muito tempo depois, com potenciais implicações patrimoniais relevantes ou mesmo à duração do processo,[14] e que inclusive podem envolver outras pessoas; o que é bem ilustrado pela hipótese do § 3º do art. 792 do CPC. De outra parte, justamente por se considerar o pesado encargo que a litispendência representa, será preciso que o juiz avalie com cuidado a formação do polo passivo, evitando-se que o processo possa se traduzir em ônus não razoável ou proporcional para o demandado. Em última análise, a inclusão desde logo, pelo autor, permitirá que o juiz avalie se efetivamente é – ou pode ser – caso de desconsideração, de sorte a resolver o quanto antes possível esse tema.[15]

De qualquer modo, considerando que o terceiro ao qual se pretende chegar por desconsideração não é devedor, mas potencial responsável, será pre-

14. Entendendo-se ou não pela possibilidade, não é desprezível a discussão que diz com o potencial direito de o terceiro, uma vez que a ele seja imputada responsabilidade patrimonial, poder articular matérias relativas à obrigação – do que certamente decorreria maior complexidade objetiva do debate e, por conseguinte, da duração do processo. Ademais, é preciso considerar a possibilidade de decisões contraditórias.

15. Ao tratar da possibilidade de o incidente de desconsideração ser manejado "em todas as fases do processo de conhecimento, no cumprimento de sentença e na execução" (cf. art. 134 do CPC), a lei não rompe totalmente com a ideia do ônus de alegação na primeira oportunidade (como, exemplificativamente, vem a ocorrer nas hipóteses dos arts. 148, § 1º, 246, § 1º-B e 278). Busca ela apenas permitir que o pleito possa ser aforado em qualquer fase, a despeito de se manter o ônus do requerente de fazê-lo tão logo seja possível, isto é, tão logo tenha à sua disposição os elementos necessários para que o incidente possa ser instaurado e ter prosseguimento; tudo sob pena de preclusão.

ciso observar que a extensão está condicionada ao requisito da subsidiariedade, de tal sorte que somente em caso de insuficiência do patrimônio do devedor é que se cogitará de recorrer aos efeitos práticos de eventual desconsideração. Aliás, a consideração desse dado poderá ser relevante para que o terceiro seja desde logo incluído no polo passivo (e, como tal, perca a qualidade de terceiro).

Relativamente à *assistência*, a lei apenas menciona que, sem prejuízo da citação dos réus, "a pessoa jurídica interessada será intimada para, caso queira, intervir" (§ 14 do art. 17). Tratando-se da pessoa jurídica cujo patrimônio se cogita ter sido prejudicado, como já visto, ela tem legitimidade ativa para os pleitos de ressarcimento e de eventual recuperação de bens (não para as penas previstas pelo art. 12). Sendo assim, essa pessoa poderá intervir na qualidade de assistente litisconsorcial, na forma dos arts. 119, 120 e 124 do CPC. Sob a perspectiva do polo passivo, ou bem à pessoa jurídica é imputável a prática de algum dos atos tipificados pela lei – e, nesse caso, ela deverá ser demandada (art. 3º, § 1º), ou será preciso identificar o interesse jurídico que justifica sua intervenção – aí na qualidade de assistente simples (CPC, arts. 121 a 123). Sem que esse último possa ser descartado, convém lembrar que o interesse econômico, por mais relevante que seja, não autoriza tal forma de intervenção. Eventualmente, do que se poderia excepcionalmente cogitar seria a potencial e reflexa afetação de pessoa jurídica, tendo em vista o que dispõem os §§ 3º e 4º do art. 12, em interpretação extensiva, dado que tais regras se dirigem à pessoa jurídica que possa ser diretamente responsabilizada (e que, portanto, não seria "terceiro").

Ainda, não se deve descartar que pessoa jurídica potencialmente sujeita a desconsideração de personalidade jurídica (e que não tenha sido incluída na relação processual por iniciativa do autor) venha a postular sua intervenção como interessada. Tal iniciativa pode soar improvável, mas não pode ser descartada, porque a intervenção voluntária pode ser preferível ao risco de uma inclusão compulsória e tardia, em que debates sobre o débito (não apenas sobre responsabilidade) já tivessem sido travados. Nesse caso, a potencial sujeição do patrimônio do terceiro a eventual desconsideração (sem que aí resida aceitação de tal extensão) configura interesse jurídico, não meramente econômico, a justificar a intervenção.

Não há previsão de denunciação da lide, da qual só se poderia cogitar, em tese, em relação aos pleitos de ressarcimento ou de perda/recuperação de bens; mas não em relação às demais sanções – exceto, nesta especial circunstância, a multa civil, pela repercussão patrimonial que ostenta. Não é que a imposição das penas previstas pelo art. 12 não possa ter importantes repercussões patrimoniais. Contudo, elas não seriam consequência imediata de eventual procedência dos respectivos pedidos, e, portanto, só mesmo em vias próprias a pessoa privada de seus direitos políticos ou de contratar com o Poder Público, p.ex., poderia se voltar regressivamente contra terceiros.

De qualquer modo, a admissibilidade da denunciação há de ser vista com boa dose de cautela, para que os fundamentos do regresso – cuja pretensão inegavelmente alarga o objeto do processo – não se afigurem totalmente dissociados do debate sobre o cometimento da improbidade e de suas consequências patrimoniais; caso em que mais racional, conforme o caso, seria remeter as partes para debate em vias autônomas.[16] Além disso, será preciso considerar se o órgão judicial teria competência para, ao mesmo tempo, dirimir o conflito envolvendo os entes públicos (Ministério Público e/ou pessoa jurídica prejudicada) e o conflito privado que pudesse se relacionar à pretensão de regresso. E, de qualquer forma, a falta ou recusa da denunciação não será óbice ao exercício do direito de regresso (CPC, art. 125, § 1º).

Aparentemente, não há espaço para chamamento ao processo, tendo em vista que a lei excluiu a possibilidade de condenação fundada em solidariedade (art. 16, § 2º). De qualquer modo, convém atentar para o caráter necessário do litisconsórcio em relação a todos quantos haja elementos objetivos para se afirmar participação no ato tido por ímprobo; o que deve ser observado pelo autor, mas que pode ser objeto de pleito também por qualquer dos demandados.

Não se pode descartar a incidência do disposto nos arts. 338 e 339 do CPC, que, embora com redação e alcance diversos, superaram a figura da nomeação à autoria, do CPC-1973; assim como, em tese, parece possível a figura da oposição (CPC, arts. 682-686), se e quando eventualmente duas pessoas jurídicas se disserem lesadas pelo mesmo fato e a indenização ou recuperação de bens pleiteada por uma for excludente da outra.

Finalmente, não se pode descartar a eventual intervenção de *amicus curiae*, na forma do art. 138 do CPC – neste caso, inclusive por conta das penas cuja aplicação pretenda o Ministério Público. Apenas é preciso considerar, com cuidado, a distinção entre essa figura e a da pessoa que tem interesse próprio, direto ou reflexo, na solução da controvérsia. Portanto, é preciso avaliar se efetivamente há representatividade adequada e de que forma isso se relaciona ao objeto do processo.

2.865. tutela provisória

No tocante à tutela provisória, a disciplina estabelecida pela Lei 14.230/2021 é consideravelmente distinta daquela originalmente previs-

16. Como há de acontecer nas hipóteses de litisconsórcio multitudinário (CPC, art. 113, § 1º, e *supra*, n. 658).

ta pela Lei 8.429/1992 e, em boa medida, daquela que lhe davam parte da doutrina e da jurisprudência; o que aparentemente se afigura mais coerente com as importantes alterações que aquele primeiro diploma trouxe.[17]

A lei só prevê a medida típica de indisponibilidades de bens. Contudo, não é de se descartar alguma outra providência de caráter provisório – cautelar ou até mesmo antecipatório – fundada em aplicação subsidiária das regras gerais dos arts. 300 e ss., desde que se atente para as especificidades do processo cujo objeto seja ato de improbidade administrativa. No caso de a procedência levar à recuperação de um determinado bem, não é de indisponibilidade que se trata, mas de típica medida de sequestro. Eventualmente, será possível a suspensão da eficácia de atos ou contratos, como forma de fazer cessar conduta ímproba – o que pode ser ilustrado pelas hipóteses dos incs. XIV e XV do art. 10. Nesse caso, contudo, será preciso que o objeto do processo também inclua pleito de declaração de invalidade ou de desconstituição do ato para que o contraditório seja exercido em torno também desse objeto (CPC, arts. 9º e 10).

Em relação à indisponibilidade, cuja natureza é essencialmente a de um arresto, são várias as disposições relevantes.

Ao contrário de entendimento antes vigente na jurisprudência,[18] a lei exige a demonstração do perigo da demora, que não pode ser simplesmente presumido e que, naturalmente, deve ser visto à luz da relevância dos fundamentos da demanda (art. 16, §§ 3º e 4º). A prévia oitiva do réu – na esteira do princípio constitucional do contraditório – deve ser a regra (§ 4º) (*supra*, n. 121). Mais ainda: as mudanças trazidas pela Lei 14.230/2021 parecem estar em li-

---

17. Como bem ressalta a doutrina, "a disciplina minuciosa adotada pela Lei 14.230/2021 visou estabelecer limites mais precisos quanto ao cabimento e ao objeto da indisponibilidade de bens. Essa solução tornou-se necessária em vista da difusão da interpretação de que, promovida uma ação versando sobre improbidade administrativa, seria necessária (se não obrigatória) a decretação da indisponibilidade dos bens do(s) réu(s). Tais provimentos costumavam ser adotados de modo geral e ilimitado. O resultado prático era a inviabilização da sobrevivência do(s) réu(s) durante o trâmite do processo, o que se desdobrava muitas vezes durante décadas" (Marçal Justen Filho, *Reforma da Lei de Improbidade Administrativa – Comparada e comentada*, Rio de Janeiro, Forense, 2021, p. 192). Sobre a questão, ao decidir o tema 1.257 de recursos especiais repetitivos, o Superior Tribunal de Justiça fixou a tese segundo a qual "As disposições da Lei 14.230/2021 são aplicáveis aos processos em curso, para regular o procedimento da tutela provisória de indisponibilidade de bens, de modo que as medidas já deferidas poderão ser reapreciadas para fins de adequação à atual redação dada à Lei 8.429/1992".

18. Exemplificativamente, v. o julgado proferido pouco antes da promulgação da Lei 14.230/2021: STJ, 2ª T., AREsp/AgInt 1.826.875-RJ, rel. Min. Mauro Campbell Marques, j. 30.8.2022, *DJe* 2.9.2021, v.u.

nha com as constantes do CPC-2015 acerca da estrita observância do contraditório e do dever de motivação.

Embora a medida possa recair sobre todos os bens sujeitos à regra de responsabilidade patrimonial (inclusive de ativos que se encontrem no exterior, mediante cooperação), sua extensão é ditada pelo valor do dano indicado na inicial, considerando-se eventual somatória se e quando houver mais de um réu (§§ 5º e 6º do art. 16).[19] Isso não significa dizer que se dispense juízo preliminar de plausibilidade dos alegados danos e do respectivo valor, à luz dos elementos probatórios que possam instruir a inicial (ou que surjam no curso do processo). Portanto, não prevalecem a pura e simples alegação ou estimativa feitas pelo Ministério Público; que, convém lembrar, age como sujeito parcial. Conquanto sua atuação seja norteada pelo princípio da impessoalidade, isso não autoriza presumir verdadeiras suas alegações nem dispensá-lo dos ônus de alegação e de prova. Aliás, se é dado ao juiz controlar, diante de título executivo, os valores pretendidos pelo autor (CPC, art. 524 e §§ 1º a 5º), com maior razão ele deve fazê-lo quando ainda se trabalha apenas com a alegação do autor ou, eventualmente, sem cognição mais aprofundada. Para ilustrar, veja-se a regra do § 3º do art. 18 da lei, que determina, para fins de apuração de valor de ressarcimento, o desconto daquele relativo aos "serviços efetivamente prestados"; ou, ainda, aquela contida no § 10 do art. 16.

Além de prever a possibilidade de prestação de caução idônea, fiança bancária ou seguro, a lei corretamente adotou a lógica que inspira a disciplina da execução por quantia, quanto ao tema da penhorabilidade.

---

19. Sobre a questão, ao decidir o tema repetitivo 1.213, o Superior Tribunal de Justiça fixou a tese segundo a qual "Para fins de indisponibilidade de bens, há solidariedade entre os corréus da Ação de Improbidade Administrativa, de modo que a constrição deve recair sobre os bens de todos eles, sem divisão em quota-parte, limitando-se o somatório da medida ao *quantum* determinado pelo juiz, sendo defeso que o bloqueio corresponda ao débito total em relação a cada um". Ainda, de acordo com o voto condutor, o entendimento não contrairia o art. 17-C, § 2º, da Lei 8.429/1992, na medida em que a vedação à condenação solidária diria apenas com eventual sentença, após cognição exauriente e definição da participação e dos benefícios obtidos pelos réus, não alcançado o provimento cautelar de indisponibilidade de bens. É um entendimento respeitável, mas extravagante porque a medida de urgência vai além do que seria possível impor no provimento final. Uma interpretação que se pode fazer do enunciado desse tema é que, mesmo na medida de urgência, em cognição sumária (a partir das alegações feitas pelo autor e pelos elementos disponíveis), a constrição seja imposta, tanto quanto possível, de forma razoável e proporcional, levando-se em conta, quando menos, o grau de participação de cada demandado e a medida de seu enriquecimento. Isso certamente evitará injustiças, lembrando-se que ao se falar em medida "provisória", na realidade do Judiciário brasileiro, está-se a falar de constrições que podem durar décadas.

No caso de bens de terceiro, há duas hipóteses consideradas pela lei (art. 16, § 7º): ou tal pessoa concorreu para o ilícito (em estado de asserção e elementos preliminares de convicção) – mas, nesse caso, não se trata de um terceiro, porque tal sujeito deve ser demandado, isto é, figurar no polo passivo da relação processual – ou se trata de pessoa à qual se poderá chegar por desconsideração da personalidade jurídica – cujos fundamentos, não custa frisar, são diversos dos tipos previstos pela lei como configuradores de improbidade administrativa. Nesse segundo caso, não é impossível que a medida seja decretada sem prévia oportunidade de defesa, na forma da lei processual civil. Contudo, essa possibilidade deve ser vista com grande reserva, dada sua evidente excepcionalidade, a exigir redobrado cuidado na motivação da decisão. A razão de ser da disciplina do incidente de desconsideração é justamente a de evitar que o terceiro sofra constrição sem que antes possa ser ouvido. Não se deve frustrar tal objetivo, salvo em situação extremada e bem justificada.

Em qualquer caso, embora a lei não preveja, não é de se descartar que se faculte ao Ministério Público, para o específico fim de obtenção de tutela provisória, a realização de audiência prévia de justificação, na forma do § 2º do art. 300 do CPC, aqui aplicável de forma subsidiária. É de esperar que isso seja dispensável por conta dos elementos colhidos no inquérito. Contudo, é possível que a justificação se preste a completar ou ratificar o quadro construído na investigação, considerando-se a eventual ausência de contraditório naquela fase. E, por isonomia, não se pode descartar que parta do demandado a iniciativa de requerer a justificação destinada a impedir a concessão da medida. Seguramente não seria usual, mas a providência poderia funcionar como forma de dar ao réu efetiva oportunidade de participação no processo, antes que o pleito de tutela provisória seja apreciado – lembrando-se que o contraditório prévio é a regra e que ele, como sói acontecer, não se esgota na mera possibilidade de alegação. Não se trata de subverter a ordem processual, mas de dar às partes tratamento que assegure a paridade de armas.

2.866. *fase postulatória*

Quanto à fase postulatória, a disciplina estabelecida pela Lei 14.230/2021 é consideravelmente distinta da anterior e, pode-se dizer, coerente com outras alterações que o diploma mais recente trouxe, não obstante se tenha eliminado um dos mais importantes elementos diferenciais do processo, que era a possibilidade de defesa prévia.

Superou-se o entendimento jurisprudencial segundo o qual bastaria ao autor descrever genericamente os fatos configuradores, em tese, da improbidade administrativa – o que, a rigor, sequer se alinhava à regra geral estabelecida pelo CPC, que impõe ao autor o ônus de expor os fatos constitutivos de sua pretensão de forma precisa e completa (*supra*, n. 1.189). Não se admite, portanto, mera fundamentação genérica – o que é particularmente relevante na hipótese de pluralidade de demandados. Cumpre ao autor o encargo de individualizar precisamente a conduta do réu; o que inclui a indicação de apenas um tipo legal (art. 17, § 10-D) e, de certa forma, reforça a distinção entre as sanções imponíveis pela prática de ato ímprobo, de um lado, e o simples ressarcimento de danos,[20] de outro (*supra*, n. 5). Como decorrência, eventual cumulação objetiva por diferentes causas de pedir pressupõe a narrativa de diferentes atos alegadamente ímprobos, aos quais correspondam diferentes tipos.

Aplicam-se à formalização da demanda, de forma subsidiária, as regras gerais do CPC sobre pedido. Contudo, tratando-se de pretensão sancionadora, a interpretação do pedido deve ser estrita e, portanto, a regra constante do § 2º do art. 322 do CPC deve ser vista com reservas: embora seja relevante o conjunto da postulação e não obstante não se admita formalismo indevido, é ônus do autor formular pedido certo; o que, como visto, envolve a clara exposição dos fatos e submissão ao tipo legal.

A inicial também deve conter "elementos probatórios mínimos" (art. 17, § 6º, inc. I); o que encontra correspondência na regra geral do art. 320 do CPC, segundo a qual compete ao autor instruir a demanda com os "documentos indispensáveis à propositura da ação", isto é, que permitam um juízo positivo de verossimilhança,[21] de forma análoga ao que se exige para a aferição de justa causa para o processo penal. É de se esperar que tais elementos tenham sido colhidos em inquérito civil e, embora a investigação preliminar não seja indispensável à propositura da demanda, as severas consequências da litispendência – quer para o demandado, quer para o Estado – justificam a exigência legal, que de resto se afina com o propósito indicado no inc. III do art. 381 do CPC. Ademais, é correto identificar verdadeiro dever de investigação a cargo do Ministério Público, com amplitude suficiente para que todos os elementos relevantes sejam sindicados, inclusive aqueles que eventualmente possam levar à conclusão de que não se justifica a propositura da demanda, de sorte a que não se imponha ao investigado a perda de relevantes oportunidades probatórias.[22]

---

20. *Cfr.* Marçal Justen Filho, ob. cit., p. 214.

21. Já se disse com acerto que "não se pode confundir probabilidade com verossimilhança" (*cfr.* Francisco Rosito, *Direito probatório: as máximas de experiência em juízo*, Porto Alegre, Livraria do Advogado, 2007, p. 47). O primeiro trata das afirmações de fato, enquanto o segundo diz com a interpretação dessas afirmações à luz das provas produzidas.

22. Sobre a perda da chance probatória, v.: STJ, 5ª Turma, AREsp 1.940.381-AL, rel. Min. Ribeiro Dantas, j. 14.12.2021, *DJe* 16.12.2021, v.u.; e STJ, 5ª Turma, HC/AgR 725.552-SP, rel. Min. Ribeiro Dantas, j. 19.4.2022, *DJe* 26.4.2022, v.u.

De outra parte, não se admite que o autor simplesmente "despeje" um grande volume de documentos com a inicial, sem que deles possa, já naquele momento, extrair e indicar de forma específica quais os elementos suportam a pretensão deduzida. Portanto, não basta o emprego da fórmula genérica "consta do incluso inquérito civil (...)". Ainda que o eventual volume – presumivelmente produzido pelo próprio Ministério Público em investigação preliminar – possa configurar uma dificuldade adicional para o órgão acusador, ela não pode ser simplesmente transferida para o demandado, que já tem seus próprios encargos defensivos. Em contrapartida, é possível admitir eventual audiência prévia de justificação, de sorte a suprir a falta de elementos para a obtenção de eventual tutela provisória ou, não se pode descartar, mesmo para o recebimento da inicial (*supra*, n. 2.865).

A insuficiência de alegação e/ou de elementos probatórios mínimos poderá autorizar juízo negativo, que poderá ter duas ordens de extensão. Primeiro, a insuficiência poderá levar ao puro e simples indeferimento da inicial, sem que daí se possa extrair qualquer consequência substancial, ressalvada, portanto, a propositura de nova demanda, tanto que superada a inconsistência anterior. Segundo, poderá ser caso de julgamento antecipado do mérito, se e quando se entender que, desde logo, não está configurado ato de improbidade, quer porque os fatos narrados não se enquadram nos tipos legais, quer porque está demonstrada – a partir da prova pré-constituída – a inocorrência dos fatos alegados. Contudo, é preciso cautela para que não se subtraia ao autor a oportunidade de prova oportuna dos fatos alegados, em regular instrução, desde que ela se afigure útil. Por isso é que a lei alude a ser "manifestamente inexistente o ato de improbidade imputado" (art. 17, § 6º-B) e à "inexistência manifesta do ato de improbidade" (inc. I do § 10-B).

Em sendo positivo o juízo acerca da inicial, devem os réus ser citados, concedendo-se a eles prazo comum de 30 dias para contestação (art. 17, § 7º; excluída a aplicação subsidiária do art. 229 do CPC). O início da fluência do prazo deve respeitar os termos do art. 231 do CPC. Não obstante a inexistência de norma nesse sentido, nada impede a designação de audiência na forma do art. 344 do CPC, quando então poderá ser celebrado acordo de não persecução civil; sem prejuízo de eventual negócio jurídico para interrupção do prazo para resposta, conforme previsto no § 10-B do art. 17.

Não será possível extrair de eventual revelia qualquer presunção de veracidade dos fatos alegados na inicial (art. 17, § 19, inc. I). Isso é coerente com a natureza indisponível da situação substancial, quando vista sob a ótica sancionadora da lei, alinhando-se ao disposto no art. 345, inc. II, do CPC. Portanto, mesmo na eventualidade de ausência de contestação, ainda competirá ao autor se desincumbir do ônus de provar os fatos constitutivos do direito alegado. De forma coerente, sem embargo dos deveres de lealdade e probidade, o demandado não tem propriamente o ônus de impugnação especificada, vez que sobre a matéria de fato não é admissível a confissão (CPC, art. 341) – o que deve valer também para efeito da instrução, se e quando determinado depoimento pessoal (CPC, art. 392). A circunstância de ser possível transação (acordo de não persecução civil) não infirma tais observações, porque uma coisa é a perspectiva de solução adjudicada do conflito (em que atos de disposição pelo réu são inoperantes), e outra a solução consensual.

Ainda sob a ótica da resposta do réu, o caráter sancionador do processo é inconciliável com pretensão de natureza reconvencional. Contudo, não se pode descartar a eventualidade de reconvenção dirigida à pessoa jurídica de direito público, se e quando ela for a autora de pleitos estritamente patrimoniais.

Apesar de a Lei 14.230/2021 ter excluído a previsão sobre defesa preliminar, nada impede que o exame de eventuais defesas processuais deduzidas pelo réu possa ocorrer após o oferecimento da contestação (art. 17, §§ 9º-A e 10-B, inc. I) e, mais do que isso, que haja julgamento – total ou parcial – de improcedência da demanda.

Para que seja estritamente preservado o contraditório, deverá ser facultada ao Ministério Público manifestação sobre a contestação, exceto na remota hipótese de o réu se limitar apenas a negar o fato constitutivo, sem aduzir qualquer outra ordem de argumentação – seja de fato, seja de direito – e sem trazer qualquer elemento probatório. Tal providência, aliás, está em harmonia com o disposto no § 10-C do art. 17.

À eventual manifestação das partes sobre especificação de provas, diante da regra especial e expressa do § 10-E, só se chegará após pronunciamento do juiz sobre a tipificação do ato de improbidade, conforme previsto no § 10-C.

2.867. fase de julgamento conforme o estado do processo: extinção do processo, julgamento antecipado do mérito (total ou parcial) e saneamento

Encerrada aquela que possa ser qualificada como típica fase postulatória, abrem-se diferentes possibilidades, sempre norteadas pelo principal aspecto diferencial do processo de improbidade, que é seu caráter sancionador. Nesse particular, diante das disposições tecnicamente imprecisas da lei, as regras gerais do CPC se afiguram um parâmetro seguro.

Assim, "julgamento conforme o estado do processo", ao contrário do que sugere a dicção do inc. I do § 10-B do art. 17, não é sinônimo de julgamento antecipado do mérito, que é apenas uma das alternativas ou espécies, das quais aquele primeiro é gênero (CPC, arts. 354 e ss.).

Assim, se ocorrer qualquer das hipóteses previstas nos arts. 485 e 487, incs. II e III, o processo deverá ser extinto (CPC, art. 354). São hipóteses distintas, mas que levam à mesma consequência endoprocessual, que é a extinção. No caso do art. 485, o processo será extinto sem resolução do mérito porque o fundamento será processual – com a ressalva de que, apesar da previsão legal contida no inc. VI, primeira figura, a legitimidade é aspecto atinente à relação processual, e, portanto, diz respeito ao mérito (com a aptidão, portanto, de formação de coisa julgada material). No caso dos incs. II e III do art. 487, no que aplicáveis, haverá julgamento do mérito no caso de se reconhecer a prescrição ou por força de lei, nos demais casos. Apenas é preciso atentar a que atos de disponibilidade, conquanto possíveis, precisam ser vistos à luz do caráter sancionador da lei.

Se não for caso de extinção na forma do art. 354 do CPC, a lei aponta expressamente para a possibilidade de julgamento antecipado do mérito, diante da constatação da "inexistência manifesta do ato de improbidade" (art. 17, § 10-B, inc. I). Esse será autêntico julgamento do pedido, e, portanto, do mérito. Nada obsta, a respeito, a que nesse momento ocorra julgamento parcial do mérito, na forma do art. 356 do CPC. Portanto, se parte do objeto do processo já puder ser decidida, sem que se atente contra o devido processo legal, então essa parcela será desde logo resolvida e o processo seguirá para instrução relativa ao remanescente.

Finalmente, não sendo caso de extinção na forma dos arts. 354-356, então se deverá passar à fase de saneamento e de organização do processo. Aqui, aplica-se de forma subsidiária a disciplina do art. 357 do CPC, com uma nota especial, que é a disposição constante do § 10-C do art. 17 – que, aparentemente, nada mais é que uma espécie de fixação de pontos controvertidos adaptada às peculiaridades da lei; talvez com a particularidade de que, neste caso, a delimitação é vinculante para o juiz. Só então é que as partes serão instadas a especificar as provas que pretendem produzir.

Em qualquer dos casos acima a lei prevê a possibilidade de desmembramento do litisconsórcio, para "otimizar a instrução processual" (art. 17, § 10-B, inc. II). A disposição deve ser vista com grande reserva, porque não é dado ao juiz romper a necessariedade do litisconsórcio, de que já se falou (*supra*, n. 2.864). A pretexto de se prestigiar economia e a eficiência, não se poderá cindir o que deve ser objeto de cognição abrangente da conduta de diferentes agentes, sob pena de grave risco à coerência e à harmonia de decisões, sem falar no eventual maltrato à isonomia e à impessoalidade. Isso não quer dizer que a extinção na forma do art. 354 do CPC ou o julgamento antecipado (parcial) não possam ser feitos em relação a alguns dos réus, de tal sorte que o processo siga em relação a outros – o que, diga-se, é coisa distinta do "desmembramento" de que fala a lei (que pressupõe a superveniência de um ou mais processos, além do originário).

2.868. fase instrutória

Adequadamente delimitado o objeto da prova, para além daquela pré-constituída já apresentada, passar-se-á à fase de instrução; que há de se submeter não apenas às regras gerais do CPC, mas atentar à amplitude do direito à prova, que não se exaure no singelo argumento de que o juiz é o respectivo destinatário, mas que tem dignidade constitucional, na medida em que descende dos postulados da inafastabilidade do controle jurisdicional, do contraditório, da ampla defesa e, enfim, do devido processo legal; o que, evidentemente, não pode se resumir a mero discurso, tanto mais no contexto de processo sancionador. Tal especialidade, para ilustrar, torna inviável cogitar de redistribuição ou de dinamização do ônus probatório. Da mesma maneira, não são admitidas presunções legais ou judiciais contrárias ao réu.

A prova emprestada é admitida, quer por regra geral, quer pela previsão constante do art. 21, § 2º, da lei, que fala no aproveitamento de elementos produzidos "perante os órgãos de controle". Contudo, é preciso atentar para a circunstância de que a eficácia de tais elementos fica condicionada à estrita observância do contraditório, sendo impossível a imposição de condenação exclusivamente com base em elementos colhidos na fase de investigação e, seguramente, sobre cuja formação não foi dado ao demandado intervir de forma útil. Para tanto, não basta a mera oportunidade de manifestação sobre o que foi pré-constituído de forma unilateral. Ademais, é preciso considerar a unidade do conjunto probatório, que impõe valoração feita de forma contextual.[23]

É assegurado ao acusado o direito de ser interrogado sobre os fatos da causa e, como já dito, não há campo para se extrair efeitos desfavoráveis de confissão na hipótese de o réu se recusar a tanto ou de se manter em silêncio (art. 17, § 18). Entendimento distinto violaria a regra de que o acusado não é obrigado a produzir prova contra si (CF, art. 5º, inc. LXII; Pacto de São José da Costa Rica, art. 8, n. 2, *g*; e CPP, art. 186). E, embora a lei não fale, é aplicável a regra do art. 400 CPP, segundo a qual o interrogatório deverá ocorrer apenas ao final, derrogada a regra processual civil, nesse particular.[24]

---

23. *Cfr.*: Moacyr Amaral Santos, *Prova judiciária no cível e comercial*, 4ª ed., vol. 1, São Paulo, Max Limonad, 1970, p. 21; Rafael Stefanini Auilo, *A valoração judicial da prova no direito brasileiro*, Salvador, Juspodivm, 2021, pp. 89-94.

24. *Cfr.*: Flávio Luiz Yarshell, "Comentário ao art. 361", in Flávio Luiz Yarshell, Guilherme Setoguti J. Pereira e Viviane Siqueira Rodrigues, *Comentários ao Código de Processo*

2.869. fase decisória

Não obstante a tipicidade que norteia o direito substancial que tutela a probidade administrativa, o pronunciamento judicial sobre o mérito há que se fundar na regra de persuasão racional, isto é, de livre convencimento motivado. Portanto, não há vinculação do juiz a eventual prova tarifada, e aqui se aplica o disposto no art. 489, § 1º, do CPC. De especial, a lei veda condenação fundada em tipo distinto daquele que foi objeto da demanda (art. 17, § 10-F, inc. I). Contudo, é preciso considerar que o réu se defende dos fatos e da qualificação jurídica que deles extrai o demandante. Eventual imprecisão na referência a dispositivo legal não vincula o juiz, aplicando-se a *regra iura novit curia*, desde que o contraditório seja rigorosamente observado. Aliás, para garantir que não haja surpresa já há previsão constante do art. 17, § 10-C, a ser adotada ao ensejo do saneamento e da organização do processo, se a tanto se chegar (*supra*, 2.867).

Além disso, há a previsão do art. 17, § 10-F, inc. II, de que não poderá haver condenação sem que tenha havido a produção de prova requerida pelo demandado. Contudo, ela não é exatamente especial, na medida em que essa já é a regra geral do sistema. Além disso, ela obviamente não afasta que, com amparo na lei e de forma motivada, o juiz eventualmente indefira a prova requerida pelo demandado porque inadequada a esclarecer os fatos controvertidos, ou porque recaia sobre fatos incontroversos, irrelevantes ou impertinentes – o que também vale, naturalmente, para o demandante.

Isso não significa que a natureza sancionadora do processo não tenha repercussão sobre a valoração da prova: o dolo, exigido pela lei, não é presumido pela simples consumação de um resultado materialmente qualificado como ímprobo (art. 17-C, inc. I); e nem poderia ser, por força da presunção de inocência garantida constitucionalmente. Tal prova pode até resultar da somatória de indícios, desde que devidamente compreendidos como circunstâncias conhecidas e provadas que, tendo relação com o fato, autorizem, por indução, concluir-se a existência de outra ou outras circunstâncias, tal como se extrai do art. 239 do CPP; ou, mais corretamente, de prova indireta: aquela que não se refere ao fato principal, mas a outro fato, a partir do qual, por raciocínio, chega-se ao primeiro.

Contudo, o emprego de prova exclusivamente indireta não pode se dar ao singelo argumento de que, pela dinâmica da conduta ilícita, seria mais difícil ou impossível obter a prova direta. É que o grau de certeza que se exige para impor sanção não decorre do caráter mais ou menos secreto da conduta ale-

---

Civil: artigos 334 ao 368, 1ª ed. *e-book*, baseada na 1ª ed. impressa, vol. V, São Paulo Ed. RT, item 3.

gadamente ilícita, mas objetivamente da circunstância de que se trata de restringir direitos. Além disso, o fato – certo e determinado – em que consiste o indício deve estar efetivamente demonstrado. A ideia de prova indireta refere-se ao fato principal, e não ao próprio fato indiciário; que, portanto, não pode ser apenas conjecturado. Nem se pode aceitar – não ao menos como regra – que a um fato indiciário se chegue a partir de outro fato de igual natureza. Essa cadeia de circunstâncias para se chegar a um fato principal (e que se pretende seja comprovado) gera o sério risco de prejudicar o raciocínio que deverá partir do fato indiciário para chegar ao fato principal. Pular de um indício para outro seria abrir margem para se multiplicarem indefinidamente as possibilidades de significados do fato indiciário, com elevada probabilidade de se construir verdadeiro enredo passível de inúmeros desfechos razoáveis ou plausíveis. Uma coisa é julgar por prova indireta; outra é julgar com base em conjecturas, as quais devem, se não reduzir a zero, reduzir para um grau de confirmação baixíssimo, incapaz de alcançar o *standard* probatório mais elevado, que afaste qualquer dúvida razoável (Const., art. 5º, inc. LVII).

Ainda de especial, relativamente à motivação, a lei veda condenações de natureza genérica, cuja fundamentação seja inadequada, insuficiente ou inaplicável ao litígio posto (art. 17-C). Na esteira do disposto no art. 20 da LINDB, os incs. II e III do art. 17-C impõem seja feita análise de natureza consequencial; e o inc. IV determina sejam valoradas circunstâncias agravantes e atenuantes, assim como outros critérios úteis à dosimetria da sanção presentes em normas como o Código Penal e a Lei 12.529/2011.

Sob a ótica da imperatividade da decisão de mérito, as sanções previstas no art. 12 da lei somente produzem efeitos depois do trânsito em julgado da sentença condenatória (§ 9º). Tal determinação elimina a controvérsia sobre a ausência de efeito suspensivo de recursos no processo sancionador e é compatível com o regime genérico das condenações de feição penal.

Especificamente sobre as sanções aos direitos políticos, o § 10 do art. 17 da lei prevê que o período transcorrido entre a decisão colegiada de segundo grau e o trânsito em julgado da sentença deverá ser computado e deduzido do prazo total a que o réu foi condenado. Referida regra deverá ser compatibilizada com a do art. 1º, inc. I, *l*, da Lei Complementar 64/1990, que dispõe sobre a inelegibilidade para qualquer cargo de pessoa condenada à suspensão dos direitos políticos por ato ímprobo que implique "lesão ao patrimônio público e enriquecimento ilícito, desde a condenação ou o trânsito em julgado até o transcurso do prazo de 8 (oito) anos após o cumprimento da pena". Além disso, devem ser observados os efeitos das sentenças civis e penais que concluírem pela inexistência da conduta ou pela negativa de autoria (art. 21, §§ 3º e 4º); o que deve se materializar pelo decreto de improcedência.

2.870. fase recursal

Derrogando-se a regra geral do CPC, no processo para tutela da probidade administrativa é admissível o agravo de instrumento contra todas as interlocutórias (art. 17, § 21). De forma redundante, reafirma-se tal cabimento contra a decisão que decide o pedido de indisponibilidade de bens (art. 16, § 9º), a que rejeita preliminares de contestação (art. 17, § 21) e a que converte a ação de improbidade em ação civil pública (art. 17, § 17). Aparentemente, não há o que se extrair dessa superfetação, exceto a circunstância de que a lei especial efetivamente se distancia da disciplina do CPC, nesse particular.

Por outro lado, embora a concessão de efeito suspensivo não seja providência obrigatória, será preciso atentar, conforme o caso, para a circunstância de que as sanções impostas – aí incluída a multa civil – só poderão ser efetivadas após o trânsito em julgado do pronunciamento que as impuser (art. 12, § 9º) – o que teoricamente poderia ocorrer por interlocutória, no caso de julgamento parcial do mérito. Essa restrição, contudo, não se aplica à perda de bens ou valores ilicitamente acrescidos, nem a condenação a ressarcimento (com a ressalva da multa civil, conforme acima), de tal sorte que eventual condenação a esse título, em tese, está sujeita a cumprimento provisório, conforme regras do CPC, aplicáveis subsidiariamente.

Em relação ao recurso de apelação, para além da observação feita acima sobre o efeito suspensivo decorrente do disposto no art. 12, § 9º, quanto ao efeito devolutivo, o caráter sancionador da lei parece impedir que se aplique a regra do § 3º do art. 1.013 do CPC em desfavor do demandado relativamente às sanções que não o ressarcimento e a devolução de bens (providências essas de cunho estritamente patrimonial). Vale dizer: de julgamento direto em segundo grau sob argumento de "causa madura" só se pode cogitar no caso de ser possível o decreto direto de improcedência da demanda. Qualquer outra solução seria inconciliável com a perspectiva que a ampla defesa deve ter, sob a ótica punitiva.

Finalmente, não há espaço para reexame obrigatório de sentença de improcedência ou de extinção sem resolução do mérito (art. 17, § 19, inc. IV); o que, de resto, está em linha com todas as demais alterações que procuraram instituir medidas garantistas em favor do acusado e com a evolução legislativa (CPC, art. 496, §§ 3º e 4º), orientada a restringir cada vez mais um instituto que tem se revelado anacrônico.

2.871. liquidação e cumprimento

Quando se cogita do cumprimento da sentença, é preciso ter em mente que ela pode conter capítulos diversos: de um lado, a imposição de sanções (ou "penas"), e, de outro, a condenação de ordem estritamente patrimonial, voltada à recomposição do patrimônio público.

Em relação à primeira categoria, a legitimação segue exclusivamente do Ministério Público, excluída a da pessoa jurídica. Em relação às sanções que ali se incluam, à exceção da multa civil, haverá apenas execução imprópria, isto é, a adoção de providências de cunho administrativo destinadas a dar publicidade e/ou complementar a sentença, sem que propriamente sejam adotadas medidas executivas. Ainda, em relação a tais sanções (apenas em relação a elas) a lei autoriza se invoque "unificação" com as eventualmente impostas em outros processos (art. 18-A), aplicando-se subsidiariamente as leis material e processual penal, no que couber (e for mais favorável ao condenado).

Já para a segunda categoria acima lembrada, a legitimidade ativa ordinária para promover a liquidação da sentença (se e quando isso for necessário e adequado) e seu cumprimento é da pessoa jurídica, porque ela é a titular do patrimônio afetado negativamente pelo ilícito (art. 18, § 1º). A legitimação extraordinária do Ministério Público, nessa altura, é subsidiária (não concorrente) e só se justifica diante da inércia da pessoa jurídica, considerado o período de seis meses contados do trânsito em julgado da sentença (art. 18, § 2º); o que, na forma mencionada anteriormente, não impede eventual cumprimento provisório, apenas a cargo da titular do patrimônio. No caso de atuação eventual do Ministério Público, o produto ainda assim deverá reverter especificamente para a pessoa jurídica cujo patrimônio foi prejudicado – e não para fundo de interesses difusos.

O favor legal previsto art. 18, § 4º, consistente em parcelamento da condenação, está condicionado à demonstração da incapacidade financeira imediata; com o que não se confunde falta de liquidez. Se o réu dispuser de patrimônio ilíquido, sobre ele devem recair as medidas executivas, para integral ressarcimento do patrimônio público. De todo modo, a lei admite ainda seja descontado do valor do ressarcimento aquele relativo aos serviços efetivamente prestados, de sorte a se evitar o locupletamento sem causa da pessoa jurídica (art. 18, § 3º). Embora esse tema possa ser desde logo aventado na fase de conhecimento, nada impede que seja suscitado, conhecido e decidido em liquidação ou até mesmo em cumprimento, desde que observadas a boa-fé e a lealdade.

2.872. direito intertemporal

Aqui é preciso distinguir entre regras materiais e processuais; e, em qualquer caso, determinar se elas se enquadram, ou não, na categoria do direito sancionador.

No caso das regras processuais, a lei nova aplica-se imediatamente aos processos em curso, respeitados os atos processuais já consumados, conforme regra de isolamento (CPC, art. 14, e CPP, art. 2º). Contudo, toda e qualquer disposição que se ligue, direta ou indiretamente, à imposição das sanções previstas pelo art. 11 (excluídas medidas de recomposição do patrimônio público) devem ser aplicadas não apenas imediatamente, mas de forma retroativa, de sorte a que o demandado seja beneficiado. O reconhecimento do caráter sancionador não permite outra solução.[25]

Esse já era o entendimento da jurisprudência, agora confirmado pelo disposto no art. 1º, § 4º, que prescreve a aplicação dos princípios constitucionais do direito administrativo sancionador – prescrição igualmente ratificada pelo art. 17-D, *caput*; dentre os quais aquele previsto no inc. XL do art. 5º da Constituição Federal, que dispõe que "a lei penal não retroagirá, salvo para beneficiar o réu".

A aplicação da *novatio legis in mellius*, por força de sua natureza, pode ser conhecida de ofício pelo órgão julgador e alegada em qualquer grau (CPC, arts. 342, inc. I, 492 e 1.014). Contudo, decisão a respeito dela depende, por força do que dispõem os arts. 9º e 10 do CPC, de instauração do devido contraditório.

Reconhecida a *abolitio criminis*, a demanda deve ser julgada improcedente em razão da extinção da punibilidade dos réus.[26] Não se trata de reco-

---

25. Divergindo do entendimento adotado neste trabalho, ao decidir o tema 1.199 de repercussão geral, o Supremo Tribunal Federal fixou a seguinte tese: "1) É necessária a comprovação de responsabilidade subjetiva para a tipificação dos atos de improbidade administrativa, exigindo-se – nos artigos 9º, 10 e 11 da LIA – a presença do elemento subjetivo – DOLO; 2) A norma benéfica da Lei 14.230/2021 – revogação da modalidade culposa do ato de improbidade administrativa – é IRRETROATIVA, em virtude do artigo 5º, inciso XXXVI, da Constituição Federal, não tendo incidência em relação à eficácia da coisa julgada; nem tampouco durante o processo de execução das penas e seus incidentes; 3) A nova Lei 14.230/2021 aplica-se aos atos de improbidade administrativa culposos praticados na vigência do texto anterior da lei, porém sem condenação transitada em julgado, em virtude da revogação expressa do texto anterior; devendo o juízo competente analisar eventual dolo por parte do agente; 4) O novo regime prescricional previsto na Lei 14.230/2021 é IRRETROATIVO, aplicando-se os novos marcos temporais a partir da publicação da lei."

26. Esse parece ser o entendimento firmado no Superior Tribunal de Justiça, segundo o qual "Diante do novo cenário, a condenação com base em genérica violação a princípios administrativos, sem a tipificação das figuras previstas nos incisos do art. 11 da Lei 8.429/1992, ou, ainda, quando condenada a parte ré com base nos revogados incisos I e II do mesmo artigo, sem que os fatos tipifiquem uma das novas hipóteses previstas na atual redação do art. 11 da Lei de Improbidade Administrativa, remete à abolição da tipicidade da conduta e, assim, à improcedência dos pedidos formulados na inicial" (*cfr.* . STJ, 1ª Turma, EDcl no AgInt no AREsp 1.174.735/PE, rel. Min. Sérgio Domingues,

nhecer perda superveniente do objeto, mas sim de se reconhecer que inexiste fato típico a ser sancionado. Extinto o processo, nova demanda não poderá ser aforada se fundada nos mesmos fatos, ainda que com enquadramento diverso (art. 17, § 19, inc. III). Da mesma forma aplica-se a norma que abranda a sanção, que deverá ser aplicada na medida de seu abrandamento.

A exemplo do processo penal e conforme se depreende do art. 66 da Lei 7.210/1984 e do verbete 611 da Súmula de julgados do Supremo Tribunal Federal, independentemente do ajuizamento de ação rescisória, a retroação da lei mais benéfica também pode ocorrer após a formação de coisa julgada, desde que a sentença não tenha sido integralmente cumprida. O art. 65 da Lei 9.784/1999 e o art. 174 da Lei 8.112/1990 bem ilustram a situação, por autorizar a revisão a qualquer momento na hipótese de novos fatos ou circunstâncias relevantes que demonstrem a inadequação da sanção que fora aplicada.

Como na pretensão revisional não se cogita de erro contemporâneo ao proferimento da decisão dita equivocada – "seus fundamentos são lógica e juridicamente supervenientes à imposição da sanção e mesmo à formação da coisa julgada"[27] –, a competência é do juízo de primeiro grau e, mais especificamente e por critério funcional, cabe ao órgão que impôs a sanção e, portanto, o competente também para dirimir questões atinentes ao cumprimento da sentença.

---

j. 5.3.2024, *DJe* 8.3.2024, v.u. No mesmo sentido, ver: STJ, 1ª Turma, AgInt no AREsp 1.206.630/SP, rel. Min. Paulo Sérgio Domingues, j. 27.2.2024, *DJe* 1.3.2024, v.u.; STJ, 1ª Turma, AgInt no REsp 1.855.142/SP, rel. Min. Paulo Sérgio Domingues, j. 13.5.2024, *DJe* 20.5.2024, v.u.; STJ, 1ª Turma, EDcl nos EDcl no AgInt no AREsp 1.530.335/SP, rel. Min. Benedito Gonçalves, j. 10.2.2025, *DJe* 14.2.2025, v.u.; STJ, 1ª Turma, EDcl no AgInt no AREsp 2.166.647/RJ, rel. Min. Regina Helena Costa, j. 11.11.2024, *DJe* 13.11.2024, v.u.; STJ, 2ª Turma, AgInt no AREsp 1.882.665/SP, rel. Min. Francisco Falcão, j. 7.10.2024, *DJe* 9.10.2024, v.u.

27. *Cfr.* Flávio Luiz Yarshell e Paulo Henrique dos Santos Lucon, *A via processual adequada para revisão de sanções decorrentes de improbidade*, disponível em *https://www.conjur.com.br/2021-nov-17/yarshell-lucon-revisao-sancoes-decorrentes-improbidade*, publ. 17.11.2021 (último acesso ao *link* em 19.5.2022).

*TÍTULO XL – **CONTROLE DE CONSTITUCIONALIDADE E REMÉDIOS CONSTITUCIONAIS***

CAPÍTULO CXCIX – *AÇÃO DIRETA DE INCONSTITUCIONALIDADE E AÇÃO DECLARATÓRIA DE CONSTITUCIONALIDADE*

EDUARDO TALAMINI

2.873. introdução: processo objetivo – carga política

A Constituição protege o processo para que o processo proteja a Constituição. Desse insight de Couture extrai-se o papel fundamental da jurisdição nas modernas democracias constitucionais. Por um lado, a Constituição consagra a separação de Poderes, organiza o Poder Judiciário, atribui garantias institucionais e funcionais a seus órgãos judiciais e agentes e estabelece princípios e garantias constitutivos do devido processo legal (*tutela constitucional do processo*). Por outro lado, a Constituição assegura o direito de ação, consagra instrumentos processuais específicos para a proteção de determinados direitos fundamentais e coletivos ("ações constitucionais") e consagra o controle de constitucionalidade (*jurisdição constitucional*).

O *controle de constitucionalidade* das leis pode ser *concentrado* ou *difuso* – conforme, respectivamente, seja atribuído a um único tribunal ou à generalidade dos órgãos judiciais. Pode ainda ser *direto e abstrato* ou *incidental e concreto*. No primeiro caso, também chamado de controle "por via de ação", o julgador examina diretamente a compatibilidade entre as normas constitucionais e o ato normativo infraconstitucional controlado, sem considerar um caso concreto. Se concluir pela inconstitucionalidade, ele invalida diretamente a norma controlada. No segundo caso, também dito controle "por via de exceção", no curso do julgamento de um litígio concreto para o qual a norma infraconstitucional é relevante, o julgador examina-lhe incidentalmente a inconstitucionalidade – deixando de aplicá-la apenas naquele caso, se lhe constatar a inconstitucionalidade. Para que funcione, o controle direto e abstrato precisa ser concentrado. O controle concreto e incidental normalmente é difuso – ainda que possa também ser concentrado (em alguns ordenamentos, ao se deparar num caso concreto com a suspeita de inconstitucionalidade de uma lei, o juiz remete a questão ao órgão que tem a competência exclusiva para tal controle).

No Brasil, sem prejuízo do controle difuso, concreto e incidental, há também mecanismos de controle direto e concentrado de constitucionalidade, que permitem que o Supremo Tribunal Federal, no exercício de competência exclusiva, averigue a compatibilidade entre atos e omissões públicos infraconstitucionais e a Constituição Federal.

No presente capítulo examinam-se três desses mecanismos: a *ação direta de inconstitucionalidade* (ADI), que é a mais antiga via de controle direto no ordenamento brasileiro e que serviu de protótipo para as demais vias; a *ação declaratória de constitucionalidade* (ADC), que lhe serve de contrafação e foi instituída nos anos 1990, tendo sido decisiva para a consolidação da força vinculante *erga omnes* na jurisdição constitucional; e a *ação direta de inconstitucionalidade por omissão* (ADO), uma variação da ADI instituída pela Constituição de 1988 e que desde 2009 tem disciplina própria. Ao lado delas, devem ainda ser consideradas, no quadro de controle direto, a arguição de descumprimento de preceito fundamental (ADPF) e o procedimento de edição de súmula vinculante (SV).

O presente capítulo não examinará a ação direta de inconstitucionalidade de competência dos tribunais estaduais e do Distrito Federal, destinada ao controle de compatibilidade de normais estaduais, distritais e municipais com a Constituição estadual ou com a Lei Orgânica do Distrito Federal. Ainda que devendo espelhar o mecanismo federal, a ação direta local pode submeter-se a variações processuais e procedimentais de uma unidade federativa para outra. De resto, o controle direto de constitucionalidade estadual não tem o significado e a dimensão do controle direto federal. As normas "constitucionais" estaduais são, a rigor, infraconstitucionais.

Todos esses mecanismos têm em comum seu caráter objetivo. No controle direto examina-se de modo precipuamente abstrato a conformidade do ato público infraconstitucional com as normas constitucionais. Não se toma em conta um litígio concreto, seja individual ou coletivo. Não há o exame específico de relações e situações jurídicas estabelecidas sob a égide das normas discutidas. Não se averiguam fatos atinentes à aplicação dessas normas, mas apenas a própria harmonia ou contraposição, em tese, entre elas.

Essa afirmação, tradicional na doutrina constitucional e na jurisprudência do STF (*v.g.*, Rep 1.016; ADI 203), merece algum temperamento, sob pena de soar ingênua ou incompleta diante da realidade:

(1º) Não haver litígio concreto não significa não existir contraposição de interesses nas ações de controle direto. Se não há conflitos individualizados, intersubjetivos, apresentam-se verdadeiros conflitos institucionais, que muitas vezes põem em choque amplos setores da sociedade, quando não ela mesma como um todo. A título de exemplo, considerem-se algumas das importantes questões enfrentadas nos últimos anos pelo STF no controle de constitucionalidade que claramente dividiram vastos setores sociais, culturais, políticos ou econômicos: interrupção de gestação de feto anencefálico; pesquisas com células-tronco de embriões; efeitos jurídicos da união homoafetiva; responsabilidade por possíveis perdas em planos econômicos; demarcação de terras indígenas; cumprimento provisório de condenação criminal...

(2º) Uma aferição de inconstitucionalidade puramente *in abstracto* é humanamente inconcebível. O controle abstrato depende também de subsídios concretos: (i) na consideração de dados fáticos, técnicos ou não, para a determinação de conceitos vagos (Castanheira Neves), veiculados no ato normativo sob exame ou na norma que serve de parâmetro de controle; (ii) na investigação da realidade fática para a identificação dos valores fundamentais vigentes. Afinal, o direito é *fato, valor e norma* (Miguel Reale).

Desse caráter objetivo a jurisprudência do STF extrai um princípio geral de não incidência automática e generalizada das regras processuais civis nos processos de controle direto (ADI/ED 1.241; ADI/MC/AgR 5.814 *etc.*). Exemplos disso serão vistos adiante. Tais processos não constituem meras modalidades de procedimentos especiais. Bem mais que isso, são expressão de uma função típica, essencial e exclusiva do STF.

A não incidência do Código de Processo Civil no processo objetivo de controle direto também precisa ser compreendida *cum grano salis*. A verdade é que o Código veicula regras que constituem um arcabouço mínimo para que qualquer processo jurisdicional pare em pé. O próprio STF, com relativa frequência, aplica subsidiariamente normas do CPC às ações de controle direto (exs.: ADI 2.989 e ADI 5.316).

Na essência, a ADI, a ADO e a ADC são disciplinadas por normas constitucionais (especialmente o art. 103 da CF), por lei específica (LAD – a Lei das Ações Diretas) e pelo Regimento Interno do STF (RISTF). Além disso, vários dos vetores do processo de controle direto são fruto de construção jurisprudencial do STF. Muito do que ora está na LAD foi antes estabelecido jurisprudencialmente. Outras tantas diretrizes permanecem provindo exclusivamente da jurisprudência da Corte.

Ao lado do caráter objetivo do processo de controle direto põe-se a inafastável carga política da atividade nele desempenhada – evidenciada desde o debate entre Kelsen e Schmidt sobre a quem competiria a guarda da Constituição. A atividade de identificar os valores integrantes da ordem objetiva constitucional e a repercussão da concretização jurisdicional desses valores em face das demais funções estatais potencializa a dimensão política da jurisdição constitucional (Chelli, Zagrebelsky) – e consequentemente realça o escopo político do processo (Dinamarco).

PRIMEIRA PARTE: AÇÃO DIRETA DE INCONSTITUCIONALIDADE

2.874. origem e desenvolvimento

Originalmente, o sistema de controle de constitucionalidade brasileiro era exclusivamente difuso, concreto e feito por via incidental. A Constituição de 1891, inspirada no modelo americano, estabeleceu a possibilidade de qualquer juiz, no caso concreto, deixar de aplicar a norma que reputasse inconstitucional. Tal decisão, por si só, não se aplica a outros casos.

A Constituição de 1934 (art. 91, inc. IV) instituiu a figura da "suspensão" da norma pelo Senado, como forma de permitir a extensão do reconhecimento da inconstitucionalidade em via incidental a outros casos. Chegando a questão ao STF, por via originária ou recursal, e sendo a norma considerada inconstitucional no exame do caso concreto, a Corte comunica a decisão ao Senado, para que ele delibere sobre sua retirada do ordenamento (portanto, e a rigor, não é apenas uma "suspensão"). Mas essa é uma atribuição política do Senado. Ele pode deixar de promover a "suspensão" ou realizá-la apenas parcialmente ou com modulações temporais. A regra foi reiterada nas Constituições de 1946 e 1967/1969, e ora está prevista no art. 52, inc. X, da Constituição de 1988.

A Constituição de 1946 instituiu a ação direta interventiva – hoje disciplinada nos arts. 34 a 36 da Constituição. Foi um primeiro passo em direção a mecanismos concentrados. Mas aí ainda não se tem controle geral e abstrato: a ação visa à providência concreta de intervenção no Estado-membro, para coibir ato ou omissão violador de determinadas normas constitucionais.

Foi a Emenda Constitucional 16/1965 que instituiu propriamente o controle direto de constitucionalidade de ato de natureza normativa. Previu a "representação contra inconstitucionalidade", ação de competência originária do STF e cuja legitimidade era atribuída exclusivamente ao Procurador-Geral da República.

A Constituição de 1988 ampliou significativamente o alcance da medida, já então denominada ação direta de inconstitucionalidade. Estendeu a legitimidade ativa da ação a diversos outros entes, agentes e órgãos. Estabeleceu a possibilidade do controle da inconstitucionalidade por omissão. Além disso, assistiu-se ao progressivo incremento da força vinculante das decisões na ação direta – sobretudo depois da instituição da ação declaratória de constitucionalidade, em 1993.

A LAD veio a consolidar essas e outras tantas construções jurisprudenciais do STF, estabelecendo disciplina sistemática específica para a ADI e a ADC.

A Emenda Constitucional 45/2004 explicitou no texto constitucional o alcance da força vinculante das decisões na ação direta, reafirmando aquilo que já estava assente na jurisprudência da Corte e previsto, em nível infraconstitucional, na LAD.

Como protótipo das ações de controle direto, muito do que se dirá aqui a respeito da ADI é aproveitável para a ADC e a ADO.

2.875. objeto

A ADI tem por objeto o controle da constitucionalidade de *leis e outros atos normativos federais e estaduais*. Trata-se daquilo que a Corte já chamou de "atos normativos primários pós-constitucionais" (ADPF/AgR 960). Isso inclui todas as espécies legislativas discriminadas no art. 59 da Constituição (emendas à Constituição, leis complementares, leis ordinárias, leis delegadas, medidas provisórias, decretos legislativos e resoluções). Mas, dentro de certas condições, abrange também atos infralegais com natureza normativa.

Cabem considerações mais específicas sobre algumas dessas hipóteses.

– *Emenda constitucional:* cabe o controle de constitucionalidade estritamente para verificar se a emenda se ateve aos limites que a Constituição impõe ao poder constituinte derivado (ADI/MC 981, ADI 939, ADI 2.024, ADI 5.105). Isso abrange limites formais, atinentes ao devido processo legislativo (CF, art. 60, incs. I a III e §§ 1º a 3º e 5º), e limites substanciais, relativos às "cláusulas pétreas" da Constituição (CF, art. 60, § 4º).

Não se admite o controle de norma emanada do próprio poder constituinte originário (ADI 815, ADI/AgR 4.097). O STF rejeita a tese de normas constitucionais inconstitucionais (Bachof).

– *Medida provisória:* é controlável sob o aspecto material (compatibilidade de seu conteúdo com as normas constitucionais) e formal (devido processo legislativo). No segundo âmbito, o STF excepcionalmente admite inclusive o controle dos pressupostos da urgência e relevância para a edição da medida provisória, desde que evidente sua falta (ADI/MC 2.527, ADI 2.332).

Antes da Emenda Constitucional 32/2001 as medidas provisórias podiam ser sucessivamente reeditadas, enquanto não apreciadas pelo Congresso Nacional. Então, o autor de ADI contra medida provisória tinha o ônus de emendar a inicial a cada nova reedição, sob pena de inadmitir-se a demanda (ADI/MC 2.251). No regime atual, a medida provisória perde a eficácia se não examinada oportunamente pelo Congresso, e não pode ser reeditada. Mas a questão da possível emenda à inicial da ADI ainda se põe quando a medida provisória é convertida em lei (ADI/QO/AgR 1.588). Se, na conversão em lei, a norma impugnada sofrer alteração que, embora lhe mantendo a essência, seja significativa, a emenda é necessária (v. n. 2.885, adiante). Por outro lado, se a medida provisória impugnada na ADI não for examinada pelo Congresso e assim perder sua eficácia, tem-se em princípio a perda do interesse de agir (ADI 6.537 AgR ED). Vale o exposto a seguir, a respeito de revogação da norma no curso da ação.

– *Ato normativo revogado no curso da ação:* inicialmente a jurisprudência do STF admitia a continuidade da ação nessa hipótese (Rep. 791, Rep. 930). Posteriormente ela se alterou e passou a reputar que haveria "perda de objeto", *rectius*, desaparecimento do interesse de agir (ADI 709, ADI/QO 1.000, ADI 1.603, ADI/AgR 2.542, ADI 3.557).

Tal solução é insatisfatória, pois pode haver grande quantidade de situações concretas constituídas sob a vigência da lei depois revogada, para as quais seria útil o tratamento uniforme e vinculante propiciado pelo controle direto. De todo modo, alguns vetores mitigam essa orientação: (1º) o STF reputa que a preservação da efetividade da atuação jurisdicional justifica a manutenção da ADI, a despeito da revogação da norma impugnada, quando o processo já está em fase avançada e em curso há muito tempo (ADI 1.835, ADI 3.106, ADI 3.232); (2º) se a Corte constata que houve má-fé na revogação da norma, precisamente para se tentar impedir o controle direto de constitucionalidade ("fraude à jurisdição"), cabe igualmente o prosseguimento do processo (ADI/ED 951, ADI 3.306, ADI 4.545, ADI 4.939, ADI 5.441); (3º) de todo modo, e ainda que não coubesse o prosseguimento do processo da ADI, a ADPF seria admissível, cabendo a conversão de uma em outra (ADI 6.395).

– *Tratados, convenções e outros atos gerais internacionais:* tradicionalmente equiparáveis às leis federais, uma vez aprovados por decreto legislativo do Congresso Nacional e ratificados por decreto presidencial, ingressam na ordem jurídica brasileira – desde que compatíveis com a Constituição. Portanto, submetem-se ao controle por ação direta (ADI/MC 1.480) – até porque o decreto legislativo, que é espécie legislativa (art. 59, inc. VI, da CF), incorpora o conteúdo do ato internacional que aprova.

Os tratados e convenções internacionais sobre direitos humanos, se forem aprovados nos termos do § 3º do art. 5º da Constituição, equivalem a emendas constitucionais. Assim, ficam sujeitos ao crivo de constitucionalidade nos limites aplicáveis às emendas (v. acima) – e, uma vez incorporados à ordem constitucional, passam a funcionar também como parâmetro de controle (v. n. 2.876, adiante).

– *Decretos legislativos:* são controláveis tanto quanto as demais espécies legislativas. Aliás, um exemplo disso se deu no tópico anterior, ao se referir ao decreto legislativo que aprova tratado ou convenção internacional.

Outro exemplo interessante tem-se no controle do decreto legislativo que, com base no art. 49, inc. V, da CF, suspende eficácia de regulamento do Poder Executivo por reputar que ele exorbitou do poder de regulamentar a lei (o chamado "veto legislativo"). Poder-se-ia reputar que o caso envolve um juízo de legalidade: para saber se o decreto legislativo é válido, é preciso saber se o regulamento suspenso era compatível com a lei que regulamentou. No entanto, o STF já considerou haver nessa hipótese direta questão constitucional, atinente à separação de Poderes (ADI/MC 748).

– *Lei de efeito concreto:* não cabe ADI contra o ato que é lei apenas em sentido formal; que, sob a roupagem da "lei", não veicula norma jurídica dotada de generalidade e abstração, mas um comando destinado a destinatários individualizados e (ou) que define efeitos para uma situação concreta e específica (ADI 3.585).

Em 2008, o STF mudou sua orientação relativa à impossibilidade de controle direto, mediante ADI, de leis orçamentárias – antes externada, p.ex., na ADI 2.484. Procedeu à parcial revisão do entendimento de que leis de efeitos concretos não são passíveis de controle direto de constitucionalidade. Reputou que as leis de efeito concreto podem ser submetidas ao crivo da ADI quando é a própria ordem constitucional que exige que aqueles específicos atos sejam realizados sob a forma de lei, como é o caso da lei orçamentária (ADI 4.048, ADI/MC 4.049).

Por outro lado, a lei não pode ser considerada de efeitos concretos apenas porque é possível determinar de antemão quem serão os atingidos por ela. O que torna a lei de efeitos concretos é a individualização dos seus destinatários (ADI/MC 2.137, RE/AgR 1.186.465). Assim, se uma lei estadual prevê que todas as operadoras de telefonia que atuem no Estado terão o dever de instalar determinado dispositivo em suas antenas – e só há três operadoras lá atuando –, sabe-se de antemão quem serão as três destinatárias da norma. Mas não se trata de lei de efeitos concretos. Será aplicável a todas as empresas que vierem a se enquadrar naquela condição.

– *Ato normativo infralegal:* em regra, os atos administrativos gerais e abstratos infralegais destinam-se a regulamentar uma lei infraconstitucional (CF, art. 84, inc. IV). Então, o controle cabível é de legalidade, isto é, de sua compatibilidade com a lei regulamentada. Por isso, normalmente não cabe a ADI contra os atos normativos infralegais (ADI/AgR 264, ADI 2.714, ADI 2.862, ADI 3.954, ADI 4.176, ADI 5.417). Se o decreto excedeu os limites da lei regulamentada, o problema é de ilegalidade, e não inconstitucionalidade. Por outro lado, se a lei regulamentada padece de inconstitucionalidade, ela é que deve ser impugnada – e se a ADI for acolhida o ato regulamentador cairá por arrastamento (v. n. 2.882, (i) adiante).

No entanto, se um ato administrativo geral federal ou estadual, no todo ou em parte, manifestamente não se destina a regulamentar uma lei, assumindo caráter *autônomo*, cabe o emprego da ação direta. São os chamados *decretos autônomos*: atos não legislativos – portanto, administrativos – que pretendem derivar seu conteúdo diretamente da Constituição (ADI 1.282, ADI 1.335, ADI 3.481, ADI 3.731, ADI 4.152). Seria uma grave contradição sistemática permitir o controle direto e abstrato da própria lei e conferir ao decreto autônomo, que é ato infralegal, a imunidade em face da ação direta.

Um marcante exemplo tem-se na Rep. 980, que impugnou decreto do Governador de São Paulo que determinava aos órgãos a ele subordinados que não cumprissem dispositivos normativos por ele vetados e promulgados após rejeição do seu veto. Portanto, esse decreto não se propunha a regulamentar a lei. Pelo contrário, determinava sua não aplicação, diretamente com base na Constituição. Foi admitido o controle direto da constitucionalidade. E mais, o decreto foi julgado constitucional: reconheceu-se o poder-dever da Administração de recusar aplicação à norma inconstitucional, bem como, incidentalmente, a inconstitucionalidade da lei estadual em questão.

Os atos infralegais normativos autônomos, que antes eram pontuais, hoje se multiplicam. Isso é decorrência do crescente reconhecimento da atribuição de competência regulamentar autônoma a diversos órgãos. Assim, o STF admite o controle mediante ADI de: resoluções do TSE (ADI 3.345, ADI 4.965, ADI 5.122); resoluções do CNJ (ADC 12, ADI 4.145); resoluções do CNMP (ADI 4.263); portarias ou resoluções de tribunais que deferem reajustes de vencimentos (ADI 662), cancelam desconto em folha de contribuição sindical da generalidade de seus servidores (ADI/MC 962) ou estabelecem outras normas inovativas em caráter geral e abstrato (ADI/MC 1.088, ADI 3.202, ADI 3.502); portaria ministerial que pretende disciplinar matéria afeta à lei (ADI 3.206); convênios em matéria tributária, entre Estados-membros (ADI 4.171)...

– *Atos normativos municipais:* ficam alheios ao controle mediante ADI (ADI 5.499). No entanto: (i) cabe o controle difuso e incidental de constitucionalidade federal das normas municipais, que pode chegar ao STF, especialmente mediante recurso extraordinário; (ii) a Constituição autoriza os Estados a estabelecerem controle direto de ato normativo municipal em face da Constituição estadual, atribuindo-o ao tribunal de justiça local (art. 125, § 2º); (iii) no entanto, o tribunal local não pode desempenhar o controle direto e abstrato de constitucionalidade da norma municipal em face da Constituição Federal (RE 91.740, Rcl. 337, RE 251.470); (iv) quando a Constituição Federal estabelece disposição constitucional federal de reiteração obrigatória pela Constituição estadual, o STF poderá vir a fazer, em via recursal, o controle abstrato da constitucionalidade federal da lei municipal: observados os pressupostos específicos, caberá recurso extraordinário contra o acórdão do tribunal local que decidir o mérito da ação direta estadual (Rcl. 358, Rcl. 383, Rcl. 337, Rcl. 588, RE/MC 161.390); (v) desde a regulamentação da ADPF, o STF está habilitado a fazer o controle direto e abstrato de constitucionalidade federal de normas municipais (Lei 9.882/1999, art. 1º, par. ún., inc. I).

O Distrito Federal reúne competências estaduais e municipais, sendo-lhe vedado dividir-se em Municípios (CF, art. 32, *caput* e § 1º). Daí que os atos normativos do Distrito Federal ora equivalerão a atos estaduais, ora a atos municipais. Assim, não cabe ADI contra lei distrital derivada da competência legislativa municipal (Súmula 642 do STF);

– *Projetos de lei ou de emendas constitucionais:* não cabe o controle direto preventivo, mediante ADI (ADI/MC 466). A ADI tem caráter repressivo: volta-se contra normas que já integram o ordenamento.

O Supremo Tribunal tem jurisprudência firmada no sentido de admitir que exclusivamente os integrantes da Casa Legislativa em que tramita o projeto de lei promovam o controle *incidental* de constitucionalidade do processo legislativo, mediante mandado de segurança (MS 23.334-RJ, MS 24.645). Em tese, e dentro desses limites, admite-se até o controle de proposta de emenda constitucional (MS 2.0.257, MS 24.645). Esse controle, além de acionável somente pelos parlamentares integrantes da Casa Legislativa em questão, apenas poderia versar sobre aspectos do processamento legislativo, e não sobre todo o conteúdo do projeto ou proposta (MS 20.257, MS 24.138). Para esses casos um controle direto amplo e preventivo poderia ser desempenhado pela ADPF – o que é compatível com seu caráter subsidiário. Mas essa solução foi até aqui descartada (ADPF 1, ADPF 43, ADPF 713).

– *Enunciados de súmula de jurisprudência:* não constituem atos normativos, mas o sumário de orientações jurisprudenciais consolidadas no âmbito do tribunal que as edita. Por isso, contra elas não cabe ADI (ADI 594). Essa conclusão não se altera diante das súmulas vinculantes, instituídas pela Emenda Constitucional 45/2004 e regulamentadas pela Lei 11.417/2006. A súmula vinculante constitui, ela mesma, o resultado de um processo objetivo de controle direto de constitucionalidade desenvolvido pelo STF, pelo qual conclusões sedimentadas quanto a questões constitucionais, mas sem força vinculante, recebem tal eficácia. Não há como tal resultado ser controlado por outra via de controle direto. O modo de o STF revisar suas súmulas vinculantes é por sua alteração ou cancelamento (CF, art. 103-A).

2.876. parâmetro de controle

Na ADI os atos normativos controláveis terão sua legitimidade aferida em face das normas constitucionais, instituídas pelo poder constituinte originário ou mediante emendas constitucionais.

Reitere-se que as normas constitucionais provenientes de emendas podem ser elas mesmas controladas, no que tange à compatibilidade com os limites ao poder constituinte revisor. A circunstância de a norma prevista em emenda constitucional ser controlável e também servir de parâmetro do controle direto pode ensejar a seguinte situação: em ADI impugna-se norma infraconstitucional por violar norma constitucional instituída mediante emenda; ao examinar a questão, o STF incidentalmente constata a inconstitucionalidade (por ofensa a cláusula pétrea, p.ex.) da emenda constitucional invocada; ele então rejeitará a declaração de inconstitucionalidade da norma impugnada, ainda que não possa declarar, em caráter principal, a inconstitucionalidade da emenda constitucional, pois o mérito da ADI fica adstrito aos dispositivos impugnados pelo autor (v. n. 2.882, (i), adiante).

A norma constitucional invocada deve ser preexistente ao ato normativo impugnado. Norma constitucional superveniente acarreta a "revogação ou perda de fundamento de validade normativa", e "não a inconstitucionalidade superveniente" – conforme construção do STF (ADI 2, ADI 7, ADI 9, ADI 74, ADI 521, ADI 847, ADI 1.360, ADI 2.365...). Mas para esses casos admite-se o emprego da ADPF, podendo inclusive ser conhecida como tal a ADI incorretamente proposta (ADI 4.163).

A tese que nega o *status* de inconstitucional à norma não recepcionada pela nova ordem constitucional, discutível sob o aspecto dogmático, foi solução política que o STF concebeu no passado para restringir o número de ADIs. Isso hoje é até inócuo, dado o cabimento de ADPF nessas hipóteses. A solução adotada foi oposta à que chegaram Cortes Constitucionais europeias, também por razões políticas. P.ex., quando instituída a Corte Constitucional italiana, o arcabouço legislativo infraconstitucional vigente era quase todo preexistente à Constituição. Para evitar o esvaziamento de sua competência de controle de constitucionalidade, a Corte italiana, que então precisava afirmar seu espaço institucional, adotou o entendimento de que lhe caberia a verificação da recepção constitucional das normas infraconstitucionais preexistentes.

Serve como parâmetro de controle a norma constitucional *vigente*, e não de Constituições anteriores (Rep. 1.016, Rep. 1.563). Essa orientação foi reafirmada e ampliada na ADI 1.434 e na ADI/AgR 2.971, para se inadmitir a ADI quando a norma constitucional invocada como parâmetro de controle tiver sido revogada antes ou durante a ação. No entanto, há julgados mais recentes que não seguem essa orientação. Nas ADIs 2.158 e 2.189 destacou-se que a revogação da norma constitucional não convalida a norma infraconstitucional que a violava – de modo que permanece cabível o controle de constitucionalidade nesse caso, e ele pode ser desenvolvido de modo mais eficiente e seguro na via direta.

Por fim, é impossível o controle abstrato que exija essencialmente o exame de conteúdo de outras normas infraconstitucionais (ADI 842, ADI/AgR 416, ADI 2.030, ADI/AgR 5.904) ou a consideração de matéria eminentemente fática (ADI/AgR 1.254, ADI/MC 1.434, ADI/MC 1.552).

2.877. fungibilidade entre ADI e ADPF

Nos tópicos anteriores viu-se haver diversas hipóteses em que o controle direto e abstrato, ainda que incabível em ADI, é possível em ADPF (normas revogadas, normas preexistentes à Constituição, normas municipais...). ADI e ADPF submetem-se a regime jurídico bastante similar. Comportam a mesma legitimidade ativa, são de competência do STF, submetem-se a processo objetivo com procedimento essencialmente igual... A ADPF tem campo de incidência subsidiário ao da ADI. Daí se reconhecer a fungibilidade entre ambas. Para a adequação de via de controle ao objeto, será possível a conversão da ADI em ADPF (ADI/MC 4.180, ADI 4.163) e vice-versa (ADPF/QO 72, ADPF 178).

2.878. legitimados ativos

Têm legitimidade para propor a ADI: o Presidente da República; a Mesa do Senado Federal; a Mesa da Câmara dos Deputados; a Mesa de Assembleia Legislativa ou da Câmara Legislativa do Distrito Federal; o Governador de Estado ou do Distrito Federal; o Procurador-Geral da República; o Conselho Federal da Ordem dos Advogados do Brasil; partido político com representação no Congresso Nacional; confederação sindical ou entidade de classe de âmbito nacional (CF, art. 103, incs. I a IX; LAD, art. 2º, incs. I a IX).

Com exceção dos partidos políticos, confederações sindicais e entidade de classe, todos os demais não só detêm a legitimidade ativa como também a *capacidade postulatória* para promover a ação direta. Vale dizer, postularão diretamente perante o STF, sem a necessidade de representação por um advogado ou procurador público. Assim, o próprio Presidente da República subscreve a inicial da ADI e petições seguintes, sem se fazer representar pelo Advogado-Geral da União. O Governador prescinde da intermediação do Procurador-Geral do Estado – e assim por diante (ADI/MC/QO 127, ADI 120, ADI 1.814). A legitimação é do Presidente, e não da União nem da República Federativa; do Governador, e não do Estado ou do Distrito Federal; do Conselho Federal da OAB, e não propriamente da OAB. Essa imputação pessoal ou orgânica feita pela Constituição estende-se à capacidade postulatória. Não cabe interpretar o texto constitucional à luz das regras infraconstitucionais sobre capacidade postulatória. Eis mais uma expressão do caráter objetivo do processo e de sua índole política.

> É minoritária a orientação no sentido oposto (ADI 2.278, ADI 2.906 e ADI 6.764 – todas de relatoria do Min. Marco Aurélio), que exige a intervenção de procurador público ou advogado e dispensa a assinatura na peça da própria autoridade legitimada.

Tanto é assim que o Estado-membro não dispõe de legitimidade para interpor recurso em sede de controle normativo abstrato, ainda que a ADI tenha sido ajuizada pelo respectivo Governador (ADI/AgR 2.130, ADI/AgR/AgR 1.663, AI 555.860, AI 633.998).

Para as confederações sindicais e entidades de classe de âmbito nacional põe-se o requisito da *pertinência temática*: para que se configure a legitimidade ativa, deve haver relação direta entre a pretensão formulada na ação de controle e os objetivos institucionais da entidade autora (ADI/MC 77, ADI/MC 1.114, ADI/MC/QO 1.127, ADI/MC 1.643, ADI/MC 3.472).

Semelhante limite é aplicável às Mesas de Assembleia Legislativa e da Câmara Legislativa do Distrito Federal e aos Governadores de Estado e do Distrito Federal. Eles têm legitimidade para impugnar atos públicos do próprio Estado ou federais – estes últimos desde que atinjam a respectiva esfera de autonomia estadual (ADI/MC 2.095, ADI 2.242). Já para a impugnação de atos normativos de outros Estados é necessária a demonstração de pertinência temática (p.ex., que a lei do outro Estado cria incentivo fiscal ilegítimo que prejudica o Estado proponente da medida) (ADI/MC 1.507, ADI/MC 1.519, ADI/MC 902, ADI/MC 2.157, ADI/MC 2.396, ADI 2.656, ADI 2.747).

Uma aplicação flexível do requisito da pertinência temática relativamente à legitimidade de governador para impugnar ato normativo federal teve-se na ADI 3.273.

Estão dispensados de qualquer demonstração de pertinência temática (isto é, são *legitimados universais*) o Presidente da República, a Mesa do Senado Federal, a Mesa da Câmara dos Deputados, o Procurador-Geral da República; partido político com representação no Congresso Nacional (ADI/MC 1.096, ADI/MC 1.396, ADI/MC 1.250, ADI/MC 1.407) e o Conselho Federal da Ordem dos Advogados do Brasil (ADI 3).

Aliás, o Conselho Federal da OAB não só detém legitimidade universal e se reveste de capacidade postulatória para a ADI, como ocupa posição ímpar entre os conselhos federais das autarquias profissionais. A nenhum outro deles é atribuída legitimidade para as ações de controle direto (p.ex., ADI/MC 641, tratando do Conselho Federal de Farmácia). Isso se deve ao histórico, à finalidade e às atribuições diferenciadas da OAB em face de todas as demais autarquias profissionais.

Quanto aos partidos políticos, a representação para fins de propositura de ação direta compete sempre à sua direção nacional (diretório nacional ou, quando houver, comissão executiva desse diretório). Jamais cabe aos diretórios estaduais, ainda quando a norma impugnada seja local (ADI/MC 1.426, ADI 2.547, ADI/QO 1.528, ADPF 343). Cabe ao presidente do partido constituir advogado, outorgando-lhe poderes específicos para ajuizar a ação direta (ADI/ED 2.381). Apenas o partido com representação no Congresso Nacional está legitimado para a ADI. Se ele a perdesse no curso da ADI, o STF originalmente reputava haver ilegitimidade ativa superveniente (ADI 2.035, ADI 2.202, ADI 2.465, ADI 2.723, ADI 2.613, ADI/AgR 2.822), exceto na hipótese em que a perda de representação ocorresse depois de já iniciado o julgamento da ação pelo Plenário (ADI/QO 2.054, ADI/AgR 2.613). Mas houve mudança de orientação na ADI/AgR/AgR 2.618, quando se concluiu bastar o preenchimento do pressuposto no momento de propositura da demanda – entendimento reiterado nas ADIs 4.900, 2.159/AgR, 2.827/AgR e 2.427, entre outras.

As confederações sindicais e entidades de classe de âmbito nacional submetem-se à exigência de pertinência temática – a despeito do veto presidencial ao parágrafo único do art. 2º da LAD, que lhes impunha esse pressuposto expressamente ("inclusive para as federações sindicais"). O veto foi irrelevante diante da jurisprudência firme do STF (ADI 77, ADI 138, ADI 159, ADI 202, ADI 305, ADI 893, ADI/MC 1.157, ADI/MC 1.114). As próprias razões do veto indicavam essa circunstância: ele teve por objetivo excluir a extensão da legitimidade ativa às federações sindicais (v. adiante).

As *entidades de classe* precisam preencher os seguintes pressupostos para se legitimarem para a ação direta:

– *Efetiva abrangência nacional:* não basta previsão estatutária qualificando a entidade como nacional. A jurisprudência do STF exige em princípio que a entidade tenha representação em pelo menos nove Estados. Esse número é fruto de aplicação analógica da Lei Orgânica dos Partidos Políticos (ADI 386, ADI/QO 108, ADI 912, ADI 3.287, ADI 3.617, ADI 4.230, ADC 76).

Mas o próprio STF também reconhece a insuficiência desse critério meramente matemático. Pacificou-se na Corte que tal parâmetro é inaplicável quando a entidade representar agentes que desenvolvam atividade naturalmente concentrada em número limitado de Estados. Assim, na ADI 2.866 foi afastada a exigência numérica, diante da "relevância nacional da atividade dos associados da ABERSAL [*Associação Brasileira dos Extratores e Refinadores de Sal*], não obstante a produção de sal ocorrer em poucas unidades da Federação".

– *Delimitação subjetiva da associação:* a sua composição heterogênea, com a reunião de pessoas vinculadas a categorias significativamente distintas, impede que a associação seja qualificada como sendo "de classe" (ADI 79, ADI 1.839, ADI 3.381, ADI/AgR 3.805, ADI 3.900). De resto, não basta o liame comum entre os associados. Esse liame tem de ser o suficiente para delineamento de uma classe no sentido profissional ou empresarial. Uma associação de órgãos públicos não constitui uma entidade de classe (p.ex., associação dos Tribunais de Contas – ADI/QO 67). Também não se configura como tal a associação de empregados de determinada empresa (ADI/MC 34); nem a de concessionários de determinada marca de veículos (ADI/AgR 5.992). Nem mesmo a União Nacional dos Estudantes – UNE enquadra-se nesse conceito, pois o STF nega que a "classe estudantil" constitua propriamente uma classe no sentido da norma constitucional (ADI/MC 894).

– *A já referida pertinência temática:* vale dizer, a relação de adequação entre as finalidades estatutárias e institucionais da entidade e o conteúdo material da norma impugnada (ADI 77, ADI 138, ADI 159, ADI 202, ADI 305, ADI 893).

– *Compatibilidade entre a abrangência da representação da associação e o ato questionado:* nega-se legitimidade ativa à associação que representa apenas uma fração ou parcela da categoria profissional quando o ato impugnado repercute sobre a esfera de toda uma classe (ADI 3.617, ADI 4.912, ADI/AgR 5.99, ADPF/AgR 254). P.ex., uma associação nacional de magistrados estaduais tem legitimidade para ADI contra norma de interesse da Magistratura de determinado Estado, mas não contra norma de interesse de toda a Magistratura (ADI/MC 4.462).

Observados esses pressupostos, admitem-se inclusive "associações de associações".

O STF alterou sua jurisprudência a respeito da legitimação das "entidades de classe de segundo grau" (ou "associação de associações"). Inicialmente o Supremo reputava que apenas estavam legitimadas para a ação direta as entidades de classe de âmbito nacional que tivessem por associados, diretamente, os membros da respectiva categoria social – e não aquelas cujos associados fossem outras associações, dedicadas à mesma finalidade em âmbito territorial mais restrito, as quais, essas sim, têm por filiados os membros da categoria social. Ao julgar AgR na ADI 3.153, o Plenário da Corte abandonou o entendimento que exclui as "entidades de classe de segundo grau" do rol dos legitimados à ação direta. Reputou-se que "o conceito de entidade de classe é dado pelo objetivo institucional classista, pouco importando que a eles diretamente se filiem os membros da respectiva categoria social ou agremiações que os congreguem, com a mesma finalidade, em âmbito territorial mais restrito". Na mesma linha: ADI 15, ADI 2.797, ADI 2.860.

Por outro lado, inicialmente o STF negava legitimidade às associações representativas de mero segmento de servidores públicos integrantes de uma específica carreira entre as várias existentes na Administração Pública (ADI 591, ADI 1.297). Mas a Corte abrandou essa orientação, passando a reconhecer como legitimadas, na condição de entidades de classe, as associações nacionais representativas de "certas carreiras, cuja identidade decorre da própria Constituição", tais como associações de procuradores do Estado, de advogados da União, de defensores públicos *etc.* (ADI 159, ADI 809, ADI 2.713).

Entre as entidades sindicais, apenas as *confederações* têm legitimidade ativa para a ADI. Não estão legitimados os sindicatos e as federações sindicais, ainda que de âmbito nacional (ADI 17, ADI 164, ADI 360, ADI 364, ADI 378, ADI 398, ADI 488, ADI 530, ADI 589, ADI 689, ADI 772). Vetou-se o parágrafo único do art. 2º da LAD, que explicitamente considerava as federações sindicais de âmbito nacional como estando inclusas no inc. IX do art. 103 da CF. Para que uma entidade se configure como confederação sindical, ela precisa reunir pelo menos três federações, conforme o art. 535 da CLT (ADI/MC 505, ADI/QO 1.006).

2.879. legitimidade passiva

O legitimado passivo da ADI é o órgão ou autoridade do qual emanou o ato normativo impugnado. Eventualmente o ato é resultado da atuação conjunta de mais de um órgão – hipótese em que todos figurarão no polo passivo da demanda. A LAD, inclusive, refere-se aos legitimados passivos no plural (arts. 6º e 10, *caput* e §§ 2º e 3º). P.ex., se é impugnada uma lei estadual, devem ser citados a Assembleia Legislativa, que aprovou o projeto da lei, e o governador, que a sancionou.

Havendo uma pluralidade de atos normativos impugnados (v. n. 2.883, adiante), eles podem provir de diferentes órgãos ou autoridades. Nesse caso, todos elas deverão figurar no polo passivo da ação.

Os órgãos e autoridades de que emanou o ato impugnado não têm capacidade postulatória de per si, ainda que a tivessem se estivessem no polo ativo da demanda. Tal capacidade é diretamente reconhecida apenas aos legitimados ativos arrolados no art. 103 da CF, e não aos órgãos e autoridades requeridos. P.ex., o Presidente da República, como autor, pode subscrever ele mesmo a inicial da ADI e praticar todos os atos postulatórios seguintes. Mas quando citado como autoridade de que proveio o ato impugnado pode apenas prestar informações sem representação processual. Mas precisará ser representado por procurador judicial para os atos postulatórios seguintes (ADI/ED/AgR 2.098).

Dado o caráter o objetivo do processo, apenas os emitentes do ato normativo impugnado são legitimados passivos. Outras pessoas, naturais ou jurídicas, de natureza pública ou privada, que venham a sofrer consequências jurídicas concretas em caso de desconstituição da norma impugnada não detêm legitimidade para a causa e não podem figurar como litisconsortes passivas (ADI/AgR 1.254, ADI/MC 1.434).

2.880. participação do Advogado-Geral da União e do Procurador-Geral da República

A Constituição determina que o Advogado-Geral da União sempre participe do processo, com a função de defender a constitucionalidade da norma impugnada (art. 103, § 3º). Essa intervenção é compulsória. Por um lado, o STF tem o dever de citar o Advogado-Geral. Por outro, o Advogado-Geral está obrigado a emitir manifestação em defesa da norma impugnada. Isso se aplica inclusive aos casos em que o ato normativo atacado for estadual: não se chamará o Procurador-Geral do Estado para tal tarefa; ela permanecerá com o Advogado-Geral da União (ADI/QO 97, ADI/AgR 1.254, ADI/MC 1.434, ADI 1.350, ADI 2.906, ADI 3.674, ADI 5.962). A condição do Advogado-Geral da União não é de réu na demanda. Funciona como um *curador especial* da presunção de legitimidade do ato normativo.

É absolutamente isolado – ou aplicável apenas a caso muito específico – o julgado que atenua a cogência do § 3º do art. 103 da CF, sustentando que "o Advogado-Geral da União não está obrigado a defender tese jurídica se sobre ela esta Corte já fixou entendimento pela sua inconstitucionalidade" (ADI 1.616).

Já a oitiva do Procurador-Geral da República, quando ele não for o autor da ação, reveste-se de outra natureza. Ele, sim, será convidado apenas a emitir parecer no sentido que reputar adequado (CF, art. 103, § 1º). Há inclusive precedentes do STF relativizando essa intervenção: a participação do Ministério Público poderia cingir-se à sessão de julgamento (RE 177.137, AI/AgR/ED 158.725).

2.881. intervenção de terceiros

O art. 7º da LAD proíbe a intervenção de terceiros na ADI. Essa previsão refletiu a jurisprudência já então estabelecida no STF (Rep./QO 1.162) e reiterada depois da lei (ADI 2.495, ADI/ED 6.053, ADI/AgR 3.396 *etc.*). É uma declarada decorrência do caráter objetivo dos processos de controle direto de constitucionalidade.

Mas ela precisa ser compreendida nos devidos termos. A proibição tem em vista as modalidades interventivas tradicionais, pautadas no interesse jurídico na causa (assistência litisconsorcial e simples, denunciação da lide, chamamento ao processo *etc.*), que eram as tipificadas de modo sistemático no ordenamento processual brasileiro na época em que a jurisprudência se consolidou e a lei foi promulgada. Como as relações concretas são irrelevantes para o objeto da ADI, a ninguém é dado nela intervir sob o argumento de que tem interesse jurídico em participar do processo porque pode ter uma posição jurídico-subjetiva sua afetada pela decisão a que ali se chegar. Assim, se uma lei que disciplina a atuação de instituições financeiras é objeto de uma ADI, um banco ou mesmo a federação nacional dos bancos não podem intervir nesse processo alegando que a decisão final afetará direitos e deveres seus.

Por outro lado, a jurisprudência do STF progressivamente aceitou que ingressassem no processo da ação direta terceiros em condições de apresentar subsídios relevantes para a questão objeto de julgamento (*v.g.*, ADI/AgR 748-4, de 1994). Trata-se do *amicus curiae*. Nesse sentido, passou-se a admitir a intervenção de órgãos, entidades associativas, instituições acadêmicas ou sociais e mesmo pessoas naturais revestidas de especial autoridade científica em matéria pertinente à causa. Os subsídios podem ser fáticos ou técnicos, jurídicos ou não.

Interessante exemplo de admissão pelo STF de pessoas naturais como *amici curiae* teve-se no HC 82.424. Embora fosse uma ação individual, ali se discutiu, de modo objetivado, relevante questão constitucional atinente à configuração de crime de racismo pela publicação de livros antissemitas. Foram aceitos nos autos, como contribuição para a discussão ali posta, pareceres dos Profs. Celso Lafer e Miguel Reale Júnior.

Tal modalidade interventiva veio a ser expressamente prevista no § 2º do art. 7º da LAD. Em decisão irrecorrível, o relator deliberará sobre o ingresso do terceiro, considerando sua aptidão de contribuir e a relevância da matéria discutida – em princípio, sempre presente nas questões constitucionais.

A lei fala em "representatividade" do terceiro como pressuposto. O mais correto é aludir-se a uma "contributividade" adequada. A admissibilidade da intervenção como *amicus* está condicionada à sua capacidade de contribuir com elementos úteis ao julgamento.

O interesse jurídico do terceiro é irrelevante para a sua admissão como *amicus*. Isso significa que não se exige demonstração de interesse jurídico. Mas também significa que o fato de existir o interesse jurídico tampouco é motivo, por si só, para desabonar a contribuição do terceiro e lhe negar participação. Tudo dependerá de sua capacidade de contribuir com bons subsídios. Voltando ao exemplo anterior: a federação dos bancos pode ter importantes informações técnicas sobre o setor financeiro e reunir qualificados pareceres jurídicos para apresentar na ação direta em que se impugne norma sobre as instituições financeiras. Isso não é desqualificado pelo fato de tal federação representar os bancos, que têm um específico interesse no deslinde da questão constitucional ali discutida.

O terceiro então é admitido no processo para fornecer subsídios, sem, no entanto, passar a titularizar posições subjetivas relativas às partes (nem mesmo limitada e subsidiariamente, como o assistente simples). Observado esse limite, o grau de intensidade da participação do terceiro será definido pelo relator, ao admiti-lo no processo. É até mesmo possível que as contribuições dos *amici curiae* sejam apresentadas apenas oralmente, em audiência pública especificamente designada para tal fim (LAD, art. 9º, § 1º, parte final; RISTF, art. 21, incs. XVII e XVIII).

Para melhor exame do regime jurídico do *amicus curiae* e da sua relevância para a legitimidade da jurisdição constitucional, remeto a anterior ensaio meu (Eduardo Talamini, "O *amicus curiae* e as novas caras da Justiça", in Talamini, Heitor Sica, Lia Cintra e Elie Eid (coords.), *Partes e terceiros no processo civil*, Salvador, Juspodivm, 2020).

O Código de Processo Civil de 2015 estabeleceu regramento geral para o instituto do *amicus curiae* (art. 138). Todavia, o STF ignora essa disciplina geral no controle direto. P.ex., a despeito da autorização expressa no § 1º do art. 138, o Supremo nega ao *amicus* o direito de opor embargos declaratórios contra as decisões nas ações diretas (ADI/ED 3.884, ADI/ED 6.053, ADI/ED 3.111...).

A possibilidade de intervenção do *amicus curiae* torna inclusive irrelevante o veto ao § 1º do art. 7º da LAD, que previa a possibilidade de apresentação de subsídios escritos e documentos pelos demais legitimados para a ADI. Eles poderão fazê-lo como *amici*. De resto, aplica-se extensivamente o § 1º do art. 12-E da LAD (v. n. 2.881, adiante).

2.882. petição inicial

Na petição inicial o autor tem o ônus de indicar precisamente:

(i) *A disposição normativa impugnada:* uma mesma ação direta pode impugnar uma pluralidade de disposições de um mesmo ato normativo ou de um conjunto de atos normativos correlatos. Em alguns casos isso será até imprescindível para a admissibilidade da ADI. O STF fica vinculado aos específicos dispositivos impugnados na demanda. Em princípio, ele não pode estender seu juízo de inconstitucionalidade a outros dispositivos – ainda que eles padeçam do mesmo defeito daquele impugnado (Rep. 1.313). Sob esse aspecto, vigora o princípio da demanda. Por outro lado, o STF não conhecerá da ADI que impugne apenas um ou alguns dispositivos, mas não outros que lhe(s) está(ão) indissociavelmente ligado(s) e com ele(s) formam um regramento único e sistemático. Nos casos de impugnação incompleta, de duas, uma: ou seria inócua apenas a supressão da disposição impugnada, pois outras, não impugnadas, continuariam gerando o mesmo resultado normativo, ou essa impugnação parcial conduziria a uma distorção do sentido original das normas conjugadas, de modo que o STF agiria indevidamente como um "legislador positivo" (ADI/MC 1.949) ou ainda se estabeleceria uma "dicção indefinida e assistemática" (ADI 2.133). Então, a impugnação precisa atingir todos os dispositivos que formam o bloco normativo, sob pena de falta interesse de agir (ADI 2.132, ADI 2.242, ADI 2.215, ADI 2.938, ADI 4.043, ADI 4.227, ADI 3.261, ADI/AgR 5.922).

> No entanto, é possível que o STF declare a inconstitucionalidade de normas *por arrastamento*. É o que ocorre quando há normas em relação de subordinação ou dependência com a norma impugnada. Nessa hipótese, a declaração de inconstitucionalidade da norma principal acarreta também a inconstitucionalidade da norma subordinada ou dependente, sem a necessidade de pedido do autor. Assim, a declaração de inconstitucionalidade de uma norma prevista em lei arrasta consigo o decreto que regulamentava tal norma (*v.g.*, ADI 2.158, ADI 2.947...). A subordinação não precisa ser hierárquica, como no exemplo dado. Pode ser apenas sistemática, entre normas num mesmo plano hierárquico. P.ex., uma disposição normativa pode ter função tão essencial, nuclear, em determinada lei que, ao declará-la inconstitucional, o STF reconhece a inconstitucionalidade, por arrastamento, de várias outras disposições ou até da lei inteira, mesmo não tendo havido pedido para tanto (ADI 2.797, ADI 3.236);

(ii) *Os fundamentos jurídicos do pedido em relação a cada uma das impugnações:* não basta a indicação dos dispositivos impugnados. É preciso que o autor exponha as razões por que os impugna, apontando as normas constitucionais que reputa violadas. Não basta alegação genérica de inconstitucionalidade (ADI 6.244). No entanto – e diferentemente do que se dá em relação aos dispositivos impugnados –, o STF não fica adstrito à causa de pedir explicitada na demanda. Pode examinar a constitucionalidade do dispositivo impugnado também por outros fundamentos além dos apresentados, seja para acolhê-los, seja para rejeitá-los (ADI/MC 561, ADI/MC 1.896, ADI/MC 2.396). P.ex., se uma norma estadual instituidora de um tributo é impugnada unicamente sob o argumento de que viola a proibição constitucional de confisco, o STF pode descartar esse fundamento mas declará-la inconstitucional por ofensa às normas de repartição de competência federativa. No entanto – e ressalvado o arrastamento (v. (i), acima) –, não pode estender a declaração de inconstitucionalidade a outros tributos previstos em outras regras da mesma lei que, embora padecendo do mesmo defeito, não tenham sido impugnados.

(iii) *O pedido com suas especificações*: a declaração de inconstitucionalidade pode realizar-se mediante diferentes técnicas (v. n. 2.911, adiante). No pedido o autor pode inclusive indicar a modalidade pretendida – ainda que o STF não fique vinculado a tal indicação. Além disso, caberá ao autor, no pedido, identificar as disposições normativas impugnadas.

Vigoram no processo de controle direto os princípios da instrumentalidade das formas, cooperação e boa-fé. O caráter objetivo do processo não justifica solução diversa. Então, quando estiver claro na fundamentação da inicial quais os dispositivos impugnados, a falta de sua reiteração formal no tópico dedicado ao pedido não deve obstar ao conhecimento da demanda. Nessa linha, o STF já decidiu que a indicação incorreta de um dos artigos impugnados não obsta ao prosseguimento da ação se o autor tece coerentemente sua fundamentação e transcreve de modo correto o dispositivo constitucional impugnado (ADI 2.682, ADI 4.261).

A petição inicial deverá ser acompanhada de procuração, nos casos em que precisa ser subscrita por advogado. A procuração precisa ter poderes específicos, com a discriminação das normas que serão questionadas (ADI/QO 2.187). Nos casos em que a autoridade legitimada para ação também detém capacidade postulatória (v. n. 2.878, acima) a exigência não se põe (LAD, art. 3º, par. ún.). A lei exige ainda que a petição inicial seja apresentada em duas vias – exigência que tende a se tornar obsoleta no processo em via eletrônica – e que uma das vias (ADI 4.091) seja acompanhada de cópia do ato normativo impugnado e dos documentos necessários à comprovação da impugnação (LAD, art. 3º, par. ún.).

2.883. cumulação de pedidos

Na ADI é possível a cumulação de pedidos. Cabe não apenas a cumulação de impugnações a diferentes disposições de um mesmo ato normativo, como também de disposições de diferentes atos normativos, relacionados entre si ou atinentes à mesma matéria.

Hipótese interessante de cumulação (sucessiva eventual) pode ocorrer quando norma anterior, que foi revogada pela norma atual que está sendo impugnada na ADI, também é inconstitucional. Se declarada a inconstitucionalidade da norma atual, voltaria a vigorar a anterior (v. n. 2.912, adiante). Nesse caso, a inicial da ADI pode também veicular pedido de que, se acolhido o primeiro pedido, de declaração de inconstitucionalidade da norma atual, proceda-se também à declaração de inconstitucionalidade da norma anterior (ADI 3.148, ADI/MC 2.215).

Indo além, o STF já admitiu que se cumulassem pedidos de declaração de inconstitucionalidade de determinados dispositivos com pedidos de declaração de constitucionalidade de outras disposições do mesmo ato normativo. Vale dizer, ADI e ADC são cumuláveis, desde que compatíveis entre si (ADI/MC 5.316). De resto, o fundamento utilizado pelo STF nas ADIs 875, 1.987 e 2.727 autoriza concluir também pela viabilidade de cumulação de pedidos de ADI com pedidos de ADO. O mesmo ainda se dá quanto à cumulação de ADI com ADPF (ADI 4.163).

Mais complicada é a hipótese de cumulação de impugnações de um ato normativo estadual e de outro federal. Em princípio essa possibilidade estaria afastada. Mas é admitida pelo STF quando "a cumulação é indispensável para viabilizar a eficácia do provimento judicial visado: assim, p.ex., quando, na área da competência concorrente da União e dos Estados, a lei federal de normas gerais e a lei local contiverem preceitos normativos idênticos ou similares cuja eventual inconstitucionalidade haja de ser simultaneamente declarada, sob pena de fazer-se inócua a decisão que só a um deles alcançasse". Outra hipótese de admissão ocorre quando houver uma relação tal entre a norma da União e ao do Estado "que a inconstitucionalidade de um possa tornar-se questão prejudicial da invalidez do outro" (ADI/QO 2.844).

2.884. indeferimento da inicial

A petição inicial da ADI será liminarmente indeferida pelo relator quando for inepta, inclusive por falta de fundamentação – hipótese de inépcia a que o art. 4º da LAD alude destacadamente.

Ainda que a lei silencie, antes do indeferimento cabe dar ao autor oportunidade de emenda à inicial, se o defeito for corrigível (v., p.ex., ADI 2.388). Vale aqui o que se disse acima sobre a incidência dos princípios da instrumentalidade das formas e da cooperação, que inclui o dever judicial de prevenção.

Como já indicado, poderá ocorrer que, pela norma impugnada, não caiba ADI, mas ADPF. A emenda poderá servir inclusive para converter a ADI em ADPF – ainda que o STF as considere fungíveis e possa conhecer de uma como sendo a outra independentemente de pedido (ADI/MC 4.180, ADI 4.163).

Ainda conforme o art. 4º, caberá também o indeferimento liminar na hipótese de manifesta improcedência da ação direta. Eis um exemplo, da jurisprudência do próprio STF: é manifestamente improcedente a ADI contra norma já declarada constitucional pelo Plenário do STF, ainda que em recurso extraordinário (ADI/AgR 4.071). Contra a decisão monocrática de indeferimento da inicial cabe agravo interno ao Plenário (LAD, art. 4º, par. ún.). A rigor, o prazo para tal agravo é de 15 dias (CPC, art. 1.070). Está superada a regra do art. 317 do RISTF.

2.885. emenda à petição inicial

Além da possibilidade de emenda, no início do processo, para corrigir defeito ou inépcia da inicial (n. 2.884, acima), há ainda outra hipótese de cabimento, a todo tempo no curso do processo. Ela se põe quando, depois de proposta a ação, ocorrer a edição de novos atos normativos que modifiquem aquele inicialmente impugnado. Nessa hipótese, se a alteração normativa for relevante, mas mantida a essência da norma original, é imprescindível a emenda, sob pena de não conhecimento da ação (ADI 2.238). Já se a mudança for meramente formal ou redacional a emenda é até desnecessária (ADI 238, ADI/AgR/AgR 2.581, ADI 3.534, ADI/ED 4.878, ADI 4.125), ainda que possa também ser admitida (ADI 3.502). Por outro lado, se houver a alteração da essência da norma antes impugnada, isso equivale à sua revogação (v. n. 2.875, acima). E para se impugnar a nova norma não bastará emenda: haverá a necessidade de nova ação (ADI/QO 1.753).

> Nesse ponto, assiste-se à evolução do entendimento do STF, em sentido menos formalista e mais eficiente. Antes, mesmo se a mudança normativa fosse meramente nominal ou formal, ainda assim se exigia emenda, sob pena de extinção do processo (ADI 246).

Já o aditamento fundado em outras razões pode ser feito apenas até a requisição de informações ao órgão de que emanou o ato normativo (ADI/QO 437, ADI 3.103).

2.886. procedimento

Pelo *procedimento padrão* da ADI, recebida a petição inicial, o relator requisitará informações aos órgãos ou autoridades de que emanou o ato impugnado, no prazo de 30 dias contados do recebimento da requisição (LAD, art. 6º). Decorrido o prazo para prestação de informações, e tenham ou não elas sido prestadas (RISTF, art. 105, § 3º), devem ser ouvidos sucessivamente, no prazo de 15 dias cada, o Advogado-Geral da União e, se ele já não for o autor da ação, o Procurador-Geral da República. Depois disso pode haver a necessidade de instrução probatória (v. n. 2.887, a seguir), que deveria realizar-se no prazo de 30 dias a partir da solicitação do relator (LAD, art. 9º, §§ 1º a 3º). Sendo desnecessária tal instrução ou uma vez ela realizada, cabe ao relator lançar o relatório, com cópia aos demais ministros, e pedir dia para julgamento. Quanto ao julgamento, veja-se o n. 2.908, adiante.

Na hipótese de o autor haver requerido medida urgente, o procedimento aqui descrito sofrerá variações, com a oitiva dos requeridos e, eventualmente, do Advogado-Geral e do Procurador-Geral, antes do exame da liminar (n. 2.891, adiante). Se a tutela de urgência for desde logo concedida, dali adiante o rito acima descrito será mantido. No entanto, em vez de submeter a medida urgente ao Plenário, o relator pode adotar o *procedimento abreviado*. Nessa hipótese, o prazo para informações do órgão ou autoridade de que emanou o ato impugnado é reduzido para 10 dias e os prazos sucessivos do Advogado-Geral da União e do Procurador-Geral da República para 5 dias – após os quais já poderá haver o próprio julgamento definitivo da ação (LAD, art. 12).

O STF aceita ainda o emprego de um procedimento atípico, que poderia ser chamado de *abreviadíssimo*. Ele pode ser usado em casos em que houve pedido de medida urgente pelo autor e se seguiu o caminho do art. 10 da LAD, com a possibilidade de oitiva em cinco dias da autoridade ou órgão de que emanou a norma questionada e as eventuais subsequentes manifestações do Advogado-Geral da União e do Procurador-Geral do Estado em três dias. Em seguida, pelo art.10, o processo iria a Plenário apenas para julgamento da medida de urgência. Contudo a Corte já reputou que nesses casos ela pode julgar desde logo definitivamente o mérito da causa, se já tiverem sido exaustivas as manifestações de todas as partes e intervenientes, necessários e facultativos, admitidos (ADI 4.163, ADI 5.723, ADI 5353, ADI 5566).

A realidade da tramitação dos processos de controle direto no STF está bem distante da promessa de brevidade extraível dos prazos curtos e procedimentos sumários previstos na lei. No terceiro relatório *Supremo em números*, de 2014 (Falcão, Hartmann e Chaves), constatava que era de 4,8 anos o tempo médio de tramitação de uma ADI, computado a partir do momento em que se havia determinado a observância do rito abreviado do art. 12. Na época havia ação cuja tramitação por tal rito havia levado quase 12 anos (ADI 1.842). Pelo rito comum a média de tramitação era ainda maior, embora a diferença não chegasse a ser significativa (5,32 anos – sendo de 24,4 anos a mais longa tramitação então apurada, na ADI 73). Daí inclusive se vê que acaba tendo pouca relevância a adoção do rito abreviado.

O Ministério Público e os entes públicos não têm prazos em dobro no procedimento das ações diretas. Invoca-se para tal conclusão o caráter objetivo do processo, com sua não submissão às regras específicas dos processos "de índole subjetiva" (ADI 2.130, ARE 663.983, ADI 5.814/MC/AgR/AgR). Mas nem seria necessário: é assente que os arts. 180, 183 e 186 do CPC, sobre prazo em dobro, não são aplicáveis quando a previsão legal do prazo já é essencialmente dirigida ao sujeito beneficiário daquelas regras. É o que ocorre na disciplina das ações diretas.

Os prazos suspendem-se nos períodos de férias e recesso do STF (RISTF, art. 105 – ADI/QO 136 QO). Além disso, poderia haver alguma dúvida quanto ao cômputo dos prazos em dias corridos ou, como ora prevê o art. 219 do CPC, úteis. A índole objetiva do processo da ADI poderia ser invocada contra a aplicação do Código. Porém, constata-se que no cômputo dos prazos processuais pela secretária do STF, certificados nos processos de controle direto, têm sido considerados apenas os dias úteis.

2.887. providências instrutórias

Como já indicado, o caráter objetivo do controle abstrato de constitucionalidade não elimina a necessidade de consideração de elementos fáticos nas ações diretas.

Subsídios probatórios podem ser importantes para a compreensão de dados fáticos, técnicos ou não, necessários para a determinação de conceitos indeterminados veiculados no ato normativo impugnado ou na norma que serve de parâmetro de controle. Assim, para definir constitucionalidade de norma que proíbe ou permite a comercialização e o uso de determinado material de construção em face de normas constitucionais que tutelam a segurança no trabalho ou o meio ambiente, pode ser preciso prova técnica para aferir a lesividade do produto (esse foi o tema, p.ex., das ADIs 3.356, 3.357, 3.937, 3.406 e 3.470 e da ADPF 109).

Além disso, a investigação da realidade é necessária para a própria identificação dos valores fundamentais vigentes. Processos informais de mutação constitucional (Anna Candida da Cunha Ferraz), em tese aceitos pelo STF (ADI 3.345, ADI 5.105, HC 86.009, HC 91.361, Rcl. 4.335), decorrem de alterações sociais, culturais, políticas, morais e econômicas – aspectos fáticos, que podem demandar investigação.

Por isso, o art. 9º, § 1º, prevê que, havendo necessidade de esclarecimento de aspectos fáticos, o relator poderá "requisitar informações adicionais, designar perito ou comissão de peritos para que emita parecer sobre a questão, ou fixar data para, em audiência pública, ouvir depoimentos de pessoas com experiência e autoridade na matéria". Essas pessoas poderão participar inclusive como *amici curiae* (n. 2.881, acima).

Poderão também ser solicitadas informações a outros tribunais a respeito da aplicação da norma impugnada no âmbito da respectiva jurisdição (art. 9º, § 2º, da LAD).

2.888. impossibilidade de desistência

O caráter objetivo do processo de controle direto levou o STF a firmar o entendimento de que seu objeto seria indisponível pelo autor, de modo que não cabe desistência da ação (ADI 164, ADI/MC 387). O STF não admite nem mesmo que o autor desista de medida cautelar que tenha pleiteado (ADI/MC 892, ADI/MC-diligência 1.971, ADI 2.049).

Essa orientação foi posteriormente positivada no art. 5º da LAD. Não se admite nem mesmo desistência parcial da ação (ADI 1.500).

2.889. reunião de ações

Havendo ações com identidade de objeto e diferentes autores, elas serão reunidas (ADI 1.460, ADI 4.878). A litispendência não autoriza nessa hipótese a extinção da ação repetida, como aconteceria com ações individuais. A reunião preserva a possibilidade de participação dos diferentes autores.

Também serão reunidas ações que, embora não totalmente idênticas, examinem aspectos correlatos ou sobrepostos de um mesmo conjunto normativo (ADI 2.859). Essa reunião pode abranger inclusive diferentes modalidades de ações diretas: ADI, ADO, ADC e ADPF (ADC 33).

2.890. suspeição e impedimento: excepcionalidade

O caráter objetivo do processo é também invocado para justificar a absoluta excepcionalidade da suspeição ou impedimento dos ministros do STF para julgar as ações diretas.

É assente que membro do Tribunal que, como ministro de Estado, referendou o ato normativo impugnado não se torna suspeito nem impedido (ADI/MC/QO 55). Também já se entendeu que ministro que participou do procedimento de formulação e edição de resolução do TSE não fica impedido de participar do julgamento de ADI contra tal ato. O próprio presidente do TSE, ainda que prestando informações na condição de representante do órgão de que emanou o ato, não fica impedido para a ação direta (ADI 3.345, ADI 2.321).

Há decisões e votos de ministros que foram ao ponto de afirmar que simplesmente não se aplicariam ao processo das ações diretas os institutos do impedimento e da suspeição, exceto na hipótese de o próprio ministro declarar-se suspeito por razões de foro íntimo (ADI/QO 6.362, ADI 2.238). Mas há algum exagero nessa afirmação, pois quando o ministro houver antes participado direta e pessoalmente do processo de controle direto, como advogado da parte, Advogado-Geral da União ou órgão do Ministério Público, configura-se seu impedimento (ADI/MC/QO 55: no caso, foi-se até mais longe, afirmando-se estar impedido para o julgamento da ADI o ministro que, quando Procurador-Geral da República, recusou representação para ajuizar ação direta). De todo modo, talvez seja essa, até aqui, a única situação de impedimento na ação direta aceita pela Corte.

Por outro lado, o ministro está sempre autorizado a se considerar suspeito por razões de foro íntimo (ADI 3.345).

2.891. medida urgente

A própria Constituição prevê a possibilidade de concessão de "medida cautelar" em ADI (art. 102, inc. I, *p*).

A Constituição alude a "medida cautelar", e o termo é também empregado pela LAD e pela jurisprudência do STF. No entanto, no anseio de distinguir tutela cautelar de tutela antecipada, a doutrina tem prevalentemente afirmado que medidas urgentes destinadas à suspensão provisória do ato impugnado teriam natureza antecipatória: a suspensão corresponderia ao adiantamento parcial do efeito que se teria com o julgamento definitivo, que seria a extinção do ato (Barbosa Moreira, Bedaque, Zavascki...). Quando promulgada a Constituição, o ordenamento brasileiro não distinguia tutela cautelar de tutela antecipada. Toda tutela urgente era tratada como sendo cautelar. Isso explica a terminologia adotada na Constituição – mas não a continuidade do seu emprego depois da discriminação da figura da tutela antecipada no processo brasileiro, a partir de 1994. Daí se vê quão relativa é a distinção entre tutela cautelar e antecipada – espécies do mesmo gênero, com diferenças de gradação quantitativa e não qualitativas. Respeitados doutrinadores sempre viram nas providências urgentes suspensivas de eficácia do ato uma autêntica essência cautelar (Galeno Lacerda, Ovídio Baptista, Kazuo Watanabe...).

O conteúdo da medida de urgência normalmente será a suspensão da norma impugnada. Mas, uma vez suspensa a norma, suspendem-se também os julgamentos de quaisquer recursos no STF em que se discuta a aplicação desse ato normativo (RE/QO 168.277).

A medida urgente pode ser pedida liminarmente ou no curso do processo (AC/MC 2.110). Admite-se inclusive a reiteração de pedido antes indeferido, mediante a apresentação de "fato novo e superveniente" (ADI/MC 504, ADI/MC 1.182, ADI/QO 2.188). Mas não se admite medida cautelar preparatória – isto é, formulada autonomamente, antes da propositura da ação direta (Pet. 391).

Em qualquer caso, a concessão da medida submete-se aos pressupostos tradicionalmente afirmados para a tutela urgente em geral: plausibilidade do direito e perigo de danos irreparáveis ou de difícil reparação (ADI/MC 612, ADI/MC 722). Os dois pressupostos devem ser balanceados: quanto maior o perigo de danos, mais tênue é a plausibilidade exigida, e vice-versa.

O decurso de grande lapso de tempo entre o início de vigência da norma impugnada e a propositura da ADI é frequentemente considerado fator decisivo para descartar-se o *periculum in mora* e se indeferir a medida urgente (ADI/MC 534, ADI/MC 1.857). No entanto, houve caso em que, a despeito do "ajuizamento tardio" da ADI, concedeu-se a medida urgente em vista da marcante relevância jurídica da ação. Na ocasião afirmou-se que se estava usando "o critério da conveniência, em lugar do *periculum in mora*" (ADI/MC 1.087). A rigor, houve o tão só balanceamento dos pressupostos, que é inerente ao juízo da tutela de urgência.

A medida urgente funda-se em cognição sumária e tem caráter provisório. Está destinada a ser substituída pela decisão final da ação direta (ADI/AgR 2.381). Bem, por isso, pode ser revogada ou modificada, fundamentadamente, diante de novos fatos ou elementos instrutórios no processo (ADI/QO 2.188, *a contrario sensu*).

A regra geral é de que a medida urgente deve ser deferida pelo Plenário do STF, com o voto favorável da maioria de seus membros – seis votos, portanto (LAD, art. 10). Além disso, para que o Plenário possa deliberar sobre o tema é preciso que estejam presentes à sua sessão pelo menos oito ministros (LAD, art. 10, c/c art. 22).

A única exceção à exigência de deliberação colegiada dá-se no período de recesso (LAD, art. 10, parte inicial). Nessa hipótese compete ao Presidente da Corte decidir medidas urgentes (RISTF, art. 13, inc. VIII), podendo ele delegar a tarefa a outro ministro (RISTF, art. 13, par. ún.). Contra essa decisão monocrática caberá agravo regimental para o Plenário (RISTF, art. 317), no prazo de 15 dias (CPC, art. 1.070). Independentemente disso, a decisão do Presidente ou do ministro delegatário submete-se à ratificação do Plenário (RISTF, art. 21, incs. IV e V – ADI/MC/QO 3.929).

Ressalvada a hipótese de receber a delegação do Presidente no recesso, o relator não tem o poder de conceder monocraticamente a medida de urgência, por mais grave e urgente que seja o caso (MS/MC 25.024). Nisso, ADI e ADPF têm disciplinas diferentes (Lei 9.882/1999, art. 5º, § 1º).

Antes da decisão do pedido de medida urgente – seja ela monocrática ou tomada pelo Plenário – em regra cabe ouvir, em cinco dias, os órgãos ou autoridades de que emanou o ato impugnado (LAD, art. 10, *caput*, parte final). Além disso, se o relator reputar "indispensável", pode ouvir em três dias o

Advogado-Geral da União e, se ele já não for o autor da ação, o Procurador-Geral da República (LAD, art. 10, § 1º). Mas em caso de "excepcional urgência" a própria oitiva dos órgãos ou autoridades de que emanou o ato impugnado é dispensada (LAD, art. 10, § 3º).

Quando a apreciação da medida urgente for feita pelo Plenário será facultada sustentação oral aos representantes judiciais do requerente e das autoridades ou órgãos responsáveis pela expedição do ato impugnado (LAD, art. 10, § 2º).

O STF já decidiu que o julgamento da medida pelo Plenário pode excepcionalmente ocorrer sem a sua inclusão em pauta. O fundamento para tal possibilidade seria também extraível do § 3º do art. 10: a mesma urgência excepcional que justifica a dispensa de manifestação escrita das autoridades ou órgãos justificaria a não inclusão em pauta (ADI/MC/QO 2.138) – com o que os representantes das partes não seriam intimados para poder participar da sessão.

Uma vez concedida a medida urgente, a parte dispositiva da decisão será publicada nos *Diários da Justiça* e *Oficial*, nos 10 dias subsequentes (LAD, art. 11, *caput*). A medida terá eficácia *erga omnes* (LAD, art. 11, § 1º) e força vinculante (Rcl. 935, Rcl. 1.652, Rcl. 2.256, Rcl. 2.653).

A decisão de indeferimento da medida urgente não tem força vinculante. Vale dizer: ainda que nela conste que não é plausível a arguição de inconstitucionalidade, uma decisão de outro órgão judiciário que afirme incidentalmente a inconstitucionalidade da mesma norma não constituirá afronta à autoridade do STF – não cabendo reclamação contra ela (Rcl./AgR 2.810, Rcl. 2.805, Rcl. 2.681, Rcl. 2.438).

Em princípio os efeitos da medida urgente serão *ex nunc* – vale dizer, serão aplicados apenas a partir da publicação do dispositivo da decisão concessiva nos *Diários da Justiça* e *Oficial*. No entanto, a Corte pode deliberar expressamente sua aplicação retroativa (art. 11, § 2º, da LAD). Uma vez suspensa pela medida urgente a eficácia da norma impugnada, volta a ser aplicável a legislação anterior, que havia sido revogada pela norma sustada – a não ser que a decisão disponha de outro modo (art. 11, § 3º, da LAD).

Tanto o princípio geral da não retroatividade (Rep./QO 1.391) quanto sua exceção em determinados casos (ADI/MC 596, ADI/MC 1.610) já eram consagrados pela jurisprudência do STF. A Corte reputa especialmente adequada a atribuição de eficácia retroativa à liminar quando a norma impugnada exauriu seus efeitos logo depois de entrar em vigor, mas projetando consequências indiretas para o futuro (p.ex., com a desconstituição de atos pretéritos). Nesses casos, "não se pode suspender para o futuro o que já se exauriu no passado" (ADI/MC 596).

Como visto, diante do pedido de medida urgente, o relator pode adotar o rito abreviado, em vez de levar desde logo a medida cautelar a julgamento (art. 12 – v. n. 2.886, acima).

SEGUNDA PARTE: AÇÃO DIRETA DE INCONSTITUCIONALIDADE POR OMISSÃO

2.892. origem e finalidade

A ação direta de inconstitucionalidade por omissão (ADO) foi instituída pela Constituição de 1988. Ela é um dos mecanismos de expressão do caráter dirigente da Constituição, ao lado de outras normas e institutos, como a previsão de eficácia imediata dos direitos e garantias fundamentais (art. 5º, § 1º) e o mandado de injunção (art. 5º, inc. LXXI).

Em uma *Constituição dirigente*, princípios gerais e regras programáticas não constituem simples promessas ou vetores políticos destituídos de força vinculante. Pelo contrário, tais normas impõem ao legislador infraconstitucional e autoridades executivas o dever de sua implementação, de obtenção do máximo resultado possível de se extrair delas. A Constituição dirigente prevê mecanismos para assegurar essa cogência. Tal construção tornou-se bastante difundida no pensamento constitucional brasileiro por influência da doutrina de Canotilho, constitucionalista português – e foi levada para a Constituição de 1988. Em meados dos anos 1990, Canotilho revisou sua tese, atualizando-a. Reconheceu que a Constituição não tem mais a capacidade de ser dirigente e apontou caminhos alternativos e complementares para o atingimento dos resultados constitucionalmente visados ("eficácia reflexiva" ou de "direção indireta", subsidiariedade, neocorporativismo, delegação...).

A ADO pressupõe que a inconstitucionalidade não advenha apenas da norma infraconstitucional que viola normas constitucionais. Configura-se igualmente quando as autoridades e órgãos competentes deixam de editar atos normativos destinados a dar eficácia a normas constitucionais. É a *inconstitucionalidade por omissão*. O § 2º do art. 103 da CF prevê que, "declarada a inconstitucionalidade por omissão de medida para tornar efetiva norma constitucional, será dada ciência ao Poder competente para a adoção das providências necessárias e, em se tratando de órgão administrativo, para fazê-lo em trinta dias".

Essa é a única menção específica ao instituto na ordem constitucional – que, no mais, submete-o ao regime geral da ADI. No seu texto original a LAD não dedicava disposições específicas à ADO. A Lei 12.063/2009 instituiu-lhe disciplina específica, inserindo novo capítulo na LAD (Capítulo II-A, arts. 12-A a 12-H).

2.893. processo objetivo

Como uma variação da ADI, a ADO tem-lhe a mesma natureza jurídica. É processo objetivo, que não examina um litígio concreto, não incide sobre situações e relações jurídicas individualizadas. Na ADO, o STF faz a aferição direta e abstrata da existência de uma norma constitucional cuja eficácia depende de disciplina normativa infraconstitucional e verifica se tal regulamentação inexiste por fatores injustificáveis. Sendo positivos esses juízos, emite-se exortação ou comando, conforme o caso, de suprimento da mora normativa. Não se dá uma disciplina específica para o concreto nem se propicia diretamente o bem de vida que seria usufruído pelos jurisdicionados se a omissão normativa não existisse.

Tanto quanto na ADI, o caráter objetivo do processo precisa ser compreendido com temperamento. Não há como eliminar por completo a consideração de elementos fáticos. P.ex., definir se a mora normativa é injustificável envolve em larga medida a consideração de circunstâncias concretas. Há claros exemplos de verificação, pelo STF, do andamento do processo legislativo para definir se a demora era justificável (ADI 3.682, ADI 2.495).

Da natureza objetiva da ADO extraem-se as mesmas consequências processuais já apontadas para a ADI: impossibilidade de desistência (LAD, art. 12-D – n. 2.888, acima); excepcionalidade de impedimento ou suspeição dos julgadores (n. 2.890, acima); inadmissibilidade de intervenção de terceiros fundada em interesse jurídico (n. 2.881, acima) *etc.*

2.894. objeto e parâmetro de controle

A ADO visa a fazer cessar a ineficácia de uma norma constitucional decorrente de mora normativa infraconstitucional.

A norma constitucional há de estar vigente: se for revogada no curso da ação, haverá perda de interesse de agir (ADI/QO 1.836). Pode tratar-se de norma instituída pelo poder constituinte originário ou por emenda constitucional. Há de ser uma norma constitucional de eficácia limitada – ou seja, incapaz de produzir seus efeitos sem regulamentação.

A mora normativa pode decorrer da falta de exercício de uma competência federal ou estadual. Não há regra explícita quanto a isso, mas esse é o espelhamento devido em relação à ADI, que se presta ao controle da atividade normativa federal e estadual. Omissão de regulamentação por parte de órgãos e agentes municipais não poderá ser objeto de ADI. Pode eventualmente ser combatida por ADPF.

A mora pode ser legislativa ou administrativa regulamentar. Há casos em que cabe censurar a inércia do Parlamento, que não edita lei necessária à regulamentação da norma constitucional. Mas há casos em que não há necessidade de lei, e sim apenas da edição de regulamento por órgãos ou autoridades no exercício de função administrativa. Essa omissão também é impugnável por ADO. A própria Constituição previu expressamente as duas hipóteses (art. 103, § 2º). Eventualmente as duas providências regulamentadoras serão necessárias – lei para regular a norma constitucional e decreto para regulamentar a lei – e a falta dos dois atos normativos pode ser objeto de uma mesma ADO.

A omissão há de ser normativa. A ADO presta-se ao combate à falta de regras infraconstitucionais para regulamentação e consequente viabilização de eficácia plena da norma constitucional. Quando faltam providências concretas do Poder Público, que constituiriam o simples cumprimento de norma constitucional já investida de eficácia plena, não cabe o controle direto (ADI 19). O descumprimento concreto da norma constitucional deve ser combatido por ação comum, individual ou coletiva.

2.895. legitimidade, sujeitos secundários e intervenção de terceiros

Os legitimados ativos para a ADO são os mesmos da ADI (CF, art. 103, incs. I a IX; LAD, art. 12-A). Reitere-se que a ADO nada mais é do que uma ADI peculiarizada por seu pedido. O regime constitucional de ambas é um só. Vale aqui todo o exposto no n. 2.878, acima.

Legitimado passivo é a autoridade ou órgão federal ou estadual de que deveria provir a regulamentação faltante. Pode ser um órgão legislativo (o Congresso Nacional, uma Assembleia Legislativa estadual ou a Câmara Legislativa distrital) ou um órgão ou autoridade no exercício de competência regulamentar administrativa.

A participação do Advogado-Geral da União na ADO não tem a mesma conotação que na ADI. A Constituição atribui ao Advogado-Geral a defesa do ato normativo acusado de inconstitucionalidade (art. 103, § 3º). Não lhe impõe idêntico múnus quando se argui inconstitucionalidade por omissão. Por isso, nesse caso a LAD prevê que o relator "poderá" solicitar manifestação do Advogado-Geral. Não há regra impositiva para o relator, que avaliará, no caso específico, se há alguma utilidade em tal providência. Também não há cogência para o Advogado-Geral, que, quando intimado, apenas se manifestará se tiver com o que contribuir. Seria despropositado estabelecer uma analogia para dizer que em todo o caso o Advogado-Geral terá de defender a constitucionalidade da omissão normativa. A norma constitucional toma em conta a presunção de legitimidade dos atos normativos – o que não se põe no caso de omissão.

O Procurador-Geral da República, se já não for o autor, também será intimado para eventual emissão de parecer (CF, art. 103, § 1º, e LAD, art. 12-E, § 3º). Valem aqui as considerações feitas no n. 2.880, acima.

Como já indicado, também na ADO não se admite a intervenção de terceiros fundada no interesse jurídico no resultado da causa. Mas também aqui se admite a participação, como *amicus curiae*, de terceiro apto a contribuir. Veja-se o n. 2.881, acima.

O § 1º do art. 12-E da LAD autoriza que os demais legitimados ativos para a ADO se manifestem por escrito sobre a causa e juntem documentos, bem como apresentem memoriais. Essa disposição, como todas sobre a ADO, foi acrescentada à LAD pela Lei 12.063/2009. O projeto original da LAD tinha disposição idêntica, na disciplina geral da ADI (art. 7º, § 1º). Foi vetada, pretensamente por razões de economia processual. O veto, por si só, já seria inócuo, diante da possibilidade da participação dos colegitimados como *amici curiae* – como consignado, aliás, nas próprias razões do veto. Mas, além disso, agora não há como descartar a própria aplicação extensiva do art. 12-E, § 1º, da LAD à ADI comum.

2.896. petição inicial e procedimento

A petição inicial deverá descrever com clareza a omissão no cumprimento do dever constitucional de legislar ou na adoção de providência regulatória administrativa (LAD, art. 12-B, inc. I). Para tanto, caberá ao autor indicar precisamente qual o dispositivo constitucional de eficácia limitada que carece de tal disciplina infraconstitucional e demonstrar injustificável demora em sua regulamentação. Além disso, a petição inicial veiculará o pedido, com suas especificações (art. 12-B, inc. II). É ônus do autor detalhar quais são a providências necessárias para o suprimento da omissão – ainda que o STF não fique vinculado ao específico rol de medidas apresentado na inicial. A inicial será acompanhada de instrumento de procuração com poderes específicos, quando cabível (v. n. 2.878, acima), e será apresentada em duas vias – uma delas acompanhada dos documentos necessários à comprovação da omissão (LAD, art. 12-B, par. ún. – v. n. 2.882, acima).

A petição inicial inepta, inclusive a não fundamentada, e a manifestamente improcedente serão liminarmente indeferidas pelo relator (LAD, art. 12-C, *caput*). Dessa decisão cabe agravo interno (art. 12-C, par. ún.), no prazo de 15 dias (CPC, art. 1.070). Também nesse caso, antes do indeferimento deve ser dada ao autor oportunidade de emenda, sempre que possível. Quanto a tudo isso, v. n. 2.884, acima.

Será observado o procedimento padrão da ADI: prazo de 30 dias para manifestação da autoridade ou órgão a que se imputa a omissão; a seguir, oportunidade de manifestação do Advogado-Geral da União (que aqui não é cogente, como visto no n. 2.895), em 15 dias; e subsequentemente vista para parecer do Procurador-Geral da República, também em 15 dias (LAD, art. 12-E, *caput*). Depois, haverá eventuais providências instrutórias, em 30 dias (n. 2.887, acima). Feita a instrução ou sendo ela desnecessária, o relator apresentará o relatório, com cópia para os demais ministros, e pedirá dia para julgamento.

Não há, para a ADO, a previsão de emprego de rito abreviado.

2.897. medida urgente

Antes da Lei 12.063/2009 havia precedente do STF negando o cabimento de medida urgente em ADO. A providência almejada na ação, suprimento de omissão normativa, não seria passível de consecução meramente provisória e nem mesmo é a providência final cabível (ADI 267, ADI/MC 361, ADI/MC 1.458).

Mas a Lei 12.063 previu expressamente "medida cautelar" em ADO, mediante o acréscimo dos arts. 12-F e 12-G à LAD. O § 1º do art. 12-F prevê como possível objeto dessa tutela provisória:

(i) Suspensão da aplicação do ato normativo "questionado", "no caso de omissão parcial". Nesse ponto, a lei parece ter em vista a hipótese de cumulação de ADI com ADO, de modo que a medida urgente em questão concerniria à ADI. Ou:

(ii) Suspensão de processos judiciais ou procedimentos administrativos. Essa é providência compatível com a ADO. Pode-se cogitar aqui da suspensão de processos para os quais seria relevante a aplicação da norma constitucional cujos efeitos não estão sendo produzidos pela falta de regulamentação. A suspensão se destinaria a viabilizar a superveniência da regulamentação antes da decisão de tais processos. Ou, ainda:

(iii) Outra providência a ser fixada pela Corte. Mas não há na jurisprudência do STF rol significativo de exemplos de adoção de medidas urgentes atípicas na ADO. Na ADO/MC 24, como medida liminar, emitiu-se "apelo" ao Presidente da República para que suprisse a omissão normativa regulamentar existente. Inclusive, a decisão foi monocrática – o que não está autorizado no âmbito da ADO.

Diante do pedido de medida urgente, o relator deve dar aos órgãos ou autoridades aos quais se imputa a omissão o prazo de cinco dias para se manifestarem (LAD, art. 12-F, § 1º). Se reputar indispensável, ouvirá também o Procurador-Geral da República, em três dias (art. 12-F, § 2º). Além disso, na sessão de julgamento da medida urgente admite-se sustentação oral dos representantes judiciais das partes (art. 12-F, § 3º).

A decisão sobre a questão compete exclusivamente ao Plenário e só poderá ser tomada se oito ministros estiverem presentes à sessão. Sua concessão depende do voto favorável de seis ministros e depende da presença dos pressupostos da excepcional urgência e da relevância da matéria (art. 12-F, *caput*, e art. 22 da LAD).

Se for concedida a medida, a parte dispositiva da decisão será publicada nos *Diários da Justiça* e *Oficial* em até 10 dias contados da sessão.

Na ADO não cabem o rito abreviado do art. 12 da LAD nem a excepcional concessão monocrática da medida urgente, prevista para a ADI no § 3º do art. 10 da LAD.

2.898. fungibilidade e cumulatividade com a ADI

Como visto (n. 2.883), é dado ao autor cumular pedidos de ADI e ADO, desde que compatíveis entre si e relacionados.

Além disso, a Corte reconhece a fungibilidade entre as duas medidas, aceitando processar e conhecer uma em lugar da outra (ADI 875, ADI 1.987, ADI 2.727).

TERCEIRA PARTE: AÇÃO DECLARATÓRIA DE CONSTITUCIONALIDADE

2.899. origem e evolução

A ação declaratória de constitucionalidade (ADC) foi instituída em 1993, pela Emenda Constitucional 3. Nos termos do § 2º do art. 102 da Constituição, acrescido pela Emenda, a decisão definitiva de mérito na ação declaratória tem *eficácia contra todos e efeito vinculante, relativamente aos demais órgãos do Poder Judiciário e ao Poder Executivo*. Em julgamento de Questão de Ordem na ADC 1, o Supremo Tribunal, por maioria, reconheceu a compatibilidade da introdução da ação declaratória e da regra que lhe previu a força vinculante com as cláusulas constitucionais pétreas. Em Questão de Ordem na ADC 4, reconheceu-se a possibilidade de concessão de medida cautelar em ADC, que é expressamente prevista na Constituição apenas para a ADI (art. 102, inc. I, *p*). Na mesma oportunidade afirmou-se a força vinculante da decisão concessiva de tal providência urgente na ação declaratória.

A implementação de uma ADC apta, por expressa previsão constitucional, à produção de decisões com força vinculante contribuiu para que o Tribunal iniciasse a revisão do seu entendimento a respeito da ausência de força vinculante na ADI. O tema é retomado adiante (n. 2.911).

A LAD disciplinou o procedimento da ADC, similar ao da ADI, e os efeitos de sua decisão final, rigorosamente simétricos aos da ADI.

A Emenda Constitucional 45 ampliou o rol de legitimados ativos da ação declaratória.

2.900. caráter objetivo do processo

Como contraface da ADI, a ADC também natureza de processo objetivo. As decorrências processuais disso são as já destacadas: impossibilidade de desistência (LAD, art. 16 – n. 2.888, acima); excepcionalidade de impedimento ou suspeição dos julgadores (n. 2.890, acima); inadmissibilidade de intervenção de terceiros fundada em interesse jurídico (n. 2.881, acima) *etc.*

2.901. objeto e parâmetro de controle

A ADC visa à declaração de constitucionalidade de lei ou ato normativo *federal* (CF, art. 102, inc. I). Portanto, seu objeto é mais restrito que o da ADI, uma vez que não alcança os atos normativos estaduais.

Quanto ao mais, vale para a ação declaratória tudo o que já se expôs a respeito do objeto da ação direta (n. 2.875, acima).

Diante da limitação da ADC a atos normativos federais, o reconhecimento da compatibilidade de ato normativo estadual ou municipal com preceitos fundamentais decorrentes da Constituição pode ser obtido na ADPF. Mas é discutível que possa haver propriamente a declaração de constitucionalidade integral do ato normativo em sede de ADPF, em vista da limitação do parâmetro de controle aos preceitos fundamentais. Ao menos em tese, a ADPF é mecanismo de controle restrito aos preceitos fundamentais da Constituição – que não seria apto à verificação da compatibilidade da norma infraconstitucional com *todas* as normas constitucionais. No entanto, em quase 25 anos de emprego da ADPF, o STF jamais firmou orientação restritiva do conceito de "preceitos fundamentais" a apenas algumas normas constitucionais.

Já o parâmetro de controle empregado na ADC é exatamente o mesmo que o da ADI (v. n. 2.876, acima).

2.902. legitimidade ativa

Originalmente a Constituição previa rol mais restrito de legitimados para a propositura da ADC. Com a Emenda Constitucional 45/2004 os legitimados ativos para a ADC passaram a ser os mesmos já previstos para a ADI (nova redação do art. 103 da CF). Remete-se ao quanto exposto sobre o tema em relação à ADI – que é de todo aplicável à ADC.

2.903. interesse de agir

Logo no julgamento da ADC 1, o STF estabeleceu o entendimento de que seria indispensável haver dúvida objetiva sobre a constitucionalidade da lei para se poder empregar a ação declaratória. Diferentemente da ADI, cujo ajuizamento justifica-se diante da simples vigência da norma reputada inconstitucional, não seria justificável que indiscriminadamente se pedisse a declaração de constitucionalidade de leis e atos normativos. Precisa haver "controvérsia judicial, objetivamente demonstrada e em proporções relevantes, sobre a validez de determinada norma legal" (ADC 1). Caso contrário, é desarrazoado, desproporcional e mesmo desnecessário provocar o controle direto. Vale dizer: falta interesse de agir. Esse pressuposto de admissibilidade da ADC foi reafirmado na ADC 5 – ainda antes da edição da LAD.

Ecoando essa jurisprudência, a LAD previu a necessidade de o autor liminarmente comprovar a existência de controvérsia judicial relevante sobre a aplicação da disposição objeto da ação declaratória (art. 14, inc. III). A Corte tem sido rigorosa na observância desse requisito (ADC 31, ADC/AgR 40, ADC 58, ADC 66, ADC/AgR 67, ADC/AgR 69).

A controvérsia pode estar posta em vários processos, de modo que a repetitividade a torna importante. Mas pode também haver se estabelecido em um único processo, cujo objeto em si é relevante. Aliás, talvez a previsão pudesse ser mais flexível. Nada impede que a controvérsia esteja claramente estabelecida na sociedade civil, ainda que apenas em procedimentos administrativos ou outras esferas extrajudiciais de debate jurídico.

Em qualquer caso, caberá ao autor documentar a existência da controvérsia e apresentar essa prova ao STF, na propositura da demanda.

2.904. a ausência de um legitimado passivo: necessidade de interpretação conforme – intervenção de terceiros

Na ADI – modelo inicial de processo objetivo adotado no Brasil –, o contraditório é sempre assegurado pela participação dos órgãos ou autoridades de que emanou o ato normativo, além da obrigatória intervenção do Advogado-Geral da União na defesa da constitucionalidade da norma questionada. Já a ADC (EC 3/1993), nos seus primeiros anos de vigência, foi utilizada em grave descompasso com a garantia constitucional do contraditório. Na questão de ordem suscitada na ADC 1, a amplíssima maioria do Supremo Tribunal reconheceu a constitucionalidade do então novo instrumento. No entanto, no que tange à configuração processual do instituto, abriu-se significativa divergência. Quatro Ministros reputaram que seria imprescindível viabilizar alguma forma de participação em contraditório de órgãos e entidades dispostos a demonstrar a inconstitucionalidade do ato normativo objeto da ação. Defenderam que se franqueasse aos legitimados da ADI esse direito. Todavia, prevaleceu a tese de que a ADC se desenvolveria sem a presença de parte em seu polo passivo. O caráter objetivo de seu processo supostamente autorizaria essa solução.

Além disso, não há, como na ADI, a intervenção do Advogado-Geral da União ou outro agente com a função de necessariamente se contrapor à demanda.

Para agravar a situação, há a circunstância, já aqui várias vezes destacada, de que o Supremo Tribunal – aí sim corretamente amparado na natureza objetiva do processo – não admite a intervenção de terceiros fundada no interesse jurídico. Essa proibição está reiterada na disciplina da ADC (LAD, art. 18).

O modo de mitigar esse grave déficit de contraditório na ADC é a ampla admissão do *amicus curiae* no processo. Todavia, no capítulo da LAD referente à ação declaratória constou apenas a regra proibitiva da intervenção de terceiros (art. 18). O § 2º do art. 18, dispositivo equivalente ao § 2º do art. 7º, que autoriza o *amicus* na ADI, foi vetado. Todavia, conforme a própria justificativa do Presidente de República, o veto ao art. § 2º do art. 18 foi apenas consequência do veto ao § 1º do mesmo artigo – sendo possível, "por interpretação sistemática, admitir no processo da ação declaratória a abertura prevista para a ação direta no § 2º do art. 7º". Esse entendimento já foi expressamente chancelado pelo Supremo Tribunal (ADC 18). Desse modo, a possibilidade de participação do *amicus curiae* viabiliza o exercício de algum contraditório na ADC.

A solução mais consentânea com o devido processo legal seria permitir que os legitimados à ADI pudessem, querendo, ingressar no polo passivo da ADC. Essa legitimação passiva seria dimensionada nos termos da legitimidade ativa para a ADC (p.ex., exigindo-se pertinência temática, quando fosse o caso). Essa solução, defendida pelos vencidos na Questão de Ordem na ADC 1, não tem sido contemplada pela jurisprudência do STF. Tampouco está prevista na LAD. O projeto da lei, no § 1º do art. 18, previa que os legitimados para a ADI pudessem apresentar informações escritas e memoriais na ADC – o que já era, de todo modo, menos do que a solução ideal aqui aventada. Mas, a exemplo do § 1º do art. 7º, tal disposição foi vetada, em pretensa deferência à economia processual (v. n. 2.881, acima). De todo modo, isso não exclui que os legitimados para a ADI participem do processo como *amici curiae* (ADI 2.154, ADI 2.258). De resto, cabe considerar o § 1º do art. 12-E, acrescido à LAD pela Lei 12.063/2009, que disciplinou a ADO. Trata-se de disposição idêntica à do § 1º do art. 7º e do § 1º do art. 18, mas que *não foi vetada*. Dada a fungibilidade entre as ações diretas e sua comunicabilidade de regimes, é cabível a aplicação extensiva do art. 12-E, § 1º, aos processos da ADI e da ADC (v. n. 2.895, acima).

Houve ainda o veto a outros dois dispositivos do projeto da LAD que dificulta o exercício do contraditório nas ações diretas. O parágrafo único do art. 5º e o art. 17 impunham ao relator o dever de mandar publicar edital nos *Diários da Justiça* e *Oficial*, com informações sobre a propositura da ação direta ou declaratória, o seu autor e o dispositivo da lei ou do ato normativo. Isso daria maior publicidade à ação, propiciando maior e mais eficiente participação de *amici curiae*. A justificativa para o veto foi a de que os andamentos dessas ações já são publicados no *Diário da Justiça*.

2.905. petição inicial

A petição inicial deverá indicar o ato normativo questionado e os fundamentos jurídicos do pedido, além do pedido com suas especificações (LAD, art. 14, incs. I e II). Também na ADC o STF fica adstrito ao exame da disposição normativa infraconstitucional trazida pelo autor da ação, não podendo estender seu juízo a outras. Na ADC igualmente se impõe ao autor o ônus de expor os fundamentos da ação, ainda que o STF não fique vinculado a eles. Mas na ADC a fundamentação da demanda tem um desdobramento adicional, quando comparada com a ADI. A inicial deve apresentar os motivos pelos quais a constitucionalidade da norma tem sido posta em dúvida e os fundamentos pelos quais esses questionamentos não procedem.

Aí se põe mais um requisito essencial da petição inicial da ADC: a comprovação documental da existência de controvérsia relevante a respeito da constitucionalidade da disposição normativa que é objeto a ação (LAD, art. 14, inc. III). A apresentação da controvérsia que recai sobre a constitucionalidade da norma é relevante não apenas para a demonstração do interesse de agir (n. 2.903, acima). Ela também contribui para delinear o objeto da ação (n. 2.913, adiante).

Como nas outras ações diretas, os legitimados ativos indicados nos incs. I a VII do art. 103 da CF não precisam se fazer representar por procurador público ou advogado. Quando necessária tal representação, a procuração, anexa à inicial, deve conter poderes específicos para o questionamento da norma (ADC 76). A inicial deve ser apresentada em duas vias – uma delas acompanhada dos documentos necessários à instrução da demanda (LAD, art. 14, par. ún.).

Caberá ao relator indeferir liminarmente a inicial inepta, inclusive por falta de fundamentação, e a manifestamente improcedente (LAD, art. 15). Essa é decisão é agravável (LAD, art. 15, par. ún.), no prazo de 15 dias (CPC, art. 1.070). De todo modo, também aqui deve ser dada ao autor a chance de emendar a inicial, sempre que o defeito for corrigível.

Questiona-se a possibilidade de o relator, monocraticamente, julgar improcedente a ADC. Afinal, isso significaria a declaração de inconstitucionalidade da norma – o que precisa ser feito pelo Plenário (art. 97 da CF). Mas pense-se na hipótese em que, a despeito de já haver decisão do Plenário em recurso extraordinário com repercussão geral no sentido da inconstitucionalidade da norma, promove-se a ação declaratória de sua constitucionalidade. É caso manifesto de improcedência – e fica dispensada a submissão da causa ao Plenário (CPC, art. 949, par. ún.; RE 191.917, RE 199.017).

2.906. procedimento

Diante da insólita inexistência de réu na ADC, o procedimento é bastante simples. Deferida a inicial, ouve-se o Ministério Público em 15 dias (LAD, art. 19). A seguir, pode haver providências instrutórias pelo prazo de 30 dias (LAD, art. 20, §§ 1º a 3º). Depois disso, o relator já pode emitir o relatório da causa, com cópia para seus pares, e pedir dia para julgamento (LAD, art. 20, *caput*).

2.907. medida urgente

A possibilidade de medida urgente em ações de controle direto foi expressamente prevista na Constituição apenas para a ADI. No entanto, na ADC 4 o STF veio a reconhecer o cabimento de liminar em ADC, com base no poder geral de cautela. Na mesma ocasião, afirmou-se a força vinculante dessa providência urgente (assim também ADC 8).

A LAD, em seu art. 21, explicitou a possibilidade de medida cautelar. Por seus termos, a providência urgente na ADC consistiria em determinação de que os demais órgãos judiciais suspendessem o julgamento dos processos em que se discutisse a aplicação da norma objeto da ADC, até seu julgamento definitivo.

Mas, a despeito da letra da lei, esse não é o único objeto possível da medida urgente na ADC. Na própria ADC 4 a providência sumária adotada consistiu em determinação de que os demais órgãos judiciais *permanecessem aplicando* as normas objeto da ADC, sem questionar-lhes a constitucionalidade nos casos concretos.

Quando se determina cautelarmente suspensão dos processos em trâmite nos demais órgãos judiciais, a lei estabelece para a medida um prazo de vigência de 180 dias. Ultrapassado esse prazo sem que a ADC esteja definitivamente julgada, a providência urgente perde sua eficácia. Tal limitação temporal é razoável. Visa a evitar que os processos perante os demais juízes e tribunais permaneçam até mesmo vários anos suspensos, enquanto se espera o julgamento final da ADC. Contudo, o STF já flexibilizou esse limite. Por exemplo, na ADC/MC/QO 18 o prazo de vigência da liminar foi dobrado.

Por outro lado, há casos em que o STF autorizou que específicos processos não se submetessem à suspensão imposta pela medida cautelar concedida em ADC, por reputar que a providência seria desarrazoada em vista da já excessiva duração do trâmite processual (Rcl. 5.758, Rcl. 5.816, Rcl. 7.858).

Mais uma vez a falta de réu torna o procedimento muito singelo. Formulado o pedido de liminar, o relator não está obrigado a ouvir ninguém. Não é preciso nem mesmo abrir vista para o Procurador-Geral da República, ainda que possa fazê-lo. Enfim, pode desde logo levar o pedido urgente para Plenário. Diferentemente do que se passa na ADI e na ADO, na ADC não se põe a exigência do art. 22 da LAD, de que pelo menos oito ministros estejam presentes à sessão para deliberar sobre a providência urgente. De todo modo, a concessão da medida depende de seis votos favoráveis (art. 21).

Por outro lado, a despeito de a lei não veicular expressa regra autorizando a concessão monocrática da liminar, isso é admitido pela Corte em casos de especial urgência (ADC 27). Nessa hipótese, caberá agravo interno ao Plenário (RISTF, art. 317), no prazo de 15 dias (CPC, art. 1.070).

QUARTA PARTE: A DECISÃO FINAL NA ADI, ADO E ADC

2.908. deliberação: quóruns e publicidade

Para que o Plenário possa proceder ao julgamento final da ADI, ADO ou ADC é indispensável que estejam presentes na sessão ao menos oito ministros (LAD, art. 22).

Para que se possa declarar a inconstitucionalidade ou a constitucionalidade da norma questionada é necessário o voto favorável de no mínimo seis ministros (LAD, art. 23, *caput*). Esse quórum aplica-se inclusive à declaração de inconstitucionalidade sem redução de texto, à interpretação conforme a Constituição e demais modalidades diferenciadas de decisões de controle direto (v. n. 2.911, adiante). No que tange às decisões declaratórias de inconstitucionalidade, em todas as suas modalidades (Súmula Vinculante 10), a exigência de maioria absoluta dos integrantes do Plenário advém da própria Constituição (art. 97).

Após o trânsito em julgado da decisão, o STF deve publicar em 10 dias a parte dispositiva do acórdão, em setor especial dos *Diários Oficial* e *da Justiça* (LAD, art. 28, par. ún.). A partir daí – e independentemente da lavratura e publicação do acórdão – a decisão já é eficaz (Rcl./AgR 3.473, ADI/AgR 5.439, Rcl. 2.576, ARE/AgR/ED/ED 1.031.810).

2.909. o caráter dúplice da ADI e da ADC: limite

A jurisprudência do STF e, na sua esteira, a LAD atribuem à ADI e à ADC caráter dúplice.

Dúplice é a ação apta a propiciar ao polo passivo da ação, independentemente de reconvenção, tutela jurisdicional idêntica à que ele teria se tivesse ele mesmo promovido uma ação. Normalmente as ações não são dúplices. Em regra, quando, p.ex., o autor pede a declaração de inexistência de um crédito e é derrotado no mérito, não há na sentença declaratória da existência desse crédito, muito menos condenação do autor ao seu cumprimento, mas a mera declaração de que o autor não tem direito à declaração negativa que pretendia. Para obter aqueles resultados o réu precisaria haver formulado reconvenção. Exemplo de ação dúplice se tem na consignação em pagamento: se ela for julgada improcedente, por se reputar insuficiente o montante consignado pelo autor, a sentença constituirá título executivo para o réu, independentemente de pedido dele (CPC, art. 545, § 2º). Assim também é na ação de exigir contas (CPC, art. 552).

Então, considerando-se o caráter dúplice, em princípio, o julgamento de improcedência da ADI deve conduzir à declaração de constitucionalidade da norma impugnada, tal como se teria na procedência de uma ADC sobre tal norma. E vice-versa: se a ADC é rejeitada em seu mérito, normalmente se terá a declaração de inconstitucionalidade da norma em questão, idêntica à do acolhimento de uma ADI contra essa mesma norma. É o que preveem expressamente os arts. 23, *caput*, e 24 da LAD.

Mas o caráter dúplice encontra um limite no quórum exigido para a declaração de constitucionalidade ou inconstitucionalidade. Com oito membros presentes o STF já está autorizado a julgar o mérito da ADI ou ADC. Imagine-se que, em uma sessão de que participaram apenas oito ministros, por cinco a três rejeitou-se, com julgamento de mérito, o pedido feito em uma ADC. Tal votação é suficiente para o julgamento de improcedência da ação, mas não para que a norma em questão seja declarada inconstitucional. Então, se o julgamento acabasse aí, haveria a negativa de declaração de constitucionalidade da norma, mas sem a declaração de sua inconstitucionalidade. Nessa hipótese, a ação não teria sido dúplice.

Para tentar superar esse impasse, o parágrafo único do art. 23 da LAD prevê que, "se não for alcançada a maioria necessária à declaração de constitucionalidade ou de inconstitucionalidade, estando ausentes ministros em número que possa influir no julgamento, este será suspenso a fim de aguardar-se o comparecimento dos ministros ausentes, até que se atinja o número necessário para prolação da decisão num ou noutro sentido". Mas essa solução pressupõe que o julgamento feito sem a participação de um número maior de ministros derive de uma falta ocasional de um ou alguns deles: ausência pontual naquela sessão, licença médica ou, mesmo, vacância do cargo enquanto se aguarda a nomeação e a posse de novo ministro. Nesses casos faz sentido aplicar-se a regra: o ministro que faltou àquela sessão estará presente na seguinte; o licenciado retorna; nomeia-se alguém para o cargo que estava vago... – e finalmente se conclui o julgamento.

Mas haverá ocasiões em que o não atingimento do quórum para declaração de inconstitucionalidade ou constitucionalidade derivará de um fator permanente. Imagine-se que um ministro se declarou impedido por haver subscrito a inicial da ADC na anterior condição de advogado da entidade associativa autora e que outro se declarou suspeito por razão de foro íntimo. Nesse caso, se o resultado for cinco a quatro, em qualquer sentido, a ADC deverá ser julgada improcedente – e não produzirá declaração de inconstitucionalidade da norma. Seria despropositado invocar o parágrafo único do art. 23 da LAD e suspender o julgamento até que ao menos um desses dois ministros que não votaram se aposentasse, se exonerasse ou morresse...

O art. 40 do RISTF teve sua redação alterada pela Emenda Regimental 35/2009. Eu sua anterior redação o dispositivo previa que, para completar quórum do Plenário, em caso de impedimento ou licença superior a três meses, o presidente do STF convocaria o ministro licenciado ou, se impossível, convocaria ministro do Tribunal Federal de Recursos (substituído, na Constituição de 1988, pelo STJ). O dispositivo chegou a ser aplicado no julgamento do MS 21.689, impetrado por Collor de Mello contra a decisão do Senado que lhe cassou os direitos políticos. Na ocasião foram convocados três ministros do STJ. Mas a atual redação do art. 40 do RISTF não prevê mais essa possibilidade. Limita-se a prever que, em caso de impedimento ou licença superior a 30 dias, o Presidente convocará o ministro licenciado. No exemplo dado essa solução seria inaplicável.

2.910. irrecorribilidade e irrescindibilidade

A decisão final do Plenário nas ações de controle direto é irrecorrível (LAD, art. 26). Poderia supor-se que essa já seria uma normal decorrência do fato de o Pleno ser o órgão último no tribunal que está no topo da pirâmide judiciária brasileira. No entanto, antes da LAD admitiam-se embargos infringentes contra o acórdão não unânime em ADI (art. 333, inc. IV, do RISTF, que alude ainda à antiga representação contra inconstitucionalidade).

E o STF reputa admissíveis os embargos infringentes em ADI interpostos contra decisões proferidas antes da vigência da LAD (ADI/EI 1.591, ADI/EI 1.289).

No entanto, não fica excluída a interposição de embargos declaratórios. O próprio art. 26 da LAD ressalvou sua admissibilidade. Mas seria até desnecessário. Os embargos de declaração estão indissociavelmente ligados à garantia da fundamentação das decisões (CF, art. 93, inc. IX). Prestam-se a assegurar que a decisão seja clara e completa. Por isso, são cabíveis mesmo quando uma disposição legal qualifica uma decisão como irrecorrível (Barbosa Moreira).

Além disso, também não cabe ação rescisória contra a decisão final de mérito da ADI, ADO ou ADC (art. 26 da LAD). A inadmissibilidade da ação rescisória justifica-se em face das peculiaridades do objeto do processo de controle direto de constitucionalidade. Por um lado, não seria razoável admitir rescisão de acórdão que, ao concluir pela inconstitucionalidade, já retirou o ato da ordem jurídica; por outro, se a constitucionalidade for reconhecida, não fica descartado, dentro de certas condições, um futuro novo exame da questão.

Não se admite ação rescisória nem mesmo para se obter modulação de efeitos faltante na declaração de inconstitucionalidade ou para se desconstituir a modulação estabelecida (ADI/AgR 2.496, ADI/AgR 2.503).

2.911. *efeitos da decisão final da ADI e da ADC*

A decisão final de procedência da ADC ou de improcedência da ADI, com o voto de ao menos seis ministros, tem eficácia meramente declaratória. Ela não inova o ordenamento jurídico. Apenas reconhece a constitucionalidade da norma questionada – nos limites a seguir destacados (n. 2.913, a seguir).

A decisão final de procedência da ADI ou de improcedência da ADC, com o voto de ao menos seis ministros, tem eficácia declaratória e constitutiva negativa. Ela reconhece a inconstitucionalidade na norma questionada e a desconstitui, retirando-a do ordenamento. Por muito tempo prevaleceu na doutrina brasileira a ideia de que a decisão de inconstitucionalidade seria meramente declaratória, por reconhecer uma nulidade preexistente. Mas a norma inconstitucional, mesmo sendo inválida, juridicamente existe, e por isso precisa ser desconstituída (Pontes de Miranda).

A decisão de improcedência da ADI ou ADC tomada com o voto de menos de seis ministros (n. 2.909, acima) tem apenas eficácia declaratória negativa: ela se limita a declarar a impossibilidade da declaração positiva ou negativa da legitimidade constitucional da norma questionada.

A decisão final da ADI ou ADC pode não consistir em declaração da inconstitucionalidade com redução de texto nem em pura e simples declaração de constitucionalidade. Essas são as duas mais comuns modalidades de decisão de controle direto. Mas a jurisprudência constitucional construiu formas intermediárias de solução. A própria LAD expressamente alude a duas dessas variantes, a "interpretação conforme a Constituição" e a "declaração parcial de inconstitucionalidade sem redução de texto" (art. 28, par. ún,).

Na *declaração de inconstitucionalidade sem redução de texto* o Supremo Tribunal mantém íntegro o texto legal impugnado e, no entanto, declara a inconstitucionalidade de determinado alcance ou sentido que seria inequivocamente extraível daquele texto. Exerce-se o controle de constitucionalidade em sua plenitude: não sobre a letra da lei, mas sobre a norma, propriamente dita, extraível do texto legal (ADI/QO 319, ADI/MC 1.620, ADI/MC 1.480, ADI 1.668, ADI 1.371, ADI 1.377, ADI/MC 1.045, ADI 939).

Na *interpretação conforme a Constituição* o STF indica em qual sentido a norma infraconstitucional deve ser interpretada sem que ocorra ofensa à Constituição. Consequentemente, reconhece que outras interpretações, excluídas por aquela tida por conforme, são incompatíveis com a Constituição. Tal técnica pode – aliás, deve – ser empregada em qualquer processo, por qualquer juiz. Não é exclusividade do controle direto. No entanto, quando utilizada nas ações de controle direto, a definição do sentido "conforme" assumirá a mesma eficácia e autoridade das demais decisões produzidas nessa seara.

Por muito tempo, na jurisprudência do STF, faltou clareza quanto à distinção entre as técnicas da *interpretação conforme a Constituição* e da *declaração de inconstitucionalidade sem redução do texto*. Em épocas pretéritas o reconhecimento da possibilidade de se extrair do texto impugnado uma "interpretação conforme" serviu de fundamento para o julgamento de "improcedência" de ações diretas. Mas a jurisprudência do Supremo alterou-se, e se passou a julgar parcialmente procedente a ação direta nessas hipóteses. Basta cotejar os diversos acórdãos citados acima. Com isso, há significativa proximidade com a técnica da declaração sem redução de texto. Em diversos pronunciamentos alude-se simultaneamente à "interpretação conforme" e à "declaração sem redução" (p.ex.: ADI/QO 319, ADI/MC 1.480, ADI 1.371, ADI 1.377).

Mas há uma diferença entre as duas técnicas. Na declaração sem redução de texto há a objetiva censura a determinada interpretação ou a determinadas interpretações – sem a assunção de uma específica interpretação como sendo a legítima. Ou seja, a Corte diz *como não se pode interpretar* (desconstituindo a norma que seria extraível da interpretação inconstitucional), mas não manda interpretar de um dado modo. Já na interpretação conforme define-se determinada interpretação como sendo a compatível com – ou a mais adequada a – a Constituição. A Corte *impõe uma específica interpretação* da disposição normativa questionada. Em certa medida, a interpretação conforme constitui um *plus* em relação à declaração sem redução de texto: também há na interpretação conforme a supressão das interpretações inconstitucionais, mas se dá um passo a mais, impondo-se determinado sentido normativo como o consentâneo com a Constituição. Essa distinção é inclusive relevante para a compreensão dos limites de legitimidade da força vinculante em um e outro caso (n. 2.913, a seguir).

A tipologia das decisões constitucionais não se exaure nessas hipóteses aqui destacadas. Há ainda grande quantidade de variáveis, que de um modo ou outro podem ser subsumidas a essas hipóteses principais, especialmente quando conjugadas com as técnicas de modulação de efeitos, adiante referidas (n. 2.914).

Assim, são concebíveis (i) decisões aditivas de princípio e (ii) decisões de declaração de inconstitucionalidade sem pronúncia de nulidade, (iii) decisões redutoras do texto normativo (produtoras de novo texto, conforme a Constituição), (iv) decisões aditivas em sentido estrito, (v) decisões substitutivas, (vi) decisões limitadoras, com modulação dos efeitos da declaração de inconstitucionalidade (Abboud). O tema comporta ensaio próprio.

Em todas as suas variáveis, a decisão final de mérito fundada no voto de ao menos seis ministros tem força vinculante e eficácia *erga omnes* (CF, art. 102, § 2º; LAD, art. 28, par. ún.). Vale dizer: essa decisão aplica-se a todos os jurisdicionados, e não apenas aos que figuraram como partes. Além disso, deve ser obrigatoriamente seguida pelos demais órgãos e agentes públicos incumbidos de cumprir e aplicar as leis. Abrange as esferas federal, estadual e municipal. Inclusive todos os demais juízes e tribunais estão vinculados ao quanto decidido na ação direta. Todos os órgãos e agentes da Administração Pública igualmente devem lhe dar pronta e integral aplicação. Cabe inclusive reclamação, perante o Supremo Tribunal Federal (CF, art. 102, I, *l*), contra o descumprimento da decisão de controle direto. O Poder Legislativo não é atingido pela força vinculante das decisões de controle direto. É o que se extrai não apenas da letra do art. 28, parágrafo único, da LAD e do art. 102, § 2º, da Constituição, mas também da jurisprudência do Supremo Tribunal. Aliás, o STF considera tal ausência de vinculação do Poder Legislativo "salutar" e "positiva pois viabiliza reabrir o debate constitucional, sobretudo quando o Supremo declara a lei inconstitucional" (Rcl./AgR 2.617).

Nas primeiras décadas de vigência do controle direto o STF reputava que, tendo em vista o caráter objetivo do processo da ação direta, não era dado a todo e qualquer sujeito interessado utilizar o mecanismo da reclamação para fazer valer em seu específico processo a decisão tomada em sede de controle direto. Apenas o autor da ADI estaria legitimado a lançar mão da reclamação (p.ex., Rcl./AgR 354, Rcl./QO 397).

O cenário começou a se alterar em 1993, com a instituição da ADC pela Emenda Constitucional 3. Nos termos do § 2º do art. 102 da Constituição, acrescido pela Emenda, a decisão definitiva de mérito na ação declaratória produziria "eficácia contra todos e efeito vinculante, relativamente aos demais órgãos do Poder Judiciário e ao Poder Executivo" – norma cuja constitucionalidade diante das cláusulas pétreas foi reconhecida em julgamento de Questão de Ordem na ADC 1. A implementação de uma ADC apta, por expressa previsão constitucional, à produção de decisões com força vinculante contribuiu para que o Tribunal iniciasse a revisão do seu entendimento a respeito da ausência de força vinculante na ADI.

Assim, em 1999 a LAD expressamente atribuiu força vinculante também à decisão definitiva declaratória de inconstitucionalidade (art. 28, par. ún.). Tal regra teve sua constitucionalidade questionada e reconhecida pelo STF no julgamento da Questão de Ordem na Rcl. 1.880. O fundamento principal para tal conclusão foi o da "similitude substancial de objetos nas ações declaratória de constitucionalidade e direta de inconstitucionalidade", que exige simetria nos respectivos regimes jurídicos. Tomou-se em conta o caráter dúplice, bifronte, das duas ações. Na mesma oportunidade, o Tribunal também reviu limitação do emprego da reclamação apenas aos próprios legitimados na ação direta. Reconheceu a "legitimidade ativa *ad causam* de todos que comprovem prejuízo oriundo de decisões dos órgãos do Poder Judiciário, bem como da Administração Pública de todos os níveis, contrárias ao julgado do Tribunal" (assim também a Rcl./AgR 2.143).

Finalmente, a Emenda Constitucional 45/2004 alterou a redação do § 2º do art. 103 para expressamente afirmar a eficácia contra todos e a força vinculante das decisões de mérito da ADI e da ADC.

Para exame mais detido do exposto neste tópico e nos seguintes, v. Eduardo Talamini, "Efeitos da declaração de inconstitucionalidade", in Clèmerson Clève (coord.), *Direito constitucional brasileiro*, 2ª ed., vol. 2, São Paulo, Ed. RT, 2022.

2.912. a supressão da norma inconstitucional

Como dito, a decisão final de inconstitucionalidade tem também natureza constitutiva negativa. Ela retira do ordenamento a norma inconstitucional. A norma que até então era inválida, mas existia, extingue-se. E isso acontece mesmo na hipótese de declaração de inconstitucionalidade sem redução de texto. A norma não é o dispositivo legal em si, mas o resultado de sua interpretação. Portanto, a exclusão, por inconstitucionalidade, de um dado sentido normativo configura exclusão de uma norma (esse é o raciocínio que embasa a Súmula Vinculante 10, p.ex.). O mesmo se diga quanto à interpretação conforme no que tange a todos os sentidos normativos descartados ao se identificar aquele que é compatível com a Constituição.

Em qualquer desses casos, a decisão dada pelo Supremo no controle direto opera de per si. É desnecessária a intervenção do Senado (CF, art. 52, inc. X) – exigível apenas quando a decisão de inconstitucionalidade do STF provém do controle incidental (RISTF, art. 178).

Ao suprimir do ordenamento a norma inconstitucional, a decisão de inconstitucionalidade poderá ter inclusive efeito repristinatório. Vale dizer: revigorará eventual norma que havia sido revogada pela norma inconstitucional (ADI 2.884, ADI/QO 652).

Eventualmente, a norma anterior, que havia sido revogada pela norma declarada inconstitucional e então é repristinada, também padece de inconstitucionalidade. O STF não vai poder, de ofício, declarar a inconstitucionalidade dessa norma (n. 2.882, acima). Nessa hipótese, o STF já negou conhecimento à ADI que impugnou apenas a norma atual, e não a anterior, por falta de interesse de agir (ADI 2.574, ADI 2.938, ADI/MC 2.215). Mas há duas alternativas mais adequadas do que essa: (1ª) é possível, na inicial da ADI, formular pedido em caráter de cumulação sucessiva eventual, no sentido de que, se acolhido o pedido de declaração de inconstitucionalidade da norma atual, proceda-se também à declaração de inconstitucionalidade da norma anterior (n. 2.883, acima). Se o relator nota o problema logo no início da ação, ele deve inclusive prevenir o autor, para que esse, querendo, emende a inicial e formule o pedido sucessivo; (2ª) não havendo essa cumulação de pedidos, o STF, mesmo de ofício, pode engendrar alguma técnica modulatória (n. 2.914, adiante), visando a, pelo menos a médio prazo, superar a situação de inconstitucionalidade (p.ex., declarando a inconstitucionalidade sem pronúncia de nulidade da lei e exortando o legislador a editar nova lei, sem o vício).

2.913. os limites à autoridade e eficácia da decisão declaratória de constitucionalidade e da decisão de interpretação conforme

A atribuição de força vinculante e eficácia *erga omnes* à decisão declaratória de constitucionalidade – que foi instituída por emenda constitucional – submete-se a um limite, fora do qual ela ofende as garantias fundamentais do processo e, portanto, é inconstitucional, por violação a cláusula pétrea (CF, art. 60, § 4º, inc. IV). Não é compatível com o devido processo legal reputar que, no julgamento de procedência da ADC ou de improcedência da ADI, a força vinculante e a coisa julgada da declaração de constitucionalidade atinjam todo e qualquer possível fundamento de inconstitucionalidade da norma.

As ações declaratórias negativas e as de invalidação têm sua "causa de pedir" limitada ao(s) motivo(s) que leve(m) à inexistência ou à invalidade do ato atacado. Reitere-se que, no processo de ação direta, o Supremo Tribunal não fica vinculado aos fundamentos apresentados pelo autor da ação para sustentar a inconstitucionalidade. Está livre para apreciar ainda outros fundamentos que traga ao processo de ofício, seja para acolhê-los, seja para rejeitá-los. Mas isso não significa que na ADI os motivos de inconstitucionalidade que *não foram absolutamente aventados*, quer pelo autor da ação, quer pelo Tribunal, sejam "implicitamente rejeitados" ou sujeitos à eficácia preclusiva do julgado.

Não há como aplicar a essas hipóteses o art. 508 do CPC, porque tal norma só tem incidência nos limites da "causa de pedir". E, na ADI, a possibilidade de o Supremo de ofício examinar outros possíveis motivos de inconstitucionalidade não se deve ao fato de a "causa de pedir" ser universal, pois ela não o é. O que se tem é o poder do STF de alterar a "causa de pedir" inicialmente posta, ampliando-a. Assim, quando se declara a constitucionalidade da norma no julgamento de improcedência da ADI, tal declaração só pode ter força vinculante e eficácia ***erga omnes*** *nos limites dos fundamentos efetivamente apreciados pelo STF*, tenham ou não sido eles trazidos pelo autor da ação. Mas não há como a eficácia geral e o efeito *erga omnes* irem além disso, de modo a abranger também fundamentos que nem sequer foram apreciados no julgamento. Haverá, então, a necessidade de verificação dos aspectos constitucionais efetivamente examinados. A motivação do acórdão será especialmente relevante nesses casos, para a exata interpretação do *decisum*.

Isso também se aplica ao julgamento de procedência da ADC. Nela também a Corte pode, de ofício, submeter a norma questionada à aferição de constitucionalidade com base em outros fundamentos além daqueles cogitados pelo autor. Mas não se pode dizer que todo e qualquer fundamento que poderia conduzir à inconstitucionalidade da norma, mas não foi por ninguém aventado, fique desde logo excluído pela declaração de constitucionalidade ali emitida.

Não é razoável estender a força vinculante a ponto de excluir o posterior exame de possíveis fundamentos de inconstitucionalidade que não foram sequer aventados no processo objetivo. A ADC é um instrumento legítimo na medida em que serve para eliminar a controvérsia acerca da legitimidade constitucional de um ato normativo *tal como já posta em debate perante órgãos do Judiciário*. A exigência de que exista uma relevante controvérsia em processos judiciais a respeito "da aplicação do dispositivo objeto da ação" (LAD, art. 14, inc. III) presta-se não apenas para a configuração do interesse de agir. Serve também para conferir contornos objetivos à discussão a ser travada na via abstrata. É até admissível que outros possíveis motivos de inconstitucionalidade, além daqueles já aventados nos processos judiciais, sejam cogitados na inicial da ação declaratória, ou de ofício pelo Tribunal, e efetivamente enfrentados na decisão. Mas a força vinculante do pronunciamento de constitucionalidade da norma deve ater-se ao que tiver sido efetivamente aventado e examinado.

Então, não fica obstada posterior declaração de inconstitucionalidade, por qualquer órgão judiciário, fundada na constatação da violação de outras normas constitucionais que não aquelas que serviram de parâmetro de controle na anterior ação direta. A inconstitucionalidade do ato normativo é vício grave o bastante para não merecer um salvo-conduto dessa ordem. As peculiaridades do processo objetivo justificam também nesse ponto uma solução distinta daquela que se teria pela mera aplicação dos parâmetros tradicionais do processo.

É que, nos processos de índole subjetiva, uma ação declaratória de validade de um ato teria causa de pedir "universal". Todo e qualquer fundamento que

> pudesse conduzir à invalidade haveria de ser alegado pelo réu ou, quando possível, considerado de ofício pelo juiz. E a coisa julgada que se formasse sobre a sentença de procedência vedaria qualquer nova alegação de invalidade do ato com base em fundamentos velhos – isto é, já existentes na época do processo – ainda que eles antes não tivessem sido invocados. Mas uma ação declaratória comum tem *um réu*, que recebe a *efetiva oportunidade de ampla defesa* – e ela não se destina a produzir uma decisão *erga omnes*... Enfim, trata-se, nesse ponto, de reconhecer o caráter objetivo do processo coletivo, para extrair daí uma relevante proteção aos jurisdicionados.

Semelhante ressalva deve ser feita em relação à decisão que, em sede de controle direto, define uma interpretação conforme a Constituição. Pode haver outras possíveis interpretações para a disposição normativa não cogitadas no processo de controle direto e ainda mais consentâneas com a Constituição do que aquela imposta pela decisão. Daí a necessidade do estabelecimento de limites legítimos à autoridade e eficácia da interpretação conforme: a definição pelo STF, em sede de controle direto, da interpretação "A" como conforme a Constituição apenas tem força vinculante quando posta em contraste com as demais interpretações (p.ex., "B" e "C") também cogitadas no processo objetivo. Caso posteriormente se apresentem outras interpretações possíveis ("D", "E", "F"...) – verdadeiramente distintas daquelas descartadas no processo objetivo ("B" e "C") –, a adoção de alguma dessas interpretações não examinadas no processo objetivo ("D", "E" ou "F") não pode ser reputada ofensiva à força vinculante. Sob essa perspectiva, pode dizer-se que a força vinculante da decisão de interpretação conforme no controle direto recai não tanto na imposição da interpretação adotada ("A"), mas no veto às interpretações examinadas e tidas por inconstitucionais ("B" e "C").

2.914. limites temporais – modulação de efeitos

A decisão de inconstitucionalidade em regra tem eficácia *ex tunc*. O reconhecimento de que a norma é nula implica sua desconstituição desde que ela ingressou no ordenamento – ou desde que ela se tornou ilegítima, caso a inconstitucionalidade tenha sido superveniente. Há vasta jurisprudência do STF quanto a isso (RE 79.343, Rep. 971, Rep. 930, RE 93.356, RE 93.173, ADI 652, Rep. 980, RE 263.659, AI/AgR 313.973-1, RE/ED 168.554, Rcl./AgR 2.600).

Mas, desde o início do controle direto no sistema brasileiro, põem-se também ressalvas e limites a essa retroatividade.

Primeiro, é preciso distinguir o plano normativo do plano dos atos concretos. A desconstituição da norma não implica a automática desconstituição dos atos praticados sob sua égide. Ainda quando se possa dizer que esses atos são inválidos porque se basearam em leis nulas, é preciso considerar os fenômenos de estabilização que tenham se aperfeiçoado nos casos concretos (decadência, prescrição, coisa julgada...). Nessa linha, a jurisprudência do STF sempre foi no sentido de que a declaração de inconstitucionalidade da norma não implica a automática nulificação das sentenças já revestidas de coisa julgada que a aplicaram. Essas precisarão ser desconstituídas por ação rescisória, se e quando ela couber (RMS 17.976, RE 86.056, Rcl. 148, RE 594.892, RE/AgR 592.912, RE 730.462 com repercussão geral).

Diferente é o tratamento dado às sentenças que versem sobre relação continuativa e que tenham adotado solução em descompasso com aquela supervenientemente adotada pelo STF em sede de controle direto de constitucionalidade ou de controle incidental revestido de repercussão geral. Nessa hipótese, conforme as teses emitidas nos Temas 881 e 885 do STF, independentemente de ação rescisória, a relação continuativa deve passar a reger-se pela decisão *erga omnes* e vinculante proferida pela Corte. Invoca-se para tanto o art. 505, I, do CPC. Ainda que na essência essa concepção seja correta, as teses ora referidas são merecedoras de crítica por (1º) não haverem contemplado nenhuma modulação de efeitos para a adoção desse novo entendimento e (2º) dispensarem o emprego de uma ação específica para "a revisão do que foi estatuído na sentença", tal como prevê também o próprio art. 505, I, do CPC – oportunidade em que inclusive poderia ser estabelecido um regime de transição no caso concreto.

Por outro lado, e mesmo quando ainda cabível e tempestiva a medida desconstitutiva no caso concreto, a jurisprudência do STF em muitas ocasiões identificou situações concretas aperfeiçoadas com base na norma inconstitucional que precisariam ser preservadas, em atenção a princípios fundamentais como a boa-fé, a segurança jurídica, a razoabilidade *etc.*

P.ex., em diversas ocasiões, o STF, embora tendo declarado a inconstitucionalidade da lei de investidura de pessoas em cargos públicos, reconheceu a eficácia e a validade dos atos por eles praticados. Para tanto, adotou a teoria do "funcionário de fato", concebida no direito administrativo, que resguarda a boa-fé dos administrados (RE 79.628, RE 78.209, RE 78.594, RE 78.533).

Em outros casos, o Supremo, invocando a irrepetibilidade de verbas alimentícias, manteve efeitos pretéritos de leis inconstitucionais que haviam concedido ou aumentado a remuneração de servidores (RE 122.202, RE/AgR 217.141).

Foi nesse contexto que se instituiu o art. 27 da LAD, que permite a modulação dos efeitos da declaração direta de inconstitucionalidade. Mantém-se a regra geral da eficácia retroativa do pronunciamento de inconstitucionalidade. No entanto, ao declarar em via direta a inconstitucionalidade, "tendo em vista razões de segurança jurídica ou de excepcional interesse social, poderá o Supremo Tribunal Federal, por maioria de dois terços de seus membros, restringir os efeitos daquela declaração ou decidir que ela só tenha eficácia a partir de seu trânsito em julgado ou de outro momento que venha a ser fixado". O quórum para modulação é especialíssimo: são necessários oito votos favoráveis para que ela tenha vez.

O próprio art. 27 da LAD foi objeto de duas ADIs (nn. 2.254 e 2.258). Em ambas foi negada a concessão de medida urgente e, depois de mais de 23 anos, houve julgamento final de improcedência – reconhecendo-se a constitucionalidade da regra. De resto, o STF já a vinha aplicando há mais de duas décadas, como se vê a seguir.

O STF tem se valido da modulação dos efeitos em diversas oportunidades, inclusive para em alguns casos fixar um termo *futuro* de início de eficácia da decisão de inconstitucionalidade (ADI 3.022, ADI 2.240, ADI 3.316, ADI 3.489, ADI 3.689, ADI 3.819, ADI 3.458, ADI 3.991, ADI/ED 5.609).

O emprego da modulação deve até mesmo ser feito de ofício – sendo irrelevante haver prévio pedido da parte interessada. A competência do STF não é facultativa nem mesmo discricionária. Se houver motivos justificadores da modulação, cabe-lhe, de ofício, adotar essa técnica. Se não o fizer, terá sido omisso – hipótese que enseja embargos de declaração (LAD, art. 26, CPC, art. 1.022). Depois de alguma controvérsia inicial, o STF passou a admitir a modulação em decisão de embargos declaratórios (ADI/ED 2.909, ADI/ED 1.301, ADI/ED 2.682, ADI/ED 3.601, ADI/ED 6.222, ADI/ED 145, ADI/ED 5.709 ED).

Ainda que o art. 27 da LAD aluda apenas à declaração de inconstitucionalidade, não se pode descartar a modulação de efeitos na decisão de constitucionalidade. Não é correto dizer que a modulação é técnica ínsita apenas à declaração de inconstitucionalidade. Antes, é mecanismo pautado na segurança jurídica, boa-fé e razoabilidade que deve ser usado toda vez que atos de poder venham a impor nova disciplina que surpreenda expectativas e programações razoavelmente estabelecidas. Assim, vejam-se os arts. 21, 23 e 24 da LINDB, assim como os arts. 525, § 13, 535, § 6º, e 927, § 3º, do CPC.

Imagine-se que tenha sido concedida medida urgente no início da ADI, que depois é julgada improcedente: em caso assim, a modulação deveria fixar parâmetros para proteger todos os que planejaram suas condutas com base na perspectiva de inconstitucionalidade da norma. Na ADI 3.756, por unanimidade, o STF preservou efeitos de atos praticados sob a suposição de que determinadas normas eram inconstitucionais (ADI/ED 3.756). E em tal caso nem tinha havido concessão de liminar na ADI.

Servem de exemplo também os casos em que uma consolidada jurisprudência na via difusa, afirmando a inconstitucionalidade da norma, é revertida depois por decisão declaratória de constitucionalidade em ação direta. Essa hipótese já foi enfrentada pelo STF, que, por maioria, rejeitou a modulação dos efeitos

(RE 353.657 e RE 370.682). Na ocasião, a orientação majoritária pareceu pautar-se mais na premissa de que não teria havido verdadeira reversão de expectativas do que na ideia, de todo modo também afirmada em muitos votos, de que a modulação não poderia ser aplicada à declaração direta de constitucionalidade.

2.915. conteúdo e efeitos da decisão final da ADO

A decisão de mérito da ADO desdobra-se em dois juízos principais.

Primeiro, cabe aferir se a norma constitucional depende mesmo de regulamentação infraconstitucional para produzir efeitos. Se o STF constata, no julgamento da ADO, que a norma constitucional invocada tem eficácia plena, dispensando regulamentação para desde já produzir seus efeitos, ele rejeitará o pedido de suprimento da omissão. Contudo, seu juízo relativo à eficácia plena da norma produz efeitos vinculantes e gerais. Nenhum outro órgão judicial ou administrativo poderá recusar aplicação à norma constitucional sob o argumento de que ela ainda precisaria ser regulamentada. É o efeito vinculante do art. 102, § 2º, da CF e do art. 28, parágrafo único, da LAD, aplicável à ADO por força do art. 12-H, § 2º, da LAD (ADO/ED 22).

O outro juízo concerne à possibilidade de se emitir comunicado ao órgão ou autoridade responsável pela regulamentação faltante, para que ele a promova. O STF terá de avaliar se a demora na regulamentação é injustificável.

Mas o provimento de procedência da ADO limita-se a veicular ato de cientificação ao Poder competente para a adoção de providências necessárias para tornar efetiva a norma constitucional. Há no provimento um ato de *censura* ao Poder omisso (LAD, art. 12-H). Se a omissão é do Poder Legislativo ou do chefe do Executivo, caberá ao STF apenas exortá-lo a supri-la (ADI/MC 1.458, ADI 3.682). Se a falta de regulamentação advém de órgão administrativo, dirige-se-lhe verdadeira *ordem*, para que adote as providências necessárias em 30 dias – sob pena de responsabilização do agente público (LAD, art. 12-H, § 1º). Todavia, descarta-se a adoção de medidas específicas de coerção ou de mecanismos substitutivos da atividade regulamentadora faltante.

Por isso, o STF já admitiu o emprego da ADPF para o combate a omissões violadoras de preceitos fundamentais não adequadamente reprimidas por mandado de injunção e ação de inconstitucionalidade por omissão. Na ADPF 4, por seis votos a cinco, o Supremo Tribunal reputou admissível a arguição para o combate de suposta inconstitucionalidade por omissão (referente a ato normativo que fixa o valor do salário-mínimo). Considerou-se que a ADO não é, em princípio, meio eficaz para sanar a alegada lesividade – preenchendo-se assim o pressuposto da subsidiariedade da ADPF. A ação não chegou a receber solução de mérito. Foi julgada prejudicada, por força de leis supervenientes que alteraram o valor do salário-mínimo.

2.916. estabilidade da decisão final

Com o trânsito em julgado da decisão final de inconstitucionalidade, a norma inconstitucional é retirada definitivamente do ordenamento. Fica estabelecida situação definitiva e irreversível.

Tal fenômeno é mais evidente na declaração de inconstitucionalidade com redução de texto, mas é também o que ocorre na declaração sem redução de texto. A norma que seria extraível da interpretação considerada inconstitucional é extirpada do sistema e não tem como ser repristinada pelo STF, nem mesmo em nova ação direta. Ainda que haja mudança de fatores sociopolíticos e culturais que torne então constitucional a interpretação antes censurada, caberá ao Legislativo, caso queira, produzir nova norma com aquele sentido e alcance, e não ao Poder Judiciário arvorar-se na condição de legislador positivo.

Já a estabilidade da decisão final de constitucionalidade subordina-se a limites e pressupostos mais significativos.

Por um lado, os limites da estabilidade são exatamente os mesmos do comando vinculante extraível da decisão. Como visto (n. 2.913), tal comando cinge-se aos possíveis fundamentos de inconstitucionalidade efetivamente examinados e descartados no processo – seja porque o autor os aventou, seja porque deles o Tribunal cogitou de ofício. Nesses limites, a decisão da ADC é estável. Em princípio, não se admitirá nova arguição de inconstitucionalidade, na via direta ou incidental, amparada naqueles mesmos fundamentos já apreciados e rejeitados. No entanto, se a norma vier a ser agora impugnada por um fundamento verdadeiramente diverso daqueles antes considerados, é cabível a nova arguição.

A mesma ordem de considerações é aplicável à decisão de interpretação conforme (v. n. 2.913, acima).

O STF, no entanto, não parece estar disposto a atentar para esses limites. Por exemplo, na ADI/AgR 5.180 afirmou-se que a causa de pedir da ação direta seria "aberta", de modo que todo e qualquer fundamento que conduzisse à inconstitucionalidade deveria reputar-se rejeitado, ainda que não tendo sido minimamente aventado na ação direta anterior. Chegou-se a afirmar que "a adequação ou não de determinado texto normativo *é realizada em cotejo com todo o ordenamento constitucional vigente ao tempo da edição do dispositivo legal*" – o que é uma ficção, incompatível com os ditames do devido processo legal.

Mas, além disso, mesmo em relação aos fundamentos efetivamente postos e enfrentados no processo, cabe considerar possível alteração da conformação social, política, econômica ou cultural que implique processo informal de mutação do ordenamento e venha alterar o anterior juízo de constitucionalidade. Diante disso, a norma antes declarada constitucional pode vir a ser reputada inconstitucional, à luz do novo contexto.

A essa dimensão da questão o STF parece ocasionalmente atentar. Assim, em caso em que uma primeira ADI contra determinada norma já havia sido rejeitada, aceitou-se nova ação direta, argumentando-se que, "a despeito de o pedido estampado (...) se assemelhar com o contido na ação anterior, na atual dimensão da jurisdição constitucional, a solução ali apontada não mais guarda sintonia com o papel de tutela da Lei Fundamental exercido por esta Corte" (ADI 4.430). Em outros casos houve a cogitação da possibilidade de alteração das concepções jurídicas com base na ocorrência de "significativas modificações de ordem jurídica, *social ou econômica*" (ADI/AgR 4.071, ADI 4.466).

Referências Bibliográficas

ABBOUD, Georges. *Processo constitucional brasileiro*. 5ª ed. São Paulo, Ed. RT, 2021.

BACHOF, Otto. *Normas constitucionais inconstitucionais*. trad. de J. M. Cardoso da Costa. Coimbra, Almedina, 2008.

BARBOSA MOREIRA, José Carlos. "A antecipação da tutela jurisdicional na reforma do Código de Processo civil". *Revista de Processo* 81. 1996.

——————. *Comentários ao Código de Processo Civil*. 16ª ed., vol. V. São Paulo, Ed. RT, 2011.

BEDAQUE, José R. dos S. *Tutela cautelar e tutela antecipada: tutelas sumárias e de urgência (tentativa de sistematização)*. 5ª ed. São Paulo, Malheiros Editores, 2009.

CANOTILHO, J. J. Gomes. *Constituição dirigente e vinculação do legislador: contributo para a compreensão das normas constitucionais programáticas*. reimpr. Coimbra, Coimbra Editora, 1994.

——————. "Rever ou romper com a Constituição dirigente? Defesa de um constitucionalismo moralmente reflexivo". *Revista de Direito Constitucional e Internacional* 15. São Paulo, Ed. RT, 1996.

CHELLI, Enzo. *Il giudice delle leggi. La Corte costituzionale nella dinamica dei poteri*. Bolonha, Il Mulino, 1999.

COUTURE, Eduardo J. *Fundamentos del derecho procesal civil*. 3ª ed. (reimpr.). Buenos Aires, Depalma, 1990.

DINAMARCO, Cândido R. *A instrumentalidade do processo*. 16ª ed. Salvador, Malheiros Editores/Juspodivm, 2023.

FALCÃO, Joaquim, CHAVES, Vitor, e HARTMANN, Ivar. *III Relatório Supremo em Números: o Supremo e o tempo*. Rio de Janeiro, Escola de Direito do Rio de Janeiro da FGV, 2014.

FERRAZ, Anna Candida da Cunha. *Processos informais de mudança da Constituição*. São Paulo, Max Limonad, 1986.

KELSEN, Hans. *Jurisdição constitucional*. trad. de A. Krug, E. Brandão e M. E. Galvão, revisão de S. Sérvulo da Cunha, São Paulo, Martins Fontes, 2003.

LACERDA, Galeno. *Comentários ao CPC*. 5ª ed., vol. VIII-I. Rio de Janeiro, Forense, 1993.

NEVES, António Castanheira. *Questão de facto – Questão de direito ou o problema metodológico da juridicidade*. Coimbra, Almedina, 1967.

PONTES DE MIRANDA, F. C. *Comentários à Constituição de 1967 (com a emenda n. 1 de 1969)*. 2ª ed., t. III. São Paulo, Ed. RT, 1973.

REALE, Miguel. *Teoria tridimensional do direito*. 3ª ed. São Paulo, Saraiva, 1980.

SCHMITT, Carl. *La defensa de la Constitución*. 2ª ed., trad. de Manuel Sánchez Sarto. Madri, Tecnos, 1998.

SILVA, Ovídio A. Baptista da. *A ação cautelar inominada no direito brasileiro*. 4ª ed. Rio de Janeiro, Forense, 1992.

TALAMINI, Eduardo. "Efeitos da declaração de inconstitucionalidade". In: CLÈVE, Clèmerson (coord.). *Direito constitucional brasileiro*. 2ª ed., vol. 2., São Paulo, Ed. RT, 2022.

————. "O *amicus curiae* e as novas caras da Justiça". In: CINTRA, Lia Carolina Batista, EID, Elie, SICA, Heitor Vitor Mendonça, e TALAMINI, Eduardo (coords.). *Partes e terceiros no processo civil*. Salvador, Juspodivm, 2020.

WATANABE, Kazuo. "Tutela antecipatória e tutela específica das obrigações de fazer e não-fazer". In: TEIXEIRA, Sálvio de Figueiredo (org.). *Reforma do CPC*. São Paulo, Saraiva, 1996.

ZAGREBELSKY, Gustavo. *Principi e voti: la Corte costituzionale e la politica*. Turim, Giulio Einaudi, 2005.

ZAVASCKI, Teori Albino. *Antecipação da tutela*. São Paulo, Saraiva, 1997.

CAPÍTULO CC – ***ARGUIÇÃO DE DESCUMPRIMENTO DE PRECEITO FUNDAMENTAL***

RICARDO DE BARROS LEONEL

2.917. introdução

O objeto de estudo deste texto é a denominada arguição de descumprimento de preceito fundamental (ADPF). Antes de iniciar a análise de aspectos relativos à natureza e características do instituto é fundamental observá-lo a partir de uma perspectiva sistêmica.

Para sua compreensão dentro da visão sistêmica do direito processual é oportuno analisá-lo a partir de pontos específicos de observação.

Um deles, que inspira sua tratativa no âmbito das *instituições de direito processual*, é aquele relativo ao procedimento, dada a possibilidade de sua inserção no cenário dos procedimentos especiais contidos na legislação extravagante, ou seja, fora do texto da codificação processual.

Dadas as singularidades da ADPF, entretanto, é imperativo que a análise seja contextualizada a partir da ordem constitucional brasileira – o que será feito a seguir.

2.918. posicionamento sistêmico da ADPF no cenário constitucional e legal brasileiro

A ADPF tem expressa extração constitucional, estipulando a Lei Maior que "a arguição de descumprimento de preceito fundamental, decorrente desta Constituição, será apreciada pelo Supremo Tribunal Federal, na forma da lei" (art. 102, § 1º, da CF).

Esta disposição posiciona-se ao lado de outras que, na Constituição, são compreendidas como parte do chamado direito processual constitucional. Este abrange não só o estabelecimento de princípios e garantias constitucionais do processo. Inclui também a regulação específica, no texto da Lei Maior, de institutos de direito processual, em razão da sua importância, de sua especificidade e da preocupação do constituinte em conferir-lhes maior estabilidade e permanência.[1]

O fenômeno da constitucionalização do direito, na experiência brasileira, é indicativo da preocupação do constituinte, na redemocratização, com a estabilidade e a permanência de determinadas orientações normativas, dada a rigidez do texto constitucional e, por consequência, o maior rigor, no processo legislativo, para sua alteração.

Basta lembrar, neste ponto, que há limitações procedimentais ao poder de emendas à Constituição (iniciativa, fases do procedimento de aprovação das emendas, quórum para a aprovação *etc.*), bem como limitações materiais, com a indicação, inclusive, do núcleo constitucional intangível, ou seja, as denominadas "cláusulas pétreas", resguardadas contra as propostas de emenda constitucional tendentes à sua abolição (art. 60 e §§ da CF).[2]

É por tal razão que as garantias constitucionais do processo estão situadas no rol dos direitos e garantias fundamentais da Constituição, o que ex-

---

1. Sobre o direito processual constitucional, v. Cândido Rangel Dinamarco (*Instituições de direito processual civil*, 10ª ed., vol. I, São Paulo, Malheiros Editores, 2020, pp. 63-64, item 14, e pp. 259-262, item 109); Nelson Nery Júnior (*Princípios do processo na Constituição Federal*, 13ª ed., São Paulo, Ed. RT, 2017, pp. 55-59); e Ricardo de Barros Leonel ("Considerações introdutórias sobre o direito processual constitucional", in Marcelo José Magalhães Bonizzi, Ricardo de Barros Leonel e José Carlos Baptista Puoli (coords.), *Direito processual constitucional*, Brasília, Gazeta Jurídica, 2016, pp. 197-220).
2. V.: José Afonso da Silva (*Curso de direito constitucional positivo*, 28ª ed., São Paulo, Malheiros Editores, 2007, pp. 65-68); Alexandre de Moraes (*Direito constitucional*, 14ª ed., São Paulo, Atlas, 2009, pp. 662-666); Luís Roberto Barroso (*Curso de constitucional contemporâneo: os conceitos fundamentais e a construção do novo modelo*, 2ª ed., 2ª tir., São Paulo, Saraiva, 2011, pp. 147 e ss.); Gilmar Ferreira Mendes, Inocêncio Mártires Coelho e Paulo Gustavo Gonet Branco (*Curso de direito constitucional*, 4ª ed., São Paulo, Saraiva, 2009, pp. 249 e ss.) – entre outros.

clui a possibilidade de emenda constitucional tendente à sua abolição (art. 60, § 4º, inc. IV, da CF).

Pela importância concedida à proteção da própria Constituição, por outro lado, e sob a ótica do direito processual constitucional, a Lei Maior estabelece a previsão e disciplina o conteúdo essencial dos instrumentos relacionados ao controle jurisdicional da constitucionalidade das leis e dos atos e omissões do Poder Público.

A ADPF, instrumento próprio do sistema constitucional brasileiro, está inserida neste contexto, posicionando-se no mesmo plano de outros institutos cuja finalidade essencial é a defesa da ordem constitucional.

Nesse plano se localizam todos os instrumentos de controle concentrado de constitucionalidade das leis (ou seja, a ação direta de inconstitucionalidade – ADI, a ação declaratória de constitucionalidade – ADC, a ação declaratória de inconstitucionalidade por omissão – ADO), em cujo cenário também a ADPF pode ser visualizada e compreendida, muito embora tenha, em relação àqueles, alguns pontos específicos de distanciamento, que serão abordados a seguir.

2.919. ADPF no contexto do controle de constitucionalidade

O constituinte, no Brasil, optou por sistema complexo e intrincado de controle da constitucionalidade das leis.

As premissas da qual partiu são a supremacia e a rigidez da Constituição. Elas justificam, do ponto de vista lógico, a existência do controle de constitucionalidade. É que se está diante de um sistema em que a Constituição é rígida, afirmando-se com clareza a hierarquia das fontes normativas, considerada, notadamente, a supremacia da Lei Maior.[3]

A rigidez significa que o procedimento de alteração da Constituição apresenta maior rigor que o procedimento comum ou geral de formação e modificação das normas infraconstitucionais (leis de modo geral), com fixação de claros limites a iniciativas de tal natureza.

Contendo a Lei Maior as opções fundamentais do Estado Constitucional, Democrático e Social de Direito, torna-se imperativo que as demais fontes normativas primárias de escalão hierárquico inferior (emendas à Constituição, Constituições estaduais, leis complementares, leis ordinárias, leis delegadas,

---

3. Nesse sentido Luís Roberto Barroso (*O controle de constitucionalidade no direito brasileiro: exposição sistemática da doutrina e análise crítica da jurisprudência*, 7ª ed., São Paulo, Saraiva, 2016, pp. 1-2). Na mesma direção Elival da Silva Ramos (*Controle de constitucionalidade no Brasil: perspectivas de evolução*, São Paulo, Saraiva, 2010, pp. 19 e ss.).

medidas provisórias), ou mesmo fontes normativas secundárias (ou seja, fruto do poder regulamentar, como o são, *v.g.*, os decretos do Poder Executivo, as resoluções e provimentos dos tribunais ou de órgãos de controle, como o Conselho Nacional de Justiça e o Conselho Nacional do Ministério Público) devam obsequiar as diretrizes fixadas no texto constitucional.

A formação hierarquizada do sistema normativo e a rigidez constitucional impõem a previsão de mecanismos de controle da compatibilidade entre as iniciativas de alteração normativa e o texto da Constituição. Ou seja, o chamado "controle de constitucionalidade" de leis e demais disposições de conteúdo normativo.

Numa visão rápida e objetiva, é viável pensar em alguns critérios que, de modo pragmático e frequente, são lembrados, dada sua utilidade para a compreensão e visão organizada dos aspectos deste controle.

Um primeiro critério põe em destaque a *natureza do órgão responsável pelo controle*, ou seja, se realizado por poder político ou poder jurisdicional. Há controle político de constitucionalidade na análise realizada, ainda no processo legislativo, nas Comissões de Constituição e Justiça da Câmara e do Senado. Também há controle político no exercício do poder de veto, do chefe do Poder Executivo, desde que fundado na inconstitucionalidade (chamado veto "jurídico", em contraposição ao veto fundado na contrariedade ao interesse público – este chamado veto "político"), nos termos do art. 66, § 1º, da CF).

Outro critério considera o *momento* em que o controle é realizado.

O controle preventivo de constitucionalidade, no sistema brasileiro, é realizado pelo próprio Congresso (apreciação da constitucionalidade da propositura legislativa) e pelo Poder Executivo (poder de veto). O controle repressivo é aquele realizado após a aprovação do texto normativo, pelo Poder Judiciário.

Embora não haja previsão expressa na Constituição, a jurisprudência do STF tem admitido, excepcionalmente, o controle judiciário preventivo de constitucionalidade, realizado de forma incidental, na hipótese de mandado de segurança ajuizado por parlamentares, sob o fundamento de violação do devido processo legal quanto ao processo legislativo, dada a inobservância de norma constitucional aplicável à hipótese (iniciativa legislativa, quórum de aprovação *etc.*).[4]

---

4. V., p.ex., o MS 32033, Tribunal Pleno, rel. para o acórdão Min. Teori Zavascki, j. 20.6.2013, de cuja ementa consta a seguinte passagem: "(...). 1. Não se admite, no sistema brasileiro, o controle jurisdicional de constitucionalidade material de projetos de lei (controle preventivo de normas em curso de formação). O que a jurisprudência do STF tem admitido, como exceção, é 'a legitimidade do parlamentar – e somente do parlamentar – para impetrar mandado de segurança com a finalidade de coibir atos praticados no processo de aprovação de lei ou emenda constitucional incompatíveis com

No campo do controle jurisdicional de constitucionalidade, que aqui nos interessa de modo mais próximo, costuma-se apontar alguns critérios que, ao propiciarem classificações, facilitam sua compreensão.

Quanto ao *órgão judicial* responsável pelo controle fala-se em controle concentrado (realizado por um único órgão, no caso brasileiro o STF) ou difuso (realizado por vários órgãos). Esta classificação, aplicada à realidade brasileira, permite falar num controle "misto", dada a concomitante possibilidade de controle pelo STF sem excluir a atuação, com a mesma finalidade, das demais instâncias do Poder Judiciário (tribunais e órgãos judiciais de primeiro grau).

Quanto à *forma* ou *modo* de realização do controle, tem-se critério que se associa, do ponto de vista lógico (ao menos na experiência nacional), ao órgão responsável pelo controle. Fala-se no controle realizado em caráter abstrato ou principal (*principaliter*), como se dá nos processos das chamadas "ações de controle de constitucionalidade" (ADI, ADC e ADO), e em caráter concreto, difuso ou incidental (*incidenter tantum*), realizada como pressuposto lógico para o acolhimento ou a rejeição de pedidos formulados em processos individuais ou coletivos.

No último caso (controle concreto, difuso ou incidental), o que se tem são processos em andamento, fruto de demandas com pedidos de natureza individual (relações de família, contratuais, ou até mesmo penais, p.ex.) ou coletiva (as chamadas ações coletivas ou civis públicas), para cujo exame é necessário, do ponto de vista lógico, que o órgão judicial se posicione a respeito da constitucionalidade ou inconstitucionalidade de determinado conteúdo normativo (lei, decreto *etc.*) aplicável à espécie. Ou seja, examina-se (sem julgar) a alegação de inconstitucionalidade para que seja possível apreciar (julgar) os pedidos.

Em outros termos, a finalidade da demanda, nestes casos, não é o controle de constitucionalidade. É apenas a apreciação da pretensão deduzida pelo

disposições constitucionais que disciplinam o processo legislativo' (MS 24.667, Pleno, Min. Carlos Velloso, *DJ* 23.4.2004). Nessas excepcionais situações, em que o vício de inconstitucionalidade está diretamente relacionado a aspectos formais e procedimentais da atuação legislativa, a impetração de segurança é admissível, segundo a jurisprudência do STF, porque visa a corrigir vício já efetivamente concretizado no próprio curso do processo de formação da norma, antes mesmo e independentemente de sua final aprovação ou não. 2. Sendo inadmissível o controle preventivo da constitucionalidade material das normas em curso de formação, não cabe atribuir a parlamentar, a quem a Constituição nega habilitação para provocar o controle abstrato repressivo, a prerrogativa, sob todos os aspectos mais abrangente e mais eficiente, de provocar esse mesmo controle antecipadamente, por via de mandado de segurança. (...)".

interessado. O exame desta, entretanto, passará pela análise (incidental, mera cognição, sem julgamento) da constitucionalidade de determinada norma.

Outro critério, que também se associa aos dois últimos (ou seja, o critério a partir do *órgão judicial* responsável pelo controle e ainda o critério a partir da *forma* ou *modo* de realização do controle), é a *finalidade* do processo. Fala-se, neste caso, de um lado, em processo objetivo (ou "sem lide"), endereçado não ao exame de um conflito intersubjetivo, mas exclusivamente à análise da validade constitucional de determinado texto normativo. De outro lado, tem-se o processo subjetivo (ou "com lide"), endereçado ao exame de uma pretensão individual ou coletiva e no qual, incidentalmente, examina-se a compatibilidade entre determinada norma e o texto constitucional.[5]

A rápida passagem acima formulada permite-nos refletir a respeito da inserção da ADPF neste cenário.

A única disposição na Lei Maior que se refere à ADPF é o art. 102, § 1º, que, por um lado, assenta a previsão constitucional do instituto e, por outro, atribui ao STF competência para seu processo e julgamento. O dispositivo, entretanto, remete a matéria à regulação pelo legislador infraconstitucional, ao mencionar que a atuação do STF ocorrerá, quanto ao tema, "na forma da lei".

Ora, por se tratar a apreciação da ADPF de matéria da competência originária do STF, e por ter a Constituição reservado a este o papel de exercer a "guarda da Constituição" (art. 102, *caput*, da CF), torna-se intuitiva a percepção do tendencial direcionamento do instituto a figurar como mais um entre os mecanismos destinados ao controle concentrado de constitucionalidade (ADI, ADC e ADO).

A regulamentação infraconstitucional do instituto, entretanto, deixou espaço para que lhe fosse conferida maior amplitude, sendo certo que isto foi reconhecido inicialmente pela doutrina,[6] o que, ademais, tem sido confirmado pela experiência, relativamente à sua prática no âmbito do próprio STF.

---

5. Sobre as classificações, no plano do estudo do controle de constitucionalidade das leis, *cfr.*, p.ex., Elival da Silva Ramos (ob. cit., pp. 53 e ss.) Luís Roberto Barroso (*O controle de constitucionalidade no direito brasileiro: exposição sistemática da doutrina e análise crítica da jurisprudência*, cit., pp. 39 e ss.). A explicação no texto acima contempla, com algumas variações, os elementos centrais contidos nas lições dos autores aqui mencionados.

6. *Cfr.* Gilmar Ferreira Mendes (*Arguição de descumprimento de preceito fundamental: comentários à Lei n. 9.882, de 3.12.1999*, São Paulo, Saraiva, 2007, pp. 1-14); Roberto Mendes Madenlli Júnior (*Arguição de descumprimento de preceito fundamental: instrumento de proteção dos direitos fundamentais e da Constituição*, São Paulo, Ed. RT, 2003, pp. 61-63); André Ramos Tavares (*Tratado da arguição de preceito fundamental: Lei 9.868/99 e Lei 9.882/99*, São Paulo, Saraiva, 2001, pp. 100-101) – entre outros.

Em outros termos, além do controle abstrato de constitucionalidade de leis, tem sido reconhecida a possibilidade do controle, por meio da ADPF, de atos e omissões do Poder Público. Não há, neste último caso, a solução de um conflito intersubjetivo ("lide"), entre partes determinadas, envolvidas em certa relação jurídica ou situação jurídica de direito material. Não se cuida, contudo (não exclusivamente), de análise de compatibilidade entre determinado texto normativo e a Constituição.

Nessa linha de raciocínio, portanto, o que se tem observado e reafirmado é que o STF tem, por meio da ADPF, propiciado o exame tanto da incompatibilidade no plano normativo (confronto entre textos normativos e o texto da Constituição) como o exame da incompatibilidade no plano da atuação do Poder Público de modo geral, ou seja, o controle de atos e omissões administrativas.

Para citar apenas algumas situações mais conhecidas em que isso ocorreu (ou seja, a atuação do STF, provocado por ADPF, não se limitou ao controle de constitucionalidade de textos normativos, ingressando no controle da constitucionalidade de atos e omissões do Poder Público), mencionem-se os seguintes casos e decisões: exame do denominado "estado de coisas inconstitucional" do sistema carcerário brasileiro;[7] vedação de que membros do Ministério Público se afastem da carreira para exercício de atividade político-partidária ou mesmo para exercício de cargos na Administração Pública;[8] análise de políticas públicas na área da saúde pública, notadamente no contexto da pandemia de COVID-19[9] – entre outros.

As observações acima permitem anotar que a ADPF pode ser compreendida no cenário dos denominados processo objetivos de controle de constitucionalidade de textos normativos. Mas ela não se limita a isto, jogando um papel peculiar, na medida em que, por meio dela, é possível também provocar o STF, diretamente, para que examine a constitucionalidade (descumprimento de preceito fundamental) dos atos e omissões do Poder Público.[10]

---

7. *Cfr*. ADPF/MC 347-DF, rel. Min. Marco Aurélio, rel. para o acórdão Min. Alexandre de Moraes.
8. *Cfr.* ADPF 388-DF, rel. Min. Gilmar Mendes.
9. *Cfr.*, p.ex., ADPF 709-DF, rel. Min. Luís Roberto Barroso.
10. *Cfr.* Celso Seixas Ribeiro Bastos ("Arguição de descumprimento de preceito fundamental e legislação regulamentadora", in Walter Claudius Rothemburg e André Ramos Tavares (orgs.), *Arguição de descumprimento de preceito fundamental: análises à luz da Lei n. 9.882/99*, São Paulo, Atlas, 2001, p. 78); Daniel Sarmento ("Apontamentos sobre a arguição de descumprimento de preceito fundamental", in Walter Claudius Rothemburg e André Ramos Tavares (orgs.), *Arguição de descumprimento de preceito fundamental: análises à luz da Lei n. 9.882/99*, cit., pp. 87-89); Elival da Silva Ramos ("Arguição de descumprimento de preceito fundamental: delineamento do instituto", in Walter Claudius

Esta feição híbrida ou peculiar do instituto, num país repleto de promessas constitucionais não cumpridas e de atos ou omissões que, intencionalmente ou não, tanto no plano legislativo (normas infraconstitucionais) como no campo administrativo (atos ou omissões do Poder Público), revelam descompasso com as linhas fundamentais da Constituição, é uma das razões pela qual o emprego da ADPF tem se tornado cada vez mais frequente.

Este mesmo cenário indica algumas das razões pelas quais o STF, nos últimos tempos, acabou se posicionando não apenas no centro do debate jurídico, mas em alguma medida na encruzilhada de boa parte das discussões políticas.

Não só pelas suas outras competências originárias, mas especialmente pela ADPF, tem o Tribunal sido instado a examinar e decidir a respeito de situações que (envolvendo tanto o controle de constitucionalidade de textos normativos como da alegação de descumprimento de preceitos fundamentais, por força de atos e omissões do Poder Público) acabam aproximando-o da arena política, do Poder Executivo e do Congresso Nacional.

Necessário observar, entretanto, que, ao examinar provocações feitas por meio de ADPF o STF nada mais faz que exercer uma competência que lhe foi assegurada pelo texto constitucional, nos termos da disciplina estabelecida pela norma infraconstitucional que regulou a matéria (Lei 9.882/1999).

O equilíbrio entre os Poderes sugere, entretanto, que isso se faça com ponderação, ou seja, com o exercício da chamada "autocontenção". Este cuidado mostra-se apropriado para evitar momentos de tensão, associados à exasperação do relacionamento institucional entre o Tribunal e os demais Poderes.

2.920. ADPF sob a perspectiva dos procedimentos especiais

A ADPF deve ser compreendida, por outro lado, sob a perspectiva dos procedimentos especiais.

Afinal, cuida-se de um processo de conteúdo civil (em contraposição ao penal), o qual, nada obstante suas notórias e marcantes particularidades (a considerar sua natureza e finalidade, o rol de legitimados, aspectos da causa de pedir e do pedido, das tutelas de urgência, das decisões e em relação à coisa julgada), deve ser compreendido no espectro mais amplo do direito processual civil.

A par disso, é disciplinado em lei processual extravagante (Lei 9.882/1999), merecendo abordagem particular, sem prejuízo da aplicação, de forma geral, das disposições do CPC-2015 naquilo em que não houver contrariedade em relação à norma especial, seguindo-se o princípio da especialidade (*lex specialis derrogat generalis*).

Rothemburg e André Ramos Tavares (orgs.), *Arguição de descumprimento de preceito fundamental: análises à luz da Lei n. 9.882/99*, cit., pp. 114-118).

2.921. natureza e finalidade da ADPF: objeto do controle

Segundo o art. 102, § 1º, da CF "a arguição de descumprimento de preceito fundamental, decorrente desta Constituição, será apreciada pelo Supremo Tribunal Federal, na forma da lei".

Assim, os aspectos essenciais em relação ao instituto são assinalados na norma constitucional, ou seja, (a) a competência do STF para o processo e julgamento, (b) a necessidade de regulamentação pelo legislador infraconstitucional e (c) a finalidade de exame das alegações de descumprimento de preceito fundamental da Constituição.

Por outro lado, a Lei 9.882/1999, que, conforme respectiva rubrica, "dispõe sobre o processo e julgamento da arguição de descumprimento de preceito fundamental, nos termos do § 1º do art. 102 da Constituição Federal", estipula, em seu art. 1º, *caput* e parágrafo único, inc. I, seu cabimento tendo como objeto ou finalidade (a) evitar ou reparar lesão a preceito fundamental, resultante de ato do Poder Público (b) ou a análise, quando for relevante o fundamento da controvérsia constitucional, de lei ou ato normativo federal, estadual ou municipal, incluídos os anteriores à Constituição.

A partir desses esparsos elementos vem sendo construída a linha de raciocínio no sentido da delimitação da natureza e finalidade da ADPF, ou seja, da fixação daquilo que pode ser estabelecido como seu objeto.

Destas disposições é possível extrair a observação de que se admite a ADPF (a) para fins de controle da compatibilidade entre atos normativos e a Constituição Federal (desde que configurada a violação de preceito fundamental da Lei Maior), (b) para fins de controle de atos ou omissões do Poder Público (ou seja, quando houver conflito entre atos ou omissões concretas, na esfera da gestão política e administrativa, com preceito fundamental da Constituição Federal), (c) para análise da compatibilidade entre preceitos fundamentais da ordem constitucional em vigor e normas infraconstitucionais anteriores.

As observações acima permitem reafirmar que a ADPF pode ser usada como mecanismo de controle concentrado de leis, de um lado, e como mecanismo de controle concentrado de atos ou omissões do Poder Público, de outro. Além disso, cabe nela o controle de atos anteriores à ordem constitucional vigente.[11]

Há necessidade, nesse passo, de evidenciar três aspectos.

---

11. Exemplo importante desta hipótese (uso da ADPF para verificação quanto à incompatibilidade – tácita revogação – entre a lei anterior e a norma constitucional superveniente) se deu quando da análise da Lei de Imprensa (Lei 5.250/1967), ocorrido na ADPF 130 (Tribunal Pleno, rel. Min. Ayres Britto, j. 30.4.2009). Na ocasião foi reconhecida (de-

Primeiro, que a ADPF abre flancos de controle que nas ações de controle concentrado de constitucionalidade (ADI, ADC e ADO) inexistem. Nestas só se viabiliza o controle de atos normativos, não de atos ou omissões (gestão política e administrativa) do Poder Público. Por outro lado, nelas (ADI, ADC e ADO) não se admite o controle da compatibilidade entre a norma infraconstitucional anterior à vigência da Constituição e o texto desta.

Como se sabe, o conflito entre a norma legal (infraconstitucional) e a norma constitucional superveniente se resolve pela revogação. É por isso que não cabe o controle concentrado de constitucionalidade em relação à norma legal pré-constitucional. A finalidade da ADI é a declaração da nulidade da norma infraconstitucional, extirpando-a do ordenamento. Isso é desnecessário se a norma infraconstitucional é pré-constitucional, pois o conflito já se resolveu pela revogação tácita na norma anterior incompatível com a nova ordem constitucional.

O legislador, entretanto, ao disciplinar a ADPF, optou por propiciar o controle da legislação anterior à ordem constitucional em vigor, reconhecendo a importância da existência de mecanismo que propicie o exame objetivo e a declaração da incompatibilidade da norma tacitamente revogada e preceitos fundamentais da Constituição.

Em segundo lugar, a ADPF presta-se ao controle de compatibilidade entre a lei ou ato normativo municipal e o texto da Constituição Federal. Isto também não é possível nas ações de controle concentrado. Nestas (ADI, ADC e ADO) só se mostra viável a verificação da compatibilidade entre a ordem constitucional e a produção normativa federal, estadual ou do Distrito Federal.

Por outro lado, não é qualquer conflito, normativo ou decorrente da atuação ou omissão administrativa com relação à Constituição, que pode figurar como objeto de controle na ADPF.

Não fosse assim, qualquer ato ou omissão ilegal do Poder Público poderia ser objeto de ADPF. Da mesma forma, qualquer alegação de incompatibilidade de ato normativo com a Constituição também poderia sê-lo.

Há necessidade, portanto, de se identificar o conteúdo do que se compreende como "preceito fundamental decorrente da Constituição", e se há algum outro filtro a considerar, para que a ADPF não seja tida como meio comum, ordinário, de questionamento dos atos normativos, bem como de atos e omissões do Poder Público, diretamente junto ao STF.

---

clarada) a revogação tácita de disposições daquela lei em função da incompatibilidade com a ordem constitucional superveniente.

2.922. ainda a natureza e finalidade: preceito fundamental e subsidiariedade

Não há nenhuma disposição em norma constitucional ou infraconstitucional indicativa do que venha a ser um "preceito fundamental" da Constituição.

Há, na Lei Maior, referência a "princípios fundamentais" (Título I, com a rubrica "Dos princípios fundamentais", englobando os arts. 1º ao 4º).

Seria correto compreender o "preceito" como sinônimo de "princípio" fundamental?

Há controvérsia doutrinária a respeito, com o reconhecimento de posicionamentos nesse sentido, bem como outras orientações que vislumbram a fundamentalidade do preceito não como simplesmente circunscrita aos indicativos dos arts. 1º a 4º da CF, mas, de modo mais amplo, envolvendo toda a carga de opções e valores fundamentais esposados no texto da Constituição.[12]

No âmbito do STF adota-se, predominantemente, o pensamento segundo o qual à ADPF deve ser reservado o exame de situações e conflitos de especial gravidade, o que está em linha com a subsidiariedade do instituto, indicada no art. 4º, § 1º, da Lei 9.882/1999, pelo qual "não será admitida arguição de descumprimento de preceito fundamental quando houver outro meio eficaz de sanar a lesividade".

O caráter fundamental do preceito constitucional violado, de um lado, e a subsidiariedade do instituto, de outro, são balizas que, nada obstante revestidas de considerável subjetividade (são conceitos jurídicos indeterminados, a serem preenchidos em função das peculiaridades dos casos concretos examinados pelo STF), dão contornos do objeto possível da ADPF.[13]

---

12. Sobre o conteúdo do "preceito fundamental", lembra Alexandre de Moraes que a expressão engloba "fundamentos e objetivos fundamentais da República, de forma a consagrar maior efetividade às previsões constitucionais" ("Comentários à Lei n. 9.882/99 – Arguição de descumprimento de preceito fundamental", in Walter Claudius Rothemburg e André Ramos Tavares (orgs.), *Arguição de descumprimento de preceito fundamental: análises à luz da Lei n. 9.882/99*, cit., p. 17). Em sentido análogo Daniel Sarmento (ob. cit., p. 91). Para Gilmar Ferreira Mendes a lesão a preceito fundamental "não se configurará apenas quando se verificar possível afronta a um princípio fundamental, tal como assente na ordem constitucional, mas também a disposições que confiram densidade normativa ou significado específico a esse princípio" ("Arguição de descumprimento de preceito fundamental: parâmetro de controle e objeto", in Walter Claudius Rothemburg e André Ramos Tavares (orgs.), *Arguição de descumprimento de preceito fundamental: análises à luz da Lei n. 9.882/99*, cit., p. 131).

13. Em relevante voto no qual foi examinado o tema, ainda que sem esgotá-lo, anotou o Min. Teori Albino Zavascki, com indicações importantes, que "a arguição de descumprimento de preceito fundamental foi concebida pela Lei n. 9.882/1999 para servir como um instrumento de integração entre os modelos difuso e concentrado de controle

De outro lado, ainda no que concerne à subsidiariedade, embora não haja um balizamento objetivo, há tendência na jurisprudência do STF a reconhecer que (a) não caberá a ADPF se houver possibilidade de questionamento dos atos ou omissões por outras vias (ADI, ADO, ADC ou ações coletivas), desde que (b) estas outras vias sejam potencial e suficientemente aptas para debelar a situação de ofensa aos preceitos fundamentais.[14]

Em outros termos, é necessário verificar se, diante do contexto apresentado, há efetivamente, ou não, outros mecanismos aptos à promoção da defesa da ordem constitucional. Se inexistirem, caberá a ADPF, demonstrando-se atendido o quesito da subsidiariedade.[15]

2.923. aspectos do procedimento

Como se verifica em relação a qualquer procedimento no âmbito do direito processual civil, dada a necessidade de estabelecimento de sequência e

---

de constitucionalidade, viabilizando que atos estatais antes insuscetíveis de apreciação direta pelo Supremo Tribunal Federal, tais como normas pré-constitucionais ou mesmo decisões judiciais atentatórias a cláusulas fundamentais da ordem constitucional, viessem a figurar como objeto de controle em processo objetivo. A despeito da maior extensão alcançada pela vertente objetiva da jurisdição constitucional com a criação da nova espécie de ação constitucional, a Lei n. 9.882/1999 exigiu que os atos impugnáveis por meio dela encerrassem um tipo de lesão constitucional qualificada, simultaneamente, pela sua (a) relevância (porque em contravenção direta com paradigma constitucional de importância fundamental) e (b) difícil reversibilidade (porque ausente técnica processual subsidiária capaz de fazer cessar a alegada lesão com igual eficácia)" (ADPF 127, rel. Min. Teori Zavascki, decisão monocrática, j. 25.2.2014, *DJe* 28.2.2014).

14. Em voto que bem expressa este pensamento, prevalente no STF, afirmou o Min. Celso de Melo que: "(...). A mera possibilidade de utilização de outros meios processuais, contudo, não basta, só por si, para justificar a invocação do princípio da subsidiariedade, pois, para que esse postulado possa legitimamente incidir – impedindo, desse modo, o acesso imediato à arguição de descumprimento de preceito fundamental – revela-se essencial que os instrumentos disponíveis mostrem-se capazes de neutralizar, de maneira eficaz, a situação de lesividade que se busca obstar com o ajuizamento desse *writ* constitucional. (...)" (ADPF/MC 100, rel. Min. Celso de Melo, decisão monocrática, j. 15.12.2008, *DJe* 18.12.2008).

15. Em expressivo pronunciamento, afirmou o Min. Gilmar Mendes que o "princípio da subsidiariedade" da ADPF significa 'inexistência de outro meio eficaz de sanar a lesão', compreendido no contexto da ordem constitucional global, como aquele apto a solver a controvérsia constitucional relevante de forma ampla, geral e imediata. A existência de processos ordinários e recursos extraordinários não deve excluir, *a priori*, a utilização da arguição de descumprimento de preceito fundamental, em virtude da feição marcadamente objetiva dessa ação" (Plenário, ADPF 33, rel. Min. Gilmar Mendes, j. 7.12.2005, *DJ* 27.10.2006.) No mesmo sentido: Plenário, ADPF/AgR 210, rel. Min. Teori Zavascki, j. 6.6.2013, *DJe* 21.6.2013; ADPF 99, rel. Min. Ricardo Lewandowski, decisão monocrática, j. 26.2.2010, *DJe* 8.3.2010; Plenário, ADPF/MC 47, rel. Min. Eros Grau, j. 7.12.2005, *DJ* 27.10.2006.

conteúdo de atos que se mostrem compatíveis com a garantia constitucional do devido processo legal (art. 5º, inc. LIV, da CF), procurou a Lei 9.882/1999 fixar aspectos peculiares do procedimento e dos atos no processo de ADPF.

Como ocorre em relação a qualquer procedimento (seja no procedimento comum do CPC-2015, seja nos procedimentos especiais do próprio Código ou da legislação processual extravagante), cuida-se no diploma específico de: aspectos da demanda inicial, conteúdo e forma do ato de comunicação processual daquele que deverá figurar no polo passivo, da instrução, das manifestações finais e da decisão.

No que concerne à sequência do procedimento, a lei fixa paradigmas para vários pontos. Cuida do conteúdo do ato inicial que provoca a instauração do processo (demanda), do ato de comunicação (notificação da autoridade), da possibilidade e do conteúdo da tutela de urgência, da instrução subsequente (essencialmente ou predominantemente documental, sem exclusão da possibilidade de obtenção de informações por outros mecanismos, como oitivas de especialistas, audiências públicas, pareceres de experts no tema *etc.*), da manifestação final de entidades e autoridades envolvidas e de aspectos da decisão.

Do ponto de vista do conteúdo dos atos, no procedimento especial, indica a lei, expressamente, requisitos da petição inicial, de modo similar ao que se verifica no CPC-2015, com a particular exigência de apontamento "do preceito fundamental que se considera violado", da "indicação do ato questionado", da "prova da violação do preceito fundamental", bem como, "se for o caso, a comprovação da existência de controvérsia judicial relevante sobre a aplicação do preceito fundamental que se considera violado" (art. 3º, incs. I a V, da Lei 9.882/1999).

Nesta mesma direção (conteúdo dos atos), como ato de comunicação processual exige a lei a solicitação de informações às autoridades responsáveis pela prática do ato questionado, que deverão ser prestadas no prazo de 10 dias (art. 6º, *caput*, da Lei 9.882/1999).

Ainda nessa linha, a prestação de informações por parte das autoridades responsáveis, tal qual ocorre no procedimento especial do mandado de segurança, pode ser compreendida como oportunidade para defesa por parte dos destinatários da requisição judicial e, em última análise, do próprio Poder Público.

2.924. partes: legitimados

A disciplina da legitimação na ADPF é ponto revelador do seu conteúdo constitucional, bem como da sua finalidade excepcional (que envolve as ideias de descumprimento de preceito fundamental e de subsidiariedade do instituto).

A legitimação ativa é concedida, pela lei, aos mesmos sujeitos ou entidades que podem propor a ação direta de inconstitucionalidade (ADI) (cf. art. 2º, inc. I, da Lei 9.882/1999), ou seja, nos termos do art. 103, incs. I a IX, da CF: (a) o Presidente da República, (b) a Mesa do Senado Federal, (c) a Mesa da Câmara dos Deputados, (d) a Mesa de Assembleia Legislativa ou Câmara Legislativa do Distrito Federal, (e) o Governador de Estado ou do Distrito Federal, (f) o Procurador-Geral da República, (g) o Conselho Federal da Ordem dos Advogados do Brasil, (h) partido político com representação no Congresso Nacional, (i) confederação sindical ou entidade de classe de âmbito nacional.

As entidades e órgãos legitimados não defendem, na ADPF (do mesmo modo como ocorre na ADI, na ADC e na ADO), interesse próprio, subjetivo, na propositura desta demanda. Esta apenas viabiliza a retirada do STF de seu estado inercial, com a finalidade de analisar o chamado contencioso de constitucionalidade.

Apenas agem como entidades às quais foi confiada, em função, precisamente, da inércia jurisdicional (que também se aplica ao STF), a iniciativa de ativar a atuação do Tribunal encarregado de atuar como guardião da Constituição.

Esta é a razão, associada a uma escolha no plano da política legislativa (opção do legislador constitucional, no caso da ADI, e do legislador infraconstitucional, no caso da ADPF), pela qual a tais legitimados foi conferida referida atribuição, que é verdadeiro poder de ativação da jurisdição no plano da defesa direta da Constituição.

Poder, diga-se de passagem, de conteúdo extremamente significativo: poucos são os entes a quem foi conferida a possibilidade de retirar o STF do seu estado de inércia, com a finalidade de examinar o conflito entre o resultado da atividade normativa primária e/ou da atuação ou omissão do Poder Público com a ordem constitucional.

Observe-se que os órgãos e entidades legitimados possuem, em alguma medida e em diferentes cenários, inegável representatividade social e política. É esta que os qualifica, do ponto de vista da legitimidade política, para provocar o exame de temas tão sensíveis, de relevância frequentemente regional ou nacional, pelo STF.

2.925. legitimados e pertinência temática

Com relação a alguns legitimados a possibilidade de propor a ADPF, do mesmo modo como ocorre com a ADI, é universal e irrestrita.

Em outros termos, estão habilitados a provocar o exame, pelo STF, de qualquer conflito constitucional, independentemente de sua temática ou conteúdo material.

Como tal se qualificam o Presidente da República, a Mesa do Senado Federal, a Mesa da Câmara dos Deputados, a Mesa da Assembleia Legislativa ou da Câmara Legislativa do Distrito Federal, o Procurador-Geral da República, o Conselho Federal da Ordem dos Advogados do Brasil e partidos políticos com representação no Congresso Nacional.

Outras entidades não ostentam a habilitação universal, devendo demonstrar a existência de interesse para a provocação em relação a cada tema especificamente considerado.

Em outros termos, é necessário que exista correlação de pertinência temática entre a matéria veiculada no âmbito da ADPF e o perfil institucional da entidade proponente.

Isto é o que ocorre em relação a confederações sindicais ou entidades de classe de âmbito nacional.

O entendimento de que determinados legitimados (confederações sindicais ou entidades de classe de âmbito nacional) não têm atuação universal está ligado à sua natureza institucional, essencialmente privada.

A partir disto é que se impõe, pelo critério da pertinência temática, consolidado na jurisprudência do STF, que exista correlação entre a temática objeto da ADPF (do mesmo modo que ocorre na ADI) e o perfil institucional da entidade proponente (as finalidades ou objetivos da entidade, ou seja, seu perfil institucional, considerando o objeto de sua atuação, tal como estabelecido em seus atos constitutivos).[16]

Em outros termos, é imprescindível que haja correlação entre o objeto do pedido de declaração de inconstitucionalidade (na ADI) ou de reconhecimento do descumprimento de preceito fundamental (na ADPF) e os objetivos institucionais da entidade proponente.[17]

Embora tenha ocorrido discussão no passado, assentou-se que não se exige dos partidos políticos observância do requisito de pertinência temática. Tem-se reconhecido sua ampla legitimidade, por meio do diretório nacional, desde

16. Na dicção usual nos julgados do STF, "a associação de classe, de âmbito nacional, há de comprovar a pertinência temática, ou seja, o interesse, considerados o respectivo estatuto e a norma que se pretenda fulminada" (Plenário, ADI 1.873, rel. Min. Marco Aurélio, j. 2.9.1998, *DJ* 19.9.2003). No mesmo sentido, exemplificativamente: Plenário, ADI 2.903, rel. Min. Celso de Mello, j. 1.12.2005, *DJe* 19.9.2008; Plenário, ADPF 144, voto do relator, Min. Celso de Mello, j. 6.8.2008, *DJe* 26.2.2010.

17. Nesse sentido: Plenário, ADI 3.702, rel. Min. Dias Toffoli, j. 1.6.2011, *DJe* 30.8.2011.

que a entidade tenha representação no Congresso Nacional. Isso lhes assegura a possibilidade de arguir, perante o STF, a inconstitucionalidade de qualquer ato normativo, independentemente de seu conteúdo material.[18]

Do mesmo modo como ocorre nas ações de controle concentrado e objetivo de constitucionalidade (ADI, ADC e ADO), não há na ADPF um litígio, no sentido tradicional (carneluttiano) da expressão, consistente no conflito de interesses qualificado pela existência de uma pretensão e pelo oferecimento de resistência a ela.[19]

O que se verifica nestes processos é a apresentação de uma demanda, por uma entidade legitimada, a fim de pôr em movimento o STF (fala-se em "ativação" da sua atuação), para que seja por ele realizado o controle de compatibilidade entre normas (na ADI e na ADC) ou omissões normativas (na ADO), ou mesmo atos e omissões do Poder Público (na ADPF) e a ordem constitucional.

Essa verificação de compatibilidade (controle de constitucionalidade) se dá no plano normativo e, no caso da ADPF, também no plano relacionado à atividade administrativa do Poder Público, mas não configura um conflito no sentido tradicional.

O que se tem em mira nesses processos é exclusivamente o respeito da ordem constitucional.

Isso não significa, entretanto, que não se forme uma relação processual, ainda que revestida de evidente particularidade.

Há, de um lado, o demandante (entidades legitimadas, conforme exposto acima). Haverá, do lado oposto (polo passivo), inclusive por obséquio ao devido processo legal e ao contraditório, o Poder Público responsável pela edição do ato normativo ou pelos atos e omissões de ordem administrativa. Este será trazido ao processo, tendo a oportunidade para apresentar sua manifestação (defesa), em relação à constitucionalidade ou inconstitucionalidade da norma (na ADI e na ADC), sobre a inexistência de omissão inconstitucional (na ADO) ou mesmo, ainda, sobre a inexistência de inconstitucionalidade nos atos e omissões do Poder Público (na ADPF).

É por isso que na ADPF determina a lei de regência que, depois da apreciação do requerimento de liminar, o relator "solicitará as informações às autoridades responsáveis pela prática do ato questionado, no prazo de dez dias" (art. 6º, *caput*, da Lei 9.882/1999).

---

18. *Cfr.* Plenário, ADI/MC 1.407, rel. Min. Celso de Mello, j. 7.3.1996, *DJ* 24.11.2000.

19. *Cfr.* Francesco Carnelutti, *Diritto e processo*, Nápoles, Morano Editore, 1958, pp. 54-55, e *Teoria generale del diritto*, 3ª ed., Roma, Soc. Ed. del "Foro Italiano", 1951, pp. 20-21.

Tem-se, aí, verdadeiro ato de comunicação processual com abertura de prazo para defesa (10 dias), de modo análogo ao que ocorre no mandado de segurança (art. 7º, inc. I, da Lei 12.016/2009).

Assim, quem deverá figurar no polo passivo da ADPF é a "autoridade responsável pela prática do ato questionado" (ou pela omissão, naturalmente, se esta for a razão do questionamento).

Note-se, quando se trata de ADI, a disciplina legal impõe que sejam ouvidas as "autoridades das quais emanou a lei ou o ato normativo impugnado" (art. 6º, *caput*, da Lei 9.868/1999, que "disciplina o processo e julgamento da ação direta de inconstitucionalidade e da ação declaratória de constitucionalidade perante o Supremo Tribunal Federal").

É por isso que, quando se trata de lei federal, são ouvidos o Congresso Nacional (informações são prestadas pelo seu Presidente) e o Chefe do Executivo (nas leis decorrentes de sua iniciativa legislativa ou mesmo em função da respectiva sanção). Na hipótese de lei estadual, são ouvidos o Governador do Estado e a Assembleia Legislativa respectiva (pelo seu Presidente).

Quando se trata de atos normativos emitidos por outros órgãos, é concedida a oportunidade de oitiva das autoridades por eles responsáveis (autoridades com poderes diretivos, de gestão e de regulação), e assim sucessivamente.

Note-se que, em todas estas situações (de modo análogo ao que se dá no procedimento do mandado de segurança), determinada autoridade está legitimada, pela lei, a representar o Poder Público na defesa relativa à alegação de incompatibilidade constitucional quanto a determinado ato ou omissão, de natureza normativa ou administrativa.

2.926. intervenção do Ministério Público

No procedimento da ADPF intervém o Ministério Público, caso não seja ele mesmo autor, como fiscal da ordem jurídica (art. 5º, § 2º, e art. 7º, parágrafo único, da Lei 9.882/1999).

As manifestações do Ministério Público, dada sua atuação na esfera dos processos de competência originária junto ao STF, são oferecidas pelo Procurador-Geral da República.

Cumpre lembrar que, por expressa disposição constitucional, o Ministério Público tem a incumbência de realizar a defesa da ordem jurídica, do regime democrático e dos interesses sociais e individuais indisponíveis (art. 127, *caput*, da CF).

A defesa da ordem jurídica constitucional, portanto, justifica, com sobras, a intervenção do Ministério Público, como fiscal, no processo de ADPF, caso não seja ele mesmo autor da arguição.

Em outros termos, não faria sentido a tramitação de processo orientado para a defesa da ordem constitucional sem que nele oficie a instituição a quem é confiada tal missão pela própria Constituição.

2.927. causa de pedir

Quando se examina, no processo comum, o conteúdo da demanda e do ato que a documenta, vem à tona a previsão no sentido da necessidade de que sejam indicados, na petição inicial, "o fato e os fundamentos jurídicos do pedido" (art. 319, inc. III, do CPC-2015).

Na construção doutrinária tem-se a delimitação dos contornos da causa de pedir pela indicação da causa remota (fatos) e da causa próxima (fundamentos jurídicos do pedido).[20]

Este raciocínio pode, com ajustes inerentes às particularidades e à finalidade do processo na ADPF, ser para ela transportado.

Note-se que, na disciplina legal da matéria, há indicação de que a petição inicial da ADPF deve conter "a indicação do preceito fundamental que se considera violado", a "indicação do ato questionado" e a "prova da violação do preceito fundamental" (art. 3º, incs. I, II e III, da Lei 9.882/1999).

Como já se destacou, a propositura da ADPF tem a finalidade de promover o respeito à ordem constitucional (sob a perspectiva da violação de preceitos fundamentais da Constituição), alegadamente violada por atos normativos, ou mesmo por atos ou omissões de conteúdo não normativo (administrativos) praticados pelo Poder Público.

Neste campo, portanto, o fato constitutivo do pedido pode ser normativo ou administrativo (existência ou inexistência de norma em conflito com preceito constitucional fundamental; atos ou omissões do Poder Público em conflito com preceito constitucional fundamental).

O fundamento jurídico, por outro lado, consiste na demonstração da ofensa à ordem constitucional, consubstanciada na incompatibilidade com o preceito fundamental alegadamente violado.

É possível concluir, portanto, que a "indicação do preceito fundamental que se considera violado", a "indicação do ato questionado" e a "prova da violação do preceito fundamental" estão na ADPF, para a causa de pedir remota, tanto quanto estão, no processo comum, os fatos constitutivos do pedido.

---

20. Assim, p.ex., José Rogério Cruz e Tucci, *A causa petendi no processo civil*, 2ª ed., São Paulo, Ed. RT, 2001, p. 154.

De outro lado, como causa de pedir próxima, na ADPF, deve ser considerado o fundamento jurídico que sustenta a alegação de incompatibilidade com a ordem constitucional.

2.928. pedido

A lei exige que o autor, na ADPF, do mesmo modo como ocorre no processo comum (art. 319, inc. IV, do CPC-2015), indique o "pedido, com suas especificações" (art. 3º, inc. IV, da Lei 9.882/1999).

Para que se tenha compreensão adequada quanto aos pedidos possíveis na ADPF é necessário lembrar da sua natureza extraordinária, peculiar, do mesmo modo que se dá com as ações essencialmente destinadas ao controle da constitucionalidade das leis (ADI, ADC e ADO).

São mecanismos extraordinários, cuja finalidade é, essencialmente, a defesa da ordem constitucional. A compreensão quanto aos pedidos, portanto, não pode descurar desta premissa.

Esta orientação está presente na lei, ao determinar que, "julgada a ação, far-se-á comunicação às autoridades ou órgãos responsáveis pela prática dos atos questionados, fixando-se as condições e o modo de interpretação e aplicação do preceito fundamental" (art. 10, *caput*, da Lei 9.882/1999).

A dicção normativa permite concluir que o conteúdo da decisão na ADPF é essencialmente declaratório. Por via de consequência, declaratório será, igualmente, o pedido nela formulado.

O pedido, portanto, consistirá na pretensão de declaração de que determinado ato normativo (lei, decreto, resolução), ato administrativo ou mesmo omissão do Poder Público conflitam com a ordem constitucional, notadamente por colidirem com preceitos fundamentais da Constituição.

Alguns precedentes, na experiência concreta do emprego da ADPF, foram emblemáticos na demonstração da finalidade, do alcance e da aplicação prática deste meio destinado a propiciar a defesa da ordem constitucional pelo STF.

Um desses casos foi a utilização da ADPF para reconhecimento (declaração) da inconstitucionalidade da estrutura e do modo de funcionamento do sistema carcerário brasileiro.[21]

---

21. Nesse caso, no julgamento da ADPF/MC 347-DF, ainda não concluído, foi concedida inicialmente a cautelar, pelo reconhecimento da situação complexa e inconstitucional com relação à estrutura e ao funcionamento do sistema carcerário brasileiro (conteúdo declaratório), com exortação ao Poder Executivo e aos órgãos detentores de responsabilidade em relação ao tema (inclusive juízos e tribunais) no sentido da adoção de medidas de planejamento, equacionamento e mitigação. A linha que vem se formando na apreciação da referida ADPF (como ficou evidenciado no voto do Relator, Min. Marco Aurélio)

Outra situação emblemática, reveladora da importância do instituto ora analisado, foi seu emprego na angustiante situação relacionada à pandemia da COVID-19, cujo início no Brasil se deu, na prática, a partir do início de 2020.

É fato público e notório que, durante os meses que se seguiram, houve intenso debate e dissenso no que se refere às medidas a serem adotadas com a finalidade de mitigar os efeitos da verdadeira tragédia social, sanitária e econômica que acometeu o Brasil e o mundo. No nosso país, um dos aspectos desta disputa (não o único) esteve relacionado, em função do princípio federativo e da repartição constitucional de competências políticas e legislativas na Federação brasileira, à definição da competência de cada uma das entidades federativas quanto à implementação de medidas preventivas e de enfrentamento à pandemia.

O tema chegou ao STF por intermédio de ADPF, na qual foi inicialmente concedida medida cautelar, com reconhecimento (declaração) do "exercício da competência concorrente dos governos estaduais e distrital e suplementar dos governos municipais, cada qual no exercício de suas atribuições e no âmbito dos respectivos territórios, para a adoção ou manutenção de medidas restritivas legalmente permitidas durante a pandemia, tais como a imposição de distanciamento/isolamento social, quarentena, suspensão de atividades de ensino, restrições de comércio, atividades culturais e à circulação de pessoas, entre outras, independentemente de superveniência de ato federal em sentido contrário, sem prejuízo da competência geral da União para estabelecer medidas restritivas em todo o território nacional, caso entenda necessário".[22]

Em suma, o pedido é declaratório, mas, na pragmática e na casuística do STF, têm sido admitidas as solicitações de providências práticas (exortações aos órgãos responsáveis, que não chegam a constituir obrigações de fazer, mas indicação de deveres legais a serem cumpridos) que devem ser compreendidas como consequências ou desdobramentos do reconhecimento (declaração) do descumprimento de preceito fundamental.

Na hipótese de persistência da omissão do Poder Público, nada obstante a procedência da ADPF, não será cabível requerimento de natureza executiva, como espécie de cumprimento de sentença, como ocorre nos casos de tutela específica da obrigação no procedimento do CPC-2015 (requerimento de providências para imposição do cumprimento de obrigações de fazer e de não fazer).

é no sentido da declaração da incompatibilidade da situação descrita no processo com preceitos fundamentais da ordem constitucional brasileira, entre eles a dignidade da pessoa humana.

22. *Cfr.* ADPF 672-DF, proposta pelo Conselho Federal da Ordem dos Advogados do Brasil, rel. Min. Alexandre de Moraes. A decisão liminar, referente à cautelar foi concedida em 8.4.2020. Posteriormente, em 13.10.2020, o Plenário do STF julgou parcialmente a ADPF, confirmando a medida cautelar anteriormente concedida.

A persistência da inação das autoridades públicas responsáveis por adoção de medidas destinadas a superar a situação de descumprimento de preceitos fundamentais, tal como reconhecido pelo STF, entretanto, trará elementos para a responsabilização pessoal de tais autoridades, o que poderá ocorrer, conforme o caso e em consonância com as situações concretamente consideradas, na esfera cível, na esfera penal ou mesmo na esfera da responsabilidade política (eventualmente, processo de *impeachment*).

2.929. tutela de urgência

A disciplina da ADPF prevê a possibilidade de concessão de medidas de urgência.

A lei menciona a possibilidade de concessão de liminar pela maioria absoluta dos membros do STF, ou ainda pelo relator, *ad referendum* do Plenário, nos casos de extrema urgência ou de perigo de lesão grave, ou ainda em período de recesso (art. 5º, § 1º, da Lei 9.882/1999).

Há previsão de que a liminar poderá consistir "na determinação de que juízes e tribunais suspendam o andamento de processos ou os efeitos de decisões judiciais, ou de qualquer outra medida que apresente relação com a matéria objeto da arguição de descumprimento de preceito fundamental, salvo se decorrentes da coisa julgada" (art. 5º, § 3º, da Lei 9.882/1999).

O que literalmente a lei prevê, portanto, é a possibilidade, a título de tutela de urgência de natureza cautelar, de suspensão do andamento de processos ou de decisões judiciais. Indica também, entretanto (fazendo-o, nesse passo, em verdadeira norma aberta ou de encerramento), a viabilidade de "qualquer outra medida que apresente relação com a matéria objeto da arguição de descumprimento de preceito fundamental".

Assim, pressuposto que tenha havido requerimento de medida cautelar (por não atuar a jurisdição, nem mesmo por meio do STF, de ofício), poderão ser concedidas medidas que revelem caráter instrumental em relação à eventual decisão final, na ADPF.

É evidente que, do mesmo modo como ocorre na ADI, poderá ser determinada a suspensão da eficácia do ato normativo ou mesmo do ato administrativo do Poder Público que se mostrem incompatíveis com preceito fundamental da Constituição indicado na petição inicial.

Nesta hipótese a tutela de urgência se realiza pela via da tutela antecipada, pois, ao final, o que se busca na ADPF é a declaração de incompatibilidade e, por consequência, o afastamento (vedação de aplicação) de ato normativo ou ato administrativo do Poder Público incompatível com a Lei Maior.

Imprescindível, como ocorre com toda e qualquer tutela de urgência, a identificação do *fumus boni iuris* (probabilidade do direito, ou seja, consistente fundamentação quanto à ofensa ao preceito fundamental) e do *periculum in mora* (perigo de dano ou risco ao resultado útil do processo).

2.930. intervenção de terceiros: particularidades

Como na ADPF, do mesmo modo que se verifica nas ações de controle concentrado de constitucionalidade (ADI, ADC e ADO), não há litígio no sentido tradicional dos processos subjetivos (conflito de interesses subjetivos), não há espaço para as formas tradicionais de intervenção de terceiros, ou seja, assistência, denunciação da lide, chamamento ao processo e desconsideração da personalidade jurídica.

Em todos os casos de intervenção tradicional, acima mencionados, o que justifica o ingresso do terceiro é a existência de um interesse jurídico deste no desfecho do processo em curso, dada a possibilidade de envolvimento, em alguma medida, da sua esfera jurídica.

Isto não ocorrerá na ADPF e nas ações de controle de constitucionalidade.

Há, entretanto, espaço para a intervenção do *amicus curiae*, dada a essência do debate e do conteúdo da decisão de mérito a ser pronunciada.

Como se sabe, a intervenção do *amicus curiae* encontra terreno apropriado nos processos e incidentes cuja decisão tenha potencial para atingir coletividades.

Nesse sentido estipula, o art. 138 do CPC-2015 a possibilidade de intervenção sob esta modalidade, "considerando a relevância da matéria, a especificidade do tema objeto da demanda ou a repercussão geral da controvérsia".

Por tais razões é que os processos coletivos (ações civis públicas ou coletivas) e os incidentes de formação de precedentes (os chamados casos repetitivos, ou seja, incidente de resolução de demandas repetitivas, recursos especiais e extraordinários repetitivos – art. 928 do CPC-2015) bem como o incidente de assunção de competência (art. 947 do CPC-2015) são campo apropriado para intervenção do *amicus curiae*.

A mesma observação é pertinente com relação às ações de controle concentrado de constitucionalidade (ADI, ADC e ADO) e na ADPF.

O *amicus curiae* não vem ao processo defender interesse próprio, subjetivado, atuando, isto sim, com interesse institucional.[23]

---

23. Como anota Cassio Scarpinella Bueno, ***Amicus curiae*** *no processo civil brasileiro: um terceiro enigmático*, São Paulo, Saraiva, 2006, pp. 500-512.

Sua presença deve se direcionar à apresentação, ao tribunal, de informações específicas, fruto de conhecimento especializado ou técnico, a respeito de aspectos de fato ou de direito. Sua atuação propicia o oferecimento ao órgão julgador de mais subsídios para a decisão, propiciando a ampliação do debate e do conhecimento de variados pontos de vista a respeito das questões a serem enfrentadas no processo da ADPF.

Não deve ocorrer dúvida, portanto, quanto à possibilidade de aplicação do art. 138 do CPC-2015, que prevê a intervenção do *amicus curiae*, ao processo de ADPF.

Além disso, a própria lei específica cuida, ainda que parcialmente, do tema. Prevê que, se entender necessário, "poderá o relator ouvir as partes nos processos que ensejaram a arguição, requisitar informações adicionais, designar perito ou comissão de peritos para que emita parecer sobre a questão, ou, ainda, fixar data para declarações, em audiência pública, de pessoas com experiência e autoridade na matéria" (art. 6º, § 1º, da Lei 9.882/1999).

Portanto, ao lado do requerimento de intervenção de entidades especializadas ou com atuação na temática em discussão (entidades públicas ou privadas, associações de classe, entidades de pesquisa *etc.*), a ser apreciado pelo relator, há a possibilidade de que o próprio relator, de ofício (ou mesmo mediante provocação das partes), determine a oitiva de especialistas.

Isso pode ocorrer, na prática, com a oitiva de peritos ou comissão de peritos, ou mesmo mediante requisição de informações a entidades públicas ou privadas que, de alguma forma, tenham dados concretos (fruto de pesquisas, levantamentos, registros em bancos de dados, entre outros) potencialmente úteis para a compreensão ampla e adequada da controvérsia constitucional.

2.931. decisão

O conteúdo do pronunciamento judicial na ADPF é declaratório.

O que se busca, junto ao STF, é o reconhecimento (declaração) de existência de ato normativo ou mesmo de ato ou omissão do Poder Público incompatíveis com a ordem constitucional (mais especialmente, com preceitos fundamentais da Constituição).

A dicção legal a respeito do ponto, entretanto, parece pretender conferir ao pronunciamento do STF mais que o conteúdo essencialmente declaratório.

Nesse sentido encontra-se a prescrição de que, "julgada a ação, far-se-á comunicação às autoridades ou órgãos responsáveis pela prática dos atos questionados, fixando-se as condições e o modo de interpretação e aplicação do preceito fundamental" (art. 10, *caput*, da Lei 9.882/1999).

Não se deve extrair da orientação legal, entretanto, mais do que ali está, objetivamente, estabelecido.

É necessário lembrar que, ao prever o processo e o julgamento das ações de controle concentrado (ADI, ADC e ADO), bem como da ADPF, junto ao STF, a CF conferiu ao Tribunal importantes mecanismos para o cumprimento do encargo de guardião da ordem constitucional (art. 102, *caput*, da CF).

E, na função de guardião da Constituição, ao examinar as alegações de incompatibilidade entre atos normativos e atos administrativos do Poder Público com a ordem constitucional, o que se apresenta ao Tribunal são situações de dúvida objetiva, inseridas no contexto da defesa de preceitos constitucionais.

Os pronunciamentos que esclarecem estas dúvidas objetivas têm conteúdo declaratório, inexistindo, nesse cenário, campo para decisões de conteúdo condenatório (imposição de obrigações), constitutivo (constituição, desconstituição ou modificação de situações jurídicas) ou mesmo mandamentais (determinações).

As observações que frequentemente acompanham as decisões que julgam os pedidos formulados nos processos de controle concentrado (ADI, ADC e ADO), ou mesmo na ADPF, devem ser compreendidas como indicações ou recomendações às autoridades destinatárias da decisão.

Seu não atendimento não implicará possibilidade de início de procedimento ou fase executiva, tal como se dá no procedimento comum do CPC-2015 (fase de cumprimento de sentença), pois inexiste condenação a cumprir.

A inércia das autoridades destinatárias das recomendações ou determinações do STF poderá acarretar consequências no plano da responsabilidade criminal, civil ou política (impedimento).

Quando, p.ex., no julgamento da ADPF 347, relacionada ao sistema carcerário, determinou-se "aos juízes e tribunais que, observados os arts. 9.3 do Pacto dos Direitos Civis e Políticos e 7.5 da Convenção Interamericana de Direitos Humanos, realizem, em até 90 dias, audiências de custódia, viabilizando o comparecimento do preso perante a autoridade judiciária no prazo máximo de 24 horas", não se tem nesta determinação pronunciamento de cunho mandamental, mas sim esclarecimento ou complementação relativamente ao conteúdo da declaração de inconstitucionalidade, com indicação de fórmulas para sua eliminação.

Não observadas as indicações do STF, inexistirá processo executivo ou fase de cumprimento, sendo inegável, entretanto, que a omissão dos órgãos ou autoridades responsáveis terá aptidão para acarretar-lhes responsabilidade pessoal, no plano penal, civil, administrativo-funcional e, eventualmente, a depender da autoridade envolvida, com a possibilidade de *impeachment*.

De modo análogo, ao se pronunciar pela procedência da ADPF 672, relativa à competência legislativa e administrativa na área das medidas sanitárias de enfrentamento à pandemia da COVID-19, o que fez o STF foi esclarecer a dúvida objetiva relativa, dentro do tema, à repartição constitucional de competências, indicando o espaço para a atuação de cada uma das entidades federativas (União, Estados, Distrito Federal e Municípios).

É manifesto, nesta perspectiva, o conteúdo declaratório das referidas decisões.

2.932. efeitos da decisão

Seguindo a mesma lógica do que se verifica nas ações de controle concentrado de constitucionalidade, estipula a lei que "a decisão terá eficácia contra todos e efeito vinculante relativamente aos demais órgãos do Poder Público" (art. 10, § 3º, da Lei 9.882/1999).

Esta disposição reproduz, ainda que de modo mais abreviado, a indicação, contida no texto da Constituição, a respeito dos efeitos das decisões proferidas em ADIs, prevendo-se que "as decisões definitivas de mérito, proferidas pelo Supremo Tribunal Federal, nas ações diretas de inconstitucionalidade e nas ações declaratórias de constitucionalidade produzirão eficácia contra todos e efeito vinculante, relativamente aos demais órgãos do Poder Judiciário e à Administração Pública direta e indireta, nas esferas federal, estadual e municipal" (art. 102, § 2º, da CF).

Calha aqui a célebre distinção apontada, há muito, por Enrico Tullio Liebman, ao cuidar da eficácia e autoridade da sentença.[24]

O pronunciamento judicial, como ato do Estado, produz seus efeitos (sua eficácia) com relação a todos, nas esferas pública e privada. Este é o sentido da usual referência aos efeitos *erga omnes* da decisão.

Sua autoridade (efeitos vinculantes), entretanto, está direcionada ao Poder Público, que se fez presente no processo de ADPF (representado pela autoridade ou pelas autoridades do Poder Público responsáveis pelos atos ou omissões administrativos que tenham tangenciado preceitos fundamentais da Constituição).

Em outros termos, o conteúdo ou comando declaratório da decisão do STF (notadamente as "condições e o modo de interpretação e aplicação do preceito fundamental", indicados no pronunciamento – cf. art. 10, *caput*, da

24. Enrico Tullio Liebman, *Eficácia e autoridade da sentença e outros escritos sobre a coisa julgada*, trad. de Alfredo Buzaid e Benvindo Aires, Rio de Janeiro, Revista Forense, 1945, *passim*.

Lei 9.882/1999) é de observância obrigatória por parte do Poder Público e das autoridades vinculadas ao julgado, sob pena, como observado anteriormente, de responsabilidade pessoal a se configurar, em consonância com as particularidades de cada situação concreta, nas esferas penal, civil, administrativa ou da improbidade administrativa.

2.933. possibilidade de modulação dos efeitos da decisão

A decisão proferida na ADPF fixa diretriz com relação à interpretação e aplicação de determinado preceito fundamental da Constituição.

Tanto como ocorre nas decisões proferidas no controle concentrado de constitucionalidade (ADI, ADC e ADO), bem como nos procedimentos destinados ao julgamento de casos repetitivos, para fixação de precedentes de observância geral (incidente de resolução de demandas repetitivas, recurso especial e recurso extraordinário repetitivos) pode ser conveniente que o entendimento fixado considere a necessidade de um período de adaptação, conveniente à manutenção da segurança jurídica, bem como pela conveniência do interesse social.

Recorde-se, neste ponto, que o reconhecimento da inconstitucionalidade de leis, ou mesmo da incompatibilidade de leis antigas com a nova ordem constitucional (revogação tácita), ou ainda da incongruência com a Constituição de atos ou omissões do Poder Público, é pronunciamento judicial de conteúdo declaratório.

Tendo conteúdo declaratório, a decisão apenas reconhece uma situação jurídica já existente, pois a inconstitucionalidade reconhecida (lei inconstitucional, lei tacitamente revogada por incompatibilidade com a Lei Maior, atos ou omissões incompatíveis com a CF) preexiste em relação ao pronunciamento judicial. Este apenas a declara.

Por tais razões é que os efeitos de tais decisões, em princípio, produzem-se *ex tunc*, ou seja, desde o momento da existência da situação de incompatibilidade, que é congênita à norma infraconstitucional (quando se trata de lei editada sob a vigência da Constituição) ou à edição da norma constitucional (quando se trata de lei anterior, tacitamente revogada pela ordem constitucional superveniente).

Quanto aos atos e omissões do Poder Público incompatíveis com preceito fundamental, a mesma observação é válida: são incompatíveis desde o princípio, quadro este apenas reconhecido (declarado) pelo pronunciamento judicial.

Ocorre que, por razões de ordem prática, o efeito *ex tunc* (desde o princípio) da inconstitucionalidade reconhecida pode trazer insegurança jurídica ou ter relevante repercussão social.

Emblemáticos exemplos deste tipo de situação foram casos em que o STF modulou os efeitos da declaração de inconstitucionalidade de leis que criaram Municípios, reconhecendo que a segurança jurídica e o interesse social impunham, nada obstante a inconstitucionalidade, a acomodação de uma realidade fática inegavelmente existente. A criação do Município, com a criação de órgãos, realização de licitações e contratos, nomeação de servidores, nascimento de pessoas com sua naturalidade registrada no cartório do registro civil *etc.*, não poderia, pura e simplesmente, deixar de existir ou ser desconsiderada.[25]

Razões excepcionais, desta ordem, justificam que no reconhecimento da violação de preceito fundamental da Constituição o STF, "por maioria de dois terços de seus membros", venha a "restringir os efeitos daquela declaração ou decidir que ela só tenha eficácia a partir de seu trânsito em julgado ou de outro momento que venha a ser fixado" (art. 11 da Lei 9.882/1999).

2.934. meios de impugnação

A Lei 9.882/1999 não disciplina o procedimento recursal na ADPF.

Isso não exclui (ao contrário, indica) a aplicação do CPC-2015, naquilo que couber.

Assim, tendo presente que a ADPF é processo que tramita, originariamente, no STF, a consequência natural é o cabimento de recursos relacionados ao procedimento de competência originária.

Deste modo, é possível pensar no cabimento de agravos internos contra decisões proferidas pelo relator (art. 1.021 do CPC-2015), bem como na possibilidade de embargos de declaração contra decisões monocráticas ou colegiadas (art. 1.022 do CPC-2015).

Com relação à decisão final, vem à tona a dúvida sobre a possibilidade de ajuizamento de ação rescisória após o trânsito em julgado da decisão proferida, pelo STF, na ADPF.

A propósito, prevê a lei, expressamente, que "a decisão que julgar procedente ou improcedente o pedido em arguição de descumprimento de pre-

---

25. STF, Tribunal Pleno, ADI 2.240-BA, rel. Min. Eros Grau, j. 9.5.2007. Em apertada síntese, pode-se afirmar que: "A modulação temporal das decisões em controle judicial de constitucionalidade decorre diretamente da Carta de 1988 ao consubstanciar instrumento voltado à acomodação otimizada entre o princípio da nulidade das leis inconstitucionais e outros valores constitucionais relevantes, notadamente a segurança jurídica e a proteção da confiança legítima, além de encontrar lastro também no plano infraconstitucional (Lei n. 9.868/1999, art. 27)" (Plenário, ADI/QO 4.425, rel. Min. Luiz Fux, j. 25.3.2015, *DJe* 4.8.2015).

ceito fundamental é irrecorrível, não podendo ser objeto de ação rescisória" (art. 12 da Lei 9.882/1999).

Na disciplina da matéria, portanto, do mesmo modo como ocorre nas ações de controle concentrado de constitucionalidade (ADI, ADC e ADO, cf. art. 26 da Lei 9.868/1999), o que está em primeiro lugar, no cenário dos conflitos constitucionais, é a preservação da Constituição.

Como ficaria a questão da segurança jurídica, do ponto de vista constitucional, se fosse viável a rescisão da decisão que julgou a ADPF, a ADI, a ADC ou a ADO?

Além disso, há outro aspecto a ser considerado.

Decisões que declaram a inconstitucionalidade de atos normativos, a não recepção de atos normativos anteriores à norma constitucional ou mesmo a incompatibilidade de atos ou omissões administrativos com preceitos fundamentais da Constituição, como se sabe, são declaratórias.

Em razão disso, é correto observar que elas apenas reconhecem (declaram) situações preexistentes, tendo efeitos *ex tunc*.

Como prevalece o entendimento de que o ato (normativo ou administrativo) inconstitucional é nulo, reconhecida a nulidade, vigora a orientação de que *quod nullum est nullum effectum producit*. O ato viciado, ofensivo à ordem constitucional, não pode ter seus efeitos chancelados.

A admissão da ação rescisória contra decisões proferidas no plano do processo objetivo, portanto, criaria problema extremamente intrincado, por subverter a ordem jurídica e enfraquecer a segurança, a previsibilidade e a estabilidade, em torno das quais devem ser consideradas as alternativas sistêmicas relacionadas à defesa da Constituição.

Há ainda, por último, um aspecto que torna compreensível a vedação à ação rescisória.

Há consenso no sentido da inviabilidade de rescisória em relação a decisões do STF, em processo de ADPF, ADI, ADC e ADO que declaram a incompatibilidade com a Constituição de atos normativos, ou mesmo de atos ou omissões administrativos. Admitir a revisão de tais decisões criaria situação de insegurança inaceitável.

Mas, e quanto à situação oposta?

Seria aceitável prever a possibilidade de revisão, pela via da rescisória, da decisão que rejeitou a alegação de inconstitucionalidade, reconhecendo a compatibilidade com a Constituição dos atos normativos, ou mesmo de atos ou omissões administrativos?

A defesa da possibilidade de revisão, neste caso, viria em prol da própria defesa da Constituição.

Afinal, se o STF concluiu que determinado ato não contraria a Lei Maior, e esta decisão estiver equivocada, persistirá, enquanto não for revista, a ofensa à Constituição.

Como resolver esta intrincada questão?

A doutrina aponta uma solução.

Ela se apresenta na seguinte direção: a declaração, em processo objetivo (ADPF, ADI, ADC e ADO), de constitucionalidade de determinada norma, ato ou omissão do Poder Público, embora seja coberta pela coisa julgada, não impedirá que a matéria seja novamente suscitada, em outro processo objetivo, diante de um novo cenário e num diferente contexto político, social e jurídico.

É necessário, neste ponto, lembrar que a Constituição passa por processos formais e informais de mudança, dada sua compreensão flexível e reflexiva, considerando o momento político, social e jurídico vivenciado quando da interpretação e aplicação de suas normas.

É possível que em determinada ocasião se conclua no sentido de que certa norma infraconstitucional é incompatível com o texto da Lei Maior mas que, tempos depois, diante de outro contexto, se chegue à percepção de que aquela disposição não mais se compatibiliza com a ordem constitucional.

A chamada mutação constitucional, portanto (que envolve não apenas a alteração da norma, mas também a alteração de aspectos da realidade a ela subjacente), justifica a conclusão de que o próprio STF, em ocasião futura, nada obstante tenha declarado a constitucionalidade de certa norma no passado, poderá rever sua posição.[26]

Observe-se um bom exemplo de processo informal de mudança da Constituição (ocasionado não por alteração normativa formal na Lei Maior, mas sim pela modificação da realidade subjacente):[27] isso ocorreu no progressivo reconhecimento da incompatibilidade com a ordem constitucional vigente da legitimação atribuída ao Ministério Público, por lei, para a propositura da ação reparatória *ex delicto* em benefício de pessoas carentes (art. 68 do CPP).

---

26. Teori Albino Zavascki, ressaltando a possibilidade, exclusivamente, de revisão das decisões confirmatórias da constitucionalidade no STF, anotava que "a sentença declaratória de constitucionalidade deixa de ter efeito vinculante a partir do momento em que, por evento superveniente, a norma declarada constitucional mostrar-se incompatível com a Constituição. Tais eventos (...) podem ser representados ou por mudança do estado de direito (emenda constitucional à luz da qual a norma ordinária não é recepcionada) ou por mudança do estado de fato (por força da qual a norma se torne inconstitucional)" (*Eficácia das sentenças na jurisdição constitucional*, São Paulo, Ed. RT, 2001, p. 117).

27. É a denominada "mutação constitucional", decorrente de uma "evolução na situação de fato sobre a qual incide a norma, ou ainda por força de uma nova visão jurídica que passa a predominar na sociedade" (Paulo Gustavo Gonet Branco, Gilmar Ferreira Mendes e Inocêncio Mártires Coelho, ob. cit., p. 263).

Com a criação da Defensoria Pública pela Constituição, em 1988, o STF firmou a posição de que seria mantido, inicialmente, o entendimento de que o Ministério Público era legitimado para atuar em benefício dos carentes (por legitimação extraordinária, ou seja, substituição processual), propondo as demandas para fins de reparação de danos decorrentes da prática de crimes.

Salientou a Corte, contudo, que, na medida em que os segmentos da Defensoria Pública, na União e nos Estados, fossem efetivamente criados e providos os cargos respectivos, não seria mais possível reconhecer a constitucionalidade da atribuição de legitimação ao Ministério Público para tais fins, ou seja, para a defesa de direitos patrimoniais disponíveis.[28]

Assim, não apenas é aceitável que a Corte reconheça que a norma é ainda constitucional, mas se encontra em caminhada para sua inconstitucionalidade. É também plausível, por ser a ordem constitucional, afinal, essencialmente dinâmica e mutável, que num determinado momento seja afirmada a constitucionalidade de certos atos normativos, ou mesmo atos ou omissões administrativas, para depois, em outro contexto, ser reconhecida sua incompatibilidade com a ordem constitucional.

Pelo que foi acima exposto, fica reduzida (se não esvaziada) a relevância prática do debate sobre o cabimento da ação rescisória contra a decisão que tenha afirmado a constitucionalidade de certa norma ou ato do Poder Público.

---

28. STF, 1ª Turma, RE 147.776-SP, rel. Min. Sepúlveda Pertence, j. 19.5.1998, que contou com a seguinte ementa: "Ministério Público – Legitimação para promoção, no juízo cível, do ressarcimento do dano resultante de crime, pobre o titular do direito à reparação – CPP, art. 68, ainda constitucional (cf. RE n. 135.328) – Processo de inconstitucionalização das leis. 1. A alternativa radical da jurisdição constitucional ortodoxa entre a constitucionalidade plena e a declaração de inconstitucionalidade ou revogação por inconstitucionalidade da lei com fulminante eficácia *ex tunc* faz abstração da evidência de que a implementação de uma nova ordem constitucional não é um fato instantâneo, mas um processo, no qual a possibilidade de realização da norma da Constituição – ainda quando teoricamente não se cuide de preceito de eficácia limitada – subordina-se muitas vezes a alterações da realidade fáctica que a viabilizem. 2. No contexto da Constituição de 1988, a atribuição anteriormente dada ao Ministério Público pelo art. 68 do CPP – constituindo modalidade de assistência judiciária – deve reputar-se transferida para a Defensoria Pública: essa, porém, para esse fim, só se pode considerar existente onde e quando organizada, de direito e de fato, nos moldes do art. 134 da própria Constituição e da lei complementar por ela ordenada – Até que – na União ou em cada Estado considerado – se implemente essa condição de viabilização da cogitada transferência constitucional de atribuições, o art. 68 do CPP será considerado ainda vigente – É o caso do Estado de São Paulo, como decidiu o Plenário no RE n. 135.328". Esse mesmo entendimento foi reafirmado, posteriormente, em outros julgados. *V.g.*: RE 213.514-SP, rel. Min. Moreira Alves, j. 4.5.2001; RE/AgR 196.857– SP, rel. Min. Ellen Gracie, j. 6.4.2001; RE 228.443-SP, rel. Min. Carlos Velloso, j. 25.10.2003 – entre outros.

É que tal decisão não impedirá, no futuro, diante de um diferente contexto político, jurídico e social, a propositura de nova impugnação (ADPF, ADI, ADC e ADO) com a finalidade de obtenção de declaração de incompatibilidade, com a Constituição, de normas infraconstitucionais, atos e omissões administrativos.

2.935. a título de conclusão

Não paira dúvida quanto à possibilidade do estudo da ADPF sob a perspectiva dos procedimentos especiais regulados pela legislação processual civil extravagante.

Não se deve perder de vista, entretanto, a compreensão da natureza, da finalidade e do alcance do instituto sob a perspectiva sistêmica, que tem como pano de fundo a ordem constitucional.

Afinal, posiciona-se a ADPF, no Estado Constitucional, Social e Democrático de Direito assentado a partir de 1988, como mais um importante instrumento voltado à defesa da Constituição.

Este é o dado central, que não deve, em qualquer estudo a respeito do tema, ser negligenciado.

Referências Bibliográficas

BARROSO, Luís Roberto. *Curso de direito constitucional contemporâneo: os conceitos fundamentais e a construção do novo modelo*. 2ª ed., 2ª tir. São Paulo, Saraiva, 2011.

————. *O controle de constitucionalidade no direito brasileiro: exposição sistemática da doutrina e análise crítica da jurisprudência*. 7ª ed. São Paulo, Saraiva, 2016.

BASTOS, Celso Seixas Ribeiro. "Arguição de descumprimento de preceito fundamental e legislação regulamentadora". In: ROTHEMBURG, Walter Claudius, e TAVARES, André Ramos (orgs.). *Arguição de descumprimento de preceito fundamental: análises à luz da Lei n. 9.882/99*. São Paulo, Atlas, 2001.

————. *O controle de constitucionalidade no direito brasileiro: exposição sistemática da doutrina e análise crítica da jurisprudência*. São Paulo, Saraiva, 2004.

BUENO, Cassio Scarpinella. ***Amicus curiae** no processo civil brasileiro: um terceiro enigmático*. São Paulo, Saraiva, 2006.

CARNELUTTI, Francesco. *Diritto e processo*. Nápoles, Morano Editore, 1958.

————. *Teoria generale del diritto*. 3ª ed. Roma, Soc. Ed. del "Foro Italiano", 1951.

DINAMARCO, Cândido Rangel. *Instituições de direito processual civil*. 10ª ed., vol. I. São Paulo, Malheiros Editores, 2020.

LEONEL, Ricardo de Barros. "Considerações introdutórias sobre o direito processual constitucional". In: BONIZZI, Marcelo José Magalhães, LEONEL, Ricardo de Barros, e PUOLI, José Carlos Baptista (coords.). *Direito processual constitucional*. Brasília, Gazeta Jurídica, 2016.

LIEBMAN, Enrico Tullio. *Eficácia e autoridade da sentença e outros escritos sobre a coisa julgada*. trad. de Alfredo Buzaid e Benvindo Aires. Rio de Janeiro, Revista Forense, 1945.

MANDELLI JÚNIOR, Roberto Mendes. *Arguição de descumprimento de preceito fundamental: instrumento de proteção dos direitos fundamentais e da Constituição*. São Paulo, Ed. RT, 2003.

MENDES, Gilmar Ferreira. *Arguição de descumprimento de preceito fundamental: comentários à Lei n. 9.882, de 3.12.1999*. São Paulo, Saraiva, 2007.

————. "Arguição de descumprimento de preceito fundamental: parâmetro de controle e objeto". In: ROTHEMBURG, Walter Claudius, e TAVARES, André Ramos (orgs.). *Arguição de descumprimento de preceito fundamental: análises à luz da Lei n. 9.882/99*. São Paulo, Atlas, 2001.

MENDES, Gilmar Ferreira, BRANCO, Paulo Gustavo Gonet, e COELHO, Inocêncio Mártires. *Curso de direito constitucional*. 4ª ed. São Paulo, Saraiva, 2009.

MORAES, Alexandre de. "Comentários à Lei 9.882/99 – Arguição de descumprimento de preceito fundamental". In: ROTHEMBURG, Walter Claudius, e TAVARES, André Ramos (orgs.). *Arguição de descumprimento de preceito fundamental: análises à luz da Lei n. 9.882/99*. São Paulo, Atlas, 2001.

————. *Direito constitucional*. 14ª ed. São Paulo, Atlas, 2009.

NERY JÚNIOR, Nelson. *Princípios do processo na Constituição Federal*. 13ª ed. São Paulo, Ed. RT, 2017.

RAMOS, Elival da Silva. "Arguição de descumprimento de preceito fundamental: delineamento do instituto". In: ROTHEMBURG, Walter Claudius, e TAVARES, André Ramos (orgs.). *Arguição de descumprimento de preceito fundamental: análises à luz da Lei n. 9.882/99*. São Paulo, Atlas, 2001.

————. *Controle de constitucionalidade no Brasil: perspectivas de evolução*. São Paulo, Saraiva, 2010.

SARMENTO, Daniel. "Apontamentos sobre a arguição de descumprimento de preceito fundamental". In: ROTHEMBURG, Walter Claudius, e TAVARES, André Ramos (orgs.). *Arguição de descumprimento de preceito fundamental: análises à luz da Lei n. 9.882/99*. São Paulo, Atlas, 2001.

SILVA, José Afonso da. *Curso de direito constitucional positivo*. 28ª ed. São Paulo, Malheiros Editores, 2007.

TAVARES, André Ramos. *Tratado da arguição de preceito fundamental: Lei 9.868/99 e Lei 9.882/99*. São Paulo, Saraiva, 2001.

TUCCI, José Rogério Cruz e. *A causa petendi no processo civil*. 2ª ed. São Paulo, Ed. RT, 2001.

ZAVASCKI, Teori Albino. *Eficácia das sentenças na jurisdição constitucional*. São Paulo, Ed. RT, 2001.

CAPÍTULO CCI – ***MANDADO DE INJUNÇÃO***

João Francisco Naves da Fonseca

2.936. previsão normativa, natureza jurídica e objeto

O mandado de injunção foi instituído pelo lacônico inc. LXXI do art. 5º da Constituição Federal, nestes termos:

> "conceder-se-á mandado de injunção sempre que a falta de norma regulamentadora torne inviável o exercício dos direitos e liberdades constitucionais e das prerrogativas inerentes à nacionalidade, à soberania e à cidadania; (...)".

Em relação ao citado dispositivo constitucional, o legislador apenas acrescentou a expressão "total ou parcial" e definiu o que considera *falta parcial* de norma regulamentadora. Assim, nos termos da Lei 13.300/2016:

> "Art. 2º. Conceder-se-á mandado de injunção sempre que a falta total ou parcial de norma regulamentadora torne inviável o exercício dos direitos e liberdades constitucionais e das prerrogativas inerentes à nacionalidade, à soberania e à cidadania.
>
> "Parágrafo único. Considera-se parcial a regulamentação quando forem insuficientes as normas editadas pelo órgão legislador competente."

O constituinte destinou esse remédio ao *controle incidental da omissão normativa*, para tutelar direitos subjetivos constitucionais frustrados pela inércia ilegítima do Poder Público. De fato, embora a Constituição Federal disponha que "as normas definidoras dos direitos e garantias fundamentais têm aplicação imediata" (art. 5º, § 1º), ela própria faz depender de legislação ulterior a aplicabilidade de algumas de suas normas. Todavia, se o Poder Judiciário for acionado para resolver uma situação concreta prevista em uma dessas normas preceptivas não exequíveis por si mesmas, não pode ele deixar de aplicá-la, escusando-se na ausência de regulamentação. Nesse sentido, o mandado de injunção é justamente o instrumento processual que, correlacionado com o § 1º do art. 5º, tem o condão de tornar os direitos subjetivos constitucionais exigíveis diretamente.

Já quanto ao *objeto* do mandado de injunção, uma primeira questão emerge da simples leitura do texto constitucional: se o cabimento do mandado de injunção abrange todos os "direitos e liberdades constitucionais", qual a razão da cláusula "e das prerrogativas inerentes à nacionalidade, à soberania e à cidadania"? Certamente não serve para restringir o cabimento do mandado de injunção apenas aos direitos diretamente vinculados ao *status* de nacional ou de cidadão. Na realidade, a Constituição incluiu expressamente no objeto do mandado de injunção os "direitos e liberdades constitucionais" dependentes de regulamentação, motivo pelo qual a parte final do dispositivo serve apenas como reforço da garantia constitucional e simples referência exemplificativa.[1]

Mas não é para a tutela de todo e qualquer direito constitucional que o mandado de injunção se destina; é necessário também que o seu exercício tenha sido inviabilizado em razão de "falta de norma regulamentadora". Valendo-se de critérios utilizados por Jorge Miranda para classificar as normas constitucionais quanto à respectiva eficácia,[2] não há dúvida quanto à inadequação do mandado de injunção para tutelar os direitos previstos em *normas exequíveis por si mesmas*. Para fazer cumprir direito previsto em norma constitucional autoaplicável o jurisdicionado pode se valer de outros instrumentos processuais, tal como o próprio mandado de segurança.

---

1. O Supremo Tribunal Federal entende que podem ser objeto de mandado de injunção *todos os direitos constitucionais*, inclusive aqueles previstos no "Ato das disposições constitucionais transitórias" (v., p.ex., STF, Pleno, MI 283, rel. Min. Sepúlveda Pertence, j. 20.3.1991, julgaram parcialmente procedente, m.v., *DJU* 14.11.1991).

2. O citado professor português dividiu as normas constitucionais em três categorias relativas a sucessivos graus de eficácia jurídica de aplicação: (i) normas programáticas; (ii) normas preceptivas exequíveis por si mesmas; e (iii) normas preceptivas não exequíveis por si mesmas (Jorge Miranda, *Manual de direito constitucional*, 6ª ed., vol. II, Coimbra, Coimbra Editora, 2007, nn. 60-63, pp. 280-291).

O fenômeno da inconstitucionalidade por omissão pode, em tese, ocorrer também no que tange às *normas programáticas*. Nessa hipótese, o instrumento processual adequado não é o mandado de injunção, mas sim a *ação direta de inconstitucionalidade por omissão*, que tem – por isso mesmo – objeto mais amplo do que aquele.

O mandado de injunção serve, portanto, para tutelar direito subjetivo previsto em norma constitucional *preceptiva* não exequível por si mesma. Mas, antes de encerrar o presente tópico, cumpre ainda tecer duas importantes observações. A primeira refere-se às chamadas normas constitucionais inexequíveis por si mesmas *permissivas* (isto é, não prescritivas). Essa categoria de normas caracteriza-se por facultar ao legislador a elaboração de uma lei, razão pela qual ela não se inclui no âmbito de incidência do fenômeno da inconstitucionalidade por omissão.

A segunda observação remete à existência de normas constitucionais que, embora mencionem a necessidade de lei integradora, já contam com *regulamentação provisória na própria Constituição*, de modo que o titular do direito poderá exercê-lo direta e imediatamente, tal como ocorre com a licença-paternidade.[3] Nesses casos o remédio cabível diante do silêncio do legislador ordinário é a ação direta de inconstitucionalidade por omissão, e não o mandado de injunção. Afinal, o princípio da supremacia da Constituição impõe que, entre duas soluções igualmente provisórias, deve ser prestigiada aquela já fornecida pelo constituinte em vez daquela que viesse a ser fixada pelo Poder Judiciário.

Sinteticamente, enfim, o objeto do mandado de injunção circunscreve-se às *normas preceptivas inexequíveis por si mesmas prescritivas* que estabeleçam direito subjetivo cujo exercício esteja inviabilizado por falta de norma regulamentadora.

2.937. controle judicial das chamadas "omissões parciais"

A omissão parcial consiste na edição de regulamentação descumpridora do preceito contido na norma constitucional inexequível por si mesma. A inconstitucionalidade, nesse caso, decorre do fato de a regulamentação acabar

3. Dispõe o art. 7º, inc. XIX, da Constituição Federal que é direito do trabalhador a "licença-paternidade, nos termos fixados em lei". E o art. 10, § 1º, do "Ato das disposições constitucionais transitórias" estabelece que "até que a lei venha a disciplinar o disposto no art. 7º, XIX, da Constituição, o prazo da licença-paternidade a que se refere o inciso é de cinco dias". Registre-se, ainda, que a Lei 13.257/2016 prorrogou a licença-paternidade por 15 dias *apenas* para os empregados de pessoas jurídicas que aderirem ao "Programa Empresa-Cidadã", instituído pelo Governo Federal.

frustrando a finalidade ou o conteúdo da referida norma constitucional. Ela geralmente ocorre por (i) deficiência técnica da norma regulamentadora ou (ii) violação do princípio da isonomia. Dois exemplos podem servir para esclarecer o ponto. Suponha-se que a lei regulamentadora da proporcionalidade do aviso prévio deixasse de estabelecer o modo pelo qual aquela deveria ser calculada. Ou, então, suponha-se que tal lei regulamentadora discriminasse injustificadamente as empregadas, estabelecendo para elas um aviso prévio proporcionalmente menor do que aquele previsto para os empregados do sexo masculino.[4] No primeiro caso, a omissão inconstitucional parcial tem origem na *deficiência técnica* da norma regulamentadora; já no segundo, ela decorre da transgressão ao *princípio da igualdade*.

A edição de norma regulamentadora deficiente, insuficiente ou discriminatória pode acarretar não só inconstitucionalidade por omissão, mas também por ação. O cabimento de ação direta de inconstitucionalidade (comissiva) não afasta, porém, a necessidade e a adequação do mandado de injunção para tutelar imediatamente o direito subjetivo cujo exercício encontra-se tolhido pela falta de norma regulamentadora. Em outras palavras, enquanto a ação direta de inconstitucionalidade pode resolver o problema da omissão parcial apenas de modo abstrato, o mandado de injunção tem a aptidão de conceder o direito previsto na norma constitucional diretamente ao seu titular.

2.938. competência

A disciplina da competência – originária e recursal – para julgamento do mandado de injunção está na Constituição Federal. Assim, conforme o regramento constitucional, o Supremo Tribunal Federal é competente para julgar originariamente esse remédio constitucional:

> "quando a elaboração da norma regulamentadora for atribuição do Presidente da República, do Congresso Nacional, da Câmara dos Deputados, do Senado Federal, das Mesas de uma dessas Casas Legislativas, do Tribunal de Contas da União, de um dos Tribunais Superiores, ou do próprio Supremo Tribunal Federal" (art. 102, inc. I, *q*).[5]

Mais adiante, a Constituição determina a competência *residual* do Superior Tribunal de Justiça para julgar originariamente o mandado de injunção:

---

4. Esses exemplos são meramente ilustrativos, pois – como se sabe – a proporcionalidade prevista na Constituição foi respeitada pela Lei 12.506/2011, que a regulamentou.

5. O Supremo Tribunal Federal também é competente para julgar, em recurso ordinário, o mandado de injunção decidido "em única instância pelos Tribunais Superiores, se denegatória a decisão" (CF, art. 102, inc. II, *a*).

"quando a elaboração da norma regulamentadora for atribuição de órgão, entidade ou autoridade federal, da Administração direta ou indireta, excetuados os casos de competência do Supremo Tribunal Federal e dos órgãos da Justiça Militar, da Justiça Eleitoral, da Justiça do Trabalho e da Justiça Federal" (art. 105, inc. I, *h*).

Como se vê, a competência para julgar mandado de injunção é fixada *ratione personæ*, em função do órgão, da autoridade ou da entidade incumbida de elaborar a norma regulamentadora. Trata-se, portanto, de competência absoluta.

Já no que concerne às Justiças estaduais, cada Estado da Federação tem autonomia para organizá-la, estabelecendo a competência do respectivo tribunal e dos juízes estaduais de primeira instância, observados os princípios da Constituição Federal (CF, art. 125, § 1º, e ADCT, art. 70). Com base nessa autorização constitucional, *todos os Estados* atribuíram às suas respectivas Justiças competência para julgar mandado de injunção contra omissão do Poder Público em face da Constituição estadual.

2.939. legitimidade ativa

Especificamente no que diz respeito ao mandado de injunção individual, tem legitimidade ativa *ad causam* aquele que afirma ser titular de direito constitucional cujo exercício esteja tolhido por falta de norma regulamentadora.[6] A legitimidade ativa para ajuizar mandado de injunção abrange as pessoas naturais e as jurídicas, conforme dispõe o art. 3º da Lei 13.300/2016. E, em princípio, podem impetrar mandado de injunção até mesmo os entes personalizados exclusivamente para fins processuais, como é o caso da massa falida, do espólio, do condomínio imobiliário, das sociedades irregulares, da herança jacente e da herança vacante.

2.940. legitimidade passiva

A Lei 13.300/2016 estabelece que deve figurar no processo de mandado de injunção, "como impetrado, o Poder, o órgão ou a autoridade com atribuição para editar a norma regulamentadora" (art. 3º, parte final). A participação, no referido processo, do órgão responsável pela regulamentação revela-se importante por algumas razões. A primeira consiste no fato de que tal órgão, por expressa disposição legal, é quem deve cumprir a determinação

6. Obviamente, o autor do mandado de injunção deve estar representado por advogado, se ele próprio não tiver capacidade postulatória. Nesse sentido: STF, Pleno, MI/AgR 772, rel. Min. Celso de Mello, j. 24.10.2007, não conheceram, v.u., *DJ* 20.3.2009.

inicial da decisão de procedência do mandado de injunção: promover a edição da norma regulamentadora (Lei 13.300/2016, art. 8º, inc. I). Em segundo lugar, o referido órgão é quem melhor pode informar se a regulamentação em questão realmente inexiste. Além disso, ao dar notícia de eventual projeto de lei sobre o assunto ou de estudo já desenvolvido, o órgão inerte pode contribuir com bons elementos para a solução jurisdicional que regerá o caso concreto. Por fim, não se pode ignorar que a Constituição Federal distribuiu a competência para julgar mandado de injunção referindo-se ao órgão responsável pela elaboração da norma regulamentadora faltante (arts. 102, inc. I, *q*, e 105, inc. I, *h*).

Como será visto oportunamente (*infra*, n. 2.943), predominava na jurisprudência o entendimento de que o mandado de injunção servia apenas para declarar a inconstitucionalidade da omissão e dar ciência disso ao órgão responsável pela elaboração da norma regulamentadora.[7] Nesse cenário, obviamente, só havia lugar para a citação do órgão, da autoridade ou da entidade estatal incumbida de editar a norma regulamentadora. Mas essa posição inicial foi revista e a jurisprudência evoluiu para conferir ao mandado de injunção a capacidade de tutelar direta e imediatamente o direito constitucional cujo exercício esteja inviabilizado por falta de regulamentação.

Após a aludida evolução jurisprudencial, o deferimento do mandado de injunção passou a poder recair também sobre a pessoa que deve satisfazer o direito subjetivo constitucionalmente assegurado, tornando indispensável a sua citação, em atenção às garantias do contraditório e da ampla defesa, ínsitas ao devido processo legal.[8] Agora, portanto, dependendo do pedido da parte, deve haver *litisconsórcio passivo facultativo* entre o órgão estatal omisso e a pessoa natural ou jurídica – de direito público ou privado – que possa satisfazer o direito constitucional alegado pelo impetrante.

2.941. procedimento

O art. 14 da Lei 13.300/2016 determina a aplicação *subsidiária* ao mandado de injunção da Lei do Mandado de Segurança (Lei 12.016/2009) e do Código de Processo Civil. A opção do legislador pela aplicação subsidiária do rito do mandado de segurança ao processo do mandado de injunção justifica-se por conta de certas semelhanças que ambos os remédios apresentam, tais

---

7. STF, Pleno, MI/QO 107, rel. Min. Moreira Alves, j. 23.11.1989, v.u., *DJU* 21.9.1990.

8. Nesse sentido já há alguns precedentes no Supremo Tribunal Federal. No MI 562, p.ex., o relator, Min. Marco Aurélio, determinou a citação da *União Federal*, porque seria ela a responsável pela indenização prevista no art. 8º, § 3º, do Ato das disposições constitucionais transitórias.

como a cognição sumária e a comprovação exclusivamente documental das alegações fáticas. A propósito disso, assim como a Lei do Mandado de Segurança, também a Lei 13.300/2016 dispõe que, quando o documento necessário para provar as alegações encontrar-se em repartição ou estabelecimento público, em poder de autoridade ou de terceiro, havendo recusa em fornecê-lo, será ordenada, a pedido do impetrante, a exibição do documento no prazo de 10 dias, a fim de instruir a petição inicial (art. 4º, § 2º). E, "se a recusa em fornecer o documento for do impetrado, a ordem será feita no próprio instrumento da notificação" (art. 4º, § 3º).

A intervenção do Ministério Público como *custos legis* no mandado de injunção justifica-se pelo relevante interesse público que circunda esse processo. A atuação do órgão ministerial como fiscal da lei no mandado de injunção está prevista na Lei 13.300/2016, cujo art. 7º dispõe que sua intimação é obrigatória, mas não sua manifestação, devendo o procedimento prosseguir mesmo diante de sua inércia.

Consigne-se, ainda, que *não há prazo decadencial* para o ajuizamento de mandado de injunção, ao contrário do que sucede com o mandado de segurança.

2.942. decisão final

Embora a decisão de procedência do mandado de injunção contemple um momento declaratório (da mora e do direito subjetivo do impetrante) e outro constitutivo (ao preencher a lacuna normativa), estes servem de fundamento para a realização da finalidade substancial da tutela concedida pelo mandado de injunção: a efetivação do direito subjetivo constitucional cujo exercício estava inviabilizado por falta de norma regulamentadora. Tal decisão, portanto, reveste-se também de *natureza condenatória*. É que, reconhecido o estado de mora legislativa, o dispositivo da decisão de deferimento do mandado de injunção (a) determinará que o impetrado promova a edição da norma regulamentadora em prazo razoável (Lei 13.300/2016, art. 8º, inc. I); e, se não for suprida a mora no prazo determinado, estabelecerá (b) "as condições em que se dará o exercício dos direitos, das liberdades ou das prerrogativas reclamados ou, se for o caso, as condições em que poderá o interessado promover ação própria visando a exercê-los" (Lei 13.300/2016, art. 8º, inc. II).[9]

Conforme já visto (*supra*, n. 2.940), é possível que se chame para integrar o polo passivo do processo – ao lado do órgão, da entidade ou da autoridade responsável pela omissão normativa – a pessoa que sofrerá diretamente os efei-

9. Nos termos do parágrafo único do art. 8º da Lei 13.300/2016, "será dispensada a determinação a que se refere o inciso I do *caput* quando comprovado que o impetrado deixou de atender, em mandado de injunção anterior, ao prazo estabelecido para a edição da norma".

tos materiais da decisão proferida no mandado de injunção. Nesse caso, o litisconsorte passivo (facultativo) pode ser condenado a satisfazer o direito constitucional do impetrante, ou a não impedir o seu exercício, tal como supletivamente regulamentado. Assim, tal qual todas de natureza condenatória, a decisão de procedência do mandado de injunção também pode afirmar imperativamente a existência de um direito subjetivo e, em seguida, aplicar a sanção executiva para o não cumprimento voluntário da conduta prescrita, que pode consistir – conforme o caso – em fazer, não fazer, entregar coisa ou pagar quantia. Desse modo, forma-se um título executivo judicial em favor do impetrante, que lhe franqueará os caminhos para a tutela jurisdicional executiva, se ele ainda encontrar resistência à satisfação de seu direito constitucional.

Todavia, nos casos em que não for possível especificar imediatamente o *quantum debeatur*, a decisão do mandado de injunção pode conter condenação genérica. Nessa hipótese, afirma-se o direito subjetivo constitucional do impetrante, bem como a correlata obrigação da outra parte, mas não se chega ao ponto de definir o montante devido. A admissibilidade da execução fica, assim, condicionada à prévia determinação do valor da condenação mediante as operações de *liquidação* da decisão, conforme as disposições do Código de Processo Civil. Foi o que ocorreu, p.ex., no julgamento de mandado de injunção relativo à proporcionalidade do aviso prévio, em que se consignou que "os impetrantes poderão exercitar o seu direito à indenização relativa ao aviso prévio mediante ação de *liquidação*, na qual as instâncias ordinárias restringir-se-ão a fixar o *quantum* que lhes é devido, uma vez que o direito subjetivo já foi reconhecido pelo julgamento proferido pelo Supremo Tribunal".[10]

A decisão concessiva de mandado de injunção, em suma, contém uma "ordem" – palavra sinônima tanto de *mandado* quanto de *injunção*. Primeiro, uma ordem formal para que o impetrado promova a edição da norma regulamentadora em prazo razoável. Depois, se isso não ocorrer, uma ordem formal para que o sujeito passivo da relação jurídica de direito material – caso tenha participado do processo – pague certa quantia, entregue um bem, realize determinada atividade ou deixe de realizá-la, conforme o objeto do mandado de injunção ajuizado.

2.943. *análise crítica da eficácia da decisão à luz da evolução jurisprudencial e da lei*

Logo após a promulgação da Constituição de 1988, o Supremo Tribunal Federal, invocando a doutrina clássica da separação dos Poderes, praticamen-

10. STF, Pleno, MI/ED 1.010, rel. Min. Gilmar Mendes, j. 27.2.2014, acolheram parcialmente os embargos, *DJ* 23.6.2014.

te equiparou o mandado de injunção à ação direta de inconstitucionalidade por omissão.[11] Essa posição foi chamada de "não concretista".

Para a *corrente não concretista*, a decisão final do mandado de injunção teria natureza meramente declaratória, pois se limitaria a certificar a situação de mora inconstitucional, dando ciência disso ao órgão responsável pela elaboração da norma regulamentadora. A experiência revelou, no entanto, que a efetividade desse tipo de provimento, destituído de força executiva, era praticamente nula.

Diante da ineficácia prática da decisão meramente declaratória no mandado de injunção, o Supremo Tribunal Federal gradativamente passou a conferir maior efetividade a esse remédio processual. Assim, p.ex., passou a fixar prazo para que o órgão competente suprisse a omissão normativa, com a determinação de que o Poder Judiciário poderia conceder diretamente o direito pleiteado se persistisse a inércia após o prazo estipulado. Aliás, é nesse sentido a solução adotada pelo art. 8º da Lei 13.300/2016. Essa corrente, que ficou conhecida como "intermediária", prevaleceu no julgamento dos mandados de injunção relativos à (i) imunidade fiscal de entidades beneficentes de assistência social[12] e (ii) indenização aos cidadãos que foram impedidos de exercer atividade profissional específica, por conta das portarias reservadas do Ministério da Aeronáutica mencionadas no § 3º do art. 8º do Ato das disposições constitucionais transitórias.[13]

Mais recentemente o Supremo Tribunal Federal decidiu conceder aposentadoria especial a servidor público, a despeito da inexistência da lei complementar prevista no art. 40 da Constituição Federal.[14] Nesse julgado, os efeitos da decisão do mandado de injunção restringiram-se à servidora-impetrante (eficácia *inter partes*), consagrando a chamada posição "concretista individual" ou, mais detalhadamente, *concretista individual direta*, que se diferencia da corrente intermediária, na medida em que viabiliza o direito subjetivo constitucional independentemente de fixação de prazo para o órgão inerte sair da situação de omissão inconstitucional.

Continuando com a aludida transformação jurisprudencial, o Supremo Tribunal Federal novamente diferenciou – no que tange às respectivas eficácias – o mandado de injunção da ação direta de inconstitucionalidade por omis-

11. STF, Pleno, MI/QO 107, rel. Min. Moreira Alves, j. 23.11.1989, v.u., *DJU* 21.9.1990.

12. STF, Pleno, MI 232, rel. Min. Moreira Alves, j. 2.8.1991, julgaram parcialmente procedente, m.v., *DJU* 27.3.1992.

13. STF, Pleno, MI 283, rel. Min. Sepúlveda Pertence, j. 20.3.1991, julgaram parcialmente procedente, m.v., *DJU* 14.11.1991.

14. STF, Pleno, MI 721, rel. Min. Marco Aurélio, j. 30.8.2007, julgaram parcialmente procedente, v.u., *DJ* 30.11.2007.

são, conferindo àquele a aptidão de afastar, desde logo, a omissão inconstitucional. O caso envolvia o direito de greve de servidores públicos, previsto no art. 37, inc. VII, da Constituição Federal, que exige a edição de lei específica para disciplinar o tema. O Tribunal de superposição decidiu então aplicar analogicamente a lei que dispõe sobre o exercício do direito de greve dos empregados da iniciativa privada. Mas, nesse julgamento, o Supremo Tribunal Federal levou a teoria concretista ainda mais longe, ao conferir eficácia *erga omnes* à decisão de procedência, não restringindo o seu alcance à categoria representada pelo sindicato que havia ajuizado o mandado de injunção.[15] Em razão da abrangência dos efeitos da decisão, essa posição é conhecida como *concretista geral.*

A regra, porém, deve ser a eficácia *inter partes* da decisão proferida no mandado de injunção individual, tendo em vista a própria natureza jurídica do instituto. É o que dispõe, ademais, o *caput* do art. 9º da Lei 13.300/2016, segundo o qual "a decisão terá eficácia subjetiva limitada às partes". A fim de prestigiar a isonomia e amenizar a sobrecarga de trabalho nos tribunais, a Lei do Mandado de Injunção estabelece, ainda, que, "transitada em julgado a decisão, seus efeitos poderão ser estendidos aos casos análogos por decisão monocrática do relator" (art. 9º, § 2º).

Todavia, a corrente "concretista individual" é criticável no sentido de que ela poderia inviabilizar a atividade do Supremo Tribunal Federal, com vários mandados de injunção contendo o mesmo objeto. Daí por que andou bem o legislador ao permitir, em caráter excepcional, que o órgão julgador confira eficácia *ultra partes* ou *erga omnes* à decisão do mandado de injunção individual ou coletivo (Lei 13.300/2016, art. 9º, § 1º, c/c art. 13, *caput*, parte final). Não se ignora que o objeto desse remédio processual seja um direito subjetivo do impetrante, razão pela qual se realiza o controle da omissão inconstitucional apenas concreta e incidentalmente. Todavia, a atribuição de eficácia *erga omnes* ao mandado de injunção – além de prestigiar os princípios da isonomia, da segurança jurídica, da efetividade e economia processuais – pode atender melhor às exigências da sociedade atual, fortemente marcada pela massificação das relações econômicas e sociais.

Entretanto, para se conferir eficácia expansiva à decisão do mandado de injunção, o órgão julgador deve levar em conta alguns critérios. Em primeiro lugar, ele deve verificar a *representatividade adequada*, a fim de garantir que os interesses daqueles que não participaram diretamente do processo – mas que podem ser afetados por ele – sejam devidamente defendidos em

15. STF, Pleno, MI 712, rel. Min. Eros Grau, j. 25.10.2007, julgaram procedente, m.v., *DJU* 31.10.2008.

juízo. Trata-se de conceito-chave para o devido processo legal na tutela coletiva de direitos.

Além da representatividade adequada, o órgão julgador do mandado de injunção deve verificar as *especificidades do caso* para eventualmente lhe atribuir eficácia geral. Na realidade, todo instituto processual deve se adequar às exigências do direito material, enquanto instrumento a serviço dele. O mandado de injunção não é diferente; também ele deve, em alguma medida, ajustar-se às peculiaridades do direito cujo exercício se busca viabilizar. Por isso, a melhor solução quanto aos limites subjetivos da decisão pode variar, a critério do julgador, conforme o direito constitucional não regulamentado se refira, *v.g.*, a uma prestação do Estado ou a uma simples abstenção. Esta última, p.ex., tende a ter eficácia mais geral do que aquela. A ideia aqui exposta, de certo modo, está presente no § 1º do art. 9º da Lei 13.300/2016, segundo o qual "poderá ser conferida eficácia *ultra partes* ou *erga omnes* à decisão, quando isso for inerente ou indispensável ao exercício do direito, da liberdade ou da prerrogativa objeto da impetração".

Ainda com o intuito de assegurar maior legitimidade política e social à decisão proferida em mandado de injunção, deve-se pensar no incremento do contraditório e do debate público. A *garantia do contraditório* efetiva-se com a oportunidade conferida a quem possa ser atingido por uma decisão judicial de influir na sua formação. Nesse sentido, tal garantia confunde-se com a ideia de *participação*, a qual é bastante prestigiada quando se realiza *audiência pública* para ouvir o depoimento de pessoas com experiência e conhecimento no assunto que será objeto de decisão.

Tampouco deve ser descartada a participação de *amicus curiae* nos processos de mandado de injunção (CPC, art. 138). Eventual extensão do procedimento causada pela realização de audiência pública, assim como pela participação de *amicus curiae*, será compensada com o acréscimo de legitimidade e, principalmente, de qualidade da decisão proferida no mandado de injunção. Mais debate envolvendo diferentes correntes tende a gerar mais reflexão sobre o tema e, consequentemente, uma decisão melhor.

Tanto quanto as partes e o próprio Ministério Público, os *amici curiae* poderão defender a ampliação da eficácia do mandado de injunção em julgamento, ou mesmo a sua manutenção como meramente *inter partes*. Eles também poderão trazer elementos para influenciar o próprio *conteúdo* da decisão final a ser proferida no mandado de injunção, especialmente se esta vier a ser dotada de eficácia *erga omnes*. Assim, valendo-se de exemplo lançado mais acima, suponha-se que o impetrante postulasse o acréscimo ao aviso prévio de *dois dias* por ano de serviço, mas determinado *amicus curiae* defendesse de forma fundamentada o acréscimo de, *v.g.*, apenas *um* dia. Essas diferentes opiniões serão, obviamente, sopesadas pelo órgão julgador no momento de examinar o mandado de injunção.

2.944. *a provisoriedade da decisão do mandado de injunção*

A decisão final do mandado de injunção é sempre provisória, especialmente no sentido de que o regime instituído pelo Poder Judiciário pode ser substituído pela atuação superveniente do órgão competente omisso (Lei 13.300/2016, art. 9º, *caput*, 2ª parte). O órgão, a autoridade ou a entidade incumbida de elaborar a norma regulamentadora pode abandonar a inércia e editar o seu regramento, independentemente da existência de decisão em mandado de injunção, seja esta dotada de eficácia *inter partes* ou *erga omnes*.

A edição da norma regulamentadora definitiva tem o condão de afastar *ex nunc* a regra instituída pelo Judiciário, alcançando inclusive os mandados de injunção decididos, mas sem prejudicar os seus efeitos já consumados. Nesse sentido, é interessante o paralelo entre a provisoriedade da regulamentação oriunda de mandado de injunção e a proteção constitucional do "direito adquirido". O art. 5º, inc. XXXVI, da Constituição Federal não protege o direito a ter determinada situação jurídica indefinidamente disciplinada pela lei que vigia ao tempo de sua formação, mas sim os efeitos que tal lei produziu sobre a referida situação, durante o período de sua vigência. Voltando ao mandado de injunção, sua sentença produz plenos efeitos até que seja editada a norma faltante pelo órgão competente; a partir daí, é esta que passa, independentemente de sentença de rescisão ou revisão, a regular as relações jurídicas futuras, bem como os desdobramentos futuros das relações jurídicas já formadas, mas de trato continuado no tempo.[16] Assim, deve ser *interpretada conforme* o art. 5º, inc. XXXVI, da Constituição a parte final do *caput* do art. 11 da Lei 13.300/2016, segundo a qual a norma regulamentadora superveniente produz efeitos *ex nunc* em relação aos beneficiados por decisão transitada em julgado, "salvo se a aplicação da norma editada lhes for mais favorável". Isso porque a norma superveniente não pode retroagir para atingir efeitos já consumados de sentença transitada em julgado, ainda que ela seja mais favorável a uma das partes.

As relações jurídicas futuras e os desdobramentos futuros das relações jurídicas continuativas já formadas, por sua vez, passarão a ser regulados pela norma que vier a ser editada, independentemente de ela ser mais ou menos favorável ao impetrante do que o regime anteriormente instituído em sede de

---

16. A provisoriedade é característica inerente à natureza jurídica do mandado de injunção, refletida na sua decisão e, consequentemente, na coisa julgada que se forma em torno dela. Por isso, nesse caso, a prevalência da regulamentação superveniente não representa ofensa à *auctoritas rei iudicatæ*.

mandado de injunção. Entrando em vigor a norma geral e abstrata definitiva, ela deve se aplicar – *ex nunc* – indistintamente a todos, em atenção ao princípio da isonomia.

Deve-se observar, por fim, que o caráter provisório da decisão final do mandado de injunção ajuda a reforçar a harmonia desse remédio processual com a ideia de separação dos Poderes. A edição da norma regulamentadora definitiva substitui de forma imediata o regime antes instituído pelo Judiciário, razão pela qual eventual "função legiferante" – ou "normativa" – que este exerça ao julgar mandado de injunção torna-se perfeitamente suscetível de controle pelos demais Poderes. Caso o órgão competente omisso entenda que sua função foi indevidamente usurpada, a fim de restaurá-la, basta que ele cumpra o seu dever de editar a regulamentação necessária para dar plena exequibilidade à norma constitucional em questão. Trata-se, assim, de solução com nítido caráter democrático.

2.945. continuação: revisão judicial da decisão transitada em julgado

Outro aspecto da provisoriedade da decisão do mandado de injunção reside na possibilidade de ela ser *revista*, a pedido de "qualquer interessado", quando sobrevierem relevantes modificações das circunstâncias de fato ou de direito, sem prejuízo dos efeitos já produzidos (Lei 13.300/2016, art. 10). Essa "ação de revisão" foi instituída para atender à eficácia geralmente prospectiva do mandado de injunção, e, nos termos do parágrafo único do citado art. 10, ela observará, no que couber, o procedimento estabelecido na própria Lei 13.300/2016. Na verdade, em sintonia com a *instrumentalidade das formas*, o pedido de revisão pode ser veiculado por mera petição nos autos do processo já transitado em julgado. Se necessário, os autos deverão ser desarquivados e encaminhados ao relator originário do mandado de injunção, ou ao seu sucessor. De todo modo, parece problemática a permissão para que "qualquer interessado" formule o pedido de revisão da decisão transitada em julgado. Harmoniza-se mais com o sistema processual vigente a ampliação da legitimidade para formular tal pedido apenas nas hipóteses em que ao mandado de injunção tenha sido conferida *eficácia geral* – aí, sim, "qualquer interessado" pode formular pedido de revisão; caso contrário apenas as partes do processo originário podem fazê-lo.

2.946. mandado de injunção coletivo

O mandado de injunção coletivo serve para viabilizar o exercício de direito coletivo *lato sensu* previsto em norma constitucional preceptiva inexequível por si mesma.

São direitos coletivos em sentido lato os de natureza difusa, os coletivos *stricto sensu* e os individuais homogêneos. Controvérsia digna de nota concentrava-se no cabimento de mandado de injunção para a tutela de *direitos difusos*, que se caracterizam pela indeterminação dos seus titulares. Argumentava-se, p.ex., que a admissibilidade de mandado de injunção para a tutela desses direitos alargaria demasiadamente os efeitos da decisão nele proferida, a ponto de transformá-lo em meio de tutela da ordem jurídica, em detrimento de sua natureza de instrumento de controle concreto e incidental da omissão inconstitucional. Agora, com o advento da Lei 13.300/2016, não há mais dúvida alguma: os direitos protegidos por mandado de injunção coletivo podem ser também os pertencentes a uma coletividade indeterminada de pessoas (art. 12, parágrafo único). Realmente, em tese, podem ser objeto de mandado de injunção todos os direitos previstos na Constituição. Reconhece-se, no entanto, que – embora seja teoricamente possível – na prática torna-se raro o cabimento do *writ* diante de direitos difusos. Afinal, não é fácil encontrar *atualmente* direito subjetivo com essa natureza delineado em norma constitucional preceptiva inexequível por si mesma cujo exercício esteja inviabilizado por falta de norma regulamentadora.

A *legitimação ativa* para o mandado de injunção coletivo está regulada no art. 12 da Lei 13.300/2016, segundo o qual podem ajuizar esse remédio processual (i) o Ministério Público, quando a tutela requerida for relevante para a defesa da ordem jurídica, do regime democrático ou dos interesses sociais ou individuais indisponíveis, (ii) o partido político com representação no Congresso Nacional, para assegurar o exercício de direito constitucional de seus integrantes ou relacionado com a finalidade partidária, (iii) a organização sindical, entidade de classe ou associação legalmente constituída e em funcionamento há, pelo menos, um ano, para viabilizar o exercício de direito constitucional da totalidade ou de parte de seus membros ou associados, na forma dos seus estatutos e desde que pertinentes às suas finalidades, dispensada, para tanto, autorização especial, e (iv) a Defensoria Pública, quando a tutela requerida for especialmente relevante para a promoção dos direitos humanos e a defesa dos direitos individuais e coletivos dos necessitados, na forma do inc. LXXIV do art. 5º da Constituição Federal.

Os *limites subjetivos da coisa julgada* no mandado de injunção coletivo são obviamente diversos daqueles próprios do *writ* individual. É que não vale para os casos de substituição processual decorrentes de legitimação extraordinária a regra segundo a qual a decisão transitada em julgado torna-se imutável e indiscutível somente para as partes *formais* do processo em que ela foi proferida (CPC, art. 506). No mandado de injunção coletivo a coisa julgada estende-se limitadamente às pessoas integrantes da coletividade, do grupo, da classe ou da categoria substituídos pelo impetrante (Lei 13.300/2016, art. 13, *caput*).

O *writ* coletivo não induz litispendência em relação aos individuais, mas a autoridade da coisa julgada não beneficia o impetrante individual se este não requerer a desistência de seu mandado de injunção no prazo de 30 dias a contar da ciência comprovada da impetração coletiva (Lei 13.300/2016, art. 13, parágrafo único). Essa regra visa a evitar que o indivíduo seja inadvertidamente prejudicado por uma impetração coletiva deficiente ou mal fundamentada, conferindo-lhe a opção de continuar buscando a tutela do seu direito por sua própria conta e risco.

A Lei do Mandado de Injunção, como se vê, trata apenas da coisa julgada na hipótese que envolve direito coletivo *stricto sensu*. Entretanto, por força do que dispõe o art. 21 da Lei 7.347/1985, o regime da coisa julgada estabelecido no Código de Defesa do Consumidor é aplicável a todas as ações coletivas, mesmo àquelas que não tratam de relação de consumo. Em razão disso, *de lege lata*, a coisa julgada estende-se *erga omnes* no mandado de injunção impetrado para a defesa tanto de direitos difusos quanto de individuais homogêneos, observando-se as regras contidas nos arts. 103, incs. I e III, e 104 da legislação consumerista.

Registre-se, ainda, que a parte final do art. 13 da Lei 13.300/2016 dispõe que são aplicáveis ao mandado de injunção coletivo os §§ 1º e 2º do art. 9º da aludida lei, segundo os quais, respectivamente, (a) poderá ser aplicada eficácia *erga omnes* à decisão, quando isso for inerente ou indispensável ao direito objeto da impetração. A atribuição de eficácia geral pode ser bastante útil especialmente ao mandado de injunção que tiver por objeto direito coletivo *stricto sensu*. Pois, nesse caso, a eficácia da decisão pode se estender aos membros de todos os grupos, categorias ou classes titulares da mesma situação jurídica dos membros do impetrante,[17] e (b) transitada em julgado a decisão, seus efeitos poderão ser estendidos aos casos análogos por decisão monocrática do relator.

---

17. Foi o que ocorreu nos seguintes mandados de injunção coletivos, cujas decisões tiveram eficácia *erga omnes*, e não meramente *ultra partes* – limitada aos membros do grupo, categoria ou classe impetrante: STF, Pleno, MI 712, rel. Min. Eros Grau, j. 25.10.2007, julgaram procedente, m.v., *DJU* 31.10.2008; STF, Pleno, MI 670, rel. para o acórdão Min. Gilmar Mendes, j. 25.10.2007, julgaram procedente, m.v., *DJ* 31.10.2008; STF, Pleno, MI 708, rel. Min. Gilmar Mendes, j. 25.10.2007, julgaram procedente, m.v., *DJ* 31.10.2008.

CAPÍTULO CCII – ***MANDADO DE SEGURANÇA***

José Roberto dos Santos Bedaque

2.947. considerações gerais – 2.947.1 espécies de tutela jurisdicional – 2.947.2 tutelas cognitivas precedidas de cognição exauriente – 2.947.3 tutela mandamental – 2.947.4 caracterização da denominada tutela mandamental – 2.947.5 sentenças mandamental e executiva: características – 2.948. especificidades processuais do mandado de segurança: o direito líquido e certo – 2.949. início do processo – 2.950. legitimidade passiva e ilegalidade do ato – 2.951. liminar – 2.951.1 requisitos para concessão da liminar – 2.951.2 recurso – 2.952. indeferimento da inicial: prazo decadencial(?) – 2.953. Ministério Público – 2.954. mandado de segurança: restrições quanto ao cabimento por inexistência manifesta do interesse processual – 2.955. decisão final e recurso – 2.956. honorários advocatícios.

2.947. considerações gerais

Mandado de segurança nada mais é do que modalidade de processo jurisdicional destinado à obtenção de tutela destinada a afastar ameaça ou lesão a direito líquido e certo, por ato de autoridade pública.

À luz dessa premissa, alguns aspectos devem ser analisados. Necessário verificar quais são as especificidades do processo por meio do qual o titular do direito procura obter a respectiva proteção ao suposto direito.

Inicia-se pela análise da denominada "tutela mandamental". Para tanto, necessário compreender o significado e as espécies de tutela jurisdicional existentes no sistema processual.

A vida em sociedade implica a existência de relações entre as pessoas, muitas delas reguladas pelo legislador. Denominam-se "relações jurídicas de direito material". O ideal seria a observância espontânea, pelos respectivos integrantes, das regras aplicáveis a essas situações. Isso, todavia, nem sempre ocorre, mesmo porque o significado das normas abstratas pode ser controvertido, gerando dúvidas sobre a subsunção dos fatos à descrição abstrata feita pelo legislador.

Daí a necessidade de se criarem meios adequados a solucionar as crises verificadas no âmbito das relações jurídicas substanciais.

Embora haja várias vias destinadas a eliminá-las, interessa-nos, para o fim deste trabalho, o método estatal de solução de controvérsias, ou seja, o processo jurisdicional, mediante o qual o real titular do direito litigioso obtém a almejada proteção, mediante a 'tutela jurisdicional".

Tutela jurisdicional, portanto, corresponde à proteção a ser conferida pelo Estado-jurisdição à situação da vida retratada abstratamente em regras existentes no direito material. Por não ser a lei substancial suficiente para assegurar a satisfação espontânea do interesse por ela própria assegurado, necessário buscar auxílio na função estatal criada exatamente para impor coercitivamente a vontade do legislador.

Quando determinada situação da vida coincide com a descrição abstrata da lei, diz-se que os interesses que daí emergem configuram *direitos*. A não satisfação espontânea desses interesses significa, portanto, violação aos respectivos direitos, individuais ou coletivos.

O titular dessa situação de vantagem prevista pelo legislador, ou quem esteja autorizado a defender o suposto direito, pode buscar a atuação coercitiva da regra material, pela via do processo jurisdicional.

Em outras palavras – e de modo bastante simplificado –, *tutela jurisdicional* configura a proteção dada pelo Estado, mediante a função jurisdicional por ele exercida, ao direito subjetivo ou transindividual, após demonstrada sua existência no processo.[1]

O legislador processual, incumbido de criar as regras destinadas a reger a função jurisdicional e os meios pelos quais ela atua para cumprir sua finalidade, procura coordenar todos esses elementos, a fim de adequar a atividade do juiz aos fins almejados pela ação e no processo. Para tanto, não pode ignorar a realidade substancial sobre a qual os atos processuais irão produzir efeitos. Só assim conseguirá construir instrumento apto a proporcionar o que dele se espera.[2]

---

1. Sobre *tutela jurisdicional*, *cfr.* Bedaque, *Direito e processo. Influência do direito material sobre o processo*, 7ª ed., São Paulo, Malheiros Editores, 2022, pp. 42 e ss., onde são apresentadas outras acepções desta expressão, segundo a doutrina.

2. Pondera Carlos Alberto Alvaro de Oliveira que, proposta a ação, os atos que se seguem podem assumir dimensão variável, dependendo do objeto do processo: "E isso porque não parece possível afastar a ligação com o direito material, em virtude da ínsita instrumentalidade que a função jurisdicional exerce em relação a este, a que servem a ação e

2.947.1 espécies de tutela jurisdicional

Para conceder a tutela jurisdicional, o juiz deve, em princípio, verificar se o autor da demanda faz jus à proteção. Para tanto, precisa tomar conhecimento prévio da realidade jurídico-substancial deduzida na inicial. Desenvolve, portanto, atividade cognitiva dos fatos controvertidos, conforme exposição das partes e demonstração revelada pelo conjunto probatório.

As tutelas cognitivas, pois, se examinadas à luz de critério exclusivamente processual, caracterizam-se pela natureza da atividade desenvolvida pelo juiz. A concessão ou denegação de qualquer das respectivas modalidades (declaratória, condenatória e constitutiva) pressupõe o conhecimento da realidade jurídico-material. Essa cognição, normalmente realizada de forma exauriente, permite ao julgador identificar todos os aspectos da relação material litigiosa e formar convicção a respeito da existência, ou não, do suposto direito afirmado pelo autor.

Ainda pelo ângulo da cognição, em determinadas situações, previamente reguladas pelo legislador, é possível a obtenção de tutela cognitiva sem conhecimento exauriente da situação de direito material. Nesses casos a tutela é, normalmente, provisória.[3] As tutelas provisórias de urgência, cautelares e antecipadas, bem como da evidência pertencem a esta categoria (CPC, arts. 294-311). Não têm por objetivo eliminar o litígio, mas apenas possibilitar a eficácia prática da solução, com fundamento em juízo de verossimilhança, não de certeza.

Às vezes a tutela jurisdicional é eminentemente satisfativa, não se preocupando o juiz, para deferi-la, com a situação substancial que se encontra à base do pedido formulado pela parte. Isso se dá porque a atividade cognitiva já ocorreu ou o legislador a considera desnecessária. Trata-se dos atos executivos ordenados pelo juiz, visando à efetivação prática da sentença, ou porque existente título extrajudicial.

Segundo o sistema adotado pelo Código de Processo Civil de 2015, tutelas cognitivas (definitivas ou provisórias) e satisfativas são concedidas em um único processo. Eliminou-se a autonomia do processo cautelar e do processo de execução fundado em sentença. Todos os atos necessários à obtenção do resultado integram a mesma relação processual.

---

o processo, por meio do exercício dos poderes, faculdades e ônus titulados pelas partes" ("O problema da eficácia da sentença", *RF* 369/42).

3. Em caráter excepcional a tutela cognitiva sumária é apta a adquirir imutabilidade. É o que ocorre nos casos de julgamento antecipado por revelia, em que a pretensão é acolhida apenas com base da versão do autor (CPC, art. 330, inc. II).

De qualquer modo, não se pode esquecer que as classificações nada mais são que tentativas de agrupar fenômenos segundo determinado ponto de vista, com o objetivo de melhor compreendê-los. Elas variam, portanto, segundo o ângulo de análise. Por isso, além do cuidado com a homogeneidade de critérios a serem adotados, necessário não elegermos determinada classificação como sendo a única admissível – conclusão incompatível com a visão científica do direito processual.[4]

2.947.2 tutelas cognitivas precedidas de cognição exauriente

As tutelas fundadas em cognição exauriente, segundo construção secular consagrada pela doutrina processual, podem ser declaratórias, constitutivas e condenatórias. É a denominada "concepção ternária" da tutela jurisdicional.

A tutela declaratória destina-se a pôr termo à incerteza sobre a existência ou inexistência de uma relação jurídica. Se o autor pretender alterá-la, deverá postular tutela constitutiva. Por fim, em casos de inadimplemento de obrigação, pleiteia-se a tutela condenatória.

Parte da doutrina, todavia, opta pela classificação quinária, acrescentando às espécies tradicionais *tutela mandamental* e *tutela executiva lato sensu*.[5]

Nessa linha de raciocínio, algumas ideias gerais sobre a classificação serão desenvolvidas – limitada a investigação, todavia, ao nexo entre as modalidades de tutela cognitiva e a técnica processual prevista para cada uma delas.

Interessa-nos, nesta oportunidade, a compreensão da denominada *tutela mandamental*, mesmo porque as principais características da executiva *lato*

---

4. Sobre essa questão, pertinentes as ponderações de Kazuo Watanabe: "Os conceitos e as categorias doutrinárias existem no plano lógico, como instrumentos destinados à melhor compreensão dos fenômenos. Bem por isso, não podem ser submetidos a um culto irrefletido, como se tivessem existência *per se*. A significação e o alcance de cada um deles variam segundo o ângulo visual e o plano de observação do processualista. Como tudo na vida, mais rica é a visão do observador na medida em que analisa um fenômeno por perspectivas diferentes, e nada há de errado em tal metodologia, pois o que importa, acima de tudo, além da coerência dentro de cada linha metodológica, é a apreensão mais completa quanto possível dos dados que permitam a perfeita compreensão do objeto que se está a conhecer" (*Da cognição no processo civil*, 2ª ed., São Paulo: Central de Publicações Jurídicas, 1999, pp. 90-91).

5. A determinação da natureza da tutela pode apresentar efeitos práticos importantes. No direito Italiano, p.ex., após as modificações vigentes a partir de 1.1.1993, discutiu-se sobre o alcance do art. 282 do Código, que regula o momento de eficácia da sentença. Alguns sustentaram a incidência da regra a todas as modalidades de tutela (condenatória, constitutiva e declaratória) e outros limitaram a eficácia imediata apenas da sentença condenatória. Sobre a polêmica, *cfr.* Corrado Ferri, "In tema di esecutorietà della sentenza e inibitoria", *Rivista di Diritto Processuale*, abril-junho/1993, pp. 558 e ss.

sensu perderam relevância com a unificação do processo em duas fases: cognitiva e cumprimento de sentença.

2.947.3 tutela mandamental

O mandado de segurança configura modalidade de tutela jurisdicional assegurada especificamente na Constituição Federal. Destina-se à proteção de direito líquido e certo, individual ou coletivo, não abrangido pelas hipóteses em que cabíveis *habeas corpus* e *habeas data*, ameaçado ou lesado por ato ilícito cometido por agente no exercício de atribuições do Poder Público (CF, art. 5º, incs. LXIX e LXX).

Para bem compreender a razão de ser dessa previsão constitucional, aparentemente redundante, pois, para afastar ameaça ou obter reparação pelas consequências da lesão, todos têm direito de acesso à tutela jurisdicional, independentemente das especificidades do direito ou das características do agressor (CF, art. 5º, inc. XXXV), são necessárias algumas considerações introdutórias. Se a todos é assegurada a garantia constitucional de acesso à Justiça, qual o motivo dessa previsão específica?

A razão de ser está na regulamentação especial do processo destinada à obtenção dessa tutela jurisdicional. O legislador ordinário estabelece regras desse método especial de solução de controvérsias, visando a conferir-lhe maior celeridade e aptidão para a proteção mais ampla possível contra atos ilegais de agentes públicos (Lei 12.016, de 7. 8.2009).

Daí a expressão "tutela mandamental", espécie de proteção jurisdicional dotada de certas especificidades, tanto do ponto de vista estritamente procedimental quanto das características de sua eficácia. Em consequência, segundo entendimento de prestigiada corrente doutrinária, ela seria autônoma em relação às tutelas tradicionalmente admitidas (declaratória, condenatória e constitutiva).

Assim, após tentar identificar os elementos que a caracterizam, far-se-á análise crítica e comparativa da categoria, a fim de reunir os elementos necessários a um juízo de valor sobre o acerto da suposta autonomia dessa modalidade de tutela jurisdicional.

Desde logo, portanto, formula-se a indagação fundamental, considerando essa linha de investigação: quais as características da denominada "tutela mandamental" que, segundo a doutrina, seriam suficientes para distingui-la das demais espécies de tutela cognitiva?[6]

---

6. A expressão "tutela cognitiva" destina-se a identificar a modalidade de tutela jurisdicional destinada a, mediante cognição exauriente do julgador, reconhecer a existência de

A especificidade dessa modalidade de sentença residiria, segundo esse entendimento, na ordem nela contida.

Essa afirmação, todavia, não parece suficiente para, por si só, caracterizar a tutela mandamental e distingui-la das demais. Também existe ordem do juiz ao escrivão do registro civil para averbar o divórcio ou a interdição, modalidades de tutela constitutiva.[7] Ao declarar a relação de paternidade, o juiz ordena a averbação na certidão de nascimento do filho. Nem por isso tais decisões são consideradas mandamentais. Aliás, se aceitarmos essas modalidades de tutela como concebidas originariamente pela doutrina alemã, talvez sejam elas as típicas mandamentais, pois contêm ordem dirigida a terceiro, e não à parte.[8]

Nas situações imaginadas, o interesse do autor é satisfeito tão somente com a criação do novo estado civil ou a declaração de paternidade, ambas determinadas pela própria sentença. A atividade complementar nada cria, pois o efeito jurídico da tutela já é suficiente para atender às necessidades do autor. Mas ela vem acompanhada de ordem dirigida a terceiros, embora as respec-

---

determinado direito. Distingue-se das tutelas executiva e cautelar, cuja concessão não depende dessa atividade.

7. Sobre a natureza constitutiva da sentença de interdição, v. Barbosa Moreira, "Eficácia da sentença de interdição por alienação mental", in *Temas de direito processual*, Quarta série, São Paulo, Saraiva, 1987, pp. 185 e ss.

8. Segundo Barbosa Moreira, originariamente, o fenômeno a que Pontes de Miranda veio denominar "sentença mandamental" tinha outro significado. Pretendia-se tratar da vinculação de outros órgãos do Estado, não integrantes do processo, aos efeitos de determinadas sentenças cíveis, que conteriam ordem dirigida a eles (cf. Barbosa Moreira, "A sentença mandamental – Da Alemanha ao Brasil", in *Temas de direito processual*, Sétima série, São Paulo, Saraiva, 2001, pp. 55-56). Goldschmidt, p.ex., definia *ação de mandamento* como aquela destinada à obtenção de um mandado dirigido a outro órgão do Estado, por meio da sentença judicial. Os destinatários poderiam ser os órgãos de execução ou outros (cf. "Derecho procesal civil", in *Enciclopedia de Ciencias Jurídicas y Sociales – Sección Ciencias Jurídicas*, Tradução de Leonardo Prieto Castro, com notas de Niceto Alcalá-Zamora y Castilho. Barcelona: Labor, 1936, pp. 113-114; v. também Eduardo Talamini, *Tutela relativa aos deveres de fazer e de não-fazer*, 2ª ed., São Paulo, Ed. RT, 2003, pp. 191 e ss.). Para Pontes a mandamentalidade seria mediata e, consequentemente, não preponderante, pois há necessidade de mandado, e o cumprimento não é determinado na própria sentença (*cfr.*: Pontes de Miranda, *Tratado das ações*, t. VI, pp. 4-5; Barbosa Moreira, "A sentença mandamental – Da Alemanha ao Brasil", cit., p. 59).
Sobre as diferenças entre as concepções de Pontes de Miranda e o principal defensor da sentença mandamental na doutrina processual brasileira – Ovídio Baptista da Silva –, *cfr.* Júnior Alexandre Moreira Pinto, *Conteúdos e efeitos das decisões judiciais*, Qualificação para Tese de Doutorado, Faculdade de Direito da Universidade de São Paulo. São Paulo, 2005, pp. 108 e ss. Como a discussão desses pormenores foge aos objetivos deste estudo, limito-me a registrar a existência de pequenas divergências entre os defensores da classificação quinária.

tivas sentenças não integrem a categoria da denominada tutela mandamental, que, no Brasil, ganhou outros contornos, como se verá a seguir.[9]

A relevância dessas considerações relaciona-se diretamente a eventual equívoco, e respectivas decorrências, quanto ao pedido de tutela mandamental e à possibilidade de desconsideração dessa falha de natureza processual, com a consequente possibilidade de o juiz deferir a pretensão mediante tutela jurisdicional diversa da pleiteada.

2.947.4 caracterização da denominada tutela mandamental

A característica fundamental da tutela mandamental seria a impossibilidade de o efeito jurídico da ordem judicial nela contido ser obtido de forma natural, mediante cumprimento espontâneo do dever pelas partes envolvidas na controvérsia de direito material. O comportamento imposto pelo juiz estaria ligado ao fato de a ordem emanar de um órgão do Estado – e, portanto, dotada de estabilidade.[10]

Essa construção, todavia, não explica a possibilidade de o ato ilegal, praticado por autoridade e contrário a direito líquido e certo, ser corrigido na via administrativa, sem necessidade de ordem judicial. Somente se não verificada a satisfação espontânea do suposto direito lesado a intervenção jurisdicional tornar-se-á necessária. Para solução dessas violações, praticadas por agente público, o legislador prevê o mandado de segurança, meio pelo qual se obtém a denominada tutela tipicamente mandamental.

Admitida a premissa conceitual acima, também ficaria fora do âmbito dessa modalidade a tutela prevista no art. 497 do CPC, que, para a grande maioria da doutrina, tem natureza mandamental,[11] muito embora esta conclusão possa ser considerada arbitrária, pois não se sabe com precisão em que consiste a ordem, nem a base legal que autoriza sua emissão.[12]

---

9. A alteração foi apontada com a precisão de sempre por Barbosa Moreira (*cfr.* "A sentença mandamental – Da Alemanha ao Brasil", cit., pp. 57 e ss.).

10. Araken de Assis dá como exemplo a sentença dos embargos de terceiro e do processo cautelar, pois somente o juiz tem o poder de livrar o bem penhorado da constrição e de determinar a proteção provisória de algum bem jurídico (*cfr.* "Sobre o método em processo civil", in *Doutrina e prática do processo civil contemporâneo*, São Paulo, Ed. RT, 2001, p. 51).

11. *Cfr.*: Bedaque, *Tutela provisória no CPC de 2015*, 6ª ed., São Paulo, Malheiros Editores, 2021, pp. 103 e ss.; Kazuo Watanabe, "Tutela antecipatória e tutela específica das obrigações de fazer e não-fazer", in Sálvio de Figueiredo Teixeira (coord.), *A reforma do Código de Processo Civil*, São Paulo, Saraiva, pp. 39 e ss.; Eduardo Talamini, ob. cit., pp. 229 e ss.

12. A crítica é de Barbosa Moreira, que apresenta outras objeções, todas inafastáveis ("Questões velhas e novas em matéria de classificação das sentenças", *Revista Dialética de Direito Processual* 7/34).

Comissão constituída pelo Instituto Brasileiro de Direito Processual chegou a propor a instituição, no sistema processual brasileiro, de tutela documental, cujo objetivo seria amparar direito líquido e certo contra atos lesivos praticados por particulares. Ao respectivo processo aplicar-se-ia a lei que regulamenta o mandado de segurança.

Como a proposta não foi transformada em lei, a tutela adequada à eliminação do descumprimento de obrigação fundada em prova documental escrita continua sendo a monitória (CPC, arts. 700-702). Se o documento configurar título executivo extrajudicial, poderá o credor valer-se da tutela satisfativa, a ser obtida em processo de execução. Fora dessas hipóteses é necessária a tutela condenatória, podendo o processo ser julgado antecipadamente, na forma do art. 355, inc. I, do CPC.

Daí se conclui que a especificidade dessa modalidade de tutela jurisdicional está exclusivamente na vontade do legislador. Situação material que hoje comporta tutela monitória ou condenatória amanhã será passível de mandamental – como ocorreu, aliás, com as obrigações de fazer, não fazer e dar, que até 1994 e 2002 admitiam mera tutela condenatória. Duas reformas legislativas passaram a prever soluções que, segundo entendimento doutrinário, tinham, ao mesmo tempo, natureza executiva e mandamental.[13]

Com a extinção do processo de execução fundado em título judicial, as sentenças versando sobre obrigação de fazer, não fazer e entregar coisa são efetivadas no mesmo processo, podendo o juiz determinar de ofício a realização das medidas destinadas à obtenção da tutela específica ou do resultado prático equivalente, inclusive imposição de multa (CPC, arts. 536-538). A peculiaridade, nesses casos, é a dispensa de requerimento da parte, necessário ao cumprimento da sentença cujo objeto seja quantia certa (CPC, art. 523). À luz da legislação em vigor e da controvérsia doutrinária, indaga-se: tais tutelas são condenatórias, mandamentais ou executivas? Opto pela primeira alternativa, embora reconheça as especificidades prevista nos dispositivos.

Nessa mesma linha, também se afirma que a grande característica da sentença mandamental é ensejar a realização *in natura* do direito pleiteado.[14] Não obstante a ordem nela contida, todavia, é necessário que o destinatário a cumpra a fim de que se obtenha esse resultado *in natura*. Se ele resistir, será necessário valer-se dos mecanismos destinados a efetivá-la coercitivamente. Aqui está, pois, o traço distintivo dessa espécie de sentença. A técnica destinada a efetivá-la não é a prática de atos materiais de sub-rogação, mesmo

---

13. Barbosa Moreira percebeu muito bem esse aspecto da questão ("Sentença executiva?", *Revista Síntese de Direito Civil e Processual Civil* 27/17).

14. *Cfr.* Teresa Arruda Alvim Wambier, *Nulidades do processo e da sentença*, 5ª ed., São Paulo, Ed. RT, 2004, p. 101.

porque a natureza do direito material não os comporta. Exatamente por isso, vale-se o legislador de outros meios: ordem acompanhada de medidas destinadas a fazer com que o destinatário a obedeça.

2.947.5 sentenças mandamental e executiva: características

A partir dessas premissas, parece importante estabelecer, do ponto de vista da efetividade, qual a real diferença entre as tutelas tradicionais (declaratória, constitutiva e condenatória) e a denominada "tutela mandamental".

Efetividade significa capacidade de produzir efeitos no plano material. Esta deve ser a preocupação do processualista – como se vem tentando demonstrar, ainda que nem sempre de forma suficientemente clara.[15] Também para afastar a ideia de que não se está preocupado com o que ocorre após a sentença, dedica-se esta pequena parte do estudo à verificação da utilidade prática dessa classificação quinária, bem como da possibilidade de não estarmos, mais uma vez, presos a conceitualismos estéreis.

De acordo com respeitada corrente doutrinária, *sentença mandamental* é aquela em que, em razão do seu objeto, o processo de execução ou a prática de atos de sub-rogação não são necessários. Se o destinatário da decisão exerce função pública, apesar da ordem para cumprimento de obrigação, a efetivação dela não se dá mediante atos de execução.

Já a sentença é *executiva* seria apta a efetivar-se logo após o término da atividade cognitiva, dispensando o processo de execução. Se essa é a especificidade da denominada tutela executiva, ela deixou de existir, pois os atos necessários à efetivação prática da tutela cognitiva são praticados no mesmo processo, na fase do cumprimento da sentença (CPC, arts. 513 e ss.). Aliás, a mesma técnica já era adotada no regime anterior para as demandas de despejo e possessórias, cuja realização dos atos necessários à atuação prática da regra substancial também ocorria no próprio processo de conhecimento. Não havia execução autônoma.

No mandado de segurança, à autoridade coatora não resta alternativa ao cumprimento da ordem judicial. Eventual recusa poderá ensejar intervenção ou configurar crime de desobediência (Lei 12.016/2009, art. 26). Mas o que caracterizaria essa modalidade de sentença é a impossibilidade de resistência ao cumprimento da ordem – o que tornaria incogitável a realização de atos executivos ou sub-rogatórios.

---

15. Tanto que um dos mais prestigiados estudiosos do direito processual considerava-me exageradamente apegado ao conceitualismo (*cfr.* Ovídio Baptista da Silva, *Jurisdição e execução na tradição romano-canônica*, São Paulo, Ed. RT, 1996, p. 173).

Segundo essa construção, a sentença mandamental caracteriza-se pelo fato de a execução limitar-se ao cumprimento do mandado judicial, visto que impossível o inadimplemento.[16]

Não obstante a excelência dos argumentos e a notória autoridade de seus defensores, a classificação quinária, além de não contribuir para o aperfeiçoamento científico do direito processual, também do ponto de vista prático não apresenta grande utilidade. Ao contrário, é teoricamente criticável, visto que fundada em critérios heterogêneos. A aplicação dos conceitos concebidos abstratamente acaba gerando dificuldades práticas desnecessárias.

A partir da situação de direito material posta em juízo, não há diferença ontológica entre condenar, possibilitando o uso de meios de sub-rogação, e ordenar o adimplemento, com ou sem o uso de meios de coerção. Da mesma forma, não deixa de ser condenatória a sentença apenas porque os atos materiais destinados a efetivá-la integram uma fase do mesmo processo.

A propósito, se a tutela contiver condenação e ordem será condenatória e mandamental, mesmo levando em conta ser uma só a crise de direito material?

---

16. As ideias desenvolvidas no texto são de José Ignácio Botelho de Mesquita, para quem o caráter mandamental da sentença decorre do "fato de que, por força da função de que está investido aquele a quem o mandado é dirigido – outra autoridade ou oficial de justiça, que também é agente do Estado –, a expedição e entrega do mandado consubstanciam tudo o que compete ao juiz promover para que se realize na prática a pretensão do demandante. A prestação jurisdicional se esgota com entrega do mandado" ("A sentença mandamental", *Revista do Advogado* 78/41). A partir dessa ideia, o ilustre Professor das Arcadas extrai conclusão inexorável e fundamental para os fins da investigação aqui desenvolvida. Embora se possa até discordar de algumas de suas premissas, elas demonstram de maneira incontestável que a mandamentalidade não está na natureza da sentença, mas na forma de efetivá-la: "Atentando-se para essa particularidade das sentenças mandamentais, tem-se que dar razão aos que ponderam não se distinguirem essas sentenças senão quanto ao modo pelo qual se dá execução ao comando nelas contido. Abstração feita dessa específica diferença, no mais, poderão essas sentenças ser classificadas como condenatórias ou constitutivas, segundo tenham por escopo último uma alteração no campo dos fatos ou uma alteração exclusivamente no campo dos direitos, ou declaratórias, se tendentes à formação da certeza jurídica" (*idem, ibidem*). Quer se entenda a mandamentalidade como forma de efetivar apenas as sentenças condenatórias, quer se estenda a ordem também às constitutivas e declaratórias, o que fica muito claro é a inaptidão dessa característica, ligada à forma de efetivação da tutela jurisdicional, para conferir autonomia às sentenças mandamentais, como categoria autônoma. A adesão de José Ignácio Botelho de Mesquita à corrente liderada por Barbosa Moreira, que ousa colocar em dúvida o acerto da classificação quíntupla, revela que processualistas conscientes, dispostos ainda a refletir sobre processo, sempre têm algo de novo a dizer, ainda que em relação a determinadas *verdades absolutas*, impostas muito mais pela insistência e intransigência que pela força da argumentação.

A diferença está, portanto, não na natureza da crise, mas na forma de efetivar o comando emergente da sentença, que também poderá ser não apenas condenatória e mandamental, mas executiva e mandamental, caso os meios de sub-rogação possam ser atuados no mesmo processo, como ocorre hoje, e sejam acompanhados de uma ordem de cumprimento.[17]

De qualquer modo, eventual mandamentalidade ou executividade não decorre das características da crise de direito material. A possibilidade de a sentença conter ordem acompanhada de sanção ou ser atuada praticamente no

---

17. A Lei 11.232, de 23.12.2005, alterou o Código de Processo Civil, eliminando o processo de execução. Segundo o novo artigo sobre cumprimento das sentenças, a condenação para pagamento de quantia em dinheiro será atuada sem solução de continuidade: "Art. 475-I. O cumprimento da sentença far-se-á conforme os arts. 461 e 461-A ou, tratando-se de obrigação por quantia certa, por execução, nos termos dos demais artigos deste Capítulo". Athos Gusmão Carneiro, na "Exposição de Motivos" apresentada ao projeto, afirma que "*a 'efetivação' forçada da sentença condenatória* será feita como etapa final do processo de conhecimento, após um *tempus iudicati*, sem necessidade de um 'processo autônomo' de execução (afastam-se princípios teóricos em homenagem à eficiência e brevidade); processo 'sincrético', no dizer de autorizado processualista. Assim, no plano doutrinário, são alteradas as 'cargas de eficácia' da sentença condenatória, cuja 'executividade' passa a um primeiro plano; em decorrência, 'sentença' passa a ser o ato 'de julgamento da causa, com ou sem apreciação do mérito'". Observe-se que a mesma crise de direito material inadimplemento de obrigação – passa a ser tratada, no âmbito processual, por técnicas diversas. Tratando-se de obrigação de fazer, não-fazer e dar, a tutela adequada é a prevista nos arts. 461 e 461-A: o juiz emite ordem (sentença mandamental) e a efetivação dá-se no próprio processo cognitivo (sentença executiva). Com relação às obrigações de pagar, a atuação prática da condenação será realizada no mesmo processo (sentença executiva). Fica patente a falta de uniformidade do critério classificatório. Enquanto pensamos na natureza da crise de direito material, parece adequada a classificação ternária. Se passarmos a examinar a técnica adotada para efetivação da tutela condenatória, encontraremos a sub-rogação realizada em processo autônomo (sentença condenatória) ou no mesmo processo (sentença executiva), além da possibilidade de a decisão ser acompanhada de ordem (sentença mandamental). A conclusão semelhante chegou Júnior Alexandre Moreira Pinto, para quem as especificidades da situação de direito material impõem a adoção de novos efeitos à tutela condenatória, residindo aí a peculiaridade da executiva e da mandamental (ob. cit., p. 117).

Diria que a diferença não está tanto no efeito, que é idêntico em todas: eliminação da crise de direito material. O que caracteriza cada uma é a forma como o efeito se produz: medidas de sub-rogação em processo autônomo ou no mesmo processo, medidas coercitivas, ordens. O cumprimento de sentença condenatória versando sobre obrigação por quantia implica ato de sub-rogação (penhora), a ser efetivado no mesmo processo (art. 475-J do CPC).

Sobre as sentenças mandamental e executiva, remete-se o leitor ao estudo de Débora Inês Kram Baumöhl, *A nova execução civil - a desestruturação do processo de execução*, São Paulo, Ed. Atlas, 2006, pp. 35-53.

mesmo processo pode até levar em consideração o tipo de obrigação inadimplida, não a natureza da crise.

A esse respeito, aliás, não se consegue identificar na doutrina, com a desejada precisão, a razão pela qual algumas sentenças contêm ordem e outras não. Trata-se de pura discricionariedade do legislador, que poderia adotar essa técnica para todas as espécies de obrigação, inclusive a de fazer fungível e a de pagar quantia em dinheiro?

Não se nega a existência de sentenças ou tutelas cuja forma de efetivação seja diversa da sub-rogação. Também é reconhecido o fenômeno da sub-rogação realizada no mesmo processo em que proferida a sentença, e não em processo diverso.

Acontece que esta visão da tutela jurisdicional leva em conta não a natureza da crise de direito material a ser solucionada no processo, mas a técnica para solução da crise de adimplemento.

Eis o equívoco da denominada classificação quinária e, consequentemente, da autonomia conferida à tutela mandamental.

Dependendo do ângulo pelo qual é examinada, a tutela jurisdicional comporta diversas classificações: preventiva e reparatória, individual e coletiva, antecipada e final, específica e genérica, sumária e exauriente.[18]

Se considerarmos a situação de direito material sobre a qual incidem os efeitos da tutela jurisdicional, podemos identificar três situações diversas: a incerteza sobre a existência ou inexistência da relação jurídica, a presença dos requisitos necessários a uma modificação jurídica e, por fim, o inadimplemento de uma obrigação de dar, fazer ou não fazer.

A necessidade de eliminar a incerteza jurídica, de criar, alterar ou extinguir determinada relação de direito material e de afastar o descumprimento de obrigação faz com que, ante a impossibilidade de ser este resultado obtido espontaneamente, seja buscada a tutela jurisdicional adequada a alcançá-lo.

---

18. *Cfr.* Flávio Yarshell, *Tutela jurisdicional*, São Paulo: Ed. Atlas, 1999, p. 141. Se nos ativermos exclusivamente às várias especificidades do direito material, teremos uma multiplicidade heterogênea de tutelas, não passíveis de classificação e cuja identificação é feita tão somente pelos aspectos particulares da situação da vida sobre que atuam. Trata-se de exame útil, na medida em que permite a verificação dos remédios adequados a cada espécie de direito. Mas parece impossível, a partir desses dados, sistematizar e classificar a tutela jurisdicional. Podem ser estudados, p.ex., a tutela contra os danos, nas suas várias modalidades, bem como os aspectos a ela inerentes, em função de cada espécie de direito lesado. Este método, com preocupações muito mais voltadas ao direito substancial, foi desenvolvido por Adolfo di Majo (cf. *La tutela civile dei diritti*, 2ª ed., Milano, Giuffrè Editore, 1993, *passim*, esp. pp. 155 e ss., para exame da tutela contra os danos).

A tutela jurisdicional voltada à obtenção da certeza jurídica denomina-se "declaratória". Há interesse em eliminar a dúvida objetiva sobre a existência ou inexistência de um direito, gerada pelo comportamento de alguém, que se recusa a aceitá-lo, sempre que tal incerteza causar dano à esfera jurídica de outrem. O suposto titular do direito poderá pleiteá-la, visando ao reconhecimento judicial daquela situação de direito material. Obtida a declaração e transitada em julgado a sentença, ela tornar-se-á indiscutível. A tutela declaratória ou *di accertamento* tem por função conferir certeza ao direito ou à situação jurídica deduzida no processo.[19]

O direito potestativo a determinada modificação jurídica,[20] não obtida espontaneamente por resistência de um dos sujeitos da relação substancial ou por vedação existente no próprio sistema, pode ser alcançado pela via jurisdicional, mediante tutela denominada "constitutiva". Neste caso, a alteração pretendida e não obtida por atuação voluntária da regra pelos próprios destinatários dela opera-se por força da sentença, que constitui a nova situação jurídica.

Já a satisfação do direito a uma conduta ou a uma prestação, em que o não cumprimento voluntário deu origem à chamada "crise de adimplemento", constitui objeto das tutelas condenatórias. Aquele a quem o direito material reconhece o poder de exigir de outrem determinado comportamento, consubstanciado no ato de dar alguma coisa, pagar determinada quantia em dinheiro, fazer ou não fazer algo, poderá postular em juízo tutela jurisdicional destinada a proporcionar-lhe o resultado prático frustrado pela não observância pelo obrigado do dever imposto pela norma substancial. A tutela condenatória representa o reconhecimento da violação, possibilitando ao titular do direito valer-se das medidas postas à sua disposição pelo Estado para tornar realidade aquilo que o direito material determina. A atividade cognitiva, se procedente o pedido, afirma o estado de violação ao direito e proporciona ao credor os meios aptos a eliminá-lo. Para cada espécie de obrigação o sis-

---

19. *Cfr.* Giovanni Verde, *Profili del processo civile – Parte generale*, Napoli, Jovene, 1978, p. 116.

20. Embora com origem em reflexões tedescas (*cfr.* Michele Fornaciari, *Situazione potestative, tutela costitutiva, giudicato*, Torino, G Giappichlli Editore, 2002, pp. 6-8), o *direito potestativo* foi definitivamente sistematizado por Chiovenda, que o distingue do direito a uma prestação (*cfr. Instituições de direito processual civil*, vol. I, São Paulo, Saraiva, 1965, pp. 10 e ss.). Sobre direito potestativo e as situações da vida que podem ensejar a tutela constitutiva, v. amplo e profundo estudo de Proto Pisani, "Appunti sulla tutela c.d. costitutiva (e sulle tecniche di produzione degli effetti sostanziali)", *Rivista di Diritto Processuale* 1/62 e ss. A relação entre *direito potestativo* e *tutela constitutiva* é também destacada por Michele Fornaciari, para quem ambos são expressão do mesmo fenômeno – qual seja, a produção unilateral de efeitos jurídicos na esfera de outrem. Enquanto um refere-se ao plano substancial, o outro diz respeito ao processual (cf. ob. cit., p. 3).

tema prevê determinado tipo de mecanismo destinado à obtenção do resultado prático desejado. Procura, na medida do possível, adequar o meio às especificidades do objeto.

Essa relação entre as modalidades de tutela e a situação substancial trazida à apreciação do juiz é extremamente útil à compreensão da classificação ternária, tornando possivelmente desnecessária a criação de novas categorias de tutelas.[21]

Também é preciso deixar claro que o resultado da atividade cognitiva nem sempre produz o efeito desejado no plano material, que representa a substitutividade da jurisdição.

A tutela meramente declaratória, além do *accertamento* quanto à existência, ou não, de um direito, confere ao autor o bem da vida pleiteado, ao remover a incerteza jurídica.

Se pensarmos nas tutelas constitutivas e condenatórias, normalmente o efeito material a elas inerente depende da prática de atividades posteriores, ainda que em alguns casos se trate de atos sem qualquer complexidade, sequer dotados de natureza jurisdicional.

Nas constitutivas e condenatórias – e principalmente nestas últimas – existe quase sempre a necessidade da prática de atos destinados a concretizar a alteração no mundo exterior. Na tutela constitutiva, após o reconhecimento do direito potestativo (momento cognitivo) dá-se a eliminação de qualquer incerteza quanto à sua existência e verifica-se a modificação jurídica desejada (momento substitutivo). A tutela condenatória também compreende a cognição quanto à existência do direito (*accertamento*), cuja consequência é o afastamento da incerteza e a viabilização de meios para efetivação prática do direito violado.

---

21. O nexo entre as modalidades de tutela e as crises de direito material foi estabelecido de forma muito clara e precisa por Dinamarco (*cfr.* "Momento de eficácia da sentença constitutiva", in *Fundamentos do processo civil moderno*, 5ª ed., vol. II, São Paulo, Malheiros Editores, 2002, pp. 1.081 e ss.). Nessa mesma linha, v. Júnior Alexandre Moreira Pinto, ob. cit., pp. 62-72. Segundo este último autor a classificação ternária leva em conta o conteúdo da decisão, representado pela modalidade de crise jurídica a ser solucionada: "Ao se proceder a uma condenação, está a tutela voltada à eliminação de uma determinada crise jurídica, surgida em decorrência de um inadimplemento, em qualquer das modalidades obrigacionais vivenciadas no plano civil. Quando detém a decisão o caráter constitutivo (positivo ou negativo), preocupa-se com uma tutela que propicie a formação de uma nova situação jurídica, seja criando-a, modificando-a ou até mesmo extinguindo-a. De outro turno, pode a tutela cognitiva voltar-se apenas à eliminação de uma incerteza surgida no plano do direito, declarando sua existência ou inexistência. Em suma, qualquer das crises surgidas, ter-se-á de encontrar uma das modalidades acima para solucionar o conflito. Repita-se, é o conteúdo da decisão que admite essa tripartição" (Júnior Alexandre Moreira Pinto, ob. cit., p. 115).

À luz dessas premissas, a conclusão sobre a natureza da "tutela mandamental" prescinde de maiores indagações. Reconhecia a ameaça ou violação de direito líquido e certo por ato de autoridade, ordena-se a proteção ou a reparação, isto é, condena-se o responsável ao cumprimento de obrigação de não fazer (mandado de segurança preventivo) ou à reparação ao direito lesado. A ordem e as consequências impostas pelo respectivo descumprimento constituem os meios previstos para efetivação dessa tutela condenatória, que podem se materializar mediante sub-rogação, coerção ou outra forma apta a tornar realidade a decisão judicial. Embora não previstas pela legislação especial, incidem, subsidiariamente, os dispositivos do Código de Processo Civil pertinentes aos meios de efetivação prática da tutela jurisdicional (arts. 139, inc. IV, 497, 498, 536 e 538).

Nessa linha, desnecessária e inadequada a distinção entre tutela condenatória e tutela mandamental. Ambas visam a restabelecer o direito ameaçado ou violado pelo descumprimento de obrigação de dar, fazer ou não fazer. Em suma, a tutela mandamental tem conteúdo condenatório.

2.948. especificidades processuais do mandado de segurança: o direito líquido e certo

A premissa adotada no item anterior não desconsidera características do processo do mandado de segurança, regulado pela Lei 12.016, de 7.8.2009, especialmente quanto à celeridade procedimental e à efetividade do resultado.[22]

Tem legitimidade ativa para propor a respectiva demanda qualquer pessoa, física ou jurídica, titular de suposto direito líquido e certo violado ou ameaçado por ato ilegal ou abusivo de qualquer autoridade, não amparado[23] por *habeas corpus* ou *habeas data* (art. 1º e CF, art. 5º, inc. LXIX).

Vejamos, então, o significado jurídico dos termos utilizados pelo legislador.

Com relação à capacidade para ser parte, nenhuma especificidade. Todos os sujeitos de direito a possuem. Também às capacidades de estar em juízo e postulatória aplicam-se as regras gerais do processo comum.

A legitimidade ativa também não apresenta peculiaridade, pois conferida a qualquer titular do suposto direito. Se mais de uma pessoa, física ou jurídica, for atingida pelo ato lesivo, qualquer delas poderá pleitear a tutela jurisdicional, na condição de substituta processual das demais (art. 1º, § 3º). Nes-

---

22. *Cfr.* Cassio Scarpinella Bueno, *Manual do Poder Público em juízo*, São Paulo, Saraiva, 2022, p. 235 e Mandado de Segurança, 5ª edição, São Paulo, Saraiva, 2009, pp. 15/18.

23. Na verdade, "amparável", como bem observa Cassio Scarpinella Bueno (*Manual do Poder Público em juízo*, cit, p. 238 e Mandado de Segurança, cit., p. 19).

ses casos, todavia, nada obsta à existência de litisconsórcio ativo facultativo, cuja formação é admissível até o despacho da inicial (art. 10, § 2º).

Embora o legislador faça referência expressa apenas à admissibilidade da pluralidade ativa de partes (art. 24), nada obsta à aplicação subsidiária do Código de Processo Civil à intervenção de terceiros, desde que compatível com o objeto do mandado de segurança, como ocorre com a assistência e o *amicus curiae*.

Também há substituição processual, admitida expressamente, na hipótese de direito decorrente daquele ameaçado ou lesado, cujo titular, apesar de previamente notificado, manteve-se inerte (art. 3º).

Em ambas as hipóteses o autor defende interesse próprio, por ser um dos cotitulares ou porque o suposto direito deriva de outro ameaçado ou lesado.

A expressão "pessoa física ou jurídica" deve ser interpretada de forma ampla, em conformidade com o texto constitucional, que não restringe a legitimidade ativa. Possuem-na, portanto, agentes públicos como, p.ex., representantes do Ministério Público e da Defensoria Pública, além dos entes despersonalizados. Trata-se de entendimento pacífico do Supremo Tribunal Federal.

A proteção pela via especial do mandado de segurança refere-se a categoria especial de direitos. Exige o legislador certa qualidade à pretensão deduzida pelo autor (impetrante) ao pleitear a tutela jurisdicional: *liquidez e certeza*. Se não preenchido esse requisito, não pode ser adotado o procedimento previsto para a obtenção dessa tutela jurisdicional com conteúdo condenatório, denominada "tutela mandamental".

Resta saber, então, o que significa direito "líquido e certo".

Doutrina e jurisprudência já uniformizaram o entendimento a respeito: trata-se de direito cuja existência possa ser demonstrada, de plano, mediante documento, independentemente da complexidade da questão de direito. A esse respeito, a Súmula 625 do STF é expressa: "Controvérsia sobre matéria de direito não impede concessão de mandado de segurança".

Em outras palavras, a subsunção do fato à norma abstrata deve estar amparada em conjunto probatório incontroverso. Pode haver divergência, evidentemente, quanto à interpretação da norma e sua incidência sobre a situação descrita na inicial. Não se admite, todavia, a produção de provas orais ou periciais no curso do processo, destinada à demonstração dos fundamentos da demanda (causa de pedir) ou à eliminação de controvérsia fática.

Nessa linha, o respectivo processo não comporta dilação probatória mediante outros meios, como testemunha e perícia.[24] A expressão, todavia, não

24. *Cfr.* ampla menção doutrinária e jurisprudencial in Theotonio Negrão, José Roberto Gouvêa, Luis Guilherme Bondioli e João Francisco Fonseca, *Código de Processo Civil*

se confunde com prova exclusivamente documental. Necessária, todavia, a pré-constituição do conjunto probatório, sob pena de inadequação do meio especial adotado pelo impetrante, devendo o processo ser extinto sem julgamento de mérito, por ausência de interesse processual. Se, para demonstração dos fatos, for necessária a produção de provas, deve a parte valer-se da via processual comum, regulada pelo Código de Processo Civil (arts. 318 e ss.).

Em síntese, no mandado de segurança o exame da pretensão deduzida pelo impetrante, ou seja, o julgamento do mérito, só pode ser feito à luz dos elementos de prova trazidos com a inicial.[25]

Ainda em relação ao objeto do mandado de segurança, é preciso atentar para dois enunciados do Superior Tribunal de Justiça, expressos nas Súmulas 269 e 271: o pedido não pode limitar-se à cobrança de valores eventualmente devidos e, como consequência lógica dessa premissa, possíveis créditos pretéritos, embora relacionados ao direito, não são alcançados. Em síntese, o mandado de segurança não é via adequada à cobrança de quantia em dinheiro e os efeitos da concessão da ordem não retroagem a eventuais créditos pretéritos (art. 14, § 4º).

Não obstante seja esse o entendimento predominante, não vejo razão para afastar a pretensão relativa a créditos anteriores à propositura da demanda, se diretamente relacionados ao ato lesivo e pleiteados na inicial. O respectivo valor pode ser perfeitamente apurado em liquidação.[26]

O processo, em primeiro e segundo graus, tem prioridade sobre os demais, ressalvado o *habeas corpus* (Lei 12.016, art. 20).

Destaque-se que a existência de regulamentação específica do mandado de segurança coletivo, tendo em vista as especificidades do suposto direito material ameaçado ou ofendido, apresenta algumas peculiaridades (arts. 21 e 22, da Lei n. 12.016/2009). O tema será abordado em capítulo próprio, mas algumas considerações iniciais devem ser feitas desde logo.

A legitimidade ativa é ampliada, para admitir a impetração por partido político, entidade de classe e associação, observados os requisitos exigidos pelo art. 21.

O pedido de tutela jurisdicional deve versar sobre direito coletivo ou individual homogêneo, definidos no parágrafo único em conformidade com o disposto no art. 21 da Lei 8.078/1990 (CDC).

---

e legislação processual em vigor, 53ª ed., São Paulo, Saraiva, 2022, pp. 1.697-1.698, notas 10-14 ao art. 1º).

25. Corretas, pois, as ponderações de Cassio Scarpinella Bueno (*Manual do Poder Público em juízo*, cit, pp. 235-237 e Mandado de Segurança, cit., p. 15).

26. Nesse sentido Cassio Scarpinella Bueno, *Manual do Poder Público em juízo*, cit., p. 315.

Ressalte-se a omissão quanto aos interesses difusos, cuja defesa não comportaria mandado de segurança e ficaria restrita aos entes legitimados pelos arts. 5º da Lei 7.347, de 24.7.1985, e 5º, inc. LXX, da Constituição Federal. Essa interpretação, todavia, não deve prevalecer. Inexiste razão para excluir os interesses difusos do procedimento especial do mandado de segurança. Caracterizadas a liquidez e a certeza, acompanhadas da ameaça ou lesão, deve ser admitida a tutela jurisdicional regulada pela Lei 12.016.[27]

Também não se justifica a restrição da legitimidade dos partidos políticos para a defesa dos interesses coletivos (em sentido amplo) relacionados tão somente a seus membros ou à própria entidade. Essa limitação vai de encontro ao texto constitucional e, portanto, inadmissível a exigência desse nexo.[28]

2.949. início do processo

O processo visando à obtenção da tutela jurisdicional pela via especial do mandado de segurança inicia-se com a propositura da respectiva demanda mediante petição dirigida ao órgão jurisdicional competente,[29] cujos requisitos são aqueles estabelecidos pela lei processual (CPC, art. 319), além dos previstos no art. 6º da Lei 12.016/2009. Nas situações de urgência admite-se seja a inicial encaminhada ao juízo mediante outros meios de comunicação, inclusive eletrônicos, observadas as exigências legais (art. 4º, §§ 1º e 2º).

Tratando-se de competência originária dos tribunais, o processo será conduzido pelo relator, assegurada a defesa oral na sessão de julgamento do mérito e do agravo interposto contra a decisão sobre o pedido de tutela provisória (art. 16 e parágrafo único).

A prova pré-constituída essencial à demonstração dos fatos, na grande maioria dos casos documental, deve acompanhar a inicial, salvo se estiver em estabelecimento público ou em poder da autoridade apontada como coatora,

---

27. Assiste razão, portanto, a Luiz Manoel Gomes Júnior e Rogério Favreto, cujos argumentos são irrespondíveis, especialmente quanto à proteção genérica prevista no art. 5º, incs. LXIX e LXX, da Constituição Federal (*cfr. Comentários à Lei do Mandado de Segurança*, 4ª ed., São Paulo, Ed. RT, 2015, pp. 243-245). Como bem pondera Ricardo de Barros Leonel, "houve indevida e inconstitucional restrição na regulamentação ao se excluir da previsão legal a possibilidade de impetração de mandado de segurança coletivo para a defesa de direitos difusos, pois a Constituição não estabelece tal restrição, tratando da garantia à segurança de forma ampla e abrangendo, portanto, direitos difusos, coletivos e individuais homogêneos" (*Manual do processo coletivo*, 4. ed., São Paulo, Malheiros, 2017, p. 475).
28. Também nesse aspecto, acompanho integralmente o entendimento de Ricardo de Barros Leonel (ob. cit., p. 477).
29. V. n. 2.950, seguinte.

bem como de terceiro, se configurada a recusa em fornecê-la. Nesse caso, a exibição será determinada pelo juiz (art. 6º, §§ 1º e 2º). Essa providência não vai de encontro à necessidade de prova pré-constituída para caracterização do direito líquido e certo, pois o documento já existe. Apenas não está disponível para o impetrante.

Não obstante o disposto nos arts. 291 e 319, inc. V, do Código de Processo Civil, predomina o entendimento segundo o qual dispensa-se a atribuição do valor à causa pois, tendo em vista as circunstâncias relacionadas ao direito líquido e certo supostamente ofendido, não há como estimar o respectivo conteúdo econômico.[30]

Se a inicial não preencher os requisitos legais, deve ser concedida ao impetrante a possibilidade de sanar o vício, nos termos do art. 321 do Código de Processo Civil.

Verificada uma das hipóteses do art. 332 do CPC, admissível a improcedência liminar do pedido.

2.950. legitimidade passiva e ilegalidade do ato

Da petição inicial devem constar a autoridade coatora, ou seja, quem praticou ou determinou a prática do ato impugnado (art. 6º, § 3º), bem como a respectiva pessoa jurídica (art. 6º, *caput*).

Autoridade coatora é qualquer "autoridade pública ou agende de pessoa jurídica no exercício de atribuições do Poder Público" (CF, art. 5º, inc. LXIX).

Assim, o ato ilegal, isto é, contrário ao ordenamento jurídico em sentido amplo, deve ser imputado a qualquer autoridade, expressão que abrange representantes ou órgãos de partidos políticos, administradores de autarquias e pessoas físicas ou jurídicas no exercício, por delegação,[31] de atribuições do Poder Público, salvo atos de gestão comercial (art. 1º, §§ 1º e 2º).[32]

Se os eventuais efeitos patrimoniais do ato atingirem a esfera da União, a autoridade coatora será considerada federal, independentemente do órgão ao

30. *Cfr.* Mantovanni Colares Cavalcanti, *Mandado de segurança*, 2ª ed., São Paulo, Dialética, 2010, pp. 95-109.

31. Conforme disposto no enunciado da Súmula 510 do STF: "Praticado o ato por autoridade, no exercício de competência delegada, contra ela cabe o mandado de segurança ou a medida judicial".

32. Cassio Scarpinella Bueno entende admissível o mandado de segurança, independentemente da natureza do ato, desde que regido pelo direito público (*cfr. A nova lei do mandado de segurança*, São Paulo, Saraiva, 2009, p. 12). Com razão, refere-se expressamente aos atos discricionários, pois passíveis de exame a conveniência e a oportunidade (*cfr. Manual do Poder Público em juízo*, cit., p. 239).

qual esteja vinculada (art. 2º). Em consequência, a competência, nesses casos, será sempre da Justiça Federal.[33]

Nessa linha de raciocínio, como regra geral, a definição do juízo competente dar-se-á em função do órgão a que pertencer a autoridade coatora (federal, estadual ou municipal), ressalvadas as hipóteses de competência originária dos tribunais.[34] O critério determinante é, portanto, funcional. Se estadual ou municipal a autoridade, necessário verificar as respectivas Constituições e Leis de Organização Judiciária, das quais podem constar regras específicas a respeito. Se inexistentes, incidirá o disposto no Código de Processo Civil, aplicando-se, inclusive, a regra da competência concorrente prevista no art. 52, parágrafo único.[35]

Ao despachar a inicial, o juiz determinará a intimação da autoridade coatora. Segundo entendimento de boa parte da jurisprudência e da doutrina, é dela a legitimidade para ocupar o polo passivo do processo. O órgão público será apenas cientificado para, querendo, intervir no processo (art. 7º, incs. I e II). [36] O tema, todavia, é objeto de controvérsia.[37]

Como ambos têm faculdades, deveres e ônus processuais, com expressa extensão à autoridade coatora quanto à possibilidade de recorrer (art. 14, § 2º), parece-me mais adequado considerá-los partes legítimas, independentemente do nome atribuído pelo legislador ao ato pelo qual tomaram ciência do processo. Estão sujeitos, portanto, à eficácia da sentença e à coisa julgada.[38] Em consequência, a intimação da autoridade coatora e a cientificação da pessoa jurídica devem ser compreendidas como verdadeiras citações. Os destinatários têm, assim, o ônus de impugnar a pretensão inicial. As informações prestadas pela autoridade coatora têm, portanto, natureza de contesta-

33. *Cfr.* também CF, art. 109, inc. VIII.

34. V. Lei Orgânica da Magistratura, arts. 21, inc. VI, e 101, § 3º, *d*; CF, arts. 101, inc. I, *d*, 105, inc. I, *b*, 108, inc. I, *c*, e 109, inc. VIII.

35. Nesse sentido Cassio Scarpinella Bueno, *Manual do Poder Público em juízo*, cit., pp. 265-268.

36. RMS/AgInt 52.514-GO; 2ª Turma, RMS/AgInt 2016/0304299-3, rel. Min. Og Fernandes, j. 3.5.2022, *DJe* 17.5.2022. *Cfr.* Cassio Scarpinella Bueno, *Mandado de segurança*, 5ª ed., São Paulo, Saraiva, 2009, p. 85.

37. *Cfr.*: Cristiano Zanin Martins, "A legitimidade passiva no mandado de segurança à luz da nova legislação de regência e seus reflexos no processamento da ação", in *O novo mandado de segurança* (obra coletiva), Belo Horizonte, Fórum, 2010, pp. 57-64; Theotonio Negrão *et al.*, ob. cit., nota 3 ao art. 6º.

38. Eduardo Arruda Alvim, com fortes argumentos e vasta bibliografia, sustenta ser parte no mandado de segurança apenas a pessoa jurídica de direito público. O coator seria seu presentante, e não representante (*cfr. Mandado de segurança*, 2ª ed., Rio de Janeiro, GZ Editora, 2010, pp. 57 e ss.

ção. Eventual omissão dos sujeitos passivos, todavia, não gera presunção de veracidade dos fatos afirmados pelo autor, mesmo se verossímeis, tendo em vista a indisponibilidade do direito material em questão.

Reforça essa conclusão a posição segundo a qual, em eventual cumprimento de sentença, o ente público é a parte legítima.[39] Mas, a meu ver, também a autoridade coatora deve responder por eventuais danos causados ao titular do direito líquido e certo violado pelo ato ilegítimo. Embora se trate de responsabilidade subjetiva (CC, art. 43), ela está vinculada aos efeitos da decisão, observados os limites objetivos da coisa julgada.

Como consequência dessas considerações, o litisconsórcio entre autoridade coatora e pessoa jurídica é necessário, pois ambas são atingidas pela eficácia da decisão.[40]

2.951. liminar

Nos termos da art. 7º, inc. III, da Lei 10.016/2009, o juiz pode suspender liminarmente os efeitos do ato impugnado pelo impetrante se relevante o fundamento da demanda e presente o risco de inutilidade prática da tutela definitiva. A utilização do termo "suspensão" não obsta a que sejam determinadas outras medidas, se necessárias aos objetivos da decisão, tenham elas conteúdo meramente conservativo (tutela cautelar) ou satisfativo (tutela antecipada)

Trata-se de medida provisória de urgência, razão pela qual é aplicável, no que couber, o disposto nos arts. 294 e ss. do Código de Processo Civil, inclusive a exigência de reversibilidade da medida, ao menos em princípio.

Presentes os requisitos legais, a tutela provisória pode ser concedida em caráter liminar, ou seja, no início do processo, antes mesmo da comunicação de quem deve ocupar o polo passivo. A expressão revela, portanto, o momento em que o pronunciamento judicial é proferido, não seu conteúdo.

A previsão legal configura verdadeira tutela antecipada de urgência (CPC, arts 294 e ss., especialmente arts. 300, § 2º, e 306-304).

A antecipação da tutela caracteriza-se por representar decisão pela qual a eficácia da sentença, total ou parcial, é produzida antes mesmo do julgamento final, o que pode ocorrer desde a propositura da ação, liminarmente portanto, e até após o julgamento em primeiro grau.

---

39. AREsp/AgInt 1.930.351/MG; 2ª Turma, REsp/AgInt/Ag. 2021/0203751-8, rel. Min. Francisco Falcão, j. 13.6.2022, *DJe* 15.6.2022; Impugnação à execução em mandado de segurança/AgInt 15.254-DF; 1ª Seção, Impugnação à execução em mandado de segurança/AgInt 2018/0119836-0, rel. Min. Sérgio Kukina, j. 29.3.2022, *DJe* 1.4.2022.

40. Nesse sentido, com razão, *cfr.* Cassio Scarpinella Bueno, *Manual do Poder Público em juízo*, cit., pp. 254-257.

Tutela antecipada não se confunde, pois, com liminar, não obstante possa ser deferida de plano, antes da citação, ou seja, no limiar do procedimento. São classificações de um mesmo fenômeno – a decisão judicial – por ângulos diversos. Se pensarmos apenas no aspecto topológico da decisão, qualquer decisão poderemos considerá-la liminar ou não, o que depende exclusivamente da sua situação no procedimento. Se, todavia, voltarmos os olhos para os efeitos práticos da tutela jurisdicional pleiteada e considerarmos a possibilidade legal de antecipá-los, liminarmente ou não, estaremos diante da tutela antecipada.[41]

Em síntese, liminar é decisão proferida no início do processo. Não importa o conteúdo da medida. Pode versar sobre saneamento, questões processuais cognoscíveis de ofício, conservação de bens, pessoas ou provas e antecipação de efeitos da tutela final.[42]

A eficácia no âmbito da relação material, possibilitando que efeitos pretendidos possam ser usufruídos antecipadamente, pode ou não ser concedida liminarmente.

No direito brasileiro, portanto, o termo "tutela antecipada" identifica o conteúdo da espécie de tutela precedida de cognição sumária, de natureza provisória, concedida antes da tutela final. Sua característica é a satisfatividade fática. Poderá sê-lo em caráter liminar ou não.[43]

---

41. Com muita propriedade, Adroaldo Furtado Fabrício demonstra que a ideia de liminar está em plano diverso da concepção de antecipação de tutela, muito embora a grande maioria dos pronunciamentos antecipatórios de efeitos do resultado final esteja localizada logo no início do procedimento. Mas isso não ocorre sempre, adverte, bastando o exame da previsão do art. 273 para verificar a diferença: "A antecipação de tutela da qual se cuida aí pode tomar a forma de uma liminar (vale dizer, conter-se em decisão proferida no limiar do procedimento), mas de modo alguma é obrigatória essa localização, ou inerente à natureza da antecipação. Tenha-se em conta que um dos fundamentos possíveis da decisão antecipatória regulada por esse texto normativo é o abuso do direito de defesa, que evidentemente pressupõe já havê-lo exercitado o réu e, portanto, achar-se o processo em fase mais adiantada do que aquela onde podem ter lugar as verdadeiras liminares" ("Breves notas", p. 19).

42. Humberto Theodoro Júnior, *Tutela jurisdicional de urgência, Medidas cautelares e antecipatórias*, Rio de Janeiro, América Jurídica, 2001, pp. 5-6.

43. Adroaldo Furtado Fabrício sustenta que a tutela antecipada não é substancialmente diversa da definitiva, dela se distinguindo tão somente "pelas notas da provisoriedade e do adiantamento temporal em relação ao momento ordinário da prestação jurisdicional. Mais uma vez, pode-se dizer que a questão é apenas de momento processual" (*cfr.* ob. cit., p. 20). Inexiste, todavia, identidade substancial entre a tutela antecipada e o provimento final, visto que a primeira não é dotada da eficácia jurídica deste último. Uma se limita a antecipar provisoriamente efeitos de um provável resultado final; o outro atua a vontade concreta da regra, representando a solução definitiva do litígio.

O juiz está autorizado, à luz das circunstâncias do caso concreto, a exigir garantia para assegurar o ressarcimento de eventuais danos causados à pessoa jurídica, decorrentes da liminar (art. 7º, inc. III). O Código de Processo Civil prevê regra análoga (art. 300, § 1º). A caução, insiste-se, não é requisito para concessão da liminar. Pode o juiz exigi-la, todavia, mediante decisão fundamentada, tendo em vista especificidades da situação descrita na inicial.

Há situações nas quais a liminar é expressamente vedada (art. 7º, § 2º). Essa limitação, todavia, foi declarada inconstitucional pelo Supremo Tribunal Federal.[44]

Obtida a liminar, o impetrante deve atuar em conformidade com a boa-fé processual. Se criar obstáculo ao desenvolvimento do processo ou não se desincumbir dos ônus a ele impostos em três dias, o juiz, a pedido das partes ou de ofício, decretará a caducidade ou perempção da medida (Lei 12.016, art. 8º). Tal consequência parece ir ao encontro do princípio da boa-fé processual e perfeitamente compatível com o sistema constitucional.

Ao ser notificada da concessão da tutela provisória, a autoridade administrativa deverá, em 48 horas, encaminhar ao representante judicial do respectivo ente público cópia do mandado, com os elementos necessários à defesa do ato impugnado e adoção das providências destinadas à cassação da decisão (art. 9º).

2.951.1 requisitos para concessão da liminar

2.951.1.1 *verossimilhança* – A possibilidade de o juiz, ao despachar a inicial, suspender a eficácia do ato atacado pelo mandado de segurança configura tutela de urgência antecipada, deferida em caráter liminar. Para tanto, necessária a presença de dois requisitos: relevância da fundamentação e risco de ineficácia da tutela final pleiteada e concedia.

A relevância da fundamentação significa verossimilhança do direito deduzido pelo impetrante. Trata-se de situação análoga à descrita pelo legislador processual de 2015: "elementos que evidenciem a probabilidade do direito" (art. 300). Em síntese, verossimilhança significa existência de prova suficiente para revelar a aparente veracidade do fato invocado como fundamento do direito afirmado. Esse juízo resulta do exame da matéria fática, cuja veracidade mostra-se provável ao julgador.[45] Verossímil é sinônimo de plausível, ou seja, algo semelhante à verdade, com aparência de verdadeiro.

---

44. Pleno, ADI 4.296, rel. Min. Alexandre de Moraes, j. 9.6.2021, *DJ* 11.10.2021, m.v.

45. *Cfr.* Carreira Alvim, "A antecipação da tutela na reforma processual". *In* Figueiredo Teixeira, Sálvio de (coord.). *A reforma do Código de Processo Civil.* São Paulo, Saraiva, 1996, pp. 57 e ss.

Assim, como requisito para concessão da liminar no mandado de segurança basta a existência de elementos suficientes para demonstrar a probabilidade de existência do direito afirmado. Como a via processual depende da demonstração de direito líquido e certo, ou seja, fundado em prova pré-constituída, o alto grau de probabilidade da concessão da tutela pode ser aferido com certa facilidade, mediante exame da inicial.

A alegação será verossímil se versar sobre fato aparentemente verdadeiro. Resulta do exame da matéria fática, cuja veracidade mostra-se provável ao julgador.

2.951.1.2 *risco ao resultado útil do processo* – A duração do processo pode comprometer o resultado útil da tutela jurisdicional ao final concedida. Trata-se de dano marginal, decorrente do atraso na imposição e atuação coercitiva, pelo juiz, da regra de direito material.

A tutela de urgência prevista no art. 7º, inc. III, da Lei 12.016/2009 visa a afastar esse risco, tal como ocorre com o disposto no art. 300 do CPC.

O perigo está relacionado com a efetividade da tutela jurisdicional, mas, indiretamente, diz respeito ao próprio direito material, subjetivo ou potestativo. Está vinculado à duração do processo e à impossibilidade de a providência jurisdicional definitiva, cuja eficácia esteja em risco, ser emitida imediatamente.

O risco a ser combatido pela medida *urgente* diz respeito à utilidade que a tutela representa para o titular do direito. Isso quer dizer que o espaço de tempo compreendido entre o fato da vida em razão do qual se tornou necessária a intervenção judicial e a tutela jurisdicional, destinada a proteger efetivamente o direito, pode torná-la praticamente ineficaz. Nesse período podem ocorrer fatos que comprometam sua atuação efetiva. É o fenômeno que a doutrina italiana denomina de *pericolo da infruttuosità*.

O perigo de dano pode referir-se, também, simplesmente ao atraso na entrega da tutela definitiva. Aqui, embora não haja risco de frustração do resultado final, em termos objetivos, é possível que o dano ao titular do direito líquido e certo tenha se agravado ou até se tornado definitivo.

O denominado perigo do *ritardo* é combatido pela antecipação provisória de efeitos práticos do provimento final, com a consequente regulamentação da situação fática até a emissão da tutela definitiva.

A tutela de urgência pressupõe a existência de perigo para a efetividade do pronunciamento definitivo e, consequentemente, para o direito deduzido em juízo. O *periculum in mora* é característica essencial e distintiva da tutela de urgência, pois representa a própria razão de existência dessa modalidade especial de proteção jurisdicional. Justifica-se a antecipação provisória de prováveis efeitos definitivos exatamente para assegurá-los. Por isso, aliás, a tutela de urgência deve limitar-se ao estritamente necessário para evitar esse dano.

O prejuízo irreparável ao direito, em razão do tempo necessário à sua efetivação pela via ordinária, revela a necessidade da tutela de urgência. A irreparabilidade do dano deve ser aferida em cada caso concreto. Não existe fórmula genérica para identificá-la. Nem parece correto restringi-la aos direitos absolutos, não patrimoniais. Também os obrigacionais estão sujeitos a prejuízos irreparáveis.

Em atenção ao princípio da efetividade da tutela jurisdicional, é possível afirmar que a tutela de urgência se destina a afastar acontecimentos que, se verificados durante o desenvolvimento do processo, podem comprometer seu resultado, afastando a desejada coincidência entre a satisfação espontânea do direito e aquela obtida pela via jurisdicional.

O risco a ser combatido pela medida *urgente* diz respeito à utilidade que a tutela definitiva representa para o titular do possível direito. Isso quer dizer que o espaço de tempo compreendido entre o fato da vida em razão do qual se tornou necessária a intervenção judicial e a tutela jurisdicional, destinada a proteger efetivamente o direito, pode torná-la praticamente ineficaz. Nesse período podem ocorrer fatos que comprometam sua atuação efetiva.

É essa ideia de prejuízo irreparável ou de difícil reparação a nortear a concessão da tutela de urgência. Não basta, evidentemente, argumentar apenas com a demora, ainda que patológica, do processo. Necessário o risco de dano irreparável, causado por algum acontecimento concretamente identificado.

É preciso muito cuidado para não ampliar indevidamente o campo de incidência da tutela sumária. A urgência está normalmente ligada ao fator perigo. Em princípio, só se justifica medida dessa natureza se houver risco para a efetividade da tutela final. A irreparabilidade do prejuízo deve ser entendida não apenas diante da absoluta impossibilidade de reintegração do direito pela forma específica, mas também em face da existência de diferença substancial entre a satisfação integral do direito e o resultado proporcionado pelo processo.

Não obstante provável o direito afirmado, não há como conceder a proteção de urgência sem a efetiva demonstração do perigo concreto à utilidade do provimento definitivo.

O Código de Processo Civil prevê algumas situações de tutela provisória independentemente do risco de dano. São as "tutelas da evidência", expressão destinada a demonstrar a razão de ser da regra, cuja finalidade é a proteção de determinadas pretensões cujas circunstâncias revelam alto grau de probabilidade do direito (art. 311). Dentre elas, duas podem ser concedidas liminarmente e uma delas, a meu ver, aplica-se ao mandado de segurança, pois compatível com o respectivo procedimento: "as alegações de fato puderem ser comprovadas apenas documentalmente e houver tese firmada em julgamento de casos repetitivos ou sem súmula vinculante" (inc. II). Nesse caso, poderá o juiz suspender os efeitos do ato ofensivo, pois a tese jurídica sustentada na inicial configura precedente vinculante e versa sobre fatos documentalmente demonstrados. A possibilidade de existência do direito líquido e certo é, pois, muito grande.[46]

Em princípio, a denominada estabilização da tutela de urgência com conteúdo antecipatório, prevista no art. 304 do Código de Processo Civil, não é aplicável ao mandado de segurança, pois só admissível nas hipóteses de o respectivo pedido ser formulado em caráter antecedente. Embora não se possa excluir peremptoriamente a possibilidade de que tal ocorra, a prática revela tratar-se de hipótese raríssima.

2.951.2 recurso

A decisão liminar, concessiva ou denegatória da ordem em caráter provisório, tem natureza interlocutória e admite agravo de instrumento, por força de regra expressa (art. 7º, § 1º). Nas hipóteses de competência originária dos tribunais, cabível agravo interno (art. 16, parágrafo único). Nas duas situações admite-se sustentação oral (CPC, art. 937, inc. VIII, e art. 16, *caput*).

No mais, aplica-se ao mandado de segurança a limitação recursal prevista no art. 1.015 do Código de Processo Civil. Segundo tese fixada pelo Superior Tribunal de Justiça, em procedimento reservado aos recursos repetitivos o rol restritivo não é absoluto (Tema 988). A admissibilidade deve ser estendida a outras situações, se houver risco à eficácia prática de eventual alteração em julgamento futuro: "O rol do art. 1.015 do CPC é de taxatividade mitigada, por isso admite a interposição de agravo de instrumento quando verificada a urgência decorrente da inutilidade do julgamento da questão no recurso de apelação".[47]

Esse entendimento deve prevalecer também em relação ao mandado de segurança.

2.952. indeferimento da inicial: prazo decadencial(?)

Se a pretensão não versar sobre direito líquido e certo ou se não observados os requisitos legais,[48] bem como se não atendido o prazo de 120 dias

---

46. No mesmo sentido: Cassio Scarpinella Bueno, *Manual do Poder Público em juízo*, cit., pp. 275-276.

47. Corte Especial, REsp 1.696.396-MT, rel. Min. Nancy Andrighi, j. 5.12.2018, *DJe* 19.12.2018.

48. *Cfr.* CPC, art. 319.

para impetração, contados da ciência do ato abusivo pelo suposto titular, a inicial será indeferida (arts. 10 e 23).

Eventuais vícios formais, passíveis de correção, não implicam indeferimento da inicial sem concessão à parte de oportunidade para corrigi-los, nos termos do disposto no art. 321 do Código de Processo Civil. Esta conclusão atende à ideia instrumentalista do processo, plenamente aplicável ao mandado de segurança – aliás, com maior razão, por se tratar de via especial, constitucionalmente assegurada ao titular de possível direito líquido e certo.

Com relação ao indeferimento pelo decurso do prazo, fixado pelo legislador em 120 dias, contados da ciência do ato abusivo pelo suposto titular, a consequência é, segundo a expressão legal, *extinção do direito ao mandado de segurança* (art. 23). Essa perda, segundo parcela da doutrina e da jurisprudência, corresponde a *decadência*. Haveria, portanto, julgamento de mérito.

A conclusão não parece acertada, salvo se atribuirmos ao termo significado diferente daquele utilizado pelo legislador material, qual seja, extinção do próprio direito substancial. Não é esse o conteúdo do art. 23. Passados os 120 dias, extingue-se tão somente o direito à via especial do mandado de segurança, devendo o processo ser extinto sem julgamento do mérito (CPC, art. 485, inc. VI).

Nada obsta, portanto, a que seja a tutela jurisdicional pleiteada pelas vias ordinárias (Lei 9.016, art. 19, e CPC, art. 486). Daí por que, em meu entender, a norma não é inconstitucional,[49] como sustentam respeitáveis processualistas.[50] Essa regra não implica vedação à garantia constitucional de acesso à Justiça (CF, art. 5º, inc. XXXV). Embora a Constituição também assegure o mandado de segurança (CF, art. 5º, incs. LXIX e LX), não está o legislador ordinário impedido de fixar prazo para utilização do procedimento especial, mesmo porque essa limitação não impede a obtenção da tutela jurisdicional.[51]

Nessa mesma linha, na hipótese de eventual indeferimento da inicial por fundamento de natureza processual, pode ser impetrado outro mandado de segurança, se ainda não esgotado o prazo legal, pois o processo será extinto sem julgamento de mérito (art. 6º, § 6º). Se já esgotado o prazo, a via especial não é mais admissível (art. 23), nada obstando, todavia, a que a tutela jurisdicional seja pleiteada pelo procedimento comum.

Embora a terminologia adotada pelo legislador não atenda à técnica processual ("decisão denegatória"), a hipótese descrita no dispositivo refere-se ex-

---

49. Nesse sentido: STF, Súmula 632.

50. *Cfr.* Cassio Scarpinella Bueno, *Manual do Poder Público em juízo*, cit., p. 142 e Eduardo Arruda Alvim, ob. cit., pp. 121-122.

51. Correto, portanto, o entendimento de Eduardo Arruda Alvim, ob. cit., pp. 116-122.

pressamente a decisão com conteúdo meramente processual. Mesmo eventual ausência de direito líquido e certo, passível de identificação mediante análise da inicial, não implica improcedência do pedido, mas ausência de interesse de agir, pois a via processual não é adequada à verificação do direito afirmado, cuja existência somente pode ser demonstrada mediante dilação probatória (Súmula 304 do STJ). Se, todavia, o pedido for rejeitado após cognição exauriente, a ordem será denegada e a respectiva decisão, de mérito, é apta ao trânsito em julgado. Se tal ocorre, eventual referência a "direito líquido e certo" não altera o conteúdo do julgamento de mérito.

Da sentença de indeferimento da inicial cabe apelação ou, se a competência originária para o mandado de segurança for do tribunal, agravo interno (art. 10, § 1º).

2.953. Ministério Público

Apesar da regra expressa quanto à intervenção do Ministério Público no processo de mandado de segurança (Lei 12.016, art. 12), predomina hoje o entendimento segundo o qual cabe ao representante da Instituição verificar se, no caso concreto, há interesse público a justificar sua participação.[52] O Conselho Nacional do Ministério Público recomenda a limitação da atuação em processos sem relevância social e não inclui o mandado de segurança nesse rol.[53] É bem verdade que há ressalva quanto à existência de regra expressa, como a ora mencionada. Não obstante, a obrigatoriedade deve ser compatível com os interesses em conflito. Se a situação concreta versar sobre direito líquido e certo privado não há razão para exigir a intervenção do *Parquet*.[54]

Para evitar risco de nulidade do processo, deve ser observado o disposto na legislação especial, cabendo ao órgão manifestar-se em 10 dias (art. 12) sobre a existência ou não de interesse público. Essa providência impedirá a alegação futura de prejuízo, em razão da preclusão lógica, aplicando-se, por analogia, o disposto no art. 129, § 2º, do Código de Processo Civil.

2.954. mandado de segurança: restrições quanto ao cabimento por inexistência manifesta do interesse processual

Três hipóteses de atos de autoridade não são passíveis de mandado de segurança: ato cujo recurso administrativo seja dotado de efeito suspensivo, in-

---

52. *Cfr.* Theotonio Negrão, José Roberto Gouvêa, Luis Guilherme Bondioli e João Francisco Fonseca, ob. cit., notas 1 a 2ª ao art. 12 da Lei 12.016.

53. Recomendação 34, de 5.4.2016, arts. 1º, inc. IV, e 5º.

54. Contra: Cassio Scarpinella Bueno, *Manual do Poder Público em juízo*, cit., pp. 284-286.

dependentemente de caução; decisão judicial ineficaz em razão de efeito suspensivo do recurso; e decisão judicial transitada em julgado (art. 5º).

Com relação ao recurso administrativo, o enunciado da Súmula 429 do STF admite o mandado de segurança nas hipóteses de ato omissivo. A jurisprudência da Suprema Corte limita também a aplicação da regra à recorribilidade no âmbito administrativo. Se esgotado o prazo, p.ex., o mandado de segurança é admissível. A limitação legal, portanto, refere-se exclusivamente à existência concomitante de alternativas para impugnação do ato.[55] Configurada essa duplicidade, o impetrante não tem interesse processual para obtenção da tutela jurisdicional.

Decisões judiciais transitadas em julgado não podem ser atacadas mediante mandado de segurança. A regra encontra ambaro na Súmula 268 do Supremo Tribunal Federal. O meio processual adequado é a ação rescisória, em cujo processo é admissível, se presentes os requisitos legais, a tutela provisória, com a consequente suspensão dos efeitos da decisão rescindenda (CPC, art. 969).

Na vigência do Código de Processo Civil de 1973 admitia-se, excepcionalmente, o mandado de segurança como meio destinado a atacar decisão judicial. Se, no caso concreto, fosse identificado risco para o resultado útil do processo em decorrência da eficácia imediata dos efeitos da decisão judicial, e inexistente outra via para obstar a essa consequência, doutrina e jurisprudência aceitavam a adoção do mandado de segurança.

Assim, ante a falta de outro instrumento processual para evitar o dano irreparável ou de difícil reparação, era possível à parte valer-se do mandado de segurança. A eventual inutilidade da decisão e o dano irreparável eram aferidos à luz do direito postulado pelo impetrante no processo em que o provimento jurisdicional teratológico foi proferido.

Aliás, talvez fosse desnecessário o mandado de segurança para esse fim. Senão, vejamos. Até a modificação no regime do agravo no CPC-1973, determinada pela Lei 9.139, de 30.11.1995, eram taxativas as hipóteses nas quais o legislador processual admitia a possibilidade de ao agravo ser conferido efeito suspensivo, medida a ser eventualmente adotada pelo próprio juiz de primeiro grau, a quem o recurso era encaminhado (CPC, art. 558). Não obstante isso, normalmente aguardava-se fosse a providência pleiteada no tribunal. De qualquer modo, também em situações não incluídas na previsão legal a concessão de efeito suspensivo poderia ocorrer em primeira instância, sem qualquer violação ao sistema. Como se trata de verdadeira tutela urgente e provisória, poderia o juiz utilizar seu poder geral de cautela e obstar aos efeitos da decisão caso vislumbrasse risco de dano irreparável ou de difícil reparação.

---

55. *Cfr.* Theotonio Negrão *et al.*, ob. cit., nota 3 ao art. 5º da Lei 12.016/2009.

A partir da Lei 9.139/1995 o problema ficou bastante reduzido, visto que o agravo de instrumento passou a ser interposto diretamente no tribunal, competindo ao relator o exame de eventual pedido de suspensão dos efeitos da decisão agravada ou de antecipação da eficácia da tutela recursal (CPC, arts. 527, inc. III, e 558).

Com a ampliação da admissibilidade dessa espécie de tutela de urgência reduziram-se substancialmente as situações em que o mandado de segurança se revela necessário. No Código em vigor o efeito suspensivo pode ser atribuído a qualquer recurso pelo relator (arts. 995, parágrafo único, 1.012, §§ 3º e 4º, 1.019, inc. I, 1.026, § 1º, e 1.029, § 5º), razão pela qual o mandado de segurança revela-se desnecessário.

A alternativa do mandado de segurança para esse fim, portanto, tornou-se praticamente desnecessária. Aliás, não pode a técnica processual ser totalmente subvertida, a pretexto de fazer justiça, mediante a banalização desse método especial de solução de controvérsias. Sua utilização para atacar ato judicial deve ser admitida de maneira absolutamente excepcional, apenas para cobrir as falhas do sistema. Não pode ser aceito como alternativa, à livre escolha do interessado. Exatamente por isso, é vedado a quem abriu mão de meio processual adequado e eficaz para evitar dano a seu interesse valer-se do *writ* para atacar sentença transitada em julgado ou impugnar decisão de inadmissibilidade de recurso. Para essas situações o sistema processual é dotado de vias específicas. Mesmo a hipótese de impetração por terceiro, prevista na Súmula 202 do Superior Tribunal de Justiça, deve ser examinada à luz das especificidades do caso concreto.[56]

As hipóteses do art. 5º, a rigor, retratam situações para as quais a via do mandado de segurança é inadequada. Está ausente, pois, o interesse processual.[57]

2.955. decisão final e recurso

O julgamento deve ocorrer em 30 dias, contados do retorno dos autos, com ou sem parecer do Ministério Público (art. 12, parágrafo único). Concedida a ordem, serão informadas a autoridade coatora e a pessoa jurídica interessada, na forma do disposto no art. 13. Ressalte-se, ainda, a prioridade legal conferida ao processo, com previsão de prazos exíguos inclusive em segundo grau (art. 20 e §§).

Apelação é o recurso adequado para impugnar a sentença, independentemente do respectivo conteúdo (art. 14). Concedida a ordem, a omissão das

56. *Cfr.* Theotonio Negrão *et al.*, ob. cit., nota 9 ao art. 5º.

57. Com razão Cassio Scarpinella, *Manual do Poder Público em juízo*, cit., pp. 231-233.

partes não afasta o reexame da decisão, por força do duplo grau obrigatório (§ 1º). O recurso não é dotado de efeito suspensivo se o resultado for favorável ao impetrante, exceto na hipótese em que vedada a liminar (§ 3º).[58] Interpretação sistemática, não obstante controvertida, autoriza a conclusão segundo a qual a apelação interposta contra sentença denegatória da ordem é dotada de efeito suspensivo, que não impede, todavia, a eficácia imediata de eventual liminar (CPC, art. 1.012, § 1º, inc. V).[59] O restabelecimento da medida pode ser pleiteado na instância superior (CPC, art. 1.012, §§ 3º e 4º).

Desse quadro, conclui-se que o reexame necessário também não obsta à eficácia imediata da sentença, ressalvadas as exceções legais.[60] Com relação a vencimentos e vantagens pecuniárias de servidor público, somente são exigíveis imediatamente as prestações vencidas a partir da citação (§ 4º).

Predomina o entendimento segundo o qual não se aplicam subsidiariamente ao mandado de segurança as exclusões de reexame necessário previstas no art. 496, §§ 3º e 4º, do Código de Processo Civil. Com o devido respeito, não me parece ser essa a melhor interpretação. As exceções legais flexibilizam a exigência em situações nas quais, ao ver do legislador, é desnecessária a proteção ao Estado com o duplo grau obrigatório. O procedimento, ordinário ou especial, não interfere nessa premissa, razão pela qual defendo a aplicação subsidiária do Código de Processo Civil ao mandado de segurança.[61]

Se denegado o mandado de segurança, eventual liminar concessiva será cassada, pois não se justifica a manutenção de tutela provisória diante da improcedência do pedido precedida de cognição exauriente.[62]

Os embargos infringentes são expressamente vedados em processo de mandado de segurança (art. 25).[63] Como esse recurso foi extinto pelo CPC-2015, que adotou a técnica do julgamento estendido para decisões em julgamentos não unânimes em apelação, a respectiva regra (art. 942) deve ser aplicada ao mandado de segurança, pois inexistente vedação legal.[64]

---

58. V. art. 7º, § 2º.

59. Acertado, portanto, o enunciado da Súmula 405 do Supremo Tribunal Federal.

60. Nesse sentido: Cassio Scarpinella Bueno, *Manual do Poder Público em juízo*, ob. cit., p. 80; e Eduardo Arruda Alvim, ob. cit., p. 336.

61. Nesse sentido: Cassio Scarpinella Bueno, *Manual do Poder Público em juízo*, cit., pp. 288-289.

62. Nesse sentido: STF, Súmula 405. *Cfr.* meu *Tutela provisória no CPC de 2015*, cit., pp. 339-342.

63. Havia súmulas nesse sentido, tanto do STF (n. 597) quanto no STJ (n. 169).

64. Esse entendimento vem sendo adotado pelo Superior Tribunal de Justiça (*cfr.* Theotonio Negrão *et al.*, ob. cit., nota 1 ao art. 942) e pela doutrina (*cfr.*: Luís Otávio Sequeira de Cerqueira, in *Comentários à Lei do Mandado de Segurança* (obra coletiva), 5ª ed., São

Diverge a jurisprudência quanto à incidência do art. 942 em embargos de declaração cujo resultado não seja unânime.[65] Salvo melhor juízo, como a finalidade desse recurso é complementar a decisão embargada, embora algumas vezes tenha eficácia modificativa, o objetivo do legislador é proporcionar novo julgamento sempre que houver divergência.

Além da apelação, a lei especial prevê a possibilidade de a segurança concedida em primeiro grau, liminarmente ou na sentença, ser suspensa pelo presidente do tribunal competente para julgamento do respectivo recurso, a pedido da pessoa jurídica ou do Ministério Público. Essa via excepcional é adequada apenas para as situações em que houver perigo de grave lesão à ordem, à saúde, à segurança ou à economia públicas. Trata-se de tutela provisória, precedida de cognição sumária, para cuja concessão bastam a verossimilhança do pedido e o risco de dano aos valores referidos no dispositivo. Da decisão que defere ou indefere o pedido[66] cabe agravo, não dotado de efeito suspensivo (art. 15), podendo, todavia, ser renovado o pedido de suspensão da liminar (§ 2º). Em princípio, os efeitos permanecem suspensos até o trânsito em julgado da decisão.

É admissível, concomitantemente, o agravo de instrumento contra a decisão liminar. Ambos os meios de impugnação são autônomos e independentes, não havendo relação de prejudicialidade entre eles (§ 3º).

O presidente, ao examinar o pedido de suspensão, pode conceder liminar, se plausível e urgente a pretensão (§ 4º), cuja eficácia pode ser estendida a decisões com o mesmo objeto, mesmo se supervenientes (§ 5º). Mantida a concessão, novo pedido poderá ser formulado ao tribunal competente para julgamento de eventual recurso especial ou extraordinário (§ 1º).

Se a competência para exame do mandado de segurança for do órgão de segundo grau, o pedido de suspensão é regulado pelo art. 25 da Lei 8.038, de 28.5.1990.

Também nas hipóteses de competência originária são admissíveis recursos especial e extraordinário, se preenchidos os respectivos requisitos legais, bem como recurso ordinário, se denegada a ordem (art. 18).

Verifica-se nesse dispositivo regra idêntica à prevista no art. 105, inc. II, *b*, da Constituição Federal, por força da qual somente o titular do interesse

---

Paulo, Ed. RT, 2020, p. 288; e Cassio Scarpinella Bueno, *Manual do Poder Público em juízo*, cit., p. 294).

65. *Cfr.* Theotonio Negrão *et al.*, ob. cit., nota 1c ao art. 942 do CPC. No sentido do texto, *cfr.* Luiz Manoel Gomes Júnior e Rogério Favreto, ob. cit., p. 164.

66. Foram revogadas as Súmulas 506 do STF e 217 do STJ, cujos enunciados vedavam o recurso, à exceção de determinada decisão do Presidente do Supremo Tribunal Federal.

lesado ou ameaçado por ato de agente público tem acesso ao recurso ordinário, cujos requisitos de admissibilidade são menos rigorosos e a amplitude cognitiva é maior, inclusive com incidência, a meu ver, do disposto no art. 1.013, §§ 3º e 4º, do Código de Processo Civil.[67]

Não obstante a omissão do legislador especial, cabíveis, também, embargos de declaração, visando a esclarecer obscuridade, eliminar contradição, suprir omissão e corrigir erro material (CPC, art. 1.022).

2.956. honorários advocatícios

A legislação especial veda expressamente a condenação ao pagamento de honorários, sem prejuízo, todavia, da aplicação das sanções por litigância de má-fé (art. 25).

A regra vai ao encontro da jurisprudência do Supremo Tribunal Federal (Súmula 512) e do Superior Tribunal de Justiça (Súmula 105). Trata-se de enunciados vinculantes, por força do disposto no art. 927, INC. IV, do Código de Processo Civil. Não obstante as críticas doutrinárias,[68] essa é a orientação em vigor, legal e jurisprudencial.[69]

Eventual impugnação ao cumprimento da sentença concessiva da ordem não dá origem a novo processo, razão por que incide a vedação legal.[70]

---

67. Cassio Scarpinella Bueno destaca, com razão, a necessidade de ser levada em consideração, na interpretação das demais regras da lei especial, a premissa segundo a qual o legislador procura conferir tratamento mais benéfico ao impetrante (*cfr. Manual do Poder Público em juízo*, São Paulo, Saraiva, 2022, p. 230; v. também pp. 292-293).

68. *Cfr.* Luís Otávio Sequeira de Cerqueira, ob. cit., p. 289.

69. *Cfr.* Cassio Scarpinella Bueno, *Manual do Poder Público em juízo*, cit., p. 150 e Eduardo Arruda Alvim, ob. cit., pp. 306/310.

70. Contra: Luís Otávio Sequeira de Cerqueira, ob. cit., p. 290.

CAPÍTULO CCIII – "HABEAS DATA"

Fernando Fontoura da Silva Cais

2.957. objeto da proteção constitucional – 2.958. legitimidade ativa e passiva – 2.959. necessidade de requerimento extrajudicial – 2.960. ampliação da garantia constitucional? – 2.961. procedimento – 2.962. impossibilidade de produção probatória? – 2.963. competência – 2.964. recursos e reexame necessário – 2.965. tutela de urgência e suspensão da ordem – 2.966. coisa julgada – 2.967. tramitação prioritária e celeridade – 2.968. custo do processo e honorários advocatícios.

2.957. objeto da proteção constitucional

O art. 5º, inc. LXXII, da Constituição Federal de 1988 introduziu o *habeas data* no direito brasileiro, prevendo sua concessão "para assegurar o conhecimento de informações relativas à pessoa do impetrante, constantes de registros ou bancos de dados de entidades governamentais ou de caráter público" e "para a retificação de dados, quando não se prefira fazê-lo por processo sigiloso, judicial ou administrativo".

Trata-se de importante ferramenta processual, comumente classificada pela doutrina como um *remédio constitucional*, que visa a proteger o direito individual à informação sobre dados pessoais e o seu correto registro.[1]

---

1. Conforme ensina José Afonso da Silva (*Curso de direito constitucional positivo*, 23ª ed., São Paulo, Malheiros Editores, 2004, p. 451) o *habeas data* "tem por objeto proteger a esfera íntima dos indivíduos contra: (a) usos abusivos de registro de dados pessoais coletados por meios fraudulentos, desleais ou ilícitos; (b) introdução nesses registros de dados sensíveis (assim chamados de origem racial, opinião política, filosófica ou religiosa, filiação partidária e sindical, orientação sexual *etc.*); (c) conservação de dados falsos ou com fins diversos dos autorizados em lei".

Na época em que foi instituído pela Constituição-cidadã, o *habeas data* era importante para evitar usos políticos e preconceituosos das informações pessoais de cada indivíduo.[2] Com o passar do tempo e com o desenvolvimento da informática e da circulação de dados ele passou a ganhar relevância para proteção de registros que digam respeito ao *crédito* e à *reputação* das pessoas. Na sociedade moderna cada vez mais perdem importância informações que digam respeito às filiações ideológicas ou a questões relativas às orientações sexuais das pessoas. Em contrapartida, existem cada vez mais registros de dados que são disponibilizados ao público para permitir que terceiros façam um pré-julgamento das pessoas antes de celebrarem um contrato ou de conceder-lhes algum empréstimo.

Pode-se dizer que a garantia à intimidade protegida pelo *habeas data* permanece a mesma desde a Constituição de 1988, mas o *perfil* de sua utilização vem mudando, em função de uma evolução bastante acelerada nos costumes da sociedade.

O *habeas data* está previsto no Título II da Constituição Federal, que trata dos direitos e garantias fundamentais. A garantia fundamental a que ele se refere, contudo, não diz respeito à *ação de* ***habeas data***, já que o acesso à Justiça está previsto de maneira ampla no art. 5º, inc. XXXV, da Constituição Federal para toda e qualquer *lesão ou ameaça a direito*. Ao prever o *habeas data* em um dispositivo à parte, quis o constituinte assegurar especificamente uma parcela do direito à intimidade das pessoas, que se refere ao conhecimento e ao correto registro de seus dados. Assegura-se, ao mesmo tempo, que as pessoas tomem conhecimento de registros públicos que digam respeito à sua pessoa bem como que controlem o conteúdo dessas informações, o que é feito pela retificação de dados constantes desses registros.

A norma constitucional que prevê o *habeas data* deve ser lida em conjunto com o art. 5º, inc. XXXIII, da CF, o qual confere a todos o "direito de receber dos órgãos públicos informações de seu interesse particular, ou de interesse coletivo ou geral, que serão prestadas no prazo da lei, sob pena de responsabilidade, ressalvadas aquelas cujo sigilo seja imprescindível à segu-

---

2. Fazendo alusão aos tempos da ditadura militar de 1964 a 1985, esclarece Barbosa Moreira ("O *habeas data* brasileiro e sua lei regulamentadora", in *Temas de direito processual civil*, Sétima série, São Paulo: Saraiva, 2001, pp. 125-126) que: "No Brasil, durante os governos discricionários que se sucederam ao longo de duas décadas, razões bem fundadas fizeram surgir, ou aumentar, uma inquietação relativamente nova, ou quando menos revestida de nova forma. Informações aleatoriamente colhidas, em fontes de discutível idoneidade e por meios escusos, não raro manipuladas sem escrúpulos, ou mesmo fabricadas pela paranóia de órgãos repressivos, viram-se incorporadas a registros oficiais ou paraoficiais e passaram a fornecer critérios de avaliação para a imposição de medidas punitivas e discriminatórias".

rança da sociedade e do Estado", e com o art. 5º, inc. XXXIV, *b*, que assegura a todos "a obtenção de certidões em repartições públicas, para defesa de direitos e esclarecimento de situações de interesse pessoal".

A leitura conjunta dessas normas, contudo, não permite que o impetrado se esquive do dever de fornecer as informações pedidas ao singelo argumento de que sua divulgação ao impetrante poderia comprometer a segurança nacional. Uma permissão tão ampla assim acabaria por esvaziar a utilidade do *habeas data*, conferindo poder de autocontrole da informação registrada pelos órgãos públicos. Para que se possa conferir uma interpretação equilibrada das normas contidas no art. 5º, incs. LXXII e XXXIII, da CF, deve-se entender que o controle do sigilo de informações *imprescindíveis à segurança da sociedade e do Estado* cabe ao juiz. É ele quem deverá analisar se a eventual divulgação da informação ao impetrante poderá, de fato, comprometer a segurança da sociedade, o que preferencialmente terá que ser feito a partir da análise da própria informação.[3]

Do ponto de vista técnico-processual o *habeas data* é uma ação de conhecimento de cunho condenatório pela qual assegura-se (i) o conhecimento das informações guardadas em registros públicos sobre cada indivíduo, o que se faz mediante a condenação do impetrado a fornecer essas informações, e (ii) o registro correto desses dados, com a eventual condenação para retificação ou anotação de dados nesses registros.

Os adeptos da teoria *quinária* da ação costumam classificá-lo como uma ação mandamental, porque a sentença que concede *habeas data* contém uma ordem para revelação e eventual retificação ou registro de informações. Essa ordem, contudo, tem conteúdo eminentemente condenatório, razão pela qual é preferível a classificação trinária do direito de ação, o que justifica a inclusão do *habeas data* dentro da categoria das ações de conhecimento com conteúdo condenatório.

---

3. Sendo o juiz um agente estatal, não há motivos, a princípio, para impedi-lo de ter acesso à informação pedida pelo impetrante. Em casos excepcionalíssimos, em que a informação conste realmente de cadastros ultrassigilosos, admite-se que a autoridade impetrada possa solicitar ao juiz a não divulgação da informação até mesmo para ele, desde que comprove que essa informação consta de arquivos que contenham grau máximo de sigilo e que explique as razões pelas quais a manutenção do sigilo seja *imprescindível* à segurança da sociedade e do Estado. Eduardo Talamini entende que razões de segurança nacional jamais poderiam impedir a concessão da segurança e afirma que nessa hipótese o processo de *habeas data* deveria seguir sob sigilo ("O processo do *habeas data*: breve exame", *Revista de Processo* 101/95). A solução proposta, como regra geral, pode ser adequada, mas não deve ser utilizada nos excepcionais casos em que o conhecimento da informação pelo próprio impetrado possa comprometer a segurança da sociedade e do Estado.

2.958. legitimidade ativa e passiva

A alínea *a* do art. 5º, inc. LXXII, da Constituição Federal, autoriza a concessão de *habeas data* para assegurar o conhecimento de informações relativas *à pessoa do impetrante*, o que sugere a existência de um direito personalíssimo, que somente pode ser exercido pelo titular dos dados que se pretenda conhecer e retificar.

A princípio não é dado a qualquer pessoa utilizar-se do *habeas data* para tomar conhecimento e pedir a retificação de dados de terceiros, mas a doutrina e a jurisprudência atenuam essa limitação para permitir, *v.g.*, que os herdeiros de pessoa falecida tenham legitimidade para impetrar *habeas data* para conhecer e retificar dados dessa.[4]

Interpreta-se a norma constitucional de maneira ampla, a fim de preservar a memória da pessoa falecida, porque eventuais manchas injustas na sua reputação podem acarretar problemas para seus herdeiros, além de ocasionar-lhes sofrimento e indignação. Tratando-se de exceção que visa a preservar a *memória* de parente próximo, é necessário que o terceiro cujos dados poderão ser conhecidos e retificados tenha falecido, caso contrário o direito de conhecer e retificar os próprios dados permanece sendo exclusivo dele.

A norma constitucional não deve ser interpretada de maneira tão ampla a possibilitar, p.ex., que um filho impetre *habeas data* para conhecer e retificar dados de seu pai ou de sua mãe, se eles estiverem vivos, ao argumento de preservar a sua memória. Estando os interessados diretos vivos, não há que se falar em *memória* a ser preservada, o que retira a legitimidade para impetração de *habeas data* dos futuros herdeiros.

O art. 5º, *caput*, da Constituição Federal dirige-se *aos brasileiros e estrangeiros* residentes no país, mas admite-se a impetração de *habeas data* também aos estrangeiros residentes fora do país para que seja conferida a maior amplitude possível à garantia constitucional.[5]

Por idênticas razões, interpreta-se a norma de modo a não limitar seu uso às pessoas físicas, sendo as pessoas jurídicas também legitimadas à sua impetração.

O impetrado será o detentor dos dados que são disponibilizados para conhecimento de terceiros. A Constituição Federal fala em *entidades governamentais ou de caráter público*, mas o caráter público a que ela se refere diz

---

4. José Afonso da Silva (ob. cit., p. 453) anota que o extinto Tribunal Federal de Recursos já havia admitido a legitimidade dos herderios e do cônjuge supérstite para impetrar *habeas data* a fim de preservar a memória da pessoa falecida (HD 001-DF).

5. Barbosa Moreira observa que já sob a égide de Constituições anteriores à de 1988 a doutrina entendia que os estrangeiros não residentes no país não deveriam ficar descobertos de garantias dessa importância (ob. cit., p. 134).

respeito à divulgação da informação ao público em geral, conforme esclarece o art. 1º, parágrafo único, da lei regulamentadora do *habeas data* (Lei 9.507/1997). Não é a natureza da atividade desenvolvida pela pessoa jurídica de caráter público ou privado (ou até mesmo por uma pessoa física) que será considerada, mas o alcance da disponibilização dos dados. Qualquer um que armazene e divulgue dados de terceiros poderá responder à impetração de *habeas data*, para fornecer as informações armazenadas ou retificá-las.

A necessidade de disponibilização dos dados confirma, de um lado, seu caráter público e, de outro, deve ser entendida como requisito necessário para viabilizar a impetração do *habeas data*. Assim, se uma entidade governamental ou privada coletar dados de alguém para seu uso exclusivo não será possível ao interessado impetrar *habeas data* para conhecer e, eventualmente, retificar a informação relativa à sua pessoa. O citado parágrafo único do art. 1º da Lei 9.507/1997 foi bastante didático a esse respeito ao esclarecer que "considera-se de caráter público todo registro ou banco de dados contendo informações que sejam ou que possam ser transferidas a terceiros ou que não sejam de uso privativo do órgão ou entidade produtora ou depositária das informações".

A opção do legislador foi bastante coerente com a proteção concedida, pois a ausência de *uso* da informação coletada não tem o condão de ferir a intimidade de ninguém.

A 3ª Seção do Superior Tribunal de Justiça já teve oportunidade de firmar o entendimento de que se aplica ao *habeas data* a teoria da encampação, considerando-se legítima a indicação do coator quando "o impetrado é autoridade hierarquicamente superior aos responsáveis pelas informações pessoais referentes ao impetrante e, além disso, responde na via administrativa ao pedido de acesso de documentos" (HD 84, rel. Min. Maria Thereza).[6]

Assim, da mesma forma como ocorre com o mandado de segurança, a indicação de impetrado hierarquicamente superior que detenha poder de controle sobre os dados coletados não será motivo para retificação do polo passivo do *habeas data*.

2.959. necessidade de requerimento extrajudicial

A Constituição de 1988 instituiu o *habeas data* no direito brasileiro, mas sua regulamentação somente ocorreu nove anos depois, com a promulgação da Lei 9.507/1997.

---

6. Colacionado por Negrão/Gouvêa/Bondioli/Fonseca, *Código de Processo Civil e legislação processual em vigor*, 53ª ed., São Paulo, Saraiva, 2022, nota 1 ao art. 9º da Lei 9.507/1997, no título "*Habeas data*", p. 1.514.

Durante esse período discutia-se bastante a possibilidade de utilização da Lei do Mandado de Segurança para regulamentar o procedimento do *habeas data*, bem como se era necessária a demonstração, com a petição inicial, da existência prévia de recusa do órgão responsável pelo armazenamento e divulgação de dados em fornecê-los ao seu titular ou em retificá-los.

A questão chegou a ser pacificada pela Súmula 2 do Superior Tribunal de Justiça, que enuncia: "Não cabe *habeas data* (CF, art. 5º, inc. LXXI, letra *a*) se não houve recusa de informações por parte da autoridade administrativa".

Esse entendimento posteriormente foi positivado no art. 8º, parágrafo único, incs. I a III, da Lei 9.507/1997, que prevê a necessidade de a petição inicial ser acompanhada de prova: "I – da recusa ao acesso às informações ou do decurso de mais de 10 (dez) dias sem decisão; II – da recusa em fazer-se a retificação ou do decurso de mais de 15 (quinze) dias, sem decisão; ou III – da recusa em fazer-se a anotação a que se refere o § 2º do art. 4º ou do decurso de mais de 15 (quinze) dias sem decisão".

A exigência legal é plenamente compatível com a garantia constitucional de amplo acesso à Justiça, porque ela não cria óbices ao pleno exercício do direito de ação. É evidente que não se deve impor ao impetrante o ônus de juntar prova da *recusa* em conceder, retificar ou realizar anotação da informação, pois isso seria muitas vezes impossível. Assim, sempre que a conduta do impetrado for *omissiva*, bastará ao impetrante demonstrar que efetuou o pedido e afirmar que o lapso temporal passou sem que houvesse a resposta esperada.

A imposição desse ônus ao impetrante é um meio de exigir a prévia demonstração de *interesse de agir*, pois se não houver recusa por parte do impetrado em conceder a informação ou em retificá-la, com alteração ou anotação junto ao registro, não há *necessidade* da tutela jurisdicional pleiteada. Essa exigência tem se mostrado cada vez mais razoável do ponto de vista econômico, pois os recursos direcionados ao Poder Judiciário são limitados e devem ser utilizados com inteligência, para evitar gasto público desnecessário.

Isso não significa, contudo, que o apego ao formalismo deva ser cego. A análise do requisito estipulado em lei só faz sentido se for prévia, para evitar o desenvolvimento de um processo desnecessário. Se, após receber a intimação, o impetrado confirma a recusa ou deixa de negá-la, mas limita-se a afirmar que a prova da recusa não foi juntada com a petição inicial, o processo deve prosseguir, porque configurado estará o interesse de agir do impetrante.

Aparentemente o legislador não observou a diferença de prazos para responder aos pedidos de concessão da informação (art. 2º) e de sua retificação (art. 4º) com os prazos previstos no art. 8º, o que se deve, certamente, a uma incompreensão entre a estreita ligação do direito material com o direito processual. Assim, em que pese a afirmar que o detentor da informação tem 48 horas para analisar o pedido de acesso à informação e 24 horas para comunicar a decisão ao interessado (art. 2º), na realidade esse prazo acaba sendo aumentado para 10 dias, porque a demora em período inferior a esse lapso temporal não permite a impetração de *habeas data* pelo interessado. O mesmo se aplica para o prazo para retificação da informação previso no art. 4º, que, na prática, não será de 10 dias, mas de 15, em razão do art. 8º, parágrafo único, inc. II, da Lei 9.507/1997.

2.960. ampliação da garantia constitucional?

A norma constitucional previu a concessão de *habeas data* apenas para garantir o *conhecimento* e a *retificação* de informações constantes de bancos de dados que sejam disponibilizados para o público, mas o legislador foi além e previu também a possibilidade de concessão de *habeas data* para assegurar "a anotação nos assentamentos do interessado, de contestação ou explicação sobre dado verdadeiro mas justificável e que esteja sob pendência judicial ou amigável" (art. 7º, inc. III).

Tratando-se de aparente ampliação da garantia constitucional, evidentemente não há aí qualquer inconstitucionalidade no texto legal decorrente exclusivamente dessa suposta incompatibilidade entre normas, já que não existe contradição entre elas.

Do ponto de vista normativo, caso se entendesse que a norma constitucional não assegurava o direito à anotação de informação complementar, seria fácil compreender que esse direito estaria assegurado apenas por lei ordinária, lei essa plenamente compatível com a Constituição Federal.

Há quem diga que a garantia constitucional não foi ampliada pela Lei 9.507/1997 porque se o constituinte possibilitou o mais grave (a retificação de dados) estaria aí incluído o menos grave (a anotação de dados complementares).[7] O raciocínio segue a lógica do "quem pode o mais, pode também o menos", mas sob a perspectiva do impetrado ele poderia gerar alguma perplexidade, já que quem está obrigado a *prestar informações corretas* não está necessariamente obrigado a *prestar informações completas*.

Contudo, a análise do problema deve partir do escopo da proteção constitucional. Assim, se a norma busca preservar uma parcela da intimidade das pessoas, impedindo que informações incorretas sejam disponibilizadas ao público, essa proteção será concedida em maior grau – e, portanto, de maneira mais efetiva – se, além de impor o dever de prestar informações corretas, for entendido que é necessário prestar informações que não gerem dúvidas. Re-

---

7. Eduardo Talamini, ob. cit., pp. 88-89.

sultam daí o dever de disponibilização de dados completos e o consequente direito do impetrante de solicitar anotações complementares para contextualizá-los.

A previsão constante da lei é bastante salutar, porque permite a inclusão de anotações necessárias à correta informação dos dados constantes de registros públicos. Imagine-se, p.ex., que conste de um cadastro o apontamento de uma obrigação não paga relativa a uma determinada pessoa que esteja sendo contestada judicialmente em razão do inadimplemento de outra obrigação por parte do credor. A exceção de contrato não cumprido (CC, art. 476) pode tornar inexigível a obrigação e, embora o registro feito no cadastro público sobre a existência da obrigação seja verdadeiro, ele é incompleto. O interessado não pode pedir a *retificação* da informação correta, mas pode pedir que ela seja complementada com outras informações que permitirão aos terceiros compreendê-la dentro de um contexto.

2.961. procedimento

Como visto acima (*supra* n. 2.959), a lei regulamentadora do *habeas data* somente foi promulgada depois de nove anos da inserção da garantia no nosso ordenamento pela Constituição de 1988. Durante esse período defendia-se que o procedimento do mandado de segurança deveria ser aplicado por analogia ao *habeas data*, pois não seria adequado deixar de conferir eficácia plena a uma norma constitucional asseguradora de garantia individual.[8]

Com quase uma década de atraso, a Lei 9.507/1997 previu, de maneira tímida, o *rito* do *habeas data*, utilizando-se em grande medida do procedimento simplificado previsto para o mandado de segurança, mas deixando uma lacuna importante no que se refere aos pedidos de *retificação* e *anotação de registro complementar* previstos no art. 7º, incs II e III.

Antes de tratar dessa lacuna, deve-se observar que a lei previu dois procedimentos diferentes para a sequência de atos que devem ser realizados: (a) *previamente* ao processo e (b) *durante* o processo judicial.

8. Nesse sentido, v. Cassio Scarpinella Bueno, "*Habeas data*", *in Ações constitucionais*, p. 67. Embora concordasse com a aplicabildiade imediata da gaantia constitucional, Hely Lopes Meirelles (*Mandado de segurança, ação popular, mandado de injunção, 'habeas data"*, 14ª ed., São Paulo, Malheiros Editores, 1992, p. 156) defendia antes da promulgação da a Lei 9.507/1997 que o procedimento deveria ser o *ordinário* ou *especial*, sem esclarecer qual a especialidade referida, mas entendia que não haveria possibilidade de aplicação analógica dos procedimentos do mandado de segurança ou do mandado de injunção, por essas ações colimarem fins diversos.

Como é necessário que a petição inicial venha acompanhada de prova da negativa do impetrado em fornecer as informações, retificá-las ou complementá-las, o legislador previu um procedimento para a solicitação extrajudicial dessas medidas, nos arts. 2º, 3º e 4º da Lei 9.507/1997.

A sequência de atos é bastante simples, com o encaminhamento e a análise do pedido de fornecimento das informações (art. 2º), agendamento de data e local para disponibilização dessas (art. 3º) e, caso haja necessidade de retificação ou anotação complementar, nova apresentação de pedido e sua consequente análise e regularização (art. 4º).

O procedimento judicial em primeiro grau de jurisdição está previsto nos arts. 8º a 14 e consiste basicamente na distribuição da petição inicial (art. 8º), requerimento de informações ao impetrado no prazo de 10 dias (art. 9º), oitiva do representante do Ministério Público no prazo de 5 dias e prolação de sentença.

A lei fala que a sentença deve ser prolatada em um prazo de cinco dias (art. 12), mas evidentemente trata-se de prazo impróprio, cuja inobservância não gera consequência alguma. O juiz não perde o poder de sentenciar o *habeas data* em razão do transcurso *in albis* do prazo fixado em lei, já que as preclusões temporais são fenômenos que atingem as faculdades processuais das partes no processo.

Se a sentença for concessiva da ordem, o juiz deverá determinar dia e hora para que o impetrado apresente as informações solicitadas ou a prova de que já as retificou ou complementou.

O caminho lógico previsto pelo legislador é falho, porque ele não contempla a hipótese de o interessado não conhecer os dados que estão sendo fornecidos a terceiros e, ao tomar conhecimento deles, necessitar de retificação ou anotação de informação complementar.

Assim, o *iter* previsto pelo legislador contempla apenas as hipóteses em que o impetrante deseje apenas conhecer a informação ou, já tendo conhecimento dela, queira que seja retificada ou complementada com dados adicionais. Nesses casos o pedido é feito na petição inicial e ao ser intimado para prestar as informações o impetrado pode concordar com ele – fornecendo os dados solicitados, retificando-os ou complementando-os – ou pode insurgir-se contra o pedido do impetrante, fornecendo informações para o juiz rejeitá-lo. Nessa hipótese, as informações prestadas equivalerão a uma verdadeira contestação.

É plenamente possível, contudo, que ao tomar conhecimento da informação surja para o impetrante o interesse em vê-la retificada ou acrescida de algum dado complementar. Nesse caso, como ele não tinha como fazer o pedido de retificação no momento da propositura da demanda, resta a dúvida sobre se é necessária a impetração de um novo *habeas data*.

Na vigência do CPC-1973 a solução para o problema era um pouco mais polêmica em razão da regra geral da impossibilidade de *cindir* o julgamento de mérito. É certo que existia – na ação de prestação de contas – procedimento com duas sentenças, mas isso era totalmente excepcional. Ainda assim, vozes autorizadas[9] já afirmavam que seria plenamente possível que o impetrante apresentasse uma simples petição no mesmo *habeas data* a fim de prosseguir com a análise do novo pedido de retificação ou complementação da informação disponibilizada ao público, dando início a uma nova fase procedimental com a repetição dos atos necessários para a análise desse novo pedido.

Esse entendimento sempre foi o que melhor se adequa à visão instrumentalista do processo, concedendo à forma o objetivo que a lei lhe confere: um meio de assegurar o contraditório e a ampla defesa, e não um obstáculo ao alcance dos *escopos* do processo.

Atualmente, com a possibilidade de haver julgamentos de mérito em momentos distintos do procedimento em primeiro grau (CPC, art. 356), não há mais motivos para se duvidar de que essa é a solução mais adequada.

2.962. impossibilidade de produção probatória?

A lei não prevê uma fase instrutória, certamente porque o legislador não vislumbrou hipótese em que fosse necessário utilizar meio de prova diferente do documental para comprovação dos fatos alegados pelas partes.

Ao impetrante caberá comprovar que solicitou dados a seu respeito e eles foram negados, ou, então, que estão sendo divulgados dados inverídicos ou incompletos a seu respeito. O impetrado deverá provar que não divulga dados do impetrante, ou que os dados que divulga são verdadeiros ou completos.

Na grande maioria das vezes a prova sobre esses fatos será mesmo documental. Contudo, não é impossível vislumbrar uma hipótese em que eventualmente a prova pretendida deva ser realizada por meio de perícia, sobre a falsidade de um documento ou sobre o exato conteúdo de uma informação, ou até mesmo por meio de prova oral. São hipóteses raras, mas que não podem ser descartadas de forma absoluta.

Nesses casos, ainda que a lei não preveja uma fase instrutória, não parece fazer sentido impossibilitar a realização da prova, remetendo o impetran-

---

9. Nesse sentido: Barbosa Moreira, ob. cit., pp. 134-136; Cassio Scarpinella Bueno, ob. cit., pp. 95-96; e Eduardo Talamini, ob. cit., pp. 94-95.

te à propositura de um novo processo de conhecimento com idêntico pedido apenas porque o *rito* especial do *habeas data* não prevê essa possibilidade.[10]

É necessário distinguir a *prova pré-constituída* necessária para viabilizar a propositura do *habeas data* com a prova sobre algum fato que se torne controvertido no curso do processo. O impetrante precisa realmente provar que solicitou informações ao impetrado, ou a retificação delas. Essa é a *prova pré-constituída* que deve acompanhar a petição inicial. Não há nada na lei que impeça a produção de prova no curso do *habeas data*, e interpretá-la restritivamente somente serviria para limitar o alcance da garantia constitucional.

2.963. competência

A competência para julgamento do *habeas data* está regulada na Constituição Federal, nas Constituições estaduais e na Lei 9.507/1997. A leitura do art. 20 da Lei do *Habeas Data* permite uma compreensão quase completa do tema, já que ao regulamentá-lo o legislador ordinário observou e compilou os dispositivos constitucionais versando sobre a matéria.

O Supremo Tribunal Federal é competente originariamente para o julgamento de *habeas data* impetrado contra atos do Presidente da República, das Mesas da Câmara dos Deputados e do Senado Federal, do Tribunal de Contas da União, do Procurador-Geral da República e do próprio Supremo Tribunal Federal (CF, art. 102, inc. I, *d*, e Lei 9.507/1997, art. 20, inc. I, *a*). Em grau recursal, compete ao STF julgar os recursos ordinários julgados em única instância pelos Tribunais Superiores, se denegatória a decisão (CF, art. 102, inc. II, *a*, e Lei 9.507/1997, art. 20, inc. II, *a*), e os recursos extraordinários interpostos com fundamento no art. 102, inc. III, da CF (art. 20, inc. III, da Lei 9.507/1997).

Compete ao Superior Tribunal de Justiça o julgamento dos *habeas data* originariamente impetrados contra atos de Ministros de Estado, dos Comandantes da Marinha, do Exército e da Aeronáutica ou do próprio STJ (art. 105,

10. Em sentido análogo, Bedaque defende a possibilidade de se conhecer de mandado de segurança impetrado após o prazo decadencial de 120 dias previsto em lei, tendo em vista a inexistência de diferença ontológica entre a tutela mandamental e a condenatória (*Efetividade do processo e técnica processual*, São Paulo: Malheiros, 2006, pp. 560-564). Em sentido contrário, Cassio Scarpinella Bueno (ob. cit., p. 89) defende que nessa hipótese o impetrante deveria se valer de outra ação em que se realizem as provas necessárias, embora reconheça que, como o texto constitucional não exige *direito líquido e certo* para impetração do *habeas data*, a limitação à atividade instrutória poderia ser inconstitucional.

inc. I, *b*, da CF[11]). E, em grau recursal, compete a essa Corte o julgamento dos recursos interpostos contra decisão proferida em única instância pelos Tribunais Regionais Federais (art. 20, inc. II, *b*, da Lei 9.507/1997) e dos recursos especiais interpostos com fundamento no art. 105, inc. III, da CF.

Os Tribunais Regionais Federais detêm competência originária para julgamento dos *habeas data* impetrados contra atos do próprio Tribunal ou de juízes federais (CF, art. 108, inc. I, *c*, e Lei 9.507/1997, art. 20, inc. I, *c*) e recursal para julgamento dos recursos interpostos contra decisões dos juízes federais (CF, art. 108, inc. II, e Lei 9.507/1997, art. 20, inc. II, *c*). Os juízes federais, a seu turno, são competentes para julgamento de *habeas data* contra atos de autoridades federais, à exceção dos casos em que a competência originária seja dos tribunais federais (CF, art. 109, inc. VIII, e Lei 9.507/1997, art. 20, inc. I, *d*).

A competência originária e recursal dos Tribunais de Justiça estaduais e do Distrito Federal é ditada pelas Constituições estaduais e leis de organização judiciária (CF, art. 125, § 1º, e Lei 9.507/1997, art. 20, inc. I, *e*, e inc. II, *d*). A competência dos juízes estaduais é residual (art. 20, inc. I, *f*, da Lei 9.507/1997).

A Constituição Federal e a Lei 9.507/1997 silenciaram sobre a competência originária para julgamento de atos praticados pelos demais Tribunais Superiores (Tribunal Superior do Trabalho, Tribunal Superior Eleitoral e Superior Tribunal Militar), bem como dos Tribunais Regionais do Trabalho, Tribunais Regionais Eleitorais e Tribunais Militares. O único dispositivo que trata dessa questão fala do recurso ordinário dirigido ao Supremo Tribunal Federal contra as decisões denegatórias proferidas em única instância pelos *Tribunais Superiores* (CF, art. 102, inc. II, *a*, e Lei 9.507/1997, art. 20, inc. II, *a*).

Uma leitura dessa norma permite concluir que existe competência originária dos Tribunais Superiores, porque se há o recurso deve existir a decisão que será recorrida. A análise das demais normas que tratam da competência de cada tribunal conduz à conclusão de que cada um dos Tribunais Superiores seja competente para julgar originariamente os *habeas data* impetrados contra seus atos, já que o Supremo Tribunal Federal, o Superior Tribunal de Justiça e até mesmo os Tribunais Regionais Federais são competentes para julgar *habeas data* impetrados contra os próprios atos.

Por idêntico fundamento chega-se à conclusão de que os Tribunais Regionais do Trabalho e os Tribunais Regionais Eleitorais são competentes ori-

---

11. O art. 20, inc. I, *b*, da Lei 9.507/1997 não trata da competência para julgamento dos Comandantes da Marinha, do Exército e Aeronáutica, porque seguiu a redação original do art. 105, inc. I, *b*, da CF. A competência para julgamento de *habeas data* impetrado contra atos dessas autoridades foi instituída pela EC 23, de 2.9.1999.

ginariamente para julgar *habeas data* impetrados contra seus atos, bem como que a mesma lógica aplicada aos Tribunais de Justiça estaduais e do Distrito Federal deve se estender aos Tribunais Militares.

2.964. recursos e reexame necessário

Os *habeas data* que tramitam originariamente perante juízes estaduais ou federais serão decididos por sentenças, e o recurso cabível para impugná-las é a apelação, que não é dotada de efeito suspensivo automático (art. 15, *caput* e parágrafo único, da Lei 9.507/1997).

Esse foi o único ponto da sistemática recursal tratado com clareza e simplicidade pelo legislador, já que, ao regulamentar os demais recursos cabíveis contra *decisões* proferidas originariamente pelos órgãos julgadores dos tribunais, a Lei 9.507/1997 contém lacunas e incoerências que dificultam sua compreensão e melhor aplicação prática.

Seguindo o que dispõe a Constituição Federal (art. 102, inc. II, *a*), o art. 20, inc. II, *a*, da Lei 9.507/1997 previu o *recurso* para o Supremo Tribunal Federal das decisões *denegatórias* proferidas pelos Tribunais Superiores. Embora a lei mencione apenas *recurso*, trata-se de *recurso ordinário*, que contém previsão expressa na Constituição e está regulamentado no Código de Processo Civil (arts. 1.027 e 1.028). Esse recurso é dotado de devolutividade plena, à semelhança do recurso de apelação, e não contém restrições de cabimento equivalentes às do recurso extraordinário.

A forma simplificada de tratar o *recurso* para o Supremo Tribunal Federal foi mantida na alínea *b* do art. 20, inc. II, da Lei 9.507/1997. Esse dispositivo, contudo, trouxe um problema de difícil solução ao prever o cabimento de *recurso* dirigido ao Superior Tribunal de Justiça *quando a decisão for proferida em única instância pelos Tribunais Regionais Federais*.

O problema consiste em saber de que modalidade recursal se trata. O art. 105, inc. II, *b*, da Constituição Federal não prevê o cabimento de recurso ordinário para o Superior Tribunal de Justiça em julgamentos de *habeas data* e o legislador processual limitou-se a seguir o texto constitucional e também não previu essa hipótese recursal ao tratar do recurso ordinário nos arts. 1.027 e 1.028 do CPC.

A Lei 9.507/1997, a seu turno, mencionou apenas *recurso*, e, diante dessa economia de palavras, a doutrina confere três interpretações distintas sobre a natureza desse recurso.

J. M. Othon Sidou entende que o recurso cabível é o *recurso ordinário*, em razão da aplicabilidade das normas procedimentais do mandado de segurança ao *habeas data*, conforme previsto nos arts. 23 e 24, parágrafo único, da Lei 8.038/1990.[12]

A solução proposta tem a vantagem de conferir um tratamento racional à sistemática recursal, na medida em que ela preservaria uma coerência entre os recursos cabíveis contra decisões de primeiro grau dos Tribunais Superiores e dos Tribunais Regionais Federais. Contudo, não parece ser essa a resposta adequada.

Primeiramente, porque a Lei 8.038/1990 foi revogada naquilo que é contrária à Lei 9.507/1997, que lhe é posterior. E a Lei 9.507/1997 contém regramento expresso sobre a sistemática recursal das decisões proferidas em processos de *habeas data*, não havendo mais espaço para se falar em aplicação subsidiária da Lei do Mandado de Segurança para reger a matéria.

Não fosse por isso, sequer seria possível manter uma coerência entre as hipóteses recursais de julgamento originário dos Tribunais Superiores e dos Tribunais Regionais Federais, porque, diferentemente do que afirma a alínea *a* do art. 20, inc. II, da Lei 9.507/1997, a alínea *b* desse dispositivo constitucional não faz qualquer limitação ao resultado do julgamento para cabimento do *recurso* dirigido ao Superior Tribunal de Justiça. Essa norma fala apenas que cabe *recurso* das decisões proferidas pelos Tribunais Regionais Federais, independentemente de a decisão ser concessiva ou denegatória da ordem.[13]

A solução proposta traria, ainda, mais um problema, já que a Lei 9.507/1997 fala apenas de recurso cabível contra decisões dos Tribunais Regionais Federais e nada diz a respeito das decisões originárias de *habeas data* julgados inicialmente pelos tribunais locais. Assim, seria necessário um malabarismo interpretativo para defender o cabimento desse recurso contra decisões oriundas dos tribunais locais, o que, embora pudesse ser desejável, não representa o que está posto na norma.[14]

Uma segunda interpretação possível do texto legal é a de que o *recurso* mencionado no art. 20, inc. II, *b*, da Lei 9.507/1997 é um recurso inominado.

---

12. Othon Sidou, "O habeas data e a lei regulamentadora", in Direito contemporâneo: estudos em homenagem a Oscar Dias Correa, Rio de Janeiro: Forense Universitária, 2001, p. 165.

13. Para ser justo com a posição de Othon Sidou, deve-se mencionar que ele fala apenas no cabimento de recursos ordinários das decisões denegatórias de *habeas data*, mas deixa de explicar qual seria o recurso cabível das decisões concessivas da ordem.

14. Justamente por isso, o Superior Tribunal de Justiça entende ser incompetente para julgar recurso ordinário contra decisão proferida originariamente por tribnal local em *habeas data* (REsp/AgR 1.050.857-MG).

Esse posicionamento é defendido por Eduardo Talamini, que entende que o prazo para interposição do recurso deveria ser, na vigência do CPC-1973, de cinco dias, em razão da regra contida no art. 185 desse Código.[15]

A existência de um *recurso* inominado traz problemas que vão além do prazo recursal, já que a lei nada diz sobre os efeitos desse recurso, nem contém qualquer regramento sobre seus requisitos de admissibilidade ou direcionamento.

Em que pese a ser possível defender que na ausência de requisitos formais o recurso poderia ser interposto por simples petição dirigida ao próprio órgão julgador com pedido de remessa para o Superior Tribunal de Justiça, sem maiores formalidades, o primeiro e maior problema a ser resolvido seria o da extensão do efeito devolutivo desse recurso. Seria ela plena como a do recurso de apelação?

Na ausência de limitações legais, tudo levaria a crer que sim; mas, então, novamente se chegaria a um dilema: de um lado esse recurso seria incompatível com a sistemática dos recursos ordinários dirigidos ao Supremo Tribunal Federal, por permitir o cabimento de recurso com devolutividade plena das decisões concessivas da ordem, e, de outro, somente seria cabível das decisões proferidas por Tribunais Regionais Federais, criando uma sistemática recursal distinta em razão da competência originária (federal ou estadual) da ação.

Os óbices apontados indicam para a inadequação da solução proposta, que, além de introduzir um recurso que não detém qualquer regramento no sistema quanto a prazo, efeitos e requisitos de admissibilidade, ainda tem o inconveniente de trazer soluções que não se comunicam muito bem entre si.

A interpretação mais adequada, portanto, é a de que o recurso previsto no art. 20, inc. II, *b*, da Lei 9.507/1997 nada mais é do que o *recurso especial*, que está previsto no art. 105, inc. III, da Constituição Federal para os julgamentos das causas decididas em única ou última instância.[16]

Não há dúvida de que essa interpretação torna a norma invocada absolutamente dispensável, e mantém o inconveniente de permitir a existência de *recursos ordinários* contra decisões denegatórias proferidas por Tribunais Superiores, não estendendo essa possibilidade para as decisões proferidas pelos tribunais locais.

A despeito desses problemas, essa é a única solução que mantém um tratamento coerente entre as decisões proferidas pelos tribunais locais e Tribu-

15. Eduardo Talamini, ob. cit., p. 98.

16. Esse é o entendimento de Luis Guilherme Aidar Bondioli, *Comentários ao Código de Processo Civil*, 2ª ed., vol. XX, São Paulo, Saraiva, 2017, p. 204, nota 253. A hipótese também é vislumbrada por Barbosa Moreira (ob. cit., p. 143), embora sem uma tomada firme de posição por parte do autor.

nais Regionais Federais, que, por terem a mesma hierarquia, realmente devem conter uma sistemática recursal similar. Não fosse por isso, essa interpretação confere uma solução plenamente compatível com o texto constitucional e permite a utilização de um recurso devidamente sistematizado.

É interessante notar, ainda, que o art. 20, inc. III, da Lei 9.507/1997 prevê a competência do Supremo Tribunal para julgamento de recursos extraordinários, nos casos previstos na Constituição Federal. Essa previsão apenas confirma a existência de normas dispensáveis no texto legal e corrobora a demonstração de que, de fato, o recurso previsto no art. 20, inc. II, *b*, é o recurso especial.

A lei não trata de recursos cabíveis contra decisões interlocutórias, aplicando-se, quanto a elas, a sistemática do Código de Processo Civil. Assim, decisões, *v.g.*, sobre tutelas de urgência são impugnáveis por agravo de instrumento (quando proferidas por juízes federais ou estaduais) e decisões sobre questões não versadas no rol do art. 1.015 do CPC devem ser, *a priori*, devolvidas ao tribunal *ad quem* em preliminar de apelação.

As decisões monocráticas dos relatores nos tribunais são impugnáveis por agravo interno, em conformidade com o disposto no art. 1.021 do CPC.

Não há na Lei 9.507/1997 qualquer menção ao reexame necessário, o que é bastante compreensível, já que o *habeas data* não se dirige necessariamente a atos emanados por autoridades públicas (*supra*, n. 2.958). A participação de entes públicos será eventual, e para esses casos aplica-se o art. 496, inc. I, do Código de Processo Civil, que sujeita as sentenças proferidas contra a União, os Estados, o Distrito Federal, os Municípios e suas respectivas autarquias ao reexame pelo tribunal *ad quem*.

2.965. tutela de urgência e suspensão da ordem

O cabimento de *liminares* em *habeas data* era possível, em um primeiro momento, em função da aplicação analógica da regra prevista no art. 7º, inc. II, da Lei do Mandado de Segurança vigente antes da entrada em vigor da Lei 9.507/1997 (Lei 1.533/1951).

Em 1997, quando foi promulgada a lei que regulamentou o *habeas data*, já existia no sistema processual brasileiro regra prevendo a possibilidade de concessão generalizada de tutelas antecipadas para proteger os direitos *prováveis* e *urgentes* (art. 273 do CPC-1973, com a redação conferida pela Lei 8.952/1994). Assim, em que pese ao fato de a Lei 9.507/1997 não ter concedido poderes expressos para o juiz antecipar efeitos da tutela jurisdicional pleiteada, essa possibilidade manteve-se presente em razão da regra geral prevista no sistema.

Atualmente, a concessão de tutelas de urgência em *habeas data* é permitida em função da previsão contida no art. 300 do CPC.

O art. 16 da Lei 9.507/1997 trata da possibilidade de haver *suspensão da execução da sentença* pelo presidente do tribunal ao qual competir o conhecimento do recurso. Novamente o legislador foi econômico e nada disse com relação aos requisitos para a concessão da medida suspensiva.

A suspensão de medidas capazes de evitar grave lesão à ordem, à saúde, à segurança e à economia públicas já se achava regulamentada em caráter geral pelo art. 4º da Lei 8.437/1992. Os requisitos dessa lei devem ser aplicados para a suspensão de sentenças ou de tutelas de urgência em *habeas data*, já que não seria razoável imaginar que, diante do silêncio legislativo acerca dos requisitos para a suspensão dessas decisões, o presidente do tribunal a quem caberá o julgamento do recurso deteria liberdade para decidir sobre o pedido, sem a necessidade de fundamentar sua decisão na existência de requisitos autorizadores para tanto.[17]

Embora a Lei 9.507/1997 tenha falado em *suspensão* das *sentenças*, o mecanismo de *suspensão da ordem* deve ser aplicado também para as tutelas de urgência. Afinal, não faria sentido algum que o legislador criasse um meio específico para suspender os efeitos de uma decisão proferida mediante cognição exauriente, em razão da potencialidade danosa dessa decisão, e não estendesse esse mesmo mecanismo para decisões proferidas com menor grau de cognição, mas que pudessem ocasionar idêntica lesão aos valores protegidos.

A parte final do art. 16 da Lei 9.507/1997 previu o cabimento de *agravo* para o tribunal contra a decisão proferida pelo presidente. Na vigência do CPC-1973 o prazo para interposição desse recurso era de 5 dias, em conformidade com o art. 4º, § 3º, da Lei 8.432/1992. A partir da vigência do novo CPC esse prazo passou a ser de 15 dias, em função da regra geral prevista no seu art. 1.070.

2.966. coisa julgada

A disciplina da coisa julgada em *habeas data* nada tem de especial. O art. 18 da Lei 9.507/1997 trata simplificadamente da matéria apenas para esclarecer que "o pedido de *habeas data* poderá ser renovado se a decisão denegatória não lhe houver apreciado o mérito".

Bem compreendido o dispositivo legal, chega-se à conclusão de que, *a contrario sensu*, a decisão denegatória que apreciar o mérito do *habeas data* formará coisa julgada.[18] E, embora o legislador tenha tratado apenas do aspecto negativo do fenômeno, ao se referir à impossibilidade de *renovação* do

---

17. V.: Barbosa Moreira, ob. cit., p. 140.

18. Nesse sentido, v. Barbosa Moreira, ob. cit., pp. 140-141, e Eduardo Talamini, ob. cit., p. 97.

pedido, não há motivo para supor que o grau de estabilidade da sentença que julga o pedido de *habeas data* seja diferente do que de qualquer outra. Assim, não só a sentença que denega a ordem tem aptidão à formação de coisa julgada, como também a que a concede. Por certo, a concessão da ordem torna inútil a renovação do pedido pelo impetrante, mas, se a questão acerca da necessidade de exibição ou retificação dos dados surgir como questão prejudicial em um segundo processo, o juiz desse processo deverá levar em conta o resultado do *habeas data* para solucioná-la, a fim de assegurar a intangibilidade da primeira sentença.

2.967. tramitação prioritária e celeridade

O *habeas data* tem tramitação prioritária assegurada pelo art. 19 da Lei 9.507/1997, que só excepciona dessa preferência os *habeas corpus* e os mandados de segurança. A intenção do legislador de conferir celeridade ao curso do *habeas data* pode ser verificada, ainda, na simplicidade do procedimento e na brevidade dos prazos previstos em lei para resposta do impetrado (art. 9º) e manifestação do Ministério Público (art. 12).

Não deixa de ser curioso, todavia, que o art. 19 da Lei 9.507/1997 tenha seguido a Lei do Mandado de Segurança[19] e estabelecido que, "na instância superior, deverão ser levados a julgamento na primeira sessão que se seguir à data em que, feita a distribuição, forem conclusos ao relator", e o parágrafo único desse dispositivo complemente essa determinação impondo que "o prazo para conclusão não poderá exceder de 24 (vinte e quatro) horas, a contar da distribuição".

Essas normas são tão irreais que se tornam vazias de sentido, pois, se tivessem que ser aplicadas, os recursos interpostos em ações de *habeas data* teriam que ser distribuídos em 24 horas e julgados na sessão seguinte, não sem que antes fossem julgados os recursos interpostos em mandados de segurança e *habeas corpus*, que têm tramitação mais prioritária!

2.968. custo do processo e honorários advocatícios

O art. 5º, inc. LXXVII, da Constituição Federal estabelece que "são gratuitas as ações de *habeas corpus* e *habeas data*", e o art. 21 da Lei 9.507/1997 reproduz essa disposição.

A gratuidade da ação de *habeas data* tem por objetivo favorecer o seu amplo exercício. Como esse *remédio constitucional* está diretamente ligado a uma garantia fundamental, quis o constituinte eliminar quaisquer obstáculos

---

19. Art. 17 da Lei 1.533/1951, atualmente art. 20 da Lei 12.016/2009.

que pudessem restringir o seu uso. Mas nem a Constituição nem a lei regulamentadora chegaram ao ponto de estimular o *uso irresponsável* dessa ferramenta, e, assim, não há qualquer dispositivo que limite ou impeça a condenação de quem der causa à propositura da ação em honorários de sucumbência.

Assim, diferentemente do que ocorre com o mandado de segurança, cujo art. 25 da Lei 12.016/2009 proíbe expressamente a condenação em honorários de sucumbência, aquele que der causa à impetração do *habeas data* deverá ser condenado a pagar honorários ao advogado da parte contrária, em conformidade com o art. 85 do CPC.

Essa possibilidade é bastante adequada, especialmente quando se verifica que o legislador submeteu o impetrante a um procedimento prévio ao início do processo, o que reforça a *causalidade* da ação judicial.[20]

A despeito da clareza do texto constitucional e legal em se referir à gratuidade das *ações* de *habeas data*, o que conduz à conclusão de que essa gratuidade deve envolver a prática de todos os atos processuais, o Superior Tribunal de Justiça tem entendimento de que o art. 21 da Lei 9.507/1997 não exime a parte de recolher o preparo do recurso especial previsto na Lei 11.636/2007 (AREsp 508.837). No julgamento desse recurso prevaleceu a tese de que a gratuidade do *habeas data* se refere tão somente aos atos praticados em primeiro e segundo graus, e não ao preparo do recurso especial, que teria regramento próprio. Contudo, além de a Lei 11.636/2007 não conter qualquer regramento específico que pudesse limitar a gratuidade concedida em caráter especial pela Lei 9.507/1997, fato é que sequer seria possível que uma disposição infraconstitucional limitasse a gratuidade da *ação* de *habeas data* pre-

20. Entendimento contrário foi proferido pelo Superior Tribunal de Justiça no julgamento do REsp/AgInt 1.936.003, como anotam – e dele discordam – Negrão/Gouvêa/Bondioli/Fonseca (ob. cit., nota 2 ao art. 12 da Lei 9.507/1997, no título "*Habeas data*", p. 1.514). O fundamento do acórdão foi o de que "é impertinente o pedido de condenação em honorários advocatícios em *habeas data*, tendo em vista que o art. 24, parágrafo único, da Lei n. 8.038/1990, que institui normas procedimentais para os processos em que especifica, dispôs que, 'no mandado de injunção e no *habeas data*, serão observadas, no que couber, as normas do mandado de segurança, enquanto não editada legislação específica'". Esse entendimento deixa de observar que a Lei 9.507/1997 é posterior à Lei 8.038/1990 e contém regramento específico sobre o regime do custo do processo, deixando de prever a vedação à condenação em honorários de sucumbência como é feito expressamente na lei que trata do mandado de segurança. A aplicação supletiva desse diploma legal somente deve ser feita no caso de *lacunas* da lei, o que não se aplica ao regime de custo do processo que foi expressamente tratado pelo legislador. É interessante notar que o acórdão proferido no julgamento do REsp/AgInt 1.936.003 invoca como razão de decidir o acórdão proferido no julgamento do REsp/AgR 1.084.695, mas nesse julgamento o entendimento do Superior Tribunal de Justiça foi o de cabimento da condenação de honorários de sucumbência na ação de *habeas data*.

vista no texto constitucional, donde se conclui que esse é mais um exemplo da *jurisprudência defensiva* que, no intuito de descongestionar as superlotadas pautas dos Tribunais Superiores, acaba por criar óbices ilegítimos ao conhecimento de recursos.

TÍTULO XLI – ***LOCAÇÃO***

CAPÍTULO CCIV – **AÇÕES DE DESPEJO**

OSWALDO DAGUANO JÚNIOR

2.969. procedimento especial: pontuais desvios do procedimento comum

Enuncia o art. 59 da Lei do inquilinato que, "com as modificações constantes deste Capítulo, as ações de despejo terão o rito ordinário". A prescrição legal é complementada pelo disposto no art. 79 do mesmo diploma, segundo o qual "no que for omissa esta Lei aplicam-se as normas do Código Civil e do Código de Processo Civil".

As disposições acima referidas confirmam a inserção das ações de despejo no universo dos procedimentos especiais, os quais, como regra geral, são marcados por desvio – maior ou menor – do procedimento que a legislação adota como padrão, chamado de comum pelo atual Código de Processo Civil e de ordinário pelo diploma anterior.

Esses desvios nada mais são que adaptações consideradas necessárias pelo legislador tendo em vista a relação de direito material objeto do processo. Após esses desvios, a marcha processual retorna ao padrão que marca o procedimento comum.[1]

---

1. Há, contudo, como já apontado nesta obra, procedimentos genuinamente especiais, pois avessos ao padrão procedimental comum. É esse o caso, p. ex., do inventário e partilha (*supra*, n. 1.176 – vol. III).

Frente a essas constatações, o estudo dos aspectos processuais das ações de despejo, ao menos no contexto em que está inserido este escrito, deve ser feito com foco principalmente em suas especificidades, que marcam o já referido desvio do procedimento comum. Tratar dos aspectos da ação de despejo quando a sua marcha observa os ditames do rito padrão seria redundância, na medida em que as características do procedimento comum já são objeto dos volumes anteriores desta obra.

Nessa linha, Luiz Fux enuncia que "a ação de despejo, assumidamente, segue o rito ordinário (hoje, o procedimento comum do Código), com pontuais modificações, atinentes à tutela provisória, à intimação de terceiros (sublocatários), à defesa do réu (contestação e possibilidade de purga do débito) e ao cumprimento da ordem de desalijo, basicamente (arts. 59 a 66)".[2] Daí também a afirmação, do mesmo autor, de que "à semelhança de todo e qualquer procedimento ordinário, a ação de despejo tem as suas fases específicas, a saber: postulatória, de saneamento, instrutória e decisória".[3]

Além desses traços distintivos da ação de despejo, outras características peculiares a todas as ações locatícias[4] serão abordadas, justamente por também representarem um desvio do chamado procedimento comum. Abordar-se-ão, entre outras, questões relativas à competência, ao valor da causa e aos efeitos dos recursos.

2.970. generalidades

Dispõe o art. 5º da Lei do Inquilinato que, "seja qual for o fundamento do término da locação, a ação do locador para reaver o imóvel é a de despejo". A despeito de a lei colocar ênfase na retomada do bem, efeito visível da ordem de desalijo, a ação de despejo tem, *como regra*, a finalidade precípua de dissolver a relação locatícia. A retomada do bem é mera consequência do encerramento da relação contratual.[5] Em outras palavras, a ação de despejo

---

2. Luiz Fux, "Procedimentos especiais da Lei do Inquilinato e o Código de Processo Civil", in Heloísa Helena Barbosa, Guilherme Calmon Nogueira da Gama e Thiago Ferreira Cardoso Neves, *Lei do Inquilinato: exame dos 30 anos da lei de locação urbana. Estudos em homenagem ao prof. Sylvio Capanema de Souza*, São Paulo, Foco, 2021, p. 478.
3. Luiz Fux, *Locações: processos e procedimentos*, 5ª ed., Rio de Janeiro, Impetus, 2008, p. 76.
4. Categoria que compreende as ações de despejo, consignação em pagamento de aluguel e acessório da locação, revisionais de aluguel e renovatórias de locação (Lei do Inquilinato, art. 58).
5. Luiz Fux, *Locações: processos e procedimentos*, cit., p. 41.

"é o meio processual pelo qual se desfaz o vínculo contratual, obrigando o locatário a desocupar o bem".[6]

> Utilizou-se, acima, a expressão "como regra" porque em algumas situações a extinção do vínculo locatício é anterior à própria propositura da demanda. Esse é o caso, p.ex., da ação de despejo fundamentada na não devolução do imóvel após a expiração do prazo contratual – circunstância que, por si só, põe fim à locação. Nessa situação, a ação de despejo terá natureza predominantemente reipersecutória, pois vocacionada à simples recuperação do bem. No tocante a extinção da relação *ex locato* a sentença terá natureza meramente declaratória, reconhecendo a sua dissolução com o vencimento do prazo contratual.[7]

Diante da interligação entre o encerramento do vínculo locatício e a retomada do bem, Luiz Fux afirma que "encerra a ação de despejo verdadeira hipótese de cumulação sucessiva *sui generis*, porque ao pedido de rescisão do vínculo segue-se o de devolução ou reintegração na posse do imóvel retomado. Pode-se mesmo afirmar que o pedido de restituição do bem é implícito na postulação genérica do despejo".[8]

Fala-se em ações de despejo no plural porque (i) são variadas as espécies de locação disciplinadas na Lei do Inquilinato (locação residencial, locação não residencial e locação por temporada), assim como (ii) são diversas as causas de pedir previstas na referida lei para amparar a ação de despejo, as quais variam também em razão da natureza da locação. Daí a afirmação da doutrina, não totalmente correta do ponto de vista processual, de que "a ação, entretanto, é a mesma, modificando-se, apenas, as causas de pedir".[9]

Como causas de pedir comuns para o despejo, independentemente da espécie de relação locatícia em discussão, podem ser citadas, a título exemplificativo, a falta de pagamento (Lei do Inquilinato, art. 9º, inc. III), a infração legal ou contratual (Lei do Inquilinato, art. 9º, inc. II) e a necessidade de reparações urgentes no imóvel determinadas pela autoridade pública (Lei do Inquilinato, art. 9º, inc. IV).[10]

---

6. Sílvio de Salvo Venosa, *Lei do Inquilinato comentada: doutrina e prática*, 16ª ed., São Paulo, Atlas, 2021, p. 248.
7. Humberto Theodoro Júnior, *Curso de direito processual civil – Procedimentos especiais*, 42ª ed., vol. III, Rio de Janeiro, Forense, 2010, p. 531.
8. Luiz Fux, *Locações: processos e procedimentos*, cit., p. 41.
9. Sylvio Capanema de Souza, *A Lei do Inquilinato comentada artigo por artigo*, 13ª ed., Rio de Janeiro, Forense, 2021, p. 55.
10. Para um compilado exauriente das hipóteses de despejo, comuns e especiais, v. Luiz Antonio Scavone Júnior, *Direito imobiliário: teoria e prática*, 17ª ed., Rio de Janeiro, Forense, 2022, pp. 1.451-1.453.

2.971. petição inicial

A petição inicial da ação de despejo deverá observar os requisitos dos arts. 319 e 320 do Código de Processo Civil. Como *causa petendi*, o autor deverá deduzir uma ou mais causas, contempladas na Lei do Inquilinato, autorizadoras do despejo do réu, as quais, como visto, variam de acordo com a espécie de relação locatícia que é objeto do processo.

Além do pedido típico de despejo do réu, é permitido ao autor apresentar outros, desde que observados os requisitos do Código Processo Civil referentes à cumulação (CPC, art. 327). "Assim, *v.g.*, será lícito formular o pedido de desocupação cumulado com indenização em perdas e danos pela deterioração do imóvel; despejo com cobrança de multa *etc.*"[11]

Na própria Lei do Inquilinato encontra-se concreta sinalização dessa permissão, pois há disposição expressa sobre a possibilidade de cumulação do pedido de despejo por falta de pagamento com o de cobrança dos aluguéis e acessórios da locação (art. 62, inc. I).

Apesar de a referida lei fazer menção apenas a essa hipótese de cumulação, não faria sentido algum entender que em outros casos a cumulação seria vedada. Esse seria um entendimento formalista e descompromissado com os princípios da eficiência e economia processuais, os quais estão à base da permissão de cumulação de pedidos em nosso sistema processual.

Também é interessante notar que, a fim de viabilizar a hipótese de cumulação explicitamente prevista na Lei do Inquilinato (despejo cumulado com cobrança dos aluguéis e acessórios da locação), o legislador tolerou até mesmo um desvio do procedimento, na medida em que a referida cumulação pode dar ensejo ao ingresso do fiador no processo (art. 62, inc. I). Isso apenas confirma conclusão pela plena possibilidade de cumulação de pedidos em outras hipóteses, nas quais nem sequer se exige tal desvio.

2.972. legitimidade

Sendo o objeto da ação de despejo a extinção do vínculo locatício, é intuitiva a conclusão de que, *regra geral*, a legitimação pertence aos sujeitos da relação *ex locato* – quais sejam, locador e locatário –, recaindo nessas figuras, respectivamente, a legitimação *ad causam* ativa e passiva.

A Lei do Inquilinato, no entanto, cria exceções, a fim de resolver problemas casuísticos oriundos da experiência prática. Trata-se de situações nas

---

11. Luiz Fux, *Locações: processos e procedimentos*, cit., p. 78.

quais há necessidade de se conferir legitimação ativa e passiva a sujeitos estranhos à relação locatícia.

É isso o que se dá quando, diante de circunstâncias específicas, outorga-se *legitimação ativa* ao próprio proprietário do bem para a ação de despejo, a despeito de não ser parte do contrato de locação. Isso ocorre, p.ex., (i) na ação de despejo fundada na extinção do usufruto ou fideicomisso (art. 7º), hipótese na qual a ação caberá ao titular do domínio (anterior nu-proprietário ou fideicomissário), o qual, por não ter anuído com a locação, pode pleitear o seu desfazimento; (ii) na ação de despejo fundada na alienação do imóvel durante a locação (art. 8º), circunstância em que o adquirente será dotado de legitimidade para pleitear a retomada do bem; ou, ainda, (iii) na ação de despejo para a realização de reparações urgentes determinadas pelo Poder Público (art. 9º, inc. IV), caso em que a lei exige que a inicial seja instruída com prova da propriedade do imóvel ou do compromisso registrado (art. 60).[12]

A mesma situação verifica-se do ponto de vista da *legitimação passiva*, estabelecendo a Lei do Inquilinato hipóteses nas quais a ação de despejo é ajuizada em face de pessoas distintas do locatário. É o que ocorre, p.ex., na ação de despejo manejada em razão da permanência no imóvel de pessoas não autorizadas após a morte do locatário (arts. 11, inc. I, e 59, § 1º, inc. IV), caso em que o legitimado passivo será aquele que permanecer indevidamente no imóvel. O mesmo fenômeno verifica-se na ação de despejo movida pelo locador contra o sublocatário em razão da extinção da locação (arts. 14, 15, e 59, § 1º, inc. V). Como a extinção da locação implica automático encerramento da sublocação, o sublocatário, caso permaneça no imóvel, estará sujeito a sofrer a ação de despejo, mesmo sem ser parte no contrato de locação, mas apenas no ajuste relativo à sublocação.[13]

2.973. competência

Engana-se quem pensa que as ações de despejo têm natureza possessória, pois voltada à restituição do imóvel locado. Como afirma Sylvio Capanema de Souza, "a recuperação da posse direta do imóvel não é a pretensão autoral, e sim a consequência da dissolução do contrato de locação, que é uma relação pessoal".[14]

Versando a ação sobre direito pessoal, calcada em vínculo contratual, a definição da competência deveria observar o disposto no art. 46 do Código de Processo Civil, segundo o qual a "ação fundada em direito pessoal ou em

---

12. Luiz Antonio Scavone Júnior, ob. cit., pp. 1.461-1.462.
13. Luiz Antonio Scavone Júnior, ob. cit., pp. 1.461-1.462.
14. Sylvio Capanema de Souza, ob. cit., p. 321.

direito real sobre bens móveis será proposta, em regra, no foro de domicílio do réu". Há, contudo, disposição especial na Lei do Inquilinato definindo como competente "o foro do lugar da situação do imóvel" (art. 58, inc. II). Justifica-se a disciplina especial pela potencial diminuição dos custos extras do processo para as partes, bem como pela possibilidade de um melhor exame da controvérsia pelo juiz que está próximo ao imóvel.[15]

Tratando-se de competência territorial – de natureza relativa, portanto –, passível a sua modificação pelo fenômeno da prorrogação. Tal modificação pode ser produto, em primeiro lugar, de acordo entre as partes (prorrogação voluntária convencional), formalizado na denominada cláusula de eleição de foro, como aponta o próprio art. 58, inc. II, da Lei do Inquilinato: "é competente para conhecer e julgar tais ações o foro do lugar da situação do imóvel, *salvo se outro houver sido eleito no contrato*".

A modificação pode também decorrer da inércia do réu, que deixa de se insurgir, em preliminar de contestação, contra o ajuizamento da ação de despejo em foro originalmente incompetente (CPC, art. 65).[16] Como se sabe, não podendo a incompetência relativa ser conhecida de ofício, "a consequência inevitável da omissão do demandado que não opõe tal preliminar é a perpetuação da competência do foro e do juízo a quem o autor se houver dirigido" (*supra*, n. 376 – vol. I).

Existe, no entanto, posição doutrinária em sentido oposto, segundo a qual, não havendo cláusula de eleição de foro, a competência do foro da situação do imóvel é absoluta, inadmitindo prorrogação e podendo ser reconhecida pelo julgador de ofício.[17] O entendimento, contudo, parece incoerente. Se a própria lei confere primazia ao foro de eleição, deixando clara sua prevalência sobre o da situação da coisa, não é adequado atribuir ao último caráter absoluto. Afinal, a competência absoluta é aquela que, por definição, "não comporta modificação alguma" (*supra*, n. 357 – vol. I).

2.974. valor da causa

O Código de Processo Civil de 1973 assentava, em seu art. 258, que a toda causa seria atribuído valor certo. A despeito disso, não definiu nenhum parâmetro para a definição do valor da causa nas ações locatícias. Isso foi

---

15. Leonard Ziesemer Schimitz e Eduardo Aranha Alves, in Tatiana Bonatti Peres e Luiz Antonio Scavone Júnior (orgs.), *Lei do Inquilinato comentada artigo por artigo: visão atual na doutrina e na jurisprudência*, 3ª ed., Rio de Janeiro, Forense, 2021, p. 462.
16. Humberto Theodoro Júnior, ob. cit., p. 528.
17. Luiz Fux, *Locações: processos e procedimentos*, cit., p. 26; Rogério Licastro Torres de Mello, *Ações locatícias*, 2ª ed., Curitiba, EDC, 2020, p. 28.

suficiente para se instaurar ferrenha discussão sobre o ponto, com a multiplicação de incidentes de impugnação ao valor da causa e a proliferação de decisões em inúmeros sentidos.

O advento da Lei do Inquilinato foi importante para encerrar esse quadro de insegurança jurídica, na medida em que trouxe, em seu art. 58, inc. III, critério objetivo para a definição do valor da causa nas ações locatícias. Segundo o comando legal, na ação de despejo deve o demandante atribuir à causa o valor equivalente a "doze meses de aluguel". A única exceção é a hipótese de retomada do imóvel promovida pelo locador-empregador, ancorada na extinção do contrato de trabalho, na qual o valor da causa deverá refletir a importância de "três salários vigentes" à época da dissolução do contrato de trabalho.[18]

> Não bastasse o mérito de encerrar o dissenso então existente, o feito mostra-se ainda maior quando se atenta às inúmeras repercussões decorrentes do valor da causa, revelando serem verdadeiramente superlativos os benefícios do encerramento das divergências. Basta citar, de forma exemplificativa, que o valor da causa funciona como base para o cálculo das custas processuais, de eventuais sanções processuais e, em algumas hipóteses, dos honorários de sucumbência.

Para as hipóteses em que o valor da prestação locatícia é parâmetro para o cálculo do valor da causa, deve o demandante considerar apenas o valor do aluguel, "não incluindo eventuais taxas, impostos ou mesmo contribuições condominiais que estejam incluídas no contrato de locação".[19] Já quando o critério for o valor do salário, "levar-se-á em conta não só o salário, mas tudo o que a ele se incorpore, nos termos da legislação trabalhista".[20]

A observância da legislação especial não afasta, contudo, a aplicação das regras gerais do Código de Processo Civil sobre a matéria. Assim, em caso de cúmulo simples de pedidos, o que se verifica, p.ex., quando se cumula pedido de despejo com o de pagamento dos aluguéis, o valor da causa corresponderá à soma do valor dos pedidos (CPC, art. 292, inc. VI). Ou seja, o valor da causa será o produto da soma da quantia equivalente a 12 meses de aluguéis ou 3 meses de salário (valor referente ao pedido de despejo) com a do débito cobrado a título de aluguéis (valor referente ao pedido condenatório).

---

18. O dispositivo legal refere-se ao salário vigente "por ocasião do ajuizamento". Todavia, como explica Sylvio Capanema de Souza, há imprecisão técnica. Afinal, na época do ajuizamento da ação despejo, calcada justamente na extinção do contrato de trabalho, "não poderá haver 'salário vigente', se o vínculo laboral não existe mais" (ob. cit., p. 313). Daí a conclusão, de ordem lógica, de que deve ser utilizado como parâmetro o valor do salário no momento da dissolução do contrato de trabalho.
19. Leonard Ziesemer Schimitz e Eduardo Aranha Alves, ob. cit., p. 463.
20. Sylvio Capanema de Souza, ob. cit., p. 58.

A solução, vale frisar, não fere a disciplina oriunda da Lei do Inquilinato. Simplesmente passa pela compreensão de que a cumulação de pedidos nada mais é do que uma hipótese de cumulação de demandas. Tem-se, em um mesmo processo, uma demanda veiculando uma ordem despejo e outra postulando a condenação ao pagamento dos aluguéis. Se tais demandas poderiam ser veiculadas em causas distintas, cada qual ostentando o seu respectivo valor, parece intuitivo que, optando o demandante por aglutiná-las em um único processo, o valor da causa que abrigará esse objeto composto deve refletir a somatória das pretensões. A especialidade da legislação é rigorosamente respeitada, pois em relação ao pedido de despejo observar-se-á a regra trazida na Lei do Inquilinato, segundo a qual o seu valor é definido, conforme o caso, pela renda anual dos aluguéis ou pela quantia equivalente a três salários.

O tema, contudo, não é pacífico na jurisprudência. Há, p.ex., julgados do Tribunal de Justiça de São Paulo afirmando "que em ação de despejo cumulada com cobrança de aluguéis prevalecem, para cálculo do valor da causa, apenas os doze meses do aluguel estipulado no contrato de locação, incidindo a regra especial prevista no art. 58, inc. III, da Lei n. 8.245/1991".[21] Já o Tribunal de Justiça do Rio de Janeiro elaborou em 2001 o "Enunciado-Aviso TJ n. 47", com a seguinte orientação: "nas ações de despejo cumulada com cobrança de alugueres serão somados os valores das duas causas". No Superior Tribunal de Justiça, por sua vez, foi possível localizar decisão colegiada, proferida no ano de 2005, no mesmo sentido dos julgados do Tribunal de Justiça bandeirante já referidos.

De igual forma, na hipótese de cúmulo alternativo, o valor da causa equivalerá ao pedido de maior valor (CPC, art. 292, inc. VII); na hipótese de cúmulo eventual, refletirá o valor do pedido principal (CPC, art. 292, inc. VIII).[22]

Eventual inobservância a toda essa disciplina poderá ser corrigida pelos meios ordinariamente previstos no Código de Processo Civil, sem qualquer outra especificidade por se tratar de ação de despejo. Assim, o valor atribuído à causa nas ações de despejo estará sujeito a um duplo controle: (i) pelo próprio juiz, que poderá corrigi-lo de ofício, nos termos dos arts. 292, § 3º, e 335, § 5º, do Código de Processo Civil, pois se trata de valor decorrente de disposições específicas e objetivas impostas em lei, e (ii) pelo réu, que poderá deduzir, como preliminar em sua contestação, a sua impugnação ao valor indicado pelo autor (CPC, art. 293).

---

21. TJSP, AI 2051914-06.2022.8.26.0000, rel. Des. Hugo Crepaldi, j. 25.4.2022. No mesmo sentido: TJSP, AI 2108997-48.2020.8.26.0000, rel. Des. Melo Bueno, j. 3.7.2007; TJSP, Ap. 9091104-47.2005.8.26.0000, rel. Des. Nestor Duarte, j. 31.1.2007.

22. Luiz Fux, "Procedimentos especiais da Lei do Inquilinato e o Código de Processo Civil", cit., p. 482.

2.975. resposta do réu

Aplicam-se à resposta do réu, de modo geral, todas as regras atinentes ao procedimento comum. Em observância ao princípio do contraditório, o réu na ação de despejo tem ampla possibilidade de resposta. Pode, assim, em sua contestação, arguir todas as questões preliminares que entender pertinentes (CPC, art. 337), bem como deduzir sua defesa de mérito, em observância ao princípio da eventualidade (CPC, art. 336).

A aderência das ações de despejo ao procedimento comum também abre as portas para a admissibilidade de reconvenção,[23] observados, obviamente, os requisitos gerais do art. 343 do Código de Processo Civil. Afirma, assim, Luiz Fux que "nada impede, p.ex., que o locador ingresse com a ação de despejo de retomada para uso próprio e o locatário reconvenha para cobrar despesa que realizou no imóvel autorizada pelo senhorio".[24]

Pode, ainda, o réu reconhecer a procedência do pedido. A ocorrência de tal fato em ação de despejo fundada em denúncia vazia ou no direito de retomada de locações residenciais faz surgir consequências particulares. Afinal, a Lei do Inquilinato agracia o locatário que reconhece o pedido nessas ações com (i) a concessão de prazo mais alongado para a desocupação do bem (seis meses contados da citação) e (ii) sua exoneração da condenação em verbas sucumbenciais caso a desocupação seja voluntariamente promovida no prazo concedido (art. 61). Ou seja, dependendo da causa de pedir da ação de despejo, o reconhecimento do pedido traz vantagens para o demandado. A *ratio* por trás da norma é motivar, nessas hipóteses, "o locatário a concordar com a pretensão desalijatória, atalhando a prestação jurisdicional e reduzindo o trabalho do julgador".[25]

Caso o réu, por sua vez, deixe transcorrer *in albis* o prazo para contestação, mantendo-se inerte, atrairá para si o fenômeno da revelia, com a consequência de se reputarem verdadeiras as alegações de fato do autor, observados os requisitos para tanto (CPC, arts. 344 e 345). O revel, cabe destacar, não tem direito aos benefícios de que trata o acima referido art. 61 da Lei do Inquilinato, já que é incorreta a ideia de que o revel anui tacitamente com o pedido do autor.[26]

Outra particularidade no tema da resposta do réu dá-se nas ações de despejo por falta de pagamento. Diz o art. 62, inc. II, da Lei do Inquilinato: "o locatário e o fiador poderão evitar a rescisão da locação efetuando, no

23. Luiz Fux, *Locações: processos e procedimentos*, cit., p. 89.
24. Luiz Fux, *Locações: processos e procedimentos*, cit., p. 89.
25. Sylvio Capanema de Souza, ob. cit., p. 344.
26. Luiz Fux, *Locações: processos e procedimentos*, cit., p. 89.

prazo de 15 (quinze) dias, contado da citação, o pagamento do débito atualizado, independentemente de cálculo e mediante depósito judicial, incluídos a) os aluguéis e acessórios da locação que vencerem até a sua efetivação; b) as multas ou penalidades contratuais, quando exigíveis; c) os juros de mora; d) as custas e os honorários do advogado do locador, fixados em dez por cento sobre o montante devido, se do contrato não constar disposição diversa".

A purgação da mora é uma *espécie* de reconhecimento do pedido que o réu locatário pode manejar na ação de despejo por falta de pagamento, ao qual a lei atribui o efeito de afastar a ordem de desalijo. A purgação da mora gera, assim, a presunção absoluta da existência do crédito cobrado pelo locador, acarretando a extinção do processo mediante decisão de mérito. Tal pronunciamento judicial trará consigo o reconhecimento do crédito perseguido pelo locador, ficando, como consequência, sujeito à coisa julgada material.[27]

Será, então, inócua qualquer medida judicial ulteriormente manejada pelo locatário com o objetivo de reaver a quantia que pagou a título de purgação da mora. E a razão para tanto é simples: a anterior decisão judicial estará imunizada pela eficácia preclusiva da coisa julgada (CPC, art. 508), que completa a proteção ao decidido mediante o impedimento ao ajuizamento de demandas diversas e incompatíveis com o resultado alcançado no processo já findo.

Frente a essas características, é fácil notar que a purgação da mora é ato incompatível com a faculdade de o réu contestar a demanda *em relação ao mesmo crédito*. Como diz a doutrina, "as duas estratégias se repelem: ou o réu apresenta resistência à pretensão autoral, oferecendo a sua peça de bloqueio, ou purga a mora".[28] Não cabe, portanto, purgação da mora eventual ou, nas palavras de Maria Helena Diniz, "depósito *ad cautelam* ou purgação condicional",[29] a ser considerada em caso de improcedência dos argumentos defensivos apresentados em contestação.

Isso não significa, contudo, que o réu não possa purgar apenas parte do débito cobrado na inicial, impugnando o residual por entender indevido (Lei do inquilinato, art. 61, inc. IV).[30] Caberá, nesse caso, ao juiz definir, ao final, se a cobrança do valor residual era legítima – hipótese na qual decretará o despejo – ou ilegítima – hipótese em que a relação *ex locato* permanecerá hígida, ante a purgação da mora referente à quantia efetivamente devida.

---

27. Luiz Fux, *Locações: processos e procedimentos*, cit., pp. 103-104.

28. Sylvio Capanema de Souza, ob. cit., p. 356.

29. Maria Helena Diniz, *Lei de Locações de Imóveis Urbanos comentada*, 13ª ed., São Paulo, Saraiva, 2014, p. 313.

30. Sylvio Capanema de Souza, ob. cit., pp. 361-362.

A purgação da moranão é uma panaceia que está sempre à disposição do locatário inadimplente, mas benefício extraordinário concedido ao inquilino de boa-fé. Como aponta a doutrina, a emenda da mora "deixa sua marca passada, numa inexorável composição de currículo negativo para o devedor moroso, que só oferece a prestação devida depois de ter infringido as regras do exato cumprimento espontâneo da obrigação".[31] Justamente por isso, produz consequências restritivas, como se vê da Lei do Inquilinato: "não se admitirá a emenda da mora se o locatário já houver utilizado essa faculdade nos 24 (vinte e quatro) meses imediatamente anteriores à propositura da ação" (art. 62, par. ún.). A *ratio* da prescrição é evidente: evitar o abuso de direito, excluindo da proteção legal o inquilino que rotineiramente descumpre o dever básico de pagar aluguéis.

2.976. efeito dos recursos e execução provisória

O art. 58, inc. V, da Lei do Inquilinato dispõe que os recursos interpostos em face das sentenças proferidas nas ações locatícias – o que inclui as ações de despejo – "terão efeito somente devolutivo". A disciplina da Lei do Inquilinato configura, portanto, verdadeira exceção à disciplina inserta no Código de Processo Civil, que outorga, como regra geral, efeito suspensivo ao recurso de apelação (CPC, art. 1.012, *caput*).

O tema tem relação com a conhecida dicotomia entre *celeridade* e *segurança* que sempre pautou o debate a respeito dos efeitos do recurso de apelação. Atribuir eficácia imediata à sentença prestigia a celeridade. Por outro lado, sujeitar a decisão à revisão de órgão superior antes de liberar os seus efeitos resulta em maior segurança. O equilíbrio entre esses dois valores – celeridade e segurança – é sempre uma questão de opção legislativa, feita pelo legislador a partir das especificidades do direito material em discussão, as quais o fazem, em certas situações, priorizar a celeridade, em detrimento, ainda que meramente potencial, da segurança, ou vice-versa.

No caso das ações locatícias, como aponta Sílvio Venosa, a escolha do legislador foi pela celeridade, com a outorga de efeitos imediatos à sentença. Fez-se isso em razão da constatação, aurida da prática forense, de que "os juízes, em sede de despejo, sob a égide das leis passadas, se viram na constrangedora situação de se transformar em instrumentos de moratória ou injusto enriquecimento de inquilinos". A situação, continua o autor, "ocasionou a diminuição de imóveis para locação e a situação social insustentável que insuflou a edição desta lei".[32]

---

31. Paulo Restiffe Neto e Paulo Sérgio Restiffe, *Locação: questões processuais e substanciais*, 5ª ed., São Paulo, Malheiros Editores, 2009, p. 181.

32. Sílvio de Salvo Venosa, ob. cit., p. 242.

Questão interessante está em saber se a apelação será dotada de efeito suspensivo na hipótese de o locador cumular em sua demanda pedido de despejo com o de simples condenação ao pagamento de aluguéis. Ou seja, a disposição legal que dota a sentença de eficácia imediata espraiaria os seus efeitos para além da ordem de despejo, atingindo também a condenação pecuniária?

Voz autorizada afirma que o entendimento majoritário é no sentido de que, mesmo nessa situação, a sentença deve produzir efeitos imediatos, "em homenagem ao postulado da efetividade do processo, tão caro à Lei do Inquilinato".[33]

A solução coerente com a técnica processual, entretanto, é outra. Cabe perceber que, no exemplo citado, o objeto do processo é composto em razão do cúmulo simples de pedidos, caracterizado pela existência de "duas pretensões somadas, querendo o autor que em uma só sentença sejam ambas acolhidas – ele postula, nesse caso, duas tutelas jurisdicionais".[34] A consequência disso para a sentença judicial será sua necessária estruturação em dois capítulos: um no qual será decidido o pedido de despejo e outro em que será decidido o pedido de condenação ao pagamento dos aluguéis. Afinal, "haverá tantos capítulos na sentença quantos os pedidos cumulados".[35]

Vista a sentença sob ótica da teoria dos capítulos da sentença, não haverá dificuldade para se enunciar a solução para o exemplo trazido: o capítulo de sentença que resolver o pedido de despejo produzirá efeitos imediato, nos termos do art. 58, inc. V, da Lei do Inquilinato. Já o capítulo da sentença que tratar do pagamento dos aluguéis, alheio à disciplina da Lei do Inquilinato, estará sujeito ao duplo efeito do recurso de apelação, nos termos da regra geral inserta no art. 1.012, *caput*, do Código de Processo Civil.[36]

---

33. Sylvio Capanema de Souza, ob. cit., p. 318. No mesmo sentido é a posição de Luiz Fux: "parece-nos que determinadas previsões mencionadas devem se estender a demandas que, para além de trazer um desses pleitos específicos, abarquem pedidos outros. É a hipótese da extensão da ausência de efeito suspensivo *ope legis* à inteireza da demanda que cumular, aos pedidos típicos (de despejo, p.ex.), outros, que correriam pelo procedimento comum" ("Procedimentos especiais da Lei do Inquilinato e o Código de Processo Civil", cit., pp. 484-485).

34. Cândido Rangel Dinamarco, *Capítulos de sentença*, 7ª ed., São Paulo, Malheiros Editores, 2021, n. 31, p. 70.

35. Cândido Rangel Dinamarco, ob. cit., n. 31, p. 70.

36. A solução tem sido encampada pela jurisprudência: "havendo cumulação de pedidos de despejo e cobrança de aluguéis inadimplidos, a sentença será proferida em capítulos distintos para disposição de cada um. Nessa hipótese, tem prevalecido o entendimento jurisprudencial de que os efeitos devolutivo e suspensivo da apelação incidem no capítulo da cobrança e, quanto ao despejo, terá apenas o efeito devolutivo" (TJSP, AI 2058767-41.2016.8.26.0000, rel. Des. Adilson de Araujo, j. 26.4.2016).

Como consequência direta da concessão de efeito apenas devolutivo ao recurso de apelação, as sentenças portadoras de ordem de despejo têm a aptidão de produzir efeitos imediatos, abrindo as portas para a execução do comando judicial, com a pronta retomada do imóvel. Apesar de, sob o ponto de vista processual, essa execução ser conceituada como provisória, ante a recorribilidade do pronunciamento judicial portador da ordem de desalijo, será sempre irreversível e definitiva no plano prático.

Isso quer dizer que, retomado o imóvel pelo locador em razão da execução provisória da ordem de despejo, a relação locatícia será considerada definitivamente rompida, ainda que a sentença seja ulteriormente reformada pela instância *ad quem*. Daí Luiz Fux afirmar que "a execução se assemelha à definitiva pela satisfatividade plena que encerra. Provisória e instável é apenas a decisão, e não a execução".[37]

A eventual desconstituição do título judicial que determinou o despejo do réu resolve-se, exclusivamente, no "plano indenizatório, porque a Lei de Locações não dispõe de norma – propositalmente, por conveniência legislativa – que dê eficácia à *restitutio in integrum*, ao *statu quo ante*".[38]

A irreversibilidade intrínseca à execução provisória da ordem de desalijo, fruto, como visto, de opção legislativa, é certamente um traço distintivo das ações despejo. A despeito da existência de situações não passíveis de reversão, nas quais a solução também se dá no plano indenizatório (CPC, art. 520, § 4º), a disciplina da execução provisória do Código de Processo Civil faz expresso aceno à restituição das partes ao estado anterior, "sobrevindo decisão que modifique ou anule a sentença objeto da execução" (CPC, art. 520, inc. II).

Daí a razão de a Lei do Inquilinato, respeitada a exceção prevista no próprio *caput* do art. 64, estabelecer que "a execução provisória do despejo dependerá de caução não inferior a 6 (seis) meses nem superior a 12 (doze) meses do aluguel, atualizado até a data da prestação da caução". Tal garantia, que poderá ser real ou fidejussória, será revertida em favor do locatário em caso de provimento do seu recurso. Trata-se de consequência direta e ime-

37. Luiz Fux, *Locações: processos e procedimentos*, cit., p. 32.

38. Paulo Restiffe Neto e Paulo Sérgio Restiffe, ob. cit., p. 86. Os autores também expõem os óbices que certamente levaram o legislador a descartar o retorno ao *statu quo ante* como consequência da desconstituição do título judicial portador da ordem de desalijo: "pelo sistema da legislação em vigor não se vê, sem dificuldades intransponíveis, como operar o '*des*despejo', isto é, impor a reintegração de posse do locatário no imóvel (*res*), ainda que não esteja sendo ocupado por terceiro, se o despejo mesmo é que se tornou a causa precipitadora da ruptura da locação" (p. 86) Há, contudo, quem entenda que, existindo possibilidade fática de reversão, deve-se permitir o retorno do locatário ao imóvel, superando-se imperfeição do texto legal (Paulo Eduardo Fucci, *Reforma da Lei do Inquilinato*, São Paulo, Saraiva, 2011, pp. 105-106).

diata da reversão da sentença, não estando o locatário obrigado a demonstrar qualquer prejuízo, o que faz Sílvio Venosa afirmar sua semelhança com a figura da cláusula penal compensatória.[39]

O valor da caução funcionará como mínimo de indenização, pois o locatário ainda poderá "reclamar, em ação própria, a diferença pelo que a exceder" (art. 64, § 2º). Nesse processo subsequente, obviamente, o locatário terá que demonstrar a ocorrência do dano e que sua extensão supera o valor da caução revertida em seu favor.

Certamente em razão da irreversibilidade ínsita à execução provisória da ordem despejo, que impõe ao autor especial dever de cuidado, a responsabilização do locador que promove a execução provisória de sentença de despejo ao final reformada é mais severa quando comparada àquela disciplinada no Código de Processo Civil para situações análogas. Sabe-se que o referido *Codex* também impõe a responsabilização do exequente pelos prejuízos causados ao executado em razão da desconstituição do título judicial que amparava a execução provisória. Contudo, tal responsabilização, a despeito de ser objetiva, não dispensa a demonstração dos prejuízos – os quais, segundo dispõe o art. 520, inc. II, serão liquidados nos mesmos autos.

Cabe, por fim, ressaltar que a imediata executoriedade da sentença de despejo adotada pela Lei do Inquilinato não afasta a aplicação do § 3º do art. 1.012 do Código de Processo Civil. Após fazer referência aos casos em que o recurso de apelação não tem aptidão de estancar os efeitos da sentença, dispostos no próprio estatuto processual e "outras hipóteses previstas em lei", o referido dispositivo permite ao vencido postular a atribuição de efeito suspensivo diretamente ao órgão jurisdicional *ad quem*. Para sua concessão, deverá o apelante "demonstrar a probabilidade de provimento do recurso *ou* se, sendo relevante a fundamentação, houver risco de dano grave ou de difícil reparação".

O referido dispositivo contempla duas espécies de tutelas provisórias recursais, ambas voltadas à sustação dos efeitos da sentença: a primeira parte do dispositivo prevê o deferimento de tutela provisória de evidência; a segunda parte, de tutela provisória de urgência. Tal realidade fica clara quando se percebe que a disposição legal estabelece dois fundamentos alternativos (ligados pela conjunção "ou") para a outorga de efeito suspensivo à apelação.

A primeira parte da oração exige apenas "probabilidade de provimento do recurso", sem qualquer alusão ao perigo da demora. Ou seja, contenta-se a lei com a demonstração de que são grandes as chances de êxito do recurso

39. Sílvio de Salvo Venosa, ob. cit., p. 276.

para a concessão da medida, o que demonstra sua identificação com a categoria da tutela provisória da evidência.

A parte final do enunciado legal, por sua vez, exige a cumulação da relevância da fundamentação e do risco de dano grave ou de difícil reparação, o que impõe a classificação do provimento judicial emitido com base nesses requisitos como tutela provisória de urgência.

Diante da aparente sobreposição existente entre os requisitos da *probabilidade de provimento do recurso* (primeira parte do enunciado) e da *relevância da fundamentação* (segunda parte do enunciado), é importante atentar à interpretação de Luis Guilherme Aidar Bondioli, o qual os diferencia a partir da gradação das chances de êxito do recurso de apelação. Diz o autor: "sendo efetivamente grandes as chances de provimento do recurso, não se perquire quanto ao *periculum in mora* para a contenção dos efeitos da sentença (tutela de evidência recursal); sendo boas as chances de provimento do recurso, mas não tão grandes, aí se exige a iminência de um dano qualificado para a sustação da eficácia do julgado.[40]

2.977. tramitação dos processos e recesso forense

Dispõe o art. 58, inc. I, que "os processos tramitam durante as férias forenses e não se suspendem pela superveniência delas". Segundo a doutrina especializada, o regramento pressupõe, em alguma medida, a existência de um *periculum in mora* inerente às ações locatícias típicas, a justificar a não paralisação da sua tramitação.

Cabe registrar, em primeiro lugar, que as férias forenses foram abolidas pela Emenda Constitucional 45. A referida Emenda inseriu o art. 93, inc. XII, na Constituição Federal, estabelecendo a natureza ininterrupta da atividade jurisdicional.

A abolição das férias forenses, contudo, não fez desaparecer a importância da disposição, pois há séria dúvida sobre a forma de interação desse dispositivo legal com o recesso forense disposto no art. 220 do Código de Processo Civil, segundo o qual "suspende-se o curso do prazo processual nos dias compreendidos entre 20 de dezembro e 20 de janeiro, inclusive".

Há, aqui, dois entendimentos: o primeiro no sentido de que a *ratio* do art. 58, inc. I, é garantir curso ininterrupto das ações locatícias, de modo que, como regra especial, afasta a incidência do art. 220 do Código de Processo

---

40. Luis Guilherme Aidar Bondioli, in Luis Guilherme Aidar Bondioli, João Francisco N. da Fonseca e José Roberto F. Gouvêa (coords.), *Comentários ao Código de Processo Civil: dos recursos*, vol. XX, São Paulo, Saraiva, 2016, p. 106.

Civil, não se suspendendo os prazos processuais pertinentes a essas causas. Já o segundo, mais adequado, apregoa que, diante da extinção das férias forenses, as quais não se confundem com o recesso forense, a norma contida na Lei do Inquilinato caiu no vazio, o que deixa o caminho aberto para a suspensão dos prazos processuais na forma preconizada pelo art. 220 do Código de Processo Civil. Afinal, no recesso forense há apenas a suspensão dos prazos processuais, e não a paralisação da atividade forense (CPC, art. 220, § 1º).

A insegurança sobre o tema é especialmente indesejável, pois apta a suscitar questionamentos sobre tempestividade de atos processuais. Basta pensar na hipótese da parte que contabiliza o prazo para interpor recurso ou contestar considerando a suspensão descrita no art. 220 do Código de Processo Civil, por entender que a norma não é afastada pelo art. 58, inc. I, da Lei do Inquilinato. Caso, contudo, o julgador tenha entendimento diverso – ou seja, pela inaplicabilidade do art. 220 do diploma processual –, reputará intempestivo o ato processual, com as graves consequências daí advindas.

Infelizmente, é justamente esse quadro de insegurança que se vê na jurisprudência, valendo citar, nesse aspecto, os entendimentos do Tribunal de Justiça de São Paulo e do Superior Tribunal de Justiça sobre o tema.

O Tribunal de Justiça de São Paulo adota a interpretação pela aplicabilidade do art. 220 do Código de Processo Civil e, portanto, considera suspensos os prazos processuais nas ações de despejo no período entre 20 de dezembro e 20 de janeiro. O seguinte julgado bem ilustra a posição dessa Corte: "as férias forenses não mais existem e referido termo constante do art. 58, inc. I, da Lei n. 8.245/1991 não pode ser confundido com a suspensão dos prazos processuais, no período de 20 de dezembro a 20 de janeiro, definido pelo art. 220 do CPC-2015, que se aplica a todos os processos".[41]

Já o Superior Tribunal de Justiça externa compreensão diametralmente oposta, assentando peremptoriamente que a regra especial inserta na Lei do Inquilinato afasta a suspensão dos prazos ditada pelo Código de Processo Civil. Veja-se: "para fins de contagem do prazo recursal e sua eventual suspensão, a jurisprudência desta Corte não tem feito distinção entre o recesso e as férias forenses. Dessa forma, *a contrario sensu*, inclusive para fins de aplicação do art. 58, inc. I, da Lei 8.245/1991, tem-se entendido pela não suspensão dos prazos, tanto nos períodos de recesso forense quanto das férias fo-

---

41. TJSP, 31ª Câmara de Direito Privado, Ap. 1006308-59.2018.8.26.0566, rel. Des. Adilson de Araujo, j. 23.4.2019. No mesmo sentido: TJSP, 34ª Câmara de Direito Privado, Ap. 0001234-37.2014.8.26.0257, rel. Des. Carlos von Adamek, j. 28.9.2016; TJSP, 27ª Câmara de Direito Privado, Ap. 4001389-23.2013.8.26.0510, rel. Des. Mourão Neto, j. 18.11.2014.

renses, quando a ação envolve despejo, consignação em pagamento de aluguel, revisionais e renovatórias de locação".[42]

Mais importante do que a posição que ao final prevalecerá – até porque ambas são defensáveis – é a rápida diluição da divergência, a qual, como se viu, tem aptidão de causar danos sérios aos jurisdicionados. Caberia aos órgãos jurisdicionais inferiores, em respeito à vocação constitucional do Superior Tribunal do Justiça de intérprete da legislação infraconstitucional, acatar o posicionamento daquele Sodalício. Mas, como essa não é a realidade, passa a ser aconselhável que o Superior Tribunal de Justiça, constatando a efetiva presença dos requisitos necessários, enfrente o tema em precedente vinculante, fixando tese cuja observância será obrigatória, colocando, com isso, fim a essa perigosa controvérsia.

Enquanto nenhum desses cenários se concretiza, cumpre aos advogados adotar a postura mais cautelosa na condução das ações de despejo: desconsiderar a suspensão dos prazos processuais disposta no art. 220 do Código de Processo Civil no cômputo dos prazos processuais. Tudo isso a fim de afastar o grave risco da intempestividade.

2.978. ordem de despejo liminar

A Lei do Inquilinato é considerada vanguardista quando o assunto envolve técnicas de aceleração da tutela jurisdicional, com vistas à produção de resultados úteis e voltados ao enfrentamento do tempo como elemento inexorável ao exercício da jurisdição.[43] Afinal, trouxe em seu bojo a possibilidade do despejo liminar do locatário – e o fez em momento no qual o próprio Código de Processo Civil à época vigente não ostentava a regra do art. 273, inserida naquele diploma processual apenas pela reforma de 1994.[44]

A concessão de medida contendo ordem de despejo liminar está disciplinado no § 1º do art. 59, em cujos incisos são elencadas *nove* hipóteses que autorizam a concessão de "liminar para desocupação em quinze dias, inde-

---

42. STJ, AREsp/AgR 672.016-DF, rel. Min. Marco Buzzi, j. 28.11.2017. No mesmo sentido: STJ, 4ª Turma, REsp/AgInt 1.401.760-MA, rel. Min. Luís Felipe Salomão, j. 17.12.2019.

43. "Admitida a premissa segundo a qual o processo deve se desenvolver em conformidade com o modelo legal previsto pelo legislador, do qual fazem parte contraditório, ampla defesa, publicidade, fundamentação, juiz natural, duplo grau de jurisdição, legalidade procedimental *etc.*, a entrega da tutela jurisdicional em caráter definitivo demanda tempo" (José Roberto dos Santos Bedaque, *Tutela provisória: analisada à luz das garantias constitucionais da ação e do processo*, 6ª ed., São Paulo, Malheiros Editores, 2021, p. 307).

44. Luiz Fux, "Procedimentos especiais da Lei do Inquilinato e o Código de Processo Civil", cit., p. 484.

pendentemente da audiência da parte contrária e desde que prestada a caução no valor equivalente a três meses de aluguel".

As hipóteses colocadas pela lei como fundamento exclusivo para o despejo liminar são as seguintes: o descumprimento do distrato da locação, celebrado por escrito e assinado pelas partes e por duas testemunhas, no qual tenha sido ajustado o prazo mínimo de seis meses para desocupação, contado da assinatura do instrumento (inc. I); a extinção da relação de emprego quando o contrato de locação está a ela relacionado (inc. II); o término do prazo da locação para temporada, tendo sido proposta a ação de despejo em até 30 dias do seu vencimento (inc. III); a morte do locatário sem deixar sucessor legítimo na locação, nos termos do inc. I do art. 11, permanecendo no imóvel pessoas não autorizadas por lei (inc. IV); a permanência do sublocatário no imóvel, extinta a locação, celebrada com o locatário (inc. V); necessidade de se produzir reparações urgentes no imóvel, determinadas pelo Poder Público, que não possam ser normalmente executadas com a permanência do locatário, ou, podendo, haja recusa em permiti-las (inc. VI); não apresentação, no prazo de 30 dias contados da notificação, de nova garantia apta à segurança inicial do contrato (inc. VII); o término do prazo da locação não residencial, tendo sido proposta a ação em até 30 dias do termo ou do cumprimento de notificação comunicando o intento de retomada (inc. VIII); a falta de pagamento de aluguel e acessórios da locação no vencimento, estando o contrato desprovido de alguma das garantias previstas no art. 37, por não ter sido contratada ou, sendo contratada, haja a sua extinção ou pedido de exoneração, independentemente do motivo (inc. IX).

Descritas as hipóteses, cabe examinar a natureza dessa tutela liminar à luz da técnica processual, analisando o seu enquadramento nas categorias de tutelas provisórias conhecidas. Em outras palavras: o despejo liminar de que trata a Lei do Inquilinato é uma tutela de urgência? Se sim, em qual das duas subespécies ela se enquadra: tutela de urgência antecipada ou cautelar? Ou a ordem de despejo liminar é, em realidade, uma tutela provisória de evidência?[45]

De plano, é possível descartar a figura da tutela provisória de natureza cautelar. Afinal, o conteúdo do provimento provisório concedido envolve o próprio despejo do réu, resultado que, não fosse a sua concessão, viria apenas ao final do processo. A natureza satisfativa é, portanto, evidente: a liminar está a precipitar no tempo os efeitos do provimento final.

Como foi pontuado em volume anterior desta obra: "observando-se os modos como elas se projetam sobre os direitos das partes, percebe-se que, (a) en-

45. Lembre-se: "tem-se o gênero tutela provisória, o qual se divide nas espécies tutela *de urgência* e tutela *da evidência* – subdividindo-se aquela nas subespécies tutela cautelar e tutela antecipada" (*supra*, n. 1.492 – Vol. III).

quanto a tutela cautelar constitui instrumento de tutela ao processo e preservação dos meios sem os quais ele não poderia ser realizado de modo eficiente para o proveitoso exercício da jurisdição, (b) a antecipação atua diretamente sobre a situação jurídica das partes em suas relações recíprocas ou com os bens da vida. Ambas são destinadas a servir de armas na luta contra a corrosão de direitos por ação do tempo, mas cada uma dela atua a seu modo" (*supra*, n. 1.503 – vol. III).

O passo seguinte consiste em definir se o despejo liminar da Lei do Inquilinato é uma tutela antecipada de urgência ou da evidência. O traço distintivo dessas duas espécies de tutela provisória é o requisito do estado de periclitação (*periculum in mora*), exigido na primeira mas absolutamente indiferente à segunda (CPC, art. 311, *caput*). A tutela de evidência contenta-se como o chamado *fumus boni iuris*.

Diante dessas premissas e confrontando o rol das hipóteses autorizadoras do despejo concedido *initio litis*, é comum a afirmação de que a medida tem natureza de tutela provisória da evidência, ante a inexistência de alusão ao perigo da demora.[46]

Concorda-se quase integralmente com a análise. A divergência reside no disposto no art. 59, § 1º, inc. VI, o qual autoriza a concessão de tutela provisória contendo ordem de despejo quando houver a "necessidade de se produzir reparações *urgentes* no imóvel, determinadas pelo Poder Público". O autor, para obter o despejo liminar com base nessa hipótese legal, deverá demonstrar que a realização dos reparos não pode aguardar – o que, na técnica processual, significa *periculum in mora*. Justamente nesse sentido se manifesta Sylvio Capanema, ao assentar que, na hipótese em comento, "é evidente o *periculum in mora*, tendo em vista que, se a obra é urgente, a permanência do locatário no imóvel, ou de outras pessoas, representa um grande risco, podendo sobre elas vir a ruir o prédio".[47] A situação exige, portanto, um estado de periclitação incompatível com o instituto da tutela da evidência.

---

46. Daniel Assumpção Neves, "Ação de despejo e tutela provisória", in Heloísa Helena Barbosa, Guilherme Calmon Nogueira Gama e Thiago Ferreira Cardoso Neves (coords.), *Lei do Inquilinato: exame dos 30 anos da lei de locação urbana. Estudos em homenagem ao prof. Sylvio Capanema de Souza*, São Paulo, Foco, 2021, p. 490. O referido autor ainda traz, para corroborar o seu raciocínio, julgado do colendo Superior Tribunal de Justiça (STJ, 4ª Turma, REsp 1.207.161-AL, j. 8.2.2011). No mesmo sentido Humberto Theodoro Júnior: "não é o risco de perda da eficácia do processo principal que justifica a medida liminar. A medida é concedida apenas em razão da *causa petendi* de mérito, que a lei considera como suficientemente relevante para permitir medida satisfativa provisória antes do definitivo acertamento do litígio" (ob. cit., p. 533).

47. Sylvio Capanema de Souza, ob. cit., p. 328. Luiz Fux confirma tal entendimento. Escrevendo quando o art. 59, § 1º, vigia em sua redação original, que não inclui a hipóteses descrita no inc. VI do art. 59 da Lei do Inquilinato, o referido autor defendia a possi-

Isso quer dizer que, das nove hipóteses de despejo liminar descritas na Lei do Inquilinato, oito possuem natureza de tutela provisória da evidência (incs. I, II, III, IV, V, VII, VIII e IX) e uma de tutela antecipada de urgência (inc. VI).

A classificação é importante, pois há reflexo procedimental.[48] As oitos hipóteses legais que possuem natureza de tutela da evidência não podem ser postuladas em caráter antecedente. É o que se conclui, *a contrario sensu*, da prescrição do art. 294 do Código de Processo Civil: "A tutela provisória de urgência, cautelar ou antecipada, pode ser concedida em caráter antecedente ou incidental". Assim, essas oito hipóteses de tutela provisória da evidência apenas podem ser postuladas e concedidas em caráter incidental – ou seja, na petição inicial em conjunto com o pedido de tutela final ou, a qualquer momento, no curso do processo.

Por sua vez, o despejo liminar de que trata o art. 59, § 1º, inc. VI, por possuir natureza de tutela antecipada de urgência, pode ser postulado e concedido em caráter antecedente, nos termos do art. 303 do Código de Processo Civil: "Nos casos em que a urgência for contemporânea à propositura da ação, a petição inicial pode limitar-se ao requerimento da tutela antecipada e à indicação do pedido de tutela final, com a exposição da lide, do direito que se busca realizar e do perigo de dano ou do risco ao resultado útil do processo" (*supra*, n. 1.518 – vol. III). Mais: pleiteada e concedida em caráter antecedente, tal tutela provisória é apta a sofrer os efeitos da estabilização de que trata o art. 304 do Código de Processo Civil (*supra*, n. 1.520 – vol. III).

2.979. pacífica convivência com as tutelas provisórias do CPC

Quando o Código de Processo Civil de 1973 passou a contar com a regra do art. 273, instaurou-se celeuma na doutrina e na jurisprudência em volta da seguinte indagação: o despejo *in limine* estaria exclusivamente circunscrito às hipóteses descritas na Lei do Inquilinato ou também seria possível deferir tutela provisória com esse teor com arrimo nos requisitos do art. 273 do Código de Processo Civil?

Após algum tempo de hesitação, formou-se forte posicionamento pela *convivência* nas ações de despejo das tutelas provisórias deferidas com ful-

---

bilidade de concessão da liminar fora das hipóteses legais, afirmando "mister assentar que há casos de direito em estado de periclitação que reclamam a tutela antecipada de segurança". O primeiro desses casos referidos pelo autor é justamente a "tutela antecipada de retomada para realização de reparações urgentes", assentando que "nesses casos a retomada é iminente e urgente, suscitando a tutela antecipada até para que o locador não suporte os riscos de sinistros que a coisa está prestes a engendrar" (*Tutela antecipada e locações*, Rio de Janeiro, Destaque, 1995, p. 134).

48. Daniel Assumpção Neves, ob. cit., p. 493.

cro nas hipóteses tipificadas na Lei do Inquilinato com aquelas concedidas em situações diversas, quando preenchidos os requisitos do Código de Processo Civil.[49]

Certamente essa era a solução mais adequada. Sendo as tutelas provisórias técnicas de maximização da efetividade processual e da garantia constitucional da tutela jurisdicional tempestiva, não havia justificativa para afastar a prescrição do art. 273 Código de Processo Civil das ações de despejo. O movimento correto, vale frisar, é justamente na direção oposta, ou seja, no sentido da universalização – o que não significa banalização – da antecipação de tutela.[50]

O mesmíssimo raciocínio justifica a pacífica interação entre as situações tipificadas na Lei do Inquilinado como ensejadoras do despejo liminar com a disciplina da tutela provisória – seja de urgência ou evidência – do atual Código de Processo Civil. Em outras palavras: para além do rol constante do art. 59, § 1º, da Lei do Inquilinato, é igualmente possível a concessão da ordem de despejo mediante tutela provisória deferida com base nos requisitos autorizadores constantes do Código de Processo Civil.

Frente a essa constatação, cabe concluir, em primeiro lugar, que, no total, são 12 as hipóteses de ordem de despejo passíveis de concessão mediante *tutela provisória da evidência*: oito dispostas na Lei do Inquilinato e quatro previstas no art. 311 do Código de Processo Civil.

Além disso, é possível a concessão de *tutela de urgência* para o despejo do réu mesmo fora da hipótese descrita no art. 59, § 1º, inc. VI, da Lei do inquilinato. Basta que na situação concreta, seja ela qual for, estejam presentes os requisitos do *fumus boni iuris* e do *periculum in mora*, como exige o art. 300, *caput*, do Código de Processo Civil.

Obviamente, a tutela provisória de urgência não deve ser indeferida em razão da irreversibilidade da medida. Como já visto, a irreversibilidade é ínsita ao despejo liminar, sendo, portanto, inaplicável às ações de despejo o disposto no § 3º do art. 300: "A tutela de urgência de natureza antecipada não será concedida quando houver perigo de irreversibilidade dos efeitos da decisão".

---

49. Sylvio Capanema de Souza, ob. cit., pp. 335 e ss.

50. Parece ser esse o espírito por trás das seguintes considerações de Nelson Nery Júnior e Rosa Maria de Andrade Nery: "em toda ação de conhecimento, em tese, é admissível antecipação da tutela, seja a ação declaratória, constitutiva (negativa ou positiva), condenatória, mandamental *etc.*, inclusive na ação de despejo. A providência tem cabimento, quer a ação de conhecimento seja processada pelo rito comum (ordinário ou sumário) ou especial, desde que verificados os pressupostos da norma em comento [*art. 273*]" (*Código de Processo Civil comentado e legislação extravagante*, 7ª ed., São Paulo, Ed. RT, 2003, p. 684).

A eventual reforma da decisão concessiva da tutela de urgência para o despejo do réu, na linha da disciplina contida na Lei do Inquilinato, resolve-se, como também já salientado, no plano indenizatório. Segundo Rogério Licastro Torres de Mello, "a reversibilidade prevista no CPC como condição para a antecipação não há que ser entendida exclusivamente como reversibilidade total, fática (como se fosse possível voltar no tempo e apagar todas as consequências do despejo antecipado), mas também como 'reversibilidade reparatória', vale dizer, conversível em perdas e danos".[51]

Por essa razão, ainda quando pleiteada com base nas regras da tutela de urgência do Código de Processo Civil, deve o julgador observar o regramento da Lei do Inquilinato quanto à necessidade de oferecimento de caução equivalente a três aluguéis, exigindo-a para o deferimento da medida de urgência.

2.980. intervenção coata do sublocatário

Como visto, a ação de despejo presta-se à ruptura da relação locatícia, com a consequente retomado do imóvel pelo locador. Há, contudo, casos em que o bem não está na posse direta do locatário, mas do sublocatário.

Tal circunstância poderia, a princípio, gerar dificuldades, pois o locador, por não manter relação *ex locato* com o sublocatário, não pode contra ele mover a ação de despejo. Cabe-lhe demandar diretamente o locatário, ciente do fato de que a extinção da locação ocasionará o automático encerramento da sublocação (Lei do Inquilinato, art. 15).

Por outro lado, atentaria contra as garantias constitucionais do processo despejar o sublocatário em razão de ordem de despejo oriunda de processo do qual apenas locador e locatário participaram.

Para resolver situações como essa, a Lei do Inquilinato promove interessante adaptação no procedimento, a fim de equilibrar todos os interesses em jogo: o do locador, de retomar o bem, independentemente de quem exerça a sua posse; e o do sublocador, de não ser despejado por ordem oriunda de processo do qual não participou. Para tanto, manda a lei que se dê ciência do pedido aos sublocatários, que "poderão intervir no processo como assistentes" (art. 59, § 2º).[52]

Como aponta Sylvio Capanema de Souza, a obrigatoriedade de se dar ciência ao sublocatário "tem o objetivo de preveni-lo para a eventual dissolu-

---

51. Rogério Licastro Torres de Mello, ob. cit., p. 76.

52. A disposição aplica-se unicamente às sublocações legítimas, constituídas mediante consentimento por escrito do locador, nos termos do art. 13 da Lei do Inquilinato. O sublocatário clandestino não goza de qualquer direito ou proteção em relação ao locador.

ção da locação, o que influenciará diretamente sobre ele, já que a sublocação, como relação acessória, não poderia sobreviver à principal".[53]

Se, *por um lado*, a inobservância da regra tornará o sublocatário imune aos efeitos da sentença – o que significa dizer que não poderá ser atingido por eventual ordem de despejo –, *por outro*, a sua regular cientificação faz nascer "um ônus processual peculiar de fazer-se representar no processo, de regra, para assistir ao réu (locatário sublocador), vinculando-se e submetendo-se aos efeitos do julgado ainda que não tenha comparecido".[54]

A obrigatoriedade de cientificação traz, portanto, duas repercussões processuais: para o autor, a inobservância da regra afeta a utilidade de eventual sentença favorável, ante a sua inoponibilidade ao sublocatário não cientificado; para o sublocatário, a simples observância do preceito o sujeitará à ordem de despejo, ainda que escolha não participar do processo.

A coatividade de cientificação do sublocatário bem como as consequências daí advindas revelam que a regra do art. 59, § 2º, da Lei do Inquilinato encerra peculiar hipótese de assistência coata ou provocada. Afinal, a intervenção "não ocorre por vontade do assistente, mas sim por meio de uma exortação dirigida a tal terceiro, comunicando-o acerca da pendência de um processo judicial, a fim de lhe proporcionar participação e de vinculá-lo à eficácia da intervenção".[55]

Cabe, ainda, definir qual é a modalidade dessa assistência – simples ou litisconsorcial –, pois tal definição dará a dimensão da atuação processual que é possível ao sublocatário.

Com a compreensão de que a descrição contida no art. 124 do Código de Processo Civil é sabidamente insuficiente para contemplar a riqueza de situações oriundas da realidade, parte-se da premissa de que a distinção entre a assistência simples e a litisconsorcial deriva "do grau maior ou menor dos efeitos que o julgamento terá sobre a condição jurídica do assistente" (*supra*, n. 693 – vol. II). O assistente litisconsorcial diferencia-se do simples por estar mais intimamente ligado ao objeto do processo e, portanto, mais exposto aos efeitos da sentença. Como são mais intensos os prejuízos a que está eventualmente sujeito o assistente litisconsorcial, é natural que lhe sejam concedidos maiores poderes, a fim de ostentar maior liberdade de ação no processo em que intervém. Daí permitir-se ao assistente litisconsorcial (e não ao assistente simples) até mesmo contrariar a vontade do assistido – como, p.ex.,

53. Sylvio Capanema de Souza, ob. cit., p. 340.

54. Paulo Restiffe Neto e Paulo Sérgio Restiffe, ob. cit., p. 86.

55. Daniel Colnago Rodrigues, "A assistência provocada no processo civil brasileiro", *Revista de Processo* 240/2, São Paulo, Ed. RT. 2015 (versão digital).

recorrendo quando o assistido não o faz ou requerendo provas mesmo quando este as dispensar.[56]

Frente a essas considerações, conclui-se que o sublocatário intervém no processo na condição de assistente litisconsorcial,[57] notadamente em razão de sua exposição direita e imediata aos efeitos da sentença de despejo. Não se trata, vale registrar, de meros efeitos reflexos da decisão ou de declarações que o possam afetar em processo futuro. Novamente: o sublocatário sofrerá diretamente a ordem de despejo em caso de procedência da demanda. Nesse contexto, não parece legítimo relegar ao sublocatário a condição de mero assistente simples, diminuindo, por consequência, a amplitude de sua atuação processual, a despeito de sua franca exposição aos efeitos da sentença.[58]

2.981. natureza jurídica da sentença

Na parte em que determina a saída compulsória do locatário do imóvel, com a sua consequente devolução ao locador, a sentença da ação de despejo tem *natureza condenatória*.[59]

Mas não só ao preceito condenatório se resume a sentença da ação de despejo. Como já visto, a determinação de restituição do imóvel é consequência direta de outro fenômeno: a extinção do vínculo locatício. Por esse motivo, a depender da causa de extinção da relação *ex locato* invocada pelo locador na *causa petendi*, a sentença também carregará preceito declaratório ou constitutivo.[60]

Quando a extinção do vínculo da locação não derivar da eficácia da decisão judicial, cabendo apenas ao julgador reconhecê-la como fruto de circunstância anterior ao processo, a sentença, além de condenatória, terá carga declaratória. É o que ocorre, p.ex., no despejo fundado no término do prazo

---

56. Cândido Rangel Dinamarco, *Litisconsórcio*, 8ª ed., São Paulo, Malheiros Editores, 2009, n. 15, p. 61.

57. Barbosa Moreira, "Intervenção litisconsorcial voluntária", in *Direito processual civil (ensaios e pareceres)*, Rio de Janeiro, Borsói, 1971, p. 26. No mesmo sentido: Paulo Restiffe Neto e Paulo Sérgio Restiffe, ob. cit., p. 186.

58. Em contexto de crítica ao disposto do art. 59, § 2º, da Lei do Inquilinato, Heitor Vitor Mendonça Sica afirma não haver razão "para recusar a condição de verdadeiro réu ao sublocatário 'cientificado' nos termos do art. 59, § 2º, da Lei do Inquilinato, em que pese o dispositivo se refira a ele como assistente" ("Notas críticas ao sistema de pluralidade de partes no processo civil brasileiro", *Revista de Processo* 36/39, n. 200, 2011). A afirmação corrobora a íntima ligação do sublocatário com o objeto do processo, o que desautoriza a conclusão de que intervém na condição de mero assistente simples.

59. Humberto Theodoro Júnior, ob. cit., p. 531.

60. Paulo Eduardo Fucci, ob. cit., p. 68.

contratual. Em tal hipótese o encerramento do vínculo locatício decorre pura e simplesmente do fim da vigência do contrato, evento verificado antes mesmo da instauração do processo.

Já nas hipóteses em que a ruptura do vínculo contratual é efeito da decisão a sentença ostentará também natureza constitutiva (negativa). É o caso, p.ex., da ação de despejo que traga como causa de pedir o descumprimento de obrigação contratual, pois a extinção da relação locatícia decorrerá da sentença de procedência. Em tal exemplo, "a relação contratual subiste enquanto a sentença não a resolver".[61] Ou seja, a extinção do vínculo locatício consiste em uma nova situação jurídica criada pela sentença.

A análise acima propositalmente afastou-se da afirmação, comum na doutrina, segundo a qual a sentença de desalijo representa exemplo clássico de tutela executiva *lato sensu*, na medida em que não há necessidade de um processo subsequente para a execução da ordem, sendo a desocupação mera fase do procedimento, a qual se opera com a simples notificação (*rectius*, intimação) do réu (Lei do Inquilinato, art. 63) e independentemente de iniciativa do titular do direito.

Fez-se tal opção por duas razões. Em primeiro lugar, como já elucidado em volume anterior desta obra, a suscetibilidade de ser executada no mesmo processo, grande traço distintivo tutela executiva *lato sensu*, caiu no vazio quando se implantou em nosso ordenamento o processo sincrético dividido em fases, em substituição ao modelo dualista anterior, dividido em processo de conhecimento e processo de execução. Diante do desaparecimento do seu principal elemento caracterizador, não há razão para afastar a conclusão de que as chamadas sentenças executivas *lato sensu* "são autênticas sentenças condenatórias" (*supra*, n. 1.106 – vol. III).

Além disso, da chamada natureza executiva da sentença é comum deduzir, equivocadamente, restrições às faculdades de defesa do réu na fase de cumprimento da ordem de despejo. Afirma-se que, já ostentando a sentença natureza executiva, não haveria mais espaço para a defesa do executado.[62]

---

61. Humberto Theodoro Junior, ob. cit., p. 532.

62. A título exemplificativo, v.: "a impugnação ao cumprimento de sentença representa a oposição do executado vencido no afã de desconstituir o título executivo ou o crédito exequendo. Nas ações executivas *lato sensu*, assim compreendidas aquelas em que a execução não se perfaz através de nova relação processual, como ocorre com o despejo, mas no mesmo processo, revelando simples 'movimento processual', não há lugar para impugnação" (Luiz Fux, *Locações: processos e procedimentos*, cit., p. 96, nota de rodapé 100). Ou, ainda: "daí se conclui que nas ações de despejo não se verifica a *actio judicati*, ou seja, um procedimento autônomo para o cumprimento de sentença, que se fará imediatamente, após a intimação do réu para que desocupe o imóvel no prazo concedido.

Ora, o réu condenado em uma ação de despejo terá ao seu dispor as mesmas defesas que estão ao alcance de qualquer litigante que tenha contra si uma sentença condenatória. Poderá, portanto, insurgir-se contra o cumprimento da ordem de despejo mediante a apresentação de impugnação, respeitada, obviamente, a limitação de matéria passível de arguição em tal sede (CPC, art. 525). Entendimento em sentido contrário incidiria em grave inconstitucionalidade, por violação às garantias constitucionais do contraditório e da ampla defesa.

Tal confusão, oriunda, como visto, do enquadramento da sentença de desalijo como executiva *lato sensu*, é mais um motivo a justificar a rejeição de tal classificação.

Referências Bibliográficas

BARBOSA MOREIRA, José Carlos. "Intervenção litisconsorcial voluntária". In: *Direito processual civil (ensaios e pareceres)*. Rio de Janeiro, Borsói, 1971.

BEDAQUE, José Roberto dos Santos. *Tutela provisória: analisada à luz das garantias constitucionais da ação e do processo*. 6ª ed. São Paulo, Malheiros Editores, 2021.

BONDIOLI, Luis Guilherme Aidar. In: BONDIOLI, Luis Guilherme Aidar, FONSECA, João Francisco N. da, e GOUVÊA, José Roberto F. (coords.). *Comentários ao código de processo civil: dos recursos*. vol. XX, São Paulo, Saraiva, 2016.

DINAMARCO, Cândido Rangel, *Capítulos de sentença*. 7ª ed. São Paulo, Malheiros Editores, 2021.

————. *Litisconsórcio*. 8ª ed. São Paulo, Malheiros Editores, 2009.

DINIZ, Maria Helena. *Lei de Locações de Imóveis Urbanos comentada*. 13ª ed. São Paulo, Saraiva, 2014.

FUCCI, Paulo Eduardo. *Reforma da Lei do Inquilinato*. São Paulo, Saraiva, 2011.

FUX, Luiz. *Locações: processos e procedimentos*. 5ª ed. Rio de Janeiro, Impetus, 2008.

————. "Procedimentos especiais da Lei do Inquilinato e o Código de Processo Civil". In: BARBOSA, Heloísa Helena, GAMA, Guilherme Calmon Nogueira da, e NEVES, Thiago Ferreira Cardoso. *Lei do Inquilinato: exame dos 30 anos da lei de locação urbana. Estudos em homenagem ao prof. Sylvio Capanema de Souza*. São Paulo, Foco, 2021.

————. *Tutela antecipada e locações*. Rio de Janeiro, Destaque, 1995.

MELLO, Rogério Licastro Torres de, FERNANDES, Luís Eduardo Simardi, e ZARIF, Claudio Cintra. *Ações locatícias*. 2ª ed. Curitiba, EDC, 2020.

Consequência lógica do que acima afirmamos é que a ação de despejo desautoriza a interposição de 'embargos à execução'" (Sylvio Capanema de Souza, ob. cit., p. 321).

NERY JÚNIOR, Nelson, e NERY, Rosa Maria de Andrade. *Código de Processo Civil comentado e legislação extravagante.* 7ª ed. São Paulo, Ed. RT, 2003.

NEVES, Daniel Assumpção. "Ação de despejo e tutela provisória". In: BARBOSA, Heloísa Helena, GAMA, Guilherme Calmon Nogueira, e NEVES, Thiago Ferreira Cardoso (coords.). *Lei do Inquilinato: exame dos 30 anos da lei de locação urbana. Estudos em homenagem ao prof. Sylvio Capanema de Souza.* São Paulo, Foco, 2021.

RESTIFFE NETO, Paulo, e RESTIFFE, Paulo Sérgio. *Locação: questões processuais e substanciais.* 5ª ed. São Paulo, Malheiros Editores, 2009.

RODRIGUES, Daniel Colnago. "A assistência provocada no processo civil brasileiro". *Revista de Processo* 240. São Paulo, Ed. RT. 2015 (versão digital).

SCAVONE JÚNIOR, Luiz Antonio. *Direito imobiliário: teoria e prática.* 17ª ed. Rio de Janeiro, Forense, 2022.

SCHIMITZ, Leonard Ziesemer, e ALVES, Eduardo Aranha. In: PERES, Tatiana Bonatti, e SCAVONE JÚNIOR, Luiz Antonio (orgs.). *Lei do Inquilinato comentada artigo por artigo: visão atual na doutrina e na jurisprudência.* 3ª ed. Rio de Janeiro, Forense, 2021.

SICA, Heitor Vitor Mendonça. "Notas críticas ao sistema de pluralidade de partes no processo civil brasileiro". *Revista de Processo* 36. N. 200. 2011.

SOUZA, Sylvio Capanema de. *A Lei do Inquilinato comentada artigo por artigo.* 13ª ed. Rio de Janeiro, Forense, 2021.

THEODORO JÚNIOR, Humberto. *Curso de direito processual civil – Procedimentos especiais.* 42ª ed., vol. III. Rio de Janeiro, Forense, 2010.

VENOSA, Sílvio de Salvo. *Lei do Inquilinato comentada: doutrina e prática.* 16ª ed. São Paulo, Atlas, 2021.

CAPÍTULO CCV – *AÇÃO DE CONSIGNAÇÃO DE ALUGUEL E DE ACESSÓRIOS DA LOCAÇÃO*

FRANCISCO ETTORE GIANNICO NETO

2.982. introdução

As características especiais que diferenciam a ação consignatória de aluguel e acessórios da locação da consignação em pagamento prevista no Código de Processo Civil devem ser estudadas e compreendidas a partir do momento em que o referido procedimento foi editado.

A Lei 8.245, de 18.10.1991, também conhecida como Lei de Locações, foi editada em um *contexto social* de pouca procura pelas relações locatícias, em razão da superproteção dos interesses dos locatários em detrimento dos locadores (*questões relacionadas ao direito material*)[1] e da morosidade procedimental, que não atendia às necessidades que essa espécie de relação demandava. Até então o locatário tinha à disposição apenas o instrumento processual genérico previsto no Código de Processo Civil de 1973 (CPC-1973)

---

1. Anteriormente reguladas pela Lei 6.649, de 16.5.1979.

para solucionar a *crise* relacionada à liberação da obrigação por meio do pagamento por consignação, regulado nos arts. 890 e ss. (*questões relacionadas ao direito processual*).

A Lei de Locações procurou *romper* essa deficiência *material* e *processual* regulando uma inovadora postura paritária entre locador e locatário e inaugurando um procedimento mais célere e efetivo para melhor atender a essa nova realidade. Em última análise, procurou-se fomentar o *interesse social* pela locação criando um aparato material e instrumental mais efetivo.[2]

Procuraremos demonstrar por meio do presente estudo em que medida a Lei de Locações (i) se distanciou da ação de consignação em pagamento originalmente prevista no CPC-1973 ao regular um novo procedimento especialmente pensado para atender às relações locatícias, (ii) regulou um procedimento que efetivamente cumpriu com o seu objetivo de trazer maior celeridade e efetividade à consignação de aluguéis e acessórios da locação e (iii) ainda se mostra inovadora a ponto de justificar um procedimento próprio para a ação consignatória de aluguel e acessórios da locação, diferente daquele atualmente regulado pelo Código de Processo Civil de 2015 (CPC-2015).

2.983. considerações gerais sobre a ação consignatória de aluguel e acessórios da locação

A relação jurídica que nos interessa neste estudo é a locação enquanto negócio jurídico *bilateral*, *oneroso* e *comutativo*, no qual o locador se compro-

2. "A nova Lei do Inquilinato veio imprimir uma nova filosofia na relação *ex locato*, abandonando por completo aquela presunção de hipossuficiência e fragilidade da posição do locatário, para enfrentar o problema gerado pelo paternalismo, que não foi senão o responsável pela atual recessão por que passa o mercado locatício, onde metade das moradias disponíveis estão completamente fechadas. Essa postura do legislador não se faz sentir apenas no plano do direito material com a possibilidade de ruptura imotivada da locação depois de um certo tempo (denúncia vazia), mas também no âmbito processual, principalmente no que concerne à celeridade processual empreendida. (...). A nova lei teve uma preocupação muito grande com o escopo da celeridade processual, demonstrada *v.g.* na ação de consignação, ao favorecer o locador, permitindo-lhe levantar os depósitos consignados incontroversos (...). Vê-se que há um objetivo, o que leva o aplicador da lei a observar sempre que possível este desígnio de dar-se à parte do processo o máximo de resultado com o mínimo esforço processual. Isto quer dizer que o próprio juízo, ao determinar uma providência, deve ter em mira que a lei procurou abandonar a preocupação com o formalismo. Essa informalidade é verificada até mesmo no ato mais importante do processo, que é o da convocação das partes através de uma citação extremamente informal" (Luiz Fux, *Locações: processos e procedimentos (doutrina, prática e jurisprudência)*, 2ª ed., Rio de Janeiro, Destaque, 1995, pp. 3-4). No mesmo sentido: Mantovanni Colares Cavalcante, "A nova Lei do Inquilinato", *RT* 675/56-63, Ano 81, São Paulo, Ed. RT, janeiro/1992.

mete a, dentre outras obrigações, ceder o uso e o gozo *temporário* de bem imóvel e o locatário se compromete a, dentre outras obrigações, pagar o preço estipulado pelo tempo de uso do imóvel, no qual se incluem os aluguéis e os acessórios da locação, tais como, p.ex., os impostos municipais como o IPTU, a despesa condominial, as contas de água, luz e gás *etc.*

O *inadimplemento* da obrigação do locatário (pagamento do preço) pode gerar a gravíssima consequência da *resolução da locação* (Lei de Locações, art. 9º, inc. III), o que justificaria a propositura da respectiva ação de despejo pelo locador caso o locatário não desocupe voluntariamente o imóvel.

Como bem sintetiza Luiz Fux, "o pagamento é a um só tempo dever e direito do devedor",[3] razão pela qual, verificado qualquer óbice para o tempestivo e adequado cumprimento da obrigação do locatário de pagar o preço e sendo vedado o exercício arbitrário das próprias razões, a lei assegura os meios processuais adequados para que o locatário cumpra a sua obrigação.

E são diversos os óbices que podem surgir para o locatário satisfazer a sua obrigação, podendo ser resumidos em dois grandes grupos, os casos de (i) *mora do credor* (*mora creditoris*), definida pelo direito material (CC, art. 335) para as hipóteses em que "o credor não puder, ou, sem justa causa, recusar receber o pagamento, ou dar quitação na devida forma" (inc. I) ou "o credor não for, nem mandar receber a coisa no lugar, tempo e condição devidos" (inc. II) e (ii) *risco de pagamento ineficaz*, também definido pelo direito material nas hipóteses em que "o credor for incapaz de receber, for desconhecido, declarado ausente, ou residir em lugar incerto ou de acesso perigoso ou difícil" (inc. III), "ocorrer dúvida sobre quem deva legitimamente receber o objeto do pagamento" (inc. IV) e "pender litígio sobre o objeto do pagamento" (inc. V).

Essas hipóteses já foram tratadas em capítulo específico desse livro a respeito da ação de consignação em pagamento prevista no Código de Processo Civil.

Ao que importa para a ação de consignação de aluguéis e acessórios da locação é importante notar que as principais causas que justificam a sua propositura são, *exemplificativamente*, a controvérsia em relação aos índices de correção monetária da locação, o desconhecimento de quem são ou qual é o paradeiro dos herdeiros ou sucessores em caso de morte do locador, o desconhecimento do domicílio do adquirente do imóvel e novo locador no curso da locação, o desconhecimento de quem deve receber o valor do aluguel em caso de recuperação judicial ou falência do locador – dentre outros.[4]

3. Luiz Fux, ob. cit., p. 216.

4. A Lei de Locações também admite a consignação dos aluguéis nos imóveis utilizados como habitação coletiva multifamiliar, cujo imóvel foi considerado em condições pre-

Em todas essas hipóteses é de interesse do locatário purgar a mora de modo a evitar a resolução da locação e a inibir a propositura ou a procedência de ação de despejo por falta de pagamento. Para a consignação, "a dívida tem de ser certa, líquida e exigível".[5] Havendo recusa do credor ou dúvida objetiva e jurídica a respeito do pagamento a ser realizado, haverá *interesse de agir* na consignação de aluguéis e acessórios da locação.

O locatário poderá exercer a sua pretensão de consignar o aluguel e os acessórios a partir do momento em que ficar configurada qualquer das hipóteses de mora do locador ou dúvida em relação a quem deve receber. Essa pretensão deve ser exercida, no entanto, até o momento *anterior* ao da citação daquele que pretenda realizar a consignação em eventual ação de despejo por falta de pagamento.

Isso porque nas ações de despejo fundadas na falta de pagamento de aluguel e acessórios da locação o locatário poderá evitar a resolução da locação efetuando, no prazo de 15 dias, contado da sua citação, o pagamento do débito atualizado, purgando a sua mora (Lei de Locações, art. 62, *caput* e inc. II). Logo, até o momento anterior da sua citação em ação de despejo o locatário poderá exercer o seu direito de consignar o aluguel e demais encargos da locação; a partir daí só lhe resta purgar a mora.

A ação consignatória de aluguel e acessórios da locação é uma demanda "de conhecimento, da espécie declaratória, porque o que nela se pretende é uma sentença que declare extinto o débito pelo depósito judicialmente feito",[6] e, não obstante o autor realizar depósito da quantia devida – o que levou parte da doutrina a afirmar que haveria certa dose de *executividade*[7] –, esse fato não lhe retira a natureza declaratória.

---

cárias pelo Poder Público (art. 24). O depósito libera os locatários da obrigação e os valores só poderão ser levantados após a regularização do imóvel.

5. Ernane Fidélis dos Santos, *Manual de direito processual civil: procedimentos especiais codificados e da legislação esparsa, jurisdição contenciosa e jurisdição voluntária, processo nos tribunais e juizados especiais*, 15ª ed., vol. 3, São Paulo, Saraiva, 2017, Cap. II, item 4.

6. Celso Agrícola Barbi, "Ação de consignação em pagamento e renovatória na nova Lei de Inquilinato", *RT* 676/-13, Ano. 81, São Paulo, Ed. RT, fevereiro/1992.

7. "Na ação de consignação em pagamento vamos encontrar, segundo a estruturação que lhe dá o direito brasileiro, uma predominância de atividade de conhecimento, de conteúdo declaratório. Mas a executividade se mostra também presente em dosagem bastante significativa, pois o processo permite que atos materiais sejam praticados dentro da relação processual, com afetação de bens que migram de um patrimônio a outro, provocando a extinção, desde logo, da relação jurídica obrigacional deduzida em juízo. Não há condenação, mas permissão a que o devedor, numa execução às avessas, provoque o credor a vir receber o que lhe é devido, sob pena de extinguir-se a dívida mediante o depósito judicial da *res debita*. Não se dá uma execução em processo apartado, pois

Ernane Fidélis do Santos inclui a ação de consignação em pagamento dentre os procedimentos especiais absolutamente infungíveis, isso é, só poderia ser deduzida pelo procedimento especial, nunca pelo procedimento comum,[8] na medida em que "a fase inicial de oferta, de possível recebimento ou de depósito é imprescindível".[9]

Não obstante a imprescindibilidade da fase de depósito, não nos parece que haveria qualquer óbice para o autor formular outras pretensões que não apenas a consignação, sendo admitidas a cumulação de pedidos como a declaração de inexigibilidade de multa pela resilição da locação ou o recebimento de indenização por benfeitorias.[10]

Uma vez proposta a ação de consignação de aluguéis e acessórios da locação, aplica-se a regra geral do ônus da prova: compete ao autor comprovar os fatos constitutivos do seu direito (CPC, art. 373, inc. I), isso é, caberá ao locatário comprovar a oferta do pagamento do preço se a dívida for *portable*[11] e a recusa do credor no caso de sua mora ou a dúvida objetiva e jurídi-

---

tudo ocorre dentro de uma só relação processual, cuja sentença final tem, no caso de procedência do pedido, a força de declarar a eficácia extintiva do depósito feito pelo devedor, após a citação do credor *in limine litis*" (Humberto Theodoro Júnior, *Curso de direito processual civil. Procedimentos especiais – Codificados: jurisdição contenciosa e jurisdição voluntária – Legislação extravagante: arbitragem, juizados especiais, ações constitucionais, ações coletivas e ações imobiliárias*, 54ª ed., vol. II, Rio de Janeiro, Forense, 2020, n. 14).

8. Ernane Fidélis dos Santos, *Manual de direito processual civil: procedimentos especiais codificados e da legislação esparsa, jurisdição contenciosa e jurisdição voluntária – Processo nos tribunais e juizados especiais*, 15ª ed., vol. 3, São Paulo, Saraiva, 2017, Cap. I, item 4.
9. Ernane Fidélis dos Santos, ob. cit., Cap. II, item 8.
10. "Locação – Consignação de chaves, rescisão de contrato e cobrança de desconto por benfeitorias – Cumulação de pedidos – Possibilidade – Procedimento especial da ação consignatória que não é incompatível com os pedidos declaratório de inexigibilidade de multa e de indenização por benfeitorias – Inteligência do art. 327, § 2º, do CPC" (TJSP, 36ª Câmara de Direito Privado, Ap. 1002867-27.2020.8.26.0008, rel. Des. Milton Carvalho, j. 4.3.2021, v.u.).
11. "Se a dívida, pelos termos do contrato locatício, é *portable*, ou seja, devem os aluguéis ser pagos no endereço do credor, cabe ao autor da ação de consignação o ônus da prova de que realmente ofereceu a prestação, tendo havido injusta recusa do *accipiens* (CPC-2015, art. 373, inc. I). Se, no entanto, o débito é *quérable*, o que se deduz pela falta de convenção prevendo pagamento no endereço do locador, a este cabe o dever de procurar a prestação no endereço do locatário (art. 327 do Código Civil e art. 23, inc. I, da Lei n. 8.245). Nesse caso, o inquilino pode propor a ação sem ter de provar a oferta e a recusa do pagamento, pois ao senhorio é que competia buscar a prestação em presença do devedor. Ao réu é que toca demonstrar que compareceu para receber, sem lograr sucesso" (Humberto Theodoro Júnior, ob. cit., n. 593).

ca a respeito do pagamento, e ao réu comprovar os fatos impeditivos, modificativos ou extintivos do direito do autor (CPC, art. 373, inc. II), isso é, caberá ao locador comprovar a inexistência de recusa se a dívida for *portable* ou que procurou a prestação se a dívida for *quérable*, a existência de recusa motivada ou justa na hipótese de ser alegada a sua mora e a inexistência de dúvida objetiva e jurídica a respeito do pagamento na segunda hipótese.

E, como será demonstrado nos itens relacionados ao seu *procedimento* (*infra*, nn. 2.985 e ss.), "a ação de consignação da lei, diversa daquela tratada pelo CPC, foi inspirada nos princípios de celeridade, praticidade, economia processual e liberdade das formas"[12] como forma de cumprir seu objetivo de trazer maior celeridade e efetividade à consignação de aluguéis e acessórios da locação.

2.984. consignação extrajudicial de aluguel e acessórios da locação

A Lei 8.951, de 13.12.1994, dentre outras inovações no procedimento da ação de consignação em pagamento geral, que serão abordadas a seguir, introduziu no CPC-1973 a possibilidade de o devedor de obrigação pecuniária *optar* pela via *extrajudicial* da consignação em pagamento, bastando a ele (i) depositar a quantia devida em estabelecimento bancário oficial no local do pagamento, em conta com correção monetária, e (ii) notificar o credor por carta com aviso de recebimento para receber o valor devido ou recusá-lo, no prazo de 10 dias.

Trata-se de "instrumento de direito material, apto à extinção de obrigações de natureza pecuniária, dele podendo lançar mão qualquer devedor".[13] Isso é, não se trata de um *procedimento de consignação extrajudicial*, "mas de simples normatização de direito material que permite ao devedor utilizar na pretensão de pagamento, servindo ainda a prova documental do depósito bancário e da recusa para instruir possível ação de consignação, quando for o caso".[14]

Esse procedimento já foi abordado em capítulo específico deste livro. Ao que importa ao presente estudo, não há qualquer restrição para a utilização da consignação extrajudicial em relação às obrigações em dinheiro, razão pela qual as suas disposições também se aplicam às obrigações de pagar aluguel e encargos da locação.[15]

---

12. Luiz Fux, ob. cit., p. 217.
13. Antonio Carlos Marcato, "Consignação em pagamento de alugueres e encargos da locação", *Revista do Advogado* 30/7-18, n. 108. São Paulo, AASP. maio/2010.
14. Ernane Fidélis dos Santos, ob. cit., Cap. II, item 1.
15. Antonio Carlos Marcato, ob. cit., pp. 7-18. Em outra obra, o mesmo autor afirma que: "a posição contrária à ora externada representaria clara negação aos escopos almejados

2.985. procedimento judicial da ação consignatória de aluguel e acessórios da locação

O procedimento da consignação em pagamento de aluguel e acessórios da locação tramita durante as férias forenses[16] e feriados e não se suspende pela superveniência delas (art. 58, inc. I), surgindo uma primeira distinção em relação ao procedimento regulado pelo Código de Processo Civil, que não tramitava (CPC-1973, art. 173) e ainda não tramita (CPC-2015, art. 214) nesse período.[17]

As demais características e peculiaridades do procedimento serão abordadas a seguir.

2.986. foro competente

É competente para apreciar e julgar a ação consignatória de aluguel e acessórios da locação o foro eleito pelas partes no contrato de locação ou, ausente prévia estipulação, o foro do lugar da situação do imóvel (Lei de Locações, art. 58, inc. II).[18]

Apesar de formalmente desnecessário,[19] o legislador evidenciou que a competência para conhecer e julgar a ação consignatória é *relativa* e admite a sua prorrogação para foro que não necessariamente coincida com o da situação do imóvel objeto da locação.

O legislador afastou-se da regra geral de competência para a ação de consignação prevista no Código de Processo Civil, criando uma importante distinção: enquanto a consignatória comumente deve ser proposta perante o foro

---

pela lei, pois os conflitos envolvendo inquilino e locador são, notoriamente, de grande ocorrência no dia a dia, nada mais justificando continuem os primeiros a valer-se necessariamente da jurisdição estatal" (Antonio Carlos Marcato, *Procedimentos especiais*, 17ª ed., São Paulo, Atlas, 2017, p. 88).

16. A Emenda Constitucional 45/2004 aboliu as férias forenses em primeiro e segundo graus de jurisdição, admitindo-as apenas nos Tribunais Superiores.

17. Não se incluem no procedimento da ação consignatória de aluguel as locações e o arrendamento mercantil não regulados pela Lei de Locações (art. 1º, par. ún.).

18. Antonio Carlos Marcato afirma que a expressão "foro do lugar" é redundante (ou tautológica) porque a palavra "foro" sempre representa a delimitação territorial para o exercício da jurisdição pelos órgãos competentes; "portanto, bastaria à Lei de Locação fazer menção ao foro da situação do imóvel para transmitir, em sua inteireza, a ideia de que as ações em pauta ali deverão ser ajuizadas" (Antonio Carlos Marcato, "Consignação em pagamento de alugueres e encargos da locação", cit., pp. 7-18).

19. Diz-se desnecessário porque toda a competência determinada "em razão do valor e do território" pode ser modificada (CPC, art. 63) por meio de "instrumento escrito e aludir expressamente a determinado negócio jurídico" (CPC, art. 63, § 1º).

do *lugar do pagamento* (que, no caso de obrigações quesíveis, será o domicílio do devedor e, no caso das portáveis, será o domicílio do credor), a Lei de Locações prevê o *foro de eleição* ou, ausente, o da *situação do imóvel.*

2.987. legitimidades ativa e passiva

Pode figurar no *polo ativo* da consignatória de aluguel e acessórios da locação qualquer pessoa juridicamente interessada na extinção da obrigação: o próprio locatário (devedor) – qualquer um deles, se houver mais de um (Lei de Locações, art. 2º) –, os ocupantes de habitações coletivas multifamiliares (Lei de Locações, art. 2º, par. ún.), o sublocatário, o fiador e, no caso de morte do locatário, os seus herdeiros (Lei de Locações, art. 10).

Antonio Carlos Marcato também inclui dentre os possíveis legitimados ativos os terceiros *não juridicamente* interessados na extinção da obrigação, como um parente próximo do locatário, "desde que busque efetuar o depósito em nome e por conta do inquilino".[20]

Por sua vez, Luiz Fux exclui a legitimidade ativa do sublocatário não consentido na medida em que, "muito embora possa purgar a mora, não pode propor ação de consignação porque não é titular da relação jurídica protegida (...). Não faria sentido que o locador se visse obrigado a quitar perante titular de relação clandestina".[21]

Havendo mais de um legitimado no polo ativo, como na hipótese de colocatários, estar-se-á diante da hipótese de litisconsórcio ativo *facultativo* e *unitário*, na medida em que não há a necessidade da presença de todos eles no polo ativo para a liberação da obrigação, mas a decisão deverá ser uniforme em relação a todos eles.[22]

Podem figurar no *polo passivo* da consignatória de aluguel e acessórios da locação, além do próprio locatário (credor) – qualquer um deles, se houver mais de um (Lei de Locações, art. 2º) –, o sublocador, "o cônjuge sobrevivente ou o companheiro e, sucessivamente, os herdeiros necessários e as pessoas que viviam na dependência econômica do *de cujus*, desde que residentes no imóvel" (Lei de Locações, art. 11, inc. I), no caso de morte do locatário de locação residencial o espólio ou seu sucessor no negócio de locação não residencial (Lei de Locações, art. 11, inc. II) e a massa falida, no caso de falência do locador.

---

20. Antonio Carlos Marcato, "Consignação em pagamento de alugueres e encargos da locação", cit., pp. 7-18.
21. Luiz Fux, ob. cit., p. 224.
22. Luiz Fux, ob. cit., p. 225.

Havendo mais de um legitimado no polo passivo, como na hipótese de colocadores, também se estará diante de litisconsórcio passivo *facultativo* e *unitário*, na medida em que "cada um dos credores solidários tem direito a exigir do devedor o cumprimento da prestação por inteiro" (CC, art. 267) e "o pagamento feito a um dos credores solidários extingue a dívida até o montante do que foi pago" (CC, art. 269).

Como regra geral, o administrador do imóvel não tem legitimidade para figurar no polo passivo da consignatória de aluguel porque figura exclusivamente como mandatário do locador, não exercendo poderes em nome próprio (CPC, art. 248, § 2º).[23] Contudo, há casos em que é possível reconhecer a sua legitimidade passiva quando o locador tiver endereço desconhecido e o administrador do imóvel estiver contratualmente autorizado a receber as prestações.[24]

Por fim, caso o fundamento da consignatória seja a dúvida quanto a quem deve receber os valores decorrentes da locação, a legitimidade passiva pertencerá a todos aqueles possíveis credores.

2.988. valor da causa

O valor da causa corresponderá a *12 meses de aluguel* (art. 58, inc. III, 1ª parte), salvo se a locação estiver relacionada com o emprego do locatário, hipótese que corresponderá a *3 salários-mínimos vigentes* por ocasião do ajuizamento (art. 58, inc. III, 2ª parte, e art. 47, inc. II).

Isso significa dizer que, ainda que se trate de pretensão de consignar, p.ex., exclusivamente o valor equivalente a um mês de aluguel, o valor atribuído à causa deverá observar os termos do art. 58, inc. III, da Lei de Locações. Assim, o valor da causa não necessariamente corresponderá ao benefício econômico pretendido pelo autor.[25]

---

23. "A ré não é a credora da obrigação locatícia inadimplida, mas apenas a administradora do imóvel objeto da locação, de modo que atua como mera mandatária da locadora e não tem legitimidade processual para figurar no polo passivo de eventual ação que tenha por fundamento o contrato de locação – Ilegitimidade da ré para figurar no polo passivo da demanda, porquanto não é locadora do imóvel objeto da locação" (TJSP, 29ª Câmara de Direito Privado, Ap. 1008962-44.2014.8.26.0506, rel. Des. Carlos Dias Motta, j. 11.6.2018, v.u.).

24. "Legitimidade passiva da administradora da locação, que emite os boletos para pagamento dos aluguéis e foi quem inscreveu o nome do locatário no rol de inadimplentes" (TJSP, 34ª Câmara de Direito Privado, Ap. 4006787-36.8.26.0320, rel. Des. Gomes Varjão, j. 9.3.2016, v.u.).

25. João Roberto Parizatto, *Aspectos procedimentais da ação de consignação em pagamento no processo civil e na locação*, Rio de Janeiro, AIDE, 1995, p. 81-82. No mesmo sentido:

Em qualquer dos casos, é interessante notar que o valor dos acessórios da locação não é considerado para a atribuição do valor da causa[26] e o valor do aluguel para o seu cálculo deverá ser o vigente na data do ajuizamento da demanda.

2.989. da petição inicial

A petição inicial da ação de consignação de aluguéis e acessórios da locação deve respeitar os requisitos de toda e qualquer petição inicial (CPC, art. 319). A Lei de Locações, no entanto, fez questão de incluir uma exigência, a nosso ver redundante, determinando que conste da petição inicial a especificação dos "aluguéis e acessórios da locação com indicação dos respectivos valores" (art. 67, inc. I).[27]

2.990. da citação

A Lei de Locações inovou no ordenamento jurídico ao dispor que, desde que autorizada no contrato de locação, a citação poderá ser realizada por meio do correio, com aviso de recebimento, ou, "tratando-se de pessoa jurídica ou firma individual, também mediante telex ou fac-símile, ou, ainda, sendo necessário, pelas demais formas previstas no Código de Processo Civil" (Lei de Locações, art. 58, inc. IV).

A inovação merece destaque porque, na época da sua edição, o CPC-1973 limitava a possibilidade de citação por correio *exclusivamente* à hipótese de o réu ser comerciante ou industrial domiciliado no Brasil (art. 222, redação original).

A citação *menos formal* prevista na Lei de Locações foi considerada "o ponto de maior especialidade"[28] da lei em relação à regra geral, na medida em que essas, à época, modernas técnicas de comunicação "simplificam e aceleram o procedimento".[29]

Celso Agrícola Barbi, "Ação de consignação em pagamento e renovatória na nova Lei de Inquilinato", cit., pp. 7-13.

26. João Roberto Parizatto, ob. cit., p. 81.

27. Não obstante o claro intuito do legislador de facilitar a análise da suficiência do depósito, diz-se redundante porque o dever de especificar o valor a ser depositado decorre da regra geral que impõe que o pedido, inclusive o de consignação, seja certo (CPC, art. 322), pormenorizando o valor a ser consignado, porque a sua insuficiência impõe a improcedência da demanda.

28. José Raimundo Gomes da Cruz, "Procedimentos especiais em matéria de locação de imóveis urbanos", *Revista de Processo* 23/58-84, n. 91, São Paulo, Ed. RT, julho-setembro/1998.

29. Celso Agrícola Barbi, "Ação de consignação em pagamento e renovatória na nova Lei de Inquilinato", cit., pp. 7-13.

Foi apenas quase *dois anos depois*, com a Lei 8.710, de 24.9.1993, que, salvo algumas exceções, a citação pelo correio passou a ser amplamente admitida e quase *oito anos depois* que foi regulada "a utilização de sistema de transmissão de dados e imagens tipo fac-símile ou outro similar, para a prática de atos processuais que dependam de petição escrita" (Lei 9.800, de 26.5.1999, art. 1º).[30]

2.991. do depósito quando recebida a petição inicial e determinada a citação

Outra novidade trazida pela Lei de Locações em comparação à redação original do CPC-1973 diz respeito ao momento em que será realizado o depósito da quantia que se pretende consignar.

A redação original do CPC-1973 estipulava a citação do réu para comparecer em dia e hora para receber a quantia devida. Tratava-se de verdadeira *audiência de oferta* ou *oblação* por meio da qual o réu (i) poderia comparecer e aceitar a oferta do credor, liberando-o da obrigação, ou (ii) poderia não comparecer ou rejeitar a oferta, momento em que cabia ao credor depositar judicialmente a coisa, iniciando o prazo de contestação para o réu (art. 893, redação original). O depósito da coisa a ser consignada era realizado, assim, quando da negativa ou ausência do réu, em audiência de oferta.[31]

A Lei de Locações alterou *significativamente* esse procedimento, extinguindo a necessidade de realização de audiência de oferta para o interessado na ação consignatória de aluguéis e acessórios da locação, bastando que o autor tome conhecimento do despacho que determina a citação do réu para oferecer defesa[32] para surgir a sua *obrigação* de depositar os valores devidos no prazo de 24 horas, sob pena de extinção do processo sem julgamento de mérito.

---

30. Como bem aponta Heitor Vitor Mendonça Sica, em situações como essa percebe-se que o legislador utiliza técnicas procedimentais novas – no caso, a citação por correio para qualquer tipo de réu, inclusive os não comerciantes ou industriais, como as pessoas físicas, p.ex. – em procedimentos especiais como um balão-de-ensaio e, diante da experiência bem sucedida, a incorpora ao procedimento comum ("Reflexões em torno da teoria geral dos procedimentos especiais", *Revista de Processo* 208/73, São Paulo, Ed. RT, junho/2012).

31. "Eliminou-se, com a nova redação dada ao art. 893 do Código de Processo Civil, a exigência de ser pelo juiz designada uma audiência de oblação, citando-se o réu para, em lugar, dia e hora determinados pelo juiz, vir ou mandar receber a quantia ou a coisa devida, sob pena de ser feito o respectivo depósito" (João Roberto Parizatto, ob. cit., p. 45).

32. Essa intimação naturalmente deve ser realizada por meio do advogado constituído (CPC, arts. 269 e ss.), sendo desnecessária a intimação pessoal do autor.

As vantagens em termos de celeridade, praticidade e economia processual foram evidentes: a partir da Lei de Locações a obrigação de depósito dos aluguéis e acessórios da locação surge *imediatamente* após o despacho que ordena a citação, e o momento para a oferta da defesa do réu inicia com a sua citação (*infra*, n. 2.993).

A celeridade trazida por essa inovação foi rapidamente percebida e incorporada ao CPC-1973, por meio da Lei 8.951/1994, extinguindo a necessidade de realização de audiência de oferta também na ação de consignação em pagamento.[33] Essa sistemática foi mantida pelo CPC-2015 (art. 542, *caput* e incs. I e II).

A Lei de Locações, no entanto, ainda se mostra mais célere e efetiva na medida em que não prevê a necessidade de deferimento expresso do pedido de depósito da quantia que se pretende consignar. Enquanto no Código de Processo Civil o depósito é medida *excepcional*, a depender ou não do pedido e do deferimento da medida pelo juiz, na ação de consignação de aluguéis e acessórios da locação é a *regra*, e será sempre realizado.[34]

E, não obstante esse célere procedimento, a doutrina já se manifestou no sentido de que ele poderia se tornar mais econômico na medida em que seria mais razoável que, "ao despachar a inicial, o juiz determine que, primeiro, o autor faça o depósito, para, em seguida, efetivar-se a citação. Será mais rápido, e o réu não poderá alegar prejuízo".[35] E, ainda, "o mandado de citação só deve ser expedido após o efetivo depósito",[36] evitando que o réu seja obrigado a preparar a sua defesa sem saber se o autor irá cumprir a sua obrigação de depósito ou se a demanda será extinta sem julgamento do mérito.

O depósito a ser realizado pelo autor naturalmente deve ser pelo valor atualizado da dívida, sob pena de ser possível ao réu arguir a insuficiência do depósito.

Havendo eventual demora na apreciação da petição inicial ou na citação do réu, também é razoável entender que o autor estará autorizado a depositar as parcelas que se vencerem durante esse período.

Em relação ao prazo de 24 horas para a realização do depósito, sabe-se que, como regra geral, ele deve ser contado "de minuto a minuto" (CC, art.

33. A partir de então, recebida a petição inicial, o juiz poderia deferir o pedido do autor para o depósito das quantias a serem consignadas em cinco dias, cabendo ao réu, após a sua citação, levantar o depósito ou oferecer sua resposta (art. 893, *caput* e incs. I e II).

34. Celso Agrícola Barbi, ob. cit., pp. 7-13.

35. Theotonio Negrão, José Roberto Ferreira Gouvêa, Luis Guilherme Aidar Bondioli e João Francisco Naves da Fonseca, *Código de Processo Civil e legislação processual em vigor*, 52ª ed., São Paulo, Saraiva Educação, 2021, p. 1.656.

36. Luiz Fux, ob. cit., p. 231.

132, § 4º). A aplicação dessa forma de contagem, no entanto, não nos parece razoável, principalmente considerando que a intimação será realizada via imprensa oficial em nome do advogado,[37] razão pela qual "o mais razoável é observar-se" a regra geral do Código de Processo Civil, "excluindo o dia do começo e incluindo o do vencimento por inteiro".[38]

2.992. do depósito das prestações vincendas

A Lei de Locações também prevê um procedimento diferente daquele regulado pelo Código de Processo Civil quanto ao depósito das prestações vincendas.

O CPC-1973 *facultava* (art. 892) e o CPC-2015 *faculta* (art. 541) a consignação das prestações vincendas, no prazo de cinco dias contados do seu vencimento. Para tanto, é imprescindível a autorização do juiz[39] e não há qualquer limitação temporal quanto à fase do procedimento em que esses depósitos serão admissíveis, presumindo-se que poderão ocorrer até o trânsito em julgado da sentença favorável.[40]

Na ação consignatória de aluguéis e acessórios da locação o autor *deverá* promover os depósitos "que vencerem durante a tramitação do feito" até a prolação da sentença e, obrigatoriamente, na data do respectivo vencimento (art. 67, inc. III), não sendo necessário formular pedido para tanto (pedido *implícito*).[41]

A Lei de Locações, mais uma vez, regula procedimento mais célere e econômico do que o do Código de Processo Civil, melhor atendendo a relação de direito material em disputa. Tratando-se a locação de uma obrigação de *trato*

---

37. Em sentido contrário: "na ação consignatória de alugueres deve ser pessoal a intimação do autor para o depósito, isto porque o prazo concedido para o mister (...) é de apenas 24 horas" (STJ, 5ª Turma, REsp 293.683-SP, rel. Min. Gilson Dipp, j. 3.5.2001, v.u., *DJe* 4.6.2001).

38. João Roberto Parizatto, ob. cit., p. 87.

39. Ernane Fidélis dos Santos, ob. cit., Cap. II, item 14.

40. "(...). Manutenção da r. sentença, no que concerne ao julgamento de procedência da ação de consignação em pagamento, para declarar extinta a dívida referente aos anos de 2015 e 2016, com deferimento do pedido de autorizar o depósito das parcelas que se vencerem no curso da lide, e da tutela de urgência concedida (fls. 32-33), para determinar que o réu se abstenha de encaminhar os nomes dos autores a cadastros de inadimplentes e de bloquear seu cartões, cheques e contas, (d) com observação de que a autorização para o depósito das prestações sucessivas fica limitada até o trânsito em julgado da sentença (CPC, art. 541)" (TJSP, 20ª Câmara de Direito Privado, Ap. 1010670-58.2017.8.26.0625, rel. Des. Rebello Pinho, j. 25.6.2020, v.u.).

41. Luiz Fux, ob. cit., p. 232.

sucessivo e, normalmente, de periodicidade *mensal*, evita-se o procedimento moroso e burocrático de facultar ao autor que formule o pedido de depósito das prestações vincendas e impor ao juiz que decida sobre essa questão, assim como faz o Código de Processo Civil (art. 541).[42]

2.993. contestação

Na Lei de Locações são quatro as possíveis posturas do réu após a sua citação: (i) comparecer aos autos para aceitar o depósito já realizado (art. 67, inc. IV), (ii) não comparecer aos autos e não ofertar defesa, ou seja, ser revel (art. 67, inc. IV), (iii) contestar a demanda, alegando determinadas matérias de fato e de direito (art. 67, inc. V), e (iv) oferecer reconvenção (art. 67, inc. VI).

Nas duas primeiras hipóteses diz a Lei de Locações que o juiz poderá julgar desde logo a demanda, declarando quitadas as obrigações e condenando o réu ao pagamento das custas e honorários advocatícios fixados em 20% sobre o *valor dos depósitos*.

A respeito da ausência de contestação do réu, antes de concluir pela imediata procedência da demanda, melhor seria dizer que o juiz deveria aplicar os efeitos da revelia (por analogia, CPC-2015, arts. 344 e 345), autorizando o julgamento antecipado do mérito (CPC-2015, art. 355, inc. III) para aplicar o direito como melhor entender no caso concreto. Afinal, como regra, a revelia não impõe a automática procedência do pedido do autor, pois a prova dos autos ou as normas legais podem apontar em sentido diverso.[43]

Em relação aos ônus da sucumbência, a Lei de Locações chama atenção ao benefício postulado, isso é, ao valor dos depósitos, como parâmetro para a imposição dos honorários de sucumbência – e não ao valor da causa, porque, como se viu (*supra*, n. 2.988), essas grandezas podem não coincidir.

Ao dispor a respeito da contestação, a Lei de Locações não inovou em relação ao Código de Processo Civil, limitando-se a, com alguns pequenos ajustes de redação, reproduzi-lo quase que integralmente.

Em contestação, poderá o réu alegar questões de direito – assim entendidas as matérias processuais, como ilegitimidades ativa e passiva, arguir a incompetência *etc.* – e, quanto à matéria de fato, se limitar a afirmar que (i)

---

42. Naturalmente, o valor do depósito das prestações vincendas deverá observar eventuais reajustes previstos na locação, sob pena de o autor ficar em mora ante a insuficiência do depósito do valor atualizado.

43. "A revelia enseja a presunção relativa da veracidade dos fatos narrados pelo autor da ação, podendo ser infirmada pelas demais provas dos autos, motivo pelo qual não determina a imediata procedência do pedido" (STJ, 4ª Turma, AREsp/AgInt 1.808.325-DF, rel. Min. Luís Felipe Salomão, j. 31.5.2021, v.u., *DJe* 7.6.2021).

não houve recusa ou mora para receber a quantia devida (art. 67, inc. V, *a*), (ii) a recusa foi justa (art. 67, inc. V, *b*), (iii) o depósito não foi realizado no tempo, modo e lugar acordados (art. 67, inc. V, *c*) e (iv) o depósito não foi integral (art. 67, inc. V, *d*).

As possíveis defesas do réu são matérias reguladas pelo direito substantivo e foram tratadas em capítulo próprio dessa obra sobre a consignação em pagamento tratada no Código de Processo Civil, razão pela qual convidamos à sua leitura.

Destacamos, no entanto, que a Lei 8.951/1994 alterou o Código de Processo Civil para exigir que a alegação de insuficiência de depósito seja acompanhada da indicação do montante que entende o réu devido (CPC-1973, art. 896, par. ún.). Esse requisito de *admissibilidade* foi mantido pelo CPC-2015 (art. 544, par. ún.).

Infelizmente não há disposição semelhante na Lei de Locações. Não obstante essa lacuna, entendemos que a mesma lógica deve ser observada nesse procedimento. Não se trata de aplicação por analogia do Código de Processo Civil, mas de simples dever de fundamentação. Afinal, a arguição de insuficiência de depósito sem a necessária demonstração de qual seria o seu equívoco equivaleria a uma não fundamentação, o que tornaria inepta a defesa oferecida pelo réu, por contrariar o ônus da impugnação *especificada*.

A possibilidade de apresentar reconvenção será abordada em item específico (*infra*, n. 2.994).

Com relação ao início do prazo para contestação, a Lei de Locações também primou pela celeridade. Como visto (*supra*, n. 2.990), na redação original do CPC-1973 o réu era citado "para, em lugar, dia e hora determinados, vir ou mandar receber a quantia ou a coisa devida" (art. 893), na chamada *audiência de oferta*. Apenas a partir dessa audiência se iniciaria o prazo de 10 dias para oferecer contestação. Em outras palavras, previam-se dois prazos: o primeiro para comparecer à audiência de oferta e o segundo para contestar a demanda.

Esse primeiro prazo foi extinto pela Lei de Locações, considerando a necessidade de depósito obrigatório do valor a ser consignado pelo autor (*supra*, n. 2.990), razão pela qual o prazo do réu passou a se iniciar *imediatamente* com a sua citação e juntada do respectivo aviso de recebimento nos autos, trazendo maior celeridade ao procedimento.

Mais uma vez a celeridade trazida pela Lei de Locações foi rapidamente percebida e incorporada ao CPC-1973 (art. 893), pela Lei 8.951/1994, e mantida pelo CPC-2015 (art. 542): o juiz, ao receber a petição inicial, poderá deferir o pedido do autor para o depósito, em cinco dias, das quantias a serem consignadas, cabendo ao réu, após a sua citação, levantar o depósito ou oferecer sua resposta.[44]

Com relação ao prazo para contestar a ação de consignação de aluguel e acessórios da locação, considerando a lacuna da Lei de Locações, esse deve ser o de 15 dias previsto na regra geral do Código de Processo Civil (CPC-2015, arts. 318, par. ún., e 335).

2.994. a possibilidade de oferecer reconvenção

A Lei de Locações também inovou no ordenamento ao prever expressamente a possibilidade de reconvenção na ação consignatória, com o objetivo de o réu-reconvinte pleitear o despejo do autor-reconvindo, a cobrança dos valores objeto da consignação ou a diferença do depósito inicial realizado de maneira insuficiente.[45]

Novamente o procedimento se mostrou mais célere e efetivo em relação àquele regulado originalmente pelo CPC-1973, que só oferecia a oportunidade de uma tutela favorável ao autor-devedor na medida em que o réu-credor só receberia o valor que lhe fosse devido se fosse "vencido" na demanda, isso é, se a consignação fosse julgada procedente.

A Lei 8.951/1994 colheu os bons frutos da Lei de Locações e alterou o procedimento da consignação em pagamento do CPC-1973, tornando a consignatória uma ação dúplice, capaz de oferecer uma tutela não só ao autor como também ao réu.[46]

---

44. "A primeira dessas alterações corresponde à extinção da audiência de oferta, ou oblação, devendo o consignante realizar o depósito no prazo de cinco dias a contar do deferimento da petição inicial. E essa sistemática legal, já adotada para o processamento da consignatória de aluguéis e encargos (que, todavia, prevê prazo mais exíguo para a realização do depósito), é, sem dúvida alguma, mais condizente com a desejada celeridade do processo" (Antonio Carlos Marcato, "Da consignação em pagamento", *Revista do Instituto de Pesquisas e Estudos* 18/103-126, Bauru, Instituição Toledo de Ensino, agosto-novembro/1997).

45. Não obstante a inovação legislativa, Celso Agrícola Barbi destaca que a possibilidade de oferecimento de reconvenção na ação consignatória prevista no CPC já vinha sendo aceita pela jurisprudência (ob. cit., pp. 7-13).

46. "A reforma do Código de Processo Civil retirou a ação de consignação em pagamento da clássica feição de instrumento exclusivamente destinado à tutela do devedor e sem a menor possibilidade de traduzir-se em resultados práticos de tutela ao credor que tivesse razão. Na clássica ação de consignação em pagamento só se permitia o levantamento do bem pelo demandado (credor) quando superadas todas as suas defesas e procedente a ação – ou seja, quando vencido. Vencedor o demandado-credor na ação de consignação em pagamento, ironicamente era fatal o levantamento do bem ou valor pelo devedor-consignante e ao 'vencedor' nada se atribuía senão o ônus de voltar ao juízo, agora

A reconvenção prevista na Lei de Locações autoriza o réu reconvinte a formular pedido de *rescisão da locação* e *cobrança dos valores objeto da ação consignatória* (art. 67, inc. VIII) e "pode ter por objeto apenas a cobrança de valores, e tal se dará nas hipóteses de controvérsia sobre a mora, mas o despejo só poderá ser proposto, em reconvenção, com fundamento em falta de pagamento de aluguéis e acessórios, ou seja, na *mora debitoris*".[47]

Dúvida surge a respeito da extensão das matérias que o réu poderá arguir na reconvenção, se limitadas às hipóteses descritas na Lei de Locações (rol *taxativo*) ou quaisquer outras questões conexas à própria locação, como p.ex. a sua nulidade ou a sua extinção anteriormente manifestada (rol *exemplificativo*).

Considerando que a reconvenção é um instrumento processual pensado para atender aos princípios da economia processual e da celeridade da prestação jurisdicional, não vemos razão para interpretar restritivamente a Lei de Locações a respeito do cabimento da reconvenção, devendo prevalecer a interpretação que melhor atende aos fundamentos desse instituto, autorizando o réu a arguir a sua própria pretensão, desde que conexa com a relação de locação ou com a sua defesa (CPC-2015, art. 343).[48]

Contudo, em matéria de reconvenção a Lei de Locações regulou um procedimento *incompatível* com a economia e a celeridade por ela propostas, afirmando que a execução dos valores objeto da consignação, no caso de cumulação dos pedidos de rescisão da locação e cobrança dos valores objeto da

---

como autor em pleito de cobrança. A Lei 8.951 (...) modernizou o instituto e fez dele um ágil instrumento para a tutela daquele dos litigantes a quem a ordem jurídica material conceder o direito – o direito do devedor-consignante à exoneração ou o direito do credor demandado a receber o que lhe é devido. Daí considerar-se agora inserida a ação consignatória entre os *judicia duplicia*, sem qualquer necessidade de reconvir o credor que se afirme com direito a mais do que o ofertado (insuficiência). Basta fazer a alegação e precisar o *quantum* de que se reputa credor, o que valerá como baliza para o julgamento que poderá vir se tiver razão (art. 128)" (Cândido Rangel Dinamarco, *A reforma do Código de Processo Civil*, 4ª ed., São Paulo, Malheiros Editores, 1997, p. 273).

47. Ernane Fidélis dos Santos, ob. cit., Cap. II, item 29.

48. O Código de Processo Civil não regula expressamente o cabimento da reconvenção na ação de consignação em pagamento, razão pela qual, aplicando a regra geral, o campo de possibilidade da reconvenção também é amplo. Assim, tanto no procedimento especial do Código de Processo Civil quanto no procedimento especialíssimo da Lei de Locações, as matérias arguíveis pelo réu-reconvinte serão amplas. Em sentido contrário, a favor da limitação em relação à matéria, com o mesmo fundamento de economia e celeridade: "Quanto à cobrança reconvencional, a lei a restringe às prestações versadas na ação consignatória e não a quaisquer outras acaso exigíveis entre as partes. Houve, sem dúvida, preocupação de economia processual, de modo a impedir que na improcedência da consignatória o locatário levantasse os depósitos feitos e o locador tivesse de propor outra ação para cobrar aqueles mesmos valores" (Humberto Theodoro Júnior, ob. cit., n. 42).

consignatória, "somente poderá ter início após obtida a desocupação do imóvel, caso ambos tenham sido acolhidos" (art. 67, inc. VIII).

A solução encontrada pelo legislador prejudica o réu que optar por apresentar a reconvenção, na medida em que, caso oferecida apenas a contestação, poderia levantar imediatamente os valores incontroversos e, julgada procedente a demanda, poderia executar definitiva ou provisoriamente essa sentença, considerando a ausência de efeito suspensivo automático dos recursos interpostos contra ela (*infra*, n. 2.997).

2.995. as possíveis atitudes do autor após a manifestação do réu (contestação ou reconvenção)

As possíveis atitudes do autor logicamente dependerão da posição assumida pelo réu após a sua citação.

Na hipótese de aceitação do depósito ou revelia do réu nada haverá que fazer o autor, porque a sua demanda deverá ser julgada procedente.

Na hipótese de contestação do réu fundada em *insuficiência do depósito*, a Lei de Locações repetiu o procedimento previsto no Código de Processo Civil (CPC-1973, art. 899, e CPC-2015, art. 545) – apenas encurtando-o de 10 para 5 dias – autorizando o autor a complementar o depósito com *acréscimo de 10%* sobre o valor da *diferença* (essa penalidade não existe no Código de Processo Civil). Verificada essa hipótese, o juiz julgará a demanda (*infra*, n. 2.997).

E, não obstante o art. 67, inc. VII, da Lei de Locações utilizar a expressão "autor-reconvindo" para expressar a situação em que o autor complementa o depósito inicial quando essa matéria é alegada pelo réu, essa "complementação do depósito pelo autor independe de reconvenção", na medida em que também na contestação o réu pode alegar que o depósito não foi realizado integralmente.[49]

Na hipótese de contestação do réu fundada em insuficiência do depósito, em que o autor não pretenda complementar o depósito, ou em outras ma-

49. José Raimundo Gomes da Cruz, ob. cit., pp. 58-84.
No mesmo sentido: "a lei fala em autor-reconvindo: se interpretado literalmente, o dispositivo favorável ao autor só seria aplicado se tivesse havido reconvenção. Pensamos, porém, que o texto legal deve ser interpretado com mais liberalidade, permitindo a complementação do depósito mesmo quando o réu tenha se limitado a contestar a ação, sem reconvir. Este é o sistema do CPC e não se encontra nenhum motivo válido para restringir o direito do locatário a complementar o depósito nos casos em que tenha havido reconvenção. A doutrina tem justificado a complementação pelo princípio da economia processual e pela necessidade de extinguir litígios" (Celso Agrícola Barbi, ob. cit., pp. 7-13).

térias de defesa, de fato ou de direito, a Lei de Locações é omissa e naturalmente se aplica o CPC-1015, autorizando o autor a manifestar-se em réplica sobre as questões de fato e de direito para o exercício do seu direito de ação, com o posterior saneamento e julgamento do processo.

Oferecida reconvenção, na ausência de disciplina pela Lei de Locações, observar-se-á o procedimento comum, podendo o autor-reconvindo oferecer defesa, prosseguindo a demanda até o seu julgamento.

2.996. levantamento dos valores incontroversos

Confirmando a *celeridade*, a *economia* e a *eficiência* propostas pela Lei de Locações e reduzindo "o processo apenas às questões acerca dos quais divirjam as partes",[50] o procedimento da ação consignatória de aluguéis e acessórios da locação autoriza o réu a "levantar *a qualquer momento* as importâncias depositadas sobre as quais não penda controvérsia" (art. 67, par. ún.).

Mais uma vez, essa importante inovação do sistema processual foi percebida pela Lei 8.951/1994, que também introduziu essa possibilidade no Código de Processo Civil (CPC-1973, art. 899, § 1º; e CPC-2015, art. 545, § 1º).

2.997. sentença, honorários e recurso

Ao julgar procedente o pedido do autor, caberá ao juiz declarar extinta a obrigação, com efeito liberatório do autor (devedor-consignante). Com isso, todos os depósitos que ainda não foram levantados pertencerão exclusivamente ao réu, na medida em que o autor obteve a liberação da sua obrigação.[51]

Trata-se de sentença de natureza *declaratória*, na medida em que certifica a existência de uma situação jurídica, qual seja, o adimplemento da obrigação mediante o seu depósito adequado e integral (CC, art. 334).[52]

A eficácia da coisa julgada naturalmente se limita à questão principal decidida – o efeito liberatório ou não do depósito –, salvo se outras questões prejudiciais, como a resolução, resilição ou a anulação do contrato, forem decididas expressa e incidentalmente (CPC-2015, art. 503).[53]

---

50. Celso Agrícola Barbi, ob. cit., pp. 7-13.
51. João Roberto Parizatto, ob. cit., p. 96.
52. Antonio Carlos Marcato, "Consignação em pagamento de alugueres e encargos da locação", cit., pp. 7-18.
53. "O trânsito em julgado, porém, não impede que o credor, nas vias próprias, pleiteie a rescisão ou anulação do contrato. O pagamento, mesmo por consignação, não tem eficácia de pronunciamento definitivo, com força de coisa julgada, sobre a relação jurídica

A sentença de improcedência, como toda e qualquer sentença que rejeita o pedido do autor, também tem natureza *declaratória*, mas *negativa*. A sua consequência é a não liberação do autor da obrigação que ele pretendia adimplir. A dúvida que surge é: a quem compete levantar as quantias depositadas, ao autor, que não se liberou da obrigação e não realizou o pagamento no tempo, modo e local adequados, ou ao réu, que provavelmente irá propor a respectiva ação de despejo por falta de pagamento com pedido de cobrança dos valores inadimplidos?

Parece-nos que compete ao autor o levantamento desses valores, na medida em que eles não surtiram o efeito pretendido com a consignação e o depósito, cabendo ao réu, se assim desejar e entender pertinente, propor a respectiva ação de despejo e cobrança a tempo de arrestar os valores depositados pelo autor na consignatória e, assim, garantir a satisfação do seu crédito a ser futuramente constituído.

A Lei de Locações também inovou em matéria de sucumbência, criando regra de honorários advocatícios em patamar *fixo*: (i) "não sendo oferecida a contestação, ou se o locador receber os valores depositados", a demanda será julgada procedente e o réu será condenado "ao pagamento das custas e honorários de *vinte por cento do valor dos depósitos*" (art. 67, inc. IV) e (ii) caso o réu peça a complementação do valor dos depósitos e o autor assim o faça (com o acréscimo de 10% da diferença), ainda que o juiz libere o devedor da sua obrigação, o juiz o condenará ao pagamento de "custas e honorários advocatícios de *vinte por cento* sobre o valor dos depósitos" (art. 67, inc. VII).

Como visto (*supra*, n. 2.994), o objeto litigioso do processo pode ser ampliado por meio da apresentação de reconvenção, podendo o réu-reconvinte pleitear "o despejo e a cobrança dos valores objeto da consignatória ou da diferença do depósito inicial" (art. 67, inc. VI) e a "rescisão da locação" (art. 67, inc. VIII).

Nesses casos, julgada procedente a reconvenção, a sentença terá natureza (i) *condenatória*, se acolhidos os pedidos de despejo[54] ou de cobrança dos valores devidos, e (ii) *constitutiva negativa* (ou *desconstitutiva*), se acolhido

---

em que se fundou, a não ser nas hipóteses de questão prejudicial do art. 503" (Ernane Fidélis dos Santos, ob. cit., Cap. II, item 22).

54. Adotando a classificação quinária das sentenças, dividindo-as em declaratória, constitutiva, condenatória, executiva *lato sensu* e mandamental, poder-se-ia afirmar que a sentença que julga procedente o pedido de despejo tem natureza executiva *lato sensu*, em razão da sua autoexecutoriedade: "A ação de despejo tem o objetivo de rescindir a locação, com a consequente devolução do imóvel ao locador ou proprietário, sendo enquadrada como ação executiva *lato sensu*, à semelhança das possessórias" (STJ, 4ª Turma, REsp 1.481.644-SP, rel. Min. Luís Felipe Salomão, j. 1.6.2021, v.u., *DJe* 19.8.2021).

o pedido de resolução da locação, na medida em que modifica a relação jurídica anteriormente existente.

O recurso cabível contra a sentença que julgar a demanda é a apelação (CPC, art. 1.009), que deverá ser recebida *exclusivamente no seu efeito devolutivo* (Lei de Locações, art. 58, *caput* e inc. V). Trata-se de mais uma exceção à regra geral do Código de Processo Civil, que prevê o recebimento da apelação nos efeitos devolutivo e suspensivo (CPC-1973, art. 520, e CPC-2015, art. 1.012), garantindo maior celeridade a esse procedimento.

2.998. do pedido de consignação de chaves

Há situações de direito material relacionadas ao término da relação de locação em que o locatário pretende desocupar o imóvel objeto da locação e o locador, por qualquer razão que seja, se recusa a aceitar a rescisão da locação e, consequentemente, não realiza a vistoria do imóvel ou se recusa a receber as chaves. A consignação das chaves, nesse caso, "simboliza a transmissão da posse e o depósito do bem",[55] põe fim ao contrato de locação e impede a cobrança de aluguéis após a rescisão.[56]

A respeito do tema já se decidiu que eventual necessidade de reparos e consertos no imóvel não é óbice para impedir a rescisão da locação e o recebimento das chaves, tampouco pode ser considerada como justo motivo para a recusa do locador.[57]

Em razão das suas características próprias, o pedido de consignação de chaves pode ser realizado tanto por meio do procedimento de consignação previsto no Código de Processo Civil quanto na Lei de Locações.[58]

---

55. Sílvio de Salvo Venosa, *Lei do Inquilinato comentada: doutrina e prática*, 16ª ed., São Paulo, Atlas, 2021, item 5.2, p. 283.
56. STJ, 3ª Turma, REsp/AgInt/ED 1.617.757-PR, rel. Min. Moura Ribeiro, j. 22.10.2018, v.u., *DJe* 25.10.2018.
57. "O Superior Tribunal de Justiça tem entendimento de que eventual ressarcimento relativo a supostos prejuízos ocorridos no imóvel locado, decorrentes de sua má utilização, deve ser perseguido em ação própria, não constituindo justificativa idônea para impedir a extinção contratual verificada pelo decurso do prazo contratual, bem como para obstar à entrega do imóvel mediante depósito judicial das chaves em juízo" (STJ, 4ª Turma, ARESP/AgInt 1.610.017-SP, rel. Min. Raul Araújo, j. 29.6.2020, v.u., *DJe* 5.8.2020).
58. "A ação consignatória prevista no art. 67 da Lei n. 8.245/1991 pode ser utilizada para a devolução do próprio imóvel, representada pela entrega das chaves" (STJ, 6ª Turma, REsp 463.337-MG, rel. Min. Paulo Gallotti, j. 20.2.2003, v.u., *DJ* 14.4.2003); "O depósito das chaves constitui ato do procedimento especial da ação de consignação em pagamento, disciplinado pelos arts. 539 a 549 do CPC" (TJSP, 31ª Câmara de Direito Privado, AI 2150240-69.2020.8.26.0000, rel. Des. Antonio Rigolin, j. 28.7.2020, v.u.).

2.999. conclusão

A Lei de Locações surgiu como um importante instrumento para atualizar as relações de direito material e processual sobre a locação. Especificamente em relação à ação consignatória de aluguéis e acessórios da locação, foi criado um procedimento mais célere e efetivo do que o anteriormente previsto na redação original do CPC-1973, com destaque para a forma simplificada de citação, a extinção da audiência de oferta, o início do prazo para contestar a demanda com a citação do réu e a possibilidade de o réu realizar o levantamento imediato das quantias incontroversas.

E, não obstante a Lei 8.951/1994 ter cumprido muito bem o seu papel de absorver as bem sucedidas inovações da Lei de Locações e transportá-las para o Código de Processo Civil, o procedimento da ação consignatória de aluguéis e acessórios da locação ainda justifica a sua especialidade, na medida em que há características que o tornam mais célere, efetivo e econômico em relação ao regulado pelo Código de Processo Civil, como, p.ex., o prazo para o depósito da quantia devida e das parcelas sucessivas e o efeito do recurso.

Referências Bibliográficas

BARBI, Celso Agrícola. "Ação de consignação em pagamento e renovatória na nova Lei de Inquilinato". *RT* 676. Ano 81. São Paulo, Ed. RT, fevereiro/1992.

CAVALCANTE, Mantovanni Colares. "A nova Lei do Inquilinato". *RT* 675. Ano 81. São Paulo, Ed. RT, janeiro/1992.

CRUZ, José Raimundo Gomes da. "Procedimentos especiais em matéria de locação de imóveis urbanos". *Revista de Processo* 23. N. 91. São Paulo, Ed. RT, julho-setembro/1998.

DINAMARCO, Cândido Rangel. *A reforma do Código de Processo Civil*. 4ª ed. São Paulo, Malheiros Editores, 1997.

FUX, Luiz. *Locações: processos e procedimentos (doutrina, prática e jurisprudência)*. 2ª ed. Rio de Janeiro, Destaque, 1995.

MARCATO, Antonio Carlos. "Consignação em pagamento de alugueres e encargos da locação". *Revista do Advogado* 30. N. 108. São Paulo, AASP, maio/2010.

————. "Da consignação em pagamento". *Revista do Instituto de Pesquisas e Estudos* 18. Bauru, Instituição Toledo de Ensino, agosto-novembro/1997.

————. *Procedimentos especiais*. 17ª ed. São Paulo, Atlas, 2017.

NEGRÃO, Theotonio, BONDIOLI, Luis Guilherme Aidar, FONSECA, João Francisco Naves da, e GOUVÊA, José Roberto Ferreira. *Código de Processo Civil e legislação processual em vigor*. 52ª ed. São Paulo, Saraiva Educação, 2021.

NERY JÚNIOR, Nelson. *Atualidades sobre o processo civil: a reforma do Código de Processo Civil brasileiro de dezembro de 1994*. São Paulo, Ed. RT, 1995.

PARIZATTO, João Roberto. *Aspectos procedimentais da ação de consignação em pagamento no processo civil e na locação*. Rio de Janeiro, AIDE, 1995.

SANTOS, Ernane Fidélis dos. *Manual de direito processual civil: procedimentos especiais codificados e da legislação esparsa, jurisdição contenciosa e jurisdição voluntária – Processo nos tribunais e juizados especiais*. 15ª ed., vol. 3. São Paulo, Saraiva, 2017.

SICA, Heitor Vitor Mendonça. "Reflexões em torno da teoria geral dos procedimentos especiais". *Revista de Processo* 208. São Paulo, Ed. RT, junho/2012.

THEODORO JÚNIOR, Humberto. *Curso de direito processual civil. Procedimentos especiais – Codificados: jurisdição contenciosa e jurisdição voluntária – Legislação extravagante: arbitragem, juizados especiais, ações constitucionais, ações coletivas e ações imobiliárias*. 54ª ed., vol. II. Rio de Janeiro, Forense, 2020.

VENOSA, Sílvio de Salvo. *Lei do Inquilinato comentada: doutrina e prática*. 16ª ed. São Paulo, Atlas, 2021.

CAPÍTULO CCVI – ***AÇÃO RENOVATÓRIA***

LUIS GUILHERME AIDAR BONDIOLI

3.000. considerações iniciais e requisitos materiais

A ação renovatória pode ser definida como a ferramenta judicial disponibilizada pelo legislador para que o locatário, no âmbito de uma locação imobiliária destinada ao comércio, obtenha em face do locador a compulsória extensão da relação locatícia no tempo.

A disciplina legal da ação renovatória concentra-se nos arts. 51 a 53 e 71 a 75 da Lei 8.245/1991, ocupando-se aqueles dispositivos dos requisitos materiais para a renovação forçada da locação e estes de aspectos do processo pensado para tanto. Por se tratar aqui de ação locatícia, é pertinente, ainda, fazer um aceno às disposições gerais do art. 58 da Lei 8.245/1991, que se aplicam à generalidade das ações em matéria de locação de imóveis.

É sobretudo no art. 51 da Lei 8.245/1991 que se listam as exigências de ordem material para que o locatário possa ter estendida a relação locatícia no tempo. Seus incisos dispõem que o direito à renovação nasce para quem cumulativamente tenha um contrato locatício "por escrito e com prazo determinado" (inc. I), no âmbito de uma relação contratual para a qual estejam programados cinco anos de vigência (inc. II) e na qual se esteja explorando um mesmo ramo comercial ininterruptamente há ao menos três anos (inc. III).

Nos termos do inc. II do art. 51 da Lei 8.245/1991, não é preciso que o contrato de locação por renovar tenha prazo de vigência de cinco anos para que se reconheça o direito à renovação compulsória; basta que a relação locatícia se estenda pelo quinquênio, ainda que mais de um contrato tenha sido assinado pelas partes nesse período, desde que não haja solução de continuidade entre eles ("soma dos prazos ininterruptos"). A jurisprudência tem sido permissiva com pequenos interregnos entre contratos de locação escritos durante o quinquênio para fins de reconhecimento do direito à renovação compulsória.[1]

A antiga Súmula 178 do STF ainda é considerada atual pela jurisprudência do Superior Tribunal de Justiça: "Não excederá de cinco anos a renovação judicial de contrato de locação, fundada no Decreto n. 24.150, de 20.4.1934".[2] Nessas condições, ainda que a relação locatícia esteja em vigor há mais de cinco anos, a sua renovação compulsória se dará por no máximo um quinquênio. Doutra parte, admite-se que a renovação pretendida pelo locatário seja por período inferior ao do contrato em vigor ou inferior ao quinquênio.[3] Tudo isso confere caráter flexível à expressão "igual prazo" presente no *caput* do art. 51 da Lei 8.245/1991, na medida em que há um teto para a renovação compulsória (cinco anos), que o locatário, maior interessado nela, pode eventualmente rebaixar.

O direito à renovação compulsória da locação é estendido a "cessionários ou sucessores da locação" (art. 51, § 1º, da Lei 8.245/1991), à sociedade de que o locatário faça parte quando aquela ali exercer sua atividade comercial (§ 2º) e "às locações celebradas por indústrias e sociedades civis com fim lucrativo, regularmente constituídas" (§ 4º). Quando houver sublocação total do imóvel locado, é do sublocatário o direito à renovação da avença (art. 51, § 1º).

Para que o direito à renovação não pereça, é preciso que seu titular o exerça dentro do prazo assinado pelo § 5º do art. 51 da Lei 8.245/1991. Esse prazo se inicia quando falta um ano para o fim do contrato de locação em vigor e se encerra no momento em que faltam seis meses para tal fim. Uma vez escoado esse semestre assinado pelo legislador, o locatário decai do direito à renovação.

Além do aspecto temporal, pode fazer o direito à renovação perecer a necessidade de obras no imóvel por determinação do Poder Público que importem "sua radical transformação" ou que o modifiquem substancialmente, com

---

1. *Cfr.* Theotonio Negrão, José Roberto F. Gouvêa, Luis Guilherme A. Bondioli e João Francisco N. da Fonseca, *Código de Processo Civil e legislação processual em vigor*, 53ª ed., São Paulo, Saraiva, 2022, nota 5ª ao art. 51 da Lei 8.245/1991, p. 1.647.
2. STJ, 3ª Turma, REsp 1.323.410, rel. Min. Nancy Andrighi, j. 7.11.2013, *DJ* 20.11.2013; STJ, 4ª Turma, REsp 1.990.552, rel. Min. Raul Araújo, j. 17.5.2022, *DJ* 26.5.2022.
3. *Cfr.* Theotonio Negrão, José Roberto F. Gouvêa, Luis Guilherme A. Bondioli e João Francisco N. da Fonseca, ob. cit., nota 4 ao art. 51 da Lei 8.245/1991, p. 1.647.

impacto positivo no seu valor (art. 52, inc. I, da Lei 8.245/1991). Também pode fazer o direito à renovação perecer a solicitação do locador no sentido do uso próprio do imóvel ou para fins da "transferência de fundo de comércio existente há mais de um ano, sendo detentor da maioria do capital o locador, seu cônjuge, ascendente ou descendente" (art. 52, inc. II), com as ressalvas dos §§ 1º (ramo distinto de atividade comercial) e 2º (não ser em *shopping center*) do mesmo art. 52. Igualmente, podem fazer o direito à renovação perecer a prática de infração legal ou contratual pelo locador, como a falta de pagamento do aluguel ou de algum outro encargo locatício, a necessidade de reparos urgentes determinados pelo Poder Público incompatíveis com a permanência no imóvel e a existência de proposta de terceiro em melhores condições (arts. 9º e 72 da Lei 8.245/1991).

Em matéria de locações envolvendo "hospitais, unidades sanitárias oficiais, asilos, estabelecimentos de saúde e de ensino autorizados e fiscalizados pelo Poder Público, bem como por entidades religiosas devidamente registradas" (art. 53 da Lei 8.245/1991), as brechas para a não renovação da locação são estreitadas, em razão da sensibilidade da atividade desenvolvida no imóvel. Exclui-se a retomada para mero uso próprio e circunscrevem-se os casos de rescisão da avença às "hipóteses do art. 9º" (art. 53, inc. I) e a pedido do proprietário ou pessoa a ele equiparada "para demolição, edificação, licenciada ou reforma que venha a resultar em aumento mínimo de cinquenta por cento da área útil" (inc. II).

3.001. procedimento nada especial

Na disciplina da ação renovatória, como na de todas as ações locatícias, é possível enxergar medidas pensadas para um procedimento mais célere, considerando que litígios envolvendo a ocupação de imóvel demandam solução rápida, mas essas medidas não tornam o procedimento da ação renovatória diferente do procedimento comum (arts. 318 e ss. do CPC), o que confere ao seu rito um caráter *não especial*.

No caso da ação renovatória, essa busca por celeridade é vista, sobretudo, nas exigências estabelecidas para as falas iniciais das partes na ação, que devem trazer desde logo provas do preenchimento dos requisitos para a renovação compulsória da locação ou da presença de circunstância liberatória da relação locatícia, bem como as condições que autor e réu reputam adequadas para a extensão do contrato de locação no tempo (arts. 71 e 72 da Lei 8.245/1991). Tal busca se faz presente, ainda, na enunciação pelo legislador da matéria de defesa fática admissível (art. 72 da Lei 8.245/1991), na tramitação do processo durante as férias e na ausência de efeito suspensivo para o recurso de apelação (art. 58, incs. I e V, da Lei 8.245/1991).

Todavia, não há aqui fenômenos propriamente especiais. A rigor, para todo e qualquer processo, os arts. 434 e 435 do Código de Processo Civil orientam as partes para já trazer com as suas falas iniciais no processo a documentação que tiverem para fazer prova das suas alegações. Ademais, a referida limitação legislativa em matéria de defesa fática é mais aparente do que real, pois os incisos do art. 72 da Lei 8.245/1991 permitem que o réu traga todos os argumentos de fato possíveis para resistir diante da ação renovatória, como se vê do amplíssimo inc. I ("não preencher o autor os requisitos estabelecidos nesta Lei") ao inc. IV ("não estar obrigado a renovar a locação"), passando ainda pelos incs. II (proposta do locatário não aderente ao valor de mercado) e III (existência de proposta de terceiro em melhores condições). Outrossim, a tramitação durante as férias e a ausência de efeito suspensivo para a apelação não são exclusividade da ação renovatória (*cfr.* arts. 215 e 1.012 do CPC) nem fazem o seu procedimento descolar do procedimento comum.

Por fim, consigne-se que não existem no procedimento da ação renovatória restrições de ordem instrutória, de modo que todos os meios de prova admissíveis têm lugar no seu âmbito para que as partes possam comprovar suas alegações, o que abarca desde provas orais até perícia e inspeção judicial, a confirmar que se tem aqui feito orientado pelas disposições próprias do procedimento comum.

3.002. petição inicial e limites da demanda

Como toda petição inicial, a peça inaugural da ação renovatória deve observar os requisitos do art. 319 do Código de Processo Civil. No caso, o *caput* do art. 71 da Lei 8.245/1991 reforça isso expressamente,[4] para depois adicionar exigências específicas à petição inicial da ação renovatória.

Dos requisitos da petição inicial estabelecidos no art. 319 do Código de Processo Civil, merecem destaque aqui o do *juízo a que se dirige* a petição inicial (inc. I) e o do "valor da causa" (inc. V). Quanto à definição do juízo, o art. 58, inc. II, da Lei 8.245/1991 dispõe ser competente para as ações locatícias em geral (no que se inclui a ação renovatória) "o foro do lugar da situação do imóvel, salvo se outro houver sido eleito no contrato". A brecha para a eleição de foro em matéria de ação locatícia é confirmada pelo art. 47 do Código de Processo Civil, que não lista esse tipo de

4. A menção ao "art. 282 do Código de Processo Civil" no *caput* do art. 71 da Lei 8.245/1991 deve ser entendida à luz do Código de Processo Civil em vigor por ocasião do advento da Lei 8.245/1991, qual seja, o da Lei 5.869/1973. Esse art. 282 da revogada Lei 5.869/1973 tem como correspondente na vigente Lei 13.105/2015 o art. 319.

ação entre aquelas para as quais é absolutamente competente o "foro de situação da coisa". Assim, se as partes validamente convencionaram para a solução das controvérsias decorrentes do contrato de locação um foro diverso daquele em que localizado o imóvel, para lá devem ser dirigidas as respectivas petições iniciais. O ajuizamento da ação renovatória no foro do domicílio do réu, sem questionamento deste em sede de contestação, tem o mesmo efeito prático da eleição de foro e faz com que o processo ali se fixe e se desenvolva.

Em matéria de valor da causa, basta um aceno ao inc. III do art. 58 da Lei 8.245/1991, que determina para as ações locatícias em geral o montante de "doze meses de aluguel".

Passando agora às exigências específicas feitas pelo art. 71 da Lei 8.245/1991 para a petição inicial da ação renovatória, começa-se pela "prova do preenchimento dos requisitos dos incisos I, II e III do art. 51" (inc. I), ou seja, pela comprovação da contratação da locação por escrito e por prazo determinado, bem como do tempo programado para a relação locatícia e do tempo de atividade no mesmo ramo comercial.

Nos subsequentes incs. II e III do art. 71 da Lei 8.245/1991 exige-se que o locatário comprove desde logo a observância das suas obrigações contratuais no âmbito da relação locatícia – "exato cumprimento do contrato" e "prova da quitação dos impostos e taxas" incidentes sobre o imóvel e que sejam de sua responsabilidade. Vale atentar aqui para o rol de obrigações do locatário expresso no art. 23 da Lei 8.245/1991, mas com o cuidado de não se fazer exigência de prova impossível ou excessivamente difícil (argumento do art. 373 do CPC).

Nos termos do seguinte inc. IV do art. 71 da Lei 8.245/1991, deve o locatário indicar com clareza e precisão as "condições oferecidas para a renovação da locação". Merecem destaque aqui o valor do aluguel, que define certos contornos da demanda do locatário, a serem respeitados por ocasião do julgamento da causa, o tempo de extensão da relação locatícia, na medida em que o teto de cinco anos pode ser diminuído, o indexador e a periodicidade para fins de reajuste do valor do aluguel.

Ainda na petição inicial, deve o locatário cuidar da precisa indicação do fiador e das informações necessárias para o aperfeiçoamento da fiança, com destaque para a aceitação do encargo, para a eventual autorização conjugal e para a idoneidade financeira (art. 71, incs. V e VI, da Lei 8.245/1991).

Por fim, se o autor da ação renovatória vem a juízo na condição de cessionário ou sucessor do titular do direito à renovação compulsória (art. 51, § 1º, da Lei 8.245/1991), deve fazer desde logo prova dessa condição (art. 71, inc. VII, da Lei 8.245/1991).

3.003. resposta do réu, limites da reconvenção e ausência de duplicidade

A resposta do locador diante da demanda do locatário pela renovação da avença locatícia orienta-se tanto pelas genéricas disposições dos arts. 335 e ss. do Código de Processo Civil quanto pelo disposto especificamente no art. 72 da Lei 8.245/1991.

Como já anunciado, toda matéria de direito e de fato pertinente para resistência diante da ação renovatória se comporta na resposta do réu; a limitação de ordem fática presente no *caput* do art. 72 da Lei 8.245/1991 é mais aparente do que real. Assim, cabe ao locador apontar na sua resposta obstáculo existente para o julgamento *de meritis* (art. 337 do CPC), qualquer tema jurídico para um desfecho do processo em seu favor e os assuntos listados nos incisos do referido art. 72, a saber: ausência de requisito para a renovação compulsória (inc. I), falta de aderência da proposta de renovação aos valores de mercado (inc. II), proposta de terceiro em melhores condições (inc. III) e presença de circunstância liberatória da renovação (inc. IV). Tanto no caso de proposta de terceiro quanto no caso de não renovação atrelado a obra por determinação do Poder Público a resposta deve vir acompanhada das respectivas provas.

Não se encontra na ação renovatória aptidão intrínseca para a igual tutela das partes. O máximo que o réu pode obter com um julgamento em seu favor da ação renovatória é a negação do direito invocado pelo autor à renovação da avença locatícia. E nada mais. Isso basta para negar à ação renovatória caráter dúplice.

Nessas circunstâncias, tudo o que o réu quiser obter no processo além da negação do direito do autor à renovação depende de um comportamento ativo seu na relação jurídica processual. Se ele entende que a proposta do locatário está abaixo do "valor locativo real do imóvel na época da renovação" (art. 72, inc. II, da Lei 8.245/1991), "deverá apresentar, em contraproposta, as condições de locação que repute compatíveis com o valor locativo real e atual do imóvel" (§ 1º). Exige-se, assim, que o réu se defenda agindo, o que confere à contraproposta força de reconvenção. Tal qual acontece com as condições oferecidas para a renovação na demanda do locatário, a contraproposta do locador define certos contornos da demanda reconvencional, a serem respeitados por ocasião do julgamento da causa.

Da mesma forma, se o réu tenciona a fixação de aluguel provisório ou nova periodicidade para o reajuste do valor do aluguel ou, ainda, a adoção de outro indexador para tal reajuste, ele deve *pedir* isso na sua resposta, o que faz aparecer aqui novamente o fenômeno reconvencional (art. 72, §§ 4º e 5º, da Lei 8.245/1991).

Igualmente, se o réu pretende por qualquer motivo o fim da relação locatícia e a pronta desocupação do imóvel, ele também deve *pedir* isso na sua resposta (art. 74 da Lei 8.245/1991), o que faz com que o fenômeno *reconvenção* mais uma vez se faça presente.

As hipóteses de pedido reconvencional previstas na Lei 8.245/1991 não têm significado exauriente, de modo que outros temas podem ser objeto de reconvenção diante de ação renovatória. Assim, qualquer outra pretensão apoiada no contrato de locação objeto da demanda inicial pode ser deduzida em sede reconvencional, desde que observados os requisitos genéricos postos pelo art. 343 do Código de Processo Civil. P.ex., é possível reconvir para cobrar valores relativos a aluguel e encargos da locação ou para pedir indenização por danos causados ao imóvel.

3.004. consolidação das postulações das partes e fases ordinatória, instrutória e decisória

Como já antecipado, o trâmite da ação renovatória orienta-se pelas disposições próprias do procedimento comum (arts. 318 e ss. do CPC). Assim, arguido na contestação tema preliminar ao julgamento *de meritis* (art. 337 do CPC) ou fato impeditivo, modificativo ou extintivo do direito do autor, deve o juiz abrir prazo quinzenal para que o autor se manifeste em réplica (arts. 350 e 351 do CPC). A réplica chega a ser expressamente mencionada no § 2º do art. 72 da Lei 8.245/1991, no caso de proposta de terceiro, como momento próprio para que o autor adira aos seus termos e obtenha para si a renovação da locação, mas isso não significa que apenas nessa situação ela deva ter lugar; sempre que presente qualquer situação descrita nos arts. 350 ou 351 do Código de Processo Civil, o juiz deve abrir prazo quinzenal para que o locatário replique a contestação.

Ante a natureza reconvencional que a resposta do réu pode assumir diante da ação renovatória, sempre que houver pedido do locador na sua reação diante da demanda do locatário, cabe ao juiz aqui abrir prazo quinzenal para que o autor-reconvindo responda à reconvenção (art. 343, § 1º, do CPC). Na resposta à reconvenção pode ser apresentada nova reconvenção (*reconvenção da reconvenção*), e a própria Lei 8.245/1991 permite visualizar uma hipótese a esse respeito: apresentada demanda reconvencional para a desconstituição da relação locatícia em razão da existência de proposta de terceiro em melhores condições, com pedido para pronta desocupação do imóvel locado, pode o autor-locatário reconvir para que o réu-locador e o proponente paguem a indenização devida em razão da eventual não prorrogação da locação, nos termos dos arts. 52, § 3º, e 75. Nessas circunstâncias, o autor-locatário deve inserir no polo passivo da *reconvenção da reconvenção* o proponente, sob pena de ele não ficar vinculado ao julgamento da causa e não ser alcançado pela respectiva condenação.

Lembre-se de que a reconvenção subjetivamente ampliativa é expressamente admitida pelo legislador (art. 343, §§ 3º e 4º, do CPC), o que torna possível a integração do proponente ao processo por ocasião da *reconvenção da reconvenção*. Ademais, a *reconvenção da reconvenção* não encontra qualquer vedação legislativa no procedimento comum pelo qual se processa a ação renovatória. Outrossim, na situação cogitada acima, a *reconvenção da reconvenção* não atrita com as regras de estabilização da demanda (art. 329 do CPC), na medida em que se trata de demanda cujo interesse é despertado pela reconvenção do locador, e não fica inviabilizada pelo fato de ficar condicionada ao insucesso da demanda inicial e ao sucesso dessa reconvenção – o que não se pode admitir é a deflagração de um processo por demanda única e condicional; havendo mais de uma demanda no processo, ainda que de outra parte, a reconvenção pode ser deduzida no processo para a hipótese de um determinado desfecho daquela outra demanda vir a acontecer (cúmulo subsidiário de demandas – art. 326 do CPC).[5]

Aperfeiçoado o contraditório em torno de todas as demandas apresentadas no processo e aberto o correlato espaço para réplica quando for o caso, deve o magistrado cuidar da eliminação de irregularidades sanáveis, avaliar se está diante de situação de imediato julgamento da causa e, em caso negativo, sanear o processo e passar à fase instrutória (arts. 352 e ss. do CPC).

A fase instrutória da ação renovatória, como também já antecipado, não encontra limitações quanto ao tipo de prova que pode ser nela produzido. Assim, conforme as necessidades do processo, há amplo espaço para a designação de audiência de instrução e julgamento, a fim de que se ouçam as partes e testemunhas sobre questões controvertidas; para a realização de perícia, a fim de que se investiguem assuntos técnicos, como a aderência ao valor de mercado das condições oferecidas pelas partes para a extensão da relação locatícia no tempo ou o caráter de obras a serem realizadas no imóvel; para a efetivação de inspeção judicial, a fim de que se examine o imóvel com o intuito de esclarecer aspecto importante para o julgamento da causa; para a ulterior juntada de documentos que não puderam acompanhar a petição inicial ou a contestação.

Com a causa madura para julgamento, cabe ao magistrado apreciar as demandas do locador e do locatário. Havendo a possibilidade de julgamento

5. Reformula-se aqui entendimento externado na obra *Reconvenção no processo civil*, São Paulo, Saraiva, 2009, p. 87.

antecipado de qualquer dessas demandas, fica o julgador autorizado a decidir separadamente, nos termos do art. 356 do Código de Processo Civil. Em razão do caráter reconvencional das pretensões do réu deduzidas em resposta à ação renovatória, elas não são ordinariamente afetadas por uma decisão terminativa no tocante à demanda inicial. Mesmo que o autor desista da ação renovatória ou esta seja objeto de um pronunciamento fundado no art. 485 do Código de Processo Civil, pedido como o de fim da relação locatícia e consequente desocupação do imóvel é suficiente para levar o processo adiante e deve ser apreciado pelo juiz.

No julgamento da causa deve o magistrado atentar para os limites da demanda ou das demandas existentes no processo. Se o réu deixa de formular os pedidos previstos em lei para a tutela dos seus direitos e interesses em matéria de condições da locação, aluguel provisório, reajuste ou desocupação, nada pode fazer o magistrado em seu favor, sob pena de incorrer em julgamento *extra* ou *ultra petita*. Como já dito, a ação renovatória não tem intrínseca aptidão para a igual tutela das partes, de modo que cabe ao réu demandar qualquer coisa que pretenda obter no processo além da negativa do direito do locatário à renovação compulsória da locação.

Ainda dentro do cuidado que o julgador deve ter com os limites da demanda ou das demandas existentes no processo, cabe menção ao valor indicado pelas partes para fins de aluguel nos pedidos formulados no processo, quer nas condições ofertadas para a extensão compulsória da locação (demanda inicial), quer na respectiva contraproposta (reconvenção), que deve ser respeitado por ocasião do deslinde da causa. Na fixação do novo aluguel para a relação locatícia compulsoriamente estendida no tempo não pode o magistrado fixar valor superior ao pedido, sob pena de julgamento *ultra petita*.[6]

Por fim, a indenização prevista no art. 75 da Lei 8.245/1991 somente pode ser concedida se houver pedido do autor-locatário nesse sentido, no caso, em sede de *reconvenção da reconvenção*, como demonstrado logo acima. Na falta de tal pedido fica o julgador impedido de conceder tal indenização, sob pena de julgamento *extra petita*.

---

6. Nesse sentido: "formulado pedido certo e determinado, não poderá o magistrado fixar valor superior ao pretendido pelo locador ou inferior ao oferecido pelo locatário, sob pena de violação aos limites objetivos traçados pelas partes" (STJ, 3ª Turma, REsp 1.815.632, rel. Min. Paulo Sanseverino, j. 3.5.2022, *DJ* 11.5.2022). Todavia, em sentido contrário: "o entendimento do STJ se orienta no sentido de não configurar julgamento *ultra petita* a fixação de aluguel em valor superior aos propostos pelas partes em ação renovatória" (STJ, 4ª Turma, REsp 1.038.299/AgInt/Ag., rel. Min. Antonio Ferreira, j. 25.4.2017, *DJ* 5.5.2017).

3.005. recursos e cumprimento da sentença

A recorribilidade das decisões interlocutórias na ação renovatória segue o regime geral estabelecido no Código de Processo Civil. Importante pronunciamento que pode ter lugar no início da ação renovatória e que se enquadra perfeitamente no rol de decisões interlocutórias imediatamente recorríveis é o que vem a fixar aluguel provisório (art. 72, § 4º, da Lei 8.245/1991), por se tratar de espécie de tutela provisória (art. 1.015, inc. I, do CPC), como o próprio nome sugere. Também comportará agravo de instrumento, naturalmente, eventual decisão interlocutória que antecipadamente julgar uma das demandas existentes no processo deflagrado pela ação renovatória, sem que se esgote o exame do *meritum causae* (arts. 356, § 5º, e 1.015, inc. II, do CPC).

O cabimento da apelação no âmbito da ação renovatória também segue o regime geral estabelecido no Código de Processo Civil, vinculando-se assim ao momento em que esgotada a fase cognitiva do processo (art. 203, § 1º, do CPC). Como já anunciado, a apelação em matéria de ação renovatória não produz efeito suspensivo (art. 58, inc. V, da Lei 8.245/1991), de modo que a interposição de recurso contra o julgamento da causa em primeira instância não é suficiente para a contenção dos efeitos da sentença, que é assim desde logo exequível, a não ser que se obtenha excepcional sustação da sua eficácia (art. 1.012, § 4º, do CPC).

Na pendência de recurso, naturalmente, o cumprimento da sentença se dá de maneira provisória, nos termos dos arts. 520 e ss. do Código de Processo Civil. Todavia, essa provisoriedade não impede que desde logo se cobrem diferenças dos aluguéis vencidos ou se efetive a desocupação do imóvel (arts. 73 e 74 da Lei 8.245/1991), sempre sob conta e risco do exequente, que fica obrigado a restituir as partes ao estado anterior, bem como a indenizar eventuais prejuízos, na hipótese de eventual reviravolta no desfecho do processo.

CAPÍTULO CCVII – *AÇÃO REVISIONAL DE ALUGUEL*

DANIEL RAICHELIS DEGENSZAJN

3.006. ação revisional de aluguel na teoria dos procedimentos especiais

O procedimento e as normas procedimentais são mecanismos preconcebidos pelo legislador com o propósito de conferir maior aptidão ao processo para solucionar as crises de direito material. O procedimento comum ou ordinário é estruturado de forma genérica, amoldando-se às mais diversas situações da vida que não tenham recebido disciplina específica em lei (ou seja, que não tenham sido contempladas pelos *procedimentos especiais*). O procedimento comum, portanto, será utilizado por exclusão dos demais e, em caso de omissão da parte em sua inicial, caberá ao juiz a adequação do procedimento, determinando-se, se for o caso, a sua emenda ou sua conversão de ofício (indisponibilidade do procedimento), atendendo à moldura legal destinada ao caso concreto.[1]

1. O Código de Processo Civil determina a utilização do procedimento comum na hipótese de cumulação de demandas, ressalvando o emprego das técnicas especiais de cada procedimento especial cumulado (CPC, art. 327, § 2º).

Os arts. 190 e 191 do Código de Processo Civil, que disciplinam o negócio jurídico processual, além de constituírem um instrumento poderoso a serviço das partes para conferir aderência do procedimento às mais variadas crises de direito material, são integralmente aplicáveis aos procedimentos especiais. O juiz poderá, igualmente, valer-se dos seus poderes na condução do processo para converter ou adaptar o procedimento para atender a particularidades do caso concreto. O procedimento é uma moldura cujo conteúdo é preenchido pelo desenvolvimento do processo em contraditório.

O descumprimento pelas partes e pelo juiz do procedimento especial não encerra nulidade presumida, pois vigora em sua inteireza a norma de *superdireito processual* da *instrumentalidade das formas*, prevalecendo o princípio da *pas de nullité sans grief* (não há nulidade sem prejuízo). Afigura-se improvável que, optando as partes pelo procedimento ordinário, haja algum prejuízo que vicie a futura sentença de mérito.

A especialidade do procedimento advém da identificação pelo legislador de características próprias do direito material ou por reflexo de interesses sociais na solução de determinados conflitos de forma diversa da moldura genérica preconcebida. São inúmeros os exemplos de procedimento fortemente colmatados pelo direito material (prestação de contas, consignação em pagamento, demarcatória de terras, interdição *etc.*).

O procedimento especial pode ser concebido também para *acelerar* a entrega provisória ou definitiva da tutela jurisdicional em situações eleitas pelo legislador em que a ordem social demanda resposta mais rápida do Poder Judiciário. São exemplos dessa opção legislativa o procedimento do mandado de segurança, da ação monitória, as ações da Lei do Inquilinato *etc.* Nesses casos, o procedimento comum poderia ser utilizado, mas se oferece ao jurisdicionado uma *opção* que lhe permite, em tese, ter uma resposta mais célere para determinadas crises de direito material eleitas pelo legislador, se presentes características definidas em lei (prova *pré-constituída*, desnecessidade de dilação probatória, prova escrita da dívida, ausência de efeito suspensivo do recurso de apelação *etc.*).

Em outras situações há a identificação, pelo legislador, da necessidade de instituir mecanismos *específicos* em razão de características próprias do direito material que demandam um ato processual de natureza antecipatória (célere e provisório) para que depois se possa, ao tempo e modo, alcançar a tutela jurisdicional definitiva (cognição exauriente). São exemplos desse grupo a fixação de alimentos provisórios na demanda por alimentos, a garantia da posse *nova* contra o esbulho, ameaça ou turbação nas demandas possessórias, a exclusão do sócio na dissolução parcial de sociedades, a fixação do aluguel provisório na demanda revisional deste *etc.*

Os procedimentos especiais, portanto, diferem do procedimento comum ordinário pela presença de mecanismos específicos (regras procedimentais) compostos por normas das mais variadas características. Há aquelas meramente *aceleratórias*, que visam a diminuir o tempo entre a propositura da demanda e a entrega da tutela jurisdicional provisória ou definitiva; há aquelas exclusivamente associadas ao direito material, que têm como escopo proporcionar maior aderência do procedimento à realidade; há aquelas que combinam exigências próprias da crise de verificação espontânea do direito com interesses sociais eleitos.

A *demanda revisional de aluguel*[2] objeto deste estudo, é um procedimento especial, influenciado por características do direito material, que demanda atos iniciais específicos, como a fixação do aluguel provisório, sua limitação inicial em 80% do pedido ou do aluguel vigente *etc.* Os procedimentos especiais são naturalmente compostos de situações bifrontes, em que o direito material se encontra com o processual em simbiose. São inúmeras as questões de direito material que repercutem no procedimento especial, tais como a legitimidade do fiador,[3] a limitação na fixação do valor do aluguel provisório *in limine litis*, o prazo para postular a revisão do aluguel, que é confundido com o cabimento da própria ação de revisão, *etc.*[4]

---

2. Equivoca-se o legislador ao utilizar o termo "ação" em substituição ao vocábulo "demanda". Ação é o poder de provocar a atuação do Estado-juiz e de obter um provimento jurisdicional. A ação é figura pertencente ao direito civil, comercial, ambiental, penal *etc.* e o seu exercício se dá por meio da demanda, que por sua vez é instrumentalizada (materializada) em uma *petição inicial* (regime judiciário). Propõe-se uma *demanda*, e a garantia de assim fazê-lo está no direito de *ação* assegurado no plano constitucional (princípio da inafastabilidade do controle jurisdicional – CF, art. 5º, inc. XXXV). A distinção entre *demanda* ou *ato postulatório* e *ação* ou *direito ao provimento jurisdicional* deve ser rigorosamente observada. Portanto, não se trata de uma ação de revisão, mas de uma demanda revisional. A utilização da linguagem adequada facilita a compreensão da matéria que é objeto de estudo. Em qualquer obra, mas em especial nesta, organizada por Cândido Rangel Dinamarco, a colocação precisa dos termos é uma obrigação. São expressivas as palavras do Mestre: "o refinamento de uma linguagem, mediante o uso de palavras distintas destinadas à designação sempre mais precisa de fenômenos afins, é sinal de uma maturidade cultural que em direito processual já temos em grau mais que suficiente" (Cândido Rangel Dinamarco, *Vocabulário do Processo Civil*, São Paulo, Malheiros Editores, 2009, pp. 114-118, esp. p. 118; *cfr.* ainda Cândido Rangel Dinamarco, *Instituições de direito processual civil*, 8ª ed., vol. II, São Paulo, Malheiros Editores, 2019, nn. 508-513, pp. 126-135).
3. O contrato de fiança, acessório ao contrato de locação, pode determinar a vinculação ou não do fiador à sentença judicial, o que causa a falsa percepção de que se trataria de matéria pertinente à legitimidade de parte (carência de ação), mas a relação é de direito material, em que se examina a vinculação do fiador além dos termos que se obrigou por meio do contrato de fiança (*cfr. infra*, n. 3.008).
4. Segundo a lei, a revisão judicial poderá ser requerida de três em três anos (LI, art. 19). Bem visto o fenômeno, essa é uma norma de direito material, seja porque se admitem

O procedimento especial da *demanda revisional de aluguel*, além de estruturado para atender de forma mais eficiente ao direito material, foi concebido para acelerar a entrega da tutela jurisdicional, pois se previu espécie do gênero *tutela provisória* (fixação dos aluguéis provisórios – Lei do Inquilinato, art. 68, inc. II, *a* e *b* – *infra*, n. 3.009), determinou-se o processamento durante férias forenses sem suspensão de prazo (LI, art. 68, inc. I) e retirou-se o efeito suspensivo automático do recurso de apelação, ainda que se trate de modificação de situação jurídica objeto de declaração de vontade (LI, art. 58, inc. V – *infra*, n. 3.007).

A sentença tem natureza *constitutiva* – na medida em que estabelece alteração das obrigações contratadas, impondo novo preço da locação, retroagindo à data da propositura da demanda – e natureza *condenatória* quanto ao conteúdo econômico estabelecido judicialmente (diferença entre o valor pago e aquele estabelecido ao final), permitindo ao credor, que poderá ser o locador ou o locatário, a instauração da jurisdição executiva nos próprios autos, sem a necessidade de ajuizamento de uma demanda própria para cobrar os valores objeto de acertamento judicial.

3.007. a disciplina legal da ação revisional de aluguel e os fundamentos sociais e políticos da existência de um procedimento especial

A função social dos contratos em geral deve ser interpretada em harmonia com a regra de intervenção mínima nas relações privadas e na autonomia da vontade. A presunção geral é a de que os contratos civis e empresariais são simétricos e paritários, demandando elementos concretos para que seja afastada essa presunção (CC, arts. 421, par. ún., e 421-A).[5] As partes podem convencionar os pressupostos de revisão dos contratos (CC, art. 421-A, inc. I), *respeitadas* e *observadas* "a alocação de riscos definida pelas partes" (inc. II) e a premissa de que qualquer modificação judicial é *excepcional* e *limitada* (inc. III). Essa é a regra geral estabelecida pelo legislador para revisão dos contratos em geral.

A intervenção estatal nas relações de inquilinato se faz presente em inúmeros países do mundo, sobretudo na social-democracia europeia.[6] As cri-

---

exceções à luz de questões relativas ao direito material sem que haja modificação do procedimento estabelecido pela *lex specialis* (*cfr. infra*, n. 3.015).

5. "O contrato é essencialmente um *acordo* vinculativo de vontades opostas, mas harmonizáveis entre si. O seu elemento fundamental é o *mútuo consenso*" (João de Matos Antunes Varela, *Das obrigações em geral*, 10ª ed., vol. I, Coimbra, Almedina, 2011, p. 216).

6. "Na Itália, não é de agora que o controle estatal sobre a utilização de imóveis vazios fazia-se sentir. Na França, as restrições e congelamentos criaram um quase 'direito real'

ses habitacionais fizeram com que a liberdade do proprietário fosse atenuada pela legislação de modo pendular (limitado no tempo) para remediar os nocivos efeitos sociais agudos por elas determinados em períodos definidos pelo legislador. Ao longo da história, não é incomum a edição de normas pelo Poder Legislativo restringindo ações de despejo em períodos de crise social e econômica, como ocorreu com o Decreto 4.624, de 28.12.1922, que limitou o despejo para as hipóteses de (i) falta de pagamento, (ii) utilização do imóvel para fins ilícitos ou que possam danificá-lo, (iii) caso o locador precisasse deste para uso próprio (arts. 6º e 11 do Decreto 4.403, de 22.12.1921). Essa exceção ao contrato perdurou até o ano de 1924. Em tempos recentes, na conhecida crise social e econômica decorrente da pandemia do Coronavírus, foi editada a Lei federal 14.216, de 7.10.2021, *para suspender **temporariamente** o cumprimento de medida judicial, extrajudicial ou administrativa que resulte em desocupação ou remoção forçada coletiva em imóvel privado ou público, exclusivamente urbano, e a concessão de liminar em ação de despejo de que trata a Lei n. 8.245, de 18.10.1991, e para estimular a celebração de acordos nas relações locatícias*.

Inobstante a *legislação de pânico* editada com propósitos pontuais e com duração efêmera, há uma preconcepção, por parte do legislador, segundo a qual nos contratos de locação em geral é salutar que haja interferência legislativa, inserindo elemento de ordem pública destinado a limitar a autonomia da vontade e a liberdade de contratar. Os mecanismos judiciais e materiais são fortemente influenciados pelo conflito existente entre o direito de propriedade e o direito à moradia. Equilibrar tão relevantes valores em uma sociedade estruturalmente desigual é tarefa árdua. Essa dificuldade resulta em pontuais alterações da lei, limitando a ação de despejo em momentos delicados da história, mas reconhecendo a necessidade de sua celeridade como regra geral, respeitando a propriedade privada e o direito de usar, fruir e dispor a ele inerente.

Se de um lado vigoram o princípio voluntarista e a regra geral *contratualista*, caracterizada pela observância estrita dos termos avençados pelas partes (*pacta sunt servanda*), de outro há – além da oscilante e transitória intervenção estatal em contratos vigentes para assegurar princípios como o da dignidade da pessoa humana – legislação específica impondo às partes determinadas limitações gerais ou regras cogentes incidentes nos contratos de locação, como as ações renovatória de locação, revisional de aluguel *etc.* A convergente declaração válida de vontade deverá ser, pois, interpretada à luz de pre-

---

em proveito dos locatários" (Caio Mario da Silva Pereira, "Princípios da locação predial e a nova Lei do Inquilinato", in *A Lei do Inquilinato*, 2ª ed., Rio de Janeiro, Forense Universitária, 1995, p. 1).

missas impostas por lei, fazendo com que se estabeleçam determinados limites em que a autonomia privada não penetra.

A Lei de Locações trouxe importante vetor interpretativo e limitador da autonomia da vontade, pois introduziu, em seu art. 45, a nulidade de pleno direito das cláusulas do contrato de locação "que visem a elidir os objetivos da presente Lei". Embora ostente natureza patrimonial, a lei tem como escopo cristalino assegurar que os aluguéis guardem correspondência ao valor de mercado. Portanto, nas locações residenciais, em que há forte intenção do Estado em assegurar o direito à moradia e à comutatividade entre prestação e contraprestação, não pode ser feita a renúncia contratual à revisão judicial,[7] mas sempre se poderá, por meio do contrato, trazer as balizas e premissas que levaram as partes a contratar – e estas podem e devem ser interpretadas para examinar a procedência ou improcedência do pedido. Se as partes convencionaram que o aluguel deverá ser superior ao de mercado, isso não acarreta a renúncia à revisional de aluguel, mas exige uma prova de alteração das bases do negócio mais robusta para a revisão judicial. A opção deliberada expressamente pelas partes está no campo dispositivo, mas a renúncia ao direito em tese de revisão do valor seria uma blindagem excessiva, razão pela qual ela deve ser tida como nula.

Sob o enfoque do direito processual, o legislador interferiu no procedimento ao criar regras processuais específicas, tais como a tramitação do processo durante as férias forenses (LI, art. 58, inc. I), a competência do foro da situação do imóvel, a despeito de a relação ser regida pelo direito das obrigações (LI, art. 58, inc. II), o valor da causa com a utilização de critérios específicos (LI, art. 58, inc. III), a admissão de métodos distintos para a citação, se autorizados em contrato (LI, art. 58, inc. IV), e, ainda, ao retirar o efeito suspensivo dos recursos interpostos contra o capítulo constitutivo da sentença (LI, art. 58, inc. V).

A regra geral sobre o direito à revisão do aluguel é definida no art. 19 da Lei do Inquilinato (Lei 8.245, de 18.10.1991, ulteriormente modificada

---

7. A jurisprudência trata de forma diferente as locações não residenciais, embora a lei não faça distinção, autorizando eventual cláusula de renúncia (STJ, 4ª Turma, AREsp/AgInt/AgInt 1.557.074-PE, rel. Min. Luís Felipe Salomão, j. 23.8.2022). Ocorre que mesmo nesses casos a cláusula de renúncia deve ser apenas uma orientação interpretativa, pois as consequências concretas de fatos supervenientes que alteram a base objetiva do negócio (inclusive quanto à inserção da cláusula de renúncia) não podem ser suportadas exclusivamente por uma das partes. No entanto, cabe observar que a mera revisão do contrato para ajustá-lo ao valor de mercado não poderá ser admitida, pois as partes livremente pactuaram a renúncia, que impacta ambos os polos da relação contratual. Portanto, nas locações não residenciais é admitida – em tese – a cláusula de renúncia, e sua compatibilidade com o art. 45 da Lei de Locações deverá ser examinada no caso concreto.

em parte pela Lei 12.112, de 9.12.2009) nos seguintes termos: "Não havendo acordo, o locador ou locatário, após três anos de vigência do contrato ou do acordo anteriormente realizado, poderá pedir revisão judicial do aluguel, a fim de ajustá-lo ao preço de mercado" por meio da ação revisional de aluguel disciplinada nos arts. 68 a 70 do mesmo diploma legal.

Diferentemente dos contratos em geral, decorridos três anos do acordo de vontades, é suficiente que haja *alguma* discrepância entre o valor do aluguel contratado e o de mercado para que seja, em tese, admissível a interferência do Estado-juiz em uma relação de natureza eminentemente privada. Ou seja, por meio de demanda revisional, que pressupõe a impossibilidade de acordo entre as partes (pretensão resistida), o legislador delega ao juiz o poder-dever de determinar o valor do negócio jurídico livremente pactuado pelas partes. Essa intervenção judicial não ocorre, em regra, nos contratos em geral, nos quais a *singela* desproporção não é capaz de se sobrepor à força vinculativa dos contratos.

Especificidades do caso concreto sempre deverão ser consideradas. O valor do aluguel só será discrepante se as situações postas em exame não revelarem intenção diversa pelas partes. A autonomia privada está presente na definição das bases objetivas do negócio, que deve sempre ser examinada. É premissa inicial, mas não única, a discrepância do valor do aluguel com aquele *de mercado*. O exame do contexto de celebração do contrato (sua *causa*) deve ser investigado no caso concreto.[8] Essa interpretação é convalidada por decisões judiciais, em que se sublinha que o parâmetro de valor de mercado não é elemento isolado: "A cláusula contratual em que se prevê a configuração do valor do aluguel não pode ser desprezada unicamente com fundamento na situação de mercado, mormente quando não há lastro suficientemente apto a demonstrar os motivos pelos quais a autonomia das partes não deve prevalecer".[9]

Desde as particularidades do bem locado (reforma, utilidade *etc.*),[10] passando pelos investimentos em reformas para início da locação com reflexo no valor do

---

8. A investigação da *causa* é fundamental e indispensável, pois esta é a razão justificadora do deslocamento patrimonial, além de exercer um papel de proteção à parte, que se *fiou na existência da causa* ao emitir validamente sua declaração de vontade (sobre o exame da causa nos contratos em geral, *cfr.*, por todos, Antônio Junqueira de Azevedo, *Negócio jurídico – Existência, validade e eficácia*, 4ª ed., São Paulo, Saraiva, 2002, pp. 152-161).

9. STJ, 4ª Turma, AREsp/AgInt. 1.611.717-DF, rel. Min. Luís Felipe Salomão, j. 24.11.2020, v.u., *DJe* 8.12.2020.

10. A reforma do bem locado, ainda que útil ou voluptuária, autorizada ou não, incorpora-se ao imóvel, agregando-lhe valor, mas, segundo a nossa concepção, não pode ser invocada como causa de revisão do contrato de locação. Não se discute o direito de retenção ou a indenização, mas o direito à revisão por investimentos feitos pelo próprio locatário. No entanto, o Superior Tribunal de Justiça, em sede de embargos de divergência, reformou acórdão da 4ª Turma, que ao nosso ver estava correto, para admitir que, no prazo do

aluguel, até a convenção das partes em estabelecer um aluguel acima do valor de mercado, devem ser consideradas pelo juiz ao examinar o valor do negócio.

Embora haja relevante intervenção estatal nos contratos de locação, o valor da prestação está no campo da autonomia da vontade. Se as partes convencionarem, *v.g.*, que o aluguel será superior ao valor de mercado, pois isso foi condição para o proprietário alugar o imóvel ao invés de colocá-lo à venda, a desproporção do valor é inerente ao negócio, é sua causa. Nesse quadro, fica vedado ao juiz interferir – mesmo após três anos – se o valor reflete a efetiva vontade das partes. A demanda revisional não é meio hábil para contornar mero arrependimento e não pode modificar a *causa do negócio jurídico*. À míngua de demonstração de elementos formadores do valor do aluguel, deve ser conferida plena possibilidade de sua revisão após o decurso do prazo de três anos do último acordo de vontades para ajustá-lo ao valor de mercado.

A lei não diferencia as locações residenciais das locações comerciais (ou não residenciais),[11] condicionando o direito à revisão judicial ao requisito ob-

---

contrato original, o locador postule o aumento do aluguel com fundamento em benfeitorias não autorizadas ou mesmo autorizadas e ainda não indenizadas. O exame dos paradigmas desse recurso revela evidente ausência de similitude fática, reconhecida por parte dos integrantes da Corte Especial, pois o caso paradigmático discute a mesma matéria em sede de cumulação de demanda revisional com demanda renovatória. Evidentemente, ao fim do prazo contratual, o novo valor do aluguel deverá ser estipulado com fundamento no valor de mercado e, portanto, deverão ser incorporadas as benfeitorias erigidas em bem alheio. Na nossa concepção, ainda durante o prazo do contrato, as benfeitorias, autorizadas ou não, inobstante o fato de se incorporarem imediatamente ao imóvel, não podem ser consideradas para reajuste do aluguel dentro do prazo do contrato. Trata-se de consequência própria da incidência da boa-fé objetiva e inexiste enriquecimento sem causa, como reconhecido pelo Superior Tribunal de Justiça. O enriquecimento é com causa – aliás, à custa do locatário –, pois houve gasto financeiro para transformar o imóvel em um bem passível de ser alugado por valor maior. Não é esta, porém, a orientação da Corte Especial do Superior Tribunal de Justiça, que entendeu, em sede de embargos de divergência, que em qualquer hipótese poderá o locador ajuizar demanda revisional – decorridos três anos – para pleitear elevação do valor do aluguel tendo como fundamento as benfeitorias, autorizadas ou não, indenizadas ou não, realizadas pelo locatário (sobre o tema: STJ, Corte Especial, EREsp 1.411.420-DF, rel. Min. Nancy Andrighi, j. 3.6.2020, m.v.). Importante destacar que no voto da Relatora há expressa referência de que essa matéria poderia ter sido objeto de acordo de vontades, mas na falta deste prevalece a possibilidade de revisão contratual, segundo a orientação do Superior Tribunal de Justiça. Insistimos na concepção de que a reforma custeada pelo locatário não poderia ser utilizada para revisional do aluguel no prazo original do contrato, mas somente em sede de renovatória, renovação automática ou prorrogação por prazo indeterminado, pois de fato as benfeitorias são incorporadas ao imóvel. Em caso de renovação por meio de aditivo ao contrato deve ser observado o prazo de três anos para pleitear a revisão, pois pressupõe o acordo de vontades quanto ao valor do aluguel.

11. "Todo e qualquer contrato de locação alcançado pelo regime da Lei n. 8.245 sujeita-se à ação revisional, nos termos do seu art. 19" (Humberto Theodoro Júnior, "Dos proce-

jetivo do tempo (prazo de três anos – *cfr. infra*, n. 3.015). O objetivo da demanda é identificar o preço de mercado que servirá como parâmetro para fixação judicial do novo aluguel. Diferentemente dos contratos em geral, o de locação, em particular, recebeu disciplina destacada pelo legislador, reconhecendo de modo expresso um direito subjetivo à adequação dos contratos à realidade de mercado. A isonomia constitucional foi assegurada em razão do reconhecimento do direito – tanto pelo locador quanto pelo locatário – de postular a revisão do contrato (LI, art. 68, inc. II, *a* e *b*). Nos contratos civis e empresariais não subordinados à legislação especial, em geral, não existe disciplina específica que estabeleça adequação *necessária* aos valores de mercado, e sua revisão fica condicionada às hipóteses restritas dos arts. 421 e 421-A do Código Civil.

No campo processual, o legislador não alterou a Lei do Inquilinato no que se refere às remissões feitas aos artigos do Código de Processo Civil, mas instituiu regra geral no art. 1.046, § 4º, do Código de Processo Civil segundo a qual "as remissões a disposições de Código de Processo Civil revogado, existentes em outras leis, passam a referir-se às que lhes são correspondentes neste Código". Portanto, para correta interação entre os diplomas (LI *vs.* CPC), devem ser feitas adaptações no procedimento em razão de modificações procedimentais trazidas pelo vigente Código de Processo Civil.

A regra geral do duplo efeito (suspensivo e devolutivo) foi modificada para as ações da Lei do Inquilinato, conforme expressamente preceitua o art. 58, inc. V. Essa disposição incide exclusivamente sobre o capítulo que estabelece o valor do aluguel (capítulo constitutivo), pois na parte condenatória da sentença, ainda que os valores sejam devidos, são *exigíveis* a partir do trânsito em julgado (LI, art. 69, § 1º).[12] O efeito meramente devolutivo da sentença em ações locatícias é carregado de simbologia,[13] pois a morosidade das

---

dimentos judiciais da ação revisional de aluguel", in *A Lei do Inquilinato*, 2ª ed., Rio de Janeiro, Forense Universitária, 1995, p. 159).

12. A regra estabelecida pelo legislador, condicionando o capítulo condenatório ao trânsito em julgado, é norma jurídica despida de fundamento. É difícil compreender a razão pela qual o legislador não submeteu a sentença condenatória à regra ordinária do Código de Processo Civil. Inexiste qualquer particularidade para impor ao credor a espera do trânsito em julgado para receber os valores vencidos no curso do processo (diferença entre o valor provisório e aquele definido ao final). Com base no princípio hermenêutico segundo o qual onde há a mesma razão aplica-se o mesmo direito – *ubi eadem ratio ibi eadem jus* – é difícil compreender a vedação à execução provisória. De todo modo, tal preceptivo legal incide exclusivamente sobre a diferença eventualmente apurada ao longo da tramitação em primeira instância, cabendo sempre execução provisória dos aluguéis fixados *in limine litis* e, obviamente, dos aluguéis definitivos determinados em sentença.

13. Segundo Sílvio de Salvo Venosa, "os juízes, em sede de despejo, sob a égide das leis passadas, se viram na constrangedora situação de se transformar em instrumentos de

ações de despejo era motivo de avolumadas críticas ao Poder Judiciário, mas uma de suas causas mais efetivas sempre foi a lei ou o chamado efeito suspensivo do recurso de apelação.[14]

O procedimento estabelecido para a *ação revisional de aluguel* (art. 68) por meio da Lei do Inquilinato foi o *procedimento sumário* (hoje inexistente no Código de Processo Civil), incidindo, portanto, a regra do art. 1.049 do Código de Processo Civil, que estabelece a observância do procedimento comum (ordinário), "com as modificações previstas na própria lei especial". Por conseguinte, deixa de ser exigível que a petição inicial seja acompanhada do rol de testemunhas e dos quesitos (e assistente técnico) se houver requerimento de prova oral ou pericial, respectivamente, pois inexiste previsão sobre isso na lei especial.

Permanecem, no entanto, as demais especificidades estabelecidas pelo art. 68, tais como: designação de audiência; fixação de aluguel provisório; interrupção de prazo para recorrer desta decisão, se sobrevier pedido de revisão pelo réu; designação de perícia; necessidade de conferir valor ao aluguel pretendido *etc.*

---

moratória ou injusto enriquecimento de inquilinos, que nada mais faziam do que usar dos instrumentos legais colocados à sua disposição: frustravam-se quaisquer tentativas idôneas de conciliação, porque as partes jogavam com prazos de desocupação maiores do que um ano, com aluguéis aviltantes, porque qualquer sentença de procedência de despejo levaria mais tempo para poder ser executada" (*Lei do Inquilinato comentada*, 12ª ed., São Paulo, Atlas, 2013, p. 282).

14. Não se conhece qualquer estudo sobre o percentual de confirmações de sentenças recorridas nessa matéria. Não foi com fundamento estatístico que o legislador optou pelo efeito meramente devolutivo nas ações da Lei do Inquilinato. A escolha do legislador pela ausência de efeito suspensivo reflete a vontade das elites proprietárias em ter em seu favor mecanismos céleres para assegurar sua propriedade. Rentistas em geral se beneficiam dessa opção legislativa ampla, que beneficia o proprietário de um único imóvel e, em alguma medida, o locatário-autor em demanda revisional – mas, fundamentalmente, os grandes proprietários de imóveis. Não deixa de ser uma visão do que o legislador entende como função social da propriedade, embora aparentemente às avessas. Todo processo deve ser dotado de efetividade e, por isso, nenhuma crítica se poderia fazer nesse particular. A simplicidade do processo de despejo por falta de pagamento, p.ex., parece realmente demandar a utilização dessa singela técnica de aceleração, mas faltou critério ao legislador no que se refere, *v.g.*, à demanda revisional de aluguel. Não nos parece acertada a distinção com outros procedimentos quanto ao efeito suspensivo do recurso, pois, dada a natureza de direito patrimonial disponível, a revisão do aluguel não parece ter precedência, do ponto de vista axiológico, a outros direitos no campo das obrigações e contratos. A regra geral do art. 58, inc. V, da Lei do Inquilinato deveria ter selecionado de modo preciso as situações em que se deveria excetuar a regra geral (despejo por falta de pagamento, despejo para uso próprio, relações jurídicas paritárias *etc.*) e excluído outras situações passíveis de correção pelo poder geral de antecipações de tutela de que é dotado o juiz para atuar no caso concreto.

3.008. legitimidade e litisconsórcio

Tanto o locador quanto o locatário poderão propor a demanda revisional de aluguel. Trata-se de uma espécie de ação dúplice (Humberto Theodoro Júnior).[15] Na redação original da lei havia a previsão de limitação na fixação de aluguéis provisórios apenas em favor do locador, o que poderia ser um indicativo de que apenas se poderia postular a revisão em seu favor. Somente em 2009 veio a alteração que trouxe a isonomia constitucional de forma expressa. No entanto, qualquer interpretação que impedisse o locatário de pedir a revisão afrontaria a *mens* da Lei do Inquilinato. Portanto, mesmo antes de 2009 o locador poderia propor sua demanda quando postulasse o incremento do valor do aluguel, bem como o locatário poderia ser autor caso entendesse que o valor de mercado estivesse acima daquele vigente na conclusão do negócio.

As regras contratuais estabelecerão a legitimidade passiva do sublocatário ou mesmo do fiador. Vigora, sempre, a regra geral de que a sentença tem eficácia entre os sujeitos do contraditório (partes), não prejudicando terceiros. Desse modo, se o sublocatário e o fiador não forem partes do processo, a sentença não fará coisa julgada a eles oponível.

O litisconsórcio ativo é *facultativo*; cada *colocador* poderá, individualmente, ajuizar demanda visando à revisão do aluguel. Há presunção de solidariedade entre os credores, conforme iterativa orientação jurisprudencial do Superior Tribunal de Justiça. Onde há a mesma razão incide o mesmo direito (*ubi eadem ratio ibi eadem jus*) – de modo que, se o credor pode reclamar o pagamento integral da dívida, também poderá propor isoladamente a demanda revisional.[16]

Em relação aos réus a situação não é a mesma: o litisconsórcio será necessário (condição de eficácia da sentença), pois a obrigação é indivisível e há previsão de solidariedade entre os locatários ou locadores (credores). A solidariedade é uma figura de direito material (direito civil), mas repercute no processo de forma dinâmica, exigindo a participação necessária dos coobrigados.

A relação de direito material será alterada – com potencial agravamento da situação dos réus –, seja para aumentar o valor do aluguel (locatários-réus), seja para reduzi-lo (locadores-réus), razão pela qual há formação de litisconsórcio passivo necessário. O mesmo não ocorre na posição ativa, pois inexiste risco de alteração para pior e a ausência de participação de um dos

15. Humberto Theodoro Júnior, ob. cit., p. 160.

16. Evidente que o autor, agindo isoladamente, responderá sozinho por eventual verba sucumbencial ou mesmo multa processual, inexistindo direito de regresso sobre essas quantias.

locadores ou um dos locatários como autores não é condição de eficácia da decisão judicial, impondo-se, no caso, a regra do art. 2º da Lei do Inquilinato.

A posição ocupada pelo fiador é também definida pelo direito material. Se o contrato dispuser a sua vinculação à eventual demanda revisional, ele será legitimado a figurar no polo passivo da demanda judicial. Ao revés, na omissão do contrato, o fiador poderá manifestar desinteresse em participar do contraditório afirmando que o contrato de fiança deve ser interpretado restritivamente, limitando a sua responsabilidade sobre o valor originalmente contratado.

A fiança não admite interpretação extensiva (CC, art. 819) e pode ser contratada em valor inferior à obrigação principal (CC, art. 823). Desse modo, o fiador não é obrigado ao pagamento do valor objeto de decisão judicial, salvo se, citado, contestar o pedido sem fazer a ressalta de limitação da obrigação. Nesse caso, considerando que a matéria envolve o direito material, ele não poderá deixar de cumprir a obrigação tal como decidida pelo Poder Judiciário se participar em contraditório do processo formulando defesa sem ressalva. Faculta-se, no entanto, ao fiador contestar o pedido afirmando que a sua obrigação está contratualmente limitada pelo contrato original e que ele não se sujeita ao valor revisado. Essa defesa, no entanto, não pode ser apresentada pelo devedor solidário, tampouco pelo fiador que contratualmente tenha se obrigado por eventual demanda revisional.

Historicamente, o contrato de fiança sempre recebeu interpretação restritiva pelos tribunais. A vinculação do fiador ao final do prazo de vigência foi objeto de específica modificação legislativa no ano de 2009 (*cfr.* art. 39 da Lei de Locações). Segundo a nova redação, as garantias originalmente contratadas perduram ao longo da execução do contrato até a efetiva devolução do imóvel. Não há mais mínima dúvida de que o legislador apenas teve a intenção de assegurar a manutenção do contrato de fiança nas hipóteses em que o contrato passe a vigorar por prazo indeterminado em resposta à orientação jurisprudencial restritiva. A jurisprudência, inclusive, ressalta que os contratos celebrados sob a égide da redação original não obrigam o fiador se inexistente previsão específica no contrato.[17]

A preservação da garantia prestada por meio da fiança é assegurada pela lei, mas a elevação do risco assumido pelo fiador não se insere na proteção do art. 39 da Lei de Locações. Por isso, salvo disposição contratual em contrário, o fiador não é obrigado a permanecer como fiador sobre a diferença entre o valor contratado e aquele que foi objeto de revisão pelo Poder Judiciário, embora permaneça vinculado aos termos da avença original.

---

17. STJ, 4ª Turma, AREsp/AgInt 1.274.030/GO, rel. Min. Antônio Carlos Ferreira, j. 2.8.2018.

3.009. do aluguel provisório

A fixação de aluguel provisório, embora objeto de modificação legislativa mais recente (Lei 12.112/2009), foi disciplinada na lei à época da sua promulgação em 1991. Nesse contexto histórico não havia na legislação processual a disciplina própria da antecipação de tutela, de modo que sua introdução foi importante para que as partes não tivessem que se valer de uma medida atípica (demanda cautelar inominada) de uso muito frequente antes da reforma do Código de Processo Civil de 1994, que, inclusive, exigia o requisito da urgência.

No texto original há apenas a indicação de que a fixação do aluguel provisório não poderia exceder 80% do pedido, o que pressupõe que o legislador concebeu essa *ação* para ser apenas utilizada pelo proprietário. Não se tem notícia dessa limitação claramente inconstitucional, mas apenas em 2009 foi introduzida a regra do art. 68, inc. II, *b*, que estabelece que, nas demandas propostas pelo locatário, o valor do aluguel provisório não poderia ser inferior a 80% do aluguel vigente.

A fixação do aluguel provisório é uma espécie de tutela provisória antecipada, concedida *in limine litis*, em relação à qual o legislador instituiu um reduzido contraditório diferido (imediatamente diferido). Fixado o aluguel provisório, há expressa previsão legal para que a parte formule pedido de revisão, fornecendo elementos para tanto (LI, art. 68, inc. III). O pedido de revisão previsto no inc. III interrompe o prazo para recurso contra a decisão que fixar o aluguel provisório (LI, art. 68, inc. V). A decisão tomada no pedido de revisão poderá ser impugnada por meio de agravo de instrumento, pois, inquestionavelmente, trata-se de uma tutela provisória (CPC, art. 1.015, inc. I), ficando assegurada, inclusive, a sustentação oral (CPC, art. 937, inc. VIII).

As partes poderão influenciar a decisão do juiz por meio de provas documentais e oralmente, em sede de audiência de conciliação, ocasião em que será inclusive apresentada contestação. É fundamental que o réu aponte o valor que entenda justo, pois a lei lhe impõe esse ônus (LI, art. 68, inc. IV).[18]

---

18. Sílvio de Salvo Venosa entende que "não basta ao réu apenas impugnar o valor apresentado na inicial. Deve dizer o quanto entende por justo. Se se limitar a não aceitar o valor na contestação, o juiz deverá acolher a pretensão, julgando procedente o pedido" (ob. cit., p. 358). Não nos parece que o réu tenha que indicar o valor devido. Ele pode, simplesmente, impugnar o pedido dizendo que o autor não trouxe prova suficiente que permita a revisão do valor da locação e indicar, expressamente, que o valor provisório deve corresponder ao valor contratado. A obrigação de formular contraproposta contida no inc. IV do art. 68 não obriga o réu a concordar parcialmente com o pedido. Sua impugnação aos termos do pedido sem indicação de um valor pressupõe que a contraproposta do réu será o valor originalmente contratado, desde que a sua defesa seja

3.010. valor da causa

Assim como nos processos em geral, na *revisional de aluguel*, em particular, também é exigida a indicação do valor da causa, pois esta tem finalidade, além de processual, tributária. Antes do advento da Lei de Locações e ainda sob a égide do Código de Processo Civil de 1939, dada a controvérsia sobre o valor da causa nas ações locatícias, o Supremo Tribunal Federal estabeleceu que na ação consignatória de aluguel o valor da causa "corresponde a uma anuidade" (Súmula 449/STF, de 1.10.1964). O art. 34 do Decreto 24.150, de 20.4.1934, estabeleceu o valor anual dos aluguéis como base de cálculo para a taxa judiciária.

Em decorrência da experiência acumulada pela jurisprudência, o valor da causa foi definido pelo legislador no art. 58, inc. III,[19] e deve corresponder a *12 meses de aluguel*.[20] O valor da causa, no caso, não coincide com o conteúdo econômico da demanda, pois o pedido de revisão tem conteúdo próprio, valor certo e determinado. Para fins de dimensionamento de eventual verba honorária decorrente da sucumbência, o juiz deverá atentar ao quanto postulado pela parte e somente em último caso deverá adotar o valor da causa como base de cálculo (sobre a fixação dos honorários na demanda revisional *cfr. infra*, n. 3.014).

Assim como ocorre em diversas disposições legislativas, também o valor da causa pode ser objeto de controvérsia e fixação em valor diverso daquele determinado pela literalidade da lei, máxime quando puder encerrar eventual dificuldade de acesso à Justiça (acesso ao Poder Judiciário). Não obstante a opção do legislador em fixar o valor em 12 prestações locatícias para as demandas em que se postula a revisão, o vigente Código de Processo Civil, embora não seja *lex specialis* para essa matéria, trouxe (*lex posterior*) uma correção na disciplina do valor da causa em demandas que envolvem negócios jurídicos (contratos).

Na disciplina do Código de Processo Civil de 1973 o valor da causa em demandas que visassem à existência, à validade, ao cumprimento, à *modifica-*

---

compatível com essa posição jurídica. No entanto, se o réu efetivamente deduzir pedido expresso e este estiver fora dos limites da demanda proposta, caberá a ele deduzir por meio de reconvenção. Se o réu indicar valor superior àquele vigente, mas inferior ao postulado, a sentença não poderá ser proferida aquém do valor proposto pelo réu, pois sua contestação produz efeitos materiais (reconhecimento parcial do pedido).

19. O legislador estabeleceu o valor da causa em *três* salários-mínimos para o pedido judicial de retomada do imóvel na especial hipótese do art. 47, inc. II, da Lei de Locações.

20. "Levar-se-á em conta o último aluguel vigente, ainda que haja pedido de majoração na renovatória e na revisional, porque assim foi a intenção da lei, que não fez qualquer distinção" (Sílvio de Salvo Venosa, ob. cit., p. 280).

ção ou à rescisão de negócio jurídico deveria ser o valor do contrato, ou seja, da soma de todos os valores objeto das prestações vencidas e vincendas do contrato objeto da demanda judicial (CPC-1973, art. 259, inc. V). O Código vigente corrige essa imperfeição, indicando que o valor da causa deve cingir-se à parte controvertida (CPC, art. 292, inc. II). A doutrina, no entanto, sempre resistiu em aplicar friamente a letra da lei, corrigindo sua imperfeição.[21]

A Lei de Locações é, pois, imperfeita, uma vez que o valor da causa pode ser muito superior ao valor postulado pela parte. A predefinição do legislador quanto ao valor da causa, em 12 vezes o valor do aluguel, deve ser a regra geral, mas deve ser substituída pelo conteúdo econômico da demanda sempre que possível.[22] Como regra geral, o valor da causa sempre poderá ser fixado com fundamento no valor do pedido condenatório e principal, somando-se, inclusive, a condenação para o futuro.

A revisão em *10%* no valor de um aluguel para os últimos *12 meses* de um contrato tem conteúdo econômico de apenas um décimo daquele fixado pela lei. O recolhimento das custas será, pois, 10 vezes maior. Nesse caso, não obstante a Lei de Locações ser especial disciplinadora de um procedimento especial, deve haver diálogo entre as fontes para que se extraia a melhor interpretação do ordenamento jurídico.

3.011. pedido

O pedido deverá ser formulado em valor certo e determinado, cabendo ao autor indicar o valor exato da sua pretensão (LI, art. 68, inc. I). O autor deverá motivar o pedido, indicando os fundamentos da sua demanda e, notadamente, o "valor do aluguel cuja fixação é pretendida".[23] A Lei do Inquilinato trouxe dispositivo expresso para evitar os pedidos genéricos e estimati-

---

21. Quando ainda vigente a legislação processual revogada, em edição antiga da obra *Instituições de direito processual civil*, vol. II, Cândido Rangel Dinamarco propôs adequada e inquestionável interpretação sistemática do art. 259, inc. V, do CPC-1973, sustentando que, "quando se pretende algum desses efeitos apenas sobre uma das cláusulas ou somente em relação a parte do objeto da relação jurídica controvertida, o valor da causa será dimensionado segundo a pretensão e não segundo o valor integral do ato jurídico" (2ª ed., vol. II, São Paulo, Malheiros Editores, 2002, n. 998, esp. p. 374).

22. "A jurisprudência desta Corte relaciona o valor da causa ao proveito econômico pretendido com a demanda. Assim, na hipótese em que a ação revisional na qual foi apresentada a impugnação ao valor da causa visa, justamente, nova definição do valor do contrato, a fim de obter o reequilíbrio econômico-financeiro do negócio jurídico, o valor da causa deve ser a diferença entre o valor originalmente fixado e o pretendido" (STJ, 1ª Turma, REsp 742.163-DF, rel. Min. Teori Albino Zavascki, j. 15.12.2009, *DJe* 2.2.2010).

23. "Não se pode, pois, deduzir-se em juízo um pedido vago de apuração de valor atualizado do aluguel" (Humberto Theodoro Júnior, ob. cit., p. 161).

vos que vinham sendo formulados, visto que na data de promulgação da lei o Brasil passava por período de total descontrole inflacionário. A inflação no período chegou a superar *2.000 pontos percentuais* às vésperas da edição do Plano Real.

O autor deverá demonstrar o decurso do prazo de três anos do último acordo de vontades quanto ao valor do aluguel (ou causas que excepcionalmente dispensem esse prazo – *infra*, n. 3.015), bem como indicar os fatos (causa de pedir próxima) que ensejaram a sua modificação. Os fatos da vida podem ter natureza vária, mas para conferir *aptidão* à petição inicial basta indicar na exordial a presença de circunstâncias que confiram mínima verossimilhança ao pedido. Se a parte postular a fixação de aluguel provisório, deverá trazer prova *pré-constituída* – ainda que não exauriente – indicando o valor que pretende seja fixado (sobre o aluguel provisório, *cfr. supra*, n. 3.009).

3.012. da competência

O art. 58, inc. II, da Lei do Inquilinato estabelece a competência do foro do "lugar da situação do imóvel, salvo se outro houver sido eleito no contrato". Trata-se de competência *territorial*, e, como tal, relativa, prorrogável e sujeita a modificação por conexão ou continência. Trata-se de demanda sobre direitos e obrigações contratuais, não competindo ao juiz declinar da competência de ofício (ressalvada a hipótese de ineficácia de cláusula de eleição de foro abusiva – CPC, art. 63, § 3º).

O legislador, no entanto, indicou de modo acertado o foro da situação do imóvel como conveniente, pois a necessidade de prova pericial, mercadológica e/ou sobre o imóvel faz com que seja, em tese, mais adequado que a demanda seja processada na região onde situado o imóvel.

Ademais, a competência do foro da situação do imóvel é, a um só tempo, o provável domicílio do locatário (ou onde exerce atividade comercial) e o local onde o proprietário possui o seu bem de raiz. Tudo indica que essa opção não traz óbice algum às partes, que ainda poderão, livremente, eleger outro foro competente. Os benefícios da proximidade do juiz do local do imóvel são fundamento relevante para essa opção legislativa, pois nos processos das ações do inquilinato em geral é comum a realização de perícia, avaliação, ordem de despejo, mandado de arrombamento *etc.*

3.013. da audiência inicial

Com a extinção do procedimento sumário, que foi eleito pelo legislador na Lei 8.245/1991 (art. 68, *caput*) para a demanda revisional de aluguel, as regras do procedimento devem ser aquelas estabelecidas pelo procedimento comum, respeitadas as particularidades vigentes na lei especial, ou seja, aplica-se supletivamente o Código de Processo Civil naquilo que não houver sido delimitado pela Lei do Inquilinato (CPC, art. 1.046, § 2º).

A citação para comparecimento em audiência estava prevista no procedimento sumário, ocasião em que deveria ser apresentada contestação. Também o atual procedimento comum do Código de Processo Civil vigente estabelece a citação para audiência de conciliação, embora os juízes, para aliviar a pauta, tenham deixado de designá-la. Na *ação revisional de aluguel* essa audiência inicial é elemento estruturante do procedimento, pois nela é possível formular defesa oral, além de ser o palco da oralidade para que o juiz profira uma decisão que pode modificar o encontro de vontades expresso no contrato. Nessa audiência será apresentada contestação, e o juiz tentará a composição das partes. Se a contestação não exigir o exame de questões preliminares, será determinada, desde logo, a realização de perícia (LI, art. 68, inc. IV).

3.014. a disciplina dos honorários de sucumbência

É de complexidade singular o modo pelo qual se deve dimensionar os honorários de sucumbência na *ação revisional de aluguel.* Assim como ocorre nas demandas condenatórias em geral, deve ser confrontada a pretensão formulada (valor econômico postulado na petição inicial) e aquele objeto de fixação judicial.[24] Inexistindo qualquer fato superveniente que modifique a compreensão de quem houver dado causa ao processo, condena-se o réu em caso de procedência do pedido ou o autor, se a demanda for julgada improcedente, sempre tendo como base de cálculo o benefício econômico.

Se o autor-locatário postulou a revisão do contrato para obter abatimento de *10%* do valor do preço e sua demanda foi julgada procedente, a base de cálculo dos honorários será o número de parcelas locatícias que venceram ao longo do processo e aquelas que vencerão até o fim do prazo contra-

---

24. Esta é a orientação do Superior Tribunal de Justiça: "(...). Não é possível defender que os honorários sucumbenciais reflitam percentual incidente sobre o valor da causa, tendo em vista que a natureza jurídica da presente demanda é constitutiva-condenatória. Isso porque houve a constituição de novo valor do aluguel locatício (efeito constitutivo), com a consequente determinação de pagamento (efeito condenatório). 4. O CPC de 2015 estabeleceu, no art. 85, uma gradação ao referenciar os honorários advocatícios, ao asseverar, no § 2º, que serão fixados entre o mínimo de dez e o máximo de vinte por cento sobre o valor da condenação, do proveito econômico ou do valor atualizado da causa. Importa dizer que, diante da existência da natureza condenatória do comando eficacial da sentença, deve ser verificado, em primeiro lugar, o valor da condenação; em segundo lugar, o proveito econômico; e, por fim, o valor da causa, isto é, quando não for possível aferir o valor da condenação ou do proveito" (STJ, 4ª Turma, AREsp/AgInt 1.386.677-SP, rel. Min. Luís Felipe Salomão, j. 24.9.2019, v.u., *DJe* 30.9.2019).

tual. Se o contrato for por prazo indeterminado a base de cálculo será o número de parcelas vencidas ao longo do processo, com o mínimo de *12 parcelas*. Somente em último caso os honorários deverão incidir sobre o valor da causa, pois, sendo ele de *12 vezes* o valor do aluguel, a base de cálculo, em tese, poderá gerar enriquecimento sem causa, pois não se discute no processo o valor integral do aluguel.

Nas demandas julgadas *parcialmente* procedentes incide a regra do art. 86 do Código de Processo Civil e de seu parágrafo único, distribuindo-se proporcionalmente entre os litigantes *na medida da sucumbência* de cada um. Se o autor postulou incremento de 1.000 reais no aluguel e obteve apenas 500, os honorários serão dimensionados em favor dos patronos do autor e do réu, considerando o êxito parcial de cada um.[25]

Questão de maior complexidade reside nas hipóteses em que a perícia indica valor acima daquele postulado, sem a verificação de fato superveniente. A tese aqui albergada é da incidência absoluta da regra da adstrição, que limita a sentença ao pedido formulado, vedando-se a sentença *ultra petita*. Ocorre que a jurisprudência do Superior Tribunal de Justiça, conforme esmiuçado em item próprio (*supra*, n. 3.011), entende que o pedido é *estimativo*, e, portanto, a futura sentença não estará limitada ao valor nominal indicado pelo autor da demanda. Enfatize-se que tais consequências são aqui ressaltadas para conferir harmonia e lógica à decisão judicial, mas se adota, como ponto de partida dogmático, a possibilidade de descumprimento da regra da adstrição (CPC, art. 492).

Nesse quadro, a condenação em honorários será condicionada pelo valor contido na decisão judicial, alargando-se a base de cálculo se a sentença constituir o aluguel em valor acima do postulado. Adotando, ainda, a premissa de que o pedido é estimativo, eventual fixação do aluguel em valor inferior ao postulado (mas superior ao então vigente) não deve ser considerada como sucumbência do réu, seja porque quem deu causa ao processo foi efetivamente o réu (o valor fixado é superior ao aluguel vigente), seja porque, segundo orientação judicial, a condenação em valor inferior ao postulado não gera sucumbência recíproca, em razão da natureza estimativa do pedido.

É sempre necessário enfatizar que não se reputa adequada a concepção de *pedido estimativo*, tampouco de que o pedido condenatório (ou constitutivo

---

25. "A sucumbência é recíproca quando o novo valor do aluguel é estabelecido de forma equidistante à pretensão do autor e à do réu" (STJ, 4ª Turma, AREsp/AgInt/ED 952.017-SP, rel. Min. Maria Isabel Gallotti, j. 23.3.2017, v.u., *DJe* 10.4.2017). Se o valor for muito próximo ao postulado por autor ou réu deve incidir a regra de sucumbência mínima do art. 86, parágrafo único, do Código de Processo Civil.

do novo aluguel) possa receber a disciplina da Súmula 326/STJ ("Na ação de indenização por dano moral, a condenação em montante inferior ao postulado na inicial não implica sucumbência recíproca"). Mas, uma vez adotada essa compreensão do direito pelo Tribunal de Vértice, não se pode negar as consequências dela advindas, o que repercute no conceito de quem deu causa ao processo.

Como já tivemos oportunidade de detalhar em item próprio (*supra*, n. 3.011), o reconhecimento do pedido estimativo deve vir acompanhado de interpretação isonômica na relação entre locador e locatário (autor e réu, conforme o caso), reconhecendo a natureza dúplice da demanda revisional de aluguel. Se o aluguel for fixado em valor inferior ao aluguel vigente (sempre desconsiderando a correção monetária), a condenação em honorários deverá ser feita em favor do patrono do réu, pois o autor, ao mover sua demanda, terá dado causa ao processo, alargando-se a base de cálculo sobre os honorários, que será apurada pelo benefício econômico gerado em favor do réu (diferença entre o valor postulado pelo autor e aquele fixado na sentença em valor inferior ao aluguel vigente).

Novamente enfatize-se que a natureza dúplice da ação é um reconhecimento que parte da compreensão de que o pedido seria meramente estimativo, em violação ao art. 492 do Código de Processo Civil. Ou seja, a interpretação contextual à luz dos princípios constitucionais, partindo-se dessa premissa, é que também o réu, mesmo sem demanda própria, poderá receber a tutela jurisdicional. Se o autor pode receber tutela jurisdicional em quantidade superior ao que pediu (violação da regra da congruência), o réu também poderá receber a tutela jurisdicional não postulada (violação ao princípio dispositivo).

Por fim, se fatos supervenientes impactarem o exame pericial, constatando-se que na data da propositura o aluguel era adequado, mas na data da perícia ele deveria ser modificado, deve-se adotar a *teoria da causa*, reconhecendo-se o direito do autor ao novo valor, mas condenando-o em honorários de sucumbência em razão da inexistência do direito na data da propositura da demanda. Para que o réu possa sustentar que não deu causa ao processo, deverá reconhecer o fato superveniente e seu impacto na relação jurídica-processual. À mingua de conteúdo econômico, nesse caso, o valor dos honorários em favor do patrono do réu deve ser arbitrado pelo juiz por equidade.

A sentença deve refletir, na medida do possível, o estado de fato da coisa na data da propositura, mas não pode ser indiferente à modificação dos fatos no curso do processo. O dimensionamento dos honorários deverá considerar o comportamento das partes e a clareza de que houve modificação objetiva em razão de fato superveniente.

3.015. a exigência (e natureza jurídica) do prazo de três anos estabelecido em lei para revisão judicial do aluguel (LI, art. 19, caput*)*

À luz do art. 421-A, introduzido pela Lei 13.874/2019, os contratos civis *presumem-se paritários e simétricos*. No caso do contrato de locação vigora a presunção de que o valor atribuído pelas partes ao aluguel, na data de conclusão do negócio jurídico, espelha a realidade de mercado. Essa presunção alcançará, também, eventual aditivo ou repactuação havida após a assinatura do contrato original.

Tratando-se de direito patrimonial disponível, as partes sempre poderão negociar reajustes e alterações no contrato de locação livremente (*solus consensus*), mas à míngua de convergência de declaração de vontades prevalece a regra geral do art. 19 da Lei do Inquilinato,[26] que autoriza o locador ou o locatário a formular pedido de revisão judicial do aluguel, desde que decorridos ***três anos** de vigência do contrato ou acordo* anteriormente realizado. Trata-se de *conditio iuris*, razão pela qual em situações ordinárias é vedada a demanda revisional de aluguel se não implementada a condição de direito relativa ao prazo. As normas devem ser sempre interpretadas de modo teleológico (finalístico), afastando-se da mera interpretação literal ou gramatical. "Na aplicação da lei, o juiz atenderá aos fins sociais a que ela se dirige e às exigências do bem comum" (LINDB, art. 5º). Atentaria contra o texto constitucional interpretar o prazo de *três anos* como regra processual sujeita ao *tudo-ou-nada*, pois restaria violada a garantia de acesso à Justiça (inafastabilidade do controle judicial).

Não se pode, por outro lado, fazer da exceção a regra, pois isso violaria a segurança jurídica plasmada na regra geral *pacta sunt servanda*. A segurança jurídica é princípio fundamental e vetor interpretativo de todas as normas jurídicas, pois constitui "conjunto de condições que tornam possível às pessoas o *conhecimento antecipado e reflexivo das consequências diretas de seus atos e de seus fatos* à luz da liberdade reconhecida" (José Afonso da Silva).[27]

O legislador estabeleceu uma regra geral que tem como finalidade evitar que as partes estipulem o aluguel com *reserva mental* para se valer, em momento imediatamente seguinte, de uma demanda judicial visando ao arbitramento do valor de mercado do aluguel. A regra dos três anos também deve ser mantida em caso de vício de consentimento, pois nesse caso não caberia mera revisão, mas sim anulação por defeito do negócio jurídico, segundo a

---

26. Com idêntica redação, mas com expressa referência à locação de imóveis residências, *cfr.* art. 17, *caput* e §§ 1º e 2º, da Lei federal 8.178, de 1.3.1991.

27. José Afonso da Silva, *Curso de direito constitucional positivo*, 15ª ed., São Paulo, Malheiros Editores, 1998, p. 433.

legislação civil em vigor. O locador não é obrigado a receber menos do que ele contratou apenas em razão de erro ou ignorância do locatário, ainda que o valor da locação esteja acima do valor de mercado. Nesse contexto, o prazo de *três anos* deve ser considerado uma condição de direito.

Essa limitação temporal deve ser interpretada no contexto da presunção de que o valor arbitrado pelas partes por consenso (contrato) reflete a realidade de mercado do momento da assinatura do contrato. Em termos práticos, o direito à revisão não pode ser reconhecido se o desequilíbrio entre prestação e contraprestação é contemporâneo à assinatura do contrato.

A moldura legal é no sentido de não reconhecer direito à revisão até o decurso do prazo de três anos. Todavia, embora travestido de um direito de natureza processual, em algumas situações a parte *poderá pedir revisão judicial* em prazo inferior, sendo certo que a demanda não poderá ser extinta sem julgamento do mérito sem antes examinar os fundamentos de direito material.[28] Se antes do término do triênio ocorrer fato superveniente que impacte na comutatividade do contrato, a parte terá o direito à revisão do aluguel em juízo.[29] Nesses casos, não é a mera alteração do valor de mercado que ensejará a procedência do pedido (movimentação natural que encontra óbice no prazo trienal), mas excessiva e objetiva onerosidade decorrente de *acontecimentos extraordinários, supervenientes e imprevisíveis*.[30]

A nulidade de cláusulas contratuais pode ser objeto de demanda judicial que resulte na alteração do valor do aluguel antes do decurso do prazo con-

---

28. "Quer se aplique a resolução do contrato por se considerar subentendida a cláusula *rebus sic stantibus*, quer pela *teoria da imprevisão*, ou das *bases de negócio*, a verdade é que, no direito moderno, a alteração radical das condições econômicas, nas quais o contrato foi celebrado, tem sido considerada uma das causas que, com o concurso de outras circunstâncias, podem determinar sua resolução" (Orlando Gomes, *Contratos*, 25ª ed., Rio de Janeiro, Forense, 2002, p. 179).

29. Em sentido diametralmente oposto: "a ação revisional reclama certos requisitos, e o primeiro é o temporal, a saber: a ação só pode ser proposta três anos após o contrato ou acordo judicial ou extrajudicial. Assim, a ação proposta fora do triênio incidirá na impossibilidade jurídica do pedido" (Luiz Fux, *Locações – Processo e procedimentos*, 5ª ed., Niterói, Impetus, 2008, p. 148). Também em contraste com o que aqui se sustenta: "não será admissível a revisão de aluguel antes de completado o triênio, ainda que se invoque onerosidade excessiva ou grande mutação nas condições econômicas (*JTA* 133/233, dd. Lex). Se tal prazo não se perfez, decretar-se-á a carência de ação, seja por arguição do réu, seja por iniciativa do magistrado (CPC, arts. 295, III, e 301, § 4º)" (Maria Helena Diniz, *Lei de Locações de Imóveis Urbanos comentada*, 13ª ed., São Paulo, Saraiva, 2014, p. 128).

30. A onerosidade excessiva há de ser objetivamente excessiva, "não apenas em relação ao devedor, mas a toda e qualquer pessoa que se encontrasse em sua posição" (Orlando Gomes, ob. cit., p. 180).

tratual. São inúmeras as possibilidades que poderiam ensejar uma demanda revisional de aluguel com fundamento em nulidade de cláusulas contratuais. A parte terá em seu benefício o procedimento especial próprio, com fixação de aluguel provisório, mas nesse caso a sentença tem natureza declaratória (e não constitutiva).

> A própria Lei de Locações veda, p.ex., a indexação do aluguel ao salário-mínimo ou à variação cambial (art. 17). Se em um contrato de locação for estipulada a variação da moeda estrangeira ou o salário-mínimo como fator de correção monetária, a cláusula será nula. Nesse cenário, será admitido o ajuizamento de demanda revisional do aluguel para que o indexador seja determinado por decisão judicial, reconhecendo-se a nulidade da cláusula contratual que contraria determinação expressa em lei.

Portanto, eventual abusividade ou nulidade de cláusula poderá ser objeto de demanda revisional antes do decurso do prazo de três anos. A depender dos termos do caso concreto, a regra geral de sentença de natureza constitutiva (retroatividade limitada à propositura da demanda) pode dar lugar a uma sentença de natureza declaratória, observando-se, sempre, o procedimento especial, que assegura ao autor a potencial alteração liminar do valor locatício.

Os fatos da vida que impactam no contrato podem e devem ser examinados para que seja admitida a revisão do contrato em período mais breve que os três anos estabelecidos na lei, *desde que supervenientes*. Trata-se de regra geral do direito das obrigações que se reflete em todo e qualquer contrato (CC, art. 478). A *onerosidade excessiva* é causa de resolução dos contratos e, portanto, poderá ser fundamento para sua revisão judicial em período inferior a três anos. Fatos anteriores à assinatura do contrato não podem ser invocados (eventual erro, dolo, coação, lesão *etc.* devem ser regidos integralmente pelo Código Civil, e eventual demanda deverá observar o procedimento ordinário).

Como norma de direito material que é, a limitação do direito à revisão é uma pré-compreensão de que um mau negócio não poderá ser modificado, estabilizando-se a prestação do contrato pelo período de três anos. No entanto, modificações inesperadas do cenário econômico ou mesmo outros fatos imprevisíveis e supervenientes devem ser examinados para que se afaste judicialmente o prazo trienal.

Hipótese de fácil visualização é eventual impacto desproporcional no índice de reajuste de aluguel. Sem razões de ordem técnica, convencionou-se pela utilização do IGP-M/FGV nos contratos de locação. O índice ficou conhecido pela alcunha de "inflação do aluguel". Cenário recentemente verificado foi o grande reajuste provocado pelo repasse do IGP-M nos anos de 2020 (23%, contra 5% do IPCA) e 2021 (17%, contra 10% do IPCA) aos contratos de locação. Como notoriamente divulgado, o principal fundamento para a elevação do índice foi o preço internacional das *commodities* e do câmbio, notadamente o minério de ferro e a moeda norte-americana. Embora se possa cogitar de um incremento de custo na construção civil (lembrando que o INCC está na composição do IGP-M), não se verificou aumento dos aluguéis no período, ao contrário: o imóvel residencial locado no início de 2020 teve aumento de quase 45% em dois anos, encerrando manifesta desproporção no valor do aluguel. Isso, inclusive, levou a Fundação Getúlio Vargas a lançar o Índice de Variação de Aluguéis Residenciais – IVAR para trazer maior aderência à realidade das locações.

Nesse contexto, a parte tem direito à revisão do valor do aluguel para que se amolde ao valor de mercado, abrindo-se as portas para demanda revisional. Como já assinalado, a intervenção estatal nas relações de inquilinato é algo recorrente e ocorre nos mais diversos países. A orientação jurisprudencial sempre foi sensível a essas questões, conforme antiga decisão do Superior Tribunal de Justiça, que configura até hoje um vetor de orientação das decisões da Corte Superior:

> "A interpretação literal da lei cede espaço à realização do justo. O magistrado deve ser o crítico da lei e do fato social. A cláusula *rebus sic stantibus* cumpre ser considerada para o preço não acarretar prejuízo para um dos contratantes. A Lei de Locação fixou prazo para a revisão do valor do aluguel. Todavia, se o período, mercê da instabilidade econômica, provocar dano a uma das partes, deve ser desconsiderado. No caso dos autos, restara comprovado que o último reajuste do preço ficara bem abaixo do valor real. Cabível, por isso, revisá-lo judicialmente".[31]

Há situações limítrofes que poderão resultar no aumento do valor do aluguel, como uma inusitada e inesperada valorização do imóvel em razão de uma intervenção do Poder Público não considerada na negociação do preço. A revitalização de uma área degradada pode levar ao aumento exponencial no valor da locação, o que poderia, em tese, levar as partes à revisão do valor locatício. Nessa hipótese, os detalhes do caso concreto são determinantes para se afastar a regra geral segundo a qual a *ação revisional de aluguel* somente poderá ser proposta após o decurso do prazo de três anos de eventual acordo de vontades sobre o valor do aluguel.

À guisa de conclusão, o prazo de três anos não é uma *conditio juris* absoluta e não tem natureza processual, mas de direito material, cabendo ao juiz, no caso concreto, observadas as balizas ora definidas, processar e julgar de-

---

31. STJ, 6ª Turma, REsp 177.018-MG, rel. Min. Luiz Vicente Cernicchiaro, j. 20.8.1998, *DJ* 21.9.1998, p. 250.

mandas revisionais propostas em prazo inferior a três anos, desde que os fatos ensejadores da desproporção sejam supervenientes, imprevisíveis dentro dos padrões dos contratantes e que de nenhum modo reste descaracterizada a segurança dos contratos ou, ainda, na hipótese de nulidade ou abusividade de cláusula contratual.

Para que a demanda seja apta e seja recebida pelo juiz é necessário que contenha fundamentação jurídica própria para que seja desconsiderado o prazo de três anos, sem o que deverá ser indeferida por inépcia, pois as situações excepcionais não alteram a regra geral estabelecida pelo legislador.

O prazo de três anos deve ser contado sempre a partir do último acordo de vontades (LI, art. 19). Se o aluguel for fixado por decisão judicial em sede de demanda revisional de aluguel, o prazo para propositura de nova demanda será contado da data em que foi fixado o novo aluguel, considerado o efeito retroativo da decisão (LI, art. 69).[32] Decorridos três anos de vigência do novo valor, ainda que pendente demanda revisional e que a diferença entre o valor provisório e o final não tenha sido paga, seria em tese admissível o ajuizamento de nova demanda.

3.016. a (in)admissibilidade da sentença **ultra petita***? – isonomia e princípios de direito processual*

Tema polêmico, revestido de alguma rebeldia às normas de direito processual, mas com os pés firmemente ancorados na efetividade do processo, é a orientação jurisprudencial segundo a qual o conteúdo econômico do pedido é meramente estimativo, admitindo-se a fixação do aluguel em valor superior àquele postulado pelo locador.

Como já asseverado (*supra*, n. 3.010), o autor deverá indicar o valor postulado em sua petição inicial (LI, art. 68, inc. I). Trata-se de regra objetiva imposta pelo legislador, que deve ser interpretada como obrigação de formulação de pedido *certo* e *determinado*, vedada a dedução de pedido *genérico*. Nenhum prejuízo se poderia atribuir à parte, pois sempre é possível, no momento da propositura da demanda, a precisa quantificação do valor do aluguel. A decisão de demandar a revisão parte da premissa induvidosa de que na óptica do autor a quantia certa do valor do aluguel destoa da realidade de mercado.

A Lei 8.245/1991 foi editada em conturbado ambiente inflacionário, e os tribunais, corretamente, *não* contemplaram a correção monetária do pedido como eventual fundamento para questionar a violação ao princípio da adstrição (ou regra de congruência). A correção monetária não traz ganhos ao cre-

32. LI, art. 69: "O aluguel fixado na sentença retroage à citação".

dor, tampouco perdas ao devedor da obrigação, pois apenas evita a perda ou o ganho de lado a lado, mantendo o poder aquisitivo da moeda. Não se cuida, portanto, de um debate em torno da correção monetária. A sentença judicial, para que possa ser portadora *em tese* de conteúdo econômico superior ao pedido (*ultra petita*), é aquela que condena em valor superior ao postulado na petição inicial acrescido de correção monetária.

Há diversos precedentes judiciais formados desde meados da década de 1990 consagrando o entendimento segundo o qual "a quantia requerida pelo autor, a título de revisão de aluguel, *é meramente estimativa*, a depender de laudo pericial e da fixação pelo juiz, *não configurando julgamento* ***ultra petita*** *estabelecer valor superior ao postulado pelo locador* com remissão ao chamado 'preço de mercado'" (REsp 168.553, de 1998).[33]

Não faltam razões de ordem pragmática para esse entendimento, conforme bem ressaltado pelo Min. Ricardo Villas Bôas Cueva: "não se pode afirmar nula, em se tratando de ação de revisão de aluguel, a sentença calcada na prova técnica elaborada por perito judicial capacitado, pois é justamente esta a que se revela mais adequada para a sua solução".[34] Trata-se de expressão prática de uma visão pragmática do processo, que tem como norte interpretativo a conhecida lição de Chiovenda, segundo a qual "a administração da justiça faltaria ao seu objetivo e a própria seriedade dessa função do Estado estaria comprometida se o mecanismo organizado para o fim de atuar a lei tivesse de operar com prejuízo de quem tem razão".[35]

A lei de regência estabelece que o valor de mercado é aquele que deverá ser perseguido como objeto de prova pericial a ser revelado pelo perito judicial. A fixação do valor é uma questão técnica que não está ordinariamente ao alcance do juiz, demandando auxiliar eventual da Justiça com formação específica. Portanto, o valor estabelecido pela perícia (ou pelos pareceres técnicos) é *potencialmente* adequado para ser adotado pelo juiz ao proferir a sentença.

---

33. STJ, 5ª Turma, REsp 168.553-DF, rel. Min. José Arnaldo da Fonseca, j. 16.6.1998, v.u., *DJ* 3.8.1998. No mesmo sentido encontram-se os precedentes em que figuram como Relatores a Min. Maria Isabel Gallotti (AREsp 751.831-DF, de 2015), o Min. Antonio Carlos Ferreira (REsp 1.837.394, de 2020) e o Min. Marco Buzzi (AREsp 623.076-SP, de 2020). Embora haja dezenas de julgados da 4ª Turma do Superior Tribunal de Justiça, não se localizou precedente da 3ª Turma sobre o tema. Seria recomendável que o Superior Tribunal de Justiça afetasse essa matéria à 2ª Seção para que fosse definida, de modo estável e seguro, a orientação prevalecente.

34. STJ, 3ª Turma, REsp 1.566.231-PE, rel. Min. Ricardo Villas Bôas Cueva, j. 1.3.2016, v.u., *DJe* 7.3.2016. Nesse precedente não se discute a sentença *ultra petita*.

35. Giuseppe Chiovenda, *Instituições de direito processual civil*, 2ª ed., vol. I, trad. de J. Guimarães Menegale, São Paulo, Saraiva, 1965, p. 158.

Ocorre que, como direito patrimonial que é, e sobretudo em face da liberdade individual de contratar ou não contratar, é o autor da demanda que dimensiona a sua pretensão, e sobre ela é que se contrapõe o réu em sua defesa. A constituição de novo aluguel, fora desses limites, concede ao autor mais do que ele entendeu que deveria receber. Suponha-se, *v.g.*, que o réu reconheça o pedido após a realização da perícia que revele aluguel acima daquele postulado pelo autor. Poderá ser negado o efeito material dessa declaração unilateral convergente à pretensão do autor formulada no processo? O autor pode afirmar que lhe foi dado menos do que o devido se o seu pedido foi integralmente acolhido?

Os limites do pedido são livremente definidos pelo autor ao propor sua demanda, e a petição inicial não pode ser modificada depois do saneamento do processo (ou mesmo após a contestação, se não anuir o réu). Afirmar que um pedido condenatório potencialmente fundamentado em prova técnica na petição inicial é estimativo é ignorar princípios caros ao direito processual, como a regra da adstrição ou congruência.

A demora do processo, no entanto, poderá criar modificação no estado de fato do bem objeto da prova e, nessas condições, à luz do art. 342, inc. I, do Código de Processo Civil, poderá ser adotado valor superior ao pedido, desde que observado o contraditório. Nesse caso, não se trata de pedido estimativo, mas de direito superveniente. A alteração dos fatos no curso do processo deve ser considerada como expressão do mandamento constitucional de duração razoável do processo, pois este deve ser compreendido como um método de pacificação social efetivo e seria um contrassenso ignorar a mudança fática e fixar o valor aquém da realidade de mercado.[36]

O pedido estimativo rompe esses elementos estruturantes do direito processual, embora não cause estranheza ao *homem da rua*, pois o valor da perícia (pressupondo o seu acerto) não impõe ao réu obrigação desvinculada do direito material. A limitação é meramente processual e seria adequada previsão legal específica nesse sentido para assegurar, inclusive, a isonomia.

Admitido o pedido estimativo, é necessário retirar disso todas as consequências práticas à luz do direito processual. A primeira delas é o impacto dessa compreensão na *causa petendi*. Conforme adverte Cândido Rangel Dinamarco, "a indispensabilidade da causa de pedir decorre da necessidade de de-

---

36. Uma vez julgada a causa, consideram-se deduzidas e repelidas as alegações e as defesas que a parte poderia opor (CPC, art. 508), bem como a decisão ficará sujeita à autoridade da coisa julgada material, o que impediria uma nova propositura e a vedação de utilizar a prova nela produzida em uma nova demanda. Não faltam, pois, razões de ordem pragmática para que se admita a formulação de pedido certo e determinado, mas a ele se confira a consequência jurídica de um pedido genérico.

finição dos elementos constitutivos da demanda".[37] O pedido estimativo, em certa medida, amplia a causa de pedir próxima (os fatos), de modo que pouco seria necessário sustentar na petição inicial além de afirmar que se postula a fixação do aluguel ao patamar de mercado. O próprio pedido seria, em verdade, indeterminado e serviria apenas para nortear eventual decisão sobre os aluguéis provisórios. O uso estimativo é uma forma de contornar a vedação objetiva à formulação de pedido indeterminado, que é causa de inépcia da petição inicial (CPC, art. 330, § 1º, inc. II).

Aceitando-se o pedido estimativo, este deve ser interpretado à luz da garantia constitucional da isonomia. Em tese, se o locatário-réu, ao ser citado, objetivar a fixação de valor do aluguel abaixo do contratado, teria que deduzir em sua contestação pedido reconvencional. Trata-se de pretensão que não estaria abarcada na demanda proposta pelo locador, pois a causa de pedir a ser examinada seria apenas relacionada aos elementos que conduziriam à elevação do valor do aluguel.

Como o objeto do processo seria mesmo a definição do valor de mercado do aluguel, dever-se-á dispensar a reconvenção do réu, admitindo que, se a perícia encontrar valor inferior ao contratado, ainda que a demanda vise à elevação do aluguel, poderá o juiz constituir valor do aluguel abaixo do vigente.

Não se sustenta a prescindibilidade da reconvenção, mas admitir o pedido estimativo (*rectius*, a sentença *ultra petita*) exige a admissão, também, da sentença *extra petita* em benefício do réu. É corolário lógico e interpretação condizente com o princípio constitucional da isonomia que, ao estabelecer que o escopo do processo em que se discute a revisão do aluguel é amoldá-lo ao valor de mercado, esse objetivo deve atingir a esfera de direitos do autor e do réu, sob pena de grave comprometimento da ordem constitucional.

À guisa de conclusão, conceder ao autor mais do que ele postulou em sua *demanda*, ainda que prova pericial revele esse direito, exige a presença de condições *especialíssimas* (alteração dos fatos superveniente ao ajuizamento da petição inicial).[38] A conceituação do pedido como estimativo contraria o postulado processual regido pela regra da adstrição (correlação entre pedi-

---

37. "Cada uma das incontáveis demandas propostas ou a propor em toda a superfície do planeta tem sua própria individualidade, determinada pelos elementos que a compõem e a distinguem das outras (...) os dois sujeitos são *partes*, os fundamentos de fato e de direito são a *causa de pedir*, a postulação do provimento jurisdicional incidente sobre o bem da vida é o *pedido*" (Cândido Rangel Dinamarco, *Instituições de direito processual civil*, 8ª ed., cit., n. 514, p. 136).

38. Em situações excepcionais, Cândido Rangel Dinamarco recomenda prudência, sem radicalismo, ao registar que "nenhuma solução para essas situações deve ser radical, sendo admissíveis algumas ressalvas às regras da correlação, dentro dos limites do razoável" (*Instituições de direito processual civil*, 8ª ed., cit., p. 145).

do e sentença). Em harmonia com esse entendimento, tutelar os interesses do réu, fixando o aluguel abaixo do valor vigente, viola o princípio da demanda, ainda que a prova pericial estabeleça valor inferior ao contratado.

No entanto, considerando a atual *linha jurisprudencial*, que classifica o pedido na *demanda revisional de aluguel* como *estimativo*, deve ser extraída interpretação ampla e sobretudo aderente à garantia constitucional da isonomia. Portanto, deve ser reconhecido também ao réu-locatário o direito de ter para si uma decisão judicial que constitua o aluguel em valor inferior ao vigente segundo as regras contratuais, ainda que ele não tenha ajuizado reconvenção.

Referências Bibliográficas

ANTUNES VARELA, João de Matos. *Das obrigações em geral.* 10ª ed., vol. I. Coimbra, Almedina, 2011.

AZEVEDO, Antônio Junqueira de. *Negócio jurídico – Existência, validade e eficácia.* 4ª ed. São Paulo, Saraiva, 2002.

CHIOVENDA, Giuseppe. *Instituições de direito processual civil.* 2ª ed., vol. I, trad. de J. Guimarães Menegale. São Paulo, Saraiva, 1965.

DINAMARCO, Cândido Rangel. *Instituições de direito processual civil.* 2ª ed., vol. II. São Paulo, Malheiros Editores, 2002; 8ª ed., vol. II. São Paulo, Malheiros Editores, 2019.

————. *Vocabulário do Processo Civil.* São Paulo, Malheiros Editores, 2009.

DINIZ, Maria Helena. *Lei de Locações de Imóveis Urbanos comentada.* 13ª ed. São Paulo, Saraiva, 2014.

FUX, Luiz. *Locações – Processo e procedimentos.* 5ª ed. Niterói, Impetus, 2008.

GOMES, Orlando. *Contratos.* 25ª ed. Rio de Janeiro, Forense, 2002.

PEREIRA, Caio Mario da Silva. "Princípios da locação predial e a nova Lei do Inquilinato". In: *A Lei do Inquilinato.* 2ª ed. Rio de Janeiro, Forense Universitária, 1995.

SILVA, José Afonso da. *Curso de direito constitucional positivo.* 15ª ed. São Paulo, Malheiros Editores, 1998.

THEODORO JÚNIOR, Humberto. "Dos procedimentos judiciais da ação revisional de aluguel". In: *A Lei do Inquilinato.* 2ª ed. Rio de Janeiro, Forense Universitária, 1995.

VENOSA, Sílvio de Salvo. *Lei do Inquilinato comentada.* 12ª ed. São Paulo, Atlas, 2013.

TÍTULO XLII – ***OUTROS PROCEDIMENTOS***

CAPÍTULO CCVIII – **PROCEDIMENTO ARBITRAL**

CARLOS ALBERTO CARMONA

3.017. um procedimento rebelde – 3.018. liberdade com responsabilidade – 3.019. limites – 3.020. a Lei de Arbitragem e os elementos estruturais básicos do procedimento – 3.021. a teoria geral do processo e os elementos estruturais básicos do procedimento – 3.022. órgãos arbitrais e os procedimentos arbitrais – 3.023. confidencialidade – 3.024. procedimento arbitral no terceiro milênio.

3.017. um procedimento rebelde

Procedimentos especiais são criados por conta da necessidade de adaptar o processo a uma determinada situação de direito material, que exige algum desvio em relação ao procedimento padrão (procedimento comum). Eventualmente, a especialidade do procedimento tem relação com alguma escolha política do legislador, que pretende privilegiar determinadas pretensões de direito material, estabelecendo então maior velocidade para o procedimento: pense-se no mandado de segurança (preocupação de índole constitucional) ou na busca e apreensão em alienação fiduciária (preocupação de caráter econômico).

No último exemplo fica visível a utilização de um procedimento especial para fins políticos. Explico: o legislador quis usar um procedimento acelerado para cobrança de crédito garantido por alienação fiduciária para que, em contrapartida, houvesse maior oferta de crédito com taxas menores. Processo e política não se excluem (muito ao contrário, se imiscuem). No exemplo em questão o procedimento especial foi usado para implementar uma política de estado, qual seja, a de ampliação do crédito, na medida em que um procedimento de recuperação acelerado diminui o custo de transação.

Em sede de arbitragem nenhum dos requisitos que autorizam, permitem ou recomendam a criação de um procedimento especial estão presentes. Acredito que o procedimento arbitral seja um ponto fora da curva em relação ao que se convencionou denominar de teoria geral dos procedimentos especiais.

De fato, como a arbitragem serve para resolver uma enorme gama de litígios, não está presente o requisito básico que autoriza a criação de um procedimento que desborde do padrão previsto pelo Código de Processo, qual seja, a especialidade do direito material, que exija uma adaptação do procedimento, sob pena de se tornar este inútil, lento ou inadequado para resolver determinada crise de certeza; também não existe em relação à arbitragem qualquer percepção de ordem política que recomende aceleração ou simplificação do procedimento para o favorecimento de alguma diretriz de estado. Em resumo, o legislador não criou um procedimento especial para a arbitragem. Limitou-se, isso sim, a dispensar a utilização do procedimento padrão, estabelecendo uma liberdade procedimental que só existe mesmo no âmbito do processo arbitral.

A liberdade prevista na Lei 9.307/1996 escapa, portanto, das premissas que sustentam a teoria geral dos procedimentos especiais. A autonomia privada concedida às partes para disciplinar o procedimento que querem não tem origem, portanto, em qualquer peculiaridade relativa ao direito material, nem está ancorada em políticas a serem implementadas por meio do processo. Trata-se, isso sim, de um *procedimento especialíssimo*, assentado basicamente na vontade das partes e balizado pelo conceito amplo do *due process of law*.

3.018. liberdade com responsabilidade

O legislador foi realmente pródigo ao fixar ampla liberdade para que as partes fixassem o procedimento que quiserem para resolver as controvérsias submetidas ao processo arbitral. Lê-se no art. 21 da Lei de Arbitragem que o procedimento arbitral será aquele que as partes convencionarem, podendo elas se reportar à regra de um órgão arbitral ou ainda delegar ao árbitro a fixação das regras procedimentais que serão seguidas.

Assim, independentemente do direito material envolvido na disputa, caberá às partes a escolha do procedimento que julgarem mais adequado para a solução do seu litigio. E esta é, sem dúvida, uma das maiores vantagens da arbitragem, já que a livre escolha do procedimento não só propiciará maior celeridade para o manejo do mecanismo heterocompositivo de solução de controvérsias, mas também gerará maior legitimação em relação ao veículo escolhido.

Analisar o alcance da autonomia privada concedida aos contendentes em matéria de procedimento é fundamental para compreender o motivo pelo qual a disciplina do procedimento arbitral escapa das premissas (mas não do balizamento) vislumbradas pela teoria geral dos procedimentos especiais.

A primeira abertura oferecida aos litigantes é a criação de um procedimento *ad hoc*, adaptado ao caso concreto segundo a percepção das partes. Quero com isso dizer que caberá aos contendentes, se optarem pela criação de um procedimento, negociar a melhor técnica para dirimir o conflito. Isto inclui a estrutura do procedimento, a ordem em que os atos serão praticados bem como a forma e o conteúdo dos atos processuais. E fique bem claro: as escolhas das partes nada têm que ver com o que está disposto no Código de Processo Civil (CPC), cujas normas não se aplicam ao processo arbitral.

Logo, podem os contendentes criar várias rodadas de manifestações (ou reduzir o número de manifestações); podem fixar a forma e a ordem de produção de provas; podem restringir ou ampliar a utilização de meios de provas; podem estipular a utilização de meios de provas desconhecidos em determinado sistema jurídico (declaração de testemunhas, relatórios de peritos, apresentação de documentos seguindo a linha dos *Redfern Schedules*, oitiva conjunta de assistentes técnicos e peritos). Perceba-se que as escolhas das partes nenhuma ligação têm com a eventual especialidade do direito material em discussão. Trata-se apenas de escolhas técnicas que tendem a permitir de forma rápida e econômica a melhor solução do litígio.

Se não quiserem ter o trabalho de criar um procedimento especial (*rectius*, específico) para o caso concreto, podem as partes invocar um procedimento já existente, como aqueles constantes dos regulamentos dos mais variados centros de arbitragem (do país ou estrangeiros). E nada impedirá os contendentes de adotar um ou outro regulamento com algumas restrições ou acréscimos, tudo no melhor estilo *buit to suit*.

Confesso que em minha prática diuturna de arbitragem nunca vi procedimento criado integralmente pelas partes, nem mesmo em arbitragens não administradas por centros de arbitragem (arbitragens *ad hoc*). As partes normalmente adotam um procedimento constante de algum regulamento institucional, adaptando-o às suas escolhas ou necessidades.

Se isso ainda não fosse suficiente para mostrar a amplíssima liberdade fixada pelo legislador, aponto que nada impediria as partes de adotar um procedimento estatal que lhes pareça adequado para fazer processar de forma eficiente a controvérsia. Imagine-se que um determinado país (que nenhuma ligação tenha com o processo arbitral) crie um procedimento extremamente ágil, pelo qual as partes tenham alguma simpatia: nada as impedirá de adotar tal procedimento para administrar sua contenda. A amplitude da liberdade procedimental outorgada aos litigantes é efetivamente extraordinária (no sentido técnico deste vocábulo), já que o legislador não se importa se as partes querem aplicar a uma arbitragem doméstica uma legislação processual forasteira.

E mais: se as partes não quiserem se ocupar com o procedimento, podem simplesmente delegar ao árbitro o tema, de modo que caberá a ele estipular o melhor procedimento para o caso concreto.

Toda esta liberdade, porém, encontra alguma limitação, que o próprio legislador houve por bem especificar.

Com efeito, lê-se no § 2º do art. 21, já citado, que, seja lá qual for a escolha procedimental das partes, deverão ser respeitadas pelo menos quatro balizas (ou, de forma mais correta, princípios do devido processo legal): contraditório, igualdade das partes, imparcialidade do árbitro e livre convencimento.

3.019. limites

A autonomia privada concedida às partes para criar o procedimento que julgarem mais adequado para a solução de sua disputa encontra barreira intransponível nos elementos estruturais básicos do procedimento. Estes elementos estruturais – isso deve ser bem compreendido – são estudados pela teoria geral do processo e são ecoados, de alguma maneira, pelo CPC. Não quer isso dizer que os ditames do Código devem servir de parâmetro para o processo arbitral: a teoria geral do processo informa tanto o processo estatal como o processo arbitral, mas os dois sistemas são diversos e em grande medida independentes.

Assim, a Lei de Arbitragem fixou quatro *princípios* que devem orientar todo e qualquer processo arbitral; mas isso não descarta a necessidade de detectar em qualquer procedimento arbitral os cinco elementos estruturais básicos sistematicamente elencados por Cândido R. Dinamarco no capítulo inicial deste volume dedicado aos procedimentos especiais.

Assim, vale rapidamente lançar um olhar sobre a necessidade de garantir o devido processo legal, seja pelo prisma da Lei de Arbitragem, seja pelo prisma da teoria geral do processo.

3.020. a Lei de Arbitragem e os elementos estruturais básicos do procedimento

A Lei de Arbitragem, depois de conceder ampla liberdade às partes para disciplinarem o procedimento da maneira como melhor lhes aprouver, chamou a atenção dos operadores para a necessidade de garantir o devido processo legal, por meio da preservação de quatro princípios: contraditório, igualdade, imparcialidade e livre convencimento. Esta foi a forma encontrada pelo legislador para advertir as partes para que estruturassem o procedimento pretendido de forma *garantística*.

O *princípio do contraditório* aponta em dupla direção: de um lado, fica clara a necessidade de provocação para o início do procedimento; de outro, estabelece-se o direito de resposta, já que o demandado deve ser informado sobre a existência do processo, o que deve garantir-lhe o direito de reação. Mas é claro que a simples menção do respeito ao princípio do contraditório para garantir o manejo do devido processo legal é baliza frágil e imprecisa, que precisa ser mais bem avaliada. Para ser mais claro: embora a Lei de Arbitragem não trate do tema diretamente, é obvio que a menção ao princípio do contraditório automaticamente traz à baila o princípio da ação, de modo que o árbitro – da mesma forma que o juiz togado – está vinculado rigidamente aos pedidos formulados pelo demandante (e, se for o caso, também pelo demandado), não podendo decidir além (ou fora) do que foi pleiteado (correlação entre os pedidos e a decisão). Da mesma forma, a invocação do princípio do contraditório exige que se garanta método adequado de informação da existência do litígio e prazo adequado para apresentação de defesa, valendo lembrar que a citação no processo arbitral é feita nos moldes estabelecidos de comum acordo pelas partes (que podem – como é usual – se reportar a um regulamento predeterminado). Ainda dentro do tema, é importante que as partes fixem a forma de estabilizar a demanda, o que completa o círculo que contém esta ampla garantia do respeito do princípio do contraditório.

A *igualdade das partes* também deve ser garantida no procedimento arbitral, mas não da mesma forma prevista para o processo estatal. Não há na arbitragem qualquer expectativa de mecanismos de compensação, que procuram equilibrar a paridade de armas dos litigantes. E não há nada de errado nisso: diferentemente do processo estatal, ao qual todos devem se submeter, a não ser que façam opção diversa, o processo arbitral é totalmente facultativo. Quem opta pela arbitragem já sabe de antemão que terá que arcar com as respectivas custas e os custos, nem sempre de pouca monta. Se optar pelo processo arbitral, não pode reclamar de sua escolha. Invoco sempre o ditado milanês contra aqueles que reclamam das escolhas desavisadas que fizeram: *chi è causa del suo mal, pianga se stesso...*

O procedimento arbitral não é barato. Há, certamente, uma boa relação entre custo e benefício, na medida em que a causa será tratada por especialistas, com um procedimento mais célere, em ambiente menos agressivo e mais bem estruturado em relação àquele que o Estado coloca à disposição das partes. Mas isto tudo tem que ser pago: salas bem montadas para as audiências, equipamento moderno de gravação, *cathering*, computadores e projetores têm custo nada irrelevante; o trabalho de administração dos órgãos arbitrais – sofisticado e técnico – acresce o custo da arbitragem; e os honorários dos árbitros completam o circuito do que será pago pelos litigantes. Estas custas (com o órgão arbitral e com os árbitros) e estes custos (despesas para o fluxo adequado do procedimento) podem ser estimados de antemão, na medida em que a maior parte dos órgãos arbitrais apresenta em seus *sites* programas que calculam aproximadamente os valores a serem despendidos pelos litigantes, de acordo com os valores em disputa e a quantidade de árbitros que comporão o painel arbitral.

Quero insistir um pouco mais na análise deste importante elemento estrutural do procedimento arbitral identificado pela Lei de Arbitragem, que pode levar o contratante incauto a uma verdadeira impossibilidade de pleitear seu direito. Considerando que as partes sabem (ou deveriam saber), de antemão, quando celebram a convenção arbitral (especialmente a cláusula compromissória), que o processo arbitral não é gratuito (*rectius*, normalmente é razoavelmente custoso, e por isso mesmo adequado para causas de médio e grande porte), assumem o risco de não poderem arcar com as custas e os custos pertinentes. É risco assumido pelas partes, dentro de sua esfera de disponibilidade. A desigualdade ontológica dos contratantes, por outro lado, também é conhecida de antemão por aqueles que firmam uma convenção de arbitragem. Surgido o litígio, ninguém pode alegar ignorância ao se deparar com custos eventualmente avultados. Mais: a ninguém é dado alegar, sob a capa de alteração posterior de situação econômica, não poder, no momento do litígio, assumir os encargos financeiros de um processo arbitral. Repito: tudo isso está na esfera dos riscos assumidos pelas partes, não havendo quebra do princípio da igualdade pelo simples fato de algum dos contendentes não poder arcar com as despesas inerentes ao processo arbitral. Em última análise, se a parte que pretender instaurar uma arbitragem não puder suportar as custas e os custos do processo arbitral, não poderá alegar ineficácia da convenção e tentar a sorte no Poder Judiciário. A eleição da via arbitral é facultativa; mas, uma vez exercida a opção, a escolha tem consequências severas. *Pacta sunt servanda*!

O *princípio da imparcialidade* é fator insuperável para a validade de qualquer processo. O processo arbitral não é exceção. Mas, considerando a forma de composição do órgão julgador, a imparcialidade na arbitragem assume um colorido bem diferente daquele visualizado no processo estatal. Com efeito, o procedimento arbitral comporta um sistema de revelação-impugnação que ainda não está completamente estabilizado nem na doutrina, nem na jurisprudência.

Exigiu o legislador, para que a garantia da imparcialidade pudesse ser implementada, que o árbitro revelasse qualquer fato que possa denotar dúvida justificada quanto à sua imparcialidade e independência (art. 14, § 1º). Duas locuções agregam-se para tornar diabólica a implementação do princípio: "qualquer fato" e "dúvida justificada". A expressão genérica – "qualquer fato" – tem causado muita dor de cabeça aos operadores da arbitragem. É quase impossível saber antecipadamente o grau de sensibilidade das partes para fatos que possam de alguma forma comprometer a confiança (ou a falta de desconfiança) no árbitro. Para alguns, temas como filiação política, atividade social, religião ou nacionalidade podem gerar alguma preocupação; para outros tais temas são simplesmente irrelevantes. Para tentar estabelecer alguma métrica no dever de revelação, lançam-se furiosamente instituições e associações, nacionais e internacionais, à procura do Santo Graal.

A *IBA – International Bar Association* – tem talvez o melhor guia para navegar neste mar turbulento do dever de revelação, estabelecendo, *grosso modo*, listas de fatos capitulados como irrelevantes (lista verde), fatos que devem ser revelados mas que não causam necessariamente impedimentos (lista laranja) e fatos que provavelmente impedirão o árbitro de atuar (lista vermelha). Esta orientação (*soft law*) é de natureza internacional, de modo que muitas das situações ali capituladas têm pouca ou nenhuma pertinência para a sociedade brasileira, de modo que os limites da obrigação de revelar ainda estão por ser fixados, sendo claro que as partes não podem ficar simplesmente aguardando que os candidatos a árbitros prestem informações a esmo, sendo clara para mim a ideia de um *dever recíproco de revelação*, em que as partes devem informar os árbitros sobre os temas a respeito dos quais querem ser informadas.

A Lei de Arbitragem, em contrapartida, permite que, diante das revelações, qualquer das partes possa pleitear o afastamento do árbitro parcial ou dependente, de modo a manter a isenção do julgamento. Mas o método de impugnação do árbitro não passa pelo Poder Judiciário: trata-se de mecanismo endoarbitral, que deve ser decidido pelos próprios árbitros (ou por órgão designado pelo regulamento, se a arbitragem for institucional). O tema da parcialidade poderá ser submetido ao Poder Judiciário apenas *a posteriori*, se alguma das partes impugnar a sentença arbitral (com base em algum dos casos do art. 32 da Lei de Arbitragem, especificamente no tema que ora desenvolvo, no inc. VIII).

Por fim, como fórmula de fechamento do garantismo equacionado pelo § 2º do art. 21 da Lei de Arbitragem, previu o legislador o respeito ao *livre convencimento* do julgador (livre convencimento motivado, diga-se). Trata-se de permitir ao julgador que analise de forma livre as provas produzidas, justificando o árbitro a decisão que tomou com base no que ficou demonstrado. E aqui convém lembrar que as partes podem estipular restrições ou modulações ao modo de ser do processo, que não violam o princípio do livre convencimento. Dito de outro modo: se as partes decidirem que haverá limitação de número de testemunhas ou de tempo para sua oitiva, caberá ao árbitro decidir com base nas provas produzidas, respeitando as restrições de comum acordo fixadas pelas partes. Vou além para deixar clara a extensão do princípio: se as partes determinarem que não haverá prova pericial, não poderá o árbitro decretar a produção de tal prova sob a afirmação de que, para seu adequado convencimento, a reputa imprescindível. Não é isso o que preconiza o princípio do livre convencimento. Se as partes limitarem consensualmente os meios de prova, a ponto de deixarem em dúvida o julgador, caberá a este decidir com base nos ônus p. A escolha do procedimento pelas partes, como se vê, traz riscos consideráveis para os contendentes (e amarras relevantes para o julgador). Por isso mesmo tais opções devem ser feitas com parcimônia e atenção, pois haverá consequências. Em suma, no processo arbitral impera a vontade das partes.

3.021. a teoria geral do processo e os elementos estruturais básicos do procedimento

No capítulo de abertura deste volume, Cândido R. Dinamarco identificou com precisão cinco elementos estruturais básicos de qualquer procedimento que devem ser respeitados igualmente nos procedimentos especiais. Quero então analisar o procedimento arbitral também por este viés, o que propiciará ao leitor uma visão a voo de pássaro da coluna vertebral do procedimento arbitral.

Dinamarco mostrou que em todos os procedimentos especiais deve haver uma provocação inicial (demanda), a citação, oportunidade para resposta, fase de produção de provas e decisão de mérito.

A *provocação inicial* para o início da arbitragem vem por meio da notificação do interessado: se a arbitragem for institucional, como ocorre com a maioria – para não dizer a quase totalidade – das arbitragens, a notificação é dirigida ao órgão arbitral que administrará o procedimento; caberá à entidade dar notícia ao adversário desta fagulha inicial para que se ponha em funcionamento o mecanismo de formação do painel julgador (normalmente composto por três árbitros). A Lei de Arbitragem deixou claro que a arbitragem estará instituída tão logo o árbitro (ou o último dos árbitros) aceite o encargo. Só então estará formado o órgão jurisdicional, o que propiciará a triangularização típica de qualquer relação jurídica processual (autor, réu, juiz). Com isso já estou induzindo o leitor a fazer um paralelo entre o processo judicial e o processo arbitral, para apontar uma diferença importante, já que a provocação para o início da atividade arbitral não corresponde à petição inicial. A provocação ao órgão arbitral para que se inicie o procedimento de formação do tribunal arbitral conterá normalmente uma indicação da pretensão do demandante, bem como a informação da convenção arbitral em que se baseia para pleitear a instituição da arbitragem; em alguns órgãos arbitrais institucionais o requerimento inicial deve indicar também o valor em disputa e nomear o árbitro que deverá compor o painel (quando forem três os árbitros, normalmente cada parte apontará um e estes nomearão o presidente do tribunal). A petição inicial será apresentada depois deste momento de provocação, quando já estiver composto o tribunal arbitral.

O art. 19 da Lei de Arbitragem deixa claro que só estará instituído o juízo arbitral quando for aceita a nomeação do encargo pelo árbitro (ou por todos eles quando forem vários os julgadores). Todos os atos preparatórios anteriores compõem, sem dúvida, um momento pré-processual da arbitragem (requerimento ao órgão arbitral). O processo arbitral somente pode ser caracterizado como tal depois da aceitação do encargo pelos árbitros. E, para facilitar a tarefa dos julgadores, a maior parte das entidades que administra arbitragens exige a lavratura de um termo de arbitragem ou ata de missão (art. 19, § 1º, da Lei de Arbitragem), onde constarão todos os pedidos que as partes pretendem ver julgados pelos árbitros, bem como detalhes do procedimento que querem adotar (as partes normalmente fixam no termo de arbitragem algumas variações em relação ao procedimento constante do regulamento dos órgãos arbitrais, adaptando-o às suas necessidades).

Assim, antes mesmo da apresentação da petição inicial ou do pleito reconvencional, as partes fixam – no termo de arbitragem – os seus pedidos, estabilizando a demanda. Nada impedirá que os contendentes estabeleçam que a estabilização da demanda ocorra em momento posterior, o que lhes permitirá, até o advento do marco que fixarem, formular novos pedidos. Exemplo disso é a determinaçao, no termo de arbitragem, de que as partes poderão formular novos pleitos por ocasião da apresentação da petição inicial ou da resposta, ou em outro momento (desde que os árbitros admitam o novo pleito, como dispõe, p.ex., o art. 23 do Regulamento da Corte Internacional de Arbitragem da Câmara de Comércio Internacional – CCI).

Como se vê, a provocação inicial – que no processo judicial corresponde à petição inicial – no procedimento arbitral tem conotação distinta, compatível com um sistema diverso daquele adotado pelo Código de Processo Civil.

O mesmo pode ser dito com relação à *citação*, elemento indispensável para o adequado exercício do contraditório, baseado no binômio informação e possibilidade de reação. Não há na Lei de Arbitragem (diferentemente do que ocorre no sistema processual codificado) uma fórmula específica e *garantística* para o chamamento do demandado ao processo. A fórmula será aquela escolhida pelos contendentes, normalmente estabelecida no regulamento arbitral que for escolhido na convenção de arbitragem.

Na verdade, o tema está ligado à clausula compromissória, que diz respeito a um conflito eventual e futuro e remete os litigantes a um regulamento de alguma entidade que administra arbitragens. Nestes regulamentos está prevista a forma de avisar os compromitentes acerca do pedido de instituição de arbitragem (correio, telegrama, *e-mail*). Não importa qual seja a escolha das partes, desde que o mecanismo de comunicação seja eficaz e siga o que foi convencionado. Assim, se o critério de notificação for o epistolar – assinalando cada uma das partes o endereço para onde será remetida a correspondência –, este será o método a ser empregado, não podendo se queixar o demandando se, tendo alterado seu endereço, a correspondência for remetida na forma e no modo previamente avençados. Estou dizendo, em outras palavras, que as partes devem prestar muita atenção quando estipularem o método de comunicação da existência da arbitragem, já que não poderão reclamar mais tarde da falta de conhecimento do processo se o critério de comunicação foi rigorosamente seguido.

O terceiro elemento estrutural do processo diz respeito à *oportunidade para apresentação de resposta*.

No sistema judicial há uma clara sequência de atos processuais cuidadosamente descritos e que constituem um modelo para a melhor visualização do devido processo legal. Assim, à petição inicial segue-se a resposta, seguida de réplica e tréplica; se houver reconvenção, o réu apresentará seu pleito juntamente com sua resposta, seguindo-se o mesmo jogo de contestação, réplica e tréplica. Mas o devido processo legal pode contentar-se com um procedimento bem diferente deste padrão. Nada impede que as partes optem por um procedimento em que haverá manifestações simultâneas: demandante e demandado apresentam ao mesmo tempo suas alegações iniciais, réplicas e tréplicas. Tal sistema funciona muito bem quando as duas partes têm pedidos a formular. E é possível também aumentar o número de manifestações (ou diminuí-las), bem como intercalar entre uma manifestação e outra a oportunidade de produção de provas documentais (ou pedido de exibição de documentos em posse do adversário). Em outras palavras, a apresentação de resposta deve ser sempre garantida em qualquer procedimento, mas isto não significa que seja necessário seguir, de alguma forma, o paradigma preconizado pelo CPC. De novo – e repito este mantra incansavelmente – não se aplica o Código ao processo arbitral, contentando-se o legislador em garantir um desenvolvimento processual *legitimante*, ou seja, exigindo que seja dada a oportunidade de exercitar o contraditório por meio da participação efetiva do demandado no processo.

O quarto elemento estrutural do procedimento arbitral tem relação com a *fase instrutória*. Instruir, em boa técnica, significa preparar: trata-se então de verificar as atividades das partes que habilitam o julgador a proferir sua decisão. A fase instrutória, portanto, vai além da produção de provas, na medida em que os debates das partes também fazem parte da atividade que informa o julgador, capacitando-o a julgar.

Focalizando a atenção apenas na produção da prova, vale lembrar que – de forma esquemática – são quatro os momentos da prova: requerimento, deferimento, produção e valoração. Também no processo arbitral podem ser visualizados tais momentos, nem sempre de forma linear (como de resto também ocorre na concepção do procedimento comum judicial). Normalmente na petição inicial (*na petição inicial, não no requerimento de instauração de arbitragem!*) o demandante formula um pleito mais ou menos genérico de produção de provas; o demandando fará o mesmo em sua resposta; os árbitros, ato contínuo (e provavelmente depois de se reunirem com os advogados das partes), deferirão as provas úteis, pertinentes e necessárias, que serão produzidas na fase subsequente; por fim, na sentença as provas produzidas serão avaliadas (motivação da sentença) para fundamentar o deferimento ou a rejeição dos pedidos.

Diferentemente do que ocorre no procedimento comum previsto no CPC (e nos procedimentos especiais de modo geral), o demandante conseguirá na petição inicial *especificar* (e não apenas *indicar*) as provas que pretende produzir. Digo isso porque no termo de arbitragem tanto o demandante como o demandado já apresentaram seus pedidos (e o demandado já apresentou um resumo de suas objeções, sejam de ordem processual, sejam de mérito). Assim, o demandante não faz um voo cego, como acontece quanto apresenta uma petição inicial de um processo qualquer no sistema judicial, o que justifica o verbo usado no *caput* do art. 319 do CPC.

O art. 319, inc. VI, do CPC manda o autor *indicar* as provas com que pretende demonstrar a verdade dos fatos alegados; o art. 336 do mesmo Código exige que o réu *especifique* as provas que pretende produzir. A distinção faz sentido no sistema do processo judicial, já que que o autor não sabe o que terá que provar (pode ser que o réu não conteste os fatos alegados, cingindo-se, p.ex., a atacar apenas a consequência jurídica que deles pretende retirar o autor); já o réu, ao contestar, sabe exatamente o que precisa provar, de modo que o legislador pretende dele uma atitude proativa. Na arbitragem, como se viu, o espectro é outro, já que ambas as partes sabem, de antemão, o que será alegado na petição inicial e o que constará da resposta, bem como os pedidos que serão formulados de parte a parte.

Especificadas, portanto, as provas que demandante e demandado pretendem produzir, devem os árbitros verificar se é caso de deferi-las. Quanto às provas pré-constituídas, é usual em nossa praxe forense juntar documentos, aguardando que a parte contrária eventualmente os impugne, pleiteando eventualmente sua retirada dos autos. Em sede de arbitragem as partes podem convencionar método diferente, de sorte que antes da produção de documentos o tribunal deva se manifestar, permitindo ou não a produção da prova. E mais: no processo judicial, de forma geral, não há uma fase de solicitação de documentos em poder da parte contrária: a exibição de documentos é prevista de forma bastante restrita, o que pode ser amenizado em sede de arbitragem. Explico: embora seja rara a utilização de procedimento aberto e irrestrito de requisição de documentos em poder do adversário (algo como o *discovery* do processo norte-americano), é relativamente comum (especialmente nas arbitragens realizadas no Brasil com algum elemento de conexão estrangeiro) que as partes avencem a possibilidade de exigir a exibição de documentos identificados que estejam na posse da parte adversária (documentos que poderiam até mesmo ser obtidos de outro modo, mas que, por facilidade e por questão de gestão de custos do processo, podem ser produzidos pelas próprias partes).

A prova pericial é aquela que, sem dúvida, causa maior dificuldade procedimental. Nada impede que as partes optem pela apresentação de relatórios periciais (*expert reports*) ao invés de utilizarem o método típico do procedimento comum judicial (nomeação de perito do juízo). Na fase de deferimento da prova, caberá aos árbitros verificar a adequação do meio probatório pretendido ao caso concreto, ficando o julgador atento ao que foi convencionado pelos litigantes (diretamente, no termo de arbitragem, ou indiretamente, no regulamento que adotaram). Se nada tiver sido estabelecido pelos contendentes, caberá aos árbitros decidir como será produzida a prova pericial, não estando os julgadores vinculados às técnicas constantes do CPC. Deferida a prova pericial por meio de apresentação de relatórios técnicos, disporão os árbitros sobre a eventual oitiva dos peritos, o que poderá ocorrer de forma individual ou no formato *hot tubbing* (os peritos são ouvidos em conjunto, propiciando aos árbitros um frutífero debate técnico).

A prova oral no procedimento arbitral assume um colorido bem mais vivo se comparado com o que ocorre no sistema judicial. Os árbitros podem valer-se de técnicas que não estão predispostas no CPC (*esta independência em relação ao Código, já sei, está sendo tediosamente repetida neste texto!*), o que lhes permite sugerir aos contendentes (se é que eles já não previram isso no termo de arbitragem) trabalhar com depoimentos escritos (*written statements*), tanto das próprias partes como das testemunhas, que neste caso serão ouvidas para esclarecer os respectivos depoimentos escritos. Outra técnica que também está à disposição das partes é o sistema *chess clock* para oitiva de testemunhas (prazo delimitado concedido aos advogados das duas partes para fazer perguntas). Seja como for, ninguém deve ficar muito impressionado com a utilização desta nomenclatura típica do processo anglo-saxão; também ninguém deve dar de barato que tais expressões são autoexplicativas, dispensando melhor tratamento. Se as partes usarem o sistema de depoimentos escritos, p.ex., é preciso estabelecer o limite do interrogatório em audiência (*cross questioning*), bem como a consequência do eventual não comparecimento da testemunha à audiência para ser inquirida. Pouco importa a previsão, neste particular, de legislações que discriminam detalhadamente a produção desta prova (como acontece com a legislação federal norte-americana, para exemplificar). Usar um método anglo-saxônico de produção de prova não significa importar a sua disciplina neste ou naquele país. Por isso são necessários paciência e cuidado na descrição do método a ser empregado, valendo lembrar que na arbitragem os atores frequentemente pertencem a sistemas jurídicos diferentes, o que recomenda explicação criteriosa do meio de prova que as partes querem adotar.

Insisto neste tema, que tem dado muita dor de cabeça aos operadores. Há diversos métodos que paulatinamente vêm sendo empregados no âmbito arbitral, especialmente para a produção de prova pericial. Lembro do "método Sachs", em que os assistentes técnicos das partes são "sequestrados" pelos árbitros e deixam de responder diretamente aos litigantes, passando a atuar como peritos do tribunal arbitral, devendo apresentar laudo conjunto. A ideia é boa, mas sua execução é complicada e precisa ser bem definida, sendo curial estabelecer como serão remunerados os peritos e como serão os contatos deles com as partes que os contrataram originariamente. Digo o mesmo sobre a adoção da técnica que permite a oitiva conjunta de peritos (*hot tubbing*): se não forem bem estruturados o procedimento de perguntas, a ordem e o escopo do questionamento e a forma do debate, tudo vai se transformar numa enorme confusão, perdendo-se a desejada eficiência.

Para resumir: é muito mais fácil seguir uma norma posta cuja interpretação é plana e conhecida. Uma lei de processo, *prêt-à-porter*, tem esta eficácia tranquilizadora; o processo criativo, *buit to suit*, individualizado, naturalmente causa maior preocupação e perplexidade. A liberdade vem sempre acompanhada de responsabilidade, por vezes bastante penosa.

Produzidas as provas – da maneira avençada pelas partes (ou ditada pelos árbitros, à falta de outra previsão) –, caberá aos julgadores avaliar o convencimento produzido pelas evidências trazidas para o processo (ou construídas durante o processo). Trata-se da avaliação das provas, que ocorre exatamente no momento de proferir a sentença. É na fundamentação da decisão que os julgadores vão revelar os fatos que entenderam demonstrados, ligando sua convicção às provas produzidas.

O último elemento estrutural básico do procedimento arbitral é a *sentença*, preferencialmente de mérito, que concede ou nega a tutela jurisdicional pleiteada pelo demandante ou pelo demandado (quando este também formular pedidos).

A sentença arbitral, como consta da Lei de Arbitragem (art. 31), equivale à sentença estatal, e, sendo condenatória, constitui título executivo judicial, propiciando o cumprimento de sentença (execução de título judicial). O dispositivo legal é a pedra de toque na caracterização da arbitragem como exercício de atividade jurisdicional.

A estrutura da sentença arbitral – parcial ou final – difere daquela escolhida pelo legislador para todos os processos judiciais (de procedimento comum ou especial). O paralelo que quero estabelecer é entre o art. 26 da Lei de Arbitragem e o art. 489 do CPC. Na Lei de Arbitragem há apenas quatro "requisitos obrigatórios": (a) relatório, (b) fundamentação, (c) dispositivo e (d) data e local em que a sentença foi proferida. Simples, reto e direto. Já o CPC estabelece "elementos essenciais" mais complexos, esmerando-se o § 1º do art. 489 em explicar quando não se considera fundamentada qualquer decisão judicial. No parágrafo em questão, entre outros temas, exige-se que o juiz togado demonstre, p.ex., por que não seguiu o enunciado de uma súmula ou de um precedente invocado pela parte. Note-se: sem os requisitos complexos e completos do art. 489 uma sentença judicial não preenche os "elementos essenciais"; sem os "elementos essenciais", uma sentença pode ser anulada. Isto, porém, nada tem que ver com o procedimento arbitral.

Uma leitura atenta do art. 489 do CPC revela que o preceito legal – como não canso de repetir – não se aplica à arbitragem. Aliás, neste caso a inaplicabilidade – especificamente do § 1º – é expressa, já que o legislador deixou claro que não se considera fundamentada qualquer *decisão judicial* que não preencha os seis requisitos assinalados no parágrafo em questão. A decisão arbitral não é judicial. É jurisdicional. A ela aplica-se o dispositivo da lei especial (Lei de Arbitragem), de modo que não se espera que alguém tente anular uma decisão arbitral por não ter feito o *distinguishing* ou por não ter explicado o motivo pelo qual não seguiu jurisprudência invocada pela parte.

3.022. órgãos arbitrais e os procedimentos arbitrais

Ao contrário do que ocorre com os procedimentos especiais em geral, não existe um procedimento arbitral padrão a ser seguido. Cada órgão arbitral pode criar um procedimento diferente, que será adotado por aqueles que quiserem ver administrada sua controvérsia por uma determinada entidade.

A Lei de Arbitragem, ao tratar no seu Capítulo IV do procedimento arbitral, dedicou ao tema apenas quatro artigos. Nos dois primeiros (arts. 19 e 20) trata da instituição do procedimento arbitral (e do termo de arbitragem), da arguição de incompetência, suspeição e impedimento do árbitro, bem como defeitos da convenção de arbitral; apenas nos outros dois (arts. 21 e 22) traça diretrizes sobre o procedimento arbitral, deixando claro que "a arbitragem obedecerá ao procedimento estabelecido pelas partes na convenção de arbitragem" (art. 21).

Assim, assumem curial importância para a definição do procedimento arbitral as entidades que administram os procedimentos (arbitragens institucionais), que por sua vez são também bastante sucintas no trato do tema, valendo lembrar que são raros os regulamentos que superam 50 artigos (o CPC tem 1.072).

No Brasil algumas entidades arbitrais – dedicadas majoritariamente a causas de maior complexidade e de maior valor – alcançaram ampla notoriedade, como é o caso do CAM-CCBC (Centro de Arbitragem e Mediação da Câmara de Comércio Brasil-Canadá) e do CAM FIESP/CIESP (Câmara de Conciliação, Mediação e Arbitragem CIESP/FIESP), ambas de São Paulo; do CBMA (Centro Brasileiro de Mediação e Arbitragem) e FGV (Câmara FGV de Mediação e Arbitragem), no Rio de Janeiro; e CAMARB (Câmara de Mediação e Arbitragem Empresarial – Brasil), em Belo Horizonte. Alguns centros arbitrais dedicaram-se ao *middle maket* (causas de pequeno e médio porte), como o CAESP (Conselho Arbitral do Estado de São Paulo); outros ainda se voltam prioritariamente a administrar arbitragens comerciais de cunho internacional (como a CCI de Paris e o LCIA – *London Court of International Arbitration* –, de Londres). Cada um deles tem seu próprio regulamento, com regras próprias.

O CAM CCBC, p.ex., prevê como procedimento básico (se outro não for estabelecido de comum acordo pelos contendentes) que as partes apresentem alegações iniciais concomitantemente, no prazo de 30 dias após a data da realização da reunião para assinatura do termo de arbitragem, após o que serão apresentadas respostas (também concomitantemente) no prazo de 20 dias, podendo ser apresentadas réplicas e tréplicas a critério das partes e do tribunal arbitral. Já o CAM CIESP/FIESP determina que, se as partes não chegarem a um consenso sobre o procedimento, "o tribunal arbitral estabelecerá os prazos, os cronogramas, a ordem e a forma da produção das provas" (art. 10.2 do Regulamento).

Muitas destas regras fixadas pelos regulamentos são compatíveis apenas e exclusivamente com a própria estrutura da entidade.

A CCI, p.ex., determina que, antes de a sentença arbitral ser entregue às partes, passe por um exame prévio por órgão interno da entidade (escrutínio), que poderá sugerir modificações apenas quanto aos aspectos formais da decisão (não podendo, portanto, afetar a liberdade de decisão dos árbitros), podendo ainda chamar a atenção dos julgadores para pontos relacionados ao mérito da controvérsia. Nenhuma sentença arbitral será enviada às partes antes da aprovação (quanto à sua forma) pela entidade.

Em síntese, não se pode falar em um procedimento arbitral, mas sim em tantos procedimentos arbitrais quantas forem as arbitragens instituídas. O céu é o limite. E a criatividade – especialmente dos advogados – torna a arbitragem cada vez mais dinâmica.

3.023. confidencialidade

Permite a Lei de Arbitragem que o procedimento arbitral seja sigiloso, se as partes assim quiserem. Trata-se de mais uma *especialidade* do procedimento arbitral.

A publicidade é uma garantia (constitucional) para as partes. Para o processo estatal, a transparência dos atos processuais constitui fator de segurança, de modo que os juízes (que não são escolhidos pelas partes) não possam esconder do público sua atividade, atuando então um útil e funcional critério de controle popular da Justiça.

Mas a arbitragem tem eixo diferente, que permite (ou até mesmo recomenda) que o procedimento corra em sigilo. Basta pensar em alguns tipos de litígios que são corriqueiramente levados à solução de árbitros, como aqueles ligados ao funcionamento das companhias (dissenso entre sócios, responsabilidade de administradores) ou atinentes ao comércio em geral (fracasso de transações mercantis, inadimplemento de obrigações). Muitas vezes as partes discutem questões sensíveis (para ambos os litigantes), cuja publicização poderá causar danos a todos os contendentes, afetando o negócio comum. Se não houvesse a possibilidade de sigilo, é possível até que as partes renunciassem a ver solucionado o litígio, diante do prejuízo maior provocado pela publicidade da desavença.

Neste ambiente de negócios, o sigilo passa a ser uma grande vantagem da arbitragem: os atos processuais correm em segredo, permitindo-se acesso pleno ao procedimento apenas às partes e seus representantes.

O CPC, reverberando a importância do sigilo para o sistema arbitral, estabelece exceção à regra da publicidade (do processo estatal), asseverando no art. 189 que tramitarão em segredo de justiça os processos que versem sobre arbitragem, desde que as partes convencionem a regra de sigilo para o processo arbitral.

Diante da regra estampada no CPC, se as partes convencionarem o sigilo (que é facultativo, embora seja uma constante nas arbitragens comerciais), serão processados em segredo de justiça, p.ex., as demandas de instituição forçada de arbitragem, as cartas arbitrais, as demandas de anulação de sentença arbitral e o cumprimento de sentença.

Equivocam-se aqueles que veem na regra citada do CPC (art. 189, inc. IV) uma violação à garantia de publicidade inserida na Constituição Federal. Trata-se de *garantia* para as partes; garantia significa salvaguarda, proteção, precaução, não obrigatoriedade. Faculta-se, portanto, aos interessados dispensar a prerrogativa. Mais uma vez, atua com toda a força a autonomia privada: se as partes assim quiserem, podem afastar uma proteção que lhes concede a Constituição, da mesma forma que podem renunciar à solução de determinado litígio pelo Poder Judiciário quando optam pelo sistema arbitral.

Vale lembrar que a opção pela confidencialidade do procedimento arbitral não se aplica para as arbitragens que envolvam a Administração Pública direta ou indireta. Nestes casos deverá ser sempre respeitado o princípio da publicidade.

3.024. procedimento arbitral no terceiro milênio

O fato de não haver um procedimento arbitral legalmente delimitado tem permitido o rápido desenvolvimento da arbitragem, especialmente num país de *legislação monista* como o nosso.

O monismo da Lei de Arbitragem significa que não há previsão de regras procedimentais distintas para a arbitragem doméstica e para a arbitragem internacional. Assim, mesmo em litígios domésticos o procedimento é permeado por elementos retirados de sistemas jurídicos diferentes do nosso e adaptados para as necessidades de um processo determinado.

Por conta desta amplíssima liberdade, os operadores experimentam diuturnamente novas técnicas na arbitragem, com o largo emprego de toda a tecnologia que hoje está à disposição de todos nós, convertendo o processo arbitral num produtivo laboratório procedimental.

Em termos de tecnologia, não há dúvida de que as plataformas de comunicação propiciam, de um lado, grande economia com as audiências remotas (especialmente quando as partes e seus advogados estão localizados em paragens distantes) bem como incentivam o contato mais frequente entre árbitros, advogados e partes. Diferentemente do juiz togado, que tem à sua disposição as estruturas forenses (mais ou menos dotadas), na arbitragem os atos presenciais têm custo mais expressivo (deslocamento dos árbitros, dos advogados, das partes, reserva de salas, alimentação, gravação, secretaria *etc.*). As audiências remotas neste sentido propiciam economia considerável, sem qualquer prejuízo para a cognição. Reporto-me, para exemplificar, às audiências de apresentação da causa (com recursos audiovisuais) e às audiências com os advogados para discussão de questões procedimentais (ou para discussão sobre as provas a serem produzidas e sobre as regras a serem adotadas em audiência). Note-se que os recursos que permitem as audiências remotas não vieram para substituir as audiências presenciais, certamente importantes no que se refere à instrução processual. Mas os recursos tecnológicos estão sendo largamente empregados na arbitragem para agilizar os processos e propiciar contatos mais frequentes entre os diversos atores do processo.

De outra banda, os recursos de inteligência artificial estão também empolgando aqueles que se envolvem em contendas arbitrais: programas capazes de identificar e selecionar documentos e mensagens eletrônicas, p.ex., podem poupar uma razoável quantidade de horas de trabalho, o mesmo podendo ser dito para as pesquisas de jurisprudência.

Enquanto os processos sob domínio do estado devem aguardar, por vezes, a intervenção do legislador para permitir o emprego desta ou daquela nova tecnologia, deste ou daquele programa de inteligência artificial, no procedimento arbitral tudo gira em torno da vontade (e criatividade) das partes (*rec-*

tius, de seus advogados). E os advogados estão se mostrando muito inventivos, abertos a posturas procedimentais menos conservadoras e mais aderentes às necessidades de um processo ágil e de resultados. Atrevo-me a parafrasear o que diziam meus mestres Cândido R. Dinamarco, Kazuo Watanabe e Ada Pellegrini Grinover, há quatro décadas, a propósito da implantação no Brasil dos juizados especiais de pequenas causas (Lei 7.244, de 7.11.1984): o procedimento arbitral, graças à sua dinamicidade, certamente experimentará métodos que, aprovados, acabarão sendo capturados pelo legislador para implantação no âmbito dos procedimentos judiciais.

CAPÍTULO CCIX – ***JUIZADOS ESPECIAIS***

MELINA MARTINS MERLO FERNANDES

3.025. o microssistema dos juizados especiais cíveis

O microssistema dos juizados especiais surgiu como uma forma diferenciada de prestação da tutela jurisdicional, visando a atender à litigiosidade reprimida, por meio de um procedimento mais célere, informal e simplificado de cognição sumária.

Essa forma diferenciada de jurisdição estatal decorreu inicialmente da Lei 7.244/1984 – também conhecida como Lei de Pequenas Causas –, que foi posteriormente substituída pela Lei 9.099/1995 – atualmente denominada Lei dos Juizados Especiais – e significa um grande avanço legislativo de origem eminentemente constitucional,[1] que dá guarida aos anseios de todos

1. Nos termos do art. 98, inc. I, da Constituição Federal: "A União, no Distrito Federal e nos Territórios, e os Estados criarão: I – juizados especiais, providos por juízes togados, ou togados e leigos, competentes para a conciliação, o julgamento e a execução de causas cíveis de menor complexidade e infrações penais de menor potencial ofensivo, mediante os procedimentos oral e sumaríssimo, permitidos, nas hipóteses previstas em lei, a transação e o julgamento de recursos por turmas de juízes de primeiro grau; (...)".

os cidadãos, em especial aos da população menos abastada, por uma Justiça apta a proporcionar mecanismos hábeis de acesso à ordem jurídica justa.[2-3]

Posteriormente foram editadas a Lei 10.259/2001, que dispôs sobre a criação dos juizados especiais no âmbito da Justiça Federal, e a Lei 12.153/2009, que instituiu os juizados da Fazenda Pública dos Estados, Distrito Federal, Territórios e Municípios.

A principal atribuição conferida aos juizados especiais estaduais cíveis reside na busca da resolução de conflitos pela autocomposição das partes, em qualquer uma de suas modalidades (transação, reconhecimento do pedido, renúncia ao direito), orientando-se os processos que lá tramitam pelos princípios gerais da oralidade, simplicidade, informalidade, economia processual e celeridade.

No microssistema dos juizados especiais as demandas precisam ser rápidas para a solução dos conflitos, simples em sua tramitação, informais em seus atos e termos, compactas na consecução dos atos processuais e o menos onerosas possível aos litigantes.[4]

3.026. competência

A Lei 9.099/1995 mesclou os critérios quantitativo (valor econômico da pretensão) e qualitativo (matéria objeto da lide) para fixação da competência dos juizados especiais estaduais cíveis, com o propósito de circunscrever as demandas que, em princípio, apresentariam menor complexidade probatória.[5]

A matéria afeta à competência restou elencada no art. 3º, e segundo o que lá consta, como regra, poder-se-ão processar, conciliar e julgar causas cíveis

---

2. Nas palavras de Cândido Rangel Dinamarco, "não se trata somente de regras e procedimentais simplificadores, mas disso e da implantação de um novo processo, nova configuração das relações entre juiz e partes no processo, novo modo de tutelar direitos" ("Os juizados especiais e os fantasmas que os assombram", *Tribuna da Magistratura*, Caderno de Doutrina n. 3, maio/1996).

3. Fernando Costa Tourinho Neto e Joel Dias Figueira Júnior, *Juizados especiais estaduais cíveis e criminais: comentários à Lei n. 9.099/1995*, 8ª ed., São Paulo, Saraiva, 2017, p. 53.

4. Nas palavras de Humberto Theodoro Júnior, "o procedimento, na verdade, haverá de desembaraçar-se de toda a complexidade do contencioso, cabendo ao seu condutor zelar para que tudo transcorra de maneira singela, transparente, livre de formas desnecessárias e inconvenientes, tudo dentro do menor tempo possível e com o mínimo de gasto para as partes" (*Curso de direito processual civil*, 24ª ed., vol. III, Rio de Janeiro, Forense, 2000, p. 422).

5. Como bem esclarece o Enunciado 54 do FONAJE, "a menor complexidade da causa para a fixação da competência é aferida pelo objeto da prova e não em face do direito material".

que não excedam o valor de 40 salários-mínimos; as causas enumeradas no art. 275, inc. II, do Código de Processo Civil de 1973;[6] as ações de despejo para uso próprio, as ações possessórias imobiliárias de valor não superior ao teto de 40 salários-mínimos e os títulos executivos extrajudiciais não excedentes ao mesmo patamar legal.

Ficam, por sua vez, excluídas da competência as causas de natureza alimentar, falimentar, fiscal e de interesse da Fazenda Pública, assim como aquelas relativas a acidentes de trabalho, a resíduos e ao estado e capacidade das pessoas, ainda que de cunho patrimonial.

As Leis 10.259/2001 e 12.153/2009, a seu turno, definiram a competência dos juizados especiais federais e dos juizados fazendários essencialmente com base no critério quantitativo (valor econômico da pretensão), desprezando a regra constitucional da menor complexidade, tomando o critério qualitativo apenas por exclusão.[7]

De acordo com o art. 3º da Lei 10.259/2001, os juizados especiais federais cíveis serão competentes para processar, conciliar e julgar causas de competência da Justiça Federal até o valor de 60 salários-mínimos, bem como executar as suas sentenças.

Excluem-se, todavia, da competência as causas referidas no art. 109, incs. II, III e XI, da Constituição Federal as ações de mandado de segurança, de desapropriação, de divisão e demarcação, populares, execuções fiscais e por improbidade administrativa e as demandas sobre direitos ou interesses difusos, coletivos ou individuais homogêneos;[8] sobre bens imóveis da União, autarquias e fundações públicas federais; para a anulação ou cancelamento de ato administrativo federal, salvo o de natureza previdenciária e o de lançamento fiscal; e aquelas que tenham como objeto a impugnação da pena de demissão imposta a servidores públicos civis ou de sanções disciplinares aplicadas a militares.

À luz do art. 2º da Lei 12.153/2009, os juizados especiais da Fazenda Pública serão competentes para processar, conciliar e julgar causas cíveis de in-

---

6. A despeito da extirpação do procedimento sumário do novo sistema instrumental, por força do art. 1.063 do Código de Processo Civil de 2015, "até a edição de lei específica, os juizados especiais cíveis previstos na Lei n. 9.099, de 26 de setembro de 1995, continuam competentes para o processo e julgamento das causas previstas no art. 275, inciso II, da Lei n. 5.869, de 11 de janeiro de 1973".

7. Pondera-se, no entanto, que o Enunciado 11 dos juizados fazendários dispõe que "as causas de maior complexidade probatória, por imporem dificuldades para assegurar o contraditório e a ampla defesa, afastam a competência do juizado da Fazenda Pública".

8. O Enunciado 22 do FONAJEF ressalva que "a exclusão da competência dos juizados especiais federais quanto às demandas sobre direitos ou interesses difusos, coletivos ou individuais homogêneos somente se aplica quanto a ações coletivas".

teresse dos Estados, do Distrito Federal, dos Territórios e dos Municípios, até o valor de 60 salários-mínimos, excluindo-se as ações de mandado de segurança, de desapropriação, de divisão e demarcação, populares, por improbidade administrativa, execuções fiscais e as demandas sobre direitos ou interesses difusos e coletivos; as causas sobre bens imóveis dos Estados, Distrito Federal, Territórios e Municípios, autarquias e fundações públicas a eles vinculadas; as causas que tenham como objeto a impugnação da pena de demissão imposta a servidores públicos civis ou sanções disciplinares aplicadas a militares e as que seguem o rito do procedimento especial.[9]

Cumpre esclarecer que nos juizados especiais estaduais cíveis o exercício do direito de ação é facultativo para a parte autora,[10-11] que, se assim escolher, aceitará expressamente os limites da Lei 9.099/1995 e deverá renunciar ao crédito excedente ao patamar de 40 salários-mínimos previsto no inc. I do art. 3º,[12] excetuada a hipótese de conciliação.

Já nos juizados especiais federais e nos juizados especiais da Fazenda Pública não se admite renúncia tácita, para fins de fixação de competência, e tampouco há renúncia sobre parcelas vincendas.[13]

No que toca à distribuição territorial da competência, nos juizados especiais estaduais cíveis a parte autora poderá ajuizar a demanda no foro de do-

---

9. De acordo com o Enunciado 9 do FONAJEF, "além das exceções constantes do § 1º do art. 3º da Lei n. 10.259, não se incluem na competência dos juizados especiais federais os procedimentos especiais previstos no Código de Processo Civil, salvo quando possível a adequação ao rito da Lei n. 10.259/2001".

10. Nesse sentido é o Enunciado 1º do FONAJE, segundo o qual "o exercício do direito de ação no juizado especial cível é facultativo para o autor".

11. Cândido Rangel Dinamarco muito bem esclarece que "a competência dos juizados especiais cíveis (*estaduais* ou federais), que coincide de modo absoluto com o âmbito de admissibilidade do processo especialíssimo regido pela Lei dos Juizados Especiais e pela Lei dos Juizados Federais (tal tipo de processo só se realiza perante os juizados e os juizados só realizam tal tipo de processo), não interfere na competência dos juízos comuns nem a reduz: nos casos indicados pelas leis especiais (LJE, arts. 3º e 8º – LJF, arts. 3º e 6º) o autor tem a faculdade de *optar* pelos juizados especiais cíveis ou pelos juízos comuns, cujas competências são, portanto, *concorrentes*; e assim é a jurisprudência firme do Superior Tribunal de Justiça" (*Instituições de direito processual civil*, 8ª ed., vol. I, São Paulo: Malheiros Editores, 2016, p. 671).

12. A renúncia ao crédito excedente decorre do próprio texto legal, bastando que o autor simplesmente proponha sua demanda perante o juizado especial cível. Trata-se, via de consequência, de renúncia tácita.

13. Nesse sentido são os Enunciados 16 e 17 do FONAJEF, respectivamente, *in verbis*: "Não há renúncia tácita nos juizados especiais federais para fins de fixação de competência" e "Não cabe renúncia sobre parcelas vincendas para fins de fixação de competência nos juizados especiais federais".

micílio do réu ou no local onde este exerça atividades profissionais ou econômicas ou mantenha estabelecimento, filial, agência, sucursal ou escritório. É possível, ainda, no que toca às demandas que discutam obrigações, que seu ajuizamento se dê no local onde estas devam ser satisfeitas, ou, ainda, nas ações reparatórias, no domicílio do autor ou do local do ato ou do fato.

Tratando-se, entretanto, de ações ajuizadas em face de entes públicos municipais, assim como das respectivas autarquias, fundações e empresas públicas, até o valor de 60 salários-mínimos, a competência é exclusiva do juizado especial da Fazenda Pública da comarca à qual o Município pertença, independentemente de se tratar de ação para reparação de dano de qualquer natureza. Utiliza-se o mesmo raciocínio em relação a entes públicos estaduais e federais demandados fora da sua circunscrição.

Havendo conflito (positivo ou negativo) de competência entre juízes atuantes na Justiça especial sob a jurisdição de um mesmo Colégio Recursal, o conflito será decidido pelo presidente do respectivo órgão colegiado. Se os juízes não estiverem vinculados ao mesmo Colégio Recursal o conflito deverá ser decidido pela Turma Recursal que receber o incidente.[14]

Se o conflito ocorrer entre juizados especiais cíveis integrantes de regiões submetidas à jurisdição de Turmas Recursais distintas de um mesmo Estado, o incidente deverá ser suscitado ao presidente do tribunal de justiça local. Será também submetido à apreciação do tribunal de justiça do Estado da Federação em que o suscitante e o suscitado estejam vinculados o conflito de competência entre juiz dos juizados especiais e juiz de Varas comuns.

Caso o conflito envolva juízes ou Turmas Recursais que integrem diferentes Estados da Federação, a matéria deverá ser submetida à apreciação do Superior Tribunal de Justiça. Igualmente, competirá ao Superior Tribunal de Justiça dirimir conflito de competência entre Colégios Recursais e tribunais de justiça.

Por fim, assinala-se que, se a ação principal for da competência dos juizados especiais, a acessória também o será.

E, havendo mais de um juizado competente, tornar-se-á prevento aquele em que primeiramente a petição inicial ou o requerimento pessoal tenham sido apresentados, independentemente de distribuição.

Ocorrendo conexão ou continência entre duas ou mais demandas, sendo que uma delas não se inclua nas matérias ou nos valores de alçada dos juiza-

14. *Cfr.* a esse respeito o Enunciado n. 91 do FONAJE: "o conflito de competência entre juízes de juizados especiais vinculados à mesma Turma Recursal será decidido por esta. Inexistindo tal vinculação, será decidido pela Turma Recursal para a qual for distribuído".

dos especiais, a competência para o julgamento de todas elas deverá ser deslocada para a Justiça comum.[15-16]

3.027. valor da causa

Quanto ao valor, os juizados especiais estaduais cíveis (Lei 9.099/1995) processam e julgam causas de até 40 salários-mínimos – salvo as hipóteses de competência prevista para o procedimento sumário (art. 275, inc. II, do CPC-1973) e a ação de despejo para uso próprio, não sujeitas ao valor de alçada.

Em sua aferição deve-se levar em conta o valor do salário-mínimo nacional em vigor na data da propositura de ação,[17] bem como o valor individualizado por autor, no caso de litisconsórcio ativo facultativo.

Havendo impugnação ao valor da causa, a matéria deverá ser arguida preliminarmente, como matéria de defesa na própria contestação.

Nas causas de até 20 salários-mínimos a parte pode litigar sem advogado e nas causas acima desse valor a intervenção do advogado é obrigatória.[18]

No âmbito da competência dos juizados especiais federais (Lei 10.259/2001) e dos juizados especiais da Fazenda Pública (Lei 12.153/2009) a parte pode propor qualquer demanda de até 60 salários-mínimos sem advogado, uma vez que não há essa obrigatoriedade de representação nas respectivas leis.

---

15. Fernando Tourinho Neto e Joel Dias Figueira Júnior muito bem destacam que "essa regra, contudo, em algumas hipóteses, apresenta exceções; é o que se verifica com os embargos de terceiro, senão vejamos. É assente que os embargos de terceiro são uma ação de conhecimento de natureza desconstitutiva da constrição judicial roteirizada por procedimento especial descrito nos arts. 674-680 do CPC. Por outro lado, trata-se também de demanda incidental e acessória que, nos termos preconizados pelo art. 61 em harmonia com o art. 676, ambos do CPC, haverá de ser processada perante o juiz competente para o conhecimento da lide principal, distribuindo-se por dependência e tramitando no mesmo juízo que ordenou a apreensão, em autos distintos" (ob. cit., p. 138).
    Nesse sentido, inclusive, dispõe o Enunciado 155 do FONAJE que "admitem-se embargos de terceiro, no sistema dos juizados, mesmo pelas pessoas excluídas pelo § 1º do art. 8º da Lei 9.099/1995".
16. A esse respeito, estabelece o Enunciado 68 do FONAJE que "somente se admite conexão em juizado especial cível quando as ações puderem submeter-se à sistemática da Lei 9.099/1995".
17. Nesse sentido são os Enunciados 50 do FONAJE ("Para efeito de alçada, em sede de juizados especiais, tomar-se-á como base o salário-mínimo nacional") e 15 do FONAJEF ("Na aferição do valor da causa, deve-se levar em conta o valor do salário-mínimo em vigor na data da propositura de ação").
18. Segundo o que prevê o Enunciado 36 do FONAJE, "a assistência obrigatória prevista no art. 9º da Lei 9.099/1995 tem lugar a partir da fase instrutória, não se aplicando para a formulação do pedido e a sessão de conciliação".

3.028. partes

Podem ser partes nos juizados especiais estaduais cíveis como autoras as pessoas físicas capazes, as pessoas enquadradas como microempreendedores individuais, microempresas e empresas de pequeno porte, as pessoas jurídicas qualificadas como organização da sociedade civil de interesse público e as sociedades de crédito do microempreendedor.[19]

Ressalta-se que o incapaz, o preso, as pessoas jurídicas de direito público, as empresas públicas da União, a massa falida e o insolvente civil não podem figurar no polo ativo ou passivo da ação.

São legitimados para propositura de demanda nos juizados especiais federais cíveis as pessoas físicas, microempresas e empresas de pequeno porte em face da União, autarquias, fundações e empresas públicas federais.[20]

Nos juizados fazendários a legitimidade se assemelha à dos juizados federais, de modo que podem ser autoras as pessoas físicas, microempresas e empresas de pequeno porte. Como réus podem figurar Estados, Distrito Federal, Territórios e Municípios, e respectivas autarquias, fundações e empresas públicas.[21]

Das pessoas físicas legitimadas, apenas o maior de 18 anos, capaz, possui legitimidade ativa nos juizados especiais estaduais cíveis. Nos juizados especiais federais e nos juizados especiais da Fazenda Pública, por sua vez,

---

19. A despeito de a lei não atribuir capacitação processual ao espólio e aos condomínios residenciais para litigarem no polo ativo de demandas perante os juizados especiais cíveis, tem-se admitido sua participação.
    No tocante aos condomínios residenciais os Enunciados 9 e 111 do FONAJE inclusive preveem, respectivamente, que "o condomínio residencial poderá propor ação no juizado especial, nas hipóteses do art. 275, inc. II, *b*, do CPC [*1973*]" e "o condomínio, se admitido como autor, deve ser representado em audiência pelo síndico, ressalvado o disposto no § 2º do art. 1.348 do Código Civil".
    Já o Enunciado 82 do FONAJEF prevê que "o espólio pode ser parte autora nos juizados especiais cíveis federais". Em igual sentido, estabelece o Enunciado 148 do FONAJE que, "inexistindo interesse de incapazes, o espólio pode ser parte nos juizados especiais cíveis".
20. E, segundo o Enunciado 21 do FONAJEF, também "as pessoas físicas, jurídicas, de direito privado ou de direito público estadual ou municipal podem figurar no polo passivo, no caso de litisconsórcio necessário".
21. O Enunciado 8 dos juizados fazendários prevê que, "de acordo com a decisão proferida pela 3ª Seção do Superior Tribunal de Justiça no Conflito de Competência 35.420, e considerando que o inc. II do art. 5º da Lei 12.153/2009 é taxativo e não inclui ente da Administração Federal entre os legitimados passivos, não cabe, no juizado especial da Fazenda Pública ou no juizado estadual cível, ação contra a União, suas empresas públicas e autarquias, nem contra o INSS".

não ocorre essa vedação, podendo o incapaz, desde que devidamente representado, figurar como autor.[22]

3.028.1 intervenção de terceiros

No âmbito dos juizados especiais, como regra, veda-se qualquer forma de intervenção de terceiro (oposição, nomeação à autoria, chamamento ao processo e denunciação da lide) e/ou assistência,[23-24] porque tendem a ampliar, ao menos em tese, o espectro da lide, acarretando maior complexidade à causa e maior morosidade ao procedimento em decorrência do acréscimo de participantes no processo.

Admite-se, porém, litisconsórcio, em quaisquer de suas modalidades, tendo em vista que, em princípio, a multiplicidade de sujeitos no polo ativo ou passivo da demanda não repercutiria negativamente na simplicidade, informalidade e celeridade dos juizados especiais cíveis.

Deve-se observar, entrementes, que o limitativo do valor da causa, em caso de litisconsórcio facultativo, levará em conta cada consorte individualmente considerado, e não a soma de todos os litisconsortes.[25] Isto significa dizer que, havendo dois ou mais autores, em litisconsórcio ativo facultativo, o valor da causa poderá superar o valor de alçada, desde que, pela divisão do valor pela quantidade total de litisconsortes, não se supere o teto previsto no inc. I do art. 3º da Lei 9.099/1995, no art. 3º da Lei 10.259/2001 ou no art. 2º da Lei 12.153/2009.

---

22. Nesse sentido, dispõe o Enunciado 10 do FONAJEF: "Incapaz pode ser parte autora nos juizados especiais federais, dando-se-lhe curador especial, se ele não tiver representante constituído".

23. A despeito da não admissão da intervenção de terceiros, Cassio Scarpinella Bueno muito bem observa o cabimento do incidente de desconsideração da personalidade jurídica, anotando que "a aplicação do incidente no âmbito dos juizados especiais é expressamente autorizada pelo art. 1.062, previsão legislativa que afasta qualquer discussão que a genérica vedação de intervenções de terceiros imposta pelo art. 10 da Lei n. 9.099/1995 poderia levantar a esse respeito" (*Comentários ao Código de Processo Civil*, vol. I, São Paulo: Saraiva, 2017, p. 575).
Nesse mesmo sentido é o Enunciado 60 do FONAJE, segundo o qual "é cabível a aplicação da desconsideração da personalidade jurídica, inclusive na fase de execução".

24. Sobre o tema cita-se o Enunciado 14 do FONAJEF: "Nos juizados especiais federais, não é cabível a intervenção de terceiros ou a assistência".

25. Segundo o Enunciado 2 dos juizados fazendários, "é cabível, nos juizados especiais da Fazenda Pública, o litisconsórcio ativo, ficando definido, para fins de fixação da competência, o valor individualmente considerado de até 60 salários-mínimos". E, de acordo com o Enunciado 18 do FONAJEF, "no caso de litisconsorte ativo, o valor da causa, para fins de fixação de competência, deve ser calculado por autor".

3.029. pedido inicial

3.029.1 requisitos do pedido

O pedido inicial pode ser deduzido por escrito ou oralmente – este reduzido a termo – à secretaria do juizado pela própria parte autora, independentemente de prévia distribuição, mediante apresentação dos documentos comprobatórios da capacidade postulatória, civil, entre outros, ou por meio de petição formulada por advogado nos juizados especiais estaduais cíveis, se ultrapassado o valor de 20 salários-mínimos.

Em relação ao pedido escrito, destaca-se que o peticionamento eletrônico está autorizado no âmbito dos juizados especiais cíveis, permitindo aos usuários devidamente credenciados a transmissão por meio da Internet de petições e documentos eletrônicos relativos a processos e atos judiciais.

Os pedidos devem ser certos e determinados, embora caiba excepcionalmente o pedido genérico, quando não for possível determinar, desde logo, a extensão da obrigação.

O valor da causa deve constar da inicial e sempre que possível estar justificado por cálculos ou planilhas fulcradas em documentos que permitam aferir a origem dos dados que os alimentam.

Quanto ao mais, por óbvio, devem estar presentes os requisitos constantes do art. 319 do Código de Processo Civil, abarcando a qualificação das partes (nome, estado civil, profissão e endereço e, sempre que possível, CPF, *e-mail*, telefone), o histórico dos fatos e fundamentos jurídicos do pedido, deduzidos de modo sumário, e o pedido em si.

O pedido inicial poderá ser aditado pelo autor até a audiência de instrução e julgamento.[26]

3.029.2 tutela de urgência

O juiz poderá, de ofício ou a requerimento das partes, deferir quaisquer providências cautelares e antecipatórias no curso do processo, para evitar dano de difícil ou de incerta reparação.

As Leis 10.259/2001 e 12.153/2009 expressamente preveem as medidas acautelatórias nos arts. 4º e 3º, respectivamente. E, a despeito de a Lei 9.099/1995 ser silente a esse respeito, nada impede a aplicação analógica da-

26. Nesse sentido é o Enunciado 157 do FONAJE, segundo o qual "nos juizados especiais cíveis, o autor poderá aditar o pedido até o momento da audiência de instrução e julgamento, ou até a fase instrutória, resguardado ao réu o respectivo direito de defesa".

queles mesmos institutos aos juizados especiais estaduais cíveis, conforme reconhece parcela significativa da jurisprudência.[27]

3.030. citação e intimação

As citações são realizadas no microssistema dos juizados especiais, em regra, por correspondência com aviso de recebimento em mão própria. Em caráter excepcional, e desde que previamente justificado, o autor pode optar pela citação através de oficial de justiça.[28]

Sendo o réu pessoa física, há que se exigir o recebimento pessoalmente, sob pena de ter que ser refeita a citação, de outra forma, especialmente por oficial de justiça.

Tratando-se o réu de pessoa jurídica ou firma individual, basta que se entregue o aviso de recebimento ao encarregado da recepção ou a quem suas vezes fizer, obrigatoriamente identificado pelo agente do correio, para que se repute válida a citação.

Em atenção à manutenção da simplicidade das formas, à economia processual e à celeridade, a citação por edital foi excluída do microssistema dos juizados especiais cíveis.

As intimações são feitas por qualquer meio idôneo de comunicação às partes não representadas por advogados[29] e por meio do *Diário da Justiça Eletrônico* ou pelo portal eletrônico de intimação (isto é, PJe, Projudi) àquelas assistidas.[30]

3.031. contagem dos prazos e contestação

Nos juizados federais e nos da Fazenda Pública Estadual, Distrital, Territorial e Municipal as prerrogativas da ré Fazenda Pública, previstas no Código de Processo Civil, não são permitidas, de maneira que inexiste prazo em do-

27. Inclusive, o Enunciado 26 do FONAJE consigna que "são cabíveis a tutela acautelatória e a antecipatória nos juizados especiais cíveis".

28. Conforme o Enunciado 26 do FONAJEF, "nos juizados virtuais, considera-se efetivada a comunicação eletrônica do ato processual, inclusive citação, pelo decurso do prazo fixado, ainda que o acesso não seja realizado pela parte interessada".

29. Conforme os Enunciados 73 e 74 do FONAJEF, "a intimação telefônica, desde que realizada diretamente com a parte e devidamente certificada pelo servidor responsável, atende plenamente aos princípios constitucionais aplicáveis à comunicação dos atos processuais" e "a intimação por carta com aviso de recebimento, mesmo que o comprovante não seja subscrito pela própria parte, é válida desde que entregue no endereço declarado pela parte".

30. Segundo o Enunciado 7 do FONAJEF, "nos juizados especiais federais o procurador federal não tem a prerrogativa de intimação pessoal".

bro para recorrer e em quádruplo para contestar, e é vedado o reexame obrigatório das sentenças contra o Poder Público.[31]

Os prazos, de um modo geral, são contados em dias úteis da data da intimação ou ciência do ato respectivo, e não da juntada do comprovante da intimação, observando-se as regras de contagem do Código de Processo Civil ou do Código Civil, conforme o caso.[32]

A contestação, que será oral ou escrita, poderá ser apresentada até a audiência de instrução e julgamento[33] e deverá conter toda a matéria de defesa, sendo vedada, via de regra, a veiculação de reconvenção. É permitida, todavia, a formulação de pedido contraposto,[34-35] desde que fundado nos mesmos fatos que constituem objeto da controvérsia.

3.032. audiência

O rito sumaríssimo prevê uma sessão de conciliação e uma audiência de instrução e julgamento, podendo esta última ser dispensada pelo juiz de primeiro grau. Pode também haver a prática de ato único com propósito de conciliação, instrução e julgamento.

As partes devem obrigatoriamente estar presentes em audiência.[36] A ausência do autor resulta no arquivamento do processo e condenação em custas, a ausência do réu resulta em revelia.[37]

---

31. De acordo com o Enunciado 13 dos juizados fazendários, "a contagem dos prazos processuais nos juizados da Fazenda Pública será feita de forma contínua, observando-se, inclusive, a regra especial de que não há prazo diferenciado para a Fazenda Pública – art. 7º da Lei 12.153/2009".
32. Sobre o tema, dispõe o Enunciado 13 do FONAJE que "os prazos processuais nos juizados especiais cíveis, contam-se da data da intimação ou ciência do ato respectivo, e não da juntada do comprovante da intimação, observando-se as regras de contagem do CPC ou do Código Civil, conforme o caso".
33. Sobre o tema, dispõe o Enunciado 10 do FONAJE que "a contestação poderá ser apresentada até a audiência de instrução e julgamento".
34. Nesse sentido o Enunciado 31 do FONAJE: "É admissível o pedido contraposto no caso de ser a parte ré pessoa jurídica". E o Enunciado 27 complementa que, "na hipótese de pedido de valor até 20 salários-mínimos, é admitido pedido contraposto no valor superior ao da inicial, até o limite de 40 salários-mínimos, sendo obrigatória a assistência de advogados às partes".
35. Pondera-se que o Enunciado 12 do FONAJEF prevê que, "no juizado especial federal, não é cabível o pedido contraposto formulado pela União Federal, autarquia, fundação ou empresa pública federal".
36. De acordo com o Enunciado 20 do FONAJE, "o comparecimento pessoal da parte às audiências é obrigatório. A pessoa jurídica poderá ser representada por preposto".
37. Sobre o tema, preveem os Enunciados 11 e 78 do FONAJE que, "nas causas de valor superior a 20 salários-mínimos, a ausência de contestação, escrita ou oral,

A pessoa jurídica quando autora deve estar representada em audiência pelo empresário individual ou pelo sócio dirigente, e quando ré pode estar representada por preposto.

Obtida a conciliação, esta será reduzida a escrito e homologada pelo juiz togado, mediante sentença com eficácia de título executivo.

Todos os meios probatórios são permitidos, desde que não firam os princípios específicos do microssistema dos juizados especiais. As testemunhas, até o máximo de três para cada parte, comparecerão à audiência de instrução independentemente de intimação, ou mediante esta, caso seja requerida.

Realizada audiência de instrução e julgamento, serão ouvidas as partes, colhida a prova – ainda que não requerida previamente – e, em seguida, proferida sentença.

3.033. julgamento

No que toca à estrutura, todos os juizados especiais possuem a característica basilar de julgamento por juiz unipessoal na primeira instância e por Turma de juízes de primeiro grau no julgamento dos recursos.

Por ocasião da prolação da sentença, o relatório fica dispensado. Imprescindível, no entanto, que a decisão seja fundamentada,[38] por imperativo constitucional, clara, inteligível e insuscetível de interpretações ambíguas e equívocas.

Não se admite sentença condenatória por quantia ilíquida, ainda que genérico o pedido.

Não há condenação nos ônus sucumbenciais, exceto nos casos de litigância de má-fé.

A sentença pode determinar a extinção do processo sem julgamento do mérito, de ofício ou a requerimento da parte, sem necessidade, em nenhuma hipótese, de prévia intimação dos litigantes.[39]

---

ainda que presente o réu, implica revelia" e "o oferecimento de resposta, oral ou escrita, não dispensa o comparecimento pessoal da parte, ensejando, pois, os efeitos da revelia".

38. Conforme o Enunciado 46 do FONAJE, "a fundamentação da sentença ou do acórdão poderá ser feita oralmente, com gravação por qualquer meio, eletrônico ou digital, consignando-se apenas o dispositivo na ata".

39. Nessa hipótese, o Enunciado 28 do FONAJE estabelece que, "havendo extinção do processo com base no inc. I do art. 51 da Lei 9.099/1995, é necessária a condenação em custas".

3.034. recursos

Contra a sentença cível de quaisquer juizados especiais é cabível o recurso inominado, a ser processado e julgado pela Turma Recursal do respectivo juizado.[40]

Do acórdão da Turma Recursal caberá reclamação ao tribunal de justiça e recurso extraordinário.[41] Não se admite a interposição de recurso especial, porque, de acordo com o art. 105, inc. III, da Constituição Federal, compete ao Superior Tribunal de Justiça "julgar, em recurso especial, as causas decididas, em única ou última instância, pelos Tribunais Regionais Federais ou pelos Tribunais dos Estados, do Distrito Federal e Territórios".[42]

De todas as decisões cabem embargos de declaração, cujo prazo de interposição é de cinco dias úteis, contados da ciência da decisão.[43] Os embargos poderão ser interpostos oralmente ou por escrito. E, quando a interposição for contra sentença, o prazo do recurso será suspenso e não interrompido, como previsto no Código de Processo Civil.

Nos juizados especiais cíveis não cabe recurso adesivo[44] ou recurso previsto nos regimentos internos dos tribunais estaduais ou leis de organização judiciária local.[45] Tampouco cabe o reexame necessário.

As sentenças homologatórias de conciliação ou laudo arbitral não podem ser impugnadas por qualquer recurso. Por outro lado, para se evitar dano irreparável ou contra decisões manifestamente prolatadas ao arrepio da lei, pelo juízo monocrático, despidas de fundamentos fáticos e jurídicos, restará sempre a via do mandado de segurança.[46]

---

40. Ressalta-se que, de acordo com o Enunciado 60 do FONAJEF, "a matéria não apreciada na sentença, mas veiculada na inicial, pode ser conhecida no recurso inominado, mesmo não havendo a oposição de embargos de declaração".
41. Prevê o Enunciado 63 do FONAJE que "contra decisões das Turmas Recursais são cabíveis somente os embargos declaratórios e o recurso extraordinário".
42. Nesse sentido a Súmula n. 203 do STJ: "Não cabe recurso especial contra decisão proferida por órgão de segundo grau dos juizados especiais".
43. Uma exceção estaria prevista pelo Enunciado 125 do FONAJE, segundo o qual, "nos juizados especiais, não são cabíveis embargos declaratórios contra acórdão ou súmula na hipótese do art. 46 da Lei n. 9.099/1995, com finalidade exclusiva de prequestionamento, para fins de interposição de recurso extraordinário".
44. Sobre o tema os Enunciados 59 do FONAJEF ("Não cabe recurso adesivo nos juizados especiais federais") e 88 do FONAJE ("Não cabe recurso adesivo em sede de juizado especial, por falta de expressa previsão legal").
45. A despeito de o Enunciado 15 do FONAJE estabelecer que "nos juizados especiais não é cabível o recurso de agravo, exceto nas hipóteses dos arts. 544 e 557 do CPC [*1973*]", a jurisprudência o tem admitido em outras hipóteses, especialmente em casos de tutela.
46. Nos termos do Enunciado 88 do FONAJEF, "é admissível mandado de segurança para Turma Recursal de ato jurisdicional que cause gravame e não haja recurso".

Para interposição do recurso inominado há necessidade da assistência de advogado e apresentação de petição escrita, contendo as razões e o pedido do recorrente. O prazo é de 10 dias úteis, excluindo-se o dia do início e incluindo-se o do final, fluindo a partir da ciência da sentença.[47]

Quando a sentença é prolatada em audiência, as partes já saem cientes de seu teor. No entanto, proferido a decisão posteriormente, haverá necessidade de intimação da parte, deflagrando-se a partir de então o prazo recursal. Contra o réu revel o prazo para interposição de recurso flui independentemente de intimação.

A despeito de não haver custas, despesas ou taxas em primeiro grau, há necessidade de recolhimento das custas finais e do preparo para se recorrer. O preparo recursal compreenderá todas as despesas processuais, inclusive aquelas dispensadas na instância ordinária,[48] não se admitindo sanação de vício em seu recolhimento, tal qual ocorre na Justiça comum.[49]

Constatados a tempestividade e o preparo, a secretaria do juizado intimará o recorrido para oferecer resposta escrita em 10 dias úteis. Após, decorrido o prazo, com ou sem resposta do recorrido, independentemente de manifestação do juiz, os autos serão remetidos à Turma de Recursos.

Como regra, o recurso só terá efeito devolutivo. Havendo pedido expresso para evitar dano irreparável à parte, o juiz de primeiro grau poderá conferir-lhe efeito suspensivo.

As partes serão intimadas da data da sessão de julgamento.

Na ata da sessão constará o julgamento que trará indicação suficiente do processo, fundamentação sucinta e parte dispositiva. Quando a sentença for confirmada pelos próprios fundamentos a súmula do julgamento servirá de acórdão.

Se vencido, o recorrente será condenado ao pagamento de verba sucumbencial.[50]

---

47. Excetuando-se os embargos de declaração, cujo prazo de oposição é de 5 dias, os prazos recursais contra decisões de primeiro grau no âmbito dos juizados especiais são sempre de 10 dias, independentemente da natureza da decisão recorrida.

48. Sobre o assunto tem-se o Enunciado 39 do FONAJEF: "Não sendo caso de justiça gratuita, o recolhimento das custas para recorrer deverá ser feito de forma integral nos termos da Resolução do Conselho da Justiça Federal, no prazo da Lei 9.099/1995".

49. Nesse sentido tem-se, inclusive, o Enunciado 80 do FONAJE: "O recurso inominado será julgado deserto quando não houver o recolhimento integral do preparo e sua respectiva comprovação pela parte, no prazo de 48 horas, não admitida a complementação intempestiva (art. 42, § 1º, da Lei 9.099/1995)".

50. Os Enunciados 57 e 97 do FONAJEF inclusive preveem que, "nos juizados especiais federais, somente o recorrente vencido arcará com honorários advocatícios" e que "o

As Leis 10.259/2001 e 12.153/2009 preveem o incidente de uniformização de interpretação de lei em caso de divergência entre decisões proferidas por Turmas Recursais sobre questões de direito material, a ser decidido pela reunião das Turmas em conflito, sob a presidência de membro do tribunal federal ou tribunal de justiça. Esses juizados contam ainda com um incidente de uniformização de jurisprudência nacional, quando a decisão divergente for de Turmas de diferentes Estados ou quando houver contrariedade à súmula do Superior Tribunal de Justiça, a ser julgado pelo próprio tribunal superior.

3.035. da execução

No sistema dos juizados especiais estaduais cíveis a execução em regra é comum, por quantia certa contra devedor solvente, podendo naturalmente haver acordo entre os litigantes.[51]

Nos juizados especiais federais e nos juizados especiais fazendários a execução é imediata (executiva *lato sensu*) e o pagamento, se a ré for a Fazenda Pública, será por requisição de pequeno valor,[52] admitindo-se o precatório, por opção do autor, se a condenação ultrapassar – nos casos permitidos em lei – o valor de 60 salários-mínimos.[53]

Tratando-se de obrigação de pagar quantia certa, após o trânsito em julgado da decisão, o pagamento será efetuado no prazo máximo de 60 dias, contado da entrega da requisição do juiz à autoridade citada para a causa, na hipótese do § 3º do art. 100 da Constituição Federal, sob pena de sequestro do numerário suficiente ao cumprimento da decisão, dispensada a audiência da Fazenda Pública, ou mediante precatório, caso o montante da condenação exceda o valor definido como obrigação de pequeno valor.

Por fim, cabe ressaltar que, muito embora não se aplique à Fazenda Pública a multa de 10% prevista no art. 523 do Código de Processo Civil, a multa

---

provimento, ainda que parcial, de recurso inominado afasta a possibilidade de condenação do recorrente ao pagamento de honorários de sucumbência".

E, segundo o Enunciado 96 do FONAJE, "a condenação do recorrente vencido, em honorários advocatícios, independe da apresentação de contrarrazões".

51. Inclusive, assim prevê o Enunciado 71 do FONAJE: "É cabível a designação de audiência de conciliação em execução de título judicial".

52. Nesse sentido o Enunciado 52 do FONAJEF: "É obrigatória a expedição de requisição de pequeno valor – RPV em desfavor do ente público para ressarcimento de despesas periciais quando este for vencido".

53. De acordo com o Enunciado 71 do FONAJEF, "a parte autora deverá ser instada, na fase da execução, a renunciar ao excedente à alçada do juizado especial federal, para fins de pagamento por requisições de pequeno valor, não se aproveitando, para tanto, a renúncia inicial, de definição de competência".

cominatória nas obrigações de entregar, fazer ou não fazer não fica limitada ao valor de 60 salários-mínimos, devendo, entretanto, ser razoavelmente fixada pelo juiz,[54] obedecendo-se ao valor da obrigação principal, mais perdas e danos, atendidas as condições econômicas do devedor, não havendo possibilidade de execução provisória,[55] nem aplicação pessoal ao representante do ente público.

Referências Bibliográficas

BUENO, Cassio Scarpinella. *Comentários ao Código de Processo Civil.* vol. I. São Paulo, Saraiva, 2017.

DINAMARCO, Cândido Rangel. *Instituições de direito processual civil.* 8ª ed., vol. I. São Paulo, Malheiros Editores, 2016.

———. "Os juizados especiais e os fantasmas que os assombram". *Tribuna da Magistratura.* Caderno de Doutrina n. 3. Maio/1996.

THEODORO JÚNIOR, Humberto. *Curso de direito processual civil.* 24ª ed., vol. III. Rio de Janeiro, Forense, 2000.

TOURINHO NETO, Fernando Costa, e FIGUEIRA JÚNIOR, Joel Dias. *Juizados especiais estaduais cíveis e criminais: comentários à Lei n. 9.099/1995.* 8ª ed. São Paulo, Saraiva, 2017.

54. Nos termos do Enunciado 65 do FONAJEF, "não cabe a prévia limitação do valor da multa coercitiva (*astreintes*), que também não se sujeita ao limite de alçada dos juizados especiais federais, ficando sempre assegurada a possibilidade de reavaliação do montante final a ser exigido na forma do § 6º do art. 461 do CPC [*1973*]".

55. Conforme o Enunciado 35 do FONAJEF, "a execução provisória para pagar quantia certa é inviável em sede de juizado, considerando outros meios jurídicos para assegurar o direito da parte".

*CAPÍTULO CCX – **PROCEDIMENTOS RELATIVOS A BENS ALIENADOS FIDUCIARIAMENTE***

José Carlos Baptista Puoli

3.036. introdução: a alienação fiduciária – aspectos gerais

Nos termos do que ensina Cândido Rangel Dinamarco "todo estudo sobre (...) procedimento especial deverá indicar em que consistem as especificidades deste, seja no tocante à *estrutura* do procedimento em análise, seja do modo de realização de seus atos. Deverá discorrer sobre a natureza da relação jurídico-material existente entre as partes e sobre a situação jurídico-material a ser removida pela tutela jurisdicional postulada; e deverá também especificar o resultado suscetível de ser obtido por essa tutela".[1] Fixadas estas corretas premissas, o presente artigo inicia com breve exposição a respeito de aspectos do regramento que o direito material confere à alienação fiduciária e, ainda, menciona as razões pelas quais o instituto vem sendo prestigiado pelo ordenamento jurídico brasileiro, num conjunto de informações necessárias para bem compreender e aplicar os procedimentos que, mais abaixo, serão descritos. Neste diapasão, cumpre mencionar que, em conformidade com o art. 1.361 do Código Civil, se considera "fiduciária a propriedade resolú-

1. V. capítulo inicial deste volume em que Dinamarco apresenta proposta de uma teoria geral dos procedimentos especiais.

vel de coisa móvel infungível que o devedor, com escopo de garantia, transfere ao credor". Depreende-se da expressa dicção da lei que a alienação fiduciária tem por objetivo o de constituir garantia por intermédio da qual a propriedade sobre a coisa dada, "em garantia", é transferida ao credor de modo resolúvel. Resolúvel, porque o objetivo não é idêntico ao de uma alienação efetiva, em que se tem por meta "se desfazer" da coisa. Noutros termos, na alienação fiduciária o objetivo é, reitere-se, o da outorga de garantia, de maneira que, sendo adimplida a relação jurídica "principal", a propriedade alienada com este objetivo específico se resolve e retorna, plena, àquele devedor que adimpliu e, assim, já está "livre" do vínculo ao qual a garantia foi prestada, o que lhe permite recuperar todos direitos inerentes à propriedade, quanto ao uso, gozo e fruição. Na lição de Melhim Namem Chalhub, "por efeito do pagamento, opera-se automaticamente a reversão da propriedade ao patrimônio do devedor fiduciante (...)", e isto porque, como esclarece em seguida Melhim, "o devedor fiduciante é titular de direito real de aquisição subordinado a condição suspensiva, de modo que a propriedade considera-se adquirida pelo simples implemento da condição, o que se dá com o pagamento da dívida, independentemente de intervenção judicial".[2]

A despeito de, no Código Civil, a regra legal fazer referência apenas a bens móveis, o instituto da alienação fiduciária também pode ser aplicado a bens imóveis. Isto se dá nos termos do art. 22 da Lei federal 9.514/1997, que preceitua ser "a alienação fiduciária regulada por esta Lei" o "negócio jurídico pelo qual o devedor, ou fiduciante, com escopo de garantia, contrata a transferência ao credor, ou fiduciário, da propriedade resolúvel de coisa imóvel".[3] Novamente se apresenta o objetivo de outorga de garantia, de forma que a alienação também se faz resolúvel, bastando o adimplemento do fiduciante quanto às obrigações "garantidas" para que ele recupere a plena propriedade sobre o bem.

---

2. Melhim Namem Chalhub, *Alienação fiduciária – Negócio fiduciário*, 5ª ed., Rio de Janeiro, Forense, 2017, p. 271.

3. A alienação fiduciária, em verdade, é já tradicional no direito brasileiro, sendo que, como informa Melhim Namem Chalhub, "o direito positivo brasileiro admite a propriedade fiduciária para as hipóteses de administração de patrimônio e de garantia". Prossegue Melhim listando as situações em que a legislação brasileira prevê a alienação fiduciária (*Curso de direito imobiliário brasileiro*, 2ª ed., São Paulo, Ed. RT, 2022, p. 595), que, em verdade, é instituto jurídico que tem raízes no direito romano, no qual, como noticia Marcelo Terra, "a fidúcia" poderia ocorrer em "duas diferentes modalidades, a *cum amico* (que representava uma vinculação afetiva entre as partes) e a *cum creditore* (configurando um elo por razões meramente de garantia) (*Alienação fiduciária de imóvel em garantia (Lei n. 9.514/97, primeiras linhas*, 1ª ed., Porto Alegre, Sérgio Antonio Fabris Editor, 1998, p. 20).

Como diz Marcelo Terra, no negócio fiduciário "as partes, em face de um fim prático", escolhem "um negócio jurídico (alienação), cujos efeitos excedem aos fins por elas pretendidos (garantia)".[4] Assim ocorre na medida em que, com a transferência ao credor fiduciário da propriedade (mesmo que resolúvel), este passa a ter "segurança" para estabelecer o vínculo desejado pelo fiduciante. É por isto que Melhim Namem Chalhub afirma que a alienação fiduciária "facilita e incrementa o crédito e a circulação de riquezas",[5] eis que, sentindo-se bem garantido, o fiduciário aceita conceder crédito ao fiduciante, podendo, até, mitigar o custo da operação em vista da elevada "sensação de segurança" decorrente do recebimento da propriedade do bem dado em garantia. Importante destacar, inclusive por conta do que mais abaixo será mencionado quanto aos aspectos procedimentais de "execução" da garantia, ser esta maior sensação de segurança o grande atrativo da alienação fiduciária, que representa uma modalidade de garantia com prerrogativas de "maior" eficácia para o credor, que, detendo a propriedade resolúvel, mais facilmente poderá realizar seu direito em caso de inadimplência do fiduciante. Neste sentido, Marcelo Terra menciona que "a alienação fiduciária atenua, em muitos casos, as dificuldades normais encontradas nos tradicionais instrumentos de garantia, oferecendo maior rigor e eficiência na segurança do crédito".[6-7]

De outro lado, importante mencionar que, no tocante à posse, ela é desdobrada, ficando o fiduciário com a posse indireta sobre o bem, enquanto o fiduciante continua a exercer a posse direta.[8] Isto também tem repercussões relevantes no tocante aos aspectos procedimentais que serão analisados em seguida.[9]

---

4. Marcelo Terra, ob. cit., p. 19.
5. Melhim Namem Chalhub, *Curso de direito imobiliário brasileiro*, cit., p. 595.
6. Marcelo Terra, ob. cit., p. 21.
7. Ainda a este respeito, Tânia Pantano afirma que se pode "atribuir grande parte da expansão do mercado imobiliário e creditício nacional (...) aos avanços trazidos pela Lei 9.514/1997 (...) que modernizou as modalidades de garantia disponíveis no mercado de crédito imobiliário ao diminuir os custos envolvidos e possibilitar a contratação de alienação fiduciária por instrumento público ou particular (...) e, principalmente, permitir a realização extrajudicial de todo o procedimento de execução da garantia (...)" ("Execução extrajudicial de alienação fiduciária de imóvel", in Leonardo Freitas de Moraes e Castro e Renato Vilela Faria (coords.), *Operações imobiliárias*, 1ª ed., São Paulo, Saraiva, 2016, p. 199).
8. V. o § 2º do art. 1.361 do Código Civil e o parágrafo único do art. 23 da Lei federal 9.514/1997.
9. Por conta dos limites deste texto, a "análise" está concentrada nos procedimentos para execução da garantia em caso de inadimplemento da relação jurídica ensejadora da alienação fiduciária. Apesar deste "recorte", não se pode esquecer que, por conta das peculiaridades da situação jurídica gerada pela alienação fiduciária, o credor fiduciante

E, para finalizar esta introdução, necessário mencionar que o regramento da alienação fiduciária preconiza que, não quitadas, total ou parcialmente e a tempo e modo, as obrigações do fiduciante, tem-se a mora, a permitir que o fiduciário tome as providências necessárias para executar sua garantia. Nos termos do que será visto na parte dedicada aos procedimentos, haverá, então, a necessidade de o fiduciante ser notificado, num ato que lhe dá "ciência" a respeito dos atos do fiduciário para execução da garantia. Com isto, ficará ratificada a mora, que, reitere-se, já ocorre desde o vencimento da obrigação não paga. Mas não é só, eis que, com esta notificação, se abrem possibilidades legais para purgação da mora, sendo certo que, se tais possibilidades não forem aproveitadas, ter-se-á a consolidação da propriedade em nome do fiduciário que, então, deverá alienar ou promover leilão da coisa dada em garantia.

Esta necessidade decorre da circunstância de, como já mencionado, a alienação fiduciária não ter por objetivo o de uma efetiva transferência, para o patrimônio do credor, da coisa. Como já referido, o escopo é o de "apenas" outorgar garantia. Por conta disto, a legislação estipula que, em regra, o fiduciário não deve permanecer com a coisa, devendo, pois, aliená-la, ou ao menos tentar aliená-la, para buscar a satisfação de seu direito com o produto da alienação. Neste sentido, remete-se ao disposto nos arts. 1.364 e 1.365 do Código Civil e ao *caput* do art. 27 da Lei federal 9.514/1997.

Feitas estas considerações gerais a respeito do instituto, passa-se, abaixo, a descrever os procedimentos extrajudiciais e judiciais cabíveis no caso de não haver o cumprimento das obrigações do fiduciante.

3.037. procedimentos decorrentes da mora em caso de obrigações garantidas por alienação fiduciária

Decorre do princípio do devido processo legal a necessidade de a lei regulamentar, expressamente, os atos e a sequência de atos necessários à realização, à "execução", de direitos quando tal execução puder importar "privação" de bens (v. CF-1988, art. 5º, inc. LIV). Neste sentido, Cândido Rangel Dinamarco diz ser o procedimento um "penhor de legalidade", complementando que "a efetiva observância das regras do procedimento constitui culto à garantia constitucional do devido processo legal", de maneira que os "even-

---

também poderá, se necessário e como esclarece Everaldo Augusto Cambler, "defender a coisa no âmbito do juízo possessório, como possuidor indireto", e "reivindicá-la, no juízo petitório, do poder de quem quer que injustamente a possua ou detenha (...)" ("Ações referentes à alienação fiduciária em garantia de bem imóvel", in Rodrigo Barioni e Fabiano Carvalho (coords.), *Processo imobiliário*, 1ª ed., Rio de Janeiro, Forense, 2011, p. 76).

tuais desvios não justificáveis constituem transgressão".[10] Em outras palavras, ao prever um procedimento o legislador tem em mira a outorga de oportunidades para que, a cada caso concreto, os interessados possam bem realizar pretensões e/ou expor, defender, suas posições jurídicas. Ou seja, tanto no geral quanto no âmbito da alienação fiduciária é a correta observância do procedimento que garante a legitimidade dos resultados visados. Por óbvio não se está aqui advogando no sentido de um formalismo exacerbado. Propugna-se, isto sim, que, a despeito das mitigações eventualmente cabíveis (por toleradas no ordenamento jurídico), haja a observância do procedimento previsto em lei, eis que este, repita-se, é previsto justamente para conferir oportunidades e, assim, ser mais um fator de legitimação dos resultados. E, para que não haja dúvida, esta observação geral também é de necessária aplicação no âmbito das relações em que há garantia outorgada sob o formato da alienação fiduciária. E aqui não se perderá de vista que, tal como mencionado na introdução acima, esta modalidade de garantia tem por inequívoco objetivo o de mitigar dificuldades na busca pela satisfação do direito do fiduciário em caso de o fiduciante deixar de cumprir suas obrigações, nas condições pactuadas. Mas, a despeito desta "meta" geral, o legislador também se preocupa com a outorga de oportunidades para o fiduciante, de modo que ambos, fiduciário e fiduciante, encontrem oportunidades razoáveis para defender seus direitos na sequência de atos que consubstanciam o procedimento de "execução"[11] da garantia, tanto em sua faceta extrajudicial como também no âmbito judicial, em caso de ser necessário o acesso à Justiça.

A isto serão dedicados os próximos tópicos, que serão divididos com a análise, primeiro, da situação em que a garantia tem por objeto bens móveis, tratando-se, em seguida, dos casos em que o bem dado em garantia é imóvel.

3.037.1 a "execução" da garantia quando móvel a coisa dada em alienação fiduciária

Na hipótese de ser móvel a coisa dada em alienação fiduciária, os atos a serem realizados em caso de não haver, a tempo e modo, os pagamentos programados irão se submeter à disciplina prevista no Decreto-lei 911/1969, que, com as alterações legais promovidas ao longo do tempo,[12] regulamenta a sequência de providências que devem ser tomadas para execução da garantia.

---

10. Cândido Rangel Dinamarco, *Instituições de direito processual civil*, 8ª ed., vol. II, São Paulo, Malheiros Editores, 2019, p. 519.

11. O termo "execução", aqui, está entre aspas eis que utilizado não no sentido técnico processual, mas num sentido comum de significar as atividades feitas para, na prática, realizar providências necessárias a atingir um fim.

12. Em especial as Leis federais 10.931/2004 e 13.043/2014.

Em vista disto, passa-se a analisar os procedimentos extrajudiciais e judiciais previstos em tal diploma legal.

Nos termos do art. 2º do decreto-lei em análise, com a redação dada pela Lei federal 13.043/2014, em "caso de inadimplemento ou mora nas obrigações contratuais garantidas mediante alienação fiduciária, o proprietário fiduciário ou credor poderá vender a coisa a terceiros, independentemente de leilão, hasta pública, avaliação prévia ou qualquer outra medida judicial ou extrajudicial, salvo disposição expressa em contrário prevista no contrato, devendo aplicar o preço da venda no pagamento de seu crédito e das despesas decorrentes e entregar ao devedor o saldo apurado, se houver, com a devida prestação de contas". Ou seja, com o objetivo de dar efetiva tutela ao credor, permite o legislador a adoção de providências extrajudiciais que serão iniciadas com uma notificação "simplificada" a ser enviada ao devedor. Neste sentido, o § 2º do mencionado art. 2º preconiza que "a mora decorrerá do simples vencimento do prazo para pagamento e poderá ser comprovada por carta registrada com aviso de recebimento, não se exigindo que a assinatura constante do referido aviso seja a do próprio destinatário". Daí se falar em uma notificação simplificada, que, nos termos da lei, apenas ratifica a existência da mora (já ocorrente desde o vencimento da obrigação não paga). De outro lado, o envio desta "carta registrada com aviso de recebimento", tal como já referido na introdução, cientifica o devedor fiduciante de que o fiduciário está tomando as providências para execução da garantia, o que é fator relevante para assim também legitimar o resultado visado, eis que, vale mencionar, ciente de que o fiduciário está tomando providências, o fiduciante poderá, se necessário for, até ir ao Judiciário pedir tutela a direito que julgue ter.[13]

Realizada a notificação, prevê o legislador o ajuizamento de ação de busca e apreensão do bem móvel dado em alienação fiduciária. Disto trata o art. 3º, que se encontra assim redigido: "O proprietário fiduciário ou credor poderá, desde que comprovada a mora, na forma estabelecida pelo § 2º do art. 2º, ou o inadimplemento, requerer contra o devedor ou terceiro a busca e apreensão do bem alienado fiduciariamente, a qual será concedida liminarmente, podendo ser apreciada em plantão judiciário". Comentando a lei, Humberto Theodoro Júnior esclarece ser a busca e apreensão "ação típica para execução da

13. Tem prevalecido na jurisprudência, inclusive na do Supremo Tribunal Federal, o entendimento de que, conferida ciência ao devedor e, assim, dada chance para que ele possa ir a juízo pedir proteção para direito que julgue ter, se legitimam as providências extrajudiciais reguladas em lei para satisfação de crédito. Neste sentido, a despeito de tratar de medida prevista em outro diploma legal, cite-se recente e relevante julgado formado sob o regime da repercussão geral (Tema 249), dando origem ao seguinte postulado: "É constitucional, pois foi devidamente recepcionado pela Constituição Federal de 1988, o procedimento de execução extrajudicial, previsto no Decreto-lei n. 70/1966".

garantia real sobre coisas móveis", complementando, ainda, que por intermédio desta ação "o credor consegue consolidar a posse e o domínio sobre o bem gravado. Trata-se de ação especial, com elementos tanto de cognição como de execução (...)".[14] Note-se que o legislador não exige haja demonstração de *periculum in mora* como condição para o deferimento da liminar. Em vista disto, pode-se falar, aqui, caso utilizada a terminologia do CPC-2015, de mais uma tutela provisória de evidência, sendo a evidência decorrente da "força" que a própria lei outorga em favor do credor que, com agilidade, precisa buscar (localizar) o bem móvel e apreendê-lo para sobre ele poder realizar os efeitos práticos da garantia. Apesar desta posição "privilegiada" do credor, autor da busca e apreensão, é necessário que a inicial seja apta, com observância dos requisitos gerais do art. 319 do CPC, contando, ainda, com a juntada dos documentos essenciais à propositura, tal como prevê o art. 320 do CPC. Neste contexto, é certo que deverão instruir a inicial prova da constituição da garantia e, ainda, prova da "ratificação" da mora, que, como visto acima, se faz com a carta (com "AR") enviada ao fiduciante.

E, para boa compreensão da especialidade do rito em referência, cumpre mencionar que com a localização e a apreensão do bem estará "cumprida", executada, a liminar e, ultrapassado o prazo de cinco dias (contados deste "cumprimento") sem que o devedor fiduciante tenha pagado a integralidade do débito (principal mais encargos), ocorrerá a consolidação da propriedade em favor do credor fiduciário. É o que deflui da leitura conjunta dos §§ 1º e 2º do artigo em comento, sendo que o § 1º prevê que, em "cinco dias após executada a liminar mencionada no *caput*, consolidar-se-ão a propriedade e a posse plena[15] e exclusiva do bem no patrimônio do credor fiduciário, caben-

14. Humberto Theodoro Júnior, *Curso de direito de processual civil*, 50ª ed., vol. II, Rio de Janeiro, Forense, 2016, p. 813.

15. No que toca à propriedade, cabe mencionar que o credor terá de, como visto no texto, realizar a alienação em leilão do bem. Assim sendo, apesar da literalidade da regra legal em comento, se deve ter esta percepção de que a execução da alienação fiduciária não confere uma realmente plena propriedade ao credor. Neste sentido, Umberto Bresolin comenta que, "inadimplida a obrigação garantida pela alienação fiduciária e não purgada a mora pelo devedor, convolando-se o inadimplemento em absoluto, a propriedade ostentada pelo credor, até então resolúvel, consolida-se, embora nem por isso possa ser considerada verdadeiramente plena (...)". Como mais adiante se verá, o bem imóvel dado em garantia apenas poderá ser plenamente integrado ao patrimônio do credor se os dois leilões restarem frustrados. Por isto, Umberto Bresolin complementa sua lição afirmando ainda que, "dado que a transmissão do bem ao credor se deu com finalidade de garantia, não se admite que este remanesça com o imóvel em seu patrimônio; ao menos não sem antes tentar aliená-lo" (*Execução extrajudicial imobiliária – Aspectos práticos*, 1ª ed., São Paulo, Atlas, 2013, "Execução extrajudicial para satisfação de crédito pecuniário com garantia imobiliária", pp. 109, 113 e 115).

do às repartições competentes, quando for o caso, expedir novo certificado de registro de propriedade em nome do credor, ou de terceiro por ele indicado, livre do ônus da propriedade fiduciária". A seu turno, o § 2º trata especificamente da possibilidade do pagamento que poderá impedir a consolidação, o que, nas palavras da lei, está assim referido: "No prazo do § 1º, o devedor fiduciante poderá pagar a integralidade da dívida pendente, segundo os valores apresentados pelo credor fiduciário na inicial, hipótese na qual o bem lhe será restituído livre do ônus".

Importante mencionar que, com a redação dada pela Lei 10.931/2004, uma vez consolidada a propriedade em favor do credor fiduciário, este já poderá realizar a "venda" do bem, sem necessidade de aguardar a sentença da busca e apreensão. Neste sentido, Humberto Theodoro Júnior diferencia a atual disciplina legal daquela anterior, afirmando que a "consolidação" "irá permitir ao credor a venda do bem gravado, sem prévia autorização judicial", o que "não mais depende de sentença" pois "opera *ipso iure*, como puro efeito da execução da liminar de busca e apreensão".[16]

Mas, a despeito do *enforcement*[17] que as normas acima referidas outorgam em favor do credor fiduciário, a ação não se encerra, eis que, como preceitua o § 3º, ao devedor fiduciante é conferida a possibilidade de apresentar "resposta no prazo de quinze dias da execução da liminar", sendo que, nos termos do § 4º, tal defesa "poderá ser apresentada ainda que o devedor tenha se utilizado da faculdade do § 2º, caso entenda ter havido pagamento a maior e desejar restituição". Mas, sendo, como é, um procedimento compacto que prestigia a celeridade, a menos que haja demonstração inequívoca da necessidade de produção de outras provas no caso concreto (o que é raro) o procedimento seguirá para julgamento antecipado do mérito, com a prolação de sentença, sendo que contra tal decisão cabe apelação, a ser recebida apenas no efeito devolutivo, nos termos do § 5º. Quanto ao conteúdo da contestação, uma vez mais se recorre à lição de Humberto Theodoro Júnior quando esclarece que, "no mérito, o réu poderá alegar: (i) pagamento do débito; ou (ii) cumprimento de todas as obrigações contratuais (inexistência, portanto, de inadimplemento a justificar a busca e apreensão)". E tal lição vai complementada por Humberto Theodoro quando ele ressalva o cabimento, eventual, de defesas processuais (ausência de pressupostos processuais ou de condições da ação, p.ex.) e ainda ensina que, "na verda-

---

16. Humberto Theodoro Júnior, ob. cit., p. 814.

17. *Enforcement* deve ser entendido como conjunto de elementos que ajudem a fazer com que uma lei seja efetivamente acatada pelos seus destinatários. Neste sentido, v. meu *Responsabilidade civil do promotor de justiça na tutela aos interesses coletivos*, 1ª ed., São Paulo, Juarez de Oliveira, 2007, p. 184.

de, dentro desse âmbito de resposta, cabe qualquer defesa que possa justificar o não pagamento, ou sua inexigibilidade".[18]

Atente-se, outrossim, que, para fazer com que seja responsável a utilização destes instrumentos tão efetivos, o § 6º prevê que, "na sentença que decretar a improcedência da ação de busca e apreensão, o juiz condenará o credor fiduciário ao pagamento de multa, em favor do devedor fiduciante, equivalente a cinquenta por cento do valor originalmente financiado, devidamente atualizado, caso o bem já tenha sido alienado". Trata-se de sanção que, reitere-se, visa a fazer com que haja responsabilidade na tomada de providências pelo credor fiduciário que, vendo mal sucedida a ação e tendo já se utilizado da prerrogativa de vender o bem, terá de arcar com multa a ser paga em favor do fiduciante. A lei, contudo, não prevê o retorno do bem. Destarte, a penalidade aqui comentada, tal como previsto expressamente no § 7º, não retira a possibilidade de o prejudicado postular em face do fiduciário perdas e danos decorrentes da "perda" indevida do bem. A este respeito, Melhim Namem Chalhub afirma que se trata de uma situação de "responsabilidade objetiva de natureza processual. O credor responde independentemente de culpa, bastando a improcedência do pedido de busca e apreensão".[19]

Importante mencionar, ainda, que com o advento da Lei 10.931/2004 não mais ocorre, em caso de não localização do bem móvel dado em garantia, a conversão da busca e apreensão em ação de depósito. Esta possibilidade foi expressamente derrogada, o que se deu em conformidade com a previsão do Pacto de São José da Costa Rica, do qual o Brasil é signatário, e que prevê a impossibilidade da prisão civil do "depositário infiel".

Importante realçar, para fechar estas considerações a respeito da opção pela ação de busca e apreensão, que, sendo ela realizada e havendo a consolidação da propriedade, o credor, apesar da literalidade da lei, deverá realizar a venda do bem. Como já mencionado neste texto, o mecanismo da alienação fiduciária, em regra, não permite que o credor fique com o bem dado em garantia, valendo aqui mencionar as palavras de Melhim Namem Chalhub quando ensina que "não se trata de mera autorização dada ao fiduciário, mas, sim, um direito-dever intrínseco à natureza do contrato de alienação fiduciária, que está expressamente enunciado na lei (...)".[20]

E, quanto às possibilidades judiciais para exercício do direito do credor fiduciário, cabe mencionar que, expressamente, o art. 5º prevê a possibilidade de se escolher a via executiva. Esta a dicção da rega legal: "Se o credor

18. Humberto Theodoro Júnior, ob. cit., p. 814.

19. Melhim Namem Chalhub, *Alienação fiduciária – Negócio fiduciário*, cit., p. 226.

20. Melhim Namem Chalhub, *Alienação fiduciária – Negócio fiduciário*, cit., p. 210. A respeito da exceção a esta regra v. nota 15.

preferir recorrer à ação executiva, direta ou a convertida na forma do art. 4º, ou, se for o caso, ao executivo fiscal, serão penhorados, a critério do autor da ação, bens do devedor quantos bastem para assegurar a execução". E nem poderia ser diferente, eis que, tratando-se de direito patrimonial disponível, é o credor que haverá de escolher o modo de realizar sua pretensão, de maneira que em caso de ele preferir a "execução judicial" ter-se-á de seguir o procedimento da execução por quantia certa, nos termos dos arts. 824 e ss. do CPC. Note-se, contudo, que, nos termos do parágrafo único do referido art. 5º, não serão aplicáveis duas hipóteses de impenhorabilidade que, com a edição do CPC-2015, hoje encontram-se previstas nos incs. V e VII do art. 833 do CPC. A respeito da eventual conveniência de se optar pela via judicial, Melhim Namem Chalhub afirma que "a ação de execução poderá ser o meio adequado para satisfação do crédito quando o bem alienado tiver sido total ou parcialmente destruído (...)".[21] Por fim, quanto a esta possibilidade de se utilizar o credor fiduciário da via executiva, Humberto Theodoro Júnior esclarece que, "para lançar mão do procedimento executivo, não se exige a frustração prévia da busca e apreensão".[22]

3.037.2 a "execução" da garantia quando imóvel a coisa dada em alienação fiduciária

Resta, agora, tratar dos casos em que é imóvel a coisa dada em alienação fiduciária. Nesta situação será aplicável a regulamentação específica conferida ao tema pela Lei 9.514/1997.[23] Anteriormente ao advento de tal diploma legal não havia, a rigor, vedação ao uso desta modalidade de garantia em caso de bem imóvel. Contudo, tal como esclarece Marcelo Terra, "era escassa sua utilização, muito provavelmente pela falta de regulamentação das situações patológicas do inadimplemento".[24] Esta situação foi alterada a partir do advento do diploma legal específico, sendo certo que, hoje, na prática do mercado imobiliário é a alienação fiduciária uma das principais modalidades de garantia. E isto porque, nas palavras de Melhim Namem Chalhub, "a Lei 9.514, de 20 de novembro de 1997, ao disciplinar a alienação fiduciária de

---

21. Melhim Namem Chalhub, *Alienação fiduciária – Negócio fiduciário*, cit., p. 231.
22. Humberto Theodoro Júnior, ob. cit., p. 818.
23. Pelos objetivos específicos deste texto, que se concentra na análise dos "procedimentos", não será feita, aqui, detalhada análise do regime da alienação fiduciária de bem imóvel. Para este exame remete-se às obras específicas a respeito do tema, em especial às de Marcelo Terra e Melhim Namem Chalhub, mencionadas tantas vezes neste texto.
24. Marcelo Terra, ob. cit., p. 21. Neste texto, Marcelo Terra também comenta que "outro elemento decisivo a seu anterior desprestígio prático residia no fato de que, muitas vezes, se utilizou a transmissão em garantia para encobrimento dos não admitidos negócios usurários (...)"

bens imóveis, veio suprir importante lacuna do sistema de garantias do direito brasileiro, dotando a ordenamento de instrumento que permite sejam as situações de mora, nos financiamentos imobiliários e nas operações de crédito com garantia imobiliária, recompostas em prazos compatíveis com as necessidades da economia moderna (...)".[25] Em sentido similar, Umberto Bresolin menciona que "numa perspectiva metajurídica e tendo em vista sobretudo os financiamentos imobiliários (...) a execução extrajudicial (...) tende a ser útil para a sociedade (...) por permitir o fluxo de retorno e higidez do sistema de crédito (...)".[26]

Feitas estas observações introdutórias, importante salientar que, tal como já referido na introdução, também no caso de ser imóvel o bem objeto da alienação fiduciária o objetivo principal do negócio é o de garantia, de modo que a propriedade será, reitere-se, resolúvel. Justamente por isto, o art. 25 da lei especial preceitua que, "com o pagamento da dívida e seus encargos, resolve-se, nos termos deste artigo, a propriedade fiduciária do imóvel". E, em seguida, o legislador, ainda tratando da situação de adimplemento pleno das obrigações, prevê, nos §§ 1º e 2º, a necessidade de ser expedido termo de quitação, que, inclusive, permitirá o cancelamento, no registro de imóveis, da propriedade fiduciária.

De outro lado, em caso de mora, o art. 26 predispõe que, "vencida e não paga, no todo ou em parte, a dívida e constituído em mora o fiduciante, consolidar-se-á, nos termos deste artigo, a propriedade do imóvel em nome do fiduciário". Para tanto deverá ser realizada, antes, a notificação ao devedor fiduciante, a qual deverá ser feita em conformidade com o § 1º da regra em comento, o qual se encontra assim redigido: "Para os fins do disposto neste artigo, o fiduciante, ou seu representante legal ou procurador regularmente constituído, será intimado, a requerimento do fiduciário, pelo oficial do competente registro de imóveis, a satisfazer, no prazo de quinze dias, a prestação vencida e as que se vencerem até a data do pagamento, os juros convencionais, as penalidades e os demais encargos contratuais, os encargos legais, inclusive tributos, as contribuições condominiais imputáveis ao imóvel, além das despesas de cobrança e de intimação". Nos termos do já mencionado, esta notificação dá ciência ao fiduciante de que o fiduciário está dando início às providências da execução extrajudicial, sendo isto fator de legitimação do resultado, não apenas por outorgar chance para quitação do débito, mas também por conferir oportunidade para o fiduciante acessar o Judiciário, na hipótese dele se julgar titular de direito apto a impedir a execução ex-

25. Melhim Namem Chalhub, *Alienação fiduciária – Negócio fiduciário*, cit., p. 237.

26. Umberto Bresolin, ob. cit., p. 19.

trajudicial.[27] A este respeito, Eduardo Chulam aponta que o requerimento do credor ao registro de imóveis deverá "apontar o inadimplemento e pleitear o pagamento das prestações vencidas e as que se vencerem até o pagamento, além de juros convencionais, penalidades e demais encargos contratuais, legais, tributos e contribuições condominiais"; e Chulam ainda complementa, mencionando que: "Normas da Corregedoria do Tribunal de Justiça do Estado de São Paulo, em seu item 242, apontam que o credor deverá encaminhar requerimento contendo tão somente os dados do devedor, endereços, declaração de decurso de prazo de carência, demonstrativo de débito, projeção de valores para pagamento da dívida, dados do credor e comprovação da representação legal do credor fiduciário (...)".[28]

Pois bem, iniciado o procedimento nos termos do acima exposto, e caso não pago o débito no prazo conferido pela notificação, ter-se-á a consolidação da propriedade que, até então, era resolúvel e, agora, passará a ser "plenamente"[29] titulada pelo credor. Assim se dá automaticamente com o decurso do prazo previsto na notificação sem que, repita-se, tenha havido o pagamento. De qualquer forma, há de ser formalizada a consolidação, o que é feito por intermédio de averbação junto ao registro de imóveis. Neste sentido, o § 7º do art. 26 da Lei da Alienação Fiduciária de Bem Imóvel, com redação dada pela Lei 10.931/2004, preceitua que, "decorrido o prazo de que trata o §1º sem a purgação da mora, o oficial do competente registro de imóveis, certificando esse fato, promoverá a averbação, na matrícula do imóvel, da consolidação da propriedade em nome do fiduciário, à vista da prova do pagamento, por este, do imposto de transmissão *inter vivos* e, se for o caso, do laudêmio". Em verdade, mesmo antes da alteração da lei a posição majoritária da doutrina se situava neste sentido, como teve oportunidade de afirmar Marcelo Terra ao ensinar que "realmente se trata de um ato de 'averbação', com efeito de cancelamento da resolubilidade ou fiduciariedade da propriedade anteriormente adquirida pelo credor (fiduciário) (...)".[30]

Em seguida, e nos termos do que já foi várias vezes mencionado neste texto, o fiduciário deverá promover o leilão previsto no art. 27 da lei, o qual

---

27. V. nota 13.

28. Eduardo Chulam, *Alienação fiduciária de bens imóveis*, 1ª ed., São Paulo, Almedina, 2019, p. 94. Neste livro o autor faz interessante análise de institutos da teoria geral do processo (tais como pressupostos processuais, condições da ação, entre outros), demonstrando como eles, justamente por serem decorrentes de uma "teoria geral", também devem ser observados, com as necessárias adaptações, no contexto da execução extrajudicial.

29. Como visto na nota 15, este "plenamente" foi grafado entre aspas pois o credor deve tentar alienar o bem em leilão e apenas haverá, para ele, credor, uma plena propriedade em caso de frustração dos leilões.

30. Marcelo Terra, ob. cit., p. 67.

tem a seguinte redação: "Uma vez consolidada a propriedade em seu nome, o fiduciário, no prazo de trinta dias, contados da data do registro de que trata o § 7º do artigo anterior, promoverá público leilão para a alienação do imóvel". Da leitura da regra legal verifica-se que o legislador foi bastante cuidadoso ao estipular as condições do certame, sendo que, em conformidade com o § 1º deste art. 27, tem-se que, "se no primeiro leilão público o maior lance oferecido for inferior ao valor do imóvel, estipulado na forma do inciso VI e do parágrafo único do art. 24 desta Lei, será realizado o segundo leilão nos quinze dias seguintes". A seu turno, o § 2º disciplina o segundo leilão, no qual "será aceito o maior lance oferecido, desde que igual ou superior ao valor da dívida, das despesas, dos prêmios de seguro, dos encargos legais, inclusive tributos, e das contribuições condominiais".[31]

E a lei prevê, ainda, a possibilidade de o devedor exercer direito de preferência, motivo pelo qual os §§ 2º-A, 2º-B e 3º do art. 27, em comento, tratam de prever a necessidade de informar ao devedor data, horário e local do leilão e, ainda, as condições para exercício do direito de preferência.

Por outro lado, caso haja êxito num dos leilões e se o valor arrecadado superar o saldo devedor, tal montante será devolvido ao devedor fiduciante, nos termos do previsto no § 4º do art. 27. Trata-se de norma importante, que se justifica para evitar o enriquecimento sem causa do fiduciário e se encontra assim redigida: "§ 4º. Nos cinco dias que se seguirem à venda do imóvel no leilão, o credor entregará ao devedor a importância que sobejar, considerando-se nela compreendido o valor da indenização de benfeitorias, depois de deduzidos os valores da dívida e das despesas e encargos de que tratam os §§ 2º e 3º, fato esse que importará em recíproca quitação, não se aplicando o disposto na parte final do art. 516 do Código Civil". Neste tema, cumpre mencionar que vinha ocorrendo polêmica sobre saber se, em caso de relação de consumo, deveria prevalecer a regra da Lei da Alienação Fiduciária de Bem Imóvel ou a norma do art. 53 do Código de Defesa do Consumidor (que afirma ser nula disposição contratual que, em caso de inadimplemento, acarrete perda total dos valores até então pagos pelo adquirente de bem imóvel). Tal situação foi recentemente dirimida, tendo o resultado do julgamento confirmado entendimento que já vinha prevalecendo no Superior Tribunal de Justiça, no sentido de dar respaldo à regra especial, em detrimento do que consta da lei geral de consumo. É o que foi julgado no âmbito do Tema repetitivo 1.095 do STJ, que, em julgamento de 26.10.2022, deu ensejo à se-

31. Tendo em vista que a Lei da Alienação Fiduciária de Bem Imóvel não é expressa a este respeito, Tania Pantano remete ao CPC e ensina que "os leilões devem ser realizados na localidade do imóvel, conforme arts. 658 e 686, § 2º, do Código de Processo Civil" (ob. cit., p. 206).

guinte "tese": "Em contrato de compra e venda de imóvel com garantia de alienação fiduciária devidamente registrado, a resolução do pacto, na hipótese de inadimplemento do devedor, devidamente constituído em mora, deverá observar a forma prevista na Lei n. 9.514/1997, por se tratar de legislação específica, afastando-se, por conseguinte, a aplicação do Código de Defesa do Consumidor."

Dito isto, e retornando à dinâmica do procedimento extrajudicial, cabe agora mencionar que, sendo frustrados os dois leilões, o § 6º do art. 27 da lei especial preconiza que, então, o "credor, no prazo de cinco dias a contar da data do segundo leilão, dará ao devedor quitação da dívida, mediante termo próprio". Nesta hipótese, numa exceção à regra já tantas vezes mencionadas neste texto, o credor terá o bem integrado, agora sim, de modo pleno a seu patrimônio, o que apenas pode ocorrer, reitere-se, depois de frustradas as tentativas de alienar em leilão o imóvel.[32]

E, na hipótese de o imóvel estar ocupado, e se tiver havido êxito na realização dos leilões, o art. 30 da lei prevê que a recuperação da posse direta sobre o imóvel será realizada com o ajuizamento de ação de "reintegração na posse do imóvel, que será concedida liminarmente, para desocupação em sessenta dias, desde que comprovada, na forma do disposto no art. 26, a consolidação da propriedade em seu nome". Uma vez mais, aqui, se tem um exemplo de tutela de evidência, eis que basta a documentação comprobatória dos atos acima referidos para que seja deferida a reintegração liminarmente, não sendo exigida prova de perigo de demora.

Noutro giro, em caso de imóvel locado o § 7º do art. 27 da lei especial preceitua que, "se o imóvel estiver locado, a locação poderá ser denunciada com o prazo de trinta dias para desocupação, salvo se tiver havido aquiescência por escrito do fiduciário, devendo a denúncia ser realizada no prazo de noventa dias a contar da data da consolidação da propriedade no fiduciário, devendo essa condição constar expressamente em cláusula contratual específica, destacando-se das demais por sua apresentação gráfica". Tal norma é complementada pelo disposto no art. 37-B, que estipula ser "ineficaz, e sem qualquer efeito perante o fiduciário ou seus sucessores, a contratação ou a prorrogação de locação de imóvel alienado fiduciariamente por prazo superior a um ano sem concordância por escrito do fiduciário". E, deixando claro que tais regras legais foram inseridas no ordenamento visando a refor-

32. V. nota 15. No mesmo sentido, Melhim Namem Chalhub ensina que depois de consolidada a propriedade do fiduciário haverá a venda do imóvel em leilão, "salvo se não houver lance que alcance o valor da dívida e seus encargos, hipótese em que o imóvel permanecerá no patrimônio do credor-fiduciário" (*Alienação fiduciária – Negócio fiduciário*, cit., pp. 296-297).

çar o necessário para uma firme e ágil realização de todos os efeitos práticos da garantia, Everaldo Augusto Cambler esclarece que, "em face dos expressos termos da lei (...) não existindo aquiescência expressa do fiduciário, de nada adiantará ao locatário evocar seu direito de preferência (...) porquanto esse direito (...) se refere (...) a imóvel não sujeito ao regime jurídico da propriedade fiduciária".[33]

3.038. conclusão

Na esteira do exposto acima, concluo estas considerações, novamente afirmando que o objetivo do regramento da alienação fiduciária em garantia se estabelece para fortalecer a circulação e a produção de riquezas, o que se obtém por intermédio do *enforcement* das regras legais atinentes à hipótese, que foram elaboradas para garantir agilidade na recuperação do crédito que deu ensejo à contratação desse tipo de garantia. A despeito disto, para também garantir direitos do fiduciante e respeitar o princípio do devido processo legal, se tem de ter, ressalvados os casos de ausência de prejuízo, o devido respeito ao procedimento posto pela lei, seja no âmbito extrajudicial, seja em casos nos quais se faça necessária a ida ao Judiciário.

Referências Bibliográficas

BRESOLIN, Umberto Bara. *Execução extrajudicial imobiliária – Aspectos práticos*. 1ª ed. São Paulo, Atlas, 2013.

CAMBLER, Everaldo Augusto. "Ações referentes à alienação fiduciária em garantia de bem imóvel". In: BARIONI, Rodrigo, e CARVALHO, Fabiano (coords.). *Processo imobiliário*. 1ª ed. Rio de Janeiro, Forense, 2011.

CHALHUB, Melhim Namem. *Alienação fiduciária – Negócio fiduciário*. 5ª ed. Rio de Janeiro, Forense, 2017.

————. *Curso de direito imobiliário brasileiro*. 2ª ed. São Paulo, Ed. RT, 2022.

CHULAM, Eduardo. *Alienação fiduciária de bens imóveis*. 1ª ed. São Paulo, Almedina, 2019.

DINAMARCO, Cândido Rangel. *Instituições de direito processual civil*. 8ª ed., vol. II. São Paulo, Malheiros Editores, 2019.

PANTANO, Tânia. "Execução extrajudicial de alienação fiduciária de imóvel". In: CASTRO, Leonardo Freitas de Moraes e, e FARIA, Renato Vilela (coords.). *Operações imobiliárias*. 1ª ed. São Paulo, Saraiva, 2016.

33. Everaldo Augusto Cambler, ob. cit., p.77.

PUOLI, José Carlos Baptista. *Responsabilidade civil do promotor de justiça na tutela aos interesses coletivos*. 1ª ed. São Paulo, Juarez de Oliveira, 2007.

THEODORO JÚNIOR, Humberto. *Curso de direito processual civil*. 50ª ed., vol. II. Rio de Janeiro, Forense, 2016.

TERRA, Marcelo. *Alienação fiduciária de imóvel em garantia (Lei n. 9.514/97, primeiras linhas)*. 1ª ed. Porto Alegre, Sérgio Antonio Fabris Editor, 1998.

CAPÍTULO CCXI – ***AÇÃO DE DESAPROPRIAÇÃO***

RICARDO DE CARVALHO APRIGLIANO

3.039. considerações iniciais

A desapropriação é uma das formas de intervenção do Estado na propriedade que leva à transmissão compulsória da propriedade do particular ao Poder Público, sendo, portanto, a forma mais drástica de intervenção estatal na propriedade, razão pela qual o poder expropriatório só pode ser legitimamente exercido nos limites traçados pela Constituição e pela legislação vigente. Neste sentido, a ação de desapropriação deve ser analisada na perspectiva da proteção do particular que transfere sua propriedade compulsoriamente ao Poder Público. Antes de expor os aspectos que tornam a ação de desapropriação um procedimento especial, cabe um breve esclarecimento preliminar sobre a natureza do instituto da desapropriação.

3.039.1 conceito e disciplina legal

A desapropriação tem alçada constitucional, dispondo o art. 5º, inc. XXIV, que cabe à lei estabelecer o seu procedimento, exigindo-se justa e prévia indenização em dinheiro, ressalvados os casos previstos na própria Constituição.

O texto constitucional, no art. 182, § 3º, contempla a desapropriação de imóveis urbanos, igualmente mediante prévia e justa indenização em dinheiro, como mecanismo de política de desenvolvimento urbano, executada pelo Poder Público Municipal. Neste caso, haverá pagamento em títulos da dívida pública de emissão previamente aprovada pelo Senado Federal. Já o art. 184 esclarece que compete à União desapropriar, por interesse social, para fins de reforma agrária, imóvel rural que não cumpra sua função social, mediante prévia e justa indenização em títulos da dívida agrária. O § 2º prevê que o decreto que declarar o imóvel como de interesse social, para fins de reforma agrária, autoriza a União a propor a ação de desapropriação. Por fim, o § 3º atribui à lei complementar o estabelecimento de procedimento contraditório especial, de rito sumário, para o processo judicial de desapropriação.

Atualmente, o Decreto-lei 3.365, de 21.6.1941, disciplina a ação de desapropriação, isto é, cumpre a função de estabelecer o procedimento para desapropriação em todas as suas modalidades. Como regra, a desapropriação exige o pagamento de justa e prévia indenização em dinheiro ao particular, admitindo-se, no caso específico da desapropriação de área urbana não edificada, subutilizada e para fins de reforma agrária, pagamentos em títulos da dívida pública e títulos da dívida agrária (CF, arts. 182 e 184).

3.039.2 cabimento e tipos de desapropriação

Além da possível classificação da desapropriação tendo em vista as hipóteses constitucionais de cabimento (interesse público, utilidade pública e interesse social), existem outros critérios adotados pela doutrina para realização de diferentes classificações.

A forma mais usual de classificação esclarece quatro tipos de desapropriação: a desapropriação direta, a indireta, a confiscatória e a sancionatória. A desapropriação direta, prevista no art. 5º do Decreto-lei 3.365/1941, é a desapropriação mais comum, também conhecida como clássica. É precedida de decreto em que se proclama a utilidade pública do bem, oferta de valor ao particular e, em caso de recusa, de propositura da ação de desapropriação, na qual ocorre a indenização de forma prévia pela propriedade e o proprietário recebe o valor em dinheiro. Esse tipo de desapropriação pode possuir como fundamento, sobretudo, a utilidade pública, o interesse público ou o interesse social.

Já a desapropriação indireta é uma desapropriação irregular e surge quando o Poder Público se apropria do bem particular sem observar os requisitos da declaração de utilidade pública e da indenização prévia.[1] Por sua vez, a

---

1. Em relação à desapropriação indireta, o STF fixou o Tema Repetitivo 1019, esclarecendo que "O prazo prescricional aplicável à desapropriação indireta, na hipótese em que o Poder Público tenha realizado obras no local ou atribuído natureza de utilidade pública ou de interesse social ao imóvel, é de 10 anos, conforme parágrafo único do art. 1.238 do CC."

desapropriação confiscatória é a expropriação de terra utilizada para o cultivo de plantas psicotrópicas e não autorizadas sem o pagamento de indenização. A CF dispõe sobre essa questão no art. 243, autorizando o Poder Público a tomar o imóvel. Por último, a desapropriação sancionatória ocorre quando o proprietário não dá finalidade útil ao bem, ou seja, quando não há o cumprimento da função social da propriedade. Nesses casos, o Poder Público pode tomar para si a propriedade urbana ou rural para fins de reforma agrária (art. 182, § 4º, III, da CF).

Outra classificação possível é aquela que leva em consideração a sua finalidade específica, daí se falar em desapropriação para urbanização ou reurbanização (art. 5º, *i*, do Decreto-lei 3.365/1941), quando visa à correta implantação de novos núcleos urbanos ou zoneamento e renovação de bairros; desapropriação para formação de distritos industriais; desapropriação para observância do Plano Diretor do Município (art. 182, § 4º, III, da CF); desapropriação por interesse social; desapropriação para Reforma Agrária; desapropriação ambiental; desapropriação por zona (art. 4º do Decreto-lei 3.365/1941), quando abranger a área contígua necessária ao desenvolvimento da obra a que se destina e as zonas que se valorizarem extraordinariamente, em consequência da realização do serviço.

As normas básicas que regulam a desapropriação estão no Decreto-lei 3.365/1941, que constitui a Lei Geral das Desapropriações, mas também são diplomas relevantes a Lei 4.132/1962, que dispõe sobre desapropriação por interesse social; a Lei 4.505/1964, as Leis Complementares 76/1993 e 88/1996 e a Lei 8.629/1993, que disciplinam as expropriações de imóveis rurais para fins de Reforma Agrária; além do Decreto-lei 1.075/1970, que regula a imissão de posse *initio litis* em imóveis residenciais urbanos. Apesar da pluralidade de diplomas, o estudo da ação de desapropriação neste capítulo irá se concentrar na Lei Geral das Desapropriações e no procedimento nela estabelecido.

3.040. a ação de desapropriação

Figura excepcional de perda da propriedade, que possui proteção constitucional, a desapropriação só se justifica se houver um motivo legítimo que a enseja, o qual se concretiza diante de necessidade pública, utilidade pública ou interesse social. É a razão relevante de interesse público que justifica a retirada da propriedade do particular. Em contrapartida, é necessário que haja uma justa e prévia indenização ao expropriado, compensação pela perda de seu direito de propriedade sob o bem objeto da desapropriação. Tais requisitos são verificados no procedimento da desapropriação, que pode ser explicado em duas fases: a fase declaratória (consubstanciada na declaração de utilidade pública/necessidade pública/interesse social) e a fase executória (momento em que são realizadas as providências concretas para efetivação da manifestação de vontade consubstanciada anteriormente).

3.040.1 fase declaratória

Na fase declaratória cabe ao Poder Público competente, por lei ou por decreto (haja vista a atribuição de competência expropriatória, no Brasil, ao Legislativo e ao Executivo), a elaboração de declaração expropriatória, que deverá identificar o bem, a sua destinação e o dispositivo legal que autoriza a intervenção do Poder Público naquela situação específica.

Neste momento ainda não se produzem os efeitos da desapropriação, sendo a declaração expropriatória pressuposto que antecede a transmissão compulsória da propriedade do bem. A mera declaração de utilidade pública não gera qualquer efeito no direito de propriedade do expropriado, restando este no pleno gozo das faculdades de usar, fruir e dispor que o direito de propriedade lhe guarnece. Até a realização concreta da desapropriação o proprietário permanece sem limitações no exercício regular de seu direito. Haverá tão somente, conforme esclarece o art. 7º do decreto-lei, autorização das autoridades para penetrar nos prédios compreendidos na declaração, o que visa apenas a permitir levantamentos topográficos e atos de avaliação dos bens objetos da declaração, sendo vedada a criação de prejuízo para a normal utilização do bem pelo proprietário.

Como ensina a doutrina administrativista, só se considera iniciada a desapropriação com o acordo administrativo ou com a citação para a ação judicial, acompanhada da oferta do preço provisoriamente estimado para depósito (Hely Lopes Meirelles). É neste momento que se dá início à fase seguinte. Vale destacar que a declaração de utilidade pública caduca se não for realizada a desapropriação em determinado prazo, sendo este de cinco anos na desapropriação em geral (art. 10 do Decreto-lei 3.365/1941) e de dois anos na desapropriação por interesse social (art. 3º da Lei 4.132/1952). Nos dois casos, verificada a caducidade, será necessário aguardar um ano da decadência para a expedição de novo decreto expropriatório.

3.040.2 fase executória

Após a edição da norma que declare a utilidade pública do bem sujeito à desapropriação, o poder expropriante deverá dar prosseguimento à desapropriação, mediante a adoção de medidas concretas visando à efetivação da transmissão compulsória da propriedade. Esta segunda fase pode ser extrajudicial ou judicial. A fase executória será extrajudicial quando for realizada mediante acordo, de forma administrativa, e será judicial quando o proprietário discordar do valor oferecido pelo Poder Público, que entrará em juízo para que seja estabelecido o valor justo da indenização (ponto controvertido entre as partes).

A fase extrajudicial também é regulada pelo Decreto-lei 3.365/1941, que esclarece ser dever do Poder Público notificar o proprietário e apresentar oferta de indenização (art. 10-A), que se presume recusada se o proprietário não se manifestar no prazo assinalado na oferta.

Caso a oferta seja aceita, proceder-se-á ao pagamento e será lavrado acordo, o qual será hábil para a transcrição no registro de imóveis. Esta é a hipótese em que a fase executória é realizada de maneira extrajudicial, sendo, portanto, desnecessária a ação de desapropriação para efetivação da transferência compulsória da propriedade. Em sentido contrário, sendo a oferta rejeitada ou transcorrido o prazo legal sem manifestação, o ente expropriante deverá propor a ação de desapropriação (art. 10-A, § 3º).

Não obstante certo debate doutrinário acerca da extensão da defesa que se pode apresentar para se opor à desapropriação, fato é que, de ordinário, não será passível de discussão o ato administrativo que declara a utilidade pública do bem, móvel ou imóvel, e que autoriza as providências para a desapropriação. O objeto da disputa não será, assim, se há ou não um direito do Poder Público de haver a propriedade do particular, mas o de se determinar o valor justo da respectiva indenização. Dessa definição dependem, em caráter provisório, a imissão do expropriante na posse do imóvel e, de forma definitiva, a transferência da propriedade. Essas etapas constituem o núcleo do procedimento especial que constitui a ação de desapropriação.

A fase judicial da desapropriação, ou a ação de desapropriação propriamente dita, terá lugar sempre que não houver concordância quanto ao preço da indenização, isto é, quando o expropriado recusar o preço ofertado pelo expropriante, fazendo surgir o interesse processual na propositura da ação de desapropriação.

Como dito, a lei base que rege a desapropriação é o Decreto-lei 3.365/1941, o qual sofreu relevantes modificações com o passar do tempo, fruto da edição de outras leis, como a Lei 13.465/2017, que alterou de forma sensível a disciplina da indenização na desapropriação, regulando (i) a possibilidade de transferência antecipada da propriedade antes do recebimento da indenização; (ii) a possibilidade de levantamento de 100% do depósito prévio para fins de imissão provisória na posse; e (iii) a dedução dos valores de dívidas fiscais da indenização a ser levantada pelo expropriado.

3.040.3 peculiaridades do procedimento da desapropriação

A inserção da ação de desapropriação como um procedimento especial decorre das particularidades que envolvem esse procedimento. As adaptações da estrutura ordinária do processo são legítimas e devem levar à criação de um procedimento especial sempre que a tutela jurisdicional adequada exigir a adoção de técnicas processuais diversas daquelas que são costumeiramente adotadas. Como destaca Dinamarco, a instrumentalidade do processo está ligada à necessidade de predispor o sistema processual ao integral cumprimento de todos os seus escopos sociais, políticos e jurídicos, alertando para a necessária efetividade do processo. Logo, diante da instrumentalidade, os procedimentos especiais se justificam diante da necessidade de adequar o instrumento (processo) aos fins de direito material a que ele serve.

Como aponta Bedaque, é fundamental que o instrumento atue segundo técnica adequada e apta a possibilitar que os fins sejam atingidos. Esta é a função das formas e formalidades processuais, cuja razão de ser só encontra explicação fundamentalmente em fatores externos ao próprio processo. Bedaque acrescenta que a técnica processual serve para dotar os instrumentos de aptidão para obter resultados, como garantia dos próprios interessados, ou seja, garante que os interessados na atividade jurisdicional possam dispor de instrumento adequado e seguro, cuja utilização lhes proporcione a solução justa para a situação de direito material trazida à apreciação da função jurisdicional.

A existência da ação de desapropriação como procedimento especial, portanto, deve ser justificada com base nas particularidades que o procedimento deve possuir para obtenção dos resultados a que visa de forma justa. A primeira particularidade que deve ser destacada é a necessidade de uma tutela rápida, uma vez que a atuação do expropriante se funda em relevante interesse público (utilidade pública, necessidade pública ou interesse social) e, via de regra, a celeridade também vale como relevante elemento para a atuação do Poder Público nestes casos.

Diante dessa particularidade, algumas disposições específicas surgem, como a limitação do conteúdo passível de ser alegado na contestação pelo expropriado (art. 10 do Decreto-lei 3.365/1941), conforme será melhor analisado a seguir (n. 3.040.9 – *conteúdo da defesa*). Esta limitação incide sobre o exercício do direito de defesa do expropriado, que deverá arguir diversas matérias única e exclusivamente pelas vias ordinárias, não sendo a ação de desapropriação a via adequada para todas as matérias de defesa. Há, portanto, uma limitação à cognição horizontal na ação de desapropriação, que se justifica pela peculiaridade do direito material sob disputa. Com a restrição do escopo da contestação, a ação de desapropriação se torna mais objetiva e potencialmente mais célere, servindo ao objetivo de rapidez na concretização da transferência compulsória da propriedade, essencial à determinada utilidade pública, necessidade pública ou ao interesse social.

Apesar desta faceta, também é relevante enfatizar que a ação de desapropriação consiste, na verdade, e por assim dizer, em uma ação ao inverso. De praxe, é aquele que possui uma pretensão que ingressa em juízo contra aquele que deve prestá-la, sendo, portanto, comum o binômio autor-credor e réu-devedor. No entanto, na ação de desapropriação tem-se o devedor da justa e prévia indenização, o poder expropriante, ingressando em juízo contra o credor desta indenização, isto é, contra o proprietário que será expropriado. Neste cenário, na ação de desapropriação se está diante da peculiar situação de um autor-devedor ingressando em juízo contra um réu-credor. A necessidade de se criar um ambiente adequado para proteção do direito do expropriado, consequentemente, assume especial importância.

Como destacado, a desapropriação consiste em intervenção no direito de propriedade, significando verdadeira aniquilação deste, na perspectiva do proprietário, para satisfação de uma utilidade pública, uma necessidade pública ou um interesse social. Como contrapartida, tem-se o pagamento de prévia e justa indenização. Quando há discordância entre o expropriante e o expropriado sobre a justiça da indenização, a ação de desapropriação é instrumento apto à sua determinação e deve assegurar avaliação idônea e verossímil do bem desapropriado.

Nesse sentido, outra particularidade da ação de desapropriação é a intensa intervenção realizada pelo Poder Público no direito de propriedade que lhe dá origem, sendo atribuída a este procedimento especial a importante tarefa de determinar a justiça da indenização, o que legitima a transferência compulsória da propriedade e evita que a desapropriação se torne procedimento repulsivo e violador de direitos. A ação de desapropriação deve ser analisada, portanto, tendo em vista o relevante interesse público que a desapropriação visa a assegurar e a grave intervenção no direito de propriedade do expropriado que ela acarreta. Por fim, é pela observância dos parâmetros legais fixados para a ação de desapropriação que se evitam abusos do Poder Público e se assegura que o proprietário só sofrerá restrições ao uso e gozo do seu bem mediante prévia e justa indenização.

3.040.4 cabimento

A ação de desapropriação será proposta sempre que o acordo extrajudicial acerca da indenização justa não for possível e a proposta do Poder Público rejeitada (art. 10-A, § 3º). A lei prevê, além do ajuizamento da ação de desapropriação, a possibilidade de se optar pela mediação ou pela via arbitral para resolução da controvérsia acerca da justa indenização.

O art. 10-B do decreto-lei esclarece que, feita a opção pela mediação ou pela via arbitral, o particular indicará um dos órgãos ou instituições especializados em mediação ou arbitragem previamente cadastrados pelo órgão responsável pela desapropriação. É preciso, portanto, que haja o cadastro prévio pelo órgão responsável pela desapropriação, o que não tem sido feito, não obstante a disposição legislativa estar vigente desde 2019. A conduta dos entes públicos de não cadastrar instituições arbitrais para essa finalidade não pode servir como impeditivo à escolha da via arbitral pelo particular, porque essa prerrogativa lhe é conferida pela lei. Permitir ao Poder Público que, pela omissão no cadastro de instituições arbitrais, retire essa opção de solução jurisdicional equivaleria a outorgar ao expropriante um direito potestativo, contra a vontade da lei.

3.040.5 legitimidade ativa

A legitimidade ativa para propositura da ação de desapropriação é, via de regra, do ente público que realizará a expropriação. Assim, decorre do art. 2º do Decreto-lei 3.365/1941 que a União, os Estados, os Municípios, o Distrito Federal e os Territórios, que possuem competência para emitir declaração de utilidade pública, são também competentes para a propositura da ação de desapropriação. Estes são os legitimados ordinários, pois há coincidência entre a titularidade do direito material e a legitimidade para estar em juízo.

Cabe ao Poder Executivo a prática dos atos necessários à efetivação da desapropriação (art. 8º). A atuação do Poder Legislativo restringe-se ao processo de expedição da declaração de utilidade pública, ficando a promoção da ação sempre a cargo do Poder Executivo. Logo, o Poder Legislativo não possui legitimidade para ser parte na ação desapropriatória. Não são, entretanto, exclusivamente as entidades políticas que que possuem legitimação para propositura da ação de desapropriação.

O art. 3º do decreto-lei prevê que também podem promover a desapropriação, mediante autorização expressa constante de lei ou contrato, os concessionários, as entidades públicas, as entidades que exerçam funções delegadas do Poder Público e as autorizatárias para exploração de ferrovias como atividade econômica. Nestes casos, serão também, com autorização expressa em lei ou contrato, legitimados à propositura da ação de desapropriação. Vale destacar que essa legitimação é concorrente e disjuntiva com os entes políticos, que continuam com legitimidade para a propositura da ação.

Portanto, conclui-se que possuem legitimação ativa para promover a ação de desapropriação, em face do direito positivo brasileiro, além das entidades estatais (União, Estados-membros, Distrito Federal, Municípios), as autarquias, as fundações públicas, as empresas públicas, as sociedades de economia mista, os serviços sociais autônomos e as organizações sociais e, mediante autorização expressa constante de lei ou contrato, os concessionários, as entidades públicas, as entidades que exerçam funções delegadas do Poder Público e as autorizatárias para exploração de ferrovias como atividade econômica.

3.040.6 peculiaridades da petição inicial

A ação de desapropriação será veiculada por petição inicial que deve conter, além dos elementos mencionados no art. 319 do CPC, a oferta do preço e será instruída com um exemplar do contrato ou do jornal oficial que houver publicado o decreto de desapropriação, ou cópia autenticada dos mesmos, e a planta ou descrição dos bens e suas confrontações (art. 13 do Decreto-lei 3.365/1941).

É necessário pontuar que o expropriante possui prazo para a propositura da ação, uma vez que, como analisado, a declaração de utilidade pública caduca se não for dado prosseguimento à desapropriação, sendo o prazo de cinco anos para manifestação de utilidade ou necessidade pública (art. 10 do Decreto-lei 3.365/1941) e de dois anos para manifestação de interesse social (art. 3º da Lei 4.132/1952).

3.040.7 competência

Por fim, no que se refere ao foro competente para a propositura da ação, o art. 11 do decreto-lei esclarece que a ação deve ser proposta no Distrito Federal ou no foro da Capital do Estado onde for domiciliado o réu quando a União for autora e, sendo outro o autor, no foro da situação dos bens objeto da desapropriação.

3.040.8 legitimidade passiva

No que se refere à legitimidade passiva *ad causam*, ela pertence, em regra, ao titular do bem que se pretende desapropriar, o credor da justa e prévia indenização; é ele o titular do direito material que se busca obter em juízo. É de se presumir que o proprietário é aquele em cujo nome o bem está registrado. Nas situações, bastante comuns, em que o bem tenha sido transmitido a um terceiro adquirente, nem por isso a ação será proposta contra o terceiro. Eventual discussão sobre a titularidade do direito material relativamente ao bem expropriado não será feita na própria ação de desapropriação, mas em ação própria. Além disso, o proprietário do imóvel em processo de desapropriação pode aliená-lo, pelo menos até o pagamento do preço. No que se refere ao legitimado passivo, assume especial relevância a restrição que este sofre na amplitude objetiva do conteúdo de sua contestação a ser apresentada em juízo, como explicado a seguir.

3.040.9 conteúdo da defesa

A restrição da amplitude objetiva da contestação está prevista em dois artigos do Decreto-lei 3.365/1941. Em seu art. 9º o decreto-lei veda ao Poder Judiciário, no processo de desapropriação, decidir se se verificam ou não os casos de utilidade pública. Acrescenta o art. 20 que a contestação só poderá versar sobre vício do processo judicial ou impugnação do preço, sendo qualquer outra questão relegada para discussão pelas vias ordinárias. Logo, na ação de desapropriação o expropriado não pode contestar o fato constitutivo ou negar o efeito jurídico que pretende o autor.

Em suma, ao apresentar a contestação, o réu não pode reagir à pretensão expropriatória, mesmo que considere que a desapropriação ocorre em desatenção às causas constitucionais justificadoras de sua realização. A doutrina reconhece, com acerto, que essa limitação à cognição no processo expropriatório acaba por privilegiar o expropriante, abrindo margem para eventuais abusos do Poder Público. A impossibilidade de questionar as razões que justificam a declaração de utilidade pública, se de um lado simplifica o trâmite da expropriação, de outro pode conduzir a prejuízos de difícil reparação ao particular, porque a discussão possível acerca da ilegalidade ou da ausência de pressupostos para a declaração da utilidade pública somente poderá ser feita em ação própria, a ser promovida pelo réu-expropriando (art. 9º do Decreto-lei 3.365/1941). Ainda que se constate abuso do direito ou qualquer ilegalidade, a expropriação terá se consumado, resolvendo-se o tema em perdas e danos em favor do particular.

Diante desse quadro, que não assegura propriamente a proteção do direito material do particular em face do Poder Público e pode configurar violação à proteção constitucional que o direito de propriedade recebe (no art. 153, § 22), autorizada doutrina sustenta a possibilidade de que tais vícios sejam suscitados na própria ação de desapropriação sempre que o proprietário puder, objetivamente e indisputavelmente, demonstrar que a declaração de utilidade pública não é um instrumento para a realização dos fins a que se preordena, mas um recurso ardiloso para atingir outro resultado (Celso Antônio Bandeira de Mello).

Tem prevalecido nos tribunais a compreensão que privilegia a celeridade e afasta diversas questões do objeto da ação de desapropriação, relegando-as para a ação própria. Em análise da jurisprudência sobre o tema no Superior Tribunal de Justiça percebe-se, p.ex., que prevalece a compreensão no sentido da impossibilidade de reconvenção ou pedido contraposto em ação de desapropriação, uma vez que a desapropriação é de interesse exclusivo do ente público e as matérias passíveis de discussão são limitadas, nos moldes do art. 20 do Decreto-lei 3.365/1941 (2ª Turma, REsp 1.737.864-GO, rel. Min. Herman Benjamin, *DJe* 29.5.2019; 2ª Turma, AREsp/AgR 94.329-PR, rel. Min. Eliana Calmon, *DJe* 18.10.2013; e 2ª Turma, REsp/AgInt/ED 1.944.329-RJ, rel. Min. Herman Benjamin, j. 21.2.2022, *DJe* 15.3.2022).

Também é majoritário o entendimento de que eventuais nulidades relativas ao procedimento administrativo devem ser discutidas em ação própria, nos termos do art. 20 do Decreto-lei 3.365/1941 (STJ, 2ª Turma, REsp 1.755.255-ES, rel. Min. Herman Benjamin, j. 6.9.2018, *DJe* 27.11.2018). A mesma solução é proposta em relação à dúvida sobre o domínio, decorrente de relações jurídicas diversas da discutida na desapropriação, que deve ser resolvida pelas instâncias ordinárias e pelas vias judiciais adequadas (STJ, 2ª Turma, AREsp 1.254.617-RJ, rel. Min. Og Fernandes, j. 4.8.2022, *DJe* 27.9.2022).

Nada obstante tais restrições, determinadas questões correlatas têm sido aceitas pelo STJ na ação de desapropriação, como, p.ex., discussão acerca da indenização pela depreciação da área remanescente (1ª Turma, REsp/AgInt/ED 1.880.439-GO, rel. Min. Gurgel de Faria, j. 19.9.2022, *DJe* 3.10.2022), ou a possibilidade de discussão acerca do domínio quando a dúvida diz respeito ao pertencimento, ou não, do bem ao próprio ente expropriante (2ª Turma, REsp 795.589-PR, rel. Min. Herman Benjamin, j. 22.9.2009, *DJe* 30.9.2009).

Percebe-se, portanto, que o STJ interpreta o art. 20 do Decreto-lei 3.365/1941 segundo sua teleologia de favorecer o Poder Público, prestigiando a celeridade processual e o interesse social. Nesse sentido, a extensão objetiva da ação de desapropriação acaba sendo permitida única e exclusivamente quando condizente com os princípios centrais da celeridade processual e do interesse social.

Também tem sido essa a interpretação prevalecente nos tribunais de justiça, com o reenvio para as vias ordinárias, p.ex., da discussão acerca dos juros produzidos pelo depósito inicial (TJSP, 12ª Câmara de Direito Público, 3ª Vara Judicial, AI 0241495-31.2009.8.26.0000, rel. Des. Edson Ferreira, j. 10.3.2010, data de registro 30.3.2010) e a divergência de área entre a expropriada e a de domínio do expropriado, isto é, discussão acerca dos verdadeiros proprietários das áreas expropriadas, sendo a área expropriada mais extensa que a área pertencente ao expropriado (TJSP, 2ª Câmara de Direito Público, Foro Central – Fazenda Pública/Acidentes – 6ª Vara, AI 9025804-51.1999.8.26.0000, rel. Des. Paulo Sunao Shintate, data de registro 13.1.2000).

3.040.10 procedimento

A ação de desapropriação é proposta porque na fase extrajudicial não houve acordo entre o expropriante e o particular acerca do valor a ser pago pelo bem. Em decorrência, a petição inicial conterá a oferta do preço pelo Poder Público, mas ainda assim, e nos termos do art. 14 do Decreto-lei 3.365/1941, o juiz deverá desde logo designar um perito de sua livre escolha, sempre que possível técnico, para proceder à avaliação dos bens, sendo assegurada às partes a indicação de assistentes técnicos. Essa disposição visa à garantia, por um lado, da celeridade, vez que visa à rápida avaliação, com designação de perito logo no despacho da inicial, e, igualmente, da proteção do direito do expropriado, assegurando avaliação idônea do bem por perito preferivelmente técnico.

A especificidade do procedimento da desapropriação reside justamente nesta fase inicial, que contempla a possibilidade de, diante da alegação de urgência e mediante depósito prévio do valor da indenização, o expropriante ser desde logo imitido na posse do bem (art. 15). A imissão provisória poderá ser feita independentemente da citação do réu quando o depósito seguir as prescrições do § 1º do art. 15. Além disso, a alegação de urgência, que não poderá ser renovada, obrigará o expropriante a requerer a imissão provisória dentro do prazo improrrogável de 120 dias (§ 2º). Esta realidade, entretanto, possui relevante implicação no que se refere à justa indenização, como será visto no tópico 3.040.12 abaixo.

Os elementos centrais da ação de desapropriação consistem na exigência do depósito prévio do valor da indenização e na possibilidade de, realizado este, ser deferida a imissão provisória do expropriante na posse do imóvel. Na estrutura original do Decreto-lei 3.365/1941, por força da imissão na posse, ocorreriam os efeitos práticos da desapropriação, ainda que a titularidade do bem só fosse efetivamente transferida com o julgamento final da causa e a eventual complementação do pagamento.

Contudo, as modificações operadas na legislação alteraram de forma sensível esse panorama. De acordo com o art. 34-A, incluído pela Lei 13.465/2017, se houver concordância, reduzida a termo, do expropriado, a decisão concessiva da imissão provisória na posse implicará a aquisição da propriedade pelo expropriante, com o consequente registro da propriedade na matrícula do imóvel. O § 4º deste artigo, incluído pela Lei 14.421/2022, acrescenta que, após a apresentação da contestação pelo expropriado, se não houver oposição expressa com relação à validade do decreto desapropriatório, deverá ser determinada a imediata transferência da propriedade do imóvel para o expropriante, independentemente de anuência expressa do expropriado, e prosseguirá o processo somente para resolução das questões litigiosas, relacionadas ao valor da indenização.

Tais dispositivos, de constitucionalidade duvidosa, levam não somente à perda da posse, mas à própria transferência compulsória da propriedade, antes e independentemente do pagamento do valor integral da indenização, o que viola a previsão constitucional de que a desapropriação apenas acontecerá após prévia e justa indenização.

Após a determinação da citação do réu, com ou sem imissão provisória do autor na posse do bem, o procedimento passa a seguir o rito ordinário, com a realização da fase postulatória, da perícia para apuração do valor de mercado do bem, audiência de instrução e julgamento e a decisão acerca do valor, sobre a qual se discorrerá no tópico 3.040.11 a seguir. A lei prevê a publicação da decisão na própria audiência, aspecto que não é essencial nem caracterizador da especialidade do procedimento. O que se extrai deste dispositivo é a preocupação do legislador em imprimir um modelo célere ao procedimento, tendo em vista a especificidade dos direitos envolvidos.

Esclarece o art. 22 do decreto-lei que, havendo concordância, no decorrer da ação de desapropriação, sobre o preço, o juiz homologará o acordo por sentença no despacho saneador. Seria essa a hipótese de desapropriação judicial homologatória na classificação de Celso Antônio Bandeira de Mello, que a contrapõe com a desapropriação judicial contenciosa, quando o proprietário e o expropriante não acordam em relação ao preço, que terá que ser fixado pelo juiz após arbitramento.

Além dos elementos essenciais da sentença, previstos no art. 489 do CPC, o Decreto-lei 3.365/1941 detalha especificidades da sentença na ação de desapropriação, que dizem respeito às características do bem expropriado. No caso dos imóveis, é relevante definir acerca da existência de benfeitorias, sua avaliação, reflexos da desapropriação sobre área remanescente, pertencente ao réu (art. 27), e demais aspectos que devam ser levados em conta na determinação do valor da indenização.

Destaca-se que a sentença que fixar o valor da indenização quando este for superior ao preço oferecido condenará o desapropriante a pagar honorários do advogado, que serão fixados entre 0,5% e 5% do valor da diferença (art. 27, § 1º). Outra diferença para o procedimento ordinário é que da sentença que fixar o preço da indenização caberá apelação com efeito meramente devolutivo quando interposta pelo expropriado, e com ambos os efeitos quando o for pelo expropriante (art. 28). Em relação ao valor da justa indenização, as sentenças que condenarem a Fazenda Pública em quantia superior ao dobro da oferecida ficarão sujeitas ao duplo grau de jurisdição (remessa necessária), conforme o § 1º do art. 28.

Como dito, é com o pagamento ou a consignação que se expede, em favor do expropriante, mandado de imissão de posse, o que em geral ocorre antes mesmo da decisão final da demanda. Se não tiver ocorrido a hipótese acima aludida, de antecipação da transcrição do título em favor do expropriante (o que, em essência, dependerá de ter ele requerido tal medida ou não), é a sentença que servirá como título hábil para a transcrição no registro de imóveis (art. 29). O pagamento final, que poderá ser complementado por força da fixação de valores superiores aos da avaliação prévia, será calculado computando-se juros remuneratórios e moratórios, além da correção monetária e dos honorários de sucumbência. Do total a ser pago serão deduzidas as dívidas fiscais objeto de cobrança judicial por parte do Poder Público (§ 1º).

Caso o pagamento não tenha sido feito anteriormente, dispõe o art. 33 que o depósito do preço fixado por sentença, à disposição do juiz da causa, é considerado pagamento prévio da indenização, ou seja, satisfaz o requisito constitucional para a desapropriação.

Apesar da ênfase doutrinária dada a estas disposições, que implicam que o bem somente estará desapropriado após pagamento prévio em dinheiro do preço justo, disso decorrendo que somente poderá haver o registro da propriedade depois que o Poder expropriante pagar a indenização que lhe foi imposta na sentença, incluído os juros, a correção monetária, as custas, as despesas e os honorários de advogado, fato é que, em termos práticos, a desapropriação se efetiva com a imissão prévia, quando ocorrem os efeitos materiais da perda da posse, isto é, a impossibilidade de uso do bem. A propriedade só se transferir após o pagamento integral é um aspecto menos relevante nessa dinâmica. Como visto, é em torno dessa antecipação da imissão na posse que gravitam as especificidades do procedimento da ação de desapropriação, pois quanto ao mais o processo seguirá o procedimento ordinário.

O STJ fixou importante precedente, sob o mecanismo dos recursos especiais repetitivos, acerca da subrogação do adquirente de imóvel em todos os direitos do proprietário original, inclusive quanto à eventual indenização devida pelo Estado, ainda que a alienação do bem tenha ocorrido após o apossamento administrativo. De acordo com o Tema Repetitivo 1004, "Reconhecida a incidência do princípio da boa-fé objetiva em ação de desapropriação indireta, se a aquisição do bem ou de direitos sobre ele ocorrer quando já existente restrição administrativa, fica subentendido que tal ônus foi considerado na fixação do preço. Nesses casos, o adquirente não faz jus a qualquer indenização do órgão expropriante por eventual apossamento anterior. Excetuam-se da tese hipóteses em que patente a boa-fé objetiva do sucessor, como em situações de negócio jurídico gratuito ou de vulnerabilidade econômica do adquirente."

3.040.11 natureza do provimento jurisdicional

As especificidades do direito material que constitui o objeto da ação de desapropriação também repercutem na definição acerca da natureza do provimento com o qual se decide a demanda, bem como no regime de efeitos dessa mesma decisão.

Em termos processuais, o pedido mediato deduzido corresponde ao próprio bem expropriado, que constitui o bem da vida pretendido pelo expropriante. Já quanto ao pedido imediato, há relevante divergência na doutrina. Há autores que identificam um pedido imediato com natureza declaratório-constitutiva, já que o autor visa ao reconhecimento (declaração) de ser justo o valor oferecido a título de indenização, bem como a constituição da propriedade em seu próprio nome, com a modificação de uma situação jurídica então existente (Valentina Jungmann Cintra).

Também Calmon de Passos afasta a possível classificação como ação condenatória, pois nenhuma sanção é imposta ao réu por força de violação do direito do autor (pontuando que, se houvesse condenação, seria da entidade expropriante ao pagamento da justa indenização). Também não se trata de ação de execução, diante da inexistência de prévia ação condenatória ou título extrajudicial com força executiva. Para Calmon de Passos,

> a ação de expropriação é mais que simples ação declaratória de uma expropriação já efetivada. Ela é meio pelo qual se consuma a expropriação que amigavelmente não se pode ou não se quis efetivar. Estamos, pois, diante de uma irrecusável hipótese de ação constitutiva. (...). A sentença final proferida na ação expropriatória, fixando o valor da indenização e decretando a expropriação do bem (efetivando a desapropriação, nos termos do art. 10 do Decreto-lei 3.365), é a sentença constitutiva.

Pontes de Miranda, por sua vez, em seu *Comentários à Constituição de 1967*, ressaltava a natureza constitutiva e mandamental da sentença final. Constitutiva porque é ela que decreta a perda da propriedade e serve de título ao registro de imóveis; mandamental, porque manda expedir o mandado de imissão de posse. Para o autor, o elemento declarativo funciona como questão prévia e anterior, voltado à declaração de estarem satisfeitos os pressupostos da desapropriação.

Outros autores realçam o caráter condenatório da decisão, tendo em vista que a ação de desapropriação tem origem na recusa da proposta de indenização pelo Poder expropriante e, regra geral, se conclui com a fixação de *quantum* indenizatório em quantia maior do que a que foi oferecida, impondo ao autor a determinação do pagamento dessa diferença (Antônio Carlos Costa e Silva).

Mesmo nos casos em que a impugnação do valor, feita pelo réu, não é acatada, a decisão determina que este receba a quantia que a Administração Pública lhe ofereceu pela alienação compulsória do bem. Assim, em qualquer caso a controvérsia da ação de desapropriação (que versa sobre o valor do imóvel expropriado) implicará a sucumbência de uma das partes, competindo-lhe, por conseguinte, suportar as custas do processo. A essa construção se pode opor, com razão, a circunstância de que a sentença condenatória porta, sempre, uma sanção, a determinação para que o réu faça ou deixe de fazer algo, que dê ou não dê alguma coisa ao autor, e tais elementos não estão presentes na sentença que julga a desapropriação (Álvaro Alvez de Queiroz).

No que se refere ao tratamento jurisprudencial da questão, a 1ª Turma do STJ, por ocasião do julgamento do REsp 99.126-PR (rel. Min. Humberto Gomes de Barros, j. 7.8.1997, *DJ* 3.11.1997, fls. 56.220) e da Rcl. 471-SC, proclamou a natureza declaratória da sentença. Esta natureza declaratória da sentença na desapropriação decorre, na realidade, justamente da natureza especial do procedimento expropriatório, que exige a prévia e justa indenização ao expropriado e, nesta condição, impõe que o devedor antecipe o pagamento, mediante depósito prévio, que ocorrerá no início do procedimento ou, no mais tardar, após a fixação do valor pela sentença. Assim, havendo necessária indenização prévia, este pagamento antecipado acaba por dispensar a execução da decisão que fixa o valor do bem.

É inegável, de outro lado, que a sentença que julga a pretensão expropriatória apresenta uma multiplicidade de eficácias (Valentina Jungmann Cintra). Tem natureza declaratória quando declara e fixa o *quantum* indenizatório e tem natureza preponderantemente constitutiva ao servir para o autor expropriante de título hábil para promover o registro da transcrição da propriedade no registro imobiliário. O componente condenatório da decisão também se faz presente nos casos em que o expropriante tiver realizado a imissão provisória na posse e mesmo a obtenção do título aquisitivo com base nesta fixação provisória do valor e, ao final da demanda, o valor definitivo fixado seja superior ao depósito prévio, hipótese em que haverá o comando para a complementação do pagamento, em desfavor do autor, o ente expropriante.

3.040.12 o regime dos juros decorrentes da desapropriação

O art. 15-A, incluído pela Medida Provisória 2.183-56/2001, prevê que, "no caso de imissão prévia na posse, na desapropriação por necessidade ou utilidade pública e interesse social, inclusive para fins de Reforma Agrária, havendo divergência entre o preço ofertado em juízo e o valor do bem, fixado na sentença, expressos em termos reais, incidirão juros compensatórios de até seis por cento ao ano sobre o valor da diferença eventualmente apurada, a contar da imissão na posse, vedado o cálculo de juros compostos".

A limitação dos juros compensatórios prevista no artigo gerou controvérsia judicial que chegou ao fim apenas em 2022. A ADI 2.332 versava sobre a definição de taxas de juros em processo de desapropriação. Na ação, impugnou-se o art. 1º da medida provisória, que introduziu no decreto-lei o art. 15-A, que, em síntese, limitou os juros compensatórios ao montante de "até seis por cento ao ano" e exigiu comprovação – pelo proprietário – da produtividade da propriedade e da perda de renda provocada pela desapropriação.

Em 2001 o Supremo Tribunal Federal suspendeu a eficácia daquela norma, preservando, nesse particular, a vigência da Súmula 618 do STF, que estabelecia o pagamento dos juros compensatórios no percentual de 12% ao ano e independentemente de produtividade do imóvel. Entretanto, em maio/2018, após quase 17 anos de vigência da medida cautelar deferida em setembro/2001, o Supremo Tribunal Federal decidiu o mérito da ADI 2.332 reconhecendo a constitucionalidade da norma, considerando válidas (i) a limitação dos juros compensatórios ao patamar de 6% ao ano e (ii) a exigência de demonstração de produtividade do imóvel como condição para essa compensação. Por força do julgamento dos embargos de declaração, nos quais se pretendeu a modulação dos efeitos da declaração de constitucionalidade do art. 15-A, a Suprema Corte negou a modulação e proclamou a eficácia *ex tunc* da decisão.

De acordo com os votos dos Ministros, não havia razões de segurança jurídica ou de excepcional interesse social para atribuir efeitos *ex nunc* à declaração de constitucionalidade do dispositivo. Isso por dois motivos. Em primeiro lugar, a atribuição de efeitos prospectivos seria medida excepcional aplicada, como regra, à declaração de inconstitucionalidade. Em segundo lugar, a aplicação retroativa dos efeitos da decisão possuiria a finalidade de reparar injustiças históricas ocorridas na incidência de juros compensatórios na desapropriação. O Relator, Min. Luís Roberto Barroso, menciona em seu voto que a demora no procedimento expropriatório elevou notavelmente o montante dos juros compensatórios, que, em muitos casos, ultrapassaram o valor de mercado do bem. Essas indenizações elevadíssimas onerariam excessivamente a coletividade e, por outro lado, gerariam enriquecimento sem causa do particular. Por essa razão, considera que estes efeitos deletérios deveriam ser mitigados imediatamente, de modo a aliviar o ônus imposto aos entes expropriantes.

Assim, prevaleceu a limitação dos juros compensatórios em 6% ao ano com efeito *ex tunc*, do que resulta que pagamentos feitos sob a vigência da decisão cautelar poderão vir a ser questionados a partir do término desse julgamento, com a devolução de indenizações já pagas. Ter-se-á um cenário de grande insegurança jurídica, proporcionada duplamente pelo STF. Primeiro, ao demorar quase 20 anos para concluir o julgamento da ação, e, em complemento, ao se recusar a modular os efeitos dessa decisão, que, por imperativos de segurança e previsibilidade, deveria determinar que os juros fossem reduzidos para 6% apenas a partir do julgamento da ADI 2.332.

Já no que se refere aos juros moratórios, destinados a recompor a perda decorrente do atraso no efetivo pagamento da indenização fixada na decisão final de mérito, estes são devidos na razão de até 6% ao ano, a partir de 1º de janeiro do exercício seguinte àquele em que o pagamento deveria ser feito (art. 15-B). Ou seja, a produção antecipada dos efeitos implica o necessário pagamento pelo período em que houve privação do bem apesar da ausência de prévia indenização, o que ocorre pelos juros moratórios.

Em suma, nos casos de imissão prévia na posse a justa indenização dependerá da inclusão de juros compensatórios, devidos desde a perda da posse até o pagamento integral da indenização, de juros moratórios e ainda de honorários de advogado no percentual fixado pela sentença e calculados sobre a diferença da oferta inicial declinada pelo Poder expropriante e a indenização estabelecida e despesas do processo. Outra proteção à justa indenização, que vale com ou sem imissão prévia na posse, é a de correção monetária do valor apurado quando decorrido prazo superior a um ano a partir da avaliação (art. 26, § 2º).

3.040.13 desistência da desapropriação

Como último tópico, é necessário analisar a possibilidade de desistência da desapropriação. É majoritariamente aceito que, diante da inoportunidade ou inconveniência da desapropriação durante a fase administrativa ou judicial, o Poder expropriante poderá desistir da desapropriação. Isto decorre da característica fundamental do ato expropriatório, de manifestar a prevalência do interesse público sobre o interesse privado. Assim, se o interesse público (interesse social, utilidade pública ou necessidade pública) que motivou a expedição do decreto expropriatório deixar de existir, será facultado à Administração desistir da desapropriação, evitando incorrer em desvio de finalidade.

Por esta razão, compreende-se que, quando a ação de desapropriação já tiver sido ajuizada, o seu autor pode unilateralmente dela desistir em qualquer fase do processo judicial, conduta que não se condiciona à revogação do decreto expropriatório nem pode ser objeto de oposição por parte do expropriado (Arruda Alvim). No entanto, se o decreto expropriatório vier a ser revogado, o processo judicial perderá o seu objeto, ensejando a extinção da ação por desistência unilateral. Qualquer que seja a hipótese, diante da desistência, caberá ao expropriante arcar com os honorários de sucumbência e com o pagamento das despesas processuais.[2]

Para que a desistência possa ocorrer, entretanto, exige-se que o bem expropriado não tenha sofrido alterações. Nesse particular, será relevante aferir se ocorreu ou não a imissão do Poder expropriante na posse do bem. Primeiro, porque pode ter havido alteração no estado fático do bem que torne irre-

---

2. A respeito desse tema, o STJ decidiu em 09/04/2025 o Tema Repetitivo 1298 fixando a tese de que "Aplicam-se os percentuais do art. 27, § 1º, do DL 3.365/41 no arbitramento de honorários sucumbenciais devidos pelo autor em caso de desistência de ação de desapropriação por utilidade pública ou de constituição de servidão administrativa, os quais terão como base de cálculo o valor atualizado da causa. Esses percentuais não se aplicam somente se o valor da causa for muito baixo, caso em que os honorários serão arbitrados por apreciação equitativa do juiz, na forma do art. 85, § 8º, do CPC."

versível o desapossamento, impondo ao Poder Público o pagamento de indenização correspondente. Segundo, porque, mesmo que possa ser revertida, terá havido privação do particular quanto ao uso do bem, hipótese que enseja o pagamento de lucros cessantes decorrentes da privação temporária do direito de propriedade, pela não utilização da coisa, e dos danos emergentes devidamente comprovados. O gargalo dessa solução reside no fato de que no mais das vezes tais danos somente serão apurados em ação própria, impondo-se ao particular uma situação em que a efetiva reparação dos danos pode exigir muito tempo, afastando a solução da lógica de uma indenização justa e prévia e, neste sentido, contrariando os princípios fundamentais que regem a disciplina da desapropriação.

Em resumo, a homologação da desistência depende da devolução do mesmo bem objeto da desapropriação, sem alterações, do reembolso de custas e despesas periciais e do pagamento de honorários advocatícios. O expropriante também deve ser responsabilizado por qualquer dano que houver causado ao expropriado. Por fim, destaca-se que a desistência deve ser requerida antes da consumação da desapropriação, que se concretiza com a transcrição da sentença expropriatória no registro imobiliário, momento em que a desapropriação se torna perfeita e a desistência impossível.

Referências Bibliográficas

ARRUDA ALVIM NETTO, José Manoel de. "Cabimento de mandado de segurança preventivo contra desapropriação". In: *Soluções práticas de direito*. vol. 1. Agosto/2021, pp. 183-202.

————. "Desapropriação e desistência da ação". In: *Soluções práticas de direito*. vol. 1. Agosto/2011, pp. 711-736.

————. "Do cabimento de mandado de segurança preventivo para atacar ilegalidade evidente, em matéria de desapropriação". *Revista de Processo* 32/178-191. Outubro-dezembro/1983.

BANDEIRA DE MELLO, Celso Antônio. "Apontamentos sobre a desapropriação no direito brasileiro". *Revista de Direito Administrativo e Infraestrutura* 19/439-460. Outubro-dezembro/2021.

————. *Curso de direito administrativo*. 35ª ed. São Paulo, Malheiros Editores, 2011.

BAPTISTA, Sonia Márcia Hase de Almeida. "Legitimidade ativa do particular que adquiriu o bem após o apossamento pelo Poder Público". *Revista de Processo* 58/236-243. Abril-junho/1990.

CALMON DE PASSOS, J. J. "A transferência da propriedade para o domínio do expropriante no curso da ação de desapropriação". *Revista Brasileira de Direito Processual* 31/64-68.

CINTRA, Valentina Jungmann. *Da ação de desapropriação por utilidade pública*. Tese (Doutorado em Direito Processual Civil). São Paulo, Faculdade de Direito da PUC/SP, 2006.

COSTA, Maria Isabel Pereira da. "Transferência do domínio do bem imóvel para o Poder expropriante no processo judicial". *Ajuris* 47.

COSTA E SILVA, Antônio Carlos. *Processo de desapropriação e procedimento da desapropriação consensual*. 1ª ed. São Paulo, Sugestões Literárias, 1975.

CRETELLA JÚNIOR, José. "Desistência da desapropriação". "Desistência da desapropriação". *Doutrinas essenciais de direito administrativo*. vol. 2. Novembro/2012, pp. 333-347.

DINIZ, Maria Helena. "Desapropriação por interesse social para fins de Reforma Agrária e a recomposição da condição jurídica do expropriado". *Revista de Direito Constitucional e Internacional* 21/65-68. Outubro-dezembro/1997.

FAGUNDES, Miguel Seabra. *Da desapropriação no direito brasileiro*. São Paulo, Livraria Freitas Bastos, 1949.

FORIN, Marcelo José. "A execução de sentença na ação expropriatória". *Revista de Processo* 123/44-59. Maio/2005.

GRINOVER, Ada Pellegrini. "Desapropriação indireta para fins de urbanização". *Revista de Direito Imobiliário* 5/43-50. Janeiro-junho/1980.

GUERREIRO, Wagner. "Desapropriação". *RT* 754/755-771. Agosto/1998.

GUILHARDI, Pedro. "Reflexões preliminares a respeito da Lei 13.867/19, que disciplina a opção pela arbitragem ou mediação para definição dos valores indenizatórios em desapropriações por utilidade pública". *Revista de Arbitragem e Mediação* 63/335-371. Outubro-dezembro//2019.

MALUF, Carlos Alberto Dabus. "Competência da Justiça Federal para julgar ações de desapropriação movidas por empresas concessionárias de energia elétrica". *Revista de Processo* 58/41-44. Abril-junho/1990.

MARINONI, Luiz Guilherme, e ARENHART, Sérgio Cruz. *Manual de processo de conhecimento*. 4ª ed. São Paulo, Ed. RT, 2005.

MEDEIROS, Celso. "O processo de execução contra as entidades públicas e contra as entidades privadas. Sugestões para reforma da Lei de Desapropriação". *Revista de Processo* 6/133-138. Abril-junho/1977.

MEIRELLES, Hely Lopes, *et al. Direito administrativo brasileiro*. 41ª ed. São Paulo, Malheiros Editores, 2015.

MOREIRA, Helena Perez. "A desapropriação nas Constituições brasileiras". *Revista de Direito Constitucional e Internacional* 14/174-191. Janeiro-março/1996.

NAKAMURA, André Luiz dos Santos. "A nova disciplina da prévia indenização na desapropriação decorrente do art. 34-A do Decreto-lei 3.365/41". *RT* 1.003/113-133. Maio/2019.

——————. "Considerações sobre a mediação e arbitragem à luz da nova regulamentação da desapropriação". *Revista de Arbitragem e Mediação* 66/95-113. Julho-setembro/2020.

NOGUEIRA, Antônio de Pádua Ferraz. "Problemática e implicações da revogação do ato expropriatório". *RT* 566.

PONTES DE MIRANDA, Francisco Cavalcanti. *Comentários à Constituição de 1967*. São Paulo, Ed. RT, 1974.

——————. *Tratado das ações*. t. IV. São Paulo, Ed. RT, 1970.

QUEIROZ, Álvaro Alvez de Queiroz. "Honorários de advogado em desapropriação quando o autor não é a Fazenda Pública". *Revista de Processo* 17.

SALLES, José Carlos de Moraes. *A desapropriação à luz da doutrina e da jurisprudência*. 5ª ed. São Paulo, Ed. RT, 2006.

SETEMBRINO, Fernando. "Desistência de desapropriação já julgada". *Revista de Processo* 74/167-169. Abril-junho/1994.

SIQUEIRA FILHO, Élio Wanderlei de. "Aspectos relevantes da desapropriação por interesse social para fins de Reforma Agrária – Ação estatal interventiva no domínio privado". *RT* 689/75-83. Março/1993.

EDITORA *Jus*PODIVM
MALHEIROS EDITORES
www.editorajuspodivm.com.br

JMA0142